Ursula und Wolfgang Eckert

Tunesien – Vom Mittelmeer zu den Oasen der Sahara

Der **REISE KNOW-HOW Verlag**
Därr GmbH
ist Mitglied der Verlagsgruppe
REISE KNOW-HOW

– REISE KNOW-HOW im Internet –

Aktuelle Reisetips und Neuigkeiten
Ergänzungen nach Redaktionsschluß
Büchershop und Sonderangebote
Leserforum rund ums Reisen

http://www.reise-know-how.de

Ursula und Wolfgang Eckert

Tunesien

Vom Mittelmeer zu den Oasen der Sahara

Cip-Titelaufnahme der Deutschen Bibliothek:
Eckert, Wolfgang:
Tunesien : vom Mittelmeer zu den Oasen der Sahara / Wolfgang und Ursula Eckert. - 3., überarb. und erw. Aufl. - Hohenthann : Reise KNOW-HOW-Verl. Därr, 1999
(Reise-Know-how)
ISBN 3-89662-074-6

Auslieferung für den Buchhandel
Deutschland: Prolit Buchvertrieb
PF 9, 35463 Fernwald/Annerod (oder Barsortimente)
Schweiz: AVA Buch 2000, PF 89, CH-8910 Affoltern a. A.
Österreich: Mohr & Morawa Buchvertrieb, PF 260, A-1101 Wien
Niederlande: Nilsson & Lamm, Weesp

Impressum

3., überarbeitete und erweiterte Auflage 1999
Reise KNOW-HOW Verlag Därr GmbH, Im Grund 12,
83104 Hohenthann
e-mail: rkh.daerr@t-online.de
http://www.reise-know-how.de

Umschlag-Konzept und Design:
Manfred Schömann/Peter Rump, Bielefeld
Umschlagfotos: W. und U. Eckert, E. Därr
Umschlag-Gestaltung: Michael Luck
Fotos: Wolfgang und Ursula Eckert
Innengestaltung: Eva Egginger, Miesbach
Karten: Eva Egginger, Miesbach
Gesamtherstellung: Clausen & Bosse, Leck

Vorwort

Tunesien – Afrika vor der Haustür. Für viele zunächst nur ein Badeziel mit Traumstränden und Sonnengarantie. Dabei bietet Tunesien mit seinen abwechslungsreichen Landschaften vom Meer bis zur Wüste, mit unzähligen kulturellen und geschichtsträchtigen Sehenswürdigkeiten, mit malerischen Altstädten und bunten Märkten und nicht zuletzt mit gastfreundlichen Menschen, angenehmem Klima und günstigen Preisen ideale Voraussetzungen nicht nur für einen Erholungsurlaub, sondern auch für eine echte Erlebnis- und Entdeckungsreise.

Wir haben auf vielen, teilweise monatelangen Reisen Tunesien bis in die hintersten Ecken ausgeleuchtet und erkundet.

Mit diesem Buch wollen wir die dabei gesammelten Informationen, vor allem aber auch etwas von der Begeisterung weitergeben, die wir für das Land und seine Bewohner empfinden. Wir wenden uns dabei auch an den interessierten Pauschaltouristen, der allgemeine Hintergrundinformation sucht und vielleicht das eine oder andere Ziel auf eigene Faust erkunden will, besonders aber an den Individualreisenden, den Selbstfahrer, Camper oder Rucksackreisenden, der in diesem Buch eine Hilfe für die Reisevorbereitung, einen Ratgeber für Unterwegs und besonders einen nützlichen Begleiter für seine Überlandrouten und für die Besichtigung lohnender Städte und Stätten findet.

So soll der **landeskundliche Teil** einen Überblick über geschichtliche, geographische und wirtschaftliche Zusammenhänge, aber auch über Kunst, Kultur und Religion vermitteln und um Verständnis für die uns mitunter fremdartig erscheinende Mentalität und Lebensweise im Gastland werben.

Der **praktische Teil** enthält u.a. detaillierte Informationen zur Vorbereitung und Durchführung der Reise, er unterrichtet über Formalitäten, nennt Adressen, gibt Ausrüstungs- und viele andere nützliche Tips.

In dem sehr umfangreichen **Routenteil** sind nicht nur – nahezu flächendekkend – Ortschaften, Hauptstrecken und bekannte Sehenswürdigkeiten ausführlich erfaßt, sondern er beinhaltet auch viele Abstecher zu ausgefallenen Zielen. Exakte Beschreibungen von Strecken und Pisten durch Bergland und Wüste, inkl. zahlreicher Routen durchs „Südtunesische Sperrgebiet", sind bei der Ungenauigkeit des erhältlichen Kartenmaterials ein nicht zu unterschätzender Service.

Wir hoffen, daß wir Ihnen mit diesem Buch Appetit machen, Tunesien kennenzulernen und zu bereisen, und daß es Ihnen unterwegs zum unentbehrlichen Führer und Begleiter wird.

Ihre U. + W. Eckert

Ursula und Wolfgang Eckert

Inhaltsverzeichnis

Land und Leute

STÄDTE, ROUTEN, SEHENSWÜRDIGKEITEN

ROUTENTEIL C – Südtunesien / Djerba 540

Besonders lohnende Ziele – Routenvorschläge

Allgemeines

Wer erstmals einen Besuch Tunesiens plant, dürfte sich schwer tun, aus der Fülle der in diesem Buch beschriebenen Routen und Sehenswürdigkeiten das Lohnendste auszuwählen. Vor allem, wenn wenig Zeit zur Verfügung steht, sollte die Tour zumindest die **Highlights** des Landes berühren und durch die **landschaftlich reizvollsten Regionen** führen.

Nachstehend daher einige Routenvorschläge sowohl für **Selbstfahrer,**

Französische Kathedrale in Tunis

d.h. Reisende mit eigenem PKW, Geländefahrzeug, Motorrad, Wohnmobil oder Mietwagen, als auch für **Rucksackreisende.** Wer mit öffentlichen Verkehrsmitteln unterwegs ist, muß allerdings größeren Zeitaufwand einkalkulieren, um entlegenere Orte zu erreichen.

Karthago: Antoninus-Thermen

Wichtig bei der Programmplanung ist auch die **Reisezeit.** In brütend heißen Sommermonaten sind Besichtigungen von Ruinenstätten oder Aktivitäten in den Sahararegionen nicht ganz so ergötzlich wie im Rest des Jahres; im Hochsommer sollten daher verstärkt der Norden des Landes und die Küstenzonen eingeplant werden.

Die **touristisch interessantesten Ziele** Tunesiens liegen überwiegend im **Süden.** Dort bieten Wüste und Steppe, Salzseen, Dünen, Oasen, wildes Bergland und pittoreske Berbersiedlungen eine für uns Europäer fremdartige und eindrucksvolle Kulisse. Abwechslungsreich ist der **Norden** mit Wäldern, Feldern, Bergzügen, Tälern und Stauseen; dagegen sind in **Zentraltunesien** oft längere monotone Etappen zu überwinden, an denen aber immer wieder interessante Orte oder Ausgrabungsstätten liegen. Dies gilt streckenweise auch für die **Küstenrouten.** Abseits der Badezentren erfordert es meist kurze Abstecher, um direkten Kontakt zum Meer zu bekommen. Die Entfernungen im Lande

Piste bei El Borma

Ksar Djelidat

sind überschaubar, die Straßen gut und (mit Ausnahme in Stadtnähe) relativ verkehrsarm.

Übrigens: An keiner Stelle Tunesiens (den südlichsten Sahararaum ausgenommen) ist man wesentlich mehr als eine halbe Auto-Tagesreise vom Meer entfernt.

Off-Road-Fans und Geländewagenfahrer

Sie finden in diesem Buch viele wilde Gebirgs- und Wüstenpisten (Routen P1 bis P11), außerdem spezielle „4-WD-Tips“ (Übersicht S. 747) für lohnende Ausflüge mit Vierrad-Antrieb. Die militärische Sperrzone ganz im Süden des Landes (mit Genehmigung zugänglich) bietet **Wüsteneinsamkeit und „Sahara pur“** mit imposanten Dünenfeldern (Routen PS1 bis PS9).

Baden und Schwimmen

Auf makellose Strände mit dazugehöriger Infrastruktur trifft man in den bekannten Urlaubszentren (Hammamet/ Nabeul, Sousse/Port el Kantaoui, Monastir/Skanès, Mahdia, Zarzis, Insel Djerba, Bucht von Tunis und Tabarka).

Einsamere Badefreuden bieten Buchten und unerschlossene Strandzonen z.B. entlang der Nordküste und nahe Bizerte, ferner auf Cap Bon, entlang der Küste zwischen Mahdia und Sfax, auf der Insel Djerba und den Kerkennah-Inseln (auf letzteren sehr geringe Wassertiefe; ideal für Kinder). **Geschichtlich Interessierte** sollten versuchen, die **wichtigsten Ausgrabungsstätten** in ihre Route zu integrieren. Dazu gehören: Dougga, El Djem, Bulla Regia, Thuburbo Majus, Makthar, Sbeitla, Karthago und Chemtou. Aber auch viele kleine, unbekanntere Stätten lohnen einen Besuch.

Routenvorschläge

(s. Übersichtsplan in Umschlag-Innenklappe und Routenpläne auf S. 252, 446, 540, 690 und 712); Etappenorte s. auch Stichwortverzeichnis)

A: Zwei-Wochen-Rundtour

Route: Tunis – Sousse – Kairouan – El Djem – Sfax – Gabès – Matmata – Kebili/Douz – Tozeur/Nefta – Gafsa – Kasserine – Sbeitla – Sbiba – Makthar – El Kef – Dougga – Tunis

1. Tag: Tunis – Autobahnfahrt durch die fruchtbare Grombalia-Ebene und entlang dem Golf von Hammamet bis **Sousse** (Altstadtbesichtigung, Ribat, Kasbah, Große Moschee); s. Route A1.

2. Tag: Fahrt zur Heiligen Stadt **Kairouan** (Moscheen, Souk); s. Route B3
3. Tag: Kairouan – **El Djem** (Großes

Reich verzierte Kapitelle in Sbeitla

römisches Amphitheater) – **Sfax** (Altstadtbummel); s. Route B2.

4. Tag: Von Sfax an der Küste nach **Gabès** (Ausflug zur Oase Chenini); s. Route B5.

5. Tag: Abstecher von Gabès ins **Bergland von Matmata** (reizvolle Landschaft, Höhlenwohnungen); s. Route C6.

Versteinerte Dünen von Fatnassa

Hafen von Port el Kantaoui

6. Tag: Gabès über Kebili zur **Oase Douz** (Marktort, Spaziergang durch Oasengärten und Dünen, evtl. Kamelritt); s. Routen C4/C5.

7. Tag: Douz – Kebili und durch den legendären Salzsee **Chott el Djerid** nach **Tozeur;** s. Route C4.

8. Tag: Aufenthalt in den malerischen Palmenoasen **Tozeur** und **Nefta** (Zoo, Museumsbesuch); s. Route C1.

9./10. Tag: Fahrt über **Gafsa** (röm. Bäder), Kasserine, **Sbeitla** (röm. Ruinenstätte), Sbiba, **Makthar** (röm. Ruinenstätte) nach **El Kef;** s. Routen B3/A10/A12.

11. Tag: Ortsrundgang durch das hübsch gelegene und geschichtsträchtige **El Kef** (A11); Weiterfahrt nach **Dougga** (bedeutende röm. Ruinenstätte); s. Route A6.

12.–14. Tag: Rückfahrt nach **Tunis** (s. Route A6): (Stadtbesichtigung, Besuch des Bardo-Museums); Ausflug nach **Karthago** und **Sidi Bou Said.**

B: Drei-Wochen-Rundtour

Hauptroute wie A, jedoch zusätzlich/ wahlweise:

Besuch der lebhaften und interessanten **Küstenorte Hammamet** (malerische Altstadt) und **Nabeul** (Töpferzentrum/Marktort) – s. Route A7; **Monastir** (Ribat und Mausoleum Bourguibas) und **Mahdia** (Türkenfestung, fatimidischer Hafen) – s. Route B1.

Abstecher von Gabès nach **Tataouine** und **Chenini** (Berbersiedlungen und Speicherburgen in imposanter Berglandschaft) – s. Route C8.

Abstecher von Tozeur zu den reizvollen Bergoasen **Chbika, Tamerza** und **Midès** – s. Route C2.

C: Vier-Wochen-Rundtour

Hauptroute und Ziele wie B, jedoch zusätzlich/wahlweise:

Halbinsel Cap Bon: Rundfahrt (fruchtbare Gärten, Weinberge, Wälder, Sand und Felsküste, Thermalbad Korbous) – s. Route A7.

Insel Djerba: Schöne Strände, lebhafte Inselhauptstadt, Töpferorte – s. Seite 660.

Region um Tataouine: Rundfahrten (Berberdörfer, Ghorfaanlagen, Höhlensiedlungen in spektakulärer Berglandschaft) – s. Route C8.

Douz: Rundfahrt durch die südlichen Wüstengebiete und Oasendörfer – s. Route C5.

Bulla Regia (römische Ruinenstätte) und **Tabarka** (Ferienzentrum mit waldreichem Hinterland) im N/W – s. Route A13; entlang der Nordküste **(Korallenküste**) nach **Bizerte** (winklige Altstadt, malerischer Hafen, schöne Strände) – s. Route A9/A5.

Praktische Tips von A bis Z

Adressen

Diplomatische und konsularische Vertretungen

Deutschland

Tunesische Botschaft
53175 Bonn, Godesberger Allee 103,
Tel. 02 28-37 69 81,
Fax 02 28-37 42 23.
Tunesisches Generalkonsulat
13187 Berlin, Esplanade 12,
Tel. 030-4 72 20 64,
Fax 030-4 78 49 96.
Tunesisches Generalkonsulat
40219 Düsseldorf,
Jürgensplatz 36,
Tel. 02 11-3 00 68 74,
Fax 02 11-39 21 06.
Tunesisches Konsulat
80335 München, Seidlstr. 28,
Tel. 089-55 46 35,
Fax 089-5 50 25 18.
Tunesisches Konsulat
22085 Hamburg,
Overbeckstraße 19,
Tel. 040-2 20 17 56,
Fax 040-2 27 97 86.

Österreich

Tunesische Botschaft
1010 Wien, Opernring 5,
Tel. 01-5 81 52 81,
Fax 01-5 81 55 92.
Tunesisches Konsulat
1010 Wien, Opernring 3,
Tel. 01-5 81 52 80.

Schweiz

Tunesische Botschaft
3005 Bern, Kirchenfeldstr. 63,
Tel. 031-3 52 82 26,
Fax 031-3 51 04 45.

Tunesien

Botschaft der BRDeutschland
1, Rue el Hamra,
1002 Tunis-Mutuelleville,
Tel. 01-78 64 55,
Fax 01-78 82 42.
Botschaft der Republik Österreich
16, Rue Ibn Hamdis,
1004 Tunis-El Menzah,
Tel. 01-75 10 91.
Botschaft der Schweiz
10, Rue Ech-Chenkiti,
1002 Tunis-Mutuelleville,
Tel. 01-28 19 17,
Fax 01-78 87 96.

Fremdenverkehrsämter

Zur Vorbereitung einer Tunesienreise und während der Reise im Land erhält man in den Vertretungen des tunesischen Fremdenverkehrsamts **ONTT** *(Office National du Tourisme Tunisien)* Auskünfte und Prospektmaterial.

Deutschland

Zentrales Fremdenverkehrsamt:
60313 Frankfurt/Main, Goetheplatz 5,
Tel. 069-2 97 06 40,
Fax 069-2 97 06 63.
Lokale Ämter (nicht ständig besetzt):
40213 Düsseldorf, Flingerstr. 66,
Tel. 02 11-8 80 06 44,
Fax 02 11-8 80 06 48.
10707 Berlin, Kurfürstendamm 171,
Tel. 030-8 85 04 57,
Fax 030-8 85 21 98.
80331 München, Burgstraße 12,
Tel. 089-29 16 36 85,
Fax 089-29 16 40 09.

Österreich
1010 Wien, Landesgerichtstr. 22,
Tel. 01-4 08 39 60, Fax 01-4 08 39 60 18.

Schweiz
8001 Zürich, Bahnhofstr. 69,
Tel.01-2 11 48 30/31, Fax 01-2 12 13 53.

Tunesien
In den Fremdenverkehrsorten und in größeren Städten unterhält das staatliche tunesische Fremdenverkehrsamt **ONTT** Informationsstellen. Außerdem gibt es in vielen Orten lokale Fremdenverkehrsbüros *(Syndicat d'Initiative);* s. jeweilige Ortsbeschreibung.

ONTT-Zentrale
(Office National du Tourisme Tunisien)
1, Av. Mohamed V, 1001 Tunis,
Tel. 01-34 10 77, Fax 01-35 09 97.

Weitere Informations- und Kontaktstellen

Automobilclubs

Automobilclubs und deren Geschäftsstellen halten für Mitglieder touristisches Infomaterial bereit.

Deutschland
ACE
Schmidener Str. 233, D-70374 Stuttgart,
Tel. 07 11-5 30 33 02.
ADAC
Am Westpark 8, D-81373 München,
Tel. 089-7 67 61.
AvD
Lyoner Str. 16, D-60528 Frankfurt,
Tel. 069-6 60 60.

Österreich
ÖAMTC
Schubertring 1-3, A-1010 Wien,
Tel. 01-71 19 90.
ARBÖ
Mariahilfer Str. 180, A-1150 Wien,
Tel. 01-85 35 35.

Schweiz
TCS
9, Rue Pierre Fatio, CH-1204 Genève,
Tel. 022-7 37 12 12.
ACS
Theaterplatz 13, CH-3000 Bern 7,
Tel. 031-22 47 22.

Tunesien
Auskünfte in allen für Autofahrer wichtigen Belangen erteilen:
Touring Club de Tunisie (TCT)
15, Rue d'Allemagne, 1002 Tunis,
Tel. 01-24 31 82, Fax 01-35 48 34.
National Automobile Club de Tunisie
29, Av. H. Bourguiba, 1000 Tunis,
Tel. 01-24 11 76/35 02 17,
Fax 01-34 98 37.

Deutsch-tunesische Kontaktstellen

Deutsch-Tunesische Gesellschaft
Meckenheimer Allee 87, 53115 Bonn,
Tel. 02 28-65 69 69.
Deutsch-Tunesische Industrie- und Handelskammer
6, Rue Didon, 1002 Tunis Notre-Dame,
Tel. 01-28 38 91, Fax 78 25 51.
Deutsch-Maghrebinische Gesellschaft
Friedrichallee 9, 53173 Bonn,
Tel. 0228-35 38 26.

➡**Ärzte/Apotheken:** siehe Kapitel „Gesundheit"
➡**Andenken:** siehe Land und Leute, Kapitel „Kunsthandwerk und Souvenirs"

Anreise nach Tunesien

Dank seiner europanahen Lage ist kein anderes arabisches und afrikanisches Land so schnell und bequem erreichbar wie Tunesien. Am einfachsten haben es die Pauschaltouristen, die per Charterflug und Bus-Transfer vom Reiseveranstalter direkt in das gebuchte Hotel gebracht werden.

Aber auch der Individualreisende, der Tunesien auf eigene Faust entdecken will, findet auf dem Luft-, Land- bzw. Seeweg günstige Möglichkeiten, ins Land zu kommen.

Mit dem Flugzeug

Von den wichtigsten europäischen Flughäfen aus gibt es ein vielfältiges Angebot direkter Linienflüge nach Tunesien mit IATA-Fluggesellschaften (z.B. *Lufthansa, Tunis Air, Air France, Swissair, Alitalia)* und von Charterflügen. Folgende **internationale Flughäfen** werden in Tunesien angeflogen: Tunis-Carthage, Djerba (Mellita), Monastir-Skanès, Sfax, Tabarka, Tozeur-Nefta.

Linienflugverbindungen

Ab Deutschland *(Lufthansa, Tunis Air):* Direktflüge von Berlin, Düsseldorf, Frankfurt, Hamburg, München nach **Tunis**; weitere Flüge von Düsseldorf, Frankfurt und München nach **Monastir**, von Frankfurt und München nach **Djerba**, von Frankfurt nach **Tozeur.**

Ab Schweiz *(Swissair, Tunis Air):* Von Genf nach Tunis, Tozeur und Tabarka, von Zürich nach Tunis, Djerba und Tabarka.

Ab Österreich *(Tunis Air):* Von Wien nach Tunis, Monastir und Djerba, von Salzburg nach Monastir.

Die **Flugzeit** von Deutschland, Österreich und der Schweiz beträgt zwischen 1½ und 3½ Stunden.

Flugagenturen

Deutschland

Deutsche Lufthansa
Zentrale: 50679 Köln, Von-Gablenz-Straße 2–6; Stadtbüros in den meisten deutschen Städten (siehe Telefonbuch).

Tunis Air
Zentrale: 60329 Frankfurt/M., Am Hauptbahnhof 6, Tel. 069-2 71 00 10, Fax 27 10 01 35.
Weitere Agenturen in Berlin, Düsseldorf, Hamburg, München.

Tunesien

Tunis Air
1049 Tunis, 47 Av. Farhat Hached, Tel. 01-33 01 00, Fax 01-35 01 07;
1001 Tunis, 48 Av. H. Bourguiba, Tel. 01-33 65 00;
Aéroport Tunis-Carthage, Tel. 01-75 40 00, 75 50 00.
Weitere Agenturen in Bizerte, Gabès, Houmt-Souk (Djerba), Kairouan, Medenine, Monastir, Nabeul, Sfax, Sousse, Tabarka, Tozeur.

Deutsche Lufthansa
Tunis, Bd. Ouled Haffouz, Tel. 01-79 44 11, Fax 01-79 11 00;
Aéroport Tunis-Carthage, Tel. 01-23 60 00.
Weitere Agentur in Houmt-Souk (Djerba; c/o Tunis Air, Tel. 05-65 01 59).

Im Anflug auf Tunesien

Air France
Tunis, 1 R. d'Athènes, Tel. 01-35 54 22. Weitere Agenturen in Houmt-Souk (Djerba), Gabès, Jendouba, Monastir, Sfax.
Swissair
Tunis, Bd. du 7 Nov. 1987,
Tel. 01-70 53 11, Fax 01-70 35 30.

Verbilligte Flüge

Erkundigen Sie sich in Ihrem Flug- oder Reisebüro nach **speziellen Spartarifen** der Liniengesellschaften, die zwar oft an bestimmte Bedingungen geknüpft sind, aber gegenüber den Normaltarifen erhebliche Preisvorteile bieten können (z.B. Kinder-, Jugend- und Studententarife, „flieg & spar-Programm", „IT-Flug", „Exkursions-Flüge", o.ä.)

Günstiger als diese Sonderangebote der Liniengesellschaften sind **Charterflüge**, die im Auftrag verschiedener Reiseveranstalter zwischen vielen deutschen bzw. anderen mitteleuropäischen Orten und Tunesien verkehren. Dazu gehören folgende Fluggesellschaften: *Aerolloyd, Air Berlin, Condor, LTU, Hapag Lloyd, Nouvelair, Germania.* Die Flüge können z.T. in normalen Reisebüros, besonders aber in Spezialbüros für Studenten- und Billigflüge gebucht werden. Anzeigen von Billigfluganbietern findet man u.a. im Reiseteil der Tageszeitungen und in den einschlägigen Reisezeitungen wie z. B. *Tours, Abenteuer & Reisen,* usw. Vor allem Sommer- und Weihnachtsflüge sind frühzeitig zu buchen!

Neben den „nackten" Flügen gibt es **Pauschalarrangements** der großen Reiseveranstalter, die selbst dann u.U. noch günstig kommen, wenn man auf die Unterkunft ganz oder teilweise verzichtet (Wegwerfquartier). Auf jeden Fall lohnt es sich, die Programme verschiedener Veranstalter, deren Tarife und Sonderangebote kritisch zu vergleichen. Die Preisunterschiede können erheblich sein.

Mit dem Privatflugzeug

Drei Tage vor Ankunft in Tunesien muß eine Landegenehmigung angefordert werden bei:
Direction de l'Aviation Civile
Tunis, 1 Rue d'Athenes,
Tel. 01-24 54 92.

Auf dem Land-/Seeweg

Für die **Anreise zu den Fährhäfen** in Italien bzw. Frankreich bietet sich für Nichtmotorisierte die **Eisenbahn** an (die Tarife in Italien liegen niedriger als in Deutschland); Auskünfte über Verbindungen und Billigtarife (auch im Ausland und speziell für Jugendliche) erteilen DER-Reisebüros und die zentralen Informationsstellen der Deutschen Bundesbahn.

Die **flexibelste Art,** das Land kennenzulernen, bietet sich zweifellos jenen, die mit **eigenem PKW, Wohnmobil, Motorrad** (evtl. auch **Fahrrad)** reisen. Mehrere Fährverbindungen gestalten die Anreise übers Mittelmeer recht problemlos.

Mit der Autofähre übers Mittelmeer

Tunesien liegt für den Selbstfahrer näher als manches „gängige" europäische Urlaubsland. Griechenland- oder Spanienreisende müssen sich mit erheblich längeren Anfahrten abfinden. Über Autobahnen und gute Fernverkehrsstraßen sind die beiden **wichtigsten Fährhäfen** am Mittelmeer – **Genua** bzw. **Marseille** – von Mitteleuropa aus bequem zu erreichen. Anlegehafen in Tunesien ist **La Goulette bei Tunis.** Für den Kauf eines Fährtickets *in Tunesien* bitte den Abschnitt „Bon de Passage" unter „Finanzen" beachten!

Fährgesellschaften

Die beiden Reedereien **CTN** *(Compagnie Tunisienne de Navigation)* und **SNCM** *(Société Nationale Maritime Corse-Méditerranée)* arbeiten zusammen mit gemeinsamem Fahrplan; Kombinationsmöglichkeit für Hin- und Rückfahrt. Buchung über größere Reisebüros. Gemeinsame **Generalagenturen:**

Deutschland

SNCM
Germany GmbH, Berliner Str. 31–35, D-65760 Eschborn, Tel. 06196-4 29 11, Fax 06196-48 30 15.

Schweiz

Avimare
Oerlikoner Str. 47, 8057 Zürich,
Tel. 01-3 11 76 50, Fax 01-3 11 20 78.

Österreich

Universal Reisen GmbH
Schubertring 11, 1010 Wien,
Tel. 01-71 36 34 80, Fax 01-7 13 34 07.

Italien

SNCM
16121 Genua, GSA-CEMAR,
Via XX Settembre 2/10,
Tel. 010- 58 95 94, Fax 010- 58 95 93.
CTN
16100 Genua Tirrenia Navigazione - Ponte Colombo, Tel. 010-26 98 01,
Fax 010-2 69 82 55.

Tunesien

SNCM
1000 Tunis, 47 Av. F. Hached,
Tel. 01-33 82 22, Fax 01-33 06 36.
CTN
1000 Tunis, 122 Rue de Yougoslavie,
Tel. 01-24 28 01, Fax 01-35 48 55.

Marseille – Tunis

Mehrere Fährschiffe *(Habib – etwas „betagt"–, King of Scandinavia, Dame M, Liberte, Napoleon)* verkehren ganzjährig mit wechselnden Abfahrtszeiten: Juli–Sept. fast täglich, ansonsten ca. 2x wöchentlich. Die Fahrzeit beträgt ca. 24 Stunden.

Genua – Tunis

Mehrere Fährschiffe *(Habib – etwas „betagt"–, King of Scandinavia, Dame M, Liberte, Ile de Beaute, Corse)* verkehren ganzjährig mit wechselnden Abfahrtszeiten: Juli–September ca. 3x wöchentlich, ansonsten 1x wöchentlich. Die Fahrzeit beträgt etwa 24 Stunden.

Fährkosten

Billiger ist die Überfahrt Genua – Tunis. Der Fährpreis errechnet sich aus dem Personen-Grundtarif (incl. Sitzplatz) + Zuschlag für Kabine (einfachste Liege in Sechserkabine bis Luxus-Außenkabine). Kinder bis 3 Jahre frei, Ermäßigung zwischen 4 und 14 Jahren, ferner Gruppenermäßigung in der Nebensaison. Die Tarife für Fahrzeuge bestimmen sich nach Länge bzw. Höhe.

Spürbare Preisunterschiede bestehen zwischen Haupt- und Nebensaison. Für die Nebensaison (Anreise nicht zwischen 24.6. und 16.8./Rückreise nicht zwischen 9.8. und 16.9.) gilt der **günstige Jasmintarif**. Preisbeispiele 1998: Genua – Tunis – Genua: 2 Personen: 508 DM, 2 Personen mit PKW bis 2,3 m Höhe: 1.125 DM (mit Wohnmobil bis 4 m Höhe und 6 m Länge: 1.575 DM); Motorrad mit Fahrer: 490 DM, jeweils zuzüglich Kabinenzuschläge (30–300 DM p.P.); Verpflegung muß an Bord gebucht werden.

Unterkunft an Bord

Die bis Sommer 98 gültige Einteilung nach Kabinenklasse und Touristenklasse (mit/ohne Verpflegung) ist entfallen; bei den Kabinen besteht mit entsprechend gestaffelten Zuschlägen Auswahl zwischen zweiräumiger 2-Bett-Luxus-Außenkabine mit DU/WC bis hin zur schlichten Liege in Sechserkabine. Bordservice: Restaurants, Bar und Aufenthaltsraum, Bank, Duty-

Strassen-Entfernungen (km)

	Genua	Marseille	Livorno	Neapel	Trapani
Berlin	1293	1575	1215	1751	2604
Hamburg	1380	1450	1335	2015	2868
Frankfurt	859	1015	960	1520	2373
München	699	1060	745	1150	2003
Wien	988	1370	1054	1345	2198
Zürich	447	750	618	1108	1961

free Shop, Schwimmbad, Nachtclub u.a.; Bordwährung: Franz. Francs.

Frühzeitige Buchung (möglichst mehrere Monate im voraus) empfiehlt sich besonders für die Hauptreisezeiten (Sommermonate/Weihnachten/Ostern).

Allgemeine Hinweise und Tips

Bei den genannten Fähren besteht das „roll-on/roll-off"-System. Besonders während der Hochsaison werden die Fahrzeuge im Schiffsbauch sehr dicht geparkt. Deshalb unbedingt Handbremse gut anziehen, um die Bewegung des Autos während der Überfahrt so gering wie möglich zu halten. Gasbetriebene Anlagen (z.B. Kühlschrank im Wohnmobil) sind abzuschalten und der Haupthahn am Gastank zu schließen. Alles was man während der Überfahrt braucht (Ticket, Paß, Fahrzeugpapiere, Waschzeug, Medikamente) und zu brauchen glaubt (Fotoapparat, Filme, Lesestoff usw.) **mitnehmen**, da während der Überfahrt das Autodeck nicht zugänglich ist. Fahrzeug sorgfältig verschließen: Die Reederei haftet nicht für Gepäck im, am und auf dem Fahrzeug.

Durch teilweise Verlagerung der Kontrolle von Personen- und Fahrzeugpapieren an Bord des Schiffes (während der Überfahrt auf entsprechende Lautsprecheraufrufe und Verteilung der Meldekarten achten) und durch getrennte Abfertigungsspuren für Touristenfahrzeuge konnte die **Abfertigung** im Hafen von La Goulette spürbar beschleunigt werden. An Bord wird 1 TD benötigt für den Kauf einer Stempelmarke für die Kfz-Einfuhrbewilligung. Überall wo Computer zum Einsatz kommen (Leser bestätigen dies in regelmäßigem Abstand), ist weiterhin Geduld erforderlich. Die Zollkontrolle der Touristenfahrzeuge im Hafen ist in der Regel nur flüchtig (s.a. „Einreisebestimmungen").

Für die Rückfahrt: die Abfertigung findet im 1998 neu erstellten Terminalgebäude statt. Nichtmotorisierte fahren mit der TGM bis „La Goulette" und von dort am besten mit Taxi, da schlecht beschildert, oder mit Bus 47 zum Terminal.

Weitere Fährverbindungen nach Tunis

Die Fährgesellschaft *Tirrenia* unterhält eine ganzjährige Verbindung zwischen **Trapani** (Sizilien) **und Tunis** (Fahrzeit etwa 7–8 Stunden; 1. und 2. Klasse bzw. Schlafsessel oder Deckplatz). Überfahrtmöglichkeit auch von **Cagliari** (Sardinien) **über Trapani nach Tunis**.

Deutsche Generalagentur:
Armando Farina GmbH
Postfach 71 01 03, 60491 Frankfurt, Tel. 069-6 66 84 91, Fax 069-6 66 84 77.
Schweizer Agentur:
Avimare (s. unter CTN/SNCM).

Fährverbindungen ab Genua bzw. Livorno über Sizilien (bzw. Malta) sowie (zur Hauptsaison) ab Neapel nach Tunis haben sich als teilweise unbeständig bzw. kurzlebig erwiesen. 1998 verkehrte z.B. die *Linee Lauro* auch außerhalb der Saison zwischen Neapel bzw. Trapani (Sizilien) und Tunis. Agentur in Deutschland:
Neptunia
Schmiedwegerl 1, 81241 München, Tel. 089-89 60 73 40.

Generell empfiehlt es sich, jeweils aktuelle Informationen einzuholen und Preisvergleiche anzustellen. Der monatlich erscheinende *ABC Cruise and Ferry Guide,* der in allen größeren Reisebüros vorliegen sollte, gibt Auskunft über alle Fährverbindungen. *In Tunesien* sind detaillierte und umfassende Fähreninformationen kaum erhältlich.

Im Fährhafen von Genua

Mit dem eigenen Boot

Die tunesische Küste mit ihren zahlreichen Häfen und Ankerplätzen ist von den europäischen Ausgangshäfen zwischen 100 und 450 Seemeilen entfernt. Dank des milden Klimas (die Segelsaison ist in Tunesien drei Monate länger als an der europ. Mittelmeerküste) und seiner modernen Yachthäfen ist Tunesien zu einem beliebten Reiseziel europ. Skipper geworden. **Einige Entfernungen** (in Seemeilen = SM):

Palermo – Sidi Bou Said	177 SM
Palermo – Monastir	226 SM
Malta – Port el Kantaoui	192 SM
Malta – Monastir	188 SM
Toulon – La Goulette	450 SM
Ajaccio (Korsika) – La Goulette	341 SM
Cagliari (Sardinien) – Bizerte	122 SM

Von Notfallsituationen abgesehen dürfen **nur tunesische Häfen mit eigener Zoll- und Polizeistation** angelaufen werden. Dazu gehören neben den speziellen Yachthäfen von Bizerte, Monastir, Port el Kantaoui, Sidi Bou Said und Tabarka die Fischer- beziehungsweise Handelshäfen von Ajim (Djerba), Beni Khiar, Bou Grara, El Ataya (Kerkennah), Ennajet, Gabès, Houmt-Souk (Djerba), Kelibia, La Chebba, La Goulette, La Louata, La Skhirra, Mahdia, Mahrès, Sidi Daoud, Sidi Youssef, Sfax, Sousse, Teboulba und Zarzis.

Beim Einlaufen in den tunesischen Hafen müssen sowohl die Flagge des Ursprungslandes als auch die tunesische Flagge jeweils an Heck und Bug des Schiffes gehißt sein. Sofort nach Ankunft im Hafen sind sämtliche Polizei- und Zollformalitäten zu erledigen.

Empfehlenswerte Unterlagen und Seekarten

SHOM: Leuchtfeuerverzeichnis, Serie D, Band B.

Seehandbuch: Serie D, Band IV.

Franz. Seekarten: Nr. 7014, 5017, 4314, 4315, 4316, 4244, 4245 und die Detailkarten 4129, 4091, 4198, 4208, 4219, 4221, 4225, 4226, 4227, 4235, 4236, 4237, 4239, 4240, 4242, 4247, 4250, 6325.

Yachthäfen (Marinas)

Adresse	Position	Telefon/Fax	Sonstiges
Port de Bizerte Av. Habib Bouguatfa 7000 Bizerte	37°16'N 09°53'O	Tel. 02-43 16 88	80 Liegeplätze Tiefe 2 bis 8 m
Port el Kantaoui Sousse Nord, 4000 Sousse	35°53'N 10°36'O	Tel. 03-24 05 00 Tel. 03-24 17 99 Fax 03-24 05 06	320 Liegeplätze Tiefe 2 bis 4 m
Port de Monastir Cap Monastir, 5000 Monastir	35°47'11"N 10°50'05"O	Tel. 03-46 23 05 Tel. 03-46 09 51 Fax 03-46 20 66	400 Liegeplätze Tiefe 3 bis 6 m
Port Sidi Bou Said Av. J. Kennedy 2026 Sidi Bou Said	36°52'N 10°21'O	Tel. 01-74 16 45 Fax 01-74 42 17	380 Liegeplätze Tiefe 2,5 bis 4 m
Port de Tabarka 8110 Tabarka	36°57'02"N 08°45'03"O	Tel. 08-67 03 99 Fax 08-67 35 95	70 Liegeplätze max. Länge 40 m Tiefe 2,5 bis 4,5 m

Bei den Hafenfunkstellen von Bizerte, La Goulette, Mahdia und Sfax und bei den Yachthäfen von Sidi Bou Said, Port el Kantaoui und Monastir erhält der Skipper die aktuellen Seewetterberichte, Sturmwarnungen und Küstenwettervorhersagen. Darüber hinaus bringen die tunesischen Radiosender regelmäßig Wettervorhersagen.

Weitere Einzelheiten über Einrichtungen und Dienste der einzelnen tunesischen Häfen, über die verschiedenen Formalitäten sowie allgemeine meteorologische Angaben sind in der deutschsprachigen Broschüre *Yachting in Tunesien* nachzulesen (zu beziehen über das tunesische Fremdenverkehrsamt ONTT, siehe „Adressen“ auf S.18).

Grenzübergänge auf dem Landweg

Nach Algerien (von Nord nach Süd): Melloula/Oum-Teboul (nördliche Küstenstraße), Babouch/El Aioun, Ghardimaou, Sakiet Sidi Youssef, Kalaat Es Senam/El-Meridj, Haidra/Ras El Aioun, Bou Chebka, Tamerza/Betita, Hazoua/Taleb Larbi (südlichster Grenzübergang an der Strecke Nefta – El Oued).

Nach Libyen: Ben Guerdane/Ras Ajdir (Küstenstraße), Dehiba/Nalut (z.Z. geschlossen).

Es bestehen **keine weiteren Grenzübergänge** im Sahararaum (militärisches Sperrgebiet), also weder bei El Borma noch bei Bordj el Khadra.

Ausrüstung

Eine rechtzeitig angelegte **Checkliste** garantiert, daß man nichts einzupakken (und vorab zu erledigen) vergißt. Grundsätzlich erfordert eine Tunesienreise kaum andere Vorbereitung bzw. Aufwand als eine beliebige Südeuropareise. Zu beachten ist jedoch, daß es sich bei Tunesien um ein arabisches Land handelt (u.a. strengere Kleidungssitten).

Kleidung

Sie richtet sich zunächst v.a. nach **Reisezeit und Reiseziel**. Wer einen Pauschal-Badeurlaub gebucht hat, muß anders packen als der Rundreisende, für den Hotelgast gelten andere Kriterien als für den Rucksackreisenden.

Auch in der heißesten Jahreszeit muß **Rücksicht auf die Moralvorstellungen unseres islamischen Gastlands** genommen werden. **Nacktbaden** ist in Tunesien **verboten;** „oben ohne" wird an vielen (nicht allen!) Hotelpools und an einigen Stränden toleriert. Badekleidung, Shorts, tief ausgeschnittene, ärmellose Oberteile bei Damen müssen auf die Badezonen und den Hotelbereich beschränkt bleiben. Empfehlenswert ist Kleidung aus pflegeleichten, **luftdurchlässigen und schweißsaugenden Baumwoll- oder anderen Naturfasern.** Es gibt leichte, lange Hosen, luftige, kniebedeckende Röcke und bequeme, weitärmelige Blusen oder T-Shirts, mit denen man nicht nur „anständig", sondern in der Sonnenhitze auch gesünder angezogen ist als mit viel nackter Haut. Entsprechendes gilt auch für die Herren. Man wird nur selten, und auch dann nur in der heißesten Jahreszeit, einen Tunesier auf der Straße in Shorts oder Turnhosen sehen, garantiert aber niemals nacktbrüstig. Man sollte es sich übrigens auch verkneifen, in tunesischer Landestracht aufzutreten – obwohl diese allerorten für Touristen zum Kauf angeboten wird. Eine Touristin im langen Sefsari, ihr Gatte in der Djellabah und mit Kopftuch im Beduinenstil – solche „Verkleidung" wirkt auch auf Tunesier eher lächerlich als angepaßt. Sehr **praktisch** für Damen ist ein möglichst **großes, leichtes Tuch,** beliebig über Kopf und/oder Schultern zu tragen; dies ist nicht nur ein empfehlenswertes Zu-

So bitte nicht!

geständnis an die Landessitte, es schützt auch das Haar vor Austrocknung, Ausbleichung und Staub; zudem läßt sich damit bei Besuchen z.B. von Moscheen, Museen, Souks, Restaurants etc. ein Zuviel an nackter Haut im Schulterbereich dezent verhüllen. Eine **Kopfbedeckung** als Schutz gegen die starke Sonneneinstrahlung ist ohnehin nahezu unerläßlich; sie sollte möglichst auch den empfindlichen Nackenbereich abdecken.

Selbst ins Sommergepäck gehören ein **warmer Pullover** für kühle Abende sowie ein leichter Wind- und Regenschutz; im Winter kann man – im Süden wie im Norden – durchaus eine dicke, gefütterte Jacke, Anorak oder warmen Mantel brauchen.

Feste, geschlossene **Schuhe** mit grobem Profil sind nicht nur für Wüstenexkursionen nötig; auch bei Ausflügen ins Gelände und Besichtigungen antiker Ruinenstätten gewähren sie sicheren Halt und Schutz gegen evtl. vorhandene Schlangen und Skorpione. **Badeschuhe** nicht vergessen!

Für **Camper** empfiehlt sich die Mitnahme von **Gummistiefeln** – nach Regenfällen steht man oft in einer Schlammlandschaft. Ein **Schirm** schützt vor Regen und notfalls auch vor zu viel Sonne.

Sonstiges

Auch wenn Sie etwas zuhause vergessen haben – das meiste (z.B. Kleidung, Toilettenartikel etc.) läßt sich in Tunesien – zumindest in Städten und Touristenzentren – notfalls nachkaufen.

Wichtig ist generell, an die **persönlichen, unersetzlichen Dinge** zu denken, z.B. Personaldokumente, Brillen, besondere Medikamente (Anti-Baby-Pillen!), Adressenbüchlein, Wörterbuch, Reiseliteratur und Landkarten. Nützlich ist die Mitnahme einer Auswahl kleiner, individueller Geschenkartikel (s. S.102).

Noch ein Tip: Ein kleines **Notizbuch mit Kalenderteil** (bei Rundreisen und für Schreibfreudigere ein Tagebuch) sollte jeder dabeihaben, um die eine oder andere Information festzuhalten. Handelt es sich um die erste und einzige Tunesienreise, hat man später ein interessantes Souvenir. Folgen weitere Reisen, kann man dankbar auf das Notierte (z.B. Preise, Hotel-, Restaurant-, Camping- oder Einkaufstips, Adressen) zurückgreifen. **Kopien von Paß und wichtigen Personalpapieren** – separat aufbewahrt – sind nützlich bei Verlust der Originale.

Evtl. noch vorhandene alte französische Steckdosen (für zweipolige Flachstecker) erfordern einen **Euro-Zwischenstecker.** Eine Taschenlampe ist bei kurzfristigen Stromausfällen, gelegentlich auch bei Besichtigungen nützlich.

Fotografen sollten **ausreichend Ersatzbatterien und Filmmaterial** dabeihaben (letzteres ist in Tunesien teurer und u.U. schlecht gelagert).

Auto- und Motorradfahrer tun gut daran, die **wichtigsten Ersatzteile** und entsprechendes **Reparaturwerkzeug** mitzunehmen. Für Motorradfahrer sei auf das sehr nützliche Buch „Motorradreisen zwischen Urlaub und Expedition" von Thomas Troßmann (Reise Know-How Verlag Därr GmbH) hingewiesen.

Eine sorgfältigere Ausrüstung ist nötig für jene, die in unerschlossenes Bergland oder die Wüstenregionen vorstoßen wollen (s.a. „Allgemeine Hinweise für Pistenfahrten"; S.685).

Selbstversorger benötigen eine etwas umfangreichere Ausrüstung

Tips für Camper und Selbstversorger

Gasversorgung: 11-kg-Propangasflaschen gibt es im ganzen Land *(Agilgaz, Bottogas, Primagas)*. Schwierig ist es jedoch mit *Camping Gaz* (blaue Flaschen). Während die kleinen Gaskartuschen landesweit erhältlich sind (wenn auch von anderen Herstellern), so ist der Umtausch der Originalflaschen (2,8 kg) nicht möglich. Gute Chancen, leere Flaschen auffüllen zu lassen, bestehen in den Yachthäfen (z.B. Port el Kantaoui, Monastir; Anfrage bei der Hafenmeisterei) oder in Agil-Tankstellen.

Wenn das alles nicht klappt, kann man versuchen, in Agil-Tankstellen oder Geschäften mit dem aushängenden „Agil"-Gasflaschensymbol eine 2,8-l-Agilgasflasche zu kaufen. Sie sind in Größe, Form und Anschluß identisch mit unseren blauen Campinggasflaschen, preiswert und problemlos überall im Land zu tauschen.

Wasserversorgung: Grundsätzlich gilt Wasser aus dem öffentlichen Leitungsnetz als unbedenklich. Es ist meist an Tankstellen erhältlich, man kann es auf Campingplätzen zapfen, gelegentlich findet man öffentliche Wasserstellen neben der Straße (häufig sogar hervorragendes Mineralquellwasser – entspr. Hinweise im Text). **Vorsicht** ist immer geboten, wenn das **Wasser aus Tanks, Zisternen, Reservoirs etc.** kommt. Zugabe von *Micropur* o.ä. Aufbereitungsmitteln (grundsätzlich zu empfehlen und in Ausrüstungsläden erhältlich) tötet evtl. vorhandene Keime und macht das Wasser länger haltbar. Wer ganz sichergehen will, verwende für Trinkzwecke das überall in Plastik- oder Glasflaschen käufliche Mineralwasser.

Kühlung und Aufbewahrung von Lebensmitteln: Getränke bekommen auch ohne Kühlschrank eine zumindest erfrischende Temperatur, wenn man die Flasche/Dose in einem nassen, enganliegenden Frotteebeutel einige Zeit in den Wind – notfalls vom Auto-Ventilator - hängt. Verderbliche Vorräte kann man befristet in einer Camping-Kühlbox lagern, die nachts, einen Spalt weit geöffnet, ins Freie gestellt die Nachtkühle einfängt und, dann gut verschlossen, diese tagsüber noch eine Weile hält. In Lebensmittelgeschäften kann man gezielt nach „kalten“ Getränken, Joghurts etc. aus dem Kühlschrank fragen. Für Brot, Obst und Gemüse sollte man ausreichend luftdurchlässige Behälter (Netze, Stoff-/Leinenbeutel) mitnehmen.

Ausrüstungsläden

Hilfreich bei Ausrüstungsfragen für Selbstfahrer, Camper und Rucksackreisende etc. sind die diversen **Globetrotter- und Expeditionsausrüstungsläden.** Nachstehend eine Auswahl von Läden, in denen durch erfahrenes Personal erprobtes und bewährtes Material verkauft und kostenlose Reiseberatung angeboten wird.

Deutschland

Aachen

Trans Globe
Alexianergraben 47, 52062 Aachen,
Tel. (02 41) 40 24 59.

Berlin

Bannat
Globetrotter Ausrüstungen
Lietzenburgerstr. 65, 10719 Berlin,
Tel. (0 30) 8 82 76 01.

Denart & Lechardt
Globetrotter Ausrüstung
Bundesallee 88, 12161 Berlin,
Tel. (0 30) 85 08 92 0.

Der Aussteiger
Schliemannstr. 46, 10437 Berlin,
Tel. (0 30) 4 41 04 14.

Bonn

Steppenwolf
Oxfordstr. 4, 53111 Bonn,
Tel. (02 28) 65 80 71.

Chemnitz

Alpinist & Globetrotter
Barbarossastr. 94, 09112 Chemnitz,
Tel. (03 71) 30 56 21.

Dresden

Denart & Lechardt
Globetrotter Ausrüstung
Wilsdruffer Str. 3, 01067 Dresden,
Tel. (03 51) 4 95 21 16.

Pik Ardie
Trekking und Bergsport
Schlüterstr. 19, 01277 Dresden,
Tel. (03 51) 3 11 99 85.

Düsseldorf

Sack & Pack
Brunnenstraße 1, 40223 Düsseldorf,
Tel. (02 11) 34 17 42.

Trans Globe
Alexanderstr. 35, 40210 Düsseldorf,
Tel. (02 11) 32 64 29.

Erlangen

Alpinist & Globetrotter
Innere Brucker Straße 22,
91054 Erlangen, Tel. (0 91 31) 2 85 91.

Essen

Sine GmbH
Kennedyplatz 3, 45127 Essen,
Tel. (02 01) 1 05 90 80.

Frankfurt am Main

Sine GmbH
Oeder Weg 43, Tel. (0 69) 55 22 33 u. Oeder Weg 31, Tel. (0 69) 55 73 77. 60318 Frankfurt/M.

Gießen

Sahara Special
Bahnhofstraße 69, 35390 Gießen, Tel. (06 41) 7 47 74,Fax (06 41) 7 67 70.

Hamburg

Denart & Lechardt
Globetrotter Ausrüstung
Wiesendamm 1, 22305 Hamburg, Tel. (0 40) 29 12 23.

Jena

Lauche & Maas
Karl-Liebknecht-Str. 11, 07749 Jena, Tel. (0 36 41) 44 39 35.

Köln

Trans Globe
Zülpicherstraße 38, 50674 Köln, Tel. (02 21) 23 93 98.

München

Därr Expeditionsservice GmbH
Theresienstr. 66, 80333 München, Nähe TU/Pinakothek, Tel.(0 89) 28 20 32, Fax (0 89) 28 25 25. Katalog für Ausrüstung und Bücher (gegen 3 DM Porto).

Passau

Pritz Globetrotter
Expeditionsausrüstungen
Schmiedgasse 17–19, 94032 Passau, Tel. (08 51) 3 62 20.

Rosenheim

Saro-Shop
Reise-/Expeditionsausrüstung
Innstraße 38, 83022 Rosenheim, Tel. (0 80 31) 3 27 58, Fax (0 80 31) 3 27 77.

Siegen

Traveller Shop Hollstein/Schreiber
Bergsport- und Reiseausrüstung
Spanndauerstr. 32, 57072 Siegen, Tel. (02 71) 33 71 80.

Stuttgart / Filderstadt

Travel Center Bernd Woick GmbH
Expeditions- und Allradservice
Plieningerstr. 21,
70794 Filderstadt-Bernhausen,
Tel. (07 11) 7 09 67 00.

Wächtersbach

Volker Lapp Expeditionsservice
An der Weihertanne 28,
63607 Wächtersbach,
Tel. (0 60 53) 60 06 99.

Österreich

Hof u. Turecek Expeditionsservice
Markgraf-Rüdiger-Str. 1
(15. Bezirk), A-1150 Wien
Tel. (00 43-1) 9 82 23 61,
Fax (0043-1) 9 82 19 21.

Holler & Radl Handels-GmbH & Co.
Geländewagenausrüstung
Landgutstr. 33, A-1100 Wien,
Tel. (00 43-1) 6 04 40 61.

Schweiz

Transa Backpacking
Josefstr. 59, CH-8005 Zürich,
Tel. (00 41-1) 2 71 90 40; Filialen in Bern, Basel und St. Gallen.

Atlas Travel Shop
Bahnhofstr. 76, CH-3232 Ins,
Tel.(00 41-32) 3 13 44 07,
Fax (00 41-32) 3 13 44 08
und
Schauplatzgasse 21, CH-3011 Bern,
Tel. (00 41-31) 3 11 90 44,
Fax (00 41-31) 3 12 54 05.

Einreise- und Zollbestimmungen

Die jeweils aktuellsten Informationen für Tunesien sind über die Landesvertretungen des tunesischen Fremdenverkehrsverbandes ONTT und bei den Reisediensten der Automobilclubs (s. „Adressen") erhältlich.

Personaldokumente

Deutsche, österreichische und Staatsbürger aus der Schweiz benötigen für die Einreise einen gültigen **Reisepaß;** für Kinder unter 16 Jahren ist entweder ein Kinderausweis oder Eintrag im Elternpaß (mit Lichtbild, auch für Kinder unter zehn Jahren!) erforderlich. Reisepässe und Kinderausweise müssen bei der Einreise mindestens noch vier Monate gültig sein.

Deutsche **Pauschalreisende,** die einen Charterflug sowie den Hotelaufenthalt für die gesamte Aufenthaltsdauer im voraus gebucht und bezahlt haben, können mit dem **Personalausweis** einreisen. Sie müssen das Hin- und Rückflugticket zu einem festen Termin sowie Hotel-Voucher vorweisen können.

Visumpflicht besteht bei einer Aufenthaltsdauer von über drei (für Österreicher und Schweizer) bzw. vier Monaten (für Deutsche). Verlängerung *(Carte de séjour)* über größere Polizeidienststellen möglich (2 Paßfotos, Nachweis über finanzielle Mittel, Unterkunftsbescheinigung und 6-TD-Marke *(Timbre fiscale).*

Tip: Paßkopie für Verlustfall!

بطاقة زائر (غير مقيم)

CARTE DE VISITEUR " NON RESIDENT "

Nom et Prénom .... : الاسم واللقب

Nom de jeune fille .... : اللقب العائلي عند الولادة

Date et lieu de naissance .... : تاريخ ومكان الولادة

Nationalité .... : الجنسية

Adresse en Tunisie .... العنوان بتونس

N° du passeport : رقم الجواز

N° carte d'identité (*) .... (*) : او بطاقة التعريف

Date/lieu d'émission .... تاريخ ومكان الاصدار

(*) Si le visiteur est admis sans passeport — (*) في حالة قبول الزائر بدون جواز سفر

Code 1206053/97

Mod : 213

بطاقة دخول وخروج وسيلة نقل

FICHE D'ENTREE OU DE SORTIE POUR VEHICULE

Partie réservée à l'Administration

1	N° d'immatriculation :	((KFZ-Kennzeichen))	رقم تسجيل السيارة :
2	Pays d'origine :	((Herkunftsland))	البلد الأصلي :
3	Marque :	((KFZ-Marke))	الصانع :
4	N° Type :	((Typenbezeichnung))	الصنف :
5	Genre :	((Art: PKW = VP (véhicule personnel))	النوع :
6	Couleur :	((Farbe))	اللون :
7	Carburant :	((Treibstoffart))	نوع الوقود :
8	Identité du propriétaire :	((Name des Halters))	هوية مالكها :
9	Identité du conducteur :	((Name des Fahrers))	هوية سائقها :
10	Date et lieu de naissance :	((Geburtsdatum + Ort))	تاريخ ومكان ولادته :
11	Nationalité du conducteur :	((Nationalität des Fahrers))	جنسيته :
12	Profession du conducteur :	((Beruf))	مهنته :
13	Adresse en Tunisie :	((Adresse in Tunesien))	عنوانه بالبلاد التونسية :
14	Provenant de :	((kommend von ...))	قادمة من :
15	Allant à :	((Gehend nach ...))	ذاهبة الى :
16	Autorisé jusqu'au :	((Gültig bis ...))	مرخص لها بالجولان حتى :

Partie réservée pour cachet du poste frontalier

PAS 13

* D'après la carte grise — * حسب البطاقة الرمادية

Impfvorschriften

Es bestehen **keine Impfvorschriften** für aus Europa anreisende Besucher (Gelbfieberimpfung nur bei Einreise aus einem Infektionsgebiet). Malariaschutz ist nicht erforderlich (für Impfempfehlungen s. auch Kapitel „Gesundheit").

Kraftfahrzeuge, Anhänger und Boote

Die **vorübergehende Einfuhr** nach Tunesien ist **zollfrei**. Bei einem Aufenthalt von bis zu drei Monaten erfolgt Eintragung im Reisepaß. **Nationalitätszeichen** muß am Fahrzeug angebracht sein. **Nationaler Führerschein** und **Fahrzeugschein** sind erforderlich. Für Boote ist ein **Bootsführerschein** und **internationales Verbandszertifikat** erforderlich.

Die **Internationale Grüne Versicherungskarte** muß für Tunesien (TN) gültig geschrieben sein; andernfalls obligatorischer Versicherungsabschluß in Tunesien unmittelbar bei Einreise (Versicherungsbüro im Hafen). Rückerstattung dieser Versicherungsbeiträge auf Antrag durch die eigene Kfz-Versicherung.

Zu empfehlen ist der Kauf eines **Auslandsschutzbriefes** (z.B. über einen Automobilclub), evtl. auch Abschluß einer Reisevollkaskoversicherung.

Haustiere

Für Hunde und Katzen ist eine **Impfbescheinigung gegen Tollwut** (bei Hunden auch gegen Staupe) erforderlich (mindestens 1, höchstens 6 Monate alt); ebenso ein **amtstierärztliches Zeugnis** (nicht älter als 6 Wo.).

Zollbestimmungen/ Reisegepäck

Zusätzlich zum persönlichen Reisebedarf dürfen vorübergehend zollfrei nach Tunesien eingeführt werden:

Für Eigenverbrauch (pro Person über 17 Jahren): 100 Zigarren oder 400 Zigaretten oder 500 g Tabak; Alkohol: 2 l bis 25% oder 1 l über 25%. ¼ l Parfüm, 1 l Eau de Toilette.

Kraftstoff: 20 l in Zusatzkanistern.

Außerdem: 2 Fotoapparate verschiedenen Formats/Marke mit jeweils 20 Filmen, 1 Tonbandgerät, 1 Schmalfilmkamera mit 20 Filmen, 1 Videokamera, 1 Kofferradio, 1 Kofferschreibmaschine, 1 Fernglas, Sport- und Campingausrüstung, 1 Fahrrad, 1 Kinderwagen, 1 PC. (Optische und sonstige Wertgegenstände, z.B. Videokamera, PC, im Paß eintragen lassen, um Probleme bei der Wiederausfuhr zu vermeiden.)

Funkgeräte/Waffen: Die Einfuhr von Funkgeräten jeder Art ist **verboten** (notfalls Ausbau aus Fahrzeug); ebenfalls verboten ist die Einfuhr von Waffen (bezüglich Einfuhr von Jagdwaffen: Informationsblatt beim Tunesischen Fremdenverkehrsamt ONTT anfordern).

Die Einfuhr von **Rauschgift und pornographische Schriften** ist strengstens verboten!

Ausreise: „Ausländische Reisende können ohne Formalitäten die Gegenstände ausführen, die sie für persönliche Zwecke im Land gekauft haben". (Sicherheitshalber bei größeren Souvenirkäufen Rechnung und Umtauschquittung aufbewahren).

Wiedereinreise nach Deutschland: *Heimische* Zollbestimmungen beachten (z.B. max. 200 Zigaretten, Alkohol: 1 l über 22% *oder* 2 l unter 22% *oder* 2 l Schaumwein/Likör und 2 l Wein).

Elektrizität

Fast überall im Land gibt es 220 V/ 50 Hz Wechselstrom (nur wenige Altbauten verfügen über 110 V). Da unsere Gerätestecker nicht immer in die tunesischen Steckdosen passen, wird die Mitnahme eines Euro-Zwischensteckers empfohlen (erhältlich im Fachhandel).

Essen und Trinken

Die Tunesische Küche

Vorweg: Olivenöl und scharfe Gewürze, die für den europäischen Magen gewöhnungsbedürftig sind, kennzeichnen viele traditionelle tunesische Speisen. Großzügig wird mit **Harissa** umgegangen, einer feurigen Paste auf Pfefferschotenbasis. Paprika, Tomaten, Gurken, Zwiebeln, Knoblauch, Oliven,

Petersilie, Ei, Thunfisch und Kartoffeln sind wesentliche Grundbestandteile vieler Gerichte: Man findet sie variantenreich in Salaten, als Brotfüllungen, als Pizzabelag, zu Omelette verarbeitet, als Eintopf oder Auflauf. Anstelle von Schweinernem (für Moslems verboten) wird viel Lamm- und Hammelfleisch verwendet, daneben Rindfleisch, Geflügel und – vor allem in Küstennähe – vielerlei Arten von Fisch (u.a. Makrelen, Gold- und Rotbrassen, Sardinen, Tinten- und Thunfisch, Seebarben, Schalentiere). Brot ist das wichtigste Grundnahrungsmittel. Es wird reichlich zu jeder Mahlzeit gereicht und genossen, meist als aufgeschnittenes Baguette (französisches Stangenweißbrot), gelegentlich auch in Fladenform. Vielfach haben als Beilage Pommes frites Einzug gehalten. Nachstehend einige **traditionelle Gerichte:**

Vorspeisen / Snacks

- **Chorba:** Gehaltvolle (oft eintopfartige) Suppe unterschiedlichen Rezepts (meist nur in den kühleren Monaten im Angebot).
- **Lablabi:** Scharf gewürzte Suppe/Sauce aus Kichererbsen, durch Zitronensaft leicht säuerlich; mit entsprechend viel Brot eine preiswerte, sättigende Mahlzeit.
- **Salad Tunisienne:** Frischer Salat aus kleinwürfelig geschnittenen Tomaten, Gurken, Peperoni, Zwiebeln, Oliven, Petersilie, Ei und Thunfisch, mit Öl und Zitronensaft angemacht.
- **Salad Mechouia:** Kleingeschnittene Tomaten, Paprika, Zwiebel, Knoblauch – angedünstet, aber kalt (gelegentlich püriert) mit Oliven, Thunfisch, Kapern, Ei etc. serviert.
- **Brik á l'oeuf:** Dünne, in siedendem Fett herausgebackene Teigtasche, gefüllt mit Ei und wahlweise mit Hackfleisch, Kräutern, Thunfisch, Meeresfrüchten; sehr "splitterig", schwierig aus der Hand zu essen (senkrecht halten!), aber köstlich (siehe Abbildung unten).
- **Cassecroûte:** Aufgeschnittenes Stück Stangenweißbrot (Baguette), gefüllt nach Wunsch mit Tomaten, Thunfisch, Ei, Kartoffeln, Blattsalat, Kapern, Oliven und beliebig mit Harissa etc. gewürzt.

Wer selbst eine tunesische Vorspeise zubereiten will, kann eines der folgenden **Rezepte** ausprobieren:

Brik nach Hausfrauenart

(brik diäri)

Zutaten: 4 Brikblätter (die fertigen Brik-Teigblätter kann man auch in Deutschland in arabischen und türkischen Spezialitätengeschäften kaufen), 500 g Rinderhack, 4 Eier, 1 kl. Zwiebel, 1 Bund Petersilie, 4 Eßl. Pflanzenöl, 4 EL Rinderschmalz, ½ TL Salz, ¼ TL Pfeffer.

Zubereitung: Zwiebel schälen, Petersilie waschen und beides fein hacken. Hackfleisch salzen, pfeffern und mit der Zwiebel in mäßig heißem Öl etwa 15 Minuten andünsten. Vom Herd nehmen, pürieren und mit Petersilie und Schmalz unter ständigem Rühren nochmals kurz anbraten. Je ein Brikblatt zum Viereck falten, mit Fülle bestreichen, ein rohes Ei darübergeben und zu einem Dreieck zusammenklappen. Beidseitig in heißem Öl goldbraun braten und abtropfen lassen. Heiß, mit Zitronenvierteln garniert, servieren.

Tunesischer Salat

(slata tunsia)

Zutaten: 300 g Tomaten, 200 g milde, 50 g scharfe Peperoni, 50 g Oliven, 30 g getrocknete Pfefferminzblätter, 1 gr. Zwiebel, zwei Eier, Thunfisch; Marinade: 3 EL Olivenöl, ½ TL Salz, ½ TL Pfeffer, 1 Zitrone.

Zubereitung: Die milden und scharfen Peperoni sowie die Tomaten waschen, entkernen und in Würfel schneiden. Zwiebel schälen und kleinhacken. Aus dem Olivenöl, Salz, Pfeffer und Zitronensaft eine Marinade anrühren und über den Salat gießen. Gut durchmischen. Eier hart kochen, abkühlen lassen, schälen und jeweils in 4 Teile schneiden. Den Salat mit den Eiervierteln, Thunfisch und Oliven garnieren. Zum Schluß die Pfefferminzblätter im Mörser zerstoßen und darüberstreuen.

(Rezepte mit freundlicher Genehmigung entnommen dem Kochbuch von Hebara Lampert, Kunstverlag Weingarten: „Tunesische Spezialitäten".)

Hauptgerichte

- **Brochettes:** Gegrillte Fleischspießchen.
- **Chakchouka:** Eintopf aus verschiedenem Gemüse (Tomaten/Paprika/Zwiebeln – ähnlich Ratatouille) mit Fleisch-, Wursteinlage oder Spiegelei (wird auch in Dosen – sehr scharf! – verkauft).
- **Couscous** (tunes. Nationalgericht): Über Dampf gegarter Hartweizengries, in vielen Varianten serviert mit Fleisch-, Geflügel-, oder Fischstückchen sowie Gemüse (überwiegend Karotten, Rüben, Kichererbsen) und würziger (Harissa-)Soße.

Gastlichkeit in der Wüste

- **Kamounia:** Gulaschähnliches Gericht aus Innereien oder verschiedenen Fleischsorten, mit dicker Sauce, sehr kräftig mit Cumin („römischer Kümmel") gewürzt.
- **Keftaji/Kafdtadji:** Variantenreicher Gemüseeintopf mit Fleisch-/Leber-, Hackfleischeinlage oder Spiegelei.
- **Mechoui:** Am Spieß gegrilltes Hammelfleisch.
- **Merguez:** Gebratene oder gegrillte, kräftig gewürzte Würstchen aus Hammel-, Lamm- oder Rindfleisch.
- **Tajine:** Schnittfester Auflauf mit unterschiedlichen Zutaten (Gemüse, Kartoffeln, Eier, Hammelfleisch); vielerlei Rezepte; nicht zu verwechseln mit der völlig andersartigen marokkanischen Tajine.

Hier das **Rezept** zu einem typisch tunesischen Hauptgericht:

Lammspießchen
(sfafid allusch)

Zutaten: 600 g Lammfleisch, 150 g Lammspeck, 2 kl.Tomaten, 1 kl. Zwiebel, ½ Bund Petersilie, Lorbeerblätter, 4 EL Öl, Salz, Pfeffer.

Zubereitung: Den Lammspeck in dünne Scheiben schneiden. Mit Salz und Pfeffer würzen. Das Lammfleisch waschen, in Würfel zerteilen, salzen, pfeffern und mit Öl bestreichen. Abwechselnd Fleisch, Speck und Lorbeerblätter auf Spieße stecken und in einer gefetteten Grillpfanne rundherum braten. Die fertigen Spießchen auf einer Platte anrichten, warm stellen. Zwiebel und Petersilie fein hacken und über die Spießchen streuen. Mit Tomaten und Zitronenvierteln garnieren.

(Aus: „Tunesische Spezialitäten" von Hebara Lampert)

Nachspeisen

In Hotels gibt es meist „Früchte der Saison" (Datteln, Orangen, Feigen, Melonen, Äpfel, Granatäpfel), Eis, Joghurts, Puddings oder sehr süße Kuchen. Die Tunesier essen als Dessert gern auch recht „deftiges" Backwerk, das unter Verwendung von Honig, Mandeln, Datteln, Feigen und Rosinen in vielen Varianten unter verschiedenen Namen erhältlich ist, z.B.:

- **Makroud:** Dattelgefülltes, in Öl herausgebackenes und honiggetränktes Gebäck.
- **Baklawa:** Griesgebäck mit Nüssen und Mandeln.

Getränke

Das tunesische Nationalgetränk ist der **Pfefferminztee** *(Thé à la menthe)*, ein sehr süßer Aufguß aus grünem, chinesischem Tee, der mit frischer Pfefferminze gewürzt und manchmal mit Pinienkernen oder Mandeln versetzt in kleinen Gläschen serviert wird. Im privaten Kreis ist es üblich, den Tee in einer langen Zeremonie in drei Runden zu reichen, wobei die Stärke des Gebräus von Runde zu Runde nachläßt. Auch **Kaffee** steht hoch im Kurs; er wird mit oder ohne Milch, als Espresso, sowie ungefiltert als türkischer Mokka, „Café Turc" oder „Café Arab" (mit Zucker und Kardamon zwei- bis dreimal kurz aufgekocht) serviert, evtl.mit einem Spritzer Orangenblütenessenz verfeinert.

Der durstige Moslem trinkt viel Leitungs- oder **Mineralwasser.** Achten Sie darauf, daß Mineralwasserflaschen (z.B. *Safia, Sabrine, Koutine)* erst beim Servieren am Tisch geöffnet werden. Kohlesäurehaltiges Mineralwasser („gazeuse"; z.B. *Ain Garci)* ist nicht überall erhältlich. Im Angebot sind ferner Cola, Fanta und andere Erfrischungsgetränke (z.B. die tunesische Marke *Boga* in mehreren Geschmacksrichtungen). Eine Köstlichkeit und sehr gesund sind die frischgepreßten **Fruchtsäfte** (meist Orangen), die während der Haupterntezeiten auch an Straßenständen angeboten werden. V.a. in der Gegend um Gabès wird am Straßenrand oft auch **Laghmi** angeboten, **frischer Palmsaft.** Es ist eine durststillende, leicht süßlich schmeckende Flüssigkeit, die – vergoren – als Palm-„Wein" eine durchaus berauschende Wirkung haben kann.

Eine Lizenz zum **Alkoholausschank** haben Hotels und die meisten touristischen Restaurants. Bei Mittelklasse-Restaurants und auch in Café-Bars gibt die Karte bzw. der Kellner Auskunft, ob das Lokal lizensiert ist. In kleineren Restaurants, Garküchen oder gar an Imbißständen gibt es keinen Alkohol. Freitags sind (offiziell) nur die Hotels zum Alkoholausschank berechtigt. Das tunesische Bier *Celtia* wird in kleinen Flaschen oder Dosen verkauft. Ein Erbe der französischen Siedler sind die guten tunesischen Weine, z.B. der rote *Magon, Haut* bzw. *Chateau Mornag* (auch in Deutschland, Österreich und der Schweiz erhältlich), Rot-, Weiß- oder Roséweine aus *Thibar*, Rosé- oder Weißweine *Sidi Rais* oder der würzige Muskateller aus *Kelibia*. *Boukha* ist ein recht herber Feigenschnaps, *Thibarine* ein Likör auf Kräuterbasis. Aus Rücksicht auf die Landessitte sollte **außerhalb der Hotels oder Restaurants kein Alkohol** getrunken werden.

Verpflegung unterwegs

Restaurants/ Imbißstände/Cafés

Der Pauschaltourist, der einen **Hotelaufenthalt** mit Halb- oder Vollpension gebucht hat, wird wohl überwiegend mit **internationalem** bzw. der **französischen** und **italienischen** Küche angepaßtem Essen verköstigt werden; typische tunesische Gerichte bleiben die Ausnahme.

Der Individualreisende kann wählen: Auch ihm stehen zunächst die Hotelrestaurants offen (Menükarte hängt häufig aus), doch sollte er die Chance nutzen, die einheimischen, schmackhaften Gerichte in einem der lokalen Restaurants kennenzulernen. Allgemeine **Essenszeiten**: ca. 12–14.30 und ab 19 Uhr. Generell gilt, daß das Angebot im Süden bzw. in weniger frequentierten Regionen bedeutend spärlicher ist als in den Touristenhochburgen. Restauranttips bei den jeweiligen Ortsbeschreibungen.

Einige „gehobene" **Speiselokale** in den Touristenorten bieten traditionelles Ambiente, abends evtl. auch Musik- oder Folkloreprogramm; die Speisekarte enthält internationale und tunesische Gerichte. Dasselbe gilt für die **Gourmet-Restaurants.** Sie werden offiziell in Kategorien von „3 Gabeln Luxus" bis „1 Gabel" eingeteilt. **Mittelklasse-Restaurants** offerieren überwiegend tunesische Küche. In kleineren Orten existieren oft nur **Billig-Restaurants/Garküchen,** in denen man einfach und preiswert essen kann (das Angebot wird meist auf Tafeln angeschrieben; Brot und (Leitungs-)Wasser sind im Preis enthalten; kein Alkoholausschank; man be-

Obstladen in Hammamet

zahlt an der Kasse; die hygienischen Verhältnisse lassen gelegentlich zu wünschen übrig). In touristisch stark frequentierten Regionen trifft man immer häufiger auch auf **Pizzerien** und **Snackbars**. Daneben gibt es an **Imbißständen** u.a. Sandwiches, Pizzas, Briks oder Cassecroûtes (s.o.) zu kaufen, in **Pâtisserien** neben verschiedenen, leckeren Kuchen und Kleingebäck u.a. auch Fruchtsäfte und Milkshakes. Wer nur etwas trinken und ausruhen will, kann eines der zahlreichen **Cafés** wählen; sie bieten neben Kaffee und Tee meist nur alkoholfreie Getränke an; Ausschank häufig auch im Freien. Dort trifft sich vor allem die tunesische Männerwelt, darunter viele arbeitslose Jugendliche, die bei Wasserpfeife, Spiel und Unterhaltung mit Freunden oft viele Stunden des Tages verbringen. Einheimische Frauen sieht man praktisch nie unter den Gästen, und auch einzelreisende Europäerinnen sollten diese Männerdomäne meiden. „Gemischtes Volk" trifft man natürlich in den Cafés der Touristenorte sowie in den modernen Cafés von Tunis und anderen Großstädten. Gewöhnungsbedürftig mag für manchen Besucher die fast obligatorische akustische (und optische) Berieselung sein. Selbst in „feineren" Lokalen läuft (ebenso wie in Geschäften oder Werkstätten) oft in gewaltiger Lautstärke das Radio oder Fernsehgerät.

Selbstversorgung

(Interessant besonders für Individualreisende, Camper, Wohnmobilisten, die nicht jede Mahlzeit im Restaurant einnehmen wollen. **Tip:** Vor längeren Fahrten über Land sollte man sich in einem der größeren Supermärkte ausreichend eindecken; das Warenangebot in abgelegeneren Regionen ist oft erheblich bescheidener.)

Je nach Jahres-, Erntezeit und Region bieten die großen **Frischmärkte** (Souks, Markthallen etc.) eine entsprechend reiche Auswahl an **Gemüse, Salat, Obst**, an **Fisch** (vor allem in Küstennähe), **Fleisch** und **Geflügel**. In abgelegeneren Regionen, verstärkt im Süden und nochmals verstärkt zur heißen Jahreszeit ist das Angebot vor allem an Obst und Gemüse oft karg und beschränkt sich auf das, was an Ort und Stelle wächst bzw. lager- oder transportfähig ist. Während im Winter und in der ersten Jahreshälfte vor allem die Zitrusfrüchte, ab etwa Februar auch die Tomaten, im Frühsommer dann zusätzlich Äpfel, Birnen und diverse Gemüsesorten überall auf dem Markt verkauft werden, ist ab dem Hochsommer, zumindest auf kleinen Märkten, fast all dies verschwunden bzw. wird abgelöst von Melonen, Trauben, Granatäpfeln und später im Herbst dann von den ersten frischen Datteln. Nur die kleinen, gefährlich scharfen Peperonischoten scheinen das ganze Jahr über Saison zu haben. Eier sind jederzeit und überall erhältlich (Achtung: der angegebene Preis bezieht sich im allgemeinen auf *vier* Stück!). Beim Fleisch fehlt natürlich das Schweinerne, dafür gibts viel **Lamm** und **Hammel,** aber auch **Rind-** und **gelegentlich Kamelfleisch,** wobei es die Metzger mit der Trennung unterschiedlicher Fleischstücke nicht so genau nehmen wie bei uns, so daß der Einkauf am besten nach optischen Gesichtspunkten erfolgt. (Der Kopf des geschlachteten Tieres am Ladeneingang informiert häufig über das aktuelle Angebot).

Praktisch sind die in größeren Orten immer häufiger werdenden **Rotisserien**, wo man Grillhähnchen essen oder mitnehmen kann. Karg sieht es aus mit Frischwurst, dagegen sind einheimische und französische Käse im Angebot.

Konserven (Fleisch, Wurst, Fisch, Gemüse, Fertiggerichte) werden auch in großen Supermärkten nur in (am „Heimatangebot" gemessen) **geringer Auswahl und zu relativ hohem Preis** angeboten.

Beilagen wie Nudeln, Reis, Couscous, Kartoffeln gibt es **überall** zu kaufen.

Keinerlei Probleme bereitet auch die **Brotversorgung**. Bäcker, Lebensmittelläden, gelegentlich auch Straßenverkäufer bieten hervorragende, spottbillige (da staatlich subventionierte) Baguettes in verschiedenen Größen an. Daneben gibt es noch kleine runde Weißbrotlaibe und eine Vielfalt an Kuchen und Backwaren.

Als **Nachspeisen** eignen sich neben Obst auch Joghurts und Fertigpuddings aus Kühlvitrinen und Kuchen aus Pâtisserien.

Alkoholfreie Getränke (Mineralwasser, Sirups, Limonaden, H- und Frischmilch) sind **überall erhältlich**. Mineralwasser in Pfandglas- oder Plastikflaschen. Tip zur Müllvermeidung: das meist kohlensäurelose Wasser im Laden gleich von Glas- in eigene Flaschen/Kanister umfüllen. Die **Beschaffung von Alkohol** ist oft recht **mühsam**. Schnäpse, Liköre, Wein und Bier gibt es im allgemeinen nur in größeren Supermärkten *(Monoprix, Magasin Général),* oft nur nachmittags, freitags überhaupt nicht und (betrifft speziell Bier und Wein) häufig auch in getrennten, versteckten, außen meist nicht gekennzeichneten Gebäudeteilen. Tunesisches Bier wird in Dosen und Pfandflaschen verkauft. Importiertes Bier ist nicht erhältlich (Einfuhrverbot), doch kann man in Hammamet inzwischen das „Erste deutsche Brauhaus“ besuchen (s. dort).

Hundefutter in Dosen (kein Trockenfutter) findet man mit Glück in touristischen Supermärkten (lt. Leser minderwertig und teuer).

Einige Preisbeispiele

Achtung: Jedes Lokal ist verpflichtet, eine Preisliste für Speisen und Getränke auszuhängen. Fragen Sie im Zweifelsfall danach. Brot ist immer im Preis inbegriffen, oft auch kleine, unbestellte Vorspeisen-Snacks.

Billiglokal/Garküche

(abseits der Touristenorte)

Einfache Mahlzeit, z.B. ¼ Huhn oder Lammkotelett mit Beilagen, Couscous oder Nudelgericht – Brot und Wasser jeweils inbegriffen – ab ca. 2,5 TD.

Suppe oder Salat	ca. 0,5 TD
Brik	ab 0,8 TD
Cassecroûte	ab 0,8 TD
Tee/Kaffee/Cola/Fanta	ab 0,3 TD

Mittelklasse-Restaurants

(Tunis; in Touristenorten etwas teurer)

Menü	ab ca. 5 TD
Vorspeise	ca. 1–2,5 TD
Hauptgericht	ab 5 TD
Nachspeise	ca. 1–2 TD
Flasche Wein	ab ca. 6 TD
Bier	1,5 TD
kl. Mineralwasser/Fanta/Cola	0,5 TD

Lebensmittel

1 Brot (französisches Stangenweißbrot)	0,17 TD
1 Ei	ab 80 M
Butter (200 g)	0,9 TD
1 kg Käse	8–11 TD
1 Joghurt	0,3 TD
1 Glas Marmelade	1,5–2,5 TD
1 Glas Honig	6–7 TD
1 kg Mandel-/Honig-Gebäck	ca. 4–6 TD
1 kg Marzipankonfekt	12–15 TD
1 kg Kalbsschnitzel	6 TD
1 kg Steakfleisch	7 TD

Obst und Gemüse

(*billigste* Preise jeweils zur Haupt-Erntezeit)

1 Bund Radieschen	ab 0,2 TD
1 kg Tomaten	ab 0,4 TD
1 kg Kartoffeln/Zwiebeln/Paprika	ab ca. 0,3 TD
1 kg Erdbeeren	ab 1 TD
1 kg Äpfel/Birnen	ab ca. 0,8 TD
1 kg Wassermelonen	ab ca. 0,2 TD
1 kg Honigmelonen	ab ca. 0,3 TD
1 kg Weintrauben	ab ca. 0,8 TD
1 kg Granatäpfel	ab ca. 0,5 TD
1 kg Datteln	ab 0,8 TD
(Deglet en Nour	ab 2,5 TD)
1 kg Orangen/Zitronen	ab 0,4 TD

Getränke

1 Glas frisch gepreßter Orangensaft	0,4–0,8 TD
1 Glas frischer Palmensaft „Laghmi“ (Straßenverkauf)	0,5 TD
Coca-Cola (1/1,5 l)	0,55/0,9 TD
Fruchtsaftgetränk (1,5 l)	ab 1 TD
Mineralwasser (1,5 l)	0,4–0,5 TD
Milch (1 l)	0,5–0,7 TD
Flasche Wein (3/4 l)	ab ca. 3,2 TD
Flasche Bier (0,3 l)	1,2 TD
Dose Bier (0,25 l)	0,76–0,85 TD
Flasche Whisky	30–100 TD
Boukha (Feigenschnaps; 1 l)	ca. 21 TD
Thibarine (Kräuterlikör, 0,75 l)	27 TD

Feiertage, Feste und Festivals

Der **islamische Wochenfeiertag** ist der **Freitag,** an dem aber die **meisten Geschäfte, Banken etc. geöffnet haben** (zum Teil jedoch mit eingeschränkten Zeiten, um den Moslems die Möglichkeit zum nachmittäglichen Gebet in der Moschee zu geben).

Da Tunesien den Arbeits- und Geschäftsrhytmus von Europa übernommen hat, wird in der Regel von Montag bis Samstag gearbeitet. Am **Sonntag,** dem **offiziellen Ruhetag,** kommt wie bei uns fast das gesamte Geschäftsleben zum Erliegen (siehe auch Kapitel „Öffnungszeiten“).

„Festival International du Sahara“ in Douz

Staatliche Feiertage

An diesen staatlichen Feiertagen sind Ämter, Banken und Geschäfte geschlossen:

1. Januar: Neujahr
20. März: Tag der Unabhängigkeit (seit 1956)
21. März: Tag der Jugend
9. April: Tag der Märtyrer
1. Mai: Tag der Arbeit
25. Juli: Tag der Republik
13. August: Tag der Frau
7. Nov.: Gedenktag zum 7.11.1987 (Ende der Bourguiba-Ära)

Islamische Festtage

Hier können keine festen Daten angegeben werden. Die **islamischen Feste** berechnen sich nach dem **islamischen Kalender,** dessen Zeitrechnung im Jahr 622 n.Chr. beginnt (Jahr der Hedschra, der Flucht Mohammeds aus Mekka nach Medina) und dessen Dauer im Gegensatz zu unserem gregorianischen Kalender sich nicht nach der Sonne, sondern nach den **Mondmonaten** von 29 oder 30 Tagen bemißt und daher lediglich 354 bzw. 355 Tage hat.

Folglich „wandern“ der islamische Jahresbeginn und die **Daten der religiösen Feste** in unserem Kalender alljährlich ca. 10–11 Tage zeitlich zurück und somit im Laufe von 33 Jahren einmal durch alle Jahreszeiten. Jeder **neue Monat** des islamischen Kalenders **beginnt mit dem ersten Tag des neuen Mondes** und richtet sich nach der tatsächlichen **örtlichen**

Mondaufgangszeit. Dadurch können sich zwischen den einzelnen islamischen Ländern nochmals Verschiebungen der Festtage um ein bis zwei Tage ergeben (näheres zum **Ramadan** und **Aid es Seghir/Aid el Fitr** s. Kap. „Der Islam").

Aid El Kebir, das Hammelfest, ist das **größte islamische Fest.** Es dauert zwei bis drei Tage (Ämter, Geschäfte, Banken geschlossen) und findet zur Zeit der Mekka-Wallfahrt gegen Ende des muslimischen Kalenderjahres zur Erinnerung an die nicht vollzogene Opferung Ismails (Isaaks) durch seinen Vater Ibrahim (Abraham) statt. Jede Familie, die es sich leisten kann, schlachtet nach alter Sitte einen Hammel. Das Fleisch wird häufig der Einfachheit halber direkt vom Metzger geholt und großzügig auch an die Armen verteilt.

Le Mouled, Mohammeds Geburtstag, wird durch verstärkten Besuch der Moscheen gefeiert, speziell in islamischen Zentren (z.B. Kairouan).

Gelegentlich trifft man auf Prozessionen auf dem Weg zu einem **Marabut;** dabei handelt es sich um eine Art Wallfahrt **(Moussem)** zu Ehren des dort begrabenen Heiligen bzw. eine jährliche Gedenkfeier an ein bestimmtes lokales (religiöses) Ereignis. Manche Moussems haben fast Volksfestcharakter.

Familienfeste

(Hochzeit, Beschneidung) s. Kapitel „Bevölkerung".

Festivals

Auf viele lokale Festivals wird in den jeweiligen Ortsbeschreibungen näher hingewiesen. Nachfolgend (S. 44/45) eine Zusammenfassung, wobei manche Feste nicht alljährlich stattfinden und das genaue Datum der Feste oft erst kurz vor dem Ereignis festgelegt wird und beim jeweiligen Fremdenverkehrsamt erfragt werden kann.

Voraussichtliche Daten religiöser Feste in Tunesien

Beginn Ramadan (kein Feiertag)				
20.12.98	9.12.99	28.11.00	17.11.01	6.11.02
Aid es Seghir/Aid el Fitr (Ende Ramadan)				
18.1.99	7.1.00	27.12.00	16.12.01	5.12.02
Aid el Kebir (großes Hammelfest, Opferfest)				
29.3.99	17.3.00	7.3.01	24.2.02	13.2.03
Ras el Am (islamisches Neujahr)				
17.4.99	6.4.00	26.3.01	15.3.02	5.3.03
Le Mouled (Geburtstag des Propheten)				
27.6.99	16.6.00	6.6.01	25.5.02	15.5.03

Festivals in Tunesien

Monat	Ort	Fest
Ramadanmonat	Tunis	Festival der Medina
März	El Hamma de l'Arad	Hammam-Festival
	Kerkennah-Insel	3täg. Festival de Poulpes (Krakenfest)
	Tamerza	Festival der Bergoasen
März/Aprll	Beni Mhir	Ksar-Festival
April	Menzel Bouzelfa, Beni Khalled (Nabeul)	Orangenblütenfest
	Tataouine	Ksar-Festival (mit Folklore und Wettkämpfen)
Mai	Tunis	Blumenschau
	Meknassy	Festival der Araberpferde
	Tamerza	Festival des Cascades
Juni	El Haouaria	Falken-/Sperberfest
Juni/Juli	Testour	Internat. Maalouf-Festival mit traditioneller andalusischer/arabischer Musik
	El Djem	Theater- u. Musikfestival (philharmonische Konzerte) im römischen Kolosseum
Juli/August	Ben Guerdane	Festival der Pferde (Musik, Folklore)
	Bizerte	Internationales Kulturfestival (Konzerte, Theater, Folklore) im Spanischen Fort
	Djerba	Festival d'Ulyssee (Odysseusfestspiele, u.a. mit Musik und Tanz)
	Dougga	Internat. Festival im römischen Theater
	Hammamet	Internationales Kulturfestival (Theater, Ballett, Konzerte, Folklore)
	Karthago	Internationale Festspiele (Theater, Musik, Tanz) im römischen Theater
	Kelibia	Filmfestival (alle 2 Jahre)
	Mahdia	Kulturfestival (Theater, Musik, Folklore) im Bordj el Kebir
		„Nächte von Mahdia“ (Straßenfest)
	Mahrès	Kunstfestival

Festivals in Tunesien

Monat	*Ort*	*Fest*
	Monastir	Internationales arabisches Kulturfestival (Theater, Konzerte, Folklore) im Ribat
	Sousse	Internat. Theater- und Musikfestspiele
	Tabarka	Internationales Kulturfestival (Musik, Theater, Folklore)
August	Monastir	Bourguibas Geburtstag (3.8.; Folklore)
	Sousse	Baba-Aoussou-Fest (mit karnevalsartigem Umzug und Folklore)
Aug./Sept.	Grombalia	Fest zur Traubenlese
Oktober	Bizerte	Tag der Befreiung (15. Okt.)
November	Karthago	Internationales Theaterfestival Internationales Filmfestival (alle 2 Jahre; arabische und afrikanische Filme)
	Kebili	Dattelfest
	Matmata	Fest von Matmata (Brauchtum, Folklore)
	Monastir	Olivenfest
	Mahdia	Olivenfest
Dezember	Kalaa Kebira	Olivenfest
	Tozeur	Oasenfestival (zweite Dezember-Hälfte*; Handwerkskunst, Folklore, Kamelwettkämpfe, Fantasia u.a.)
	Douz	Saharafestival (zwischen Weihnachten und Silvester*; großes Fest unter anderem mit Musik, Fantasias,, Kamelwettkämpfen, Theater und folkloristischen Darbietungen)

* Bei Kollision mit Ramadan (1998–2000) im November

Finanzen

Devisenbestimmungen

Ein- und Ausfuhr tunesischer Währung ist verboten und außerdem nicht lohnend, da der Wechselkurs in Tunesien spürbar günstiger ist.

Devisen und **Reiseschecks** können unbeschränkt eingeführt werden; wer jedoch Devisen von höherem Wert als 500 TD später wieder ausführen will, muß die Fremdwährung offiziell bei Einreise deklarieren. Nicht verbrauchte Dinare können (mit KURSVERLUST) bis zu 30% (max. 100 TD pro Person) des eingewechselten Betrages gegen Vorlage der Umtauschbelege vor der Ausreise am Flug- oder Fährhafen wieder rückgetauscht werden (vorausgesetzt, die Bank ist geöffnet!) Bewahren Sie deshalb alle Tauschquittungen bis zur Ausreise auf; besser noch: Geben Sie Ihr Geld rechtzeitig aus! Leser berichten von recht dubiosen Umtauschmanövern der Bankbeamten im Hafen von La Goulette.

Bon de Passage

Für den Kauf von Flug-/Schifftickets *in Tunesien* für die Rückreise nach Europa, ebenso z.B. für die nachträgliche Umbuchung in eine bessere Kabinenklasse verlangt die Ticketagentur einen speziellen „Bon de Passage", auf dem eine Bank bestätigt, daß der erforderliche Betrag für den Ticketkauf umgewechselt wurde. Also vor entsprechendem Geldwechsel bei der Agentur das „Bon de Passage" Formular für die Bank besorgen (einfache Tauschquittung genügt nicht!).

Währung, Geldwechsel

Währungseinheit ist der **tunesische Dinar (TD) zu 1000 Millimes.** Es gibt Scheine zu 30, 20, 10 und 5 Dinar, Münzen im Wert von 1 TD, 500, 200, 100, 50, 20, 10 und 5 Millimes.

Niedrige Preise werden in der Regel in Millimes angegeben, also z.B. 1500 (Millimes) statt 1,5 (TD).

Wechselkurse/-stellen

Wechselkurse: (1998) in Tunesien: 1 TD = 1,59 DM bzw. 11,2 ÖS bzw. 1,30 SFR; in Deutschland: 1 TD = 1,80 DM. Die aktuellen Wechselkurse werden täglich von der tunesischen Zentralbank neu festgelegt und in den großen Tageszeitungen veröffentlicht. Der Wechselkurs ist im ganzen Land einheitlich, so daß Bargeld auch im Hotel ohne Kursverlust umgetauscht werden kann (kleine Hotels berechnen gelegentlich „Spesen").

Wechselstellen: Banken, große Postämter, Touristenhotels, Wechselstuben. Immer häufiger trifft man in Großstädten bzw. Touristenzentren auf Geldwechselautomaten. Wechsel auf der Bank oder in Wechselstuben erfordert gelegentlich Vorlage des Reisepasses und Angabe einer (Hotel-)Adresse.

Reiseschecks/Kreditkarten

Tunesien ist an das **Euro- und Reiseschecknetz** angeschlossen. Einlösung gegen Vorlage des Passes nur bei großen Banken und in einigen Hotels (Höchstbetrag für Euroschecks „200 TND"). Bei Scheckeinlösung wird zwar ein etwas günstigerer Kurs zugrundegelegt als bei Bargeldtausch, dafür aber eine Gebühr berechnet.

Die gängigsten **Kreditkarten** *(Visa, MasterCard, Diner's Club, American Express, Eurocard)* werden in den Touristenzentren von vielen größeren Hotels und Restaurants, ONAT-Artisanaten, Reisebüros und einigen Geschäften des gehobenen Bedarfs akzeptiert. Zahlreiche Automaten für die Kreditkarten finden sich inzwischen vor größeren Banken, auf Flughäfen, in Touristenzentren (Höchstbetrag 400 TND). In touristischem „Niemandsland" sind Kreditkarten jedoch nicht von Nutzen. Ausreichend Bargeld sollte also stets vorhanden sein, zumal Banken etwas eigenwillige Öffnungszeiten haben (s.u.), man leicht einmal einen Feiertag übersieht und vieles eben nur gegen Barzahlung geht. Halten Sie stets einen Vorrat an Kleingeld parat für Kleineinkäufe (z.B. auf dem Markt), als Trinkgeld und zum Telefonieren.

Öffnungszeiten von Banken

In den Sommermonaten (Juli bis Mitte September) im allgemeinen Mo bis Fr von 8–11 Uhr. In den anderen Monaten Mo bis Do 8–11 und 14–16 Uhr, Fr von 8–11 und 13.30–16 Uhr, im Ramadan Mo bis Fr von 8.30–11.30 und 13–14.30 Uhr (in Touristenzentren z.T. auch außerhalb dieser Zeiten). Einige Wechselstuben, z.B. in großen Hotels, an Flug- und Seehäfen und Grenzübergängen sind auch samstags, sonn- und feiertags geöffnet. In Tunis ist z.B. die STA-Bank in der Av. H. Bourguiba (neben Hotel Africa) auch sonntags geöffnet.

Tunesische Dinare und Millimes

Reisekosten

Diese richten sich naturgemäß in erster Linie nach Reiseart, persönlichen Ansprüchen, Aufenthaltsdauer und Aktivitäten des Einzelnen. Tunesien ist generell für Europäer ein **sehr preiswertes Urlaubsland,** was sich schon in den günstigen Angeboten der Touristikunternehmen zeigt. Nach einem Währungsvergleich des Statist. Bundesamts gilt Tunesien für deutsche Urlauber nach der Türkei als das **zweitbilligste Mittelmeerland;** für 1 DM erhält der Gast Waren bzw. Dienstleistungen im Gegenwert von 1,15 DM.

Pauschalreisende müssen, auch wenn sie Vollpension gebucht haben, Nebenkosten einkalkulieren für Getränke, Trinkgelder, Ausflüge, Taxifahrten, Benutzung von Sport- und anderen Freizeiteinrichtungen (soweit nicht im Angebot enthalten).

Besonders preiswert leben **Individualreisende.** Preise für Lebensmittel, Hotels, Restaurants, öffentliche Verkehrsmittel, Eintrittsgebühren, Souvenirs und Dienstleistungen sind spürbar niedriger als zuhause. So kann der Besucher mit schmalem Geldbeutel und bescheidenen Ansprüchen schon für ca. 6–8 DM pro Nacht ein akzeptables Hotelbett finden, sich für weniger als 5 DM satt essen und z.B. für ca. 26 DM mit dem Bus von Tunis in die südlichen Saharaoasen fahren.

Noch günstiger sind Camper unterwegs, die – allein schon in Ermangelung offizieller Plätze – oft „wild" und daher kostenlos campieren und sich teilweise selbst verpflegen (Preisbeispiele s. Kap. „Essen und Trinken/Selbstversorgung"). Auch die Treibstoffkosten liegen weit unter den europäischen (siehe Seite 81). Die Fährkosten für Selbstfahrer (man beachte den billigen Jasmin-Tarif in der Nebensaison) werden durch das günstige Preisverhältnis im Land zu einem Großteil wieder aufgewogen.

Hier findet man gute und preiswerte Unterkunft

Fotografieren und Filmen

Auf das Fotografierverbot bezüglich militärischer Einrichtungen sowie auf das generell erforderliche „Feingefühl" beim Filmen und Fotografieren in islamischen Ländern wird im Kapitel „Verhalten im Gastland", S.100, hingewiesen (s.a. Kastentext S.50).

Einige Tips und Hinweise

Fluggesellschaften beteuern einstimmig, daß die **Röntgenkontrollen** in den Flughäfen dem Filmmaterial nicht schaden. Wer ganz auf Nummer Sicher gehen will, verwende Röntgenschutzbeutel (mit Bleifolieneinlage) oder nehme die Filme im Handgepäck mit und bestehe auf Kontrolle „von Hand". Es empfiehlt sich, **genügend Filmmaterial** mitzubringen, da dieses in Tunesien außerhalb von Großstädten und Touristenzentren oft schwer erhältlich und da und dort sicher auch über- oder nicht fachgerecht gelagert ist. Vor allem Dia-Filme sind zudem wesentlich teurer, Filme mit höheren Iso-Werten als 100 kaum im Angebot. Auch an die **Mitnahme ausreichender Batterien** (besonders Knopfzellen) sollte man denken. Wer sich in den heißen Sommermonaten durchs Land bewegt, muß auf möglichst **kühle, schattige Lagerung des Filmmaterials** (v.a. des belichteten) achten. Filme daher so lange wie möglich in der Originalverpackung lassen und nach Belichtung in staubsichere Plastiktüten stecken.

Vor allem für Geländeausflüge und Wüstenfahrten empfiehlt sich eine **stoß- und staubsichere Fototasche.** Bei Nichtgebrauch der Kamera: Objektiv stets mit Schutzkappe abdekken. Ein kleiner, weicher Pinsel zum Reinigen des Objektivs (notfalls Linsenreinigungspapier mit viel Gefühl verwenden) und der Filmlaufbahn (zur Vermeidung von Kratzspuren) gehört in jede Fototasche.

Ein **UV-Filter** ist aus fotografischen Gründen zwar nicht erforderlich, **schützt** aber die Frontlinse des Objektivs wirkungsvoll **vor Staub, Sand und Fingerabdrücken.** Ein Polarisationsfilter läßt – richtig eingesetzt – die Farben intensiver erscheinen und unterdrückt störende Reflexe.

Die **erste Stunde nach Sonnenaufgang** und die **letzte vor Sonnenuntergang** eignen sich **schlecht zum Fotografieren.** Bei sehr flach stehender Sonne am Morgen bzw. Abend erscheinen die Motive meist in einem unnatürlichen Rotton. **Ungünstig** sind auch die **Mittagsstunden;** bei hochstehender Sonne und flimmernder Luft verschwinden Schatten und Kontraste fast völlig. Das Ergebnis sind meist verwaschene, farb- und kontrastlose Aufnahmen (evtl. Skylightfilter verwenden). Eine **Sonnenblende** ist in jedem Fall angebracht!

Fata Morganas können wirkungsvoll nur mit extrem langen Telebrennweiten aufgenommen werden (evtl. Stativ erforderlich!).

In **Museen** und **bewachten Ausgrabungsstätten** ist **Fotografieren** meist **nur mit einem Sonderticket** (üblicherweise 1 TD) erlaubt – die Verwendung von Stativ und Blitzlicht gelegentlich verboten.

Tips zum Thema „Menschenbilder“

1. Zum Fotografieren nicht in Gruppen gehen. Alleine oder zu zweit sein. Nur so kann man unauffällig Kontakte knüpfen.

2. Zeit lassen. Wer immer nur im Laufschritt fotografiert, wird nie zu guten Resultaten kommen, schon gar nicht bei Menschen und Porträts. Gute Bildchancen eröffnen sich oft mehr beim Warten an einer günstigen Stelle als bei dauerndem Herumgehen.

3. Augenkontakt aufnehmen (in islamischen Ländern sollten das Frauen Männern gegenüber jedoch nicht tun!). Mit der Kombination aus Körpersprache, Freundlichkeit und Gesten die Reaktion auf die Fotografierabsicht testen.

4. So, wie Sie die nötigsten Worte wie „bitte“, „danke“, „Entschuldigung“ etc. in der Landessprache lernen sollten, so sollten Sie auch den Satz parat haben, der um Erlaubnis zum Fotografieren bittet.

5. Nicht herausfordernd auftreten. Nicht direkt auf das Ziel zusteuern. Ist das Modell bereit, sich fotografieren zu lassen, sollte man erst einmal auf dessen Wünsche eingehen.

6. Bevor ich mit meiner Kamera auf einen Menschen zugehe, sollte ich ihm erst einmal Zeit geben, mich betrachten zu können.

7. Nahezu beiläufig fotografieren: aus einem Gespräch heraus, ohne lange Vorbereitungen. Die Kamera muß voreingestellt sein, das Auslösen ist eine Sache von Sekunden.

8. Alle Fotografen sagen „Bitte lächeln“, doch vormachen tun es wenige. In Afrika beobachtete ich einmal einen Straßenfotografen, der nach seinen Einstellungen kurz vor der Aufnahme das gewinnendste Lächeln hinter der Kamera hervorschob und dann beim – meist unwillkürlichen – Zurücklächeln seiner Modelle nur noch abzudrücken brauchte.

9. Wenden Sie sich nicht sofort zum Gehen, sondern bedanken Sie sich freundlich.

10. Bei Erinnerungsaufnahmen von Sehenswürdigkeiten ist eine Nahaufnahme mit Kopf und Schultern (Weitwinkel), die die Sehenswürdigkeit im Hintergrund hält, vorteilhafter als das Aufstellen davor.

aus: Helmut Hermann, Die Welt im Sucher, Handbuch für perfekte Reisefotografie, Reihe REISE KNOW-HOW, für alle Fotofreunde unbedingt empfehlenswert!

Fremdenführer

Zu unterscheiden ist zwischen „offiziellen“ und „inoffiziellen“ Fremdenführern (Guides). Letztere sind häufiger. An touristisch stark besuchten Orten (z.B. Kairouan, Tunis-Medina, Nefta, manche Berberdörfer im Süden) wird man oft bis zur Unerträglichkeit v.a. von Kindern und Jugendlichen bedrängt. Oft ist es für sie die einzige Möglichkeit, an etwas Geld zu kommen.

Offizielle Führer werden über Hotels, *ONTT*-Büros oder das *Syndicat d'Initiative* vermittelt; sie sind in wichtigen Ausgrabungsstätten, an Medinaeingängen etc. anzutreffen, besitzen neben einem Dienstausweis und einer Ansteck-Plakette eine entsprechende Ausbildung, sprechen in jedem Fall gut französisch, gelegentlich auch englisch und/oder deutsch. Ihr Tarif ist jeweils festgelegt: ca. 6–10 TD/Std., 7–15 TD/Std. bei Gruppen ab zehn Personen, ca. 45 TD/Tag. Zusätzliches Trinkgeld ist üblich.

Bei **inoffiziellen Führern** sind lokales Wissen und Sprachkenntnisse eher Glückssache; bei Stadtbesichtigungen mit ihnen landet man oft in einem Teppich- bzw. Souvenirgeschäft, für das der Führer gegen entsprechende Provision als Schlepper arbeitet.

Obwohl man sich anhand von Plänen und Beschreibungen in diesem Buch in den meisten Orten eigentlich auch ohne fremde Hilfe zurechtfinden müßte, ist die Mitnahme eines Guides gelegentlich von Nutzen. In seiner Begleitung bleibt man z.B. beim folgenden Rundgang von anderen Führern unbehelligt. Außerdem zeigt und erläutert ein *guter* Führer interessante Details, man sieht und erfährt mehr und braucht sich um die Orientierung nicht zu kümmern.

Vorherige **Absprache von Dauer, Zielen sowie Vergütung** ist bei jeder Art der Führung (auch mit offiziellen Guides) **unbedingt zu empfehlen**.

Als grober Anhaltspunkt bei inoffiziellen Führungen mag gelten, daß für eine zwei- bis dreistündige *gute* Führung ca. 10–15 TD angemessen sind. „Geben Sie, was Sie wollen“, ist ein dehnbarer Begriff. Egal, wieviel Sie geben, ihr Führer wird enttäuscht bis entsetzt dreinschauen, selbst wenn Sie ihn fürstlich entlohnt und ihm für eine einstündige Führung den Tagessatz eines Durchschnittarbeiters gegeben haben. Das gehört zum Geschäft, ist Theater und sollte einem nicht die Laune verderben. Ganz anders kann die Situation allerdings abseits der Touristenpfade sein. Wer dort einem hilfsbereiten Wegbegleiter Geld in die Hand drückt, beschämt diesen u.U. zutiefst, ist also mal wieder voll in den Fettnapf getreten. Ein Gespür zu entwickeln, wo was und wieviel, wo Vertrauen bzw. Mißtrauen angebracht ist, gehört zu den kniffligsten Aufgaben eines jeden Tunesienreisenden.

➜**Fremdenverkehrsämter:** siehe Kapitel „Adressen“
➜**Geld(-wechsel):** siehe Kapitel „Finanzen“
➜**Geschäftszeiten:** siehe Kapitel „Öffnungszeiten“

Gesundheit

Zum Thema Flugrettung/Rückholdienst etc. s. Kapitel „Notfall“.

Impfempfehlungen

Eine Tunesienreise birgt normalerweise keine größeren gesundheitlichen Risiken als eine Reise durch ein beliebiges südeuropäisches Land. Es gibt **keine Pflichtimpfungen**. Dennoch sollten gegebenenfalls rechtzeitig vor der Reise **Auffrischungsimpfungen** durchgeführt werden gegen **Tetanus** (Wundstarrkrampf) und **Polio** (Kinderlähmung, woran auch Erwachsene erkranken können). Evtl. Schutzimpfung gegen **Hepatitis A** (infektiöse Gelbsucht): einmalige Injektion mit Schutzwirkung ca. 1 Jahr; weitere Impfung nach 6–12 Monaten: Langzeitwirkung für 10 Jahre. **Malaria-Prophylaxe** ist in Tunesien nicht erfoderlich.

Lassen Sie sich rechtzeitig von Ihrem **Arzt beraten,** besonders auch hinsichtlich der zeitlichen Abfolge der einzelnen Impfungen. Die Versorgung mit Impfseren im Land ist schlecht; eine gute Kontaktadresse ist das

Institut Pasteur de Tunis
13, Place Pasteur – B.P. 74,
1002 Tunis-Belvédère,
Tel. 01-28 30 22/23/24,
Fax 01-79 18 33.

Versicherungsschutz

Zwischen Deutschland und Tunesien besteht ein **Sozialversicherungsabkommen.** Besorgen Sie sich von Ihrer Krankenkasse die erforderlichen Unterlagen und Merkblätter. Der darin enthaltene Anspruchsausweis ist bei der Nationalversicherungsanstalt *CNSS* gegen einen Behandlungsausweis *(carte de soins)* einzutauschen.

CNSS
(Caisse Nationale de Sécurité Sociale)
12 Avenue de Madrid, 1001 Tunis.
(CNSS-Regionalbüros auch in allen größeren Städten).

Bei dessen Vorlage wird in staatlichen Krankenhäusern, Ambulatorien, Dispensarien oder den Ambulanzen der Polikliniken ärztliche Hilfe geleistet.

Tunesische Ärzte rechnen meist voll gegenüber dem Patienten ab (Konsultation beim praktischen Arzt ab ca. 10 TD, beim Spezialisten ab ca. 20 TD; ein Arztbesuch über Hotelvermittlung kostet ca. 40 TD); die heimischen **Krankenkassen erstatten** im allgemeinen gegen eine detaillierte Arztrechnung **die Kosten zurück,** allerdings nur bis zur Höhe der hier üblichen Sätze. Um Problemen aus dem Weg zu gehen, empfiehlt sich deshalb – zumindest bei einem längeren Aufenthalt – der Abschluß einer privaten Auslandskranken- und Unfallversicherung, die notfalls auch Krankenrücktransporte übernimmt.

Medizinische Versorgung im Land

Zumindest in den **Städten** und **Fremdenverkehrsorten** ist die **ärztliche Versorgung gesichert;** auf dem Land läßt sie noch immer zu wünschen übrig. In den Städten gibt es staatliche

Krankenhäuser *(Hôpital)* und private Kliniken *(Clinique)*, in kleineren Orten oft nur Polikliniken, einfache Ambulatorien *(Dispensaire)* oder mobile Stationen. Ärzte *(Docteur, Médicin)* und Zahnärzte *(Dentiste)* weisen durch ein Schild auf ihre Praxis und ihr Fachgebiet hin. Sie sprechen fast ausnahmslos Französisch (viele haben in Frankreich studiert), manche auch Englisch, gelegentlich auch Deutsch. In Ferienorten nennen Ihnen Hotels und Fremdenverkehrsämter die jeweils diensthabenden und evtl. auch deutschsprachigen Ärzte. Ansonsten frage man in Notfällen in Apotheken, bei der Polizei oder Garde Nationale nach.

Apotheken *(Pharmacie)* führen neben einheimischen auch ausländische (vor allem französische, Schweizer und deutsche) Medikamente, die meist rezeptfrei und billiger als bei uns zu haben sind. Bringen Sie die alte Medikamentenschachtel mit. Der Apotheker findet dann leichter das entsprechende tunesische Medikament. Quittung für Krankenkasse aufbewahren. In jedem größeren Ort gibt es Bereitschaftsapotheken *(Pharmacie de Nuit)*, die auch nachts und an Sonn- und Feiertagen geöffnet sind.

Apotheke in Tataouine

Erkrankungen unterwegs

Machen Sie sich beim Durchlesen evtl. gleich Notizen für die Reiseapotheke!

Folgende Abschnitte stellen nur eine knappe Anleitung zur Selbsthilfe dar. Bei ernsthafteren oder nicht abklingenden Erkrankungen sollte unbedingt ärztliche Hilfe in Anspruch genommen werden. Empfehlenswert ist auch die **Mitnahme eines medizinischen Ratgebers** für Reisen (s. Literaturverzeichnis).

Magen- und Darmstörungen

Sie zählen zu den häufigsten Problemen unterwegs. Ursachen können der Klimawechsel sein, ungewohnte Kost (fettige, ölige, scharf gewürzte Speisen), zu kalte Getränke, meist aber Infektionen durch Bakterien in Speisen, Speiseeis oder Getränken. Zwar gilt das **Leitungswasser** in den Hotels offiziell als risikolos; **zu Trinkzwecken empfiehlt sich** aus Sicherheitsgründen jedoch das überall in Flaschen erhältliche **Mineralwasser** (in Lokalen auf originalverschlossene Flaschen achten). Vorsicht auch vor ungewaschenem, ungeschältem Obst u. Gemüse.

Leichte **Verdauungsstörungen** („Touristen-Durchfall") lassen sich durch kurzfristige Nulldiät bzw. eingeschränkte Nahrungsaufnahme (ungezuckerter Tee mit Zwieback und gleichzeitige Einnahme von Kohletabletten) beheben. Oft genügt eine Ruhigstellung des Darmes für ein bis zwei Tage. Bei hartnäckigen Fällen hilft der Arzt oder notfalls die Einnahme von Mitteln wie *Imodium* oder *Reasec*.

Durchfall – wie auch übermäßiges Schwitzen – hat neben dem hohen Flüssigkeitsverlust stets eine Störung des Mineralstoffhaushalts zur Folge. Mit **reichlicher Zufuhr einer Trinklösung** aus Wasser oder Tee und zum Beispiel *Elotrans*, *Oralpädon* oder *GEM* (Glucose-Elektrolyt-Mischung nach Rezeptur der WHO) kann man den gestörten Elektrolythaushalt des Körpers wieder normalisieren. Letztere enthält pro Liter 20 g Traubenzukker, 3,5 g Kochsalz, 1,5 g Kaliumchlorid, 2,5 g Natriumbicarbonat (Natron) und kann sehr preiswert selbst gemischt werden (Ingredienzen aus Apotheke). Von dieser Lösung trinke man im Bedarfsfalle täglich 2 bis 4 Liter. Als einigermaßen adäquater Ersatz gilt auch der Saft von 4 Orangen, 7 TL Zucker und 1 TL Kochsalz mit 1 l abgekochtem Wasser oder kohlesäurefreiem Mineralwaser gemischt.

Nach Abklingen der Beschwerden sollte man die Magenbelastung nur langsam steigern.

Erkältungskrankheiten

Klimaschwankungen zwischen klimatisiertem Zimmer und hohen Außentemperaturen, zwischen Tag und Nacht (die vor allem der Camper hautnah mitbekommt), Zugluft durchs offene Auto- oder Busfenster, Infektion – ein grippaler Infekt ist schnell eingefangen. Die Versorgung mit entsprechenden Medikamenten aus tunesischen Apotheken ist problemlos.

Sonnenstich, Hitzschlag, Haut- und Insektenschutz

Gegen die erhöhte Sonneneinstrahlung schützt am wirkungsvollsten eine **Kopfbedeckung**, **körperbedeckende Kleidung, Sonnenbrille** und **Sonnenschutzcreme.** Bei hohen Temperaturen ist es wichtig, **viel zu trinken** und **salzreich zu essen.**

Sonnenstich (Kopfschmerz, Blutandrang im Kopf, Übelkeit, Erbrechen bis zur Bewußtlosigkeit) ist eine Folge direkter, starker Sonnenbestrahlung des ungeschützten Kopfes oder Nackens. **Hitzschlag** (ähnliche Symptome wie beim Sonnenstich, auch Schweißausbruch, Atemnot) entsteht meist durch Wärmestau (ungeeignete Kleidung).

Behandlung in beiden Fällen: den Kranken schnellstmöglich an einem kühleren Ort in den Schatten legen, Kopf hochlagern, beengende Kleidung lockern, Kühlung z.B. mit kalten Umschlägen. Viel Flüssigkeitszufuhr, viel Ruhe, auch noch nach Abklingen der Beschwerden.

Vor **Sonnenbrand** schützt neben wohldosierten Sonnenbädern eine Sonnencreme mit möglichst hohem Schutzfaktor – passiert's trotzdem, lindert Brandsalbe den Schmerz. Sonne und Wind trocknen die Haut aus; Fettcreme / Fettstift gehören ins Gepäck. Eine gute Sonnenbrille schützt die Augen vor grellem Licht und Staub; eine Augenwanne ist nützlich beim Ausspülen von Fremdkörpern.

Hautsprays oder Lotions, z.B. *Autan, Toxial, Zedan* (nicht chemische, sondern ätherische Öle wie Zedernöl, Zitronenöl), für Räume Insektensprays halten **Stechmücken** fern bzw. bringen sie um; Insektensalbe oder

Gesundes Fußbad an einer Thermalquelle

-stift verhindern Schwellungen und lindern den Juckreiz, wenn die Biester trotzdem zugestochen haben.

Schlangenbisse und Skorpionstiche

Näheres zu diesen Tieren, die relativ selten und vorwiegend in den Wüstenregionen auftreten, s. S.186. Besten Schutz bietet festes Schuhwerk. Skorpione liegen zum Schutz vor der Tageshitze oft unter Steinen; Schlangen graben sich im Sand ein oder bevorzugen feuchte Zonen und altes Mauerwerk. Bei Übernachtung im Freien oder in Zelten sollte man morgens die Kleidung und Schuhe gut ausschütteln, um eventuelle Übernachtungsgäste wieder loszuwerden. Ein **Skorpionstich** ist schmerzhaft, für gesunde Menschen aber im allgemeinen **nicht tödlich.** Ein verschreibungspflichtiges Skorpiongift-Immun-Serum für nordafrikanische Arten ist über Apotheken erhältlich.

Nach einem evtl. **Schlangenbiß** – längst nicht alle Arten sind giftig – **merken Sie sich** trotz Schock, **wie das Tier aussah;** nur so kann evtl. das richtige Gegenserum gespritzt werden. Grundsätzlich gilt: **So schnell wie möglich ärztliche Hilfe herbeiführen.** Zunächst ist vor allem wichtig, daß das Gift nicht in den Blutkreislauf gelangt. Deshalb etwa eine Handbreit von der Bißstelle herzwärts eine Stauung anlegen (also keine feste Abbindung, die die Blutzirkulation zu stark hemmt). Die einsetzende Blutung soll das Gift ausschwemmen. Staubindung max. 1 bis 2 Std. belassen und etwa alle 15 Min. lockern. Als Hilfsmittel gibt es (z.B. bei Expeditionsausrüstern) spezielle Schlangenbißsätze mit Anleitung.

Thermalbad Korbous

Am wirkungsvollsten sind natürlich **Immun-Seren** zum Einspritzen. Nachteil: sie sind teuer und **nur gekühlt und begrenzt haltbar.** Eine Art Universal-Serum der Behring-Werke gegen in Nordafrika heimische Giftschlangen ist über Apotheken erhältlich.

AIDS

AIDS (hier SIDA genannt) ist auch in Tunesien inzwischen ein Problem, eingeschleppt angeblich durch Touristen und rückkehrende Gastarbeiter.

Ansteckungsgefahr besteht bekanntlich hauptsächlich beim ungeschützten Geschlechtsverkehr. Zurückhaltung wäre am sichersten. Wer trotzdem Aktivitäten plant: **Vorsicht und Kondome!**

Zur Vermeidung der Übertragung des HI-Virus durch infiziertes Blut sollten **nur Einwegspritzen und -nadeln** für **Blutentnahmen und Injektionen** verwendet werden.

Reise- und Seekrankheit

Wer Tunesien auf dem Seeweg ansteuert, sollte vorsorgen. Vor allem zwischen Herbst und Frühjahr muß u.U. mit hohem Seegang gerechnet werden. Tabletten gegen Gleichgewichtsstörungen (z.B. *Peremesin)* lindern die Seekrankheit.

Schlafprobleme

Auch wer das ganze Jahr über nie Schlaftabletten braucht, wird froh sein, wenn er in geräuschvollen Hotelnächten, als Camper bei nächtlichem Sturm oder sonstiger Lärmkulisse, auf der Fähre bei dem ungewohnten Geschaukle etc. dem Schlaf etwas nachhelfen kann. *Ohropax* oder einfache Schaumstoff-Ohrstöpsel (in Baumärkten erhältlich) kann ebenfalls recht nützlich sein.

Dialysezentren

Dialyse-Patienten finden Hilfe in folgenden Einrichtungen:

Centre d'Utilisation du Rein Artificiel
11, Rue Mohamed Ali Annabi,
1002 Tunis, Tel. 01-28 63 89/89 29 75.
Clinique Boukornine
5, Boulevard Farhat Hached,
2050 Hammam Lif, Tel. 01-29 46 90.
Centre d'Hémodialyse
Hotel Karim, 2070 Gammarth,
Tel. 01-74 21 88.
Lina Dial
5, Rue de Baghdad, 2100 Gafsa,
Tel. 06-22 12 20.

Clinique Sidi Sahbi
33, Rue Ichbilia El Mansourah,
3100 Kairouan, Tel. 07-22 13 73.
Clinique International
Azur de Dialyse (El Kantaoui)
4000 Sousse, Tel. 03-24 18 68.
Jerba Dialysis Centre
Route Sidi Saied, 4128 Djerba,
Tel. 05-65 02 69.
Centre d'Hémodialyse
de la Méditerranée
Avenue Taieb M'hiri, 5100 Mahdia,
Tel. 03-68 19 29.
Centre du Rein Artificiel du Nord
26, Rue du Canal, 7003 Bizerte,
Tel. 02-43 75 58/43 84 74.
Centre d'Hémodialyse
Hammamet Nabeul
8050 Hammamet/Nabeul,
Tel. 02-28 06 77.
Centre d'Hémodialyse el Mehdi
Square de la Victoire,
8100 Jendouba, Tel. 08-63 15 74.
Centre d'Hémodialyse
Av. H. Bourguiba, 8110 Tabarka.
Clinique de Dialyse
Zaghouan, Tel. 02-67 52 255.
Clinique de Dialyse
Zarzis, Tel. 05-59 02 60.

Die Behandlung auf Krankenschein ist nach Rücksprache mit Ihrer Krankenkasse grundsätzlich möglich.

Thermalbäder

Es ist erwägenswert, ob man seinen Tunesienbesuch nicht – teilweise – für eine Badekur verwenden sollte. Tunesien ist reich an natürlichen Mineral- und Thermalwasserquellen, von denen ca.100 gegenwärtig genutzt werden. Manche davon fanden schon zur Zeit der Karthager und Römer regen Zuspruch.

Heute sind neben einigen namhaften Mineralwasserquellen vor allem die Thermalbäder am *Djebel Oust,* in *Korbous* und *Hammam Bourguiba* (s. Ortsbeschreibung) von großer Bedeutung für Badekuren, die auch von Touristen in Anspruch genommen werden können. Die **staatliche tunesische Thermalbadbehörde** *(Office National du Thermalisme,* 11, Impasse de l'Aurore Mutuelleville, Tunis 1002), der die Verwaltung und der Ausbau der Bäder unterstehen, hat die Anlagen weitestgehend mit modernen medizinischen und technischen Einrichtungen und mit geschultem Fachpersonal ausgestattet und gewährleistet dadurch eine Behandlung nach neuesten wissenschaftlichen Methoden.

Ein ausführlicher Prospekt „Die Thermalbäder in Tunesien" ist beim tunesischen Fremdenverkehrsamt erhältlich. **Weitere Informationen** über:

Centre Thermal de Hammam Oust
1111 Djebel Oust,
Tel. 02-67 97 40/9 77.
Centre Thermal de Korbous
8041 Korbous, Tel. 02-28 45 52/5 57.
Centre Thermal de
Hammam Bourguiba
8130 Ain Draham,
Tel. 08-64 73 00/2 17.

➙**Grenzübergänge:** siehe Kapitel „Anreise nach Tunesien"
➙**Hotels:** siehe Kapitel „Unterkunft"
➙**Jugendherbergen:** siehe Kapitel „Unterkunft"
➙**Küche, tunesische:** siehe Kapitel „Essen und Trinken"

Literaturauswahl und Landkarten

Bücher

Allgemeines/Vorbereitung Hintergrundinformation

Adler, Ch.: Achtung Touristen
(Das) Bardo-Museum (Museumsführer, in Tunesien erhältlich)
Ben Alaya, W.: Tunesisch-Arabisch für Globetrotter
Därr, K.: TransSahara (Reisevorbereitung)
Dolhoff, H., Neumann, R.: Tunesien. Kulturlandschaft zwischen Meer und Wüste
Hermann, H.: Die Welt im Sucher – Handbuch für perfekte Reisefotos
Herzog, W.: Der Maghreb: Marokko, Algerien, Tunesien – Aktuelle Länderkunde (Beck'sche Reihe)
Hourani, A.: Die Geschichte der arabischen Völker
Lacoste-Dujardin, C.: Mütter gegen Frauen – Mütterherrschaft im Maghreb
Lampert, H.: Tunesische Spezialitäten – 3000 Jahre Eßkultur (Kochbuch)
Lössl, R.: Dünnpfiff, Gips und Reisefieber (medizinischer Ratgeber)
May, K.: Durch die Wüste
Munzinger-Archiv: Länderheft Tunesien 1998
Osman, N.: Kleines Lexikon deutscher Wörter arabischer Herkunft
Pollok, Ch.: Kulturschock Islam
Roli, G.: Tunesien – Landschaft, Kultur, Geschichte (Bildband)
Sassi, M.: Reisebegleiter Tunesien – Was man über Tunesien und die Tunesier wissen sollte
Statistisches Bundesamt, Wiesbaden: Länderbericht Tunesien
Studienkreis für Tourismus: Tunesien verstehen – Sympathie-Magazin
Taufig, S.: Frauen in der arabischen Welt
Thomkinson, M.: Tunesien (Bildband)
Tönspeterotto, E., Schetar-Köthe, D.: Tunesien (Bildband)
Troßmann, Th.: Motorradreisen zwischen Urlaub und Expedition
Werner, D.: Wo es keinen Arzt gibt (Medizinisches Gesundheitshandbuch)
Wiedulind, C. E. (Hrsg.): Nordafrika erzählt – eine Anthologie

Religion

Brentjes, B.: Die Mauren – Der Islam in Nordafrika und Spanien
Diederichs, Topper: Die Sufis im Maghreb
Ende, W. (Hrsg.): Der Islam in der Gegenwart
Endreß, G.: Der Islam – Einführung in seine Geschichte
Halm, H.: Das Reich des Mahdi – Der Aufstieg der Fatimiden
Henning, M.: Der Koran (Übersetzung)
Nagel, T.: Der Koran – Einführung, Texte, Erläuterungen
Rotter, G. (Hrsg.): Die Welt des Islam – Neunundzwanzig Vorschläge, das Unvertraute zu verstehen

Reiseführer

Abenteuer und Reisen: Sobik, H., Tunesien entdecken und erleben
ADAC-Reiseführer Tunesien
Apa-Guide: Tunesien
Baedekers: Tunesien

DuMont: Aubert, H.-J., Djerba und Südtunesien (Reise-Taschenbuch)
DuMont: Aubert, H.-J., Richtig Reisen – Tunesien (Reisehandbuch)
Eckert, U. u. W.: Tunesiens Küste & Ausflugsziele
Goldstadt: Aschbacher, H., Tunesien mit der Insel Djerba
HB-Bildatlas: Tunesien
Interconnections: Tunesien
Müller-Verlag: Tunesien
Schetar-Köthe, D. u. Köthe, F.; Tunesien
Ullstein: Wöbcke, B. u. M., Tunesien
Machelett, N. u. C.: Tunesien selbst entdecken
Polyglott: Tunesien – Der Große Polyglott
Rau's Reisebücher: Kohlbach, E., Tunesien – Touring Guide
RV-Verlag: Tunesien (Viva-Guide)

Strassenkarten

Da in Tunesien brauchbares Kartenmaterial nur selten erhältlich ist, sollten Sie eine **gute Straßenkarte** am besten **mitbringen.**

Aus dem heimischen Kartenangebot (1:1 Mio: *Michelin, Hallwag, Ravenstein, Kümmerly und Frey;* 1:800 000: *f&b, Euro-Länderkarte, RV)* ist für den Autofahrer unseres Erachtens die „Algerien – Tunesien"-Karte von **Michelin, Nr. 958** die empfehlenswerteste. Sie umfaßt (neben Nordalgerien) Gesamttunesien bis hinunter zum südlichsten Zipfel bei Bordj El Khadra und zeigt in Ausschnitten außerdem den Großraum um Tunis (1:500 000) sowie die Innenstadt von Tunis (1:35 000). Die übersichtlich gestaltete Karte wird etwa alle zwei Jahre aktualisiert und neu aufgelegt und gibt daher in der Regel zumindest die **aktuellsten Straßen**verläufe und -zustände wieder. Die Schreibweise der Ortsnamen in diesem Buch entspricht weitgehend jener auf der Michelin-Karte.

Die amtliche tunesische Straßenkarte *Carte Touristique et Routière – Tunisie* (Maßstab 1:500 000, Südtunesien 1:1 Mio.) vom Office de la Topographie et de la Cartographie ist eine zwar detaillierte, leider aber auch fehlerhafte Routenkarte mit nützlichen Hinweisen (in Symbolen) auf touristische Sehenswürdigkeiten.

Interessant und nützlich, vor allem für die Wüstenregionen im Süden, sind die *Russischen Generalstabskarten* (1:500 000; Blätter Touggourt, Gabès und Ghadames) mit guter Geländedarstellung und Koordinatennetz. Sie decken Südtunesien ab etwa Höhe Insel Djerba bzw. Chott el Djerid ab, sind allerdings kyrillisch beschriftet. Expeditionsausrüster *Därr/* München bietet mit den Karten eine Übersetzung der Legende an. Zur Erleichterung der **Orientierung im tunesischen Saharabereich**, speziell im südtunesischen **Sperrgebiet**, dienen unsere **Übersichtskarten,** „Pisten zwischen Chott El Djerid und Dahar-Bergland" (s. S.690/691) und „Südtunesisches Sperrgebiet" (s. S.712/713), jeweils mit den **GPS-Koordinaten der wichtigsten Wegpunkte.** Für die Richtigkeit dieser von uns nach bestem Wissen und Gewissen erstellten Karten können wir jedoch keinerlei Haftung übernehmen.

In den Fremdenverkehrsämtern einiger Städte kann man mit Glück **Ortspläne** erhalten.

Seekarten

siehe Seite 25

Geograph. Buchhandlungen/ Landkartengeschäfte

(Auswahl)

Deutschland

- **Aachen:** *Mayersche Buchhandlung,* Talbotstr. 25, 52068 Aachen.
- **Bielefeld:** *Phönix,* Jahnplatz/Oberntorplatz 23, 33602 Bielefeld.
- **Berlin:** *Kiepert KG,* Hardenbergstraße 4–5, 10623 Berlin; *Schropp'sche Landkartenhandlung,* Lauterstr. 14–15, 12159 Berlin.
- **Bremen:** *Fata Morgana,* Auf den Häfen 7–8, 28203 Bremen.
- **Düsseldorf:** *Sack & Pack,* Aachener Str. 10, 40223 Düsseldorf.
- **Essen:** *Baedecker,* Kettwiger Str. 23–25, 45127 Essen; *Landkartenhaus Orgs,* Rosastr. 12, 45130 Essen.
- **Frankfurt am Main:** *Schwarz, Richard KG,* Eckenheimer Landstr. 36, 60318 Frankfurt und Berliner Str. 72, 60311 Frankfurt.
- **Freiburg:** *Gerhard Voigt,* Schiffstraße 6, 79098 Freiburg.
- **Hamburg:** *Dr. Götze,* Bleichenbrükke 9, 20354 Hamburg.
- **Hannover:** *Schmorl&Seefeld,* Bahnhofstr. 14, 30159 Hannover.
- **Köln:** *Gleumes & Co.,* Hohenstauffenring 47–51, 50674 Köln; *Mayersche Buchhandlung,* Neumarkt/Kronengasse, 50667 Köln.
- **Ludwigsburg:** *Aigner,* Arsenalplatz, 71638 Ludwigsburg.
- **Mainz:** *Gutenberg Buchhandlung,* Große Bleiche, 55116 Mainz.
- **München:** *Äquator,* Hohenzollernstraße 93, 80796 München. *Därr Expeditionsservice GmbH,* Theresienstr. 66, 80333 München; *Geobuch,* Rosental 6, 80331 München.
- **Regensburg:** *Friedrich Pustet,* Gesandtenstr. 6, 93047 Regensburg.
- **Stuttgart:** *Konrad Wittwer,* Königstr. 30, 70173 Stuttgart.
- **Tübingen:** *Osiandersche Buchhandlung,* Wilhelmstr. 12, 72074 Tübingen.
- **Wiesbaden:** *Angermann,* Mauergasse 21, 65183 Wiesbaden.
- **Wuppertal:** *Baedecker,* Friedrich-Ebert-Str. 31, 42103 Wuppertal.

Die Hugendubel-Buchhandlungen in Frankfurt/M., Nürnberg und München haben ebenfalls ein gutes Sortiment an Reisebüchern und Landkarten.

Österreich

- **Wien:** *Reiseladen,* Dominikanerbastei 4, A-1010 Wien; *Freytag & Berndt,* Kohlmarkt 9, A-1010 Wien; *Hof & Turecek GmbH,* Markgraf-Rüdiger-Str. 1, A-1150 Wien.

Schweiz

- **Baden:** *Globetrotter Travel Service,* Bahnhofstr. 14, CH-5401 Baden.
- **Basel:** *Globetrotter Travel Service,* Falknerstr. 4, CH-4001 Basel.
- **Bern:** *Atlas-Reisebuchladen,* Schauplatzgasse 31, CH-3011 Bern; *Globetrotter Travel Service,* Neuengasse 23, CH-3001 Bern.
- **Luzern:** *Globetrotter Travel Service,* Unter der Egg 10, CH-6004 Luzern.
- **St. Gallen:** *Globetrotter Travel Service,* Merkurstr. 4, CH-9001 St. Gallen.
- **Winterthur:** *Globetrotter Travel Service,* Stadthausstraße 65, CH-8401 Winterthur.
- **Zürich:** *Travel Book Shop,* Rindermarkt 20, und *Trottomundo,* Rindermarkt 6, beide CH-8001 Zürich.

Masse und Gewichte

In Tunesien ist wie bei uns das metrische System gebräuchlich. Entfernungen werden also in Meter und Kilometer, Gewichte in Gramm und Kilogramm, Hohlmaße in Liter angegeben.

Medien

Rundfunk, Fernsehen

Die staatliche tunesische **Rundfunk- und Fernsehgesellschaft RTT** *(Radiodiffusion Télévision Tunisienne)* sendet Hörfunkprogramme in Arabisch, Französisch, manchmal auch in Italienisch, Englisch und Deutsch. Fernsehprogramme laufen auf getrennten Kanälen: Kanal I arabisch, Kanal II französisch, selten auch italienisch.

Die Fernsehprogramme werden täglich in den französischsprachigen Tageszeitungen veröffentlicht.

Im Norden können auch Programme aus Italien und Frankreich empfangen werden, im Nordwesten zudem aus Algerien und im Südosten aus Libyen. Mit einer Satellitenantenne sind alle europäischen TV-Satelliten zu empfangen; keine Empfangsbeschränkungen seitens der tunesischen Regierung. Größere Hotels bieten meist einen TV-Raum mit u.a. deutschen Fernsehprogrammen.

Die **Deutsche Welle** kann auf Kurzwelle (6075 kHz, 49-m-Band bzw. 9545 kHz, 31-m-Band) empfangen werden. Kostenloses Programmschema mit Sendefrequenzen bei: *Deutsche Welle Köln*, PF, D-50588 Köln, Tel. 0221-389-2537, Fax 0221-389-2530.

Gutes Programm, vor allem umfassende Nachrichtensendungen, bietet über Kurzwelle der **BBC World Service,** dessen Programmheft bei BBC, P.O.B. 75, London WC B 4 PH, angefordert werden kann.

Zeitungen

In Tunesien erscheinen neben den arabischen Tageszeitungen mehrere französischsprachige (z.B. *Le Renouveau* / Parteiorgan der RCD, *La Presse* und *Le Temps).* Darüberhinaus erhält man in Tunis, den größeren Städten und in den Ferienzentren viele bekannte Publikationen der internationalen Presse in Französisch, Englisch und Deutsch. Deutsche Tageszeitungen (z.B. *FAZ, SZ, Die Welt, Bild)* erhält man meist ein bis drei Tage nach Erscheinen, ebenso diverse Illustrierte und Magazine.

Die o.g. französischsprachigen Tageszeitungen veröffentlichen täglich auch Veranstaltungshinweise, Wetterbericht, aktuelle Wechselkurse sowie Fahr-/Flugpläne für Eisenbahn, Überlandbusse, Schiffs- und Flugverkehr ab Tunis. Die Wochenzeitung *La Semaine de Tunis* informiert über Veranstaltungen in Tunis.

Nationalparks und Naturschutzgebiete

Zum Schutz von Fauna und Flora und um von jeder typischen Naturlandschaft ein Modell zu erhalten, hat Tunesien seit seiner Unabhängigkeit – zum Teil mit großzügiger deutscher Finanzhilfe – mehrere Nationalparks und Naturschutzgebiete gegründet bzw. sind diese noch in Planung. Eine gute Sache, zweifellos. Die einzelnen Parks sind nachstehend kurz aufgezählt; Einzelheiten darüber finden sich in den jeweiligen Streckenbeschreibungen.

Generell ist noch folgendes anzumerken: Von den tunesischen Fremdenverkehrsbehörden werden großzügig farbenfrohe, werbewirksame Prospekte verteilt, die die Naturschönheiten der einzelnen Parks und Reservate rühmen. Tatsächlich ist dem Besucher jedoch – von wenigen Ausnahmen abgesehen – der Zugang verwehrt. Eine Sondergenehmigung kann zwar offiziell beantragt werden bei der

Direction Générale des Forêts
(Sous Direction de la Chasse et des Parcs Nationaux)
30 Rue Alain Savary, 1002 Tunis.

In der Praxis haben sich jedoch sowohl schriftliche Anträge wie persönliche Vorsprachen von Personen ohne wissenschaftliche Besuchsgründe als erfolglos erwiesen. Im Klartext: man will keine Besucher (was der Natur sicher zugute kommt). Man hätte sich dann aber zumindest den Druck der Prospekte sparen können und auch die Errichtung manch repräsentativen, kostspieligen Park- und Informationszentrums, wenn diese entweder leerstehen, geschlossen sind oder nur hin und wieder erlesene Sondergäste ins Gelände dürfen. Bei keinem unserer Jahre auseinanderliegenden Besuche war es z.B. möglich, einen Blick in das *Nationalparkmuseum* des Djebel Chambi zu werfen; dasselbe gilt für das *Öko-Museum* am Bou Kornine. Schwer zu verstehen ist z.B. auch, wie sich am Djebel Bou Kornine der Naturschutzgedanke mit der breiten, mitten durch das Nationalparkgebiet gebauten Militärstraße verträgt, an deren oberem Ende und Aussichtspunkt das Militär (für zivile Fahrzeuge besteht Fahrverbot) seinen Müll über den Abhang entsorgt und wo es passiert, daß harmlose Wanderer auf ausgewiesenen Parkwegen sich ausweisen und mühsam rechtfertigen müssen, weil den Uniformierten offenbar unbekannt ist, daß sich zu Füßen ihres militärischen Berggipfels ein der Öffentlichkeit zugänglicher Nationalpark befindet. Dies nur als kleine Warnung. Die aus den USA stammende „Nationalparkidee“, Natur zu schützen, sie aber (mit strengen Vorschriften) zugänglich zu lassen, um dadurch das Interesse und Verständnis der Besucher für die Natur zu wecken – hat in Tunesien noch kaum Eingang gefunden.

★Nationalpark Djebel Chambi

Ca. 70 km² großes, geschlossenes, wildreiches Waldgebiet am höchsten Berg Tunesiens (ca. 15 km südwestlich von Kasserine); Beschreibung s. Route B3.

Nationalpark Bou Hedma

★Nationalpark Ichkeul

125 km² großes See-, Sumpf- und Berggelände am Südufer des Ichkeul-Sees (ca. 25 km südwestlich von Bizerte); Beschreibung s. Route A8.

★Nationalpark Bou-Hedma

Ca. 170 km² großes Savannen-/Steppengelände nahe Mezzouna am Südabfall des Djebel Bou Hedma. Typische Busch- und Baumsavanne mit über 130 Pflanzenarten (dominierend Schirmakazien) und vielen Steppen- und Wüstentieren (Gazellen, Antilopen, Mähnenschafe, Schakale, Strauße u.a.); Beschreibung s. Route B6.

★Nationalpark Zembra und Zembretta

Inselpaar im Golf von Tunis (ca. 20 km nordwestlich von Cap Bon) mit vielfältiger Pflanzen- und Tierwelt; Näheres s. Route A7.

★Nationalpark Sidi Toui

Ca. 65 km² großes Gelände beim Djebel Sidi Toui (ca. 50 km südlich von Ben Guerdane). Typische Wüstenlandschaft mit Salzpfannen, Reg-Ebenen, leichtem Dünengelände und Bergland. Der Tierbestand (unter anderem Dorkasgazellen, Wildkatzen, Schakale, Reptilien und zahlreiche Vogelarten) soll durch weitere Gazellenarten, Antilopen und Strauße vergrößert werden.

★Nationalpark Djebel Bou Kornine

20 km² großes Berggelände am Golf von Tunis (ca. 15 km südöstlich von Tunis); Beschreibung s. Route A1.

Nationalpark Ichkeul

★*Naturschutzgebiet Forêt El Feidja*

In der Nordwestecke Tunesiens (nahe Ghardimaou). Urwaldähnliches Bergland (vorwiegend mit Kork- und Steineichen) mit reichem Wildbestand (u.a. Atlashirsche, Wildschweine, Stachelschweine, Wildkatzen); näheres s. Route A13

★*Naturschutzgebiet La Galite*

Die zur Inselgruppe La Galite (ca. 60 km nördlich von Tabarka) gehörende Insel La Galiton ist Schutzgebiet für die äußerst seltenen Mönchsrobben.

In Planung

★*Sahara Nationalpark Djebil*

Voraussichtlich 1500 km² großes Gelände am Ostrand des Großen Erg (etwa 50 km südlich von Douz). Typische Sahara-Dünen- und Reglandschaft mit charakteristischer Wüstenflora und -fauna.

★*Nationalpark de Dghoumes*

Am Nordrand des Chott el Djerid, nahe Tozeur, s. Route P11. Bisher (1998) weisen lediglich Schilder und einige kleine Parkgebäude am Eingang auf dieses Projekt hin. Ein weitläufiges Gelände ist neu, offensichtlich aber noch nicht komplett eingezäunt, da der Maschendraht zum Boden hin eine Lücke von ca. 30 cm aufweist, eventuelle Wildtiere also noch leicht ausbrechen, unerwünschte Herdentiere (oder Besucher) ebenso leicht eindringen können. Bei diesem Park geht es wohl darum, eine typische Chott-Landschaft zu schützen und zu erhalten.

Notfall

Notruf-/Rettungsflugdienste

Notruf in Tunesien

Notruf (landesweit): Tel. 28 22 11, Polizei 197, Feuerwehr 198.
Pannenhilfe: siehe Kapitel „Reisen in Tunesien – Pannenhilfe".

Notruf- und Rettungsflugdienste in Deutschland

(für Mitglieder)

ADAC-Notruf (Kfz-Schaden)
München, Tel. 00 49-89-22 22 22,
Fax 00 49-89-76 76 22 88.
ADAC-Notruf (Erkrankung)
Am Westpark 8, 81373 München,
Tel. 00 49-89-76 76 76,
Fax 00 49-89-76 76-25 01.
ACE-Notrufzentrale
Stuttgart, Tel. 00 49-7 11-5 30 31 11,
Fax 00 49-7 11-5 30 32 12.
AvD-Notruf
Frankfurt/M.,
Tel. 00 49-69-6 60 63 00,
Fax 00 49-69-6 60 63 03.
Deutsche Flugambulanz
40474 Düsseldorf/Flughafen Halle 3,
Tel. 00 49-2 11-43 17 17,
Fax 00 49-2 11-4 36 02 52.
Deutsche Rettungsflugwacht
Postfach 230127, 70624 Stuttgart/Flughafen, Tel. 00 49-7 11-70 10 70.
Flugdienst des Deutschen Roten Kreuzes
Friedrich-Ebert-Allee 71, 53113 Bonn,
Tel. 00 49-2 28-23 00 23.
Malteser Hilfsdienst (MHD)
Leonhard-Tietz-Straße 8, 50676 Köln,
Tel. 00 49-2 21-20 30 80.
SOS-Flugrettung e.V.
70623 Stuttgart/Flughafen,
PF 23 03 23, Tel. 00 49-7 11-70 55 55.

Rettungsflugdienst in der Schweiz

Rettungsflugwacht REGA
Zürich, Tel. 00 41-1-3 83 11 11.

Nottelex/-fax

Sollten Sie unterwegs ein wichtiges Ersatzteil oder ein lebensnotwendiges Medikament brauchen, das im Lande nicht zu bekommen ist, oder müssen Sie im Notfall eine wichtige Nachricht weiterleiten, so hilft der Notfax-Service einiger Globetrotter-Läden (s.u.).
Bei allen Aufträgen sollte angegeben werden:

- wer die Kosten trägt;
- die genaue Anschrift des Nachrichtenempfängers;
- die genaue Anschrift des Nachrichtenüberbringers bzw. wohin evtl. Ersatzteile oder Medikamente gesandt werden sollen.

Der Notservice sollte nur bei wirklichen Notfällen in Anspruch genommen werden! Es ist für den Helfenden ziemlich frustrierend, wenn er in Windeseile z.B. die notwendigen Ersatzteile besorgt und zur Luftfrachtspedition bringt, aber dann ein weiteres Telex/Fax kommt mit der Entwarnung, nun würden die Teile nicht mehr benötigt, da sie billig vom Schrottplatz organisiert werden konnten. Vergewissern Sie sich auf jeden Fall erst im

Land, ob Sie nicht dort auch Hilfe finden. Telexen bzw. Faxen können Sie von großen Postämtern mit „Postfax"-Service und größeren Hotels. Folgende **Firmen** unterhalten Notfax:
Därr Expeditionsservice GmbH
Fax 0049-89-28 25 25.
Dr. Kneifel Fernreisen GmbH
Fax 0049-89-55 35 04.

In der Schweiz:
Globetrotter Travel Service AG
Fax 0041-1-2 11 43 39.

Deutschsprachiger Rechtsanwalt in Tunesien:
Ali Abdelkebir
38 Bd. Bab Benat, 1006 Tunis,
Tel. 01-56 68 47, Fax 01-56 78 18.

Öffnungszeiten

Da Tunesien weder Ladenschlußgesetz noch feste Geschäftszeiten kennt, sind letztere ziemlich undurchschaubar. Obwohl **Freitag** der **religiöse Wochenfeiertag** ist, gilt wie bei uns der **Sonntag** als der **offizielle Ruhetag,** an dem normalerweise alle Geschäfte geschlossen sind, jüdische Geschäfte manchmal auch samstags.

In der Regel kann man etwa mit folgenden Öffnungszeiten rechnen:

- **Ämter und Behörden:** Mo bis Do 9–13 und 15–18 Uhr sowie samstagsvormittags, im Sommer (Juli bis September) nur 7–13, während des Ramadans 8–14 Uhr.
- **Geschäfte:** 8/9–12 und 14/15–18 (im Sommer auch 16–19) Uhr; freitagnachmittags und sonn- und feiertags geschlossen. Die Läden in den Souks oder auf dem Markt, kleine Lädchen auf dem Land halten sich meist nicht an diese Zeiten. Auch Touristenläden haben abends oft bis 20 Uhr oder länger geöffnet. Bäcker backen auch sonntags.
- **Supermärkte** (z.B. *Monoprix, Magasin Général):* Sehr uneinheitliche Öffnungszeiten; etwa Mo–Sa 8.30–12.30, 15.30–19.30 Uhr. Manche haben Mo ganztägig, Fr und Sa am Nachmittag geschlossen, andere So geöffnet.
- **Wochenmärkte:** Am jeweiligen Markttag vormittags, oft schon am Spätnachmittag des Vortags (s. Ortsbeschreibungen im Reiseteil).
- **Touristeninformationsbüros** *(Syndicat d'Initiative, ONTT):* Etwa Mo–Fr 9–12 und 15–17 Uhr, Sa oft nur vormittags.
- **Museen:** Etwa 9–12 und 14–17.30 (15–18.30 Uhr vom 1.4. bis 30.9.); Mo und an offiziellen Feiertagen geschl. Die den Ruinenstätten angeschlossenen Museen sind meist täglich geöffnet.
- **Archäologische Stätten:** Tägl. etwa von 8.30 Uhr bis Sonnenuntergang.
- **Banken:** s. Kapitel „Finanzen".
- **Post:** s. unter „Post und Telefon".

Während des Fastenmonats **Ramadan** sind die genannten **Öffnungszeiteneiten zum Teil erheblich eingeschränkt.**

Post und Telefon

Postämter gibt es in allen größeren Orten, meist in Zentrumsnähe – erkennbar am gelben Schild mit schwarzer Schrift P.T.T. *(Poste, Téléphone, Télégraph).* Oft verrät schon von weitem ein hoher Antennenmast den Standort. Postämter bieten zunehmend Fax-Dienst *(Postfax;* 1 DIN-A-4-Seite nach Europa ca. 2,5 TD) und Geldwechsel.

Öffnungszeiten: Uneinheitlich, abhängig von Größe des Ortes und Jahreszeit. Es empfiehlt sich, Postgänge generell auf den Vormittag zu legen.

In der Regel kann man etwa von folgenden Öffnungszeiten ausgehen: Mo bis Do 8–12 und 15–18 Uhr, Fr/Sa 8–12 Uhr. Vom 1.7. bis 15.9. Mo bis Sa 8–13 Uhr. Im Ramadan Mo bis Sa 8–14 Uhr. In einigen Großstädten haben die Schalter des Hauptpostamts von Mo bis Sa durchgehend von 8–18 Uhr geöffnet (im Sommer mit Mittagspause), z.T. auch sonntags zwischen 9 und 11 Uhr.

Briefmarken gibt es meist auch in Tabakläden, Souvenirgeschäften mit Ansichtskartenverkauf und in den größeren Hotels.

Porto von Tunesien nach Europa: Standardbrief 500 Millimes, Postkarte 500 Millimes. Posteinwurf am sichersten beim Postamt oder im Hotel; außerdem existieren (gelbe) Briefkästen. Neben der Empfängeradresse sollten groß und deutlich die Buchstaben „R.F.A.“ *(République Fédérale d'Allemagne)* für Deutschland stehen bzw. „Autriche“ für Österreich oder „Suisse“ für die Schweiz sowie der Zusatz „Par Avion“ (Luftpost).

Wer **postlagernde Sendungen** erwartet, sollte zu Hause Anweisung geben, daß neben der Angabe „Poste Restante“ und dem Zielpostamt der *Zuname* des Empfängers deutlich *hervorgehoben* wird, um zu vermeiden, daß bei der alphabetischen Sortierung der Brief unter dem Vornamen oder gar unter „Herr“ oder „Frau“ eingeordnet wird. Gegen Vorlage des Passes und Zahlung einer geringen Gebühr wird die Sendung ausgehändigt.

Die Laufzeit für Briefe und Karten in die Heimat bewegt sich, je nachdem, ob die Sendung in einer Großstadt bzw. Touristenzentrum oder einem kleinen Ort aufgegeben wurde, zwischen fünf und acht Tagen.

Die wichtigsten **Postleitzahlen** s. unter Telefonieren/Vorwahlnummern.

Telefonieren

Von allen Post- bzw. Telegraphenämtern, von vielen in jüngster Zeit eingerichteten „Taxiphone-“ bzw. „Publi-

Postämter findet man in jedem größeren Ort

tel"-Stationen und den meisten Ferienhotels können **Auslands-Telefongespräche** geführt werden. Dafür ist weitgehend **Selbstwählverkehr** eingeführt. Direktwahl nach Münzeinwurf (1 TD/500 Millimes). Wo Selbstwahl nicht möglich ist: Vermittlung über Post oder größere Hotels. Ein 3-Minuten-Gespräch nach Deutschland kostet z.Z. ca. 5 TD. **Achtung:** Hotels berechnen in jedem Fall eine Grundgebühr von ca. 8 TD!

Für **Ortsgespräche** (100 Millimes) und **Inlandsgespräche** sind die Münzfernsprecher mit 100-Millimes-Münzen zu „füttern". Halten Sie einen ausreichenden Münzvorrat bereit.

Telefonauskunft unter 121. In den öffentlichen Telefonstationen ist meist eine Aufsichtsperson vorhanden, die notfalls Geld wechselt und Hilfestellung leistet.

Was beim Telefonieren oft etwas nervt ist der mangelnde Schallschutz (offene Kabinen, deshalb starke Störgeräusche durch Straßenverkehr, Musikkulisse oder lautstark telefonierende Nachbarn), gelegentlich auch der häufige „Durchfall" der Münzen und die fehlende Ablage (akrobatisches Jonglieren mit Münzen, Notizzettel und Schreibgerät).

Die **Vorwahlnummer für Gespräche von Tunesien** nach Deutschland ist 0049, (Schweiz 0041, Österreich 0043); im Anschluß daran kommt die Ortsvorwahl ohne die „0" (z.B. für München 89 statt 089) und schließlich die eigentliche Rufnummer.

Die Tel.-Vorwahl für Gespräche von Deutschland (Österreich, Schweiz) nach Tunesien lautet 00216, anschließend die Ortsvorwahl (s.u.) ohne die „0" (z.B. für Tunis 1 statt 01) und schließlich die eigentliche Rufnummer.

Vorwahlnummern in Tunesien:
(gültig jeweils auch für die umliegende Region; Zahlen in Klammern = **Postleitzahlen**)

- **01** Tunis (1000), Karthago (2016), Sidi Bou Said (2026), Hammam Lif (2050)
- **02** Bizerte (7000), Halbinsel Cap Bon (Hammamet (8050), Nabeul 8000), Zaghouan
- **03** Sousse (4000), Mahdia (5100), Monastir (5000)
- **04** Sfax (3000)
- **05** Djerba (4180), Gabès (6000), Kebili (4200), Medenine (4100), Tataouine (3263) u. der Süden
- **06** Gafsa (2100), Tozeur (2200), Sidi Bouzid
- **07** Kairouan (3100), Kasserine (1200)
- **08** El Kef (7100), Bèja, Jendouba, Tabarka und der Norden

Reisen in Tunesien

Öffentliche Verkehrsmittel

Busse

Reisen mit öffentlichen Bussen ist bei den Tunesiern die **populärste** und zudem die **preiswerteste Transportmöglichkeit** im Lande. Das Busnetz ist sehr engmaschig; die meisten Orte des Landes (ausgenommen einige kleinere im Süden) sind mit dem Bus zu erreichen. Die Gesellschaft *SNTRI (Société Nationale de Transport Rural et Interurban)* bedient die meisten landesweiten Verbindungen von und nach Tunis mit Stops in den größeren Orten entlang der Route. Die Regionalgesellschaften *(SRT = Société Régionale des Transports)* sind primär für die jeweilige Provinz zuständig, bedienen aber auch einige Langstrecken.

In den kleineren Orten benutzen die Gesellschaften meist eine gemeinsame zentrale Busstation *(Gare routière);* in größeren Städten gibt es oft mehrere, und es ist eine knifflige Sache herauszufinden, welcher Bus wann von welcher Station abfährt (die Angaben in den Ortsbeschreibungen wurden nach bestem Wissen zusammengestellt). Während für die SNTRI-Überlandstrecken im Terminal häufig ein Fahrplan aushängt (gelegentlich nur in Arabisch), kann man die Regionalverbindungen oft nur durch beharrliches Fragen in Erfahrung bringen. Erschwerend kommt hinzu, daß die einzelnen Gesellschaften die Existenz der Konkurrenz häufig ignorieren und zu Auskünften über deren Angebote nur selten bereit oder in der Lage sind. Zudem gelten für Sommer, Winter und Ramadan unterschiedliche Fahrpläne. Die **Fahrkarten** für den Überlandverkehr kauft man normalerweise vor Fahrtantritt **am Schalter in der Busstation,** ansonsten (wie auch im Stadtverkehr) im Bus. Da die Busse häufig überfüllt sind, empfiehlt es sich bei Fernfahrten, möglichst früh am Busbahnhof zu erscheinen, um seinen Platz zu erobern. Hautnaher Kontakt zu den einheimischen Mitfahrern ist bei Busfahrten stets garantiert. Kleineres **Reisegepäck** nimmt man in den Bus, größeres kommt in das Gepäckabteil oder aufs Dach.

Der **Fahrpreis** liegt bei ca. 4 TD/100 km (anhand der Entfernungstabelle auf der folgenden Seite lassen sich die Fahrpreise schätzen). Folgende **Preisbeispiele** als Anhaltswerte:

Stadtfahrt Tunis	0,25–0,35TD
Tunis – Kairouan	6,5 TD
Tunis –Sousse	5,9 TD
Tunis – El Kef	7 TD
Tunis – Tozeur	16,5 TD
Sousse – Hammamet	3,0 TD
Sousse – Kairouan	2,6 TD
Sousse – Zaghouan	3,4 TD
Sousse – Sfax	5,3 TD
Sousse – El Djem	2,7 TD
Sousse – Djerba	14,3 TD
Sousse – Tataouine	14,6 TD
Sousse – Kebili	13,9 TD
Sousse – Matmata	11,4 TD

Taxis

Taxis sind für kurze Strecken das günstigste Verkehrsmittel. Es gibt sie in

Entfernungstabelle (km)

	Béja	B. Guerdane	Bizerte	Douz	Gabès	Gafsa	Ghadames	Houmt-Souk	Jendouba	Kairouan	Kasserine	El Kef	Mahdia	Medenine	Nabeul	Nefta	Remada	Sfax	Sidi Bou Zid	Siliana	Sousse	Tabarka	Tataouine	Tunis	Zaghouan	Zarzis
Béja		606	107	391	453	246	974	553	49	180	225	105	252	529	172	447	656	317	285	183	190	71	578	105	117	591
B. Guerdane	606		624	302	153	299	487	100	581	571	405	600	539	77	512	415	169	435	397	432	416	646	91	559	505	46
Bizerte	107	624		553	471	408	992	570	156	218	332	212	270	547	132	524	674	335	348	192	208	136	596	65	122	609
Douz	391	302	553		149	145	670	249	427	344	397	371	439	225	458	146	352	285	243	412	401	492	274	488	463	287
Gabès	453	153	471	149		146	521	100	428	212	252	447	240	76	359	241	203	136	244	411	263	493	125	406	352	138
Gafsa	246	299	408	145	146		667	331	282	199	106	226	294	222	313	116	324	190	98	267	256	347	271	343	318	284
Ghadames	974	487	992	670	521	667		514	996	793	673	968	846	445	880	783	474	657	896	832	784	1045	396	927	870	507
Houmt-Souk	553	100	570	249	100	331	514		575	372	352	547	340	69	459	362	196	236	344	511	363	623	118	506	497	52
Jendouba	49	581	156	427	428	282	996	575		203	176	56	322	551	221	398	678	339	236	134	260	65	600	154	166	613
Kairouan	180	571	218	344	212	199	793	372	203		145	175	119	348	114	315	258	136	130	139	57	251	397	153	119	410
Kasserine	225	405	332	397	252	106	673	352	176	145		120	264	328	259	222	455	192	87	167	202	241	377	198	264	390
El Kef	105	600	212	371	447	226	968	547	56	175	120		294	523	238	342	650	278	173	106	232	121	572	171	154	585
Mahdia	252	539	270	439	240	294	846	340	322	119	264	294		316	158	410	443	104	249	258	62	223	450	205	151	378
Medenine	529	77	547	225	76	222	445	69	551	348	328	523	316		435	338	127	212	218	355	339	569	49	482	428	62
Nabeul	172	512	132	458	359	313	880	459	221	114	259	238	158	435		429	562	223	244	192	96	242	484	67	66	497
Nefta	447	415	524	146	241	116	783	362	398	315	222	342	410	338	429		465	306	214	383	372	463	387	459	434	400
Remada	656	169	674	352	203	324	474	196	678	258	455	650	443	127	562	465		339	422	614	466	727	78	609	552	189
Sfax	317	435	335	285	136	190	657	236	339	136	192	278	104	212	223	306	339		121	275	127	387	261	270	216	274
Sidi Bou Zid	285	397	348	243	244	98	896	344	236	130	87	173	249	218	244	214	422	121		172	187	301	369	283	237	382
Siliana	183	432	192	412	411	267	832	311	134	139	167	106	258	355	192	383	614	275	172		196	160	536	127	70	417
Sousse	190	416	208	401	263	256	784	363	260	57	202	232	62	339	96	372	466	127	187	196		261	388	143	89	401
Tabarka	71	646	136	492	493	347	1045	623	65	251	241	121	223	569	242	463	727	387	301	160	261		649	175	188	631
Tataouine	578	91	596	274	125	271	396	118	600	397	377	572	450	49	484	387	78	261	369	536	388	649		531	474	111
Tunis	105	559	65	488	406	343	927	506	154	153	198	171	205	482	67	459	609	270	283	127	143	175	531		57	544
Zaghouan	117	505	122	463	352	318	870	497	166	119	264	154	151	428	66	434	552	216	237	70	88	188	474	57		490
Zarzis	591	46	609	287	138	284	507	52	613	410	390	585	378	62	497	400	189	274	382	417	401	631	111	544	490	

jedem größeren Ort; sie haben **feste Standplätze,** halten unterwegs aber auch auf **Handzeichen.** Kleintaxis (Taxi bébés) erkennt man an ihrer gelben Farbe und einem Nummernschild auf dem Dach. Sie dürfen bis zu drei Passagiere (und ein Kleinkind) mit kleinem Gepäck innerhalb der Stadtgrenzen befördern. Die Tarife sind niedrig und werden vom Taxameter angezeigt (man achte darauf, daß er eingeschaltet wird bzw. funktioniert).

Grundpreis ca. 0,25 TD (in Tunis 0,31 TD), km-Preis ca. 0,3 TD. Ab 21 Uhr wird ein Nachtzuschlag von 50% erhoben.

Die etwas teureren **Großtaxis** (Grands Taxis), erkennbar am „Taxi"-Schild auf dem Dach und einem „G" an der Windschutzscheibe, dürfen bis zu vier Personen und größere Gepäckstücke (Preisaufschlag) auch außerhalb des Stadtgebiets befördern. Bei Fahrten nach außerhalb kann für die Leerrückfahrt zusätzliche Gebühr berechnet werden. Diese Taxis können auch z.B. für eine Besichtigungsfahrt für einen oder mehrere Tage gemietet werden; dafür (und generell falls kein Taxameter im Wagen ist) vereinbare man vor Fahrtbeginn die genaue Strecke und einen festen Preis.

Einige **zusätzliche Infos und Anmerkungen** zum Thema Taxis von *Melita Giorgioni:*

„Telefonnummern von Großtaxis erhält man an den Hotelrezeptionen oder von den Fahrern der Stadttaxis. Es lohnt sich übrigens, einen Blick auf Armaturenbrett und Frontseite der Taxis zu werfen, die oft sehr individuell wie ein kleines Wohnzimmer ausgestattet sind. Das Foto des Präsidenten Ben Ali befindet sich in Gesellschaft von Plastikblumen, Muscheln, Kinderfotos, einem Porzellankoran oder Koransprüchen.

Der Fahrgast sollte sich möglichst nach vorne setzen, um den Taxometer im Auge zu behalten. Es gibt Fahrer, die bei Beginn einer Fahrt unauffällig den Knopf des Nachttarifs betätigen. Man erkennt dies an folgenden Merkmalen: Der Tagestarif wird entweder durch ein grünes Lämpchen (Nachttarif rot oder orange) gekennzeichnet oder durch die Zahl 1 (Nachttarif 2) oder durch Buchstabe A (Nachttarif B).

Die meisten Taxifahrer arbeiten für Auftraggeber und dürfen 25% der Einnahmen behalten. Es ist nicht üblich, Trinkgeld zu geben (von kleinen Aufrundungen abgesehen). Touristen wissen das nicht und sind oft großzügiger. Dies führt leider häufig dazu, daß die Fahrer ihre eigenen Landsleute zugunsten fremder Besucher stehenlassen.

Kritische Anmerkungen am Beispiel Hammamet: Dort sind 170 Taxen zugelassen. Der wachsende Tourismus lockte aber auch viele Taxifahrer aus umliegenden Orten nach Hammamet; man erkennt ihre Herkunft an der Anfangsnummer, z.B. 01/Nabeul, 02/Hammamet, 03/Dar Chaabane etc., danach folgt die eigene Numerierung, z.B. 01-32. So soll die Gesamtzahl der Taxis in Hammamet um die 500 betragen. Die Folge ist eine Unterversorgung der umliegenden Orte; die einheimischen Fahrer leiden unter der Konkurrenz. Noch bis Frühjahr 98 war es üblich, daß ein Taxi unterwegs bis zu 3 oder 4 Personen aufsammelte und der Fahrpreis entsprechend geteilt wurde. Viele Tunesier, deren Monatsverdienst sich zwischen ca. 250 und 500 DM bewegt, sind auf diese günstige Transportmöglichkeit für ihren Arbeitsweg angewiesen. Leider hat hier der Tourismus, nicht zuletzt das deutsche „Elitedenken“ nach dem Prinzip: Tunesien ja, aber bitte ohne Tunesier! Unheil geschaffen. Oft weigerten sich Touristen aus unberechtigten Ängsten heraus, sich neben Einheimische in ein Taxi zu setzen. Als Konsequenz hat nun das Touristenbüro die Taxifahrer angewiesen, keine Landsleute mehr aufzunehmen, wenn sie einen Touristen befördern. Diese zu Recht als Diskriminierung empfundene Maßnahme führte zwangsläufig zu Ressentiments seitens der Bevölkerung, die sich sonst grundsätzlich durch Freundlichkeit, Offenheit und Hilfsbereitschaft uns Fremden gegenüber auszeichnet.“

Louages

Ohne sie wäre in Tunesien der überregionale Personenverkehr undenkbar. Dabei handelt es sich um **Sammeltaxis,** oft schon etwas ramponierte Kombis (Peugeot 404 oder 504), die für die Beförderung von fünf Passagieren eingerichtet sind. Sie verkehren ähnlich wie die Busse **entlang fester Routen** zwischen den Städten, bedienen aber auch abgelegenere Ziele ohne Busanschluß, besonders im Süden. Ihre Fahrzeit ist erheblich kürzer als die der Busse, da sie den jeweiligen Zielort non-stop anfahren (Aussteigen vor dem Zielort ist möglich). Louages fahren nicht nach festen Fahrplänen, sondern starten, sobald fünf Passagiere für den Zielort beisammen sind; Wartezeiten sind daher einzukalkulieren.

Die **Fahrpreise** liegen nur knapp (etwa 20%) über den Bustarifen. Die Fahrer haben eine Preisliste an Bord. Die Preise gelten bei vollbesetztem Fahrzeug. Wenn Sie nicht warten wollen, müssen Sie den Preis für die freien Plätze zuzahlen. Louages **starten von festen Standplätzen,** die **meist in der Nähe des Busbahnhofs** liegen. In größeren Orten werden verstärkt zentrale Louagestationen außerhalb des Zentrums eingerichtet. Häufig gibt es auch unterschiedliche Abfahrtsplätze für die verschiedenen Zielrichtungen (Hinweise in den Ortsbeschreibungen, sonst Taxifahrer fragen). Louages sind auch an ihren roten oder blauen Querstreifen erkennbar.

Achtung: Die Schilder an den Wagen (oft in Arabisch) nennen nicht den *Ziel-* sondern den *Stand*ort des Fahrzeugs, der zwar mit dem Zielort identisch sein kann aber nicht muß. Die Zielorte der wartenden Fahrzeuge werden von den Fahrern ausgerufen bzw. müssen bei diesen erfragt werden. Die Nachfrage nach Mitfahrplätzen ist oft größer als das Angebot. Bei der dann entbrennenden Rangelei um die Plätze ist „vornehme Zurückhaltung“ meist hinderlich.

Ein Zwischending zwischen Louage und Bus sind die **Camionnettes,** eine Art Kleinbus, Kleintransporter, der wie die Louages, aber mit mehr Fassungsvermögen, vor allem abgelegenere Orte im Süden des Landes anfährt.

Einige **zusätzliche Infos und Anmerkungen** zum Thema Louages von *Melita Giorgioni:*

„Von Tunis aus führen die meisten Direktverbindungen zu anderen Städten, ansonsten muß man ein- oder mehrmals umsteigen. Will ich z.B. von Hammamet nach Douz, am Rande der

Wüste, so nehme ich zuerst eine Louage nach Sousse, Sfax oder Gabès, je nachdem, welche zuerst fährt. Von Sousse bekomme ich eine weitere nach Sfax oder Gabès, von dort nach Douz. Der Preis bleibt immer derselbe, ob ich durchfahren kann oder wechseln muß; er wird vom Staat festgelegt. Die hier beschriebene Strecke von etwa 450 km kommt umgerechnet auf ca. 23 TD (ca. 40 DM). Sollte der Fahrer spürbar mehr verlangen (bis jetzt habe ich einen solchen Fall aber noch nicht erlebt), wird er beim Wort „Polizei" schnell zurückstecken. Eine Fahrt von Hammamet nach Tunis kostet z.B. 3 TD. Morgens und nachmittags betrug meine Wartezeit nie länger als 20 Minuten; schwieriger wird es nach 18 Uhr. Nicht vergessen, bei längeren Fahrten etwas zu essen und zu trinken mitzunehmen! Man sollte auch darauf achten, nicht die hintersten Plätze im Wagen zu bekommen, wo man wegen des niedrigen Daches mit eingezogenem Kopf sitzen muß - für größere Personen unzumutbar!

Louagefahrten sind preiswert und schnell. Manchmal zu schnell, was ihnen im Volksmund den Namen „boites de mort" = Todeskisten eingebracht hat. Berechtigt ist diese Bezeichnung allerdings höchstens im Ramadan, wenn die Fahrer hungrig und übermüdet sind und zudem unter Zigarettenentzug leiden. In dieser Zeit sollte man die Louagen lieber meiden. Polizeikontrollen haben in den letzten Jahren zugenommen. Dabei kann es vorkommen, daß der Fahrer von den offenbar schlecht bezahlten Polizisten

Wartende Louages in Sousse

unter Druck gesetzt, zur Zahlung eines Obulus für die Weiterfahrt oder zum Kauf einer Kleinigkeit gezwungen wird. Weigert er sich, kann dies massive Schwierigkeiten zur Folge haben. Meist wird nur der Fahrer überprüft, in der Nähe der algerischen Grenze sicherheitshalber aber immer häufiger auch die Fahrgäste. Bei allen Fahrten außerhalb des Urlaubsortes sollte man deshalb unbedingt Paß oder Personalausweis parat haben.

Die Fahrt über Land mit einer Louage ist für mich trotz oft übermüdeter Fahrer und waghalsigen Überholmanövern immer wieder ein lohnendes Abenteuer. Bei dieser Reiseart habe ich manch gutes Gespräch geführt und Einblicke in den Alltag der Menschen bekommen, die mir sonst verborgen geblieben wären."

Eisenbahn

Die staatliche Eisenbahn wird von der *SNCFT (Société Nationale des Chemins de Fer Tunisienne;* 67, Av. Farhat Hached, Tunis) betrieben. Das einst von den Franzosen gebaute, meist eingleisige, schmalspurige Schienennetz umfaßt heute etwa 2200 km (s. Linienplan). Mehrere Streckenabschnitte dienen nur noch dem Güterverkehr. Die Erweiterung und Elektrifizierung des Streckennetzes, seine Umstellung auf Normalspur und Zweigleisigkeit sind geplant. Auf den Hauptstrecken werden teils klimatisierte Züge eingesetzt, für die Reservierung (separat für Hin- und Rückfahrt) erforderlich ist (Zuschlag je nach Strecke 0,5–1,5 TD). In einigen Zügen werden Speise-, auf langen Strecken auch Schlafwagen angehängt. Außer den schnellen „Direct"-Zügen (Platzreservierung erforderlich), die nur in größeren Orten halten, gibt es die langsameren, sogenannte „Omnibusse", die an jeder Station stoppen.

Die **Fahrpreise** sind **generell niedrig,** der Kilometerpreis nimmt mit zunehmender Streckenlänge ab (vgl. „Preisbeispiele").

Preisnachlässe gibt es bei gleichzeitiger Buchung von Hin- und Rückfahrt sowie für Reisegruppen. Kinder bis vier Jahre reisen kostenlos, bis zehn Jahre mit 75% Ermäßigung. Behinderte Personen erhalten 50% Nachlaß.

Lohnend für vielreisende Urlauber ist die *Carte bleue.* Diese Netzkarte für die unbegrenzte Nutzung aller Züge des gesamten Netzes ist in Bahnhöfen, manchen Reisebüros und Hotels erhältlich. **Tarife in TD** (2. Klasse, 1. Klasse, Komfortklasse):

7 Tage Gültigkeit	19,5	27,3	29,3
15 Tage Gültigkeit	39,0	54,6	58,6
21 Tage Gültigkeit	58,5	81,9	87,9

Die *Carte Rail-Musee* (28,8/35,5/38 TD für 2./1./Komfortklasse) berechtigt 1 Woche lang zur Nutzung aller Züge und zum Eintritt in die wichtigsten Museen und Ruinenstätten.

Achtung: Paßfoto für den Erwerb aller *Cartes* erforderlich; auch für *Cartes*-Besitzer gelten die Reservierungsvorschriften und Zuschläge.

Jugendliche bis 21 und Studenten bis 28 Jahre (Intern. Studentenausweis!) erhalten durch Erwerb der *Carte Jeune* (Gültigkeit 1 Jahr ab Ausstellung) Preisnachlässe zwischen 25 und 35%. Der jedem Reisenden mögliche Erwerb der *Carte Fidelite* verschafft Preisnachlässe zwischen 20 und 30%.

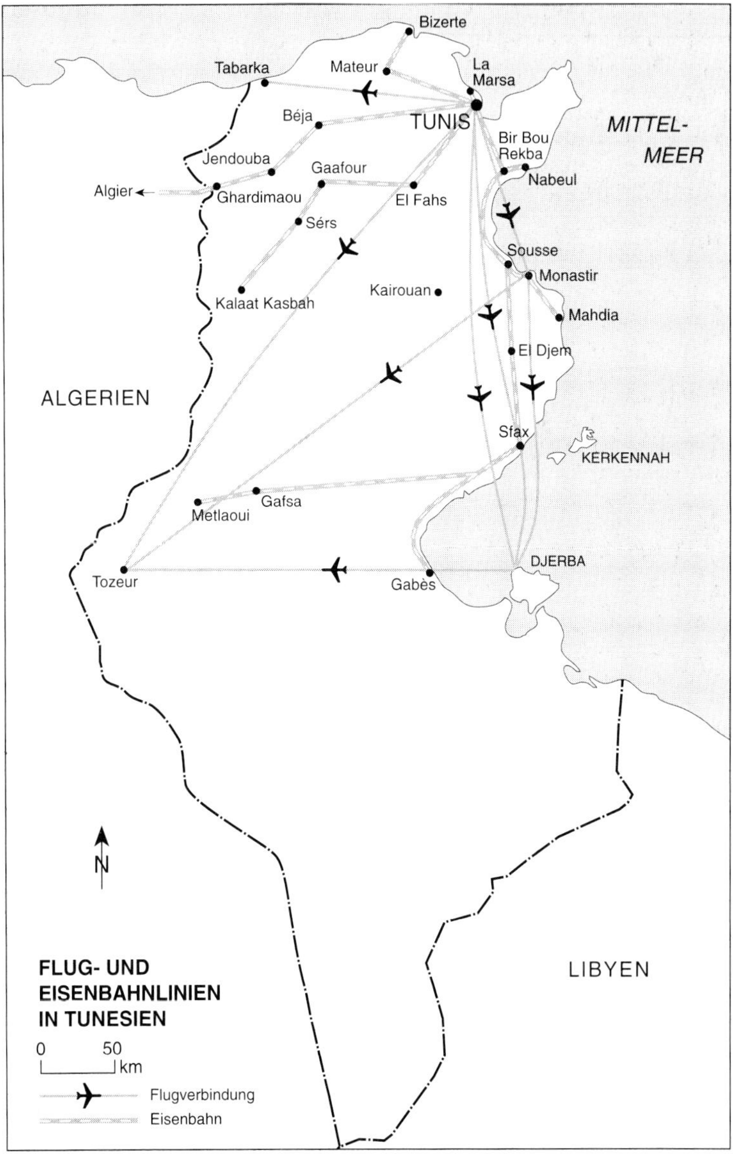
Bizerte
Tabarka
Mateur
La Marsa
Béja
TUNIS
MITTEL-
MEER
Bir Bou Rekba
Jendouba
Gaafour
Nabeul
Algier
Ghardimaou
El Fahs
Sérs
Sousse
Monastir
Kairouan
Kalaat Kasbah
Mahdia
El Djem
ALGERIEN
Sfax
KERKENNAH
Gafsa
Metlaoui
DJERBA
Tozeur
Gabès
N
LIBYEN
FLUG- UND
EISENBAHNLINIEN
IN TUNESIEN
0
50
km
Flugverbindung
Eisenbahn

Eisenbahn: Preisbeispiele (TD)

Verbindung	2. Klasse	1. Klasse	Komfortklasse
Tunis – Bir Bou Rekba	2,50	3,55	3,55
Tunis – Sousse	4,85	6,50	6,90
Tunis – Monastir	5,95	7,85	8,35
Tunis – Sfax	7,95	10,65	11,35
Tunis – Gafsa	10,75	14,6	15,35
Tunis – Metlaoui	11,55	15,5	16,55
Tunis – Ghardimaou	6,35	7,95	8,25
Tunis – Bizerte	2,55	3,05	3,35

Fahrradbeförderung im Gepäckwagen: bis 150 km: 4,05 TD; über 150 km: 6,0 TD.

Details über Eisenbahnverbindungen finden sich in den jeweiligen Ortsbeschreibungen.

Detaillierte Fahrpläne sind erhältlich bzw. hängen aus in den Bahnhöfen. Zu beachten sind die unterschiedlichen Fahrpläne für Sommer, Winter, Ramadan und Feiertage.

Weitere Bahnverbindungen

Elektrische Schnellbahn TGM zwischen Tunis und den nordöstlichen Vororten La Goulette, Karthago, La Marsa (s. unter „Tunis – Verkehrsverbindungen"); Schnellbahn *Métro du Sahel* zwischen Sousse, Monastir, Mahdia (s. unter „Sousse"); Vorortzug *(Banlieue Sud)* zwischen Tunis, Radès, Hammam Lif, Bordj Cedria.

Touristenzug *Lézard Rouge* (und Arbeiterzug) von Metlaoui in die Seldjaschlucht (s. Route C1).

Inlandsflüge

Angesichts der **geringen Entfernungen** in Tunesien und dank der guten Versorgung mit den obengenannten öffentl. Verkehrsmitteln besteht **wenig Notwendigkeit für Inlandsflüge,** ausgenommen vielleicht die Verbindung zwischen Tunis und Djerba.

Die Inlands-Fluggesellschaft *Tuninter* (Tochtergesellschaft der Tunis Air) bietet folgende preiswerte Inlandsverbindungen an (siehe Übersicht, S.75): *Tunis/Djerba, Tunis/Sfax, Tunis/Tozeur, Sfax/Djerba, Djerba/Monastir, Djerba/Tozeur, Monastir/Tozeur.* Informationen und Reservierung bei allen in- und ausländischen Agenturen der Tunis Air, s. Kapitel „Anreise mit dem Flugzeug".

Inlandsfähren

Zwischen Sfax und den Kerkennah-Inseln: mehrmals täglich. Zwischen Djorf und der Insel Djerba: etwa halbstündlich. Einzelheiten s. Kapitel über die jeweiligen Inseln.

Zwischen La Goulette u. Radès pendelt von 5.30–21 Uhr eine kostenlose Autofähre (max. 4,5 t; s. Route A1).

Mietwagen

Mietfahrzeuge sind **teurer als in Mitteleuropa,** bei voll besetztem Wagen

(Kostenteilung) aber dennoch ein erschwingliches Transportmittel.

Mietwagenagenturen gibt es in allen Touristenzentren, an den Flughäfen und in den größeren Orten des Landes (s. unter „Praktische Informationen" nach den jeweiligen Ortsbeschreibungen). **Internationale Agenturen** (z.B. *Avis, Hertz, Europcar)* bieten Modelle vom Kleinwagen bis zur großen Limousine an. Von Vorteil ist, daß bei ihnen die Rückgabe auch bei anderen Niederlassungen erfolgen kann. Der ADAC (in Zusammenarbeit mit Europcar) bietet PKW-Ferien-Tarife auch für Tunesien an. Geländegängige Fahrzeuge können – wenn überhaupt – nur mit Fahrer gemietet werden. Die Tarife der verschiedenen Anbieter können um bis zu 25% differieren (meist sind Prospekte mit allen Angaben erhältlich). Neben den internationalen existieren zahlreiche einheimische Agenturen. **Lokale Vermieter** sind zwar **meist billiger,** bieten aber in der Regel weniger Qualität, Sicherheit und Serviceleistungen. Bei einer Mietdauer von ein oder zwei Tagen zahlt man einen relativ niedrigen Grundpreis plus Kilometergeld (Minimum meist 150 km); günstiger kommt man bei längeren Fahrten mit Dreitages- oder Wochenpauschalen, die eine unbegrenzte Kilometerzahl enthalten (Preisbeispiele s. Tabelle).

Die Hinterlegung einer Kaution (meist in Höhe der zu erwartenden Mietkosten) entfällt, wenn das Fahrzeug bereits in Europa über eine internationale Agentur angemietet wurde bzw. der Mieter eine internationale Kreditkarte vorlegt.

Der Fahrer muß **mindestens 21 Jahre alt** und schon **ein Jahr** im Besitz des **Führerscheins** sein.

Um unliebsame Überraschungen zu vermeiden, sollte man vor Übernahme des Wagens Bereifung und Ersatzreifen, Beleuchtung, Bremsen, Hupe, Wagenheber und Bordwerkzeug kontrollieren sowie evtl. schon vorhandene Karosserieschäden festhalten lassen. Fahrzeugschäden, die durch das Befahren unbefestigter Nebenstrecken entstehen, sowie eventuelle Abschleppkosten gehen zu Lasten des Mieters.

Tip: Zur Zeit der großen religiösen Feste (Aid el Kebir/Aid el Fitr) herrscht großer Andrang auf Mietwagen; frühzeitige Buchung dann empfehlenswert. Trotz gedruckter Tarifpläne besteht bei lokalen Autovermietern oft (vor allem in der Nebensaison oder für längere Mietdauer) Verhandlungsspielraum. Lesertip: bei internat. Agenturen exi-

Mietwagen: Preisbeispiele (TD)

	pro Tag	*pro km*	*3 Tage*	*1 Woche*
Kleinwagen	20–35	0,2–0,35	170–220	380–450
Peugeot 205	30–40	0,25–0,40	240–270	450–550
Peugeot 405	60–70	0,55–0,70	400–500	800–1000

Ab 3 Tage jeweils unbegrenzte km-Zahl. Hinzu kommen 17% **Mehrwertsteuer**, 5 TD **Stempelsteuer** für den Vertragsabschluß, **Treibstoffkosten, auf Wunsch Vollkasko- und Insassenversicherung.**

stiert meist eine zweite inoffizielle Preisliste („all-inclusive-Angebote", also incl. Versicherung, MWSt, Stempelsteuer und unbegrenzten km). Vermittlung über Reiseagenturen ist grundsätzlich teurer.

Autostop

Auf Strecken, die von öffentlichen Verkehrsmitteln nicht oder nur selten befahren werden, ist Autostop bei den Tunesiern durchaus üblich und oft die einzige Möglichkeit, ans gewünschte Ziel zu kommen. Hier haben auch Touristen evtl. eine Chance, mitgenommen zu werden.

Ansonsten wird Autostop **nicht gern gesehen;** es ist wegen der niedrigen Tarife der öffentlichen Verkehrsmittel unüblich und ohnehin kaum zu rechtfertigen. Manche **LKW- und Lieferwagenfahrer** nehmen zwar Anhalter mit, **erwarten** dann aber meist **Bezahlung** etwa in Höhe des entsprechenden Buspreises. Alleinreisenden Frauen ist vom Reisen per Anhalter grundsätzlich abzuraten.

Mit dem eigenen Fahrzeug

Reisen im eigenen Fahrzeug, besonders im Wohnmobil, ist sicher die angenehmste Art, das Land und seine Bewohner kennenzulernen. Man ist flexibel, kann Abstecher in abgelegene, von öffentlichen Verkehrsmitteln kaum oder nicht bediente und vom Massentourismus unberührte Regionen unternehmen, ist von Fahrplänen (Wohnmobilisten auch von Unterkünften und Restaurants) unabhängig und kann die Freiheit in vollen Zügen genießen. Mit einem durchgecheckten, technisch intakten Fahrzeug bietet eine Fahrt auf Tunesiens Straßen keine höheren Risiken als eine Reise durch Südeuropa.

Autoausrüstung

Für Fahrten auf den normalen Straße ist keine spezielle Ausrüstung erforderlich. Generell empfiehlt sich die Mitnahme von ausreichendem Werkzeug, der wichtigsten Verschleißteile (Keilriemen, Ersatzbirnen, evtl. Luft- und Ölfilter) und eines gefüllten Reservekanisters. Wer jedoch längere Etappen auf Berg- und Wüstenpisten zurücklegen möchte, sollte auch die „Allgemeinen Hinweise für Pistenfahrten", S.685, beachten.

Straßennetz

Das tunesische Straßennetz wurde in den letzten Jahren mit großem Aufwand ausgebaut. Es ist – besonders im Norden – **engmaschig** und auf den **Hauptrouten** überwiegend in **gutem bis sehr gutem Zustand.** Im Süden werden (zum Leidwesen der Off-Road-Fahrer) immer mehr Pisten asphaltiert. Oft säumen kilometerlange, schattenspendende Eukalyptusbaumreihen die Straßen. Tunesiens einzige **Autobahn** (mautpflichtig), die von Tunis nach Süden führt, wird gegenwärtig vom bisherigen Ende bei M'Saken (nahe Sousse) weiter Richtung Sfax ausgebaut.

Auf Nebenstrecken muß man gelegentlich mit **Schlaglöchern** und **schmalen Fahrbahnen** mit unbefestigten Seitenstreifen rechnen. Hier wird in der Regel erwartet, daß der Fahrer des kleineren Fahrzeugs auf den Randstreifen ausweicht – manchmal eine Art „Russisch Roulette".

Mit Ausnahme von landwirtschaftlichen Zufahrtswegen, einigen Berg- und den meisten Wüstenstrecken sind die Straßen asphaltiert und problemlos von allen Fahrzeugen befahrbar. Auf manchen Routen ersetzen betonierte Furten die Brücken. Bei Niederschlägen können diese wegen Überflutung oder starken Schlammanschwemmungen vorübergehend unpassierbar sein (evtl. zu Fuß die Wassertiefe prüfen oder andere Fahrzeuge beobachten).

Bei den **Berg- und Wüstenstrekken** handelt es sich vielfach um **Schotter- oder Sandpisten,** die im allgemeinen auch von robusten, möglichst **hochbeinigen PKWs** und von **Motorrädern** befahren werden können. Durch Steinschlag, Sandverwehungen, vor allem aber durch Niederschläge können auch sie zeit- und abschnittweise unpassierbar werden. Für **einige Berg- und Wüstenrouten** ist jedoch **Geländegängigkeit unerläßlich.** Entsprechende Hinweise finden sich in den jeweiligen Routenbeschreibungen.

Kein Platz für Gegenverkehr (Schlucht bei Sakket)

Straßenverkehr

Außerhalb der großen Städte und abseits der großen Nord-Süd-Verbindung Tunis – Sfax – Gabès ist trotz wachsender Motorisierung die **Verkehrsdichte gering,** so daß Überlandfahrten für uns an verstopfte Straßen gewöhnte Mitteleuropäer ein echter Genuß sind. Anders **in den Städten,** besonders in **Tunis.** Da geht es vor allem zu den Stoßzeiten **recht chaotisch** zu. Der „südländisch" anmutende Fahrstil vieler Tunesier ist ohnehin gewöhnungsbedürftig. Blinker werden recht sparsam, Hupen dagegen umso häufiger eingesetzt. Man fährt am besten, wenn man sich anpaßt und aufpaßt. Bei Besuchen von großen Städten empfiehlt es sich generell, den Wagen in Zentrumsnähe zu parken und dieses zu Fuß zu erkunden, evtl. ein Taxi bzw. öffentliche Verkehrsmittel zu benutzen. Obwohl in den Orten häufig breite Gehwege vorhanden sind, ziehen es die Einheimischen meist vor, möglichst nebeneinander auf der Fahrbahn zu gehen. Schulkinder sind zu allen Tageszeiten unterwegs.

Rechnen Sie auch im Überlandverkehr trotz oder gerade wegen der geringen Verkehrsdichte mit unachtsamem Verhalten der anderen Verkehrsteilnehmer. **Rad- und Mopedfahrer, Fußgänger** und **Eselstreiber** bewegen sich teilweise recht sorglos auf den Straßen, fast überall ist auch mit **Tierherden** zu rechnen, die auf der und über die Straße getrieben werden.

Wenn **Nachtfahrten** nicht vermeidbar sind, ist **große Vorsicht** geboten; manche Fahrzeuge sind unzureichend oder gar nicht beleuchtet; ein frei herumlaufendes Dromedar, ein Esel, ein unbeleuchtetes Fahrrad oder Zugtiergespann sind leicht zu übersehen.

Verkehrsregeln

Die tunesischen Verkehrszeichen und -regeln entsprechen im wesentlichen den mitteleuropäischen. Die **Verkehrsschilder** sind im allgemeinen **französisch,** oft auch **zweisprachig** (französisch und arabisch) beschriftet. Es herrscht **Rechtsverkehr,** absolutes **Alkoholverbot,** für Moped- und Motorradfahrer besteht **Schutzhelm-,** für Autoinsassen **Gurtanlegepflicht,** die allerdings von Tunesiern kaum befolgt wird. Wenn nicht anders angezeigt, hat stets das von rechts kommende Fahrzeug die **Vorfahrt** – das gilt auch für kleinere Nebenstraßen und im Kreisverkehr. Innerorts fährt man bei Dunkelheit und ausreichender Straßenbeleuchtung mit **Standlicht**. Rot-weiße und gelbe Markierungen am Bordstein kennzeichnen **Parkverbot**szonen. Falsch geparkte Fahrzeuge werden u.U. mit einer **Parkkralle** am Wegfahren gehindert, die erst nach Zahlung des Strafgeldes bei der Stadtverwaltung (Municipalité) entfernt wird.

Geschwindigkeitsbeschränkungen: 50 km/h innerhalb geschlossener Ortschaften, außerhalb 90 km/h (auf Djerba 70 km/h), auf Autobahn 110 km/h.

Polizeikontrollen: Die Polizei führt strenge und verhältnismäßig häufige Kontrollen durch, wobei sie besonders auf korrekte Papiere und die Einhaltung von Geschwindigkeitsbegrenzungen und Überholverboten achtet; man sollte diese Kontrollposten – soweit man sie rechtzeitig erkennt – grundsätzlich **langsam passieren.** Halten Sie Fahrzeugpapiere und Pässe bereit; Touristenfahrzeuge werden meist durchgewunken. Wenn sie angehalten werden, grüßen Sie freundlich; im allgemeinen beschränkt sich die Kontrolle bei Touristen auf einen flüchtigen Blick in die Papiere und einen kleinen Plausch über das Woher und Wohin. Bei Verkehrsvergehen aber gibt es meist kein Pardon; man muß an Ort und Stelle zahlen.

Treibstoffversorgung

Das **Tankstellennetz** in den **Städten und entlang der Hauptstraßen ist sehr dicht.** Selbst in vielen kleineren Orten bereitet die Treibstoffversorgung keine Probleme. Bleifreies Benzin („essence sans plomb") ist inzwischen an zahlreichen Tankstellen im Land erhältlich. Vor allem im Süden des Landes ist die Versorgung jedoch noch mangelhaft. Eine (nicht immer aktuelle) Liste dieser Tankstellen ist beim ADAC erhältlich. In den **dünn besiedelten Steppen- und Wüsten-Randgebieten** liegen die Tankstellen oft **weit auseinander.** Hier sollte man generell bereits bei halbleerem Tank bei der nächsten Möglichkeit wieder auffüllen. In den Sahara-Pistenbeschreibungen wird auf die jeweils letzte bzw. nächste Tankmöglichkeit hingewiesen. Für **längere Saharatouren, z.B. ins „Sperrgebiet"**, ist evtl. die **Mitnahme von Treibstoffkanistern** erforderlich.

Treibstoffversorgung – kein Problem

Die Tankstellen sind von ca. 7.30–22 Uhr geöffnet. Sonntags sind viele geschlossen, in größeren Städten gibt es manche mit 24-Stunden-Dienst.

Kraftstoffpreise:
(Liter/TD; Sommer 98)

Normalbenzin (92 Oktan)	0,615
Superbenzin (95 Oktan)	0,655
Diesel	0,357
Bleifrei (95 Oktan)	0,655

20 Liter Kraftstoff dürfen im Kanister **zollfrei** eingeführt werden. **Motoröl** (2 l): Mehrbereichsöl ca. 4–5 TD, synthetisches Öl ca. 8 TD.

Tip für das Ende der Reise: Eine komplette Autowäsche von Hand (Karosserie, Motor, Unterboden), Motorölwechsel und Abschmieren aller Schmierstellen erhält man in Tankstellen für insgesamt ca. 14 TD (zuzügl. Öl und Filter).

Reparaturwerkstätten

Sie liegen meist an den Ausfallstraßen der Orte. In einfacheren Fällen helfen Tankstellen. Die gelegentlich nur bescheidene technische Ausstattung wird meist durch die Fähigkeiten und Improvisationskünste der Mechaniker ausgeglichen. Fehlende Ersatzteile stellen oft das Hauptproblem dar. Nehmen Sie daher sicherheitshalber eine **kleine Auswahl der wichtigsten Verschleißteile** mit.

Erkundigen Sie sich zu Hause nach den **Vertragswerkstätten** Ihrer Fahrzeugmarke in Tunesien. Besonders die französischen Marken (Peugeot, Renault), aber auch Fiat, VW, Mercedes und einige Japaner sind in den meisten größeren Städten vertreten.

In jedem größeren Ort kann man beim „Vulcanisateur“ Reifen preiswert flicken lassen.

Geschwindigkeitsvorschriften

Pannenhilfe

Notrufsäulen stehen an der Autobahn alle 2 km, an einigen Hauptverbindungsstraßen alle 3 bis 5 km. Sonst existiert **kein organisierter Pannenhilfsdienst;** man ist also meist auf Selbsthilfe oder Unterstützung durch andere Autofahrer angewiesen, wobei sich LKW-Fahrer oft als besonders hilfsbereit erweisen. Verständigen Sie notfalls die **Garde Nationale.**

Die **tunesischen Automobilclubs** erteilen **Auskünfte** in allen für Autofahrer wichtigen Belangen und bemühen sich in **Notfällen** um **Hilfe** (für Schutzbriefinhaber eines europäischen Automobilclubs normalerweise kostenlos). In schweren Fällen wende man sich an die Auslands-Notrufstation des eigenen Automobilclubs.

Verhalten bei Unfällen

Bei Bagatellschäden genügt in der Regel die Unfallaufnahme durch die Kontrahenten sowie der Austausch der Personalien und Versicherungsdaten. Bei größeren Schäden, bei Uneinigkeit und **bei jedem Unfall mit Personenschaden** muß die **Polizei** oder **Garde Nationale** herbeigerufen werden. Für Inhaber eines für Tunesien gültigen **Schutzbriefes** wickeln die tunesischen Automobilclubs die Formalitäten ab. Beim *ADAC* ist ein „Merkblatt für Schadensfälle in Tunesien" sowie ein Unfallberichts-Formular in Französisch erhältlich. 1998 wurden erstmals 5 Rettungshubschrauber in Betrieb genommen, die im Raum Tunis, Djerba, Sousse, Monastir bzw. Gafsa stationiert sind.

Steinewerfer

Auf diese sehr gefährliche Unsitte trifft man vereinzelt leider auch in Tunesien. Es ist sicher kein Fremdenhaß, sondern mehr eine Lausbuberei oder Zeitvertreib, mit Steinen auf vorüberfahrende Touristenautos oder Motorräder zu zielen, oft nur symbolisch oder auf die Reifen. Wenn das Geschoß aber trifft, kann dies böse Folgen haben. Wer merkt, daß ein Kind oder Jugendlicher einen Stein in der Hand hat oder sich danach bückt, sollte langsam, mit demonstrativem Blickkontakt und evtl. auf den Betreffenden gerichteten Zeigefinger vorbeifahren, für den Fall eines Treffers sich den Übeltäter möglichst einprägen. Eine Meldung bei der Ortspolizei mit Personenbeschreibung, notfalls ein kleiner „Aufstand" an Ort und Stelle verhindern am ehesten künftige Untaten.

Sicherheit

Tunesien hat eine **wesentlich niedrigere Kriminalitätsrate** als mittel- oder südeuropäische Länder. Allerdings hört man in letzter Zeit häufiger Berichte über Taschendiebstähle, v.a. in Städten und in den stark vom Tourismus geprägten Regionen, wohl nicht zuletzt als Folge des krassen Mißverhältnisses zwischen dem niedrigen Lebensstandard vieler Tunesier und dem offensichtlichen Wohlstand der meisten Touristen. Vorsicht also, sobald es irgendwo „eng“ wird (dichter Stadtverkehr, Märkte oder belebte Gassen). **Taschendiebe** arbeiten oft im Team: einer rempelt das Opfer an, lenkt es ab, der andere greift schnell und geschickt in die Tasche oder schlitzt diese notfalls auf.

Gewaltdelikte, Autoaufbrüche oder gar Überfälle sind jedoch ausgesprochen selten. Wir fühlten uns bei unseren oft monatelangen Reisen stets sicher, besonders in den abgelegenen Regionen, wo wir immer wieder verblüffende Beispiele von Ehrlichkeit (auch in Gelddingen) erlebten. Dennoch kann es nicht schaden, einige Vorsichtsmaßregeln zu beachten.

Der Hotelgast sollte – wie überall auf der Welt – **Reisepaß, Flugtickets, Schmuck und größere Geldbeträge nicht im Zimmer** aufbewahren, sondern im Hotelsafe oder Schließfach der Rezeption deponieren. Wem das nicht möglich ist (z.B. Reisende mit öffentl. Verkehrsmitteln, Autoreisende), der sollte **Bargeldvorräte, Schecks** etc. möglichst **versteckt am Körper tragen** (z.B. in Geldgürtel, verdeckt getragenem Brust- oder Beinbeutel) bzw. an gut getarnter Stelle im Auto verstecken und nur kleinere Beträge in einer griffbereiten Geldbörse. Tragen Sie Ihren **Reichtum** in Form von Geld und Schmuck **nie öffentlich zur Schau.**

Autofahrer sollten beim Verlassen des Fahrzeugs möglichst keine Wertgegenstände zurücklassen, und wenn, dann gut versteckt. In den Städten steht man auf bewachten Parkplätzen sehr sicher. Hin und wieder bieten auch Kinder oder Jugendliche gegen ein vorher zu vereinbarendes Honorar (oder Geschenk) ihre Dienste als Autowächter an. Zum Thema „Sicherheit beim Campen“ s. S.95.

Beim **Erwerb** sogenannter **Antiquitäten,** die vorwiegend bei antiken Stätten angeboten werden, ist größte Zurückhaltung geboten. In der Regel handelt es sich bei den angeblichen Grabungsfunden (Münzen, Öllämpchen, Statuetten o.ä.) um geschickt gemachte und auf „alt“ getrimmte Nachbildungen. Sollten sie aber wider Erwarten echt sein, dann ist deren Ausfuhr ohnehin verboten. Und nochmals: wenn Sie feststellen, daß man Ihnen ein Souvenir zu weit überhöhtem Preis angedreht hat, liegt kein Betrug vor. Zähes Handeln und Feilschen hätte den Preis gedrückt. Wo jedoch Festpreise bestehen (Hotels, Restaurants, Louages etc.) lasse man sich die (staatlich vorgeschriebene) Preisliste/ Speisekarte geben und wende sich bei Betrugsversuchen getrost an die Polizei (ebenso natürlich bei echten Kriminalfällen), die Gästen gegenüber generell freundlich und hilfsbereit ist.

Sprache und Verständigung

In Tunesien ist **Arabisch** offizielle **Amts- und Landessprache.** Daneben werden vereinzelt – vor allem im Dahar-Gebirge im Süden des Landes und auf Djerba – noch einige **Berberdialekte** gesprochen. **Französisch** ist seit der Kolonialzeit **Verkehrs-, Bildungs- und Handelssprache,** also bei Behörden, in Büros, im Geschäftsverkehr üblich. Es ist **Pflichtfach in den Schulen** (in höheren Schulen sogar Unterrichtssprache), so daß man sich mit allen Tunesiern mit Schulbildung grundsätzlich in dieser Sprache verständigen kann. Formulare, Schilder, Werbung und Informationen sind häufig zweisprachig. In den Hotels der touristisch stark frequentierten Gegenden, an populären Ausflugszielen hat man sich auf die ausländischen Besucher eingestellt; dort kommt man meist auch mit Deutsch oder Englisch zurecht; **Speisekarten** in den Touristenlokalen sind häufig zusätzlich in **Deutsch und Englisch** abgefaßt. Hotelpersonal, Fremdenführer und Souvenirhändler verblüffen oft mit guten Deutschkenntnissen.

„Labass?“

Außerhalb der Touristenzentren ist allerdings ohne Kenntnis wenigstens der wichtigsten französischen Grundbegriffe und Redewendungen mit erheblichen **Verständigungsschwierigkeiten** zu rechnen. Es lohnt sich also, vor der Reise zunächst das Französisch wieder aufzupolieren (Wörterbuch nicht vergessen!).

Ein ganz löbliches Unterfangen wäre natürlich, einen Kurs in **Arabisch** zu belegen. Abgesehen von den grundsätzlichen Schwierigkeiten dieser Sprache – viele lernwillige Sprachschüler haben schon kurz nach Beginn das Handtuch geworfen – verhilft allerdings auch das mühsam eingebleute Sprachwissen kaum zu einer flüssigen Konversation mit Tunesiern. Denn Arabisch ist nicht gleich Arabisch. In Tunesien wird eine Art „maghrebinisches“ Arabisch gesprochen, das wenig mit dem klassischen Hocharabisch, der Sprache des Koran, gemeinsam hat und das auch stark von dem z.B. in Ägypten, Jordanien und Syrien gesprochenen Arabisch abweicht. Probleme macht auch die **Schrift,** angefangen damit, daß **von rechts nach links** geschrieben wird. Wer stenographieren kann, wird eine gewisse Ähnlichkeit zur Kurz-

Einige nützliche Begriffe und Redewendungen

Arabisches Alphabet siehe S.731 im Anhang des Buches
Aussprache „kh" wie „ch" in Bach

ja	naam
nein	la
danke	schukran; barak allahu fik (förmlich)
bitte	men fadlek
groß	kebir
klein	srhir
schön	jemil
gut, ok	behi
nicht gut; schlecht	misch behi
heute	el yum
morgen	ghodwa
gestern	el barah
wo ist ...?	fen? uin?
wann?	emta?
rechts (nach r.)	jemin
links (nach l.)	jesar
geradeaus	tul
dasselbe	kif-kif
langsam	schwaya schwaya
schnell	fisa
ich	ana
Du	enti (weibl.) enta (männl.)
Brot	khobs
Fleisch	l(e)ham
Fisch	huta
Gemüse	khodra
Obst	khalla
Suppe	schorba
Wasser	mä
Bier	birra
Kaffee (türk.)	kahwa (ararabi)
Tee (mit Minze)	tay (bennana)
Milch	halib
Geld	flus
Vorsicht! Achtung!	baalek!
Hau ab!	imschi!; barra! (sehr grob)
Entschuldigung!	sahmani
Das macht nichts.	malesch
Schau her!	schuff
Was kostet ...?	kaddesch?
Das ist zu teuer	khali jasser
Wie heißen Sie?	shismik?
Ich heiße ...	ana ismi ...
Ich bin ...	ana ...
... Deutscher	almani
... Österreicher	nimsewi
... Schweizer	swisri
... Franzose	fransawi
Sprechen Sie ...?	tkalam anta
... Deutsch	almani
... Französisch	faranzi
... Englisch	inglesi

Grußformeln

Guten Tag Sei gegrüßt!	asslama; asslam alaikum ! (unter Moslems)
Guten Morgen	sbah el kheir
– Erwiderung:	sbah en nour
Guten Abend	msa el kheir
– Erwiderung:	msa en nour
Gute Nacht	lela ala kheir
Willkommen!	mahraba
Auf Wiedersehen	besslama
Wie geht es Ihnen? – Danke, mir geht es gut!	kief halek?; labass? – labass, (al-ham-du lellah)
Guten Appetit!	bismillah
Gute Reise!	bismillah

Zahlen

Zahlen von 0–10			*Zahlen von 11–19*			*Zahlen von 20–1000*		
0	٠	sifr	Die Zahlen von 11 bis 19			Die Zahlen von 20 bis 90		
1	١	wahed	enden auf “...asch”:			enden auf “...in”:		
2	٢	(i)tnin	**11**	١١	hedasch	**20**	٢٠٠	aschrin
3	٣	tlata	**12**	١٢	tnasch	**30**	٣٠	etlatin
4	٤	arba'a	**13**	١٣	tlatasch	**40**	٤٠	arba´in
5	٥	khamsa	**14**	١٤	arbatasch	**50**	٥٠	khamsin
6	٦	sitta	**15**	١٥	khamastasch	**60**	٦٠	settin
7	٧	seba'a	**16**	١٦	settasch	**70**	٧٠	seba´in
8	٨	tmanja	**17**	١٧	sebatasch	**80**	٨٠	tmanin
9	٩	tisa'a	**18**	١٨	tmantasch	**90**	٩٠	tasin
10	١٠	aschra	**19**	١٩	tisatasch	**100**	١٠٠	mia
						1000	١٠٠٠	alf

schrift entdecken, sowohl in der Form der Zeichen wie in der Systematik. Gleiche Buchstaben werden unterschiedlich wiedergegeben, je nachdem, ob sie am Wortanfang, in der Mitte oder am Ende stehen. Kurzvokale spart man sich ganz oder deutet sie durch Auslassungszeichen an.

Trotzdem sollte man sich nicht abschrecken lassen und sich zumindest ein bißchen mit der arabischen Sprache befassen. Auch **wenige Wörter** oder Redewendungen **helfen** oft unterwegs und steigern das Ansehen des Besuchers im Gastland. Wer sich um die Sprache eines Landes bemüht, beweist ein besonderes Interesse an dessen Menschen. Selbst die einfachsten Ausdrücke wie „Misch-Misch“ (Aprikose), „Fil-Fil“ (Pfeffer, Paprika), „Sim-Sim“ (Sesam) oder „schwaya schwaya“ (langsam), die sich auch der sprachunbegabteste Reisende merken kann, lösen bei gezielter Anwendung anerkennendes Kopfnicken aus. Ein bißchen umfangreicher sollte der Sprachschatz allerdings schon sein. Er sollte die wichtigsten Grußformeln umfassen, Danke und Bitte; bei Fragen nach dem Weg sollte man verstehen, was rechts, links und geradeaus bedeutet. Um den Wert von Münzen und Banknoten sowie Preisangaben lesen zu können, ist die Kenntnis der Zahlen sehr nützlich, die wie bei uns von links nach rechts geschrieben werden.

Ein gutes Büchlein ist der **Sprachführer** „Tunesisch-Arabisch für Globetrotter“ von Wahid Ben Alaya, Kauderwelsch-Serie (RKH-Verlag Peter Rump GmbH, Bielefeld). „Die arabische Schrift“ von B. Grabitz (ISBN 3-88677-932-7), ein Büchlein, das leicht ins Reisegepäck paßt, hilft beim Erlernen/Entziffern der Schrift.

Wer einen **Arabischkurs in Tunesien** belegen möchte, wende sich an die *Bourguiba School* in der Rue de la Liberté in Tunis (neben der jüdischen Synagoge). Im Sommer z.B. besteht die Möglichkeit zu einem 6wöchigen Intensiv-Kurs parallel zu Erkundungsfahrten im Land.

Strände

Die tunesische Mittelmeerküste mit etwa 1300 km Länge (von denen bislang kaum mehr als 100 km touristisch erschlossen sind) bietet abseits der Ferienzentren viel Freiraum mit unverbauten Stränden.

Die buchtenreiche **Nordküste** („Korallenküste") zwischen *Tabarka* und *Bizerte*, der Küstenabschnitt zwischen *Bizerte* und *Ghar el Mhel* und die Nordküste des *Cap Bon* sind besonders reich an idyllischen Badeplätzen, oft von Bergen gesäumt. Sie werden außerhalb der Hauptsaison kaum besucht und sind meist nur mit eigenem Fahrzeug zu erreichen.

Die Sandstrände entlang der **Ostküste,** an der sich auch die Haupt-Ferienzentren befinden, gehören zu den schönsten im Bereich des Mittelmeeres; viele sind kilometerlang und stellenweise sehr breit, abseits der Hotels freilich nicht frei von Verschmutzungen. Die Strände der Badeorte werden während der Saison zwar regelmäßig gereinigt, trotzdem sind Badeschuhe zu empfehlen, denn die Meeresströmungen spülen gelegentlich Seetang, Algen und hin und wieder auch Teerreste ans Ufer. Da die Strände grundsätzlich öffentliches Eigentum sind, sich also nicht im Privatbesitz der Hotels befinden, sind sie für **jedermann zugänglich.**

FKK ist generell **verboten. Oben-Ohne-Baden** wird höchstens am Hotel-Swimmingpool und an hotelnahen Stränden toleriert.

Hinweise auf schöne Badestrände und Abstecher zu einsamen Küstenstrichen finden Sie in den diversen Routenbeschreibungen.

Strand am Golf von Hammamet

Trinkgeld

Trinkgelder sind besonders im touristischen Dienstleistungsbereich üblich und stellen angesichts der niedrigen Löhne und Gehälter eine wichtige zusätzliche Einnahmequelle dar.

Dem Tischkellner und Zimmermädchen im Urlaubshotel gibt man üblicherweise zwischen 4 und 6 TD pro Woche, am besten einen Teil gleich zu Beginn des Aufenthalts.

In Restaurants außerhalb der Hotels sind **5–10% des Rechnungsbetrages** angemessen, selbst wenn „taxe et service" inbegriffen sind. Taxipreise rundet man nur leicht nach oben auf. Sonstige kleine Dienstleistungen und Gefälligkeiten im touristischen Sektor vergütet man je nach Art und Umfang mit ein paar hundert Millimes (s.a. unter „Fremdenführer"). Wenn Sie Trinkgeld geben, bedanken Sie sich zusätzlich mit einem freundlichen Wort oder einer netten Geste. Ein kleiner Fundus persönlicher Geschenkartikel ist immer nützlich.

Personen, die nicht von touristischen Dienstleistungen leben, erwarten im allgemeinen für einen selbstverständlichen Dienst kein Geld. In einfachen Cafés und in Billigrestaurants ist Trinkgeld unüblich; es wird aber gern akzeptiert.

Uhrzeit

In Tunesien gilt während des ganzen Jahres die mitteleuropäische Zeit (MEZ).

Da die Tunesier jedoch nicht wie wir auf Sommerzeit (MESZ) umstellen, liegt die tunesische Uhrzeit in dem entsprechenden Zeitraum zwischen Ende März und Ende Oktober gegenüber der mitteleuropäischen Zeit um eine Stunde zurück.

Unterkunft

Detaillierte Angaben zu Übernachtungsmöglichkeiten (Hotels, Jugendherbergen, Camping etc.) finden sich jeweils unter „Praktische Informationen" hinter den Ortsbeschreibungen im Routenteil.

Hotels

Hotelverzeichnisse

Das in regelmäßigen Abständen erscheinende **„Hotel & Travel Book"** (erhältlich in großen Buchhandlungen in Tunis) beschreibt u.a. **detailliert die wichtigsten Hotels Tunesiens.** Das Buch ist teuer, sperrig und nennt keine Preise. Das **ONTT** (Office National du Tourisme Tunisien) listet alljährlich in einer nicht für die Öffentlichkeit bestimmten Broschüre Adressen und aktuelle Preise nahezu aller tunesischen Hotels auf. *Regionale* Listen/Auszüge sind mit etwas Glück bei den Touristenbüros erhältlich.

Hotelklassifizierung

Tunesische Hotels werden von der ONTT in **fünf Kategorien** eingeteilt: Luxusklasse (***** bzw. ****L) über Mittelklasse abwärts bis zu einfachen Hotels (*). Die **Preise** orientieren sich zwar grundsätzlich **an der Sternezahl**, **nicht unbedingt** aber die **Qualität;** wichtigere Faktoren sind oft das jeweilige Management, das Personal, die Atmosphäre, evtl. auch die Lage des Hotels.

Neben diesen offiziellen Sterne-Hotels gibt es noch zahlreiche **unklassifizierte Unterkünfte.** Die Qualität dieser teilweise extrem billigen Häuser variiert zwischen „gut und akzeptabel", „extrem bescheiden" und „indiskutabel", wobei auch hier wieder der Preis keinen sicheren Qualitätsmaßstab darstellt (vor Buchung Zimmer und vor allem Sanitäranlagen besichtigen!). Solche **Billighotels** findet man vorwiegend in den **Medinas der Städte,** in **Bahnhofsnähe** aber auch im weniger erschlossenen **Inland**. In einigen Orten existieren zudem private, preiswerte **Familienpensionen** (Résidences/Pensions de famille).

Eine Besonderheit im Süden des Landes sind die sog. **Marhalas,** meist einfache, aber stilvolle Unterkünfte für Gäste, denen eine originelle Atmosphäre wichtiger ist als großer Komfort. Es handelt sich um restaurierte, ehemalige Fondouks (Karawansereien, z.B. in Houmt-Souk/Djerba), um Höhlen (z.B. in Matmata) oder um Ksour bzw. Ghorfas (Speicheranlagen, z.B. in Ksar Hadada, Metameur, Ksar el Hallouf), die zunehmend auch für Reisegruppen der Rundfahrtunternehmen gebucht werden.

Bei Sahartouren stehen in den Wüstencamps einfache Lager in **Beduinenzelten** zur Verfügung.

Die **tunesischen Urlauberhotels** in den Ferienorten und an Ausflugszielen bieten im allgemeinen **europäischen Komfort.** Abwärts bis zu 3 oder gar 2-Sterne-Hotels verfügen diese über Swimmingpools. Landesweit sorgen Hotelfachschulen für die Ausbildung des Personals. Deutsch wird häufig gesprochen und verstanden.

Dennoch sollte **keine deutsche Gründlichkeit und Perfektion** erwartet werden. Wenn es dem Service daran gelegentlich fehlt, wird dies meist durch Freundlichkeit und Hilfsbereitschaft des Personals wieder wettgemacht.

Zitat aus einem Hotelinfo auf Djerba: *„Wundern Sie sich nicht, wenn Sie nicht ganz die gewohnte Sauberkeit von zuhause antreffen; ein Teil unseres Putzpersonals wohnt noch in einfachen Hütten. Flugsand und Rost sind weitere Feinde, mit denen Hausfrauen in Europa nicht konfrontiert werden. Kellner für die Saison sind die Hektik des Tourismusgewerbes noch nicht gewohnt – haben Sie Verständnis."*

In einfacheren Unterkünften sind es häufig die sanitären Anlagen, die auf Kritik stoßen. Nicht jedermann teilt u.U. auch die Musikbegeisterung der Tunesier – ob in Foyers, Restaurants, Bars, Hotelgärten, Poolanlagen: Musikbeschallung gehört dazu!

Störungen, besonders bei technischen Einrichtungen (z.B. Klimaanlage, Lift, Strom- und Wasserversorgung) können vorkommen und, da erforderliches Ersatzmaterial oft erst importiert werden muß, auch länger andauern. Aufgrund der tunesischen Energiesituation sind die Klimaanlagen in den Hotels erfahrungsgemäß nur etwa von Mitte Juni bis Ende September in Betrieb. **Außerhalb der Hauptsaison** muß auch damit gerechnet werden, daß **diverse Einrichtungen** der Hotels (z.B. Snackbar, Diskotheken, Sporteinrichtungen) **nicht mehr in Betrieb** sind und auch die touristische Infrastruktur der Urlaubsorte nicht mehr voll zur Verfügung steht. In der kalten Jahreszeit wird in unbeheizten Hotels häufig auf Anfrage ein **Gas- oder Ölheizofen** gegen eine geringe Gebühr bereitgestellt.

Saisoneinteilung der Hotels

- **Hauptsaison (Haute Saison):**
  1. Juli bis 15. September
  Höchste Preise in den Hotels (nochmalige Erhöhung oft für einzelne Juli- und Augustwochen). Hauptferienzeit der Europäer und Tunesier.
- **Zwischensaison (Moyenne Saison):**
  1. April bis 30. Juni und
  16. September bis 31. Oktober
  Günstige Hotelpreise und weniger Betrieb.
- **Nebensaison (Basse Saison):**
  1. Nov. bis 31. März
  Niedrigste Hotelpreise und wenig Tourismus (Ausnahme bei letzterem: Weihnachten und Ostern)

Hotelpreise

Hoteltarife sind **staatlich festgelegt** und müssen jeweils in der Rezeption aushängen. Die Preise unterliegen leider einem stetigen Wandel. Zudem existieren für ein und dasselbe Hotel pro Jahr meist drei, oft sogar vier verschiedene Preisgruppen je nach Saison (siehe obige Einteilung). Preise in der billigsten Saison liegen gelegentlich bei weniger als einem Drittel des Hauptsaisonpreises. Ganzjährig konstante Preise findet man nur unter den nicht klassifizierten, „sternelosen" Hotels und einigen Ausflugshotels im Inland. Grobe Richtwerte s.u.

Zur Beachtung: Die **Tariflisten der Hotels** geben die **Übernachtungspreise** i.a. **pro Person** an. Bei den im Buch jeweils genannten Preisen han-

Hotel Marhaba Palace in Port el Kantaoui

delt es sich jedoch um **Übernachtungskosten für zwei Personen im Doppelzimmer mit Frühstück** (Billigsthotels gelegentlich ohne Frühstück) **zur teuersten Saison** (Stand 1998). Bei *zwei* Preisangaben bezieht sich die zweite Zahl auf den *niedrigsten* Tarif der Nebensaison (irgendwo dazwischen liegt also der Preis für die Zwischensaison).

Hoteltarife in weniger frequentierten Orten liegen bei gleicher Sternezahl deutlich unter jenen in den Touristenhochburgen. Trotz Festpreisen kann (z.B. in der Nebensaison oder bei längerfristigem Aufenthalt) in Einzelfällen noch Verhandlungsspielraum bestehen.

Einzelzimmer gibt es nur selten; Einzelreisende, die ein Doppelzimmer belegen, zahlen etwa zwei Drittel dessen Preises. In vielen Hotels übernachten **Kinder unter drei Jahren kostenlos,** Kinder **bis zu zwölf Jahren** (im Zimmer der Eltern) mit **30% Ermäßigung.** Die Preisdifferenz zwischen Übernachtung mit Frühstück und Halb- bzw. Vollpension ist meist überraschend niedrig – durchaus also eine Überlegung wert, gleich mit Verpflegung zu buchen, selbst wenn man zwischendurch eine Mahlzeit ausläßt, um auf eigene kulinarische Entdeckungen zu gehen. **Einige grobe Richtpreise** (in TD; DZ mit Frühstück):

Hotel	**Hauptsaison**	**Nebensaison**
5- bzw. 4-Sterne-Luxus-Hotel	120–180	50–120
4-Sterne-Hotel	80–140	40–80
3-Sterne-Hotel	60–100	30–60
2-Sterne-Hotel	40–80	20–40
1-Stern-Hotel	30–50	20–30

Nebenkosten in Strandhotels (ca.-Preise in TD)

Liege/Sonnen-schirm	Tag	grat. bis je 2	Minigolf	Runde	grat. bis 3
Surfbrett	Stunde	ab 6	Golf (18-Loch-Pl.)	Tag	ca. 30
Segeln	Stunde	ab 8	Golf (9-Loch-Pl.)	Tag	ca. 18
Wasserski	Runde	ca. 15	Leihfahrrad	Stunde	ab 3
Tretboot	Stunde	ca. 8		Tag	7–12
Tennisplatz	Stunde	ab 6	Leihmoped	Stunde	ca. 5
Tennisplatz mit Trainer	Stunde	ca. 16		Tag	ca. 15
Reiten (Pferd, Dromedar)	Stunde	6 bis 10	Safe	Woche	5–10
			Trinkgeld Tischkellner, Zimmermädchen	Woche	je ca. 4–6

Unklassifizierte Hotels und Privatpensionen kosten **pro Person** zwischen ca. 6 und 15 TD (oft ohne Frühstück, gelegentlich in Mehrbettzimmern).

Jugendherbergen

Ein aktuelles Verzeichnis über sämtliche Jugendherbergen in Europa und im Mittelmeerraum ist im Buchhandel oder direkt über das DJH zu beziehen:
Deutsches Jugendherbergswerk (DJH)
Postfach 1455, D-32704 Detmold,
Tel. 0 52 31-74 01 39.

Weitere Informationsstellen

Association Tunisienne des Auberges de Jeunesse
10 Rue Ali Bach Hamba/B.P. 320,
1015 Tunis, Tel. 01-35 32 77,
Fax 01-35 21 72.
Schweizer Jugendherbergen
Schaffhauserstr. 14, CH 8042 Zürich,
Tel. 01-3 60 14 14.
Österreichischer Jugendherbergsverband
Schottenring 28, A-1010 Wien,
Tel. 01-5 33 53 53.

Die Jugendherbergen *(Auberges de Jeunesse)* stehen grundsätzlich jedem Inhaber des Internationalen Jugendherbergsausweises offen; jugendliche Mitglieder (Mindestalter 15 Jahre) sowie Kinder in Begleitung ihrer Eltern werden bevorzugt aufgenommen. Die Herbergen sind offiziell in der Zeit von 7–23 Uhr, nicht alle jedoch ganzjährig geöffnet. Die Übernachtung kostet in der Regel 4 TD, etwa so viel wie ein Billighotel. Von Ausnahmen abgesehen (z.B. Tunis-Medina, Houmt-Souk/Djerba, Ben Guerdane) liegen JHs oft kasernenartig am Ortsrand (häufig in einem Jugend-Freizeitzentrum), sind aber ideale Treffpunkte mit anderen, vorwiegend tunesischen Jugendlichen.

Im Gelände mancher Jugendherbergen ist auf Anfrage das Übernachten im Wohnmobil gestattet (je etwa 1 TD p.P. und Fahrzeug).

Im Sommer sind viele Jugendherbergen von Gruppen belegt (Lärmpegel einkalkulieren); telefonische Voranmeldung ist dann zu empfehlen.

Jugendherbergen gibt es in folgenden Orten (s.a. jeweilige Ortsbeschreibung):

Ain Draham, Tel. 08-64 70 87
Béja, Tel. 08-45 06 21
Ben Guerdane (Marsa el Kssiba), Tel. 05-66 61 04
Bizerte (Ort), Tel. 03-43 16 08
Bizerte (Remel), Tel. 02-44 08 04
Djerba (Houmt-Souk), Tel./Fax 05-65 06 19
Gabès, Tel. 05-27 02 71
Gafsa, Tel. 06-22 02 68
Jendouba, Tel. 08-63 12 92
Kairouan, Tel. 07-22 03 09
Kasserine, 07-47 00 53
Kebili, Tel. 05-49 06 35
Kelibia, Tel. 02-29 61 05
Korba, Tel. 02-28 92 96
Mahdia, Tel. 03-68 15 59
Medenine, Tel. 05-64 03 38
Menzel Temime, Tel. 02-29 81 16
Monastir, Tel. 03-46 12 16
Nabeul, Tel. 02-28 55 47, 28 66 89
Remla (Kerkennah), Tel. 04-28 11 48
Sfax, Tel. 04-24 32 07
Sousse, Tel. 03-22 75 48
Teboursouk, Tel. 08-46 50 95
Tozeur, Tel. 06-45 02 35
Tunis (Medina), Tel. 01-56 78 50
Tunis (Radès), Tel. 01-48 36 31
Tunis (Ez Zahra), Tel. 01-48 15 47
Zaghouan, Tel. 02-67 52 65
Zarzis, Tel. 05-68 15 99

Camping und Caravaning

Offizielle Campingplätze

Sie sind in Tunesien noch immer **dünn gesät,** ihre Zahl wächst nur sehr langsam (genaue Angaben jeweils nach den Ortsbeschreibungen unter „Praktische Informationen“). Nicht einmal die Hauptstadt Tunis hat einen eigenen Campingplatz. **Außerhalb der Hauptreisezeit** sind einige Plätze geschlossen.

Pansea-Hotel Ksar Ghilane

Die Plätze sind von sehr **unterschiedlicher Qualität.** Oft entsprechen vor allem die **sanitären Einrichtungen** (Duschen, Toiletten) nicht europäischen Normen (mangelnde Sauberkeit, technische Defekte, Wassermangel, nur kalte Duschen). Die romantische Lage (z.B. in den Oasen), die private Atmosphäre und die Freundlichkeit des Personals entschädigen oft für den Mangel an gewohntem europäischem Campingluxus. Manche Campingplätze bieten Übernachtung auch in Beduinenzelten, kleinen Bungalows oder Schilf- bzw. Palmhütten. Immer ergeben sich Kontaktmöglichkeiten mit anderen Reisenden, und man hat einen sicheren, bewachten Park- und Schlafplatz in Ortsnähe.

Die zur Zeit **besten Campingplätze** des Landes finden wir in Douz *(De-*

sert Club) und Tozeur/Degache *(Bedouina Camping).*

Der **Richtpreis** beträgt jeweils ca. 2 bis 4 TD pro Person/Auto/Motorrad/Zelt.

Freies Campieren

Wer über Land reist, wird sich seinen Schlafplatz meist notgedrungen „in der Prärie" suchen müssen. Hinweise auf inoffizielle Campmöglichkeiten und geeignete Rastplätze finden sich in den jeweiligen Orts- bzw. Routenbeschreibungen. Generell gilt: wer es ruhig liebt, sollte sich eine Stelle **möglichst außer Sichtweite von Dörfern, Straßen und Gebäuden** suchen. Auch dann noch muß oder darf er mit Besuchern rechnen; Tunesien scheint selten so dünn besiedelt zu sein, daß nicht irgendwann irgendwer vorbeikommt, und sei es nur, um schnell „Grüß Gott" zu sagen. Wer Kontakte mit der Bevölkerung sucht oder auch beim besten Willen kein einsames Brachland-Plätzchen findet, kann sich auch auf Ortsgebiet oder in die Nähe von Gehöften stellen, sollte dann aber vorher die **Genehmigung des Grundstückseigentümers** bzw. der **Ortspolizei** einholen (das erspart unter Umständen nächtliche Kontrollbesuche). Gelegentlich können Wohnmobilisten auf dem Gelände von Jugendherbergen übernachten, hin und wieder auf Parkplätzen der Ruinenstätten, ab und zu auch in Hotelhöfen (jeweils auf Anfrage). Hotels erlauben – gegen Gebühr – oft auch die Benutzung ihres Swimmingpools. Stellmöglichkeit für autarke Mobile meist auch in den Yachthäfen.

Unerwünscht, wenn nicht gar **verboten,** ist das **freie Campieren an den Touristenstränden** innerhalb der Hotelregionen (z.B. Hammamet, Nabeul, Sousse, Monastir, Djerba). Ansonsten findet man in ganz Tunesien nicht nur passable, sondern oft äußerst romantische, einsame Stellplätze, der Küste entlang genau so wie im Inland, im südlichen Bergland und natürlich in der Wüste. Sehr vorteilhaft ist in diesem Zusammenhang, daß es **kaum** irgendwo **Einfahrtsverbote** gibt – **militärische Zonen ausgenommen.** Wo immer ein befahrbarer Weg abgeht, kann man auf Platzsuche gehen. An besonders lauschigen Stellen in Orts- oder Strandnähe ist mit Konkurrenz zu rechnen: Autos, in denen sich Liebespärchen ihrer Leidenschaft hingeben, oder – unangenehmer, weil lauter – Jugendliche, die fernab strenger Familien- oder Dorfobrigkeitsaufsicht eine Bierparty feiern. Während der Sommer- und Ferienmonate machen auch viele Tunesier Campingurlaub, v.a. an abseits der Hotelzonen liegenden Stränden.

Wer ein idyllisches Seeufer, ein hübsches Feuchtbiotop, einen romantischen (bewässerten) Palmenhain als Übernachtungsplatz ins Auge faßt, sollte die **Moskitos einkalkulieren,** die spätestens bei Einbruch der Dämmerung dort verstärkt in Aktion treten. Und eine Warnung ist noch angebracht zum Thema **Hunde:** sie sind zwar meist harmlos (auch wenn sie entsetzlich die Zähne fletschen), haben Angst vor den Menschen und sind im Notfall durch die bloße Andeutung eines Steinwurfs vom Leib zu halten. Aber das Gebell! Tunesische Hunde unterhalten sich nächtelang von Dorf zu Dorf, von Gehöft zu Gehöft. Camper müssen sich auf manche „zerbellte" Nacht einrichten. In Moscheenähe

„Wilder" Übernachtungsplatz bei Hergla

nicht erschrecken, wenn der **Muezzin** zu nachtschlafender Zeit die Gläubigen zum ersten Morgengebet ruft.

Vorsicht: Niemals in Oueds (Trokkenflußbetten) **oder tiefgelegenen Senken campieren.** Bei Regenfällen – die vielleicht unbemerkt weit entfernt fallen, aber sehr heftig sein können – sammelt sich das Wasser und wird u.U. in erschreckend kurzer Zeit zum schnellen und reißenden Strom. Trockene Erdwege, über die man abends mühe- und gedankenlos sein Nachtquartier irgendwo im Abseits angesteuert hat, können nach Regenfällen zu unpassierbaren Glitschpisten werden.

An die Umwelt denken!

Bei jedem Campieren und Rasten sollte selbstverständlich sein, daß nichts beschädigt wird, keine Zweige geknickt, Pflanzen umgefahren, auf Nutzland keine Fahrrinnen und generell keine sonstigen Spuren hinterlassen werden. Der Platz sollte so sauber, wie man ihn angetroffen hat, verlassen werden – vielleicht noch ein bißchen sauberer, denn gelegentlich ist der Müll (vorwiegend Bierdosen und leider sehr häufig auch Flaschenscherben) unbekümmerter Vorbenutzer wegzuräumen. Abfall anschließend an geeigneter Stelle entsorgen (es gibt Mülltonnen im nächsten Ort). Große **Vorsicht** auch **mit offenem Feuer:** Wald- und Buschbrandgefahr!

Zum Thema **Sicherheit** beim Campen (s. auch Extrakapitel „Sicherheit"):

Hundertprozentig sicher ist man heutzutage vermutlich nirgends mehr. Wir haben jedoch bei vielen einsamen Übernachtungen im Gelände nie eine wirklich gefährliche Situation er-

Vorsicht: Ein Wald ist schnell zu Asche gemacht!

lebt. Den größten Schrecken jagte uns gelegentlich die Polizei mit gutgemeinten nächtlichen Kontrollen ein. Deshalb möglichst großen Abstand zu Städten, Straßen und Siedlungen halten – auch wenn offizielle Stellen das Gegenteil, nämlich „Campen in Ortsnähe" empfehlen. Die Wahrscheinlichkeit, daß nach Einbruch der Dunkelheit noch jemand über Land marschiert, ist gering, und wenn, wird es nicht gerade ein Krimineller sein; Betrunkene gibt es dank Alkoholverbot im Koran äußerst selten (zumindest nicht mitten im freien Gelände). Randale als Freizeitbeschäftigung ist in Tunesien auch noch weitgehend unbekannt. **Vorsorge gegen Autoeinbruch** sollte man – wie überall – u.a. dadurch treffen, daß beim Verlassen des Fahrzeugs **nichts Wertvolles erkennbar** im Auto liegen bleibt (wenn vorhanden, Vorhänge zuziehen). Empfehlenswert ist zumindest ein **„Unterwegstresor"** (erhältlich in Ausrüstungsläden, s. unter „Ausrüstung"), der gut versteckt im Auto eingebaut ist und in dem Geld und kleine Wertgegenstände zumindest vor einem schnellen Zugriff sicher sind (die Tresorkassette kann vom Besitzer mühelos auch heraus- und unterwegs mitgenommen werden).

An Picknick- und Lagerplätzen sollte man darauf achten, seine Habe beisammenzuhalten und die Autotüren und -fenster nicht an allen Seiten offenstehen zu lassen. Wenn unverhofft Passanten auftauchen, läßt sich nicht mehr alles im Auge behalten, und es wirkt verletzend auf harmlose Besucher, wenn plötzlich hektisch Türen verschlossen, Fenster hochgekurbelt und Sachen weggeräumt werden.

Gas- und Wasserversorgung, etc. siehe S.29.

Verhalten im Gastland

Segen und Fluch des Tourismus

Touristen bringen Geld nach Tunesien, und die Regierung ist am weiteren Ausbau des Tourismus interessiert. Die hohen Ansprüche der Besucher machen es allerdings nötig, daß ein Teil der eingenommenen Devisen wieder in den Import von Luxusgütern investiert wird, und auch in anderen Beziehungen hat man schon seine Last mit dem Tourismus. Die Bevölkerung ist gastfreundlich, sie ist verblüffend tolerant und ziemlich „abgehärtet", was den Umgang mit den andersdenkenden und oft eigenartig handelnden Fremden angeht. Dies darf aber nicht dazu verleiten, die Besonderheiten des Landes und seiner Bewohner zu ignorieren. Auch wer bezahlt, bleibt **Gast** und hat die **landestypischen Sitten zu respektieren.** Religion, Gebräuche, Kultur und Mentalität der Tunesier weichen stark von europäischen Maßstäben ab. Wer einmal beobachtet, wie eine Busladung fotobehängter Urlauber sich zur Schnellvisite über ein kleines Bergdorf ergießt oder sparsamst bekleidete Touristen ungeniert durch die Gassen und Moscheen der „heiligen" Stadt Kairouan traben, kann ahnen, welch **unterschiedliche Welten und Moralvorstellungen** hier aufeinanderprallen. „Zeit" z.B. ist in Tunesien ein Begriff, dem nicht annähernd so viel Bedeutung zukommt wie bei uns. „Als Allah die Zeit schuf, schuf er sie reichlich". Ein befreundeter Tunesier erklärte einmal, der häufigste Satz, der ihm bei Deutschen auffalle, sei: „Ich habe keine Zeit".

Wo zu viele Fremde auftauchen, hat sich auch das Verhalten der Bewohner verändert. Während man **abseits der Touristenpfade** nach wie vor auf eine **zurückhaltende Bevölkerung** und natürliche, herzliche Gastfreundschaft trifft, wird der Besucher an populären, **stark frequentierten Ausflugszielen** oft bedrängt, gelegentlich regelrecht **belästigt und angebettelt.** Kein Wunder! Für den einfachen Tunesier ist ein Europäer, der sich eine Auslandsreise leisten kann, der gutgekleidet in teuren Hotels wohnt oder ein teures Wohnmobil fährt, zumindest reich genug, um auch ihm etwas davon abzugeben. Außerdem ist der Konkurrenzkampf hart; nur wer sich vordrängelt, kommt an die Fremden heran. Wenn wohlmeinende Touristen zudem noch – ohne jede Gegenleistung – Bonbons, Kugelschreiber oder gar Geld an die „armen Kinder" verteilen, ist klar, daß diese bei den nächsten Ankommenden erneut ihr Glück versuchen. Das große Geld im Tourismus machen vorwiegend Veranstalter und Hotelbesitzer; Angestellte und kleine Dienstleistende finden oft nur saisonweise Arbeit, müssen sich mit äußerst geringem Einkommen zufriedengeben und gleichzeitig zusehen, wie die Gäste in Saus und Braus leben, Alkohol konsumieren und sich über die Landessitten hinwegsetzen.

Wer versucht, die Menschen und ihre Lebensart zu verstehen, wird automatisch nicht so viel falsch machen wie der ignorante Reisende, den nur

Liebe Gäste!

Wir freuen uns sehr, daß Sie unser Land besuchen. Es ehrt uns und macht uns stolz. Und es gibt uns Gelegenheit, von Ihnen und Ihrem Land zu lernen.

Natürlich verdienen wir durch Ihren Besuch auch Geld, und wir werden uns freuen, als Gäste Ihres Landes eines Tages auch Sie für Ihre Dienstleistungen zu entlohnen.

Wir sind sehr gern Ihre Gastgeber, auch wenn es uns nicht immer gelingen sollte, die von Ihnen erwartete Perfektion zu erreichen. Verlieren Sie in solchen Fällen bitte nicht Ihre Selbstkontrolle und Liebenswürdigkeit. Auch wenn Ihnen etwas abhanden gekommen sein sollte, bitten wir Sie, zuerst noch einmal zu suchen. Es gibt für einen Tunesier kaum Schlimmeres, als Dieb genannt zu werden.

Unsere Kinder sind allüberall. Wir lieben sie. Aber man erweist ihnen einen schlechten Dienst, wenn man ihnen Geschenke macht, ohne daß sie sie verdient hätten. Eines Tages werden sie es für selbstverständlich halten, daß man ihnen gibt – ohne daß sie dafür etwas getan hätten.

Zum Schluß eine Bitte. Lernen Sie unser Land kennen – so anders wie es nun einmal ist. Und wenn Sie etwas nicht verstanden haben, fragen Sie bitte, bevor Sie kritisieren. Wir werden mit Freude und Respekt antworten.

Abdelwahed Azizi

(Entnommen aus „Sympathie Magazin –Tunesien verstehen")

Sonne, Meer und die Qualität des Strandes interessieren und der das Drumherum lediglich als malerische Kulisse registriert. Es wird sich nie ganz vermeiden lassen, daß man da oder dort ins Fettnäpfchen tritt. Damit dies nicht allzu häufig passiert, nachstehend einige Ratschläge:

Zunächst die **Zwölf Tugenden für Touristen**, zusammengestellt auf einem Tourismusseminar der *Christian Conference of Asia* unter dem Titel „A Code of Ethics for Tourists":

1. Beginnen Sie Ihre Reise unvoreingenommen mit dem Wunsch, mehr über das Land und seine Menschen erfahren zu wollen.
2. Respektieren Sie die Gefühle der gastgebenden Bevölkerung. Bedenken Sie, daß Sie durch Ihr Verhalten auch ungewollt verletzen können. Dies trifft vor allem auf das Fotografieren zu.
3. Machen Sie es sich zur Gewohnheit, zuzuhören und zu beobachten anstatt nur zu hören und zu sehen.
4. Halten Sie sich vor Augen, daß andere Völker oft andere Zeitbegriffe haben. Das heißt nicht, daß diese schlechter sind – sie sind eben verschieden.
5. Entdecken Sie, wie interessant und wertvoll es sein kann, eine andere Art des Lebens kennenzulernen.
6. Machen Sie sich mit den örtlichen Sitten und Gebräuchen vertraut. Sie werden sicher jemanden finden, der Ihnen dabei hilft.
7. Legen Sie die Gewohnheit ab, auf alles eine Antwort parat zu haben. Seien Sie mal derjenige, der eine Antwort haben möchte.

8. Denken Sie daran, daß Sie nur einer von tausenden Touristen im Land sind. Beanspruchen Sie keine besonderen Privilegien.
9. Wenn Sie etwas günstig eingekauft haben, denken Sie daran, daß Ihr Vorteil vielleicht nur deswegen möglich war, weil die Löhne in Ihrem Gastland niedrig sind.
10. Machen Sie niemandem Versprechungen, wenn Sie nicht sicher und willens sind, sie auch zu halten.
11. Nehmen Sie sich täglich etwas Zeit, um Ihre Erlebnisse zu verdauen. Sie werden dann mehr vom Reisen haben.
12. Wenn Sie es auf Reisen wie zu Hause haben wollen, dann verschwenden Sie Ihr Geld nicht fürs Reisen – bleiben Sie lieber daheim.

Da es immer wieder Reisende gibt, die glauben, besonders „alternativ" zu sein, wenn sie im Gastland möglichst viele Leistungen gratis konsumieren, hier ein Auszug aus einem Artikel der Reisejournalistin *Ludmilla Tüting:*

„Es ist nicht alternativ ...

... so billig wie möglich in möglichst kurzer Zeit möglichst alles sehen zu wollen;

... zu glauben, man sei kein richtiger Tourist und dürfe sich deshalb alles erlauben;

... zu glauben, die Einheimischen fänden einen besonders toll. Auch bei krassem Fehlverhalten klagen sie aus Höflichkeit in der Regel nicht;

... auf kostenlose, selbstverständliche Gastfreundschaft zu spekulieren, um dann beim Ausbleiben derselben auf „diese Kanaken" zu schimpfen;

... zu glauben, seine Freiheit voll ausleben zu können, z.B. kostenlos am Strand zu leben, selbst wenn es verboten ist. Den Einheimischen wäre

Herzliches Willkommen in tunesischer Männerrunde

viel mehr damit gedient, wenigstens ein billiges Zimmer zu mieten und in einfachen Restaurants zu essen;

... zu glauben, man sei emanzipiert genug, um nackt am Strand zu liegen oder halbnackt im Café herumzusitzen, vielleicht in der Annahme, die Frauenbewegung vor Ort damit zu fördern;

... anzunehmen, man sei besonders gewieft, weil man ein Eintrittsgeld umgehen konnte, auf dem Schwarzmarkt tauscht oder kaum noch funktionierende Geräte, abgewetzte Kleidung u.ä. zu Höchstpreisen verkaufen konnte."

Fotografieren

Natürlich verlocken die vielen fremdartigen Motive Tunesiens zu häufigem Gebrauch der Kamera. Aber Vorsicht! Grundsätzlich **verboten** ist das **Fotografieren und Filmen militärischer Einrichtungen** und strategischer Objekte im weitesten Sinne. Zurückhaltung also, wenn Antennenanlagen, beflaggte Gebäude, Militärzäune, Uniformierte, Brücken, Häfen, Flugplätze etc. mit in die „Schußlinie" kommen. Umgekehrt kann es durchaus passieren, daß man von gutgelaunten uniformierten Staatsdienern gebeten wird, ein Foto von ihnen zu machen.

Da nach strenger Koranauslegung jede bildliche Darstellung des Menschen verboten ist, ist v.a. bei **Personenaufnahmen** äußerstes **Feingefühl** gefragt. Wer Menschen fotografieren will und dies nicht unbemerkt tun kann, sollte sich durch Fragen oder entsprechende freundliche Gestik vergewissern, daß der Betroffene nichts dagegen hat. Im Zweifelsfall: kein Foto. Generell wirkt es äußerst taktlos, bei Kontakten mit der Bevölkerung gleich die Kamera zu zücken; hat man ein Weilchen mit den Leuten geplaudert, erklärt, woher man kommt und was man hier tut, werden die Menschen freundlicher und zugänglicher (s. a. Tips auf S.50). Während die berberische Bevölkerung im allgemeinen aufgeschlossen aufs Fotografieren reagiert und dieses generell auch im tunesischen Alltag immer mehr Verbreitung findet (vor allem bei Hochzeiten und anderen Festen), ist es nach wie vor z.B. undenkbar, eine traditionell gekleidete arabische Frau ungefragt aus der Nähe „abzuschießen". Auf wenig Verständnis stoßen auch Fotografen, die „ärmliche Verhältnisse" (z.B. Slums, Müllhalden, baufällige Häuser, Bettler etc.) als Motive wählen.

Eine gute Möglichkeit, sich für eine Einladung zu revanchieren, sind an Ort und Stelle gemachte Polaroidfotos bzw. das (natürlich einzuhaltende) Versprechen der Zusendung von Fotos von zuhause aus.

Einladungen

Der Besucher Tunesiens entwickelt mit der Zeit ein Gespür dafür, ob **echte Gastfreundschaft oder nur Geschäftssinn** hinter einer Einladung steckt. In touristischen Hochburgen ist ein gesundes Mißtrauen angebracht, aber auch da oft unberechtigt. Zwar mag einem der angebotene Tee dann neben hohen Stapeln von Teppichen in einem Laden gereicht werden; wer jedoch partout nichts kaufen will und dies klar kundtut, wird ohne Groll wieder entlassen. Manchmal erwartet ein Gastgeber für ein Gläschen Tee aber auch ungeniert eine Gegeneinladung zu einem Deutschlandbesuch.

Zu Gast in einer tunesischen Familie

In **abgelegenen Landesteilen** wird der Besucher im allgemeinen auch heute noch traditionsgemäß herzlich und ohne Hintergedanken begrüßt und aufgenommen. Händeschütteln (danach tippt man sich auf die Brust), Wangenküßchen (auch unter Männern) und lange Gruß- und Höflichkeitsformeln sind unter guten Freunden üblich. Geschenke (auf dem Land häufig Naturalien, Obst, Gemüse, Eier o.ä.) oder eine **Einladung zum Tee abzulehnen, wäre unhöflich;** eine angebotene Zigarette sollte höchstens von Nichtrauchern verweigert werden. Triftige Gründe sind auch nötig, um eine Essenseinladung auszuschlagen. Europäische Hektik ist übrigens – genauso wie die Schuhe – an der Wohnungstür abzulegen. Eine Einladung zum Tee dauert mindestens die drei obligatorischen Runden, eine Einladung zum Essen meist Stunden. Während der Gast auf dem Ehrenplatz sitzt, wird oft erst einmal ein Kind weggeschickt, um Gebäck, Getränke, fehlende Zutaten o.ä. einzukaufen. In moderneren Stadtwohnungen sind Tisch und Stühle, Sofa und Sessel durchaus üblich. In einfacheren Häusern aber sitzt man auf Decken, Kissen, Matratzen (die später oft zum Schlafen benutzt werden) am Boden und nimmt dort auch die Mahlzeiten ein – ungewöhnlich und ungemütlich für ungelenke Europäer. Gelegentlich wird die Mahlzeit aus einer Gemeinschaftsschüssel gegessen. Besteck hat sich weitgehend durchgesetzt, zumindest wird man Löffel oder Gabeln für die Gäste hervorkramen. Falls kein Besteck gereicht wird, **ißt man** mit den

Fingern – ausschließlich **mit der rechten Hand** übrigens, die linke gilt als unrein. Als Getränk kreist in einfachen Familien meist ein Topf mit Wasser.

Auch wer überraschend irgendwo eingeladen wird, sollte sich mit einem **Gastgeschenk** revanchieren können – es empfiehlt sich, einen gewissen Fundus solcher Gaben dabeizuhaben (siehe nachfolgendes Kapitel). Gänzlich falsch und eine Beleidigung für den Gastgeber wäre es, ihm beim Abschied Geld in die Hand zu drücken. Bedenken Sie aber, daß ein gastfreundlicher Tunesier unter Umständen im Gegenzug gleiche Gastfreundschaft von Ihnen erwartet.

Geschenke

Wenn Sie zu einer Familie eingeladen sind, sollten Sie sich, ebenso wie bei uns, mit einem **Gastgeschenk** revanchieren, z.B. Gebäck, eine feine Seife, ein Parfüm, evtl. auch Blumen (in der Stadt) für die Dame des Hauses. Origineller sind selbstverständlich individuelle Geschenke, die auch in vielen anderen Fällen, z.B. für kleine Dienstleistungen, einen passenderen Dank darstellen als ein unpersönliches Trinkgeld. Pauschaltouristen erfreuen damit (neben oder zum Trinkgeld) auch das Zimmermädchen oder den Tischkellner.

Nützlich ist es, eine entsprechende **Auswahl an Geschenken von zu Hause mitzubringen.** Kugelschreiber z.B. – vom Pfennigprodukt bis zum versilberten Luxusstift – sind platzsparend und individuell einsetzbar (angeblich taugen die tunesischen Kugelschreiber nichts). Beliebt bei Männern sind u.a. Musikkassetten, (Solar-)Taschenrechner und Gasfeuerzeuge; da die meisten Tunesier rauchen, kommen auch (amerik.) Zigaretten gut an. Über Spielzeug, Malstifte, Bilderbücher, Ansichtskarten oder Kalender mit Motiven aus der europäischen Heimat freuen sich Kinder.

Moscheebesuche

Nach einem Erlaß von 1972 sind Moscheen zur Besichtigung zwar grundsätzlich freigegeben, allerdings nur außerhalb der Gebetszeiten und nicht am Freitag; der Zutritt zu den Gebetssälen ist Nicht-Muslimen generell verboten. Mit Ausnahme der bedeutendsten Moscheen des Landes – den Großen Moscheen von Tunis (Zitouna), Sousse, Mahdia sowie der Sidi Oqba Moschee und der Barbiermoschee in Kairouan (s. Ortsbeschreibungen) – werden Sie in der Praxis jedoch die meisten Moscheen des Landes verschlossen vorfinden. Hier liegt es im Ermessen des jeweiligen Wächters oder Imams (den es zunächst aufzuspüren gilt), ob dieser Ihnen Zutritt gewährt. Wenn ja, ist ein kleines Trinkgeld angebracht. Sollte Ihnen ausnahmsweise sogar der Zugang zum Gebetssaal gestattet werden, müssen Sie vor dem Betreten **unbedingt die Schuhe ausziehen.**

Aus Rücksichtnahme gegenüber den Gläubigen dürfen die Moscheen nur in **dezenter Kleidung** betreten werden (Männer in langen Hosen, Frauen in langem Rock/Hose, bedeckten Schultern und Oberarmen, möglichst mit Kopfbedeckung).

Betteln und Bettler

Das Betteln ist in Tunesien wesentlich **weniger verbreitet** als z.B. in Marokko oder Ägypten. Dennoch kann man vor allem in der Nähe der Moscheen und in den Ortszentren immer wieder auf Bettler – meist Alte, Kranke und Behinderte, häufig auch verwitwete Frauen – treffen, die von den besser gestellten Einheimischen mit Spenden bedacht werden. Das **Geben von Almosen** an die Ärmeren ist **eine der fünf religiösen Grundpflichten** des Islam. Da es keine umfassende staatliche Sozialfürsorge und für viele Tunesier auch keine Alters- oder Krankenversicherung gibt, sind die Almosen für die Ärmsten der Armen lebenswichtig. Es wird gern gesehen, wenn sich die wohlhabenden Touristen auch ohne religiöse Verpflichtung dieser Praxis anschließen. Mit einer kleinen Spende von ein paar hundert Millimes tut man Gutes und reißt sicher kein großes Loch in die Reisekasse.

Anders bei bettelnden Kindern und Jugendlichen, denen man Geld oder Geschenke (und seien es nur Bonbons, Kaugummi oder Kugelschreiber) nur als **Gegenleistung** für einen erbrachten Dienst geben sollte, um der **Bettelei keinen Vorschub** zu **leisten.**

Alleinreisende Frauen

Auch der solo-reisenden Frau steht Tunesien offen, wobei sie einige wichtige Punkte beachten sollte. In einem Land, in dem die Frauen zwar nicht mehr verschleiert, aber doch vergleichsweise abgeschirmt, behütet und im Schatten des Mannes leben, wird zunächst nur eine kleine moderne Bevölkerungsschicht eine solch

Gespräche „von Frau zu Frau“ in Südtunesien

emanzipatorische Ungeheuerlichkeit verstehen oder gar gutheißen. Westliches Fernsehen und Filme sowie das Verhalten von Touristinnen, die einem kleinen Abenteuer im Urlaubsland oft durchaus nicht abgeneigt sind und sich entsprechend herausfordernd benehmen, haben unter jungen Tunesiern – besonders in der Nähe von Touristenhochburgen – die Ansicht verstärkt, daß Touristinnen „leicht zu haben" sind. Was bei den eigenen Frauen undenkbar wäre – bei den freizügigen Ausländerinnen kann man zumindest mal sein Glück probieren. Gelegentliche „Anmache" bis hin zu eindeutigen Angeboten, kesse Blicke, anerkennendes Pfeifen sollten vor diesem Hintergrund gesehen und nicht allzu ernst genommen werden. Wer als alleinreisende Frau in **dezenter Kleidung,** zurückhaltend, gleichzeitig aber selbstsicher auftritt, womöglich schon ein bißchen über das „knusprige" Alter hinweg ist, hat im allgemeinen wenig zu befürchten. Wer seine Ruhe haben will, sollte jeden direkten **Blickkontakt mit Männern vermeiden** und eventuelle **Zudringlichkeiten** freundlich aber resolut (und laut) **ablehnen.** Wenn in Gesprächen der eigene Verlobte, Ehemann oder gar Kinder erwähnt werden, dürfte auch das letzte Interesse versiegen. Eine verlobte oder verheiratete Frau und erst recht eine Mutter wird – auch als Ausländerin – respektiert. Tip einer Leserin: „Tragen Sie einen - wenn auch falschen - Ehering und das Foto eines möglichst „bulligen" Ehemannes bei sich". Bei echten Belästigungen findet man in der Regel Schutz bei älteren Tunesiern, die das aufdringliche Verhalten der jüngeren meist mißbilligen.

Sonstiges

Der Austausch von **Zärtlichkeiten** zwischen Mann und Frau in der Öffentlichkeit **widerspricht den islamischen Moralvorstellungen.** Ein befreundetes deutsches Pärchen, das auf einer Parkbank „harmlos turtelte", handelte sich einen strengen Blick und den erhobenen Zeigefinger eines älteren Einheimischen ein. Andererseits läßt sich beobachten, daß tunesische Männer untereinander häufig händchenhaltend oder Arm in Arm durch die Straßen gehen. Dies hat normalerweise nichts mit Homosexualität zu tun; es ist meist Ausdruck guter Männerfreundschaft und in Tunesien völlig o.k. Als **ungebührlich** gilt, wenn ein **männlicher Tourist** in der Öffentlichkeit **eine tunesische Frau anspricht,** und sei es nur, um nach dem Weg zu fragen.

Zu respektieren sind die **religiösen Sitten** (s. vorheriges Kap. „Moscheebesuche"): Während des **Fastenmonats** sollten auch Touristen in der Öffentlichkeit große **Zurückhaltung** bezüglich Rauchen, Essen und Trinken üben. Alkoholgenuß sollte generell auf Hotels, Bars und Restaurants beschränkt bleiben; animieren Sie keinen Moslem zum Alkoholkonsum!

Gehen Sie bewußt und **sparsam mit Wasser** um. Die Trinkwasserversorgung ist in ganz Tunesien ein großes Problem. Die Hotelzentren auf der Insel Djerba z.B. werden durch eine Pipeline vom Festland mit Wasser versorgt. Besonders kritisch ist die Situation in den Saharaoasen, wo durch den unverhältnismäßig hohen „touristischen" Bedarf der Grundwasserspiegel sinkt, was die gesamte Oasenwirtschaft gefährdet.

Land und Leute

Tunesien in Kürze

Staatsform:
Präsidiale Republik
Staatspräsident:
Zine el Abidine Ben Ali
Staatsname:
arab.: El Djumhuriya el Tunisiya
franz.: République Tunisienne
Staatsflagge: Roter Halbmond und Stern auf rotem Tuch
Staatswappen: Dreigeteiltes Schild mit Waage (Symbol für Gerechtigkeit) auf gelbem Grund, Löwe (Symbol für Ordnung) auf rotem Grund, punischer Galeere auf blauem Grund und Schriftband „Ordnung, Freiheit, Gerechtigkeit“. Darüber Kreisscheibe mit rotem Halbmond und Stern.
Fläche:
162 155 km²
(Deutschland: 356 973 km²)
Küstenlänge: ca. 1300 km
Angrenzende Staaten:
Libyen, Algerien
Höchster Berg:
Djebel Chambi, 1544 m
Einwohnerzahl:
9,1 Millionen (Schätzung)
davon männlich 50,6%
weiblich 49,4%
unter 20 Jahre knapp 50 %

Staatsflagge

Staatswappen

Mittlere Bevölkerungsdichte:
56 Personen/km² (Deutschland: 217)
Geburtenrate: 2,3 %
Säuglingssterblichkeit:
27 auf 1000 Geburten
Bevölkerungswachstumsrate:
1,9% pro Jahr
Lebenserwartung:
69/67 Jahre (w/m)
Analphabetenrate: ca. 33%
Pro-Kopf-Einkommen:
3 240 DM pro Einwohner/Jahr
Arbeitslosenquote: ca. 16%
Inflationsrate: 4,7%
Bevölkerungsgruppen:
Araber 98%, Berber 1%, andere 1%
Größte Städte:
(geschätzte Einwohnerzahlen)
Tunis (900 000), Sfax (300 000), Sousse (250 000), Gabès (110 000), Kairouan (100 000), Bizerte (107 000), Gafsa (70 000)

Statistische Angaben: Munzinger Archiv GmbH, Tunesisches Fremdenverkehrsamt ONTT, Tunesische Agentur für Auslandskommunikation

Geographischer Überblick

Die Republik Tunesien ist der **kleinste** der nordafrikanischen **Maghreb-Staaten** (arab. „Maghreb" = der Westen), zu denen neben Marokko und Algerien auch Libyen und Mauretanien gehören.

Als nördlichstes Land des afrikanischen Kontinents erstreckt es sich etwa zwischen 30° und 37° nördlicher Breite und zwischen 7°30' und 12° östlicher Länge.

Im Norden und Osten umspült das Mittelmeer einen 1300 km langen Küstenstreifen, im Westen wird das Land von Algerien, im Südosten von Libyen begrenzt.

Mit seinem Gesamtmaß von rund **162 000 km²** ist das tunesische Staatsgebiet etwa doppelt so groß wie Österreich bzw. **halb so groß wie Deutschland.** Seine Ost-West-Ausdehnung beträgt im Schnitt rund 200 km, und es sind etwa 800 km vom *Cap Blanc,* dem nördlichsten Punkt, zum südlichsten Zipfel im Dreiländereck Tunesien/Algerien/Libyen.

Tunesien erstreckt sich über mehrere geographische Großräume, die sich durch Topographie, Klima und Wasserhaushalt stark voneinander unterscheiden und somit auch den jeweiligen Bewohnern unterschiedliche Lebensbedingungen bieten.

Entsprechend variiert auch die **Besiedlungsdichte.** Die meisten Orte und Städte liegen im fruchtbaren Norden und in der östlichen Küstenregion: Dort, auf ca. einem Viertel der Staatsfläche, lebt etwa die Hälfte der rund 9 Mio. Bewohner. Der südlichste Wüstenteil ist völlig unbesiedelt.

Nördliche Küstenzone und Nordtunesisches Bergland

Von Westen kommend setzt sich das Atlasgebirge im Norden Tunesiens als **Tell-Atlas** fort, allerdings nicht mehr mit solch mächtigen Bergen, wie wir sie von Marokko oder Nordalgerien kennen. Die höchste Erhebung des Landes – der *Djebel Chambi* – bringt es gerade auf 1544 m, und weiter nach Osten verlieren die Berge ständig an Höhe. Das nordtunesische Bergland hat im allgemeinen **Mittelgebirgscharakter,** nur selten schaut der nackte Kalkstein hervor, wie z.B. bei dem markanten *Table de Jugurtha* („Tisch des Jugurtha") oder beim fast alpin wirkenden *Djebel Zaghouan.* Trotz fehlender Dramatik ist diese stille, abwechslungsreiche und vom Massentourismus noch verschonte Bergregion nicht ohne Reiz für den Naturliebhaber.

Beginnen wir in der nordwestlichen Ecke des Landes, in der **Kroumirie** genannten Bergregion, die gleich hinter dem **schmalen Küstensaum** mit seinen Buchten und kilometerlangen, einsamen Sandstränden steil aufsteigt. Hier – in einer Gegend, die mehr europäisch als afrikanisch anmutet – bedecken **ausgedehnte,** dichte und **wildreiche Wälder** die Berge bis zu deren Gipfeln. Es wachsen vorwiegend Kork- und Steineichen, aber auch Kiefern, Eschen und andere Laubbäume. Die Berge erreichen mit dem *Djebel Rorra* nahe *Ain Draham* (1203 m) ihre größte Höhe, flachen nach Osten zu dann aber ständig ab.

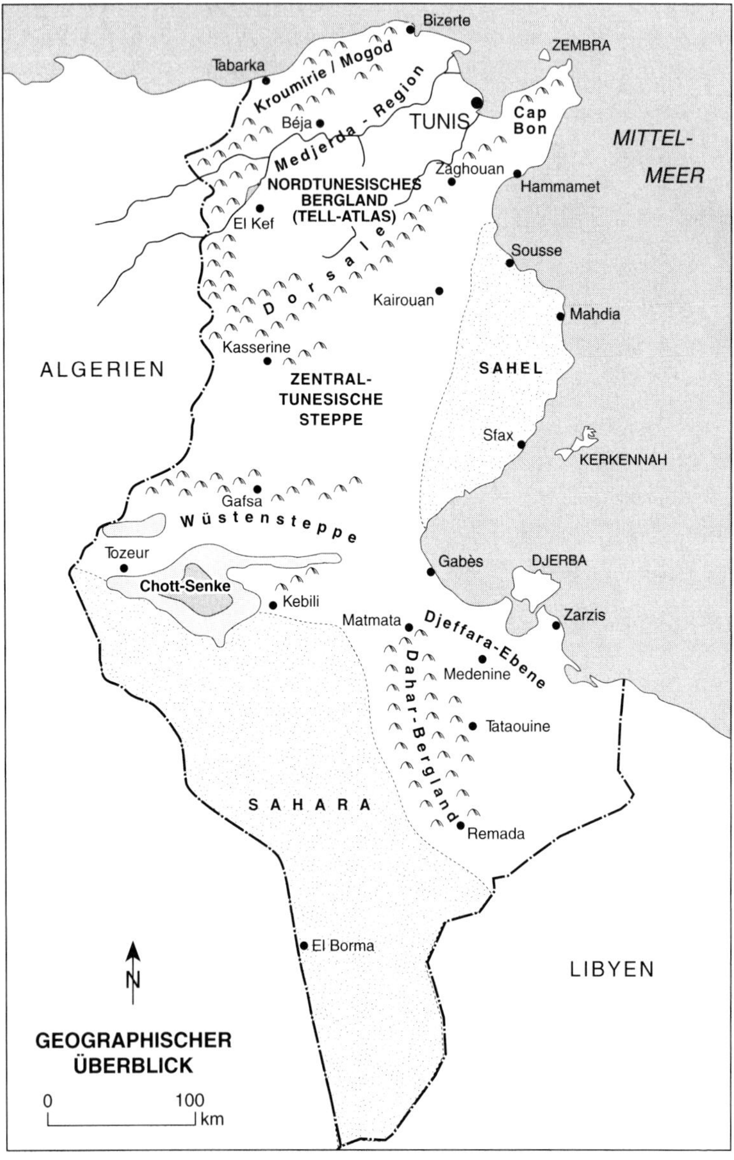
Bizerte
ZEMBRA
Tabarka
Kroumirie / Mogod
Medjerda - Region
TUNIS
Cap Bon
Béja
MITTEL-
MEER
Zaghouan
Hammamet
NORDTUNESISCHES
BERGLAND
(TELL-ATLAS)
El Kef
Dorsale
Sousse
Kairouan
Mahdia
Kasserine
ALGERIEN
SAHEL
ZENTRAL-
TUNESISCHE
STEPPE
Sfax
KERKENNAH
Gafsa
Wüstensteppe
Tozeur
Gabès
DJERBA
Chott-Senke
Kebili
Matmata
Zarzis
Djeffara-Ebene
Medenine
Dahar-Bergland
Tataouine
SAHARA
Remada
El Borma
LIBYEN
N
GEOGRAPHISCHER
ÜBERBLICK
0
100
km

Das Kroumirie-Bergland verdankt sein üppiges Grün **reichen Niederschlägen,** die hier – in der Wetterecke des Landes – im Jahresmittel annähernd 1600 mm erreichen (z. Vgl.: Tunis 461 mm, Tozeur/Nefta unter 100 mm, München 922 mm) und die vorwiegend in den Wintermonaten – gelegentlich sogar als Schnee – fallen.

Die Berge der Kroumirie gehen nach Osten zu über in das sanftere, trockenere, nur selten die 500-m-Marke übersteigende und vorwiegend mit **Macchia** bedeckte **Mogod-Bergland,** das schließlich in den fruchtbaren Schwemmlandebenen von *Mateur* und *Bizerte* mit den beiden Seen von *Ichkeul* und *Bizerte* ausläuft.

Nach Süden zu fällt das Küstengebirge ab zu einer weiten, langgezogenen Talsenke, durch welche von West nach Ost der *Medjerda*-Fluß mäandert. Diese verhältnismäßig feuchte und **fruchtbare Region,** in der landwirtschaftlicher Anbau ohne Bewässerung möglich ist, war bereits im Altertum eines der wichtigsten Agrarzentren des Landes (v.a. Getreideanbau). Die **Medjerda** ist der **einzige ganzjährig wasserführende Fluß** des Landes; er entspringt in Algerien und erreicht bei *Ghar el Melh* (zwischen Bizerte und Tunis) in einer weiten Schwemmlandebene das Meer. Die Medjerdasenke trennt das nördliche Küstengebirge von dem hügeligen Akkerland des **mittleren Tell** und dem mitteltunesischen Bergrücken der **Dorsale.** Dort befinden sich die höchsten Berge des Landes *(Djebel Chambi* 1544 m, *Djebel Bireno* 1419 m, *Djebel Zaghouan* 1295 m). Lichte **Wälder** (Aleppokiefern) und **ausgedehnte Getreidefelder** auf den Hochebenen zwischen den Bergketten bestimmen das Landschaftsbild. Die Berge flachen nach Nordosten ab und laufen allmählich in der **Halbinsel Cap Bon** aus.

Sahel und Zentraltunesische Steppe

Das arabische Wort "Sahel" bedeutet Küste, Ufer. In Tunesien meint man damit die **küstennahe,** ca.15 000 km² große **Region** etwa **zwischen dem Golf von Hammamet** und dem **Golf von Gabès** mit den Hauptorten *Sousse* und *Sfax*. Schon seit der Römerzeit ist dies eine intensiv genutzte Kulturlandschaft, die vom klimatischen Einfluß des Mittelmeers profitiert. Hauptgrundlage des Wohlstands war von jeher der **Olivenanbau.** Heute befindet sich hier das größte zusammenhängende Ölbaumgebiet des Maghreb mit ca. 18 Mio. Bäumen (etwa zwei Drittel des gesamten tunesischen Ölbaumbestands), angepflanzt in schnurgeraden, kilometerlangen Reihen.

Durch bewässerungstechnische und landwirtschaftliche Erschließungsprojekte dringen die Ölbaumpflanzungen des Sahel immer weiter nach Westen in die Steppengebiete vor. Zwischen den Bergketten der Dorsale im Norden und den saharischen Randgebirgen um Gafsa im Süden erstreckt sich im Anschluß an das **Steppentiefland** des **Kairouaner Beckens** mit seinen vielen **Salzseen** das **zentraltunesische Steppenhochland** bis hinüber zur algerischen Grenze. Vom Kairouaner Becken aus steigt es dabei allmählich auf 600 bis 800 m Höhe an. Der nördliche **Bergzug der Dorsale** wirkt wie eine **Klimascheide,** die die feuchten mediterranen Luftmassen von den Steppengebieten abschottet und dort die Jahresniederschläge auf weit unter 400 mm absinken läßt. Diese **karge** und **dünn besiedelte Hochebene** ist das Gebiet des Halfagrases und – wenn auch nur noch in begrenztem Umfang – der halbnomadischen Weide- und Viehwirtschaft.

Südtunesien und Sahararaum

Südlich des Sahel und der zentraltunesischen Steppe beginnt der **trokkene, saharische Süden des Landes**, der sich bis zum etwa 450 km entfernten Dreiländereck mit Algerien und Libyen erstreckt. Er macht **über die Hälfte des ganzen tunesischen Staatsgebiets** aus, doch wohnen hier nur ca. 15% der Bevölkerung. Der südöstliche Ausläufer des Sahara-Atlas, der sich von Algerien kommend über die Bergregion um *Tamerza*, die Phosphatgebiete um *Metlaoui* und *Gafsa* bis nach *Meknessy* hinzieht, bildet die letzte Barriere vor der Wüste. Südlich dieser Berge bestimmen **Wüstensteppe**, die abflußlosen **Salztonsenken** der großen **Chotts** (Salzseen) und schließlich die **Vollwüste** der *Sahara* mit weiten Schotterebenen und den ausgedehnten Dünengebieten des **Großen Östlichen Erg** das Landschaftsbild. In dieser ariden Region (Jahresniederschlag unter 100 mm) ist Landwirtschaft nur noch durch künstliche Bewässerung möglich. Üppige Süßwasserquellen am Rand der Chotts, die aus fossilen Grundwasservorräten gespeist werden, haben die bedeutendsten **Dattelpalmenoasen** des Landes entstehen lassen. Am Ostrand der Wüste steigen die kahlen etwa 200 km langen in Nord-Südrichtung verlaufenden Schichtstufen des *Dahargebirges* auf. Dort liegen in zerklüftetem Bergland die interessanten Höhlen-, Bergsiedlungen und Speicherburgen der Berber. Zwischen Gebirge und Meer erstreckt sich bis zur libyschen Grenze die steppenartige *Djeffara-Ebene* mit der vorgelagerten Ferieninsel *Djerba*.

Im Matmata-Bergland

Klima

Klimaüberblick

Aufgrund der verschiedenartigen Topographie weist das Klima Tunesiens **starke Unterschiede zwischen Nord und Süd** und **zwischen Küste und Binnenland** auf. Teile des Landes unterliegen vorwiegend dem Mittelmeerklima, andere dem Saharaeinfluß, wobei sich beide Klimabereiche überschneiden. Der mildernde Einfluß des Meeres nimmt von der Küste zum Landesinneren hin kontinuierlich ab, während die Niederschlagsmenge ein starkes Gefälle von Nord nach Süd aufweist. Die **Bergkette der Dorsale** wirkt dabei wie eine **Klimascheide.**

Reisezeit

Aufgrund der unterschiedlichen Klimazonen gibt es für Tunesien als Ganzes keine „günstigste" Reisezeit. Es ist grundsätzlich ein ganzjähriges Reiseland, auch wenn nicht ganzjährig Badewetter herrscht. Zu jeder Zeit des Jahres ist irgendein Teil des Landes klimatisch für einen Besuch besonders gut geeignet.

Generell läßt sich sagen: Zwischen Mai und Oktober (für harte Naturen auch darüber hinaus) herrscht Badewetter. Die **Sonnenscheindauer** liegt ungefähr **doppelt so hoch wie in Deutschland** und übertrifft noch jene von Spanien. In den **Sommermonaten** dominiert eine **subtropische Hochdruckzone.** Die **Hauptniederschläge** fallen zwischen Herbst und Frühjahr, vorwiegend **in den Wintermonaten.**

Der **Frühling** (April bis in den Juni hinein) ist die **reizvollste Reisezeit** für jene, denen es nicht primär ums Baden geht, sondern die auch das Land kennenlernen möchten, ohne dabei von brütender Hitze gelähmt zu werden. Die Frühlingsmonate begeistern den Naturliebhaber besonders durch die Farbenpracht, wenn sich nach den winterlichen Regenfällen in dem saftig-grünen Land wahre Blumenteppiche ausbreiten und viele Bäume in Blüte stehen. Obwohl die Winterniederschläge weitestgehend abgeklungen sind, kann es bis in den April hinein noch recht kühl und regnerisch sein, vor allem im Norden. Doch mehr und mehr setzt sich die Sonne durch, die Temperaturen steigen auf angenehme Werte an; die meist flachen Küstengewässer erwärmen sich schnell, so daß auch Badefans und Sonnenanbeter bald auf ihre Kosten kommen.

Juli, August und **September** sind die **heißesten Monate,** in denen – besonders in Küstennähe – auch hohe Luftfeuchtigkeit (Schwüle) herrscht. Diese Sommermonate sind guten Gewissens nur hitzeunempfindlichen oder ausgesprochenen Strand- und Badeurlaubern zu empfehlen, die sich bevorzugt am Meer bzw. Swimmingpool aufhalten. Milderung verschafft eine fast ständig vom Meer her wehende leichte Brise. In den Hotels der Touristenzentren sorgen Klimaanlagen in Zimmern und Aufenthaltsräumen für erträgliche Temperaturen. Für Ausflugsfahrten stehen häufig klimatisierte Reisebusse zur Verfügung. Große

Sonnenschirme an den Stränden und exotische Hotelgärten spenden Schatten. Für einen reinen Badeurlaub herrschen also ideale Bedingungen. Im **Landesinnern** hingegen, besonders im saharischen Süden, können die **Temperaturen fast unerträglich** werden. Fahrten ins Inland südlich der Bergkette der Dorsale, besonders aber in die ausgesprochenen Wüstenregionen, sind für hitzeempfindliche Personen in den Hochsommermonaten daher nicht zu empfehlen. Nur am frühen Morgen und dann wieder abends werden die Temperaturen erträglich; tagsüber erreichen sie nicht selten Höchstwerte von über 40°C (in der Chottregion gelegentlich gar über 50°C). Da hört für viele der nur an gemäßigte Temperaturen gewöhnten Mitteleuropäer der Spaß auf. Gelegentlich (meist im August) kann es zum sandsturmartigen *Schirokko* (in Tunesien *Ghibli)* kommen, ein glühendheißer Wüstenwind aus der Sahara, der mehrere Tage anhalten und selbst zum Beispiel in Tunis die Temperatur bis nahe an die 40°C-Marke treiben kann. Von Ausnahmen abgesehen ist im ganzen Land in den Sommermonaten kaum mit Regen zu rechnen. Die Felder sind abgeerntet, das Land ist dürr und ausgetrocknet. Ausnahme: die selbst im Hochsommer klimatisch recht angenehme, bewaldete Bergregion der Kroumirie im Nordwesten des Landes, ein bevorzugtes Sommerfrischeziel für wohlhabende Tunesier; doch welcher Mitteleuropäer fährt schon für hochsommerliche Waldwanderungen nach Afrika?

Mitte September bis etwa Mitte November herrscht wie im Frühjahr eine sehr **angenehme Reisezeit,** ideal für Rundtouren durchs Landesinnere und für die Besichtigung der vielen archäologischen Stätten. Die Sommerhitze klingt allmählich ab, die Luft ist meist klar, das Meer noch warm genug zum Baden, nur das Grün der Natur läßt zunächst noch auf sich warten. Mit gelegentlichen, meist nur kurzen, manchmal aber auch wolkenbruchartigen Regenfällen oder Gewittern ist zu rechnen, doch schnell scheint wieder die Sonne; ab etwa Oktober beginnt es bereits wieder zu grünen.

Der **Winter** eignet sich **gut zu einer Reise durch Südtunesien.** Die Tage sind nicht nur spürbar länger als in Mitteleuropa (Zeitspanne zwischen Sonnenauf- und -untergang zur Zeit der Wintersonnenwende am 21.Dezember z.B. auf Djerba 10 Std., in München nur 8 Std., 20 Min.), sondern auch vergleichsweise mild mit reichlich Sonnenschein (aber kalten Nächten, im Inland gelegentlich auch Bodenfrost). Mit Ausnahme der klimatisch besonders begünstigten Region von Djerba und Zarzis (gut für „Überwinterer") muß man von **November bis März** in den Küstenregionen generell damit rechnen, daß milde **Schönwetterperioden** immer wieder von **kühlen, regnerischen** und **windigen Perioden** mit bedecktem Himmel unterbrochen werden – im Norden mehr als im Süden – (vergleichbar in etwa unserem Klima im April oder Mai). Tagelanger Dauerregen wie bei uns ist nicht zu befürchten; die Regenfälle sind eher kurz und sintflutartig. Temperaturen unter dem Gefrierpunkt sind die absolute Ausnahme.

Besonders **naßkalt** und regenreich ist der **Winter im äußersten Nordwesten** des Landes, wo in den Bergen der Kroumirie durchaus auch Schnee fallen kann. Auch in den Hochflächen des Tell-Atlas um Makthar oder auf dem Djebel Chambi bei Kasserine sind **Schneefälle** keine Seltenheit.

Saison-Einteilung der Fremdenverkehrsbehörden

Hauptsaison: Anfang Juli bis Mitte September. Höchste Preise in den Hotels. Hauptferienzeit der Europäer und der Tunesier.

Zwischensaison: Anfang April bis Ende Juni und Mitte September bis Ende Oktober. Günstige Hotelpreise, ideale Zeit auch für Besichtigungsfahrten.

Nebensaison: Von November bis März. Abgesehen von evtl. „Zwischenhochs" zu Weihnachten und Ostern sind in dieser Zeit die Hotelpreise am günstigsten.

Klimatabelle (Legende siehe S.114)

	Jan	Feb	März	Apr	Mai	Juni	Juli	Aug	Sept	Okt	Nov	Dez
Bizerte												
a)	15	15	17	20	23	28	30	31	29	25	21	16
b)	8	8	9	11	14	18	20	21	20	16	12	9
c)	4	6	7	8	10	11	12	12	9	6	5	4
d)	16	13	12	9	6	4	2	3	8	11	13	16
e)	132	86	48	43	39	8	1	7	27	90	88	114
f)	15	14	14	15	17	20	23	25	24	22	19	16
Djerba / Zarzis												
a)	16	18	21	23	26	28	32	33	31	28	22	18
b)	8	9	11	14	16	20	22	23	21	18	14	10
c)	8	8	9	9	10	11	12	12	10	8	7	7
d)	5	5	4	3	2	1	0	1	4	5	5	5
e)	26	29	20	13	8	1	0	1	14	38	42	26
f)	16	15	16	17	18	21	24	26	25	22	20	18
Gabès												
a)	16	18	20	23	26	29	32	33	31	27	22	17
b)	6	7	9	13	16	19	22	22	21	17	11	7
c)	7	8	9	9	10	11	12	12	10	8	8	7
d)	4	3	4	3	2	2	1	1	3	4	4	4
e)	20	17	18	15	4	2	1	1	15	35	24	22
Gafsa												
a)	14	17	20	23	28	33	36	36	32	25	20	15
c)	7	8	8	9	10	10	12	12	10	8	7	7
d)	2	2	3	2	1	1	1	1	1	2	2	2
e)	18	14	17	17	12	7	5	5	25	28	13	16

Klimatabelle (Fortsetzung)

	Jan	Feb	März	Apr	Mai	Juni	Juli	Aug	Sept	Okt	Nov	Dez
Hammamet												
a)	15	17	18	21	24	29	32	31	29	25	21	17
b)	7	8	9	12	15	19	21	22	20	17	12	8
c)	8	8	9	9	10	11	12	12	10	8	8	7
e)	49	31	39	34	21	12	3	10	29	91	59	36
f)	15	15	15	16	17	20	24	25	24	22	20	17
Medenine												
a)	17	20	22	25	29	33	36	36	33	28	23	18
e)	18	15	15	15	4	1	0	2	25	46	10	17
Remada												
a)	16	19	22	26	31	36	37	37	34	27	22	17
e)	19	10	10	14	2	3	1	0	7	10	8	3
Sousse / Port el Kantaoui / Monastir / Mahdia												
a)	16	17	18	20	23	27	30	31	30	25	21	17
b)	7	8	9	12	15	18	21	21	20	17	12	8
c)	7	8	8	9	10	11	12	12	10	7	7	7
d)	8	7	8	7	5	4	1	3	5	6	7	8
e)	31	17	22	32	14	4	1	17	18	48	36	42
f)	15	15	15	16	17	21	24	25	24	22	20	17
Tabarka												
a)	–	–	17	20	22	28	31	31	28	23	–	–
b)	–	–	8	10	13	17	19	20	19	14	–	–
c)	–	–	6	7	10	11	12	11	9	6	–	–
d)	–	–	10	8	5	3	1	2	6	9	–	–
f)	–	–	14	15	17	21	25	25	24	20	–	–
Tozeur / Nefta												
a)	16	18	22	27	31	36	40	40	35	29	22	17
b)	5	6	10	13	18	22	24	24	22	16	11	6
Tunis												
a)	15	16	18	21	25	29	32	32	30	25	20	16
b)	6	7	8	10	13	17	20	21	19	15	10	7
c)	6	6	7	8	10	11	12	11	9	7	6	5
d)	13	12	11	9	6	5	2	3	7	9	11	14
e)	79	48	41	41	29	12	2	14	26	51	56	47
f)	15	14	15	16	17	21	24	25	24	22	19	16

Legende

a) mittlere Tageshöchsttemperatur (°C)
b) mittlere niedrigste Nachttemperatur (°C)
c) mittlere tägliche Sonnenscheinstunden
d) Zahl der Tage mit Niederschlag
e) Niederschlagsmenge (mm)
f) mittlere Wassertemperatur (°C)

Bei den genannten Zahlen handelt es sich um langjährige Mittelwerte; die tatsächlichen Werte können u.U. erheblich davon abweichen.

Geschichte und Zeitgeschehen

Geschichte in Zahlen siehe S. 129

Wer Tunesien besucht, sollte zumindest in groben Zügen über dessen geschichtliche Entwicklung orientiert sein. Es empfiehlt sich also, die während der Schulzeit gepaukten Kenntnisse etwas aufzupolieren. Zu viele Sehenswürdigkeiten, vor allem die zahlreichen Ausgrabungsstätten und Baudenkmäler aus vorchristlicher, römischer, byzantinischer, türkischer und arabischer Zeit, stehen in enger Verbindung mit den geschichtlichen Ereignissen. Erst das Wissen um die Zusammenhänge weckt das Interesse am toten, geschichtsträchtigen Gestein und macht aus dem pflichtgemäßen „Abtraben“ von Ruinenfeldern ein spannendes Entdecken und Erkennen.

Frühgeschichte und punische Epoche

Die menschliche Besiedlung Nordafrikas reicht zurück in die frühe Altsteinzeit (Paläolithikum). Untersuchungen an Steinwerkzeugen, die man im Süden Tunesiens, aber auch in der Gegend von El Kef und Jendouba fand, ergaben ein Alter zwischen 100 000 und 150 000 Jahren. Aus der sog. **„capsischen Kultur“** – sie entwickelte sich etwa zwischen dem 8. und 5. Jahrtausend v. Chr. in der Region um Gafsa (antikes *Capsa*) stammen Werkzeuge und zahlreiche Kunstgegenstände. Die bis wenige Jahrtausende vor der Zeitrechnung im gesamten Maghreb-Gebiet vorherrschende wildreiche Savannenlandschaft bietet Jägern und Sammlern gute Lebensbedingungen. **Klimaveränderungen** und zunehmende Trockenheit (etwa ab dem 5.–4. Jahrtausend v. Chr.) zwingen große Teile der bis dahin wohl negroiden Bevölkerung zur **Abwanderung** und machen eine allmähliche **Umstellung auf Ackerbau und Viehzucht** notwendig.

Das im nordafrikanischen Raum des heutigen Tunesien lebende Völkergemisch aus verschiedenen Stämmen ohne politische Einheit wird von den Griechen als **Numider** (davon abgeleitet das Wort „Nomade“) oder **Libyer** bezeichnet. Für die Römer waren es später **barbari,** ungesittete, kulturlose Bewohner. Aus dieser römischen Bezeichnung entstand wohl der heute gebräuchliche Ausdruck **„Berber“** für die **Urbevölkerung** des Landes, einen durch Zuwanderung aus nördlichen Mittelmeerländern ziemlich hellhäutigen Menschentyp.

Die **Phönizier,** ein Seefahrervolk aus dem Gebiet des heutigen Libanon/Syrien und erfolgreiche Handelsherren, **gründen** im 2. Jahrtausend v. Chr. entlang der Mittelmeerküste zahlreiche **Ankerplätze** und **Handelskolonien.** Als erste feste Niederlassung in Tunesien (um 1100 v. Chr.) gilt *Utica*. Das heutige Bizerte, Sousse, Monastir und Gabès reichen in ihrem Ursprung ebenfalls in phönizische Zeit zurück. Wichtigstes **Zentrum** und Basis für weitere Koloniegründungen wird jedoch das ums Jahr 814 v. Chr. gegründete **Karthago** (Quart Hadasht = Neustadt), das aufgrund seiner strategisch günstigen Lage mit Kriegs- und Handelshafen

Phönizische Kriegsschiffe

sowie starken Befestigungsanlagen ausgebaut wird. Die zunehmende Bedrohung des phönizischen Mutterlandes durch Perser und Griechen in den folgenden Jahrhunderten machen Karthago schließlich zum eigentlichen Zentrum Phöniziens, das auch das numidische Hinterland in seine Gewalt bringt und sich zur bedeutendsten Seemacht des westlichen Mittelmeerraums entwickelt. Die Einwohnerzahl Karthagos im 5. Jh. v. Chr. wird auf ca. 400 000 geschätzt.

Zur Sicherung des Seehandelswegs nach Spanien gelingt es den Karthagern, u.a. auch auf Sizilien Stützpunkte zu gründen, sehr zum Mißfallen der Griechen, die das Land für sich beanspruchen. Die kriegerischen Kämpfe um sizilianisches Gebiet ziehen sich über Jahrzehnte hin. Niederlagen und Siege wechseln ab.

Unter **Hamilkar** verlieren die Karthager im Jahre 480 v.Chr eine entscheidende Schlacht. 310 v.Chr. landet **Agathokles**, der „Tyrann von Syracus" in Tunesien, belagert Karthago, kann jedoch zurückgeschlagen werden. Mit den bis dahin noch unbedeutenden Römern als Verbündete treten die Karthager auch weiteren griechischen Angriffen erfolgreich entgegen. Doch dann kommt es zum **Streit zwischen Rom und Karthago** um den Besitz der Stadt Messina. Rom verbündet sich mit Karthagos Erzfeind *Syracus* und wendet sich gegen die bisher mit ihm verbündeten Karthager. Es kommt zum ersten „Punischen Krieg".

Erster Punischer Krieg
(264–241 v. Chr.)

(Die Römer bezeichneten die phönizischen Bewohner Karthagos als „Poeni" = Phönizier des Westens).

Im ersten der drei punischen Kriege finden zahlreiche Seegefechte zwischen Rom und Karthago um die **Vormachtstellung im westlichen Mittelmeer** statt. Neben diesem Kriegsgeschehen zur Seeseite hin ist Karthago noch in Kämpfe mit dem numidisch/berberischen Hinterland verwikkelt, so daß schließlich die Römer die Oberhand behalten. 242 kommt es zu einem Friedensvertrag: Die Karthager verzichten auf Sizilien, das von den Römern wenige Jahre später ihrem eigenem Imperium einverleibt wird; Karthago wird zu hohen Reparationszahlungen verpflichtet, was dazu führt, daß es seine eigenen Soldaten nach deren Rückkehr aus Sizilien nicht mehr ausbezahlen kann. Es kommt zur Revolte unzufriedener Söldner, die von El Kef aus, wo man sie angesiedelt hatte, gegen die Hauptstadt vorgehen. Hamilkar Barka gelingt es nach jahrelangen Kämpfen, den Aufstand gewaltsam niederzuschlagen.

In der Folgezeit **versucht Karthago,** Macht und **Einflußgebiet in Spanien auszuweiten.** Neue Städte werden dort gegründet, große Gebiete erobert. Als **Grenze** zwischen karthagischem und römischem Gebiet wird im Jahr 226 v. Chr. durch Vertrag zwischen beiden Mächten der **Ebrofluß** festgelegt.

Mit der Überschreitung dieser Grenze durch *Hannibal* beginnt der zweite „Punische Krieg".

Zweiter Punischer Krieg
(218–201 v. Chr.)

Mit einem Heer von über 50 000 Mann und 37 Elefanten zieht Karthagos Heerführer **Hannibal** von Spanien kommend **über die Alpen** Richtung Rom. Trotz großer Verluste an Männern und Tieren können zunächst beachtliche Teilsiege errungen werden. Die **Römer** unter ihrem Feldherrn *Scipio Africanus* konzentrieren sich währenddessen jedoch auf Angriffe gegen die in Spanien verbliebenen punischen Truppen, besiegen diese, **erobern den gesamten spanischen Küstenstrich** und **rücken** schließlich weiter **nach Afrika vor. Hannibal,** dessen Heer inzwischen fast bis Rom vorgedrungen, dann aber vom Nachschub abgeschnitten ist, **muß aufgeben.** Zurück auf afrikanischem Boden **verliert** er die **entscheidende Schlacht bei Zama** 202 v. Chr. gegen die römischen Truppen Scipios, die sich mit dem Numiderkönig *Massinissa* verbündet hatten.

Hannibal (zeitgen. Marmorbüste)

Karthago steht nun **unter strenger Kontrolle Roms,** sein Heer ist vernichtet; es hat seine außerafrikanischen Besitzungen verloren, muß hohe Tribute an Rom entrichten, und jegliche Kriegsführung ohne die Zustimmung Roms wird ihm fortan untersagt.

Dritter Punischer Krieg
(149–146 v. Chr.)

Rom sucht und findet einen Anlaß, Karthago, das es auch weiterhin als unliebsamen Konkurrenten betrachtet, endgültig zu zerstören. Die Karthager hatten sich **gegen König Massinissa aufgelehnt,** der (mit Unterstützung Roms) sein westnumidisches Herrschaftsgebiet auf ihre Kosten zu erweitern versucht hatte. **Karthago** kämpft, unterwirft sich schließlich, **wi-**

dersetzt sich aber dem **Befehl Roms,** die Stadt zu räumen, worauf Rom Truppen aufmarschieren läßt. Ein Belagerungsring legt sich um Karthago, die Bewohner werden monatelang ausgehungert, und schließlich wird nach sechstägigen Straßenkämpfen die **Stadt** von *Scipio d.J.* **gewaltsam eingenommen. Sämtliche Gebäude** werden **niedergebrannt** und zerstört, der Boden umgepflügt und mit Salz bestreut, um ihn für alle Zeiten unfruchtbar zu machen. Nur wenige Karthager überleben das Massaker, werden teilweise versklavt oder fliehen aus der zerstörten Stadt.

Römische Epoche

Rom verleibt die eroberte Region seinem Imperium ein und erklärt sie im Jahr 146 v. Chr. zur *Provincia Africa.* **Hauptstadt wird Utica.** Im Jahre 105 v.Chr. wird auch das *Königreich von Jugurtha* (einem Großneffen Massinissas) besetzt und in der Küstenschlacht von *Thapsus* 46 v. Chr. weiteres westnumidisches Territorium erobert, womit die **römische Provinz Africa** in etwa die **Größe des heutigen Tunesien** erreicht hat. Nomadisierende Berberstämme werden weit in die Wüsten- und Steppengebiete zurückgedrängt, und an den Grenzen entstehen Forts und Verteidigungsanlagen *(Limes)* gegen numidische Übergriffe. Überall im Lande wachsen neue Städte, Siedlungen für verdiente Veteranen und Einwanderer aus dem Boden. Selbst **Karthago,** das doch „für alle Zeiten" dem Erdboden gleichgemacht worden war, **wird wieder aufgebaut.**

Das **2. und frühe 3. Jh.** nach Christus muß – nach all den vorausgegangenen Kriegswirren – als **Blütezeit** bezeichnet werden, wobei Kunst, Kultur und Alltagsleben sich nun fast ausschließlich nach römischem Muster richten. Privatpersonen, aber auch ganze Städte erhalten römisches Bürger- bzw. Stadtrecht. Das Prädikat „Municipium" für eine Stadt bedeutet, daß nur die Senatoren römisches Bürgerrecht genossen, während dieses in einer „Colonia" allen Bewohnern zusteht – ein Privileg, das neben mehr Selbständigkeit vor allem auch Steu-

Karthago, römischer Aquädukt, 117–138 n.Chr. (Holzstich, 1883)

ervorteile bringt. Besonderes Interesse kommt der Landwirtschaft zu: Getreide-, Oliven- und Weinanbau werden forciert. Als „Kornkammer Roms" spielt die Provinz *Africa Proconsularis* eine bedeutende Rolle. Aquädukte versorgen die Städte mit fließendem Wasser. Wie gut es sich in jener Zeit leben ließ, zeigen die zahlreichen **römischen Ausgrabungsstätten,** deren prachtvollste Ruinenreste, Tempel, Theater, Paläste und prunkvolle Privatvillen überwiegend aus diesen Jahrhunderten stammen. In den Genuß solchen **Wohn- und Kulturkomforts** kam – und das wird leicht vergessen – auch damals nur eine **relativ kleine Oberschicht** des Landes. Der überwiegende Teil der Bevölkerung, ganz zu schweigen von den Sklaven, lebte in bescheidensten, ärmlichen Verhältnissen, bestellte unter hohen Pachtabgaben die Felder, arbeitete in Steinbrüchen oder diente sonstwie den hohen Herren. Auch die Wohnviertel des einfachen Volkes liegen irgendwo verschüttet und begraben, wohl ziemlich abseits von Forum und Kapitol, von Tempeln und Thermen. Sie freizulegen lohnt sich nicht, man würde weder Marmorsäulen noch Mosaikfußböden, geschweige denn wertvolle Kunstgegenstände finden.

Die afrikanischen Territorien üben großen Einfluß auf Rom aus. Dies beweist schon die Tatsache, daß im Jahr 193 n.Chr. sogar ein Afrikaner, der aus *Leptis Magna* (im heutigen Libyen) stammende *Septimius Severus,* Kaiser von Rom wird.

Ausgangs des **3. Jh.** bahnt sich ein **Ende dieser Blütezeit** an. Die Bevölkerung lehnt sich gegen zu hohe Abgaben auf, zu den sozialen inneren Unruhen kommen religiöse Spannungen durch die einsetzende Christianisierung. **Christenverfolgungen** finden im gesamten 3. Jh. statt, bis zu **Beginn des 4. Jh.** das **Christentum offiziell anerkannt** wird; im Jahr 380 wird es Staatsreligion.

Kriegerische Überfälle v.a. durch benachbarte Berberstämme und schließlich der Zerfall des römischen Reiches zu Beginn des 5. Jh. beenden die römische Vormachtstellung. Bleibende Zeugnisse dieser Epoche sind die zahlreichen Ruinenstätten in ganz Tunesien.

Vandalenzeit

Der Auftritt der Vandalen dauert **knapp 100 Jahre** und ist kein Segen für das Land. Unter ihrem **Anführer Geiserich** zieht dieses ostgermanische Volk ums Jahr 430 n.Chr. von Spanien kommend in das geschwächte Tunesien ein, erobert Karthago, verjagt die Grundbesitzer, plündert und zerstört die römischen Anlagen. „Vandalismus" und Zerstörung, keinerlei eigene Bauten, nicht einmal Schriften sind aus der Vandalenzeit bekannt.

Byzantinische Zeit

Im Jahr 533 schickt der byzantinische *Kaiser Justinian* unter seinem Feldherrn *Belisar* rund 10 000 Soldaten und 6000 Reiter in die alte römische Afrikaprovinz, um sie für das oströmische Reich zurückzuerobern. Die Vandalen leisten kaum Widerstand. Nach erfolgreicher Einnahme des Landes haben die Byzantiner aber vor allem gegen berberische Überfälle aus dem Hinterland zu kämpfen. An strategisch wichtigen Stellen werden die vorhandenen römischen Bauten zu byzantinischen Festungen umfunktioniert. **Christliche Basiliken** entstehen auf römischen Fundamenten. Doch dann tritt eine neue Religion auf die Bühne der Geschichte.

Arabische Herrschaft

Mohammed, der Prophet Allahs, lebte in der Zeit von 570 bis 632 n.Chr. Schon 15 Jahre nach seinem Tod unternehmen die **„Streitkräfte Allahs", Kämpfer für den Islam,** einen ersten **Vorstoß nach Tunesien.** Der Durchbruch, die Eroberung des Landes, gelingt jedoch erst nach einer weiteren Invasion in den Jahren von 665 bis 670 n.Chr. In **Kairouan** gründen die Moslems **671** ihre **„Heilige Stadt"**, und von dort aus starten sie weitere Feldzüge Richtung Westen.

Mit der Zerstörung Karthagos im Jahr 698 haben die Araber das Land, das sich nun *Ifriqiya* nennt und die Grenzen des heutigen Tunesien umfaßt, voll in Besitz genommen. Die Byzantiner sind unterworfen, und die bisher noch aufständigen Berber treten mehr und mehr zum Islam über und schließen sich auch der arabischen Armee an. Dort werden sie jedoch nie voll anerkannt. Als Folge wenden sich die Berber den *Kharidjiten*, einer egalitären Sekte des Islam zu, die im Jahr 745 Kairouan erobert und über Jahrzehnte hinweg die Macht behauptet. Um die ständig schwelenden Machtkämpfe zwischen rivalisierenden islamischen Gruppen zu beenden, entsendet das Kalifat Bagdad als arabische Oberhoheit seinen Statthalter *Ibrahim Ibn El-Aghlab*. Ihm gelingt es, Frieden zu schaffen. Er wird daraufhin zum Emir ernannt, und die folgende, ca. 109 Jahre dauernde Herrschaft der **Aghlabiden** kann als eine der **arabischen Blütezeiten** bezeichnet werden. Es entstehen **befestigte Stadtkerne** (z.B. in Sfax) und eine Art „Klosterfestungen", die **Ribats** (z.B. in Sousse und Monastir), Gärten und Paläste werden angelegt und die Wirtschaft aufgebaut.

Aufspaltungen des Islam in verschiedene Glaubensrichtungen und Machtkämpfe dieser Gruppierungen untereinander bestimmen die weitere Geschichte des Landes.

Zunächst – etwa ab dem 10. Jh. – sind es die **Fatimiden,** die ihre schiitische Lehre durchsetzen, im Jahr 909 Kairouan erobern und **916** als **neue Hauptstadt Mahdia** gründen. Nach ihrem weiteren, erfolgreichen Vorstoß nach Ägypten und Verlegung ihres Zentrums nach Kairo erhalten die den Fatimiden nahestehenden **Ziriden** Statthalterrechte übertragen mit der Auflage, Zahlungen an die Fatimiden abzuführen. Hierüber kommt es später zu Auseinandersetzungen, die Ziriden wechseln über zur sunnitischen Seite. Als „Strafkommando" fällt auf Veranlassung der Fatimiden **im Jahr 1051** der arabische Nomadenstamm der **Beni Hilal** in das abtrünnige Land ein, plündert es und zerstört nicht nur Städte (z.B. Kairouan) und Dörfer, sondern auch die bis dahin bestehende Verwaltungsordnung. Die **Normannen** erobern die noch verbliebenen Stützpunkte auf Sizilien und nehmen Mitte des 12. Jh. Djerba sowie die damalige Hauptstadt Mahdia ein.

Es sind die **Almohaden,** eine aus Marokko kommende Berberdynastie, denen es erstmals gelingt, den **Maghreb** zu einigen und ein streng **islamisches Großreich** zu schaffen. Nach Einverleibung der maurischen

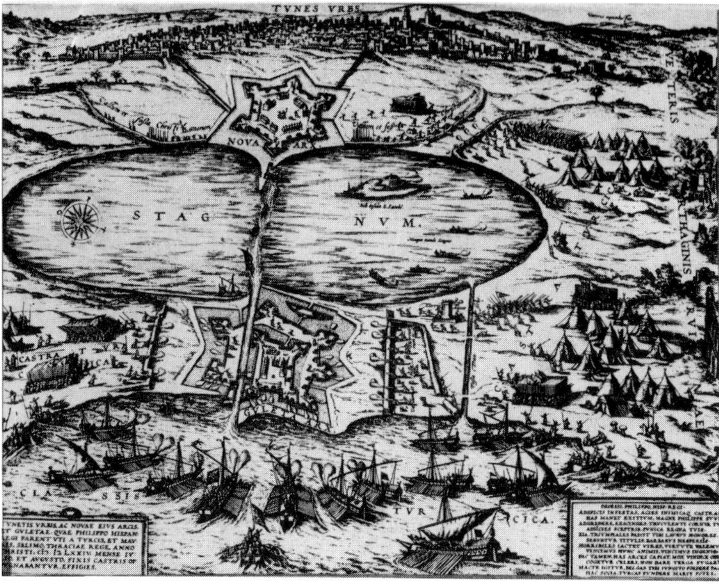

Eroberung des unter spanischer Herrschaft stehenden Tunis durch den türkischen Admiral Sinan Pascha am 29. Sept. 1574 (zeitgen. Kupferstich)

Gebiete Spaniens beherrschen sie gegen Ende des 12. Jh. schließlich ein Gebiet, das von Spanien bis nach Tripolitanien, dem heutigen Libyen, reicht und sich bald nur noch mit Mühen zentral von Marrakech aus regieren läßt. Als zu Beginn des 13. Jh. in den entlegenen östlichen Provinzen von Ifriqiya Unruhen ausbrechen, setzt der Almohadenherrscher als Statthalter dort einen Vertreter aus der marokkanischen Familie der Hafsi ein, der sich 1207 in Tunis niederläßt und bald wieder Ruhe und Ordnung herstellt. Dessen Sohn, *Abou Zakariya,* schüttelt schließlich die Oberhoheit der almohadischen Zentralmacht ab und verkündet **1229** die Dynastie seiner eigenen Familie, der **Hafsiden. Tunis** wird endgültig zur **Hauptstadt des Landes,** das von nun an den Namen **Tunesien** trägt. Abgesehen von einem mißglückten Kreuzfahrerangriff (1270) unter dem französischen König Ludwig IX. erlebt das Land nun eine Periode des Aufschwungs, und es entwickelt sich ein reger **Handelsaustausch** mit den europäischen Staaten rund ums Mittelmeer. Auch die moslemischen und jüdischen **Flüchtlinge**, die mit dem Beginn der christlichen *Reconquista* (Wiedereroberung) **aus Spanien** zuwandern, bringen neue wirtschaftliche und kulturelle Impulse. Unruhen im 14. Jh., interne Stammesaufstände, dynastische Streitigkeiten und schließlich eine große Pestepidemie werfen das Land vorübergehend zurück ins Elend. Doch dann gelingt es den Hafsiden wieder, Ordnung herzustellen. Weitere **Einwanderer aus Spanien** und nicht zuletzt erfolgreiche **Piraterien** gegen christliche Schiffe **tragen zum Wohlstand bei** in der bis etwa Mitte des 15. Jh. dauernden, relativ friedlichen Periode. Proteste der Bevölkerung gegen zu hohe Steuerlasten, Machtansprüche lokaler Großgrundbesitzer und Stammesfürsten führen dann jedoch dazu, daß die Hafsiden auf das Gebiet um Tunis zurückgedrängt werden und ihre Zentralmacht verlieren.

Türkenherrschaft

Osmanen und Spanier streiten sich in der Folgezeit um das geschwächte Tunesien. Im Jahr 1518 gelingt es den **türkischen Invasoren,** von Djerba aus **große Küstengebiete** in Tunesien und Algerien **zu erobern,** 1534 werden Tunis und Bizerte eingenommen. Der Hafsidenherrscher Hassan ruft die Spanier zu Hilfe, diese erstürmen im Jahr 1535 La Goulette und erobern Tunis. Tunesien wird „befreit" und kurzfristig zum spanischen Protektorat. Weitere Angriffe der Türken führen dann jedoch zunächst zur Einnahme von Kairouan, zur Rückeroberung von Djerba und La Goulette, und schließlich **(1574) ist das gesamte Land in türkischer Hand.** Es folgen rund **300 Jahre osmanischer Herrschaft.**

Der von Istanbul als Herrscher eingesetzte Pascha muß sein Amt bald abgeben an den Oberbefehlshaber der militärischen Elitetruppen, den *Dey.* Hieraus entwickelt sich in der Folgezeit eine Art Militärregierung, die in enger Zusammenarbeit mit den reichen und einflußreichen Persönlichkeiten des Landes und durch weitere Piraterien und Sklavenhandel die Staatskasse und den Geldbeutel der Oberschicht füllt. Auch der Handel führt zu weiterem Wohlstand. Scharen moslemischer Flüchtlinge aus Spanien verstärken die **Arabisierung** im Lande und bereichern sowohl die städtische Kultur als auch die Landwirtschaft mit neuen Impulsen.

Innere Unruhen, Machtkämpfe innerhalb der verschiedenen Dey-Dynastien sowie Übergriffe aus dem benachbarten Algerien führen im Jahr **1706** zu einem **Machtwechsel.** *Hussein Ben Ali* setzt sich an die Spitze des Landes und gründet die **Bey-Dynastie der Husseiniten,** der es gelingt, wieder eine zentrale Verwaltung aufzubauen, die sich mehr und mehr dem osmanischen Einfluß entzieht. Doch zu Beginn des 18. Jh. folgt eine Krise der anderen. Algerische Deys greifen immer wieder auf tunesisches Territorium über, die Piraterie ist schwieriger und unergiebiger geworden, weil sich die Handelswege verlagern und die europäischen Schiffe uneinnehmbarer werden; höhere Steuern führen zu **Unzufriedenheit und Verarmung** der Bevölkerung, die **Beys** sind untereinander **zerstritten** – die Zeit ist reif für ein Eingreifen europäischer Mächte.

Frankreich und Großbritannien gewähren Kredite. Hinzu kommt französische „Entwicklungshilfe" in Form von Fachleuten, Ingenieuren, Lehrern. Die tunesischen Beys verschulden sich immer mehr und geraten in immer stärkere **Abhängigkeit von Europa.** Vorrangig Frankreich, das auch im Nachbarland Algerien Mitte des 19. Jh. schon festen Fuß gefaßt hat, meldet Ansprüche an. 1878 schließlich treten Deutschland und England – die anderweitig abgefunden wurden – im „Berliner Kongreß" ihre geäußerten Ansprüche auf tunesisches Gebiet an Frankreich ab.

Wieder einmal steht dem Land ein einschneidender Machtwechsel bevor.

Französische Kolonialzeit

Rund 30 000 französische Soldaten marschieren im April 1881 von Algerien kommend in Tunesien ein. Diese **militärische Intervention** wird mit angeblichen Grenzverletzungen durch Angehörige der aufsässigen *Kroumirie*-Stämme sowie der Plünderung eines französischen Schiffes begründet. Die an Waffen und Strategie weit überlegenen Franzosen stoßen auf wenig Gegenwehr – der Bey muß sich geschlagen geben. Trotz starken **Widerstandes** vor allem aus Zentraltunesien und dem Süden wird **Frankreich als Protektoratsmacht anerkannt.** Dieses nutzt seine Überlegenheit in der Folgezeit, indem es alle wichtigen Staatsposten der französischen Kontrolle unterstellt und mit französischen Beamten besetzt. Zwar bleibt der Bey offiziell Staatsoberhaupt, jedoch mit stark eingeschränkten Machtbefugnissen. Während der relativ friedliche Norden des Landes seine jeweiligen Stammesführer zunächst behalten darf, wird der aufmüpfige Süden einer Militärregierung unterstellt. Nicht registrierter Grund und Boden wird zu Staatsbesitz erklärt und den zahlreich eingewanderten französischen und italienischen Siedlern zugeteilt. Die Franzosen verbessern die Infrastruktur durch den Ausbau von Straßen und Häfen, es entstehen große Neubauviertel am Rande der Städte, Landwirtschaft und damit auch der Handel werden intensiviert. Bergwerke und Minen werden von französischen Konzernen weiterbetrieben, Kirchen und Klöster, Schulen und Universitäten gebaut – alles aber naturgemäß nach französischem Muster.

Im **1. Weltkrieg** (1914–1918) kämpfen (und sterben) die Tunesier auf der Seite der Franzosen. Auch nach dem Krieg profitieren in Tunesien hauptsächlich die europäischen, bevorzugt die französischen Zuwanderer von der fortschreitenden Kolonialisierung. Die alteingesessenen Kleinbauern sind entweder auf unergiebige Gebiete abgedrängt oder werden immer abhängiger von den wenigen Großgrundbesitzern; die Nomaden haben durch Enteignung ihre früheren Weiderechte verloren, traditionellen Handwerkern wird durch billigere Importware die Existenzgrundlage entzogen. Während die wenigen wohlhabenden bzw. einflußreichen tunesischen Bürger durch begrenztes Mitspracherecht und sonstige Vergünstigungen „bei Laune" gehalten werden, wird die Masse der einfachen Landbevölkerung immer ärmer und entrechteter. Diese **sozialen Probleme** bilden einen ersten **Nährboden** für kommende **Unabhängigkeitsbewegungen.**

Im **2. Weltkrieg** wird Tunesien zu einem der **zentralen Kriegsschauplätze** in Nordafrika. Die Italiener haben Libyen besetzt und starten 1940 einen Angriff auf Tunesien, müssen ihren Vormarsch jedoch aufgeben, da – von Ägypten her – die Briten nach Libyen einmarschieren. Die von den Italienern zu Hilfe gerufenen Deutschen unter Feldmarschall Rommel können von Libyen aus bis *El Alamein* vorstoßen, erleben dort aber im November 1942 eine bittere Niederlage, nach der sie sich auf die südtunesische *„Mareth-Linie“* zurückziehen. In Marokko und Algerien sind inzwischen die Alliierten gelandet und nähern sich Tunesien. Die Deutschen versuchen, die Westgrenzen Tunesiens zu besetzen, um die feindlichen Truppen aufzuhalten. Bei *Mejez el Bab,* einem Vorposten der Alliierten, kommt es zu erbitterten Kämpfen, die Deutschen dringen weiter nach Westen vor, müssen sich jedoch im Februar 1943 nach großen Verlusten zurückziehen. Im April gelingt es dann den Commonwealthtruppen, von Libyen her nach Tunesien einzumarschieren. Bei Gabès treffen sie mit den Amerikanern zusammen und zwingen die Deutschen zum Rückzug nach Norden. Das Ende ist abzusehen. Im **Mai 1943 nehmen die Alliierten Bizerte und Tunis ein,** der eingekesselte **Rest der deutschen** (und ital.) **Truppen kapituliert** und wird gefangengenommen.

Der zentrale deutsche Soldatenfriedhof (über 8000 Gräber) befindet sich in *Bordj Cedria* (nahe Hammam-Lif). Auch zahlreiche Soldatenfriedhöfe anderer Nationen erinnern (meist in der Nähe der jeweiligen Kriegsschauplätze – s. Routenbeschreibungen) an die vielen tausend Opfer, die der 2. Weltkrieg allein in Tunesien forderte.

Tunesiens Unabhängigkeitskampf

Das französische Kolonialland Tunesien hat lange unter den Folgen des 2. Weltkriegs zu leiden. Zerstörung, wirtschaftliche Not, schlechte Ernten in den nachfolgenden Jahren sowie weitere innere Unruhen verstärken den Drang nach Unabhängigkeit. Schon in den 20er Jahren war eine tunesische Gewerkschaft und die nach Reformen verlangende *Destour-Partei* gegründet worden. Ihre oppositionellen Mitglieder formieren sich nach einem Parteiverbot im Jahr 1934 erneut zur Neo-Destour. Gründer dieser Partei ist der 30jährige **Habib Bourguiba,** ein aus Monastir gebürtiger Rechtsanwalt. Erneutes Parteiverbot, Inhaftierungen Bourguibas und schließlich die Wirren des 2. Weltkriegs verhindern zunächst größere Aktivitäten. Bourguiba befindet sich von 1945 bis 1949 im ägyptischen Exil, nimmt aber nach seiner Rückkehr nach Tunesien den **Freiheitskampf** wieder auf. Es kommt zu Terroraktionen zwischen tunesischen Oppositionellen und Franzosen. *Hedi Chaker,* ein enger Vertrauter Bourguibas, sowie der **Gründer** der neuen oppositionellen Gewerkschaft **UGTT,** *Farhat Hached,* **werden ermordet** (zahlreiche Straßennamen und Denkmäler erinnern an diese beiden Märtyrer). Die tunesische Untergrundorganisation reagiert mit Sabotageakten und Streiks. Bourguiba wird einmal mehr verhaftet und 1952 nach Frankreich gebracht, doch die blutigen Kämpfe zwischen französischem Militär und tunesischen Unabhängigkeitsverfechtern dauern an. **Frankreich gerät** immer mehr **unter Druck.** Auch das Nachbarland Algerien hat der Kolonialmacht den Krieg erklärt. Am 1. 6. 1955 darf Habib Bourguiba nach Tunesien zurückkehren, am **20.3.1956** wird die **tunesische Unabhängigkeit offiziell anerkannt.**

Ansprache des Präsidenten Ben Ali

Der junge Nationalstaat Tunesien

Unter dem populären und tatkräftigen Staatspräsidenten Bourguiba – unumstritten der „Vater des modernen Tunesien" – **wird das Land am 25. Juli 1957 zur Republik.** *Bey Lamine,* der letzte Machthaber der Türkendynastie, ist abgesetzt. Bourguibas Politik und seine durchgreifenden Reformen orientieren sich in den folgenden Jahren überwiegend an westlichem Muster: Die *Scharia* (Rechtsprechung nach dem Koran) wird durch weltliche Gesetzgebung ersetzt, die Mehr- und Zwangsehe wird verboten, die Scheidung zugelassen, Frauen erhalten rechtliche Gleichstellung, die allgemeine Schulpflicht wird eingeführt, Bildungsstätten für Analphabeten werden gegründet, selbst in den entlegensten Oasen des Südens.

Zu den **wichtigsten Aufgaben** gehört der **Wiederaufbau der Wirtschaft,** nach Abwanderung vieler französischer Fachkräfte ein besonderes Problem. 1962 entsteht ein erster 10-Jahres-Plan, der u.a. dem Wohnungsbau, Gesundheits- und Bildungswesen Priorität einräumt. Im Rahmen der landwirtschaftlichen Entwicklung wird französischer Großgrundbesitz in Staatsdomänen umgewandelt; bei einer späteren Bodenreform werden schließlich auch noch die kleinen französischen Grundbesitzer enteignet.

Die vielseitige und radikale Reformpolitik Bourguibas stößt nicht nur bei den alten Kolonialherren, sondern auch in den eigenen Reihen immer wieder auf **Kritik** und Widerstand. Traditionelle Moslems wehren sich gegen die „Verweltlichung" des Systems, es gibt Stimmen (auch in anderen arabischen Staaten) gegen die pro-westliche Außenpolitik, die Gewerkschaften sind unzufrieden mit der Wirtschaftspolitik. Während der Staatsapparat sich weiter aufbläht, wird nach Meinung vieler am Volk, v.a. an der Landbevölkerung, „vorbeiregiert". Trotzdem gelingt es dem Staatspräsidenten, seine Macht zu festigen. Bour-

Staatspräsident Zine el Abidine Ben Ali

Der gegenwärtige tunesische Staatspräsident Zine el Abidine Ben Ali wurde am 3.9.1936 in Hammam Sousse geboren. Nach seiner militärischen Ausbildung in Frankreich und einer technischen Zusatzausbildung in den USA leitete er 16 Jahre lang den militärischen Sicherheitsdienst Tunesiens. 1978 wurde er vom damaligen Staatspräsidenten Habib Bourguiba zum Chef des nationalen (zivilen) Sicherheitsdienstes, 1986 zum Innenminister und am 2.10.1987 zum Regierungschef ernannt. Kurz darauf, am 7.11.1987, setzte Ben Ali unter Berufung auf die Verfassung den seit 1956 amtierenden, 84jährigen Präsidenten Bourguiba in einem unblutigen Putsch ("Jasminrevolte") ab, nachdem mehrere Ärzte Bourguiba für regierungsunfähig erklärt hatten und er wegen seines autoritären Führungsstils und übermäßigen Personenkults, wegen Korruption und Vetternwirtschaft seine einstige Popularität ohnehin weitgehend verloren hatte.

Ben Ali ernennt sich selbst zum neuen Staatsoberhaupt. Er verkündet eine Teilamnestie für politische Gefangene, die Einhaltung der Menschenrechte und läßt ein neues Presse-, Parteien- und Wahlgesetz ausarbeiten. Er leitet die lang ersehnte Demokratisierung des öffentlichen Lebens, die Liberalisierung von Politik und Wirtschaft sowie zahlreiche Reformen ein, die zum wirtschaftlichen Aufschwung des Landes und zu seiner Popularität beitragen. Wie schon bei den ersten Wahlen im Jahr 1989 wird er auch 1994 wieder mit über 99% der Stimmen als Präsident im Amt bestätigt.

guiba ist ein überzeugender Redner, frei jeglicher Selbstzweifel. In den 70er Jahren gewinnt auch der Tourismus als Devisenquelle an Bedeutung. Ein zweiter, 1972 aufgestellter 10-Jahres-Plan setzt Schwerpunkte auf industrielle, touristische und landwirtschaftliche Projekte und bietet weitere Anreize für ausländische Investoren.

Im Jahr **1974** läßt Bourguiba sich zum „**Staatspräsidenten auf Lebenszeit**" wählen, obwohl sich schon damals eine Verschlechterung seines Gesundheitszustands abzeichnet. Im gleichen Jahr setzt er seine Unterschrift unter einen Vertrag, mit dem sich **Tunesien und Libyen** zu einem **Staatenbund** vereinigen. Drei Tage später widerruft er seine Zustimmung. Libyens Staatschef Khadafi, der Initiator der Vereinigungsidee, verzieh ihm dies nie.

Der **hohe Bevölkerungszuwachs** und die damit verbundenen **hohen Arbeitslosenzahlen** sowie eine Rezession **führen** Ende der Siebziger Jahre mehrfach **zu Streikwellen und Unruhen.** Arbeiter, Bauern und Studenten protestieren und liefern sich blutige Straßenschlachten mit Polizei und Militär. 1980 überfallen tunesische Revolutionäre (angeblich auf Betreiben Libyens) eine Garnison in Gafsa. Bilanz: 40 Tote. Aus sogenannten freien Wahlen Ende 1981 geht die „Nationale Front" Bourguibas erneut als Sieger mit überwältigender Mehrheit hervor – kein Wunder, denn die wichtigsten Oppositionsparteien durften gar nicht erst kandidieren. Ein Versuch der Regierung, Anfang 1984 die bis dahin stark subventionierten **Brotpreise zu verdoppeln, führt zu** einem **landesweiten Aufstand,** der weit über hundert Tote fordert und den

Staat zur Rücknahme der Preiserhöhung zwingt.

1985 kommt es erneut zu Spannungen mit Libyen. Rund 35 000 der dort tätigen tunesischen Gastarbeiter werden ausgewiesen, kehren zurück und erhöhen die Arbeitslosenzahlen im eigenen Land.

Die allgemeine **Unzufriedenheit** der Bevölkerung gibt den **islamischen Fundamentalisten Auftrieb.** Auf deren Konto gehen neben Demonstrationen und allgemeiner Unruhestiftung vermutlich auch mehrere Bombenanschläge auf Touristenhotels im Jahr 1987. Harte Gegenmaßnahmen der Regierung, Verhaftungen und Todesurteile sind die Folge. Mitten in diese Wirren kommt am 7. November **1987** die überraschende Nachricht von der **Absetzung** des seit über 30 Jahre regierenden 84jährigen **Habib Bourguiba durch Zine El Abidine Ben Ali,** der erst kurz zuvor von Bourguiba zum Ministerpräsidenten ernannt worden war. Bourguiba war seit Jahren ein kranker Mann, manisch-depressiv und längst unfähig zur Amtsausführung. Der Machtwechsel – vom Volk akzeptiert – ging wegen seines sanften, unblutigen Verlaufs als **Jasmin-Revolte** in die tunesische Geschichte ein.

Die Ära nach Bourguiba und aktuelle Politik

Der neue Staatschef **Ben Ali** sieht sich **hohen Erwartungen** der Bevölkerung ausgesetzt. Mehr Demokratie, Parteien- und Pressefreiheit, erweiterte Rechte für die Gewerkschaften, vor allem aber Verringerung der Arbeitslosigkeit, höhere Löhne und mehr Wohlstand erhofft und verspricht man sich von der neuen Regierung.

Staatspräsident Zine el Abidine Ben Ali

Ben Ali hat die Führungspartei Bourguibas, die *PSD (Parti Socialiste Destourien* = Sozialistische Verfassungspartei) in *RCD (Rassemblement Constitutionnel Démocratique* = Konstitutionelle Demokratische Sammlung) umbenannt und nahezu alle wesentlichen Positionen im Machtgefüge neu besetzt. Bei den **ersten Parlamentswahlen im April 1989** erringt (aufgrund des bestehenden Mehrheitswahlrechts) die **RCD** im Wahlbündnis mit der Einheitsgewerkschaft UGTT mit über **80% aller Stimmen** alle 141 Sitze in der Nationalversammlung. Die erst seit 1988 wieder zugelassenen Oppositionsparteien gehen allesamt leer aus. Zu diesen gehören neben anderen kleineren Gruppierungen die linkssozialistisch orientierte Einheitsbewegung *MUP (Mouvement d'Unité Populaire),* die sozialdemokratische Partei *MDS (Mouvement des Démocrates Socialistes)* und die kommunistische Partei *PCT (Parti Communiste Tunisien).* Da **politische Organisationen „auf religiöser Basis“** auch unter Ben Ali laut Gesetz **verboten** sind, war die einzige, wirklich bedeutende Oppositionsbewegung, die **En Nahda** *(„Erneuerung“)* der islamischen **Fundamentalisten,** illegal und bei den Wahlen **nicht zugelassen.** Die **Islamisten** traten dennoch (auf den Listen der „Unabhängigen“) zur Wahl an und wurden auf Anhieb mit landesweit fast 14% der Stimmen **zweitstärkste Kraft** im Land; gleichwohl sind sie – wie auch die anderen Oppositionsparteien – im Parlament nicht vertreten.

Prozesse gegen einige wegen Aufruhrs angeklagte Führer der verbotenen *En Nahda* waren im Februar 1991 wohl der Anlaß für Anschläge und einen blutigen Überfall islamischer Extremisten auf ein Büro der Regierungspartei RCD. In der Folge ließ der tunesische Staatschef sein Kabinett umbilden und nahm umfassende Umbesetzungen in der Führungsspitze, in den Ministerien und an der Spitze der nationalen Sicherheitspolizei vor.

Der zu gleicher Zeit stattfindende **Golfkrieg,** wenngleich geographisch weit entfernt, **wirkt sich auch auf Tunesien aus.** Die pro-irakische Volksstimmung, von den Medien wohl drastischer dargestellt, als sie in Wirklichkeit war, wirkt sich dämpfend auf zahlreiche kuwaitische Investoren und – zumindest für die Reisesaison 1991 – auch spürbar auf den Tourismus aus. Tunesien erholt sich jedoch schnell wieder und bleibt in den folgenden Jahren von politischen Krisen weitgehend verschont. Dem **islamischen Fundamentalismus** tritt die Regierung mit einem eisernen Führungskurs entgegen. Marktwirtschaftliche Reformen, u.a. schrittweise Privatisierungsprogramme, bringen dem Land wirtschaftlichen Aufschwung und ein langsam steigendes Pro-Kopf-Einkommen. International gilt Tunesien gar als **„Wirtschaftswunderland Nordafrikas“.** Die meisten Tunesier erkennen die Verdienste der Regierung an und bringen ihre Zufriedenheit bei den Präsidentschafts- und Parlamentswahlen im März ´94 zum Ausdruck: Ben Ali wird mit 99,1% der Stimmen für weitere 5 Jahre im Amt bestätigt. Die Regierungspartei RCD stellt 144 Abgeordnete, 19 Sitze werden für Oppositionsparteien reserviert Religiös motivierte Parteien waren zur Wahl erneut nicht zugelassen, die Partei der Fundamentalisten bzw. Integristen *Ennahda* wurde verboten.

Die innenpolitische Stabilität und Zukunft Tunesiens wird auch künftig von der Zufriedenheit seiner Bewohner abhängen, d.h. von der Fähigkeit der Regierung, diese zu erhalten bzw. herzustellen. Arbeitslosigkeit, niedrige Löhne, Wohnungsnot, etc. – noch immer die Hauptprobleme des Landes – sind der beste Nährboden für oppositionelle, islamistische Bewegungen. Wie sich deren Aktivitäten auswirken können, haben die Tunesier im benachbarten Algerien und in Ägypten dicht vor Augen. Da die meisten Tunesier wirtschaftlich von der Öffnung ihres Landes profitieren, lehnen sie – trotz aller verständlichen Zweifel – eher die Verheißungen des islamischen Fundamentalismus ab als westliches Gedankengut und bejahen die Modernisierung des Landes in enger Anlehnung an Europa.

Geschichte in Zahlen

Vor der Zeitrechnung

Phönizisch-karthagische Zeit

Ende 2.Jahrt.	Phönizier erreichen die Küsten Nordafrikas und errichten erste Handelsniederlassungen.
um 1100	Vermutete Gründungszeit von Utica durch die Phönizier.
814	Angenommenes Gründungsjahr Karthagos durch die phönizische Prinzessin Elissa (Dido).
540	Karthager besiegen Griechen in Seeschlacht und beherrschen fortan das Mittelmeer.
5.Jh.	Aufstieg Karthagos zur Großmacht.
4.Jh.	Jahrzehntelange Kriege mit den Griechen um Sizilien.
264–241	Erster Punischer Krieg. Römer besiegen Karthago und erlegen den Puniern hohe Kriegsschulden auf; Verlust von Sizilien.
240	Aufstand der von Sizilien abgezogenen karthagischen Söldner.
237–218	Karthago dehnt seine Macht auf Südspanien aus.
218–201	Zweiter Punischer Krieg. Verlust der punischen Kriegs- und Handelsflotte und der außerafrikanischen Besitzungen.
216	Hannibals Sieg über die Römer bei Cannae.
202	Schlacht von Zama zwischen Scipio und Hannibal; die Römer schlagen die Karthager vernichtend mit Unterstützung des Numiderkönigs Massinissa.
149–146	Dritter Punischer Krieg. Zerstörung Karthagos durch die Römer; Einverleibung des Gebiets in das römische Imperium.

Römische Herrschaft

146	Gründung der römischen Provinz Africa (Hauptstadt Utica).
112–105	Roms Krieg gegen den Numiderkönig Jugurtha.
49–46	Römischer Bürgerkrieg; Caesar besiegt den Numiderkönig Juba I. in der Schlacht von Thapsus.
44	Neugründung Karthagos durch Caesar bzw. Octavian.
29	Beginn der intensiven römischen Kolonisierung unter Kaiser Augustus.
27	Die Provinzen Africa Vetus und Africa Nova werden zur großen Provinz Africa Proconsularis zusammengefaßt.

Geschichte in Zahlen

Nach der Zeitrechnung

Römische Herrschaft

1.Jh.	Befriedung der Provinz
ab Ende 2.Jh.	Ausbreitung des Christentums.
180	Erster Prozeß gegen Christen.
2.–3. Jh.	Kulturelle und wirtschaftliche Blüte des römischen Nordafrikas; intensive Bautätigkeit.
238	Revolte von Thysdrus (El Djem); Gordian I. wird zum römischen Kaiser ausgerufen.
ab Mitte 3.Jh.	Beginnender politischer und wirtschaftlicher Zerfall des römischen Reichs in Afrika durch soziale und religiöse Unruhen; wiederholte Berberaufstände; verstärkte Christenverfolgung.
4.Jh.	Das Christentum setzt sich unter Konstantin als führende Religion durch und wird im Jahr 380 zur Staatsreligion.
395	Teilung des Römischen Reichs.

Vandalen- und byzantinische Herrschaft

439	Einnahme Karthagos durch die Vandalen unter Geiserich. Beginn der knapp 100jährigen Vandalenherrschaft.
533	Sieg des byzantinischen Feldherrn Balisar über die Vandalen. Byzantiner übernehmen die Macht.
647	Erster Einfall der Araber leitet das Ende der byzantinischen Epoche ein.

Arabische Herrschaft

570	Geburt Mohammeds, des "Propheten Allahs", Begründer des Islam.
622	Flucht Mohammeds nach Medina. Beginn der islamischen Zeitrechnung.
632	Tod Mohammeds.
647, 665–670	Erste arabische Vorstöße nach Tunesien.
671	Gründung Kairouans durch Oqba Ibn Nafi. Beginn der Islamisierung der Berber.
698	Zerstörung Karthagos durch die Araber und anschließend Besetzung des ganzen Landes.
8.Jh.	Häufige Berberaufstände gegen die Araber.
800-909	Dynastie der Aghlabiden. Kulturelle, wirtschaftliche und religiöse Blütezeit.
827	Beginn der islamischen Eroberung Siziliens.

Geschichte in Zahlen

Nach der Zeitrechnung

909–973	Dynastie der Fatimiden.
916	Gründung Mahdias als neue Hauptstadt.
973	Die Fatimiden erklären Kairo zu ihrer neuen Hauptstadt.
973 bis Mitte 12. Jh.	Dynastie der Ziriden
ab 1051	Einfälle der Beni-Hilal-Beduinen verheeren das Land und zerstören Kairouan; allgemeine Anarchie.
1159–1207	Herrschaft der marokkanischen Almohaden.
1207/29–1574	Dynastie der Hafsiden. Das Land profitiert vom Zuzug spanischer Muslime. Wirtschaftliche und kulturelle Blütezeit.
Anfang 16. Jh.	Beginn der spanisch-türkischen Auseinandersetzungen im Mittelmeer.
1534	Der türkische Admiral Barbarossa erobert Tunis.
1535	Eroberung von Tunis durch die Spanier unter Karl V.

Türkische Herrschaft

1574	Endgültige türkische Besetzung von Tunis durch Sinan Pascha. Der letzte Hafsidenherrscher wird als Gefangener nach Istanbul gebracht. Tunesien wird Provinz des Osmanischen Reichs.
17. Jh.	Starker Zustrom vertriebener Moslems und Juden aus Spanien. Aufschwung in Wirtschaft und Kultur.
1706	Hussein Ben Ali gründet die Dynastie der Husseiniten-Beys; sie besteht nominell bis zur Republik-Gründung 1957.
bis Mitte 19. Jh.	Starker politischer und wirtschaftlicher Verfall; hohe finanzielle Verschuldung bei den europäischen Staaten.
1869	Staatsbankrott und Finanzverwaltung durch eine internationale Kommission.
1878	Berliner Kongreß: England, Frankreich und Deutschland einigen sich über ihre kolonialen Besitzansprüche; Frankreich erhält freie Hand in Nordafrika.

Französische Kolonialzeit

1881	Besetzung Tunesiens durch 30 000 französische Soldaten. Tunesien wird französisches Protektorat (1881 Vertrag von Bardo, 1883 Vertrag von La Marsa). In der Folge: intensive Kolonialisierung und starker Zustrom vorwiegend französischer und italienischer Siedler.
1914–1918	1.Weltkrieg; etwa 80 000 Tunesier kämpfen auf der Seite Frankreichs.

Geschichte in Zahlen

Nach der Zeitrechnung

1934	Habib Bourguiba gründet die Neo-Destour-Partei.
1938	Volksaufstand gegen das französische Protektorat.
1942/43	Tunesien wird Kriegsschauplatz im 2. Weltkrieg. Heftige Kämpfe an der Mareth-Linie.
13.05.1943	Kapitulation des deutschen Afrika-Korps.
ab 1950	Formierung der Untergrundbewegung für den bewaffneten Befreiungskampf.
1952	Aufruf zum Freiheitskampf.
20.03.1956	Frankreich erklärt den Protektoratsvertrag von 1881 für ungültig und erkennt die Unabhängigkeit Tunesiens an.

Das unabhängige Tunesien

25.07.1957	Absetzung des letzten Husseiniten-Beys. Ausrufung der unabhängigen Republik Tunesien unter Staatspräsident Habib Bourguiba.
01.06.1959	Proklamation der Verfassung.
1961	Tunesien greift die französische Garnison von Bizerte an.
1963	Die letzten französischen Truppen verlassen Bizerte.
1964	Verstaatlichung des französischen Grundbesitzes. Massenauswanderung ausländischer Siedler.
1974	Wahl Bourguibas zum „Staatspräsidenten auf Lebenszeit“.
Anfang 1984	“Brotrevolte”.
7. Nov.1987	Absetzung von Staatspräsident Bourguiba durch den bisherigen Ministerpräsidenten Zine El Abidine Ben Ali (“Jasmin-Revolte”). Ben Ali wird neuer Staatspräsident.
Febr. 1989	Gründung der Maghreb-Union.
April 1989	Erste Parlaments- und Präsidentschaftswahlen seit Absetzung Bourguibas. Infolge des Mehrheitswahlrechts gewinnt die neue Regierungspartei RCD 80% der Stimmen und alle Parlamentssitze. Präs. Ben Ali wird mit 99,3% im Amt bestätigt.
1991	Verschärfung Tunesiens wirtschaftlicher Probleme als Folge des Golfkriegs.
20.03.1994	Präsidentschafts- und Parlamentswahlen: Präs. Ben Ali wird mit 99,1% der Stimmen bestätigt; die Regierungspartei RCD erhält 144 Sitze, 19 Sitze werden für kleinere Oppositionsparteien reserviert. Islamisch-fundamentalistische Gruppen waren zur Wahl nicht zugelassen.
31.07.1998	Wiederwahl des Präsidenten zum Vorsitzenden der RCD.

Staat und Verwaltungsgliederung

Nach der Anerkennung der Unabhängigkeit Tunesiens am 20.3.1956 durch Frankreich und mit der offiziellen Absetzung des letzten Husseiniten-Beys am 25.7.1957 wird Tunesien eine **präsidiale Republik** (Staatsnamen: *El Djumhuriya el Tunisiya).* Die Verfassung vom 1.6.1959 (ergänzt 1988) konzentriert alle **Macht im Staat auf den Präsidenten der Republik.** Er ist Oberbefehlshaber der Armee, bestimmt die politischen Richtlinien und ist berechtigt, Gesetzesentwürfe abzulehnen; er ernennt den Premierminister, den Ministerrat und wird durch Volksabstimmung für eine Amtszeit von fünf Jahren gewählt (höchstens zweimalige Wiederwahl, Mindest-/Maximalalter 40/70 Jahre).

Das Ein-Kammer-**Parlament** mit 163 Sitzen wird alle fünf Jahre gewählt (zuletzt am 20.3.94). Aktives Wahlrecht besteht ab einem Alter von 20 Jahren, passives ab 23.

Tunesien ist Mitglied in folgenden internationalen Organisationen: UN, Organisation für afrikanische Einheit (OAU), Arabische Liga, Organisation erdölexportierender arabischer Staaten (OAPEC), Union des Arabischen Maghreb (UMA); Organisation der Islamischen Konferenz, Internationales Handelsabkommen (GATT); Freihandelsabkommen mit der EU.

Wehrwesen

Für die tunesischen Männer besteht eine **zwölfmonatige Wehrpflicht,** die aber nur selektiv angewandt wird. Die Armeestärke beträgt 35 000 Mann (davon etwa 23 400 Wehrpflichtige); ca. 27 000 Soldaten entfallen auf das Heer, 4 500 auf Marine, 3 500 auf Luftwaffe. Dazu kommen ca. 12 000 zusätzliche Mann in paramilitärischen Verbänden (Gendarmerie, Nationalgarde etc.).

Verwaltungsgliederung

Das von der Hauptstadt Tunis aus zentral verwaltete Land ist in **23 Gouvernorate** (= Bezirk, arab. *Wilaya;* vergleichbar den franz. Präfekturen) unter je einem Gouverneur (Wali) eingeteilt (vgl. Karte S.134). Die Gouvernorate sind in 136 Délégations (= Kreis, arab. *Mutamadia)* mit insgesamt 1113 Municipalités (= Gemeinde, arab. *Baladia)* gegliedert.

Soldaten in Ksar Ghilane

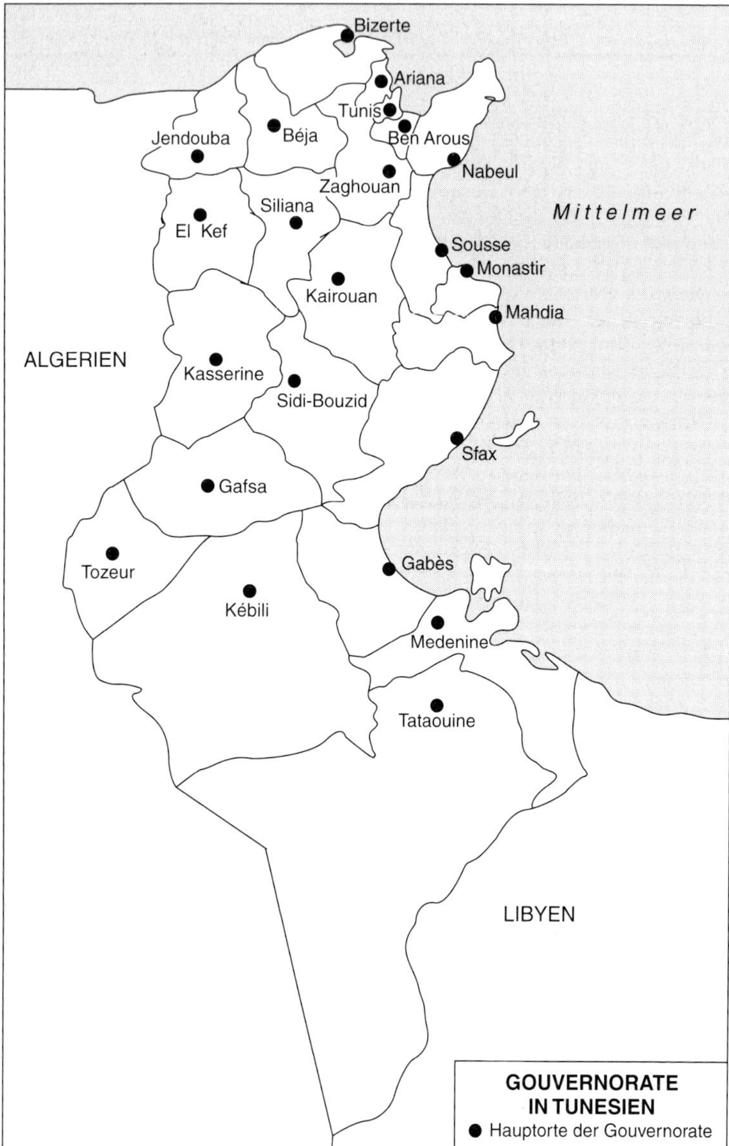
Bizerte
Ariana
Tunis
Ben Arous
Jendouba
Béja
Nabeul
Zaghouan
Mittelmeer
Siliana
El Kef
Sousse
Monastir
Kairouan
Mahdia
ALGERIEN
Kasserine
Sidi-Bouzid
Sfax
Gafsa
Gabès
Tozeur
Kébili
Medenine
Tataouine
LIBYEN
GOUVERNORATE
IN TUNESIEN
Hauptorte der Gouvernorate

Bildungswesen und Arbeitsmarktsituation

Bildungswesen

Seit der Unabhängigkeit (1956) sind in Tunesien auf dem Bildungssektor erhebliche Fortschritte erzielt worden. 17% des Staatshaushalts, also mehr als für Verteidigung und innere Sicherheit, gehen derzeit in das Bildungswesen, das nach franz. Vorbild aufgebaut ist. Alle **schulischen Leistungen sind unentgeltlich,** etwa die Hälfte der Studenten erhält ein Stipendium.

In Tunesien besteht **Schulpflicht** für alle Kinder vom 6. bis 16. Lebensjahr. Während 1958 nur 23% der Kinder im schulpflichtigen Alter eingeschult waren, erhalten heute ca. 95% der Kinder zumindest eine Basisschulbildung. Trotz großer Erfolge in den Bemühungen zur Senkung der **Analphabetenrate** – von 68% (1966) auf **33%** (1998) – ist sie in den Landgemeinden, v.a. unter Frauen, noch immer überdurchschnittlich hoch. Der Staat bietet Alphabetisierungskurse für Erwachsene an, z.T. von mehrjähriger Dauer mit breit gefächertem Angebot.

Die Grundschulausbildung dauert normalerweise neun Schuljahre. Die Zahl der Grundschulen erhöhte sich von 1975/76 bis zum Jahr 1997 um rund 60% auf 4400, so daß heute nahezu jedes Dorf seine eigene Schule hat. Da die Zahl der Lehrkräfte im gleichen Zeitraum prozentual noch höher anstieg, verbesserte sich das Lehrer-Schüler-Verhältnis trotz stark angestiegener Schülerzahl von 1:40 auf 1:25. Der nach wie vor bestehende Schulen- und Lehrermangel führt oft zu **Schichtunterricht** – ein Grund, warum man fast zu jeder Tageszeit Ströme von Kindern in ihren Schuluniformen auf dem Weg von oder zur Schule sieht.

Bereits von der zweiten Grundschulklasse an wird **Französisch** gelehrt, das im Laufe der Ausbildung immer wichtiger wird und in der höheren Ausbildung fast ausschließlich Verwendung findet. Außer den dreimonatigen Sommerferien von Mitte Juni bis Mitte September sind noch im Frühjahr und Herbst jeweils zwei Wochen schulfrei.

Nach der Grundschule (mit Abschlußprüfung) folgen 3 Jahre Sekundarstufe bis zum Abitur. Bei beiden Prüfungen liegt die Erfolgsquote

Kinder auf dem Weg zur Schule

– staatlich gewollt – bei ca. 35%, um durch eine frühe Leistungsdifferenzierung den Zugang zu den Hochschulen zu begrenzen. Immer größeren Zuwachs verzeichnen die Gymnasien (heute insgesamt rund 830), die jeweils mit Abitur in einem der 5 möglichen Zweige abgeschlossen werden: Technik, Wirtschaft/Betriebsführung, Geisteswissenschaften, Mathematik, Naturwissenschaften.

Gegenwärtig studieren ca. 13% der Jugendlichen zwischen 20 und 24 Jahren an den insgesamt 6 Universitäten und Hochschulen des Landes. Der Anteil weiblicher Schüler beträgt dabei fast 46%. Noch im Jahr 1986/87 waren 91% der Studenten allein an der Universität Tunis eingeschrieben. Um diese starke Konzentration zu verringern, wurden weitere Universitäten in anderen Städten eröffnet. Viele Technische Hochschulen wurden eingerichtet, ebenso zahlreiche Hotelfachschulen für den stetig wachsenden Tourismus.

Arbeitsmarktsituation

Leider garantieren weder Abitur noch Studienabschluß einen Arbeitsplatz im Heimatland. Etwa 400 000 **Tunesier arbeiten** daher **im Ausland** – in Europa (überwiegend Frankreich) oder in arabischen Ländern (Libyen, Golfstaaten etc.). Die momentane **Arbeitslosenquote** in Tunesien wird auf etwa 500 000 (fast **ein Fünftel** der arbeitsfähigen Bevölkerung) geschätzt.

Eindämmung des Bevölkerungswachstums und ein Abbau von Bürokratie und Investitionshemmnissen gehören zweifellos zu den wichtigsten und effektivsten Maßnahmen zur Verbesserung der Arbeitsmarktlage.

1990 wurde das **Ministerium für Berufsbildung und Beschäftigungspolitik** gegründet mit dem Ziel, durch Qualifizierung der Arbeitskräfte die Arbeitslosenzahlen zu mindern. Ferner unterstützt die Regierung Arbeitsbeschaffungs- und Eingliederungsmaßnahmen. Eine Arbeitslosenversicherung besteht noch nicht, ein Sozialversicherungssystem (Gesundheitsfürsorge, Krankengeld, Mutterschafts-, Urlaubs- und Ausbildungsbeihilfen) befindet sich im Aufbau. Für in der Industrie beschäftigte Arbeitnehmer gilt tariflich die 42-Std.-Woche bei 18 Tagen Jahresurlaub. Kinderarbeit ist in der Industrie für Kinder unter 15 Jahren, im Dienstleistungsbereich unter 14 und in der Landwirtschaft unter 13 Jahren offiziell verboten.

Größter Arbeitgeber (ein Drittel aller Lohnzahlungen) ist nach wie vor der **Staat,** dessen Tarifpolitik, Mindestlohn-Festsetzung etc. sich auch die private Wirtschaft weitgehend anpaßt.

Das **Lohnniveau** in Tunesien ist **niedrig.** Der staatlich festgelegte Mindestlohn für Industriearbeiter betrug 1996 162 TD im Monat; Mindesttagelohn in der Landwirtschaft: 4,96 TD. Ein monatlicher Durchschnittsverdienst von etwa 200 TD (Kellner), 300 TD (Facharbeiter), ca. 400 TD (Lehrer) oder 500–600 TD (für einen Ingenieur) – das ist erschreckend wenig, auch wenn man die niedrigen Preise und Mieten berücksichtigt. Junge Tunesier versuchen deshalb häufig, durch die Bekanntschaft mit uns reichen Westeuropäern an eine Einladung, Arbeits- oder Studienbewilligung im Goldenen Westen zu kommen.

„Donnez-moi votre adresse!"

Auch nach nur flüchtiger Bekanntschaft vor allem mit jungen tunesischen Männern muß mit dieser Bitte gerechnet werden. Adressen auszutauschen – in beiden Richtungen – ist eine ganz wichtige Sache, ein Freundschaftsbeweis. Und Freunde bekommt man schnell, an Kontaktarmut leidet die tunesische Jugend nicht. Stolz wird einem oft die bereits vorhandene Sammlung fremder Adressen gezeigt. Häufig genug schimmert dabei die Hoffnung durch (wenn sie nicht gar klar ausgesprochen wird), eine Einladung nach Deutschland zu bekommen. Die Zukunftschancen der tunesischen Jugend sind alles andere als rosig. Überpopulation, hohe Arbeitslosigkeit, hohe Inflationsrate und niedrige Verdienste – wen wunderts, wenn die Jugend ins Ausland schielt und jede Möglichkeit beim Schopfe packt. Ein Deutscher, der sich eine Reise nach Tunesien leisten kann, muß in den Augen dieser Jugendlichen enorm reich und einflußreich sein. Häufig resultieren auch weit überzogene, in unseren Augen oft geradezu unverschämte Forderungen nach Trinkgeld oder Geschenken für relativ kleine Dienstleistungen (oder für gar nichts) aus dieser Ansicht. Es ist schwer, den vielen Achmeds, Mohammeds, Youssefs etc. klarzumachen, daß auch „reiche" Besucher keine überhöhten Preise zahlen wollen und auch keinen Anlaß sehen, einen nur flüchtigen Bekannten zu sich nach Hause einzuladen. Tunesier haben heutzutage so gut wie keine Chance, in Deutschland eine Arbeitsbewilligung zu bekommen und wären deshalb – ohne Geld und meist noch ohne deutsche Sprachkenntnisse – voll von ihren Gastgebern abhängig. Noch so logische Argumente scheitern oft am Eifer, aber auch einem satten Quentchen Naivität und Selbstüberschätzung der Jugendlichen („Ich bekomme garantiert einen Arbeits-/Studienplatz, und in einem Schnellkurs von einem Monat lerne ich perfektes Deutsch.").

Das Überlassen der Adresse kann eine bloße Formsache sein, es kann Bittbriefe auslösen (u.U. von ganz anderen Personen, denn Adressen werden gerne auch intern ausgetauscht). Es kann andererseits aber auch den Grundstein legen zu einem anhaltenden, freundschaftlichen und fruchtbaren Kontakt mit einem Bewohner des Gastlandes. Dies im Einzelfall abzuschätzen, muß jedem Reisenden selbst überlassen werden.

Bevölkerung

Tunesien zählt heute etwa 9,1 Mio. Einwohner. Die Bevölkerung besteht zu rund 95% aus Arabern und arabisierten Berbern. Daneben existiert noch eine Minderheit von Europäern (vorwiegend Franzosen, Italiener und Malteser) und eine immer kleiner werdende jüdische Gemeinde.

Berber

Die Berber, heute nur noch eine **kleine Minderheit** im Lande, gelten als die **Urbewohner** Tunesiens, deren Ursprünge auf ein Völkergemisch zurückgehen, das sich im Maghreb lange vor der Zeitrechnung aus Numidern, Libyern, Garamanten, Einwanderern aus Schwarzafrika und aus Europa gebildet hatte. Sie lebten vorwiegend als Nomaden am Rand der Wüste, wobei sich **einzelne Stämme mit unterschiedlichen Lebensformen** und **eigenen**, allerdings miteinander verwandten **Dialekten** bildeten. Ihr starker Freiheits- und Selbständigkeitsdrang verhinderte jedoch stets einen Zusammenschluß aller Berberstämme zu einer politischen und damit mächtigen Einheit, was späteren Eroberern die Herrschaft erleichterte. Schon die Phönizier, die ab dem 2. vorchristlichen Jahrtausend das Land besiedelten, nach ihnen die Römer, dann ab dem 7. Jh. die ersten Araber, besonders aber die arabischen *Beni-Hilal-Nomaden,* die im 11. Jh. einfielen, zwangen die Berber, sofern sie sich nicht mit den Zuwanderern vermischten und deren Sprache und Kultur annahmen, sich aus ihren angestammten Gebieten immer weiter ins Hinterland zurückzuziehen. Ein Großteil von ihnen trat nach anfänglichem Widerstand schließlich zum Islam über, wobei jedoch verschiedene Elemente ihres alten Volksglaubens (Geisterglaube, Heiligenverehrung etc.) in die neue Religion mit eingingen.

Die Vielfalt unterschiedlichster, ins Land zugewanderter oder eingefallener Volksgruppen – nach den Beni Hilal kamen zwischen dem 13. und 17. Jh. viele moslemische und jüdische Flüchtlinge aus Andalusien, spanische sowie türkische Eroberer, Schwarzafrikaner (im Zuge des Sklavenhandels) und schließlich in der französischen Kolonialzeit zahlreiche Europäer – beeinflußte im Laufe der Jahrhunderte auch die Berberstämme, so daß heute nur ein ganz geringer Bevölkerungsteil (vermutlich etwa 2%) noch als „reinrassige" Berber bezeichnet werden kann, von denen auch nur noch einige der älteren Bewohner in den abgelegenen Dörfern die alte Bersprache beherrschen. Für einen Außenstehenden ist es im allgemeinen **kaum mehr möglich,** einen **arabisierten Berber von einem Tunesier arabischen Ursprungs zu unterscheiden. Berberfrauen** allerdings sind aufgrund ihrer **traditionellen Kleidung, gefärbten Haare und Gesichtstätowierungen** (s. nachfolgendes Kapitel „Kleidung") meist eindeutig als solche zu erkennen.

Neben der **Insel Djerba** war das **südtunesische Dahargebirge** und dessen Vorberge (mit den Zentren Matmata, Tataouine und Medenine)

Hauptrückzugsgebiet der einst aus den Ebenen vertriebenen Berber. Dort leben auch heute noch die meisten von ihnen, und dort findet man neben neu erbauten Siedlungen die interessanten Reste ihrer alten Dörfer mit eindrucksvollen Speicherbauten und Schutzburgen sowie in den Fels oder Lehmboden gegrabenen Höhlenwohnungen (näheres s. Routenbeschreibungen).

Berbermädchen mit Festtagsschmuck

Araber und Mauren

Die „Streitkräfte" Allahs drangen auf ihren Missions- und **Eroberungszügen** im **7. Jh. n.Chr.** von Arabien kommend auch **nach Tunesien** vor. Sie trugen den neuen Glauben in der Folgezeit quer über ganz Nordafrika weiter bis nach Marokko. Im Jahr 711 landeten die **„Mauren"** – das **aus Arabern und Berbern entstandene islamische Mischvolk** – bei Gibraltar in Spanien. Innerhalb von etwa acht Jahren gelang es ihnen, weite Teile der iberischen Halbinsel zu erobern und den Islam dort zu verbreiten. In Tunesien konnte sich der arabische Einfluß erst nach dem Einfall der auf ca. 200 000 Mann geschätzten arabischen Beni-Hilal-Nomaden im 11. Jh. spürbar durchsetzen.

Viele **Mauren und islamisierte Europäer mußten im Mittelalter** als Folge der christlichen Reconquista (Wiedereroberung) **aus Andalusien fliehen;** sie ließen sich ab dem 13. Jh. in mehreren Einwandererwellen in den nordafrikanischen Ländern nieder – vorwiegend in Marokko, viele aber **auch in Tunesien** – und erlangten dort aufgrund ihrer meist qualifizierten Ausbildung und hohen gesellschaftlichen Stellung **großen Einfluß** auf wirtschaftlichem und politischem, aber auch auf künstlerischem und kulturellem Gebiet. Mit der letzen größeren Einwanderungswelle andalusischer Moslems Anfang des 17. Jh. kamen vor allem Bauern nach Tunesien, die sich bevorzugt im Medjerdatal, um den Golf von Tunis und auf Cap Bon niederließen und in der Folgezeit der Landwirtschaft zu starkem Aufschwung verhalfen. Die islamische Kultur mitgeprägt haben auch türkische Einflüsse, da Tunesien ab dem 16. Jh. als Provinz dem Osmanischen Reich unterstand und von türkischen Beys regiert wurde.

Lebensformen und Traditionen

Das Land ist sehr ungleichmäßig besiedelt. Der **Großteil** der Bewohner lebt **in den Städten,** entlang der Küste und im fruchtbaren Norden des Landes, im **Binnenland und nach Süden** zu wird die **Besiedlung** immer **dünner;** im südlichsten Wüstenkeil wohnt niemand mehr. Naturgemäß ist in den sozialen Strukturen ein starkes Stadt-/Land- sowie Nord-/Süd-Gefälle erkennbar.

Bei den **Berbern** im Süden des Landes existiert nach wie vor eine gewisse **Stammesstruktur,** die sich aus Gemeinschaften mehrerer Sippen bildet, mit einem **Ältestenrat** und mit **von Stamm zu Stamm unterschiedlichen Traditionen und Wohnformen.** Fast alle Berber sind jedoch inzwischen seßhaft geworden. Mehr und mehr verschwindet die alte Berberkultur oder wird nur noch als Touristenattraktion aufrecht erhalten und vermarktet. Höhlenwohnungen können gegen Gebühr besichtigt werden, Berberhochzeiten werden im Rahmen von Ausflugsprogrammen inszeniert, und die in Nomadenzelten übernachtenden Rundfahrt-Touristen werden am Lagerfeuer mit Trommeln und Berbertänzen unterhalten.

Die französische Kolonisation, verstärkte Landflucht, die Seßhaftmachung der Nomaden, moderne Wirtschaftsformen und nicht zuletzt die Einflüsse des Tourismus haben dazu geführt, daß jahrhundertealte **Traditionen verschwinden,** verwischt und ersetzt werden durch europäische Lebensart. Die **Franzosen errichteten** neben den alten, arabischen Medinas ihre **Neustädte** in europäischem Stil. Die früher selbstverständliche **Großfamilie** wird – speziell in den Städten – immer stärker **in Kleinfamilien aufgelöst,** wobei das familiäre Zusammengehörigkeitsgefühl grundsätzlich jedoch weiterhin stark ausgeprägt ist.

Zwar hält die ältere Generation – besonders auf dem Lande – oft noch streng an Althergebrachtem fest, an Moralvorstellungen, Kleidungssitten, Wohnformen, traditionellem und religiösem Brauchtum; die Jugend jedoch, ebenso wie die wohlhabenderen Tunesier, orientieren sich zunehmend an westlicher Lebensart. Ausländische Kino- und Fernsehfilme, auch das Verhalten der Touristen liefern ein oft zweifelhaftes Vorbild.

Trotz dieser Entwicklung wird der Besucher Tunesiens bei seiner Rundreise durchs Land noch **viele traditionelle Lebensformen** vorfinden und mit **ungewöhnlichen Sitten und Gebräuchen** konfrontiert werden. Schon das Ausscheren aus den Touristengassen der Medina von Tunis hinein in die Souks der Einheimischen versetzen den Besucher um ein Jahrhundert zurück. Dasselbe gilt für Streifzüge durch touristisch unberührte, ländliche Regionen und Kontakte mit den dortigen Bewohnern.

Tunesien, so modern und aufgeschlossen es sich dem Westen gegenüber präsentieren mag und so nahe es an Europa liegt, bleibt in vielen Beziehungen ein seinen Traditionen verhaftetes, für uns „fernes", fremdartiges und deshalb faszinierendes Land.

Wohnformen

Eine moderne tunesische **Stadtwohnung** unterscheidet sich von einer europäischen Wohnung u.U. nur durch das Porträt des Staatspräsidenten oder einen Wandbehang mit Mekka-Motiv. Auch die Villen der Reichen entsprechen weitgehend **europäisch ge-**

hobenem Standard. Charakteristisch an **traditionellen arabischen Häusern** ist im allgemeinen, daß man **von der Straße aus keinerlei Einblick in den Wohnbereich** hat. Es gibt an der Frontseite kaum Fenster, geschweige denn Balkone oder Terrassen, und selbst durch die offene Haustür ist nur ein kleiner Vorraum einsehbar. Strenge **Abschirmung** des Besitzes, des Privatlebens, vor allem aber der Frau zur Außenwelt ist ein typisches Merkmal arabischer Wohnarchitektur. Dafür besitzt das Haus meist einen luftigen **Innenhof,** in dem sich ein **Großteil des Alltaglebens** abspielt. Auch das von der Straße aus uneinsehbare **Flachdach** wird genutzt: als Trokkentenne, als Wäscheplatz und in heißen Nächten als Schlafstätte. Vor allem in kinderreichen, einfacheren Familien sind Wohn- und Schlafraum oft identisch. Matratzen, Teppiche und Kissen bilden tagsüber die Sitzgelegenheit; Tisch und Stühle gibt es dort nicht.

Auf ungewöhnliche Wohnformen stoßen wir bei den **Berbern im Dahar-Bergland,** im Süden des Landes. Da sind einmal die **Schachthöhlen bei Matmata,** zum andern die **in die Felshänge gegrabenen Höhlen** in den Bergdörfern nahe Tataouine (Näheres siehe im Routenteil C). Trotz aller Bemühungen der Regierung, die Bewohner in moderne, nahebei errichtete Wohnanlagen umzusiedeln, ziehen es noch heute viele Familien vor, in diesen schlichten aber naturnahen und durchaus gemütlich wirkenden traditionellen Behausungen zu leben.

Noch bescheidener ist das **Leben in Zelten.** Wer den Süden des Landes bereist, wird da und dort auf **nomadisierende Hirten** stoßen, die

Schachthöhle in Haddej

– meist nur einen Teil des Jahres – mit ihren Herden unterwegs sind. Flach hingeduckt in die Weidegebiete erkennt man ihre Zelte. Über ein kompliziertes Stangengerüst ist die Zeltdecke aus zusammengenähten gewobenen Wollbahnen gespannt; sie hält die Sonne ab und ist gleichzeitig luftdurchlässig – eine angenehme Behausung an heißen Sommertagen, weniger gemütlich in kalter, windiger Jahreszeit.

Kleidung

Jeans und Sweatshirt, neueste Pariser Mode und der traditionelle Sefsari – besonders in den Städten sind diese weiblichen Bekleidungsarten einträchtig nebeneinander zu sehen. Vor allem die **Jugend kleidet sich mehr** und mehr **europäisch.** Bei Schulklassen - ob weiblich oder männlich - überwiegen Blue Jeans, darüber oft die Schuluniform, doch wird man kaum einen Buben ab schulpflichtigem Alter in *kurzen* Hosen sehen. Während der **klassische Gesichtsschleier nur noch ganz vereinzelt** getragen wird, ist der **Sefsari,** der weiße, um Kopf, Schulter und den ganzen Körper geschlungene Umhang noch **recht verbreitet.** Grundsätzlich läßt er das Gesicht frei, wird aber oft mit einer Hand vors Gesicht gezogen oder notfalls mit den Zähnen festgehalten. Unter dem Sefsari trägt die arabische Frau normale Kleidung, langen Rock und Bluse oder ein Kleid. Das **Festtagsgewand** besteht aus einem **bodenlangen Kaftan,** der um den Hals, an den Ärmeln und an der Brustpartie reich (häufig mit Goldfäden) bestickt ist.

Sehr **farbenfroh** ziehen sich die **Berberfrauen im Süden des Landes** an: fast bodenlange, in leuchtenden Farben gemusterte Gewänder bzw. große, bunte Stoffbahnen, die um den Körper gewickelt und in der Taille mit einem Gürtel gehalten werden; zusätzlich ein Tuch, handgewoben oder Konfektionsware, das um Oberkörper und Kopf geschlungen und mit Spangen und Nadeln gehalten wird. Das Gesicht bleibt frei. Auch im Alltag tragen Berberfrauen als eine Art **Statussymbol oft reichlich Schmuck,** Halsketten, Amulette, Ohrringe, Armreifen. Ein weiteres berberisches Schmuckelement sind ornamentale **Gesichtstätowierungen** sowie das **Färben von Haaren und Händen mit Henna**

Kinder präsentieren stolz ihre hennagefärbten Hände

Verkleidungsspaß

Wer sich länger in Tunesien aufhält, wird kaum darum herumkommen: die Tunesier (wie auch andere ihrer arabischen Nachbarn) lieben es, Touristen in ihre Landeskleidung zu stecken. Frau Maier im Sefsari, Herr Müller im Burnus – das ist immer wieder lustig, obwohl oder gerade weil die milchigen Gesichter sowie die unten herauslugenden Gesundheitssandalen den falschen Inhalt der Tracht meilenweit erkennen lassen. Wer in den Souks oder Touristenläden zu solch einer Verkleidungsaktion animiert wird, muß übrigens nicht befürchten, er müsse das Anprobierte oder Teile davon kaufen; es geht nur um den Spaß, genauso wie bei touristischen Kamelritten, wo man selten ohne den traditionellen Kopfschmuck eines Lawrence von Arabien aufs Tier gelassen wird.

Unvergeßlich bleibt uns ein Erlebnis bei einer Berberfamilie in Südtunesien. Schon beim Tee hatten die jungen Mädchen miteinander getuschelt und gekichert und mich dann verschwörerisch in ein Hinterzimmer gezogen. Dort begann ein großes Wühlen in den Truhen. Auf dem Bett häuften sich Röcke und Blusen, Tücher und Umhänge – aber das Richtige war offenbar nicht dabei. Man kam zu dem Schluß, daß Großmutters Gewand, das sie gerade trug, sich am besten als Touristenhülle eigne. Oma wurde geholt, kicherte bei der Eröffnung des Vorhabens und begann bereitwillig, sich zu entkleiden. Hülle für Hülle, bis sie schließlich – ein Bild für Götter – nur noch ein Hemd und einen giftgrünen, knielangen Strickschlüpfer trug (was man ihr zum Glück beließ). In umgekehrter Reihenfolge wurden nun mir über Jeans und T-Shirt verschiedene Untergewänder gezogen, dann eine große, farbenfrohe Stoffbahn um den Leib und um den Kopf ein noch bunteres Tuch geschlungen, da und dort gezupft, gestopft, gegürtet und festgesteckt, etwas Schmuck noch um den Hals, dann der Auftritt. Überwältigende Heiterkeit! Am meisten freute sich Großmutter, die durch einen Türspalt von hinten die Szene verfolgte. Die Familie bestand darauf, daß der Sohn mit unserer Kamera ein Foto der bleichen Pseudo-Berberin an der Seite ihres Gatten schießt, wobei im Eifer des Gefechts leider die Köpfe skalpiert wurden. Wir hätten dem Leser sonst gern diesen originellen Anblick gegönnt, sind aber ziemlich sicher, daß er auf seiner Tunesienreise ähnliche, eigene Aufnahmen bekommen wird.

– beides Traditionen, die ihren Ursprung in der Abwehr böser Geister haben. Besonders aufwendig sind Schmuck und Gewänder, die von den Berberfrauen zu festlichen Anlässen, getragen werden. In verschiedenen Volkskunstmuseen des Landes werden diese regional unterschiedlichen und sehr vielfältigen Trachten sowie Schmuckgegenstände vorgestellt.

Auch in der **Kleidung der Männer** setzt sich verstärkt **europäischer Einfluß** durch. Unter der **Djellabah,** dem nachthemdähnlichen, weiten Gewand schauen häufig moderne Jeans und Turnschuhe hervor. Bei **älteren Männern** sieht man hin und wieder noch die **weiten Pluderhosen** *(Seroual)* mit sackähnlichem Hinterteil und die typischen **Babuschen,** spitze, an der Ferse eingeschlagene Lederpantoffeln. Der meist in verschiedenen Brauntönen aus Wolle gewobene *Burnus* ist ein **Kapuzenumhang** für die kühlere Jahreszeit. Typische Kopfbedeckung des traditionsbewußten Tunesiers ist die **rote Filzkappe** *(Chechia)* oder (v.a. im Süden des Landes) ein lose bzw. als **Turban** um Kopf und Hals geschlungenes Tuch *(Schesch).* Auf der Insel **Djerba** tragen viele Männer ein meist dunkelgraues, **knöchellanges Baumwollgewand** *(Blusa)* und (wie auch die Frauen) einen **Strohhut.**

Hochzeit

Die Heiratszeremonien variieren von Region zu Region. Für die Vermählten ist es das **wichtigste Ereignis** in ihrem Leben. Eine Verheiratung der Kinder gegen deren Willen ist – zumindest gesetzlich – nicht mehr zulässig; doch werden auch heute noch, v.a. auf dem Land, die **Ehepartner häufig von den Eltern ausgewählt** und Verhandlungen über den (seit Bourguibas Amtszeit staatlich begrenzten) **Brautpreis** etc. von diesen geführt. Je nach Stand und Vermögen wird die Hochzeit entsprechend aufwendig, mit vielen Gästen und normalerweise über **drei Tage gefeiert.** Für unsereins ungewöhnlich ist die **strenge Trennung** sowohl **des Brautpaares wie auch der Gäste.** Die Braut hält sich in den Tagen vor der Hochzeit im Kreise der weiblichen Verwandtschaft und ihrer Freundinnen auf, während der Bräutigam mit der Männerwelt feiert. Auch während des Hauptfestes sitzen Frauen und Männer getrennt. Gutes Essen, Musik, Gesang und Tanz bilden das Festprogramm.

Traditionelle Hochzeitsfeiern werden heute als Touristenattraktion (z.B. auf Djerba) oder im Rahmen von Folklorefestivals (z.B. in *Douz)* nachgestellt. Doch bestehen für den Tunesienbesucher auf einer längeren Reise auch gute Chancen, einmal „live" an einer Feier teilzunehmen. Aufmerksam auf eine Hochzeit wird man oft durch Kolonnen hupender Autos, die mit der Festgesellschaft durch die Straßen fahren oder durch Musik und Stimmengewirr von einem privaten Grundstück. Wer als Gast in eine Hochzeitsfeier gerät und kein passendes Geschenk parat hat, kann sich z.B. durch Spenden für die Musikanten erkenntlich zeigen. Sieben Tage nach der Hochzeit wird eine kleine „Nachparty" gefeiert.

Beschneidung

Nicht ganz so aufwendig wie eine Hochzeit, aber ebenfalls mit vielen

Beschneidungszeremonie

Gästen, reichlich Essen, Musik und Tanz wird die Beschneidung gefeiert. Der betroffene Junge (meist im Alter von etwa sechs bis acht Jahren) wird durch diese rituelle Operation **in die Glaubensgemeinschaft der Männer aufgenommen.** Für ihn, der während der Feier in weißem Umhang und mit weißer Kopfbedeckung oft wie ein kleines Häufchen Elend inmitten der fröhlichen Festgesellschaft thront, ist es ein bedeutendes, wenngleich schmerzhaftes Ereignis. Etwas Trost spenden die Geschenke, die er aus diesem Anlaß erhält.

In den Städten findet die Beschneidung häufig in der Moschee statt; auf dem Land wird sie auch zuhause von einer kundigen Person oder einem Arzt vorgenommen.

Die Situation der Frau in Tunesien

Ex-Präsident Bourguiba ließ bereits zu Beginn seiner Machtübernahme im Jahr 1957 den Schleierzwang für Frauen aufheben. Dem Widerstand konservativer Männer begegnete er mit der listigen Frage: „Wie wollt Ihr Eure Frau in Begleitung eines fremden Mannes erkennen, wenn sie verschleiert ist?“ Mit der **Ablösung der islamischen Gerichtsbarkeit** *(Sharia)* durch weltliche Gesetze wurde die **Mehrehe verboten** und später auch das **Heiratsalter für Männer auf 20,** für **Frauen auf 17 Jahre** angehoben. Auch für Frauen wurde das **Scheidungsrecht eingeführt** (zuvor konnten sie nur vom Ehemann „verstoßen“

Traditionelle und moderne Bekleidung existieren nebeneinander

werden; die Scheidungsrate liegt bei ca. 20%), ferner das Wahlrecht, Schulpflicht und das Recht auf Universitätsausbildung.

Vor allem den **städtischen Frauen** boten sich somit erstmals **gute Ausbildungsschancen** und dadurch die Möglichkeit zu eigener Berufstätigkeit. Zahlreiche wichtige Posten, besonders im Sozialbereich, sind heute mit Frauen besetzt. In den 60er-Jahren begannen verstärkte Aufklärungskampagnen zur **Familienplanung.** Mit Hilfe eines 1964 erstmals in Afrika eingeführten Familienplanungsprogramms wurde ein Rückgang der Geburtenrate von 4,4% (1968) auf 2,3% (1997) erreicht. Verhütungsmittel und Sterilisation sind kostenlos; Abtreibungen in den ersten drei Monaten (bei kinderreichen Müttern auch noch später) sind zulässig. Die Frauengewerkschaft *UNFT (Union Nationale de Femmes de Tunisie)* zählt inzwischen etwa 50 000 Mitglieder.

In den Stadträten sind die Frauen mittlerweile mit ca. 16,5%, im Parlament mit rund 7% vertreten.

Theoretisch und **nach dem Gesetz** stehen der tunesischen **Frau heute dieselben Rechte zu wie dem Mann.** Damit gilt Tunesien in dieser Beziehung und aus europäischer Sicht als eines der fortschrittlichsten islamischen Länder. In der Praxis wird es allerdings noch eine Zeitlang dauern, bis die Frauen diese Rechte auch zu verwirklichen lernen bzw. sie überhaupt verwirklichen wollen oder dürfen. Zu **tief verankert** und zu stark gefestigt sind die **patriarchalischen Strukturen** in der islamischen Gesellschaft. Nach wie vor wird von der Frau Jungfräulichkeit bis zur Heirat erwartet; allein in ein Café oder gar auf Reisen zu gehen, ist für sie noch immer unüblich bis unmöglich. Man sieht zwar modern gekleidete junge Mädchen miteinander durch die Stadt schlendern – abends haben sie jedoch zuhause zu sein. Besonders stark sind die Traditionen auf dem Land, wo sich die Stellung der Frau auch in Zukunft höchstens sehr langsam verändern wird. Ob der totale Vollzug der Gleichberechtigung überhaupt erstrebenswert ist, mag dahingestellt bleiben. Zu denken gibt immerhin, daß die meisten dieser in unseren Augen vielleicht „unterdrückten" Frauen einen bedeutend zufriedeneren und glücklicheren Eindruck machen als viele erfolgreiche, „selbstverwirklichte" Karrierefrauen unserer Heimat.

Ehe und Familie in Tunesien und ihre Bedrohung durch Tourismus und Globalisierung

von Melita Giorgioni

Aischa, die Mutter meiner Arabisch-Lehrerin, stammt aus einer wohlhabenden Familie mit zehn Kindern. Sie bekam ihren Bräutigam noch von ihren Eltern ausgesucht. Verschmitzt erzählt sie mir, wie sie vergeblich versuchte, ihrem Verlobten während der kurzen familiären Treffen heimlich Zeichen zu geben, ihn alleine sprechen zu wollen. „Ich hatte Glück", beteuert sie, „denn er ist ein guter Mann und Vater." Bei diesen Worten springen die drei erwachsenen Töchter, die das Gespräch mitverfolgt haben, spontan auf und stürzen zum Papa, um ihn mit ihren Umarmungen fast vom Stuhl zu ziehen. Für sie ist es bereits undenkbar, „verheiratet zu werden", alle drei haben sich ihre Ehemänner selbst gesucht. Die jüngste heiratete zum Entsetzen der Eltern mit 18 sogar ohne deren Erlaubnis und fern von zuhause in Sfax, wo sie gerade ihr Studium aufgenommen hatte.

Mit strahlendem Lächeln erzählt Aischa auch davon, eine gütige und verständnisvolle Schwiegermutter gehabt zu haben. Das ist nicht immer der Fall, und auch heute noch sind die Pflichten der Schwiegertochter fest umrissen. So ist die angeheiratete Frau verpflichtet, der Mutter ihres Sohnes einmal täglich das Essen zu bringen, auch wenn sie selbst berufstätig ist und nicht im selben Hause wohnt, was immer häufiger vorkommt. Es versteht sich von selbst, daß Kinder ihre Eltern mit festen monatlichen Beträgen unterstützen. Sollte die bereits eingeführte Möglichkeit der Geburtenkontrolle eines Tages stärker greifen, so wird auch der beispielhafte soziale Zusammenhalt sein Ende finden. Während unter Präsident Bourguiba bis zu vier Kinder pro Familie finanziell gefördert wurden, sind es inzwischen nur noch drei.

Bei den Nomaden im Süden Tunesiens fällt auf, daß Männer mit akademischer Bildung einhellig mit Frauen ihres Stammes vermählt sind, deren Eltern es offenbar gelang, ihre Töchter der Schulpflicht zu entziehen. Die Frauen sprechen Arabisch und ziehen in der Regel fünf bis zehn Kinder unter materiell sehr kargen Bedingungen auf. Andererseits sind Liebe und Geborgenheit in den Familien dermaßen präsent, daß man sie als Europäer um diesen Reichtum nur beneiden kann. Eine Privatsphäre gibt es nicht, jeder kümmert sich um jeden, Babies quengeln nicht, weil stets jemand da ist, der sich mit ihnen abgibt. Immer mehr Frauen lassen sich nach dem fünften Kind sterilisieren. Die Zahl fünf gilt im Islam als heilig, weil man darin ein Symbol für die fünf Gebete sieht, die jeder Moslem täglich zu verrichten hat.

In diesen kinderreichen Nomadenfamilien hätte man mich mehr als einmal gerne als Zweitfrau und Freundin der ersten behalten. Neben der Ehefrau sitzend und von der großen Kinderschar umringt, vernahm ich geschockt und amüsiert zugleich den mit allem nötigen Respekt und Zurückhaltung vorgetragenen Antrag, während die auf mich gerichteten Augenpaare gespannt - und ich meine sogar voller Hoffnung - meiner Antwort harrten. In Tunesien ist die Vielehe zwar gesetzlich verboten, was die an Freiheit gewohnten Nomaden aber wohl nicht so ernst nehmen. In anderen arabischen Ländern darf ein Mann bis zu vier Frauen heiraten, allerdings nur, wenn er sie sowohl gefühlsmäßig wie finanziell gleich behandeln kann. Da dies eine Bedingung ist, die kaum oder nur ganz selten erfüllt werden kann, bleibt es auch dort meist bei der Einehe.

Ehe und Sexualität spielen im Islam eine sehr wichtige Rolle. Das Zölibat, das in der katholischen Kirche hohen Stellenwert genießt, gilt bei den Moslems als krankmachend. Eine geregelte und der vorgeschriebenen Hygiene gelebte Sexualität wird als unabdingbare Voraussetzung für ein gesundes seelisches und körperliches Gleichgewicht betrachtet. Daher werden junge Männer und Frauen von ihren Eltern viel gründlicher auf die Ehe vorbereitet als bei uns. Beide Partner haben festumrissene Rechte und Pflichten; das Leben in der Gemeinschaft, auch die Lösung von Problemen, ist ritualisiert. Die Kinder wachsen in einer Sphäre auf, in der die meiste Erziehungsarbeit durch das gelebte Beispiel der Eltern geschieht. Als Gast in Familien, vom Nomaden, Handwerker und Hotelangestellten bis zum Großgrundbesitzer und Universitätsprofessor war ich Zeugin von Zärtlichkeit und Hifsbereitschaft, wenn es um Hilfe mit dem Nachwuchs oder in der Küche ging. Arabische Männer kaufen nicht nur für ihre Frauen ein, sondern helfen vor allem während des Ramadan auch beim Kochen und – ich schwöre es – beim Geschirrspülen.

Entgegen weit verbreiteter Meinung in Europa war ich immer wieder über die Offenheit und Toleranz der Araber uns Europäern gegenüber erstaunt. Man hat sich gerade in den Touristenzentren daran gewöhnt, daß Menschen aus dem Westen es weder mit Alkohol noch mit ihren christlichen Werten allzu ernst nehmen. Wiederholt versicherten mir Hotelangestellte, sie wüßten aufgrund ihrer langjährigen Tätigkeit alle Nationen und Charaktertypen auf Anhieb zu unterscheiden und richtig mit ihnen umzugehen, damit die Europäer ihr Land in guter Erinnerung behielten. Doch dies sei nur die eine Seite. „Im Hotel passe ich mich an, aber zuhause bin ich Moslem und meiner Tradition und Familie verpflichtet", wurde ich belehrt.

Sie, die Tunesier, haben sich daran gewöhnt, in einer gewissen Schizophrenie zu leben, worunter v.a. die Jugend beider Geschlechter zu leiden hat. „Während wir uns nach neuen Möglichkeiten orientieren, die uns mehr Freiheit durch Ausbildung und Beruf bieten, müssen wir gleichzeitig lernen, mit den Gefahren dieser Freiheit umzugehen. Zuhause verlangen unsere Eltern Respekt und Einhaltung alter Formen und draußen im Beruf erwartet man von uns Aufgeschlossenheit und Flexibilität", klagt eine junge Telefonistin. Viele Mütter sind mittlerweile berufstätig und auf eine liebevolle Oma oder Schwester für die Kinderbetreuung angewiesen.

Der Tourismus bringt Prostitution, auch Alkohol- und Drogenmißbrauch mit sich. Man versucht, die Hotels in „Zones Touristiques" außerhalb des Wohngebiets der Einheimischen auszulagern, um die Jugend vor dem nachteiligen Einfluß zu schützen. In Schulen findet verstärkt Aufklärung über Aids statt.

Die Bedrohung der Ehe und Familie durch die westliche Zivilisation und ihre Krankheiten dürfte eine der Hauptursachen für den sich ausbreitenden Fundamentalismus im islamischen Kulturkreis sein. Mit dem Tourismus und der wirtschaftlichen Globalisierung wird die Daseinsform der Moslems, ja die Sinngebung ihres Lebens, gefährdet. Nicht zuletzt aus Mangel an Kenntnis und Achtung füreinander schaukeln sich die Ängste zwischen Occident und Orient gegenseitig zu gefährlichen Feindbildern hoch, für die m.E. beide Seiten die gleiche Verantwortung tragen. Dem Westen würde mehr Sensibilität im Umgang mit Andersdenkenden nicht schaden. In Tunesien fand der Fundamentalismus aufgrund der guten Allgemeinbildung und der besseren sozialen Struktur im Vergleich zu arabischen Nachbarländern bis jetzt keinen fruchtbaren Boden. Hoffen wir, daß es auch weiterhin so bleibt.

Religion

Um die Bewohner eines Landes besser verstehen zu können, um ihr Verhalten, ihre Bräuche, ihre Denkweise besser zu begreifen, muß man auch ihre Religion kennen. **Staatsreligion in Tunesien ist der Islam.** Über 95% der Einwohner, denen laut Verfassung Religionsfreiheit zusteht, sind Moslems und bekennen sich zur sunnitischen Lehre. Daneben gibt es noch eine immer kleiner werdende jüdische Gemeinde (vor allem auf Djerba), eine Minderheit von ca. 15 000 Katholiken und kleine, zahlenmäßig unbedeutende protestantische und griechisch-orthodoxe Gruppen.

Der Islam

Die Moslems glauben an den **einzigen Gott Allah** und seinen Propheten Mohammed, ihr Gotteshaus ist die Moschee, und statt Kirchenglocken ruft der *Muezzin* (ersatzweise heute meist eine Tonbandaufnahme über Lautsprecher) vom Turm des Minaretts zum Gebet.

Mohammed, „Allahs letzter und vollkommenster Prophet", wurde um das Jahr 571 **in Mekka geboren.** Etwa in seinem vierzigsten Lebensjahr, so wird berichtet, erlebte er eine **Vision,** in der ihm der Engel Gabriel auftrug, die **Lehre Allahs zu verkünden und zu verbreiten.** Der Inhalt dieses neuen Glaubens wurde ihm in der Folgezeit über eine Dauer von 23 Jahren in vielen weiteren göttlichen Offenbarungen in allen Einzelheiten vermittelt. Die Verbreitung des Islam durch Mohammed und seine Anhänger, die „Streitkräfte Allahs", geschah dann weniger durch friedvolle Missionsreisen, als vielmehr durch erbitterte Glaubenskriege und Eroberungszüge. Mohammed starb im Jahr 632.

Der erste Vorstoß arabischer Truppen nach Tunesien erfolgte im Jahr 647 (siehe auch Kapitel „Geschichte – Arabische Herrschaft"). Schon etwa 100 Jahre nach dem Tode Mohammeds waren seine Nachfolger über Nordafrika bis nach Spanien vorgedrungen und hatten außerdem große Gebiete des Nahen Ostens bis weit hinein nach Indien erobert. Heute zählt der Islam weltweit rund eine Milliarde Anhänger, und auch in Tunesien sind

Auch das kleinste Dorf besitzt sein „Gotteshaus"

– ganz zu schweigen von anderen arabischen Staaten – ein stärker werdendes islamisches Selbstbewußtsein und zunehmende islamisch-fundamentalistische Bewegungen zu beobachten.

Alle göttlichen Offenbarungen und Eingebungen, die Mohammed in seinen Visionen erhielt, wurden von seinem Schreiber in arabischer Sprache notiert und später im **Koran,** dem heiligen Buch des Islam, in Form von 114 Abschnitten *(Suren)* gesammelt. Zitate und Erzählungen aus dem Leben Mohammeds sind in der *Sunna* festgehalten. Neben vielen Glaubensgeboten und Lobpreisungen Allahs enthalten **Koran und Sunna detaillierte Vorschriften über alltägliche Dinge,** die **erlaubt bzw. verboten** sind, dienen so auch als eine Art Gesetzbuch *(Sharia)* und Leitfaden für praktische Fragen.

Tunesiens Gesetzgebung und Rechtsprechung richten sich allerdings nicht nach islamischen Grundregeln, sondern nach weltlichen Vorschriften.

Jeder Moslem (auch wenn in seinem Land eine andere Amtssprache gilt) muß so viel Arabisch beherrschen, daß er seine Gebete in dieser Sprache verrichten kann. Diese Stellung des **Arabischen** als **unersetzbare islamische Religionssprache** trug wesentlich zur Verbreitung und heutigen Weltgeltung dieser Sprache bei.

Die Koranvorschriften

Folgende Hauptpflichten sind dem gläubigen Moslem auferlegt; sie werden auch als **„die fünf Säulen des Islam“** bezeichnet:

1. **Bekenntnis zum Glauben an Allah** *(Schahada)* als einzigen Gott **und an Mohammed** als seinen Propheten. Dieses Bekenntnis wird jedem Gebet als Einleitung vorausgeschickt, und auch der Ruf des Muezzin beginnt damit.

2. **Fünf tägliche Gebete** *(Salat)* zu bestimmten Zeiten und Hauptgebete am Freitag, dem Feiertag der Moslems. Vorgeschrieben sind Waschungen (Gesicht, Hände, Füße) vor dem Gebet, das Niederwerfen während des Gebets und die Gebetsrichtung nach Mekka.

3. **Einhaltung der Fastenvorschriften** *(Saum).* Während des Fastenmonats *Ramadan* darf zwischen Sonnenauf- und untergang nicht gegessen, getrunken und geraucht werden, auch sind in dieser Zeit sexuelle Beziehungen verboten. Erleichterungen beziehungsweise Befreiungen gelten für Kinder, Kranke, Alte, schwangere Frauen und Reisende – siehe auch den Kastentext „Beobachtungen im Ramadan“ S.153. Der Beginn des Fastenmonats errechnet sich – wie alle islamischen Feiertage – nach dem islamischen Kalender, dessen Jahr nur 355 Tage zählt: demnach verschiebt sich das Datum jedes Jahr um etwa 10 Tage nach vorn und wandert so durch alle Jahreszeiten (siehe auch Kapitel „Feiertage“ unter „Praktische Tips von A bis Z“).

4. Eine **Pilgerfahrt** *(Hadj)* zur Kaaba nach Mekka, dem größten Heiligtum des Islam, für jeden Gläubigen, der es sich gesundheitlich und finanziell leisten kann.

5. **Spenden und Almosen** *(Sakat)* für die Armen und Bedürftigen.

Daneben gibt es **zahlreiche weitere Gebote und Verbote,** die sich teilweise aus dem Koran ableiten, teilweise aber auch aus späteren Ergänzungen oder Interpretationen stammen. So sind dem Gläubigen das **Glücksspiel und abergläubische Schicksalsbefragungen, Selbstmord, der Genuß von Schweinefleisch und Alkohol verboten.** Aufrufen zum *Djihad*, zur „Verteidigung des Glaubens" (früher oft gleichbedeutend mit Eroberungszügen, dem „Heiligen Krieg") ist unbedingt Folge zu leisten. Die Polygamie erlaubt dem Moslem bis zu vier Frauen, unter der erschwerenden Voraussetzung allerdings, daß er zur sicheren Versorgung und Gleichstellung der Frauen (und ihrer Kinder) in der Lage und bereit sein muß. (Die gültigen Gesetzbücher Tunesiens verbieten allerdings die Polygamie).

Strenge Maßstäbe stellt der Koran an den **sittlichen Lebenswandel:** Gefordert werden Dankbarkeit gegenüber Eltern und Verwandten, Gastfreundschaft, Achtung vor dem Leben der Mitmenschen, Hilfsbereitschaft und „Fairneß" in geschäftlichen Dingen. Besitz-, Erbrechts- und Scheidungsfragen sind im Koran genauso geregelt wie beispielsweise die Aufteilung der Beute nach erfolgreichen Kriegen.

Viele der **rituellen Vorschriften** sind über ihre symbolische Bedeutung hinaus recht **praktische und nützliche Regeln:** So dient das fünfmalige tägliche Gebet mit wiederholtem Niederknien, Aufstehen, Verneigen, Berühren des Bodens mit der Stirn usw. nicht nur dem Ruhme Allahs, sondern stellt zugleich eine sportliche Übung und körperliche Ertüchtigung des Betenden dar. Die vorgeschriebenen Waschungen dienen der Hygiene und kommen somit – wie grundsätzlich auch das Fasten – der Gesundheit zugute. Vom Alkoholgenuß in heißen Ländern ist ohnehin abzuraten, und die Vorschrift des Almosengebens an

Kalligraphien und Koranschriften

Bedürftige ersetzt in gewisser Weise nicht vorhandene staatliche Wohlfahrtseinrichtungen oder Pensionskassen. Die Koranpflicht des Almosengebens darf durchaus auch von fremden Besuchern erfüllt werden. Die Bettler (oft sind es Kranke oder Blinde, die von Kindern geführt werden oder am Rande belebter Straßen oder Plätze sitzen) müssen häufig allein von diesen milden Gaben leben. Man sollte sie – im Gegensatz zu bettelnden Kindern – nicht ignorieren. Mit einer (auch geringen) Geldspende tut man Gutes und gewinnt zudem die Achtung der einheimischen Bevölkerung.

Das **Gebot der Gastfreundschaft** gilt überall in arabischen Ländern und ist auch in Tunesien grundsätzlich tief verankert; es verblaßt gegenüber Besuchern naturgemäß dort, wo sich zu viel Tourismus breitmacht.

Die **Befolgung der religiösen Vorschriften** durch die Bevölkerung ist – wie auch in anderen Religionen – unterschiedlich. Sie ist im Koran recht tolerant vorgegeben und darf den örtlichen Gegebenheiten und Umständen angepaßt werden. Wie soll ein armer Schafhirte, der selbst kaum genug zum Leben hat, noch große Almosen geben? Oder wie soll er die vor jedem Gebet vorgeschriebenen Waschungen verrichten – draußen auf dem Feld? Während die täglichen Gebetszeiten offenbar nur von wenigen Gläubigen befolgt werden (obwohl der Muezzinruf jeweils pünktlich daran erinnert), hat das Freitagsgebet in der Moschee noch starkes Gewicht, ein Großteil der Bevölkerung hält sich an das Alkoholverbot, und auch die Vorschriften im *Ramadan* werden streng beachtet.

Im Ramadan unterwegs zum Bäcker

Beobachtungen im Ramadan

„Seht zu, daß Ihr kurz vor Sonnenuntergang von der Straße weg kommt", hatte uns unser tunesischer Freund geraten – und er hatte recht. Die Tunesier nehmen das Fasten ernst. Von Sonnenauf- bis Sonnenuntergang wird weder gegessen, getrunken noch geraucht, gleichzeitig muß aber jeder irgendwie seinen Dienst versehen. Als Gast sollte man Verständnis dafür aufbringen, daß ein hungriger, durstiger, unter Nikotinentzug leidender Mensch vielleicht nicht immer ganz so gut „drauf" ist wie sonst. Ganz besonders gilt dies, wenn der Ramadan in die heiße Sommerzeit fällt.

Andererseits hat aber gerade die Zeit des Ramadan auch interessante Aspekte für den Reisenden. So sind zum Beispiel für den im Stadtverkehr steckenden Autotouristen eben jene letzten Minuten vor Sonnenuntergang ein echter Nervenkitzel: Je näher der erlösende Ruf des Muezzin rückt, umso hektischer, unberechenbarer und chaotischer wird der Straßen- und Fußgängerverkehr. Zwar ist er generell zu dieser Zeit schon recht gelichtet, für die Verspäteten aber wird der Kochtopf jetzt zum absoluten Magnet: da gilt kein Rechts vor Links, kein Überholverbot, kein Rotlicht mehr, da bleibt keine Zeit fürs Blinken, dafür wird gehupt, was die Hupe hergibt, und zwischendrin schusseln Fußgänger todesmutig im Zick-Zack über die Straße. Fremde, macht Platz und bringt Euch in Sicherheit; nach Sonnenuntergang gehört die Straße Euch fast allein! Wer ausgerechnet jetzt, knapp vor dem Abendruf des Muezzin, irgendwo eine Dienstleistung benötigt, möge sich nicht wundern, wenn weit und breit kein Bein mehr zu sehen ist. Jedermann wartet mit erhobenem Löffel zuhause oder im Restaurant auf den erlösenden Moment.

Im Ramadan gehen alle Uhren anders. Busse und Eisenbahnen haben gesonderte Fahrpläne; für öffentliche Dienststellen, Banken und Postämter, Behörden, touristische Einrichtungen und Sehenswürdigkeiten gelten verkürzte Öffnungszeiten. Viele Berufstätige verlegen ihren Urlaub, viele Firmen ihre Betriebsferien in den Ramadan. Auch der Tagesablauf einer normalen Familie unterscheidet sich in dieser Zeit vom Rest des Jahres. Der Einkauf erfordert besonderen Aufwand, und die Frauen verbringen Stunden in der Küche, um das Abendessen vorzubereiten, das meist so üppig und reichlich ausfällt, als habe man ein ausgehungertes Regiment zu verköstigen. Spezielles Kleingebäck wird (ähnlich wie bei uns zur Adventszeit) nur im Ramadan gefertigt. Nachmittags sieht man allerorten Frauen und Kinder mit großen Backblechen auf dem Weg zum oder vom Bäcker. Nach Sonnenuntergang, dessen genauer Zeitpunkt auch in Radio- und Fernsehdurchsagen bekanntgegeben wird, versammelt sich die Familie zu einem ausgedehnten, fast zeremoniellen Nachtmahl. Der Zusammenhalt, das Zusammengehörigkeitsgefühl in dieser Zeit gemeinsamer Entbehrungen ist tiefer als sonst. Am Abend besucht man häufig Freunde oder bekommt Besuch, das Fernsehen sendet Sonderprogramme, die Männer treffen sich in den Cafés. Die Geselligkeit dauert oft bis tief in die Nacht. Zum Hunger und Durst kommt dann im Laufe des nächsten Tages auch noch die Müdigkeit. Der Ramadan hat viele positive Aspekte, speziell in Bezug auf das menschliche Miteinander. Auf Wirtschaftswachstum und Produktivität des Landes wirkt er unübersehbar dämpfend. Kritische Stimmen im Lande meinen auch, daß der Ramadan für viele leider ein Vorwand sei, tagsüber nichts oder fast nichts zu arbeiten. Wer wichtige Geschäfte erledigen will, suche sich also möglichst einen anderen Zeitpunkt dafür aus.

Nach ihrer Einstellung zum Ramadan befragt, äußern die meisten, darunter auch sehr junge, moderne Tunesier, ihre volle Zustimmung. Die Fastenzeit wird als eine von Allah bestimmte zeitweise Solidarisierung mit den Armen und Hungernden angesehen, gleichzeitig als eine Art Enthaltsamkeitstraining und „Entschlackungskur" für den Körper. Kaum einer klagt darüber, und äußerst selten trafen wir auf jemanden, der – heimlich und schlechten Gewissens – tagsüber eine Zigarette rauchte. Eine Herde „schwarzer Schafe" entdeckten wir allerdings im Café Paris an der Hauptstraße von Tunis. Zwar waren die Fensterscheiben des Cafés während des Ramadan zugeklebt, der Haupteingang tagsüber geschlossen, doch durch eine Seitentür erspähten wir – um die Mittagszeit – im Innern drangvolle Enge und dichten Zigarettenrauch. Allah möge ihnen verzeihen!

Am Vorabend des Ramadan besuchen die Frauen den Hammam, das Dampfbad, um sich gründlich zu reinigen. Make-up und Schmuck werden während der Fastenwochen – wenn überhaupt – nur sehr dezent benutzt.

In der Öffentlichkeit tagsüber zu essen, ist undenkbar. Den Touristen in seinem Hotelbezirk betrifft das natürlich nicht. Doch der Individualreisende bekommt Probleme, nicht nur, weil er u.U. nirgends ein offenes Restaurant oder Lebensmittelgeschäft findet, sondern auch, weil er das, was er sich in weiser Voraussicht vorab besorgt hat, kaum irgendwo unbeobachtet einnehmen kann. Zwar sind „Reisende" nach dem Koran von der Fastenpflicht ausgenommen, und die Bewohner sind Touristen gegenüber generell tolerant. Wenn aber alles ringsherum fastet, verbietet es das Taktgefühl, einfach Picknick am Wegesrand zu machen, zumal ein Wegesrand nie so einsam ist, daß nicht irgendwann jemand auftaucht. Am unverfänglichsten ist noch das Essen während der Fahrt im Auto, wobei man bei Gegen- oder Überholverkehr heftige Kaubewegungen vermeiden sollte. Empfehlung ansonsten: mitfasten! Den meisten Touristen wird ein bißchen Enthaltsamkeit sicher ganz gut tun.

Am 27. Tag des Ramadan erhalten verlobte Frauen (vom Bräutigam und der Familie) Geschenke. Das Ende des Ramadan wird mit dem zweitägigen Fest Aid el Fitr gefeiert. Wir erlebten dies einmal in Kairouan. Die ganze Stadt war mit Leben erfüllt, die Menschen fröhlich und aufgekratzt, man spürte die Erleichterung, den Fastenmonat endlich hinter sich zu haben. Bei der Barbiermoschee war ein Rummelplatz aufgebaut mit bunten Karussels, Schaukeln und Auto-Scootern, die regen Zuspruch fanden. Pferdegezogene Pritschenwagen, vollbeladen mit übermütigen, singenden und hüpfenden Kindern, rumpelten durch die Straßen. Familien im Sonntagsstaat spazierten durch die Stadt und besuchten die Moscheen.

Die Kinder werden zum Fest beschenkt und neu eingekleidet – auch dies ein symbolisches Zeichen für die vollzogene geistige und körperliche Erneuerung.

Zum Aid el Fitr finden sich auch entfernt wohnende Familienmitglieder zuhause ein. Wer es sich irgendwie leisten kann, schlachtet zum Fest einen Hammel. Man besucht gemeinsam die Gräber, die zuvor geputzt und neu gestrichen wurden. Verfeindete Parteien haben sich zum Ramadanende zu versöhnen. Die Armen erhalten (von den Reicheren und auch von Regierungsseite) Geld- bzw. Sachspenden. Busse und Bahnen stellen ihre Fahrpläne wieder um, Öffnungszeiten sind wieder wie gehabt, und der Straßenverkehr ist am Abend nicht mehr und nicht weniger chaotisch als den ganzen Tag über – der normale tunesische Alltag kehrt wieder ein.

Der Islam kennt keine Tempel oder Kirchen im christlichen Sinne, denn die **Moschee** ist kein Haus, in dem Gott gegenwärtig ist, sondern nur eine Stätte, wo man sich **zum gemeinsamen Gebet versammelt.** Ein weiteres Merkmal des Islam ist das **Fehlen von Priestern,** Pfarrern, weltlichen Glaubensvertretern. Man kennt lediglich den **Imam,** der in der Moschee als **Vorbeter** fungiert. Allah ist der „alleinige, einzige Gott seit Ewigkeit, Welterschaffer und Herr aller Weltenbewohner, der keinen Sohn und Helfer besitzt und benötigt". Innerhalb der islamischen Glaubenslehre haben sich allerdings verschiedene, **sektenartige Orden und Bruderschaften** herausgebildet mit jeweils unterschiedlicher Auffassung zu Fragen der Koranauslegung und Glaubenstreue.

Vor allem in den ländlicheren Gebieten finden sich ferner noch Spuren alten Volksglaubens zwischen der islamischen Lehre. Gute und böse Geister scheint es noch zu geben – wozu wären sonst die zahlreichen Amulette, die symbolischen Motive gegen den „bösen Blick" auf Teppichen, auf Keramik, an Hauswänden; „Fatimas Hand" oder das Fischsymbol schützt ebenso vor fremden Zaubermächten wie die Verwendung des Farbstoffs Henna.

Noch eine Besonderheit ist zu beachten: Der **Koran verbietet** grundsätzlich jeden **Götzenkult.** Diese Vorschrift wurde später in dem Sinn ausgelegt, daß bildliche Darstellungen von Gott, Menschen und Tieren konsequent zu vermeiden seien. Schmuck und Verzierungen von Gebäuden und Gegenständen beschränken sich deshalb auf vielfältige Variationen von abstrakten Ornamenten, Arabesken und geometrischen Mustern, Ausdrucksformen, in denen es die islamische Kunst zu vollendeter Meisterschaft gebracht hat.

Zurückhaltung und Taktgefühl ist in diesem Zusammenhang auch angebracht beim Fotografieren von Personen, v.a. außerhalb der Touristenorte. Wenn Allah nicht will, daß Lebewesen bildlich dargestellt werden, sind auch Fotos dieser Art nicht erlaubt.

Marabuts

In Tunesien wie auch in Algerien und Marokko stößt man recht häufig auf *Marabuts*, **weißgetünchte Kuppeldachbauten,** in denen ein in der Region verehrter Heiliger (wie seine Grabstätte „Marabut" genannt) begraben liegt. Der Status von Heiligen ist im Koran nicht vorgesehen und wohl aus dem Bedürfnis der Gläubigen entstanden, einen Mittler zwischen sich und Allah zu wissen, der ihnen als Ratgeber, als greifbarer Helfer und Tröster zur Verfügung steht. Als **Marabuts** gelten **meist sehr alte und weise Männer** (gelegentlich sogar Frauen), die zu Lebzeiten um Rat und Schiedsspruch angegangen werden, hohes Ansehen genießen und denen man häufig auch **übernatürliche Fähigkeiten** zuschreibt. Nach ihrem Tode wird an ehrenvoller Stelle, häufig außerhalb des Ortes, ein kapellenähnliches Grabmal errichtet und der Sarkophag darin aufgestellt. Als Gebetsstätte stehen diese „Totenkapellen" meist offen; zu besonderen Anlässen, z.B. Geburts- oder Todestag des Marabuts, sind sie oft Ziel von Pilgerbesuchen *(Moussems),* die gelegentlich mehrere Tage andauern und geradezu Volksfestcharakter haben.

Kunst, Kultur und Architektur

Die bewegte geschichtliche Vergangenheit Tunesiens hat eine **Vielfalt unterschiedlichster Kunst- und Kulturdenkmäler** hinterlassen. Jeder Machtwechsel, jede neue Herrscherdynastie schuf neue Wohn-, Lebens- und Kulturformen. Archäologische Grabungen haben Zeugnisse **frühester Besiedlung** ans Licht gebracht, so daß heute bei einem Streifzug übers Land und durch die verschiedenen Museen dank zahlreicher Ausgrabungen und Funde die Siedlungs- und Kulturgeschichte Tunesiens bis in ihre Ursprünge nachvollzogen werden kann.

Frühzeit und Urbevölkerung

Funde von **Pfeilspitzen** und **Steinwerkzeugen** weisen auf eine weit in die **Steinzeit** zurückgehende Besiedlung des heutigen Tunesien hin. Erste Zeugnisse eines bescheidenen künstlerischen Schaffens stammen aus der **„capsischen Kultur“**, die sich etwa zwischen dem 8. und 5. Jahrtausend v. Chr. im Gebiet um die Stadt *Gafsa* entwickelte. Etwa ab dem Jahr 5000 v.Chr., mit zunehmender Austrocknung der Sahara, wanderten zusätzlich Volksgruppen aus der Zentralsahara aber auch aus europäischen Regionen nach Nordafrika ein. Es bildete sich ein Völkergemisch aus dunkel- und hellhäutigen Rassen, das später von den Griechen und Römern die Gesamtbezeichnung **Berber** erhielt und als die Urbevölkerung Tunesiens gilt. Da diese berberischen Hirtenstämme sich **fast ausschließlich** auf die **Fertigung von Gebrauchsgegenständen** für ihren Nomadenalltag beschränkten, die leicht auf dem Rücken ihrer Tiere von Weideplatz zu Weideplatz transportiert werden konnten (Tongefäße, Lederbehälter, Holzgegenstände), verwundert es nicht, daß nur **wenige Kulturdenkmäler aus dieser Zeit** bekannt sind (z.B. Megalith- und Felsgräber, Reste eines numidischen Heiligtums in *Chemtou* sowie ein dreistöckiges Mausoleum in *Dougga*, das im 2. Jh. v. Chr. für einen numidischen Fürsten gebaut wurde.)

Typische und interessante Beispiele späterer, teilweise bis in die Gegenwart beibehaltener berberischer Wohn- und Lebensformen sind neben in Fels und Lehm gegrabenen **Wohnhöhlen** die eigenwilligen **Ksour und Ghorfas** (befestigte Siedlungen und Speicherbauten) im Süden des Landes (s. S.602 bzw. 629ff).

Thanitsymbole auf punischen Stelen

In der punischen Ruinenstätte Kerkouane

Phönizier, Punier und Karthager

Das Seefahrervolk der Phönizier legte – aus Vorderasien kommend – **ab dem zweiten vorchristlichen Jahrtausend** Ankerplätze an der Küste Tunesiens an. Als **erste Siedlung** der Einwanderer (die Römer nannten sie später *Punier)* entstand ca. 1100 v.Chr. die Hafenstadt **Utica. Hauptstadt** des punischen Reichs wurde **später Karthago.** Von der punischen Architektur dieser Stadt blieb nur wenig erhalten, da sie später von den Römern dem Erdboden gleichgemacht und überbaut wurde. Sichtbar sind noch Teile eines Wohnviertels (auf dem Byrsa-Hügel), der Kriegs- und Handelshafen und vor allem der *Tophet*, jene Opferstätte, an der zu Ehren von *Thanit*, der Gemahlin des Gottes Baal, Kindesopfer dargebracht wurden. Tausende von Gräbern und Urnen sowie teilweise reich mit Symbolen, Schriften und Ornamenten verzierte Stelen aus punischer Zeit wurden freigelegt. Zu den häufigsten Symbolen gehören Fisch, Mondsichel, Hand und vor allem die stilisierte Figur von *Thanit*, der Hauptgöttin Karthagos.

Guten Anschauungsunterricht in „punischem Städtebau" liefert die **Ausgrabungsstätte von Kerkouane** auf Cap Bon; sie ist die bisher **einzig entdeckte punische Siedlung,** die nach der Zerstörung durch die Römer aufgegeben, niemals überbaut wurde und somit bis zu ihrer Ausgrabung **völlig unverändert** unter schützender Erde ruhen konnte. Grundmauern, Bäder, das Straßennetz dieses einstigen Küstenortes, an dem auch wohlhabende Karthager ihre Landsitze errichte-

„Der Herbst“ aus dem Jahreszeitenmosaik in Hammam Oust

ten, sind von den Archäologen freigelegt worden, nahebei eine große Nekropole. Im Museum von Kerkouane (wie auch im Bardo-Museum von Tunis) sind zahlreiche punische Grabbeigaben ausgestellt, Masken, Amulette, Schmuckstücke, aber auch Tongefäße in oft unverkennbar griechischem Stil – entweder importierte oder von den künstlerisch nicht sonderlich kreativen Puniern kopierte Gegenstände.

Die Römer

Nach ihrem Sieg über Karthago gründeten die Römer eigene Siedlungen und übernahmen auch die punischen Städte, für die ja zumeist eine strategisch günstige und somit auch für die neuen Machthaber ideale Lage gewählt worden war. Vorhandene Bauten wurden – soweit nicht zerstört – teils integriert, größtenteils aber überbaut und ersetzt durch römische Architektur, die sich erheblich von der schlichten Bauart ihrer Vorgänger unterschied. Zwar gab es auch in den römischen Städten einfache Wohnviertel. Doch was die Archäologen freilegten (und was sich freizulegen lohnte) sind vorwiegend die Zentren der Städte, die mit wachsendem Einfluß und Wohlstand des römischen Reichs (die Blütezeit lag etwa im 2. und 3. Jh. n.Chr.) immer imposanter wurden. Meist waren sie nach gleichem Schema angelegt: den Mittelpunkt der Stadt bildete das **Forum,** ein großer, plattenbelegter Versammlungsplatz, um den sich der den römischen Hauptgottheiten Jupiter, Juno und Minerva geweihte **Kapitoltempel,** wichtige öffentliche Bauten und Verwaltungsgebäude, wie z.B. Gericht *(Basilika)* und Rathaus *(Curia)*, weitere Tempel und der Marktplatz *(Agora)* gruppierten. Daran schlossen sich die **Wohn- und Handwerkerviertel** an, die meist von rechtwinklig verlaufenden Straßen durchzogen wurden. Zu den eindrucksvollsten Bauten gehörten die großen **Thermenanlagen** (öffentliche Bäder); sie fehlten in keiner bedeutenden Stadt, ebensowenig wie ein **Theater** und/oder **Amphitheater** und häufig ein **Zirkus** – Unterhaltung und Geselligkeit wurden großgeschrieben. Die Dimensionen, der künstlerische und materielle Aufwand für all diese Bauten und auch für die Villen der wohlhabenden Städter waren gewaltig. Kuppeln, Bögen, Pfeiler, Säulen, Freitreppen, Innenhöfe kennzeichnen die römische Architektur. Hinzu kommt die **luxuriöse Innenausstattung** unter Verwendung von viel Marmor, vor allem aber die unvorstellbare Vielfalt und Schönheit von **Mosaiken,** die – entweder noch an Ort und Stelle, häufig jedoch im Museum – oft unbeschädigt erhalten blieben. (Die größte Mosaikensammlung der Welt finden wir im Bardo-Museum von Tunis, weitere bedeutende Mosaiken in den Museen von Sousse, El Djem und Sfax). Neben reiner Ornamentik zeigen diese Mosaiken phantasievolle Szenen aus der Mythologie, der Tier- und Pflanzenwelt, Motive aus Jagd, Sport und Spiel, Fischfang und Schiffahrt, dem Zirkus und dem Alltagsleben der römischen Bevölkerung. Unter der **Vielzahl römischer Ausgrabungsstätten** in Tunesien – bislang hat man Kenntnis von etwa 200 römischen Siedlungen und Städten – zählt *Dougga* zu den sehenswertesten, aber auch *Makthar, Sbeitla, Thuburbo Majus* lohnen einen Besuch. *Bulla Regia* mit seinen ungewöhnlichen, großenteils unterirdisch angelegten (und deshalb besonders gut erhaltenen) Villen nimmt eine Sonderstellung ein, *El Djem* fasziniert mit seinem monumentalen Amphitheater, *Uthina* gewinnt durch neuere Ausgrabungen an Bedeutung. *Chemtou* ist zwar etwas abgelegen, hat aber neben der antiken Stadt noch einen Marmorbruch und eine große Fabrikanlage zur Marmorverarbeitung aus römischer Zeit zu bieten.

Ein Meisterwerk römischer Bau- und Ingenieurkunst ist der **Aquädukt** zwischen Zaghouan und Karthago, von dem heute noch imposante Reste zu sehen sind (s. Routen A2 und A6). Das **Bardo-Museum** in Tunis schließlich zeigt neben einem überwältigenden Angebot an Wand- und Bodenmosaiken u.a. auch Schmuck, Plastiken, Keramik, Münzen und viele sonstige Funde und Kunstgegenstände aus der römischen Epoche.

In der Übergangszeit zwischen römischer und byzantinischer Herrschaft, in der der Einfluß des **Christentums** stetig wuchs und das römische Reich mehr und mehr zerfiel, entstanden zahlreiche mehrschiffige, christliche **Basiliken,** von denen hier und da noch Reste erhalten sind. In vielen dieser altchristlichen Kirchen und auf den umliegenden Friedhöfen wurden Mosaike gefunden, oft an Taufbecken, meist aber als Grabschmuck. Neben Inschriften und vielfältigen figürlichen und ornamentalen Darstellungen tauchen immer wieder christliche Symbole (zum Beispiel Kreuz, Lamm, Taube, Palmzweig, Fisch) auf.

Die Byzantiner

Die Byzantiner, die ab 533 Nordafrika eroberten, hinterließen neben Kirchen hauptsächlich **Festungs- und Verteidigungsbauten,** häufig in Eile errichtete Bollwerke, bei denen römische Vorgängerbauten oft „brutal" integriert wurden (z.B. *Ksar Lemsa, Haidra, Mustis, Ain Tonga, Kelibia* etc.).

Islamische Kunst

Der Siegeszug des Islam initiierte eine neue Kulturepoche.

Die ersten im 7. Jh. ins Land kommenden Araber stellten als ursprünglich reines Wüsten- und Nomadenvolk keine großen Baumeister oder Künstler. *Kairouan* war, bevor es zur ersten arabischen Stadt Tunesiens wurde, zunächst nur ein Feldlager. Der Küste entlang entstanden im **8. Jh.** als Verteidigungsbauten und zur Küstenüberwachung zahlreiche sog. **Ribats, Wehrklöster,** von denen aus die islamischen Mönchsritter ihren Glauben im Land verbreiteten und hinter deren massiven, turm- und zinnenbewehrten Mauern die Bevölkerung in Notzeiten Schutz und Zuflucht fand (zwei hervorragend erhaltenen Ribats stehen in Sousse und Monastir). **Moscheen** entstanden zunächst in sehr schlichter Form als reine Zweckbauten zur Religionsausübung; erstes Vorbild für den Moscheebau lieferte der Grundriß des Hauses des Propheten Mohammed in Medina, dessen rechteckiger, von Schattendächern umlaufener Wohnhof als die erste Gebetsstätte des Islam gilt.

Die meisten tunesischen Moscheen entsprechen folgendem Grundschema: Über einen häufig arkadengesäumten Hof mit Brunnen (für die rituellen Waschungen vor dem Gebet) gelangt man in den Gebetssaal. In dessen rückwärtiger Mauer eingelassen ist der *Mihrab*, die Gebetsnische, die die Richtung anzeigt, in der jedes Gebet gesprochen werden muß (gen Mekka weisend). Rechts neben der Gebetsnische der *Minbar* – eine hölzerne Treppenkanzel, von der aus der Imam beim Freitagsgottesdienst die Ansprache hält. Säulenreihen stützen die Decke des meist mehrschiffigen Gebetsraums, dessen Boden mit Matten beziehungsweise Teppichen ausgelegt ist und von niemanden mit Schuhen betreten werden darf. Zur Moschee gehört das *Minarett*, von dem aus der Muezzin die Gläubigen fünfmal am Tag zum Gebet ruft (heute meist vom Tonband über Lautsprecher). Oft ist es ein massiger, quadratischer, sich nach oben in drei Stufen verjüngender Turm mit einem Kuppelaufsatz und – je nach Rang der Moschee – bis zu drei goldenen Kugeln auf dessen Spitze.

Im Gegensatz zu unseren christlichen Gotteshäusern sind besonders die früheren Moscheen außen wie innen vergleichsweise schmucklos. Alles, was die Konzentration auf Allah beeinträchtigen könnte, wurde vermieden. Richtungsweisend für den Moscheebau im ganzen Maghreb wurde die Große Moschee in Kairouan, die älteste Tunesiens und das bedeutendste islamische Bauwerk des Landes.

Da der Islam jede Darstellung „bewegten Lebens" (Menschen, Tiere) ablehnt, kommt seit jeher der **Ornamentik** und vor allem der **Kalligraphie** (Schriftkunst) große Bedeutung zu. In Stein oder Stuck gehauen, in Holz geschnitzt, aufgemalt oder als

Kachelverzierung findet man Kalligraphien, geometrische Muster und Arabesken in der islamischen Architektur in unvorstellbarer Vielfalt.

Mit dem Zustrom vieler von den Christen zwischen dem **13. und 17. Jahrhundert** aus Andalusien vertriebener moslemischer Flüchtlinge, unter denen sich eine große Zahl von Künstlern und Kunsthandwerkern befand, gewann der **maurische Baustil** in Tunesien beim Moscheebau (wie im Städtebau) stark an Einfluß. Die Minarette wurden schlanker; bunte Fayencen, Hufeisenbögen, reich verzierte Portale und Holzdecken, kunstvoll geschnitzte Fenstergitter sowie Fußbodenmosaike aus Marmor schmükken spätere Moscheen.

Neue Impulse in der Baukunst brachten ab dem **16. Jh**. die **Türken** nach Tunesien. Ihre Moscheen, die zwar den „klassischen" Grundriß beibehielten, erhielten neben farbenfrohem Innenschmuck elegante, schlanke, achteckige Minarette mit umlaufendem Balkon und spitzem Dach. Neben vielerlei Sakralbauten (Moscheen, Mausoleen, Medresen) entstanden während der türkischen Regentschaft zahlreiche Profanbauten: gewaltige Militärfestungen, prachtvolle Palastanlagen und aufwendige Wohnhäuser (Beispiele: der *Bardo-Palast* sowie verschiedene luxuriöse Bauten in der Medina von Tunis, Palastanlagen in La Mohammédia – heute nur noch Ruinen).

Seite in maghrebinischer Schrift aus dem Dalil Al-Hayrat (Handbuch der himmlischen Segnungen)

Kunst und Kultur heute

Mit der französischen Kolonialisierung **Ende des 19. Jh.** geriet Tunesien unter **westlichen Kultureinfluß.** Schon während der Freiheitsbewegung zeichnete sich eine langsame Rückbesinnung auf eigene tunesische bzw. islamische Traditionen ab, die sich jedoch erst nach der Unabhängigkeit frei entfalten konnten. Zwar prägen heute nach wie vor westliche, vor allem **französische Einflüsse** das Kulturleben, doch hat sich parallel dazu sowohl in den Bereichen bildende Kunst, Literatur, Film und Theater wie auch in der Musik eine eigenständige Linie mit namhaften, inzwischen auch über die

Landesgrenzen hinaus bekannten Künstlern entwickelt. Journalisten, Schriftsteller, Musiker etc. gründeten eigene Zirkel mit dem Ziel, der **traditionellen tunesischen Kunst und Kultur** wieder mehr Verbreitung und Ansehen zu verschaffen.

Einen starken Aufschwung erlebt auch Tunesiens **Filmschaffen** seit der Unabhängigkeit, obwohl die Filmemacher noch immer mit vielen Schwierigkeiten kämpfen müssen, wie zum Beispiel auf religiösen Überlieferungen des Islam beruhende Tabus, mangelnde finanzielle Förderung und Zensurmaßnahmen. Der bislang größte internationale Erfolg gelang mit dem Film „Halfaouine", der nicht nur den Großen Preis von Cannes, sondern auch den ersten Preis beim Internationalen Filmwochenende 1991 in Deutschland erhielt. Internationale Beachtung findet auch das alle zwei Jahre stattfindende arabisch-afrikanische Filmfestival von Karthago. Kulturschauplätze sind (von einigen Theatern, Galerien und Ausstellungen in den großen Städten abgesehen) vor allem die landesweit stattfindenden lokalen Festivals mit Theater-, Musik-, Film- und folkloristischen Veranstaltungen.

Die **klassische arabische Musik** ist ein unüberhörbarer Bestandteil des tunesischen Alltags. Besonderer Beliebtheit erfreut sich auch bei der Jugend die *Maalouf-Musik,* die ab dem 13. Jh. von den Mauren, den moslemischen Auswanderern aus Andalusien nach Tunesien gebracht wurde. Bei dieser Musik handelt es sich um – für europäische Ohren gewöhnungsbedürftige – Klänge mit abwechselnden Instrumental- und Gesangspassagen, wobei Saiteninstrumente (Geigen, Lauten, Mandolinen u.a.), Flöten, Trommeln und Tambourine die gebräuchlichsten Instrumente sind. Diese Form der Unterhaltung ist bei Veranstaltungen, Festen und Festivals sehr populär geworden. Ein interessantes, der arabischen Musik gewidmetes Museum finden wir in der Villa des Baron d'Erlanger *(Ennejma Ezzahra)* in Sidi Bou Said (s. dort).

Auf dem Gebiet der **Architektur** werden große Anstrengungen unternommen, alte, schützenswerte **Baudenkmäler zu erhalten.** In der Medina von Tunis und auch in anderen Städten sind beachtliche Erfolge der *ASM* (Association de Sauvegarde de la Medina) erkennbar, unter deren Leitung Stadtmauern, Moscheen, Zaouias, alte Bürgerhäuser und ganze Stadtteile restauriert werden. Zwar entstehen im heutigen Tunesien Wohnsiedlungen, Hochhausblocks, moderne Geschäfts- oder Kongreßbauten, große Stadthotels etc. wie fast überall im „Allerweltsstil"; man hat jedoch zumindest in vielen **Hotelanlagen** und Touristenzentren an der Küste wie auch im südlichen Bergland und in den Oasen einen landestypischen, meist **arabisch-maurischen Baustil** durchgehalten und nicht (wie häufig in anderen Mittelmeer-Reiseländern) gesichtslose, überdimensionale Bettensilos in die Landschaft gepflanzt. Arkaden, Bögen, Stuck- und Fayencenverzierung, Innenhöfe mit Brunnen und nicht zuletzt die parkähnlichen Gärten mit Palmen und anderen exotischen Pflanzen ringsherum, vermitteln fast überall „1001-Nacht-Atmosphäre". Bleibt zu hoffen, daß diese relativ großzügige und aufwendige Bauweise trotz des herrschenden Baubooms auf dem Hotelsektor weiterhin beibehalten wird.

Kunsthandwerk und Souvenirs

Auf den ersten Blick könnte man glauben, **Plüschkamele** stünden als Reiseandenken an erster Stelle der Touristengunst. Man sieht diese steifbeinigen Viecher überall: sie stehen vor und in den Souvenirgeschäften und werden von fliegenden Händlern an verkehrsreichen Plätzen und vor Besichtigungsstätten angeboten.

Bevor Sie sich womöglich zum Kauf entschließen – schauen Sie sich um, es gibt Besseres und Originelleres.

Die **staatlichen Verkaufsausstellungen für Kunsthandwerk** aller Art, **„ONAT/SOCOPA-Artisanat"**, gibt es in den meisten größeren Orten und Touristenzentren. Dort kann man sich in Ruhe und ohne Kaufzwang einen Überblick verschaffen über die Vielfalt kunsthandwerklicher Erzeugnisse, über Qualität und vor allem über Preise (Festpreise für alle Waren). Man kauft hier nicht extrem billig, doch erhält man mit Sicherheit gute Qualität und bei Zahlung in Devisen noch einen Preisnachlaß. Hotelboutiquen bieten ebenfalls ein breites, auf den Geschmack (und Geldbeutel) der Touristen abgestimmtes Warenangebot. Wer zum Souvenirkauf den Souk bzw. private Händler vorzieht, sollte – zumindest bei größeren Kaufobjekten – die nötigen Fachkenntnisse und Preisvorstellungen mitbringen – und vor allem handeln und feilschen können (näheres s. S.177), um möglichst einen niedrigeren Preis als im Artisanat zu erzielen. Wer darin nicht geübt ist oder unter Zeitdruck steht, kauft besser zu Festpreisen.

Trad. Kunsthandwerk

Teppiche

Tunesien ist berühmt für seine Teppiche. Dieser **Handwerkszweig** gehört zu den **ältesten des Landes** und ernährt seit alters her viele Bewohner. Beim Anblick der teilweise palastähnlichen Teppichläden im Souk von Tunis oder Kairouan drängt sich allerdings der Verdacht auf, daß der Hauptverdienst nicht beim Knüpfer bzw. Weber, sondern beim Händler bleibt. Teppiche werden in staatlichen und privaten Manufakturen hergestellt, entstehen zu einem großen Teil aber

SOCOPA-Werbung

auch in Heimarbeit. Ein Web- beziehungsweise Knüpfrahmen hat auch bei engen Wohnverhältnissen meist noch irgendwo Platz. Landesweit sind unzählige Familien in Heimarbeit mit der Produktion von Teppichen, Dekken und Wandbehängen beschäftigt. Vor allem in wirtschaftlich schwachen, ländlichen Gebieten wird die Teppichproduktion zur **Schaffung von Arbeitsplätzen** von staatlicher Seite stark unterstützt. Kinder, junge Mädchen und Frauen, noch dazuhin auf dem Land und fernab anderer Verdienstmöglichkeiten, sind billige und willige Arbeitskräfte.

Wer sich für einen Teppich interessiert, hat grundsätzlich die Wahl zwischen **geknüpften und gewobenen Teppichen**. Ein wichtiger Faktor bei geknüpften Teppichen ist die Knotenzahl, die zwischen 10 000 und über 250 000 pro m² liegen kann (Seidenteppiche haben in der Regel sogar über 500 000 Knoten). Eine besonders **alte Tradition** hat das **Teppichhandwerk in Kairouan.** Die türkischen

Beys brachten sowohl Knüpftechnik wie auch die heute noch gebräuchlichen orientalischen Muster aus Vorderasien mit. Der „klassische“ Knüpfteppich, der ursprünglich nur in Kairouan hergestellt wurde, ist der **Zarbia,** ein typischer „Orientteppich“, vorwiegend in kräftigem Rot oder Blau mit stilisierten Pflanzenmotiven und meist einem zentralen Medaillon. Daneben gibt es einen hochflorigeren Knüpfteppich, bei dem nur Wolle in Naturfarben verwendet wird, und dessen Muster sich auf geometrische Motive beschränken. Der **Mergoum** ist ein sehr fest gewebter Teppich, in den mit andersfarbigen Wollfäden feine ornamentale Muster (Bänder, Zick-Zack-Linien, Punkte, Rauten, Drei- und Rechtecke) hinein„gestickt“ werden (die Wollfäden hängen zottelig an der Rückseite heraus, der Mergoum ist also nur einseitig verwendbar).

Der **Kelim** ist ein gewebter Teppich bzw. Wandbehang (beidseitig verwendbar) mit ebenfalls geometrischen Mustern und/oder figürlichen Motiven, die überwiegend berberischen Ursprungs sind (Glückssymbole wie Fische, Augen, aber auch Landschaften, stilisierte Personen oder Kamele). Techniken und Muster sind regional unterschiedlich. Bei den vielfältigen Motiven in tunesischen Teppichen, Wandbehängen, Decken und Tüchern handelt es sich also teilweise um alte, überlieferte, zum Teil wiederentdeckte antike Muster symbolischen Charakters, oftmals aber auch um neu konzipierte, lediglich der Dekoration dienende Formen und Motivkombinationen.

Speziell in der Region um *Gafsa* werden Decken/Kelims in besonders kräftigen Farben gewebt. Häufig sind

Teppichgeschäft in Tozeur

sie in einzelne, meist quadratische Felder eingeteilt. Diese sind ausgefüllt mit abstrakten Figuren, geometrischen Ornamenten oder stilisierten Darstellungen von Menschen, Kamelen, Fischen oder anderen traditionellen Motiven.

Feine **Haiks** (Umhängetücher) bzw. Stoffbahnen mit traditionellen berberischen Mustern findet man in den Bergdörfern des Südens (z.B. in *Chenini* bei Tataouine). In *Ksar Hellal* (südlich von Monastir) entstehen in kleinen Werkstätten ebenfalls farbenfrohe Tücher aus Wolle oder Seide mit zarten Streifen. Auch in *Mahdia* hört man beim Gang durch die Gassen immer wieder das hölzerne Klappern der Webstühle, die – im Gegensatz zum Teppichknüpfen – fast ausschließlich von Männern bedient werden. Sowohl auf der Insel *Djerba* wie auf *Kerkennah* findet man Teppichmanufakturen sowie zahlreiche „Heimarbeiter". Unabhängig vom Produktionsort werden Teppiche und Webwaren heutzutage überall in den Touristenzentren sowie in den Souks der größeren Städte angeboten.

Teppichkauf: Für den Verkauf und die Ausfuhr von Teppichen gelten **strenge Regeln.** Jedes Stück wird von einer ONAT/SOCOPA-Kontrollinstitution geprüft; ein verplomptes Echtheitszertifikat auf der Teppich-Rückseite gibt Auskunft über Qualität (z.B. *Qualité Supérieure, Première Choix, Deuxième Choix),* über Größe, Gewicht, Knotenzahl, Produktionsort u.v.m.

Zur Orientierung seien folgende **Preisangaben** genannt (Quelle: SOCOPA-Aushang):

Wollteppiche	Preis (TD/m²)
10 000–14 000 Knoten/m²	ab 70
40 000 Knoten/m²	ab 120
90 000 Knoten/m²	190–240
160 000 Knoten/m²	280–350
Mergoums	ca. 80
Seidenteppiche	
250 000 Knoten/m²	ca. 1000

Wer sich einen **Teppich per Nachnahme nach Hause schicken** lassen will – was grundsätzlich eine zuverlässige Sache ist – muß eine **Anzahlung von ca. 10 TD pro Kilo** leisten. Es empfiehlt sich, beim Kauf die eigene Unterschrift auf das Zertifikat zu setzen; so läßt sich später eindeutig überprüfen, ob auch wirklich der ausgewählte Teppich geliefert wurde. Die detaillierte Rechnung mit der Angabe des Gesamtpreises in TD, der quittierten Anzahlung sowie genauen Teppichdaten laut Zertifikat muß bei Abholung des Teppichs (z.B. am heimischen Flughafen) vorgelegt werden. Zwar fällt kein Zoll an, jedoch muß mit der Zahlung des Restbetrags Mehrwertsteuer auf den gesamten Kaufpreis entrichtet werden.

Keramik

Keramik

Getöpfert wurde in Tunesien **bereits in der Antike.** Bunt bemalte und glasierte Keramik gehört heute zu den typischsten, im ganzen Land angebotenen Souvenirs. **Hochburg** dieses Handwerks ist der **Töpferort Nabeul**, wo nicht nur das Angebot und die Auswahl am größten sind, sondern wo man u.a. in einer ONAT-Manufaktur auch die Produktion vom Lehmklumpen bis zum fertigen Gegenstand verfolgen kann (s. unter *Nabeul).* Auf der Insel **Djerba** hat das Töpferhandwerk **ebenfalls alte Tradition,** wobei dort hauptsächlich Gebrauchskeramik (also unbemalt und unglasiert) hergestellt, als Zugeständnis an die Touristen aber auch buntglasierte Ware verkauft wird. Vom kleinsten Schälchen über Teller, Kacheln, Schüsseln, Vasen, Übertöpfe bis hin zu großen Amphoren und ganzen Wandbildern aus bemalten Fliesen reicht das Angebot, und die Preise dafür sind durchaus erschwinglich. Eine sehr rustikale Berberkeramik in braun-roten Farbtönen findet man z.B. in *Sejenane* (s. Route A9).

Sonstige typische Tunesien-Souvenirs

Messing- und Kupferwaren fehlen auf keinem Markt. Oft kann man den Handwerkern zusehen, wie sie mit schnellen, gezielten Hammerschlägen vielfältige Muster in Teller, Kannen, Vasen oder Tabletts ziselieren und eingravieren.

Berühmt ist der **Silberschmuck** Tunesiens. Vor allem unter der jüdischen Bevölkerung gibt es viele Juweliere. Besonders hübsch sind jene feinen, filigranen Arbeiten (Anhänger, Broschen, Armbänder etc.), in denen vielfach Glückssymbole (Hand der Fatima, Fisch, Kreuz etc.) auftauchen. Die ländliche, berberische Bevölkerung Südtunesiens legt noch heute ihr Geld häufig lieber in Silberschmuck an als auf einem Bankkonto, wobei der Schmuck oft nach Gewicht und nicht nach künstlerischem Wert bezahlt wird. Zum allgemeinen Schmuckangebot gehören auch die Korallenketten, die in Tabarka hergestellt werden.

Lederwaren (Taschen, Babouches, Sandalen, Gürtel, Sitzkissen) werden ebenso reichlich angeboten wie verschiedene **Flechtwaren** (Matten, Taschen, Körbe aus Binsen, Halfagras oder Palmblättern, Kleinmöbel aus Rohrgeflecht). **Geschnitzte Gegenstände** aus Oliven- oder Eichenholz aus der Kroumirie werden vorwiegend in Ain Draham und Tabarka angeboten – letzteres ist auch berühmt für seine **Tabakpfeifen** und Gegenstände aus **Kork.**

Originell, wenngleich etwas sperrig ist ein tunesischer **Vogelkäfig,** kunstvoll aus Holz und weiß/blau-lackiertem Draht gefertigt, der sich zuhause (auch ohne lebenden Inhalt) z.B. auf einer Terrasse oder in einem Wintergarten äußerst dekorativ macht. Verkauft werden die Käfige überwiegend in Sidi Bou Said, sind aber auch in anderen touristischen Souvenirzentren erhältlich. Ein besonders traditionelles Mitbringsel aus arabischen Ländern ist die in tunesischen Cafés allgegenwärtige **Wasserpfeife** *(Chicha)* zu der man sich gleich den passenden Tabak besorgen sollte.

Es wird nicht ausbleiben, daß einem beim Besuch von Ruinenstätten von geschäftstüchtigen Einheimischen **angeblich** (gelegentlich sogar tatsächlich) **echte, antike Funde** (Münzen, Tonfiguren, Öllämpchen o.ä.) zum Kauf angeboten werden. Man müßte

Parfümangebot im Souk

schon archäologischer Experte sein, um die Echtheit und den wahren Wert dieser Objekte beurteilen zu können. Meist handelt es sich um geschickt gefälschte Altertümer, die irgendwo in den Hinterhöfen von Schmiede- bzw. Töpferwerkstätten in Massen hergestellt und nach „künstlicher Alterung" den Besuchern zu einem „bon prix" angedreht werden.

Sandrosen sind eine passende Erinnerung an Ausflüge in die Wüste (vorsichtig einpacken; die empfindlichen Blätter dieser Gipskristalle brechen leicht und zerscheuern gern Kofferwände und Kleidungsstücke). Sandrosen sind übrigens immer „sandfarben"; gelegentlich werden (trifft auch auf andere Mineralien zu) schauerlich eingefärbte Exemplare in lila, grün und rosa angeboten (näheres zu Sandrosen s. S.566).

Parfüme, wohlriechende Essenzen aller Duftnoten und Farben, teilweise in originellen Flakons, findet man auf jedem Markt. Es macht Spaß, sich durch das Angebot „zu riechen", und – verglichen mit französischen Parfüms – läßt sich hier sehr preiswert einkaufen.

Mit **Rosenwasser** oder **Orangenblütenessenz** (*Zhar*) – dies gibt´s nun wieder im Lebensmittelgeschäft – werden u.a. Süßspeisen und Backwaren gewürzt. Wer sich eine Packung **Couscous** (Griesart)**, Harissa** (eine feurige Paprikapaste, erhältlich in Dosen oder Tuben), eine kleine Auswahl an speziellen **Gewürzen** mit nach Hause nimmt, vielleicht noch ein **tunesisches Kochbuch** dazu und einen Strang oder ein Kistchen **Datteln**, kann damit auch lukullische Erinnerungen wieder wachrufen.

Plüschkamele vor dem Bourguiba-Mausoleum in Monastir

Wirtschaft

Internationale Wirtschaftsorganisationen stellen Tunesien ein gutes Zeugnis aus und loben vor allem das gute Investitionsklima und die Öffnung des Marktes. Gelegentlich spricht man gar – auf afrikanische Verhältnisse bezogen – von einem Wirtschaftswunderland. Dies darf jedoch nicht darüber hinwegtäuschen, daß aufgrund von hohem Bevölkerungswachstum und damit verbundener Arbeitslosigkeit, starkem wirtschaftlichen Nord-/Süd- bzw. Stadt-/Land-Gefälle, ungleicher Besitzverteilung, nach wie vor großer Analphabetenrate bei der ländlichen Bevölkerung sowie hoher Auslandsverschuldung das Land noch immer vor **großen Problemen** und **Aufgaben** steht.

In dem von der Regierung verabschiedeten **Wirtschaftsprogramm** steht nach wie vor die Förderung der **Landwirtschaft,** der **Berufsausbildung**, Ausbau des **Tourismus und Dienstleistungsgewerbes** an vorrangiger Stelle. Vorgesehen sind ferner Preisliberalisierungen, Abbau von Importbeschränkungen sowie gesetzlicher Hürden und bürokratischer Hindernisse und weitere Anreize für Investoren, Umstrukturierung/Privatisierung von Staatsbetrieben. Der aktuelle Fünfjahresplan (1997–2001) sieht ein jahresdurchschnittliches reales Wirtschaftswachstum von über 6% vor.

Wichtigster Handelspartner Tunesiens ist die EU; 1995 wurde ein Assoziierungs- und Freihandelsabkommen unterzeichnet mit dem Ziel eines gemeinsamen zollfreien Wirtschaftsraumes bis zum Jahr 2010. Deutschland liegt sowohl bei Ein- wie bei Ausfuhren hinter Frankreich und Italien an dritter Stelle. Zwar führt Tunesien mehr Güter aus Deutschland ein, als es dorthin exportiert, doch wird dieses Defizit in der bilateralen Zahlungsbilanz mehr als ausgeglichen durch die vielen deutschen Touristen, durch Gastarbeiterüberweisungen, private Investitionen und Entwicklungshilfeleistungen aus Deutschland.

Landwirtschaft

Trotz der seit der Unabhängigkeit stark vorangetriebenen Industrialisierung **leben rund 25%** der tunesischen Bevölkerung direkt oder indirekt **von der Landwirtschaft,** sie macht etwa ein Sechstel des Bruttosozialprodukts aus. Es gibt – übers Land verteilt – mehrere staatliche Domänen, große landwirtschaftliche Güter (s. z.B. *Thibar).* Ein im März 1990 geschaffenes Ministerium soll sich verstärkt um die rationelle Nutzung dieser Betriebe kümmern; ansonsten teilen sich die Agrarflächen auf viele Privatbauern und zum Teil kleinste Parzellierungen auf. Während in den Staatsgütern und Großbetrieben mit modernen Maschinen und Techniken gearbeitet wird, herrschen bei den Kleinbauern oft noch traditionelle, zeit- und arbeitsaufwendige Anbaumethoden vor. Tunesien ist bemüht, durch hohe Investitionen die **landwirtschaftliche Erschließung** voranzutreiben, um dadurch die Importabhängigkeit zu verringern (die Importquote beträgt 40%).

Wassermangel ist gerade in der Landwirtschaft ein **chronisches Problem,** das ständig beträchtliche Investitionen erforderlich macht. Im nördlichen Landesteil sind zahlreiche Stausee- und Bewässerungsprojekte bereits verwirklicht, so zum Beispiel der mit Chinas Hilfe gebaute, 125 km lange Kanal vom Medjerda-Fluß zur Bewässerung von 11 000 ha Land auf der Halbinsel Cap Bon. Weitere Projekte sind im Bau bzw. in Planung. Sichtbare Erfolge zeitigen auch großangelegte Wiederaufforstungsmaßnahmen in einigen versteppten Bergregionen.

Die landwirtschaftliche Nutzung muß sich dem Klima anpassen. In **Nordtunesien** bis weit hinein ins Landesinnere dominieren – schon seit der Römerzeit – **riesige Getreidefelder.**

Gemüse gedeiht ebenfalls im Norden und in den küstennahen Gebieten, wo noch ausreichend Regen fällt. **Besonders fruchtbar ist das Medjerdatal;** dort sorgen mehrere Stauseen für ganzjährige Bewässerung.

Auf der Halbinsel **Cap Bon** und weiter landeinwärts (z.B. um Mornagh) findet man große **Weingärten.**

Zitrusfrüchte (ein Teil wird exportiert), **Äpfel, Birnen, Granatäpfel** wachsen vor allem in der fruchtbaren **Ebene von Grombalia;** weitere **Obstanbaugebiete** liegen z.B. in der **Region um Sbiba und Kasserine** im Innern Tunesiens.

In klimatisch günstigen und fruchtbaren Regionen können bis zu drei Ernten pro Jahr erzielt werden: z.B. Kornaussaat im Januar/Ernte Mai/Juni; dann Anbau von Erbsen oder Melonen mit Erntezeit September; danach werden Kartoffeln gesteckt, die man im Dezember erntet.

Spitzenstellung aller Anbauprodukte des Landes nehmen die **Oliven** ein. Deren **Hauptanbaugebiet** ist der **Sahel** entlang der Ostküste (zwischen den Golfen von Hammamet und Gabès). Aber auch Teile des zentralen Steppenhochlands (z.B. um Meknassy, Sidi Bouzid) sowie die **Küstenregionen um Zarzis und Ben Guerdane** wurden in den vergangenen Jahrzehnten mit Ölbäumen bepflanzt und die Produktionsmenge dadurch wesentlich gesteigert. Mit seinen über 30 Mio. Bäumen ist Tunesien das **zweitgrößte Exportland der Welt für Oliven** bzw. Olivenöl.

Halfagras ist das einzige, was die trockenen Steppenzonen im Landesinneren hergeben. Es wird zu Zellulose bzw. Papier verarbeitet, dient als Tierfutter oder Grundmaterial für Matten und andere Flechtwaren.

Noch weiter südlich geht die Steppenlandschaft schließlich in Wüste über, wo landwirtschaftliche Erträge nur noch in den **Oasengärten mit aufwendigen Bewässerungsmaßnahmen** zu erzielen sind. **Datteln** stehen hier an erster Stelle. Hochwertige Qualität erntet man in den Palmenhainen der **Djerid-Oasen** (Tozeur, Nefta), in den Bergoasen bei **Tamerza** und in den **Nefzaoua-Oasen** (Region um Kebili, Douz); nur die besten, die „Deglet en Nour", sind für den Export bestimmt. Gut zu beobachten ist in vielen Oasen die sog. **Drei-Etagen-Wirtschaft.** Im Schatten der hochaufragenden Palmen werden Obstbäume angepflanzt, und in den Beeten darunter wachsen Getreide, Gemüse und Futterpflanzen.

Extrem **dürftig** ist die Landwirtschaft im **südtunesischen Dahar-Bergland.** Da und dort ein Gärtchen

Dattelstand in Südtunesien

im Talgrund, verstreute Feigen- und Olivenbäume, für die oft eigens zwischen den Hängen kleine, künstliche Terrassenfelder *(Djessour)* angelegt wurden.

- **Landwirtschaftliche Produktion:** (Durchschnitts-Jahreswerte i. 1000 t) Getreide: 1054, Oliven (zur Ölgewinnung): 740, Zitrusfrüchte: 229, Datteln: 95, Kartoffeln: 327, Tomaten: 550.

Forstwirtschaft

Nur an wenigen Stellen des Landes finden wir so viel Grün wie in der nordwestlichen Ecke des Landes um **Ain Draham.** Hier bedecken ausgedehnte und **dichte Kork- und Steineichenwälder** die Berge. Von nur geringer wirtschaftlicher Bedeutung – aber interessant zu beobachten – ist die **Korkgewinnung**. Im **westlichen Binnenland** dominieren **Aleppokiefern und Steineichen.** Ansonsten verfügt Tunesien nur noch über **wenige geschlossene Waldgebiete.** Zur Erhaltung und Vergrößerung des kargen Waldbestandes gehören daher Wiederaufforstungs- und Bodenkonservierungsmaßnahmen zu den wichtigsten Aufgaben der staatlichen Forstbehörde. Die Erfolge sind nicht ausgeblieben. Viele Hektar Steppenland sind bereits wieder aufgeforstet, an einstmals kahlen Berghängen breiten sich junge Wälder aus und bieten der Bodenerosion Einhalt. Außerdem wurden vielerorts entlang der Straßen Windschutzalleen aus Eukalyptusbäumen angelegt.

Tierzucht

Ziegen und Schafe gehören – vor allem in den **Steppen Zentral- und Südtunesiens** – ins Landschaftsbild; sie bilden auch das Hauptangebot auf den Viehmärkten. Da diese Tiere jedoch durch Überweidung wesentlich zur Bodenerosion beitragen, hat die Regierung hinsichtlich der Schaf- und Ziegenzucht (die meist zusätzlich zur kleinen Landwirtschaft betrieben wird) strenge Bestimmungen und Einschränkungen erlassen. **Staatlich gefördert** wird dagegen die **Rinderhaltung,** die überwiegend im Norden in den Staatsgütern stattfindet; aus Europa eingeführtes hochqualitatives Zuchtvieh trug dazu bei, die Fleisch- und Milcherträge spürbar zu steigern. Dennoch kann die Tierhaltung den inländischen Bedarf an Fleisch- und Milchprodukten noch nicht decken. Die **Pferdezucht** – gelegentlich trifft man auf ein Gestüt – wird nur in geringem Umfang betrieben im Gegensatz zu **Geflügelfarmen,** die ebenfalls staatlich subventioniert werden. Als Folge sieht man in der Gastronomie immer mehr Rotisserien, wo sich knusprige Hähnchen am Grill drehen.

Esel und Maultiere werden hauptsächlich **als Zug- und Lastentiere** gehalten. Schweine findet man nur äußerst selten; der Genuß von Schweinefleisch ist Moslems untersagt. In den Steppen- und Wüstenzonen erscheint dann auch das **Dromedar,** dessen **Bedeutung** durch den Rückgang des Karawanenhandels allerdings **stark gesunken** ist. Dennoch werden diese Tiere nach wie vor als Reit-, Lasten- und Zugtiere, zunehmend auch im touristischen Bereich eingesetzt. So stehen zum Beispiel allein in der Region um Douz hunderte Reitkamele für Touristen bereit. Außerdem liefern die Tiere Wolle, Milch und Fleisch.

Fischerei

Fische gibt es genug vor der rund 1300 km langen Küste Tunesiens, vorwiegend **Sardinen, Makrelen, Thunfische und Meereskleingetier.** Dennoch ist die **Fischerei** trotz guter Voraussetzungen **nur ungenügend entwickelt.** Bisher existieren nur relativ wenige moderne Fischerhäfen und Fangflotten, die auch für einen lukrativen Hochseefischfang ausgestattet sind. Meist wird der Fischfang entlang der flachen Küsten, auf den Inseln *Djerba* und *Kerkennah* noch auf traditionelle Weise mit kleinen, z.T. unmotorisierten Küstenbooten, mit Reusen, Schleppnetzen oder Tonkrügen für Tintenfische durchgeführt. Das sichert zwar Arbeitsplätze und reicht auch zur Versorgung der lokalen Märkte und Hotels, bringt aber kaum Überschüsse für den Export. In letzter Zeit sind daher auf diesem Sektor verstärkte Anstrengungen unternommen worden, um – durch **Ausbau bzw. Neubau von Häfen,** Einsatz größerer Fischerboote, durch Aufbau einer modernen Hochseefangflotte und Einrichtung von Kühlhallen und Konservenfabriken – den Reichtum des Meeres besser zu nutzen. Die Fangmengen sind seither gestiegen und reichen inzwischen nicht nur für den Eigenbedarf sondern auch für bescheidene Exporte (vorwiegend Thunfisch und Makrelen). Die einst bedeutende Schwammfischerei hat dagegen durch das Angebot synthetisch hergestellter Schwämme stark abgenommen.

Fischerhafen auf Kerkennah – die Tonkrüge sind für den Krakenfang bestimmt

Industrie und Bergbau

Große Fabriken oder gar **Industriezonen,** wie sie hierzulande fast zu jedem größeren Ort gehören, sind in Tunesien noch immer **relativ selten** und höchstens am Rande einiger Großstädte zu finden. Sie **konzentrieren sich** vor allem im Norden des Landes **bei Bizerte** (Erdölraffinerie) und **Menzel Bourguiba** (Stahlwerk), im **Großraum Tunis** sowie bei **Sfax und Gabès** (z.B. Chemie-, Düngemittel- und Zementwerke). Zu weiteren Großbetrieben zählen die Zuckerfabrik in Béja, das Kfz-Montagewerk in Sousse und die Zellulosefabrik in Kasserine. Ansonsten herrschen Klein- und Mittelbetriebe vor. Die **Industrialisierung,** die in den sechziger Jahren begann, machte zunächst **nur langsam Fortschritte,** obwohl damals wie heute in- und ausländischen Investoren beachtliche steuerliche Vergünstigungen winken. Europäische Investoren klagen trotz aller Anreize und einiger Fortschritte nach wie vor über bürokratische und Verwaltungsprobleme sowie über Transportengpässe. Gegenwärtig sind etwa 200 deutsche Firmen (vorwiegend aus der Textil-, Leder- und Elektrobranche) in Tunesien tätig. Verstärkt vorangetrieben wird die Privatisierung vieler bisher staatseigener Unternehmen.

Während die **Großbetriebe** vor allem die heimischen **Bodenschätze** (Phosphat, Öl) verarbeiten, konzentrieren sich die vielen **Klein- und Mittelbetriebe** auf die **Verwertung von landwirtschaftlichen Produkten** (Ölmühlen, Konservenfabriken, Tabakverarbeitung etc.), ferner auf die **Herstellung von Baumaterial** und die **Me-**

tallverarbeitung. Leder, v.a. aber der **Textil- und Bekleidungssektor,** sind zu einem **Hauptzweig der verarbeitenden Industrie** geworden, dessen Devisenerträge fast mit jenen der Touristikbranche konkurrieren können.

Wichtige Devisenbringer sind – trotz des Preisverfalls und der sinkenden Fördermengen – noch immer das **Erdöl und Erdgas.** Die (bald erschöpften) tunesischen Erdölvorkommen von El Borma werden zusammen mit algerischem Öl in Pipelines zum Ausfuhrhafen von *La Skhirra* geleitet. Auch die Vorräte im Douleb-Feld (nahe Kasserine) gehen allmählich zur Neige. Erdgas wird auf *Cap Bon,* im *Golf von Gabès,* und bei *El Borma* gefördert. 80 % der tunesischen Erdgasförderung liefert das Ende 1995 von der British Gaz Tunisia in Betrieb genommene Miskar-Feld im Golf von Gabès.

Ein wichtiger Wirtschaftsfaktor ist das **Phosphat.** Es wird in der Region um *Metlaoui* und *Gafsa* seit Ende des 19. Jh. abgebaut und zur Weiterverarbeitung (Düngemittel) bzw. zum Export an die Küste transportiert (Tunesien ist mit einer jährlichen Fördermenge von über 7 Mio. Tonnen weltweit der viertgrößte Phosphatlieferant, wenngleich die Förderung wegen der nachlassenden Weltnachfrage rückläufig ist). Die **Phosphatgesellschaft von Gafsa** ist der **größte Industriebetrieb Tunesiens.** Ein weiteres Phosphatvorkommen liegt bei *Kalaat Khasba (*südl. El Kef). Der Abbau von Eisenerz ist drastisch zurückgegangen, und von nur geringer wirtschaftlicher Bedeutung sind die Blei-, Quecksilber-, Zink- und Kupfervorkommen im Nordwesten und Westen des Landes.

Mit der Erschließung größerer **Pottaschevorkommen** (Grundstoff für Düngemittelherstellung) in den südtunesischen Salzseen wurde begonnen.

Handel und Handwerk

Handel wurde in Nordafrika **schon in der Antike** großgeschrieben. Karawanen besorgten den Warenaustausch mit Schwarzafrika, Handelsschiffe transportierten Güter übers Meer. Die **Souks,** mittelalterliche Handwerks- und Geschäftsviertel, haben trotz aller modernen Einflüsse in den vergangenen Jahrhunderten **kaum an Bedeutung eingebüßt. Warenhäuser, große Supermärkte,** moderne Einkaufszentren sind in Tunesien noch immer **dünn gesät** und beschränken sich auf die größeren Orte. Die Bewohner decken auch heute noch ihren täglichen Bedarf bevorzugt im Souk, in den vielen kleinen Geschäften sowie auf den offenen Wochenmärkten. So machen auf diesem Sektor nicht nur einige wenige Laden- und Firmenketten das Geschäft, sondern ein **großer Teil** der Bevölkerung lebt als **spezialisierte Klein- oder Kleinstunternehmer** vom Handel.

Entsprechendes gilt für das Handwerk. Zwar nimmt die Industrialisierung ständig zu; es gibt unter anderem Möbel-, Textil-, Keramikfabriken. Aber nach wie vor haben die unzähligen kleinen Handwerksbetriebe (Schreiner, Schneider, Weber, Töpfer, Gerber, Schuster, Schmiede, Korbflechter etc.) einen hohen Anteil am Wirtschaftsleben.

Näheres zum traditionellen Handwerk Tunesiens siehe unter „Kunsthandwerk und Souvenirs“.

Märkte und Souks

(Siehe auch Kastentext „Handeln und Feilschen" S. 177)

Das Bummeln über offene Märkte oder durch die engen Gassen der Souks ist für den Tunesienbesucher immer wieder von neuem faszinierend. Dies gilt vor allem für jene Reviere, die noch nicht von Touristen überlaufen sind, wo man ungehindert umherstreifen, beobachten und auch einmal stehenbleiben und sich etwas ansehen kann, ohne gleich am Ärmel gezupft und mit „Hallo, Deutsch?" und Sprüchen wie „Nix kaufen, nur gukken" abgelenkt und angelockt zu werden. Wer sich Zeit nimmt, nicht nur die Hauptsehenswürdigkeiten eines Ortes abhakt, sondern einfach drauflosmarschiert, tief hinein in die Gassen und in unbekannte Gebiete (keine Sorge, je entlegener das Viertel, umso freundlicher die Leute), der wird interessante Einblicke in den tunesischen Alltag erhalten.

Wochenmärkte

In fast allen **größeren Orten** des Landes findet – meist **einmal pro Woche** an gleichbleibenden Tagen – der **Hauptmarkt** statt (näheres zu den Markttagen s. jeweilige Ortsbeschreibung). Wer über Land fährt, erkennt dies meist schon vor Erreichen des Ortes. Alles was Beine oder Räder hat, ist unterwegs: Bauern, Handwerker, Händler aus der näheren und weiteren Umgebung, zu Fuß, auf Eseln oder motorisiert. Der touristische Besucher parkt sein Fahrzeug besser et-

Markt vor dem alten Türkenpalast in La Mohammédia

was außerhalb, bevor es mitten im Marktgewühle verkeilt. Ein spezieller Platz im Ort, oft auch mehrere Straßenzüge, sind dann voll mit Ständen oder auch nur auf dem Boden ausgebreiteter Ware. Angeboten wird unter freiem Himmel nahezu alles: Kleidung (neu und gebraucht), Wäsche, Schuhe, Geschirr, Haushaltswaren, Elektroartikel, Kosmetik, billiger Schmuck und vielerlei Krimskrams, wie er auch auf unseren Krämermärkten zu finden ist, daneben meist noch handwerkliche Produkte (Matten, Körbe, Flechtarbeiten, Teppiche, Töpfereiwaren) aus eigener Fertigung. Ein besonderer Teil des Wochenmarktes ist den Lebensmitteln vorbehalten, Obst und Gemüse, Fleisch und Fisch, Geflügel (meist lebendig), Eier und Milchprodukte, Gewürze.

Besonders interessante und deshalb auch **touristisch stark frequentierte Wochenmärkte** finden in **Nabeul** (freitags) und in **Douz** (donnerstags) statt; beiden ist jeweils ein Viehmarkt angeschlossen, wobei jener von Douz besonders eindrucksvoll ist; im **Töpferzentrum Nabeul** fasziniert insbesondere die Vielfalt des Keramikangebots. Auch der große Sonntagsmarkt in **Sousse** zieht viele Besucher an.

Die **turbulenteste Zeit** ist der **Vormittag** des jeweiligen Markttags. Viele Händler sind schon am Vortag angereist (häufig beginnt das Markttreiben schon am vorhergehenden Nachmittag); dagegen flaut der Handel am Markttag selbst – speziell zur heißen Jahreszeit – oft schon gegen Mittag wieder ab; die Händler bauen ihre Stände ab; viele haben noch einen weiten Heimweg. Wer also einen Besuch erwägt, sollte früh da sein. Interessanter als das Verkaufsangebot selbst sind meist die Kunden. Zum Wochenmarkt findet sich auch die Landbevölkerung zum *shopping* ein (oft fahren an diesem Tag spezielle Busse). Man kann die verschiedensten Gesichter und Kleidersitten studieren, und in dem Gewühle und Geschiebe lassen sich auch leichter und unbemerkter als sonst Fotos machen. Für die Bewohner aus weitem Umkreis ist der **Markttag gleichzeitig ein gesellschaftliches Ereignis.** Hier trifft man auf Freunde, Bekannte und Verwandte, erfährt das neueste – Wissenswertes und Klatschgeschichten – von allen Seiten, tauscht Erfahrungen aus, hält hier ein Schwätzchen und plaudert dort ein Weilchen; der Einkauf selbst scheint oft geradezu nebensächlich zu sein.

Die Souks

Als **Souks** bezeichnet man jene Gassen und **Viertel in der Altstadt**, in denen sich auf engem Raum die **Händler und Handwerker** niedergelassen haben *(Souk* – im Nahen Osten *Bazar* – bedeutet *Markt).* Zwar gibt es in den Städten inzwischen auch Supermärkte, Kaufhäuser und moderne Lebensmittel-Markthallen; der traditionsbewußte Tunesier deckt sich jedoch nach wie vor im Souk ein. Klassische, **weitläufige Souk-Viertel** findet man **in den Großstädten** (Tunis, Sousse, Sfax, Kairouan), aber auch in kleineren Städten lohnt sich ein Streifzug durch die Altstadtgassen.

Traditionsgemäß liegen Handwerksbetriebe gleicher Art (sie waren früher zu Zünften und festen Bruderschaften zusammengeschlossen) sowie Geschäfte gleichen Angebots

Handeln und Feilschen

Für viele Waren, z.B. in Supermärkten, Kaufhäusern, modernen Geschäften, bei Lebensmitteln, in Hotels und Restaurants etc., gelten Festpreise. Dagegen ist es in den Souks und bei vielen Privathändlern oft unumgänglich, um den Preis zu feilschen. Der Neuling tut sich da meist schwer. Im arabischen Raum braucht ein Handel ausreichend Zeit und das dazugehörige Ritual. Übrigens sollte man sich nur mit ernsthaften Kaufabsichten aufs Handeln einlassen; nur „aus Jux" herumzufeilschen, stößt auf wenig Verständnis. Einige Grundregeln sind zu beachten:

Als Käufer sollte man eine ungefähre Vorstellung haben, was das Gewünschte kosten darf (z.B. durch vorheriges Informieren an den Festpreisen in einem staatlichen ONAT/SOCOPA-Artisanat). Wer auf Anhieb den geforderten Preis (selbst wenn er akzeptabel erscheint) bezahlt, verliert nicht nur Geld, sondern auch sein Gesicht. Er hat zudem sich und dem Verkäufer den Spaß am Feilschen verdorben.

Pauschaltouristen, die auf ihrer Tour nur für kurze Zeit (und meist in ausgesuchte Geschäfte) zum Einkaufsbummel ausschwärmen dürfen, haben kaum genügend Muße und deshalb wenig Chancen, durch geduldiges Feilschen ein Schnäppchen zu machen. Die Läden am Soukeingang und an der Hauptgasse profitieren davon. Jeder Händler, der ein Geschäft wittert, wird den Kunden zunächst nach seinem persönlichen Befinden fragen, ein paar Komplimente machen und ihn zu einem Getränk einladen. Freundschaftsbezeugungen gehen vor. Wirds endlich ernst, sollte man kein zu großes Interesse an einzelnen Stücken erkennen lassen und vor allem den Händler dazu bringen, ein erstes Angebot zu machen. Als grobe Richtschnur gilt, daß der ursprünglich genannte Preis oft auf die Hälfte oder gar ein Drittel heruntergehandelt werden kann. Das eigene Anfangsgebot müßte daher bei ca. 20–25% des geforderten Preises liegen, damit noch genügend Spielraum bleibt. Lassen Sie sich nicht beeindrucken, wenn der Verkäufer sich die Haare rauft, wenn er behauptet, daß die geforderte Summe der aller-aller-unterste und ein absoluter Freundschaftspreis sei, der ihn und seine Familie mit fünf Kindern ruiniere. Oft rutscht der Preis schlagartig noch ein Stück nach unten, wenn man ankündigt, sich die Sache nochmals überlegen zu wollen. Geht man schließlich nach hartnäckigem Feilschen stolz mit seinem weit heruntergehandelten Stück von dannen, um später zu erfahren, daß der Preis trotz allem noch viel zu hoch war, so darf dies keinen Groll auf den Händler auslösen; es hat auch nichts mit Betrug zu tun. Beim nächsten Handel ist man geübter – und vielleicht hatte der Mann tatsächlich fünf Kinder.

meist auch heute noch konzentriert beieinander.

Über die „Konkurrenzklauseln“ in unseren Geschäfts- und Mietverträgen, die absichern, daß eine bestimmte Ware in einem bestimmtem Umkreis nur einmal angeboten werden darf, würde ein Souk-Geschäftsmann vermutlich nur den Kopf schütteln. Es gibt den Souk der Schuster, jenen der Kupferschmiede, der Schneider, der Kappenmacher, den Souk der Juweliere, der Korbflechter, der Teppich-, der Tuch-, der Wollhändler etc., wobei die reichen und angesehenen Gewerbetreibenden (dazu gehören u.a. die Schmuck-, Parfüm- und Buchhändler) ihre Viertel bevorzugt nahe dem Zentrum bei der Großen Moschee haben; die einfacheren Läden und Handwerker sitzen etwas weiter entfernt, und die geräuschvollen oder übelriechenden Gewerbe (Schmiede bzw. Gerber und Färber) müssen sich oft gar außerhalb der Stadtmauern niederlassen.

Auffallend ist stets von neuem die Winzigkeit einzelner Souk-Lädchen bzw. -werkstätten. Es sind oft nur schmale, manchmal kaum 2x2 m große „Nischen“, eingequetscht, eingeschoben zwischen die Nachbarläden; an Rück- und Seitenwänden stehen vollbepackte Regale, ein Querbrett bildet den Ladentisch, ebenfalls vollgehäuft mit Waren; der Geschäftsinhaber dahinter ist kaum noch zu sehen, hat gerade noch Platz zum Sitzen, und man befürchtet, daß er bei Geschäftsschluß nur mit einem Saugrohr aus diesem engen Verlies befreit werden kann.

In oft ebenso engen und dunklen Verschlägen arbeiten Schneider im Schneidersitz zwischen Kleidern und Stoffen, hämmern Schuster und Kupferschmiede, ist ein Weber mit seinem Webrahmen eingezwängt oder sitzen Töpfer über der Drehscheibe. Jeder Meter Fläche in den Souks wird optimal genutzt; die angebotene Ware hängt auch an den Außenwänden, liegt auf den Eingangsstufen und ist vor dem Geschäft, in die Gehweg- bzw. Straßenfläche hinein, ausgebreitet. Die zentralen, oft gedeckten Soukviertel sind aufgrund ihrer schmalen, meist kopfsteingepflasterten Gassen automatisch reine Fußgängerzonen; Käufer und Lieferanten mit sperrigen Körben und Kisten, Eselskarren und Fahrräder, fliegende Händler, Teeverkäufer und Touristen bilden oft ein dichtes Gedränge in diesen schlauchartigen Gassen.

In den Seitengassen und Handwerkervierteln hat man schon etwas mehr Bewegungsfreiheit. Häufig dienen heute auch die Innenhöfe ehemaliger *Fondouks* (einst Lager- und Rasthäuser für den Karawanenhandel) als Werkstätten. Im allgemeinen lassen sich die Handwerker gerne bei ihrer Arbeit bewundern.

Je mehr man sich vom Zentrum entfernt, umso mehr verschwinden Souvenirs und Luxusgüter aus dem Angebot, machen Waren des täglichen Bedarfs Platz.

In Tunis und anderen Städten trifft man gelegentlich noch auf kleine, lokale Straßen- und Flohmärkte, die Souks gehen schließlich in Wohngebiete über, in die nur noch da und dort ein Laden oder Handwerksbetrieb dazwischengetupft ist. Hier nun wird es Zeit, den Stadtplan auszubreiten, um festzustellen, wo einen der Bummel hingespült hat und wie man am besten wieder zurückfindet.

In den Urlaubszentren entsteht ein Hotelbau neben dem anderen

Tourismus

Er leistet einen bedeutenden Beitrag zum Wirtschaftsleben des Landes. Rund **16 % der Deviseneinnahmen** stammen aus dem **Tourismus,** von dem ca. 65 000 Personen direkt und ca. 200 000 Personen indirekt abhängig sind. Vor allem auch die **Bauindustrie profitiert** hiervon. Tunesien – für den Durchschnittseuropäer noch in den 50er Jahren ein fremdes Land im fernen Afrika – hat sich in den vergangenen Jahrzehnten zu einem der beliebtesten Reiseziele im Mittelmeerraum entwickelt. 1975 wurde erstmals über 1 Mio. ausländische Einreisen registriert, 1981 waren es bereits 2 Mio. (über die Hälfte davon aus Europa).

Der Fremdenverkehr wird von staatlicher Seite stark gefördert. Die **touristischen Einrichtungen** werden zu **über 90% privat** betrieben, Großprojekte häufig von ausländischen Investoren (vorwiegend aus arabischen Staaten) finanziert. Hotels werden vom ONTT (Office National Tourisme Tunisien) geprüft und überwacht; die Preise sind festgelegt. 1990 wurden bei einer Bettenkapazität von rund 116 000 fast 3 Mio. Touristen gezählt (davon mehr als die Hälfte aus Europa), wobei erstmals (mit fast einer halben Million) die Deutschen vor den Franzosen an der Spitze lagen. Bis dahin hatte sich der Gästestrom alljährlich um rund 15% erhöht. Die ständig steigenden Besucherzahlen ermunterten zu optimistischen Hochrechnungen und einem gigantischen weiteren Erschließungsprogramm bis zum Jahr 2000. Geplant wurden u.a. eine Aufstockung der Bettenkapazität auf 200 000, die Förderung des Saharatourismus (neue Hotels, Straßen statt Pisten im Süden), der Bau weiterer Hotelfachschulen etc. Dann kam der **Golfkrieg,** und die Folgen waren katastrophal. Im Jahr 1991 ging die Besucherzahl aus Europa um 40% zurück. Viele Hotels standen leer, eine große Zahl vom Tourismus lebender Tunesier wurde arbeitslos. Ausländische Investitionen blieben aus, begonnene Bauprojekte mußten unterbrochen, viele Pläne vorübergehend auf Eis gelegt werden. Dankbar vermerkten die Touristikmanager, daß die Deutschen die ersten waren, die nach und nach wieder eintrafen. Inzwischen ist die **Krise längst überwunden** und fast vergessen. Die Besucher strömen wieder, sogar stärker als je zuvor (1997 kamen mehr als 4 Mio. Gäste, davon 80 % aus den EU-Staaten). Die Bettenkapazität liegt inzwischen bei ca. 170 000; an vielen Orten herrscht rege Bautätigkeit, wachsen weitere Hotels und touristische Einrichtungen aus dem Boden.

Tunesien – ein vergleichsweise preiswertes Urlaubsland – wirbt **vorwiegend** um **Pauschaltouristen.** Die größten und noch weiter im Ausbau befindlichen **Urlaubszentren** sind *Hammamet, Port El Kantaoui* (bei Sousse), *Monastir/Skanès* und die *Insel Djerba.* In *Tabarka* an der Nordküste entsteht derzeit ein gigantisches Touristenzentrum, und große **Erschließungsmaßnahmen** sind u.a. auch bei *Mahdia* und in den Strandzonen von *Gammarth/Raouad* zu beobachten. Während der Hochsaison sind die großen Touristenhotels meist ausgebucht von Pauschal-Reiseveranstaltern. Der Gast findet dort alles nur Wünschenswerte an Komfort, an Sport-, Unterhaltungs- und Ausflugsmöglichkeiten. Auch Kultur und Abenteuer werden für ihn organisiert. **Bustouren** führen zu den verschiedenen Ausgrabungsstätten und interessanten Orten, **Geländewagenfahrten** erschließen das südliche Bergland, die Wüste und die Oasen. Neue Hotels, Restaurants und Straßen entstehen an populären Rundfahrtzielen, wie z.B. in und um *Douz, Tozeur, Nefta* und *Matmata.* Sogar der abgelegene Wüstenort *Ksar Ghilane* besitzt inzwischen drei Campements und ein komfortables „Zelt-Hotel“, um die immer zahlreicher werdenden „Safari-Gruppen“ versorgen zu können. Tunesien bemüht sich um seine Gäste, vor allem um die Pauschalurlauber. Investiert wird besonders in den „gehobenen Tourismus“ (Golfplätze, Casinos, Yachthäfen etc.), um finanzkräftige Besucher zu gewinnen. **Individualreisende, Camper bzw. Wohnmobilisten** dagegen erfahren nach wie vor relativ wenig Aufmerksamkeit und Unterstützung. Gedruckte Bus- oder Metropläne sind selbst in der Hauptstadt Tunis nicht erhältlich. Offizielle Campingplätze sind dünn gesät und entsprechen mit wenigen Ausnahmen nicht annähernd einfachsten europäischen Anforderungen. Im weiten Umkreis von Tunis bzw. dem Autofährhafen La Goulette gibt es keinen Campingplatz; Informationsbüros sind nicht immer mit fachkundigem Personal besetzt, gelegentlich auch - trotz offizieller Öffnungszeiten - geschlossen, und das schriftliche Informationsmaterial ist oft rettungslos veraltet. Daß auch Individualreisende, ja selbst Camper durch ihre Einkäufe (u.a. von Souvenirs), durch Besuche von Restaurants und Kulturstätten (auch an weniger touristischen Orten) Geld im Land lassen, blieb von den Tourismusbehörden bisher offenbar unbemerkt.

Umwelt- und Landschaftsschutzprobleme

„SI QUI URINAM FECERIT HABEBIT MARTEM IRATUM“

„Wenn jemand hier uriniert, wird er (den Gott) *Mars erzürnt haben“.*

Diese Inschrift findet sich am Sokkel des römischen Triumphbogens von *Thigibba* in der Nähe von Makthar. Sie beweist, daß „Umweltverschmutzung“ offenbar schon in früheren Zeiten ein Thema war, obwohl doch gerade die alten Römer als besonders hygienisches und kultiviertes Volk in die Geschichte eingingen. Man denke nur an ihre riesigen Thermen und die originellen Gemeinschaftslatrinen.

Müll, Luft- und Umweltverschmutzung werden in Tunesien mit zunehmender Industrialisierung und Bevölkerungszahl ein immer brennenderes Problem, vor allem im Bereich der **Großstädte** und in **touristischen Ballungsgebieten.**

Chemiewerke und andere Fabrikanlagen, die Bergbau- und Aufbereitungsindustrie für Phosphat, Zementwerke und Raffinerien etc. schaffen zwar Arbeitsplätze und bringen Erträge, sind aber selten ein Segen für die Natur, vor allem wenn die Mittel fehlen, diese Einrichtungen „umweltfreundlich“ zu unterhalten. Dreck, Qualm und Gestank entweichen in die Luft, Abwässer gelangen ungefiltert in die Flüsse oder ins Meer, nahegelegene Strände werden unbenutzbar, und die Bewohner der Umgebung leiden unter diesen Einflüssen. Die tunesische Regierung nimmt die Bedeutung einer intakten Umwelt für Tunesiens Zukunft sehr ernst und hat im Oktober 1991 ein eigenes **Umweltministerium** eingerichtet. Durch generelle Sensibilisierung der Bürger für den Umweltschutz (z.B. durch Aufnahme dieses Themas im Lehrplan der Schulen) bemüht man sich, den Aufgaben zum Schutz der Natur besser gerecht zu werden. Das Umweltmaskottchen „Labib“, ein stilisierter Wüstenfuchs, ist auf Plakaten oder als plastische Figur im Land allgegenwärtig und soll vor allem Kinder zu umweltfreundlichem Verhalten animieren. Gesetze und Richtlinien wurden erlassen, z.B. Umweltverträglichkeitsprüfungen vor der Durchführung neuer Projekte, Zahlung von Subventionen zur Installierung umweltverträglicher

Umweltmaskottchen „Labib“

Techniken, Strafen für Umweltsünder.

Auch auf dem **Tourismussektor** hat man die Bedeutung des Umweltschutzes erkannt. So wurden strenge Auflagen erlassen, um die Hygiene in Hotels und Restaurants zu verbessern. Die Hotels der touristischen Zonen sind an die kommunale Kanalisation angeschlossen; bestehende Kläranlagen werden bei Bedarf erneuert und erweitert. Die Meerwasserqualität wird immer wieder durch die Behörden kontrolliert. Die Hoteliers zahlen eine Ökosteuer, die zweckgebunden für Umweltschutzmaßnahmen in den Urlaubsregionen eingesetzt wird. Neue Hotelanlagen werden weitestgehend nach umweltbezogenen Kriterien gebaut, und man ist bemüht, bei der Erschließung neuer Ferienregionen den typischen Landschaftscharakter zu erhalten (z.B. durch Beschränkung der Bauhöhe und Einhaltung von Mindestabständen zwischen den Hotelanlagen, Bauverbotszonen). Gute Ideen und Vorsätze zweifellos, jedoch klafft derzeit noch häufig eine tiefe Lücke zwischen Wunsch und Wirklichkeit.

Deutlich sichtbare **Erfolge** wurden auf dem Gebiet des **Landschaftsschutzes** erzielt. Hier sind einmal die zahlreichen **Wiederaufforstungsmaßnahmen** erwähnenswert, die kahle, abgeholzte Landstriche wieder in grüne Waldzonen verwandelt haben und so eine weitere Erosion und Abtragung des Bodens verhindern. Ziel ist es, bis zum Jahr 2000 den Waldbestand von heute 800 000 ha auf 1 Mio zu erhöhen. Die Gründung mehrerer **Nationalparks und Naturreservate** (vgl. S.62) trägt dazu bei, daß zahlreiche Tier- und Pflanzenarten, die z.T. bereits vom Aussterben bedroht sind, zumindest in diesen Gebieten noch geschützten Lebensraum finden. Andererseits hinterlassen der Straßenbau, die touristische Erschließung und nicht zuletzt der Bau von Stauseen, von Bewässerungsanlagen und die Verlegung von Pipelines zerstörerische Spuren in Landschaft und Natur.

Das Problem der **Wasserversorgung** ist eines der drängendsten in Tunesien. Es rangiert vor allen anderen Umweltthemen, denn ohne Wasser geht nichts. Das Land ist vielerorts zu trocken, Regenfälle zu selten, zu gering, zu unregelmäßig, um den regionalen Bedarf zu decken. Ressourcen aus Flüssen (speziell dem Medjerda, dem einzigen, ganzjährig Wasser führenden Fluß), Stauseen und (v.a. im Süden des Landes) Grundwasservorkommen müssen herhalten und werden oft über große Strecken in die „durstigen" Städte, Industriegebiete, Gärten und Felder geleitet, in zunehmendem Maße aber auch in die wuchernden Hotelsiedlungen mit ihren Swimmingpools und Golfplätzen.

Aufgrund intensiver und immer **tieferer Brunnenbohrungen** sowie ständig steigender Wasserentnahmen ist vor allem in den Sahararegionen vielerorts bereits ein deutliches **Absinken des Grundwasserspiegels** zu registrieren. Die fossilen, unterirdischen Wasservorräte müssen in diesem heißen und trockenen Gebiet praktisch den gesamten Wasserbedarf decken und werden ja nicht durch regelmäßige Regenfälle wieder aufgefüllt. Die Folge sind immer dünner rieselnde oder gar **versiegende Quellen und ausgetrocknete Brunnen.** Dies hat katastrophale Auswirkungen auf die Landwirtschaft und die Palmenhaine. Die Oase Tozeur bietet ein abschreckendes Beispiel: Nicht zuletzt

Müll und Schutt und Plastiktüten

Wer länger oder wiederholt in Tunesien, ist hat sich daran gewöhnt. Der erstmalige Besucher sollte aber vorgewarnt werden. Garantiert kommt auch ihm der Stoßseufzer „O Himmel, dieser Dreck!" irgendwann über die Lippen. Keine Sorge, die Anlagen der Ferienhotels betrifft dies nicht. Dort sind Heerscharen von Putzpersonal ständig im Einsatz, um alles in Schuß zu halten. Dort werden Messingknöpfe und Glastüren poliert und die Marmorböden auf Hochglanz gehalten. Aber gleich um die Ecke, nur wenige Meter vom Hoteleingang entfernt, enden Luxus und peinliche Sauberkeit.

Eine perfekte Müllentsorgung und Straßenreinigung, wie wir sie kennen, existiert in Tunesien nur in Ansätzen. Trotz gelegentlich vorhandener Müllcontainer landet viel Abfall einfach im Gelände. Außerdem sorgen Wind, Hunde und Katzen dafür, daß auch der gesammelte Müll wieder im Umfeld verteilt wird. Eine regelrechte „Landplage" sind die schwindsüchtigen, dünnen Plastiktüten, die beim Einkauf überall großzügig ausgegeben werden und die landesweit Straßen und Felder verunzieren und an Zäunen, Sträuchern und Bäumen hängen. Die schönsten freien Strände, Waldränder, Park- oder Picknickplätze sind oft übersät mit Plastikflaschen, Joghurtbechern, Glasscherben und den allgegenwärtigen roten Celtia-Bierdosen. Selbst das geschichtsträchtigste Gemäuer wird oft als Müllkippe mißbraucht.

Was ebenfalls wenig zur Schönheit und Sauberkeit vieler Dörfer und Städte beiträgt, ist deren ewiger Baustellencharakter. Steine, Sand, Bauschutt und Abfall werden auch nach Fertigstellung nicht weggeräumt. Der Wind wirbelt Staub und Dreck unbefestigter Bodenflächen durch die Gassen. Man stolpert bei Ortsrundgängen über hochstehende Steinplatten, steigt über Sandhaufen, hüpft über Löcher und offene Kanalschächte – niemand scheint das zu stören. Tunesien hat eine Menge Probleme zu lösen – die Umweltverschmutzung ist nur eines davon.

In einer Beziehung jedoch können wir von den Tunesiern lernen: Vieles, was bei uns im Müll landet, wird bei ihnen privat „recycled". Alte Autoschläuche z.B. eignen sich hervorragend zur Fertigung von Schuhsohlen, Sandalen und Eimern. Vorsintflutliche Fernseh- oder Radioapparate finden sich ganz oder zerlegt neben anderen undefinierbaren Geräteteilen auf jedem Krämer- und Flohmarkt. Kinder basteln sich Spielzeugautos aus Blechdosen und sonstigem Schrott. Armut und Sparsamkeit als Müllvermeider, ein – wenngleich unfreiwilliger – Beitrag zum Umweltschutz!

Wasserversorgung aus der Zisterne

der Bau zahlreicher Hotels mit Swimming-Pools und Duschen, die von Touristen in mitteleuropäisch gewohnter Verbrauchermanier benutzt werden, hat dazu beigetragen, daß der schöne Palmenhain rings um den Belvédère-Hügel zu einem traurigen, „sterbenden Wald“ verkommen ist. Auch auf der Insel Djerba wird es die wenigsten Touristen interessieren, daß das aus dem Hotelhahn fließende Wasser durch eine große Pipeline vom Festland herübergeleitet werden muß. Während die Bewohner ländlicher Gebiete im Schnitt mit 20–50 l pro Tag auskommen und die am Wasserleitungsnetz angeschlossenen Städter ca. 80–100 l verbrauchen, liegt der touristische Tagesbedarf pro Gast (Hotelbetrieb, Pool, Golfplatz etc. eingeschlossen) bei 500–700 l.

Neben der Wasserversorgung ist auch das umweltfreundliche **Entsorgen der Abwässer** eine große Aufgabe sowohl in besiedelten Gebieten wie in Industrie und Landwirtschaft. Inzwischen besitzen alle größeren Städte Kläranlagen (80% Anschlußwert) und kein Tourismuskomplex leitet seine Abwässer mehr ungeklärt ins Meer. Teilweise wird gereinigtes Wasser noch für die Bewässerung von Hotelgärten und Golfplätzen verwendet.

Wie auch anderswo kostet die Umsetzung guter Ideen und eines wirksamen Umweltschutzes viel Geld. Deutschland gewährt u.a. gezielte Finanzhilfe für tunesische Landschafts- und Umweltschutzprojekte – ein Tropfen auf den heißen Stein. Zwar wird vieles getan, aber noch mehr bleibt zu tun übrig.

Das Umweltministerium hat eine deutschsprachige Broschüre herausgebracht: **„Ihr und unser Beitrag zum Umweltschutz“,** in der die Umweltprobleme erläutert und dem Gast Tips zu umweltfreundlichem Verhalten gegeben werden (über einige Hotels bzw. Reiseleiter erhältlich). Als **Besucher** des Landes läßt sich ein bescheidener **Beitrag** leisten, indem man schonend mit der Natur und **sparsam mit dem wertvollen Wasser** umgeht, auch, wenn es scheinbar satt aus der Leitung kommt. Daß Müll nicht in die Landschaft gehört, bedarf wohl keiner extra Erwähnung, und wer wirklich fernab offizieller Toiletten ein unaufschiebbares Bedürfnis verspürt, kann selbigem relativ würdevoll und – mit gutem Willen auch ohne sichtbare Spuren zu hinterlassen – irgendwo im Gelände nachkommen; es muß wirklich nicht an einem römischen Triumphbogen sein.

Tier- und Pflanzenwelt

Tiere

Ein Tip vorweg: Manches Tier, das man auf freier Wildbahn überhaupt nicht oder nur mit viel Glück zu sehen bekommt, läßt sich in den Zoos z.B. von Tunis, Tozeur, Douz, Chenini (Gabès) oder Orbata (Gafsa) aus nächster Nähe besichtigen.

Von dem einstmals reichen Wildtierbestand (noch im vorigen Jahrhundert gab es z.B. **Berberlöwen, Panther und Paviane** in Tunesien) ist u.a. als Folge der Jagdleidenschaft der Franzosen wenig übrig geblieben. Attraktion des Ichkeul Nationalparks sind die **Wasserbüffel** (s. Route A8); im Djebel Chambi-Nationalpark (s. Route B3) hat man **Mähnenschafe** wieder heimisch gemacht, ferner findet man dort **Luchse und Berggazellen.** Ein Gehege im Forest Feidja (s. Route A13) dient der Aufzucht von **Atlashirschen,** und im Bou-Hedma-Nationalpark (s. Route B6) sind u.a. ganze Rudel von Antilopen und Gazellen beheimatet.

Große Bestände von **Wildschweinen** leben in den dichten Wäldern der *Kroumirie* – im Herbst organisieren Jagdclubs und Hotels der Region Wildschweinjagden (s. „Tabarka" und „Ain Draham"). In der Bergoase Tamerza klagen die Bauern darüber, daß Wildschweine ihre Kornfelder verwüsten, und auch als wilder Camper ist man vor einem Besuch nicht sicher. Auf Spaziergängen oder von einsamen Übernachtungsplätzen aus beobachteten wir ferner **Füchse und Hasen,** hörten nachts die Schreie der **Käuzchen** und einmal (nahe *Bulla Regia)* ein wahrhaft „sibirisches" Geheul. Wir hatten zuvor in der Abenddämmerung in einiger Entfernung „streunende Hunde" beobachtet. Kompetente Einheimische versicherten uns jedoch unabhängig voneinander, daß es in den Wäldern im Nordwesten Tunesiens noch **Wölfe** gibt.

Interessante Entdeckungen lassen sich aber auch unter den kleineren Lebewesen machen. So räumten wir mehrmals **Gottesanbeterinnen** aus unserem Wohnmobil, grünliche, wie aus dünnen Stäbchen gebastelt wirkende Heuschrecken, die mit ihren hocherhobenen Vorderstäbchen nicht im Traum ans Beten denken, sondern auf Beute lauern. Man weiß, daß sie so gefräßig sind, daß sie während des Liebesakts oft ihrem eigenen Partner den (sehr eiweißhaltigen!) Kopf abbeißen. Anerkennung verdienen die **Pillendreher**, Schwarzkäfer, die Dung zu Kugeln beachtlicher Größe formen und diese dann – oft in Gemeinschaftsarbeit –- über Land rollen. Einmal hing ein kleines, felliges Bündel an unserer Vorhangstange – eine **Fledermaus.** Bei einbrechender Dunkelheit fliegen diese – übrigens harmlosen – Tiere wie die Irrwische kreuz und quer durch die Luft, ohne dabei dank ihrer Echo-Peilung irgendwo anzustoßen. Ein Paradies für Fledermäuse sind u.a. die Höhlen bei *El Haouaria* (s. Route A7).

Kein bißchen exotisch und leider auch nicht vom Aussterben bedroht sind **Stechmücken** und ganz ordinäre **Stubenfliegen.** Erstere können einem vor allem bei Einbruch der Dunkelheit und in der Nähe von Wasserstellen das Leben zur Hölle machen, und die Fliegen nerven durch ihre Unverfrorenheit, sich auf allem und jedem niederzulassen und auch bei noch so wildem Wedeln nicht zu verschwinden.

Erfreulicher wieder die zahlreichen **Eidechsen- und Geckoarten.** Wer an warmen Sonnentagen durch Ruinenstätten wandelt, muß sich an das ständige Huschen und Rascheln gewöhnen.

Interessantes Getier entdeckt man in den Wüstengebieten. Die erste Frage von Reisenden zielt hier meist auf **Schlangen und Skorpione.** Vorweg zur Beruhigung für Ängstliche: Es braucht ziemlich viel Glück (oder besser „Zufall"), um überhaupt eines dieser Tiere zu Gesicht zu bekommen. Wir haben auf wochenlangen Wüstenreisen oft weder Schlangen noch Skorpione gesehen. Und wenn doch: gebissen bzw. gestochen wird man höchstens, wenn sich die Tiere bedroht fühlen, man ihnen zu nahe kommt oder sie gar reizt. Schlangen und Skorpione sind grundsätzlich nachtaktive Tiere, und nicht alle in Tunesien vorkommende Arten sind giftig. Trotzdem empfiehlt es sich generell, nicht mit ungeschützten Füßen (offenen Sandalen oder gar barfuß) durchs Gelände zu gehen – eine Warnung, die wir noch ernster nehmen, seit wir einmal eine (hochgiftige!) **Hornviper** beobachteten, die zunächst gut erkennbar auf dem Sand lag, dann aber in wenigen Sekunden sich so unter die Sandschicht „schlängelte", daß nur noch das Augenpaar zwischen den Sandkörnern herausschaute, absolut unsichtbar für jeden, der nichts von ihrer Anwesenheit weiß. Hornvipern (auch „Seitenwinder" genannt) hinterlassen im Sand meist eindeutige Spuren – auch das eine Vorwarnung! Durch schnelle, peitschende Bewegungen und ständige Gewichtsverlagerung berührt die Viper den Boden immer nur mit einem Teil ihres Körpers, und so besteht ihre Spur aus abgesetzten, parallel verlaufenden, wellenförmigen Linien.

Mit Vorliebe halten sich Schlangen in feuchtem Gelände (Oasengärten, Bewässerungsgräben, Tümpel) und auch steinigem Revier (zerfallene Häuser, Ruinenstätten) auf. In unübersichtlichem, verdächtigem Terrain – kräftig auftreten vertreibt die Schlangen und die Angst (näheres zu Schlangenbissen s. Kapitel „Gesundheit").

Auch **Skorpione** sind vorwiegend nachts unterwegs. Wir bekamen gelegentlich Besuch am abendlichen Lagerfeuer. Beim Camping empfiehlt es sich, Zelte dicht abzuschließen und im Freien belassene Schuhe oder andere Gegenstände vor Gebrauch gut auszuschütteln oder abzuklopfen. Wer gezielt auf Skorpionsuche gehen will, muß Steine umdrehen und Felsritzen untersuchen. Aber Vorsicht und ganz dicke Handschuhe tragen! Ein Skorpion, der keine Fluchtmöglichkeit mehr sieht, wird zum Angriff übergehen, seinen Schwanz mit Stachel hochstellen und unweigerlich zustechen, wenn man ihm zu nahe kommt. (Näheres zu Skorpionstichen s. Kapitel „Gesundheit").

Harmloser, wenngleich sehr aggressiv und gefräßig, sind die **Walzenspinnen,** erkennbar an ihrem behaarten Körper und den riesigen Beißzangen. Tagsüber liegen sie unter Steinen oder in Erdritzen. Sie sind zwar nicht giftig,

Addax-Antilopen im Bou Hedma Nationalpark

ihr Biß ist aber äußerst schmerzhaft.

Sehr putzige Gesellen sind die **Wüstenmäuse.** Man unterscheidet zwischen der **Sandrennmaus** und der **Springmaus.** Letztere bewegt sich mit auffallend langen Hinterbeinen durch känguruhartige Sprünge vorwärts. Der lange Schwanz mit Quaste dient als Steuer und Gegengewicht. Auch Mäuse verlassen meist erst nachts ihre Löcher. Auf vielen Wüstentouren hatten wir an den Abenden unseren Spaß mit diesen oft verblüffend zutraulichen Nagern. Haferflocken, Rosinen, Weißbrotkrümel – all das sind Leckerbissen, denen die Mäuse kaum widerstehen können. Wir lockten sie mit Müslispuren in unsere Mitte, schauten zu, wie sie Haferflocke auf Haferflocke türmten und die Bündel dann hektisch wegschleppten. Was aussieht wie ein kleines, braunes Meerschweinchen und als Schwanz nur einen kleinen Haarbusch hat, ist ein **Gundi** (Ctenodactylus). Er hält sich – speziell im Süden des Landes – meist an und auf Wegmäuerchen auf und verschwindet bei Annäherung blitzartig im Mauerwerk.

Die Vogelwelt

Wenn es den Vögeln in Europa zu kalt wird, ziehen sie gen Süden. Tunesien ist teils Zwischen-, teils aber auch Endstation für **Zugvögel. Stare** z.B. fallen im Herbst zu Millionen in Nordafrika ein. In dem breiten Mittelstreifen der Hauptstraße von Tunis, der Av. Habib Bourguiba, zetern riesige Starenschwärme in den Kronen der Bäume. **Störche** – je nach Jahreszeit auch nur ihre Nester – entdeckt man im Nordwesten des Landes häufig, oft mitten in den Orten, auf Minaretten oder Hausdächern. Hinzu kommt eine Vielzahl heimischer Vögel, darunter seltene Greifvogelarten wie **Steinadler, Schlangen-, Habichts- und Zwergadler, Schmutz- und Gänsegeier. Bussarde, Sperber und Falken** leben bevorzugt im felsigen Küstengelände der Halbinsel Cap Bon. Ein besonderes Vogelparadies ist das Naturschutzgebiet *Ichkeul-See* (Route A8), wo sich vor allem in den Wintermonaten **Kuhreiher,** zahlreiche **Entenarten, Bläßhühner und Graugänse** tummeln. An Tunesiens flachen Küsten, in den Lagunen und Salzseen entdeckt man recht häufig **Flamingos, Kraniche, Kormorane** und verschiedene **Reiherarten,** mit Glück auch prächtig schillernde Eisvögel. Farbenfrohe, sehr flinke Vögel sind die **Bienenfresser**, die uns in Scharen auf Djerba und in den Wüstenrandgebieten begegneten. Typisch für die Saharagebiete sind **Raben, Wüstenlerchen** sowie der zutrauliche schwarzweiße **Weißbürzel-Steinschmätzer,** der gern schwanzwippend von nahen Ästen, aber auch vom Autodach oder der Zeltstange das Lagerleben in der Wüste beobachtet.

Fische

Eine besorgte Frage von Badegästen vorweggenommen. **Haie?** Es gibt sie vor Tunesiens Küste, jedoch nicht in Strandnähe. Zumindest sind noch keine Unfälle bekanntgeworden.

An Speisefischen ist vor allem der **Thunfisch** erwähnenswert, (spezielle Fangmethoden bei *Sidi Daouad* – s. Route A7); ferner fangen die Fischer **Sardinen, Makrelen, Tintenfische, Seeteufel, Barsch, Dorsch** und vielerlei **Krustentiere,** die man sowohl auf den Fischmärkten wie auf den Speisekarten der Küstenorte wiederfindet.

Auf den beiden Inseln *Zembra* und *Zembretta* (Naturschutzgebiet) genießen **Mönchsrobben** einen ungestörten Lebensraum.

Das Kamel

Genaugenommen handelt es sich bei dem einhöckrigen Tier um ein **Dromedar,** doch spricht man allgemein vom **Kamel.** Die Araber behaupten, es sei das einzige Tier, das sämtliche Namen Allahs kenne – und entsprechend hochmütig blickt es auch drein. Wer den Süden Tunesiens bereist, wird immer wieder Bekanntschaft machen mit Kamelen. In den Dörfern werden sie gelegentlich noch als Arbeitstiere gehalten, z.B. vor den Pflug gespannt oder in Ölmühlen zum Ziehen der schweren Preßwalze eingesetzt. Ganze Herden von Kamelen weiden oft in Sichtweite der Straßen (manchmal auch auf diesen; Warnschilder beachten!).

Wenn – z.B. in Nabeul oder Douz – von „Kamelmärkten" gesprochen wird, so sollte man das nicht allzu wörtlich nehmen. Es handelt sich um „Viehmärkte", auf denen Kamele, überwiegend jedoch Ziegen, Schafe etc. angeboten werden. Das Kamel, einst wichtigstes Transportmittel und Lastentier der Sahara, wird durch die motorisierte Konkurrenz mehr und mehr verdrängt. Zwar gibt es noch Salzkarawanen, die durch die Zentralsahara zu den Salinenstätten ziehen; in den Randgebieten jedoch – und die tunesische Sahara liegt am Nordrand dieser großen Wüste – wird Handelsgut längst mit Kraftfahrzeugen befördert.

Dabei bringt ein Kamel ideale Bedingungen mit für das Leben in der Wüste: Seine Ansprüche sind, was Speise und Trank anbelangt, sehr bescheiden, und es vermag sowohl **Wasser als auch Futter** geschickt zu rationieren und **im Körper zu speichern.** Ein durstiges Kamel kann auf einmal bis zu 120 Liter Wasser aufnehmen; dieser Vorrat wird gleichmäßig im Gewebe des Körpers gespeichert und reicht – in den kühleren Wintermonaten – für etwa eine Woche aus. Ebenso kann das Kamel während guter Futterversorgung in seinem Höcker Fettreserven anlegen, von denen es dann in kargen Zeiten zehrt. Besteht das Futter des Kamels aus saftigem Grünzeug (dieses Glück wird ihm allerdings nur selten vergönnt sein), so reicht die darin vorhandene Flüssigkeit für den normalen Bedarf des Tieres bereits aus.

Kamele hielten erst mit zunehmender Austrocknung der Sahara, vor ca. 4000 Jahren, Einzug in Afrika. Im Gegensatz zum Pferd, das bis dahin vorherrschte, weist das Kamel breite, gepolsterte Plattfüße auf – ideal für den sandigen Wüstenboden. Lange Wimpern schützen seine Augen vor Sand, und dank seiner Körpergröße ragt der Kopf des Kameles zumindest bei kleineren Sandstürmen meist über die aufgewirbelten Körner hinaus. Die Nasenlöcher sind mit Membranen ausgestattet, die die eingeatmete Feuchtigkeit aufnehmen und gleichzeitig verhindern, daß sie beim Ausatmen wieder verlorengeht. Die Blut- und Kör-

Das Dromedar – heutzutage überwiegend touristisch genutzt

Kamelritt

In vielen tunesischen Touristenzentren besteht die Möglichkeit zu einem Kamelritt. In Küstenorten führen diese Meharées oft am Meer entlang; in den Oasen des Südens reitet man durch die Palmengärten oder hinaus in die Wüste. Bei touristischen Ausritten sorgen die Kameltreiber für problemlosen Ablauf. Wer „unorganisiert" die Möglichkeit bekommt, ein Kamel zu besteigen, möge folgende Tips beherzigen:

Gehen Sie nie zu nahe an den Kopf eines Kamels heran – nicht nur wegen des üblen Mundgeruchs, manche Kamele sind bissig. Damit der Reiter aufsteigen kann, muß sich das Kamel hinlegen. Freiwillig tut ein Kamel grundsätzlich nichts. Also ergreift man den am Kopf des Tieres befestigten Strick und zieht langsam nach unten. Viel gutes Zureden ist erforderlich, bis sich das Tier (häufig unter Protestgebrüll) hinlegt. Kamelsättel sind, wenn nicht für Touristen präpariert, eine sehr harte Sache. Man sollte deshalb Kissen oder Decken unterlegen. Die Beine werden über dem Hals des Tieres gekreuzt, so daß die rechte Fußkante an die linke Halsflanke drückt und umgekehrt. Nun gut festhalten, denn plötzlich schießt man kopfüber nach vorn – das Tier hat seine Hinterbeine aufgerichtet. Kaum hat man das Gleichgewicht wiedergefunden, kippt man nach hinten, denn jetzt gehen die Vorderbeine in die Höhe. Dann folgt nochmals ein Ruck, wenn das Tier seine Hinterbeine vollends geradebiegt. Beim folgenden Ritt wird man nicht nach vorn und hinten, sondern nach links und rechts geschaukelt, denn Kamele gehen im Paßgang: linkes Vorder- und Hinterbein gemeinsam, dann rechtes Vorder- und Hinterbein – ein ungewohntes Geschaukle in schwindelnder Höhe. Gelenkt wird das Kamel durch Fußdruck gegen die entsprechende Halsseite und mit Hilfe des Zügels. Zisch- und Schnalzlaute (auch mit Flüchen klappt es gelegentlich) treiben das Tier an.

Ein Kamel kann stur, eigensinnig, ja geradezu bösartig sein, dumm ist es garantiert nicht. Es spürt genau, ob ein Anfänger oder ein Könner auf ihm sitzt. Bei unseren Reitversuchen trampelten die Tiere trotz kräftiger Gegenlenkung stets in die von ihnen bevorzugte Richtung und setzten auch beim Tempo ihre eigenen Vorstellungen durch.

pertemperatur von Kamelen paßt sich – ohne Verringerung der Leistungsfähigkeit – der Umgebungstemperatur an. Neben seiner Funktion als Reit- und Lasttier liefert das Kamel Milch und Wolle, Fleisch und Leder. Die Stände oder Läden der Kamelmetzger kann man meist an ihrem „Aushängeschild", einem abgeschnittenen Kamelkopf, erkennen. Auf Speisekarten taucht „Kamelfleisch" allerdings fast nie auf. Die heute noch in Tunesien gezüchteten Kamele sind nur selten für echten Wüsteneinsatz gedacht; sie dienen überwiegend als Reittiere in den Touristenzentren oder landen als Schlachtvieh beim Metzger.

Pflanzen

Die Vielfalt der Landschaft Tunesiens – vom **mediterranen, fruchtbaren Küstengebiet** über **Steppenlandschaft** bis zur trockenen **Sahararegion** – spiegelt sich naturgemäß auch in der Vegetation wieder. Wer sich besonders für Pflanzen interessiert, sollte unbedingt Frühjahr/Frühsommer als Reisezeit wählen. Dann bietet das Land einen überwältigenden Reichtum an Blumen und Blüten. **Rosen, Jasmin** und andere Duftblumen dienen der Parfümherstellung. In den Hotel- und Villengärten ranken **Bougainvillea** und **Hibiskus** übers Mauerwerk. **Mandel- Pfirsich- und Aprikosenbäume** blühen schon im Jan./Febr., farbenfrohe Wildblumen wachsen auf Weideflächen, an Feld- und Wegrändern, unter Olivenbäumen, blühende **Disteln** beleben farblose Ruinenstätten, **Oleander** säumt die Wasserläufe. Im Buschwald, der **Macchia,** grünt und sprießt es, blühen **Ginster und Zistrosen,** duften **Lavendel, Rosmarin** und **Thymian.** Die Macchia im Nordosten des Landes und auch die Kiefernwäldchen in küstennahen Zonen erinnern an Südfrankreich oder Korsika. Im Bergland der *Kroumirie* faszinieren die **Korkeichenwälder** (näheres hierzu s. Kastenkapitel in Route A13), in der *Dorsale* die prächtigen Bestände von **Aleppokiefern.**

Spätestens im Herbst ist der Farbenreichtum verschwunden. Gelbbraune Töne überwiegen dann, die Felder sind abgeerntet, dürre Disteln erinnern an vergangene Blütenpracht, und Millionen kleiner, weißer Häuschenschnecken überziehen Felder und Weiden, trockene Gräser und Baumstämme.

Große Gebiete Tunesiens sind heute als Kulturland erschlossen. Wald und Macchia fielen schon in der Antike der Axt und dem Feuer zum Opfer zugunsten von **Getreidefeldern, Baumkulturen,** ja sogar **Weingärten. Aprikosen-, Pfirsich-, Mandelbäume** wachsen im küstennahen Bereich vom *Cap Bon* bis zur *Insel Djerba,* ausgedehnte **Zitrusplantagen** finden wir gleich südlich von Tunis in der *Grombalia-Ebene.* Interessante geometrische Motive bieten die **Olivenhaine** mit ihren schnurgeraden Reihen, die große Flächen des küstennahen Inlands bis zum Rand der Wüste bedecken. Auf den weiten baumlosen Steppenhochflächen des Landesinneren kann sich nur noch dürftige Vegetation behaupten. Hier hat sich das **Halfagras** mit seinem weitverzweigten Wurzelsystem der Trockenheit angepaßt – Grundstoff für die Zellulosegewinnung und Grundmaterial für Korb- und Mattenflechtwaren. **Akazien und Tamarisken** finden wir im südlichen Wüstenrandgebiet, und die **Pal-**

men, die uns als Zierbäume schon in Tunis und anderen Küstenorten begegneten, kehren – als nützliche Dattelpalmen – in den großen Palmerien der Saharaoasen (und auch auf Djerba) wieder.

Auf einige in Tunesien besonders häufige oder für das Land typische Pflanzen wollen wir gesondert eingehen:

Der Ölbaum

Vor allem im *Sahel,* dem Bereich um *Sousse und Sfax* von der Küste aus weit landeinwärts, beherrscht der **Olivenanbau** die landwirtschaftliche Nutzfläche. Auch auf Djerba stehen etwa eine halbe Million Bäume. Ölbaumkulturen werden in akkuraten Reihen schachbrettartig angelegt. Ihr Pflanzabstand vergrößert sich, je trokkener, je unergiebiger der Boden wird und je mehr Einzugsgebiet der Baum mit seinen sich seitwärts unter der Erdoberfläche ausbreitenden Wurzeln braucht, um genug Feuchtigkeit und Nährstoffe zu erhalten. Neben jungen, frisch angelegten Pflanzungen findet man auch jahrhundertealte, knorrige Bäume, die noch immer gute Erträge liefern. Die Römer begannen zu Beginn der Zeitrechnung, den Olivenanbau zu kultivieren. Alte Anlagen von Ölpressen, vor allem die mächtigen Preßsteine, entdeckt man sowohl inmitten antiker Ausgrabungsorte wie gelegentlich auch auf freiem Feld. Oliven werden – je nach Sorte – etwa im November/Dezember geerntet, kommen auf die Märkte, in die Konservenfabriken oder in die Ölmühlen. Oliven und Olivenöl sind ein wesentlicher Bestandteil der tunesischen Küche und wichtiger Exportartikel.

Die Dattelpalme

Nach der Erschaffung des Menschen hatte Allah noch zwei Klümpchen Lehm übrig. Aus dem einen erschuf er das Kamel, aus dem andern die Dattelpalme – das behaupten zumindest die Araber. In trockenen Wüstengebieten zählen **Datteln** noch heute zu den **wichtigsten Grundnahrungsmitteln.** Sie enthalten wertvolle Nährstoffe, sind reich an Vitaminen, lassen sich lange lagern und schmekken gut – eine ideale Zwischenverpflegung auch für den Reisenden. Palmen werden nicht etwa aus einem Dattelkern, sondern aus Wurzelschößlingen gezogen und brauchen ca. fünf Jahre, bis sie erstmals Früchte tragen. In den Oasen werden diese Schößlinge auch Touristen angeboten, die dann in der Heimat ihr Pflanzglück probieren können. Während eine Palme im heißen Saharainnern oft nur 10 bis 20 kg Ertrag bringt, sind bei günstigen Bedingungen Ernten bis zu 100 kg möglich. Das ganze Jahr über muß die Palme jedoch **künstlich bewässert** werden, und ebenfalls menschliche Hilfe erfordert die Bestäubung: Im Frühjahr (etwa im April) werden die Blütenwedel männlicher Palmen in die Kronen weiblicher Palmen gesteckt – den Rest besorgen der Wind und die Insekten. **Dattelernte** ist im Herbst – ca. September bis November – je nach Sorte. Daneben liefert die Palme mit ihren Fasern Material zum Drehen von Seilen, zur Fertigung von Körben und Matten. Palmwedel werden für den Hausbau, zum Dachdecken oder für Umzäunungen benützt, der Stamm liefert Bauholz und die Wurzeln Brennmaterial.

Ölbaum auf Djerba

Palmen, die keine Früchte mehr tragen, liefern häufig noch *„Laghmi"* (siehe Kastenkapitel bei Routenbeschreibung B5). Besonders wertvoll ist die Palme als Schattenspender, denn nur unter ihrem schützenden Dach können in den heißen Saharaoasen andere Nutzpflanzen, zum Beispiel Getreide, Gemüse und Obstbäume gedeihen.

Opuntien/Feigenkakteen

Kilometerlang begleiten sie uns oft entlang der Straße als übermannshohe, undurchdringliche Hecken. Diese aus Zentralamerika eingeführte und inzwischen über ganz Tunesien verbreitete Kaktusart mit fleischigen, spitzstachligen Stengelgliedern dient in erster Linie als natürliche **Begrenzung und Einzäunung;** sie erfreut durch wunderschöne Blüten und bietet auch Eßbares: die **Kaktusfeigen,** stachlige Früchte, die zur Reifezeit auf den Märkten und am Straßenrand angeboten werden. Aber Vorsicht: keinesfalls mit bloßen Händen anfassen! Die kleinen, unscheinbaren Stacheln an der Oberfläche verursachen äußerst unangenehme Hautverletzungen. Geerntet werden die Früchte daher häufig mit einer Art „Dreizack". Die Stacheln müssen vorsichtig abgerubbelt werden, dann wird die Frucht an beiden Seiten geköpft, danach halbiert, und nun läßt sich das Fruchtfleisch ganz leicht herauslösen. Wie es schmeckt? Naß, fruchtig mit vielen Kernen. Auch die daraus gefertigte Marmelade hat kaum Eigengeschmack. Man geht nicht meilenweit für die Früchte, aber sie sind immerhin eine willkommene Wegzehrung bei Spaziergängen über Land.

Eukalyptusbäume

Sie wurden etwa in der Mitte des 19. Jh. **aus Australien eingeführt** und sind heute vom tunesischen Landschaftsbild nicht mehr wegzudenken. Man findet sie als kleinere Pflanzungen, als regelrechte Wälder, meist jedoch in gleichmäßigen Abständen wie aufgefädelt als Alleebäume entlang der Straßen. Diese schnellwachsenden Bäume werden bevorzugt für Wiederaufforstungen gewählt und fungieren als **Windschutzgürtel** und als Schattenspender zum Schutz des Asphalts vor Hitze. Zwar benötigen Eukalyptusbäume viel Feuchtigkeit, holen sich diese aber dank ihrer tiefreichenden Wurzeln aus Grundwasserbeständen. Ein Hinweis für Camper: Der Baum ist zweifellos ein wohlriechender Schattenspender, doch ist bei Luftbewegung mit ständigem Rascheln und Fallen dürrer Rindenstreifen und Blätter zu rechnen, und zur Zeit des Fruchtstandes wirft er zusätzlich – auch nachts und ohne Rücksicht auf schlafende Camper – seine trachtenknopfähnlichen, harten Früchte auf Zelte und Autodächer.

Der Wald – wichtig für das ökologische Gleichgewicht

Durch Menschen beeinflußt und verändert wurde Tunesiens Flora schon in der **Antike.** Als die Phönizier an Land gingen, gab es neben Weideflächen und Steppe noch große Gebiete dichten **Laubwalds.** Die nachfolgenden Römer verstärkten den bereits eingeführten Ackerbau, legten riesige Getreidefelder, aber auch Wein- und Olivenpflanzungen an und begannen, die Wälder in der Nähe ihrer Städte rigoros abzuholzen, um **Bauholz** (zum Beispiel für ihre Schiffe, insbesondere aber **Heizmaterial** für ihre aufwendigen Badebetriebe) zu gewinnen. Nach dem Einzug der Araber bildeten die damals noch intakten Bergwälder Rückzugsgebiete für verdrängte berberische Ackerbauern, die dabei große Waldgebiete in Kulturland umwandelten. Die Natur eroberte sich später einen Teil der Flächen zurück, doch anstelle der einst dichten, geschlossenen Laubwälder wuchs nur noch lichter Buschwald, die **Macchia,** nach. Einen einschneidenden Kahlschlag erlebten die Wälder nochmals während französischer **Kolonialherrschaft,** als der Getreideanbau forciert und dafür erneut großflächig Wälder **gerodet** wurden. Verheerende **Bodenzerstörung, Austrocknung, Überschwemmungen** und alarmierend zunehmende **Bodenerosionen** als Folge dieser intensiven Abholzungen führten schon gegen Ende der Protektoratszeit zum Einlenken und zu ersten Wiederaufforstungsprojekten. Zwischenzeitlich hat die tunesische Regierung durch zahlreiche **forstwirtschaftliche Maßnahmen** sowie durch **konsequente Schutzvorschriften,** (Einschränkung der Ziegenhaltung, Verpflichtung der Landbesitzer zu Baumpflanzungen) beachtliche Erfolge erzielt, viele Hektar Neuwald geschaffen und durch **Ausweisung von Reservaten** die vorhandenen Wälder vor weiterer Ausbeutung bewahrt, z.B. **Nationalpark Djebel Chambi** (Route B3) oder **Naturreservat des Forest Feidja** (Route A13).

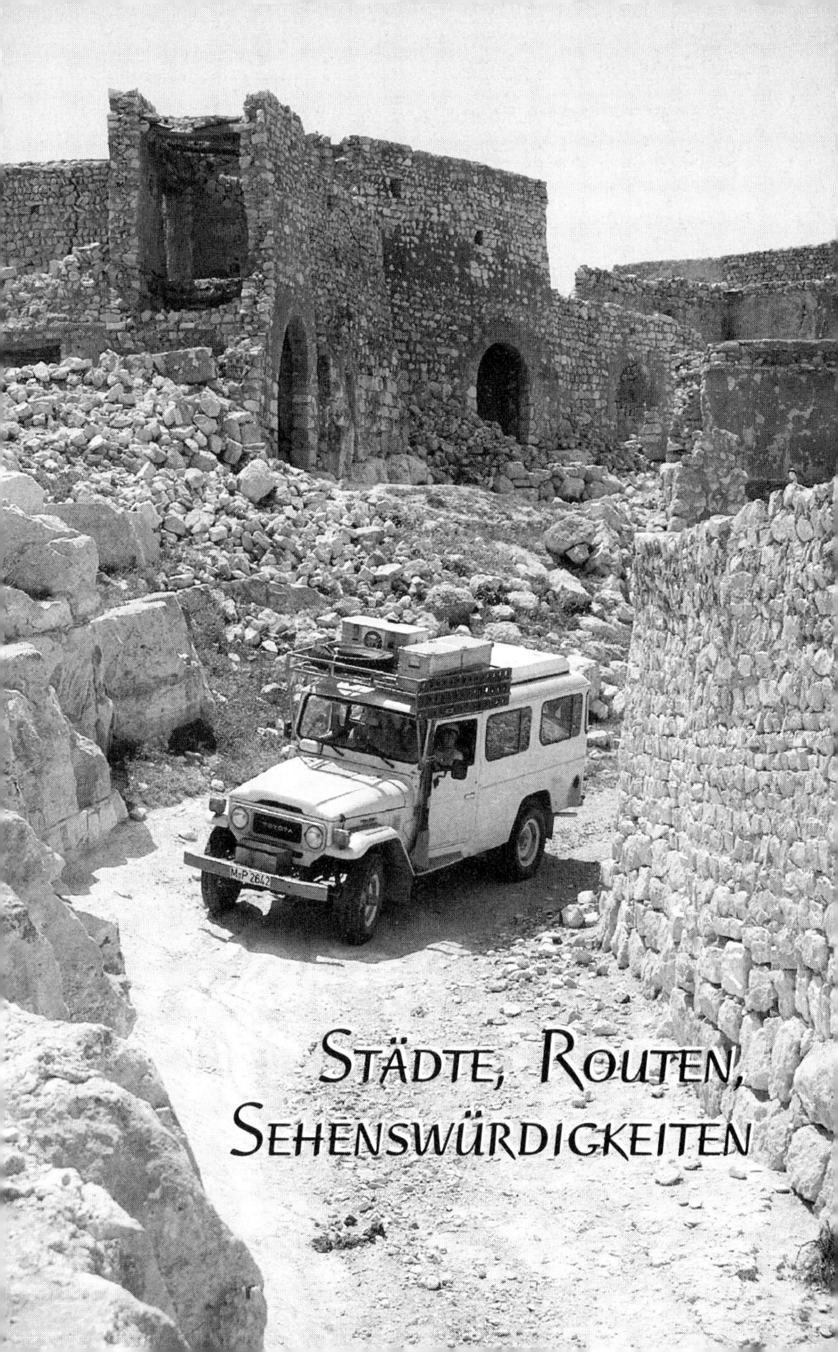

Städte, Routen, Sehenswürdigkeiten

Tunis

Die Hauptstadt des Landes mit ca. 900 000 Einwohnern ist **Regierungs- und Verwaltungssitz.** Ministerien, Behörden, Banken, Verbände und große Wirtschaftsunternehmen haben hier ihre Zentralen; es finden Kongresse und Ausstellungen statt. Fachschulen, Universitäten, die Nationalbibliothek, Kunstgalerien, verschiedene kulturelle Einrichtungen sind in der Stadt angesiedelt. Ein – für arabische Verhältnisse – reiches Unterhaltungsangebot (Kinos, Theater, Konzerte, folkloristische Veranstaltungen, Nachtclubs) übt sowohl auf die eigene Bevölkerung als auch auf die verschiedener arabischer Nachbarstaaten große Anziehungskraft aus.

Internationale Investitionen, vor allem der Ölstaaten (Saudi-Arabien, Emirate etc.), haben der Stadt zu großem Aufschwung verholfen. Mit etwa 50% aller tunesischen Industriebetriebe ist sie das **Wirtschafts- und Industriezentrum** des Landes mit gutem Zugang zur „großen weiten Welt". Der Flughafen *Tunis-Carthage* hat über 40 internationale Flugverbindungen (ohne Charterflüge), und über den Seehafen von La Goulette werden etwa 70% der Handelsgüter des Landes eingeführt.

Tunis ist eine **Stadt mit zwei Gesichtern:** eine moderne, fast europäisch wirkende Großstadt, wenn man z.B. auf der Hauptgeschäftsstraße Av. H. Bourguiba steht zwischen Hochhäusern, dichtem, hupendem Stadtverkehr und dahineilenden Menschen, und tiefster Orient, wenn man – ein Stück weiter – sich in die alten, winkligen, vor buntem Leben überquellenden Medinagassen begibt.

Dieser Kontrast macht die Stadt besonders interessant für den Besucher. Man sollte sich Zeit nehmen für ausgiebiges Bummeln durch die Medina und die verschiedenen Stadtviertel. Ein Muß im Besichtigungsprogramm ist ferner das **Bardo-Museum.**

Geschichte

Tunis – das berberisch-libysche Tunes – ist einer der ältesten Orte am Mittelmeer, der schon vor Ankunft der Phönizier besiedelt war. Die eigenständige Geschichte von Tunis beginnt allerdings erst mit der arabischen Machtübernahme gegen Ende des 7. Jh. n.Chr. Bis dahin teilte das unbedeutende und stets im Schatten der mächtigen Nachbarstadt Karthago stehende Tunis dessen Schicksal. Zusammen mit Karthago wurde es im **3. Punischen Krieg (146 v.Chr.)** von den Römern zerstört. Das unter römischer Herrschaft wieder aufgebaute *Thuni* – erneut ein „Vorort" des inzwischen entstandenen römischen Karthago – fiel mit diesem dem **Angriff der Araber Ende des 7. Jahrhunderts** zum Opfer. Arabische Hauptstadt wurde zunächst das in der Inlandsebene gegründete *Kairouan;* gleichzeitig wurde jedoch Tunis befestigt und die der Stadt vorgelagerte Lagune zu einem Kriegs- und Handelshafen ausgebaut.

Im Jahr **894** verlegten die Aghlabiden ihren **Regierungssitz** von Kairouan **nach Tunis** und machten dieses

Historische Ansicht von Tunis (Stahlstich, um 1850)

damit erstmals – wenn auch nur vorübergehend – zur **Hauptstadt von Ifriqiya.** Auch die nachfolgenden arabischen Herrscherdynastien bauten die Stadt weiter aus. Aber erst unter den Hafsiden wurde sie im 13. Jh. endgültig zur unumstrittenen Landeshauptstadt. Sie entwickelte sich während deren 300 Jahre dauernder Herrschaft nicht nur zu einem bedeutenden **religiösen**, **geistigen** und **wirtschaftlichen Zentrum**, sondern zur wohl **bedeutendsten Metropole Nordafrikas.**

Anfang des 16. Jh. begannen die **spanisch-türkischen Auseinandersetzungen** im Mittelmeer. 1535 eroberten die Spanier unter Karl V. die Stadt in einer Schlacht, die 30 000 Moslems das Leben kostete. Nach mehrmaligem Hin und Her zwischen Spaniern und Türken gelang es letzteren schließlich im Jahr 1574, die Stadt endgültig in ihren Besitz zu bringen. Tunesien wurde daraufhin für über 300 Jahre zu einer **Provinz des Osmanischen Reichs.**

Eine ergiebige Einnahmequelle der türkischen Herrscher war neben Handel auch die **Seeräuberei**. Aus dieser Zeit stammen einige der prächtigen Paläste, die noch heute das Stadtbild prägen.

Bedeutenden Anteil am wirtschaftlichen und kulturellen Aufschwung der Stadt hatten zahlreiche eingewanderte **Juden** sowie **Andalusier,** die im 17. Jh. von Spanien nach Nordafrika flohen.

1881 kamen die **Franzosen** und machten Tunis zum Sitz ihrer Protektoratsverwaltung. Sie entfalteten sogleich eine rege Bautätigkeit. Ein Schiffahrtskanal wurde vom Stadthafen durch den verlandenden See von Tunis (arab. „El Bahira“ = kleines Meer) zum neuerbauten Vorhafen in La Goulette gegraben. Im Bereich zwischen Medina (deren Mauer mit Ausnahme einiger Stadttore fast vollständig abgerissen wurde) und der großen Lagune im Osten entstand beidseits der heutigen Prachtstraße Av. H. Bourguiba eine moderne Neustadt europäischen Zuschnitts mit schachbrettartig angelegten Straßen, aufwendigen Repräsentationsbauten, modernen Verwaltungs- und Geschäftszentren und allen Einrichtungen, ohne die ein Europäer nicht leben kann (z.B. Post, Bahnhof, Markthalle, Kathedrale, Krankenhaus, Theater und Hotels). Die Stadt erlebte einen starken Bevölkerungszuwachs. Für die europäischen Einwanderer wurden neue, freundliche Wohnviertel (u.a. um den mit schönen Parkanlagen versehenen Belvédère-Hügel) errichtet. 1935 lebten 150 000 Europäer in der neuen Stadt, während sich 300 000 Tunesier mit den alten Stadtvierteln begnügen mußten.

Im November **1942** wurde Tunis von **deutschen Truppen besetzt** und in der Folgezeit durch mehrere alliierte Luftangriffe schwer beschädigt. Tausende von Landflüchtigen, die in der Stadt auf Arbeit und bessere Lebensbedingungen hofften, lebten am Stadtrand in neu entstandenen Elendsvierteln.

Nach der **Unabhängigkeit Tunesiens (1956)** und der Abwanderung zahlreicher Europäer zogen viele der wohlhabenderen Tunesier von der Medina in die ehemaligen Europäerviertel. Slumbewohner wurden in leergewordenen Altstadtwohnungen oder neuen Wohnsiedlungen untergebracht. Der starke Bevölkerungszustrom, die anhaltende Landflucht, verbunden mit Wohnungsnot, Arbeitslosigkeit und zunehmenden Verkehrs- und Umweltbelastungen, erfordern noch immer gewaltige Investitionen. Die Elendsviertel haben zwischenzeitlich bereits großen Neubaugebieten Platz gemacht, die Autobahn wurde von Tunis bis südlich von Sousse ausgebaut, es entstanden neue Industrie- und Einkaufszentren. Parallel dazu bemüht man sich um die Erhaltung der alten Baudenkmäler in der Medina. Viel gibt es zu tun, und viel wird auch getan in der Hauptstadt Tunesiens!

Stadtbesichtigung

(siehe Übersichtsplan in hinterer Umschlagklappe; für längeren Aufenthalt, Hotel- und Restaurantsuche etc. sollte ein detaillierterer Plan beschafft werden.)

Allgemeines

Mit eigenem Fahrzeug Tunis zu erkunden kostet Nerven, einmal wegen des dichten, oft chaotischen Verkehrs, zum andern wegen unzureichender Beschilderung und akuter Parkplatznot. Es empfiehlt sich daher, den Wagen auf einem der (möglichst bewachten) **Parkplätze** am Rand der Innenstadt abzustellen, zum Beispiel auf Höhe der Hochstraßenbrücke an der Av. H. Bourguiba nahe der ONTT-Touristeninformation oder an der Av. Mohammed V. (1,8 TD ganzer Tag). Hinter dem Hotel *Africa* (21stöckiges Hochhaus, 50 Av. Habib Bourguiba) ein weiterer bewachter und gebührenpflichtiger Parkplatz.. **Parkuhren** in der Innenstadt berechnen zwischen 8 und 19 Uhr (außer Sonntag und Feiertag) jeweils 50 Millimes pro halbe Stunde (maximale Parkdauer 90 Minuten). Bei Zeitüberschreitung droht Parkkralle!

Den Innenstadtbereich erkundet man am besten **zu Fuß.** Die Entfernungen sind nicht allzu groß. Kaum eines der touristischen Ziele liegt mehr als eine halbe Stunde von der Av. H. Bourguiba entfernt. Im *ONTT-Touristeninformationsbüro* ist ein kostenloser **Stadtplan** sowie ein separater **Medinaplan** erhältlich. Für die **entfernteren Ziele** (zum Beispiel Bardo-Museum, Belvédère-Park, äußere Stadtviertel etc.) bieten sich Bus, Taxi oder Metro an.

Die Küstenvororte La Goulette, Karthago, Sidi Bou Said und La Marsa werden in einem gesonderten Kapitel beschrieben.

Die Neustadt

Sie entstand während französischer Kolonialzeit und liegt zwischen der Medina und dem See von Tunis. Hauptachse ist die *Av. H. Bourguiba* (in der Verlängerung *Av. de France*). Sie wird rechtwinklig geschnitten von der *Av. Mohammed V*, der *Av. de Carthage/Av. de Paris* und vielen kleineren Seitenstraßen. Die Straßen bilden so ein Schachbrettmuster, in dem man sich leicht zurechtfindet.

Wer sich vom Hafen La Goulette über den Damm der Stadt nähert, passiert den Bahnhof der Vorortbahn TGM (links) und taucht auf Höhe des Hotel *du Lac* (Gebäude in Form einer kopfstehenden Pyramide, rechts) und des Tourismusministeriums (im EG **ONTT-Touristeninformation)** voll in

Avenue Habib Bourguiba

den Großstadtverkehr ein. Beim Uhrturm *(Place du 7. Nov. 1987)* geht rechts die breite, palmengesäumte *Av. Mohamed V* ab. An ihr nach einigen hundert Metern rechts bewachter Parkplatz. (Das früher hier befindliche **ONAT/SOCOPA-Artisanat** ist umgezogen ins *Le Palmarium* an der *Av. H. Bourguiba* (s. dort)). Noch einige hundert Meter weiter, auf Höhe des Hotels Abou Nawas, nach rechts die Zufahrt zur Schnellstraße (Richtung Flughafen/La Marsa (Norden) bzw. Richtung Autobahn Sousse (Süden).

Für Kinder: Ca. 1,5 km entlang der Av. Moh. V (auf Höhe der *Rue du Koweit)* liegt rechts ein Rummelplatz.

★Avenue Habib Bourguiba

Sie ist mit 60 m Breite und 1,25 km Länge die Lebensader der Neustadt. Speziell ihr Mittelstreifen mit mehreren, parallel laufenden Baumreihen ist eine **prächtige Promenade**. Unter den Bäumen haben Zeitungshändler (u.a. internationale Presse) und Blumengeschäfte ihre Stände, es gibt viele Bänke zum Rasten. Oben in den Baumkronen zetern lautstark riesige Vogelschwärme – v.a. gegen Abend – und vollführen akrobatische Flugmanöver. Die Prachtavenue wird beidseits flankiert von modernen Büro- und Geschäftsbauten, Kinos, Restaurants, Patisserien, Banken, Reise- und Flugagenturen. Dazwischen immer wieder typische Kolonialbauten mit verspielten Fassaden und verschnörkelten Balkongittern. Der markanteste Neubau ist das 21-stöckige **Hotel Africa,** das höchste Gebäude von Tunis und weithin sichtbarer Orientierungspunkt (dahinter bewachter, gebührenpflichtiger Parkplatz). An der wichtigsten Kreuzung mit der *Av. de Paris* (rechts; sie führt zum Belvédère-Park mit Zoo, s.u.) und der *Av. de Carthage* (links) quert die Metro die Hauptstraße. Das **Café de Paris** (links an der Ecke) ist ein beliebter gesellschaftlicher Treffpunkt. Der kleine Info-Pavillon des Fremdenverkehrsamts auf dem Mittelstreifen ist meist geschlossen. In dem großen, modernen Geschäftszentrum **Le Palmarium** (links) ist auch das **SOCOPA-Artisanat** untergebracht (geöffnet Mo–Sa 8.30–19, So 9–13 Uhr). Diese staatliche Verkaufsausstellung bietet ein großes Angebot erlesenen tunesischen Kunsthandwerks (Teppiche, Möbel, Keramik, Schmuck, Kupfer-, Messing-, Holz- und Lederwaren, Musikinstrumente). Festpreise. Bezahlung auch mit Eurocheques oder Kreditkarten. Bei Zahlung in Devisen (nur Scheine) 6% Nachlaß. Danach fällt links eine verspielte Jugendstilfassade auf: das **Stadttheater**. Welch ein Kontrast zu dem gegenüberliegenden nüchternen und modernen Komplex des **Hotels El Hana International!** Nach dem Theater folgt am *Place de l'Indépendance* die **Französische Botschaft**. In der Mitte des Platzes steht das **Denkmal von Ibn Khaldoun**, dem 1332 in Tunis geborenen großen arabischen Philosophen und Historiker.

Auf der anderen Straßenseite die mächtige, neoromanische **Französische Kathedrale** aus dem Jahr 1882, die mit ihren zwei Türmen und der reich gegliederten Fassade fast wie ein Fremdkörper wirkt und das Spektrum verschiedenster Baustile noch erweitert (geöffnet wochentags 9–11.30 und 16–18 Uhr; Messen: wochentags 18.30 Uhr; So 9 und 11 Uhr).

Schmaler und ohne Mittelstreifen geht es nun als *Av. de France* weiter-

Ein Sträußchen am Hute

Tunesier stecken sich Blumen weniger an den Hut, als hinters Ohr - Zeichen der Lebensfreude. Ein blühendes Zweigchen, eine Rose, Nelke oder Geranienblüte - alles eignet sich. Besonders junge Männer tragen abends gern etwas Blühendes hinterm Ohr. Was in der glatten Mähne hinter einer deutschen Ohrmuschel nie und nimmer hält und ewig herunterfällt, findet in dem dichten, schönen Kraushaar der Tunesier festen Halt.

Am Spätnachmittag ziehen dann die Jasminverkäufer durch die Innenstadt von Tunis, am Abend durch die Cafés und Restaurants. Auf großen, geflochtenen Tellern bieten sie die Sträußchen an: am frühen Morgen „geköpfte" Jasmin- oder Orangenblüten, die einzeln auf die Spitze drahtharter Piniennadeln gesteckt und mit einem Faden eng gebündelt werden. Löst man diesen und schüttelt die Blüten ein wenig, dann öffnen sie sich und verbreiten einen solch betörenden Duft, daß oft ein beblumtes Ohr ausreicht, um ein ganzes Lokal zu parfümieren.

Es gehört zu unseren Tunesienreisen, vor Verlassen des Landes noch ein Sträußchen Jasmin zu kaufen. Wir taten dies früher grundsätzlich bei unserem Jasminverkäufer. Der Mann war schon gesetzten Alters und hatte ein total verbranntes, kaputtes Gesicht. Irgendwo auf der Avenue H. Bourguiba traf man irgendwann garantiert auf ihn. Während Einheimische den Preis des Sträußchens kennen und wortlos die passende Münze hinschieben, wird von unwissenden Touristen stets versucht, eine etwas höhere Summe zu entlocken. Immer gab es ein zähes Gefeilsche um den Preis - das gehörte dazu, wir genossen es - und immer schaffte er es, uns ein Mehrfaches dessen abzuknöpfen, was die Einheimischen geben. Legten wir ihm nur den Grundpreis hin, gab er das Geld entrüstet zurück, schaute uns an, als zweifle er an unserem Verstand, verstehe die Welt nicht mehr - und forderte das Fünffache. Nie gelang es uns, zu „regulärem" Preis ein Sträußchen von ihm zu bekommen, und immer zog er nach gewonnener Schlacht sichtlich glücklich und mit einem diabolischen Grinsen davon. Eines Tages dann suchten wir den alten Mann vergeblich; vielleicht war er „in Rente" gegangen, vielleicht lebte er auch nicht mehr. Wir kaufen immer noch zum Abschied unseren Jasmin, manchmal sogar zum „Einheimischen-Preis", aber so Spaß wie bei unserem schlitzohrigen Jasminverkäufer macht es längst nicht mehr.

Kolonialbauten am Place de la Victoire

bis zur Medina. Links hinter den Arkaden findet man gute Geschäfte aller Art, und Dutzende von Schuhputzern warten hier auf Kundschaft.

Auf dem *Place de la Victoire* am Medinaeingang steht isoliert das große Rundbogentor **Bab el Bhar** (= Seetor) **/Porte de France,** ein karger Rest der einstigen hafsidischen Medinaummauerung. Der Name „Seetor" erinnert daran, daß noch im Mittelalter der See von Tunis bis an die Stadtmauer reichte. Noch zwei Einrichtungen nahebei: rechts vom Platz das weiß-blaue, säulen- und kachelverzierte **britische Botschaftsgebäude** und links das sog. *Chalet de Nécessitée Publiques* (öffentliche Toiletten).

★Südlich der Av. Habib Bourguiba

Südlich des Prachtboulevards, etwa im Bereich zwischen Av. de Carthage und Medina, liegt das wohl lebhafteste Viertel des ehemaligen französischen Tunis, einst Wohngebiet der einfacheren Europäer. Hier finden wir neben unzähligen Geschäften viele Restaurants (vom gehobenen Speiselokal bis zur einfachsten Garküche), Nachtclubs, Kinos, kleine, preiswerte Stadthotels und Straßenhändler. Die *Rue Charles de Gaulle,* eine der wichtigsten Geschäftsstraßen der Neustadt, bringt uns von der Av. H. Bourguiba zunächst zur **Großmarkthalle** *(Marché Central;* nur bis ca. 14 Uhr geöffnet) an der Kreuzung mit der *Rue de Allemagne*. Kunstvoll sind Obst und Gemüse zu Pyramiden aufgeschichtet. Hier gibt es das üppigste Angebot ganz Tunesiens auch an Blumen, Gewürzen, Molkereiprodukten, Fisch und Fleisch.

Nur wenige Schritte weiter, im Gebäude der **Hauptpost,** finden wir ein **Postmuseum** *(Musée des Timbres;* Zugang von 3, Rue de Angleterre; geöffnet Mo–Do 8.30–13, 15–17.45 Uhr; Fr u. Sa 8.30–13.00 Uhr; Eintritt frei). Es zeigt u.a. eine komplette Sammlung tunesischer Briefmarken seit 1888, ferner Telefonapparate aus dem Anfang des 20. Jh., alte Funk-, Morse-, Telegraphie- und Telexgeräte (darunter ein prächtiges, antiquiertes Siemensgerät). Unweit der Post liegt der *Place de Barcelone*, ein wichtiges Verkehrszentrum der Stadt mit mehreren Busabfahrtstellen, der zentralen **Metrostation**, dem **Eisenbahnhof** und diversen Hotels in der Umgebung.

★Nördlich der Av. Habib Bouguiba

Die *Av. de Paris* und die anschließende *Av. de la Liberté* führen nördlich bis zum *Belvédère-Park* durch das einst eleganteste Wohnviertel der französischen Neustadt. Stattliche Häuser im Kolonialstil bestimmen noch heute das Straßenbild. Im Anfangsbereich der *Av. de Paris* und ihren Seitenstraßen haben sich vorwiegend Geschäfte, Restaurants und Cafés der „gehobenen“ Klasse sowie diverse Fluggesellschaften einquartiert.

Der **Parc Habib Thameur** eignet sich hervorragend, um vom Lärm und Gewühle des Stadtverkehrs etwas auszuruhen. Noch mehr Erholung bietet der 1,5 km weiter nördlich liegende *Parc du Belvédère.*

★Parc du Belvédère

(Anfahrt mit Bus 5 und 38)
Diese 100 ha große Grünzone im Norden der Neustadt ist ein beliebtes und an Wochenenden stark frequentiertes Ausflugsziel. Gleich beim Haupteingang beginnt ein gepflegter Park mit üppiger subtropischer Vegetation, darin ein See mit Café unter schattenspendenden Bäumen auf einer kleinen Insel.

Die Hauptattraktion des Parks ist der **Zoologische Garten** (geöffnet täglich außer Mo, im Sommer 9–17.30 Uhr, im Winter 9–17 Uhr; Eintritt 0,3 TD). Er entstand 1968 nach den Plänen eines Kölner Architekten und gilt als der schönste Nordafrikas. Zwischen exotischen Pflanzen und unter großen, alten Bäumen findet man (neben tunesischen Liebespaaren) Elefanten, Bären, Affen, Kamele, verschiedene Raubkatzen, Nashörner, mehrere Teiche mit Robben, Flußpferden und allerlei Wasser- und Stelzvögel. In großen Freigehegen leben u.a. Gazellen, Antilopen und Strauße. Auch im Zoo ein einladendes kleines Café sowie, als Besonderheit, eine sog. *Midha*, Brunnenanlage für rituelle Waschungen aus dem 17. Jh., die einst im *Souk et Trouk* in der Medina stand.

Oberhalb von Zoo und See erhebt sich der 82 m hohe, locker mit Bäumen und Büschen bestandene **Belvédère-Hügel** mit einem Netz von gepflegten Fußwegen und kurvenreichen Straßen. Auf halber Höhe die *Koubba,* ein reich mit Marmorsäulen, Fayencen und Stuck ausgestatteter, schön restaurierter Pavillon aus dem 17. Jh., der 1901 aus einem Villengarten hierher versetzt wurde (eingezäunt, gegen Trinkgeld zu besichtigen). Am Gipfel des Belvédère-Hügels ein baumbestandenes Rondell; dort – soweit es die Bäume zulassen – schöner Ausblick über Stadt und Golf bis zum Cap Bon; nahebei ein Trimm-Dich-Pfad.

Wenngleich selbst neuere Stadtpläne und Stadtführer penetrant darauf beharren, daß im ehemaligen französischen *Casino* (im Ostteil des Parks) das *Musée d'Art Moderne* untergebracht sei: Das Casino war und ist seit vielen Jahren vom Militär besetzt und unzugänglich. Eine städtische Galerie für Werke zeitgenössischer Künstler, **Maison des Arts**, findet man gleich neben dem Haupteingang des Parks.

Noch ein Hinweis für Badefreunde: Ein *städtisches Schwimmbad* befindet sich beim Parkeingang am *Place Pasteur.*

Die Medina

(s. Plan S. 205)

Die Altstadt, deren Anfänge in die Aghlabidenzeit (9. Jh.) zurückreichen, ist ein Gewirr von Handwerker-, Geschäfts- und Wohngassen mit buntem, quirligem orientalischem Leben. Sie erstreckt sich auf einer Fläche von ca. 800x1500 m und ist somit die größte des Landes und Wohngebiet für etwa 20 000 Personen. Im Laufe der Jahrhunderte und wechselnder Herrscherdynastien entstanden viele Moscheen, Zaouias, Mausoleen; in türkischer Zeit kamen die Kasbah und palastartige Gebäude hinzu. 1979 erklärte die **UNESCO** die Medina zu einem **erhaltenswerten Kulturgut.** Manche der alten Baudenkmäler wurden oder werden restauriert und können besichtigt werden. Die Medina war ursprünglich von einer Stadtmauer umgeben, die während der französischen Protektoratszeit großenteils abgerissen wurde, um einer Ringstraße Platz zu machen.

Auch die entlegeneren Medinaviertel bieten zahlreiche bauliche Sehenswürdigkeiten und v.a. eine ruhigere und ursprünglichere Atmosphäre als das doch stark vom Tourismus geprägte Souk-Zentrum. Wer in dem Gassengewirr die Orientierung verloren hat, braucht nur konsequent in eine Richtung gehen, um garantiert irgendwo auf die Ringstraße zu stoßen.

Am interessantesten sind die **Souks** im zentralen Bereich nahe der Großen Moschee. **Einige Hinweise:** sonntags sind die meisten Läden im Soukviertel geschlossen (Ausnahme einige Souvenirgeschäfte); weisen Sie Schlepper ab - deren Vermittlungsprovision wird immer auf den Verkaufspreis aufgeschlagen. Die Bezeichnung *Musée* im Souk kennzeichnet häufig nur ein Teppich- bzw. Souvenirgeschäft. „Impasses" sind Sackgassen. Der Zugang zu den meisten Sakralbauten ist für Nichtmuslime verboten. Das früher übliche „Sammelticket" wurde abgeschafft.

Das Zentrum der Medina (s. Plan S. 206/207)

Eines der verbliebenen Stadttore, das frühere „Seetor" **Bab el Bhar** *(Porte de France)* steht heute isoliert auf dem *Place de la Victoire*. Es leitet direkt von der modernen Neustadt hinein in die fremdartige Atmosphäre und das Labyrinth der Medina.

Gleich hinterm Tor beginnen zwei Gassen: rechts die *Rue de la Kasbah,* die quer durch die Altstadt bis zum westl. Medinaausgang führt, und schräg links die enge und interessantere *Rue Jamaa Zitouna,* die zur Großen Moschee leitet. Der klassische, schnelle Soukbesuch von Touristen besteht meist darin, eine dieser Gassen bis zur Moschee hoch-, die andere zurückzugehen. Kein Wunder, daß diese von **Souvenirgeschäften** gesäumte Etappe zu einer Art „Spießrutenlauf" für fremde Besucher wird. Hier preisen die Händler ihre Waren besonders hartnäckig und phantasiereich an; die Preise sind hoch angesetzt, eilige Käufer feilschen wenig oder gar nicht. Mit freundlicher, aber bestimmter Ablehnung aller Einladungen und Angebote kommt man aber schnell in ruhige, ungestörte Zonen.

Medinarundgang: Wir folgen der *Rue Jamaa Zitouna*. Haus Nr. 12/14 (links) war ab 1662 die erste **christliche Kirche** von Tunis. Beim Tunneleingang zu den gedeckten Souks zweigt von der Hauptgasse rechts die *Rue des Tamis* ab mit besonders reichem Angebot an Messingarbeiten. Hinter dem schönen Eckhaus verbirgt sich die **Nationalbibliothek**, eine ehemalige Türkenkaserne aus dem Jahr 1814 mit mehreren von Galerien umgebenen Innenhöfen (Zugang von Par-

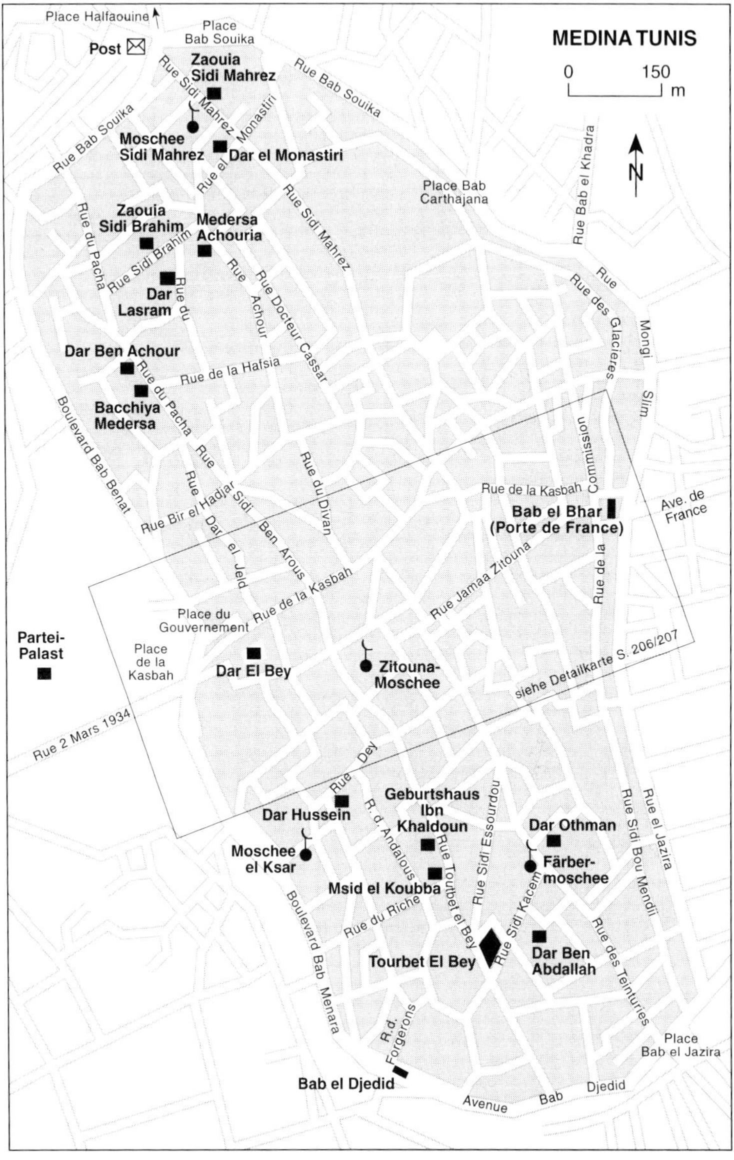
MEDINA TUNIS
0 150 m
N
Place Halfaouine
Place Bab Souika
Post
Zaouia Sidi Mahrez
Rue Bab Souika
Rue Sidi Mahrez
Rue el Monastiri
Moschee Sidi Mahrez
Dar el Monastiri
Rue Sidi Mahrez
Place Bab Carthajana
Rue Bab el Khadra
Zaouia Sidi Brahim
Medersa Achouria
Rue du Pacha
Rue Sidi Brahim
Dar Lasram
Rue du
Rue Achour
Rue Docteur Cassar
Rue des Glacieres
Rue Mongi Slim
Dar Ben Achour
Rue de la Hafsia
Rue du Pacha
Bacchiya Medersa
Boulevard Bab Benat
Rue Sidi Ben Arous
Rue Dar el Jeld
Rue Bir el Hadjar
Rue du Divan
Rue de la Commission
Rue de la Kasbah
Bab el Bhar (Porte de France)
Ave. de France
Rue Jamaa Zitouna
Rue de la Kasbah
Place du Gouvernement
Partei-Palast
Place de la Kasbah
Dar El Bey
Zitouna-Moschee
siehe Detailkarte S. 206/207
Rue 2 Mars 1934
Rue Dey
Dar Hussein
Geburtshaus Ibn Khaldoun
R. d. Andalous
Rue Sidi Essourdou
Dar Othman
Rue Sidi Bou Mendil
Rue el Jazira
Moschee el Ksar
Färbermoschee
Msid el Koubba
Rue Tourbet el Bey
Rue Sidi Kacem
Rue du Riche
Boulevard Bab Menara
Tourbet El Bey
Dar Ben Abdallah
Rue des Teinturies
R. d. Forgerons
Place Bab el Jazira
Bab el Djedid
Avenue Bab Djedid

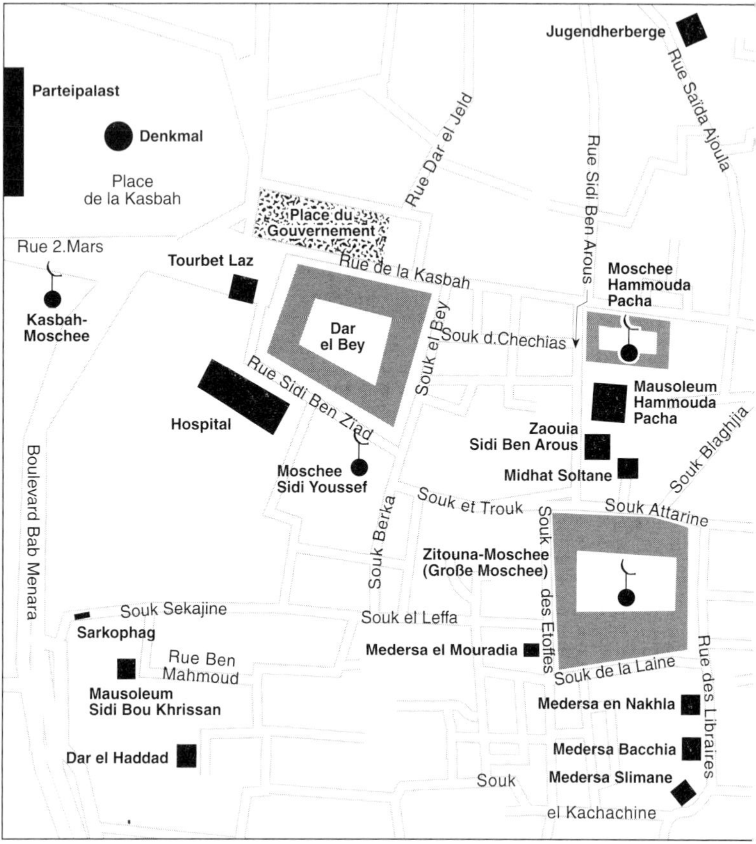

allelgasse *Souk el Attarine* Nr. 20). Im **Souk el Blat** gegenüber steigen Wohlgerüche aus kleinen Garküchen und Patisserien. Dann, mitten im Besucherstrom gelegen – das auch von Einheimischen stark frequentierte Gassenrestaurant *Mahdaoui* (gute und preiswerte lokale Gerichte; empfehlenswert z.B. „Tajine“, ein Fleisch-/Gemüseauflauf mit Ei).

Am Tunnelende, im Herzen der Medina, stoßen wir auf die an drei Seiten von den Souks eingerahmte

★Große Moschee „Djamaa ez-Zitouna“

(Ölbaum-Moschee; geöffnet tägl. außer Freitag und islamischen Feiertagen von 8.00–12.00 Uhr; Eintritt 1,6 TD)

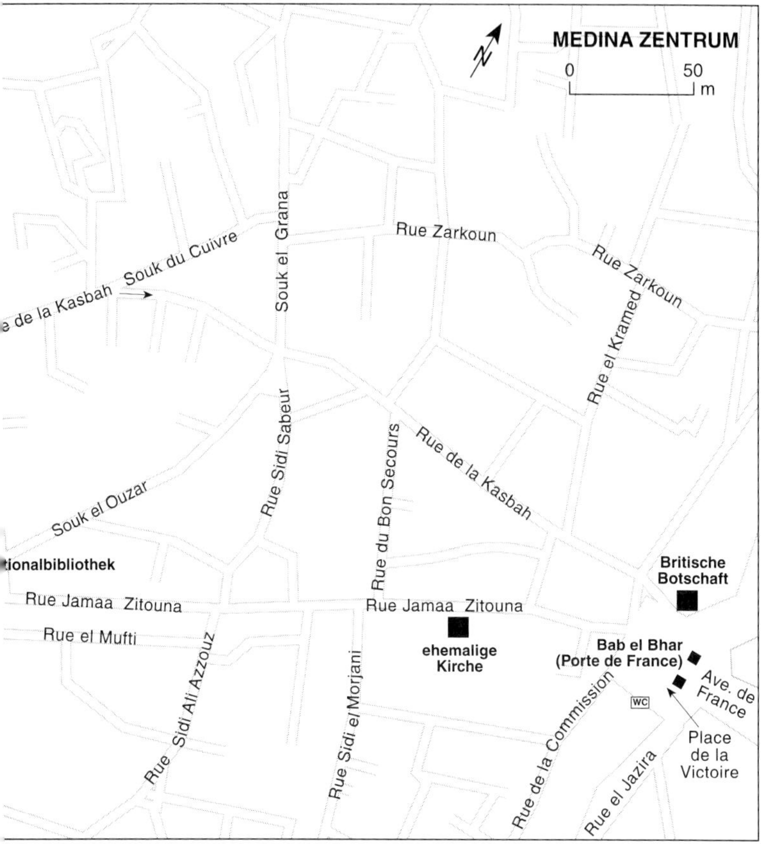

Nach der Sidi-Oqba-Moschee von Kairouan ist dies die **größte und bedeutendste Moschee des Landes.** Nach ihrer Erstellung durch die Aghlabiden in den Jahren 856–64 (auf einem kleinen Vorgängerbau von 732) wurde sie mehrfach um- und ausgebaut. Das Minarett wurde im 17. Jh. restauriert und 1894 auf 44 m erhöht. Aus einer einfachen Koranschule entwickelte sich im 13.–15. Jh. unter den Hafsiden die nach El Azhar (Kairo) und Kairaouine (Fès) drittgrößte islamische Bildungsstätte (berühmtester Schüler Ibn Khaldoun) und schließlich eine wichtige Universität auch für andere Fakultäten, die erst nach der Unabhängigkeit Tunesiens mit Gründung der neuen Universität von Tunis an Bedeutung verlor.

Innenhof der Großen Moschee

Nur ein kleiner, abgegrenzter Teil des von schönen, säulengetragenen Arkaden umgebenen Innenhofes ist für Nichtmuslime zugänglich. Tauben trippeln über die Steinplatten des Hofes, auf denen sich vier marmorne Brunneneinfassungen und eine Sonnenuhr befinden. Vom 15-schiffigen Gebetssaal mit kunstvoll geschnitztem Mihrab, von Hufeisenbögen überspannten antiken Säulen, einer prächtigen Holzdecke und den aus Italien stammenden Kristallüstern darf der „Ungläubige" leider nur die schönen, hölzernen Außentüren bewundern.

★Blick über die Dächer der Medina

Achtung Fotografen! Im Nahbereich der Großen Moschee besteht mehrmals die Möglichkeit, auf eine der Dachterrassen zu steigen und von dort einen wirklich lohnenden Blick über das von Kuppeln und Minaretten überragte Gassengewirr zu werfen. Der Zugang erfolgt jeweils durch ein Teppich- bzw. Souvenirgeschäft und ist grundsätzlich kostenlos und unverbindlich, wenngleich die Geschäftsinhaber gelegentlich ein Käßchen aufstellen und außerdem hoffen, daß sich der Kunde auch für ihr Angebot interessiert. Eine Auswahl an Adressen:

Musée de Bonheur
Rechts am Vorplatz der Zitouna-Moschee beim Eingang z. Souk Attarine.
Palais des Turcs
Souk el Leffa Nr. 64.
Le Palais d'Orient
Souk el Leffa Nr. 58 und Souk et Trouk Nr. 39.
Musée des Turcs
Souk et Trouk Nr. 49.

★Das zentrale Soukviertel

Wie in anderen arabischen Städten sind auch in Tunis die wichtigsten Souks im Nahbereich um die Große Moschee angeordnet, streng nach Handwerken getrennt. Die meist überwölbten Soukgassen stammen aus der Hafsidenzeit (13.–15. Jh.). Wer in diesem Labyrinth die Orientierung verlieren sollte, lasse sich am besten den Weg zur Zitouna-Moschee weisen und verwende diese als Fixpunkt für einen neuen Start.

Souk Attarine (entlang der Nordseite der Zitouna-Moschee): Hier reiht sich ein Parfümladen an den anderen, und die Luft ist erfüllt von den Düften des Orients. Die buntglänzenden Fläschchen und Flakons mit verschiedensten Duftessenzen nach geheimen Rezepten sind eine Nasen- und Augenweide und – verglichen mit französischen Parfums – ein preiswertes Souvenir. Zwischen den Parfümlädchen liegen Verkaufsstände für bonbonfarbene, bestickte Kissen und mit glänzendem Stoff bezogene Körbe (in letzteren werden beispielsweise Hochzeitsgeschenke überreicht).

Im gedeckten **Souk Blaghjia,** der bei der Moschee vom Souk Attarine abzweigt, geht Parfüm- in Ledergeruch über. Überwiegend Schuster und Schuhverkäufer haben hier ihr Revier. Von traditionellen Babuschen über Adidas-Turnschuhe bis zu den feinsten Damenpumps ist alles zu haben. Beim Nordportal der Moschee führt eine kurze Treppengasse zum **Midhat Soltane** mit seinem schwarz-weißen Hufeisentor, ab dem 15. Jh. Anlage für rituelle Waschungen, heute Teil der Nationalbibliothek.

Souk des Etoffes (Westseite der Moschee): Der Stoffmarkt wurde im 14. Jh. angelegt. Heute wie einst stapeln sich meterhohe Stoffballen und Tücher in den Regalen und auf den Verkaufstischen der oft sehr schmalen Ladennischen. Noch bevor der Stoffmarkt übergeht in den **Souk des Femmes** lohnt ein Blick in Haus 37: in der **Medersa el Mouradia** von 1673 (schöner Innenhof) werden heute traditionelle Kunsthandwerksberufe, u.a. Leder- und Metallverarbeitung gelehrt.

Im **Souk de la Laine** (Südseite der Moschee), dem früheren Wollmarkt, wechseln Schneiderwerkstätten ab mit Juwelieren und Gold- und Silberschmieden. Man beachte das *Tor des Imam* (Haus 21): die älteste Pforte der Moschee (9. Jh.) mit einer Umrandung aus römischen Steinmetzarbeiten. In der vom Souk de la Laine abgehenden *Rue Mahfoud* ertönt das Klappern von Webstühlen, Schneider sitzen im Schneidersitz in ihren Werkstätten, dazwischen haben Juweliere und Messinghandwerker ihre Läden. In der *Rue des Libraires* finden wir drei Medresen, alle im 18. Jh. als Koranschulinternate errichtet, mit schönen, säulenumstandenen Innenhöfen, von denen die Wohnzellen der Schüler abgehen. Die **Medersa en Nakhla** (Nr. 13) ist meist nicht zugänglich. Die restaurierte **Medersa Bacchia** (Nr. 27) ist zu einer Ausbildungsstätte für Goldschmiede umfunktioniert worden. Gegenüber liegt das alte türkische Bad *Hammam Kachachine* mit grün-roten Säulen und farbenfrohem Eingangsportal und in der Gasse dazwischen ein stimmungsvolles kleines Straßencafé. An der Ecke zum **Souk el Kachachine** schließlich noch die **Medersa Slimane**; hier ist ein paramedizinisches Trainingszentrum untergebracht.

Zurück über *Souk el Kachachine* und *Souk des Femmes/Etoffes* zur Nord-West-Ecke der Großen Moschee.

Von dort führt der **Souk et Trouk** in der Verlängerung des Souk Attarine sanft bergauf. Dieser wurde im 17. Jh. für türkische Schneider gebaut. Elegante Geschäfte machen sich hier Konkurrenz. Nr. 49, *Musee des Turcs,* erlaubt den lohnenden Aufstieg auf die Dachterrasse. Das traditionsreiche *Café/Restaurant Mrabet* auf halbem Weg ist gleichermaßen beliebt bei Einheimischen (sie sitzen bevorzugt im Café im Erdgeschoß auf gekachelten, mit Bastmatten belegten Podesten bei türkischem Kaffee oder Tee und schmauchen an der Wasserpfeife) und hungrigen Touristen (Restaurant im 1. Stock). Eine Oase der Ruhe im turbulenten Markttreiben findet man im hübschen Garten des Cafés (Zugang durch das Erdgeschoß). Dann öffnet sich die Gasse vor der *Sidi Youssef Moschee* zu einem stimmungsvollen, von Juwelierläden gesäumten Platz; er wird überdacht von hölzernem Gitterwerk, das reizvolle Schattenmuster wirft.

Die **Moschee Sidi Youssef** mit ihrem isoliert vom Gebetsraum stehenden achteckigen Minarett ist ein großer, um eine Medersa und ein aufwendiges Familienmausoleum (mit Pyramidendach) erweiterter Komplex, erbaut ab 1616 von dem türkischen Dey Youssef.

Der links vom „Juwelierplatz" abzweigende **Souk Berka**, in dem bis Mitte des 19. Jh. mit Sklaven gehandelt wurde (Kuppelplatz mit rotschwarzen Säulen), gehört heute ebenfalls den Juwelieren.

Die Juweliergasse stößt auf den **Souk el Leffa** (Schwerpunkt Decken und Teppiche). An der Einmündung (Haus 58) das *Palais d'Orient*, ein prachtvoller Palast mit „gehobenem" Souvenir- und Teppichangebot und prächtiger Aussichts-Dachterrasse. Biegt man in den Souk el Leffa nach links (Richtung Große Moschee) und gleich darauf in den *Souk el Kouafi* nach rechts ab, kommt man in das rechter Hand liegende enge Gassengewirr des **Souk des Orfèvres** (Zentrum der Gold- und Silberschmiede).

Folgt man hingegen dem Souk el Leffa leicht ansteigend medinaauswärts in Richtung Ringstraße, gelangt man in den **Souk Sekajine,** den Markt der Sattler und Zaumzeugmacher. Einige Vertreter dieser selten gewordenen Berufsgattungen sind noch immer vorhanden.

Die kurz vor einem Linksknick vom Souk Sekajine links abzweigende *Rue Ben Mahmoud* führt zum **Mausoleum Sidi Bou Khrissan**, wo sich außer der Grabstätte des im 11. Jh. verstorbenen Heiligen zahlreiche islamische Grabdenkmäler aus der Zeit zwischen dem 9. und 19. Jh. befinden. Die angeschriebenen Öffnungszeiten gelten nicht mehr; das „Museum" ist heute privater Wohnbereich einer Familie.

Wir folgen dem Souk Sekajine noch wenige Schritte medinaauswärts (Vorsicht: mitten in der engen Gasse steht ein ungewöhnliches „Hindernis": der grüne Sarkophag des *Sidi Bou Abdallah,* eines Ortsheiligen). Dann biegen wir rechts ein in die verkehrsreiche Ringstraße *Boulevard Bab Menara* und kommen so nach 200 m zum modernen *Place de la Kasbah* an einer der höchsten Stellen von Tunis. Er ist – nach der Enge der Soukgassen – überraschend großzügig angelegt mit breiten Straßen und monu-

Licht- und Schattenspiele in einer Medina-Gasse

mentalen Bauten. In der Platzmitte erinnert ein großes Monument an den Freiheitskämpfer *Farhat Hached.* Dahinter dominiert der modern gestaltete und streng bewachte Palast-Neubau der RCD-Partei (1936 gegründet von Bourguiba als Neo-Destour-Partei).

Hier befand sich die **Kasbah** von Tunis, die 1956 fast vollständig abgerissen wurde. Wer nach Resten sucht, findet an der *Rue 2. Mars 1934* noch ein Stück der Außenmauer, in einem schmalen, verwilderten Grünstreifen auch ein paar architektonische Fragmente. An das frühere Kasbahviertel erinnert nur noch die unter den Hafsiden im 13. Jh. erbaute **Kasbah-Moschee,** deren quadratisches, vom Gebetsraum abgesetztes Minarett von einem Laternenaufsatz und vier goldenen Kugeln gekrönt wird, sowie der imposante Komplex des **Sadiki-Colleges** aus dem 19. Jh. In dieser Eliteschule haben viele tunesische Führungspersönlichkeiten ihre Ausbildung erhalten, darunter auch Ex-Präsident Bourguiba.

Unterhalb des Kasbah-Platzes, jenseits des *Bd. Bab Menara,* liegt das Regierungsviertel. Vorher passieren wir noch das **Tourbet Laz** (rechts), ein türkisches Mausoleum (17. Jh.). Der mit Bäumen und Blumen bestandene *Place du Gouvernement* ist umgeben von mehreren Ministerien. Der beherrschendste Bau ist der **Dar el Bey,** ein um 1800 vom Husseinitenbey Hammouda errichteter Gästepalast, ab 1876 Residenz der Beys von Tunis und heute Sitz des Ministerpräsidenten und des Außenministers.

Die hier beginnende *Rue de la Kasbah* durchquert die Medina bis zum

Place de la Victoire (ein schneller Rückweg für Eilige).

Der an den Dar el Bey anschließende **Souk el Bey** (Eingang durch Torbogen) mit dem **Souk des Chechias** ist ein großes Geviert mit überdachten Gängen und vielen Werkstätten, in denen von alters her die traditionellen, aber immer seltener getragenen, meist roten *Chechias* (*Fez* = Filzkappen) gefertigt werden. Man kann zusehen, wie die gestrickten, ursprünglich weißen Woll-Rohlinge hier verschiedene Arbeitsgänge durchlaufen. Aus Andalusien geflüchtete muslimische Handwerker brachten diese Kopfbedeckung und Herstellungstechnik mit. Das *Café* an der Kreuzung der beiden Hauptachsen mit seinen originellen Wandreliefs ist ein ideales Plätzchen zum Ausruhen.

An der Kreuzung der *Rue de la Kasbah* mit der *Rue Sidi Ben Arous* steht (rechts) die **Moschee Hammouda Pacha** (1655) mit ihrem 8eckigen Minarett und einem schönen hölzernen Umlauf. Das wuchtige, viereckige Minarett ganz am Ende der *Rue Sidi Ben Arous* gehört zur *Zitouna-Moschee,* und dazwischen liegt noch das **Mausoleum Hammouda Pacha,** ein würfelförmiger Bau mit grünglasiertem Pyramidendach und einer reich mit Säulen, Bogenfenstern, Schriften und vielfarbigen Marmoreinlagen verzierten Fassade. Nur eine Türe weiter die **Zaouia Sidi Ben Arous** (meist kein Zutritt für Nichtmuslime). *Sidi Ben Arous* war ein berühmter und verehrter Sufi-Lehrer; im hinteren Teil seines mit Kacheln und Stuck verzierten Grabraumes liegen weitere, im Boden eingelassene Steinsärge; darin ruhen der große *Dey Othman,* der von 1594 bis 1610 Tunesien regierte, dessen Familie, vor allem aber seine Tochter Prinzessin *Lalla Aziza Othman*, die wegen ihrer Mildtätigkeit vom Volk sehr verehrt wurde.

Über die *Rue de la Kasbah* gehen wir nun zum Ausgangspunkt des Medinabummels am *Place de la Victoire* zurück.

Südliche Medina

(s. Medinaplan S.205)

Es ist generell interessant, etwa in dem Keil zwischen *Zitouna-Moschee, Bab el Djedid* und dem *Place Bab el Jazira* durch die nahezu touristenleeren Gassen der südlichen Medina zu schlendern (besonders reizvoll die *Rue des Teinturiers).* Man stößt auf kleine **Lebensmittel-** oder **Krämermärkte,** kommt durch **Handwerkergassen** mit den Werkstätten von Webern, Färbern, Gerbern, Schmieden oder Schustern, kann das Alltagsleben der Medinabewohner studieren, passiert da eine Moschee, dort einen Hammam, und entdeckt in den Wohngassen – eingeklemmt zwischen ganz normalen Gebäuden – unverhofft immer wieder prachtvolle, aufwendige **Stadtpaläste.**

Einige besondere Sehenswürdigkeiten sollte man gezielt ansteuern:

★Dar Othman

(Rue el M'Bazaa)

Dieser türkische Palast diente dem um 1600 regierenden Bey Othman als einer von mehreren Wohnsitzen. Heute werden einige Räume als Büro genutzt. Schwarzer und weißer Marmor dominieren an der Hausfront und zieren neben bunten Kacheln auch den lichten, teilweise säulenumstandenen Innenhof, in dem Zypressen und ein Granatapfelbaum Schatten spenden.

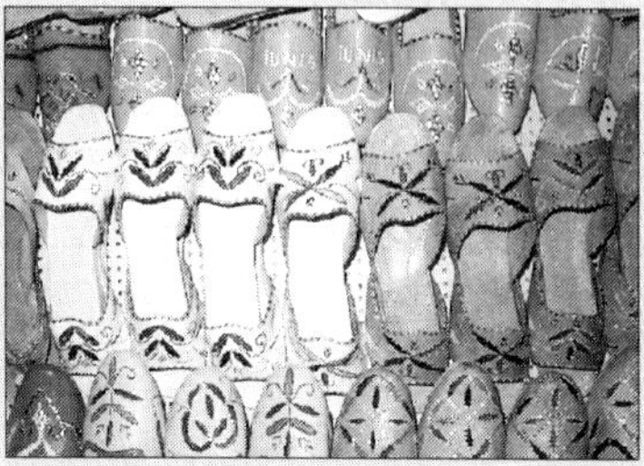

Beim Schuster

An einer unserer Sandalen geht eine Naht auf. Wir suchen im Souk nach einem Schuhmacher. Orts- oder gar Fremdsprachenkenntnisse sind dafür nicht nötig. Irgendwann beim Bummel durch die Altstadtgassen steigt einem Ledergeruch in die Nase; man hat die richtige Gasse gefunden. Neben Schuhverkäufern haben auch die Schuster hier ihre Werkstätten. Da hockt er, der Meister, inmitten von Schuhbergen, Schlappen und Stiefeln, Lederresten und Handwerkszeug unter dem offenen Werkstatteingang. Er begutachtet fachkundig die schadhafte Sandale und nickt. Dann zieht er eine Kiste aus dem Dunkel einer Nische, kippt den Inhalt aus, leiht sich noch einen Hocker beim Nachbarn und fordert uns beide zum Sitzen auf. Tee oder Kaffee? Ein Wink und Zuruf an einen Buben, und dieser eilt davon, um das Gewünschte zu holen. Die Naht wird in echter Handarbeit repariert. Eine Nähmaschine besitzt der Schuster nicht. Aber erst einmal wird Tee getrunken.

Durch die enge Gasse rumpelt ein Eselskarren; wir ziehen unsere ausgestreckten Beine ein. Eine Frau im traditionellen Sefsari geht vorbei, mit der einen Hand wird das Tuch vors Gesicht gehalten, in der andern Hand trägt sie eine Plastiktüte mit Aufschrift „HB – the most famous Cigarette of the world". Ein Bettler am Krückstock humpelt daher. Wir geben ihm einige Münzen; er studiert sie interessiert, sortiert die 100-Millimes-Stücke aus und reicht uns die restlichen, kleineren Münzen mit höflichem Dank zurück – offenbar haben auch Bettler ihren Stolz und gewisse Tarifvorstellungen. Ein kleiner Bub kommt mit einer schäbigen Plastiktasche. Ein Griff ist abgerissen. Der Schuster legt die Sandale zur Seite und prüft den neuen Auftrag (heute floriert sein Geschäft!). Ja, auch das läßt sich reparieren. Die Tasche wandert neben einen Hausschuh mit klaffender Sohle, und die Sandale wird wieder aufgenommen.

Nebenher entspinnt sich eine Unterhaltung. Unser Schuster ist Fußballfan und kennt einen Großteil der deutschen Nationalspieler mit Namen. Er verrät uns auch die genauen Ergebnisse der letzten Länderspiele. Dann will er wissen, was in Deutschland eine Schuhbesohlung kostet. Auf die Gefahr hin, die Kosten für die Sandalenreparatur in schwindlige Höhen zu treiben, nennen wir ihm den Betrag, erwähnen aber gleichzeitig, was ein Handwerker im Zentrum einer deutschen Stadt an Werkstattmiete bezahlen müßte. Er grübelt eine Weile – offenbar übersteigen die Zahlen seine Vorstellungskraft. Ein Mopedfahrer gurkt geräuschvoll und im Zickzack zwischen den Menschen hindurch übers Kopfsteinpflaster, auf dem Kopf ein riesiges

S. 205

Blech mit Backwaren. Ein versehentlicher Rempler, und der ganze Segen läge am Boden! Man sieht immer wieder solche haarsträubenden Balanceakte.

Wir schlürfen unseren Tee. Ein Mann geht vorbei, zwei lebendige, protestierende Hühner in der Hand – vermutlich das Abendessen. Aus der Nebenwerkstatt plärrt ein Radio mit bemerkenswert hohem Klirrfaktor. Unser Schuster summt mit. Kinder kommen aus der Schule in ihren rosa bzw. blauen Schulkitteln. Laut und aufgekratzt drängeln sie durch die Gasse und werden dabei von ihren großen Schultaschen fast in den Boden gezogen. „Bonjour Madame" flötet eine kirschäugige kleine Fatima schüchtern zu uns herüber und rennt dann, überwältigt von ihrer eigenen Kühnheit, kichernd mit der Schar davon. Ein Blinder, begleitet von einem Buben, tastet sich soukeinwärts. Dann marschiert eine riesige Haustür vorüber; wer sie auf der andern Seite trägt, ist nicht zu erkennen. Unseren Schuster interessiert noch, wie hoch der „Brautpreis" in Deutschland ist, und ob es wirklich wahr sei, daß wir Fleisch von Schweinen essen – und wie das Zeug denn schmecke. Wir bemühen uns um fachkundige Antworten. Dann ist die Sandale fertig. Eine etwas rustikale Arbeit zwar, aber der Riemen hält wieder bombenfest. Wir machen ein Kompliment und fragen nach dem Preis. Der Schuster lacht, fragt, ob wir auf „deutsch" oder „tunesisch" bezahlen wollen und nennt uns die Summe: ca. ein Viertel dessen, was wir zu Hause allein für ein Glas Tee berappen müßten. Wer also während seines Tunesienaufenthalts irgendwelche Schäden an seinem Schuhwerk entdeckt – auf zum Schuster! Weniger wegen der günstigen Reparaturkosten, sondern weil solche Werkstattsitzungen immer eine erlebnisreiche und unterhaltsame Einlage bilden.

★Museum Dar Ben Abdallah

(Musée des Arts et Traditions Populaires; Rue Sidi Kacem/Rue Ben Abdallah; geöffnet Di bis So 9.30–16.30 Uhr; Eintritt 1,6 TD; Fotoerlaubnis 1 TD)

Dieses eindrucksvolle Museum ist in einem prächtigen Palast aus dem 18. Jh. untergebracht. Durch zwei kleine Vorräume betritt man den lichtüberfluteten Innenhof. Fayencen und Stuck zieren die Wände, ein Marmorbrunnen die Hofmitte. Ein schöner Farbkontrast ist die ganz in Blau gehaltene hölzerne Galerie im oberen Stockwerk. In den mit Stuck und bemalten Holzdecken ausgestatteten Räumen sind traditionelle Gegenstände (Gewänder, Möbel, Küchengeräte etc.) zu sehen sowie Nachbildungen von Szenen aus dem Leben der Stadtbewohner zur Zeit der türkischen Beys, u.a. eine Teeparty unter Männern, die Vorbereitungen für eine Hochzeit, eine Koranschule. Angeschlossen ist noch ein Raum, in dem verschiedene Handwerkszweige, -techniken und -werkzeuge aus der Bey-Zeit demonstriert werden.

★Tourbet El Bey

(62, Rue Tourbet El Bey)

Ali Pasha II errichtete dieses Mausoleum in der zweiten Hälfte des 18. Jh. Hier fanden die Herrscher, ihre Familien sowie einige hohe Minister ihre letzte Ruhestätte. Von den Innenhöfen gehen mehrere, teilweise mit Kacheln und Stuck geschmückte, säulengestützte Kuppelräume ab, in denen Dutzende Gräber stehen. Sie sind überwiegend aus weißem Marmor, viele mit kunstvollen Steinmetzarbeiten, Schriften, Ornamenten, teils auch mit farbigen Marmorintarsien verziert. Die Grabstätten für Männer tragen Turbanaufsätze; Frauengräber sind an beiden Enden von Marmorplatten begrenzt. Auch die in verschiedenen Stilrichtungen gestaltete Außenfassade lohnt eine nähere Betrachtung .

Wer zum Medina-Zentrum zurückgeht, kann die *Rue Tourbet el Bey* wählen (in der kleinen Moschee **Msid el Koubba,** Haus 41, hat angeblich der große Gelehrte Ibn Khaldoun unterrichtet; sein Geburtshaus steht ein Stück weiter, Haus 33). Zu den schönsten Gassen zählen jedoch die *Rue du Riche* und die *Rue des Andalous*. In beiden entdeckt man prächtige, wenngleich oft sehr baufällige, einst von wohlhabenden Andalusiern errichtete Wohnhäuser im maurischen Stil mit aufwendigen Fassaden, kunstvollen Holztüren, Toreinfassungen und schmiedeeisernen Fenstergittern – und man begegnet so gut wie keinem Touristen.

Wer die Medina zur Ringstraße hin verläßt, sollte dies beim ältesten Tor der Stadtmauer tun, dem **Bab el Djedid** (13. Jh.), und vorher noch einen Blick in die *Rue des Forgerons* (Schmiedegasse) nahe dem Tor werfen, wo in Höfen und Werkstätten ohrenbetäubend gehämmert und geklopft wird, wo überall Schmiedefeuer brennen, alles schwarz ist und es nach Ruß riecht wie in Teufels Küche.

Nördliche Medina (s. Medinaplan S.205)

Sie hat zwar keine berühmten Besichtigungsstätten aufzuweisen, doch wird der unternehmungslustige Stadt-

Im Volkskundemuseum Dar Ben Abdallah

bummler genügend interessante Entdeckungen machen und vor allem Atmosphäre schnuppern. Dieses Viertel entstand während der türkischen Herrschaft als beliebtes Wohngebiet der türkischen Oberschicht. Noch häufiger als im südlichen Teil trifft man daher auf alte, türkische Prunkbauten, eingefügt irgendwo in enge Häuserschluchten und winklige, teils übertunnelte Gassen. Wir passieren Moscheen, Medresen und Zaouias, deren Inneres jedoch nur selten zugänglich ist.

Als Ausgangspunkt für einen kleinen Rundgang (auch für den unten erwähnten Bummel durch das *Halfaouine*-Viertel) empfiehlt sich der *Place Bab Souika*. Einst befand sich hier die Hinrichtungsstätte, heute ist der Platz von zahlreichen Cafés und Restaurants und einem modernen Einkaufscenter umgeben.

Wir gehen gegenüber vom Postgebäude durch das alte Stadttor und den anschließenden Tunnel in die *Rue Sidi Mahrez* und passieren rechter Hand sogleich den leicht zu übersehenden Eingang zur neunkuppligen **Sidi Mahrez Moschee** (1675–84). Ihr gegenüber die **Zaouia Sidi Mahres** (ein beliebtes Pilgerziel), deren säulenbestandener Innenhof, mit schönem Brunnen, betreten werden kann; ein weiteres Vordringen in den Grabraum mit dem Sarkophag des Heiligen, der als Schutzpatron von Tunis gilt, verbieten schon die strengen Blicke der dort meist anwesenden Frauen.

Wir biegen 50 m danach rechts in die *Rue el Monastiri* ein. Das Haus Nr. 9 mit schönem, ornamental mit Nägeln beschlagenem grünen Holztor gehört zum einstmals sehr prunkvollen, aber extrem baufällig gewordenen **Palast Dar el Monastiri** (seit Jahren Restaurierungsarbeiten). Wir sind umgeben von alten türkischen Häusern, oft mit reich verzierten Eingangstüren und -einfassungen. Am Ende der Rue el Monastiri biegen wir links in die *Rue Achour* ein, kurz danach wieder rechts in die *Rue Sidi Ibrahim*. Haus Nr. 11 mit grüner Kuppel ist die gleichnamige Zaouia. Wir gehen jedoch unmittelbar davor nach links in die *Rue du Tribunal* und passieren dort (Haus 24) den Türkenpalast **Dar Lasram** (heute Sitz des Amts für Denkmalschutz (ASM – „Association Sauvegarde de la Medina"). Gleich danach rechts in die *Rue de la Noria*. (Das dortige *maurische Bad* für Frauen ist tägl. von 6–21 Uhr geöffnet). Die Gasse mündet schließlich in die *Rue du Pacha*. Zur Zeit der Türkenherrschaft war dies die eleganteste Hauptstraße des Viertels mit vornehmen Residenzen der türkischen Oberschicht.

Biegt man links ein, passiert man mehrere eindrucksvolle Herrschaftshäuser (z.B. Nr. 52: *Palast Dar Ben Achour* – beherbergt heute eine Bibliothek; Nr. 42: ein stattliches Gebäude, in dem wie öfters an der Rue du Pacha Fahnen und Wimpel hergestellt und verkauft werden; Nr. 40: die *Medersa Bacchiya)*. An der Kreuzung mit der *Rue Bir el Hadjar* lohnt sich ein kurzer Blick nach rechts durch einen Torbogen (mehrstöckiger, stuckverzierter Palast, Fenster mit grünen Holzgittern). Die sich geradeaus fortsetzende *Rue Sidi Ben Arous* mündet im Medinazentrum bei der *Moschee Hammouda Pasha* auf die *Rue de la Kasbah*, die Ost-West-Achse der Medina (rechts zum Dar el Bey, links zum Place de la Victoire/ Porte de France).

Das Halfaouine-Viertel

(Außerhalb der Medina, besonders interessant für Marktbummler)

Wie schon für die nördliche Medina ist der *Place Bab Souika* günstigster Ausgangspunkt. Wir folgen ab Springbrunnen der *Rue Souk el Halfaouine* vorbei an der *Mohammed-Pascha-Moschee*. Bis zum Place el Halfaouine (ca. 300 m) erstreckt sich ein bunter Lebensmittelmarkt mit ungezählten Ständen und Läden von Metzgern, Fisch-, Obst- und Gemüsehändlern. Überraschend mittendrin die schöne Fassade des ehemaligen *Hotel des Amis* (Haus Nr. 136). Der **Place el Halfaouine** ist das Herz des Halfaouine-Viertels, das im 13. Jh. von den Hafsiden als nördliche Medinaerweiterung angelegt wurde. Der frühere Marktplatz für Halfagras (daher der Name) ist einer der stimmungsvollsten Plätze der Stadt. Im Schatten unter den Bäumen stehen Bänke, ein Springbrunnen plätschert, das Café in der Ecke liefert die arabische Musikkulisse. Ein alter türkischer **Beypalast** wurde umgebaut zu einem „Lyrischen Theaterstudio" und Probentheater des Tunesischen Nationaltheaters. An der Westseite steht dominierend, wie ein italienischer Palazzo, die **Moschee Youssef Sahib et Tabaa** (1812), ein ungewöhnliches Bauwerk mit seiner erhöhten, zur Straße hin offenen Terrasse. Das schöne achteckige Minarett wurde erst 1971 fertiggestellt. Im Erdgeschoß sehr weltliche „Untermieter": Unter den Bogengängen liegt ein Laden am andern mit hübschen, goldnagelverzierten Türen.

Vom Platz (Nähe Minarett) geht der gedeckte **Souk Djedid** ab. Schneider und Schuster sitzen in ihren Werkstät-

Warten auf Kundschaft

ten, dazwischen da und dort ein Café, eine Garküche, und ein gutes Dutzend Friseure zählten wir auf dem Weg zur *Rue Sidi Abdessalem*. Folgt man dieser für ca. 200 m, landet man auf einem Flohmarkt mit breit gefächertem Angebot: Altkleider, ausgelatschte Turnschuhe, defekte Rasierapparate, Flitspritzen, Puppenköpfe, zerlegte Fernseher, Kuckucksuhren, verrostete Schlüssel, Schrauben, Kugellager. An einem Bücherstand offerierte man uns das deutschsprachige Angebot: einen Ganghofer, ein bayrisches Kochbuch, zerlesene Groschenromane und eine zerfledderte Erstausgabe von Därrs „Transsahara".

Einige alte Wohnhäuser im typisch türkischen Baustil mit Holzbalkonen und Fenstergittern findet man in der *Rue de Miel;* sie führt zum einstigen Stadttor *Bab El Assel,* wo man noch karge Reste der alten Stadtummauerung sehen kann.

Wer gut zu Fuß ist, kann von hier zum Belvédère-Park marschieren (s. Kapitel „Neustadt“).

Das Bardo-Nationalmuseum

Öffnungszeiten: täglich außer Mo sowie Feiertage Aid el Fitr u. Aid el Kebir: 9.30–16.30 Uhr (Sommermonate 9–17 Uhr); Eintritt: 3,15 TD, Fotoerlaubnis 1 TD – kein Blitzlicht! Öffentl. Verkehrsmittel: Metro 4 ab Place de Barcelone bis Station „Bardo“ oder Bus 3 ab TGM-Station/Marine bzw. Av. H. Bourguiba (gegenüber Hotel Africa).

Le Bardo – so nennt sich ein ganzer Stadtbezirk ca. 4 km westlich des Zentrums von Tunis, der sich um einen von den Hafsiden angelegten und von den Türken stark erweiterten Palastbezirk gebildet hat. Der *Bardo-Palast* entstand in der Mitte des 19. Jh. und diente Bey Mohammed II als Privatresidenz. Der Haupttrakt beherbergt heute das **tunesische Parlament** (Treppenaufgang mit steinernen Löwen links vom Museumseingang; bewacht und nicht zugänglich). Das **Nationalmuseum** ist vorwiegend in den Räumen des ehemaligen Harems untergebracht. Beim Rundgang verdienen auch die Räumlichkeiten als solche mit Säulen, stuck- oder goldverzierten Kuppeln, marmornen Treppenaufgängen etc. Beachtung.

Das Bardomuseum ist neben dem Ägyptischen Museum in Kairo das **bedeutendste archäologische Museum Nordafrikas.** Es ist aufgeteilt in prähistorische, punisch-karthagische, römische, frühchristliche und islamische Sektionen. Vor allem die römische Mosaikensammlung ist von unbeschreiblicher Schönheit, Größe und Vielfalt. Wo immer man in Tunesien eine römische Ruinenstätte besichtigt, erfährt man, daß die schönsten Mosaiken ins Bardomuseum verbracht wurden.

Einige Hinweise: Es empfiehlt sich, den Museumsbesuch ans Ende einer Tunesienreise zu legen. Viele Exponate werden interessanter, wenn man ihre Fundorte zuvor besichtigt und generell während der Reise mehr Wissen um geschichtliche Zusammenhänge gesammelt hat. Für einen nur flüchtigen Rundgang sind allerwenigstens 2–3 Stunden anzusetzen. Der Interessierte kann hier mehrere Tage verbringen. Mittagszeit oder früher Nachmittag sind günstige Besuchszeiten (Busgruppen sind dann beim Mittagessen). Besuchsunterbrechung (z.B. für Mittagessen außerhalb) möglich.

Versorgung: Im Museum kein Restaurant; Getränkeverkauf im Hof; gegenüber Parkplatzeinfahrt kleines Café, unten an Av. du 2 Mars Snackbar, etwas stadteinwärts bei Metrostation „Complex Touristique de Bardo“ mit Café und Restaurant. Im Museum: Verkauf von Kunstgewerbe und Souvenir in kleinem, staatlichem SOCOPA-Artisanat; Bücher, Führer, Postkarten etc. in der „Bibliothèque“.

Rundgang

Die **Orientierung** im Museum ist mühsam. Zum einen verwirrt die verschachtelte Palastarchitektur, zum andern machen ständige Umbauten, Renovierungsarbeiten, Sonderausstellungen, Entfernung bzw. Austausch von Exponaten und die zeitweise Absperrung oder Schließung ganzer Trakte

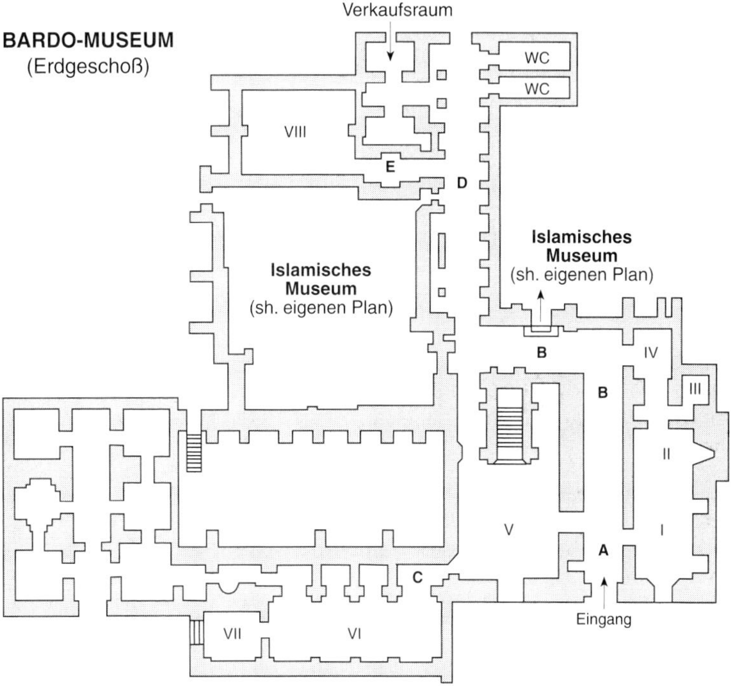

eine detaillierte und wenigstens für einige Zeit aktuelle „Inhaltsangabe" für die verschiedenen Säle unmöglich. Ein im Museum käuflicher kleiner Führer (8 TD; auch in Deutsch) ist hilfreich, aber auch nicht auf aktuellem Stand. Persönliche Führung möglich (ca. 10 TD/Std.). Die Räume sind – weder konsequent noch in logischer Reihenfolge – mit römischen Ziffern gekennzeichnet (die Numerierung an den Türen bezieht sich jeweils auf den *folgenden* Saal). Zusatzbezeichnungen (z.B. „Dougga"-, „Carthago"- oder „Oudna"-Saal) bedeuten weder, daß die dort gezeigten Exponate ausschließlich von diesen Orten stammen, noch, daß Funde aus diesen Orten ausschließlich in diesem Saal zu finden sind. Die Ausstellungsstücke sind leider auch nicht konsequent beschriftet. Nachstehend daher nur ein grober Überblick über die einzelnen Abteilungen:

Erdgeschoß

Im Eingangskorridor illustrieren Fotos, alte Urkunden, Zeitungsausschnitte etc. die Museumsgründung und -geschichte. Schon hier wandelt man auf Mosaiken!

Saal I (rechts vom Eingang) ist der Frühgeschichte Tunesiens gewidmet. Prächtige Steinbeile und Pfeilspitzen,

Treppenaufgang im Bardo-Museum

Funde aus der Capsien-Zeit (bis 9. Jh. v. Chr.), Menschenschädel aus verschiedenen Epochen und eine große Anhäufung von Knochen, Feuersteinen und Kalksteinkugeln, die - nahe einer Quelle gefunden - als über 10.000 Jahre alte Kultstätte gedeutet werden.

Säle II bis IV mit den Korridoren B und D: Überwiegend Funde aus punischer Zeit. Teilweise reich mit Inschriften und Gottheitssymbolen verzierte Stelen, Urnen, Grabbeigaben, Götterstatuen, Tonmasken, größtenteils aus dem Tophet von Karthago. Keramik karthagischen, etruskischen, ägyptischen und griechischen Ursprungs. Im Gang D schöne Marmorsarkophage aus dem 2. Jh. n. Chr.

Saal V ist der frühchristlichen Epoche (ca. 4.–6. Jh.) gewidmet. Das große marmorne Taufbecken in der Raummitte wurde bei El Kantara (nahe Djerba) gefunden. Aus byzantinischen Kirchen und christlichen Gräbern (u.a. aus Karthago, Tabarka, Kelibia) stammen Sarkophage und zahlreiche Mosaik-Grabplatten. Weitere christliche Mosaiken hängen an den Wänden des zum I. Stock führenden Treppenaufgangs.

Im Durchgang C zwischen Saal V und VI hängen u.a. Terrakotta-Kacheln mit biblischen und Tiermotiven, einst Wandschmuck christlicher Basiliken.

Saal VI (Bulla-Regia): Hier sind Mosaiken aus der Blütezeit dieser römischen Stadt (3./4. Jh.) zu sehen (u.a. Pegasus-Mosaik) und die überlebensgroßen Statuen der damals verehrten Götter Apollo, Äskulap und Ceres; etwas kleiner: Minerva und Saturn.

Saal VII beherbergt die aus Stein gemeißelten Köpfe verschiedener römischer Kaiser.

Korridor D entlang und zunächst vorbei an der Islamischen Abteilung kommen wir im hinteren Museumsbereich noch zu **Saal VIII (Thuburbo Majus):** große Wand- und Bodenmosaiken, Götterstatuen etc. aus dieser berühmten römischen Stadt (1998 nicht zugänglich).

1. Obergeschoß

(s. Plan)

Von Saal V aus führt eine Marmortreppe ins 1. Obergeschoß.

Saal IX (Carthage): einer der prunkvollsten Säle des Palastes (Zentralraum des Harems) mit säulengetragener Galerie. Die Götterstatuen unter den Säulenbögen stammen aus Karthago, ebenso der Marmoraltar in der Saalmitte; die großen Bodenmo-

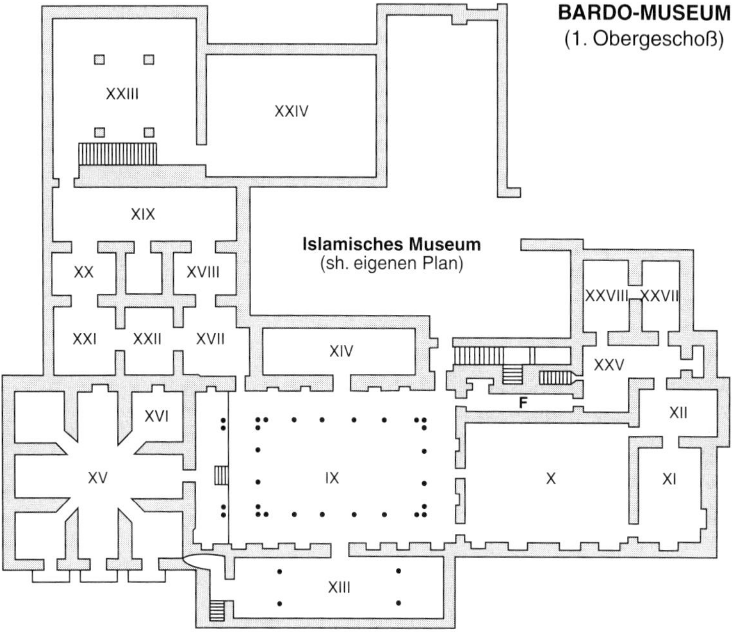

saiken mit Szenen aus dem ländlichen Alltag und der Sagenwelt kommen jedoch aus Oudna, dem antiken Uthina.

Saal X (Hadrumetum/Sousse): Festsaal des Palastes mit prächtiger, goldverzierter Kuppel. Riesiges Bodenmosaik „Triumph des Neptun". Die Wandmosaike stellen unter anderem Szenen aus dem Landleben, von Gladiatorenkämpfen und Wagenrennen dar. Der riesige Marmorkopf und die zwei Sandalenfüße in Übergröße gehören zu einer Jupiterstatue aus dem Kapitoltempel von Thuburbo Majus.

Saal XI (Dougga): Gipsmodelle zeigen Theater und Kapitol von Dougga. Aus den Thermen von Dougga kommt das imposante Wandmosaik der drei schmiedenden Zyklopen; weitere Mosaiken: „Triumphzug des Neptun, „Vier Jahreszeiten" etc.

Saal XII (Thysdrus/El Djem): u.a. Wandmosaik „Neun Musen" und Bodenmosaik „Triumph des Bacchus" – jeweils aus dem 3. Jh., der Blütezeit römischer Städte in Nordafrika.

Saal XIII (Althiburos/Medeina): Der einstige Musiksaal des Beys. Zwei Balkone ruhen auf schlanken Marmorsäulen; man beachte auch die kunstvollen Holzschnitzereien und die reich bemalte Decke. Das Bodenmosaik in der Raummitte (es stammt aus Althiburos) zeigt 23 verschiedene, jeweils beschriftete Schiffstypen.

BARDO-MUSEUM
(2. Obergeschoß)

Saal XIV (Uthina/Oudna): Einstmals Speisesaal des Beys. Die Mosaiken, z.T. mit auffallend realistischen Tierdarstellungen, stammen (ebenso wie die beiden erwähnten Bodenmosaiken im Karthago-Saal) aus einer römischen Villa in Oudna.

Saal XV (Vergil-Saal): früherer Aufenthaltsraum der Haremsdamen mit kreuzförmigem Grundriß, feinst gearbeiteter Stuckkuppel und farbigen Wandfayencen. In der Raummitte befindet sich ein sechseckiges „Kalender"-Mosaik aus der Gegend von Zaghouan, in Vitrinen eine Münzsammlung mit Geldstücken von der punischen bis zur Neuzeit. „Glanzstück" des Saales ist das aus Sousse stammende Wandmosaik „Vergil zwischen den Musen".

Saal XVI: Die Vitrinen enthalten eine Schmucksammlung, überwiegend Goldschmuck aus punischer und römischer Zeit in feinster Präzisionsarbeit.

Säle XVII bis XXIV: Wechselnde Ausstellungen. Ein Teil dieser Räume beinhaltete ursprünglich den berühmten „Mahdia-Schatz" Zu Beginn unseres Jahrhunderts entdeckte man vor der Küste von Mahdia auf dem Meeresboden ein Schiff, das im Jahr 81 v.Chr. gesunken war. Es war reich beladen mit griechischen Vasen, Statuen und anderen wertvollen Kunstgegenständen. Auch Teile des Schiffswracks und der Schiffsausrüstung wurden geborgen. Die Exponate waren Anfang 1995 als Leihgabe in Deutschland; sie wurden vom Rheinischen Landesmuseum in Bonn restauriert, Neuaufstellung in den renovierten Sälen angeblich für 1999 geplant).

Säle XXV bis XXVIII (1998 großenteils geschlossen) bergen eine unvorstellbare Vielfalt an Mosaiken aus verschiedenen römischen Ausgrabungsstätten. Besonders beliebte Motive sind Meeresszenen, die Jahreszeiten, Götterdarstellungen, aber auch Jagd- und Zirkusszenen.

2. Obergeschoß

Am Treppenaufgang (= **XXXII**) zum 2. OG sowie in den dortigen **Sälen XXX, XXXI** sind weitere hervorragend erhaltene Mosaiken untergebracht.

Saal XXXIII (Acholla) zeigt einen Plan und prachtvolle Mosaiken aus dem 2. Jh. (sie zählen zu den ältesten Tunesiens) von *Acholla* (= Ras Bou Tria, ca. 40 km nördlich von Sfax).

Die Schaukästen der **Emporengalerie XXIX** des Karthago-Saales enthalten Grabbeigaben, Ton- und Glasgefäße, Statuetten und andere punische und römische Kleinkunstobjekte.

Islamisches Museum

(Dept. d'archéologie muselmane)

Es befindet sich im EG und 1. OG des um 1830 errichteten Hussein-Palais. Dieses ist direkt mit dem Haupttrakt des Bardo-Palastes verbunden und über die Korridore B und D bzw. einen Treppenaufgang zugänglich. Seit Jahren ist diese Abteilung im Umbau. Dennoch der Versuch einer unverbindlichen Kurzbeschreibung:

Erdgeschoß

Raum 1 (Zugang über Korridor B): Dieser prachtvolle ehemalige Haremsraum enthält neben Ruhebänken das Modell des Ribats von Sousse. **Räume 2 und 3:** Verkaufsräume des

ISLAMISCHES MUSEUM
(Erdgeschoß)

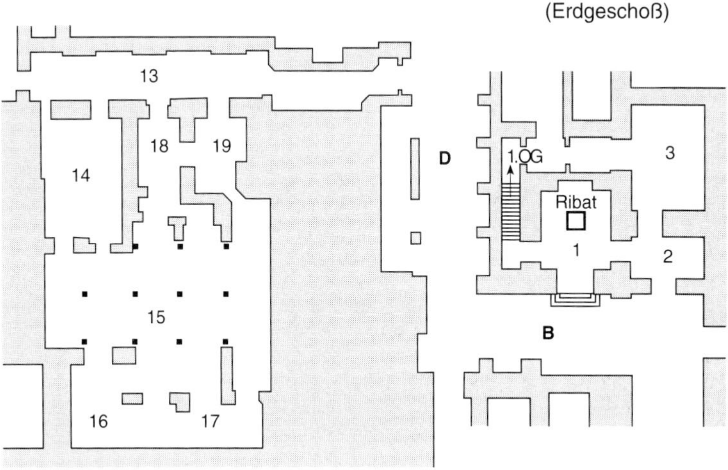

ISLAMISCHES MUSEUM
(1. Obergeschoß)

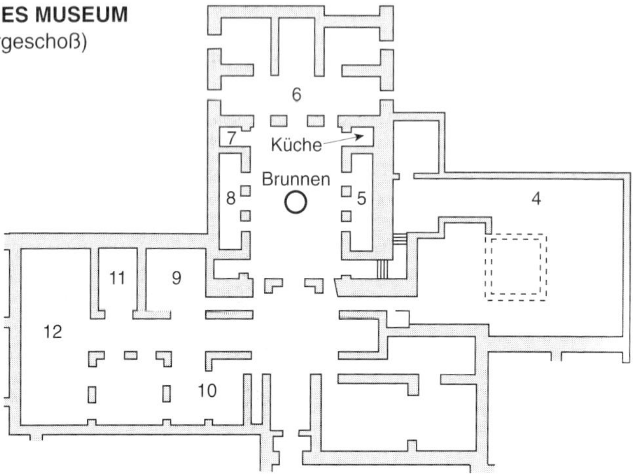

staatl. SOCOPA-Artisanats für Kunsthandwerk.

In den ineinander übergehenden **Räumen 13 bis 19** (Zugang über Korridor D/1998 abgesperrt) befinden sich die Keramiksäle. Hier ist sowohl einheimische wie aus anderen Ländern (u.a. Spanien, Marokko, Mittlerer Orient) importierte Keramik (Gefäße, überwiegend jedoch Kacheln) aus verschiedenen Jahrhunderten zu sehen, gute Anschauungsobjekte für die Vielfalt an Techniken, Farben und Motiven.

1. Obergeschoß (s. Plan)

Von einem hübschen Innenhof mit schlanken, kannelierten Marmorsäulen, bunten Kachelwänden und einem zierlichen Brunnen gehen die verschachtelten, teils sehr kleinen **Räume 4 bis 12** ab. In **Raum 4** (eigentlich mehrere ineinandergehender Räume; 1998 geschlossen) fand man früher u.a. kunstvolle Kalligraphien und Koranschriften auf Pergament, Papyrus oder Stoff, lederne Bucheinbände, astronomische und navigatorische Geräte sowie eine Münzsammlung mit Exponaten quer durch die Zeiten der verschiedenen arabischen Herrscherdynastien. Die **Räume 5** (1998 geschlossen) **und 8** enthalten historische Kupferstiche. Neben Raum 5 eine kleine, mit Haushaltsgeräten bestückte Küche.

Raum 6 (mit tunesischen Möbeln, u.a. ein Baldachinbett und eine Wiege) war der einstige Empfangsraum des Beys. In dem kleinen **Raum 7** sind jüdische Kultgegenstände ausgestellt. **Räume 9, 11 und 12** enthalten traditionelle Kleidung, Kostüme und Schmuck aus verschiedenen Regionen Tunesiens und aus Algerien, ferner u.a. Accessoires, Toilettenartikel und Intarsienarbeiten.

In **Raum 10** finden wir Küchengefäße, Kannen und diverse Kupferwaren.

Vorwahl für Tunis: 01

Touristeninformation

Für die Hauptstadt eines Landes sieht es damit dürftig aus. Es sind z.B. trotz Vorstoßes zu obersten Dienststellen keine aktuellen Übersichtspläne für Busse und Metro erhältlich oder wenigstens an Bahnhöfen/Haltestellen ausgehängt. Prospektmaterial ist häufig veraltet. Mangelhafte Beschilderung in der Stadt tut ein übriges.

ONTT-Informationsbüro
1, Av. Mohammed V beim Place du 7. Nov. 1987 (Uhrturm), Tel. 34 10 77. Geöffnet: Mo bis Do 8.30–13, 15–17.45 Uhr (Juli/Aug: 7.30–13.30, 16–19 Uhr), Fr u. Sa 8.30–13.30 Uhr. Keine Zimmervermittlung; beschränkte Auskünfte. Prospekte, kostenloser Stadt- und Medinaplan.

ONTT-Information
Im Flughafen und Hauptbahnhof (mit Zimmervermittlung).

Informationskiosk
In der Av. H. Bourguiba/Ecke Av. de Carthage (meist geschlossen).

Unterkunft

Hotel

Tip: Vor Hotelsuche im Touristenbüro Stadtplan und aktuelle Hotelliste besorgen!

Als Landeshauptstadt bietet Tunis mit ca. 7000 Betten in über 30 klassifizierten Hotels und unzähligen nicht klassifizierten Häusern vielfältige Übernachtungsmöglichkeiten.

Einige Mehr-Sterne-Hotels stehen an der Av. H. Bourguiba. Viele einfache Hotels findet man z.B. in den Straßen südlich der Av. H. Bourguiba im Bereich zwischen Medinaeingang, Großmarkthalle und dem Place Barcelone (Bahnhof), sowie an der Medina-Ringstraße; ausgesprochene Billighotels besonders nahe der Medinatore Bab Souika, Bab Menara, Bab Jazira und Bab Djedid.

Vor allem in den Sommermonaten kann es in den einfacheren Hotels bereits am Morgen zu Engpässen kommen; Zimmer sollten daher frühzeitig reserviert werden. Bei Billighotels empfiehlt sich eine vorherige Zimmerbesichtigung.

Nachstehend eine kleine **Hotelauswahl** mit Preisbeispielen:

Africa-Méridien*****
50, Av. H. Bourguiba, Tel. 34 74 77, Fax 34 74 32, DZ 162 TD, Tiefgarage.

El Hana International *****
49, Av. H. Bourguiba, Tel. 33 11 44, DZ 110 TD.

du Lac*** (kopfstehende Pyramide)
2, Rue Sindbad, in der Nähe des östlichen Beginns der Av. H. Bourguiba, Tel. 25 83 22, DZ 80 TD, bewachter Parkplatz. DZ 57 TD.

Majestic***
36, Av. de Paris, Tel. 33 26 66, DZ 48 TD, origineller Kolonialbau, lt. Leser „altmodisch aber gut".

Carlton***
31, Av. H. Bourguiba, Tel. 33 06 44, Fax 33 81 68, DZ 66 TD, empfehlenswertes, komfortables Stadthotel.

Maison Doree**
Rue de Hollande (nahe Place de Barcelone), Tel. 24 06 32, DZ 33/23 TD, Leserempf., gutes Restaurant.

de France*
8, Rue M`barek, Tel. 24 58 76, DZ 21,5 TD, älteres, ordentliches Haus, zentrale Lage.

Tunis und Küstenvororte

Hinterer Umschlag

Transatlantique˙
106, Rue de Yougoslavie, DZ 28/ 22 TD, Tel. 24 06 80, gutes, preiswertes Hotel (etwas laut).
Bristol (Rue de Yougoslavie) lt. Leser nicht empfehlenswert.
Salammbo˙
6, Rue de Grèce, Tel. 33 42 52, DZ 26/15 TD, freundliche, großzügige Zimmer, zentrale Lage.
Medina
1, Place de la Victoire, am Eingang zur Medina, Tel. 25 50 56, DZ 10 TD, mit Dusche +1 TD; einfaches, aber akzeptables Billighotel, Restaurant.
Victoria
79, Av. F. Hached, Tel. 34 28 63, DZ 8 TD.

Jugendherberge

Im Palast *Dar Saida Ajoula* inmitten der Medina, 25, Rue Saida Ajoula (Pos. 23 in ONTT-Medinakarte falsch eingezeichnet!); Gepäckaufbewahrung, Abstellmöglichkeit für Motorräder.

Camping

Tunis besitzt keinen Campingplatz. (Die nächsten **offiziellen** Plätze befinden sich bei Bordj Cedria (Hammam Lif), Hammamet (nur im Sommer) und Nabeul; s. dort.) Unromantische Stellmöglichkeit für Wohnmobile auf dem Parkplatz Av. Mohammed V (4 TD für 24 Std.). Für Autofährenbenutzer: am Hafen von La Goulette. Wer im Stadtbereich eine akzeptable Campingmöglichkeit auftreibt, hat einen Orden verdient! Vielleicht führt auch penetrantes Nachfragen im ONTT-Informationsbüro eines Tages zu Erfolg bzw. zur Einrichtung eines Platzes.

Essen und Trinken

Restaurant

Hungrig nach ausgedehntem Stadtbummel? kein Problem! Es gibt zahllose Speiserestaurants verschiedenster Kategorien, Lokale für jeden Geschmack und jeden Geldbeutel (häufiger Ruhetag: Sonntag).

Aushängende Speisekarten (oft in Deutsch und/oder Englisch) mit Preisen erleichtern die Wahl. Größere Speiselokale haben meist eine Lizenz (im Text „liz.") für Alkoholausschank, mit „Gabeln" ausgezeichnete Lokale sind immer lizensiert. Fragen Sie im Zweifelsfall vorher danach.

Feines Dinieren garantieren natürlich die Restaurants der Luxus-Hotels. Als bestes Restaurant der Stadt (mit tunesischer Küche und arabischer Musik) gilt das **Dar El Jeld,** Rue Dar El Jeld (3 Gabeln/Luxus, beim Place du Gouvernement am westlichen Medinarand); Tischbestellung erforderlich; Tel. 26 09 16. Das **M'Rabet** (Medina/ Souk et Trouk, I. Stock), bei Touristengruppen beliebt, bietet orientalische Atmosphäre, tunesische Spezialitäten, gehobenes Niveau und ebensolche Preise (Leserkritik: „Nepp"?); Fleischgerichte 6–8 TD, Fischgerichte 10–15 TD; Reservierung u. Zuschlag 5 TD für Folkloreprogramm (im Sommer).

Zum **Fischessen** fährt der Kenner gern auch hinaus in eines der zahlreichen Fischlokale im Hafenort *La Goulette*.

Einige Speiselokale finden wir an *der Av. H. Bourguiba* (z.B. Nr. 29: *Le Bagdad*). Üppiger ist das Angebot in den Nebenstraßen im Gebiet um die Kreuzung mit Av. de Paris/Av. de Carthage.

Südlich der Av. H. Bourguiba

In der Rue de Yougoslavie z.B. Nr. 96: **Tantonville**, liz., viele Fischgerichte; Nr. 98, **Abid**, einfach, nicht liz., lt. Leser preiswert u. gut; Nr. 102: **La Petite Hutte** (2 Gabeln, klein, gemütlich, Menü 9 TD, abends Musik). In der Rue Aziz Taj z.B. Nr. 27: **Poisson d'Or,** nicht liz., spez. Fischgerichte 7–10 TD, Fleischspeisen ca. 5 TD; daneben *Le* **Savarin** (1 Gabel), wirkt ungepflegt, liz., u.a. tun. Spezialitäten ca. 4–6,5 TD. In der Rue Ibn Khaldoun z.B Nr. 7: **Le Cosmos** (2 Gabeln), Tagesgericht 5 TD, Menu 9 TD, Spez.: Fischgerichte. In der Av. Carthage: **Zitouna**, Menu 3 TD; Nr. 10: **Carcassone** (tun. Spezialitäten; gute 4gängige Menüs für 3,8 TD).

Nördlich der Av. H. Bourguiba

In der Rue de Marseille Nr. 5: **Chez Nous;** Nr. 13: **El Andalous** (liz., u.a. tun. Spezialitäten, Menü 9 TD); **Al Ahmady** (1. Stock), gute, schnelle u. preiswerte Mittagsmenüs 3,5 TD; Nr. 20: **La Huchette** (2 Gabeln, liz., 1998 im Umbau). In der Rue Moktar Attia u.a. diverse Pizzerias und Fast-Food-Lokale.

Billige Lokale und Garküchen findet man außerdem in der Umgebung der *Großmarkthalle* bis hinüber zum Hauptbahnhof, am *Medinarand* (z.B. beim Bab Jezira, Bab Djedid und Bab Souika) und *in* der Medina (z.B. **Mahdaoui** bei Großer Moschee oder **Echikh** in der Rue des Tamis (Gericht 3–3,5 TD).

Für eine kurze Erfrischung bzw. Rast bieten sich die diversen **Straßencafés** an. Bei Einheimischen und Gästen gleichermaßen beliebt (und häufig überfüllt) ist das traditionelle

Hotel Africa an der Av. Habib Bourguiba

Café de Paris an der Ecke Av. H. Bourguiba/Av. de Carthage.

Patisserien offerieren neben feinen Backwaren auch frisch gepreßte Fruchtsäfte, Milchshakes und häufig Sandwiches und kleine Snacks. Die Patisserie **Ben Yedder** (Rue Charles de Gaulle gegenüber **Monoprix**) bietet besonders reiche und leckere Auswahl (Spezialität: gefüllte Datteln).

Kultur/Unterhaltung

Mit europäischen Großstadtmaßstäben darf hier nicht gemessen werden. Ab dem späten Abend ist Tunis fast wie ausgestorben – nur zur Zeit des Ramadan gehen die Uhren anders und wird die Nacht zum Tag gemacht.

Im **Theatre Municipal** (Av. H. Bourguiba) finden – außer im Sommer –

Theater- und Musikveranstaltungen statt. Vortrags-, Film- und Theaterprogramme bietet ferner das **Maison de la Culture** in der Rue Ibn Khaldoun; auch im **Deutschen Kulturinstitut** (Goetheinstitut; Rue de Sénégal/Place d'Afrique) finden Veranstaltungen statt. Die Tageszeitungen *La Presse* und *Le Temps* weisen ebenso wie Plakate auf lokale Messen, Ausstellungen, spezielle Veranstaltungen und Festivals hin. Sie veröffentlichen auch die Programme der **Stadtkinos** (die meisten an oder nahe der Av. H. Bourguiba; Preise 1,5–2,2 TD; Filme in arabischer oder französischer Sprache).

Nächtliche Vergnügungen beschränken sich ansonsten auf **Musik-, folkloristische,** evtl. auch einmal kabarettistische **Darbietungen in den großen Hotels** („Diner-Spectacles"; Nachtclubs z.B. in den Hotels *Africa, El Hana International, Hilton).* Spielcasino im Complex Touristique im Vorort Gammarth. Auch diverse Restaurants bieten abends ein meist „orientalisches" Unterhaltungsprogramm (z.B. *Le Malouf*, 108, Rue de Yougoslavie; *M'Rabet,* Medina/Souk et Trouk).

Kundige Städter fahren für abendliches Amusement bevorzugt in die Vororte **La Marsa** oder **Sidi Bou Said**.

Im Zweijahresabstand (2000, 2002 etc.) werden jeweils Ende Okt/Anfang Nov. im Rahmen des **Carthage International Film Festivals** auch in den Kinos der Hauptstadt afrikanische/arabische Filme gezeigt; ebenfalls im Zweijahresabstand (1999, 2001 etc.) findet das Karthago-Theater Festival statt.

Das **Militärische Nationalmuseum** ist im *Palais de la Rose* im westlichen Stadtrandviertel *Manouba* zu besichtigen. In einem prächtigen Beypalast aus dem Jahr 1793 wird die Militärgeschichte Tunesiens durch alle Epochen bis in die Neuzeit dargestellt (große Waffen- und Kriegsmaterialsammlung, Gemälde, Stiche, Darstellungen von Schlachten, Modelle von Kriegsschiffen etc.)

Verkehrsverbindungen

Auf detaillierte Angabe oder gar Abdruck von Fahrplänen wird verzichtet, da diese schnell veralten und zudem für Sommer, Winter und Ramadan jeweils verschiedene Pläne gelten.

Stadt- und Vorortverkehr

Stadtbusse

Sie erschließen und verbinden alle Stadtteile mit dem Zentrum von Tunis und fahren ohne festen Zeitplan. Eine von vielen Buslinien angefahrene zentrale Haltestelle befindet sich in der Av. H. Bourguiba gegenüber Hotel Africa (Hochhaus). Einstieg hinten. Tikkets beim Schaffner. Preis ab 0,250 TD.

Wie schon bemängelt, existiert kein aktueller Busnetzplan, kein Verzeichnis von Buslinien. Auskünfte an den großen **Busstationen;** die **wichtigsten im Zentrum** sind: *Tunis Marine* (beim TGM-Bahnhof am östl. Ende der Av. H. Bourguiba), *Place de Barcelone* (beim Hauptbahnhof) und beim *Place Thameur.* **Einige wichtige Buslinien:**

- **Nr. 2:** Tunis Marine – Pl. de la Kasbah (südl. Bogen um Medina bis Kasbah)
- **Nr. 3:** Tunis Marine – Av. H. Bourguiba (Stop gegenüber Hotel Africa) – Place Thameur – Bab Saadoun – Le Bardo

- **Nr. 5:** Tunis Marine – Belvédère
- **Nr. 12/4A:** Tunis Marine - Bab Souika
- **Nr. 20B:** Place Thameur – La Marsa
- **Nr. 35:** Tunis Marine – Flughafen
- **Nr. 38:** Tunis Marine - Porte de France – Belvédère
- **Nr. 50:** Verbindungslinie zwischen den Stationen für Überlandbusse am Bab Saadoun (Tunis-Nord) und Bab El Fellah (Tunis-Süd)

TGM-Vorort-Schnellbahn

(siehe Plan unten) Bahnhof am östl. Ende der Av. H. Bourguiba (erreichbar auch mit Metro 1, sowie allen Stadtbussen mit *Tunis Marine* als Endstation, zum Beispiel Nr. 2, 3, 5, 12, 35, 38)

- **Route:** Tunis Marine – La Goulette – Salammbo – Karthago (sechs Stationen) – Sidi Bou Said – La Marsa.

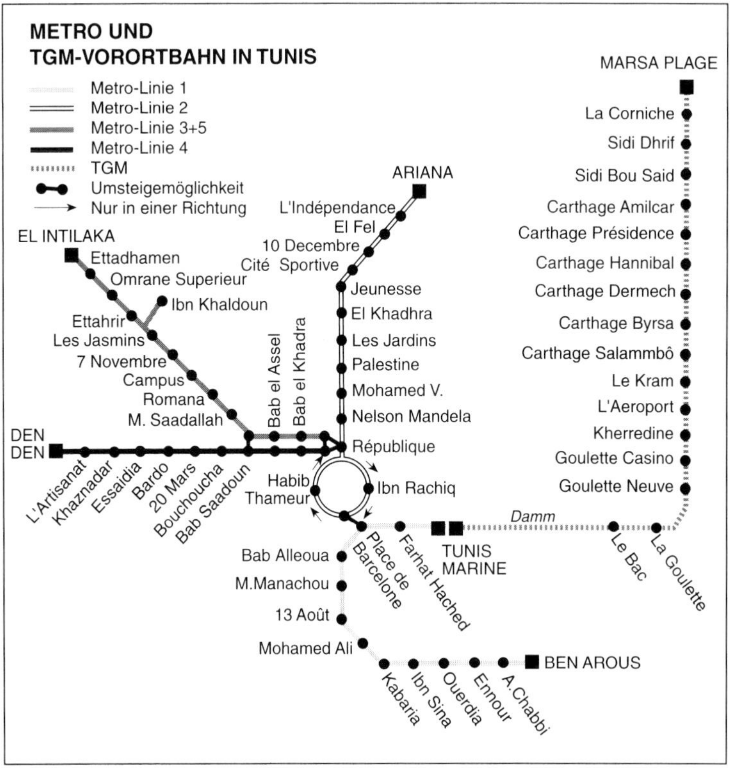

METRO UND TGM-VORORTBAHN IN TUNIS

- **Betriebszeit:** Ganztägig bis Mitternacht etwa alle 10–20 Minuten.
- **Fahrpreis für Gesamtstrecke:** 0,56 TD (2. Klasse), 0,93 TD (1. Klasse). Tickets am Schalter.
- **Gesamtfahrzeit:** 35 Min.

Metro (s. Plan S. 229)

Keine U-, sondern eher eine moderne Straßenbahn (Siemens). Ticketverkauf am Schalter, Entwertung an Sperre oder im Wagen.

Wichtige Metro-Stationen:

- *Place de Barcelone* (Linien 1 und 2): Hauptbahnhof
- *Tunis Marine* (Linie 1): TGM- und Busstation
- *Bab Alleoua* (Linie 1): Busstation Tunis-Süd (für Fernbusse Richtung Süd)
- *Cité Sportive* (Linie 2): Stadion und Schwimmbad
- *Bab Saadoun* (Linien 3, 4): Busstation Tunis-Nord (für Fernbusse Richtung Nord und Nordwest)
- *Bardo* (Linie 4)

Taxis

Taxis sind das geeignetste Transportmittel im Stadtverkehr von Tunis, preiswert (Grundpreis 0,310 TD), aber - besonders zu Stoßzeiten - oft schwer zu bekommen und hart umkämpft. Sie sind mit Taxameter ausgestattet und befördern max. 3 Personen mit kleinem Gepäck. Nachts wird ein Zuschlag erhoben.

Fernverkehr

Tip: Die französischsprachigen Tageszeitungen *La Presse* bzw. *Le Temps* veröffentlichen tägl. Abfahrts- und Ankunftszeiten von Eisenbahnen und Überlandbussen sowie eine Übersicht über In- und Auslandsflüge ab Flughafen Tunis-Carthage.

Eisenbahn

Der Bahnhof der Eisenbahngesellschaft SNCFT (Auskunft über Tel.-Nr. 25 44 40) befindet sich am *Place de Barcelone* (Metrostation). Im Bahnhof ONTT-Touristeninformation mit Zimmerbuchung, Wechselstube, Post, Schließfächer, Gepäckaufbewahrung. Für Fern- und Nahverkehrszüge existieren getrennte Fahrkartenschalter und Zugänge. Gedruckte Fahrpläne am Schalter erhältlich.

Vorortverkehr: etwa halbstündlich über Radès – Ez Zahra – Hammam Lif nach Bordj Cedria.

Fernverkehrsverbindungen:

- Tunis – Bir Bou Rekba – Hammamet – Nabeul
- Tunis – Sousse (Monastir und Mahdia) – El Djem – Sfax – Gabès bzw. Gafsa – Metlaoui
- Tunis – El Fahs – Gaafour – Le Sers – Dahmani – Kalaat Kasbah
- Tunis – Béja – Jendouba – Ghardimaou
- Tunis – Mateur – Tindja/Menzel Bourguiba – Bizerte

Überlandbusse

Hierfür existieren **zwei Busstationen** (untereinander durch Buslinie 50 verbunden).

- Für Ziele im **Norden und Nordwesten:** *Gare Routière du Nord – Bab Saâdoun*
  Av. H. Bougatfa nahe Bab Saâdoun; erreichbar mit Metro 3 und 4 sowie Stadtbussen 3 und 50, Auskunft und Reservierung: Tel. 56 22 99.

Wichtige Ziele: Ain Draham, Béja, Bizerte, Djerissa, El Kef, Feriana, Ghar el Melh, Jendouba, Kalaat Kasbah, Kalaat Senam, Mateur, Mejez el Bab, Menzel Bourguiba, Raf-Raf, Ras Djebel, Sakiet Sidi Youssef, Tabarka, Teboursouk, Testour, Thala, Thibar.

- Für Ziele im **Süden, Südwesten und Südosten von Tunis** sowie für **Busse nach Libyen, Algerien und Marokko:** *Gare Routière du Sud – Bab El Fellah*
  (Bab Alleoua); Rue Sidi el Bechir (gegenüber Verkehrskreisel beim Djellaz-Friedhof); erreichbar mit Metro 1 und Stadtbussen 8 und 50; Auskunft und Reservierung: Tel. 39 92 55.
  Wichtige Ziele: Ben Guerdane, Cap Bon (u.a. Nabeul, Hammamet, Kelibia), Dahmani, Djerba, Douz, El Hamma, Enfida, Feriana, Gabès, Gafsa, Kairouan, Kasserine, Kebili, Maknassy, Makthar, Matmata, Medenine, Nefta, Oueslatia, Ras Adjir, Sbeitla, Sbiba, Sfax, Sidi Bouzid, Siliana, Sousse, Tataouine, Tozeur, Zarzis.
  Auslandsverbindungen nach Annaba (Algerien), Tripoli (Libyen), Casablanca (Marokko).

Louages

Louagestationen befinden sich bei den genannten beiden Busstationen für etwa die gleichen Ziele wie die Busse; Louages Richtung Kairouan, Sousse, Sfax in Av. Moncef Bey.

Flugzeug

Der Flughafen *Aéroport International Tunis-Carthage* liegt ca. 8 km nordöstlich des Stadtzentrums. Erreichbar mit Taxi (ca. 4 TD) oder Bus Nr. 35 (alle 30 Min. ab Busstation *Tunis Marine* über Av. H. Bourguiba und Rue de Rome/Av. H. Thameur; Fahrzeit ca. 30 Min.).

Im Flughafengebäude: Touristeninformation, Duty Free Shop, Post, Restaurant, Banken und Wechselstube, Reiseagenturen und Autovermietungen.

Flugauskunft: Tel. 23 50 00.

Inlandsflüge mit Tunis Air bzw. Tuninter nach Djerba, Tozeur, Sfax und Tabarka.

Auslandsflüge: siehe Kapitel „Anreise nach Tunesien“.

Mietwagen

Mehrere tunesische und internationale Agenturen unterhalten Büros im Neustadtzentrum, in den großen Hotels sowie am Flughafen.

Hier eine Auswahl:

Avis
90, Av. de la Liberté, Tel. 78 85 63; über Hotel *Hilton* und *Africa*; Flughafen, Tel. 75 02 99.

Hertz
29, Av. H. Bourguiba, Tel. 24 85 59; Flughafen, Tel. 75 40 00.

Europcar
17, Av. H. Bourguiba, Tel. 34 03 03; Flughafen Tel. 75 40 00.

Geldwechsel

Viele Banken im Neustadtzentrum, v.a. an der Av. H. Bourguiba, wechseln Bargeld, Reise- und Eurocheques; außerhalb der offiziellen Öffnungszeiten die großen Hotels, zum Beispiel **Africa, El Hana International, Abou Nawas** (nur Bargeld).

Marktgasse

In der Av. H. Bourguiba (nahe Medina) können rund um die Uhr über Automaten internationale Banknoten in tunesische Dinare umgewechselt werden.

Vor größeren Banken findet man immer häufiger Automaten für die gängigsten Kreditkarten.

Post PTT

- **Hauptpost:** R. Charles de Gaulle.
- **Öffnungszeiten:** 1.9. bis 30.6.: Mo bis Sa 8–18 Uhr, So 9–11 Uhr.
  1.7. bis 31.8.: Mo bis Fr 7.30–13 Uhr und 17–19 Uhr, Sa 7.30–13.30 Uhr, So 9–11 Uhr.
  Ramadan: Mo bis Sa 8.00–15.00 Uhr, So 9–11 Uhr. An Feiertagen immer geschlossen.
- **Briefmarken**, **postlagernde Sendungen** in der Haupthalle, **Telefondienst** (24 Stunden) in Rue Gamal Abdel Nasser an der Rückseite.
- **Weitere Postämter im Zentrum:** 1, Av. H. Thameur, Bab Souika, bei Busstation Bab Alleoua.
- **Paketpost** in Av. de la République (nahe Av. H. Bourguiba).

Einkaufen

Offene Lebensmittelmärkte
Am Bab Souika und Bab el Jazira.
Markthalle
Nur vormittags in der Rue Charles de Gaulle.
Supermarkt Monoprix
Rue Ch. de Gaulle; Mo–Sa von 8.30–18.50 Uhr.
Magasin Général
Av. de France, nahe Medinaeingang: Mo bis Sa 8.15–13 und 15–19 Uhr.
Le Palmarium
Modernes Geschäftszentrum an Av. H.Bourguiba (neben Theater), unter anderem mit Staatlichem SOCOPA-Artisanat (Mo–Sa 8.30–19 Uhr, So 9–13 Uhr).
Lac Palace
Neues hochmodernes Einkaufszentrum mit eleganten Geschäften für den gehobenen Bedarf und dem bestsortierten Supermarkt Tunesiens. Ab Tunis/Neustadt auf meernaher Straße Richtg. Flughafen/La Marsa – kurz nach Flughafenabzweig Beschilderung nach rechts folgen (weithin sichtbarer Rummelplatz, große Parkplätze, Neubaugebiet).

Golfplatz

18-Loch-Platz **Golf de Carthage**, 10 km nördlich der Stadt in Chotrana 2, 2036 La Soukra, Tel. 76 59 19, Fax 76 59 15.

Die Küstenvororte im Nordosten von Tunis

La Goulette [11 km] – Karthago [5 km] – Sidi Bou Said [3 km] – La Marsa [2 km] – Gammarth [3 km] – Raouad [10 km]

Anfahrt

- **Vorort-Schnellbahn (TGM; Plan s. S.229):** Sie verkehrt ganztägig (bis Mitternacht) im Abstand von ca. 10-20 Min. von Tunis (Bahnhof am östl. Ende der Av. H. Bourguiba) über den *Lac de Tunis* nach La Goulette, Karthago (sechs Stationen), Sidi Bou Said bis La Marsa; Gesamtfahrzeit 35 Min.; Fahrpreis Tunis – La Marsa 0,56 TD (2. Klasse). Weiterfahrt nach Gammarth und Raouad mit Bus oder Taxi.
- **Mit eigenem Fahrzeug:** Interessanter und nur unwesentlich länger als die am Flughafen vorbeiführende Route ist die Anfahrt auf der gleichen Route wie die TGM-Schnellbahn (s.o.).
- **Busse:** *Nr. 20B* Tunis – La Marsa – Gammarth und *Nr. 40* La Marsa – Gammarth.

Allgemeines

Aufgefädelt wie die Perlen einer Kette liegen nordöstlich der Hauptstadt am Golf von Tunis die Küstenorte La Goulette, Karthago, Sidi Bou Said, La Marsa und Gammarth. Es sind **Ausflugsziele** für die Städter und allesamt, wenngleich aus unterschiedlichen Gründen, auch für Tunesienreisende einen Besuch wert: Im Hafenort La Goulette hat man die größte Auswahl an Restaurants, Karthago interessiert mit zahlreichen Besichtigungsstätten aufgrund seiner geschichtlichen Vergangenheit, das maurische Sidi Bou Said ist das stimmungsvollste und adretteste Dorf des ganzen Landes, und in La Marsa und Gammarth findet man vornehme Villenviertel und feinste Strände und Badehotels.

La Goulette

In diesem Vorort von Tunis mit etwa 40 000 EW liegt heute **Tunesiens größter Hafen,** in dem auch die Autofähren aus Europa anlegen. Der Ort ist über einen ca. 8 km langen Damm durch den *Lac de Tunis* (arabisch *El Bahira* bedeutet „kleines Meer") mit der Hauptstadt verbunden. Eine kleine **Autofähre** („Bac", für Autos bis maximal 4,5 t, Höhe unbegrenzt; ständiger kostenloser Pendelverkehr von 5.30 Uhr bis 21 Uhr) verkehrt von La Goulette nach Radès, günstig für den, der mit Zielrichtung Süden die Stadtdurchfahrt vermeiden will (dazu nach Verlassen des Hafengeländes bei Esso-Tankstelle vor Beginn des Damms der Beschilderung „Bac" nach links folgen).

Geschichte in Kürze

Das isoliert vor dem Hafengelände stehende mächtige Eingangstor eines alten **Arsenals** sowie die Reste einer **spanisch/türkischen Festung** sind die einzigen Überbleibsel aus alten Zeiten. Als Tunis (nach der Zerstörung Kairouans durch die Beni Hilal) im

12. Jh. Landeshauptstadt wurde, erlangte La Goulette dank seiner günstigen Lage an der Hafeneinfahrt nach Tunis große strategische Bedeutung. 1534 nahm der türkische Seeräuber Barberousse La Goulette ein, allerdings nur für kurze Zeit, denn bereits ein Jahr später landete die spanische Flotte unter Kaiser Karl V., um hier den Hauptstützpunkt für die Eroberung von Tunis zu errichten. Sie bauten die große Festung, die ihnen 1574 von den Türken wieder abgenommen und von diesen später stark erweitert wurde.

Den **Aufstieg zur Hafenstadt** verdankte La Goulette dem Umstand, daß sowohl der einstige türkische Hafen von Ghar el Mhel (s. Route A5) wie auch der Lac de Tunis immer stärker verlandeten und von größeren Schiffen nicht mehr angelaufen werden konnten. Die Franzosen huben um 1890 eine breite Fahrrinne quer durch den nur 1 m tiefen See von Tunis aus, um Schiffen mit bis zu 6 m Tiefgang die Fahrt zum Stadthafen von Tunis zu ermöglichen. Das Baggergut wurde zu einem Damm aufgeschüttet, über den heute der Autoverkehr und die TGM-Vorortbahn rollen. Außerdem erweiterten sie schrittweise den Hafen von La Goulette. Inzwischen hat dieser jenen von Tunis an Größe und Bedeutung übertroffen.

Der Ort La Goulette

Ein großes Reiterstandbild des Ex-Präsidenten Bourguiba begrüßt den von Tunis kommenden Besucher am Ortsbeginn. Das früher in den mächtigen Ziegelgewölben der alten Türkenfestung *Karraka* untergebrachte **Internationale Widdermuseum** *(Musée de Bélier)* mit Exponaten aus verschiedenen Kontinenten (archäolog. Funde mit Widdersymbolen, Tierstatuen, Originaltexte etc.) wurde ausquartiert, angeblich nach Hammamet. In der kleinen Freilichtbühne auf dem Dach der Festung findet im Juli/August das „Internationale Festival de Mediterranée“ (Musik- und Theaterveranstaltungen) statt.

Die parallel zum Strand verlaufende Hauptstraße ist gesäumt von vielen Restaurants und Cafés, Läden, Obst- und Imbißständen. Auf den Menükarten stehen neben lokalen und internationalen Speisen vor allem **Fischgerichte** verschiedenster Art. Ebenfalls an der Hauptstraße liegt die **Markthalle**. (Wer das Land mit der Fähre verläßt, kann hier seine letzten Dinare sinnvoll ausgeben.)

Im Sommer ist La Goulette mit seinem breiten Sandstrand vor allem bei der Stadtbevölkerung von Tunis ein beliebtes und stark besuchtes Seebad; allerdings läßt die Wasserqualität aufgrund der Hafennähe etwas zu wünschen übrig. Die touristische Infrastruktur des Ortes ist recht dürftig.

Einzige (sehr einfache) **Unterkunft** im Hotel *Beau Rivage* neben dem Restaurant *La Victoire* (DZ 20 TD o.Fr.). Inoffizielle **Campingmöglichkeit** auf dem Freigelände zwischen Hafen und Ort bei der Sporthalle (unromantisch, aber günstig gelegen für Fährenbenutzer; Vorsicht: nichts unbewacht/ungesichert herumliegen lassen). Vor den zahlreichen **Restaurants** (fast alle lizensiert) werben die Kellner teilweise recht penetrant um Kunden; freundlicher Service, empfehlenswert: *Labidi*, 47 Av. F. Roosevelt (Fischgerichte 6–8 TD, Fleischgerichte 7 TD).

Die Seebäder **Khérredine** und **Le Kram** schließen sich ohne markante Unterbrechung an La Goulette an.

Karthago (Carthage)

Wer, gemessen an Karthagos überragender geschichtlicher Bedeutung, mit großen antiken Baudenkmälern rechnet, wird enttäuscht sein. Spärlich sind die Reste aus punischer Zeit, und auch die römischen Ruinen können nicht konkurrieren mit Ausgrabungsstätten wie z.B. Dougga, Sbeitla oder Makthar. Dafür liegen die Ruinenstätten hier verstreut über und eingebettet in den reizvollen Villenort mit prächtigen Gärten, Blick auf das tiefblaue Meer und die dahinter aufragenden Berge. Eine Portion Phantasie – basierend auf der Kenntnis um die geschichtlichen Zusammenhänge – kann das Fehlen stattlicher Tempel und prächtiger Römervillen evtl. ein wenig ausgleichen.

Geschichte

(s. auch allg. Geschichtskapitel)

Vor einem Besuch Karthagos rufen wir uns nochmals kurz dessen besondere historische Bedeutung für Tunesien in Erinnerung:

Nachweisbare Siedlungsspuren phönizischer Einwanderer (auf dem *Byrsa-Hügel* und im *Tophet)* gehen bis ins 8. vorchristliche Jh. zurück. Als **Gründungsdatum Karthagos** gilt das Jahr **814 v.Chr.** Nach der Legende soll damals die phönizische Prinzessin *Elissa* (Dido) mit Gefolge von Tyros kommend hier, unweit der schon bestehenden phönizischen Kolonie von

Karthago: Punischer Hafen

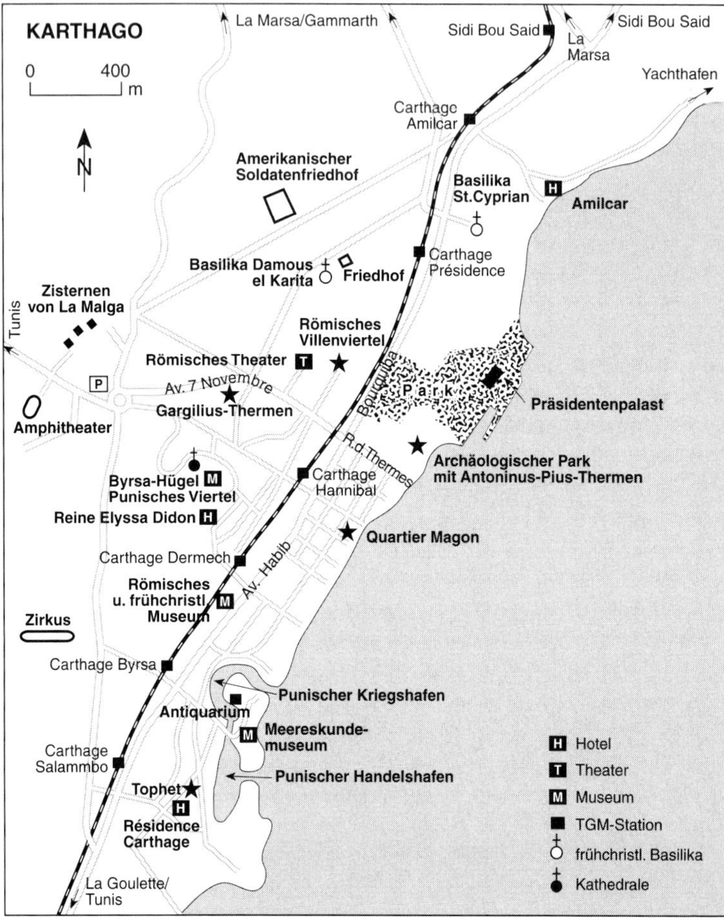

Utica, mit ihren Booten angelegt haben. Man gestattete ihr, so viel Land in Besitz zu nehmen, „wie eine Ochsenhaut umspannt“, worauf die clevere Elissa eine solche zu feinsten Streifen schnitt und auf diese Weise ein beachtliches Gebiet rings um den Byrsa-Hügel (*Byrsa* = das Fell) umschließen konnte. Daraus entstand *Quart Hadasht,* die „neue Hauptstadt“ der Phönizier (der Name „Karthago“ sowie die Bezeichnung „Karthager“ bzw. „Poeni“ = „Punier“ für die phönizischen Bewohner stammt von den Römern).

Die **Lage war strategisch günstig:** Man besaß einen Kriegshafen für die Flotte sowie einen Handelshafen, die Stadt selbst saß auf einer gut zu verteidigenden Halbinsel (die heute im Norden angrenzende Sebkha war damals noch eine offene Meeresbucht), die auf der Landseite durch massive Wehrmauern und Gräben geschützt war. Von hier aus bauten die Phönizier ihr Reich auf, vergrößerten ihre Handelsflotten und entwickelten sich schließlich zur Führungsmacht über Nordafrika. Über Jahrhunderte hinweg gab es kriegerische Auseinandersetzungen mit den Griechen (vor allem um das begehrte Sizilien), und dann begannen die Konflikte mit den immer mächtiger werdenden Römern. Es kam zu den **drei Punischen Kriegen** (im zweiten zog der karthagische Feldherr Hannibal mit seinen Elefanten über die Alpen gegen Rom), aus denen die Römer unter Scipio d.J. schließlich als Sieger hervorgingen. Im Jahr **146 v.Chr.** wurde das punische Karthago nach langer Belagerung **von den Römern bis auf die Grundmauern zerstört.** Doch bereits etwa hundert Jahre später begannen die Römer unter Kaiser Augustus, auf dem zerstörten Quart Hadasht und den eingeebneten punischen Fundamenten ihr **Karthago** aufzubauen, das mit Prachtbauten, prunkvollen Villen, mit Thermen und wiedererstellten Hafenanlagen schließlich zur **Hauptstadt der römischen Provinz Africa** wurde. Mit etwa 300 000 Einwohnern (andere Schätzungen liegen noch weit höher) zählte Karthago zu einer der **größten und bedeutendsten Städte im Mittelmeerraum** – bis zum Zerfall des Römischen Reichs.

Auch in frühchristlicher und byzantinischer Zeit konnte Karthago noch eine zentrale Stellung halten, wurde aber beim **Einmarsch der Araber Ende des 7. Jh.** erneut **völlig zerstört** und diente danach jahrhundertelang als Steinbruch. 1270 scheiterte der Kreuzzug des französischen Königs Ludwig IX. Nach ihm ist die große Kathedrale auf dem Byrsa-Hügel benannt, in der während der französischen Kolonialzeit die katholische Kirche ihren Hauptsitz für die Missionierung Afrikas einrichtete.

Zahlreiche **andalusische Einwanderer** ließen sich zwischen dem 13. und 17. Jh. in den Küstenorten nieder und trugen wesentlich zur wirtschaftlichen und kulturellen Entwicklung bei.

Heute ist Karthago ein **hübscher Villenort,** eine Adresse für wohlhabende Tunesier, **Standort des Präsidentenpalastes** und Sitz von Konsulaten und Botschaften. Ausgrabungen, archäologische Forschungen und Maßnahmen zur Erhaltung der antiken Stätten begannen bereits Ende des 19. Jh. und sind bis heute nicht abgeschlossen. 1978 wurde Kartha-

Punische Maske aus Tonerde

S. 236

go in die Liste der „Kulturgüter der Menschheit" aufgenommen, 1985 in Zusammenarbeit mit der UNESCO die Schaffung eines „Nationalparks Karthago–Sidi Bou Said" beschlossen.

Besichtigung

(s. Plan Seite 236)

Wer zu Fuß alle Besichtigungsstätten abgehen will, braucht Kondition, gutes Schuhwerk und Zeit. Die von Tunis kommende Vorortbahn (TGM) hält im Bereich des ausgedehnten archäologischen Geländes an den Stationen *Salammbo, Byrsa, Dermech, Hannibal, Presidence, Amilcar.* Zu den Hauptreisezeiten verkehren Droschken zwischen den einzelnen Stätten. Beim Straßenrondell am Fuß des Byrsa-Hügels wurde ein großes touristisches Zentrum „Le Phenix de Carthage" eröffnet mit Restaurants, Kultur- und Animationsprogrammen.

Bei Zeitmangel sollten zumindest der *Byrsa-Hügel* mit dem *Nationalmuseum* und *punischem Wohnviertel*, die *Antoninusthermen* im Archäologischen Park sowie der *Tophet* und die *punischen Seehäfen* besucht werden.

Ein **Sammelticket** (4,2 TD, Fotoerlaubnis 1 TD) ist im Nationalmuseum auf dem Byrsa-Hügel, bei den Antoninusthermen, im Tophet, bei den Römischen Villen, im Römischen Theater und im Quartier Magon erhältlich. Es berechtigt (nur am Tag der Ausstellung) zum Eintritt in alle nachstehend beschriebenen Stätten (ausgenommen Kathedrale und Ozeanographisches Museum). **Geöffnet** sind die Ruinenstätten im allgemeinen täglich etwa von 8–19 Uhr im Sommer und von 9–17 Uhr im Winter.

Allgegenwärtig sind fliegende Händler, die mit Ausdauer und verschwörerischem Blick „garantiert echte Antiquitäten" – Münzen, Masken, Statuen, Öllämpchen usw. – anbieten.

★Byrsa-Hügel mit Archäologischem Nationalmuseum, punischem Viertel u. Kathedrale

(Museum tägl. geöffnet; im Sommer 8–19, im Winter 8.30–17.30 Uhr; Verkauf des Sammeltickets; kürzester Zugang von TGM-Stationen *Dermech* oder *Hannibal.)*

Das **Archäologische Nationalmuseum** *(Musée National de Carthage)*, ging aus einer Sammlung des französischen Mönchsordens der „Weißen Väter" hervor. Es ist in dem schönen und übersichtlichen ehemaligen Konventsgebäude untergebracht.

Pläne und Fotos informieren im Eingangsbereich über die geschichtliche Entwicklung Karthagos. Gute, dreisprachige (arab./franz./engl.) Beschriftung.

Im EG sind u.a. römische Skulpturen, punische Sarkophage und Stelen, im Christlichen Saal vor allem Mosaiken und Keramikwaren ausgestellt. OG: Die Vorhalle ist mit Wandmosaiken aus verschiedenen Epochen geschmückt; ein Saal ist dem römischen Karthago gewidmet (Glas und Tongefäße, Schmuck, Skulpturen). In einem Raum dominieren Amphoren und wird die Technik des Kuppelbaus mit Tonröhren erläutert. Die Punische Halle enthält u.a. einen interessanten Modellausschnitt aus dem *Tophet* sowie zahlreiche Grabbeigaben und Funde aus punischer Zeit. Byrsa-Saal: Ausgrabungen, Modelle und Bilder der punischen und römischen Anlage, Tonwaren und Infos über den Stand der karthagischen Ausgrabungen, die

Byrsa-Hügel mit Kathedrale St. Louis und Resten des punischen Wohnviertels

seit 1974 auch mit UNESCO-Hilfe durchgeführt werden.

Von der säulengeschmückten Ballustrade aus hat man einen herrlichen Blick über Stadt und Meer, und man begreift, warum dieser Hügel bereits Mittelpunkt des punischen wie später auch des römischen Karthagos war.

Im **Museumsgarten** finden wir römische Baufragmente, Säulen, Statuen und Mosaike.

Interessant sind die **Ausgrabungen** des auf die Gründungszeit Karthagos zurückgehenden **punischen Wohnviertels** gleich unterhalb vom Museum am Südhang des Hügels. Mehrstöckige, auf Steinfundamenten mit Lehmziegeln erbaute Häuser mit Badebecken und unterirdischen Zisternen wurden freigelegt; unterhalb der Wohnhäuser eine Nekropole. Etwa zu Beginn der Zeitrechnung ließen die Römer die Hügelkuppe abtragen und errichteten auf der entstandenen Plattform über der von ihnen 146 v.Chr. zerstörten punischen Anlage ein großes Forum mit Kapitol. (Weitere Ausgrabungen im Gange).

Kathedrale St. Louis: Die viele Jahre nur als Lagerhalle genutzte Kirche wurde restauriert und kann besucht werden (tägl. 8–19, im Winter 8.30–17 Uhr; Eintritt 2 TD, Kinder 1 TD). Schöne bemalte Kassettendekke im Hauptschiff, umlaufende Galerie, eine Orgel, viele Privatwappen. Jeweils im Oktober Konzertveranstaltungen.

Die größte Kirche Nordafrikas entstand während der französischen Protektoratszeit um 1890. Ihr Name geht zurück auf König Ludwig IX., der bei einem Kreuzzug und Angriff auf Tunis im Jahr 1270 in Karthago der Pest zum Opfer fiel. Die Kirche war Teil des Klosters der *Pères Blancs* (Weiße Väter), eines katholischen Ordens, der von hier aus weitere Missionsstationen bis hinein nach Schwarzafrika gründete. Bis zur Auflösung des Erzbistums im Jahr 1965 war die Kirche Sitz des Erzbischofs von Karthago. Im Zuge allgemeiner Verstaatlichung französischer Besitzungen gingen Kirche und Konventgebäude schließlich in tunesischen Staatsbesitz über.

★Archäologischer Park mit Antoninus-Pius-Thermen

(Thermes de Antonin)

(s. Plan; Verkauf des Sammeltickets; Eingang in Av. des Thermes. Nächste TGM-Station *Hannibal)*

Archäologischer Park: Wir folgen dem palmengesäumten Weg links hügelaufwärts. Die Längs- und Querwege des Parks folgen dem Verlauf der Straßen des einstigen römischen Villenviertels, das sich vom Meer bis hinauf zum Theater erstreckte. Außer Hausfundamenten, Zisternen und Mosaikresten ist aber nichts mehr zu sehen. Bei der ersten Wegkreuzung können wir links hinabsteigen in eine christliche Grabkapelle aus dem 7. Jh. mit einigen schönen Mosaiken (u.a. Fisch- und Vogelmotive). Diagonal gegenüber finden wir zwischen dem Gemäuer einer ehemaligen *Schola* Mosaikfragmente mit Motiven von Wein- und Blütenranken sowie tanzenden Kindern unter einem Baldachin. Im oberen Bereich des Parks liegen Reste zweier byzantinischer Basiliken. In der *Basilika von Dioumes* sind Mosaikreste, zwei Reihen von Doppelsäulen und das Taufbecken in einer Ecke erhalten. In dem Durcheinander hinter den Basiliken liegt die punische Nekropole aus dem 5. Jh. v. Chr. mit einigen in den Hang gehauenen Grabkammern.

Vorbei an Resten von Häusern und Zisternen gehen wir hügelabwärts direkt zu den am Meer liegenden **Antoninus-Thermen.** Von einer Aussichtsplattform mit Orientierungstafel gewinnt man einen guten Überblick. Von den monumentalen Thermenanlagen in Rom selbst abgesehen, standen hier einst die bedeutendsten römischen Bäder. Sie wurden im 2. Jh. n.Chr. unter den Kaisern Hadrian und Antoninus Pius erbaut und umfaßten – in streng symmetrischer Anordnung – weit über ein Dutzend Bade- und Aufenthaltsräume, ferner Wandelgänge, Innenhöfe, eine Sonnenterrasse und eine große Freitreppe zum Meer. Weder von dem gewaltigen Baukomplex selbst, geschweige denn von seiner prunkvollen Ausstattung ist viel übrig geblieben. Außer zerfallenem Fundamentgemäuer sind praktisch nur noch Reste der Untergeschosse des einst zweistöckigen Baus erhalten. Die Bäder stürzten im Laufe der Jahrhunderte zusammen, zu groß waren auch die Zerstörungen, die die einfallenden Beni-Hilal-Stämme im 11. Jh. verursachten, und zu lange diente die Stätte als Steinbruch. Allein acht Säulen stützten einst das Gewölbe des Frigidariums. Eine dieser Säulen samt Kapitell hat man – teilweise aus Originalfragmenten – wieder aufgestellt. Mit einer Gesamthöhe von 20,8 m (dies entspricht etwa einem 7stöckigen Wohnhaus) vermittelt sie dem Besucher einen vagen Eindruck von den Dimensionen dieser einstmals gigantischen Anlage.

„Das Schloß … hat … mehrere Etagen, die durch Säulen gestützt werden, enorm in Umfang und Höhe. Auf dem Kapitell einer einzigen dieser Säulen könnten zwölf Männer mit gekreuzten Beinen sitzen und in ihrer Mitte einen Tisch zum Essen und Trinken haben … Die Säulen sind kanne-

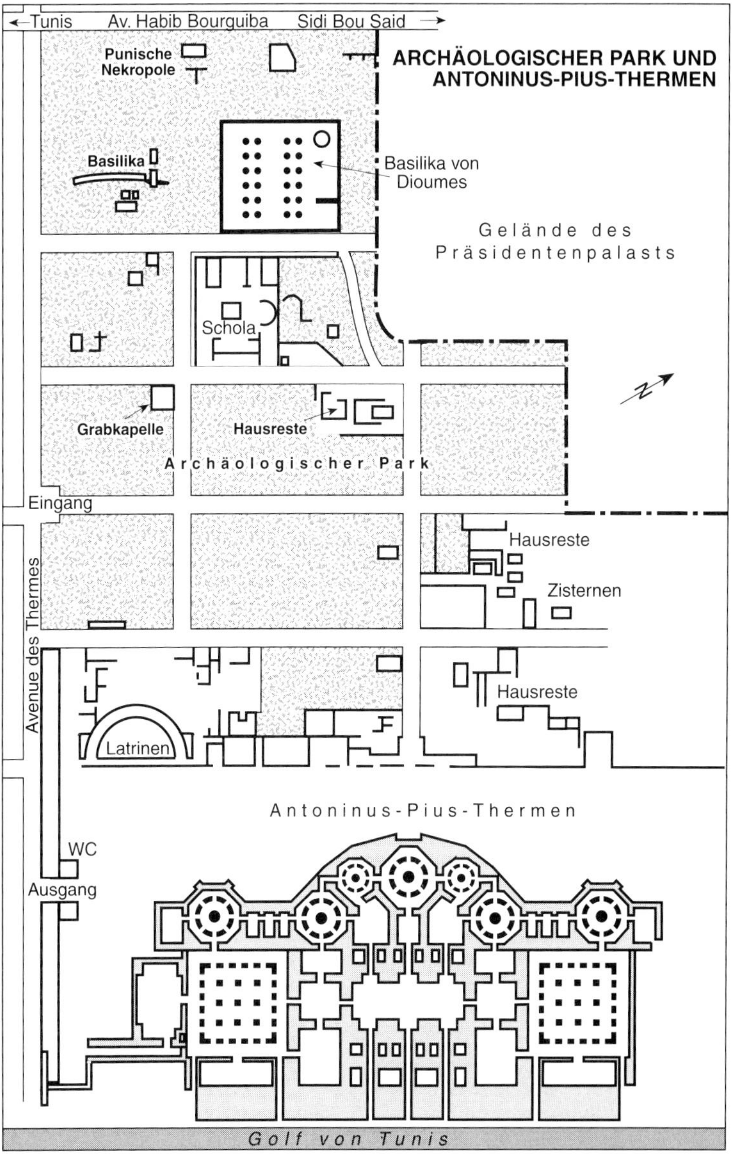
Tunis
Av. Habib Bourguiba
Sidi Bou Said
ARCHÄOLOGISCHER PARK UND ANTONINUS-PIUS-THERMEN
Punische Nekropole
Basilika
Basilika von Dioumes
Gelände des Präsidentenpalasts
Schola
Grabkapelle
Hausreste
Archäologischer Park
Eingang
Hausreste
Zisternen
Avenue des Thermes
Hausreste
Latrinen
Antoninus-Pius-Thermen
WC
Ausgang
Golf von Tunis

liert, weiß wie Schnee und glänzend wie Kristall. Einige stehen noch, die anderen sind umgestürzt.“

(El Bekri in seiner „Schilderung des nördlichen Afrika“ ca. 1068 nach einer Besichtigung der Antoninus-Thermen).

Auf dem Weg zum Ausgang liegt rechts das große steinerne Halbrund der einstigen Latrinenanlage.

Das nördlich an den Archäologischen Park angrenzende Terrain gehört zum **Präsidentenpalast,** ein ehemaliger Bey-Palast aus dem 19. Jh. Eine hohe Umzäunung und rings um das Gelände postierte bewaffnete Uniformierte garantieren, daß sich kein Spaziergänger in die verlockende Grünanlage und Residenz des amtierenden Staatspräsidenten verirrt. Zurückhaltung hier auch beim Fotografieren!

★Tophet

(Sanctuaire Punique)

(Nächste TGM-Station: *Salammbo;* Verkauf des Sammeltickets)

Eine etwas verwirrende, optisch wenig beeindruckende Anlage aus Gräben, Grabnischen und einer reichen Ansammlung von Stelen, Urnen und Gebäudefundamenten. Dies ist die **älteste Kult- und Begräbnisstätte** und der **heiligste Platz des punischen Karthagos.** Vermutlich ist es jene Stelle, wo besagte Prinzessin und Stadtgründerin Elissa sich einst selbst auf dem Scheiterhaufen verbrannte, um so den Schutz der Götter für die Stadt zu erlangen.

Ausgrabungen im Tophet legten mehrere, sich überlagernde **Gräberschichten** frei, deren älteste bis ins **8. vorchristliche Jahrhundert** zurückgehen (ein großer Teil des Tophet-Geländes ist mit Häusern überbaut). Als Hauptgottheit wurde von den eingewanderten Phöniziern *Baal Ammon* verehrt, an dessen Stelle später die Mondgöttin *Thanit* trat. Zum Baal-/Thanit-Kult gehörten u.a. **Kindesopfer**, mit denen den Göttern gedankt wurde bzw. diese milde gestimmt werden sollten. Man fand Tausende von Kinderskeletten sowie zahlreiche Aschenurnen. Vorwiegend die erstgeborenen, männlichen Kinder wohlhabender Bürger wurden in nächtlichen Zeremonien einer Götterstatue in die Arme gelegt, die – mechanisch ausgelöst – das Opfer in das darunter brennende Feuer fallen ließ. Für jedes Opfer wurde eine Steinstele aufgestellt, in deren Verzierungen häufig die Gottheitssymbole Sonnenscheibe und Mondsichel und das Thanitsymbol (stilisierte „dreieckige“ Frauengestalt mit erhobenen Armen; s. S.156) wiederkehren. Zahlreiche Grabbeigaben, z.B. spezielle, glockenförmige Tonfiguren, Amulette, Masken aus dieser Nekropole sind u.a. im Karthago-Museum ausgestellt. In späteren Jahrhunderten verlagerte sich der Kult mehr auf Tieropfer; er kam erst mit der römischen Herrschaft zum Erliegen.

Nur wenige Schritte sind es auf der *Rue Hannibal* vom Tophet zu den

★Punischen Häfen

(Ports Puniques)

(Nächste TGM-Station: *Byrsa)*

Zum besseren Verständnis der Anlage empfiehlt sich zunächst ein Blick in das **Antiquarium** (falls geschlossen, Wärter um Öffnung bitten) beim runden Wasserbecken, wo in Modellen die alten punischen und römischen Hafenanlagen nachgebildet sind. Dieses nördliche, runde Meeresbecken war der punische *Kriegshafen*, das südliche, einst rechteckige der *Handelshafen* (beide zusammen als *Kothon* bezeichnet). Der einst von einer hohen Mauer umgebene Kriegshafen mit einem Durchmesser von 325 m bot Platz für rund 200 Schiffe. Er wurde etwa 2 m tief ausgehoben (die flachen Galeeren hatten kaum Tiefgang) und kreisförmig um eine stehenbelassene Insel angelegt. Rings um die Insel, die durch einen Damm mit dem Festland verbunden war, standen die Bootsschuppen, deren Eingänge jeweils von zwei Säulen flankiert waren. Im Zentrum der Insel, an der höchsten Stelle, befand sich der Admiralsturm, von dem aus sich das gesamte ummauerte Hafengelände überwachen ließ. Es sind heute noch Reste der Rampen erkennbar, über die die Schiffe einst aufs Trockene gezogen bzw. zu Wasser gelassen wurden. Ursprünglich besaß der Kriegshafen keine direkte Verbindung zum Meer; ein Durchbruch wurde erst während der punischen Kriege geschaffen. Nur eine Fahrrinne (heute verläuft die Straße darüber) verband einst Kriegs- und Handelshafen. Von diesem zum Meer führte ein noch vorhandener Kanal, den man mit Ketten sperren konnte.

Dann kamen die Römer. Sie bauten ums Jahr 200 n.Chr. den punischen Kriegshafen als Teil ihres Handelshafens aus und krönten die Insel mit einem kleinen Tempel. Heute bietet die einst mächtige und bedeutende Hafenanlage ein recht kärgliches Bild und mutet eher an wie ein Ensemble zweier verträumter Dorfteiche.

Das Ozeanographische Institut zwischen den beiden Hafenbecken beherbergt das

★Meereskundemuseum

(Geöffnet Di–Sa 10–13 und 14.30–17.30 Uhr; So 9.30–17.30 Uhr, Erw. 1 TD, Kinder 0,5 TD)

Dieses seit 1924 bestehende Museum ist nach mehrjährigem Umbau wieder zugänglich. Eingang im I. OG. Dort sind in Aquarien kleinere Meeresfische zu sehen, ein Raum ist den Wasservögeln vorbehalten, es werden Fischfangmethoden, Schiffstypen erläutert. Man erfährt Details über die Inselwelt Tunesiens. Im Untergeschoß schwimmen größere Meeresfische in Aquarien, dazwischen Seesterne, Seeigel. Das Museum ist ein lohnendes Kontrastprogramm zu den ansonsten etwas „trockeneren" Sehenswürdigkeiten Karthagos.

★Römisches und Frühchristliches Museum

(Musée Romain et Palaeo-Chrétien)

(Kein Ticketverkauf; geöffnet im Sommer 7–19 Uhr, im Winter 8–17 Uhr; nächste TGM-Station: *Dermech)*

Interessantes Museum vorn an der Av. H. Bourguiba gelegen. Das Museum wurde von einem Archäologenteam der UNESCO gegründet und vermittelt (u.a. anhand vieler Fotos, speziell auch Luftaufnahmen, vor, während und nach den Ausgrabungen) einen guten Einblick in die archäologische Forschungsarbeit in Karthago. Die ausgestellten Funde (Münzen, Tonscherben, Schmuckstücke aus punischer und römischer Zeit, teils aus Knochen oder Elfenbein, römische und frühchristliche Mosaiken) stammen meist aus der unmittelbaren Umgebung. In einer unter dem Gelände liegenden Zisterne aus punischer Zeit, die später zur Müllgrube degradiert wurde (man kann hinabsteigen), fand

Römisches Villenviertel; im Hintergrund der Djebel Bou Kornine

man zwischen Scherben und allerlei römischen und byzantinischen Gegenständen auch die (im Museum verbliebene) berühmte *Marmorstatue des Ganymede* (5. Jh.), mit seinem Entführer Zeus in Gestalt eines Adlers. Im Museumsgarten sind die Reste der byzantinischen *Basilika St. Agileus* (6. Jh.) und einiger Villen zu sehen.

Auf Höhe der TGM-Station *Hannibal* führt die breite, palmengesäumte Av. de la République meerwärts zum

★Quartier Magon

Hierbei handelt es sich um eine mitten im vornehmen Villen- und Botschaftsviertel liegende Ausgrabungsstätte. Deutsche Archäologen haben Ruinen einer punischen Stadt aus dem 5. bis 2. Jh. v. Chr. freigelegt, die später von den Römern mit einem Wohn- und Handwerkerviertel überbaut wurde. Beeindruckend sind höchstens die Reste der gewaltigen punischen Seemauer mit vorgelagerten Wellenbrechern. Schautafeln und Zeichnungen erläutern die Anlage. Interessant sind (in den Pavillons am Eingang) die Modelle der punischen Stadtmauer und der punischen/römischen Steinbrüche von El Haouaria (Cap Bon, vgl. Route C5), die über Jahrhunderte den Hauptteil des zum Bau Karthagos benötigten Steinmaterials lieferten.

★Römisches Villenviertel

(Parc des Villas Romaines)

(Zugang von der Av. 7. Nov.; nächste TGM-Station: *Hannibal;* Verkauf des Sammeltickets)

Dieses Wohngebiet wurde in prächtiger Hanglage über einer punischen Nekropole errichtet (da und dort auf dem

Hügel sieht man noch sarg- bzw. grabkammerähnliche Mulden im Gelände). Von den herrlichen Villen der reichen Karthager ist wenig übriggeblieben bzw. freigelegt; auch das sog. *Odeon* (ein einst überdachtes Theater) auf der Hügelkuppe bietet kaum Sehenswertes; wirklich lohnend ist jedoch der Panoramablick von der Terrasse der restaurierten und rekonstruierten *Villa de la Volière* (3. Jh.) über Karthago und den Golf von Tunis. Achtung: Fotoverbot Richtung Präsidentenpalast. Leser bekamen Ärger. Das römische Villenviertel erstreckte sich einst bis hinunter zu den Antoninus-Thermen. Ganz in der Nähe liegt das

★Römische Theater

Es wurde im 2. Jh. ebenfalls über der punischen Nekropole erbaut und später von den Arabern fast völlig zerstört. Ein Besuch des stark restaurierten, um nicht zu sagen erneuerten Theaters lohnt sich höchstens im Rahmen der in den Sommermonaten hier stattfindenden Festspiele (Theater- u. Filmvorführungen).

★Gargilius-Thermen

(Edifice des Colonnes)

Sie liegen auf der anderen Straßenseite der Av. 7 Nov. Zu sehen sind aber nur noch mächtige Fundamente und schöne Zwillingssäulen.

★Römisches Amphitheater

Seine spärlichen Reste verstecken sich etwa 800 m westlich des Byrsahügels in einem Wäldchen links der Straße nach Tunis. Das im 2. Jh. erbaute Theater, das 50 000 Besucher faßte, war Schauplatz grausamer Gladiatorenkämpfe, Christenverfolgungen und Wasserschlachten; die Arena konnte von den nahen Malga-Zisternen geflutet werden. Außer den mächtigen Fundamenten des einstmals 5stöckigen Arena-Ovals und Resten unterirdischer Zwinger und Verliese erinnert nicht mehr viel an dieses einstmals größte römische Amphitheater Nordafrikas. Zu Ehren zweier christlicher Märtyrer, die hier im Jahr 203 den Tod fanden, steht in der Arenamitte eine Kapelle sowie eine marmorne Gedenksäule.

Auf der Straßenseite gegenüber dem Amphitheater führt ein Weg zu den

★Zisternen von La Malga

(auch erreichbar vom „Phenix"-Komplex). Karthago wurde zu römischer Zeit über einen Aquädukt mit Wasser aus den entfernten Bergquellen bei Zaghouan versorgt (s. dort). Die aus Ziegeln gemauerten, 95 m langen Zisternen hatten ein Fassungsvermögen von insgesamt über 2 Mio. Kubikmetern. 15 der ursprünglich 24 Gewölbe sind noch relativ gut erhalten und dienen heute den Bewohnern des Dorfes La Malga teilweise als Ställe. Reste des Aquädukts sind dort ebenfalls noch erkennbar.

Fast völlig eingeebnet ist der einstige **römische Zirkus** (etwa 600 m weiter südlich), in dem hauptsächlich Pferdewagenrennen stattfanden. Amerikanische Archäologen haben Anfang der 80er Jahre dort zwar mit Ausgrabungen begonnen, sind aber offensichtlich nicht sehr weit gekommen.

Für besonders Interessierte

★Basilika St. Cyprian

Auf dem Weiterweg Richtung Sidi Bou Said führt (nach dem Präsidentenpalast, gegenüber TOTAL-Tankstelle und

Abzweig nach La Marsa) ein kurzes Sträßchen rechts zu den Resten einer byzantinischen Basilika.

★Damous el Karita

Bei TOTAL-Tankstelle (s. oben) links ab, unter TGM-Bahn hindurch und gleich danach links. Nach ca. 500 m erreicht man (links) einen unkrautüberwucherten Wald kleiner Säulenstümpfe und die Reste der bedeutendsten christlichen Basilika Tunesiens (5. Jh.); man kann hinabsteigen in die unterirdische Rotunde. Mosaiken von hier im Nationalmuseum Karthago.

Daneben, unter Zypressen, der abgesperrte, etwas verwahrloste christliche Friedhof der „Weißen Väter".

★Amerikanischer Soldatenfriedhof

Er liegt an der Verbindungsstraße zwischen der TGM-Station *Amilcar* und den La-Malga-Zisternen. Schlichte weiße Holzkreuze kennzeichnen die Gräber von 2840 Gefallenen des 2. Weltkriegs. Weitere 3724 Namen, in eine Mauer graviert, erinnern an all jene Gefallenen, die nicht geborgen werden konnten.

Auf Höhe der TGM-Station *Amilcar* führt rechts eine steile, kurvenreiche Zufahrt zum öffentlichen *Strand von Amilcar* (mit dazugehörigem Hotel) und weiter zum *Yachthafen* und *Strand von Sidi Bou Said.*

Vorwahl für Karthago: 01

Unterkunft

Strandhotel **Amilcar*****
Tel. 74 07 88, DZ 80/36 TD, mit Schwimmbad und Restaurant.

Hotel **Reine (Elyssa) Didon*****
Auf dem Byrsa-Hügel, Tel. 73 34 33, DZ 82 TD.

Hotel **Residence Carthage****
Im Ortsteil Salammbo, Tel. 73 10 72, DZ 60/35 TD, schöner Garten, gutes Restaurant.

Verkehrsverbindungen

TGM-Vorortbahn (s. bei Tunis)

Kultur/Unterhaltung

Während der Sommermonate (Juli/Aug.) wird im Röm. Theater alljährlich das **Carthage International Festival** abgehalten mit vielen Kulturveranstaltungen (Theater, Musik, Tanz). Im Rahmen des **Carthage International Film Festivals** finden im Zwei-Jahresabstand (2000, 2002 etc., jeweils Okt./ Nov.) Vorführungen afrikanischer/arabischer Filme statt.

Sidi Bou Said

Kaum ein anderer Ort Tunesiens wird so häufig von Tagesausflüglern aus den Ferienzentren aufgesucht wie dieses malerische, maurische **Bilderbuchdorf.** Wer kann, sollte es morgens vor Ankunft oder abends nach Abfahrt der Touristenscharen besuchen.

Was Sidi Bou Said so sehenswert macht, ist zum einen seine **phantastische, aussichtsreiche Lage** auf dem *Cap Carthage* hoch überm Meer, noch mehr jedoch seine **charakteristische Architektur.**

Aus Andalusien vertriebene Mauren ließen sich etwa ab dem 16. Jh. hier nieder; ihr Baustil bestimmt noch heute das Dorfbild: **blendend weiße Häu-**

ser, blaue Fenstergitter, mit Metallnägeln beschlagene blaue Türen, winklige, hügelwärts ansteigende Gäßchen, Treppchen, Höfe, Terrassen, kachelverzierte Wände. Tiefrote Hibiskusblüten oder Bougainvillea, die sich übers Mauerwerk ranken, schattenspendende Bäume, üppige Gärten und dazu eine ungewöhnliche Sauberkeit – all das macht einen Bummel durch die Gassen stets von neuem ergötzlich, auch wenn meist Scharen anderer Besucher mit von der Partie sind. Übrigens verdankt der Ort seinen Namen dem frommen Mekkapilger *Sidi Abu Said,* der hier im 13. Jh. eine religiöse Bruderschaft der Sufis gründete. Seine Zaouia mit dem Mausoleum des Heiligen versteckt sich in den engen Gassen hinter dem *Café des Nattes;* es ist heute ein beliebtes Pilgerziel (kein Zutritt für Nicht-Muslime).

Im letzten Jahrhundert entwickelte sich Sidi Bou Said zu einer **Künstlerkolonie,** die namhafte internationale Maler und Schriftsteller anlockte. Auf Betreiben des Bankiers und Barons

Sidi Bou Said: Café des Nattes am oberen Dorfplatz

d'Erlanger, dessen Villa *Ennejma Ezzahra* besichtigt werden kann (s.u.), wurde das Städtchen schon 1915 unter Denkmalschutz gestellt. Auch *August Macke* und seine Künstlerkollegen *Paul Klee* und *Louis* Moilliet waren auf ihrer Tunesienreise (1914) fasziniert von Sidi Bou Said. Macke machte es besonders durch sein Aquarell „Blick auf eine Moschee" international bekannt – dasselbe Motiv, das sich noch heute dem Besucher als typisch für Sidi Bou Said einprägt (und das kein Fotograf ausspart), nämlich das Café des Nattes am zentralen Dorfplatz mit dem dahinter aufragenden Minarett.

Ortsrundgang

Von Karthago kommend erreicht man zunächst den neueren Ortsteil mit kleinem Geschäftszentrum, Supermarkt, Bank, Post, Restaurants, kleinem Markt und Bahnhof der TGM. Das touristische Ziel – der alte Ortsteil – liegt 5 Gehminuten entfernt oben am Berg. Seine engen Sträßchen sind für den öffentlichen Fahrzeugverkehr gesperrt. Anfahrt von Tunis mit TGM-Bahn empfehlenswert. Der am Berghang liegende Parkplatz ist gebührenpflichtig (1 TD) und häufig überfüllt. Sehenswert nahe dem Parkplatz das *Palais Ennejma Ezzahra* (Di-So 9-13 und 14-17 Uhr; Eintritt 3 TD/Kinder u. Studenten 1,5 TD), eine prachtvolle Villa in andalusischem Baustil und phantastischer Lage, schöner Garten; neben zahlreichen, kostbar ausgestatteten Innenräumen ist in dem Palais auch eine Instrumentenausstellung *Centre des Musiques Arabes et Méditerranéennes* zu besichtigen; abends finden häufig klassische Konzerte statt.

Vorbei an den Ständen von Souvenir- und Lederwarenverkäufern kommen wir vom Parkplatz zur touristischen „Flaniermeile", gesäumt von Läden aller Art, die ihre farbenfrohen Waren auch vor den Geschäften auslegen oder an den Fassaden aushängen (ortstypisches Mitbringsel sind die filigranen Vogelkäfige). Bald liegt der Hauptplatz vor uns; das berühmte Café des Nattes, ein traditionelles maurisches Café, ist ideal, um bei einem Glas Minztee oder türkischem Mokka „Atmosphäre zu schnuppern".

Folgt man der Gasse rechts am Café des Nattes vorbei, wird es ruhiger, die Souvenirläden hören auf, und man erreicht schließlich einen **Aussichtspunkt** mit Blick auf den Yachthafen in der Tiefe und weit über den Golf von Tunis bis zu den dahinter aufragenden Bergen der *Dorsale* und der Halbinsel *Cap Bon*.

Noch grandioser ist der Rundblick vom **Leuchtturm**, der an der höchsten Stelle des Ortes auf den Fundamenten eines Ribats aus dem 9. Jh. erbaut ist. Auf Anfrage und gegen einen kleinen Obulus kann er bestiegen werden (Zugang über Av. Taieb Mehiri).

Vom Ort aus führt ein Treppenweg direkt hinunter zum **Strand** von Sidi Bou Said: Yachthafen und -club, Restaurant (Zufahrt nur über Hotel *Amilcar).*

Vorwahl für Sidi Bou Said: 01

Unterkunft

Hotels

Sidi Bou Said****

Nobelhotel, ca. 1 km außerhalb an Straße Richtung La Marsa, mit Swimmingpool, Tel. 74 07 11, Fax 74 51 29, DZ 134/92 TD.

Dar Said**

Ortszentrum. Zusammengehörig mit Rest. *Dar Zarrouk* (1998 im Umbau).

Sidi Bou Fares

15, Rue S.B. Fares, nahe Café des Nattes; klein, sauber, gemütlich mit hübschem Innenhof, Tel. 74 00 91, DZ 28 TD.

Keine Übernachtungsmöglichkeit im **Maison des Jeunes.**

Camping

Inoffizieller Stellplatz für Wohnmobile am Strand beim Hotel **Amilcar.**

Essen und Trinken

Ein Besuch des **Café des Nattes** ist ein Muß. Von der Terrasse des **Cafés Sidi Chabaane** schöne Aussicht über den Golf von Tunis. Verlockende Speisekarte, u.a. tun. Spezialitäten, vornehme Atmosphäre, stilvolle Gartenterrasse und phantastischen Ausblick bietet das Restaurant **Dar Zarrouk** (1998 im Umbau); schlichter, gemütlich und originell ist das Terrassenlokal **Chergui** (gegenüber Café des Nattes). Nahe Bahnhof div. preiswerte Lokale, Fast-Food-Shops, Pizzerias. Das **La Bagatelle** (neben Markteingang) lockt mit tunesischen Gerichten und gemütlicher Stube. Spezielle Fischgerichte offeriert das Restaurant **Le Pirate** im Yachthafen.

Verkehrsverbindungen

TGM-Vorortbahn (s. bei Tunis)

Sonstiges

◆ **Bootsverleih** im Yachthafen.

Die Tunesienreise

Zwei Wochen waren es nur, die die drei befreundeten jungen Maler August Macke, Paul Klee und Louis Moilliet im Frühjahr 1914 in Tunesien verbrachten. Ihre Reiseroute führte die Künstler über Tunis nach Karthago und Sidi Bou Said, nach Hammamet und ins Landesinnere nach Kairouan. Diese Stationen lieferten auch die Motive ihrer Bilder. Farbe, Licht und Formen faszinierten die Künstler; hier erhielten sie neue Impulse, richtungsweisende Anregungen für ihr künftiges Schaffen. Es entstanden Dutzende von Aquarellen und Zeichnungen. Vor allem Macke war von einem ungeheuren Arbeitseifer erfüllt. Er fiel bereits ein halbes Jahr später – erst 27jährig und auf dem Höhepunkt seines Schaffens – im 1. Weltkrieg. Paul Klee hinterließ neben zahlreichen Bildern auch aufschlußreiche Aufzeichnungen in seinen Tagebüchern. U.a. vermerkt er darin: „Die Farbe hat mich; ich und die Farbe sind eins. Ich bin Maler".

- **Magasin Général:** Geöffnet Dienstag bis Samstag 8.30–12.30 und 15–19/16–20 Uhr (Winter/Sommer); Sonntag 8.30–13 Uhr. Markt nebenan.

La Marsa – Gammarth – Raouad

Die beiden vornehmen Villenorte La Marsa und Gammarth sind dank ihrer schönen, gepflegten Sandstrände heute **beliebte Sommerfrischen** für wohlhabende Tunesier. Zahlreiche Prachtvillen stehen an der von Hügeln begrenzten Bucht. Im letzten Jahrhundert waren es die türkischen Beys und deren Minister, die hier ihre Sommervillen bauten; später folgten wohlhabende Europäer, Diplomaten, Künstler und die tunesische Oberschicht. In zwei der schönsten Bey-Paläste residieren die Botschafter Frankreichs und Großbritanniens.

La Marsa ist Endstation der von Tunis kommenden TGM-Vorortbahn. Busverbindung etwa stündlich zur Hotelzone (0,5 TD). Im Zentrum, beim *Place de Saf-Saf*, steht die große neue Moschee, und hier findet sich eine Vielzahl an Läden, Cafés, Patisserien, Restaurants und Imbißständen. Berühmt ist das *Café Le Saf-Saf* in einem der Innenhöfe, wo noch ein alter Schöpfbrunnen (vermutlich aus der Hafsidenzeit) steht, vor den als Attraktion zur Hochsaison gelgentlich ein Dromedar gespannt wird.

- **Unterkunft:**
  Hotel Plaza Corniche
  22, Rue du Maroc, ca. 500 m ab TGM-Station, Tel. 01-74 35 77, DZ 90/65 TD, herrl. Garten mit 3-Gabel-Restaurant.
- **Essen und Trinken:**
  Reiche Auswahl, z.B. **Pizzeria Le Palmiers,** Marsa Plage (Pizzas, Spaghetti, Fleischgerichte); **El Hafsi,** nahe Bahnhof (1 Gabel, lizensiert, Pizzeria, Fischspezialitäten, Menü 5,5 bzw. 7 TD); **Mexicaine** (ital. Küche); **Koubet el Haoua:** alter Türkenpalast am Strand mit schöner Terrasse, 1998 im Umbau. Am Hauptplatz mehrere preiswerte Imbißstände.
- **Einkaufen:**
  Wochenmarkt: Sonntag.
  Monoprix nahe Hauptplatz: Geöffnet Mo bis So 8.30–12.30 und 15.30–19.30 Uhr.
  Markthalle schräg gegenüber.

Auf der Weiterfahrt nach Gammarth sollte man den **Französischen Soldatenfriedhof** besuchen – und sei es nur der schönen Aussicht wegen. An höchster Stelle auf dem *Djebel Khaoui,* dem „Hohlen Berg" („hohl" wegen hier gefundener jüdischer Katakomben aus der Zeit des römischen Karthago), liegen die terrassenartig angelegten Gräber, unbepflanzt, nur mit weißen Grabsteinen und Stahlhelmen versehen, dazwischen ein paar kunstvoll beschnittene Büsche. Eine schlichte, ergreifende und – wie gesagt – sehr aussichtsreiche Stätte.

Gammarth schließlich wirkt noch um ein paar Grade vornehmer als La Marsa. Ausgedehnte Villenviertel und entlang der Küstenstraße und dem Golf von Tunis auf viele Kilometer zahlreiche **Strandhotels,** dazwischen gehobene Speiselokale und Nachtclubs. Im Sommer ist hier „high life". Die breiten, feinsandigen **Badestrände** werden ebenso wie Restaurants und Nachtclubs gern auch von den Bewohnern des nahen Tunis besucht. Auf dem Gelände des ehemaligen *Casinos* entsteht derzeit ein riesiger **Complex Touristique** mit Luxus-Hotels (das 5-Sterne-Hotel **Le Palace** ist bereits in Betrieb), Appartmenthäusern, Animationszentrum und vor allem einem neuen **Casino**, Kopie eines ägyptischen Tempels mit Widderallee, Steinreliefs mit ägyptischen Motiven und mächtigen, hieroglyphengeschmückten Säulen, die - ebenso wie die Widder - dem hohlen Klang nach zu urteilen aber kaum Jahrtausende überdauern dürften. Weitere touristische Erschließung ist auch am *Cap Gammarth* zu beobachten. Noch weiter nördlich, an dem bisher noch wenig bebauten Landstreifen, der den Salzsee *Sebkhet Er Ariana* vom Meer trennt, findet man bis zum Beginn von **Raouad** kilometerlange, breite, saubere Sandstrände. Sie sind zum Inland hin häufig von Dünen begrenzt und dahinter mit lockerem Kiefern-, Eukalyptus- oder Mimosen-Buschwald bestanden (kleine Stichpisten von der Hauptstraße aus; Zufahrt auch mit PKW; zur Hochsaison Parkgebühr). Leider existiert nirgendwo ein offizieller Campingplatz; versierte Camper jedoch finden in dieser kilometerlangen Strandzone sicherlich einen Stellplatz mit Meereszugang (Chancen auch noch nach dem letzten Hotel **Phebus).**

◆ **Tel. Vorwahl für Gammarth:** 01

◆ **Unterkunft:**
Strandhotels Gammarth (Auswahl von Süd nach Nord):
Abou Nawas*****
Tel. 74 14 44, DZ 132/95 TD.
Tour Blanche
Tel. 77 47 88, DZ 74/34 TD; Lesertip: „empfehlenswert, hervorragendes Essen".
Molka***
Tel. 74 06 30, DZ 84/64 TD, einstökkige Anlage, großes Animationsprogramm.
Cap Carthage***
Tel. 74 03 20, DZ 104/50 TD, kinderfreundlich, große Tennisanlage, Fahrradvermietung, Leser bemängeln Service und Essen.

◆ **Camping:**
Inoffiziell am Strand von Gammarth (s. oben).

◆ **Sport, Aktivitäten:**
Hoteleigene Sport- und Animationsprogramme, Folkloreabende. Strandhotels mit Swimmingpool, meist mit Tennisplätzen, Reitmöglichkeit (Pferde und Dromedare), Fahrradverleih (z.B. Cap Carthage), Windsurfen, Tretboote, Wasserski, Segeln.
Golf: 18-Loch-Platz *Golf de Carthage* (näheres siehe unter Tunis/Sonstiges).

◆ **Ausflüge:**
Buchung über die Hotels in Gammarth bzw. Raouad, z.B.:
Halbtagesfahrten
Touristenbähnchen nach Sidi Bou Said und Karthago (20 TD); Nabeul/Hammamet (20 TD).
Tagesfahrten
Tunis/Bardo-Museum/Karthago/Sidi Bou Said (36 TD); Kairouan/Sousse/Port el Kantoui (45 TD); Cap Bon (40 TD; Dougga/Teboursouk (45 TD); Utica/Bizerte (40 TD).
2-tägige Südtunesientour
120/109 TD mit/ohne „Comfort".
3-tägige Oasensafari durch Südtunesien 150 TD.

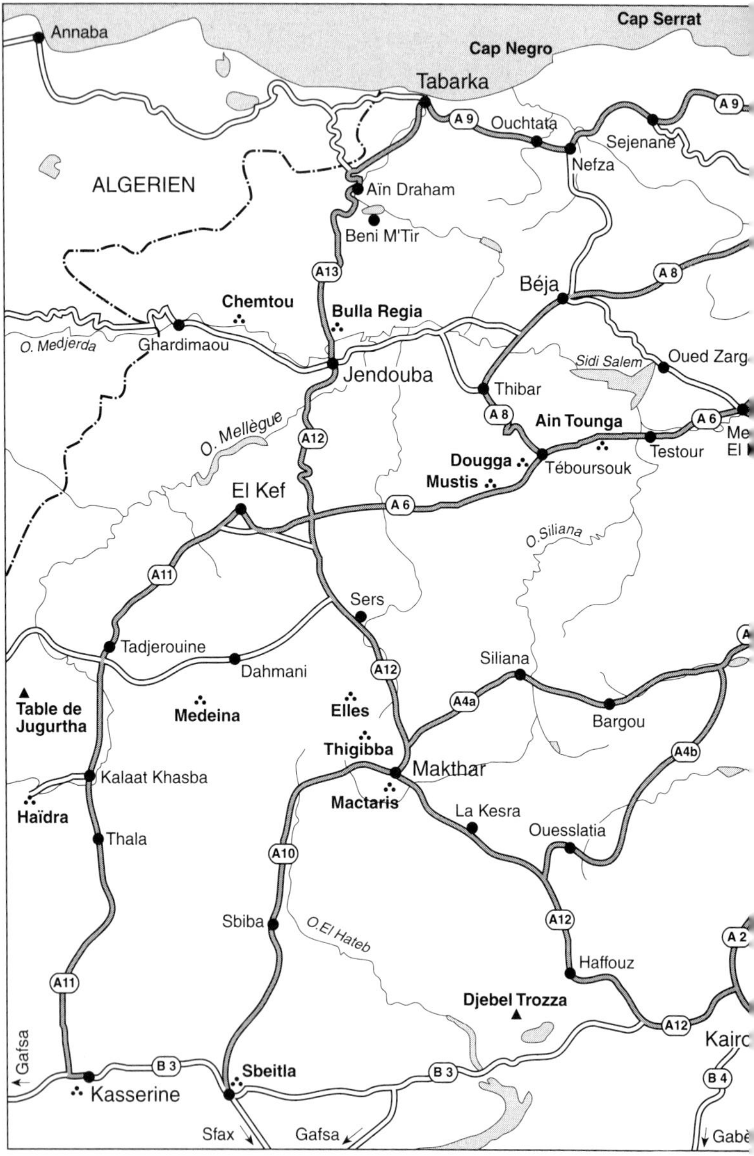
Annaba
Cap Serrat
Cap Negro
Tabarka
A 9
Ouchtata
Sejenane
Nefza
ALGERIEN
Aïn Draham
Beni M'Tir
A13
Béja
A 8
Chemtou
Bulla Regia
O. Medjerda
Ghardimaou
Sidi Salem
Oued Zarg
Jendouba
Thibar
O. Mellègue
A12
Ain Tounga
A 6
Testour
Dougga
Téboursouk
Mustis
El Kef
O. Siliana
A11
Sers
Tadjerouine
Dahmani
Siliana
Table de Jugurtha
Medeina
Elles
A4a
Bargou
Thigibba
Makthar
A4b
Kalaat Khasba
Haïdra
Mactaris
La Kesra
Thala
Ouesslatia
A10
Sbiba
O. El Hateb
Haffouz
Djebel Trozza
A 2
Gafsa
B 3
Sbeitla
Kasserine
B 4
Sfax
Gafsa

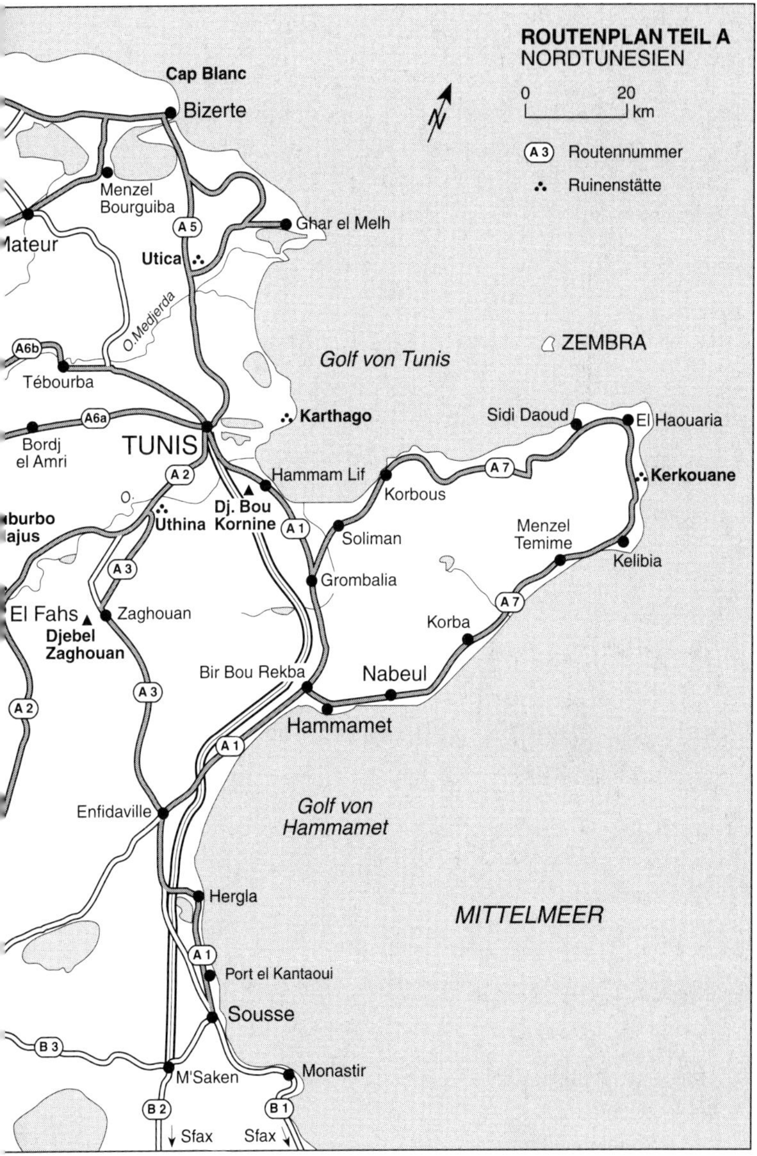

Routenteil A

ROUTENÜBERSICHT

Route A 1: Tunis – Hammam Lif – Enfida(ville) – Sousse

Route A 2: Tunis – El Fahs (Thuburbo Majus) – Kairouan

Route A 3: Tunis – Zaghouan – Enfida(ville)

Route A 4: El Fahs – (Siliana bzw. Ksar Lamsa und Ouesslatia) – Makthar

Route A 5: Tunis – Utica – (Rass el Mekki, Raf Raf) – Bizerte

Route A 6: El Kef – Dougga – Testour – Mejez el Bab – Tunis

Route A 7: Rundfahrt um die Halbinsel Cap Bon

Route A 8: Bizerte – M. Bourguiba – Béja – Téboursouk (Dougga)

Route A 9: Tabarka – Nefza – Sejenane – Bizerte

Route A 10: Makthar – Sbiba – Sbeitla

Route A 11: Kasserine – (Haidra/Table de Jugurtha /Medeina) – El Kef

Route A 12: Kairouan – Makthar – Jendouba

Route A 13: Jendouba (Bulla Regia/Chemtou) – Ain Draham – Tabarka

Route A 1: Tunis – Hammam Lif [20 km] – Enfida(ville) [60 km] – Sousse [43/50 km]

Allgemeines

Die Strecke führt zunächst durch die fruchtbare Ebene von Grombalia, den „Garten Tunesiens“, (für Abstecher zur Halbinsel Cap Bon s. Route A7) und dann so nahe wie möglich der Küste entlang gen Süden. Pittoreske Berbersiedlungen und kleine Ruinenstätten aus römischer und byzantinischer Zeit bieten „Kultur am Wege“. Nördlich von Sousse beginnen schöne Strandzonen. Das moderne Tourismuszentrum von **Port El Kantaoui** verdient einen Besuch, für **Sousse** mit seinen Sehenswürdigkeiten in der mittelalterlichen Medina und den vielen Ausflugsmöglichkeiten sollte man ebenfalls Zeit einplanen.

Tunis

(Ortsbeschreibung, Pläne, etc. siehe S.196ff)

Wer es eilig hat, in den Süden des Landes zu kommen, kann durchgehend die **Autobahn (*Autoroute*) A1** benutzen, die auf etwa 145 km bis *M'Saken* (südlich von *Sousse)* fertiggestellt ist (Bauarbeiten an der Verlängerung nach Sfax sind im Gange). **Achtung, Mautpflicht** ab Hammam Lif; an Mautkasse Preis-Broschüre erhältlich, Quittung verlangen! 6 Teiletappen bis M´Saken, 3 Fahrzeugkategorien: **Kat. 1**: Fahrzeuge mit 2 oder 3 Achsen, Höhe ab Achse bis 1,3 m (= Motorräder, PKWs); **Kat. 2** = 2 Achsen, Achshöhe über 1,3 m (Busse, Wohnmobile etc.); **Kat. 3** = 3 und mehr Achsen, Achshöhe über 1,3 m). Gesamtmaut für Kat. 1/2/3: 2,8 TD/4,5 TD/6,4 TD.

Die Autobahn führt zunächst durch die Vororte von Tunis, durchquert die fruchtbare *Ebene von Mornagh* (neben Getreide und Oliven überwiegend Weinbau) und durchschneidet zwischen dem *Djebel Bou Kornine* (576 m) und dem markanten Felsklotz des *Djebel Rezzas* (795 m) auf einem landschaftlich reizvollen Abschnitt das östliche Ende der *Dorsale*-Bergkette. Dann geht es am Rand der *Ebene von Grombalia* entlang und vorbei an Hammamet bis zur Ausfahrt Sousse.

Interessanter, „volks-“ und „naturnaher“ ist jedoch die Fahrt auf der **Landstraße P1**.

Empfehlung: Wer mit eigenem Fahrzeug im Fährhafen **La Goulette** ankommt, hat für die Fahrt nach Süden die Möglichkeit, unter Umgehung von Tunis gleich nach der Hafenausfahrt mit einer Autofähre nach Radès überzusetzen (ständiger kostenloser Pendelverkehr zwischen 5.30 und 21 Uhr; max. 4,5 Tonnen). Dazu folge man nach Verlassen des Hafengeländes, noch vor Beginn des nach Tunis führenden Damms (bei Esso-Tankstelle, unmittelbar vor den Eisenbahngleisen), der Beschilderung „Bac de la Goulette“ nach links. Nach dem Übersetzen durchfährt man ein großes Industriegelände (u.a. mit Raffinerien, Saline), die Orte **Radès** (Jugendherberge) und **Ez Zahra** und stößt (etwa

11 km ab Fähre) beim nördlichen Ortsanfang von **Hammam Lif** auf die von Tunis nach Sousse führende Hauptstraße P1.

Ab Tunis zur Autobahn A1: entweder ab Uhrturm Av. H.B. auf Höhe Hotel *du Lac* der Beschilderung „Sousse“ Richtung Süden folgen oder (problemloser) ab Uhrturm über Av. Moh. V einige hundert Meter Richtung Norden, auf Höhe Hotel *Abu Nawas* nach rechts, kurz danach Einmündung in Schnellstraße (rechts nach Sousse). Beide Zufahrten münden nach einigen Kilometern in die Autobahn.

Wir verlassen diese dann bereits nach 10 km an der Ausfahrt **Hammam Lif** (bis dahin gebührenfrei). Etwa bei km 16 mündet die oben genannte Zufahrt von *La Goulette* in unsere Straße P1 ein, und bei km 20 erreichen wir das Zentrum (Bahnhof) von **Hammam Lif**.

Hammam Lif

7 km lang zieht sich dieser zwischen dem steil aufragenden *Djebel Bou Kornine* und dem Meer liegende Ort (30 000 EW), der schon bessere Zeiten gesehen hat. Aufgrund seiner Thermalquelle *Ain el Ariane* befand sich hier bereits zu Zeiten der Römer und der türkischen Beys ein bedeutendes Kurbad. Die Franzosen, deren Einfluß noch heute das Stadtbild prägt, unterhielten hier gar ein mondänes Strandbad. Heute ist der lange Sandstrand wieder fest in den Händen der Tunesier, die sich im Sommer mit Kind und Kegel – die Frauen meist vollständig bekleidet – im Wasser tummeln. Das ehemalige *Casino* an der Strandpromenade, ein imposanter, kuppelgekrönter Bau, beherbergt ein Restaurant mit Bar. In der einstigen Residenz der Beys von Tunis (an der Hauptstraße gegenüber dem Theater) sind ein Thermalbad und Arztpraxen untergebracht. Auch der frühere Strand-Campingplatz *Moulin Bleu* am südöstlichen Ortsende existiert nicht mehr. Er lag neben dem Gelände des **einstigen PLO-Hauptquartiers,** das sich nach dem Auszug aus Beirut hier etabliert hatte und 1985 in einem Überraschungsangriff von israelischen Kampfflugzeugen bombardiert wurde. Der Schlag galt dem Palästinenserführer Arafat, der jedoch wenige Minuten vorher mit seinem Gefolge das Gelände verlassen hatte. Einige der umliegenden Gebäude (darunter auch der Campingplatz) wurden zerstört und 70 Zivilisten getötet. An der Zufahrt zu diesem Gelände, der *Av. des Martyrs du 1er Oct. 1985,* (Abzweigung von P1 bei TOTAL-Tankstelle nahe dem südlichen Ortsende von Hammam Lif, beschildert „Hammam Plage“) steht ein Denkmal zur Erinnerung an diesen Schreckenstag; eindrucksvoller sind jedoch die dahinter in Strandnähe noch immer sichtbaren Ruinen.

Nationalpark Djebel Bou Kornine

Anfahrt: 400 m südl. des Bahnhofs *Bou Kornine* (bei Mobil-Tankstelle) auf *Rue el Ain* rechts etwa 1 km bergauf bis zum *Chalet Vert,* Restaurant in aussichtsreicher Lage über Hammam Lif am Bergfuß. Parkplatz. Weiterfahrt seit Bau einer Militärstraße verboten. Treppenaufgang zum (lt. Schild) *Öko-*

Blick über die Mornagh-Ebene auf den Djebel Rezzas

Museum, seit vielen Jahren fertiggestellt, bei keinem unserer Besuche zugänglich.

Wandertip

Aussichtsreiche Bergwanderung, zwar ohne „Gipfelerlebnis" aber durch reizvolles Wald- und Naturschutzgebiet mit artenreicher Vegetation. Dauer: Hinweg ca. 1 1/2 Std, Rückweg ca. 1 1/4 Std. Es empfiehlt sich, wegen Militärpräsenz im Gipfelbereich einen Ausweis mitzunehmen. Wanderer werden kontrolliert. Auch die Tatsache, daß das Militär seinen Müll direkt am Bergsattel (Aussichtspunkt) über den Abhang entsorgt, beweist, daß Natur- und Umweltschutzideen bis in diese Höhe noch nicht vorgedrungen sind.

Wegverlauf: Treppenanstieg zum „Museum". Ca. 20 m südlich der rechten Museumskuppel beginnt der zunächst sanft ansteigende, oberhalb der Fahrstraße verlaufende Weg. Er führt auf der gesamten Strecke fast immer durch üppigen Kiefern-, Thujen- und Macchia-Buschwald, gelegentlich auch durch felsiges Gelände. Auffallend viele Alpenveilchen in den Winter- und Frühlingsmonaten. Nach gut halbstündigem Aufstieg, auf einem Sattel, halten wir uns rechts. Wenige Minuten später an einer Dreier-Gabelung nehmen wir den linken, breiteren Zweig, der erneut auf den antennengekrönten Berggipfel zuführt. Wir passieren bald darauf eine kleine Felshöhle und halten uns ca. 30 Minuten später, nach Überqueren eines Geröllfelds, an einer Gabelung rechts. Gleich darauf stoßen wir auf einen querenden Weg, dem wir nach rechts folgen. An einem aussichtsreichen

Punkt (Stromleitung) setzt sich der Pfad links bergauf fort, um kurz danach in eine Spitzkehre der Fahrstraße zu münden. Nun weiter auf der Fahrstraße bis zum Sattel. An klaren Tagen hat man von hier einen Blick fast wie aus einem Flugzeug über den Golf von Tunis bis nach Karthago und Sidi Bou Said, zum Inland hin auf die Mornagh-Ebene und vorbei am Djebel Rezzas weit ins Hinterland bis zum Djebel Zaghouan. Achtung: der weitere Aufstieg vom Sattel zu den beiden Hörnern des Doppelgipfels ist verboten (Militärbereich). Rückweg entweder auf gleichem Weg oder über die Fahrstraße.

Unterkunft

Hotel **Ezzahra******
Tel. 01-45 07 88, DZ 110/50 TD.
Hotel **Majed**
Tel. 01-43 96 40; DZ 14 TD; an der Hauptstraße gegenüber Theater.
Hotel **Bon Repos**
Tel. 01-29 14 58, DZ 24/12 TD; nahe Theater, ca. 250 m oberhalb der Hauptstraße.

Verkehrsverbindungen

Vorortbahn Tunis – Hammam Lif – Bordj Cedria (alle 20 bis 30 Minuten); Louages und häufige Busverbindungen nach Tunis und in umliegende Orte.

Einkaufen

Markttag: Sonntag (um *Place du 19 Avril* im Zentrum); Freitag am Ortsende/Bordj Cedria.

Beim Ortsende von Hammam Lif (AGIL-Tankstelle, Bahnhof Bordj Cedria) zweigt von der P1 nach links die beschilderte Zufahrt zur „Zone Touristique" am **Cedria Plage** und am **Soliman Plage** ab. Dabei handelt es sich um eine lange, flache Sandbucht mit einer Reihe von Hotels, die etwas abseits liegen und daher kaum Unterhaltungsmöglichkeiten über das Hotelangebot hinaus bieten (ca. 7 km bis Soliman, ca. 27 km bis Tunis; evtl. halbstündlich mit Eisenbahn ab Station „Bordj Cedria" nach Tunis – Fahrzeit ca. 50 Min. – oder mit Bus nach Hammamet/Nabeul).

◆ **Unterkunft:**
Hotel **Salwa**
Tel. 01-43 08 30, DZ 73/41 TD.
Sun Beach Club**
(früher Hotel *Dar)* Tel. 01-43 03 31; DZ 92/36 TD, gemütlich wirkendes Clubhotel, Reihenbungalows in großer Gartenanlage; schöner Blick auf Dorsale; umfangreiches sportliches Animationsprogramm, Reitmöglichkeit, Diskothek.
Hotel **Medi Sea*****
Tel. 01-43 02 61, DZ 76/40 TD (Verhandlungsspielraum!); direkt am Strand, vielerlei Wassersportmöglichkeiten, Animationsprogramm, Fahrradverleih.
Weitere Hotels an der sich anschließenden *Soliman Plage* (s. Route A7).
Feriendorf La Pinede
(Pfadfinder/*Scout Centre)* Bungalows mit Fr. 12 TD p.P., Restaurant/ Diskothek (nur im Sommer) mit
Campingplatz
(ganzjährig) Stellplatz für Auto (alles incl.) 8 TD, für Motorrad 4 TD; hübscher, schattiger Platz im Pini-

enwald, schöner Sandstrand in 200 m Entfernung, sehr schlichte Sanitäranlagen; günstig gelegen für Fährenbenutzer.

---

300 m nach der Abzweigung zur Cedria Plage und der Bahnstation und Bushaltestelle „Bordj Cedria" zweigt von der P1 nach rechts eine unscheinbare Privatstraße ab. Die

Deutsche Kriegsgräberstätte Bordj Cedria

ist nach ca. 500 m erreicht. 8562 Soldaten des deutschen Afrikakorps sind in Tunesien im 2. Weltkrieg gefallen. Ihre Grabstätten, die zunächst auf sechs provisorischen Friedhöfen und einsamen Feldgräbern weit übers ganze Land verstreut lagen, wurden auf dieser, 1977 eingeweihten zentralen Gedenkstätte zusammengelegt. Es ist jene Stelle, an der der deutsche Generaloberst von Arnim am 13. Mai 1943 die Kapitulationsurkunde unterschrieb.

Trotz des gepflegten, parkähnlichen Charakters wirkt dieser Friedhof noch bedrückender als die Kriegsgräberstätten anderer Nationen. Keine freundlich-weißen Kreuze oder Grabsteine, sondern eine Anzahl massiver, dunkler Steinkästen, auf deren graue Deckplatten Namen, Daten und Dienstgrade der Gefallenen eingraviert sind. Erbaulicher ist der Fernblick vom Friedhofshügel über den Golf von Tunis. Die Gedenkstätte ist das ganze Jahr über geöffnet. Der in der Anlage wohnende Verwalter (Serry Bouraoui, Tel. 01-29 02 63) ist ein freundlicher, rühriger und sehr gut deutsch sprechender Tunesier.

Die Hauptstraße P1 führt nun durch die **Ebene von Grombalia,** wegen ihrer Fruchtbarkeit und üppigen Pflanzungen auch „Garten Tunesiens" genannt. Zitrusfrüchte und Weintrauben, aber auch andere Obstsorten und Gemüse wachsen hier und werden zur Erntezeit auch am Straßenrand verkauft. Ein gewaltiges Bewässerungsprojekt – mit chinesischer Unterstützung gebaut – befördert teils über-, teils unterirdisch Wasser des Medjerdaflusses bis zur Halbinsel Cap Bon.

Ab **Grombalia** (Verwaltungs- und Marktzentrum der Region; Markttag: Mo; kein Hotel; Fest zur Traubenlese im August/Sept.) ignorieren wir die parallel verlaufende Autobahn, später auch die Abzweigungen nach Hammamet (Route A7). Im Ort **Bir Bou Rekba** Hotel **Samaris** mit Campingplatz (s. unter Hammamet).

Beim km-Stein „4" vor Bou Ficha – die Straße quert hier das *Oued Cherchar* – liegen rechts neben der Straße die Reste einer alten römischen Brücke. In **Bou Ficha** (km 78) animieren Obststände mit kunstvoll gestapelten Früchten zum Kauf.

Abstecherschleife zum Berberdorf Jeradou und zur Römersiedlung Pheradi Maius

(38 km; Einmündung in die Hauptroute 9 km weiter südlich)
Wir verlassen in Bou Ficha die P1 und folgen der Zaghouan-Straße (C35) dem markanten *Djebel Zaghouan* im Westen entgegen. Nach reichlich 8 km links abbiegen und bei Steinbruch knapp 8 km danach erneut nach links. Eine Eukalyptusallee zieht direkt auf das noch 2 km entfernt auf einem Hügel liegende Dorf **Jeradou** zu (unterwegs Gabe-

lung: links zum Dorf, rechter Zweig = spätere Weiterfahrt).

Im Ort führt eine Treppe vollends hinauf auf die Hügelkuppe. Dort thront die Moschee, umgeben von engen, steingepflasterten Gassen, blau-weiß gestrichenen oder aus Natursteinen gebauten Häusern mit Tonnengewölbe-Dächern. Das halbe Dorf scheint in Heimarbeit Gegenstände aus Halfagras anzufertigen. Überall lagern Grasbündel, fertige Souvenir-Flechtwaren und Körbe. Hübsche Ausblicke auf sanft gewelltes Umland, auf Olivenhaine und – in einiger Entfernung – das Meer. Die freundliche Zurückhaltung der Bewohner läßt darauf schließen, daß dieser Ort noch nicht (wie das spektakulärere nahe Takrouna, s. Route A3) von Touristengruppen überschwemmt wird.

Dann auf dem Zufahrtssträßchen zurück bis zu erwähnter Gabelung, dort nach links. 4 km weiter folgen wir der Beschilderung *Kherba* nach links, ignorieren nach weiteren 5 km die Abzweigung links nach *Bou Ficha*, fahren vielmehr (unbeschildert und auf teilweise recht üblem, zerlöchertem Sträßchen) rechts weiter. 4 km sind es bis zum Dorf **Sidi Khelifa.** Auf Höhe des gleichnamigen Marabuts zieht ein Fahrweg (beschildert *Ruines*) rechts hinüber (+500 m) zu der kleinen, römischen **Ruinenstätte von Pheradi Maius,** die reizvoll in einer Senke zwischen zwei Hügeln liegt und nur selten besucht wird. Das Gelände ist eingezäunt; Ticket (1,1 TD) beim Wärter.

Steigt man gleich hinter dem Eingangtor links hinauf, erreicht man das große Viereck des ehemaligen Marktes (Umfassungsmauern und Stände erkennbar). Der Weg zum Triumphbogen führt vorbei an Thermen mit gut erhaltenen, farbenfrohen Mosaiken und verzierten Badebecken. Fast noch intakt ist der Triumphbogen mit Statuennischen und hübsch eingearbeiteten Säulen und Kapitellen. Er bildete den Zugang zum großen, mit weißen Steinplatten belegten Forum. Gleich links vom Triumphbogen die Reste zweier Sanktuarien. Etwas höher (hinter den restaurierten Steinbögen) der Vorplatz zum *Saturntempel* mit einigen Säulenresten.

Wir steigen durch Jungwald hinauf auf den östlich, außerhalb des Ruinengeländes liegenden Hügel (ca. 10 Min.), auf dessen felsiger Kuppe mächtige Mauerreste thronen. Die Byzantiner erstellten solche Festungsbauten, doch lassen sich zwischen den sauber behauenen Steinblöcken eindeutig ältere Baureste ausmachen – Archäologen vermuten hier einen *Baal-Tempel.* Wer immer hier residierte hatte einen weiten Blick über bewaldete Hügel und Olivenhaine auf den Golf von Hammamet und – im Inland – den imposanten Djebel Zaghouan.

Vom Ort Sidi Khelifa sind es noch 5 km Richtung Osten, wo wir beim Dorf **Ain er Rahma**, ca. 9 km südlich Bou Ficha, wieder auf die Hauptroute P1 stoßen, in die wir rechts, gen Süden, einbiegen.

Etwa 15 km ab Bou Ficha, im Dorf **Sgarnia,** zweigt von der P1 eine Zufahrt nach Enfidaville (+6 km) ab. Auf diesem Abschnitt Möglichkeit für einen kurzen Abstecher, der allerdings nur geschichtlich *sehr* Interessierte beeindrucken dürfte.

Triumphbogen in Pheradi Maius

Abstecher zur frühchristlichen Basilika von Upenna und zur Festung Henchir Fraga

In **Sgarnia,** gleich bei der Abzweigung, rechts durchs Dorf, nach 500 m Teerstraße verlassen und geradeaus auf Piste (Eukalyptusbäume) zur Ruine der frühchristlichen **Basilika von Upenna** (+400 m, links): guterhaltene Grundmauern der dreischiffigen Basilika (im 4. Jh. erbaut, im 6. Jh. erweitert) mit 8sitzigem Taufbecken, vielen Steinsarkophagen und Grabwannen, teils mit mosaikverzierten Deckplatten, von denen die schönsten im Museum von Enfidaville zu sehen sind. Ca. 200 m östlich auf einem Hügel das rötliche Gemäuer der byzantinischen **Festung Henchir Fraga** aus den Quadern eines römischen Vorgängerbaus.

Enfida(ville)

Enfida (ca. 7000 Einwohner) ist Verwaltungs- und Wohnzentrum inmitten einer bedeutenden, ehemals französischen Domäne. 1880 erwarb eine französische Gesellschaft große Ländereien von den türkischen Beys und errichtete ein nach modernsten Methoden arbeitendes landwirtschaftliches Großunternehmen. Nach dem Zweiten Weltkrieg verkauften die Franzosen das Gelände teilweise an den tunesischen Staat; seit der Unabhängigkeit (1956) ist die alte französische Musterdomäne vollständig in Staatseigentum. Der Ort präsentiert sich als eine typische französische Kolonialsiedlung. Sonntags findet der große **Wochenmarkt** (mit Tiermarkt) statt. In der ehemaligen katholischen Kirche (im Zentrum) ist ein kleines **Museum** untergebracht, das (mit etwas Glück) täglich außer Montag von 9.30 bis 16.30 Uhr geöffnet ist; Eintritt 1,1 TD. Es zeigt fast ausschließlich Mosaiken, unter anderem einige frühchristliche (4. bis 6. Jh.) aus den Basiliken von *Sidi Abiche* und *Upenna* (s.o.) sowie einige römische und byzantinische Keramiken vorwiegend aus Gräbern bei *Ain el Garci*.

- **Unterkunft:** Kein Hotel im Ort.
- **Essen und Trinken:** Im Zentrum mehrere Cafés und kleine, preiswerte Lokale, u.a. Pizzeria.
- **Verkehrsverbindungen:** Busse nach Tunis, Sousse, Hammamet/Nabeul, Zaghouan (umsteigen in Bou Ficha). Eisenbahn nach Tunis bzw. Sfax über Sousse.

Ab Enfidaville verläuft die P1 bis nach Sousse (43 km) relativ weit im Inland – kein Meeresblick. Wir biegen daher bereits nach 16 km links ab und benutzen die nur unwesentlich längere, dafür aber reizvollere Küstenstrecke, die über Hergla und Port El Kantaoui nach Sousse führt. Nach Überqueren der Autobahn (Anschlußstelle) passieren wir die im Sommer von einer weißen Salzkruste überzogene *Sebkhet Halk El Menzel*. Nach knapp 8 km ist das malerisch auf einer felsigen Anhöhe über dem Meer liegende Berberdorf **Hergla** erreicht.

Hergla

Ca. 7000 Einwohner. An der Zufahrt kleine Industriezone (darunter eine deutsche Textilfabrik). Neben Fisch-

Sonnenschirmproduktion in Hergla

fang zählen seit eh und je Flechtarbeiten zu den Haupterwerbszweigen der Bewohner. Aus **Halfagras,** das aus den Steppenzonen um Kasserine und Zaghouan stammt, fertigen sie runde, beutelartige Filtermatten *(Scourtins)* für Olivenölpressen, ferner Körbe, Fußmatten, Untersetzer und große Sonnenschirme (v.a. für Hotelstrände). Durch ein verstärktes Souvenirangebot hat man sich auch auf den zunehmenden Tourismus eingestellt.

Weißgekalkte Häuser, oft mit blauen Fenstergittern und Türen, über denen Fisch- oder Handsymbole als Glückbringer angebracht sind, dazwischen Berberfrauen in leuchtend roten Gewändern und Tüchern bieten ein farbenfrohes, freundliches Ortsbild. Der kleine **Fischerhafen** ist zu Fuß über eine Treppe erreichbar. Oberhalb am Hang liegt der alte Friedhof und an der höchsten Stelle des Ortes die weiße Kuppelmoschee (18. Jh.) des *Sidi Bou Mendil,* eines Heiligen aus dem 10. Jh., dessen magische Kräfte ihn befähigten, auf seinem Taschentuch nach Mekka zu fliegen. Nördlich des Ortes erstreckt sich ein palmenbestandener Sandstrand, leider meist mit angeschwemmtem Müll und Seetang.

- **Unterkunft:** Kein Hotel im Ort.
- **Essen und Trinken:** Einige preiswerte, unlizensierte Restaurants beim Ortszentrum. Einladend (Innenräume und Tische im Freien) wirkt das schmucke Restaurant **Sidi Bou Mendil** an der Moscheezufahrt; Leserhinweis: Speisekarte (mit Preisen) verlangen!
- **Bus- und Louageverbindung** über Port El Kantaoui nach Sousse.

Weiter auf der Küstenstraße zum 18 km entfernten Port El Kantaoui. Felsige Abschnitte und einsame sandige Badebuchten wechseln einander ab (Achtung: letzte Campingmöglichkeiten; kein Campingplatz in Port el Kantaoui und Sousse!).

Nach wenigen Kilometern taucht rechts erneut die weite Salzsenke *Sebkhet Halk El Menzel* auf (je nach Jahreszeit viele Wasservögel), die nur ein schmaler Landstreifen vom Meer abtrennt. (Möglichkeit für einen **Abstecher:** Etwas landeinwärts, südlich des Ortes *Sidi Bou Ali* (Abzweig von der GP1 ca. 750 m nördlich des km-Steins „Tunis 120") erreicht man über einen Feldweg die **Straußenfarm** *Carthage Autruches* (Besichtigung mit Führung 6 TD p.P.) Dann beginnt der Ort **Chott Miriam** (Mariem). Privathäuser mit Gärten und eine Serie von Strandhotels begleiten uns auf den letzten ca. 8 km bis nach Port el Kantaoui.

Port El Kantaoui

Dieser ursprünglich absolut leere Küstenstrich wurde mit internationaler finanzieller Beteiligung seit Ende der siebziger Jahre in ein **großes Ferienzentrum** mit inzwischen etwa 17 000 Hotelbetten umgewandelt. Ein „Touristenghetto", zugegeben, aber ein architektonisch gelungenes. Der arabisch-maurische Baustil erinnert stellenweise an Sidi Bou Said bei Tunis. An den hoteleigenen Stränden und Swimmingpools sind die Touristen weitestgehend unter sich und können mit ihren „europäischen (Un)Sitten" die islamische Bevölkerung nicht schockieren. Kontakt zu Land und Leuten muß man anderswo suchen.

Das Herz von El Kantaoui ist der exklusive, nach modernsten technischen Gesichtspunkten ausgerüstete **Yachthafen** mit 320 Liegeplätzen. Von ihm aus ziehen sich kilometerlang die Hotel-, Appartment- und Bungalowanlagen entlang der Küste nach Nord und Süd. Ein (abgesehen von gelegentlichen Tanganschwemmungen) makelloser Sandstrand und klares Wasser garantieren ungetrübte Badefreuden.

Direkt um den Hafen herum gruppiert sich das malerische „Dorf" El Kantaoui. Restaurants, Cafés, Bars, allerlei Souvenirgeschäfte und feine Boutiquen säumen das Hafenbecken; beim großen Eingangstor liegen Touristen-Informationsbüro, Bank und Post. Beim Bummel durch die idyllischen, steingepflasterten Gassen mit ihren hübschen, weißen Häusern in pseudo-maurischem Baustil entdekken wir neben weiteren gastronomischen Betrieben, Läden und Boutiquen u.a. einen großen Supermarkt, Reiseagenturen, Mietwagenfirmen, Friseur, Ärzte und Apotheke, Wäscherei/Reinigung und (etwas abseits) Schwimmbad und einen Fitnessclub. Der gesamte Komplex ist durch gepflegte Gartenanlagen mit buntem Blumenschmuck gefällig aufgelockert.

Vorwahl Port El Kantaoui: 03

Touristeninformation

Syndicat d'Initiative
Rue de Port (beim Eingangstor), Tel./ Fax 24 65 40; kundiges Personal.

Unterkunft

Im Touristen-Informationsbüro ist meist ein aktuelles Hotelverzeichnis mit Preisangaben erhältlich. Von luxuriösen, palastähnlichen Hotelkomplexen bis zum Kleinappartment wird ein breites Spektrum an Übernachtungsmöglichkeiten geboten. Einige Hotels sind in der Nebensaison geschlossen.

Hotels in der Nähe des Yachthafens (Auswahl)

Green Park****
Tel. 24 31 77, Fax 24 33 55, DZ 138/ 59 TD; großzügig konzipierte Anlage direkt am weitläufigen Sandstrand beim Golfgelände; komfortable Zimmer mit Balkon oder Terrasse; Babysitting auf Wunsch; reiches Sport- und Animationsprogramm, Hallenbad, Diskothek, Amphitheater für Abendveranstaltungen; eigener Golf-Übungsplatz, Sitz der **amp-Golfschule** und des **Argonaut Sub Aqua Tauchzentrums;** ca. 600 m zum Yachthafen.

Marhaba-Palace****
Tel. 24 36 33, Fax 24 36 39, DZ 98/ 68 TD; an einen Maharadscha-Palast erinnerndes, elegantes Strandhotel mit prunkvoller Eingangshalle; schöner Garten; komfortabel eingerichtete Zimmer; Hallenbad, Nachtclub; etwa 500 m zum Yachthafen.

Hasdrubal****
Tel. 24 89 44, Fax 24 89 69, DZ 124/ 80 TD; Luxushotel in bevorzugter Strandlage; sehr gepflegte Gartenanlage mit Golf-Übungsplatz; Fitneßeinrichtungen, Hallenbad, reichhaltiges Sportangebot; 200 m zum Yachthafen

Diar es Bahr/Les Maisons de la Mer
Tel. 24 17 99, Fax 24 19 61, Studio für 2 Pers. 74/23 TD pro Tag, 470/145 TD pro Woche; hübsche Bungalow- und Appartmentanlage im maurisch-andalusischen Stil.

Weitere Appartmenthäuser (in „2. Reihe") 1998 im Bau.

Hotels im nördlichen Strandbereich

Etwa 15 Hotels (2- bis 5-Sterne), Feriendörfer und Appartementanlagen liegen entlang des etwa 8 km langen Strandes zwischen Yachthafen und Chott Miriam. Einige Beispiele:

Diar el Andalous***
Tel. 24 62 00, Fax 24 34 80, DZ 143/54 TD; luxuriöses Strandhotel für anspruchsvolle Gäste; gepflegte Gartenlandschaft, Hallenbad, Diskothek, vielfältige Sport- und Unterhaltungsmöglichkeiten; etwa 0,8 km zum Golfplatz, 1 km zum Yachthafen.

El Mouradi*
Tel. 24 63 55, Fax 24 64 31, DZ 94/32 TD.

Imperial Marhaba***
Tel. 24 64 77, Fax 24 55 37, DZ 162/57 TD; palastartiges Strandhotel im maurischen Stil; Hallenbad, Fitneßcenter, Nachtclub; 3 km zum Yachthafen.

Bellevue Park**
Tel. 24 35 00, Fax 24 63 92, DZ 146/61 TD; direkt am Strand, 3 km zum Yachthafen; großzügige Anlage; Kinderbetreuung, umfangreiches Sport- und Unterhaltungsprogramm, Hallenbad, Strandreiten, Diskothek, Basis der TSS-Tennisschule.

Soviva*
Tel. 24 61 45, Fax 24 24 66, DZ 114/48 TD; etwa 250 m zum Strand, umgeben von anderen Hotels; Swimmingpool mit Wasserrutsche, Animationsprogramm, Nachtclub/Diskothek, Fahrradverleih; 2,5 km zum Yachthafen.

Hotels in Richtung Sousse

siehe unter Sousse.

Kein Campingplatz!

Essen und Trinken

Außer den Hotelrestaurants reiche Auswahl an Speiserestaurants beim Yachthafen mit vielseitigem Angebot und nahezu europäischem Preisniveau. Schiffsrestaurant **Neptune**.

Sport, Aktivitäten

- **Am Abend Unterhaltungsprogramm** in den Strandhotels (s. auch das Angebot im nahen Sousse).
- **Nachtclubs, Diskotheken** in einigen der großen Hotels; Disco **La Tour** beim Yachthafen.
- **Sport:** Viele Hotels mit Swimmingpool, Tennis, Tischtennis, Minigolf; einige mit Hallenbad, Sauna oder Squash-Court. Möglichkeit zum Windsurfen, Segeln, Wasserski, Parasailing, Tretbootfahren.
- **Golf:** 103 ha große Anlage mit einem 9-Loch und einem 18-Loch-Platz (Tel. 24 17 56, Fax 24 17 55); Ausrüstungsverleih; Golfkurse für Anfänger und Fortgeschrittene. Sitz der **amp-Golfschule** im Iberhotel **Green Park.**
- **Reiten:** Strandreiten und Reitausflüge auf Kamel, Esel oder Pferd (1 Std. ca. 10 TD; 5stünd. „Karawanenausflug“ 50 TD).
- **Tauchen:** Tauchgänge u. -kurse (mit Ausrüstungsverleih) für Anfänger u. Fortgeschrittene durch **Argonaut Sub Aqua Sportcenter (Iberhotel Green Park)** bzw. **Scuba Diving Center/Club de Plongee** (Hafen).

Verkehrsverbindungen

Abfahrt und Ankunft erfolgen jeweils beim Eingangstor zum Yachthafen *(Marina)*.

- **Busse:** Nr. 12 und 18: häufige Verbindung nach Sousse (0,5 TD) bzw. Hergla.
- **Taxi:** für schnellste Verbindung nach Sousse (ca. 3 TD).
- **Touristenbähnchen** („Petit Train Touristique"): Pendelverkehr ca. stündlich nach Sousse; Erw. 3,5 TD, Kinder 2,5 TD (Hin- und Rückfahrt).
- **Pferdekutschen:** Strecke und Fahrtdauer nach Wunsch; Preis vorher vereinbaren.

Einkaufen

Supermarkt: Magasin Général (rechts vom Eingangstor); geöffnet tägl. 8–19 Uhr; gutes, auf Touristen ausgerichtetes Angebot (auch alkohol. Getränke).

Ausflüge

(Manche Angebote nur während der Hauptreisezeit).

- **Bootsausflüge** über Hotels oder direkt am Hafen, zum Beispiel: 3stündige Fahrt mit Piratenschiff 18 TD/Kinder 7,5 TD, Obst und Getränke inclusive bzw. halber Tag mit Essen 20 TD; Fahrt mit **Luftkissenboot** unter anderem nach Sousse, Skanès, Monastir und zu den Kouriat-Inseln; **Aquascope** (Glasbodenboot): halbstündige Fahrt 12 TD/Kinder 6 TD (nur bei ruhiger, klarer See empfehlenswert); **Katamaran-Ausflüge:** Dauer etwa 2 Std, 15 TD; **Segelboot**: 2 Std. kosten 15 TD.
- **Bus- und Geländewagen**-Exkursionen werden von Hotels oder Agenturen vermittelt (siehe unter Sousse).

Die Hotelzonen von Port el Kantaoui, Hammam Sousse und Sousse gehen fast nahtlos ineinander über. Dazwischen liegen mehrere öffentliche Strände. Etwa 9 km sind es von Port el Kantaoui bis zum Zentrum von Sousse.

Sousse

Nach Tunis und Sfax **drittgrößte Stadt des Landes** in Bezug auf **Einwohnerzahl** (ca. 250 000) und **wirtschaftliche Bedeutung.** Wichtiges Industriezentrum mit großem Handels- und Fischereihafen. Marktzentrum des nördlichen Sahel.

Zudem hat die Region von Sousse durch ihr mildes und gemäßigtes Klima große Bedeutung als **Ferienzentrum** erlangt. Die feinsandigen Strände gehören mit jenen von Djerba und Hammamet zu den besten des Landes. Die Stadt selbst bietet interessante Sehenswürdigkeiten, ein vielseitiges Besichtigungsprogramm, viel Atmosphäre und arabische Ursprünglichkeit beim Bummeln durch die Gassen. Mit komfortablem Hotel- und Strandleben sowie guten Einkaufs-, Sport- und Unterhaltungsmöglichkeiten ist Sousse außerdem eine hervorragende **Basis für** jene **Urlauber**, die neben den Attraktionen von Stadt und Strand auch die **vielfältigen Ausflugsmöglichkeiten** nutzen wollen. Es bietet ausgezeichnete Verkehrsverbindungen; zahlreiche lohnende Ziele sind auch auf eigene Faust leicht und schnell erreichbar. An der gesamten tunesischen Küste ist Sousse wohl der Ort, der dem aktiven Gast – auch bei längerem Aufenthalt – am meisten bietet.

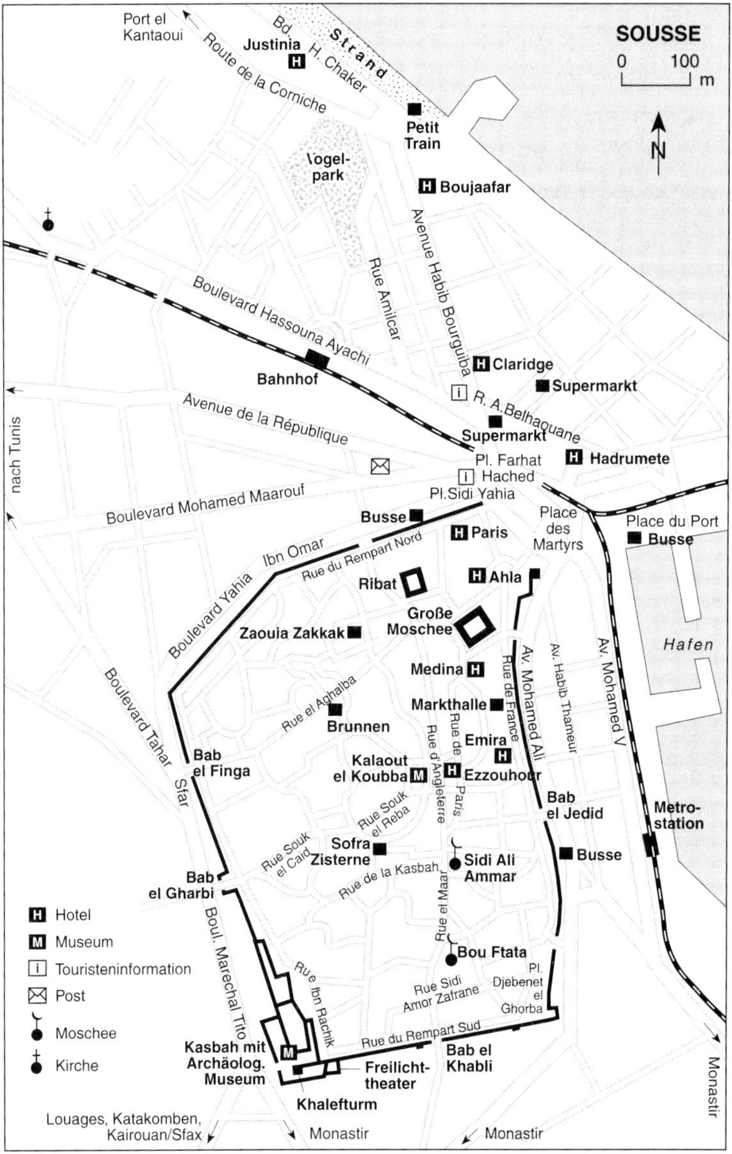

Routenteil A

Geschichte

Erste Hafenanlagen errichteten die Phönizier bereits um das 9. Jh. v. Chr. **Hadrumetum,** wie die Hafenstadt damals hieß, entging dank ihrer neutralen Haltung im 3. Punischen Krieg dem Schicksal Karthagos und der Zerstörung durch Rom. Seine **Blütezeit als römische Colonia** begann etwa im 2. Jh. n. Chr. Die Stadt war später Bischofsitz und während der byzantinischen Herrschaft Hauptstadt der südlichen Provinz. Sie wurde ummauert und nach dem byzantinischen Kaiser in „Justiniapolis" umbenannt. Der Einfall der Araber im 7. Jh. unter Führung von Okba Ibn Nafi, dem Gründer Kairouans, führte schließlich zur **Zerstörung** der inzwischen „Susa" genannten Stadt und ihrer alten Baudenkmäler.

Die **Aghlabiden** gaben Sousse im 9. Jh. seinen früheren Glanz zurück; sie verwendeten die alten Steine zum Wiederaufbau, errichteten als erstes den Ribat (Festung) zum Schutz gegen Angriffe der Christen und Normannen vom Meer her, dann folgten der Turm Khalef el Fatah an der höchsten Stelle der Stadt, die Große Moschee und schließlich Kasbah und große Stadtmauer – Bauten, die noch heute das Stadtbild prägen. Sousse diente den Aghlabiden als wichtiger Hafen, von dem aus sie im Jahr 827 zur Eroberung Siziliens aufbrachen.

Im 12. Jh. wurde Sousse von den sizilianischen Normannen besetzt. Während türkischer Herrschaft war es wie andere Hafenstädte Korsarenstützpunkt. Es folgten Angriffe der Spanier, der Franzosen, der Venezianer, die zum allmählichen Niedergang der Stadt führten. Erst nach dem Einzug der **französischen Kolonialherren** um 1881 tauchte Sousse wieder aus der wirtschaftlichen Versenkung auf, zunächst als Ausfuhrhafen von Phosphat, von Salz aus den nahen Salinen, von landwirtschaftlichen Produkten aus dem Hinterland und Rohzellulose. Sousses stetiger Aufstieg wurde nur im 2. Weltkrieg vorübergehend unterbrochen.

Von großer wirtschaftlicher Bedeutung sind nach wie vor Produktion und Verkauf von Olivenöl, Herstellung traditioneller handwerklicher Erzeugnisse, Weberei und Fischfang. Südlich der Stadt entstand eine neue **Industriezone** (u.a. mit Ölmühlen, Textil-, Konserven- und Möbelfabriken), und längst spielt auch der **Tourismus** eine wichtige Rolle im Wirtschaftsleben der Stadt. Zusammen mit dem im Norden angrenzenden Port el Kantaoui und dem nahen Monastir-Skanès bildet Sousse das Zentrum der größten Tourismusregion des Landes mit nahezu 50 000 Betten.

Stadtbesichtigung
(s. Ortsplan S. 267)

Vorweg: Autofahrern wird empfohlen, das Fahrzeug irgendwo in Medinanähe zu parken und **die Stadt zu Fuß zu erkunden**. Der Straßenverkehr im Zentrum ist recht chaotisch. Fast alle Sehenswürdigkeiten liegen dicht beieinander im Bereich der Medina, und diese ist wiederum nur 10 Min. von der Strandpromenade entfernt.

Das Verkehrszentrum der Stadt bildet zwischen Medina und Neustadt der riesige, ziemlich unübersichtliche **Place Farhat Hached,** der nahtlos übergeht in *Place des Martyrs, Place Sidi Yahia* und *Place du Port*. Hier tref-

Sousse – Blick vom Ribat über die Große Moschee

fen die wichtigsten Straßen zusammen, hier sind die Stationen von Bussen und Taxis. Sogar die Eisenbahn überquert den Platz schrankenlos. Nördlich davon liegt die im Krieg stark zerstörte und danach fast völlig neu aufgebaute Neustadt, die von der *Av. H. Bourguiba* durchschnitten wird.

Die Neustadt

Gleich am Beginn der Av. H. Bourguiba, in Haus Nr. 1, ist das **ONTT-Touristen-Informationsbüro;** im weiteren Verlauf finden wir Läden aller Art, Banken, Restaurants (auch in den kleineren Seitengassen), Cafés, Bars, Boutiquen, mehrere Hotels, Supermärkte, Kino. Am Ende (links kleiner Vogelpark, geöffnet tägl. 8–17 Uhr, Eintritt 0,2 TD) mündet diese Hauptgeschäftsstraße in die Uferpromenade *Bd. Hedi Chaker.* Hier beginnt die Hotelzone mit schmalem Badestrand, die sich kilometerweit bis nach Port El Kantaoui hinzieht, und hier ist auch „Boujaffar", der Start-/Endpunkt der kleinen Touristenbähnchen, die zwischen Sousse und Port El Kantaoui pendeln.

In der parallel verlaufenden, geschäftigen *Route de la Corniche (Bd. A. el Cadhi)* weitere Hotels, Restaurants, Autovermieter, Reisebüros, Supermarkt und Einkaufszentren.

Südlich des *Place Farhat Hached,* oberhalb des Hafens, erstreckt sich am Hang die mittelalterliche Medina.

Die Medina

Eine hohe, im Jahr 859 erbaute, später mehrmals durch Wehrgänge und Wachttürme verstärkte Mauer um-

SOUSSE
RIBAT (GRUNDRISS)

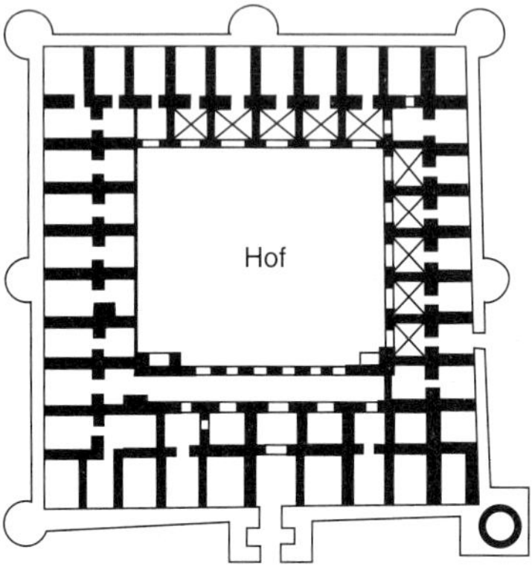

schließt den Altstadtbezirk, der zur Zeit seiner Erbauung direkt ans Meer grenzte. Die Mauer ist noch weitgehend intakt; auch vier der alten Stadttore blieben erhalten *(Bab el Djedid* an der Ostseite, *Bab el Khabli* im Süden, sowie *Bab el Gharbi* und *Bab el Finga* in der Westmauer). An der Stelle des einstigen *Bab el Bhar* an der Nordostecke der Medina, beim *Place des Martyrs,* haben im 2. Weltkrieg Bomben, die den nahen Hafen verfehlten, eine große Bresche in die Mauer gerissen – heute der Hauptzugang zur Medina; links am Eingang erinnert eine Figurengruppe an den tunesischen Freiheitskampf. Gleich hinter dieser vom *Soula Tourist Shopping Centre* inzwischen weitgehend ausgefüllten Mauerlücke stoßen wir auf die

★Große Moschee

(Öffnungszeiten tägl. 8–14 Uhr; Eintritt 1,1 TD; zugänglich ist – dezente Kleidung vorausgesetzt – nur der Innenhof; Betreten des Gebetssaals für Nichtmoslems verboten).

Die im 9. Jh. von den Aghlabiden errichtete Moschee mit zwei runden Ecktürmen und Zinnenmauer wurde gründlich restauriert. Auffallend sind der festungsähnliche Baustil und das Fehlen des gewohnten hohen Minaretts – der Muezzin benutzte früher den nahen Ribatturm. Ein kunstvolles Koranfries schmückt die Bogenarkaden, die den großen, mit weißen Marmorplatten belegten Innenhof umlaufen. Der säulenbestandene, dreizehnschiffige Gebetssaal beeindruckt durch seine Schlichtheit. Ganz vorn erkennt man den Mihrab, die nach Mekka weisende Gebetsnische; der hölzerne Wandschirm links trennt Frauen- und Männerabteil.

Schräg gegenüber der Moschee steht das älteste islamische Bauwerk von Sousse, der von einem hohen Turm überragte

★Ribat

(Geöffnet tägl. 8–19 (Sommer) bzw. 8–18 Uhr (Winter); Eintritt 2,6 TD, Fotoerlaubnis 1 TD).

Die in Kairouan herrschenden Aghlabiden errichteten anfangs des 9. Jh. den Ribat als Glied einer Kette ähnlicher Festungsbauten entlang der tunesischen Küste (vgl. auch Monastir). Er diente als Verteidigungsbau gegen christliche Angriffe von Sizilien und berberische Überfälle vom Inland her, als Fluchtburg, als Herberge für die hier an Bord gehenden Mekkapilger, nicht zuletzt jedoch als eine Art Klosterbau. Hohe Mauern umschließen das stark restaurierte Bollwerk. Durch Schlitze über dem durch ein Fallgitter gesicherten Toreingang, dem einzigen

Zugang zur Festung, konnte von oben her siedendes Pech auf unwillkommene Eindringlinge gegossen werden. Vom nahezu quadratischen Innenhof aus gehen kleine Räume ab – Wohnzellen, Wirtschafts-, Lagerräume und Stallungen. Ein Treppenaufgang führt zur ersten Etage mit vielen fensterlosen, schlichten Wohnzellen und einem elfschiffigen Gebetssaal. In dem kleinen Kuppelraum auf dem von Zinnen umlaufenen obersten Mauerkranz sieht man die erwähnten „Pechschlitze“ direkt über dem Toreingang. Eine enge, nur spärlich erhellte Wendeltreppe führt auf den 27 m hohen Turm, der bis zum Bau des noch höheren Khalef-el-Fata-Turms der Kasbah an der höchsten Stelle der Stadt als Wacht- und Signalturm diente. Vom Ribat-Turm prachtvoller Blick über Medina, Große Moschee und Hafen.

Ribat von Sousse

Nun tauchen wir zwischen Moschee und Ribat hindurch tiefer ein in die **Medina,** die zu den schönsten ganz Tunesiens zählt. Im Durcheinander ihrer belebten Gassen kann man auch heute noch eine ziemlich unverfälschte Atmosphäre finden. Zielloses „Sichtreiben-lassen“ ist meist am genüßlichsten. Trotzdem ein paar Hinweise:

Folgt man zwischen Moschee und Ribat der Gasse hangaufwärts, findet man in der zweiten Seitenstraße *(Rue Tazarka)* die türkische **Zaouia Zakkak** (18. Jh.) mit einem hübschen 8-eckigen Minarett, eine Kombination aus Moschee, Koranschule und Mausoleum. Folgt man der *Rue el Aghalba* noch ca. 50 m weiter, kann man bei einem Steinbogen, der die Straße überspannt, links über der Gasse einen restaurierten, stillgelegten **Ziehbrunnen** entdecken. Früher zog ein Esel (Zugkette und Rolle sind noch zu sehen) in ständigem Hin und Her über diese steinerne Rampe das Wasser aus dem Brunnenschacht.

Hinter der Großen Moschee führen sowohl die *Rue de Paris* (Haupt-Souvenirgasse) wie die parallel verlaufende *Rue d'Angleterre* mitten hinein in die **Souks**, ein Gewirr teilweise überdeckter Gassen mit ungezählten kleinen Lädchen, Ständen und Werkstätten. Biegt man dort rechts ein in die querende Souk-Hauptachse, die *Rue Souk el Reba*, kommt man gleich darauf rechts zur

Kalaout el Koubba, heute ein **Volkskundemuseum** (Mo–Do u. Sa 9–13 und 15–17.30 Uhr, So 9–14 Uhr, 2 TD, Kinder 1 TD). Der imposante, kuppelgedeckte Steinbau aus dem 11. oder 12. Jh. war früher eine Karawanserei. Im EG und OG werden mit le-

 S. 267

SOUSSE
Kasbah mit
Archäologischem Museum

1 Verkaufsraum und Kasse
2 Skulpturensaal
3 Mosaikensaal
4 Tophetsaal
5 Büro
6 punisches Grab und punische Grabbeigaben
7 römische Grabbeigaben
8 christliche Grabbeigaben
9, 10, 11 Mosaikensäle
A Innenhof
B Korridor
C zweiter Hof mit Garten

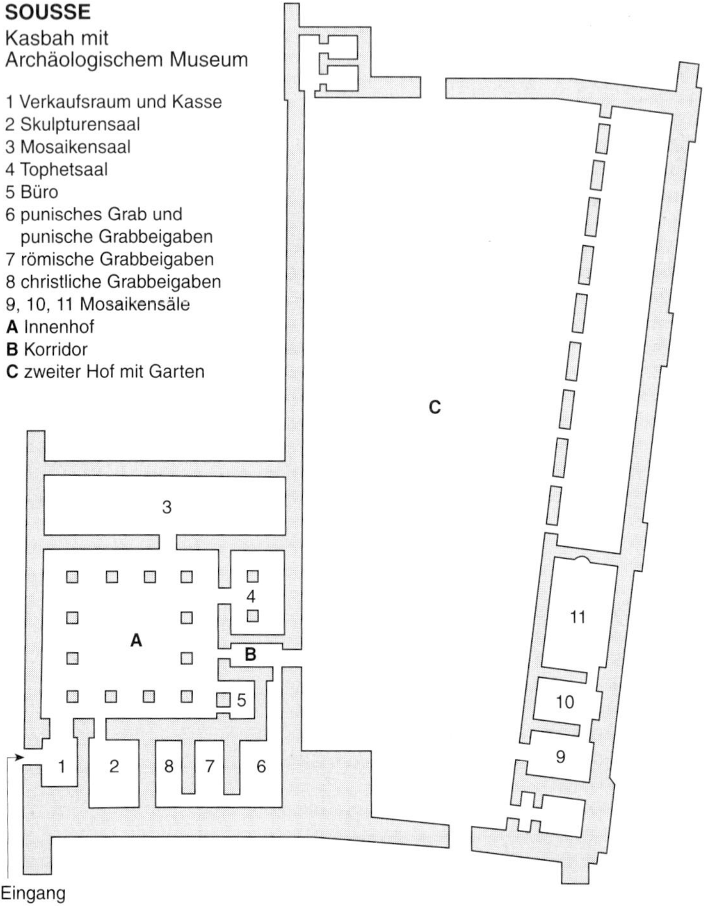

bensgroßen Figuren recht anschaulich und naturgetreu Szenen aus dem tunesischen Alltag des letzten Jahrhunderts dargestellt, u.a. eine Weberwerkstatt, ein kleiner Souk mit Parfüm- und Schmuckladen, Teppichhändler, Olivenhandlung, Schreiber, Maurisches Café, eine Küche, Frauengemächer, die Vorbereitungen für eine Hochzeit und die Festgesellschaft selbst.

Wir folgen der Rue Souk el Reba weiter aufwärts (in der Verlängerung führt diese als *Souk el Caid* und hübsche Treppengasse vorbei an Parfüm- und einigen Souvenierläden steil hinauf zum Stadttor *Bab el Gharbi*, von dem aus man außen an der Stadtmauer entlang zum Eingang der *Kasbah* gelangen kann; s. u.). Nach dem Ende des überdachten Souks biegen wir links ein in die *Rue de la Sofra* und kommen zum *Place Sofra* mit einer kahlen, etwa 3 m hohen Mauer (rechts). Gleich um die Ecke verschließt ein Türchen in der Mauer die aufgelassene, große, römische **Zisterne La Sofra,** die um 875 zur Sicherung der Wasserversorgung der wachsenden Stadt von den Aghlabiden wieder hergestellt wurde.

Das Sträßchen gegenüber dem Zisterneneingang bringt uns zur *Rue el Maar,* der Verlängerung von Rue d'Angleterre/Rue de Paris, die zum südlichen Stadttor *Bab el Khabli* führt. Laden drängt sich an Laden entlang dieser geschäftigen Straße mit ihren alten Hausfassaden. Bereits nach wenigen Metern passiert man links die **Moschee Sidi Ali Ammar** (11. Jh.) und bald darauf die 200 Jahre ältere, kleine **Moschee von Bou Ftata.** Vom Stadttor *Bab el Khabli* ist es nicht weit außen an der Südmauer entlang hinauf zur Kasbah mit Archäologischem Museum (s. u.).

Ein kleiner, gut besuchter **Markt mit Markthalle** (Obst, Gemüse, Fisch, Krämermarkt; keine Souvenirs) konzentriert sich auf die Medinagassen um den *Bab el Djedid* (erkennbar an seinem runden, gemauerten Turm).

★Kasbah mit Archäologischem Museum

(Achtung: Zugang nur von außerhalb der Medinamauern! Geöffnet tägl. außer Mo und feiertags ca. 9–12 und 15–17.30 Uhr. Eintritt 2,1 TD, Fotoerlaubnis 1 TD).

Diese wehrhafte Festung liegt an der höchsten Stelle der Altstadt; sie entstand zusammen mit der Stadtmauer ums Jahr 859 und wurde später mehrmals verstärkt. Der 30 m hohe Turm *Khalef el Fatah* – das Wahrzeichen von Sousse – hat noch immer seine ursprüngliche Form und Funktion als Signalturm. Früher waren es Nachrichten, die man durch Lichtsignale von Turm zu Turm übertrug (angeblich innerhalb einer Nacht von Ägypten bis nach Marokko), heute dient er als Leuchtturm für die Schifffahrt und darf nicht bestiegen werden. Jedoch führt vom Kasbah-Hof eine Treppe auf eine Dachterrasse, von der aus man weit über Medina und Hafen blicken kann. Unterhalb der Kasbah ein kleines Freilichttheater an der Außenmauer.

Das **Archäologische Museum** von Sousse gehört nach dem Bardo-Museum in Tunis zu den bedeutendsten des Landes. Im Arkadengang des Innenhofs, im Garten und in den von den Höfen abgehenden Räumen befinden sich Exponate aus punischer, römischer und frühchristlicher Zeit. Mehrere Räume sind allein den Toten gewidmet. Hier ist neben punischen Grabstelen ein komplettes punisches Grab zu sehen, vor allem aber eine Fülle verschiedenartiger Grabbeigaben (Kartenskizzen geben Auskunft über die Fundstellen). Am eindrucksvollsten ist die umfassende Sammlung römischer Mosaiken aus der Region um Sousse, großflächige, hervorragend erhaltene Wand- und Bodenbilder, auffallend häufig mit Tier- und Meeresmotiven. Zu den schönsten Mosaiken zählen jene mit realistischen Darstellungen von Gladiatorenkämpfen, hervorragende Motive von Kämpfern, wilden Tieren bis hin zur Siegerehrung.

★Die Katakomben

(Geöffnet täglich 9–12 und 15–18 Uhr, Eintritt 1,1 TD)

Zugang: Gegenüber Kasbah-Eingang der Straße Richtung Sfax/Kairouan folgen. Nach 300 m rechts weg (beschildert); ca. 400 m weiter links unter Bäumen an Moschee vorbei bis zu einem in ca. 300 m Entfernung sichtbaren Antennenmast. Auf dessen Höhe (li.) Eingangsgebäude.

Erst 1888 entdeckten die Franzosen diese große, frühchristliche Gräberanlage aus dem 2. bis 4. Jh., ein verschachteltes Tunnelsystem von insgesamt 5 km Länge mit ca. 15 000 Grabstätten, viele davon verschüttet oder einsturzgefährdet. In dem enttäuschend kleinen, freigelegten Stollenteil sieht man lediglich die in das weiche Gestein gegrabenen Wandnischen, in denen die Toten – in Tücher gewickelt – beigesetzt wurden. Beschriftete Stein- oder Tonplatten schlossen die Nischen einst ab. Warum die Mehrzahl der Nischen brutal zugemauert wurde und die Gänge kaum beleuchtet sind, bleibt unerfindlich.

(Sehenswertere, vor allem frei zugängliche Katakomben bei *Salakta*, s. Route B1).

Vorwahl für Sousse: 03

Touristeninformation

ONTT-Büro
1 Av. H. Bourguiba, Tel. 22 51 57, Fax 22 42 62, Öffnungszeit: 1.7. bis 30.8.: Mo–Sa 7.30–19 Uhr, So 9–12 Uhr; 1.9. bis 30.6.: Mo–Do 8.30–13 und 15–17.45 Uhr, Fr + Sa 8.30–13.30 Uhr.

Syndicat d'Initiatives
Im Pavillon am Pl. Farhat Hached. Öffnungszeit tägl. 9–18 Uhr.

Unterkunft

Hotel

In den Touristeninformationsbüros ist evtl. ein aktueller Hotelplan mit Preisen erhältlich. Manche der Strandhotels sind nur im Sommer geöffnet.

Hotels in der Neustadt, in Strandnähe bzw. am Strand

(Auswahl, vom Stadtzentrum nach Norden bis Port El Kantaoui)

Hadrumete
im Zentrum, Tel. 22 62 91, DZ 34/20 TD.

Claridge*
Av. H. Bourguiba, Tel. 22 47 59, DZ 33/22 TD.

Boujaafar ****
Av. H. Bourguiba, Tel. 24 30 50, Fax 22 65 95, DZ 128/46 TD.

Résidence Boujaafar
Tel. 22 73 03, Fax 22 73 33, Appartements für 2 P. 55/29 TD. Von Lesern empfohlen.

Sousse Azur**
gegenüber Hotel Boujaafar, Tel. 22 77 60, Fax 22 81 45, DZ 46/28 TD, lt. Leser kleine, saubere Zimmer, Dachterrasse, freundlicher Service.

Justinia***
Tel. 22 63 82, Fax 22 59 93, DZ 63/25 TD; preiswertes, zentrumsnahes Hotel mit großen, einfachen Zimmern mit Bad/Dusche und WC; Diskothek; durch Uferstraße vom Strand getrennt; Mitbenutzung des Swimmingpools im Nachbarhotel **Nour Justinia.**

El Hana Beach***
Tel. 22 69 00, Fax 22 60 76, DZ 74/30 TD.

Essada**
Tel. 22 01 15, DZ 25/22 TD.

El Kaiser**
Tel. 22 80 30, DZ 60/28 TD.

Riadh Palms****
Tel. 22 57 00, Fax 22 83 47, DZ 120/50 TD; eindrucksvolles Strandhotel mit großzügiger Ausstattung; geschmackvolle Zimmer; hübsche Poolanlage, Hallenbad, Diskothek, Nachtclub, etwa 1,5 km zum Zentrum.

Marabout***
Tel. 22 62 45, Fax 22 62 50, DZ 64/24 TD; beliebtes Strandhotel, etwa 2 km zum Zentrum.

Tour Khalef****
Tel. 24 18 44, Fax 24 38 68, DZ 96/36 TD; große kinderfreundliche Anlage am weitläufigen Strand, Zimmer im tunesischen Stil eingerichtet, Unterhaltungszentrum, Diskothek, Nachtclub; etwa 3 km zum Zentrum.

Orient Palace*****
Tel. 24 28 88, Fax 24 33 45, DZ 160/80 TD; luxuriöse Hotelanlage direkt am Strand; umfangreiches Sport- und Fitneßangebot, Hallenbad, interessante Poolanlage mit Wasserspielen, Diskothek; etwa 5 km zum Zentrum.

Alyssa**
Tel. 24 07 13, Fax 24 07 16, DZ 70/28 TD.

Sindbad (App.)
Tel. 24 36 54, Fax 24 36 54, Studio für 2 Pers. 60/24 TD.

La Roseraie (App.)
Tel. 24 15 33, Fax 24 23 10, Studio für 2 Pers. 68/35 TD.

Kleinere Medinahotels und Pensionen (Auswahl)

Für Autofahrer: keine Parkmöglichkeit in der Medina!

Emira*
52 Rue de France, Tel./Fax 22 63 25, DZ 25/17 TD; empfehlenswertes, sauberes Hotel; nette Zimmer mit Fliesenschmuck, Bad, WC, teilw. mit Balkon; Dachterrasse. Leserempfehlung!

Medina*
Tel. 22 17 22, DZ 28/18 TD; ordentliches Hotel mitten in der Altstadt; einfache, saubere Zimmer mit Dusche, WC; Dachterrasse, lizensiertes Restaurant.

de Paris
15 Rue Rempart Nord, Tel. 22 05 64, DZ 15 TD ohne Fr.; einfaches, ordentliches Hotel für den schmalen Geldbeutel; kleine, saubere Zimmer um Innenhof, nette Dachterrasse, freundlicher Chef, familiäre Atmosphäre; Depotraum für Gepäck.

Die Medinahotels **Gabès, Tunis, des Perles** sind wegen ihrer sehr schlichten Ausstattung weniger empfehlenswert.

Jugendherberge

In der Av. Taieb Mehri.

Camping

Kein offizieller Campingplatz; Stellmöglichkeit für Wohnmobile evtl. in Jugendherberge; „wild" vor Port el Kantaoui (s. S.263) oder Skanès (s. S.449).

Essen und Trinken

Mehrere, z.T. einfache aber ordentliche Restaurants in der Medina, z.B. das kleine, preiswerte Lokal neben Hotel **Paris** (an nördl. Stadtmauer); zu empfehlen auch das lizensierte Hotelrestaurant **Medina** mit seiner preiswerten tunesischen Küche.

Reiche Auswahl an Cafés und Restaurants aller Klassen in der **Neustadt,** v.a. an der Av. H. Bourguiba und deren Seitengassen sowie entlang des Bd. Abdelhamid el Cadhi *(Route de la Corniche).* Eine kleine Auswahl:

Le Golfe (2 Gabeln)
Beim Hotel Boujaafar; von der Terrasse schöner Blick auf Stadtleben und Meer; freundlicher Service; reichhaltiges Angebot schmackhafter Speisen, besonders Fisch und Meeresfrüchte; gehobenes Preisniveau.

Le Lido (2 Gabeln)
Av. Mohammed V (beim Hafen); besonders beliebt wegen seiner Fischgerichte. Leser bemängeln „kleine Portionen".

Tip-Top
73 Route de la Corniche, Lesertip, gute Küche, freundlicher Service.

La Marmite (1 Gabel)
Rue de Remada; preisgünstige traditionelle und internationale Küche.

Raphia (1 Gabel)
102 Av. H. Bourguiba (in Seitenstraße); kleines, gemütliches Lokal; neben tunesischer vorwiegend Schweizer/deutsche Küche.

Hong Kong
2 Av. de Rabat (Nähe Corniche), chinesisches Lokal, Küche und Service empfehlenswert.

Kultur/Unterhaltung

Abendliches Unterhaltungsprogramm in den Strandhotels.

- **Nachtclubs, Diskotheken** in einigen der großen Hotels.
  Beliebt und populär – auch bei den Einheimischen – sind z.B. der Nachtclub **Club 80** im Garten des Hotels **El Hana Beach,** die **La Grotte** neben Hotel **Tour Khalef**. Die Disco **Samara King** beim Hotel **Samara** gilt als eine der besten Tunesiens und ist besonders an Wochenenden sehr gut besucht.
- **Spielcasino: Caraibe**, im Zentrum, Tel. 21 97 02, mit Restaurant und Shows, geöffnet 12–5 Uhr.

Der „Petit Train" verkehrt zwischen Sousse und Port el Kantaoui

Sport, Aktivitäten

- **Sport:** Viele der Strandhotels mit Swimmingpool, Tennis, Minigolf, Tischtennis; einige mit Hallenbad, Squashcourt, Fitneßclub, Sauna. Möglichkeit zum Windsurfen, Segeln, Wasserski, Tretbootfahren, Reiten am Strand.
- **Golf und Tauchen:** s. u. Port El Kantaoui.

Verkehrsverbindungen

Sousse besitzt mit Flughafen, Eisenbahn, Metro (Schnellbahn), Bussen und Louages eine Fülle an Verkehrsmitteln und -verbindungen in alle Richtungen.

- **Flughafen:** Flughafen Monastir-Skanès: ca. 14 km südlich der Stadt, mit Metrostation sowie Haltestelle der Buslinie Nr. 52.
- **Eisenbahn:** Sousse liegt an der Hauptlinie Tunis – Sfax – Gabès. Bahnhof im Zentrum an Bd. Hassouna Ayachi; Tel. 22 53 21; tägl. 9x nach Tunis, 5x über El Djem nach Sfax, 2x weiter nach Gabès, 1x weiter über Gafsa nach Metlaoui.
- **Métro du Sahel** (Schnellbahn): Bahnhof in Av. Mohamed V nahe Bab Djedid; Tel. 22 53 21; zwischen 6 und 20 Uhr etwa stündlich nach Monastir (mit Stops auch in Hotelzone von Skanès und am Flughafen Monastir-Skanès), 8x weiter bis Mahdia.
- **Busse:** Von Sousse aus verzweigt sich ein dichtes Busliniennetz in alle Landesteile. Für die Vielzahl der Linien gibt es vier(!) Busstationen. Mangels offizieller Pläne bleibt es ein Problem, herauszufinden, welcher Bus wann von welcher Station zu welchem Ziel abfährt; genaue Abfahrtszeiten und -orte auf Nachfrage in den Touristen-Informationsbüros. Vereinfacht und unverbindlich läßt sich sagen:
  - Hauptstation beim *Bab el Djedid* (Stadttor in Ostmauer) für Überlandbusse in Richtung Süden und Westen (z.B. Kairouan) und nach Tunis.
  - Station am *Place du Port* für einige Überlandbusse in Richtung Norden (z.B. Hammamet/Nabeul, Bizerte).
  - *Gare Routière* in Av. Leopold Senghor (Verlängerung der Av. de la République) für Überlandbusse ins Inland über Kairouan (z.B. nach Zaghouan).
  - Station am *Place Sidi Yahia* (an Medina-Nordmauer) für Nahverkehrsbusse (häufige Verbindungen, z.B. Nr. 52 für Strandhotels, Nr. 12 nach Port el Kantaoui und Hergla) sowie nach Monastir, Mahdia.
- **Louages:** Zentrale Louage-Station ca. 2 km stadtauswärts an der Ausfallstraße Richtung Kairouan/Sfax auf Höhe des Sonntagsmarktgeländes.
- **Touristenbähnchen** („Petit Train Touristique"): Abfahrt Uferpromenade vor dem Hotel *Boujaafar;* zur Hauptreisezeit und (nur) bei gutem Wetter etwa stündlich zwischen Sousse und Port el Kantaoui (Hin- u. Rückfahrt 3,5 TD, Kinder 2,5 TD).

Mietwagen

Avis
Bd. de la Corniche, Tel. 22 59 01.
Hertz
Av. H. Bourguiba, Tel. 22 54 28.
Europcar
Bd. de la Corniche, Tel. 22 62 52.

Topcar
Bd. de la Corniche, Tel. 22 60 70.
Master Car
Bd. 7 Novembre, Tel. 22 99 75, Fax 22 99 55.

Einkaufen

- **Supermärkte:**
  Monoprix
  Pl. Farhat Hached (tägl. geöffnet).
  Magasin Général
  a) Rue Khaled Ibn Walid (nahe Pl. F. Hached), Di–Sa 8–12.30 u. 15–19 Uhr, So 8–13 Uhr.
  b) Bd. Abdelhamid el Cadhi.
- **Staatl. SOCOPA-Artisanat:** beim Boujaafar Hotel.
- **Wochenmarkt:** Sonntag, an der Ausfallstraße nach Sfax/Kairouan (ca. 2 km ab Zentrum; sehr groß, interessant, sehenswert).

Sonstiges

- **Fluggesellschaften:**
  Tunis Air
  5, Av. H. Bourguiba, Tel. 22 39 52, Fax 22 52 33.
  Air France
  Av. Mohammed V, Tel. 22 24 09.
- **CTN-Fährgesellschaft:** Rue A. Ibn Zoubeir, Tel. 22 94 36, Fax 22 48 44.
- **Gottesdienste:** Katholische Kirche St. Felix, 1 Rue de Constantine, Messe (Franz.) Sonntag 9.30 Uhr, an Wochentagen 18.15 Uhr; evangelischer Gottesdienst (Englisch) in 16 Rue de Malte (zwischen Ribat und Großer Moschee) So 10 Uhr.

Kultur/Unterhaltung

Internationale Theater- und Musikfestspiele im Juli/August; Baba-Aoussou-Fest (Anfang August) mit großem karnevalsartigem Umzug.

Ausflüge

Organisierte Ausflüge

Hotels und Agenturen bieten u.a. folgende Bus- bzw. Geländewagenfahrten an:

- **Halbtagesfahrten** nach Kairouan bzw. Hammamet/Nabeul bzw. El Djem/Monastir (20 TD).
- **Tagesfahrten** nach Kairouan/El Djem/Mahdia (38 TD), nach Tunis/Karthago/Sidi Bou Said/Bardo (48 TD), nach Dougga (40 TD), nach Gabès/Matmata (55 TD).
- **2-Tages-Busfahrt** (Komfort) durch Tunesiens Süden (100 TD).
- **3-Tages-Safari** mit Geländewagen durch Tunesiens Süden (155 TD).
- **Folkloreabend** (Tänze, Essen mit Wein): 28 TD.
- **Magic Show im Casino**: 20 TD (ohne Transfer).
- Kostenlos sind Ausflüge zu Teppichknüpfereien, Ledergeschäften etc. (vergleichbar mit unseren „Kaffeefahrten").

Ausflüge auf eigene Faust

(mit Mietwagen oder öffentlichen Verkehrsmitteln)

- **Halbtagesfahrten:** Zum römischen Amphitheater von El Djem (s. Route B2) oder nach Port el Kantaoui und Hergla.
- **Ganztagesfahrten:** Nach Monastir und Mahdia (s. Route B1), Kairouan (s. Route B3), Hammamet und Nabeul (s. Route A7) oder nach Tunis.

Für umfangreichere Exkursionen sind Unterwegsübernachtungen einzuplanen.

Route A 2: Tunis – El Fahs (Thuburbo Majus) [63 km] – Kairouan [92 km]

Allgemeines

Auf der ersten Etappe von Tunis bis zum Marktstädtchen El Fahs sorgt vor allem geschichtsträchtiges Gemäuer – darunter ein gut erhaltener, kilometerlanger **römischer Aquädukt** und die großartige Römerstadt **Thuburbo Majus** – für Abwechslung. Von der landwirtschaftlich intensiv genutzten Region um El Fahs aus geht es dann durch das reizvolle **Bergland der Dorsale,** das schließlich in eine von Getreidefeldern und steppenartigem Brachland bedeckte Ebene übergeht, in deren Mitte die **heilige Stadt Kairouan** liegt.

Tunis

(Beschreibung und Pläne s. S.196ff)

Wir verlassen Tunis auf der anfangs noch mautfreien Autobahn A1, die über Hammamet und Sousse in den Süden des Landes führt (s. Route A1). Bereits nach etwa 8 km geht es rechts ab auf der P3 Richtung „Zaghouan“. In meist dichtem Verkehr durchfahren wir die wenig attraktiven Vororte von Tunis; auch der Landschaft sind zunächst kaum Reize abzugewinnen. Etwa bei km 17 erreichen wir La Mohammédia.

La Mohammédia

Beidseits der Straße lang hingezogen lädt der Ort auf den ersten Blick keineswegs zu einem Stop ein, wären da nicht die Reste gewaltiger **Palastanlagen** aus der Zeit der Türkenherrschaft. Ein Teil des Gemäuers liegt etwa in Ortsmitte gleich rechts neben der Durchgangsstraße; weitere Baureste finden wir nahebei: ca. 200 m rechts abseits der Hauptstraße (im Schatten der dortigen Palastruine findet mittwochs und donnerstags ein lebhafter **Wochenmarkt** statt) sowie an der höchsten Stelle des Ortes gut 300 m weiter westlich. Der türkische Bey Mohammed (er gab dem Ort den Namen) baute während seiner Amtszeit in der Mitte des 18. Jh. hier einen Palast als Sommerresidenz. Rund hundert Jahre später – inspiriert durch einen Frankreichaufenthalt – begann der offenbar etwas größenwahnsinnige Ahmed Bey mit der monumentalen Erweiterung der bestehenden Anlage zu einer Art „tunesischem Versailles“; weitere Paläste, eine Moschee, Kasernen entstanden. Doch die Pracht war von kurzer Dauer. Ahmed Beys Tod – er wurde 1846 noch vor der Fertigstellung des Komplexes ermordet – und der zunehmende wirtschaftliche Verfall des Landes führten dazu, daß die Anlage aufgegeben und ihre Schätze weggeschafft wurden (z.B. in die Paläste von Karthago und Bardo). Übrig ist heute nur noch mächtiges, schmuckloses Mauerwerk mit leeren Fensterhöhlen, dessen Inneres von Unkraut überwuchert ist oder das von den Bewohnern in Wohn- und Stallbauten integriert wurde.

Schon bald nach der Weiterfahrt öffnet sich der Blick über das weite Tal des Melianeflusses. Hier begleiten uns über mehrere Kilometer, direkt neben der Straße, **Reste eines römischen Aquädukts,** die eindrucksvollsten, die man in Nordafrika finden kann. „Fest gemauert in der Erden" stehen noch heute die mächtigen, von Steinbögen überspannten Pfeiler. Über diesen Aquädukt wurde Quellwasser vom Berg Zaghouan (an klaren Tagen im Süden sichtbar) bis nach Karthago geleitet, eine Strecke von gut 56 km (Luftlinie), für die jedoch aufgrund der Geländebeschaffenheit diverse „Umwege" und dadurch eine über 90 km lange Wasserleitung erforderlich waren. Da die Römer noch keine Druckrohrleitungen kannten, wurde der Aquädukt mit gleichmäßigem Gefälle gebaut – eine Meisterleistung römischer Ingenieur- und Vermessungskunst. Kaiser Hadrian ließ dieses Bauwerk um 120–130 n.Chr. errichten. Ein Großteil verlief ebenerdig, gelegentlich auch unter dem Boden. Hier jedoch mußte das *Meliane-Tal* mittels 20 m hoher Pfeiler überbrückt werden. Kriege und Erdbeben setzten dem Aquädukt immer wieder zu. Die Nachfolger Hadrians in den folgenden Jahrhunderten nutzten, zerstörten, renovierten, demolierten, verbesserten und erweiterten die Anlage. Schaut man genau hin, so erkennt man die verschiedenartigen Baumaterialien, teils große Quader, teils kleine Mauersteine, mit denen Pfeiler und Bögen jeweils wieder hergerichtet wurden. Ab dem 13. Jh. leitete eine von den Hafsiden angelegte Zweigleitung Wasser auch über Bardo nach Tunis.

Ein kurzer Stop lohnt sich nochmals 6 km nach La Mohammédia an der Straßenabzweigung nach „Oudna".

Abstecher zur römischen Ruinenstätte Uthina (s. Route A3).

An dieser Stelle zieht der Aquädukt links von der Hauptstraße weg; das dortige Teilstück zeigt erneut recht genau seinen Aufbau: Man sieht im Querschnitt den fast mannshohen, überwölbten Hohlraum, in dem das Wasser (es sollen 32 Millionen Liter täglich gewesen sein) in natürlichem Gefälle floß.

Bei km 32, kurz vor den gewaltigen Getreidesilos von Cheylus, Möglichkeit für einen

Abstecher nach Hammam Oust

Wir verlassen die Hauptstraße P3 auf der C133 nach links in Richtung Zaghouan und erreichen nach 3,5 km

Hammam Oust

Bedeutendes und modern eingerichtetes **Thermalbad** am Fuß des bewaldeten *Djebel Oust* (396 m). Die im *Complexe Thermal de Djebel Oust* angezapften 58°C heißen, leicht radioaktiven, chlor-, natrium- und schwefelhaltigen Quellen werden vorwiegend zur Behandlung **rheumatischer Erkrankungen** genutzt. In dem weitläufigen, parkähnlichen Gelände befinden sich zwei Hotels (s.u.) mit Kureinrichtungen, eine Bungalowsiedlung, Tennisplätze und andere Sportanlagen.

Unser Interesse gilt jedoch mehr einem etwa 250 auf 250 m großen **antiken Ruinenfeld** innerhalb des Kurgeländes (Besichtigung kostenlos), welches 1862 von einem französischen Archäologen entdeckt und später freigelegt wurde. Schon die Römer und nach ihnen die Byzantiner kannten und nutzten den Heilwert der Thermalquellen vom Djebel Oust. Das ausgegrabene Mauerwerk aus der Römerzeit zeigt

Reste des römischen Aquädukts bei La Mohammédia

die Fundamente einer ausgedehnten Kuranstalt, vorwiegend also Bäder und Behandlungsräume, sowie runde und rechteckige, säulenumstandene Badebecken, das größte davon mißt ca. 12 auf 4 m. Umgeben waren die Becken von Wandelgängen und verschachtelten Nebenräumen, in denen da und dort noch großflächige Mosaikfußböden erhalten sind, darunter ein prächtiges, farbenfrohes 4-Jahreszeiten-Mosaik, welches seiner Qualität wegen eigentlich ins Bardo-Museum gehörte. Zwischen den Ruinen finden wir Reste von Ölpressen aus nachrömischer Zeit. Steinblöcke und Säulenstümpfe, die zwischen Disteln aus dem Erdreich lugen, lassen erkennen, daß auch hier bisher nur ein Bruchteil des Verschütteten freigelegt wurde.

Ein kleiner **Spaziergang** führt in etwa 15 Minuten hinter dem Hotel Les Thermes hinauf auf eine bewaldete Hügelkuppe. Hier finden wir einen alten, bereits zu Römerzeiten ausgebeuteten **Steinbruch,** der das Baumaterial für deren Badezentrum lieferte. Unterhalb der Felswände hat man ein Amphitheater angelegt, in dem im Sommer für die Kurgäste Theater- und Folkloreveranstaltungen stattfinden.

- **Unterkunft:**
  Hotel **Les Thermes*****
  Tel. 02-64 04 77, DZ 72/60 TD
  (lt. Leser „zu teuer").
  Hotel **Cheylus****
  Tel. 02-64 02 70, DZ 55 TD.
- **Verkehrsverbindungen:**
  Haltestelle der Buslinie Tunis – Zaghouan.

S. 284

Wir lassen den bewaldeten *Djebel Oust* links liegen und erfreuen uns dann an der markanten, ausgefransten Gipfelsilhouette des *Djebel Zaghouan* jenseits ausgedehnter, nur gelegentlich von kleineren Baumgruppen unterbrochener Getreideflächen. Jeweils bei etwa km 59 und 60 führen beschilderte Zufahrten nach rechts zum 1 bzw. 2 km entfernten Ruinengelände von **Thuburbo Majus,** eine der bedeutendsten antiken Ruinenstätten Tunesiens.

Thuburbo Majus

Anfahrt evtl. mit Taxi ab El Fahs.
Eintritt: 2,1 TD, Fotoerlaubnis 1 TD. Geöffnet täglich zwischen Sonnenauf- und Untergang. Sicher werden Ihnen Münzenverkäufer mit Ausdauer „echte“ antike Schätze sowie Führerdienste anbieten. Vereinbaren Sie ggfs. im voraus Preis und Dauer der Führung.
Campingmöglichkeit auf dem kleinen Parkplatz am Eingang.

Geschichte

Aus der ursprünglichen Berbersiedlung Thuburbo entwickelte sich bereits unter den Puniern eine bedeutende Stadt. 27 v.Chr. gründete Kaiser Augustus hier eine Kolonie für seine Kriegsveteranen. Die auf einer Anhöhe inmitten einer fruchtbaren Region gelegene Siedlung wurde in der Folgezeit zu einem wichtigen Handelsplatz an der Route Karthago – Hadrumetum (Sousse), erhielt 128 n.Chr. unter Kaiser Hadrian Stadtrecht und wurde schließlich zur „Colonia Aurelia Commoda“ erhoben. Die bedeutendsten, heute sichtbaren Baureste stammen aus dem 2. und 3. Jh. n.Chr., der Blütezeit von Thuburbo Majus, das damals wohl um die 8000 Einwohner zählte. Der Einfall der Vandalen im 5. Jh. setzte der Stadt hart zu, die nachfolgenden Byzantiner zeigten wenig Interesse an der Erhaltung, und nach der arabischen Eroberung verfiel die Stadt und geriet in Vergessenheit. Mit den Ausgrabungen wurde 1912 begonnen.

Besichtigung

(s. Plan S. 284)

Die Reste zweier Stadttore (jeweils an den Zufahrtssträßchen außerhalb der Ruinenstätte) machen klar, daß trotz der beachtlichen Größe des ausgegrabenen Geländes bisher nur ein geringer Teil, und zwar der Kern des einstigen Stadtgebiets, freigelegt ist. Die vier hochaufragenden Säulen des Kapitols weisen uns vom Parkplatz kommend die Richtung. Wir passieren zunächst das Gemäuer kleinerer Häuser mit Resten von Mosaikfußböden; in einem der Häuser entdecken wir eine Ölpresse.

Dann führt uns ein Pfad zum Forum, dem ungewöhnlich großen (50 auf 50 m) zentralen Stadtplatz (erbaut 161–192). Er war einst völlig mit Steinplatten bedeckt und an drei Seiten mit grünen Marmorsäulen umstanden. An seiner vierten Seite führt eine breite Steintreppe hinauf zum Kapitol. Von dessen einstmals zehn korinthischen Säulen sind noch vier komplett erhalten. Der im Jahr 168 erbaute Kapitolstempel war Jupiter, Juno und Minerva geweiht; Kopf und Füße der ursprünglich hier aufgestellten 7 m hohen marmornen Jupiterstatue finden wir heute im Bardo-Museum (Saal X). Im „Un-

Antike Ölpresse in den Ruinen von Thuburbo Majus

terbau" hinter dem Kapitol – einst als Schatzkammer genutzt – wurden in nachrömischer Zeit Oliven verarbeitet: Zu sehen sind die stark verwitterte Grundplatte einer Ölpresse mit ringförmiger Sammel- und Auslaufrinne sowie verschiedene Sammelbecken.

An der linken hinteren Ecke des Forums (vom Kapitol aus gesehen) die Ruine der Kurie (Ratsgebäude und Versammlungsstätte). Vom Deckenfries des einstigen Sitzungssaals liegen noch viele Bruchstücke am Boden. Bemerkenswert ein Steinblock mit schönen Pegasusreliefs an Vorder- und Rückseite.

Vom *Merkurtempel* an der Westseite des Forums ist nur noch der Grundriß und ein runder, von Säulenresten umstandener, kleiner Vorhof erkennbar. Merkur (= Gott des Handels) konnte von hier aus über das Treiben auf dem Marktgelände nebenan wachen. Dieses bestand aus zwei Portikushöfen und dem Verkaufsplatz, der ein Stück abseits des gepflegten Forums angelegt wurde, um Schmutz und Gerüche fernzuhalten. An drei Seiten dieses Marktplatzes lassen sich, durch Zwischenmäuerchen getrennt, die einzelnen Verkaufsstände erkennen.

Vorbei an weiteren Hausfundamenten gelangen wir zu den Winterthermen, die wir „von hinten" durch den an 3½ rosa Marmorsäulen erkennbaren Eingang betreten. Wir kommen ins Kaltbad (zwei graue Säulen). Mosaikfußböden, eine Vielzahl von Becken in verschiedenen Formen für Kalt-, Warm- und Heißwasserbäder (Teile des aus Tonziegeln gefertigten Heizsystems sind noch sichtbar) und ein feudales Ankleidezimmer (mit Mosa-

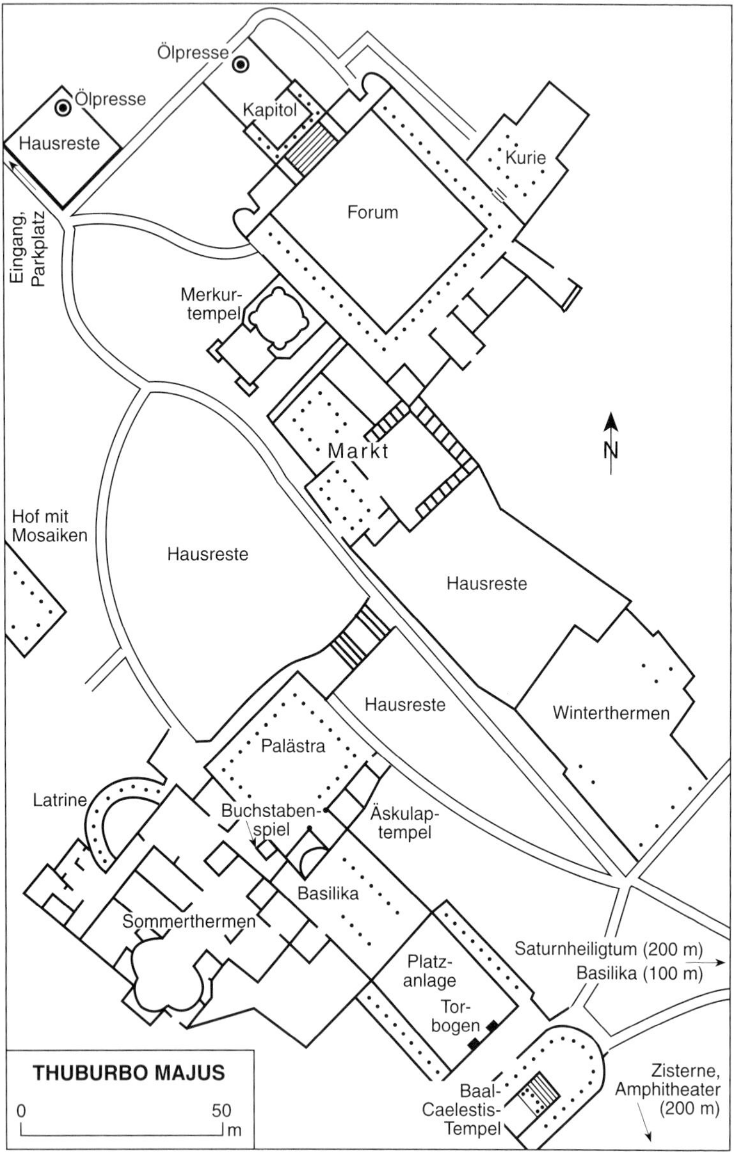
Ölpresse
Ölpresse
Kapitol
Hausreste
Kurie
Forum
Eingang, Parkplatz
Merkur-tempel
Markt
N
Hof mit Mosaiken
Hausreste
Hausreste
Hausreste
Winterthermen
Palästra
Latrine
Buchstaben-spiel
Äskulap-tempel
Basilika
Sommerthermen
Platz-anlage
Tor-bogen
Saturnheiligtum (200 m)
Basilika (100 m)
THUBURBO MAJUS
0
50
m
Baal-Caelestis-Tempel
Zisterne, Amphitheater (200 m)

ikboden und einst vier kapitellgekrönten Marmorsäulen) zeugen von kultivierten römischen Badefreuden.

Von den Winterthermen führt ein Pfad hinauf zu einer kleinen Anhöhe (erkennbar an Gemäuer und grauen Säulen); hier liegen die Reste eines ursprünglich den Göttern Baal und Saturn geweihten Tempels, der später jedoch – wie z.B. ein kreuzförmiges Taufbecken bestätigt – in eine Basilika umgewandelt wurde.

Auf einem Hügel etwa 100 m weiter (nahebei drittes Stadttor) finden wir die kargen Reste eines weiteren (in byzantinischer Zeit zu einer Festung umfunktionierten) Saturnheiligtums. Von diesem Hügel bietet sich ein guter Überblick über die gesamte Ruinenstätte. Der Panoramablick umfaßt El Fahs und das Bergland der Dorsale mit dem markanten Felsmassiv des Djebel Zaghouan im Osten.

Lohnend ist auch der Blick von einem weiteren Hügel nahebei mit dem nur teilweise freigelegten Amphitheater in der kraterartigen Einsenkung und den mächtigen Gewölberesten der einstigen Zisternen, die die Stadt mit Wasser versorgten.

Unweit der Winterthermen stehen die Reste des *Baal-Caelestis-Tempels:* Zu erkennen ist noch das mit kargem Mosaik umlaufene, einst säulenbestandene Halbrund des Vorplatzes; zehn, von zwei Säulen flankierte Treppenstufen führen hinauf zum einstigen Heiligtum.

Durch einen Torbogen und über einen großen Platz kommen wir zu einer byzantinischen Basilika, von der nur Grundmauern erkennbar sind. Wenig beeindruckend sind auch die Reste des kleinen *Äskulaptempels* (zwei graue Marmorsäulen).

Auffallend gut erhalten ist die *Palästra der Petronier*, eine Art Sport- und Spielplatz, ursprünglich umstanden von 32 Säulen. Zwölf der Säulen samt Kapitellen stehen noch in nahezu intakter Reihe. Im Durchgang zu den Thermen an der Südwestecke des Platzes ist im Boden das römische *Spiel der Buchstaben* eingemeißelt (Spielregeln allerdings unbekannt).

Kahle, zubetonierte Flächen in den Sommerthermen kennzeichnen die Entnahmestellen besonders schöner und aufwendiger Mosaikfußböden (heute im Bardo-Museum). Die Anlage (größer als die Winterthermen) umfaßte u.a. drei Warmbaderäume und ein Kaltbad mit mehreren Schwimmbecken, Umkleide-, Ruhe- und Verwaltungsräumen. Die Wände waren teilweise mit Marmor verkleidet, Statuen schmückten die Räume. An die Wasserver- bzw. Entsorgung der Thermen angeschlossen und direkt an deren Nordseite angebaut war auch eine Gemeinschaftslatrine, ein großes Halbrund mit Säulen, Wassergraben und angeblich einst 30 „Sitzplätzen“.

Auf dem Rückweg von den Sommerthermen zum Ausgang passiert man nochmals einige Fundamente von Villen, eines davon mit besonders schönem Mosaikgang um einen säulengeschmückten Innenhof.

---

63 km ab Tunis erreichen wir **El Fahs** (früher Pont du Fahs).

El Fahs

Landwirtschaftliches Zentrum (ca. 10 000 EW) und bedeutender Umschlagplatz vorwiegend für Getreide; großer **Wochenmarkt** am Samstag.

Abgeerntete Kornfelder vor dem Djebel Zaghouan

Touristische Bedeutung hat der Ort nur als Ausgangspunkt für einen Besuch von Thuburbo Majus.

- **Unterkunft:** Keine; nächstes Hotel in Hammam Oust bzw. Zaghouan.
- **Verkehrsverbindungen: Busse** nach Tunis, Zaghouan, Enfidaville, Nabeul, Siliana, Makthar, Kairouan, Sousse, Mejez el Bab, Béja. **Louages** nach Tunis und Zaghouan. Eisenbahnstation an Strecke Tunis-Gaâfour-Kalaat Khasba.

Die Weiterfahrt von El Fahs Richtung Kairouan auf der P3 führt uns durch landwirtschaftlich intensiv genutztes Gelände hinein in das reizvolle Bergland der **Dorsale.** Eine Weile begleitet uns links das fast alpin anmutende Massiv des *Djebel Zaghouan* (mit 1295 m höchster Berg der nördlichen Dorsale). Dann bleiben die Berge zurück. Fortan geht es durch meist flaches, dünn besiedeltes Gelände. Ausgedehnte Getreidefelder, zwischen die hin und wieder ein paar Ölbäume gesprenkelt sind, und kahle, steppenartige Abschnitte wechseln einander ab. Am westlichen Horizont begleiten uns die Berge der Dorsale. Schließlich führt eine kilometerlange, von Eukalyptusbäumen gesäumte Allee auf Kairouan zu. Durch ein wenig einladendes Vorstadtviertel erreichen wir (92 km ab El Fahs) das Zentrum Kairouans.

Kairouan

(Beschreibung, Pläne, Ausflüge s. Route B3)

Route A 3: Tunis – Zaghouan [54 km] – Enfida(ville) [43 km]

Allgemeines

Diese abwechslungsreiche Route führt aus der dicht besiedelten Ebene um Tunis hinein in das reizvolle Bergland der östlichen **Dorsale** mit dem alpin anmutenden **Djebel Zaghouan** als landschaftlichem Höhepunkt. Geschichtsträchtige Stätten liegen an der Strecke, beispielsweise imposante Aquäduktreste und das ebenfalls römische **Uthina.** Sehenswert ist **Zaghouan** mit seiner malerisch am Berghang gelegenen Altstadt und waldreichen Umgebung, die zu Ausflügen verlockt. Lohnend sind außerdem kurze Abstecher zu pittoresken Berbersiedlungen in eindrucksvoller Berglage.

Wir verlassen **Tunis** und folgen zunächst der Route A2 bis etwa 6 km hinter **La Mohammédia.** An dieser Stelle knickt der Aquädukt von der nach El Fahs geradeaus weiterführenden Hauptstraße P3 nach links ab.

Für die **Weiterfahrt nach Zaghouan** wählen wir ab hier eine landschaftlich abwechlungsreichere und kürzere Nebenstrecke (C36). Wir biegen **(= km 00)** links ab in Richtung *Oudna,* folgen zunächst ein Stück dem Aquädukt, passieren nach 3,3 km den kleinen Bahnhof von Oudna und erreichen bei km 4,6 eine Straßenverzweigung. Hier bietet sich die Gelegenheit für einen Abstecher zur Ruinenstätte **Uthina**.

Abstecher zur römischen Ruinenstätte Uthina (+2,5 km)

Allein die aussichtsreiche Lage und die hübsche Landschaft ringsherum lohnen den kurzen Abstecher zu den Resten dieser einsamen, von Kaiser Augustus ursprünglich für seine Kriegsveteranen errichteten Siedlung.

Wir halten uns bei der Verzweigung links und biegen nach 1,1 km rechts ein in die Zufahrt zur Ruinenstätte (Achtung: während der schon seit Jahren andauernden Ausgrabungsarbeiten Fotografierverbot; Besichtigung „geduldet").

Als erstes kommen wir zum **Amphitheater** – ein Oval von ca. 30 auf 50 m rechts oberhalb des Weges, das einst 15.000 Zuschauer faßte. Bereits freigelegt ist der Haupteingang des Theaters, zu erkennen sind innen bisher nur die oberen Sitzreihen und einige der in regelmäßigem Abstand um das Theater erbauten Torbögen. Nur wenige Meter weiter diverse **Villenreste**; in der **Villa Ikarios** gleich links des Wegs finden wir in der Apsis das Mosaik eines schönen Wandfrieses mit fischenden Engeln, im Nachbarhaus ein großartiges Bodenmosaik mit Jagd- und ländlichen Szenen. Ein Stück weiter liegt (links) ein großes privates Badehaus: verschiedene Badebecken, schöne Mosaikfußböden. Weitere sehenswerte Mosaiken aus Uthina sind im „Oudna-Saal" des Bardo-Museum von Tunis zu sehen. An einem Hügel (obenauf ein Haus

S. 252/253

im Kolonialstil) wird derzeit das stark verschüttete römische **Kapitol** freigelegt, ein imposantes, mehrstöckiges Bauwerk, das später mit einer byzantinischen Festung und in der Neuzeit mit einem Farmhaus überbaut wurde. Steigt man dort unter die Erde, findet man ein von mächtigen Steinpfeilern getragenes Gewölbe, Schriftensteine liegen herum, Reste von Statuen. Zweigt man am Fuß des Hügels links ab, kommt man vorbei an einer großen Zisterne zu den **Thermen**. Sie wurden über einen Aquädukt gespeist. Zur Besichtigung empfiehlt sich die Mitnahme einer Taschenlampe – es ist oft stockdunkel in den mächtigen unterirdischen Gewölben; fugenlos aufeinanderliegende Steinblöcke, teils mit Verzierungen, bilden mächtige Stützpfeiler. Die Ausgrabungsarbeiten dauern an. Nach offizieller Eröffnung der Stätte soll auch ein kleines Museum zugänglich sein, in dem sich interessante Funde und aufschlußreiche Modellzeichnungen der ausgegrabenen Bauten und Anlagen befinden.

Zur Weiterfahrt nach Zaghouan halten wir uns an genannter Verzweigung bei km 4,6 rechts. Wir passieren bald darauf (links, etwas abseits) einen kleinen Stausee. Die Straße schlängelt sich aussichtsreich durch von Feldern bedeckte, kahle Hügel – im Osten überragt vom Felsstock des *Djebel Rezzas*. Ab einer Anhöhe nach der kleinen Siedlung von *Ain Saf-Saf* beherrscht das breitgezogene Massiv des *Djebel Zaghouan* mit seiner markanten Gipfelsilhouette die Kulisse. Durch abwechslungsreiches Hügelland geht es kurvig bergab. Buschbewachsenes Brachland, kleine Waldstücke, Getreidefelder und Ölbaumhaine wechseln einander ab. 29 km seit Verlassen der P3 stoßen wir am westlichen Ortsrand von Zaghouan auf die (links) ins Zentrum führende Hauptstraße.

Zaghouan

Die Altstadt Zaghouans liegt malerisch auf einem kleinen, dem mächtigen Massiv des *Djebel Zaghouan* (1295 m) vorgelagerten Bergvorsprung. „Ziqua" hieß die Siedlung zu Zeiten der Römer; Reste eines Triumphbogens haben überlebt. Für einen **Bummel durch die reizvolle Altstadt** empfiehlt es sich, an der Durchgangsstraße, die die Altstadt von der (wenig reizvollen) Neustadt trennt, zu parken und bei dem erwähnten Triumphbogen die breite Treppe hochzusteigen. Der Duft von Gegrilltem weht uns aus kleinen Garküchen entgegen. Enge Gassen und Treppen führen durch das sich am Hang hinaufziehende Altstadtviertel. Von einer Terrasse, oben bei der neuen, großen Moschee, reicht der Blick über den unteren, neuen Ortsteil und weit hinaus übers hügelige Land, über große Ackerflächen und die hingetupften Reihen der Olivenbäume. Zahlreiche Brunnen im Ort, meist umrahmt von farbenfrohen Kacheln, zeugen vom Wasserreichtum Zaghouans, der schon von den Römern genutzt wurde (s.u.). Steigt man die *Rue Sidi Ali Azouz* hinauf bis zum oberen Stadttor, weist dort rechts ein großes, kupferbeschlagenes Tor mit einem schweren, etwas zu hoch angebrachten Türklopfer den Eingang zur **Zaouia des**

Bevölkerung
Berber in Südtunesien

Bevölkerung
Begegnungen, Handeln und Feilschen auf einem Oasenmarkt

oben: Berberfrauen im Bergland von Matmata
unten: Halbnomadische Bewohner des Wüstendorfs Sabria

Islamische Architektur
oben: Moschee in Chenini
unten links: Tunis: Blick auf die Zitouna-Moschee
unten rechts: Kairouan: Arkadengang in der Großen Moschee

Kairouan: Fayencen in der Barbiermoschee

Landschaften in Südtunesien
oben links: Midès: Alter Ort über dem Canyon
oben rechts: Felsschlucht bei Chbika
unten: Höhlenlandschaft bei Matmata

oben: Bergdorf Chenini
unten: In den Dünen vor Bordj el Khadra

Pflanzenwelt

oben links: korkeiche nach der „Ernte"
Mitte links: Kaktusfeigen
unten links: Kürbisse

oben rechts: Carpobrotus edulis
Mitte rechts: Farbenfrohes Unkraut
unten rechts: Cistanchen

Sidi Ali Azouz, des Schutzpatrons der Stadt (erkennbar auch an der mit grünen Ziegeln gedeckten Kuppel). Zwei fayencenverzierte Innenhöfe tun sich auf. Vom linken Hof aus geht es in den Hauptraum (Schuhe ausziehen!), ein reich mit Stuck und Kacheln verzierter, von Säulen getragener Kuppelsaal, in dem der Sarkophag des Heiligen ruht - ein beliebtes Pilgerziel. Wir löhnten für unseren dezenten Zwei-Minuten-Aufenthalt je einen Dinar an die geschäftstüchtige Zaouia-Wächterin.

Die bedeutendste Sehenswürdigkeit Zaghouans ist das **Römische Nymphäum – „Temple des Eaux“**; daneben das gleichnamige Café-Restaurant/Pizzeria, ein beliebtes Ausflugslokal der Einheimischen mit schönem, schattigem Garten und preiswerten Gerichten; nicht lizensiert.

- **Zugang für Fußgänger:** ab Zaouia des Sidi Ali Azouz durchs obere Stadttor; nach ca. 300 m auf beschilderter Fahrstraße weiter.
- **Zufahrt** (2,7 km): im nordwestlichen Ortsteil auf Höhe des Gebäudes der STEG ab Hauptstraße der *Rue Kherredine* stetig bergauf und später der Beschilderung „Temple des Eaux“ folgen. Nach 2 km (beim *Club de chasse)* rechts halten.

Am Fuße eines Steilhanges des *Djebel Zaghouan* steht in eindrucksvoller Lage das römische Quellheiligtum von Zaghouan. Hier trat das im Berg gesammelte Wasser zutage, und hier war der Beginn des großen Aquädukts, der unter Kaiser Hadrian im 2. Jh. n. Chr. erbaut wurde und die Hauptstadt Karthago, ab dem 13. Jh. auch Tunis, mit Trinkwasser belieferte. Verständlich, daß eine solch wichtige Stätte dem Schutz der Götter anvertraut werden mußte. Ums Jahr 130 entstand deshalb die dem Gott Neptun und den Quellnymphen geweihte Tempelanlage. Zuunterst befindet sich ein großes Becken in Form einer nicht vollständig eingeschnürten Acht, in dem sich das Wasser der inzwischen versiegten Quelle sammelte, bevor es den Aquädukt speiste. Zwei seitliche Treppen führen hinauf zur Tempelterrasse, die hufeisenförmig umstanden wird von einer Nischenwand mit zentraler Cella (leider wurden Treppenaufgänge und Wasserbecken bei umfangreichen Restaurierungsarbeiten etwas zu sehr auf „neu“ getrimmt). Ursprünglich standen in den Nischen die Statuen Neptuns und der Quellnymphen – heute sind die Mauern höchstens noch durch Touristengraffiti „ver-

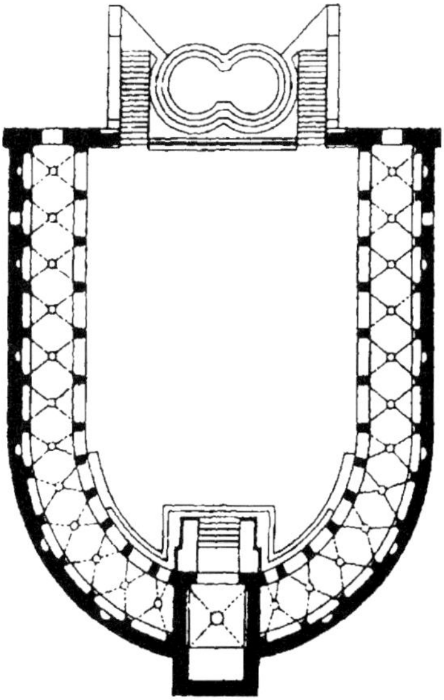

Grundriß des Nymphäums

Römisches Nymphäum in Zaghouan

ziert". Bis in die fünfziger Jahre des 20. Jh. war Zaghouan der wichtigste Wasserlieferant für Tunis. Heute bezieht Tunis sein Trinkwasser zum Großteil aus diversen Stauseen in der nordwestlichen Bergregion des Landes. Das Nymphäum ist aber nach wie vor ein malerisches Ausflugsziel.

Unterkunft

Hotel **des Nymphes**
Tel. 02-67 50 94, Bungalow 2 P. mit Frühstück 40/36 TD; schön im Wald am Fuß des Djebel Zaghouan gelegen; Schwimmbad; lizensiertes Restaurant.
Jugendherberge
Ebenfalls oberhalb des Ortes gelegen (laut Leser mangelnde Sauberkeit).

Zufahrt zu Hotel und Jugendherberge: beim Gebäude der STEG an Hauptstraße auf Rue Kherredine bergauf. Nach 1 km rechts ab zur Jugendherberge bzw. nach 2 km beim „Club de chasse" links ab (+0,5 km) zum Hotel. Jugendliche können in den Sommermonaten auch versuchen, im direkt unterhalb des Nymphäums gelegenen **Jugendlager** ein Bett zu bekommen (4 TD).

Verkehrsverbindungen

Busse (Richtung Tunis, El Fahs, Sousse, Hammamet/Nabeul über Bou Ficha) und **Louages** fahren von der Haupt-Durchgangsstraße im neuen Ortsteil aus.

Sonstiges

- **Wochenmarkt**: Donnerstagnachmittag und Freitagvormittag (Haupttag) auf der Rue Habib Bougatfa (neben Treppenaufgang zur Altstadt) und in den umliegenden Straßen.
- **Frühlingsfest** am letzten Mai-Wochende.

Abstecher zum Djebel Zaghouan

(12,5 km; früher eine anspruchsvolle Piste für Geländefahrzeuge, seit Asphaltierung problemlos befahrbar, allerdings auf den weiterführenden letzten 3 km wegen Militärpräsenz (Antennenanlage auf dem Gipfel/ Poste Optique) gesperrt).

Wir biegen gleich unterhalb des Nymphäum-Parkplatzes bei dem dortigen Jugendhaus mit Sportplatz links ab und folgen einer zunächst westlich verlaufenden Straße durch Kiefern- und Macchia-Buschwald. Das gut ausgebaute, steile und kurvige Sträßchen schraubt sich hinauf in die Berge und bietet schon bald großartige Ausblicke über das Vorland, später auch in die felsigen Flanken des Berges. Vereinzelt **Campingmöglichkeiten**, z.B. bei km 6,5 (ebene, aussichtsreiche Fläche auf Höhe einer scharfen Linkskehre). Die Straße passiert oberhalb der Baumgrenze ein einsames Gehöft (etwa km 11). Ein Militärschild mit Durchfahrtsverbot beendet ca. 3 km vor dem Bergsattel unsere Fahrt (km 12,5; wenige Meter dahinter Wendemöglichkeit).

4WD-TIP:
(**Rundfahrt** für geländegängige Fahrzeuge am **Zaghouan-Massiv**, ca. 16 km; für **Wanderer** empfiehlt sich die letzte Teilstrecke, in Gegenrichtung ab Nymphäum.

Zunächst 5 km auf der mit *Bou Ficha* beschilderten C133. Dann rechts weg Richtung *Saouaf.* Nach 1,6 km beginnt rechts, zwischen Oliven- und Eukalyptusbäumen verlaufend eine Piste, die zunächst durch relativ kahles Hügelland auf die Berge zuhält. An einer Gabelung nach 1,7 km halten wir uns links, fahren auf teilweise sehr holpriger und steiniger Piste durch Kiefern- und Eukalyptuswald und erreichen 3,6 km ab Pistenbeginn eine Hügelkuppe: Blick auf die aufragenden Felsen des Zaghouan-Massivs. Weiter durch Waldlandschaft, bis wir bei km 5,2, nahe der Felsen, nach rechts auf einen von oben herabkommenden Weg einbiegen. (Der Weg links aufwärts führt auf eine reizvolle Hochfläche direkt unterhalb der steilen Felswände mit vereinzelten Gehöften, Hirten und Herden und - an klaren Tagen - einer prächtigen Fernsicht; die Piste ist jedoch miserabel und nicht zu empfehlen.) Talwärts also nun noch für ca. 2,4 km bis zur Einmündung in ein Asphaltsträßchen. Auf diesem zunächst nicht abwärts, sondern noch etwa 150 m geradeaus bis auf Höhe des Hotels *des Nymphes.* Wir ignorieren dessen Zufahrt (links) und stoßen 300 m weiter auf den *Club de Chasse.* Rechts geht es hinab zum Ort, links weiter zum Nymphäum (+700 m).

Von Zaghouan aus weiter auf der C133 in Richtung Bou Ficha durch hügeliges, oft von Olivenpflanzungen bedecktes Gelände. Nach 8 km empfiehlt sich ein

Abstecher zur Berbersiedlung Zriba Tunisien

(auch „Zriba Haut“ oder „Zriba Ancien“ genannt; 6 km Anfahrt)
Wir biegen hier nach rechts ab (Beschilderung „Hammam Zriba“) und durchfahren das neue Dorf **Zriba.** 2 km nach Verlassen der C133, also ca. 500 m vor Erreichen des kleinen Thermalbadeorts **Hammam Zriba** (Bäder in stilvollem Kuppelbau; Kurzentrum, *Complex Touristique*, Übernachtungsmöglichkeit, Preis nach Vereinbarung), biegen wir links ab auf eine Piste, die (rechts halten) zunächst mitten durch eine Fluoritmine führt. Im weiteren Verlauf ignorieren wir alle rechts abgehenden Pisten, halten uns geradeaus, bis wir nach 2,1 Pistenkilometern (nach Durchquerung einer Bachsenke) erneut auf eine Gabelung stoßen. Hier nun nur noch mit geländegängigem Fahrzeug oder zu Fuß auf extrem holpriger und harter Piste 1,6 km rechts bergauf bis zum alten Berberdorf **Zriba Tunisien**. Nur selten kommen Touristen in diesen in eindrucksvoller Felslandschaft liegenden Ort. Um 1950 wurde er weitestgehend verlassen, seine Bewohner umgesiedelt ins neue Dorf im Tal. Ein paar Familien, freundliche Leute, wohnen heute noch hier oben. Die Häuser, viele davon mit Tonnengewölben, stehen teilweise auf römischen Fundamenten und fallen mehr und mehr in sich zusammen. Einige Bauten werden noch als Ställe genutzt. Es gab ein kleines Krankenhaus, eine Schule, der Moscheeturm ragt noch übers Gemäuer, und beim Marabut bewundern wir die reich verzierten Tür- und Fenstereinfassungen sowie die Säulen im Innern. Ganz oben auf dem Felsgipfel findet man einen luftigen Hochsitz, der einen phantastischen Rundblick erlaubt; im Umfeld auch Bearbeitungsspuren der Römer, die hier Steinblöcke für ihre unterhalb errichteten Bauten aus dem Fels gebrochen haben.

Durch abwechslungsreiches Hügelland geht es auf der C133 weiter. Dann lassen wir die Berge hinter uns passieren in der Ebene ein großes Zementwerk. Bald danach sehen wir aus der Talebene einen Berg aufragen, auf dessen felsigem Gipfel ein Dorf thront. Ein schmales, sehr steiles, gut 1 km langes Stichsträßchen führt beim neuen Dorf Takrouna (etwa 38 km ab Zaghouan) von der Hauptstraße im Tal hinauf auf den fast 200 m hohen Felsen mit der alten pittoresken Berbersiedlung **Takrouna.**

Takrouna

Dank seiner exponierten Lage galt der Ort lange Zeit als uneinnehmbar und bot den Bewohnern dieser **„Bergfestung“** Sicherheit vor feindlichen Angriffen. Er war im 2. Weltkrieg (April 1941) heftig umkämpft.

Eigentlich bietet der Ort alle Voraussetzungen, das Herz eines Romantik suchenden Besuchers höherschlagen zu lassen. Zuvorderst die schneeweiße Moschee, von deren Vorplatz sich ein Blick bietet wie aus dem Flugzeug: winzig klein liegen unten in geometrischem Muster die Olivengärten, dazwischengetupft kleine Dörfer, und im Osten, jenseits der weißen Häuser von Enfidaville, der Golf von Hammamet, dessen Blau nahtlos in das des Himmels übergeht. Der

Altes Berberdorf Zriba Tunisien

Blick nach Süden über die weite Ebene des Sahel soll an klaren Tagen bis zum 60 km entfernten Kairouan reichen. Stufen führen hinauf zum Marabut des Dorfheiligen *Sidi Abdelkader* mit grünem Ziegeldach, umgeben von weißen, dicht aneinandergebauten Häusern mit Tonnengewölbedächern. Ein Teil der Bewohner lebt noch immer hier oben auf dem Fels. Eine Idylle, die man leider nicht genießen kann. Takrouna ist, da leicht erreichbar, als „typisches Berberdorf" zu einem **beliebten Ziel für Busausflüge** aus den Urlaubsorten der Küstenzone geworden. Man wartet hier schon auf die Fremden: die Dorfjugend als Führer und Souvenirhändler, die Kinder als Autobewacher, reich geschmückte Berberfrauen jenseits des fotogenen Alters als Fotomodelle. Nimmt man die Angebote nicht an, macht man sich extrem unbeliebt; nimmt man sie an, beginnt ein übles Gefeilsche um die Entlohnung. Die Romantik des Dorfes wird durch die Aufdringlichkeit seiner Bewohner zunichte gemacht. Man sollte Takrouna wirklich eine Zeitlang mit Besuchen verschonen!

Welch blutige Kampfhandlungen diese Region im 2. Weltkrieg erlebte, machen zwei Soldatenfriedhöfe deutlich, die wir auf dem Weiterweg nach Enfidaville passieren. Auf dem ersten, im Dorf **Oued le Abdallah,** befinden sich die Gräber von 235 französischen Soldaten, auf dem zweiten, an der Einfahrt nach Enfidaville, liegen 1551 Soldaten aus den Commonwealth-Staaten.

Enfida(ville)

(Ortsbeschreibung s. Route A1)

Picknick im Olivenhain

Zeit für eine kurze Essenspause – irgendwo auf der Fahrt durchs tunesische Inland. Wir schwenken ab in einen Seitenweg, parken unseren Camper am Rande eines Olivenhains und tragen Tisch und Stühlchen ein paar Meter hinein unter die Bäume. Ein feines Plätzchen! Bei der Anfahrt war uns die Gegend absolut menschenleer erschienen. In Tunesien ist sie dies nie! Schon wenige Minuten nach unserer Ankunft erhalten wir Besuch: es ist offensichtlich der Bauer und Eigentümer des Olivenhains, der festen Schrittes auf uns zukommt. Verdeckt von den Bäumen entdecken wir jetzt in einiger Entfernung auch sein Haus. Wir haben uns ungefragt auf seinem Grund breitgemacht, was die Bauern unserer Heimat erfahrungsgemäß durchaus mit einem kernigen „Was fällt denn Euch ein!" oder „Da könnte ja jeder kommen!" kommentieren können. Freundliches Lächeln und eine Begrüßung mit Handschlag zerstreuen jedoch die Bedenken. Wir erklären, daß wir hier nur kurz etwas essen und anschließend „das Feld wieder räumen" wollen. Der Bauer gibt zu erkennen, daß das völlig o.k. sei und zieht sich dezent zurück. Wir picknicken, genießen die stimmungsvolle Umgebung und machen uns gerade fertig zum Aufbruch, da nähert sich durch die Baumreihen eine bunte Karawane. Voraus der Bauer mit einem großen Tablett, darauf zwei dampfende Teller mit Fleisch und Gemüse. Als nächstes ein junges Mädchen mit Brotkorb und Wasserkrug, und hinterher stolpert noch ein Kleinkind mit zwei Gläsern. Gastfreundschaft auf Tunesisch!

Bleibt noch zu erwähnen, daß man uns während des Essens – wir hatten allergrößte Mühe, diesen köstlichen Gang überhaupt noch zu schaffen – wieder allein läßt, uns anschließend aber in einer zweiten Karawane noch Tee und Obst sowie eine Schüssel mit Wasser nebst Seife und Handtuch überbringt.

Wir stecken dem Kind etwas Spielzeug und Süßigkeiten zu. Unser herzliches Dankeschön jedoch geht unter in Beteuerungen unseres „Platzwarts", daß er zu danken habe, daß ihn unser Besuch sehr gefreut habe und daß wir jederzeit willkommen wären. Dabei sind wir ziemlich sicher, daß hier die Fleischration einer Großfamilie geopfert wurde, um (noch dazuhin „satte") Touristen zu füttern.

Route A 4: El Fahs – (Siliana bzw. Ksar Lamsa und Ouesslatia) – Makthar

Variante a: Direktroute über Siliana (100 km; mit „Schleife" 124 km).
Variante b: über Ksar Lamsa und Ouesslatia(128 km).

Allgemeines

Die landschaftlich reizvolle Route führt (auf beiden Varianten) durch die Mittelgebirgskette der zentralen **Dorsale**, einem Ausläufer des Tell-Atlas. Dieser waldreiche, sehr dünn besiedelte Gebirgszug hat zwar keinen alpinen Charakter (die höchsten Erhebungen liegen um 1300 m), doch liefern die lichten Kiefernwälder, gelegentlich durchschnitten von tiefen Bachbetten und hin und wieder überragt von felsigen Bergkämmen eine malerische Kulisse während der Fahrt. Es bieten sich einsame Rast-, für Camper Übernachtungsplätze und verlockende Reviere zum Spazierengehen. Neben einigen weniger bedeutenden antiken Ruinenstätten entlang der Route bildet Makthar mit der großartigen Römerstadt *Mactaris* den archäologischen Höhepunkt.

El Fahs

(Ortsbeschreibung und Ausflüge s. Route A2)

Wir verlassen **El Fahs** auf der nach Siliana führenden Straße P4. Eukalyptusbäume säumen zunächst den Straßenrand, dahinter liegen Obst- und Ölbaumpflanzungen, Gemüsegärten, Getreideflächen. Nach der Kornernte begegnen uns beängstigend hoch mit Strohballen oder Kornsäkken beladene Lastwagen, und auf den abgeernteten Feldern sieht man hin und wieder flache Zelte von Halbnomaden, die mit ihren Herden über die Stoppeläcker ziehen. Nach etwa 11 km windet sich die Straße langsam in die Hügel hinauf, taucht ein in ausgedehnte Kiefernwälder, und zum offenen Autofenster zieht würziger Harzgeruch herein.

Bei km 17,5 zweigt links eine Teerstraße ab zur knapp 2 km entfernten *Barrage Oued Kebir,* einer im Jahr 1927 gebauten Staumauer, die den Oued Kebir (= großer Fluß) zu einem 5 km langen See aufstaut. Bei Besuchen im Sommer bzw. Herbst war der See jeweils nahezu ausgetrocknet – ein Abstecher lohnt sich jedoch immer „ins Hinterland". Durch den bewaldeten südlichen Uferbereich führen zahlreiche Wege; einsame Rastplätze gibt es dort zur Genüge.

Die Hauptstraße P4 führt nun in Kurven sanft abwärts und bietet immer wieder reizvolle Ausblicke, links auf den Stausee, der sich kilometerweit hinzieht, und rechts weit über das hügelige, offene Land.

Etwa 24 km ab El Fahs, gleich nach Überqueren des *Oued Kebir,* gibt es für die Weiterfahrt nach Makthar zwei Möglichkeiten: am schnellsten auf der Direktroute über Siliana (empfehlenswert ist dort jedoch die Schleife über Ain Bou Saadia) = Variante A oder – interessant und landschaftlich lohnend – mit Umweg über Ksar Lamsa und Ouesslatia = Variante B.

Im Bergland der Dorsale

Variante A:

Direkt-Route über Siliana nach Makthar

Wer es eilig hat, kann ohne Umweg auf der P4 über Bargou nach Siliana durchstechen. Zwar ist auch dies eine hübsche Fahrt durch häufig bewaldetes Hügelland; landschaftlich noch reizvoller und abwechslungsreicher ist jedoch folgende Schleife über das Berberdorf Ain Bou Saadia nach Bargou (asphaltiert, ca. 44 km): Knapp 12 km nach dem *Oued Kebir* und gut 1 km hinter dem Ort *Sidi Said* auf Höhe des rechts oben thronenden Marabuts Sidi Said zweigt links ein kleines, u.a. mit Ain Bou Saadia beschildertes Sträßchen ab. Dieses führt schon bald kurvenreich bergauf durch herrlichen Kiefernwald. Nach ca. 6 km geht es über eine Steinbogenbrücke, gut 1 km später passieren wir den Brunnen des Dorfes Drija. Üppige Vegetation umgibt uns, riesige Agaven stehen Spalier, an den Hängen wächst Ginster, auf dem Talgrund Oleander, dann wieder durchfahren wir Obstbaumkulturen und Olivenhaine. Auf der letzten Etappe folgen wir einem von hohen Felsen begleiteten Oued. Etwa 200 m vor Erreichen des Ortes **Bou Saadia** (= 19 km seit Abzweig) lohnt es sich, dem alten verlassenen Ort hoch oben auf dem felsigen Bergsporn einen Besuch abzustatten. Noch vor der letzten Kurve führt rechts zwischen den letzten Opuntienbüschen ein Fußweg steil den Hang hinauf, auf dem letzten Stück durch einen regelrechten Opuntien*wald* (Aufstieg ca. 15 Minuten). Die aus groben Steinen gemauerten Häuser in der Farbe der sie umgebenden Felsen, teils mit Flach- teils mit Tonnengewölbedächern, sind allesamt verlassen, einige werden noch als Lagerräume genutzt. Viele Dächer sind eingestürzt, auf manchen wächst Gras und Unkraut. Beim Stöbern zwischen dem Gemäuer scheuchen wir Flughühner auf, da und dort liegen noch Tonkrüge, und gut läßt sich die einfache Architektur dieser Behausungen studieren mit winzigen Räumen, darin Nischen und Mauerabsätze als Möbelersatz, verrußte Feuerstellen. Weit reicht der Blick hinab ins Tal und auf das neue Bou Saadia, in das die Bewohner umgesiedelt wurden: Reihenhäuser, terrassenförmig in den Hang gebaut, viereckige Kästen in Reih' und Glied, problemlos über Teerstraße erreichbar und mit Stromversorgung. Ob nicht trotzdem mancher der Umgesiedelten gelegentlich ein wenig Heimweh nach seinem luftigen Bergdorf verspürt?

Das Sträßchen führt dann durch den neuen Ort und weiter durch das enge, felsengesäumte Tal und fruchtbare Gärten. Es umrundet die Südspitze des 1268 m hohen *Djebel Bargou* und verläuft zum Schluß über offenes Ackerland. Nach 25 km (44 km seit Abzweig) stößt es in **Bargou** (Markttag Mittwoch) wieder auf die P4, in die wir links einbiegen.

19 km sind es nun noch durch undramatische Hügellandschaft auf der P4 bis nach Siliana.

Siliana

Touristisch unbedeutende Provinzhauptstadt mit etwa 5000 EW; wichtiges landwirtschaftliches Zentrum inmitten des fruchtbaren Beckens von Siliana.

- **Unterkunft: Hotel Zama**** (an Straße Richtung Gaafour auf Höhe Abzweig Bou Arada), Tel. 08-87 11 21, DZ 44 TD; kleines, ordentliches Hotel mit netten Zimmern incl. Dusche, WC, ZH; kleiner Garten; lizensiertes Restaurant.
- **Verkehrsverbindungen:** Busse nach El Fahs und Makthar.
- **Sonstiges:** *Markttag* Donnerstag; gute Versorgung in *Markthalle* und im **Magasin Général.**

Auf der Weiterfahrt von **Siliana** nach **Makthar** (35 km) besteht die Möglichkeit für zwei Abstecher zu sehr bescheidenen Ruinenstätten:

Abstecher nach Zama Minor bzw. Ksar Toual und Kbor Klib

Zama Minor: Am westlichen Ortsrand von Siliana führt rechts eine Abzweigung von der P4 zum Weiler *Jemna* (9 km) mit den kargen Ruinen des römischen **Zama Minor** – ein paar zerbrochene Säulen, einige Steinbrocken, eine von den Römern gefaßte Quelle, drei große Zisternen und ein schöner Blick über das kahle Hügelland – das war´s auch schon.

Ksar Toual und Kbor Klib: Gut 8 km ab Siliana von der P4 rechts auf C80 Richtung Le Sers. In dieser Gegend (nicht bei Zama Minor) vermutet man die alte numidische Stadt *Zama Regina,* Schauplatz der „Schlacht von Zama“ (202 v.Chr.), in deren Verlauf Hannibals Truppen von den Römern unter General Scipio besiegt wurden und etwa 20 000 Soldaten ums Leben kamen. Nach 8 km rechts das einstmals dreistökkige, römische Mausoleum **Ksar**

Toual. Kurz danach links im Feld: **Kbor Klib** – vermutlich ein Denkmal oder Altarblock errichtet 46 v.Chr. aus Anlaß des Sieges Julius Cäsars über den Numiderfürsten Juba I.

Nun beginnt ein langer Anstieg durch kahles, einsames Hügelland auf ein welliges Hochplateau in etwa 900 m Höhe. Durch abwechslungsreiches, teils bewaldetes, später von Kornfeldern bedecktes hügliges Gelände weiter bis zur Einmündung in die El-Kef-Straße (29 km ab Siliana). Auf dieser links noch ca. 6 km, zum Schluß durch ein hübsches Felstal, nach **Makthar.**

Makthar

(Ortsbeschreibung, Plan und Beschreibung der Ruinenstätte s. Route A12)

Variante B:

Über Ksar Lamsa und Ouesslatia nach Makthar

24 km ab El Fahs, gleich nach Überqueren des Oued Kebir, verlassen wir die P4 und folgen der C46 in Richtung Ouesslatia. Das gut ausgebaute Sträßchen führt durch das Hügelland der Dorsale, abwechselnd durch Wälder und Felder. Auf Höhe des Dorfes **Oum el Abouab** (bei km-Stein 46/Ouesslatia bzw. 31/El Fahs) liegen linkerhand die kargen **Ruinen des römischen Seressi.** Von der Straße aus erkennbar sind v.a. zwei gut erhaltene Triumphbögen (3. Jh.), der erste mit Inschriften versehen. Zwischen diesen, in der baumlosen Ebene verstreut und teilweise überwachsen, spärliche Reste einer byzantinischen Festung, der Grundriß eines Marktplatzes, die halbrunden Sitzreihen eines kleinen Theaters, die Mulde des einstigen Amphitheaters (Nähe 2. Bogen bei einsamem Baum) sowie viel undefinierbares Mauerwerk. Das meiste dieses Städtchens ist noch begraben und hat wenig Chancen, jemals gänzlich freigelegt zu werden.

Die Straße zieht weiter über die Hügel; tiefe, ausgewaschene Furchen im Gelände zeugen von der Kraft des Wassers nach heftigen Regenfällen. Selten nur sieht man Häuser oder Siedlungen, und auf der Straße ist kaum Verkehr. Wir lassen schließlich die vegetationsreichen und bewaldeten Hänge zurück und erreichen (53 km ab El Fahs) **Ksar Lamsa.**

Ksar Lamsa

Auf römischem Fundament (hier lag das antike *Limisa)* steht am Fuß des langgezogenen, kahlen *Djebel Serj* eine **byzantinische Festung** mit zinnengekrönten Mauern, ein imposantes Bauwerk (etwa 30 m im Quadrat), von dessen Ecktürmen drei noch gut erhalten sind. Dieser Verteidigungsbau der Byzantiner entstand in unruhigen Zeiten und deshalb in Eile. So ist wohl auch die Unbekümmertheit zu erklären, mit der das vorhandene römische Baumaterial integriert, z.B. Schriftensteine – auf dem Kopf stehend – ins Mauerwerk eingefügt wurden. Im Garten beim Wächterhaus auf der anderen Straßenseite entdecken wir beschriftete und ornamentverzierte Blökke, Kapitelle und Säulenreste aus dem römischen Limisa. Am Abhang dahinter sind noch einige halbrunde Sitzreihen des römischen Theaters zu sehen, von dem aus sich ein reizvoller

Byzantinische Festung Ksar Lamsa

Blick übers *Oued Maarouf* auf die nahen Berge bietet.

Wir folgen dem Tal weiter nach Süden und halten uns nach etwa 11,5 km an einer Gabelung rechts. Vorwiegend durch flaches, landwirtschaftlich genutztes Gelände erreichen wir 26 km ab Ksar Lamsa **Ouesslatia** (keine Übernachtungsmöglichkeit; Busverbindung nach Kairouan und Makthar über Haffouz; Sa Markt). Der Ort wurde 1927 von den Franzosen gegründet, die auch die ausgedehnten Baumkulturen (Oliven, Mandeln, Obst – v.a. Aprikosen) in der bis dahin nur von Nomaden als Schafweide genutzten Ebene am Fuß des *Djebel Serj* (1357 m) anlegten.

Für die kürzeste Weiterfahrt nach Makthar biegen wir an der Straßengabelung am nordwestlichen Ortsrand links ab (beschildert „Haffouz"). Möglichkeit für einen landschaftlich und historisch interessanten

Abstecher zu den Ruinen von Aggar

Folgt man an der Gabelung der geradeaus nach Siliana weiterführenden Straße, passiert man nach 4½ km *Ksar Krima* – ein einsam im Feld stehendes, etwa 8 m hohes, aus großen Steinblöcken gemauertes, zweistöckiges römisches Mausoleum. Die ebenerdige Grabkammer wurde – wie so oft – zur „Feldtoilette" degradiert. 1 km danach führt rechts ein Weg von der Siliana-Straße zu den „Monuments Ejer Sidi Amara", eine karge, weitestgehend noch metertief unter der Erde schlummernde römisch/byzantinische Ruinenstätte. Die Stadt *Aggar* wurde vermutlich von Kaiser Trajan (ein auf dem Kopf stehender Stein nennt seinen Namen) in aussichtsreicher Lage am Fuß eines kahlen, felsigen „Walfischrückens" erbaut. Ungewöhnlich ist die Vielzahl stelenartiger Steine, die aus dem Erdboden ragen. Ansonsten kann man in dem steinernen Durcheinander Reste einer byzantinischen Festung, eines der römischen Stadttore und (etwas oberhalb, inmitten eines Opuntienkranzes beim Wärterhäuschen) noch einige zerfallene Zuschauerreihen des einstigen Theaters entdecken. Der kleine *Marabut* birgt das Grab des Heiligen Sidi Amara aus Ouesslatia. Hinter der weißen Friedhofsmauer ruhen im Schatten von Zypressen im Jahr 1954 hier gefallene tunesische Freiheitskämpfer.

Fahren wir auf der Siliana-Straße noch knapp 1 km weiter, sehen wir gleich nach dem kleinen Bergpaß *Foum el Afrit* rechts der Straße sechs eindrucksvolle Steinbögen einer alten Römerbrücke.

8,7 km nach obiger Gabelung: rechts ein eigenartiger, aus dem massiven Fels des umgebenden Sandsteinplateaus herausmodellierter, würfelförmiger, ausgehöhlter Bau (Bedeutung und Alter unbekannt). Etwa 400 m weiter rechts an einem Felsbuckel zwei markante „Blutrinnen" (Beschreibung siehe Weiterfahrt Route A12). Gut einen km danach stoßen wir auf die von Kairouan kommende P12, der wir nach rechts zum 40 km entfernten **Makthar** folgen (Fortsetzung der Strecke, Ortsbeschreibung, Plan und Beschreibung der Ausgrabungsstätte s. Route A12).

Rätselhafte Steinhöhle bei Ouesslatia

Route A 5: Tunis – Utica – (Rass el Mekki, Raf Raf) – Bizerte

Direktroute: 85 km
Mit Umweg über Rass el Mekki und Raf Raf: ca. 140 km

Allgemeines

Eine abwechslungsreiche Strecke, an der die historisch bedeutsame punisch-römische Ausgrabungsstätte von **Utica** liegt, die vor allem aber zu Abstechern verlockt zu einigen „Traumstränden" mit schönem Hinterland. **Bizerte** selbst ist ein lohnendes Ziel mit Medina, Kasbah, malerischem früheren Piratenhafen, mit Hotelzone und feinen Lokalen entlang der Corniche. Es bieten sich Ausflugsmöglichkeiten zum Cap Blanc, zu Stränden, die von duftenden Kiefernwäldern gesäumt sind, sowie zum Ichkeul-Nationalpark.

Tunis

(Ortsbeschreibung, Pläne, etc. siehe S.196ff)

Viele Wege führen aus **Tunis** hinaus nach Norden. Wir starten zweckmäßigerweise beim *Place du 7. Novembre 1987* (großer, kreisförmiger Platz mit Uhrturm an der Av. H. Bourguiba). Über die Av. Mohamed V und Av. Khereddine Pacha stoßen wir auf die nach Norden führende Hauptausfallstraße P8 (beschildert u.a. „Bizerte"). Wir ignorieren die Abzweigungen zu den Vororten Karthago, La Marsa bzw. zum Flughafen. Etwa bei km 17 stößt die von Bardo kommende C31 hinzu. Wer sich für edle Araber- und Berber-Pferde interessiert, kann 2 km danach einen Abstecher machen nach links (+6 km) zum staatlichen Gestüt von **Sidi Thabet** (am Ende der Av. 7. Novembre am nördlichen Ortsrand) . Bei km 28, am Ortsbeginn von **Pont de Bizerte** (das von den Franzosen gegründete Protville): Abstechermöglichkeit zum Strand von Kalaat el Andalous (schattenloser langer Sandstrand, im Sommer auch von Campern stark frequentiert; Anfahrt 15 km).

Schauen Sie in Pont de Bizerte bei der Weiterfahrt auf der P8 etwa 400 m nach obiger Abzweigung nach rechts: ein Stück abseits spannt sich eine aus dem Jahr 1858 stammende 7-bögige Steinbrücke über das einstige Bett des *Oued Medjerda*. Heute findet man hier nur noch einen versumpften, von Fröschen bevölkerten Seitenarm, nachdem der Hauptfluß inzwischen ein Stück weiter nördlich durch die weite, fruchtbare Ebene mäandert. Zur Zeit der Phönizier und Römer konnte man noch mit dem Boot übers Meer fahren. Der Fluß hat durch Schlammablagerungen in gut anderthalb Jahrtausenden das einstige flache Meeresbecken aufgefüllt und die Küstenlinie um gut 10 km meerwärts verschoben.

Bei km 33, im Ort **Utique** (Do Markt; Haltestelle der Buslinie Tunis – Bizerte) weist ein Schild nach rechts zu den „Utique Ruines" (Anfahrt: Museum gut 2 km, Ruinen 2,7 km; auf dem dortigen einsam und ruhig gelegenen Parkplatz auf Anfrage **Campingmöglichkeit**).

Utica

Geschichte

Utica verdient einen Besuch nicht so sehr seiner sichtbaren Baureste, sondern seiner geschichtlichen Bedeutung wegen. Die Stätte, ursprünglich auf einer Halbinsel, zum Teil sogar auf einer Insel errichtet, liegt heute rund 10 km im Inland. Die **Phönizier** gingen hier etwa 1100 Jahre v. Chr. vor Anker und gründeten ihre **erste Handelsniederlassung in Nordafrika** mit einem wichtigen Hafen. Erst viel später (814 v.Chr.) wurde Karthago gegründet, mit dem Utica lange Zeit ein gut-nachbarschaftliches Verhältnis pflegte. Im 3. Punischen Krieg schlug sich Utica rechtzeitig auf die Seite Roms und entging so dem Schicksal Karthagos, das 146 v.Chr. von den Römern völlig zerstört wurde. Utica wurde zur **Hauptstadt der neuen römischen Provinz Africa,** bis später unter Kaiser Augustus das wiederaufgebaute Karthago diesen Rang übernahm. Auch dann blieb Utica zunächst ein reicher, wichtiger Handelshafen, der aber durch die Schlammablagerungen des Medjerdaflusses mehr und mehr verlandete und im ausgehenden 4. Jh. n.Chr. unbrauchbar wurde. Nach dem Einfall der Vandalen und den Zerstörungen durch arabische Eroberer wurde die Stadt aufgegeben, verwendbares Material in benachbarten Dörfern verbaut. Bisher hat man lediglich einige der höhergelegenen Bauten des römischen Villenviertels sowie Teile der punischen Nekropole freigelegt. Der Großteil des alten Utica ruht noch tief unter dem Boden, beerdigt von tausendjährigen Schuttschichten. Weitere Ausgrabungen sind geplant.

Besichtigung

Geöffnet täglich 8–19 Uhr, im Winter bis 17.30 Uhr. Eintritt: Ruinenstätte mit Museum 2,1 TD, Fotoerlaubnis 1 TD.

Die ältesten Exponate im kleinen **Museum** stammen aus dem 8. bis 5. vorchristlichen Jh., vor allem Stelen, Urnen sowie Grabbeigaben aus der punischen Nekropole von Utica: Tonfiguren, Amphoren, Öllämpchen, ferner Importwaren aus Ägypten (Kämme, Schmuck, Perlmuttdöschen) und Vasen aus Griechenland. Aus römischer Zeit finden wir u.a. Marmorstatuen, Säulenreste, Kapitelle und verschiedene Mosaiken, wobei das schönste im Museumsgarten liegt: ein Beckenmosaik, das einen Neptunskopf mit Hummerscheren im Lockenhaar zeigt, umgeben von Meeresgetier und Booten.

Zur **Ruinenstätte** folgt man ab Museum dem Sträßchen ca. 700 m weiter, biegt dort links ab und findet gleich rechts den Eingang zu dem kleinen Ausgrabungsgelände. Führer bieten sich an, die – gegen ein Trinkgeld – die mit Brettern abgedeckten Mosaiken freilegen und sie zur Intensivierung von Farbe und Kontrast mit Wasser besprengen. Die wichtigsten Bauten sind beschildert.

Ein antiker Pflasterweg führt zum sehenswertesten Bau des römischen Villenviertels, der großflächigen *Maison de la Cascade* (erkennbar an drei Zypressen im blumengeschmückten Innenhof mit mehrbuchtiger Brunnenanlage und Sonnenuhr). Diese Villa verdankt ihren Namen einem Brunnen, über dessen mit farbenfrohen Fischmosaiken verzierte, geneigte Bodenfläche das Wasser in ein Becken floß. Das Mosaik des Beckenbodens zeigt ein Fischerboot mit kreisförmig ausgelegtem Netz und allerlei Meeresgetier. Im Mosaik eines anderen Brunnenbeckens sehen wir einen Engel beim Angeln in fischreichem Gewässer; ein stattlicher Fisch hängt bereits an der Rute. Zu diesem Palast gehörten Räume mit prächtigen, mehrfarbigen Marmorfußböden sowie ein Stall mit langen, steinernen Futtertrögen und in den Stein eingearbeiteten Ösen zum Anbinden der Tiere (andere Deutungen sprechen von Teigtrögen eines Bäckers, Waschtrögen, Speicherwannen).

Die schönsten Jagdmotive der Fußbodenmosaike des *Maison de la Chasse* wurden ins Bardo-Museum gebracht, nur karge Reste sind hier verblieben. An einer Stelle lassen sich die verschiedenen Bodenbelag-Techniken der einzelnen Epochen erkennen: ganz unten das punische Ton-Puzzle, darüber die Marmor-Mosaiksteinchen der Römer und zuoberst der aus groberen Tonstücken bestehende Bodenbelag der nachrömischen Bewohner. Das *Maison du Trésor* ist so benannt nach einem Hortfund, der hier aus einem Schacht geborgen wurde.

Eine Treppe führt von den römischen Villen etwa 6 m hinab zur punischen Nekropole mit ihren vielfältigen Grabformen: monolithische Sarkophage z.T. mit schweren steinernen Deckplatten, in den Boden eingelassene Steinwannen sowie aus Steinquadern errichtete Totenhäuschen. In einer Ecke der Nekropole eine Stätte, an der kleine Kinder zu Opferzwecken verbrannt wurden – ähnlich dem Tophet in Karthago (s. dort). Ein Sarkophag mit Skelett steht in einem abgeschlossenen Häuschen. Auch karge Reste punischer Wohnhäuser sind noch erkennbar.

Folgt man dem zum Eingang des Ausgrabungsgeländes führenden Weg noch etwa 600 m weiter, lassen sich im Gelände immer wieder antike Ruinen ausmachen, z.B. rechts unten zwischen Palmen Mauerreste der einstigen Thermen. Zur Blütezeit Uticas standen sie direkt am Meeresufer. Heute geht der Blick kilometerweit über Felder und Sumpfland.

Wer ab Utica auf schnellstem Wege nach Bizerte will, fährt zurück zur P8, und auf dieser durch fruchtbares, teils hügeliges Farmland direkt nach Bizerte (+32 km). Die sehenswerten Dinge liegen jedoch im Osten am Meer bzw. in Meeresnähe. Wir empfehlen deshalb für die Weiterfahrt folgenden Umweg:

Umweg über Rass el Mekki, Raf Raf, Metline

(ca. 75 Mehrkilometer)

Dazu fahren wir auf der am **Ausgrabungsgelände von Utica** vorbeiführenden Straße über **Utique Nouvelle** (+6 km) zum Dorf **Aousja,** hinter dem sich die Straße gabelt (16,5 km seit Verlassen der P8).

Bevor wir links nach Raf Raf weiterfahren, machen wir einen

Abstecher über Ghar el Melh zum Strand von Rass Sidi Ali el Mekki (16 km)

Wir fahren rechts und kommen durch üppiges Farm- und Gartenland am Fuß des *Djebel Nadour* zum *Lac de Ghar el Melh,* früher offenes Meer, durch zunehmende Verlandung inzwischen jedoch eine Lagune, ein fast völlig umschlossener und wegen seiner geringen Tiefe kaum nutzbarer Binnensee. Auffallend sind die immer **üppiger werdenden Gärten**, die das flache Ufer säumen. Den Grundstein für diese Lagunenkulturen legten im 17. Jh. andalusische Zuwanderer, die auf künstlich im Meerwasser angehäuften, flachen Sandinselchen intensiven Gartenbau betrieben; besonders erfolgreich im sandigen Boden war (und ist) der Anbau von Kartoffeln. Dazu kommt vielerlei Gemüse, Obstbäume, Opuntienhecken als Garteneinfassungen und ganze Wälder von Zypressen und Palmen – eine idyllische Landschaft.

Ghar el Melh (Markttag Sa am alten Hafen; Busverbindung nach Bizerte und Tunis über Rass Djebel):

Es verwundert kaum, daß auch hier bereits die Römer einen Hafen unterhielten. An dieser Stelle landete 1535 Karl V. von Spanien mit seiner Armada, um Tunis zu besetzen. Während der Türkenherrschaft entwickelte sich *Porto Farina*, wie es einst genannt wurde, zu einem berüchtigten Piratenstützpunkt, der 1654 von der britischen Flotte schwer beschädigt wurde. Die Türken bauten den Hafen wieder auf und schützten ihn mit drei großen Festungen und einem Arsenal. Piraterie und Schmuggel brachte den Türken große Gewinne, bis 1834 das Arsenal in die Luft flog und die halbe Stadt zerstörte. Achmed Beys Plan, den bereits durch Verlandung gefährdeten Hafen 1837 in einen bedeutenden Flottenstützpunkt umzuwandeln, schlug fehl. Die Entscheidung fiel zugunsten von La Goulette. Seither füllt sich der See weiter mit Schlick, und der alte Hafen dämmert vor sich hin. Nur noch ein paar Fischerboote mit geringem Tiefgang dümpeln im Becken. Dessen Größe sowie ein langer Arkadenbau lassen die einstige Bedeutung der Anlage noch erkennen. Einen neuen Fischerhafen hat man 5 km entfernt am offenen Meer angelegt.

Auch die **drei trutzigen Türkenfestungen** im Ort, die bis 1965 teilweise als Gefängnisse dienten, erinnern noch an die alten Zeiten. Alle drei sind unbewohnt und restauriert. Die erste steht gleich beim Ortseingang, hinter Bäumen versteckt und von einem breiten Graben umgeben. In der Ortsmitte, gleich nach dem engen Tunnel (rechts davon befindet sich der kleine Markt) und dem zentralen Dorfplatz, liegt das zweite Fort. Die „Rue des Martyrs" führt hier rechts hinab zum **alten Hafen.** Das dritte Fort finden wir gleich hinter dem Hafen am östlichen Ortsende.

Das Sträßchen führt nun, palmen- und agavengesäumt und eingeklemmt zwischen Djebel Nadour (325 m) und Lagune, weiter Richtung Osten; es endet nach 5 km am neuen Fischerhafen. Wir verlassen es jedoch bereits bei einem Straßenknick nach 3 km und folgen dort der geradeaus weiterführenden Piste.

Nach drei etwas holprigen, bei Nässe verschlammten und schwer befahrbaren Pistenkilometern durch fast exotische Vegetation erreichen wir den **Strand von Rass Sidi Ali el Mekki.** Dieser ausgedehnte, flache, weißsandige und saubere Bilderbuchstrand wird im Norden vom

Am Strand von Rass el Mekki

felsigen Fuß des Djebel Nadour begrenzt und zählt zu den schönsten Tunesiens, eine Idylle, zumindest außerhalb der Haupturlaubszeit. Jeweils für die Sommermonate werden kleine Schilfhütten für die vorwiegend tunesischen Badegäste hergerichtet und einige Cafés bzw. Restaurants geöffnet; außerhalb der Saison trifft man höchstens auf ein paar Fischer oder Bauern, die direkt hinter dem Strand zwischen Büschen und Bäumen ihre Gärten angelegt haben. Pläne, wonach diese Strandzone zu einem gigantischen Tourismuskomplex ausgebaut werden soll, sind offenbar (Allah sei Dank!) bis auf weiteres ad acta gelegt worden. Nur einige Villen stehen dezent im Grün hinter dem Strand. Besucher und Camper sollten also weitestgehend autark sein.

Ein reizvoller **Spaziergang** führt zu **zwei Marabuts:** Vom nördlichen Strandende verläuft ein Pfad zunächst den Klippen entlang, dann durch Buschwerk und niederen Kiefernwald ein Stück bergauf zum ersten, mehr wie eine Festung statt Grabstätte wirkenden *Marabut von Sidi Ali el Mekki* (Gehzeit etwa 20 Min.). Der mehrräumige Grabbau des Heiligen, ein beliebtes Pilgerziel, ist in Felshöhlen hineingebaut; das vorn sichtbare Gemäuer sind lediglich Vorbauten. Durch ein vergittertes Fenster läßt sich in einer der Höhlen der Sarkophag erkennen.

Der sich unten fortsetzende schmale Klippenpfad passiert kleine, felsgesäumte Sandbuchten und führt nach etwa 1 km hinauf zum *Marabout von Sidi Haj Bareck*, fast an der Spitze des Kaps. Ohne Strom und fließendes Wasser wohnt hier extrem einsam eine freundliche Familie mit Hühnern, Hunden und Katzen, die es offenbar nicht stört, daß der Sarkophag des Heiligen, geschmückt mit originellen Votivgaben mitten in ihrem Schlafraum steht.

Der linke Zweig der Gabelung hinter **Aousja** führt nach Raf Raf bzw. Rass Djebel durch teils bewaldetes, teils mit Feldern, Weingärten und Baumpflanzungen bedecktes Hügelland. Nach 6 km, kurz vor Rass Djebel, biegen wir rechts ab nach Raf Raf. Nach 4,5 km, bei Ortsabzweigung von **Raf Raf,** geradeaus weiter (beschildert „La Plage") und durch üppige Rebgärten und Zitrusfruchtplantagen steil hinab in eine weite Bucht am Fuß des *Djebel Nadour* (unten an Gabelung vor Dorf links halten). Nach 3,5 km in der Strandsiedlung von Raf Raf endet die Straße. Dort befindet sich auch das einfache Hotel *Dalia* (Tel. 02-44 76 68, DZ 36/30 TD) und der hübsche maurische Bau des Cafés *Palais des Andalous.* Anfahrt mit Bus, Taxi oder Louage ab Rass Djebel (s.u.).

Strand von Raf Raf (großer Parkplatz): Kilometerlange, anfangs von den Häusern des Ortes gesäumte Bucht (während der Badesaison einige Cafés und Restaurants), zunächst etwas steinig, später schöner Sandstrand, ab Ortsende mit Dünen, Pinienwald und dem Djebel Nadour im Rücken. Draußen vor der Bucht der bizarr geformte große Felsklotz der Insel *Pilau.* Im Sommer, v.a. an Wochenenden, muß an diesem bei den Tunesiern sehr populären Strand mit viel Betrieb (und einigem Rastmüll) gerechnet werden. Wer Einsamkeit sucht, muß der Bucht weit nach hinten folgen. Keine Zufahrt zum bzw. Campingmöglichkeit direkt am Meer (für autarke Camper günstiger: Strand von Rass Sidi Ali el Mekki, s.o.).

Für die Weiterfahrt nach Bizerte fahren wir vom Raf-Raf-Strand aus auf dem Anfahrtsweg zurück. Durch weite Rebgärten und vorbei an der Jeansfabrik „Lee Cooper" erreichen wir nach ca. 10 km das geschäftige Zentrum von **Rass Djebel,** Hauptort der Region. (Freitagsmarkt; häufige Busverbindungen nach Bizerte und Tunis; Busse, Louages und Taxis nach Raf Raf und Ghar el Melh).

Abstecher zum Strand von Rass Djebel

Von Durchgangsstraße (Av. H. Bourguiba) auf Höhe eines kleinen Parks mit Palmen rechts ab auf Av. 7. Nov. 1987; nach 2,2 km links auf breitem Waldweg zum Parkplatz (+400 m) am langen, außerhalb der Saison relativ sauberen und menschenleeren Sandstrand. (Das Sträßchen endet 1 km weiter in Villenvorort an Steilabbruch zum Meer – ungeeignet zum Baden).

Von Rass Djebel weiter auf der C69 durch große Reb-, Zitrusfrucht- und Gemüsegärten Richtung Metline. Nach 5,5 km **Dreiergabelung**:

- Die rechte Straße führt zum gut 3 km entfernten kleinen Fischerhafen von **Cap Zebib.** Folgt man ab dort der Piste weiter am Meer entlang (linker Hand eingezäuntes Militärgelände), erreicht man nach 1 km die speziell bei Tauchern beliebte Felsküste unterhalb von **Rass Zebib** (Stellmöglichkeiten für Camper direkt an der Felsküste). Abgesehen von den Verschandelungen des Caps durch Steinbruch, Militärgelände, Zäune) etc. ist dies eine sehr reizvolle Ecke (Blick über Bucht auf Lichterkette von Bizerte, schöne Sonnenuntergänge). Ein am Hang weiterführender Trampelpfad ermöglicht den Zugang zu einsamen Felsbuchten mit Grotten am kristallklaren Meer.

- Geradeaus geht es weiter nach **Metline** (+2,5 km), das terrassenartig recht malerisch am Hang liegt. Die Häuser sind verschiedenfarbig gestrichen, haben teilweise rote Ziegeldächer, dazwischen ragen Minarette auf. Ein mitten durch den Ort verlaufendes Oued teilt diesen in zwei Teile. „Romantisch" wirken solche Hügeldörfer oft nur aus der Ferne. Kommt man näher, werden die ewige Baustellenatmosphäre tunesischer Siedlungen, Müll und Dreck sichtbar und die nicht kanalisierten Abwässer riechbar. Man träumt dann gelegentlich davon, ein Aufräumkommando anzusetzen, zu Besen, Schrubber und Farbkübel zu greifen, zum Schluß noch die Gärtchen mit schönen Blumen zu bepflanzen, um aus einem so reizvoll gelegenen Bergdorf ein kleines Schmuckstück zu machen. Metline ist kein Schmuckstück, aber ein quirliges Dorf mit hübschem Ausblick zu den nahen Bergen, über die fruchtbare Ebene und übers Meer, also durchaus einen kurzen Besuch wert.

4WD-TIP: *Nach Bizerte durch den Forêt de Remel (19 km)*
Von Metline zunächst auf Teerstraße westlich ortsauswärts und über kahle Höhen knapp 4 km bis zum *Forêt de Remel* – ein für Tunesien ungewöhnlich großes Waldgebiet. Nun auf Piste durch schönen Pinienwald (gute Campingmöglichkeiten) in Hauptrichtung WNW sanft bergab (Abzweigungen ignorieren). Diese Strecke mit längeren, sehr holprigen, später auch sandigen Passagen ist in der Michelin-Karte zu Recht grün markiert. Gelegentlich bieten sich schöne Ausblicke über den *Lac de Bizerte* zum *Djebel Ichkeul* bzw. über den *Golf* zur Stadt *Bizerte.* Knapp 8 km seit Waldbeginn stoßen wir auf einen Querweg; rechts (Achtung: evtl. Militärpräsenz!): 300 m zum *Strand* auf Höhe zweier vor Jahren gestrandeter italienischer Frachtschiffe; links weiter Richtung Bizerte. Gut 2 km danach Zufahrt rechts zu Jugendherberge und *Remel Plage* (s. Ausflüge ab Bizerte) und etwa 1 km weiter Einmündung in Hauptstraße P8. Auf dieser rechts knapp 4 km zum Zentrum von Bizerte.

- Der linke Zweig der Dreiergabelung führt auf der C70 weiter Richtung Bizerte. Nach 2 km rechts der Straße ein von Schilf, Buschwerk und Eukalyptusbäumen umgebener malerischer Teich. Bergauf, bergab geht es dann durch welliges Ackerland. Wir passieren einen kleinen Stausee und halten uns an der Gabelung auf Höhe von **El Alia** (das ursprünglich römische *Uzali,* im 17. Jh. von Andalusienflüchtlingen wiederbelebt; Montagsmarkt) rechts Richtung Bizerte. 24 km ab Rass Djebel (10 km vor Bizerte) münden wir auf die von Tunis kommende Hauptstraße P8.

Links stößt ein Ausläufer des *Lac de Bizerte* bis an die Straße heran. Wir durchfahren den Ort **Menzel Jemil** und passieren anschließend die Abzweigung rechts zur Jugendherberge mit Campingplatz am Strand von *Remel* (s. obigen 4WD-TIP bzw. Ausflüge ab Bizerte). Dann beginnt die große Industriezone von **Zarzouna.** (In der AGIL-Niederlassung können Camper ihre blauen Campinggasflaschen auffüllen lassen). Direkt gegenüber der großen Raffinerie ist die Zufahrt zum neuen Fischerhafen. Es geht weiter durch wenig einladende Vorstadtgebiete, dann über die große Kanalbrücke (sie kann beim Passieren größerer Schiffe angehoben werden), und kurz darauf sind wir im Zentrum von **Bizerte.**

Bizerte

Bizerte (auch Biserta), viertgrößte Stadt des Landes (107 000 EW), ist Provinzhauptstadt und wichtige Hafen-, Industrie- und Garnisonsstadt. Touristisch interessant sind die Altstadt und das malerische Viertel um den alten Hafen mit Kasbah und dem Fort El Hani sowie die Corniche, eine kilometerlange Strandzone im Norden der Stadt mit vielen Hotels und Restaurants. Die französische Neustadt erstreckt sich zwischen Altstadt und Kanal, an dem auch der Handelshafen liegt. Im südwestlichen Anschluß an den Hafen sowie südlich des Kanals befinden sich große Industriegebiete.

Geschichte

Phönizische Seefahrer erkannten bei ihren Erkundungsfahrten das strategische Potential des damaligen Binnensees von Bizerte und die Möglichkeit, dieses 120 qkm große Becken als natürlichen Hafen zu nutzen. Man mußte nur die Landenge zwischen See und Meer durchstoßen und so einen direkten Zugang zum offenen Meer schaffen. Ihre lange vor Karthago entstandene Siedlung wurde 310 v. Chr. von Agathokles aus Syrakus besetzt, der hier die Kolonie *Hippo Diarrhytus* gründete. Die punischen Kriege brachten dann den großen Machtwechsel, doch erlebte die Stadt – im Gegensatz zu vielen anderen Orten – unter der Römerherrschaft keinen größeren Aufschwung und verlor gar nach dem Vandaleneinfall und der arabischen Invasion völlig an Bedeutung. Die **Hafsiden** erkoren im 13. Jh. den Ort zu ihrer Sommerresidenz, legten Gärten und Paläste an, von denen heute jedoch nichts mehr zu sehen ist. Im 15. und 16. Jh. ließen sich immer mehr **Flüchtlinge aus Andalusien** hier nieder; nun erst wuchs Bizerte und entwickelte sich wieder zu einem wichtigen Handelsplatz. 1535 besetzten kurzzeitig die Spanier unter Karl V. die Stadt.

Während der sich anschließenden **Türkenherrschaft** entstanden mächtige Verteidigungsanlagen. Der Wohlstand dieser wie auch anderer Hafenstädte gründete sich damals neben Handel auch auf Piraterie; Bizerte war ein ideal gelegenes Seeräubernest. 1882, nach der Besetzung Tunesiens durch Frankreich, begannen die **Franzosen** mit dem Ausbau Bizertes zu einer großen Flottenbasis: Sie gruben zunächst einen neuen, breiteren Verbindungskanal zum Lac de Bizerte, vergrößerten die Hafenanlagen und errichteten am südwestlichen See-

Ende den Flottenstützpunkt Ferryville (das heutige Menzel Bourguiba) mit Docks, Kasernen und einem großen Arsenal. Bizerte entwickelte sich zum strategisch wichtigsten französischen Kriegshafen im Mittelmeer, der sich schon im ersten Weltkrieg als wertvolle Flotten- und Nachschubbasis erwies. Im November 1942 gelang es den deutschen Truppen, Bizerte einzunehmen, doch schon ein halbes Jahr später, nach massivster Bombardierung durch die Alliierten, ging Bizerte mit der Kapitulation des Afrikakorps im Mai 1943 wieder in die Hände der Alliierten über. Mit dem Bau einer großen NATO-Luftbasis in den fünfziger Jahren kam Bizerte zusätzliche strategische Bedeutung zu. Auch für die Zeit nach der Unabhängigkeit Tunesiens (1956) hatten sich die Franzosen die Nutzungs- und Stationierungsrechte in Bizerte gesichert – ein Dorn im Auge der Tunesier. Im Juli 1961 kam es zu blutigen Kämpfen zwischen tunesischer Nationalgarde und Franzosen um die Nutzung des Flottenstützpunkts, in deren Verlauf über 1000 Tunesier ihr Leben verloren. Erst zwei Jahre später, am 15. Oktober 1963, räumten unter starkem politischen Druck die Franzosen endgültig das Feld – ein Prestige-Gewinn für Tunesien, gleichzeitig aber auch ein wirtschaftlicher Verlust, denn durch den Abzug der Franzosen gingen viele Arbeitsplätze verloren.

Bizerte versucht seither, seine Wirtschaftskraft durch forcierten **Tourismus und weitere Industrialisierung**

Suche nach dem versunkenen U-Boot „Lutin" vor Bizerte (aus: Le Petit Journal, Paris, Nov. 1906)

zu stärken, zwei Erwerbszweige, die allerdings schwer unter einen Hut zu bekommen sind, denn staubige Zementwerke, nüchterne Fabrikanlagen und stinkende Erdölraffinerien wirken wenig anziehend auf Urlauber. Diese erwarten vielmehr saubere Strände, klare Luft und ein „heiteres“ Stadtbild mit guter touristischer Infrastruktur als Grundbedingung für einen lohnenden Ferienaufenthalt.

Stadtbesichtigung

Die von breiten, linealgeraden Straßen und Alleen durchzogene **Neustadt aus der Franzosenzeit** bietet keine touristischen Sehenswürdigkeiten. Hier finden wir Behörden, Büro- und Verwaltungsbauten, Post, Geschäfte aller Art (darunter auffallend viele Patisserien), Supermärkte, Restaurants, Hotels, Kinos, Touristeninformation, Autovermieter, Reisebüros, Banken, Bus-, Louagestationen, Bahnhof u.s.w. Das Zentrum bildet ein großer, baumbestandener Platz, von dem die wichtigsten Straßen strahlenförmig abgehen. Die Neustadt erstreckt sich vom Vorhafen landeinwärts zwischen Av. H. Bourguiba, der Hauptgeschäftsstraße, und dem breiten Schiffahrtskanal. Über eine Schwenkbrücke, die den Kanal überspannt und beim Ein- bzw. Auslaufen größerer Schiffe geöffnet werden kann, fließt der Hauptverkehr Richtung Tunis. Ab Brücke 1 km, vorbei an Busstation und Bahnhof, stoßen wir in der Rue de Russie auf ein ungewöhnliches Bauwerk: eine russisch-orthodoxe Kirche, schön renoviert.

Während die Neustadt alle Versorgungseinrichtungen bietet, lädt das **alte Bizerte** zu einem Bummel.

★Alter Hafen
(Vieux Port)

Die Hauptattraktion Bizertes ist der alte, einstige Seeräuberhafen, dessen Eingang von zwei Festungsbauten bewacht wird: der mächtigen *Kasbah* und dem kleineren *Fort El Hani.* (Bis zur Ankunft der Franzosen im Jahr 1882 lag der Hafen an einem von zwei Kanälen, die den Lac de Bizerte mit dem Meer verbanden. Der Kanal wurde zugeschüttet, und seither kennzeichnet der *Place Salahedine Bouchoucha,* der die Altstadt von der Neustadt trennt, seinen früheren Verlauf). Heute ist der alte Hafen zwar nur noch ein kleiner Fischerhafen (der große, moderne Fischereihafen liegt außerhalb der Stadt), doch nach wie vor das eigentliche Herz Bizertes. Vor allem gegen Abend wird es hier lebendig, wenn sich die Cafés füllen und die Boote zum nächtlichen Fischfang gerüstet werden. Ein besonders schöner Blick bietet sich von der Terrasse des Cafés *Le Pacha* aus: eingerahmt von einer malerischen Häuserzeile in Blau-Weiß, der gelbbraunen Kasbahmauer und den Häusern der Medina mit den dazwischen aufragenden Minaretten schaukeln die bunten Fischerboote im Hafenbecken (die beiden störenden modernen Wohnblocks muß man sich wegdenken). Unbedingt einen Besuch wert ist der **Fischmarkt** (in Markthalle nahe Hafen), wo die Händler in ohrenbetäubender Lautstärke die unterschiedlichsten Fischsorten und Meeresfrüchte anpreisen.

★Die Kasbah

An der Nordseite des alten Hafens liegt die im 16./17. Jh. erbaute Kasbah. Sie diente nicht nur der Sicherung der Hafeneinfahrt, sondern be-

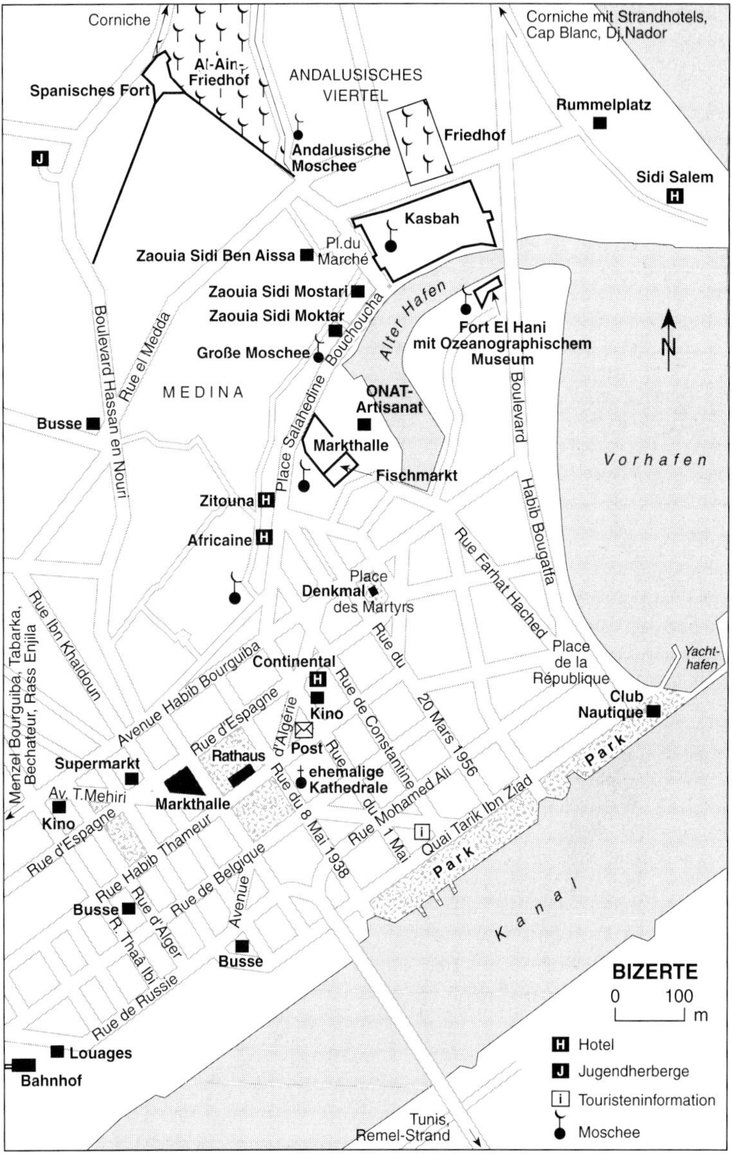

Routenteil A

herbergt innerhalb der hohen Umfassungsmauern ein dicht gedrängtes, altes Wohnviertel. Gleich hinter dem einzigen Eingangstor am *Place du Marché* passiert man die *Kasbah-Moschee* aus dem 17. Jh. (kein Zutritt für Nicht-Muslime) mit ihrem wuchtigen, gemauerten Minarett. Dann taucht man ein in die engen, häufig von Torbögen überspannten Gassen mit pastellfarben gestrichenen Hausfassaden und kunstvoll geschmiedeten Fenstergittern. Leider ist ein Großteil der Bausubstanz recht heruntergekommen und verwittert. Die Kasbahmauer kann beim südöstlichen Eckturm bestiegen werden (tägl. 9–12.30 und 15–19 (im Winter 18) Uhr, 0,5 TD); schöner Blick auf Alten Hafen und das Häusergewirr innerhalb der Kasbah.

★Die Medina

Ebenfalls am *Place du Marché,* gegenüber dem Kasbah-Eingang, ist der Hauptzugang zur Altstadt mit ihren Souks, die (nur arabisch beschriftete) *Rue des Forgerons* (Schmiedegasse). Obwohl die Altstadt unter den Bombenangriffen des 2. Weltkriegs schwer gelitten hat, ist ein Besuch durchaus lohnend. Das erste Gebäude links (blaue Tür, zwei weiße Säulen) ist die *Zaouia Sidi Mostari,* Bizertes älteste Koranschule aus dem 17. Jh. Gleich danach (rechts) gruppieren sich um einen kleinen, mit einem Eukalyptusbaum bestandenen Hof mehrere Schmiedewerkstätten. Auch im weiteren Verlauf der Hauptgasse sowie in den seitlich abgehenden engen, teils überdachten, teils bogenüberspannten Nebengassen hört man das Hämmern der Schmiede, blickt in kleine Lädchen und in die dunklen, engen Werkstätten verschiedener Handwerker. An der Ecke vor der 1652 von Mohammed Dey erbauten *Großen Moschee* mit ihrem achteckigen Minarett aus gelbem Sandstein liegt an der zum Hafen hinausführenden Gasse die *Zaouia Sidi Moktar.* In deren prächtigen Innenräumen informiert die ASM (Association de Sauvegarde de la Medina) mit Plänen, Zeichnungen und Fotos über ihre Restaurierungs- und Sanierungsarbeiten – angesichts des Verfalls vieler Gebäude der Altstadt eine dringende Aufgabe. Die von der Moschee aus weiterführende enge Hauptachse durch die Medina wird von vielen Lädchen und kleinen Werkstätten gesäumt. Mehrmals führen Durchgänge links aus der Medina hinaus zum *Place Salahedine Bouchoucha.*

★Ozeanographisches Museum

(Im *Fort El Hani* am Eingang zum Alten Hafen gegenüber der Kasbah. Geöffnet täglich außer Mo von 9–12.30 und 15–19 Uhr Eintritt 0,5 TD, Kinder 0,25 TD)

Vorweg: Das Lohnendste ist der kleine Festungsbau selbst, der schöne Blick von der Terrasse über die zum Fort gehörende Moschee und den Alten Hafen und der türkische Kaffee, der im Terrassencafé serviert wird.

Weniger ergötzlich ist in den düsteren Festungskammern der Anblick der kahlen, unbepflanzten Wasserbecken und Aquarien, deren Rückwände höchstens ein Farbposter mit Meermotiv ziert. Trauriges Meeresgetier blickt uns entgegen. Ansonsten ein paar muschelverkrustete Amphoren, Reusen, Netze, Knochen eines Walfisches, eine Präsentation verschiedener Seemannsknoten, Kinder-Bastelarbeiten zum Thema Meer. Fische, ge-

Alter Hafen von Bizerte

trocknet oder konserviert in verstaubten Spiritusgläsern, nehmen einem schließlich auch noch den Appetit auf ein geplantes Fischmenü. Häufig trifft man in diesem Museum auf Schulklassen, die hier wohl ihren Unterricht in Meereskunde absolvieren.

★Spanisches Fort
(Fort d'Espagne)

Oberhalb des früheren Andalusischen Viertels – hier ließen sich im 15. und 16. Jh. die aus Andalusien vertriebenen moslemischen Flüchtlinge nieder – und des Friedhofs von *El Ain* steht das Spanische Fort, das – entgegen seiner Bezeichnung – 1573 von den Türken zum Schutz gegen die Spanier gebaut wurde. Das Innere dient heute als Freilichttheater, in dem während des Sommers das *Festival de Bizerte* stattfindet (s.u.). Außerhalb der Festivalzeit ist es frei zugänglich und bietet neben ein paar alten Kanonen einen schönen Blick über das Häusergewirr von Bizerte und das Hafenbecken, leider aber auch auf stillose Hochhäuser und die großen Öltanks der Erdölraffinerie am gegenüberliegenden Hang. In Sichtweite des Forts liegt der moderne Komplex des Kongreßpalastes.

★Märtyrerfriedhof
(Cimetière des Martyrs)

(Zufahrt: Av. H. Bourguiba westlich bis ESSO-Tankstelle, dort rechts auf Rue 7. Novembre bergauf)

Der Friedhof liegt gut 2 km westl. des Zentrums auf einem Hügel und ist dank seines himmelwärts ragenden, torähnlichen Monuments schon weithin sichtbar (Eingang normalerweise verschlossen). Ein Steinrelief stellt die französische Invasion von 1881, den Befreiungskampf um Bizerte 1961 und

S. 311

„Im-Biss" für Hungrige

den Auszug der Franzosen 1963 dar. Über tausend weiße Grabsteine erinnern an die 1961 im Kampf gegen die Franzosen gefallenen Tunesier, deren Namen auf den dahinterliegenden Mauern genannt sind.

★Die Corniche

Im nördlichen Außenbezirk liegt die Strandzone Bizertes, die *Corniche*. Prachtvolle Villen, palastartige Bauten stehen in gepflegten Gärten am Hang überm Meer. Hier befinden sich auch die großen Hotelanlagen, meist direkt am Strand in schönen, parkähnlichen Gärten – keine gesichtslosen Hochhauskomplexe, sondern weitgehend dem landestypischen Baustil angepaßt. Bis etwa 7 km vom Zentrum entfernt fädeln sich die Hotels entlang der Corniche auf. Dazwischen liegen einige der „besseren" Restaurants.

Vorwahl für Bizerte: 02

Touristeninformation

ONTT-Büro
1 Rue de Constantinople, Tel. 43 27 03; Mo bis Sa 7.30–13.30 Uhr.

Unterkunft

Hotel

Einfache Stadthotels (Auswahl)

Africaine
Pl. Salahedine Bouchoucha, DZ 19/13 TD, Tel. 43 44 12; einfache Zimmer mit ZH; Dusche u. WC separat; Restaurant gut, sauber und schnell.

El Fath
Av. H. Bourguiba, Tel. 43 05 96, DZ 32/21 TD, freundlicher Service.

Saadi
Rue Salah Ben Ali, Tel. 43 75 28, DZ 15/13 TD.

Zitouna
Pl. Salahedine Bouchoucha, DZ 13 TD, Tel. 43 14 47; zentrale Lage; einfache, saubere Zimmer um Innenhof.

Strandhotels entlang der Corniche (Auswahl)

Bizerte Resort (1998 im Bau)
Das alte Hotel **Sidi Salem** soll 1998 als 3–5-Sterne-Neubau mit schönen Bungalows und Restaurant inmitten eines neuen **Centre Commercial** wieder in Betrieb genommen werden.

Nadhor**
Tel. 43 18 48, Fax 43 18 48, DZ 75/31 TD; ruhiges Hotel mit freundlichen, bungalowartigen Appartements, Swimmingpool, schöne Gartenanlage, kinderfreundlich, Nachtclub.

Le Petit Mousse**
Tel. 43 21 85, DZ 64/42 TD; kleines Hotel, familiäre Atmosphäre, gute Küche.

Jalta**
Tel. 43 42 76, Fax 43 42 77, DZ 80/31 TD; Swimmingpool, Diskothek.
El Khayem
Tel. 43 21 20, DZ 30/20 TD; einfache Hütten um Pool.
Residence Ain Meriam
(Appartements), Tel. 42 26 15, App. für 3 P. 110/40 TD.

Jugendherberge

Beim Spanischen Fort (mit öffentlichem Schwimmbad und großem Sportzentrum), 4 TD p.P., Tel. 43 16 08; eine weitere Jugendherberge beim Remel-Strand (s.u. Ausflüge).

Camping

Auf dem Gelände der Jugendherberge am *Remel-Strand,* 2 TD p.P., Auto 1,5 TD, Motorrad 1 TD; Stellmöglichkeiten auch im *Forêt de Remel,* an den Stränden *Les Grottes* und *Rass Enjila* (s. unter Ausflüge).

Essen und Trinken

In der Innenstadt finden sich mehrere einfache Restaurants mit landestypischem Angebot.
Eddalia
106 Av. H. Bourguiba, mit Pizzeria, nicht liz., viele Fischgerichte, gut und preiswert.
Du Bonheur (2 Gabeln)
31, Rue Thaalbi, empfehlenswert, Spez. Meeresfrüchte.
Sport Nautique
Direkt am Yachthafen. Vornehme, etwas steife Atmosphäre; interessante Speisekarte für Gutbetuchte.
Außer den Hotelrestaurants gibt es mehrere Pizzerias und „gehobene" Speiselokale entlang der Corniche, fast alle mit Terrasse, Meerblick und einladender Speisenkarte.
Besonders empfehlenswert:
Le Petit Mousse
Tel. 43 21 85; gilt als das beste Restaurant Bizertes; schöner Garten, gepflegte Küche, freundliche Bedienung, angenehme Atmosphäre, dezente Musik, gehobene Preise; zur Hauptsaison Tischbestellung empfehlenswert.
Eden (1 Gabel)
Abwechslungsreiche, teils raffinierte Küche; aufmerksame, deutschsprachige Bedienung.
Belle Plage
Direkt am Strand. Etwas weniger aufwendig, dennoch gut und in volkstümlicher Atmosphäre; vielseitige Speisekarte.

Verkehrsverbindungen

- **Busse:** Die Stadtbusse 1, 2 und 21 verkehren regelmäßig zwischen Zentrum (Av. H. Bourguiba) und Corniche.
  Stationen für Fernfahrten beim Handelshafen (südl. Ende der Av. d'Algérie) und in Rue d'Alger. Verbindungen: etwa stündl. nach Tunis, drei Direktbusse zum Flughafen Karthago; häufig nach Menzel Bourguiba und Mateur; mehrmals tägl. nach Béja und Jendouba, Ghar el Melh, Rass Djebel (dort umsteigen nach Raf Raf), Frühbus nach Tabarka und Ain Draham.
- **Louages:** Station beim Bahnhof.
- **Eisenbahn:** 4x täglich über Mateur nach Tunis.

Mietwagen

Avis
7, Rue d'Alger, Tel. 43 30 76.

Hertz
bei Kanalbrücke, Tel. 43 36 79.
Europcar
52 Av. de l'Algérie, Tel. 43 90 18.
Eurorent
47 Av. de l'Algérie, Tel. 43 51 89.

Sonstiges

- **Nachtclubs/Diskotheken:** z.B. in den Strandhotels **Dido, Corniche, Nador.**
- **Markttag:** Dienstag.
- **SOCOPA** /(ONAT) Staatl. Artisanat beim alten Hafen, 8.30–13 und 15–17.45 Uhr.
- **Yachthafen:** Sport Nautique, Av. H. Bougatfa, Tel. 43 10 11.

Kultur/Unterhaltung

Festival de Bizerte alljährlich etwa von Mitte Juli bis Mitte August im Spanischen Fort mit Konzerten (arabische, afrikanische, europäische Musik), Theater-, Tanz- und Folkloreveranstaltungen, spezielle Kinderprogramme.

Am 15. Okt. feiert Bizerte den Abzug der Franzosen (1963) mit einem Straßenfest *(Fête de l'Evacuation).*

Ausflüge

Zum Cap Blanc und Djebel Nador

Wir verlassen Bizerte nach Norden entlang der *Corniche* (C67), bis die letzten Hotels hinter uns liegen. Nach reichlich 7 km, auf dem *Cap Bizerte*, hat sich das Militär breitgemacht (Zutritt und Fotografieren verboten). Bei km 7,8: Abzweigung rechts zum öfftl. Badestrand *Les Grottes* (+1 km; Posten der Nationalgarde und im Sommer kleines Restaurant). Unsere Straße klettert nun durch Kiefernwald den Hang hinauf. 100 m nach dem Ortsschild „Nador“ führt rechts eine üble Piste zum Sattel zwischen Djebel Nador und Cap Blanc (+1 km; am besten zu Fuß). Das **Cap Blanc** ist der ins Meer hinausragende kahle Doppelhügel aus hellem Gestein, dem es seinen Namen verdankt. Nichts Spektakuläres, genau genommen, wäre dies nicht angeblich der nördlichste Punkt Afrikas. Wer ganz an die Cap-Spitze will, muß vom Sattel aus noch ca. ½ km über die beiden Buckel klettern.

Zurück an der Straße geht es weitere rund 750 m durch Kiefernwald bergauf. Dann zweigt rechts die mit „Ain Damous“ beschilderte Zufahrt zum **Djebel Nador** (+2 km) ab, ein etwas holpriger aber auch für PKWs machbarer Schotterweg. Frauen bieten am Wegrand handgearbeitete Deckchen an. Auf dem 260 m hohen Gipfel (12 km ab Bizerte) ein paar bewohnte Gebäude, eine Funkstation für die Schiffahrt, eine kleine Wetterstation und die massiven Reste einer ehemaligen Militärfestung. Diese erinnern an die bei Bizerte besonders lang ausharrenden französischen Kolonialherren. Doch nicht die Gipfelbauten lohnen den Besuch; es ist der phantastische Ausblick, den man an einem klaren Tag genießen kann, weit übers Cap Blanc hinaus aufs Meer. Nach Westen ziehen sich direkt entlang der Küste hübsche Kiefernwäldchen hinter feinsandigen, einsamen Buchten bis zum *Rass Enjila* (s.u.), einem beliebten Naherholungsziel der Einheimischen. Wir kehren nach Bizerte zurück entweder auf dem Anfahrtsweg, oder wir folgen weiter der C67; diese bietet schöne Ausblicke auf die Küste und das Häusermeer der Stadt und erreicht nach ca. 7 km deren Zentrum.

Cap Blanc vom Djebel Nador aus gesehen

Zum Strand von Rass Enjila und nach Bechateur

(Der Strand wird u.a. auch Enjelah, Ras Angela, Rass Ben Sekka genannt; Bechateur nur für ganz Neugierige.)

Ab Bizerte Zentrum auf der Av. H. Bourguiba stadtauswärts. Nach 1,5 km, bei Esso-Tankstelle, rechts hinauf und vorbei am weithin sichtbaren Monument des Märtyrerfriedhofs, dann der Beschilderung „Bechateur" durch kahles Hügelland folgen. Nach etwa 10 km Straßengabelung: links „Bechateur" (+3 km), rechts „Cap Enjila". Der rechte Zweig führt in Hauptrichtung Nord durch baumloses Hügelland, bald taucht der Leuchtturm von Rass Enjila in der Ferne auf, und nach 4 km (bei Straßenknick) haben wir die gleichnamige **Strandzone** erreicht. Der dortige von Kiefernwald gesäumte lange Sandstrand ist im Sommer von Einheimischen gut besucht.

Das beim Straßenknick nach links ziehende Sträßchen (nach 800 m zweigt von diesem rechts eine 2 km lange Zufahrt zum Leuchtturm ab) folgt nun eine Weile der Küste, führt dann links bergan durch Kiefern- und Eukalyptuswälder in ein liebliches Hügelgelände mit Feldern und kleinen Wäldchen und erreicht (etwa 10 km ab Knick) – gewissermaßen von hinten – **Bechateur:** Kleiner hübsch gelegener Weiler mit ein paar Häusern am Hang, einer Wasserstelle an einer einst römischen Quelle, ringsherum Felder. Auch römische Baureste seien hier zu finden, steht in alten Schriften. Wir sind jede Kuppe abgegangen, haben hinter jede Distel geschaut, interessiert beobachtet von den Bewohnern, argwöhnisch bekläfft von den Dorfhunden. Da und dort entdeckten wir „artfremde" Steinblöcke in die Häuser integriert, einen Säulenstumpf hochkant in ein Mäuerchen eingefügt, überwucherte Quadersteine, die wahrscheinlich zu unhandlich waren, um sie als Baumaterial zu verwenden. Kurzum: Bechateur hat sich seine römische Vorgängersiedlung einverleibt bzw. hält diese unter der Erde noch weitgehend verborgen. Die durch das Dorf weiterführende Straße bringt uns zurück nach Bizerte.

Zum Strand von Remel

(*Remel Plage;* Bus Nr. 8 ab Bizerte)
Wir folgen der P8 Richtung Tunis. 3,5 km nach der Kanalbrücke zweigt links (hier Haltestelle von Bus Nr. 8) die Zufahrt zum Strand von Remel ab. Nach 1,1 km biegen wir links ab und passieren die im Pinien-/Eukalyptuswald gelegene Jugendherberge (ganzjährig geöffnet, 4 TD p.P.; Campingmöglichkeit: 2 TD p.P., Auto 1,5 TD, Motorrad 0,5 TD). Die Straße endet an einem Parkplatz vor hohen Dünen am *Strand von Remel* – ein sauberer, schöner Sandstrand mit vielen Muscheln, glasklarem Wasser, herrlichem Blick über die Bucht auf Bizerte sowie die Küstenregion bis zum Cap Bizerte, mit Dünen und dichten Wäldern im Rücken. Ein halbstündiger Fußmarsch am Meer entlang Richtung Osten führt zu zwei gestrandeten Schiffen, Wracks italienischer Herkunft.

Für Individualisten: Folgt man der Remel-Zufahrt (kurz vor der Jugendherberge) weiter geradeaus, kann man im *Forêt de Remel* ruhige, schattige, einsame und ungestörte Rastplätzchen finden. Für die Weiterfahrt nach Metline ist Geländegängigkeit erforderlich (s. 4WD-Tip auf S.307).

Zum Strand von Raf Raf

(s. S.306)

Zum Nationalpark Ichkeul

(s. Route A8)

Schiffswrack am Strand von Bizerte

Route A 6: El Kef – Dougga [66 km] – Testour [24 km] – Mejez el Bab [20 km] – Tunis [58 km]

Allgemeines

Von der sehenswerten und interessanten Stadt El Kef aus führt diese Strekke auf den ersten reichlich 100 km durch das abwechslungsreiche nordwesttunesische Bergland. Sie folgt weitgehend dem Verlauf einer alten römischen Militär- und Handelsstraße, die einst *Karthago* mit *Hippo Regia* bzw. *Theveste* (den heute algerischen Städten *Annaba* bzw. *Tebessa)* verband und entlang derer die Römer eine Anzahl von Siedlungen errichteten, darunter die Hügelstadt **Dougga,** heute die wohl großartigste Ruinenstätte Tunesiens. Ausflüge zu Stauseen am Medjerdafluß, zu aussichtsreichen Bergdörfern sowie Besuche von Soldatenfriedhöfen sorgen für weiteres Programm entlang der Route.

El Kef

(Ortsbeschreibung, Plan und Ausflüge s. Route A11)

Wir verlassen **El Kef** auf der P5 in Richtung Tunis und kreuzen nach 17 km bei **Bordj el Aifa** die Makthar-Jendouba-Straße P12/P17 (s. Route A12). Bald darauf geht es kurvenreich zwischen dem bewaldeten *Djebel Kebbouch* (811 m) im Süden und dem kahlen *Djebel Berkan* (649 m) im Norden hinab ins Tal des *Oued Tessa*. Bei km 39 erreichen wir **Bordj Messaoudi** mit der *Koubba des Sidi Moussa* (150 m rechts abseits der Straße, erkennbar an großer Aleppokiefer, die aus dem Kuppelbau herauswächst). Nach alter Tradition treffen sich hier die Brautpaare am Abend vor der Hochzeit, um den Segen des hier ruhenden Heiligen zu erbitten.

Etwa 47 km ab El Kef, am Ortsausgang des kleinen Dorfes **El Krib** (Wochenmarkt: Montag nachm./Dienstag vorm.), liegt links der Straße (kurz vor einem islamischen Friedhof mit weißem Marabut) das Ruinengelände von **Mustis.**

Mustis

(Öffnungszeiten von ca. 8 Uhr bis Sonnenuntergang; Eintritt kostenlos, Trinkgeld aber angebracht)

Nach dem Sieg des römischen Feldherrn *Cajus Marius* über den Numiderkönig *Jugurtha* (105 v.Chr.) entstand an der Stelle einer bereits vorhandenen numidischen Siedlung die **römische Kleinstadt Mustis.** Zwei Stadttore (jeweils ein Stück westlich (nur Reste) bzw. östlich des Ausgrabungsgeländes) markieren den Ein- und Ausgang der einstigen Stadt. Mit ihren etwa 2000 Einwohnern kam sie nie über den Status eines Municipiums hinaus und kann schon deshalb mit der nahen Ausgrabungsstätte von Dougga nicht konkurrieren; trotzdem lohnt sich eine **Besichtigung** dieses kleinen Ruinenfeldes. Gleich hinter dem Eingang am großen mit Steinplatten belegten Platz der *Cerestempel* und, links davon, der *Apollotempel.* Eine breite, gepflasterte „Laden-

Routenteil A

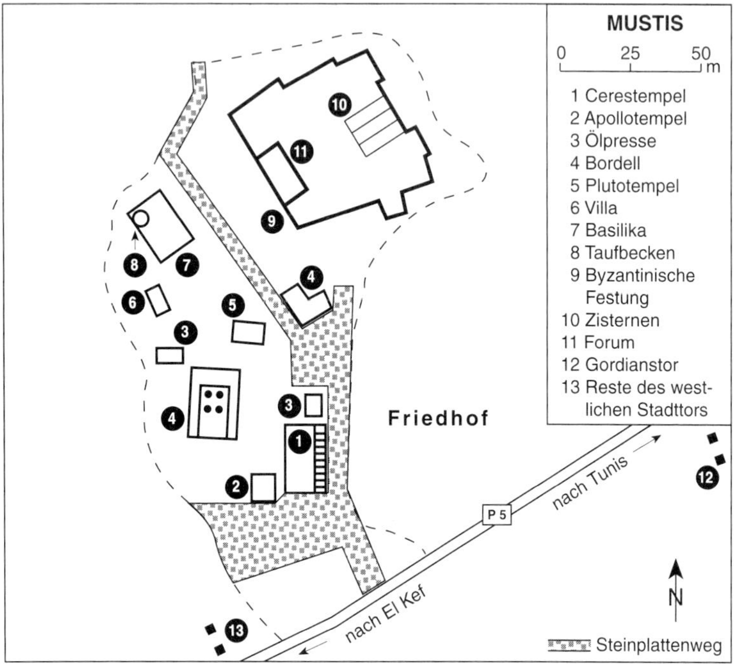

straße" (linker Hand eine lange Reihe gut erhaltener Marktnischen unter Arkaden) führt sanft bergauf; man beachte die tiefen Karrenspuren in den Steinplatten. Vorbei an den Resten alter Ölpressen kommt man zu einem gepflasterten Platz, bei dessen Eckhaus es sich um ein Bordell gehandelt haben dürfte – zumindest läßt das eindeutige Phallussymbol am Eckstein dies vermuten. Jenseits der spärlichen Überbleibsel des *Plutotempels* ein weiteres Bordell mit einem von vier Säulen umstandenen „Kontakthof". Wenige Meter oberhalb nochmals eine große Ölpresse mit Auffangschale, und daneben die Reste einer Villa mit Untergeschoß. In der Nordwestecke des Geländes finden wir die Fundamente der dreischiffigen, byzantinischen Basilika mit rundem, dreistufigem Taufbecken und einem aus massivem Stein ausgeschliffenen Wasserbecken daneben. Im obersten Teil des Geländes ragt die mächtige Ruine der byzantinischen Festung (6. Jh.) auf, bei deren Bau recht unbekümmert vorhandenes römisches Material mitverwendet wurde. Im Festungsinnern u.a. drei römische Zisternen, Reste des Forums sowie Fragmente von Mosaikfußböden aus der Basilika. Weiter hangaufwärts verliert sich die Pflasterstraße im Gelände, in dem ein Teil der Stadt – wenngleich auch nicht der bedeutendste – noch immer unter der Erde begraben liegt.

Ca. 11 km weiter, kurz vor Erreichen des Dorfes **Dougga** erkennt man links oben am Ortsrand zwischen einfachen Wohnbauten *Fort Agbia* (Borj Brahim), die Ruine einer byzantinischen Festung. Unserer harren jedoch größere Sehenswürdigkeiten im antiken Dougga, das in Sichtweite oben am Hang liegt (Säulen des Saturn-Tempels). Um dorthin zu gelangen, können wir unter Umgehung von Téboursouk bereits hier im Dorf Dougga einem Sträßchen 4 km links hinauf zu den „Dougga Ruines" folgen (Beschreibung der Ruinenstätte s. hinter Téboursouk). Die Bewohner des antiken Dougga wurden bis 1963 in das neue Dorf an der Talstraße umgesiedelt, um den Archäologen Platz zu machen.

Weiter auf der Hauptstraße erreicht man nach 7 km **Téboursouk.**

Téboursouk

Zwei Zufahrten führen von der P5 im Tal hinauf ins Zentrum des über dem *Oued Khalled* erbauten Marktstädtchens (ca. 8000 EW). Bei der Moschee zieht sich die kleine malerische Medina weiter hangaufwärts mit verwinkelten, oft bogenüberspannten Gäßchen. Beim Umherstreifen bieten sich immer wieder reizvolle Ausblicke über die Stadt, die Ölbaumgärten im Tal und weit hinaus in das hügelige Umland. Die Altstadt ist teilweise noch umgeben von den Resten einer um 560 erbauten byzantinischen Festung, in deren Mauern verschiedene Bauelemente des römischen *Thubursicum Bure* integriert wurden, so z.B. zahlreiche Steinquader mit Inschriften und ein Stadttor mit Doppelbogen, flankiert von kapitellgeschmückten Säulen an der Nordmauer (oberhalb der durchs Dorf führenden Hauptstraße, auf Höhe des Café Irriadh). Allerdings schaut nur der oberste Teil dieses Torbogens über das Straßenniveau hinaus. In einer Gegend, die so reichlich mit römischen Bauresten gesegnet ist, kann man es sich leisten, solch prachtvolle, architektonische Details verschüttet zu lassen. Manches wurde auch in die Wohngebäude integriert. Beim Besuch eines Privathauses in der Altstadt zeigt uns der Hausherr stolz einen mit Inschriften versehenen römischen Brunnentrog im Innenhof und mächtige, ornamentverzierte Quadersteine an der Rückwand seiner ansonsten eher schlichten Schlafkammer.

- **Unterkunft:**
  Hotel **Thugga****
  Tel. 08-46 57 13, Fax 08-46 58 00, DZ 58 TD; in großem Olivengarten im Tal an der Umgehungsstraße; röm. Grabstelen und Säulenreste im Garten; schöne, saubere, ruhige Zimmer mit Dusche, WC, ZH; gutes, lizensiertes Restaurant.
  Mohammed Ali
  Einfachste (Not-)Unterkunft in Neubau (ohne Beschriftung) an Hauptstraße im Ort gegenüber Apotheke; DZ 10 TD; lt. Leser nicht empfehlenswert.
  Jugendherberge im Ortszentrum (Bushaltestelle); Übernachtung lt. Leser unsicher.
- **Verkehrsverbindungen:** Busse und Louages u.a. nach Tunis, El Kef,

Routenteil A

Béja über Thibar, Makthar und Bou Salem. Busstation am zentralen Platz nahe Moschee.
- **Sonstiges:** Markttag Donnerstag.
- **Ausflüge:** Téboursouk ist Ausgangspunkt für einen Besuch der Ruinenstätten von *Mustis* (s.o.), *Dougga* und *Ain Tounga* (s.u.).

Dougga

Das antike *Thugga* ist die **größte, sehenswerteste und besterhaltene Römerstadt Tunesiens.** Sie wurde von der UNESCO 1997 zum *Weltkulturerbe* erklärt. Seine Größe und Bedeutung sowie die landschaftlich eindrucksvolle und aussichtsreiche Lage in 500 bis 580 m Höhe machen den Besuch zu einem unvergeßlichen Erlebnis – selbst für „Ruinenmuffel". Und vor allem: in Dougga ist vieles erhalten geblieben, steht vieles noch (oder wieder) aufrecht, was in anderen Ruinenstätten zerstört oder verschüttet ist. Wer aus Zeitmangel gezwungen ist, sich auf den Besuch einer einzigen antiken Ruinenstätte in Tunesien zu beschränken, sollte Dougga wählen. Bei der Fülle des Gebotenen kann sich die folgende Beschreibung nur auf die wichtigsten Ausgrabungen beschränken.

- **Öffnungszeit:** täglich 7.30 Uhr bis Sonnenuntergang.
- **Eintritt:** 2,1 TD, Fotoerlaubnis 1 TD. Auf Wunsch persönliche Führung (Führungsdauer und Preis vorher vereinbaren; Richtwert 6 TD/Std.; für eine gründliche Besichtigung sollte man mindestens 2–3 Stunden einplanen; empfehlenswerter, sehr kundiger, deutschsprachiger Führer: Hedi Larbi).
- **Sonstiges:** Kein Museum in Dougga. Beim oberen Parkplatz kleines Café. Unterhalb des dortigen Eingangs kleine Bar.
- **Campingmöglichkeit:** für Wohnmobile auf großen Parkbuchten jeweils bei den beiden Eingängen zur Ruinenstätte.
- **Anfahrt:** a) ab der Straßengabelung am südwestlichen Ortsausgang von Téboursouk der Beschilderung „Dougga Ruines" nach rechts folgen (knapp 7 km); evtl. mit Taxi ab Ort.
  b) auf 4 km langer Zufahrt ab Dorf Dougga an der Hauptstraße P5 im Tal (unterer Eingang).

Geschichte

Schon lange bevor die Römer kamen war *Tukka* (= steiler Fels) eine **bedeutende, befestigte Stadt im Herrschaftsbereich des Numiderkönigs Massinissa** (208–149 v.Chr.). Sie thront in strategisch günstiger Lage auf einem Felsplateau hoch über dem Tal des *Oued Khalled.* Erst 46 v.Chr. wurde Tukka als Teil von „Africa Nova" **römisch.** Unterhalb des alten numidischen Ortes entstand zunächst nur eine **Veteranensiedlung** *(Thugga).* Mit zunehmender Romanisierung und dem weiteren Ausbau der Siedlung wuchsen die alten und neuen Ortsteile zusammen. Schon im 1. Jh. n.Chr. entstand das Stadtzentrum mit Forum und Markt. Wohlhabende Bürger wetteiferten fortan darum, ihre Stadt durch großzügige Stiftungen mit prachtvollen Bauten zu verschönern. Tempelanlagen, Theater und Kapitol kamen im 2. Jh. hinzu, weitere Tempel, Triumphbögen und herrliche Villen entstanden im 3. Jh. Im Jahr 205 n.Chr.

Bühnenraum des Theaters in Dougga

erhielt Thugga Municipiumsrecht; dank des anhaltenden wirtschaftlichen Aufschwungs – die Stadt war mit inzwischen 25 000 EW **Zentrum eines bedeutenden Landwirtschaftsgebiets** – wurde Thugga 261 **zur Colonia erhoben.** Ab dem 4. Jh. ging es jedoch wieder abwärts. Der Verfall des Römischen Reichs, Glaubenskämpfe christlicher Gruppierungen und der Einfall der Vandalen besiegelten das Schicksal der Stadt. Große Teile der Bevölkerung wanderten ab. Die **Byzantiner** bauten im 6. Jh. rings um das römische Kapitol und Forum eine Festungsanlage, doch nur wenige Bewohner verblieben während der folgenden Jahrhunderte in den noch bewohnbaren Häusern der allmählich verfallenden Stadt. Erst der Zuzug einiger aus Spanien vertriebenen Mauren brachte Anfang des 17. Jh. wieder ein wenig mehr Leben in die Mauern und verhalf dem seit der Römerzeit brachliegenden Olivenanbau zu neuem Aufschwung.

Als **1883** französische Archäologen mit **ersten Ausgrabungen** begannen, war die antike Stadt weitgehend verschüttet (das Theater z.B. bis zu den obersten Rängen) und mit einfachen Häusern der Landbevölkerung überbaut. Erst im Jahr 1963 wurden die letzten Bewohner in das neue Dorf *Dougga* unterhalb der Ruinenstätte umgesiedelt. Weitere interessante Bauten, z.B. ein Amphitheater, der Zirkus und große Wohnviertel sind noch nicht freigelegt. Wo immer ein Steinplattenweg in Dougga im Boden verschwindet, spricht der Führer nicht etwa vom „Ende der Straße", sondern vom „Ende des Kredits". Ständig sind jedoch Restaurierungsarbeiten und in neuerer Zeit auch wieder weitere Grabungen im Gange.

Besichtigung

Die Besichtigung beginnt mit einem der eindrucksvollsten Bauwerke, dem Theater. Zwischen 166 und 169 n. Chr. errichtet, faßte es rund 3500 Zuschauer. Hervorragend erhalten ist das 15 m hohe Halbrund mit den Zuschauerrängen, unterteilt durch Wandelgänge und Treppen. Steigen sie hinauf und genießen Sie den Blick über die Ausgrabungsstätte und die herrliche Landschaftskulisse. Zu Römerzeiten war dieser durch eine hohe Bühnenrückwand versperrt. Vom Bühnenteil stehen u.a. noch einige Säulen der Vorhalle mit feingliedrigen Kapitellen; ein Fries mit eingravierten Inschriften liegt zum großen Teil in Fragmenten am Boden. Alljährlich im Juli/August findet hier ein 4-wöchiges, Internationales Theater-Festival statt, vorwiegend mit Aufführungen klassischer französischer Dramen.

Vom obersten Rang des Zuschauerrunds ein Stück nach Norden erreichen wir den *Saturntempel.* Er wurde 195 n.Chr. auf den Fundamenten eines numidischen Baal-Heiligtums erbaut. Etwas unterhalb des Tempels liegen die Reste der *Victoriakirche* (Anfang 5. Jh.). Ein in der dortigen Krypta gefundener Steinsarg mit der Inschrift „Victoria" gab der Kirche ihren Namen. In einer Gruft (zwischen Kirche und Saturn-Tempel) liegen etwas wild durcheinander mehrere steinerne Sarkophage.

Folgen wir vom Theater dem beschilderten Plattenweg in Richtung Kapitol, kommen wir an den Resten des Tempels der *Pietas Augusta* (links) vorbei zum *Platz der Windrose.* Ein großer „Kompaß" mit drei konzentrischen Kreisen und einer Windrose mit den Namen der 12 Winde ist hier in das Pflaster eingraviert. Nördlich des Platzes schließt der kleine *Merkurtempel* an, südlich der Markt, dessen Verkaufsnischen etwas auffällig „hinzurestauriert" wurden. Die zum Kapitol hin aufragenden Mauern stammen aus dem 6. Jh., als sowohl Kapitol und das angrenzende Forum in eine byzantinische Festungsanlage integriert wurden. Für diese Ummauerung verwendete man großzügig das Material aus den punischen und römischen Bauten der Umgebung, darunter auch einen Steinblock (vom Platz der Windrose aus sichtbar), der die einstige Einwohnerzahl der Römerstadt (25 000) belegt. Unterhalb, d.h. überbaut von der byzantinischen Festung, stieß man auf Tempelreste aus der Zeit Massinissas.

Das Kapitol – eines der schönsten römischen Bauwerke auf afrikanischem Boden – entstand als Tempel für die Götter Jupiter, Juno und Minerva. Die drei Nischen an der Rückwand der Cella waren für die Statuen dieser Gottheiten bestimmt. Hervorragend erhalten sind die auf einem elfstufigen Podest stehenden Säulen mit korinthischen Kapitellen und der darauf ruhende First, den 24 Steinrosetten mit jeweils unterschiedlichem Blütenmotiv sowie das Giebelrelief eines Königsadlers zieren.

Zu Füßen des Kapitols das Forum, das durch die spätere byzantinische Ummauerung recht verfremdet wurde.

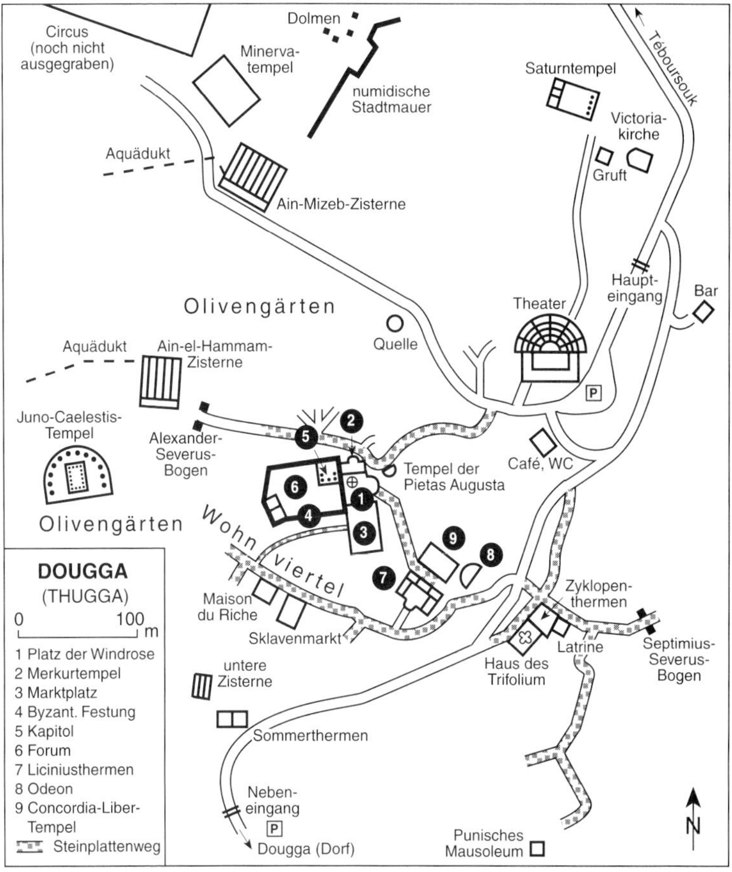

Weiter auf dem Weg oberhalb des Kapitols kommen wir bei den Olivenbäumen zum gut erhaltenen *Alexander-Severus-Bogen* (288 n.Chr., eine Stiftung der Bürger Thuggas für ihren Kaiser). Knapp dahinter liegt die mittlere von insgesamt drei Zisternenanlagen. Über einen 12 km langen Aquädukt wurde das Wasser von der Quelle *Ain el Hammam* hierhergeleitet und in fünf unterirdischen Tonnengewölben gespeichert. Sehenswert ist auch die obere und größte der drei Zisternenanlagen (ein Stück hangaufwärts durch den Ölbaumhain), deren sieben 25 m lange Kammern jeweils 9000 m^2 Wasser aus der nahen *Ain Mizeb*-Quelle speicherten; die Zisternenanlagen (durch Stollen miteinander verbunden) dienen heute als „Grabungshaus", Lagerraum für Ausgrabungsfunde; im allgemeinen nicht zugänglich. Oberhalb der Ain-Mizeb-Zisternen jenseits der numidischen Stadtmauerreste liegen zahlreiche Dolmen aus dem 3. Jh. v.Chr., die erst teilweise freigelegt sind.

Etwa 50 m südwestlich des Severus-Bogens steht einer der bemerkenswertesten Bauten Douggas: der Tempel der *Juno Caelestls* (auch *„Thanittempel"* nach einer ursprünglich hier errichteten Kultstätte für die punische Mondgöttin) aus dem frühen 3. Jh. Die gut erhaltene Anlage wird umlaufen von einem einst aus 24 korinthischen Säulen gebildeten Halbkreis (das Halbrund versinnbildlicht die Mondsichel), in dessen Zentrum das Heiligtum mit einer Statue der Göttin war.

Auf dem Weiterweg zum Wohnviertel passieren wir zunächst das *Maison du Riche* mit Resten schöner Bodenmosaiken (u.a. „Maskenmosaik"). Nebenan liegt der sog. Sklavenmarkt (Dar El Acheb), ein gepflasterter Hof mit hoch aufragendem Eingangstor (beliebtes Fotomotiv hinauf zum Kapitol). Dieser einstmals von Arkaden umlaufene Platz war vermutlich der Vorplatz eines Tempels. In einer Steinplatte am Boden beim Eingangsportal sind die Umrisse des (noch nicht freigelegten) Zirkusses eingraviert. Die kleinen Steinmulden hier, wie auch z.B. an diversen Hauseingängen, gehören zu einem römischen Gesellschaftsspiel, das mit verschiedenfarbigen Steinchen gespielt wurde.

Hier am Südhang unterhalb des Forums standen viele Wohn- und Geschäftshäuser, teils vornehme und prachtvoll ausgestattete Villen und Paläste. Einige waren zum Schutz vor der brütenden Sommerhitze – ähnlich wie in Bulla Regia – in die Tiefe, also mit Untergeschossen gebaut. Die vorherrschenden Motive in den Mosaikfußböden gaben den einzelnen Häusern ihre Namen (z.B. Haus der Jahreszeiten, des Odysseus, des Dionysos etc.). Zwar sind – wie allgemein üblich – die schönsten Mosaiken ins Bardo-Museum verbracht worden, doch lassen selbst die Reste noch deutlich genug erkennen, mit welchem Aufwand und Prunk wohlhabende römische Bürger hier residierten.

Innerhalb des Wohnviertels liegen die *Liciniusthermen* aus dem 3. Jh. Wir betreten sie durch den „Personaleingang", einen Tunnel, in dem noch Reste der Warmluftröhren zum Beheizen des darüber liegenden Warmwasserbades erkennbar sind. Diese Winterthermen sind ein Labyrinth aus Kalt-, Lau- und Heißwasserbädern und -bekken, aus Vorhallen, Sälen und Nebenräumen. Die Anlage läßt sich besser überblicken, wenn man ein Stück den Hang hinaufsteigt. In der Nähe der unteren Zisternen wurden große Teile der prächtigen *Sommerthermen* freigelegt (Mosaikfußböden, Marmorverkleidungen).

Ein interessantes Gebäude ist das *Haus des Trifoliums* (= „Kleeblatt"), zweigeschossig mit Wohnräumen im 5 m tiefer liegenden Untergeschoß. Es hat seinen Namen vom Mosaikmotiven erhalten; vielleicht auch vom kleeblattförmigen Grundriß eines Raumes (vermutlich Speiseraum) mit halbrunden, konchenartigen Ausbuchtungen. Umstritten ist die einstige Funktion des Hauses. Wohnhaus oder Bordell? Für letztere Annahme sprechen ein Stein mit Phallussymbol, der – einst am Hauseingang eingefügt – heute etwas oberhalb im Gemäuer anzutreffen ist und die Existenz *zweier* Eingänge, des breiten, „legalen" Haupteingangs für Junggesellen und einer unscheinbaren Nebenpforte für heimliche Besuche verheirateter Männer. Wozu der Bau auch diente: Der säulenumstandene, heute freundlich mit Blumen bepflanzte Innenhof ist gleichermaßen geeignet als Kontakthof wie als luftiger Aufenthaltsplatz für wohlhabende Privatbürger. Die Kritzeleien (Hakenkreuze, Kleeblätter) auf der steinernen Eingangsschwelle stammen von deutschen Soldaten, die im 2. Weltkrieg hier lagerten.

Angeschlossen an das Trifolium sind die privaten *Zyklopenthermen* – auch diese nach Mosaikbildern benannt, dazugehörend eine 12-sitzige Latrine, in geselligem Halbrund angeordnet und hygienisch einwandfrei mit Wasserabflußrinne und Handwaschbecken ausgestattet.

Immer wieder entdecken wir in den Plattenwegen die regelmäßig eingelassenen steinernen Deckel für die unterirdisch verlaufende Kanalisation – ein perfektes Entsorgungssystem für die städtischen Abwässer. Man beachte auch die tiefen Wagenspuren sowie die da und dort quer in die Wegplatten eingehauenen Rillen, die an steilen oder kurvigen Stellen die Griffigkeit und Rutschfestigkeit des Straßenbelags erhöhen sollten; ähnliche Rillen in den steinernen Türschwellen erfüllten die Funktion eines Schuhabstreifers.

Zum Schluß noch ein Spaziergang durch die Olivengärten hinab zu dem weithin sichtbaren *Mausoleum*. Obwohl die Römer diese bereits seit dem 4. Jh. v.Chr. gebräuchliche Grabform

Kapitol in Dougga

später ebenfalls übernommen haben, handelt es sich hier um das landesweit einzige, nahezu vollständig erhaltene Mausoleum aus punischer Zeit. Es wurde während König Massinissas Herrschaft (2. Jh. v.Chr.) für den Numiderfürsten Ataban erbaut, und zwar laut neueren Forschungsergebnissen nicht als Grab-, sondern lediglich als Denkmal. Drei sich verjüngende Stockwerke sind turmartig aufeinander gebaut. Das oberste Stockwerk ist an jeder Seite mit einem Quadriga-Relief geschmückt. Gekrönt wird der 21 m hohe Bau von einem Pyramidendach, dessen Ecken Reste weiblicher Figuren zieren; auf der Dachspitze thront ein Löwe. Das Mausoleum von Dougga ging übrigens auch in die Sprachgeschichte ein: eine in einer Kammer gefundene zweisprachige Inschriftentafel nennt in alt-libyscher (numidischer) und punischer Schrift die Namen des Numiderfürsten, des Baumeisters sowie der am Bau beteiligten numidischen Handwerker. 1842 ließ der britische Konsul in Tunis die Tafel herausbrechen, wobei das Denkmal erheblich beschädigt wurde. Sie wurde zum Schlüssel für die Entzifferung des altlibyschen Alphabets und befindet sich noch immer im Britischen Museum in London.

Von Téboursouk aus folgt die P5 in Richtung Tunis weiterhin dem meist trockenen Flußbett des *Oued Khalled* durch sanftes Hügelland. Ab **Ain Jemmala** führt sie ein Stück weit kurvenreich durch ein hübsches Waldgebiet, bis dann wieder Felder beidseits der Straße dominieren. Etwa 14 km ab Téboursouk wird es wieder römisch/byzantinisch:

Ain Tounga

In diesem kleinen Dorf liegen frei zugänglich in einem großen Olivenhain rechts oberhalb der Straße die bescheidenen **Reste des römischen Thignica.** Zunächst jedoch – wie beinahe üblich in einer Römerstadt – das Gemäuer einer gewaltigen *byzantinischen Festung* aus dem 6. Jh.; in ihrem mächtigen Eckturm entdecken wir Quadersteine mit Inschriften, an der Rückseite gar mit einem Schiffsrelief. Bergauf zwischen Mauerresten hindurch bis zu einem Torbogen; über Steintreppe und Plattenweg ca. 20 m weiter kann man rechts in eine unterirdische Zisterne hinabsteigen. Rings herum wurden Fundamente eines *Wohnviertels* freigelegt. Weiter oben am Hang fällt ein Bauwerk ins Auge, wohl das *Kapitol*, mit gewaltigen, aus sauber behauenen Quadern errichteten Pfeilern sowie Säulenbruchstücke ungewöhnlich großen Durchmessers. Steigt man ganz hinauf auf den Hügel und geht dort einige hundert Meter nach rechts, kommt man zu einem teilweise freigelegten alten *Höhenheiligtum*. Das hohe halbrunde Gemäuer seitlich unterhalb des Kapitols gehörte wohl zu einem kleinen Theater, dessen Sitzreihen von den Byzantinern zum Bau ihrer Festung zweckentfremdet wurden. Bei den Trümmern ca. 50 m unterhalb dieses Theaters dürfte es sich um Reste einer Kirche handeln; und noch ein Stück weiter Richtung Eingang erkennen wir, vor allem dank des tiefen, großen Badebeckens mit Stufen, die Thermenanlagen. – Viel totes, trauriges Gestein. Nur an einer Stelle regt sich ein bißchen Leben: Unter dem schattenspendenden Olivenbaum in der Mitte der Stätte spielen Kinder in einer aus Kapitellen, Säulenstümpfen, Platten und Stelen errichteten Steinmöbellandschaft.

Das freigelegte Oval des Amphitheaters liegt etwas abseits, ca. 150 m vor dem nordöstlichen Ortsendeschild Ain Toungas rechts oberhalb der Straße inmitten der Felder.

Je mehr wir uns Testour nähern, umso fruchtbarer wird das Umland: Auffallend viele Granatapfelbäume wachsen hier, aber auch andere Obstsorten, Ölbäume und dazwischen aufragend immer wieder schlanke Zypressen. Bergketten mit teils felsigen Kämmen steigen hinter dem Talgrund auf, beson-

Straßenszene in Testour

ders markant links drüben die Felspyramide des *Djebel Skhira.* Die Straße senkt sich hinab ins Tal des *Oued Siliana* und erreicht (24 km ab Téboursouk) das am träge dahinfließenden *Medjerdafluß* liegende Städtchen **Testour.**

Testour

Der an der Stelle des römischen *Tichilla* erbaute Ort (ca. 8000 EW) ist seines gefälligen Stadtbildes und lebhaften Ortszentrums wegen einen Bummel wert. **Mauren,** die sich hier zu Beginn des 17. Jh. niederließen, beeinflußten den Baustil der Stadt. Allerdings hat der „andalusische" Charakter Testours stark unter den Kämpfen des 2. Weltkriegs (1942/43) gelitten. Viele der alten Häuser wurden zerstört und später nur zum Teil im ursprünglichen Stil wieder erneuert. Dennoch, auffallend ist auch heute noch der geradlinige Verlauf der meisten Straßen, und neben den landesüblichen Flachdächern kommen einem sanft geneigte und mit roten Ziegelpfannen gedeckte Dächer noch immer leicht „spanisch" vor.

Das imposanteste, im andalusischen Stil errichtete Bauwerk ist der mit rot-bräunlichen Dachpfannen gedeckte Ziegelbau der *Großen Moschee* (frühes 17. Jh.; für Nichtmuslime verschlossen). Sein wuchtiges quadratisches, ebenfalls aus Ziegeln gemauertes Minarett trägt einen achteckigen, mit bunten Kacheln verzierten Aufsatz. Wenig Nutzen hat allerdings die zur Stadtseite hin angebrachte Uhr: nicht nur fehlen die Zeiger, auch die Stundenziffern stehen gegen den Uhrzeigersinn.

Sehenswert unter den vielen Moscheen des Ortes ist ferner die *Sidi-Abdul-Latif-Moschee* (17. Jh.) mit ihrem Wandrelief aus vor- und zurückgesetzten Backsteinen, sowie die *Zaouia Sidi Naceur El Garouachi* (1733) am oberen Ende der „Rue de 26. Febr. 1953" (kleine Gasse von der Hauptstraße abgehend); ihre mit grünen Ziegeln gedeckte Kuppel ist schon von weitem sichtbar. Orangenbäume wachsen in dem stimmungsvollen, arkadengesäumten Innenhof, in dem einige kleinere Sarkophage stehen. Im fayencengeschmückten Hauptraum unter der stuckverzierten Kuppel ruht der Sarg des Heiligen.

- **Unterkunft:** Kein Hotel am Ort.
- **Verkehrsverbindungen:** Häufige Busverbindung in Richtung Tunis und El Kef.
- **Markttag:** Freitag.
- **Feste:** Zweiwöchiges *Maalouf-Festival* im Juni/Juli mit klassischer andalusischer Musik.

Vor der Weiterfahrt von Testour zum 20 km entfernten Mejez el Bab sollte man sich folgenden Abstecher nicht entgehen lassen:

Abstecher zum Bergdorf und Stausee von Sidi Salem

(Rundfahrt ca. 15 km)

Am östlichen Ortsende von Testour zweigt von der P5 links ein Sträßchen ab zur „Barrage Sidi Salem 8 km". Dieses überquert sogleich den Medjerda-Fluß und führt durch große Baumpflanzungen (hauptsächlich Granatäpfel und Oliven) hinein in kahleres Hügelland. Nach 5 km folgen wir einem querenden Sträßchen nach links auf den bizarr zerklüfteten *Djebel Skhira* zu. Bei einer Kreuzung am Bergfuß (hier später Weiterfahrt) geht es noch ca. 400 m rechts hinauf in die kleine, an den Hang geklebte alte Berbersiedlung **Sidi Salem.** Vom dortigen Ende der Fahrstraße führt ein Spazierweg in ca. 10 Minuten zu einer malerisch gelegenen Wasserstelle unter schattenspendenden Bäumen direkt unterhalb des von Höhlen zerlöcherten Steilfelsens. Schöne Blicke hinunter ins Tal; den Stausee selbst sieht man erst, wenn man dem Weg noch ca. 200 m weiter bis zu einer Anhöhe folgt.

Die Talsperre (direkte Zufahrt verboten) entstand mit deutscher Finanzhilfe zwischen 1977 und 1981 in jugoslawisch/tunesischer Zusammenarbeit. Der Stausee – mit einer Länge von über 30 km soll er der größte des Landes sein – reguliert den stark schwankenden Wasserlauf des Medjerdaflusses, liefert Trinkwasser für Tunis und die südliche Küstenregion bis Sfax und dient der Bewässerung der Gärten von Cap Bon. Wir taxieren die malerischen, teilweise bewaldeten und absolut unverbauten Ufer des Sees: längst wäre solch ein Juwel bei uns „touristisch verwertet". Hier aber stört kein Kiosk, kein Bootsverleih, nicht einmal die farbige Wegnummer irgendeines Wandervereins die Landschaft.

Zurück an der Kreuzung überqueren wir das Talsträßchen. Oberhalb des Medjerdaflusses geht es nun (zunächst geteert, zuletzt auf Piste) durch Felder, Oliven- und Obstgärten, dann an einem felsigen Steilabbruch entlang; unter uns der Fluß, der sich hier tief ins Gelände eingegraben hat. Ca. 1,7 km vor Testour münden wir wieder auf unser ursprüngliches Zufahrtssträßchen, dem wir nach rechts bis zum Startpunkt der Rundfahrt folgen.

Die in Richtung Tunis weiterführende Straße P5 folgt nun, mit Blick auf Gärten, Getreideflächen, Reb- und Baumkulturen, dem fruchtbaren Medjerda-Tal. Zur Erntezeit (Okt.) werden überall am Straßenrand Granatäpfel angeboten. Wir passieren den kleinen Ort **Sloughia**, auch dies eine Gründung andalusischer Siedler, was schon das rote Ziegeldach der Moschee verrät. Es geht über den Medjerda-Fluß, und gut 10 km ab Testour kommen wir an eine Abzweigung, nach links beschildert „Béja 41 km“ bzw. „Barrage Sidi Salem“ (Möglichkeit für reizvolle *Streckenvariante* nach Mejez el Bab, s. u.).

Wer es eilig hat, folgt weiterhin der Hauptroute P5, passiert nach gut 5 km das große *Commonwealth War Cemetery* (mit fast 3000 Gräbern sowie einer Gedenkstätte für rund 2000 namenlose Opfer des 2. Weltkriegs) und erreicht 4 km danach **Mejez el Bab** (s.u.).

Für intensiveren Kontakt mit dem *Stausee Sidi Salem,* für einen Bade- und Ruhetag sowie für Campingfreuden in reizvoller Umgebung empfiehlt sich bei obengenannter Beja-Abzweigung der folgende Umweg (24 Mehrkilometer):

Granatapfelbaum

Variante:

Über Stausee Sidi Salem und Oued Zarga nach Mejez el Bab

(Gesamtstrecke ca. 35 km)
Achtung: Bei Nässe sind einige Abschnitte der meist unbefestigten Strekke für Normal-PKWs evtl. mühsam zu befahren.

Gut 2 km nach Einbiegen in die Béja-Straße verlassen wir diese nach links Richtung „Barrage Sidi Salem". Das Sträßchen zieht nun auf den gezackten *Djebel Skhira* zu. Nach 3 km biegen wir von diesem rechts ab und folgen einem unbefestigten Fahrweg, bis dieser nach weiteren 5 km einen 90°-Knick nach links macht. Achtung: wir folgen ab hier dem geradeaus weiterführenden schmaleren Weg, der kurz darauf einen kleinen Bergsattel erreicht. Unter uns liegt nun der Stausee in all seiner Schönheit, mit zahlreichen Buchten und umgeben von Olivenhainen, Obstbaumkulturen, Feldern, kleinen Wäldchen, da und dort hingetupft eine kleine Siedlung. Der Weg geht in Richtung See durch Kiefernwäldchen, zwischen Feigen-, Granatapfel- und anderen Obstpflanzungen hindurch, vorbei an Eukalyptuswäldern und erreicht schließlich offene Felder. Wir biegen auf Höhe einer kleinen Siedlung (ca. 4,5 km ab „90°-Knick") nach rechts in einen breiteren Weg ein und folgen diesem in Richtung NO. Nach 1,6 km ziehen schmale Spuren links weg, die etwa 700 m danach am Seeufer enden (romantischer Rastplatz und hübscher Strand; kleines vorgelagertes Inselchen; Buschwald). Weiter auf dem Hauptweg; nach 1,7 km geht wieder eine Zufahrt links weg zum Seeufer (auch hier schöne Rastmöglichkeiten, allerdings schon mehr in Ortsnähe von Oued Zarga). Unser Fahrweg stößt bald darauf auf eine aufgelassene, parallel zur Eisenbahn verlaufende Teerstraße. Wir biegen rechts ein und erreichen sogleich das Dorf **Oued Zarga** an der Hauptstraße P6 Béja – Tunis. In diesen neuen Ort (mit Bahnstation an Linie Tunis – Béja) wurden die Bewohner des im Stausee versunkenen alten Dorfes umgesiedelt.

Abstecher zum britischen Soldatenfriedhof v. Oued Zarga

Wir folgen der P6 nach links (Richtung Béja). 2 km nach dem Ortsendeschild zweigt links ein 1 km langer, anfangs steiler und holpriger Weg zu dem am Stausee gelegenen Friedhof ab. 239 britische und 8 indische Soldaten des 2. Weltkriegs liegen hier begraben.

Die Trümmer einer Kirche beim Friedhofshügel und einer Farm nahebei sind Reste des im See versunkenen Dorfes Oued Zarga. Beide Bauten der früheren Kolonialherren wurden nach deren Abzug von den Tunesiern in die Luft gesprengt.

Für die Weiterfahrt zum 16 km entfernten Mejez el Bab folgen wir ab Oued Zarga der P6 nach rechts. Kurz vor der Stadt stehen zur Begrüßung beidseits der Straße ganze Regimenter von Agaven Spalier.

Mejez el Bab

Touristisch unbedeutender Ort (ca. 15 000 EW). Nur der Name des Hotels *Membressa* neben der aus antikem Material im 17. Jh gebauten Medjerdabrücke erinnert heute noch an den römischen Ursprung dieser kleinen Stadt. Auch daß die Stadt im frühen 17. Jh. von andalusischen Heimatvertriebenen gegründet wurde, ist nicht mehr erkennbar. Im 2. Weltkrieg (Herbst 1942 bis Frühjahr 1943) lag die Stadt mitten im Kampfgebiet zwischen den Alliierten und dem Afrikakorps und wurde fast völlig zerstört. Auf mehreren Soldatenfriedhöfen in der Umgebung liegen die Opfer dieses sinnlosen Krieges.

- **Unterkunft:**
  Hotel **Membressa**
  Tel. 08-46 01 21, DZ 14 TD; einfache Zimmer m. Dusche; preiswertes, lizensiertes Restaurant.
- **Verkehrsverbindungen: Busse** nach Tunis, Béja, El Fahs, Jendouba, El Kef; **Louages** nach Tunis und Béja; **Taxis** in die umliegenden Orte; **Eisenbahn** nach Tunis bzw. über Béja nach Jendouba und Ghardimaou (Bahnhof 2 km außerhalb an Straße Richtung Tebourba).
- **Markttag:** Montag.

Ausflug zu den Bergdörfern Toukaber und Chaouache

(15,5 km Anfahrt)

Wir verlassen Mejez el Bab in Richtung Nord auf der nach Tébourba führenden Straße (C50), passieren nach ca. 2 km den Bahnhof und biegen kurz danach (beschildert) links ab. Die Straße windet sich stetig aufwärts und erreicht nach insgesamt knapp 13 km das Dorf **Toukaber,** das bereits rund 300 m höher liegt als Mejez el Bab. Reste des alten römischen *Thuccabor* findet man da und dort im Gemäuer des Ortes wiederverwertet. Nochmals 2,5 km und

Britischer Soldatenfriedhof Massicault (s. nächste Seite)

Aus französischer Kolonialzeit: Kirche in Tébourba

100 Höhenmeter weiter bergauf, und wir sind in dem kleinen malerischen Bergdorf **Chaouache.** Ganz vorne an den Felsvorsprung gebaut sitzt die Moschee, und von hier hat man einen großartigen Blick – wie aus dem Flugzeug – über die weite Medjerdaebene bis zu den Bergen der Dorsale im Süden und zum Stausee Sidi Salem, der im Westen zwischen den Hügeln aufblitzt. Unter uns am Fuß des Steilhangs zwischen den Ölbäumen entdecken wir zwei antike Torbögen – Reste des römischen *Sua.* Wir klettern hinter dem Dorf hinauf auf das Felsplateau, von wo der Ausblick noch grandioser ist. Die Dorfjugend führt uns zu mehreren Höhlen, aus dem Fels gehauene Kammern, meist etwa 1 m tief und mit exakten, quadratischen Öffnungen. Ein paar Dutzend solcher Höhlen soll es in den nahen Felsen geben. „Sonnenanbeter" hätten hier in vorrömischer Zeit gelebt, erklärt man uns. Damit sind wohl die Punier gemeint, denen diese Felsgrotten vermutlich als Begräbnisstätten dienten.

Für die letzte Etappe von Mejez el Bab bis Tunis kann man wählen zwischen der schnelleren und besser ausgebauten **Direktroute** P5 **(Variante a)** oder der schmaleren, dafür landschaftlich reizvolleren und „naturnahen" **Nebenroute (Variante b)** auf der C50 über Tébourba und durch das fruchtbare Medjerdatal.

Variante a:

Direktroute Mejez el Bab – Tunis (auf der P5)

(58 km)
Die P5 führt durch eine gefällige, sehr fruchtbare Landschaft. 2 km nach **Bordj el Amri** passieren wir (25 km vor Tunis) erneut einen britischen Soldatenfriedhof, das eindrucksvolle *Massicault Commonwealth War Cemetery.* Besonders tragisch: die meisten der hier begrabenen 1578 Soldaten kamen erst in den allerletzten Kriegstagen auf tunesischem Boden (April/Mai 1943) ums Leben.

Die Straße führt im weiteren Verlauf durch Hügelland mit Getreidefeldern, Rebflächen, langen Zypressenreihen und Ölbaumhainen. Schließlich taucht der große Salzsee *Sebkhet Sejoumi* auf, in dem sich oft große Flamingoschwärme aufhalten. Zuletzt geht es durch wenig attraktive Vorstadtviertel bis zum Zentrum von

Tunis

(Beschreibung, Pläne etc. s. S.196ff.)

Variante B:

Mejez el Bab über Tébourba nach Tunis (Medjerda-Strecke)

(70 km)
Wir folgen ab **Mejez el Bab** der Beschilderung „Tebourba" und ignorieren gleich nach dem Bahnhof die Zufahrt zu den Bergdörfern Toukaber und Chaouache (s. obigen Ausflug). Rechterhand – von der Straße aus nicht sichtbar – mäandert der Medjerdafluß durch das Tal mit Feldern, Baumpflanzungen und Gartenland; links begleitet uns der teilweise bewaldete Bergzug des *Djebel Lansarine.*

Nach gut 11 km, im Dorf **El Hari,** erinnert ein kleines Obelisk-Denkmal an die harten Kämpfe im Dezember 1942/April 1943 und die dabei gefallenen britischen Soldaten. Die *Barrage Laroussia,* ein kleiner Stausee, bleibt rechts liegen. 34 km ab Mejez el Bab erreichen wir **Tébourba.**

Tébourba

Kleines, besonders durch seinen Wein bekanntes, lebhaftes Städtchen. Um den hübschen zentralen Place Tayeb Mhiri gruppieren sich Cafés, kleine Läden, der Markt mit Markthalle, einige Kuppelbauten und Moscheen. Ein „Fremdkörper" im Ortsbild ist die ehem. französische Kirche mit ihrem wuchtigen Turm und Tonnengewölbedach – heute sinnvoll als Stadtbücherei genutzt. Rote Satteldächer und europäisch anmutende Dorfarchitektur erinnern hier wie in den umliegenden Orten an die Kolonialzeit.

Wir folgen der Beschilderung „El Battan" und überqueren nach reichlich 2 km in **El Battan** („Der Damm") den Medjerdafluß auf einem auffälligen, auf römischen Fundamenten stehenden Brücken- und Stauwerksbau aus dem 17. Jh. Der große, palastähnliche, in seinem Ursprung auf die Türkenzeit zurückgehende Gebäudekomplex beherbergt heute eine staatliche Pferdezucht. Interessant ist auch die kleine Chechia-Walkerei neben der Brücke. Mit Hilfe museumsreifer, riemengetriebener Maschinen aus dem letzten Jahrhundert werden die naturfarbenen Wollrohlinge für diese traditionelle tunesische Kopfbedeckung zu dichtem Filz gewalkt.

Bei **Djedeida** münden wir in die verkehrsreiche P7 (Mateur – Tunis). Im Ort **Oued Ellil** (ca. 12 km vor Tunis) zweigt rechts eine Straße nach „Sanhaja" ab. Über gut 1,5 km wird sie begleitet von den bis zu 20 m hohen Bogenresten jenes Aquädukts, der im 2. Jh. von den Römern zwischen Zaghouan und Karthago angelegt wurde. Das imposante Teilstück überbrückt hier ein breites, sanftes Tal und taucht bei einem Friedhof an der gegenüberliegenden Talseite wieder in den Boden ein.

Dann beginnen die Vororte von Tunis; triste Wohnsiedlungen wechseln mit häßlichen Industriebauten ab, Eisenbahngleise begleiten uns. Wir passieren den Pferderennplatz *Kassar Said.* Über das Bardo-Viertel erreichen wir schließlich das Zentrum von

Tunis

(Beschreibung, Pläne etc. s. S.196ff.)

Route A7: Rundfahrt um die Halbinsel Cap Bon [214 km]

Hammamet – Nabeul [12 km] – Korba [19 km] – Menzel Temime [27 km] – Kelibia [12 km] – (Kerkouane) – El Haouaria [24 km] – Korbous [63 km] – Soliman [18 km] – Grombalia [11 km] – Hammamet [28 km]

Allgemeines

Wie ein dicker Finger weist die etwa 80 km lange und bis zu 40 km breite **Halbinsel Cap Bon** zum nur 150 km entfernten Sizilien hin. Eine Bergkette – die Verlängerung der vom Atlasgebirge herüberziehenden Dorsale – teilt die Halbinsel der Länge nach in zwei Teile und schirmt den südlichen Teil und den Golf von Hammamet von rauhen Nordwinden ab. Dies gewährleistet hier nahezu ganzjährig ein ausgeglichenes Klima mit milden Wintern und nicht zu heißen Sommern.

Dank des günstigen Klimas und der Fruchtbarkeit des Bodens ist Cap Bon **eine der ältesten Kulturlandschaften Tunesiens,** in der schon die Punier und Römer Getreide, Oliven, Zitrusfrüchte und Weintrauben anbauten. Den Arabern, die im 7./8. Jh. Einzug hielten, besonders aber den im 11. Jh. einfallenden nomadisierenden Beni-Hilal-Stämmen, war naturgemäß Viehzucht wichtiger als Landwirtschaft. Die **Landwirtschaft** blühte erst durch den Zuzug andalusischer Mauren im 17. Jh. wieder auf. Die Mauren führten bislang unbekannte Kulturpflanzen (Tomaten, Paprika, Tabak) ein. Während der französischen Protektoratszeit ließen sich viele französische und italienische Bauern hier nieder und konzentrierten sich vor allem auf den Anbau von Zitrusfrüchten, Gemüse und Trauben.

Seit der Unabhängigkeit können die Tunesier ihr Land nach eigenen Plänen bewirtschaften. Etwa 3/4 der landesweiten Zitrusfruchtproduktion und beinahe die Hälfte der Traubenernte stammen aus der Cap-Bon-Region; bedeutend sind auch die Erträge aus dem Gemüseanbau, v.a. Tomaten und Peperoni.

Neben der Landwirtschaft gewinnt zunehmend der **Tourismus** an Bedeutung, vor allem in der Region um Hammamet und Nabeul. Dort befindet sich eines der wichtigsten und beliebtesten Urlaubszentren des ganzen Landes.

Was bietet die Rundfahrt?

Für Individualreisende, Urlauber aus Hammamet und Nabeul oder aus den Urlaubsregionen um Tunis und Sousse ist dies eine abwechslungsreiche und nach Belieben variable Ausflugsfahrt durch den Garten Tunesiens. Ein eigenes Fahrzeug bzw. ein Mietwagen sind natürlich ideal, aber auch öffentliche Verkehrsmittel verbinden die Hauptorte entlang der Strecke, wobei einige der abseits liegenden Ziele dann per Anhalter oder zu Fuß anzusteuern sind. Für das gesamte beschriebene Programm sind zwei Tage (und eine Übernachtung unterwegs) einzuplanen.

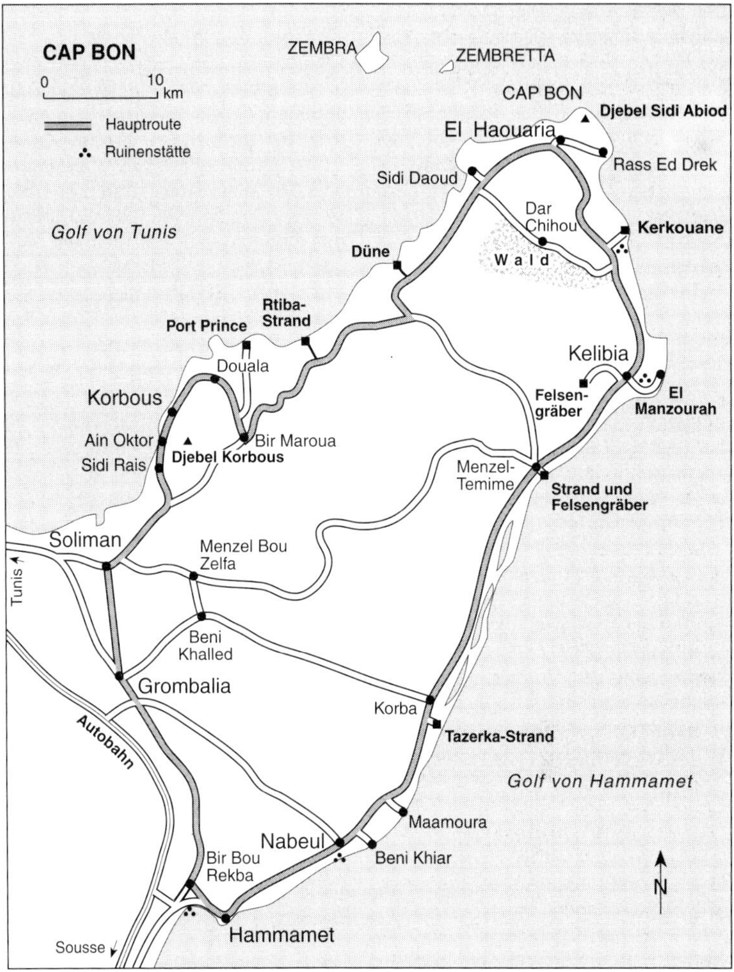

An der Südostseite der Halbinsel liegt mit *Hammamet/Nabeul* zunächst eines der populärsten tunesischen Fremdenverkehrszentren – trotz enormer Bettenkapazitäten keine stillosen Betonburgen, sondern meist parkähnliche Hotelanlagen an großzügigen, feinsandigen Stränden. *Kelibia* fasziniert mit Fischerhafen, byzantinischer Festung und ebenfalls schönen Sand-

und Felssträndern. Die punische Ruinenstadt *Kerkouane* ist ein Höhepunkt für Archäologiefreunde, und punische Felsgräber finden sich auch an anderen Stellen auf der Halbinsel. In *El Haouaria,* nahe dem tatsächlichen *Cap Bon,* können wir in punisch/römischen Steinbrüchen herumstöbern und evtl. das große Sperberfest miterleben. Rauher als die Gartenlandschaft im südlichen Teil ist die nördliche Hälfte der Halbinsel, wo mehrmals kleine Abstecher zu einsamen Stränden möglich sind. Lohnend, auch für nicht Kurende, ist ein Besuch des kleinen Thermal-Badeorts *Korbous* mit seinen verschiedenen Heilquellen an einer großartigen felsigen Steilküste. Schließlich gehts noch mitten durch eine der fruchtbarsten Regionen Tunesiens mit Orangen- und Zitronenhainen, Weingärten, Olivenpflanzungen und üppigen Gemüsegärten in der Ebene von *Grombalia* – insgesamt ein abwechslungsreiches, vom Massentourismus noch verschontes Landschafts- und Erlebnisangebot auf relativ kleinem Raum.

Ausgangspunkt unserer Rundfahrt ist **Hammamet.**

Hammamet

Das **Touristenzentrum Tunesiens,** aber – bei allem Rummel – trotzdem noch eine **gelungene Mischung aus traditionell-tunesischer und touristischer Atmosphäre.** Durch den derzeitigen Ausbau von Hammamet Süd kommt gar ein Schuß „Las Vegas" hinzu (s. z.B. das 15 km entfernte 5-Sterne-Hotel *Savana* mit künstlicher Felsenlandschaft und palastartiger Innenarchitektur). In wenigen Jahrzehnten hat sich Hammamet vom einfachen Fischerdorf zum devisenbringenden Fremdenverkehrsort entwickelt. Künstler, Intellektuelle und Gutbetuchte machten in den Zwanzigerjahren den Anfang. Der große Urlauberboom setzte jedoch erst in den 60er Jahren ein. Mit einer Kapazität von über 37 000 Gästebetten nimmt Hammamet heute die Spitzenstellung unter den tunesischen Badeorten ein. Rund 100 Hotels existieren bereits, aufgeteilt in div. Stadthotels, die „Zone Touristique Hammamet Nord" mit der sich daran anschließenden Zone „El Merazka", sowie die größere und landschaftlich reizvollere Strandzone im Südwesten und Süden der Stadt, die sich inzwischen auf rund 20 km Länge erstreckt, eine gigantische Hotelneubauzone mit breiter Strandpromenade, Spielcasino und einem im Bau befindlichen Yachthafen. Die meisten Hotels besitzen eigene, saubere Sandstrände und sind von schönen Parkanlagen umgeben. Da die strandnahen Zonen inzwischen weitgehend zugebaut sind, entstehen neuerdings die Hotels auch in zweiter oder dritter Reihe, also ohne direkten Strandkontakt.

Die von Mauern umgebene Medina mit Souks und malerischen Gassen, die wuchtige Festung (Kasbah) und die weite Sandbucht mit kleinen bunten Fischerbooten, belebte Geschäftsstraßen mit reicher Auswahl an Cafés, Restaurants und Einkaufsmöglichkeiten, dazu ein vielfältiges Unterhaltungs- und Sportangebot in den großen Hotelzentren der Strandzonen bieten perfektes touristisches Ambiente. Nach Arabisch bzw. Französisch ist Deutsch hier die am häufigsten verwendete Sprache; vor allem die Restaurants sind spürbar auf deutsche Gäste (und deren Geschmack) eingestellt.

Ortsbeschreibung

Wer Hammamet „gebucht" hat, wird meist in einem Hotel der beiden Strandzonen untergebracht sein. Zwischen diesen, auf einem ins Meer vorragenden Keil, liegen die Medina und *Kasbah* sowie das moderne Ortszentrum. Die beiden belebtesten Geschäftsstraßen, die *Av. H. Bourguiba* und die *Av. de la République*, stoßen vor der Kasbah zusammen. Unübersehbar steht auf dem großen Platz vor der Medina das *„Brauhaus Le Berbère"* (s. unter Essen u. Trinken). Ein eifelturmähnliches *Denkmal* erinnert an den tunesischen Befreiungskampf. Marktplatz und Markthalle schließen an, auf der anderen Straßenseite liegt das *Centre Commercial* – ein moderner Gebäudekomplex mit Souvenirläden, Cafés, Restaurants, Boutiquen, Reiseagenturen, Supermarkt etc.; daneben die *ONTT-Touristeninformation.* Im nahen Umkreis Post, Banken, Bus- und Taxistation, weitere Cafés, Restaurants, gute Patisserien, diverse Hotels, Mietwagenfirmen und Reisebüros (letztere sowie weitere Restaurants, Nachtclubs, Souvenirläden etc. finden wir auch in den Hotelzonen und an deren Zufahrtsstraßen).

★Medina

Die Medina direkt am Meer ist – mit Ausnahme eines kleinen Teilstücks – völlig ummauert; Zugang durch das Haupttor bei der großen Moschee (15. Jh.) oder zwei kleinere Tore neben der Kasbah. Die meist überdachten Souks im Nahbereich der Kasbah gehören den Souvenirhändlern mit einem umfangreichen, etwas überteuerten Angebot an Teppichen, Messing-, Leder- und Töpfereiwaren und dem üblichen Touristenkitsch. Die Konkurrenz ist groß. Unbehelligtes Flanieren ist hier kaum mehr möglich. Wer tatsächlich nichts kaufen will, übe sich rechtzeitig in eiserner, gleichzeitig freundlicher Verweigerungshaltung. Wer sich durch die Souvenirsouks gekämpft hat, gelangt in die ruhigeren, verwinkelten Wohngassen der Medina mit ihren blendend weißen Häusern. Über einigen der Eingangstüren sehen wir das glückbringende Fischsymbol und die Hand der Fatima gegen den „bösen Blick". Das kleine *Museum Dar Hammamet* (geöffnet täglich 8.30–18 Uhr, 1,5 TD) zeigt in drei Stockwerken möblierte Räume und u.a. traditionelle Gewänder verschiedener Regionen Tunesiens. Außerhalb der Medina (zwischen „Eifelturm"-Monument und Meer) ist der islamische Friedhof angelegt (Betreten für Nichtmuslime verboten), und an der Süd-Ostmauer, innerhalb eines kleinen Tamariskenhains, liegen christliche Gräber von Franzosen und Italienern.

★Kasbah

Geöffnet 8–20.00 Uhr, Eintritt 1,6 TD. Der Bau der Kasbah an der westlichen Ecke der Medina geht wahrscheinlich auf das 12. Jh. zurück, doch erhielt sie ihre heutige Form erst im 15. Jh. Im Innenhof der fast ein bißchen zu sorgfältig restaurierten Festung finden wir außer einigen Kanonen noch ein paar Säulenreste, Tonkrüge und Eisenpflüge sowie den *Marabut des Sidi Bou Ali.* Das einzig lohnende ist die Aussicht von der Wehrmauer und deren Ecktürmen oder von

HAMMAMET
0 200 m
Hotel
Museum
Touristeninformation
Post
Kirche
Friedhof
Moschee
N
Tunis, Sfax
Bir Bou Rekba
Bir Bou Rekba
Oued Faouara
Avenue du Roi Faycal Ibn Abdelaziz
Avenue des Nations Unies
Avenue du Kowe
Rue Taha
Mahmoud
Olympia
Les Charmes
Milano
Sindbad
Rue El Kharrouba
Rue des Fontaines
Centre Culturel
Continental
Parc Plage
Aladin
Sebastian-Villa
La Paix
Charme Beach
Rue de la Corn
Südwestliche/südliche Strandzone
Golf von Hammamet

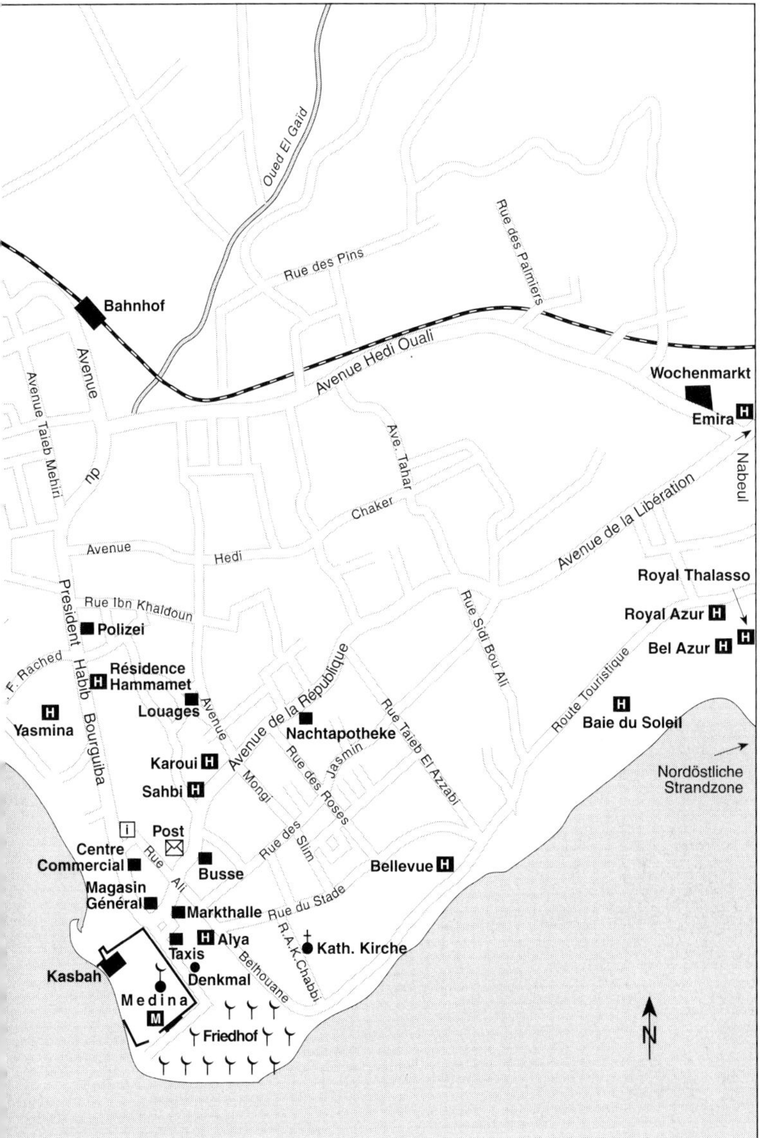

Routenteil A

der Terrasse des maurischen Cafés über Dächer, Kuppeln und Dachterrassen der Altstadt. Man blickt auf die geschäftige Neustadt, über den Strand unterhalb der Festung und den weiten Bogen des Golfs bis hin zu den Bergen der Dorsale im Westen.

★Centre Culturel International mit Sebastian-Villa

Das Internationale Kulturzentrum mit seinem Freilichttheater liegt etwa 3 km vom Zentrum entfernt in einem großen Park in der südwestlichen Strandzone (geöffnet täglich außer So 8.30–18 Uhr, Eintritt 1 TD). Der Park entstand in den 20er Jahren als Garten der pompösen Villa des rumänischen Millionärs George Sebastian, die bald ein beliebter Treffpunkt internationaler Prominenz wurde. Im 2. Weltkrieg diente sie eine Zeitlang Feldmarschall Rommel bzw. General von Arnim als Hauptquartier. Der Prachtbau ist noch heute mit feinstem intarsiengeschmücktem Mobiliar ausgestattet. Besonders aufwendig der große, von Arkaden umstandene Marmor-Swimmingpool. Villa und Park wurden 1959 vom Staat gekauft und später in ein Kulturzentrum umgewandelt. Hier findet alljährlich im Juli/August das internationale Festival von Hammamet mit Theater-, Ballett-, Musik- und Gesangsdarbietungen statt. Programminformation auch beim ONTT-Informationsbüro.

★Pupput

Römisch/byzantinische Ausgrabungsstätte inmitten der südwestlich/südlichen Strandzone gelegen (zwischen Samira Club und Tanfous Hotel); geöffnet tägl. 8.30–19 Uhr (Mai bis Sept.)

Sebastian-Villa im Internationalen Kulturzentrum

bzw. 8.30–17.30 Uhr (Okt. bis April), Eintritt 1,1 TD.

Diese kleine Ruinenstätte (die Ausgrabungen sind noch nicht abgeschlossen) erinnert an die bescheidene Rolle, die Hammamet zur Zeit der Römer spielte. Wir finden Reste der römischen Siedlung *Pupput* aus dem 2. Jh. n.Chr.: Fundamente einiger Villen, Badeanlagen mit Wasserbecken und -rinnen, Zisternen, teilweise recht gut erhaltene Mosaikfußböden. Etwas bereichert wird die Anlage durch eine Sammlung christlicher Grabmosaiken (meist aus dem 4. Jh.), die an der Ostmauer des Geländes ausgestellt sind. Keine großartige Besichtigungsstätte, aber doch ein Programmpunkt zur Auflockerung des Badeurlaubs.

Vorwahl für Hammamet: 02

Touristeninformation

ONTT-Informationsbüro
Av. H. Bourguiba (im Centre Commercial); Tel. 28 04 23; Öffnungszeiten: Juli und August: Mo bis Sa 7.30–13.30 und 16–21 Uhr; Sept. bis Juni: Mo bis Do 8.30–13 und 15–17.30 Uhr, Fr und Sa 8.30–13.30 Uhr. Zimmervermittlung, Auskünfte über öffentliche Verkehrsmittel, organisierte Ausflugsfahrten und sonstige touristische Fragen; kundiges und hilfsbereites Personal mit Deutsch- und/oder Englischkenntnissen. Kostenloser Stadtplan von Hammamet und Nabeul sowie Busplan erhältlich.

Unterkunft

Ein **Tip** vorweg: Preiswerter wohnt man im benachbarten Nabeul.

Hotel

In und um Hammamet gibt es inzwischen rund 100 Übernachtungsadressen von der Privatpension bis zum Luxushotel. Zahlreiche weitere Hotels im Strandbereich Süd sind noch im Bau. Es mag trotzdem schwierig sein, in den Strandhotels während der Hauptsaison ohne Voranmeldung eine passende Unterkunft zu finden, da dann viele Hotels mit Pauschalreisegruppen belegt sind.

Stadthotels

Auswahl (s. Ortsplan):

Residence Mahmoud***
Av. des Nations Unies, Tel. 28 37 23, Fax 28 37 30, DZ 84/19 TD; empfehlenswert; bewachter Parkplatz.

Residence Hammamet***
(App.Hotel) Av. H. Bourguiba, Tel. 28 03 96, App. für 2 Pers. 73/22 TD.

Sahbi**
Av. de la République, Tel. 28 08 07, DZ 42/22 TD; zentral gelegenes, gemütliches Hotel, familiäre Atmosphäre; Gebäude u. Zimmer im tunesischen Stil; kein Alkoholausschank; Dachterrasse; Teppichbasar u. -knüpferei im EG; beliebt bei deutschen Veranstaltern; deutschsprachiges Personal.

Alaya**
Rue Ali Belhouane, Tel. 28 02 18, DZ 50/20 TD; in Seitenstraße im Zentrum; Lesermeinung: „gutes Hotel mit kompetenter, freundlicher Leitung; private Atmosphäre, schöne Zimmer".

Yasmina***
Tel. 28 02 22, DZ 102/34 TD.

Emira**
Tel. 28 17 20, DZ 66/26 TD.

Olympia**
Av. du Koweit, Tel. 28 06 22, DZ 46/20 TD.

La Paix (Appartments)
Rue El Kharrouba, Tel. 28 25 88,
App. für 2 Pers. 70/28 TD.
Milano (Pension)
Rue des Fontaines, Tel. 28 07 68,
DZ 31/26.

Strandhotels

Über 70 Strandhotels (2- bis 5-Sterne) liegen hintereinander aufgefädelt in den beiden Hotelzonen im Nordosten bzw. Südwesten von Hammamet. Zahlreiche weitere Hotels sind noch im Bau. Nachstehende Auflistung entspricht der Reihenfolge der Hotels jeweils vom Stadtzentrum in Richtung ortsauswärts:

Nordöstliche Strandzone:
(Auswahl)
Bel Azur***
Tel. 28 05 55, DZ 120/39 TD; ca. 2 km zum Zentrum; Zimmer mit landestypischer Ausstattung; großes Poolgelände, Diskothek, Nachtclub und Spielcasino; Reitstall, Fahrradverleih; Hunde erlaubt!
Aziza****
Tel. 28 36 66, DZ 144/58 TD; modernes, komfortables und geschmackvoll eingerichtetes Strandhotel mit eindrucksvoller Eingangshalle; Hallenbad, Diskothek, Sitz der *amp-Golfschule*; ca. 3 km zum Zentrum.
Le Sultan****
Tel. 28 07 05, DZ 140/42 TD; direkt am Strand; großer Garten; Hallenbad, Reitstall, viele Sportmöglickeiten; 4 km zum Zentrum.
Dar** bzw. **Omar***** **Khayem**
Tel. 28 03 55, DZ 91/26 TD; beliebtes Strandhotel mit modern eingerichteten Bungalows, weiträumiger Außenanlage und kinderfreundlichem Angebot (z.B. Kinderclub, Spielplatz); Hallenbad u. Diskothek; ca. 7 km zum Zentrum.
El Manar*****
Tel. 28 13 33, DZ 110 TD; weitläufige Hotelanlage am Strand mit Top-Ausstattung, komfortablen Zimmern/Appartments; Hallenbad, Nachtclub; ca. 7 km zum Zentrum, 5 km nach Nabeul.

Südwestliche bzw. südliche Strandzone:
(Auswahl)
Sindbad*****
Tel. 28 01 22, DZ 124/48 TD; eine der schönsten Hotelanlagen am Golf von Hammamet mit herrlichem alten Baumbestand und gut eingerichteten Zimmern; Hallenbad, Diskothek; ca. 3 km zum Zentrum.
Miramar el Hana****
Tel. 28 03 44, DZ 140/88 TD; ca. 3,5 km zum Zentrum; attraktive Anlage in schönem, parkähnlichen Garten direkt am Strand; geschmackvoll eingerichtete Zimmer (auch App.); Hallenbad.
Les Orangers***
Tel. 28 01 44, DZ 117/37 TD.
Hammamet Regency****
Tel. 22 67 76, DZ 130/40 TD; kleines, angenehmes Hotel direkt am Strand; modern, gut ausgestattete Zimmer; schöner Hotelgarten mit großen schattenspendenden Bäumen; Fitneß-Center, Diskothek an Hotelzufahrt; ca. 6 km zum Zentrum.
Byblos****
Tel. 22 74 56, 120/44 TD; 400 m zum Strand, 6 km zum Zentrum.
Paradise Garden***
Tel. 22 66 66, DZ 87/30TD; (450 m zum Strand, ca. 7 km zum Zentrum); komfortables Hotel im maurischen Stil; großer Swimmingpool mit Whirlpool und Wasserrutsche, Hallenbad.

Hotel Paradise Garden

An der Hauptstraße Tunis – Sousse:
Samaris*
Tel. 22 63 53, DZ 40/28 TD;
im Sommer mit Campingplatz.
Garsaa**
Tel. 22 62 51, DZ 54/33 TD.

Camping

(Siehe notfalls auch unter Nabeul)
Campingplatz **Ideal** existiert nicht mehr.

Garten des Hotels **Samaris** (ca. 7 km westlich von Hammamet an Hauptstraße Tunis – Sousse bei Autobahnanschluß); nur ca. Mai bis Sept. geöffnet; Sanitäreinrichtungen (saisonbedingt?) sehr vernachlässigt. 1,8 TD p.P., Auto 1,5 TD, Zelt 1,3 TD, Motorrad 1 TD, Platz unter Ölbäumen, Schwimmbad; evtl. Straßenlärm.

Essen und Trinken

Große Auswahl lizensierter Restaurants in den Hotelzonen und im Ortszentrum.

Für den kleinen Geldbeutel div. einfache Lokale in Bahnhofsnähe, zahlreiche Fast-Food- u. Pizzalokale.

Beliebt bei Touristen wegen seiner schönen Aussichtsterrasse gegenüber Medina: **Le Berbère** (gehobenes Preisniveau); diesem angeschlossen das **„1. deutsche Brauhaus Tunesiens“.** Mit Blick auf die glänzenden Kupferkessel im Sudhaus und auf den Gärkeller kann man hier in typisch deutscher Bierstubenatmosphäre nach deutschem Reinheitsgebot gebrautes Helles, Dunkles und Weizenbier (auf Wunsch im Maßkrug = 7,5 TD) genießen. Dazu ertönen Jodler oder Heinolieder. Wer Interesse hat, kann sich den Brauprozeß in einer kleinen Führung erläutern lassen.

Bezaz
Av. H.Bourguiba: schmackhaft, preiswert, freundlich, tun. Spezialitäten.

Sidi Abdelkader
Rue Ali Belhaouane (gegenüber Hotel Alaya). Gut, preiwert.

Ismail´s (2 Gabeln) und
Zum Alten Fritz
Südwestl. Zone, auf Höhe des Hotel Parc Plage. Deutsche Küche.

Chinarestaurant (3 Gabeln)
Westl. vom Centre Culturel.

Kultur/Unterhaltung

- **Nachtclubs, Diskotheken:** Einige der großen Hotels haben eigene Nachtclubs, viele eine Diskothek. Weitere öffentliche Diskotheken und Nachtclubs in den Hotelzonen.
- **Spielcasinos:** im *Solazur Beach Hotel,* und *Casino Cleopatra* in südlicher Strandzone.
- **Für Kinder:** Ein permanenter Rummelplatz („Fabiland", mit Karussels, Auto-Scooter, Go-Carts, Restaurant etc.) liegt an der Straße Richtung Westen nahe der Ruinenstätte *Pupput* kurz vor der Hauptstraße Tunis – Sousse.

Sport, Aktivitäten

- **Sport:** Windsurfen, Segeln, Wasserski, Tretboote, Tennis, Tischtennis, Minigolf, Parasailing, Ausritte auf Dromedaren oder Pferden bei den meisten Strandhotels.
- **Golf:**
  Golf Cytrus
  Bei Bir Bou Rekba ca. 7 km westl. von Hammamet an Autobahn, Tel. 22 65 00, Fax 22 64 00. Erste 45-Loch-Anlage Tunesiens (mit zwei 18-Loch-Plätzen und einem 9-Loch-Platz für Anfänger); 122 ha großes Gelände in Olivenhain und Wald mit mehreren Seen; Ausrüstungsverleih, Golfkurse (Vermittlung durch diverse Hotels). Sitz der **amp-Golfschule** im Hotel *Aziza* in Hammamet.
  Golf Yasmin
  Tel. 22 76 65, Fax 22 76 65; 18-Loch-Anlage mit 9-Loch-Platz für Anfänger; Erweiterung bis zu 36 Loch geplant. Ca. 7 km westlich von Hammamet (bei Golf **Cytrus**).

Verkehrsverbindungen

Da Hammamet mit öffentlichen Verkehrsmitteln nicht so gut bedient wird wie die Provinzhauptstadt Nabeul, muß letztere für einige Ausflüge als Umsteigestation bzw. Ausgangpunkt angefahren werden. **Fahrt nach Nabeul** mit Bus, Bahn oder Taxi.

Busse

Busstation in *Av. de la République*; etwa stündlich nach Tunis (Fahrzeit zwischen 1 und 1 1/2 Std je nach Klasse) und etwa halbstündlich/stündlich nach Nabeul. Weitere Verbindungen (mit Umsteigen in Nabeul) nach Sousse, Monastir, Mahdia, Kairouan, Zaghouan und zu diversen Zielen auf Cap Bon. Auskünfte/Fahrpläne beim ONTT-Informationsbüro.

Louages

Station in Av. Mongi Slim (Seitenstraße der Av. de la République), Ziele auf Cap Bon, Richtung Tunis bzw. Sousse und ins Inland (Kairouan, Zaghouan etc.)

Eisenbahn

Tägl. nur 1 Direktzug nach Tunis. Mit Bahn, Bus oder Taxi zum Umsteigebahnhof in Bir Bou Rekba; dort Zusteigemöglichkeit auf Haupt-Eisenbahnlinie Tunis – Sousse – Sfax – Gabès. Bahnverbindung auch nach Nabeul.

Touristenbähnchen („Petit train")

Mehrmals täglich Verbindung zw. Ortszentrum (Kasbah) und nordöstlicher bzw. südwestlicher Hotelzone (2,5 TD Hin- u. Rückfahrt); am Markttag (Fr) Verbindung nach Nabeul

Mietwagen

Reiche Auswahl an Mietwagenfirmen im Ort sowie in den Hotelzonen. Eine Auswahl:

Avis
Rue de la Gare, Tel. 28 01 64 bzw. Av. des Hôtels, Tel. 28 03 03.

Hertz
Av. des Hôtels, Tel. 28 01 87.

Europcar
Av. des Hôtels, Tel. 28 01 46 bzw. Av. Dag Hammarskjoeld, Tel 28 00 84.

Fahrrad- und Mopedverleih bei verschiedenen Hotels (z.B. *Les Orangers Beach, Grand Hotel Hammamet, Bel Azur).*
Quad (4-Rad-Motorrad) Vermietung: 1 Std. 25 TD.

Sonstiges

- **Wochenmarkt:** Mi abends und Do vormittags nahe Einmündung der Av. Hedi Quali in Av. de la Liberation am Ortsende Richtung Nabeul.
- **Supermarkt:** *Magasin Général*, Di–Sa 8–12.40 und 15–19 Uhr, So 8–12.40 Uhr.
- **Kulturelle Veranstaltungen:** Sommer-Festival unterhalb der Festung; Internationales Festival Juli/August im Kulturzentrum.

Ausflüge

Organisierte Ausflüge

Über Hotels bzw. Agenturen werden u.a. folgende Ausflüge angeboten:

- **Kamel- bzw. Pferderitte** Std. ca. 8 TD.
- **Folkloreabend mit Essen** 29 TD.
- **Kutschfahrten** 4 Std. 20 TD p.P.
- **Halbtagesfahrten:** Nabeul Freitagsmarkt 9 TD; Tunis 16 TD; Kairouan 23 TD; Karthago mit Sidi Bou Said 22 TD.
- **1-Tagesfahrten:** Halbinsel Cap Bon bzw. Tunis/Karthago/Sidi Bou Said bzw. Kairouan bzw. Sousse/Monastir/El Djem bzw. Dougga mit Thuburbo Majus bzw. Port el Kantaoui: je 30–40 TD.
- **2-Tagesfahrten:** Südtunesien: 100 TD bzw. 120 TD (Komfortklasse).
- **3-Tage-Sahara-Geländewagensafari:** 140 TD bzw. 180 TD (Komfortklasse).

Ausflüge auf eigene Faust

Mit **öffentl. Verkehrsmitteln** (Bus/Louage) lassen sich preiswerte Tagesfahrten nach Tunis, nach Sousse, auf die Halbinsel Cap Bon (Kelibia, El Haouaria), nach Kairouan und natürlich ins benachbarte Nabeul unternehmen.

Mit **Mietwagen** bzw. einem gemieteten *Taxi* (Preis vorher aushandeln) werden Radius und Bewegungsfreiheit naturgemäß größer. Als Tagesprogramme bieten sich an: Fahrten über die Halbinsel Cap Bon, nach Karthago/Sidi Bou Said und zur Römerstadt

Thuburbo Majus, über Hergla nach Port el Kantaoui/Sousse/Monastir.

Für größere Exkursionen müßte evtl. eine oder mehrere Übernachtungen eingeplant werden.

Auf halbem Weg zwischen Hammamet und Nabeul durchfahren wir **El Merazka** (Hotels, Restaurants, Maurisches Bad).

Nabeul

Verwaltungs-, Markt- und Handwerkszentrum der Region und Provinzhauptstadt mit Gouvernoratssitz für die Halbinsel Cap Bon. Der beliebte Badeort (ca. 50 000 EW) hat sich zwar auf den Tourismus eingestellt, sich ihm aber nicht so untergeordnet wie das benachbarte Hammamet. Die Touristenhotels am 2 bis 3 km entfernten Sandstrand beherbergen in der Spitzenzeit etwa 7000 Gäste; somit hält sich das Verhältnis zwischen Gäste- und Einwohnerzahl noch in vernünftigen Grenzen. Ausnahme freitags, wenn das Zentrum von den auswärtigen Marktbesuchern überschwemmt wird.

Nabeul – Zentrum des Töpferhandwerks

Beim Bahnhof, mitten auf einer belebten Straßenkreuzung im Ortszentrum, steht ein riesiger, buntbemalter Keramikkrug – unübersehbarer Hinweis auf das in Nabeul beheimatete Töpferhandwerk. Es wurde hier schon zur Römerzeit praktiziert und erhielt durch eingewanderte Andalusier im 16./17. Jh. starken Aufschwung. Heute ist Nabeul neben Guellala (Djerba) das Töpfereizentrum des Landes. An

Nabeul: In der Keramikmanufaktur

die 100 Betriebe gibt es, in denen ein vielfältiges Sortiment an Keramikwaren hergestellt wird, angefangen von einfachen Gebrauchsgegenständen bis zu kunstvoll bemalten Kacheln, Tellern, Krügen oder Vasen, teils nach antiken Vorbildern, vielfach aber auch dem touristischen Geschmack angepaßt und gelegentlich arg kitschig. Man kommt beim Gang durch die Gassen vorbei an den Werkstätten und kann den Töpfern bei der Arbeit zusehen. Fragen Sie in den Keramikgeschäften nach dem „Atelier".

An der vom Zentrum zum Meer führenden *Av. H. Bourguiba,* befindet sich (links vor dem Messegelände) eine große Keramikmanufaktur des ONAT, in der der Interessierte alle Arbeitsgänge von der Tonmischung bis zum Fertigprodukt und seiner Bemalung verfolgen kann, ohne Nötigung zum Kauf. (ONAT/SOCOPA-Verkaufsstellen – mit Festpreisen – in Av. H. Thameur und Av. F. Hached).

Doch es sind nicht nur die Töpfer, die die Nabeulregion zur Kunsthandwerksmetropole gemacht haben. Auch Kunstschmiede, Mattenflechter, Stikkerinnen, Steinmetze (im Nachbardorf Dar Chaabane, s.u.) und Weber (besonders in Beni Khiar) tragen zu diesem Ruf bei.

Stadtbummel

Die moderne, lebhafte Stadt Nabeul hat keine großen kulturellen Sehenswürdigkeiten zu bieten. Ihre Hauptattraktion ist der **Wochenmarkt mit „Kamelmarkt" am Freitagvormittag** (empfehlenswerte Besuchszeit: vor Ankunft der Touristenbusse, d.h. bis etwa 9 Uhr). Obwohl dieser Markt sich außer in Größe und dem speziellen reichhaltigen Töpferwarenangebot kaum von anderen Märkten unterscheidet, werden an diesem Tag große Touristenscharen von weither mit Bussen angefahren und ins Marktgetümmel entlassen.

Der Besucherstrom quillt zunächst durch die geschäftige *Av. F. Hached,* die an diesem Tag für den Fahrzeugverkehr gesperrt ist. Hier reiht sich Souvenirladen an Souvenirladen. Seitlich führen ein paar gedeckte Soukgassen zur sehenswerten *Großen Moschee.* Sie ist sorgfältig restauriert und demonstriert auf besonders eindrucksvolle Weise die Vielfalt und Kunstfertigkeit der lokalen Handwerker (farbenfrohe Keramikfliesen, phantasievoll gearbeitete Holztüren und Gitter, Matten und Teppiche, Stuck- und Steinmetzarbeiten). Ab dem Hauptplatz, dem *Place des Martyrs* folgt der Besucher neugierig den Wegweisern zum „Marché aux chameaux" entlang der von Verkaufsständen gesäumten *Rue El Arbi Zarrouk.* Er entrichtet auch willig einen Obulus, um den berühmten **Kamelmarkt** zu sehen. Dabei ist dies heute nichts anderes als ein ummauerter Hof, in dem ein paar Dutzend schläfrige, mit Beißkörben versehene Dromedare und einige Pferde wie in einem Hippodrom zu (erneut gebührenpflichtigen/3 TD) kurzen Touristenritten oder als Fotomotive bereitstehen. Ein paar Musiker und kostümierte Pferdereiter komplettieren die Show. Von Markttreiben keine Spur.

Der eigentliche **Viehmarkt** mit Schafen, Ziegen, Rindern und Eseln und – selten – auch mal ein paar Dromedaren liegt neben dem touristischen „Kamelmarkt" und ist besonders sehenswert am frühen Freitagmorgen (ab ca. 6 Uhr).

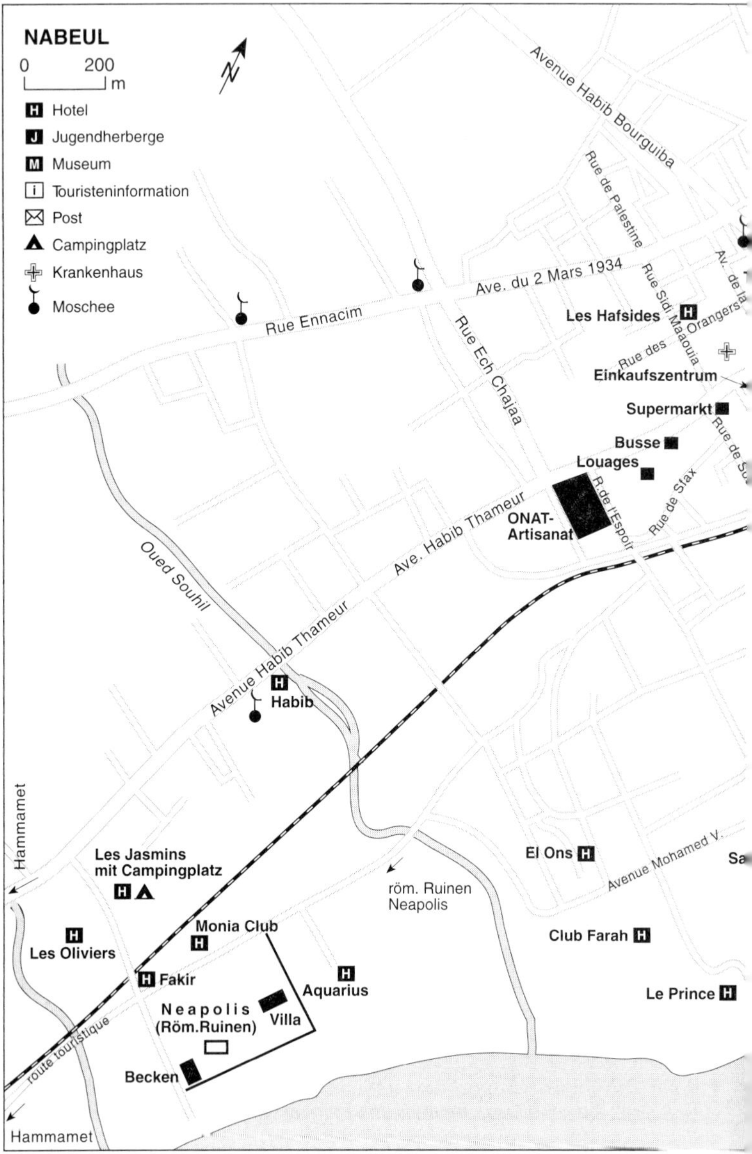
NABEUL
0
200
m
Hotel
Jugendherberge
Museum
Touristeninformation
Post
Campingplatz
Krankenhaus
Moschee
Avenue Habib Bourguiba
Rue de Palestine
Ave. du 2 Mars 1934
Rue Ennacim
Rue Ech Chajaa
Rue Sidi Maaouia
Les Hafsides
Rue des Orangers
Einkaufszentrum
Supermarkt
Busse
Louages
ONAT-
Artisanat
R.de l'Espoir
Rue de Stax
Ave. Habib Thameur
Avenue Habib Thameur
Oued Souhil
Habib
Hammamet
Les Jasmins
mit Campingplatz
Les Oliviers
Monia Club
Fakir
Aquarius
Neapolis
(Röm.Ruinen)
Villa
Becken
route touristique
röm. Ruinen
Neapolis
El Ons
Avenue Mohamed V.
Club Farah
Le Prince
Hammamet

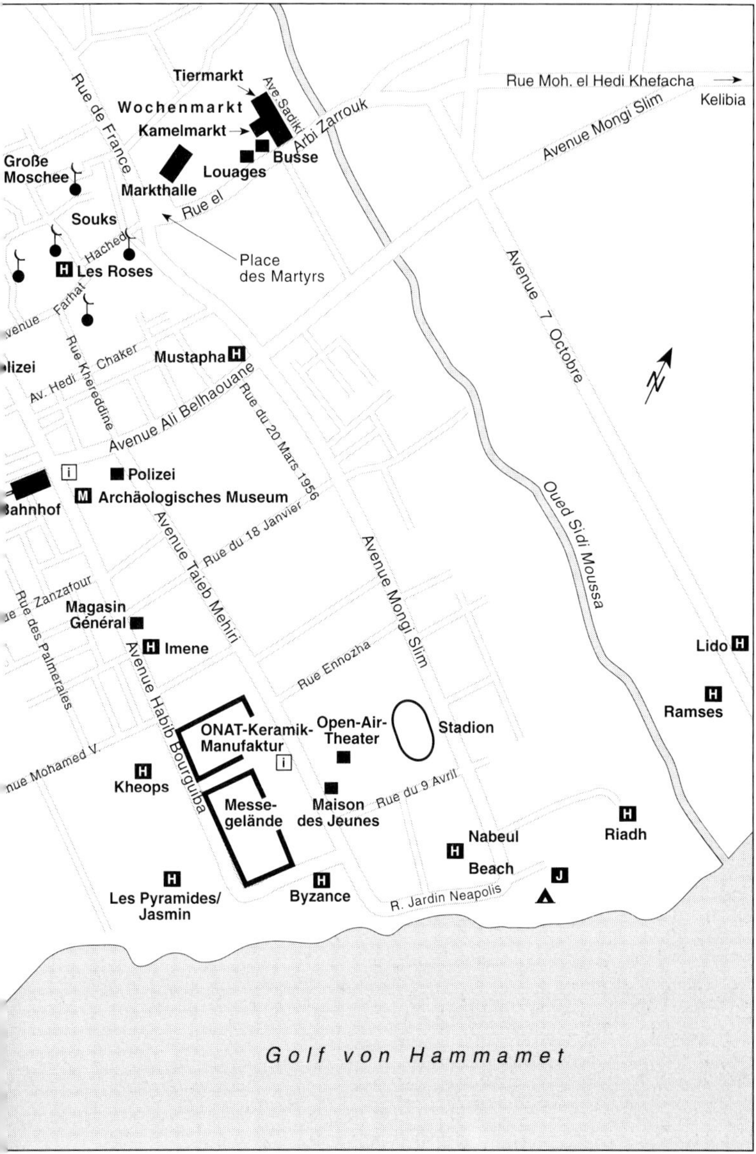

Routenteil A

Das Marktgelände mit Markthalle (Marché Centrale, täglicher Markt für Obst, Gemüse, Fleisch etc.) und dem großen Freitagsmarkt dahinter ist am einfachsten vom *Place des Martyrs* aus zugänglich. Dort auf einem riesigen Freigelände decken die Einheimischen ihren Alltagsbedarf; es gibt alles, was zu einem bunten afrikanischen Markt gehört: Kleidung, Töpfe, Haushaltswaren, Plastikerzeugnisse, Flechtwaren, Körbe und Seile, allerlei Trödel und Plunder wie auf einem Flohmarkt, aber auch Obst, Gemüse, Gewürze.

★Archäologisches Museum

Av. H. Bourguiba gegenüber dem Bahnhof: 1998 wegen Umbau und Erweiterung geschlossen

Das kleine Museum zeigte bisher unter anderem punische Statuetten (Glanzstück ist eine Thanitstatue aus dem 1. Jh. n.Chr.), Grabbeigaben aus Kerkouane (Tongefäße, Schmuck, Amulette aus dem 4./3. Jh. v.Chr.). In einem weiteren Raum fanden sich Exponate aus römischer Zeit, Münzen, Öllämpchen etc. Das Museum soll u.a. um eine Mosaikensammlung erweitert werden.

Auch Nabeul hat seine antiken Ruinen. Klein und bescheiden ist die

★Römische Ausgrabungsstätte von Neapolis

1998 wegen Grabungsarbeiten geschlossen.

(Anfahrt: auf der *Av. H. Thameur* ca. 2,5 km Richtung Hammamet, beim Hotel *Jasmin* links weg zur „Sité archéologique Neapolis". Eingezäuntes Wiesengelände am Strand neben Hotel *Aquarius*, bei dessen Bau die Ruinen entdeckt wurden; falls Haupteingang gegenüber *Monia Club* nicht besetzt, Nebeneingang nahe Strand benutzen.)

Das römische *Neapolis* war Nachfolgerin einer punischen Hafenstadt (5. Jh. v.Chr.), die mit Karthago eine direkte Straßenverbindung hatte und als Ersatzhafen zu jenem in Karthago dienen sollte. Obwohl Neapolis nur zu einem geringen Teil ausgegraben ist, erlauben die freigelegten Reste einer palastähnlichen Villa („Maison des Nymphes") mit großem Innenhof, gut erhaltenen Mosaikböden, Brunnen und Wasserbecken, Rückschlüsse auf das luxuriöse Leben der einstigen Bewohner. Interessant sind auch die zahlreichen großen, in den Boden eingelassenen und mit Terrakotta ausgekleideten Becken (beim westlichen Zaun). Hier stellten die Römer *Garum* her, eine in der antiken Küche beliebte Würzpaste auf Thunfischbasis. Bei den Ausgrabungen wurden Amphoren mit verwester Paste gefunden. Ein kleines Museum (1998 geschlossen) ist der Stätte angeschlossen.

Vorwahl für Nabeul: 02

Touristeninformation

ONTT-Büro

Av. Taieb Mehiri; Tel. 28 68 00; im Sommer täglich außer So 7.30–13.30 und 17–19.30 Uhr; im Winter Mo–Do 8.30–13 und 15–17.45 Uhr, Fr/Sa 8.30–13.30 Uhr. Kompetentes, hilfsbereites Personal. U.a. Stadt- und Busplan erhältlich.

Syndicat d'Initiative

gegenüber Bahnhof; meist unqualifiziertes Personal, nicht ganzjährig geöffnet.

Unterkunft

Hotel

Übernachtungsmöglichkeiten von der Privatpension bis zum 4-Sterne-Hotel. In den Touristenhotels empfiehlt sich während der Hauptsaison Voranmeldung, da diese meist mit Pauschalreisegruppen belegt sind. Hier eine Auswahl (Lage siehe Ortsplan):

Kheops****
Tel. 28 65 55, DZ 144/36 TD; Komfort-Hotel 300 m zum Strand, 800 m zum Zentrum; imposante und weitläufige Anlage mit vielfältigen Einrichtungen und komfortablen Zimmern.
Les Pyramides/Jasmin***
Tel. 28 57 75, DZ 72/20 TD; direkt am Strand, ca. 1 km zum Ortszentrum; großer Komplex mit verschiedenen Wohnvarianten (Studios, Appartements, Bungalows), gemeinsame Nutzung der Einrichtungen beider Hotels; gutes Angebot für sportlich Aktive und Familien mit Kindern.
Nabeul Plage ***
Tel. 28 62 11, DZ 97/43 TD; Mittelklassehotel in einfacher Gartenanlage, durch schmale Uferstraße vom Strand getrennt; Diskothek; Fahrradvermietung, ca. 2 km zum Zentrum.
Lido***
Tel. 28 01 04, DZ 90/32 TD; am ausgedehnten Strand gelegene, große Hotel-/Bungalowanlage unter Schweizer Leitung; umfangreiches Sportangebot, Diskothek, Hallenbad. Deutsche Metzgerei; ca. 3 km zum Ort; beliebte Adresse bei Langzeiturlaubern.
Saf Saf**
Tel. 28 60 44, DZ 44/18 TD.
El Ons*
Tel. 28 61 29, DZ 40/29 TD.

Wandgemälde im Hotel Lido

Familienpensionen

(siehe Ortsplan)
Habib
Tel. 28 71 90; DZ 20/12 TD.
Monia Club
Tel. 28 57 13; DZ 28/20 TD.
Oliviers
Tel. 28 68 65, DZ 37/20 TD.
Mustapha
Tel. 28 67 29, DZ 20/15 TD.
Les Hafsides
Tel. 28 58 23, DZ 20/14 TD.
Les Roses
Tel. 28 55 70, DZ 15/16 TD, Dusche 1 TD, laut Leserbericht einfach aber sauber.

Jugendherberge

Direkt am Strand beim Hotel **Riadh**, etwa 2 km vom Zentrum entfernt;

schöne Terrasse; sehr rühriger Leiter; familiäre Atmosphäre, gute Verpflegung; Übernachtung m.Fr. 4,5 TD, HP 7 TD, VP 10 TD; Campingmöglichkeit mit Strandzugang (Preise dto., mindestens 4,5 TD p.P./incl. Fr.).

Camping

Kleiner, einfach ausgestatteter Platz unter Oliven- bzw. Orangenbäumen beim Hotel **Jasmin** (Poolbenutzung); 1,9 TD p.P., Wohnmobil 1,5 TD, Zelt 1,3 TD, Motorrad 1,1 TD, warme Dusche 2 TD; Campingmöglichkeit bei Jugendherberge (s.o.).

Essen und Trinken

Mehrere Cafés und Restaurants in der Av. F. Hached in Souknähe. Preiswert und gut z.B. das Restaurant **du Bonheur** beim Straßenknick, auch das *La Rondinella*, Av. H.B./Ecke F. Hached; höheres Preisniveau **L'Olivier** (2 Gabeln), Av. H. Chaker.

Das Restaurant **Lukullus** im Hotel **Lido** bietet eine für tunesische Begriffe ungewöhnliche und reichhaltige Speisenauswahl zu angemessen gehobenen Preisen: neben einheimischen Gerichten, Meeres- und Krustentieren auch Schweinefleisch, Wild sowie div. flambierte Gerichte.

Beim Hotel **Lido** hat sich eine deutsche Metzgerei etabliert, die Hotels beliefert und „Schweinernes" (z.B. Bockwürste, Speck, Schinken gekocht und roh) im Ladenverkauf anbietet.

Kultur/Unterhaltung

Nachtclubs, Diskotheken: Einige der großen Hotels haben eigene Nachtclubs, viele eine Diskothek.

Sport, Aktivitäten

Windsurfen, Segeln, Wasserski, Tretboote, Tennis, Tischtennis, Minigolf, Parasailing, Ausritte auf Dromedaren oder Pferden bei den meisten Strandhotels.

Golf: zwei Golfplätze westlich von Hammamet (s. dort)

Verkehrsverbindungen

Die Provinzhauptstadt Nabeul ist das Verkehrszentrum von Cap Bon. Fahrpläne im ONTT-Büro.

Busse und Louages

Von der Station in der Av. H. Thameur (nahe ONAT-Artisanat) häufige Busverbindung nach Hammamet und Tunis, mehrmals täglich nach Sousse, Monastir, Mahdia, Kairouan, Zaghouan.

Von der Station in der Rue el Arbi Zarrouk (bei „Kamelmarkt") zu verschiedenen Zielen auf Cap Bon .

Eisenbahn

Nur ein Direktzug täglich (früh morgens) nach Tunis. Sonst Bahnverbindung zum Umsteigebahnhof in Bir Bou Rekba; dort Zusteigemöglichkeit (div. Direktanschlüsse) auf Haupt-Eisenbahnlinie Tunis – Sousse – Sfax – Gabès.

Mietwagen

Viele Mietwagenfirmen sind im Zentrum angesiedelt, z.B.:

Avis
Hotel Khéops, Tel. 28 65 55.

Hertz
Av. H. Thameur, Tel. 28 53 27.

Med Car
Av. F. Hached, Tel. 22 10 73.

Sonstiges

Reisebüros, lokale Mietwagenfirmen, großer, gutsortierter Supermarkt, Banken, Post befinden sich zentral in bzw. um die Av. H. Bourguiba bzw. an der Av. H. Thameur.

- **Wochenmarkt:** Freitagvormittag.
- **Pferdekutschen:** Festpreis für ca. 1½ stündige Kutschfahrt durch Nabeul 25 TD pro Kutsche; zwischen Strandhotel und Zentrum 5 TD.
- **Fahrradverleih** in mehreren Hotels und Jugendherberge.
- **Festivals:** Etwa Ende April/Anfang Mai findet alljährlich ein internationales Blumenfest statt. Sommerfestival (Juli/August) im Freilichttheater in der Av. Taieb Mehiri.
- **Souvenirs:** landesweit reichste Auswahl an Keramikwaren. Staatl. SOCOPA-Artisanat in Av. F. Hached und Av. H. Thameur.

Ausflüge

Organisierte Fahrten und Ausflugsempfehlungen auf eigene Faust siehe unter Hammamet.

Auf der Weiterfahrt kommen wir durch **Dar Chaabane,** einen Vorort Nabeuls und bekanntes Steinmetzzentrum. Unüberhörbar ist das Klopfen der Handwerker, die in den meist offenstehenden Werkstätten und Ateliers den weichen Kalkstein aus den Steinbrüchen vom nahen Djebel Dar Chaabane bearbeiten. Ohne Kaufzwang kann man den Handwerkern und Künstlern bei der Arbeit zuschauen, ihre Kunstfertigkeit und die verschiedenartigen Produkte bewundern: traditionelle Arbeiten sind vor allem in maurisch-arabischem Stil mit Ornamenten verzierte Säulen und Kapitelle, ganze Balkonbrüstungen, Portale, Kamin- und Spiegeleinfassungen. An vielen bedeutenden Bauwerken Tunesiens, an Moscheen, Hotels und Palästen haben die Steinmetze von Dar Chaabane mitgearbeitet. Mancher Villenbesitzer ordert von hier individuellen Gebäudeschmuck, und der bescheidenere Kunde wählt vielleicht eine kunstvolle Briefkasteneinfassung oder eine steinerne Wandlampe. In einer Werkstatt entdecken wir einen originalgetreu nachgebildeten, steingemetzten Kleincomputer – Verwendungszweck unbekannt.

Beim kleinen Weberdorf **Beni Khiar** liegt der neue Fischerhafen von Nabeul. Ein Stichsträßchen führt Richtung Meer zu dem trotz der Nähe der Touristenhochburgen Hammamet und Nabeul recht unverfälscht gebliebenen kleinen Hafen.

Ein Abstecher zum ziemlich verdreckten *Maamoura-Plage* ist nicht lohnend; dagegen zweigt 3 km vor Korba bei **Tazerka** ein Sträßchen ab zu einem ca. 500 m entfernten, relativ sauberen Sandstrand mit kleinem Café/Restaurant, welches nur den Sommer über geöffnet hat.

Am Ortseingang von **Korba** (ca. 18 000 EW; Markttag: So), liegt rechts, seit Jahren ungenutzt und eingezäunt, das ehemalige Gelände des **Club Méditerranée** an einem herrlichen Sandstrand. Hier ist der Bau eines Villen- und Touristenzentrums geplant. Vom einstigen römischen *Curubis* ist heute nichts mehr zu sehen.

Nördlich des langgezogenen Ortes wird das Gelände zunächst etwas kahler. Rechter Hand begleitet uns eine weite, im Sommer von Salzkrusten bedeckte Lagune, in der wir mit etwas Glück Schwärme von Wasservögeln (z.B. Flamingos, Löffelreiher) beobachten können. Wir überqueren das *Oued Chiba*, das in seinem Oberlauf durch einen Damm aufgestaut wird. Die Straße entfernt sich ein Stück vom Meer. Schließlich wird es wieder fruchtbar, tauchen Gärten, Getreidefelder und Ölbaumhaine auf. Wir erreichen das kleine Städtchen **Menzel Temime** (ca. 15 000 Einwohner; einfaches Hotel **Temime** am Hauptplatz im Zentrum; Jugendherberge – nur arabisch beschriftet – hinter Hotel neben Kino beim Zentralmarkt, 4 TD/Person; Dienstag ist Markttag; Busstation (Richtung Nabeul bzw. Kelibia) am nordöstlichen Ortsausgang bei Kreisverkehr; Louages nach Nabeul, Kelibia, Menzel Bou Zelfa und Tunis ab Hauptplatz).

Abstecher zum Strand und zu punischen Felsgräbern

Am Ortsausgang von Menzel Temime (beim Kreisverkehr/Uhrturm) geht ein Sträßchen zum 1,5 km entfernten langen und schönen Sandstrand des Ortes. Auf halbem Weg sehen wir rechts auf einem aussichtsreichen Hügel den mehrkuppligen *Marabut des Sidi Salem*. Knapp unterhalb des Marabuts in einer Felsgruppe mit kleinem Eukalyptushain liegt eine Vielzahl (der Numerierung nach um die 70!) **punischer Felsgräber**, teils Kammern in der Größe von 2x2 m und bis zu 2 m hoch, die akkurat in den massiven Fels gehauen sind und zu denen bis zu 13stufige Treppen hinabführen, teils auch oben offene, in den Stein gehauene, sargähnliche Gräber.

Etwa 1 km hinter Menzel Temime sehen wir rechts einen weiteren Hügel mit Marabut. Dort liegt *Sidi Bou Salem* begraben, der Vater des in Sichtweite bei den Felsgräbern ruhenden *Sidi Salem*. Auch von hier schöner Blick über die Halbinsel und auf die Festung Kelibia. Um den Marabut herum ein großer, islamischer Friedhof mit auffallend schönen Kachelverzierungen an den Gräbern (Nabeul ist nahe!) – welch ein Kontrast zu den düsteren Steingräbern der Punier, auf die wir nochmals stoßen, wenn wir folgenden Abstecher machen:

Abstecher zu den Haouanets von Harouri

Am Ortseingang von Kelibia (Esso-Tankstelle) folgen wir dem nach links beschilderten Sträßchen Richtung „Oued el Khatf" auf 4,6 km bis zu einer scharfen Rechtskurve. Von hier zu Fuß zunächst etwa 10 m auf Feldweg geradeaus (in Blickrichtung vorn liegt in der Senke ein kleiner Stausee), dann links auf die Opuntienhecke zu. Der Weg vertieft sich langsam zu einem felsigen Oued. Nach etwa fünf Gehminuten finden wir rechts in den Felsen ein rundes Dutzend Höhlen, imposante Gräber aus punischer Zeit mit bis zu drei Kammern hintereinander, mühsam in den Stein hineingehauen und leider wieder einmal recht vermüllt.

Kelibia

Die hoch auf einem Hügel thronende **Festung** ist schon von weitem sichtbar. Der vermutlich im 4. Jh. v. Chr. von den Puniern an strategisch wichtiger Stelle angelegte Hafen *Aspis* war

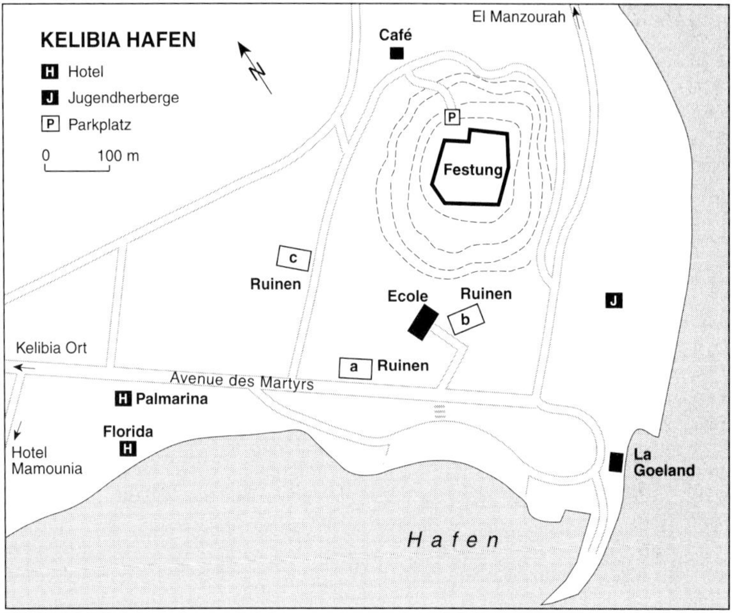

von alters her immer wieder heiß umkämpft. Von hier aus ließ sich der Schiffsverkehr durch die nur 150 km breite Meerenge bis hinüber nach Sizilien überwachen. 310 v.Chr. wurde Aspis von den Griechen besetzt, 146 v.Chr. (3. Punischer Krieg) zusammen mit Karthago und Kerkouane zerstört, anschließend von den Römern unter dem Namen Clupea wieder aufgebaut. Byzantiner, später Araber setzten die Besiedlung fort. Große Schäden richteten spanische Angriffe im 16. Jh. an; die Türken bauten wieder auf. Im 2. Weltkrieg fielen Bomben auf Fort und Hafen: die Alliierten griffen die letzten deutschen Truppen an, die sich hier kurz vor der Kapitulation noch verschanzt hatten.

Der Ort Kelibia (ca. 30 000 EW) liegt etwa 2 km vom Meer entfernt.

Die Bevölkerung lebt von der Landwirtschaft (Oliven, Peperoni, Tomaten, Muskatellertrauben), vom Fischfang (der Fischerhafen – einer der wichtigsten des Landes – wurde modern ausgebaut) und, dank des Ausbaues der Strandzone zunehmend auch vom Tourismus.

Ausflug zu den Stränden, zum Fischerhafen und zur Festung

Ab Ortsmitte (buntes Denkmal) folgen wir der Beschilderung „Le Port“ bzw. „Manzourah“. Schon nach 200 m, bei einem verkehrsreichen Platz, gehen mehrere Straßen ab. Wer zum Hotel

Mamounia in der **südl. Strandzone** möchte, halte sich hier rechts/geradeaus und folge der *Av. Erriadh,* vorbei an Markthalle, Magasin Général und Pension *Anis,* bis zu einer querenden Straße (man beachte im „Fantome Train" des dortigen kleinen Rummelplatzes die dralle, bierkrugstemmende Dirndl-Maid mit Baby in Lederhose). Dort nach rechts zum Hotel *Mamounia* (2 km ab Zentrum). Vom Hotelstrand schöner Blick über Bucht auf Hafen und Festung.

Die links vom oben erwähnten Platz aus weiterführende Straße, *Av. des Martyrs,* bringt uns vorbei an den Hotels *Palmarina* und *Florida* zum modernen Fischerhafen und von dort weiter zur **nördlichen Strandzone** von *El Manzourah* (s. Plan).

★Fischerhafen

(2,5 km ab Zentrum, unterhalb der Festung)

Hochbetrieb ist im Hafen besonders am frühen Morgen von 4 bis 6 Uhr, wenn die Boote zurückkehren, denn gefischt wird (u.a. nach Makrelen, Sardinen und Tintenfischen) überwiegend nachts im Schein großer Lampen. Im Hafengelände befinden sich u.a. Zollbehörde, Grenzpolizei und eine Bank.

★Ruinenreste des römischen Clupea

Die alte Römerstadt *Clupea* (frei zugänglich) liegt zu Füßen des Festungshügels direkt neben dem Hafen. An mehreren Stellen sind Ausgrabungen erfolgt:

- Links an der *Av. des Martyrs* (eingezäunt): Reste einer römischen Tempelanlage, tiefes Wasserbecken, schöne Marmorfriese mit Blumenornamenten und Tierdarstellungen.
- Am Ende des zur Fischereifachschule „Ecole de Peche" führenden Sträßchens, rechts: römische Villenreste (4. Jh.) mit teils gut erhaltenen Mosaikfußböden; Raumgrundrisse und Mihrabfundament (bei Palme) einer später über der Villa erbauten Moschee.
- Weiter oberhalb zwischen Wohnhäusern (erkennbar am Rest eines gemauerten Brunnens) findet sich noch ein größeres Villengeviert mit vielen, teils mosaikbelegten Räumen, einem einstmals säulenumstandenen Innenhof und drei tiefen, gemauerten Wasserbecken.

★Festung Kelibia

Vom Fischerhafen aus folgen wir der nach *El Manzourah* beschilderten Straße. Nach ca. 150 m – gegenüber der Jugendherberge – führt links ein Serpentinensträßchen bergauf. Noch vor Erreichen der Festung passiert man das in einem ehem. Marabout untergebrachte aussichtsreiche Café *El Borj.* Beim Festungseingang kleiner Parkplatz (Übernachtungsmöglichkeit für Wohnmobilisten). Eintritt: 1,6 TD (Fotografieren ohne Zusatzgebühr erlaubt).

Schon die Punier und später die Römer unterhielten Befestigungsanlagen auf diesem strategisch wichtigen Felshügel oberhalb ihres Hafens. Der heutige Bau geht weitgehend auf eine im 6. Jh. von den Byzantinern errichtete Anlage zurück, die auch den jeweils nachfolgenden Machthabern als Bollwerk diente und entsprechend viele Zerstörungen und Umgestaltungen erfuhr. Heute befinden sich darin eine Sendestation der Post, eine kleine Wetterstation und ein Leuchtturm . Die aufwendig restaurierte Festung wird

Im Fischerhafen von Kelibia

von einem Wehrgang mit zinnengekrönter Mauer umlaufen, der rundum begehbar ist. Im Zentrum des Innenhofs sind noch einige römische Baureste zu sehen, es gibt alte Zisternen, und man kann einen schaudernden Blick ins ehemalige Burgverlies werfen; viel lohnender ist jedoch die großartige Aussicht von den Festungsmauern auf den Hafen direkt unterhalb, zum Ort Kelibia mit den ihn umgebenden Gärten, über die langen Strände bis hinauf zur nördlichen Spitze der Halbinsel und weit hinaus aufs Meer. Bei klarer Sicht soll der Blick bis zum 160 km entfernten Sizilien reichen.

★Strand von El Manzourah und punische Felsgräber

Wer vom Hafen dem Sträßchen nach El Manzourah folgt, kommt zunächst durch die gleichnamige Siedlung mit vornehmen Villen und Ferienbungalows in parkähnlichen Gärten. Nach 2 km führt nach rechts eine Zufahrt zum *Restaurant El Manzourah,* das hübsch auf einer Felszunge gelegen ist und zu beiden Seiten von den Sandbuchten des **Manzourah-Strandes** eingerahmt wird (Campingmöglichkeit). Etwa 1 km weiter auf dem Sträßchen, gleich nach der Diskothek *Cosmos,* zweigt an einer Wegkreuzung rechts die Zufahrt zum Hotel *Kelibia La Blanche* (ehem. *Manzourah)* ab, einem Ferien/Bungalowkomplex, der hinter einer häßlichen Hotelruine versteckt am Strand liegt.

Hält man sich bei der Kreuzung links (vorbei an einem Röhrenlager), findet man unmittelbar danach in dem flachen, felsigen Gelände Spuren eines antiken Steinbruchs und dazwischen rund zwei Dutzend **punische Felsgräber** („Haouanets"). Stufen, teils mit seitlichen Rampen, führen ca. 2 m untertage zu den tief in den Fels gehauenen Grabkammern. Vor einigen Grabeingängen stehen noch die „Türen" in Form großer Quadersteine.

Das bei der Kreuzung geradeaus weiterführende Sträßchen passiert ein eingezäuntes Gelände (rechts). Hier sollte in den siebziger Jahren eine große Hotel- und Appartmentanlage entstehen. Wegen Geldmangels wurde das Projekt wieder gestoppt (die Bauruine der Disco *Cosmos* ist ein Relikt aus jener Zeit). Jetzt jedoch wurden die Pläne wieder aufgenommen; 1998 emsige Bauarbeiten. Derzeit noch **Campingmöglichkeit** am Ende des eingezäunten Geländes zwischen Büschen und Bäumen. Wie lange noch?

Vorwahl für Kelibia: 02

Unterkunft

Hotel

Im Ort

Pension **Anis**
Av. Erriadh, Tel. 29 57 77, DZ 30/22 TD; deutschsprachiger Besitzer, „deutsche" Einrichtung, gutes Restaurant.

Beim Hafen

Florida*
Tel. 29 62 48, DZ 37/22 TD; älteres, ziemlich abgewohntes Hotel mit schönem Blick auf Festung; lizensiertes Restaurant.

Palmarina***(früher **Ennacim**)
Tel. 27 40 62, DZ 90/42 TD, neues, schmuckes Hotel mit Pool, Restaurant/Pizzeria.

Strandhotels

La Blanche (früher **Manzourah**)
Tel. 29 59 92; Feriendorf (nur im Sommer) am Manzourah-Strand mit Blick zur Festung; ca. 3 km ab Hafen, 5,5 km ab Ortszentrum.

Mamounia
Tel. 29 60 88, DZ 72/40 TD; von Franzosen bevorzugtes Strandhotel in südlicher Strandzone; ca. 2 km zum Zentrum.

Jugendherberge

Beim Hafen am Straßenbeginn Richtung El Manzourah.

Camping

Kein offiz. Platz, Stellmöglichkeit am Manzourah-Strand (s. oben), auf Festungsparkplatz (nur Mobile), evtl. neben Restaurant **El Manzourah.**

Essen und Trinken

Mehrere Restaurants, v.a. in Hafennähe, offerieren vor allem Fischgerichte und Meeresfrüchte, zu denen man den aus der Region stammenden trokkenen Muskatellerwein *Muscat Sec de Kelibia* probieren sollte. Auswahl:

Restaurant **Anis**
Av. des Martyrs; lizensiertes Restaurant mit empfehlenswerter Küche.

Le Relais (1 Gabel)
Liz., etwas „steril", an Hafenzufahrt.

de la Jeunesse
Kleines, lizensiertes Lokal mit winziger Terasse und beschränktem Angebot; an Hafenzufahrt.

Le Petit Pecheur
Kleines, freundliches Lokal mit Pizzeria an Hafenzufahrt.

La Goeland
Schönes Terrassenlokal am Meer beim Fischerhafen; im Sommer preis-

werte, schmackhafte Gerichte; außerhalb der Saison nur Fast-Food.
El Manzourah (2 Gabeln) Aussichtsreich über dem Meer am Manzourah-Strand; liz.; gutes Angebot zu etwas gehobenen Preisen.

Pizzerias bei Rummelplatz oder im Hotel **Palmarina.**

Verkehrsverbindungen

Busse und **Louages** ab Ortszentrum. Häufige Verbindung über Menzel Temime und Korba nach Nabeul, nach Tunis sowie nach El Haouaria. **Taxis** z.B. für Fahrt zwischen Ortszentrum und Hafen oder nach Kerkouane.

Sonstiges

- **Markttag:** Montag.
- **Supermarkt:** *Magasin Général* im Ortszentrum.
- **Feste:** Im Zweijahrestournus (1999, 2001 etc.) findet in Kelibia (Juli/August) ein *Internationales Festival der Filmamateure* statt.

Weiterfahrt auf der C27 in Richtung Cap-Spitze durch Olivenhaine und Gemüsefelder. Man sieht zur Rechten immer wieder das Meer aufblitzen. Kleine Gehöfte sind in die Felder und Gärten getupft. Eukalyptusbäume, gelegentlich auch ein Kiefernwäldchen begleiten die Straße. Knapp 9 km ab Kelibia-Zentrum zweigt nach links ein beschilderter Waldweg ab.

Abstecher zum Forêt Dar Chihou

Der etappenweise recht unebene bzw. schmale Fahrweg quert hier den äußeren Zipfel der Halbinsel (an seitlich abgehenden Wegen ruhige Rast- und Campingmöglichkeiten). Zumindest im Frühjahr lohnend, wenn blühende Ginsterbüsche, Zistrosen, Lavendel und Heidekraut Farbe zwischen die Kiefern und Eukalyptusbäume tupfen. Immer wieder unterbrechen kleine Lichtungen, gelegentlich auch Felder und Olivenhaine das Waldgebiet. Nach ca. 9 km das kleine Bauerndorf *Dar Chihou,* umgeben von Kornfeldern und Weideflächen. Kurz danach beginnt links auf Höhe eines Forsthauses ein eingezäuntes, urwaldähnliches Gelände, ein Schutzgebiet von ca. 100 ha, in dem man u.a. Büffel ausgesetzt hat. (Wer dem Sträßchen weiter folgt, nun durch meist offenes Farmland, stößt nach insgesamt 16 km knapp 2 km südlich von Sidi Daoud auf die C26).

Gut 10 km nach Verlassen von Kelibia zweigt rechts ein Stichsträßchen nach **Kerkouane** ab.

Abstecher zur punischen Ruinenstätte Kerkouane

Anfahrt 2 km; wer nicht über ein eigenes Fahrzeug verfügt: Anfahrt mit Taxi ab Kelibia. Stellmöglichkeit für Wohnmobile auf dem Parkplatz, freies Camping auch im nördl. angrenzenden Strandbereich.

Kerkouane, dessen ursprünglicher punischer Name unbekannt ist, gehört zweifellos zu den bedeutendsten archäologischen Grabungsplätzen Tunesiens. Seine Entdeckung 1952 war eine kleine Sensation, denn erstmalig stieß man hier auf eine punische Stadt, die nicht durch spätere Wiederbenutzung bzw.

Kerkouane: Sitzbadewanne in einem punischen Wohnhaus

Überbauung verändert und verfälscht worden war. Vielmehr präsentiert sich die Siedlung nach der Freilegung etwa im gleichen Zustand, wie sie nach ihrer Zerstörung durch Regulus (256 v.Chr.) verlassen wurde und ermöglicht dadurch wichtige Erkenntnisse nicht nur über die Architektur einer punischen Stadt aus dem 5. bis 2. Jh. v.Chr., sondern anhand zahlreicher Funde auch über das soziale und wirtschaftliche Leben der einstigen Bewohner.

Geschichte:
Ursprünglich als Ankerplatz von den Phöniziern genutzt (älteste Spuren gehen zurück ins 6. vorchristliche Jh.), siedelten sich im Laufe der Zeit vorwiegend Fischer an diesem Küstenstreifen an. Vermutlich hatten auch wohlhabende Karthager in dieser ruhigen, abgeschiedenen Region oberhalb einer flachen Felsküste ihre Landsitze. Neben der Fischerei wurde die aus Phönizien stammende Kunst der Purpurgewinnung und -färberei betrieben. Der im Altertum sehr geschätzte und wertvolle rote Farbstoff wurde nach streng geheimgehaltenen Rezepten aus dem Schleim der im Meer lebenden Purpurschnecken gewonnen. Kerkouane erlitt dasselbe Schicksal wie Clupea (Kelibia) und Karthago: es wurde im 3. Punischen Krieg von den Römern zerstört, im Gegensatz zu Clupea und Karthago jedoch nie wieder aufgebaut. Sand deckte die Ruinen zu und konservierte die Stadt. Die ersten regulären Ausgrabungen begannen 1953.

Besichtigung:
Öffnungszeit täglich 8–18 Uhr (Sommer) bzw. 9–16 Uhr (Winter). Museum Mo geschlossen. Eintritt 2,6 TD; Fotoerlaubnis 1 TD.

Das gepflegte **Museum** beim Eingang zur Ruinenstätte zeigt interessante Ausgrabungsfunde und liefert mit Bildern und Erläuterungen gute Informationen. Zu den bedeutendsten Exponaten zählt die „Dame von Kerkouane", eine aus Zypressenholz naturgetreu nachgebildete Figur in Lebensgröße, die man als eine Art Sargdeckel im Grab einer weiblichen Toten fand. Daneben sind weitere Grabbeigaben, Statuen, kleine Steinmöbelchen, Gefäße, Schmuckstücke, Öllämpchen etc. ausgestellt, ferner Münzen und Ziergegenstände. Wertvolle Goldfunde wurden nach einem Einbruchsversuch im Jahr 1998 ausgelagert. Auffallend „griechisch" anmutende Tonwaren deuten darauf hin, daß Kerkouane enge Handelsbeziehungen mit dem damals griechischen Sizilien unterhielt.

Der Weg zur **Ausgrabungsstätte** führt durch einen blumenreichen kleinen Park. Im Osten bilden die Felsküste und das Meer eine natürliche Grenze, nach Süden hin findet man noch große Teile einer ca. 2 m dicken, ursprünglich bis zu 10 m hohen Schutzmauer, die die Stadt einst umgab. Die Straßenzüge und Grundrisse von Dutzenden von Häusern sind sorgfältig freigelegt und klar zu erkennen. Breite und relativ geradlinige Straßen bilden ein großes Schachbrettmuster mit öffentlichen Plätzen und den maximal mannshohen Resten der einst wohl zweigeschossigen Wohngebäude, die durch die Vielfalt ihrer Bauweise und Ausstattung überraschen. Meist sind die Räume um einen Innenhof (Patio) gruppiert. Zum Mauerbau wurden überwiegend kleine Bruchsteine verwendet; größere Steinblöcke findet man nur als Türschwellen und Türstöcke, bei Brunnen, Treppen oder Badewannen. Im Gegensatz zu den geselligen Römern, die große öffentliche Thermen zur gemeinschaftlichen Nutzung bauten, zogen die Punier offenbar eine private Badeatmoshphäre vor. Die steinerne Wanne fehlt in fast keinem Haus und bot mit einem erhöhten Sitz besonderen Badekomfort. Gut erkennbar sind auch noch die Kanalisationsanlagen, Brunnen, ober- und unterirdische Frisch- und Abwasserkanäle. Terrazzo-Fußböden, teilweise mit dekorativen Einlagen von mehrfarbigen Marmorsteinen, Glasstücken und Muscheln, sind an vielen Stellen noch gut erhalten. Außer Wohnhäusern wurde auch ein Tempel freigelegt, nach dem jetzigen Stand der Forschung das größte konstruierte Heiligtum der punischen Welt, mit Vorhalle, Altarhof und einer Werkstatt, in der Weihegaben angefertigt wurden. Da die Ausgrabungen noch längst nicht abgeschlossen sind, darf man auf weitere interessante Erkenntnisse über das Leben in einer punischen Stadt gespannt sein.

Wenige km nördlich der Ruinenstätte (Abzweig s. Weiterfahrt) wird z.Z. eine große punische **Nekropole** freigelegt. Rund 150 bis zu 4 m tiefe und über Steintreppen zugängliche Felsgrabkammern sind bereits ausgegraben, ferner zahlreiche kleinere, oben offene Steingräber. Nach Abschluß der Grabungen soll auch diese Totenstätte zur Besichtigung freigegeben werden. Bis dahin Zutritt „offiziell" verboten.

Weiter auf der Hauptstraße zweigt nach 1,3 km die Zufahrt zur oben erwähnten Nekropole ab. Nach 5,5 km durchfahren wir *Dar Allouche* (Markttag Mittwoch) und passieren nach ca. 10 km die rechts abseits liegende „Station d'el Haouaria Gazoduc Transtunisien". Hier befindet sich seit 1983 eine Pumpstation, von der aus Algerien kommendes Erdgas über eine 2500 km lange Fernleitung „untermeerisch" nach Sizilien geleitet und dort in den Europäischen Erdgasverbund eingespeist wird.

Kurz darauf führt rechts eine Zufahrt nach **El Haouaria.**

El Haouaria

Expandierender Ort (Fischfang, Landwirtschaft) am Fuß des Djebel Sidi Abiod an der nordöstlichen Spitze des Cap Bon. El Haouaria ist das **Zentrum des tunesischen Falknerwesens** (siehe Kastentext „Falken- und Sperberjagd auf der Halbinsel Cap Bon"). Der Höhepunkt im Jahreslauf für die Bewohner der Region ist das „Festival de l'Epervier", das **Sperberfest.** Wandbilder da und dort im Ort und der Name des Hotels weisen unübersehbar auf dieses Ereignis hin. Falkner der Umgebung, viele Schaulustige und eine Menge Prominenz treffen sich zu den mehrtägigen, normalerweise etwa Mitte Juni stattfindenden Jagdwettkämpfen. Das Festival ist ein großes, gutbesuchtes Volksfest mit Umzug und buntem Rahmenprogramm.

Dem Falknerwesen ist im Haus des Falkner-Clubs (auf dem Weg zu den Römischen Steinbrüchen) eine kleine Ausstellung gewidmet mit Bildern, Photos, Zeitungsausschnitten etc. (wenn geschlossen: Auskunft im Restaurant *Les Grottes).*

Größte Sehenswürdigkeit von El Haouaria sind die **Römischen Steinbrüche** („Ghar el Kebir", „Grande Caverne" oder „Grottes Romaines" genannt).

In Verlängerung der Hauptstraße Av. H. Bourguiba verläßt man den Ort in westlicher Richtung und kommt nach ca. 2 km am Straßenende beim Café/Restaurant *La Daurade* (Spezialität Fischgerichte, aussichtsreiche Terrasse) zu einer wilden Felsküste und zum **antiken Steinbruchgelände** (Eintritt 1,1 TD; Taschenlampe!). Schön zu sehen sind von hier aus die steil aus dem Meer ragenden Felseninseln Zembra und Zembretta. In den bereits von den Karthagern, später von den Römern ausgebeuteten unterirdischen Steinbrüchen waren tausende von Sklaven und Strafgefangenen damit beschäftigt, Blöcke aus dem Fels zu schlagen und diese dann mit Seilzügen durch enge, kaminartige Schachtöffnungen nach oben ins Freie zu hieven. Die bis zu 30 m tiefen Schächte waren der einzige Zugang sowie Licht- und Luftschacht für die Arbeiter untertage. Viele dieser Zwangsarbeiter mußten unter gesundheitsschädlichen und unmenschlichen Bedingungen hier unten bis an ihr Lebensende zum Wohle Roms Dienst tun. Die gehauenen Sandsteinblöcke fanden überwiegend beim Bau römischer Städte Verwendung. El Djem bezog Baumaterial von hier, bis nach Sizilien wurden die Steine verschifft, vor allem jedoch dienten sie dem Aufbau Karthagos. Die Blöcke konnten ab Steinbruch direkt auf Schiffe verladen und ohne jeden Landtransport über den Golf von Tunis nach Karthago gebracht werden.

Heute ist ein Teil des Höhlensystems (insgesamt rund 90 Kammern) eingestürzt bzw. durch Bombardierung im 2. Weltkrieg (die Höhlen wurden zeitweise von Rommel und seinen Soldaten benutzt) „geöffnet" und dadurch leichter zugänglich. Fledermäuse nisten in dunklen Felslöchern, und die Besucher werden – wie fast immer bei Höhlenbegehungen – auf markante Felsgebilde, hier in den Formen von Dromedar, Löwe oder Gesichtern, aufmerksam gemacht. Berechtigt sind die Warnungen des Führers, den Kopf einzuziehen, um ungewollten Kontakt mit den Felsen zu vermeiden.

Falken- und Sperberjagd auf der Halbinsel Cap Bon

von Melita Giorgioni

Noch meine ich, den Wind und das Meer unter dem endlosen Blau des Himmels zu vernehmen, wenn ich an El Haouaria denke, ein Städtchen an der äußersten Spitze des fruchtbaren Cap Bon. Die Landschaft hier ist felsig und zerklüftet. Die karg bewachsenen, zum Meer hin steil aufragenden Hügel erinnern an aufgeworfene, zu Stein erstarrte Meereswellen oder gar an Riesenvögel, die eben ihre Schwingen zum Flug ausbreiten. Zusammen mit den bizarren Höhlen des Steinbruchs (s. vorn) sind sie ein Hauptmerkmal dieser malerischen Küste und ein beliebtes Ausflugsziel.

Mein Interesse an El Haouaria wurde vor allem durch die Jahrhunderte alte Tradition der Falken- und Sperberjagd geweckt. Auf meine Fragen erzählte man mir, daß vermutlich im 12. Jh. neun zugewanderte Berberfamilien das gebirgige und rauhe Land an der Spitze des sonst lieblichen Cap Bon der Tochter des damaligen Herrschers abkauften. Von einigen Ausnahmen abgesehen sollen die heutigen Anwohner von diesen neun Familien abstammen, die ihre Siedlung nach dem Wind, dessen Erosionswirkung der Landschaft ihr Gepräge gab, „El Haouaria" nannten. „Haoua" bedeutet soviel wie Luft oder Wind und „ria" die Lunge. Der Name bezeichnet somit einen Ort des „freien Atems". Man mag es Zufall oder Schicksal nennen, daß parallel zu den neun Familien ausgerechnet neun Falkennester existieren, die im März eines jeden Jahres bebrütet werden.

Durch die Nähe zu Sizilien liegt El Haouaria auf einer der drei Flugrouten der Wandervögel, die zweimal im Jahr (März und September) den Weg von bzw. nach Europa nehmen. Die anderen zwei führen über Gibraltar bzw. den Bosporus. Die schroffen und unzugänglichen Felswände erwiesen sich für die Wanderfalken als ideale Nistplätze. Es ist nicht verwunderlich, daß sich hier alsbald die königliche Kunst der Falkenjagd eigener Prägung entwickelte. Ich wollte mehr darüber wissen, zumal ich eine innige Verbindung, getragen von Achtung und Liebe, zwischen dem Falkner und dem Greifvogel zu spüren glaubte.

Von einem Angestellten der im Febr. 1976 gegründeten örtlichen Association des Fauconniers (Gesellschaft der Falkner) erfuhr ich, daß nicht die Falken, sondern die Sperber als erste die Route über El Haouaria wählten. Die Einwohner erfanden schon bald ausgeklügelte Methoden, die Vögel vorwiegend in Wäldern mit speziell geknüpften und nach dem Wind ausgerichteten Netzen zu fangen. Abgerichtet werden allerdings nur einjährige Weibchen. Bis heute hält sich der Brauch, den soeben eingefangenen Sperber im ältesten und nur für Männer zugelassenen Falknercafé Tahar stolz vorzuführen, um den Vogel so an den Lärm und den Geruch der Menschen zu gewöhnen. Bereits am vierten Tag frißt er in Gegenwart aller Anwesenden das ihm vorgelegte rohe Fleisch vom Tisch. Aber auch hier macht sich der Generationskonflikt bemerkbar, denn jüngst wagten es die jungen Männer El Haouarias, ein eigenes Café zu gründen. Es bleibt zu hoffen, daß dadurch nicht das ursprüngliche, sorgsam gehütete und nur vom Vater an den Sohn weitergereichte Wissen abgetan und mit der Zeit verfälscht wird. Die Ungeduld der Jugend, verbunden mit der Eitelkeit und dem Ehrgeiz auf schnellen Erfolg könnte der Falknerei, die gerade in El Haouaria eine Schule der Geduld, Liebe und Weisheit ist, Schaden zufügen und die Greifvögel eines Tages ganz ausbleiben lassen.

Der Sperber ist nach zwei bis vier Wochen für die Jagd auf Wachteln und Rebhühner abgerichtet. Ein Jagdhund scheucht das Geflügel vorab auf, der Sperber wird vom Jäger aus der Hand hinterhergeworfen. Der Greifvogel bleibt durch eine Schnur mit seinem Halter verbunden, stürzt sich auf das Opfer und bringt es zu Boden, wo der Jäger es an sich nehmen kann. Stets läßt man dem Greifvogel aber etwas Zeit, vom Blut seiner Beute zu trinken. Ein Glöckchen am Hals oder im hinteren Geficder signalisiert den Standort und die Bewegungen des Sperbers. Die Zeit der Sperber- und Falkenjagd geht von April bis Ende Juni; dann werden beide abgerichteten Spezies nach der öffentlichen Vorführung im Rahmen des Festivals de l'Epervier *mit einem Triumphschrei des Halters in die Freiheit entlassen. Es ist derselbe siegreiche Ruf, mit dem der Falkner sonst den freiwillig von der Jagd zu ihm zurückgekehrten Falken begrüßt. Diesmal mischen sich darin jedoch Wehmut und Trauer über die Trennung mit der Freude über die Freiheit des Gefährten.*

Die neun Falkennester werden während der Brutzeit Tag und Nacht bewacht. Leider ist in den letzten Jahren die Zahl der bebrüteten Eier im Vergleich zu früher von vier pro Nest auf drei, manchmal sogar nur zwei zurückgegangen, was nicht zuletzt der Umweltbelastung zugeschrieben wird. Diebstahl durch Bestechlichkeit der schlecht bezahlten Wächter wird ebenfalls nicht ausgeschlossen, da die Haltung und das Abrichten der Falken von der Associatin des Fauconniers streng kontrolliert und lizensiert wird. Acht Tage nach dem Ausschlüpfen wird pro Nest nur ein weibliches Küken entnommen, wobei die Gesamtzahl der aus den neun Nestern geholten Jungvögel höchstens vier betragen darf. Die Weibchen werden sowohl bei der Sperber- wie bei der Falkenjagd bevorzugt, da sie größer, robuster sowie anpassungs- und lernfähiger sind als die Männchen. Bei letzteren ist die Krankheits- und Sterberate in der Gefangenschaft zu hoch.

Das Falkenjunge wird weitere vier Wochen lang per Hand einmal pro Tag mit rohem Fleisch, meist frischem Rinderherz, gefüttert. Vor der Verabreichung ahmt der Falkner den Schrei des Elternpaares nach, um das Vertrauen des Jungvogels zu gewinnen und ihn später mit demselben Ruf von seinem Flug wieder zurückzuholen. Da die Greifvögel kein Wasser trinken, muß das Fleisch noch genügend Blutflüssigkeit enthalten. Insgesamt fünf Wochen nach dem Ausschlüpfen ist der Falke ausgewachsen und bereit zum Abrichten, wobei in der Tradition von El Haouaria ohne Kappe gearbeitet wird. Man läßt den Falken frei fliegen, um vorwiegend Rebhühner, Wachteln aber auch Kaninchen zu erlegen. Er ist ein wahrer Artist der Lüfte: Mit einer Geschwindigkeit von bis zu 360 km pro Stunde manövriert er meisterhaft und kann eine Möwe im Flug mit einem einzigen Schlag seines Flügels in zwei Teile spalten und vor dem Verschlingen auch noch mit den beiden Teilen in der Luft jonglierend spielen.

Der Falke als kleiner Bruder des Adlers symbolisiert nach wie vor für uns Menschen die Freiheit. Durch Achtung, Liebe und Geduld das Vertrauen eines Falken zu gewinnen, bedeutet große Ehre und Anerkennung für den Falkner, der seinerseits die Symbiose zwischen Mensch und Tier in den wenigen gemeinsamen Monaten zu würdigen weiß und seine Liebe zum Falken durch dessen spätere Entlassung in die Freiheit unter Beweis stellt. Insofern trifft es zu, wenn man nach wie vor die Falknerei als die große Schule der Charakterbildung betrachtet, durch die man Weisheit und Einsicht erlangen kann.

Unterkunft

Hotel **l'Epervier****
Av. H. Bourguiba, Tel. 02-29 70 17, DZ 40/28 TD; gutes Restaurant (2 Gabeln).
Pension **Les Grottes**
Tel. 29 72 96, DZ 40/24, Leserempfehlung, Bungalows, gutes Restaurant.
Pension **Dar Toubib**
Tel. 02-29 77 63, DZ 26/16 TD; im Ort, Zufahrt beschildert.

Camping: Stellmöglichkeiten am Straßenende bei den Grotten, am Strand von Rass Ed Drek (s. unten) oder am Bergsattel Sidi Abiod (s. unten).

Verkehrsverbindungen

Busse und **Louages** über Soliman Richtung Tunis und über Kelibia nach Nabeul; Busstation am Ortseingang.

Sonstiges

- **Markttag:** Freitag.
- **Feste:** *Festival de l'Epervier* etwa Anfang/Mitte Juni.

Ausflüge

Zum Bergsattel des Djebel Sidi Abiod

(Schöner Aussichtspunkt - geeignet für Picknick und Camping; Anfahrt ca. 3,5 km; weiter bergauf nur mit geländegängigem Fahrzeug oder zu Fuß)

Achtung: Die an dieser Route liegende **Fledermausgrotte** *(Grotte des chauves-souris)* ist seit einiger Zeit eingezäunt, versperrt und nicht mehr zu besichtigen. Der Bergsattel ist während des Sperberfanges (März/April/Mai) **Sperrzone**.

Jagdfalke beim „Festival de l´Epervier“ (Sperberfest)

Gegenüber der TOTAL-Tankstelle (Av. H. Bourguiba) folgen wir der Rue Ali Belhouane, die bergauf führt und bald in einen Schotterweg übergeht. Kurz vor Erreichen des Bergsattels liegt rechts unten am Abhang eine Höhle, die schon in vorrömischer Zeit bewohnt gewesen sein soll - ein Rückzugsgebiet für Fledermäuse und noch vor einiger Zeit frei zugänglich. Auf glitschigen Steinen, steil, eng und vor allem stockdunkel ging es ca. 50 m in den Berg hinein bis zur Grotte. An der Decke sah man dichtgedrängt tausende von Fledermäusen, deren Augen im Schein der Taschenlampe aufleuchteten und die – da sie sich gestört fühlten – ein unruhiges, gereiztes Pfeifkonzert anstimmten. Die dunkle, feuchte und unheimliche Umgebung und der überraschende Anblick dieser gewaltigen Fledermausregimenter ließen auch den unerschrokkeneren Höhlengast erschauern, man zog den Kragen etwas höher über Hals und Gänsehaut und blieb nicht länger als nötig. Die Sperrung der Höhle war eine dringend erforderliche Naturschutzmaßnahme.

Folgt man der Piste weiter bergauf, erreicht man ca. 3,5 km ab Ort einen Bergsattel mit herrlichem Ausblick aufs Meer zu beiden Seiten und zu den Felseninseln Zembra und Zembretta im Westen - ein beliebter Rast- und Picknickplatz auch bei organisierten Touristenausflügen.

Wer einen Blick auf das eigentliche *Cap Bon* werfen will, muß noch ein Stück weiter bergauf. Kurz nach einem aufgelassenen Steinbruch gibt es ein Weiterkommen nur noch für geländegängige Fahrzeuge oder Fußgänger. Wer sich nicht unnötigen Kontrollen und Befragungen durch das bei der Sendestation auf dem 393 m hohen Gipfel des *Djebel Sidi Abiod* stationierte Militär oder Wachpersonal aussetzen möchte, halte bereits gut 1 km nach dem Steinbruch an und gehe ein paar Minuten links hinüber bis zum Felsabbruch. Weit reicht der Blick hinaus aufs Meer und auf das vorgelagerte *Cap Bon* mit dem Leuchtturm am nordöstlichsten Zipfel des Landes (nur zu Fuß erreichbar). Kein Punkt Tunesiens liegt Europa näher. Nur 150 km sind es von hier bis nach Sizilien.

Zum Strand von Rass Ed Drek

(Anfahrt ca. 5 km)

Start ebenfalls bei der TOTAL-Tankstelle. Zunächst 150 m auf der Rue

Cap Bon mit Leuchtturm

Ali Belhouane, dann rechts weg auf die Av. République, in deren Verlängerung wir direkt ans Meer stoßen. Der kilometerlange, weiße Sandstrand wird links, weit drüben, begrenzt von dem felsigen Ausläufer des *Djebel Sidi Abiod* mit seinen schroffen Klippen. Einige Villen, eine kleine Siedlung von Ferienhäusern und das 1998 eröffnete Restaurant *Le Pecheur*, das wohl nur in den Sommermonaten in Betrieb ist, säumen den schattenlosen Strand – außerhalb der Badesaison eine ruhige Campingmöglichkeit.

Weiter von El Haouaria auf der Hauptstraße (C26) in Richtung Tunis. Nach 7 km führt rechts eine 3 km lange Stichstraße zum kleinen Fischerdorf von **Sidi Daoud.**

Abstecher nach Sidi Daoud

(Anfahrt 3 km)

Vorweg: Weder der trostlose Ort noch dessen unromantischer Hafen mit einer großen Konservenfabrik lohnen den Abstecher. Reizvoll ist höchstens der Blick von dort übers Meer zu den vorgelagerten Inseln Zembra und Zembretta (s.u.).

Bekannt wurde Sidi Daoud vor allem wegen der hier schon von den Phöniziern praktizierten Methode des **Thunfischfangs,** der *Matanza.* Mit kilometerlangen, bis zum Meeresboden reichenden Sperrnetzen blockieren die Fischer den an der Küste vorbeiziehenden Thunfischschwärmen den Weg zu ihren Laichplätzen. Bei dem Versuch, diese Hinternisse zu umschwimmen, gelangen die Fische schließlich in immer kleiner werdende Netzkammern, deren letzte die sog. „Todeskammer" ist. Sobald sich genügend Fische darin gesammelt haben, wird deren Eingang geschlossen und das Netz an die Oberfläche gehievt. Mit Knüppeln und Dolchen bewaffnet sprangen die Fischer früher hinein, um die verzweifelt um sich schlagenden Fische, die immerhin ein Gewicht von bis zu 200 kg haben, in einem blutigen Gemetzel zu töten. Heute scheint diese letzte Stufe „automatisch" abzulaufen. Wie genau? Zuschauer sind unerwünscht. Direkt im Hafengelände steht die Konservenfabrik – Endstation für Thunfische und Sardinen. Etwa die Hälfte der jährlichen Fangmenge Tunesiens wird allein hier während der etwa von Mai bis Juli dauernden Fangperiode an Land gebracht. Zur Sicherung wenigstens einiger Arbeitsplätze außerhalb der Fischfangsaison werden in der Fabrik zur Erntezeit auch Tomaten verarbeitet.

Nationalpark auf den Inseln von Zembra und Zembretta

Etwa 15 bzw. 10 km vor Sidi Daoud liegen die schroffen, mit Buschwald bedeckten Felseninseln Zembra und Zembretta, im Altertum unter dem Namen *Aegimuren* bekannt.

Während die kleine Leuchtturminsel Zembretta unbewohnt ist, gab es auf der etwa 5 qkm großen und bis 432 m hohen Insel Zembra früher ein Wassersportzentrum. 1977 wurden die Inseln zum Nationalpark erklärt. Deshalb, vor allem jedoch wegen militärischer Präsenz, ist der Besuch der Insel verboten.

Die heutigen Hauptbewohner von Zembra sind tausende von reinrassigen Wildkaninchen. Ihre Vorfahren wurden bereits vor mehr als 2000 Jahren von **phönizischen Seefahrern** aus Spanien auf die Insel gebracht, um bei späteren Landungen stets über eine natürliche Fleischreserve zu verfügen. Außer Kaninchen, Landschildkröten, wilden Ziegen, Mufflons, allerlei Meeresvögeln und anderem Getier finden heute vor allem die sehr seltenen **Mönchsrobben** auf der Insel und in der sie umgebenden, etwa 1,5 km breiten Wasserschutzzone einen ungestörten Lebensraum. Ihr Bestand beginnt sich langsam wieder zu vergrößern. Neben Thunfischen leben Tümmler, Delphine und fliegende Fische in dem fischreichen Wasser. Alljährlich im Sommer nisten mehr als 10 000 Paare von Sturmtauchern in Felsnischen oder unter Buschwerk. Außerdem machen **Millionen von Zugvögeln** auf ihrer langen Reise von Europa nach Afrika und umgekehrt im Spätherbst bzw. Frühjahr gerne einen Zwischenstop auf diesen Inseln.

Knapp 2 km nach der Abzweigung Sidi Daoud geht von unserer C26 links ein Sträßchen in den Wald von *Dar Chihou* ab (Abstechermöglichkeit, s. zwischen Kelibia und Kerkouane). Noch sieht man gelegentlich das Meer aufblitzen und hat schöne Blicke auf die vorgelagerten Inseln. Es geht durch hübschen Pinienwald. Später säumen Eukalyptusbäume die Straße, die dann einige Kilometer landeinwärts zieht.

„Sahara“-Spaziergang

11 km nach der Sidi-Daoud-Abzweigung, 300 m nach Überquerung des *Oued Magaiez,* zweigt in einer steilen Straßenkurve nach rechts in spitzem Winkel ein Feldweg ab, der reichlich 1 km weiter bei einem Bauernhaus endet. Hier links halten. Etwa 200 m dahinter ragen hohe Dünen auf. Eine mehrere hundert Meter lange und ca. 20 m hohe Sandbarriere blockiert das Tal zum Meer hin und geht seitlich und zum Inland hin nahtlos über in Buschwald und Felder. Eine überraschende Landschaftskombination und als „Mini-Sahara“ ein schwacher Ersatz für jene, die bei ihrer Tunesienreise auf einen Besuch der „echten“ Wüste verzichten müssen.

In der Umgebung des Dorfes **Zaouiet el Magaiez** (im Ort auffallend aufwendig mit bunten Fayencen geschmücktes Minarett) fertigen die Bewohner aus dem hier wachsenden Bambus und Schilf Matten und Körbe, ja sogar große Sonnenschirme, die hin und wieder auch am Straßenrand angeboten werden. Es ist eine abwechslungsreiche Fahrt, die durch Ölbaumpflanzungen, Gärten, dann wieder durch bewaldetes Gebiet führt. Man sieht rauchende Kohlenmeiler und zwischen den Feldern immer wieder die weißen Tonnengewölbe der Bauernhäuser. Straßenverkäufer bieten Honig an. Etwa 2 km nach dem Ort **Rtiba** zweigt nach rechts (rostiges Schild „Rtiba Plage“) ein Weg durch Pinien- und Buschwald ab, der nach ca. 2,5 km bei den Dünen des *Rtiba-Strandes* endet. Leider wird an diesem kilometerlangen, einsamen Sandstrand außer einer Menge Muscheln auch viel Teer und gelegentlich Tang angespült.

Dann führt die Straße zwischen buschbewachsenen Hügelketten hindurch über eine kleine Paßhöhe. Der Blick über die reizvolle Berglandschaft

Blick von Sidi Daoud auf die Insel Zembra

reicht bei klarer Sicht bis zur Felspyramide des Djebel Rezzas und zum Djebel Zaghouan im Südwesten. 51 km ab El Haouaria kommen wir in das von weiten Rebflächen umgebene Dorf **Bir Maroua.** Wer in Eile ist, folge dort ab der Straßengabelung weiterhin der Hauptstraße C26 Richtung Soliman/Tunis. (Diese führt durch landwirtschaftlich intensivst genutztes Gelände (Felder, Gärten, Rebflächen, Olivenhaine, Zitruspflanzungen) zwischen den hügligen Ausläufern des *Djebel Abderrahmane* und dem *Djebel Korbous* hindurch und stößt vor Soliman wieder mit der folgenden Strecke zusammen).

Landschaftlich wesentlich reizvoller und eine der **eindrucksvollsten Küstenstrecken Tunesiens** ist hingegen die in Bir Maroua auf Höhe der Moschee (schlechte Beschilderung) rechts abzweigende Route. Sie umfährt den *Djebel Bou Korbous* (419 m) nördlich in einem Bogen und folgt dann einer spektakulären Steilküste (keine öffentl. Verkehrsmittel auf diesem Abschnitt bis Korbous). Wer zur Zeit der Weinlese (etwa September) diese Strecke fährt, findet farbenfrohe Fotomotive: ganze Regimenter von Erntearbeitern, die Frauen in traditioneller bunter Kleidung, schneiden die Trauben – eine mühsame Sache, da die Weinstöcke sehr bodennah wachsen und nicht – wie in unseren Weinbergen – an Spalieren hochgezogen sind.

2,5 km hinter Bir Maroua führt eine Piste durch hübsche Weinlandschaft zu einem beliebten Badestrand an der Nordküste von Cap Bon:

Abstecher zur Plage Port Prince

(auch *Marsa Ben Ramdan;* Anfahrt 8,3 km)

Wir biegen (beschildert) rechts ab nach **El Bekakcha** (gut 4 km). Ab dort auf teilweise holprigem, ausgewaschenem Fahrweg durch ausgedehnte Weingärten einem schon weithin sichtbaren burgähnlichen Gebäude entgegen. Dort liegt der Strand von *Port Prince*, der im Sommer von Badegästen (vorwiegend Tunesier und Franzosen) gut besucht ist. Einige fest installierte Wohnwagen, ein kleines Café/Restaurant – nur während der Saison in Betrieb -, ein Bootssteg und ein paar Boote. Leider kann der Strand saison- und wetterbedingt durch Touristenmüll bzw. Algen verschmutzt sein. In Traumlage auf einer Felsklippe ca. 30 m über dem Meer thront ein Palast. Er ist wie so oft in Staatsbesitz und offiziell nicht zugänglich. Hier soll früher gelegentlich Madame Bourguiba residiert haben. Inzwischen aber verkommt der einstmals aufwendig restaurierte und seit langem ungenutzte Bau. Schade – man könnte sich eine sinnvollere Verwendung vorstellen. Wie herrlich ließe es sich hier leben, mit phantastischem Blick über den Golf von Tunis, hinaus zur Felsinsel Zembra und die Küste entlang zum Cap Bon. Diese Vorzugslage hatten offenbar auch schon die Römer erkannt. In den Fundamenten sind Teile eines vermutlich römischen Vorgängerbaus integriert. Im Hof stehen verschiedene römische Architekturfragmente.

Plage Port Prince ist außerhalb der Saison eine friedliche Idylle mit Campingmöglichkeit (z.B. etwas oberhalb auf der großflächigen Wiese), die man höchstens mit ein paar einheimischen Bootsleuten, Hirten und deren Herden teilt.

Nun aber auf der Hauptstraße weiter Richtung Korbous. Hinter **Douala** steigt die Straße zum Paß *Col du Douala* hinauf. Kurz nach der Paßhöhe bietet sich ein prächtiger Blick über die gesamte Küstenlinie des Golfs von Tunis: von den Hügeln bei Gammarth und Sidi Bou Said über Karthago, die Stadtsilhouette von Tunis bis zum Strand von Hammam Lif.

(Ein Tip für Camper und Fotografen: 300 m nach dem km-Stein „3“ vor Korbous zweigt links ein kurzer, anfangs extrem steil-felsiger Weg ab zu einer aussichtsreichen, ebenen Terrasse. Die malerischen Sonnenuntergänge und der Blick auf die ferne nächtliche Lichterkette entlang der Bucht von Tunis locken allerdings auch manches Liebespärchen auf dieses Panorama-Podest. Der dort weiterführende Weg wird bald durch Auswaschungen, Felsbrocken und dichten Bewuchs blockiert.)

Gleich darauf passieren wir die heiße Quelle *Ain el Atrous* (Beschreibung nachstehend) und erreichen (12 km seit Verlassen der Hauptstraße C 26) das Thermalbad **Korbous.**

Korbous

Schon die reichen, römischen Karthager kamen per Boot hierher und pflegten mit dem Heilwasser von *Aquae Calidae Carpitanae* ihre Gesundheit. Nach langer Pause errichtete der osmanische Herrscher Achmed Bey um 1800 hier einen Sommersitz und ließ den Badebetrieb wieder aufleben. Die Franzosen erweiterten anfangs des 20. Jh. die Anlagen, und heute ist Korbous das wohl **bekannteste** (wenngleich für unsere Maßstäbe sehr „kleinformatige" **Thermalbad Tunesiens.** Sieben Quellen (zwischen 45 und 60°C heiß, chlor-, natrium-, schwefelhaltig und leicht radioaktiv), moderne therapeutische Einrichtungen und das gesunde Klima versprechen Linderung bei den verschiedenartigsten Leiden: Erkrankungen der Atemwege, Ekzeme und Hautkrankheiten, Kreislauf- und Verdauungsprobleme, Rheuma und Arthritis, Frauenleiden, Bluthochdruck und Fettsucht. Auch kosmetische Behandlungen (Verjüngungs- und Schlankheitskuren) werden durchgeführt. Die reizvolle Lage direkt am Golf von Tunis in einer kleinen Schlucht am *Djebel Bou Korbous* hangaufwärts gestaffelt, gepflegte Gärten und viel Grün in der Umgebung, tragen zur Popularität bei. Obwohl es hier an der Steilküste keine Badestrände am Meer gibt, ist Korbous an Wochenenden ein beliebtes Ausflugsziel für Tagesbesucher aus der nahen Hauptstadt.

Vom „Dorf" Korbous oberhalb der Bucht ist nur wenig zu sehen. Der Ort wird dominiert vom **„Kurzentrum"** unten am Meer mit seinen Badeanstalten, einigen Souvenirläden, Restaurants, Cafés und den Hotels und Appartmenthäusern am Hang.

Der auffallendste Bau (unten beim Straßenknick) ist der Anfang des 19. Jh. von Achmed Bey erbaute Palast (mit Minarett), das heutige Hauptkurhaus *Ain Chefah* mit der größten Quelle und allen Einrichtungen für den modernen Kurbetrieb. Links daneben

Thermalbad in Korbous

das *Hammam Arraka,* ein auf Römerzeiten zurückgehendes türkisches Bad, und hinter diesem das *Ain-Sebia-Bad* mit einem offenen Heißwasserbrunnen. Oben am Hang eine prächtige Kuppelvilla – der Präsidentenpalast (einer von mehreren im Lande).

Straßenaufwärts steht das Bade-Hotel **Clinique des Thermes** und etwas zurückversetzt am Hang, umgeben von mehreren Appartmenthäusern, das Hotel **Les Sources**. Gegenüber von dessen Eingang (etwas versteckt hinter dem kuppelgekrönten Transformatorhäuschen) befindet sich der „Fruchtbarkeitsstein" – der *Zerziha-Stein.* Deutlich erkennt man auf der schrägen Felsplatte eine mehrere Meter lange, glattpolierte Schleifspur. Ob das Herunterrutschen den Frauen einst wirklich die versprochene Frucht-

Weingärten auf Cap Bon

barkeit brachte? Zumindest den Kindern der Hotelgäste beschert es heute unstreitig viel Vergnügen.

Am nördlichen Ortseingang (1,5 km ab Kurzentrum) finden wir neben einem Café/Restaurant direkt unterhalb der Straße die Quelle *Ain el Atrous*. Ein dicker Strahl schwefelhaltigen und ca. 50°C heißen Wassers tritt hier aus dem Fels, läuft durch zwei Fußbadebecken und ergießt sich wenige Meter danach als dampfende Kaskade über mit Sinterablagerungen bedeckte Felsblöcke ins Meer. Jedermann kann sich hier ein schnelles Fußbad gönnen (Vorsicht: heiß!).

Folgt man hier dem schmalen Weg zwischen Meer und Straße weiter nach Norden, gelangt man nach etwa halbstündigem Spaziergang zu einer kleinen, von hohen Felsen eingerahmten Bucht mit Kiesstrand, einigen Hütten und der *Source Kanassira*. Etwa knietief hält sich das Wasser in dem ummauerten Becken am Fels. Bei unseren Besuchen badeten meist mehrere Frauen darin und wuschen ihre Kleinkinder; männliche Annäherung verbietet sich dann von selbst. Dem schwarzen Schlamm sagt man bei Hauterkrankungen eine heilkräftige Wirkung nach.

Unterkunft

Hotels

Les Sources***
Tel. 02-28 45 33, DZ 64/51 TD.

Clinique des Thermes**
Hotel mit allen therapeutischen Einrichtungen, DZ 40 TD, Restaurant u. Pizzeria

Oktor***
Etwa 3 km Richtung Soliman, Tel. 02-28 45 57, DZ 60/40 TD, malerisch gelegen, mit Nachtclub.

Kurverwaltung

Centre Thermal
8041 Korbous, Tel. 02-28 45 52. Zentrale Verwaltung durch Thermalbadbehörde.

Verkehrsverbindungen

Mehrmals täglich **Busverbindung** mit Soliman, von dort nach Grombalia, Nabeul und Tunis. Louages nach Soliman.

---

3 km nach Verlassen von Korbous passieren wir das moderne Kurhotel *Oktor* bei der Mineralquelle *Ain Oktor* hoch über dem Meer. Die Quelle liefert kaltes Wasser mit leichtem Chlor- und Natriumgehalt, welches besonders für die Behandlung von Erkrankungen der Harnwege geeignet sein soll. Neben dem Hotelgelände befindet sich eine Abfüllstation für das bekannte Mineralwasser.

Das schmale Sträßchen, in engen Windungen in den Steilhang gekratzt, führt mit großartigen Ausblicken hoch über dem Meer weiter. Leider treten die steilen Felsen schon bald zurück. Bereits nach knapp 4 km zweigt rechts ein kleines Sträßchen ab zum etwa 300 m entfernten Fischerdorf **Sidi Rais** (einst Hafen des römischen *Carpi).* Zwei kleine Palmengruppen, ein paar gackernde Hühner zwischen pfahlbauartigen Holzhütten am weißen Sandstrand, ein paar Boote und der schöne Blick übers Meer könnten Südseeromantik aufkommen lassen. Doch der viele Dreck und der allgemeine Verfall verlocken nicht zu längerem Aufenthalt. Das beste an „Sidi Rais" ist der würzige gleichnamige Wein (weiß und rosé) aus den Trauben der umliegenden Weingärten, der landesweit vertrieben wird.

100jährige, dicke Eukalyptusbäume bilden kurz nach dem Dorf **Mraissa** eine eindrucksvolle Allee. Inmitten von Orangenhainen liegt das Appartment-Hotel Chiraz mit seinem empfehlenswerten, lizensierten Gartenrestaurant, Tel. 02-28 49 27, App. für 2 P: 30 TD, während des Ramadan geschlossen. Kurz darauf mündet die Eukalyptusallee wieder auf die Hauptstraße C26, der wir nach rechts in Richtung Soliman/Tunis folgen. Verkaufsstände mit herrlichsten Zitrusfrüchten säumen zur Erntezeit die Straße, auf der wir nach 8 km **Soliman** erreichen.

Soliman

Das von maurischen Flüchtlingen aus Andalusien im 17. Jh. gegründete Soliman ist heute mit ca. 14 000 Einwohnern ein **wichtiger Marktort** (Freitagsmarkt) für die vielfältigen landwirtschaftlichen Produkte der Region. Aus der Gründungszeit stammt die andalusische Moschee (Baujahr 1616), mit roten Ziegelpfannen gedeckt und viereckigem Minarett. Die etwa gleich alte türkische Moschee mit sechseckigem Minarett wurde, wie der gesamte Ort, im 2. Weltkrieg stark beschädigt und wieder aufgebaut. Trotz dieser Zerstörungen bietet Soliman heute wieder ein ansprechendes Ortsbild mit andalusisch/türkischem Flair (hübsche Holzerker an einigen Wohnhäusern).

Im Ort Soliman

Unterkunft

Kein Hotel im Ort. Die Ferienhotels befinden sich etwa 6 km außerhalb an der *Soliman Plage.* Abseits der großen Ferienzentren gelegen, sind diese Hotels besonders geeignet für reine Strandurlauber mit eher bescheideneren Ansprüchen und schmalerem Geldbeutel.

Solymar**
Tel. 02-29 01 05, DZ 66/42 TD; Strandhotel mit sehr einfachen Zimmern, teils in Bungalows; Diskothek.

Andalous*
Tel. 02-29 02 80, DZ 50/39 TD; einfaches, von deutschen Gästen bevorzugtes Strandhotel mit schlicht ausgestatteten Reihenbungalows; Fahrradverleih (5 TD/halber Tag), Pferderitte.
Weitere Hotels an der sich anschließenden *Cedria Plage* (s. S. 258).

Verkehrsverbindungen

Busbahnhof, Louage- und Taxistation an der Hauptstraße im Zentrum von Soliman; häufige Busverbindung nach Tunis und Nabeul, mehrmals täglich nach El Haouaria und Korbous.

Rückfahrt nach Hammamet

Die kürzeste Strecke für die Rückfahrt führt von **Soliman** südlich nach **Grombalia** (+11 km) und auf der P1 direkt nach **Hammamet** (+28 km).

Rückfahrtvarianten: Wer Zeit und Muße hat, macht noch einen Schlenkerer mitten ins Gartenzentrum Cap Bons über **Menzel Bouzelfa** (+8 km) und **Beni Khalled** (+4 km; Markttag Samstag). Beide Orte sind umgeben von den üppigsten Zitrusfruchtplantagen des Landes; sie feiern alljährlich etwa Mitte April ihr „Orangenblütenfest“ mit Umzügen und großem Rahmenprogramm. Dann entweder auf der C44 nach **Korba** (+26 km) oder auf der C42 über **Grombalia** (+11 km) und der C27 nach **Nabeul** (+28 km) – auf beiden Routen durchfährt man eine besonders fruchtbare Landschaft: Kornfelder und Weingärten, Kartoffeläcker und Baumpflanzungen mit Zitrusfrüchten, Granatäpfeln, Feigen, Oliven, verschiedenen Obstsorten und zwischendrin immer wieder schlanke Zypressen. Zur Erntezeit werden die verschiedenen landwirtschaftlichen Produkte von den Bauern auch direkt entlang der Straße angeboten.

Von Korba beziehungsweise Nabeul dann auf bereits bekannter Strecke der Küste entlang zurück zu unserem Ausgangsort **Hammamet** (+31 bzw. 12 km).

Route A 8: Bizerte – M. Bourguiba [24 km] – Béja [85 km] – Téboursouk (Dougga) [51 km]

Allgemeines

Diese kurzweilige Route zwängt sich zunächst zwischen dem Lac de Bizerte und dem Lac Ichkeul hindurch und bietet dort die Möglichkeit zum Besuch des **Nationalparks Ichkeul.** Ab Mateur geht es durch eine zwar undramatische, aber meist gefällige, dünn besiedelte Hügellandschaft. Ein Stückchen abseits der Route liegt das malerische Bergdorf Tahent. Béja selbst ist ein lebhaftes Städtchen mit interessanter Altstadt. Nach Überqueren des Medjerdaflusses fahren wir durch reizvolles Bergland nach Téboursouk, Ausgangspunkt für eine Besichtigung der wohl sehenswertesten Römerstadt Tunesiens: **Dougga.**

Bizerte

(Ortsbeschreibung, Plan und Ausflüge s. Route A5)

Wir verlassen **Bizerte** in der Verlängerung der Av. H. Bourguiba nach Südwesten und folgen der P11 (Beschilderung „Menzel Bourguiba/Mateur"). Zunächst geht es durch triste Außenbezirke und vorbei am staubigen Zementwerk von Bizerte. Zwischen dem von Industrieanlagen und einem großen Militärgelände gesäumten *Lac de Bizerte* im Süden und den letzten Ausläufern des *Mogod-Berglands* im Norden erreichen wir bei km 11 eine Straßengabelung, an der wir uns links halten. Bei km 20 passieren wir die Engstelle zwischen *Lac de Bizerte* und *Lac Ichkeul.* Eine Brücke führt hier über das *Oued Tinja.* Dieser Fluß (wir entdecken in ihm Reusen und Netze zum Fischfang) regelt den Wasseraustausch zwischen beiden Seen (s.u.). Im Ort **Tinja** (das römische *Thimida)* erinnern noch einige betagte Kolonialbauten an die Franzosenzeit. Wer zum ca. 3 km abseits liegenden *Menzel Bourguiba* will, halte sich links, wer direkt nach *Mateur* weiterfahren möchte, geradeaus.

Menzel Bourguiba

Industriestadt (früher *Ferryville)* mit knapp 30 000 EW am See von Bizerte. Die Franzosen unterhielten hier einst ein großes Arsenal für ihren Flottenstützpunkt von Bizerte. Nach dessen Räumung (15.10.1963) entstand zur Rettung der verlorengegangenen Arbeitsplätze ein Industriezentrum mit Fabriken und Handwerksbetrieben (u.a. zur Textilherstellung, Metallverarbeitung). Wichtigster Arbeitgeber der Region ist das mit schwedischer Hilfe errichtete Stahlkombinat *El Fouladh.*

Die im kolonialen Stil von den Franzosen erbaute Wohnstadt ist höchstens als Versorgungsort oder Ausgangspunkt für einen Besuch des Nationalparks *Ichkeul* (s. nächste Seite) von Interesse.

Unterkunft

Hotel **Ichkeul*** (früher Younes)
Tel. 02-46 16 06; DZ 26/16 TD; familiäres Hotel am Lac de Bizerte, ca.

3 km vom Stadtzentrum; mit Restaurant und schöner Seeterrasse. (Zufahrt vom Zentrum nach Norden, am Hospital vorbei, dann nach links und vorbei an der Militärakademie).
Jugendherberge neben dem Hotel Ichkeul.

Verkehrsverbindungen

Busse nach Tunis, Bizerte, Mateur, Béja, Tabarka.
Louages nach Tunis, Bizerte, Mateur.
Eisenbahnverbindung über Tinja (Umsteigebahnhof) nach Tunis, Bizerte und Mateur (mehrmals täglich).

Sonstiges

Markttag: Mittwoch.

Wir verlassen **Menzel Bourguiba** über die *Rue el Hedi Chaker,* beschildert „Mateur“, kreuzen nach gut 3 km die Straße Bizerte – Tunis und nähern uns dem *Lac* und dem *Djebel Ichkeul.* Etwa 4,5 km nach der Kreuzung (ca. 30 km ab Bizerte) zweigt von der P11 rechts die beschilderte Zufahrt zum **Nationalpark Ichkeul** ab.

Nationalpark Ichkeul

Keine Besuchserlaubnis erforderlich; Eintritt frei. An Wochenenden von Einheimischen stark frequentiert.

Anfahrt (9 km)

Die etwas zerlöcherte, dammartige Straße zieht durch Marschland auf den von Kalkstein- und Marmorbrüchen zerschundenen Berg zu. Nach 5,5 km Schranke bei kleiner Siedlung (Registrierung der Besucher). Dann führt ein Fahrweg in den eigentlichen Nationalpark hinein. Er passiert das Besucherzentrum (mit Café, Restaurant) und führt zwischen Bergfuß und Sumpfland weiter. In sehr einfachen, schilfgedeckten Hütten wohnen einige der insgesamt 120 Familien, die im Park angesiedelt sind; die Männer arbeiten entweder in den Steinbrüchen oder betreiben Landwirtschaft. Gut 9 km nach Verlassen der P11 endet der Fahrweg (Schranke) bei den Kuppelbauten eines schon seit vorrömischer Zeit genutzten Thermalbads. Die beiden Hammams (getrennt für Frauen und Männer) mit 40°C heißem, leicht schwefelhaltigem Heilwasser sind normalerweise auch für Parkbesucher zugänglich (wegen Wassermangels oft außer Betrieb).

Allgemeines

Der Nationalpark wurde 1960 mit deutscher Finanzhilfe gegründet und umfaßt ein ca. 125 km² großes Gebiet. In ihm liegen der 511 m hohe, bewaldete **Djebel Ichkeul** (ca. 13,5 km²), der **Lac Ichkeul** mit seiner – je nach Wasserstand – zwischen 80 und 100 km² großen Wasserfläche sowie ausgedehnte **Sumpfgebiete.** Im Winter speisen vor allem die von den Mogod-Bergen herabkommenden Bäche den See mit Süßwasser, der dann auch das umliegende Sumpfland überflutet. Durchschnittlich 650 mm Regen fallen im Jahr, davon allein 70% zwischen November und März. Üppiges Pflanzenwachstum setzt dann ein, und dieses feuchte, grüne Biotop ist ein ideales **Winterquartier bzw. Zwischenstation** für hunderttausende aus dem kalten Norden kommende **Zugvögel.** Vielerlei Entenarten, Graugänse, Bläßhühner, Reiher, Drosseln, Schwalben,

Stare und andere Singvögel überwintern hier. Hinzu kommen heimische, ganzjährig hier lebende Vogelarten, darunter Greifvögel (Adler, Geier, Falken, Mäusebussarde) und vielerlei Nacht- und Watvögel. Die meisten Wintergäste kehren zwischen Februar und März zu ihren heimischen Nistplätzen zurück. Im Sommer bevölkern Störche – Besucher aus Westafrika – das an Fröschen reiche Sumpfland.

Die besondere Attraktion des Parks sind langhaarige, schwarze **Wasserbüffel,** die sich ebenfalls in den Sümpfen aufhalten. Das erste Paar dieser Tiere – angeblich ein Geschenk des Königs von Sizilien an den Bey von Tunis – soll 1729 hier ausgesetzt worden sein. 1943 rotteten die Amerikaner den ohnehin nur schwachen Bestand fast völlig aus; inzwischen ist er wieder auf etwa 20 Exemplare angewachsen. Der flache See ist sehr fischreich (besonders Aale und Meeräschen), doch ist die Fangmenge auf etwa 250 Tonnen/Jahr begrenzt, um das ökologische Gleichgewicht zu erhalten.

Zum Sommer hin, mit zunehmender Trockenheit, sinkt der Wasserstand des Sees durch Verdunstung, der Salzgehalt steigt an, und die Sümpfe trocknen aus. Nun fließt Salzwasser aus dem zum Mittelmeer hin offenen Lac de Bizerte über den Tinja-Kanal in den Ichkeul-See. Als Folge dieses wechselnden Wasseraustauschs variiert der Salzgehalt des Sees zwischen 8 g/Liter im Winter und bis zu 45 g im Sommer. Staudämme an den Zuflüssen des Sees gefährden zunehmend dieses empfindliche Ökosystem, da immer mehr Wasser zur Bewässerung und Trinkwasserversorgung abgeleitet,

Blick über den See auf den Djebel Ichkeul

dadurch der Zufluß von Süßwasser verringert und die Versalzung verstärkt wird.

Der Parkbesuch ist ganzjährig möglich. Die Berghänge sind dicht mit Macchia-Buschwerk, Geißblatt, Zistrosen, wilden Oliven- und Pistazienbäumen bewachsen; zum Jahresbeginn blühen wilde Tulpen, Alpenveilchen und Orchideen; Schwertlilien und Seerosen wachsen im Schilf. Durch die Bergwälder ziehen Wildschweine, Schakale, Stachelschweine, Mungos und Schildkröten.Besonders lohnend ist der Besuch während der vogelreichen Wintermonate (etwa November bis Februar).

Nationalpark-Museum

Über eine Felstreppe steigt man in ca. 10 Min. vom Hammam-Parkplatz hinauf zum Museum. In dem hübschen Kuppelbau erläutern Bilder, Photos, Schautafeln und sonstige Exponate Sinn und Zweck des Parks, die heimische Fauna und Flora sowie ökologische und naturwissenschaftliche Zusammenhänge.

Spaziergänge

(Feldstecher mitnehmen!)
Vom Museum aus läßt sich auf breitem Weg ein etwa halbstündiger Spaziergang um den nach Norden in den See hinausragenden Museumshügel herum zurück zum Hammam-Parkplatz machen.

Zweiter Vorschlag: Der ab Museum auf den Djebel Ichkeul zuzielende Fußweg (am Anfang breit und mit mehreren Picknickplätzen ausgestattet) verläuft aussichtsreich 50–80 m über dem See, wird im weiteren Verlauf immer schmaler und überwachsener und verliert sich nach etwa einer Gehstunde im undurchdringlichen Unterholz (trotzdem reizvoll). Angeblich gibt es keine begehbare, geschweige denn ausgebaute und markierte Wege zum Berggipfel.

Wer See und Djebel Ichkeul noch intensiver erleben will, kann eine **Seeumfahrung** (63 km) erwägen. Route: Tinja – Mateur – auf P7 bis Abzweigung Richtung Bizerte – auf C57, fast ständig mit „Seeblick“, zurück nach Tinja.

Weiter auf der P11 durchfahren wir die weite, fruchtbare Ebene von Mateur. Diese einst hoffnungslos versumpfte Schwemmlandfläche wurde während der französischen Protektoratszeit entwässert und urbar gemacht. Als fast einzige Kulturpflanze wird hier Weizen angebaut. Dazwischengetupft liegen einige kleine Rebflächen. Seit dem Weggang der französischen Farmer werden die Felder als riesige Staatsgüter (Domänen) nach neuesten Methoden weiterbewirtschaftet. Ca. 40 km ab Bizerte erreichen wir **Mateur.**

Mateur

Im 2. Weltkrieg schwer beschädigter, heute modern wirkender Marktort und Verkehrsknotenpunkt ohne touristische Reize; ca. 15 000 EW. Im Norden Industriezone, u.a. Montagewerk und Ersatzteillager der Fa. Renault, Fabriken für Tiernahrung und Käse. Mateur ist bekannt für seine guten Käsesorten, z.B. „Le Bleu de Brebis“ (herzhafter, dem französischen Roquefort ähnlicher Blauschimmelkäse) oder „Carré de Mateur“ (Schafskäse).

Blick von den Felshöhlen auf Tahent

- **Unterkunft:** Kein Hotel im Ort.
- **Verkehrsverbindungen:** *Busstation* an der Hauptstraße (Verbindungen nach Tunis, Bizerte, Béja, Tabarka). *Eisenbahn:* Bahnhof im Osten des Ortes; Personenzüge in Richtung Bizerte und Tunis (auf den anderen Linien verkehren nur Güterzüge).
- **Sonstiges:** Wochenmarkt am Freitag.

Durch meist kahles Hügelland folgt die P11 ab Mateur dem *Oued Joumine,* das im weiteren Verlauf zu einem fast 8 km langen See gestaut ist. Die Straße führt wiederholt nahe an den zwischen meist baumlosen nackten Hügeln liegenden Stausee heran und folgt später noch eine Zeitlang dem fruchtbaren Oued.

In dem kleinen Ort **Sidi N'Sir** (29 km ab Mateur) hat sich um das aufgelassene Bahnhofsgebäude herum eine Storchenkolonie ihre Nester gebaut. Gleich danach zweigt links ein Sträßchen ab, beschildert „Thebourba". Hier bietet sich die Möglichkeit für einen

Abstecher nach Tahent

(7,5 km Anfahrt)

Wir folgen dem Sträßchen auf 5,3 km und biegen dann links auf einen Schotterweg ab, der, vorbei an einem Kieswerk, nach gut 2 km in dem kleinen Dorf **Tahent** endet. Läge dieser Ort näher zu Touristenorten, wäre er sicher Ziel von Busausflügen, und man müßte sich (klassisches Beispiel: die Berbersiedlung Takrouna Nähe Hammamet) des Ansturms von Souvenirhändlern, Fremdenführern und bettelnder Dorfjugend erwehren. Nach Tahent verirrt sich selten jemand und wenn, wird er mit jener unaufdringlichen Gastfreundschaft empfangen, die in arabischen Ländern überall dort noch selbstverständlich ist, wo keine Touristenmassen einfallen.

Das kleine Dorf liegt malerisch in etwa 600 m Höhe, terrassenartig am Fuß eines steilen Felsabbruchs und umgeben von karger, dennoch eindrucksvoller Berglandschaft. In der hinter dem Ort aufragenden Felswand sind mehrere Grotten erkennbar. Am besten, man steigt hinauf, hockt sich in eine der Höhlen und genießt von dort den Blick hinunter auf die einfachen, aus Natursteinen gemauerten Häuser, auf das Gewirr aus Mäuerchen, Ställen und Höfen. Ein friedliches Bild, das vergessen läßt, daß Tahent hautnah in die Kämpfe des 2. Weltkriegs verwickelt war. In den Höhlen und Überhängen hier oben soll sich im Winter 1942/43 eine Handvoll deutscher Soldaten verschanzt haben, die erbittert gegen die in gewaltiger Übermacht anrückenden Truppen der Alliierten Widerstand leisteten, schließlich aber doch gefangengenommen wurden. Durch den Artilleriebeschuß sind die Grotten an dieser Bergseite nur noch zum Teil natürlichen Ursprungs.

Die P11 zieht weiter Richtung Béja durch dünn besiedeltes, über große Flächen mit Getreidefeldern überzogenes Gebiet. Es wird umrahmt von sanft gerundeten, ab und zu mit kleinen Felsstufen durchsetzten Hügelketten. Reichlich 17 km nach der Tahentabzweigung entdecken wir links der Straße ein etwa 6 m hohes Denkmal, das an das Kriegsgeschehen im März 1943 und die Befreiungskämpfe von 1952 erinnert.

Weiterfahrt zwischen den kahlen Hängen des *Djebel Zebla* (rechts) und dem felsigen *Djebel Munchar* (links). (9,5 km vor Beja läßt sich noch eine hübsche Schleife einbauen: der Beschilderung „El Munchar" folgend kommt man auf hübscher Bergfahrt unterhalb des Felskammes und vorbei an Kiefernwald, später über Felder ebenfalls nach Beja). Auf der Hauptroute erreichen wir 66 km ab Mateur das Zentrum von **Béja.**

Béja

Provinzhauptstadt mit ca. 50 000 EW., Verkehrsknotenpunkt und Landwirtschaftszentrum einer Region, die bereits während der römischen Epoche einen Teil der „Kornkammer Roms" darstellte. Das Industriegebiet im Norden der Stadt wird beherrscht von einer großen Zuckerraffinerie.

Nach der Eroberung der im 6. Jh. v.Chr. gegründeten phönizischen Siedlung *Vaga* durch die Römer 109 v.Chr. entwickelte sich der Ort zur Colonia, wurde nach einer längeren Blütezeit im 5. Jh. von den Vandalen verwüstet, vom byzantinischen Kaiser Justinian im 6. Jh. wieder aufgebaut und befestigt und schließlich von den arabischen Beni-Hilal-Nomaden im 10. und 11. Jh. erneut zerstört. Das dann folgende jahrhundertelange Schattendasein endete erst während der Kolonialzeit mit dem Ausbau des Orts zu einem wichtigen Markt- und Verkehrszentrum.

Heute ist Béja ein lebhafter, städtisch wirkender Ort. Er besitzt noch einige Bauten aus der Franzosenzeit im Zentrum, darunter die große, heute als Kulturzentrum dienende ehemalige Kirche mit Storchennest auf dem minarettähnlichen Turm. Sehenswert ist vor allem die **Altstadt** mit winkligen, teils gedeckten Gassen, stimmungsvollen Plätzen und zahlreichen Moscheen. Am Markttag (dienstags) sind Straßen und Gassen des unteren Altstadtbereichs mit Verkaufsständen, am Boden ausgebreiteten Waren und Kauflustigen gefüllt. Dann herrscht dichtes Gedränge und Verkehrsgewühl, und die kleinen Restaurants und Garküchen freuen sich über regen Umsatz. Die Frauen sind hier noch traditioneller gekleidet als in vielen anderen Orten, und im Warenangebot vermißt man auf angenehme Weise den sonst üblichen Touristenramsch.

Die Gäßchen der Altstadt, die sich den Hang hinaufziehen bis zur Kasbah, wechseln alle paar Meter die Richtung, sind unterbrochen durch Treppen und überspannt von Steinbögen. Blendendweiß und kräftigblau gestrichen ist das Mauerwerk, und bei der labyrinthischen Bauweise läßt es sich nicht vermeiden, daß man gelegentlich in einer Sackgasse oder gar einem privaten Innenhof landet. Lohnend, bei guten Lichtverhältnissen geradezu faszinierend, ist der Blick von der Höhe der Kasbah aus über die Stadt und das Umland. Die **Kasbah** selbst, die an der Stelle der einst zwanzigtürmigen byzantinischen Zitadelle errichtet wurde, ist heute vom Militär besetzt und nicht zugänglich.

Auf dem **Soldatenfriedhof** im unteren Teil der Stadt (beim Eisenbahnübergang ca. 200 m nach links Richtung „Amdoun") liegen fast 400 Soldaten aus den Commonwealth-Staaten begraben – Opfer der Schlachten des 2. Weltkriegs, die 1942 und 1943 an der nördlichen Frontlinie stattfanden.

Gasse in Béja

Unterkunft

Hotels

Vaga
Av. H. Bourguiba im Zentrum,
Tel. 08-45 08 18, DZ 30 TD.

Jamaia
Rue Hadi Essaidi (zweigt beim Hotel Vaga ab), einfaches Hotel.

Phenix
Av. de la République, Tel. 08-45 01 88, DZ 16 TD, einfaches Hotel.

Jugendherberge/Camping

Jugendherberge mit Campingmöglichkeit an der Straße nach Tunis gegenüber der Busstation. „Wildes" Campen rings um Béja wegen dichter Besiedlung schwierig.

Verkehrsverbindungen

- **Busstation** an der Straße nach Tunis: mehrmals täglich Verbindung Richtung Tunis, Jendouba, Nefza und Tabarka, Téboursouk (über Thibar), El Kef, Mateur und Bizerte.
- **Eisenbahnverbindung** mehrmals täglich nach Tunis über Mejez el Bab und nach Jendouba und Ghardimaou.
- **Louages** und **Taxis** fahren nahe dem Eisenbahnübergang beim Soldatenfriedhof ab, Taxis auch im Zentrum.

Sonstiges

- **Mietwagen:** z.B. **Mattei,** Tel. 08-45 11 58.
- **Markttag:** Dienstag.

Ausflüge

Zum Pont de Trajan

(= Trajansbrücke; 14 km Anfahrt):
Ein Ausflug nur für echte Römer-Fans, denn die Brücke ist bei hohem Wasserstand des Stausees Sidi Salem u.U. im Wasser versunken. **Achtung: einzig mögliche Zufahrt** nur wie nachstehend beschrieben; andere in einigen Karten angegebene Zufahrten verlieren sich im Gelände und führen nicht ans Ziel.

Wir starten in Béja bei der Straßenverzweigung am Eisenbahnübergang (km 0) und folgen der Straße

Alte römische Trajansbrücke

Richtung Tunis. Bei km 1,7 (Storchenmonument) rechts ab Richtung Jendouba; vor Eisenbahnübergang links Richtung Maagoula; bei km 9,5 verlassen wir die Straße nach rechts und folgen der von Eukalyptusbäumen gesäumten Piste. Etwa bei km 13,8 nicht rechts über die Gleise, sondern links zur 100 m entfernten Trajansbrücke am *Oued Béja*. Sie lag an der einst sehr wichtigen Römerstraße, die von Karthago nach Bulla Regia und weiter über Simitthus (Chemtou) nach Hippo Regius (das heute algerische Annaba) führte. Da die Brücke bereits im Jahr 29 n.Chr. von Kaiser *Tiberius* erbaut wurde, trägt sie ihren Namen zu Unrecht. Die 70 m lange, hervorragend erhaltene, dreibogige Brücke war bei einem unserer Besuche im Hochsommer voll sicht- und befahrbar. Ein anderes Mal jedoch hatte sich ein Ausläufer des Stausees *Sidi Salem* bis hierher vorgeschoben und das Tal überschwemmt. Brusthoch stand das Wasser am Brückenbeginn – nein, wir haben es nicht selbst ausprobiert, vielmehr einen Einheimischen beobachtet, der sich Kleider und Schuhe auf den Kopf band und mehr unter als über Wasser den Fluß auf der Brücke überquerte.

Für die Weiterfahrt nach *Téboursouk* verlassen wir Béja auf der P6 in Richtung Jendouba, biegen nach 12 km links ab auf die C75 und fahren hinab in das fruchtbare, weite Medjerdatal. Kurvenreich geht es jenseits des Tals durch liebliches Hügelland wieder hinauf in das Obst-, Oliven- und Weinbaugebiet von **Thibar** (29 km ab Béja) mit dem großen staatlichen Mustergut, der **Domaine de Thibar.**

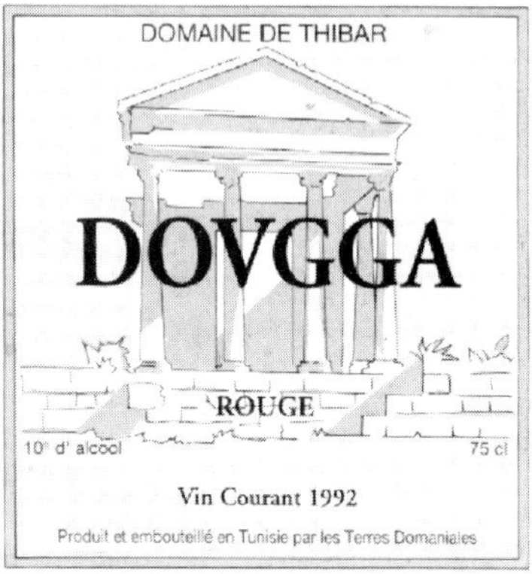

Domaine de Thibar

Schon den Römern gefiel es in dieser anmutigen, zypressenbestandenen und fast toskanisch wirkenden Landschaft. Vom nahegelegenen Dougga zog sich damals eine Kette von Siedlungen in Richtung Karthago. Dazu gehörte auch das antike *Thibaris*. Seine Reste (man weiß von einem Amphitheater, von Zisternen und Tempelruinen sowie – aus der byzantinischen Epoche – einer christlichen Basilika) ruhen noch weitestgehend unter der Erde. Französische Mönche begründeten ausgangs des 19. Jh. die heutige Anlage. Der Missionsorden der „Pères Blancs" („Weiße Väter"), errichtete das **Kloster St. Joseph de Thibar.** Die Mönche kultivierten das baumlose und versteppte Umland und verwandelten es in eine Musterfarm. Sie beschränkten sich nicht – wie in diesem Gebiet allgemein üblich – auf den Getreideanbau, sondern erweiterten die Landwirtschaft mit großem Erfolg um Oliven und Trauben – die klassischen Kulturpflanzen des Mittelmeerraumes. Zudem betrieben sie erfolgreich Rinder-, Schweine- und Schafzucht. Nach der Unabhängigkeit Tunesiens und den nachfolgenden Bodenreformen, Verstaatlichung und schließlich Enteignung von Grundstücken, verließen 1974 die letzten „Weißen Väter" Thibar.

Die „Domaine de Thibar" ist seither in **Staatsbesitz,** eines von über vierzig ähnlichen Gütern in Tunesien. Der einstige Klosterbau mit seinem schön bepflanzten, mit römischen Inschriftensteinen und Stelen geschmückten Innengarten wurde zum Verwaltungsgebäude. Von hier aus wird eine vielseitige, offenbar gut funktionierende und recht lukrative **Landwirtschaft** betrieben. Die Zahl der ständig beschäftigten Mitarbeiter beträgt 240; zur Erntezeit werden zusätzliche Helfer eingesetzt. Von den insgesamt 2900 ha Grund entfallen große Flächen auf Getreide- und Obstanbau (verschiedene Sorten von Äpfeln und Birnen, Pfirsiche, Aprikosen etc.); auf rund 500 ha stehen Olivenbäume, und weitere etwa 200 ha sind Weinanbaugebiet. Über Speicherbecken, in denen das Wasser von den nahen Bergen gesammelt wird, sowie ein ausgeklügeltes Netz von Gräben und Kanälen werden die Gärten bewässert.

Von den Trauben geht ein Teil als Tafeltrauben direkt auf die Märkte, ein Großteil wird in der gutseigenen **Weinkellerei** verarbeitet. Die Rot-, Weiß- und Roséweine Thibars (pro Jahr werden ca. 4000 hl produziert) finden guten Absatz – als tunesische Originalabfüllung auch im Ausland. Von hier stammen auch Schaumweine sowie der in jedem größeren tunesischen Supermarkt erhältliche „Thibarine". Entgegen weitverbreiteter Meinung (auch unter Tunesiern) handelt es sich dabei nicht um einen Dattelschnaps oder Dattellikör (das mag zu Zeiten der „Weißen Väter" noch so gewesen sein), sondern um einen karamellfarbenen Kräuterlikör auf der Basis exotischer Kräuter; ein Digestivum also, dessen genaues Rezept dem Direktor von Thibar allerdings nicht zu entlocken war.

Neben Feldwirtschaft und Gartenbau wird auch **Schaf- und Rinderzucht** betrieben. Zum Gut gehört außerdem eine bedeutende **Landwirtschaftsschule**.

Neben der Zufahrt zur Domaine de Thibar führt ein Feldweg zu einem etwa 500 m entfernten, zypressenbestandenen Hügel. Dort liegt ein britischer **Soldatenfriedhof** (etwa 100 Gräber), daneben ein recht verwahrloster weiterer Friedhof; die Grabsteine weisen überwiegend französische Namen und Sterbedaten zwischen 1900 und 1980 auf.

Weiter geht es von Thibar durch Obst- und Weingärten, Ölbaumkulturen und Getreideanbauflächen, bevor sich die Straße mit schönen Ausblicken auf das fruchtbare Umland hinauf in die *Monts de Téboursouk* windet (in der Michelinkarte zu Recht grün eingezeichnet). Dann wird an der Flanke des antennengekrönten *Djebel Goraa* (963 m) ein ca. 750 m hoher Bergsattel überquert. (Geländewagenfahrer sollten den untenstehenden 4WD-Tip für die Weiterfahrt beachten). Nun schlängelt sich die Straße kurvenreich wieder bergab und erreicht (22 km ab Thibar) das Ortszentrum von

Téboursouk

(Ortsbeschreibung und Ausflüge – vor allem zur Ruinenstätte von Dougga – s. Route A6).

4WD-TIP: Über den Djebel Goraa nach Teboursouk

(Landschaftlich sehr reizvolle Fahrt durch touristisches Niemandsland; ca. 28 km; nur bei trockenen Wegverhältnissen empfehlenswert)

Am Scheitelpunkt der C75 am Jebel Goraa (10,5 km ab Thibar) zweigt von dieser rechts ein Teersträßchen ab (= km 00) und führt hinüber Richtung Sendestation. Wir verlassen jedoch den Asphalt nach gut 2 km nach links und folgen einer zunächst gut befahrbaren Piste über das Hochplateau in Hauptrichtung West. Einige einsame Bauernhöfe und Nomadenlager werden passiert, immer wieder ragen kleine, z.T. bizarre Felsgruppen im Gelände auf und man genießt den großartigen Fernblick. An einer Verzweigung bei etwa km 7,5 halten wir uns links. Spätestens ab hier ist Geländegängigkeit erforderlich. Es geht auf teilweise recht holprigen Wegen am offenen Südhang des Djebel Goraa allmählich wieder talwärts, vorbei an kleinen Feldern und weit verstreuten Bauernhöfen. Von der Höhe aus lassen sich die günstigsten Pisten für die Talfahrt auswählen. Nach gut 5 km abwechslungsreicher Fahrt münden wir im Tal in die Teerstraße C74, die uns nach links durch hübsches Hügelland zum etwa 15 km entfernten Teboursouk bzw. nach Dougga bringt.

Auf Off-Road-Tour am Djebel Goraa

Route A 9: Tabarka – Nefza [33 km] – Sejenane [25 km] – Bizerte [76 km]

Allgemeines

Diese Route verläuft zwar parallel zur Nordküste Tunesiens, der sog. „Korallenküste", jedoch so weit im Inland, daß sie weder Meeresblick bietet, geschweige denn direkten Wasserkontakt. Es sei denn, man verläßt die Hauptstraße, die durch die landschaftlich abwechslungsreichen Küstengebirgsketten von Kroumirie und Mogod führt, und schlägt hin und wieder einen Haken hinüber zum Meer, teils auf gut befahrbaren Stichsträßchen, teils auf Pisten für Geländefahrzeuge. Kilometerlange, menschenleere Sandstrände und einsame Felsbuchten erwarten dort den Bade- und Unterwasserfreund. In diesen Abstechern liegt auch der Hauptreiz dieser Route.

Tabarka

Betriebsames **Hafenstädtchen** (etwa 25 000 EW) mit Fischer- und Yachthafen, einigen spärlichen historischen Bauresten und einer Genuesenfestung auf vorgelagerter Insel. Das von den Franzosen geprägte Ortsbild wird bestimmt von geradlinigen, teils baumbestandenen Straßenzügen. Tabarka liegt in einer weiten Bucht vor den mit Pinien- und Korkeichenwäldern bedeckten Bergen der Kroumirie. Mit langen weißen Sandstränden und felsigen, korallenreichen Küstenabschnitten war Tabarka bislang ein idealer **Bade- und Ferienort** besonders für Leute, die Ruhe und Erholung an nur wenig bevölkerten Stränden und ohne mondänes Unterhaltungsangebot suchten (1998: 3.500 Hotelbetten).

In absehbarer Zeit dürfte sich dies jedoch ändern. Rege Bautätigkeit ist zu beobachten, sowohl im Strandbereich beim Hafen, als auch in den sich nach Osten ausdehnenden Küstenzonen. Ein gigantisches Projekt, eines der **modernsten Touristenzentren Tunesiens** mit 10 000 Hotelbetten **ist im Entstehen.** Hunderte Hektar des geschützten Küstenwaldes sind bereits der Erschließung des Dünenstrandes zum Opfer gefallen. Ein **Golfplatz** und der **internationale Flughafen** wurden in Betrieb genommen. 25 000 neue Arbeitsplätze sollen auf lange Sicht in dieser wirtschaftlich bisher schwach entwickelten Region geschaffen werden. Bis zum Jahr 2000 hofft man, den gesamten touristischen Ausbau abgeschlossen zu haben.

Noch leben die Bewohner Tabarkas vorwiegend von der Verarbeitung und dem Verkauf der Korkeichenrinde, von der Landwirtschaft, vom Fisch- und Langustenfang und von der Herstellung von Fliesen und Keramikwaren. Nach wie vor fällt im reichhaltigen Souvenirangebot des Ortes der Korallenschmuck auf. Allerdings wird aufgrund internationaler Artenschutzgesetze die Korallenfischerei und -verarbeitung nur noch in eingeschränktem Umfang betrieben. Verschiedenartige Schnitzarbeiten aus Eichen- und Olivenholz gehören ebenso zu

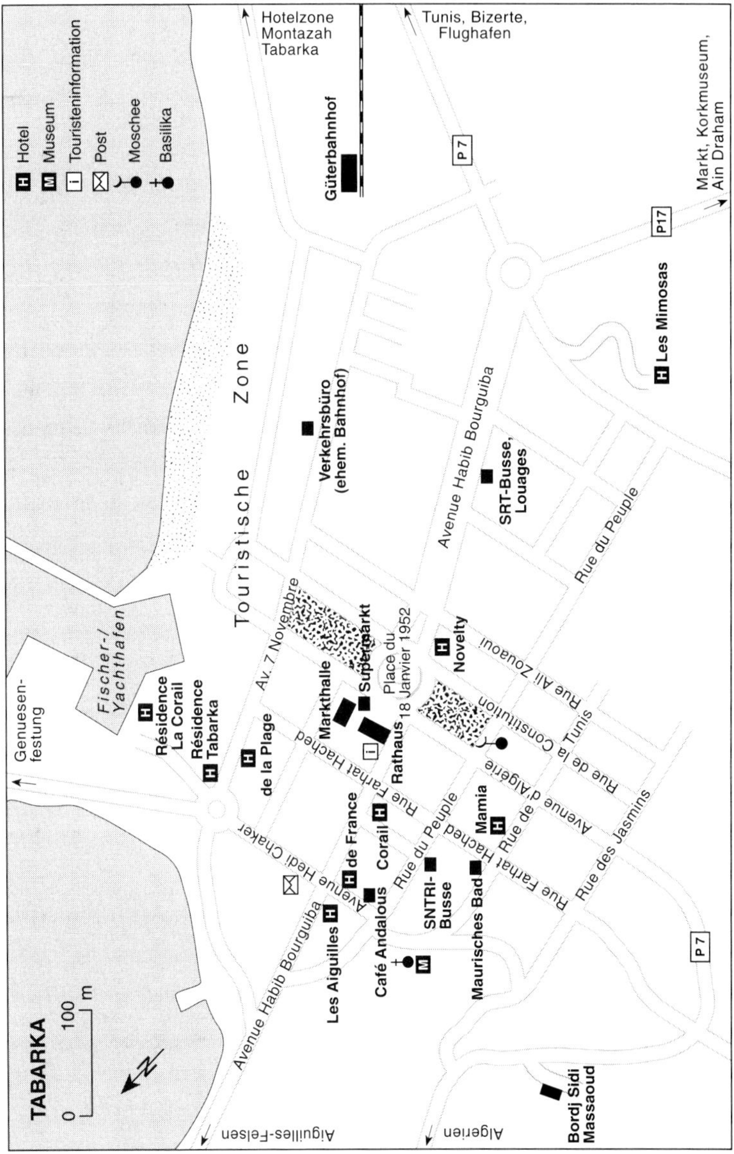

Routenteil A

den typischen Tabarka-Souvenirs wie Gegenstände aus Kork. Besonderen Ruhm genießen die hier gefertigten rotbraunen Tabakspfeifen aus dem praktisch unbrennbaren harten Wurzelholz der Baumheide (Bruyère).

Geschichte

Etwa im 5. Jh. v. Chr. gründeten **Phönizier** hier ihre Handelsniederlassung *Thabraca*. Während der **Römerzeit** erlangte der Ort mit seinem Hafen große Bedeutung, wurde von hier aus doch neben landwirtschaftlichen Produkten, Holz, Erzen und wilden Tieren für die Amphitheater der begehrte numidische Marmor aus *Simitthus* (Chemtou – s. Route A13) ins ferne Rom verschifft. Kaiser Hadrian hatte extra eine 60 km lange Transportstraße durch die Berge bauen lassen. Unter den Römern entstand in Thabraca ein Zentrum des Kunsthandwerks mit Malern, Bildhauern, Stukkateuren und Keramikern. Ab dem 3. Jh. hielt das Christentum Einzug, und der Ort spielte bis zu den Arabereinfällen im 7. Jh. als Bischofssitz eine wichtige Rolle.

Die **Festung** auf der vorgelagerten kleinen Insel wurde im 16. Jh. von den Genuesern, die hier Fischfang und vor allem Korallenfischerei betrieben, zur Sicherung des Handelsverkehr errichtet.

200 Jahre später wurde die Insel von Bey Ali Pascha besetzt und anschließend dort eine türkische Garnison eingerichtet; außerdem wurden ein Inseldamm gebaut und – oberhalb des Ortes – zwei Forts errichtet, die, wie auch die Hafenanlagen, von der französischen Flotte im Jahr 1771 zerstört wurden. 1881 war Tabarka eines der ersten Ziele der **französischen Invasionstruppen** von Algerien aus (Tunesien wurde im gleichen Jahr französisches Protektorat). Die Soldaten besetzten den Ort, nachfolgende Siedler vergrößerten die Stadt. 1942/43 spielten sich um Tabarka heftige Kämpfe zwischen deutschen und alliierten Truppen ab.

Kleiner Ortsrundgang

Der sympathische Ort selbst bietet nur bescheidene Sehenswürdigkeiten. An der durch die Unterstadt führenden Hauptstraße, der *Av. H. Bourguiba,* liegt der Zentralplatz. Er wird von einem großen Bourguiba-Denkmal beherrscht. Entlang der Straße reihen sich die wichtigsten Geschäfte, Supermarkt, Markthalle, viele Souvenirläden, Touristen-Informationsbüro (zusätzliches Büro in altem Bahnhofsgebäude geplant), mehrere Cafés, Restaurants und Hotels, darunter auch das *Hotel de France*. In diesem wurde von Januar bis März 1952 Ex-Präsident Bourguiba mit einigen seiner Kampfgenossen von den Franzosen unter Hausarrest gehalten. An Zimmer Nr. 201 im 1. Stock erinnert eine Gedenktafel an diesen Zwangsaufenthalt. Die beim Hotel links abzweigende *Av. Hédi Chaker* führt vorbei an dem bei Einheimischen und Besuchern gleichermaßen beliebten maurischen *Café Andalous*. Dessen Innenräume sind mit einem originellen Durcheinander an orientalischen Antiquitäten und Kuriositäten ausgestattet. Gleich oberhalb, an der *Rue de Khroumirie* (in der Verlängerung der Av. Hédi Chaker), finden wir die *Basilika*, eine aus dem letzten Jahrhundert stammende Kirche der „Weißen Väter“, die auf römischen Zisternenresten (den einzi-

Felsinsel mit Genuesenfestung vor Tabarka

gen Relikten aus dem *römischen Thabraca)* steht.

In ihr ist das etwas dürftige **Museum de Tabarka** untergebracht (meist geschlossen). Es enthält Funde aus der Römerzeit (u.a. Münzen, Keramik), Photos von in der Umgebung entdeckten „Houanets" – in den Fels geschlagene, höhlenartige Begräbnisstätten aus punischer Zeit, christliche Mosaiken (4. und 5. Jh.) aus der „Märtyrerkapelle" (sie befand sich auf dem Gelände des heutigen Friedhofs unterhalb der Straße nach Algerien). Ein Teil der Ausstellung ist der Unterwasserarchäologie gewidmet, ein weiterer dem Freiheitskampf von Habib Bourguiba. Der Innenhof der Basilika dient im Sommer als **Freilichtbühne** für das Festival (s.u.). Etwas oberhalb der Basilika stehen (ebenfalls auf römischen Zisternen) die Reste der alten Türkenfestung *Bordj Sidi Massaoud* (1771 zerstört), von deren Dachplattform man einen schönen Blick über den Ort und sein Umland hat.

Die Reste eines weiteren türkischen Forts, *Bordj Djedid,* weiter oben am Hang, zinnengekrönt und ziemlich durch Bäume und Neubauten verdeckt, sind nicht zugänglich, da vom Militär besetzt (Fotografierverbot!).

Beim Hafen führt eine Straße über den 1952 von den Franzosen erneuerten Damm hinüber zu einer kleinen Felsinsel. Auf deren Kuppe thront Tabarkas eindrucksvollstes Monument, die **Genuesenfestung** aus dem 16. Jh. Die alten Festungsreste selbst lohnen keinen Besuch, sondern nur die Aussicht von dort oben. Stadt und Hafen liegen einem zu Füßen, man schaut weit hinaus über die langen Sandstrände, die sich nach Nordosten erstrecken, und die dahinter aufragenden, bewaldeten Berge der Kroumirie

Tabarka: Aiguilles-Felsen

(Festung und Leuchtturm wegen Militärpräsenz z.Z. nicht zugänglich).

In der westlichen Verlängerung der Av. H. Bourguiba kommen wir auf der Uferstraße zu den **Aiguilles-Felsen,** bizarre, etwa 25 m hohe Felsnadeln, die neben der Mole aus dem Meer ragen und von denen man einen besonders schönen Blick hinüber zur Genuesenfestung hat. Farbenfrohes Graffiti verziert die Mole (Zugang zu dahinterliegendem Kies- und Felsstrand durch ein Loch im Felsen).

Außerhalb des Ortes, etwa 1,5 km ab Straßenbeginn nach Ain Draham, befindet sich die Korkfabrik mit dem

★*Musée de Liège (Korkmuseum)*

Geöffnet Mo–Fr 7.30–17, Sa/So 9–12 u. 14–17 Uhr. Der Besucher erfährt Interessantes über alle Stadien der Korkgewinnung und -verarbeitung und sieht die verschiedenartigsten Korkprodukte – von Wand- und Bodenplatten bis zu Kästchen, Döschen oder gar Bilderrahmen und Lampenschirmen (mit Verkaufsausstellung).

Vorwahl für Tabarka: 08

Touristeninformation

ONTT-Büro

Av. H. Bourguiba, Tel. 67 34 96; Mo–Do 8.30–13, 15–18 Uhr, Fr/Sa 8.30–13.30 Uhr; weiteres Büro im ehem. Bahnhofsgebäude geplant.

Unterkunft

Hotel

Stadthotels

Les Mimosas***

Tel. 67 30 18, Fax 67 32 76, DZ 72/34 TD; in bewaldetem Terrassengarten aussichtsreich über der Stadt (10 Gehminuten zum Zentrum); 1892 erbaut, einst Residenz des franz. Stadtkommandanten; Swimmingpool, Diskothek, Restaurant.

Novelty**
Av. H. Bourguiba (im Zentrum), DZ 64/56 TD, Tel. 67 31 78, Fax 67 30 08; kleines, hübsches Hotel mit freundlichen Zimmern; gutes Restaurant.

Corail
Tel. 67 04 55, DZ (ohne Fr.) 12 TD; einfaches Hotel im Zentrum.

de France*
Av. Hedi Chaker (im Zentrum), DZ 54/30 TD, Tel. 67 07 52; mit Café/Restaurant.

Les Aiguilles**
Av. H. Bourguiba (im Zentrum), DZ 54/35 TD, Tel. 67 37 89; mit gutem Restaurant, von Lesern empfohlen.

Mamia
Rue de Tunis, Tel. 67 10 58, DZ 27/16 TD; einfache, sympathische Familienpension unter deutsch-/englischsprachiger Leitung, pflegebedürftige Sanitäreinrichtungen.

de la Plage
Tel. 67 00 39, DZ 30/26 TD (mit/ohne Bad); in Hafennähe.

2 Appartmenthotels (Résidences) beim Hafen (App. für 2 P. ca. 90/60 TD).

Strandhotels In der östlichen Hotelzone „Montazah Tabarka"

(ca. 2 bis 3 km zur Ortsmitte; gute Linienbus- oder Taxiverbindung, zur Hauptsaison auch Touristenbähnchen)

Montazah***
Tel. 67 35 32, Fax 67 38 88, DZ 106/34 TD; weiträumige, moderne Anlage direkt am Dünenstrand; breites Sport- und Animationsprogramm, Tauchzentrum, Diskothek, allabendliches Unterhaltungsprogramm, Fahrradverleih.

Mehari****
Tel. 67 00 88, Fax 67 05 05, DZ 130/64 TD, App. 2 P.: 90/60 TD; komfortabel, direkt am Dünenstrand, gut ausgestattete Zimmer (in der gegenüberliegenden *Résidence Mehari* Appartements); Hallenbad, Fahrradvermietung.

El Morjane***
Tel. 67 05 03, Fax 67 01 07, DZ 80/32 TD; einfaches Hotel (sehr schlichte Sanitäranlagen), freundlich; gutes Essen, direkt am Strand, viele Sporteinrichtungen, Reitstall, Fahrradvermietung.

Royal Golf****
Tel. 67 36 25, Fax 67 38 38, DZ 118/50 TD, direkt am Golfplatz, ca. 300 m zum Strand; komfortable Zimmer teilweise mit Meerblick; Fahrrad- u. Motorrollervermietung.

Paradise/
Golf Beach Hotel****
Tel. 67 30 02, Fax 67 39 18, DZ 110/54 TD; geschmackvolle Ausstattung; aussichtsreich über der Bucht gelegen, ca. 100 m zum Strand; komfortable Zimmer, kinderfreundliche Anlage, umfangreiches Sport- und Animationsprogramm, Hallenbad, Tauchschule, Reitstall, Fahrradverleih, Vermittlung von Jagdausflügen.

Camping

Kein offizieller Platz; Campingmöglichkeiten im „Hinterland" der Strandhotels oder an der Nordküste (s. Fortsetzung der Strecke).

Essen und Trinken

Neben mehreren kleinen, preiswerten, nicht lizensierten Restaurants im Zentrum (vor allem nahe Busstation) gibt es zum Beispiel:

Kemir
Av. H. Bourguiba; Straßenrestaurant mit gelber Markise; liz.; besonders wegen seiner Fischgerichte zu empfehlen.
Restaurants der Hotels **Novelty** und **Les Aiguilles**
Gute Küche, Spezialität jeweils Fischgerichte und Meeresfrüchte.
Le Pirat (2 Gabeln)
Direkt am Strand beim Hafen mit schönem Ausblick, 2 Etagen, Terrasse, gepflegtes Ambiente, feine Küche, Fischspezialitäten.
Café Andalous
Av. Hedi Chaker; beliebtestes Café bei Einheimischen; originelles Ambiente, Kuriositätensammlung.

Sport, Aktivitäten

★ **Wassersport:** Vielfältige Möglichkeiten an den Hotelstränden. Auskünfte über Tauchen, Fischen, Unterwasserjagd u.ä. an den Hotelrezeptionen.
Yachting Club de Tabarka
(Port de Pêche, BP 110, 8110 Tabarka, Tel. 67 04 78) mit allen technischen Einrichtungen für Tauch- und Wassersport. Boots- und Ausrüstungsverleih. Tauchschule. Bootsexkursionen zu den nahen Tauchgründen und zum Hochseeangeln.
Tauchkurse sowie **Tauchfahrten** (mit Ausrüstungsverleih) zu den schönsten Tauchgründen bei Tabarka veranstalten außerdem diese Tauchzentren:
Le Crabe im Hotel Mehari
Aquamarin im Hotel Montazah
- **Golf:**
Montazah Tabarka
8110 Tabarka, Tel. 67 00 28, 18-Loch-Anlage bei den Strandhotels (ca. 3 km zum Zentrum); mit Ausrüstungsverleih, Golfschule.
- **Jagdausflüge:** Die Hotels **Les Mimosas** und **Paradise** organisieren im Herbst und Winter Wildschweinjagden in die umliegenden Wälder.

Verkehrsverbindungen

- **Flughafen:** Internationaler Flughafen „7. Novembre – Tabarka“ etwa 15 km nordöstlich der Stadt. Zufahrt von Küstenstraße bei Dorf Ras Rajel. Im Abfertigungsgebäude Banken, Wechselstube, Post, Telefon, Touristeninformation, Reiseagenturen, Büro der *Tunis Air*.
- **Taxi:** Fahrt zwischen Stadt und Hotelzone (ca. 1,5–2 TD).
- **Nahverkehrsbusse** und **Louages** fahren beim SRT-Büro im Zentrum an der Av. H. Bourguiba ab, **Überlandbusse** beim Busdepot der SNTRI in der Rue du Peuples. Verbindungen nach Ain Draham/Jendouba/El Kef, nach Mateur/Tunis, nach Béja/Tunis, nach Mateur/Bizerte. Haltestelle für Busse Richtung Bizerte und Beja in der Nähe des Bahnhofs.
- **Touristenbähnchen** (nur zur Hauptsaison) zwischen Hotelzone und Aiguilles-Felsen.
- **Eisenbahn:** nur Güterverkehr.

Sonstiges

- **Markttag:** Donnerstag nachmittags/ Freitag vormittags; Marktgelände an Straße nach Ain Draham.
- **Supermarkt: Magasin Général** beim Rathaus (mit Alkoholverkauf); Mo geschlossen; daneben **Markthalle**; außerdem in Planung (neben Bahnhof): **Monoprix.**

- **Mietwagen:**
  Hertz
  Porto Corallo (beim Hafen), Tel. 67 06 70.
  Europcar
  Porto Corallo, Tel. 67 08 34.
- **Feste:** *Festival International de Tabarka:* mehrwöchiges, internationales Festival (Juli/August) mit moderner und klassischer Musik, Tanz, Theater, Filmen und Vorträgen; mehrtäg. *Jazzfestival* im Juli, *Tauchfestival* Anfang Sept.
- **Hafenmeisterei:** Capitainerie de Port, 8110 Tabarka, Tel. 67 03 99.
- **Typische Souvenirs:** Tabakspfeifen (9, Av. H. Bouguiba), Holz- und Korkarbeiten, Korallenschmuck.
- **Grenzübergang** nach Algerien (Richtung Annaba) etwa 6 km westlich an der Küstenstraße.

Ausflüge

Organisierte Ausflüge

Über die Hotels. Beispiele:

- **Kutschfahrt** pro Std./Person 10 TD.
- **Halbtagestouren**: Ain Draham/ Wandern (25 TD); Stadtrundfahrt Tabarka (12 TD); Fernana (Markt)/ Bulla Regia (22 TD).
- **Tagestouren:** Jeepsafari (45 TD); Tunis/Karthago/Sidi Bou Said (50 TD); Bizerte/Tunis/Shopping (50 TD); Dougga/Chemtou (46 TD).
- **3-Tagestour** Sahara (190 TD).

Ausflüge auf eigene Faust

Zu den Stränden bei Zouara, Cap Negro, Sidi Mechrig (s.u.) oder in die Wälder von Ain Draham (s. Route A13).

Ein **Ausflug nach Melloul** (Richtung algerische Grenze) **lohnt derzeit kaum:** Kurz nach Verlassen von Tabarka passieren wir ein großes Baugelände, das sich zu einer Meeresbucht hin erstreckt. Hier sollen Sommerhäuser, ein großer Hotelkomplex und neuer Hafen als Teil des touristischen Erschließungsprogramms entstehen. Eine „Route Touristique“ durch diesen kurzen Küstenabschnitt ist bereits vorhanden. 4 km weiter bietet sich von einer kleinen Paßhöhe aus etwa 250 m Höhe ein prächtiger Blick zurück auf Tabarka mit dem bergigen Hinterland im Nordosten der Stadt. Noch gut 2 km sind es von hier bis zum tunesischen Grenzposten in **Melloul.**

Wir verlassen **Tabarka** (km 0) auf der P7 in Richtung Tunis/Bizerte, überqueren das *Oued Kebir* („Großer Fluß“) und erreichen gleich danach den Abzweig (links) zum Hotel- und Tourismuskomplex *Montazah*. Auch wer nicht Hotelgast ist, kann in dieser Strandzone baden oder Golf spielen.

Die Bauarbeiten für das Ferienzentrum haben ihre Spuren hinterlassen. Küstennahe Wälder mußten den Hotels und dem Golfplatz weichen. Für die Zufahrt zum neuen Flughafen wurde die P7 verbreitert. Das Gelände ist zerkratzt, und es wird noch eine Weile dauern, bis die Bauspuren von der Natur gnädig überwuchert sind.

Nach 11 km, beim Ortseingangsschild von **Ras Rajel,** liegt links (gegenüber TOTAL-Tankstelle) ein Commonwealth-Soldatenfriedhof mit etwa 500 Gräbern. ((**Variante:** Eine interessante, kurvig über bewaldete Hügel führende Route nach Ain Draham bzw. Beja beginnt hier rechts mit dem nach *Ain Snoussi* abzweigenden Sträßchen)). Gleich darauf passieren wir die Zufahrt zum Flughafen „7. Novembre – Tabarka“; dann endlich wirds ergötzlicher. Die Straße folgt nun dem hügeligen Nordrand der Kroumirie-Berge, windet sich durch immergrüne Wälder, meist Korkeichen oder Pinien und dichtes Buschwerk; vom Meer allerdings sieht man längst nichts mehr.

Wir passieren den Ort **Ouchtata** und finden am Ortsende bei km 26 ein Schild, das meerwärts weist.

Abstecher zum Stausee und Strand von Zouaraa

(ca. 12 km Anfahrt)

Ein Teersträßchen zieht Richtung Meer durch Kiefernwald. Der rote Sandboden bildet einen hübschen Farbkontrast zum Grün der Büsche und Bäume. Nach gut 10 km geht rechts eine Zufahrt ab (+0,5 km) zum Baucamp der *Barrage Sidi Barrak*. Das feine Teersträßchen wurde also nicht für die Strandbesucher gebaut, sondern als Anfahrt für das große, internationale Staudammprojekt. Der Damm, der in schönem Stranddünengelände keine 2 km vom Meer entfernt entsteht, wird das Wasser des *Oued Melah* aus den nahen Bergen zur Unterstützung der Trinkwasserversorgung von Tunis und Sfax aufstauen. Die Fertigstellung ist für 2004 geplant.

Das Teersträßchen endet nach weiteren 2 km bei einer Schranke (Parkplatz mit Campingmöglichkeit) vor dem kilometerlangen, von Dünen gesäumten Sandstrand von Zouaraa. Mag sein, daß sich zur Haupturlaubszeit im Hochsommer auch hier das Volk tummelt – in der Nebensaison hat man dieses Paradies fast für sich. Ein kleines Café (nur im Sommer in Betrieb), einige Strohhütten als Umkleidekabinen, ein paar Wasserhähne (gespeist mit Süßwasser aus einem Wassertank) bilden die ganze „Infrastruktur“. Dieser idyllische Zustand dürfte sich in Zukunft evtl. ändern. Auch diese Zone ist in das touristische Erschließungsprojekt von Tabarka eingeschlossen – allerdings als „Langzeitprojekt“ fürs Jahr 2020. Auf also nach Zouaraa, bevor die Bagger kommen!

Die Ebene um Nefza, die wir nun erreichen, ist fruchtbares Acker- und Obstanbauland. Auch fallen uns die vielen Peperonifelder auf (die reifen, leuchtendroten Schoten hängen zum Trocknen an den Hauswänden oder liegen auf den Dächern), daneben wird u.a. verstärkt Tabak angebaut. Die Ebene trennt die feuchten, waldreichen Berge der *Kroumirie* im Westen vom trockeneren, kargeren *Mogod*-Bergland, das sich nun nach Osten erstreckt und zunehmend von immergrünem, mediterranem Buschwald beherrscht wird. Zwar sind auch noch Eichen vertreten, doch meist nur als unscheinbare, verkrüppelte Büsche. Zusammen mit wilden Ölbäumen, verschiedenen Hartlaubgewächsen und Dornbüschen bilden sie undurchdringliche Dickichte.

Nefza (km 33) selbst ist ohne touristische Reize (landwirtschaftliches Zentrum mit Mittwochsmarkt; Monoprix-Supermarkt) und schnell durchfahren. An der Straßengabelung im Ort halten wir uns links (Richtung Bizerte) und kommen 9 km weiter (1,3 km nach Eisenbahnbrücke) zu einer Abzweigung.

4WD-TIP: Zum Cap Negro

(19 km Anfahrt). Zwar sahen wir am Cap auch PKWs stehen, die Piste ist im hinteren Teil jedoch so schwierig, daß wir den Ausflug PKW-Fahrern nicht empfehlen.

1,3 km hinter der Eisenbahnbrükke also, bei einem Buswartehäuschen, folgen wir der Beschilderung „Cap Negro – 20 km“ nach links (km 0). Die zunächst breite und gut befahrbare Piste führt durch Korkeichenwald und lange Zeit parallel zu einem oleanderbewachsenen Oued. An einer Gabelung bei km 8 (hier Gärten mit Gewächshäusern) halten wir uns rechts und queren gleich darauf das Oued. Die Piste zieht bergauf zu einer weiteren Gabelung (Wegstein bei Forsthaus; km 10); dort links halten. Der Wald bleibt nun langsam zurück, dichtes Macchia-Buschwerk überzieht die Hänge, und wir erreichen auf miserabler Piste eine Art Paßhöhe (km 14,5), mit Blick auf das ca. 300 m unter uns liegende Meer. 4,5 km geht es nun auf schwierigem Wegstück abwärts, dann endet die Piste am **Cap Negro,** wo die Franzosen vom 16.–18. Jh. eine Korallen-Tauchstation betrieben. Der kleine Fischerhafen in einer von Felsen gesäumten Sandbucht, ein paar Privathäuser und die Garde Nationale (Paßkontrolle) im Gebäude eines ehemaligen, wegen Unwirtschaftlichkeit geschlossenen Hotels – das würde die Anfahrt kaum lohnen. Es ist das Wis-

Auf dem Weg zum Cap Negro

sen um einsame Badeplätze und **gute Tauchgründe** nahebei, aber auch die **herrliche Aussicht,** die man besonders von dem Felshügel am Cap genießen kann – an klaren Tagen bis zu den La-Galite-Inseln im Norden. Uns störte der „Baustellencharakter" und der viele Dreck unmittelbar am Cap. Dem kann man entgehen, wenn man schon vor Pistenende hinabklettert und sich unterhalb des Wegs am Meer sein eigenes, privates Plätzchen sucht. Keine Versorgungsmöglichkeit am Cap; Campingmöglichkeit (wenig einladend) am Pistenende.

Rückfahrt zur Hauptstraße auf Anfahrtsweg.

Weiter auf der P7 Richtung Mateur durchfahren wir kurz darauf das Bergwerksgelände von **Sidi Driss,** und 14,5 km ab Nefza bietet sich die Möglichkeit für folgenden Abstecher ans Meer und zu römischen Bauresten.

Abstecher zum Strand von Sidi Mechrig

(18 km Anfahrt; der schlechte Zustand des Sträßchens sowie steinewerfende Kinder – wir bekamen bei jedem unserer Besuche Treffer ab – sollten einkalkuliert werden)

Wir fahren auf dem Sträßchen nach links (übelste Schlaglöcher!). Dichter Eukalyptusbewuchs wechselt mit Korkeichenwäldern. Hier und da rauchen Kohlenmeiler auf gerodeten Lichtungen. Nach knapp 18 km (das Sträßchen endet ca. 1,5 km weiter beim neuen Fischerhafen) liegt unter uns der alte, kleine Fischerhafen und der Strand von **Sidi Mechrig.** Auf der zwischen zwei Sandbuchten ins Meer ragenden Landzunge finden wir Baureste aus der Römerzeit, die sehr wahrscheinlich zu einer Hafenanlage gehörten. Drei schöne Steinbogen sind noch erkennbar; große gestürzte Mauerbrocken lassen auf ein einstmals recht imposantes Gebäude schließen. Am Ufer weiteres Gemäuer mit spärlichen Mosaikresten sowie ein kleiner, zerfallener Seemannsfriedhof. Während das verschmutzte Gelände rings um den Fischerhafen wenig zum Baden und Erholen verlockt, verspricht der Strand ein Stück abseits, z.B. weiter östlich auf Höhe des kleinen Hotels *Sidi Mechrig,* ungetrübtere Badefreuden. Ab neuem Fischerhafen führt eine aussichtsreiche Piste (bei Nässe 4x4 erforderlich) der Küste entlang **direkt zum Cap Serrat** (13 km; s. unten).

Sejenane (25 km ab Nefza; Donnerstagsmarkt) besitzt einige kleine Bergwerke in der Umgebung (Eisen, Blei, Zink; teilweise aufgelassen). Die Bewohner bieten am Staßenrand rustikale Töpferarbeiten an (u.a. Teller und Schalen sowie einfache, mit ornamentalen Mustern verzierte Tonfiguren). Rund zwei Dutzend **Storchennester** findet man auf alten Förderanlagen, dem Bahnhof und anderen Gebäuden nahebei.

In Sejenane verlassen wir die durch die kahlen Mogod-Berge nach Mateur und weiter nach Tunis führende P7. Dieses Bergland war im Kriegswinter 1942/43 zwischen deutschen und britischen Truppen heiß umkämpft. Wir biegen auf der C51 nach Norden ab in Richtung Bizerte. Nach gut 12 km haben wir die Möglichkeit für einen Abstecher zum *Cap Serrat.*

Am Strand von Cap Serrat

Abstecher zum Cap Serrat

(12,5 km Anfahrt; Pistenverbindung ab dort zum Strand Sidi Mechrig, s. vorn)

Die Straße (nicht durchgehend geteert) führt zunächst durch einen ausgedehnten Eukalyptuswald, bis sich der Blick aufs Meer auftut. Dem Hauptfahrweg folgend halten wir auf den fernen Leuchtturmhügel zu. Nach ca. 10 km überqueren wir das *Oued Ziatine* und durchfahren sogleich das kleine Dorf **Serrat.** Bei km 12,5 endet die Zufahrt in einem Eukalyptushain an einer malerischen, von Bergen und Felsen gesäumten, weitgeschwungenen Meeresbucht. Hier, bei einem kilometerlangen Sandstrand mündet auch der Ziatine-Fluß ins kristallklare Meer; Schilf und Oleander säumen seine Ufer. Weit und breit kein Dorf, keine Siedlung. Ein paradiesisches Fleckchen, wenn gnädige Regenfälle oder ein Räumtrupp den Müll der Besucher beseitigt haben und man das Terrain für sich hat; zur Badesaison (lt. Leser) gut besucht und böse verdreckt. Die Eukalyptusbäume eignen sich hervorragend als Schattendach für Camper (keine Versorgungsmöglichkeiten außer einem kleinen Café und einem Wellblechkiosk zur Hauptsaison; Wasser zweifelhafter Qualität aus Brunnen). Ein paar Fischerboote liegen am Strand, in etwa 500 m Entfernung ein gestrandetes, recht stattliches Boot, verrostet und fast beerdigt unter Sand.

4WD-TIP: Leuchtturm Cap Serrat

(Für Wanderer: etwa 1stündiger Aufstieg)
Wir fahren vom Strand auf der Zufahrtspiste zurück und biegen nach ca. 600 m rechts ab. Eine holprige, nach Regenfällen evtl. ausgewaschene Piste schraubt sich den Hang hinauf. Auf dem Weg lagernde Kühe machen nur unwillig Platz. 3 km weiter sind wir am Tor zum Leuchtturm und einer alten Festung aus der Franzosenzeit. In der Festung hat sich das Militär einquartiert (deshalb „offiziell“ kein Zugang); daneben steht das in hübschem, arabischem Stil gehaltene Wohngebäude für die diensttuenden Leuchtturmwärter und ihre Familien. Drei Generatoren liefern Strom, der von riesigen Akkus gespeichert wird; die Reflektoren des Leuchtturms werden nachts – wie eine Standuhr – in Drehung versetzt durch ein schweres Zuggewicht, das alle drei Stunden aufgezogen werden muß. Eine kleine Wetterstation befindet sich ebenfalls hier oben. Man hat einen großartigen Blick, der an klaren Tagen (Richtung NW) bis zu den 40 km entfernten La-Galite-Inseln reicht. Im Osten ragen die Felsspitzen der Fratelli-Inseln aus dem Meer. Schön ist auch der Blick auf die Mogod-Berge im Inland und entlang der bei Tauchern beliebten „Korallenküste“ mit ihren hellen Sandstränden und felsigen Buchten.

Zurück an der Hauptstraße folgen wir der C51 nach links. Töpferwaren werden von Frauen und Kindern am Straßenrand angeboten – bräunlich-sandfarbene Gefäße und Figuren mit etwas grober Bemalung. Bald geht es durch dünn besiedeltes, bergiges Gelände mit Eukalyptus-, später Pinien- und Buschwald, hinter dem sich der große, mit jugoslawischer Hilfe erbaute Stausee *Sejenane* verbirgt. Fassungsvermögen 138 Mio. m^3. Er versorgt Tunis, Bizerte und Cap Bon mit Trinkwasser. Dann wird die Landschaft lieblicher und fruchtbarer: Weingärten, Melonenfelder, Gemüse- und Obstpflanzungen breiten sich in der Talebene aus. Etwa 39 km ab Sejenane zweigt ein beschildertes Stichsträßchen rechts ab zum erwähnten Stausee (+5 km). Man kann (ein freundliches Wort mit dem Schrankenwärter) bis zur Dammkrone hinauffahren und überblickt von dort den riesigen, von bewaldeten Hügeln eingesäumten und nur an dieser Stelle zugänglichen See. Bald nach **Teskraia** (42 km ab Sejenane) führt die Straße nördlich am *Ichkeul-See* vorbei, der im Süden vom wuchtigen *Djebel Ichkeul* (511 m) überragt wird (Abstecher zum Nationalpark Ichkeul – ohne Genehmigung zugänglich – siehe Route A8). Dann gehts durch baumloses Hügelland weiter Bizerte entgegen. Ein großes Militärgelände mit Flugplatz liegt an der Straße, und hin und wieder blitzt nun rechter Hand die Wasserfläche des *Lac de Bizerte* zwischen Bäumen und Industrieanlagen hindurch. Schließlich erreichen wir die tristen Vororte der Stadt. Rechts am Ortseingang ein riesiges Zementwerk. Unsere Straße mündet direkt in die Av. Habib Bourguiba, die Hauptstraße von Bizerte.

Bizerte

(Ortsbeschreibung und Ausflüge s. Route A5)

Route A 10: Makthar – Sbiba [48 km] – Sbeitla [40 km]

Allgemeines

Diese Route führt durch eine landschaftlich reizvolle und an antiken Stätten reiche Gegend. Sie ist daher besonders für archäologisch Interessierte lohnend.

Makthar

(Ortsbeschreibung, Plan und Beschreibung der Ruinenstätte s. Route A12)

Wir verlassen **Makthar** auf der P4 in südwestlicher Richtung. Bereits nach reichlich 6 km bietet sich die Möglichkeit für einen

Abstecher zu den Ruinen und Megalithgräbern von Thigibba

Wir biegen (unbeschildert) rechts ab in Richtung *Souk Jemaa* und halten uns nach 4,5 km (kurz vor bewaldetem Kasernengelände) an Abzweigung links. Ein beschildertes Sträßchen windet sich teilweise steil bergab durch stark erodierte, abwechslungsreiche Berglandschaft. Nach 4,5 km, kurz vor dem Dorf **Zouikra,** liegt links weitgehend noch unter der Erde und von der Öffentlichkeit bislang kaum beachtet die antike Stadt *Thigibba*. Meist taucht ein lokaler Wärter auf. Mit einer Ausdehnung von etwa 80 ha muß dies einst ein bedeutender Ort gewesen sein, obwohl heute nur wenige Reste oder gar Baudenkmäler zu sehen sind. Das eindrucksvollste ist der unübersehbar im Gelände stehende, gut erhaltene Triumphbogen. Die Inschrift SI QUI URINAM FECERIT HABEBIT MARTEM IRATUM („Wenn jemand hier uriniert, wird er (den Gott) Mars erzürnen") an einer Sockelrückseite zeugt von ökologischem Bewußtsein der Stadtväter bereits vor rund 2000 Jahren.

Nur wenige hundert Meter weiter, gleich jenseits des Oueds, liegt beidseits der Straße am Hang eine der bedeutendsten der bisher bekannten megalithischen Nekropolen – eine ungewöhnlich große Ansammlung von Grabkammern, deren Seitenwände und Decken aus tonnenschweren Felsplatten sorgsam aneinandergefügt sind. Es mögen insgesamt mehr als hundert sein, meist in Gruppen von vier, sechs oder acht Steinkammern, die meisten jedoch noch ziemlich verschüttet.

Weiter auf der Hauptstraße P4 erreichen wir (ca. 13 km ab Makthar) einen kleinen Paß in fast 1100 m Höhe. Eng geht es nun zwischen Felsen hindurch (in Michelinkarte zu Recht grün markiert), und nach langer Talfahrt münden wir bei km 21 in die von El Kef nach Sbeitla führende C71. Auf dieser nun südlich durch das landwirtschaftlich intensiv genutzte Tal des *Oued el Hateb* mit dem Dorf **Rouhia,** linker Hand begleitet vom *Djebel Barbrou* (1322 m), rechts vom felsgekrönten Tafelberg *Djebel Oust* (1309 m). Bei km 48 – wir haben seit dem Paß ca. 450 Höhenmeter verloren – erreichen wir das Städtchen

S. 252/253

Sbiba

Sbiba liegt an der Stelle des römischen *Sufes*. Am nordöstlichen Ortsrand, in Sichtweite, jeweils einige hundert Meter voneinander entfernt, lassen sich noch einige unbedeutende Baureste der alten Siedlung ausmachen, so z.B. das zerfallene Halbrund eines *Nymphäums* (von den Byzantinern befestigt, von den Tunesiern notdürftig geflickt). Es ist etwas schwer zu finden; am besten fragt man einen Dorfbewohner nach dem Weg. Nördlich davon stehen auf einer kleinen Anhöhe römische Ruinen, die im 7. Jh. in eine Moschee umgewandelt wurden, und – mitten aus Obstgärten herauswachsend – gewaltige Mauerbögen, die Reste der Thermen.

Wandmalerei in Sbiba

Wasser ist und war Sbibas Reichtum. Heute ist der Ort landwirtschaftliches Zentrum für Gemüse-, vor allem aber Obstanbau. Landesweit bekannt sind die „Sbiba-Äpfel". Heiße Sommer, kalte Winter und reichliche künstliche Bewässerung (die jährlichen Niederschläge zwischen 300 und 400 mm würden nie ausreichen) – das trägt zur guten Qualität der Äpfel bei.

Freitags, wenn **Wochenmarkt** ist, der größte der Region (Viehmarkt bereits am Donnerstag), herrscht in dem sonst ziemlich schläfrigen Ort ein lautstarkes, buntes Treiben – das ganze Ortszentrum um den *Place de Souk* wird eingenommen von Verkaufsständen und ländlichen Besucherscharen.

Zu Römerzeiten war die Region bis über Sbeitla hinaus von ausgedehnten Ölbaumpflanzungen überzogen. Daran erinnern noch mehrere gut erhaltene, aus massiven Steinsäulen und Querträgern gefertigte Olivenpressen, die auf einem kahlen Hügel südlich von Sbiba hinter den letzten Pflanzungen stehen. (Im Gelände ringsherum sind unzählige Tonscherben und ca. 100 m unterhalb der Pressen zahlreiche Mauerreste aus alten Zeiten zu finden.) Eine noch eindrucksvollere Ansammlung solcher Ölpressen passieren wir (hauptsächlich rechts neben der Straße) kurz nach Einbiegen in die von Kasserine kommende Straße. Ca. 3,5 km nach der Einmündung (88 km ab Makthar) erreichen wir

Sbeitla

(Ortsbeschreibung, Plan und Beschreibung der Ruinenstätte s. Route B3)

Obsttage

Im September reifen Äpfel und Birnen, quellen die Märkte über von Melonen und köstlichen Weintrauben. Obst ist gesund, und wir haben unsere Vorräte im letzten Ort gerade wieder einmal reichlich aufgefrischt. Ein charmanter, geschäftstüchtiger Händler hat uns - „Sonderangebot" - allein ein halbes Dutzend saftig-süßer Honigmelonen aufgeschwatzt. Bei Sbiba, etwa auf halbem Weg zwischen Makthar und Sbeitla, finden sich verstreut in der Landschaft noch karge Baureste aus der Römerzeit. Sie liegen teilweise mitten in den Feldern und Gärten der Bewohner, sind zu unbedeutend, als daß viel Aufhebens um sie gemacht würde. Bei der Suche nach solch altem Gemäuer spült es uns auch in die Nähe eines Gehöfts. Der Hofhund bellt fürchterlich und lockt eine ältere Frau ins Freie. Sprachlich geht wieder einmal gar nichts, Französisch wird nicht verstanden, und unsere Tunesisch-Arabischkenntnisse sind zu schütter, um Erläuterungen zu unseren archäologischen Schnüffeleien abzugeben. Man erwartet offenbar auch gar keine Erklärung von uns. Dagegen macht sich die Frau spontan an die Ernte, rafft ihren Rock hoch und sammelt ein: zwei Melonen, ein paar Äpfel von hier, ein paar Birnen von dort und obenauf noch eine Schicht Feigen. Ohne nennenswerte römische Funde, aber mit einem Obstvorrat für gut eine Woche setzen wir unsere Fahrt fort. Wenig später biegen wir auf einen Seitenweg ab, um Überbleibsel alter römischer Ölpressen zu suchen, die in dieser Gegend oft mitten im freien Feld stehen. Aus einer Obstplantage, in deren Nähe wir parken, eilt ein Mann zu uns herüber - der Besitzer, der hier die Erntearbeiten beaufsichtigt. Er hält uns zunächst einen hochinteressanten, fast wissenschaftlichen Vortrag über Größe der Gärten und Ernteerträge, Anbau- und Bewässerungstechniken, Obstsorten und ihre Besonderheiten und schenkt uns dann - trotz heftigster Bremsversuche - einen Riesenkorb voll kindskopfgroßer Äpfel. Unser Auto gleicht jetzt einem Obstladen. Obwohl in den folgenden Tagen „Obstdiät" angesagt ist und wir bei allen passenden und unpassenden Gelegenheiten Früchte an Kinder verschenken, reicht der Vorrat fast zwei Wochen - genau bis zu dem Tag, an dem der Besuch eines großen landwirtschaftlichen Staatsguts auf dem Programm steht. Um Wiederholungen zu vermeiden, endet unser Bericht hier.

Route A11: Kasserine – (Haidra/Table de Jugurtha/Medeina) – El Kef [126 km]

Allgemeines

Diese Route führt durch meist dünn besiedeltes, undramatisches, trotzdem abwechslungsreiches Gelände. Etwas abseits liegen die beiden sehenswerten römischen Ruinenstätten von **Haidra** und **Medeina**. Den landschaftlichen Höhepunkt bietet der Abstecher zum markanten Tafelberg **Table de Jugurtha**. Buntes, lebhaftes Treiben empfängt den Besucher in der aussichtsreich an einem Berghang gelegenen Stadt **El Kef** mit ihrer von einer gewaltigen Festung beherrschten pittoresken Altstadt und reizvollen Umgebung.

Kasserine

(Ortsbeschreibung und Ausflugsmöglichkeiten s. Route B3)

Wir verlassen **Kasserine** (= km 00) auf der Durchgangsstraße nach Westen und folgen ab der großen Straßengabelung nach 4,5 km der P17 nach rechts in Richtung Thala/El Kef. Nach knapp 13 km liegt links der Straße das kleine Dorf **Chambi**. Dahinter, am Fuß des *Djebel Chambi,* ein mächtiges Bauwerk. Römisch? Byzantinisch? Tunesisch-militärisch? Nichts von alledem. Es sind Reste einer Bleimine, die 1953 stillgelegt wurde. Zurück blieben mehrere imposante, bis zu 15 m hohe, hintereinander an den Hang gebaute Mauerwände, eine Anzahl Nebengebäude und undefinierbares Gemäuer. Vor der Anlage zahlreiche in den Boden eingelassene Becken. (Wen es interessiert: man folgt im Dorf *Chambi* bei dessen ersten Häusern einer Piste nach links, dem Gemäuer am Bergfuß entgegen (ab Hauptstraße insgesamt 3,5 km; die letzten paar hundert Meter zu Fuß).

(Achtung: die Benutzung der hinter dem Dorf Chambi auf den Djebel Chambi führenden Piste ist verboten; für Zufahrt zum *Nationalpark Djebel Chambi* s. Route B3).

Die Straße folgt nun einem Flußtal hinein in felsige Berge. Etwa bei km 23 passieren wir einen Marabut (rechts; alljährlich am 8. und 9. Sept. findet dort ein gutbesuchtes Pilgerfest statt). Dann bleiben die Berge zurück. Zu beiden Seiten der Straße erstrecken sich nun ganze Felder mit Feigenkakteen. Zur Reifezeit (ca. Sept.) werden die Früchte auch am Straßenrand angeboten. Die Straße verläuft sanft ansteigend über eine dünn besiedelte, meist baumlose, mit Getreide und Halfagras bewachsene Hochfläche, aus der sich einzelne Berge erheben.

Schließlich erreicht sie mit beinahe 1100 m ihren höchsten Punkt und senkt sich dann mit 10%igem Gefälle hinab in das kleine Marktstädtchen **Thala** (54 km ab Kasserine; ca. 5000 EW; sehr einfaches Hotel *Bouthelja,* DZ 15 TD, Tel. 07-48 00 57). Mit seinen roten Ziegel-Giebeldächern mutet der Ort fast europäisch an. Am Markttag (Do) herrscht rings um die Moschee reges Treiben. Auffallend ist das große Angebot an Wolle. Im Ortszentrum einige bescheidene römische Ruinenreste; nördlich des Ortes große Steinbrüche.

Abstecher zur Ruinenstätte Ammaedara in Haidra

Eine sehenswerte Ruinenstätte, die aber wenig besucht wird, weil sie sehr abgelegen ist.

Anfahrt (eventuell mit Louage ab Thala):
Am nördlichen Ortsende von Thala zweigt links (gegenüber von AGIL-Tankstelle) eine nur arabisch beschilderte Straße nach Haidra ab. Dies ist generell eine akzeptable Alternative zur Hauptzufahrt über die P4, die von Kalaat Khasba – 12 km weiter nördlich an der P17 – nach Haidra und weiter nach Tebessa/Algerien führt.

Wir folgen ab Thala (= km 0) also der Straße nach Westen, durchfahren zunächst den Müllplatz, später ein kleines Kiefernwäldchen und biegen nach 9,5 km, am Ende der Teerstraße und kurz vor dem Dorf *Zaouiet Echafai* links ab auf eine unbeschilderte Piste. Weiter in Hauptrichtung Westen stoßen wir bei km 19 auf die von Kalaat Khasba kommende P4, folgen dieser nach links und erreichen etwa 2 km weiter das ausgedehnte, römisch-byzantinische Ruinenfeld (das Dorf Haidra liegt knapp dahinter).

Geschichte:
Die Gründung des römischen *Ammaedara* geht zurück auf Kaiser Augustus, der für seine bis zu 10 000 Mann starke Legion hier an einem Verzweigungspunkt wichtiger Ver-

Ruinenstätte Ammaedara in Haidra: „Haus der Tröge"

kehrswege ein Militärlager errichtete. Eine der großen Römerstraßen verband Karthago über Thuburbo Majus, Mactaris, Althiburos (Medeina) und Ammaedara mit Theveste (Tebessa in Algerien); die heutige P4 folgt weitgehend dieser historischen Route. Eine andere Straße führte über Ammaedara südlich zur römischen Garnison in Thelepte und weiter nach Gafsa. Nach Osten ging eine Route über Sufes (Sbiba) nach Hadrumetum (Sousse). Ammaedara entwickelte sich bald zu einer wohlhabenden Stadt, die zum Rang einer Colonia aufstieg (Severusbogen, Kapitol, Thermen und Theater stammen aus dieser Zeit). Nach den Römern errichteten die Byzantiner hier ein christliches Zentrum mit mehreren Basiliken; der Ort wurde Bischofssitz. Gleichzeitig baute man die Stadt zu einer imposanten Festungsanlage aus, die von den arabischen Eroberern jedoch im 7. Jh. zerstört wurde. Beim Bau des Dorfes Haidra, das erst kurz vor dem 2. Weltkrieg entstand, wurde die Zufahrtsstraße etwas brutal mitten durchs Ruinengelände, ja direkt über das Forum gelegt.

Besichtigung (keine offizielle Eintrittsgebühr; angemessenes Trinkgeld für Ruinenwärter/-führer wird erwartet):
Als erstes fällt der gut erhaltene Triumphbogen ins Auge (195 von Kaiser Septimius Severus über der alten Römerstraße erbaut). Die Byzantiner integrierten ihn später respektlos in ihre Festungsanlage (Reste der Ummauerung sind noch vorhanden), was letztlich aber zu seiner Konservierung beitrug. Etwa 100 m südöstlich des Severusbogens stehen die Reste der dreischiffigen *Märtyrer-* oder *Candidus-Basilika* aus dem 4. und 5. Jh., die später jedoch öfters umgebaut wurde. Südlich, in etwa 400 m Entfernung oberhalb des Flußtals, ein gut erhaltenes, aus großen Steinquadern erbautes Mausoleum.

Drüben auf der anderen Straßenseite passieren wir das Theater; erkennbar ist noch die Bühnenfläche und das Halbrund der Zuschauerränge, die Sitzreihen selbst sind zerfallen. Weiter zum rätselhaften *Haus der Tröge*. Große Steinwannen verlaufen entlang der Wände unter schönen steinernen Wandbögen. Man vermutet, daß sich hier entweder eine Art Steuerkasse befand (bei der die Bauern ihren „Zehnten" in Form von Naturalien ablieferten) oder aber eine Verteilungsstelle für die Bevölkerung. Direkt angebaut ist die sog. *Vandalenkapelle*, über deren Entstehung ebenfalls keine gesicherten Erkenntnisse vorliegen. Wir bleiben zunächst noch auf der rechten Straßenseite, passieren die 1886 von den Franzosen gebaute Grenzfestung und gehen über den römischen Marktplatz mit seinem einst säulenumstandenen Innenhof und den noch gut erkennbaren Marktnischen. Dann kommen wir zum Forum und den spärlichen Resten des Kapitols (einzelne, erodierte Säulen), sowie zu den Thermen mit ihren unterirdischen, dunklen Bogengängen. Die dreischiffige *Melléus-Basilika* war einst die größte Kirche der Stadt, den darin gefundenen Gräbern nach zu schließen auch Bischofskirche. In den Fundamenten lassen sich Haupt- und Sei-

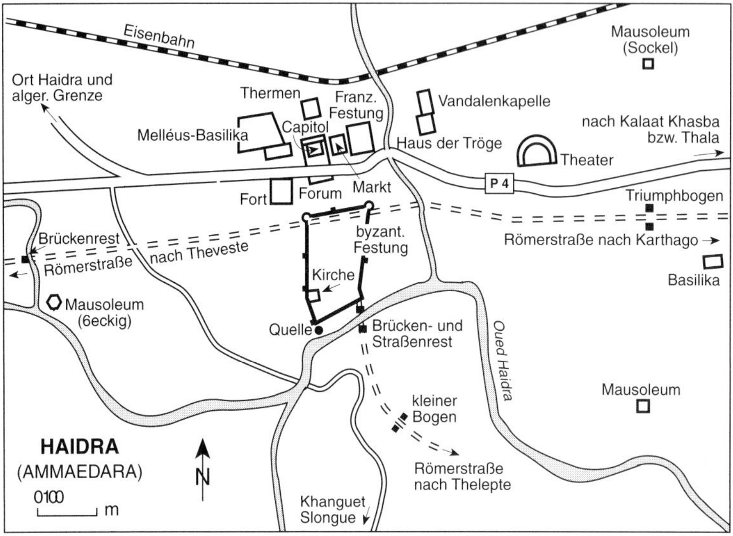

tenschiffe noch erkennen, einige Säulen wurden wieder aufgerichtet.

Im Zuge des Ausbaus von Ammaedara zu einer Festungsstadt durch die Byzantiner entstand im Stadtgebiet neben einigen kleineren Forts eine gewaltige Festung – mit den Maßen 200x110 m eine der größten Nordafrikas. Trotz des Zerfalls wirkt dieses Bauwerk aus dem 6./7. Jh. mit den stehengebliebenen Umfassungsmauern und Wachtürmen noch immer eindrucksvoll. Im Innern befindet sich außer den Resten der einstigen Festungskirche an der Westmauer (erkennbar an zwei grünen Marmorsäulen) nur noch ein großes Trümmerfeld. Von den Türmen aus ließen sich Stadt und Umland leicht überwachen. Geschickt hatte man die Festung genau über die Straßenverzweigung gebaut, so daß der durchfließende Verkehr und auch der Übergang über das Oued Haidra kontrolliert werden konnten. Direkt unterhalb der Festung überquerte die Straße nach Thelepte den Fluß. Fundamentreste der alten Brücke sowie ein kleiner Triumphbogen, durch den die Straße führte, sind noch zu sehen. Unterhalb der südwestlichen Festungsecke befindet sich – wie schon zu römischer Zeit – eine Wasserstelle, der „Strand von Haidra", wie die Dorfbewohner ihn scherzhaft bezeichnen. Heute benutzen die Männer den Fluß zur Autowäsche, die Frauen waschen Kleidung, Teppiche und Wolle. Zum Trocknen hängt man die Sachen dann über das byzantinische Gemäuer.

Im Westen, ziemlich abseits des Ruinengeländes steht noch ein sehenswertes Bauwerk: ein sechseckiges Mausoleum aus massigen Quadersteinen, zweistöckig ohne Dachaufbau aber mit der üblichen Grabkammer im unteren Teil, die – wie leider ebenfalls üblich – als öffentliche Bedürfnisanstalt genutzt wird und eine intensivere Besichtigung deshalb unmöglich macht.

Haidra

- **Unterkunft:** Kein Hotel im Ort. Hotels in Thala, El Kef oder Kasserine.
- **Camping:** Schöne, inoffizielle Stellmöglichkeiten jenseits des Oueds oberhalb der Ruinenstätte im Wald (an Straße Richtung Khanguet Slongue).
- **Verkehrsverbindungen:** Nächste **Bus-** und **Eisenbahnstation** für Personenverkehr in Kalaat Khasba (s. unten); Bahnhof in Haidra nur für Güterverkehr. **Louages** ab Kalaat Khasba oder Thala.
- **Sonstiges:** Grenzübergang nach Algerien.

Für die **Rückfahrt zur P17** wählen wir die 16 km lange Direktroute auf der P4 nach Kalaat Khasba.

Kalaat Khasba

Staubiger Bergbauort mit mehreren, z.T. aufgelassenen Phosphatminen.

- **Verkehrsverbindungen: Louages** u.a. nach Haidra; regelmäßiger **Bus**verkehr nach Kasserine bzw. El Kef; **Personenzüge** 2 x tägl. nach Tunis (über Dahmani, Sérs, Gaâfour, El Fahs).

Bei der Weiterfahrt nach El Kef auf der P17 lassen wir bald die Phosphatbergwerke von *Kalaat Khasba* hinter uns. Dann erscheint links in der Ferne ein markanter, langgezogener Tafelberg. Mit 1271 m Höhe ragt der *Table de Jugurtha* rund 700 m aus der Ebene auf. 21 km ab Einmündung der P4 bei Kalaat Khasba (bzw. 33 km ab Thala), an der Kreuzung mit der P18, bieten sich folgende Abstechermöglichkeiten:

Abstecher zum „Table de Jugurtha"

(Bergplateau in 1271 m Höhe mit phantastischem Fernblick und Resten einer ehemaligen „Räuber"-Siedlung)

Wir biegen links ab auf die P18 (Beschilderung „Constantine" bzw. „Kalaat Senan") und fahren am Fuß des ausgefransten *Djebel Slata* einer eindrucksvollen (bereits zu Algerien gehörenden) Bergkulisse entgegen. Nach etwa 14 km verlassen wir die zur algerischen Grenze weiterführende P18 (sie endet 13 km weiter in *El Felta*; dort kein Grenzübergang) nach links. 11 km danach erreichen wir den kleinen Ort **Kalaat Es Senan** (Grenzübergang nach Algerien; einfache Unterkunft im Hotel *Jugurtha* (DZ 7,5 TD; Restaurant 50 m unterhalb) oder im Hotel *Amin*; Louages von El Kef bzw. Tadjerouine).

Wir folgen unmittelbar hinter der Moschee der Beschilderung „Ain Senan" nach links und fahren steil hinauf zu diesem ca. 300 m höher gelegenen ehemaligen Bergbaudorf. Links drüben sehen wir die Trasse der früheren Minenbahn, oben beim Dorf auch Abraumhalden und Reste einer aufgelassenen Phosphatmine. Nach 3,3 km und Durchfahren des Ortes folgen wir dem links abzweigenden Teersträßchen knapp 1 km hinauf bis zu einer kleinen Siedlung. PKW-Fahrer sollten das Fahrzeug hier stehenlassen und den Berg zu Fuß in Angriff nehmen (Aufstiegszeit ca. ¾ bis 1 Std.).

4WD-/WANDER-TIP:

Table de Jugurtha

Geländewagenfahrer bzw. Wanderer folgen nun der Piste nach rechts und halten sich gleich darauf wieder rechts in Richtung Berg. Steil, holprig und mit üblen Felsstufen durchsetzt schraubt sich die Piste den kahlen, unbewaldeten und geröllübersäten Hang hinauf. Dort wo der Fahrweg fast den Fuß der Felswand erreicht, finden die Wanderer einen Trampelpfad, der die folgenden Windungen der Piste abkürzt und direkt zum Felseinstieg am östlichen Fuß der Steilwand führt. Der Fahrweg endet nach insges. 3,3 Pistenkilometern an derselben Stelle. Über eine Felstreppe, vorbei an einem alten, byzantinischen Wachtturm, geht es in ca. 10 Minuten bis hinauf aufs Plateau.

Gleich nach dem Treppenaufgang fallen uns mehrere, teils mehrräumige **Felshöhlen** auf, die eindeutig früher einmal bewohnt waren und jetzt als Viehpferch dienen. Das einzige intakte Gebäude auf der Hochebene – neben vielen undefinierbaren Mauerresten – ist der **Marabut Sidi Abd el Jouad**. Bei einem unserer Besuche war er von einer gut 30köpfigen Großfamilie bewohnt. Vorhänge teilten das säulenbestandene Innere in Wohnräume, Schlafräume und Küche. In der Mitte des

Routenteil A

Blick auf den „Table de Jugurtha“

Marabuts (direkt neben zwei großen Särgen!) servierten uns die freundlichen Leute Kaffee. Meist aber ist das Plateau menschenleer.

Weshalb der Berg den Namen des numidischen Königs Jugurtha aus dem 2. vorchristlichen Jahrhundert erhielt, weiß niemand genau. Obwohl sich die jugurthischen Kriege gegen Rom in dieser Region abspielten, ist irgendein Zusammenhang mit dem Tafelberg nicht erwiesen. Als sicher gelten dagegen Überlieferungen, nach denen sich später räuberische Horden auf dem Plateau einnisteten – ein sicherer Platz, denn die nach allen Seiten fast senkrecht abfallenden Felswände schützten zuverlässig vor Überraschungsbesuchen. Der berühmteste Bewohner war der legendäre Berberfürst Senan, dem die Orte im Tal ihren Namen verdanken. Er errichtete im 7. Jh. hier oben Befestigungsanlagen, schlug zahlreiche, große Zisternen in den Kalkstein und ließ auf der rund 100 Hektar umfassenden, tischebenen Hochfläche das Vieh weiden. So konnten seine Truppen selbst längere Belagerungen überstehen. Wir entdecken auf dem Plateau zahlreiche dieser großen, rechteckigen, bis zu 4 m tief präzise aus dem Fels gehauenen Wasserbecken, in denen sich nach Regenfällen oft lange ein Wasservorrat hält. Kühe grasen hier oben („Almauftrieb" über die Treppenstufen?), wir scheuchen wilde Hasen auf, und über uns ziehen Falken weite Kreise. Das Faszinierendste ist jedoch die grandiose Aussicht. Von den zerklüfteten und teilweise tief eingeschnittenen Felsrändern des senkrecht abfallenden Plateaus geht der Blick nicht nur mit Schaudern in tiefe, ungesicherte Felsspalten, sondern auch weit hinaus übers Land, auf das umliegende Hügelland und – besonders eindrucksvoll – nach Westen über die Atlasberge bis tief hinein nach Algerien.

Abstecher nach Medeina

(altes römisches „Althiburos")

Zwar kann diese Ruinenstätte – was Größe betrifft – nicht mit den Anlagen von Dougga, Sbeitla o.ä. konkurrieren; hier beeindruckt mehr die friedliche Atmosphäre und hübsche Lage des bescheidenen Ruinenfeldes, das dank seiner Abgeschiedenheit bisher vom Massentourismus verschont geblieben ist.

Anfahrt:
An der Kreuzung P17/P18 rechts auf der P18 in Richtung Dahmani, vorbei an einem großen Zementwerk. Kurz darauf sieht man rechts drüben eine aufgerissene Bergflanke und Förderanlagen: das bedeutendste Eisenbergwerk Tunesiens bei *Jerissa*. Bei km 24 bzw. kurz hinter dem km-Stein „6-Dahmani" biegen wir rechts ab auf eine beschilderte Straße. Nach 2 km geradeaus weiter auf Piste. Bei km 3,6 km passieren wir die links oben stehende Schule von **Medeina** (dort in einem Olivengarten ein gut erhaltener, 128 n. Chr. unter Kaiser Hadrian erbauter Triumphbogen). Wir durchqueren ein kleines Oued und erreichen nach knapp 4 km das Ruinengelände von **Althiburos** (gute Campingmöglichkeit auf Parkfläche). Auf den Hügeln ringsherum stehen die Gehöfte des weitverstreuten Ortes Medeina.

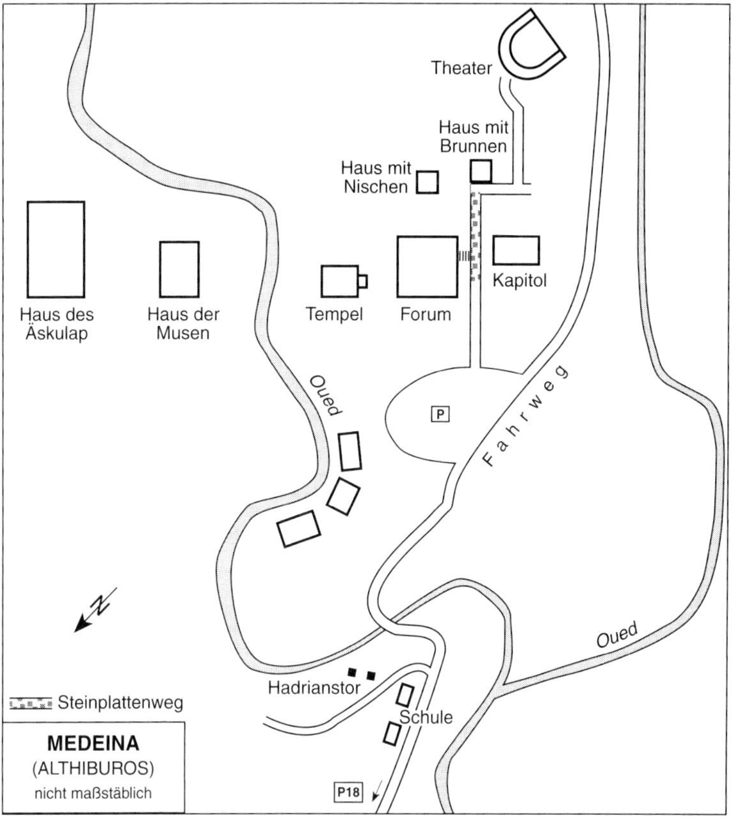

Geschichte:
An der Stelle eines früheren punischen Stützpunkts errichteten die Römer hier, an der Hauptroute zwischen Karthago und Theveste (Tebessa), eine Siedlung. Diese wurde unter Kaiser Hadrian im Jahr 128 zum Municipium, unter Severus Alexander zur Colonia erhoben und hatte ihre Blütezeit im 2. und 3. Jh. Spätestens nach der arabischen Eroberung wurde die Stadt aufgegeben und geriet in Vergessenheit.

Besichtigung (Gelände zugänglich, kein Eintritt, kein Führer):
Ein breiter Weg führt vom Parkplatz nach ca. 50 m zwischen dem Forum (links, Zugang über Treppen) und den rund 8 m hohen Resten des Kapitols hindurch. Am Ende des Plattenwegs ein Brunnenhaus mit

mehreren Wasserbecken. Links davon ein Haus mit schönen Nischen und Bögen, dessen Bedeutung umstritten ist; vielleicht war es das frühere „Finanzamt“, Abgabestelle für Naturalien. Die Fundamente vieler Wohnhäuser sind sorgfältig freigelegt, Innenhöfe und Raumaufteilung klar erkennbar; dazwischen aber auch noch viel Unausgegrabenes. Ca. 150 m weiter das eindrucksvolle Theater: hohe, z.T. einsturzgefährdete Mauerreste umgeben das Theaterrund und die Bühne, während die Sitzreihen verschüttet sind.

Wir steigen durch den linken Ouedgraben hinüber zur anderen Talseite. Dort treffen wir auf zwei Ruinenkomplexe. Im oberen, einst garantiert palastähnlichen Haus des Äskulap sind schöne Mosaikböden, teilweise sogar Mosaikwände freigelegt (ein prächtiges Schiffsmosaik, das die Eingangshalle schmückte, befindet sich im Bardo-Museum in Tunis). Ein ca. 1x1,2 m großes muschelförmiges Becken, Wasserabflußrinnen, Schächte und weitere Badebecken, zum Teil mit Stufen, deuten darauf hin, daß das Gebäude später als Badehaus genutzt werde. Der flußnah liegende Ruinenkomplex des Hauses der Musen, teilweise mit Untergeschossen, besteht aus kleinerem und einfacherem Gemäuer. Auch am Hang zum Parkplatz hin stattliche Gebäudereste.

Weiterfahrt nach El Kef:
entweder über **Dahmani** (Busse, Louages, Eisenbahnanschluß nach Tunis bzw. Kalaat Khasba) und dann auf der C71 (+30 km) oder auf Anfahrtsweg (P18) zurück zur Kreuzung mit der Hauptroute P17.

Ab der Kreuzung P17/P18 weiter auf der Hauptstraße nach Norden. Über **Tadjerouine** (+4 km; Montagsmarkt; Supermarkt; kleines Hotel/Restaurant in Seitenstraße links nach Moschee, DZ 8 TD) erreichen wir nach 39 km **El Kef** (Le Kef).

El Kef

Ca. 70 000 EW. **Bezirkshauptstadt,** wichtiger Verkehrsknotenpunkt; Marktort und Landwirtschaftszentrum; Garnisonsstadt. Rege Bautätigkeit in den äußeren Stadtvierteln und in der Unterstadt.

Aussichtsreiche Lage zwischen 700 und 850 m Höhe am langgezogenen, teilweise bewaldeten bzw. wiederaufgeforsteten südwestlichen Steilabfall des *Dir El Kef* (Kef = Fels); pittoreske Medina mit antiken Bauresten, überragt von dem gewaltigen Bollwerk der **Kasbah;** geschäftiges Treiben auf den Straßen, lebhafter Markt. Touristen sind selten.

Geschichte

Der Ursprung des Ortes geht weit zurück in vorkarthagische Zeit. **Numider** legten hier an einem reichlich mit Quellen versorgten Berghang eine Siedlung an. Elymer aus dem sizilianischen *Eryx,* von den Karthagern hier angesiedelt, brachten den Kult ihrer Liebesgöttin *Sicca Veneria* mit und errichteten ein Heiligtum. Tempelprostitution spielte eine bedeutende Rolle. In diesen „Sündenpfuhl“ entließ Karthago nach dem verlorenen Ersten Punischen Krieg seine aus Sizilien zurückgeholten Soldaten, allerdings ohne ihnen den fälligen Sold zu zah-

Historische Ansicht von El Kef (Stahlstich, um 1850)

len. Das führte zum großen **Söldneraufstand,** der hier 241 v. Chr. seinen Ausgang nahm.

Die **Römer** behielten nach ihrer Eroberung die Ortsbezeichnung Sicca Veneria (und auch die Tempelprostitution!) bei, die Stadt erlebte eine Blütezeit und avancierte unter Kaiser Augustus zur „Colonia“. Auch in christlicher Zeit (Mitte des 3. Jh. Bischofssitz) erlebte El Kef noch glückliche Jahre, die dann aber mit dem Einfall der Vandalen, spätestens jedoch mit der arabischen Invasion zu Ende gingen.

Der Ort führte nun jahrhundertelang ein Schattendasein. Als sich im 16. und 17. Jh. die algerischen und tunesischen Herrscher um die Grenzen ihrer Herrschaftsbereiche zu streiten begannen, erkannte man die günstige Lage dieser Bergsiedlung. El Kef wurde unter **türkischer Regentschaft** zu einer Grenzgarnison ausgebaut, und 1679 fügte man dem bereits existierenden Mauerring die große Kasbah hinzu. Über 300 Jahre lang blieb El Kef ein strategisch wichtiger Ort. Im zweiten Weltkrieg verlegten die **Franzosen** vorübergehend sogar ihre Protektoratsverwaltung nach „Le“ Kef. Bis 1962 unterhielt die algerische Befreiungsbewegung hier eine Kommandozentrale, und erst Ende der Achtzigerjahre verschwanden die letzten Uniformierten aus der Kasbah und gaben diese frei für eine touristische bzw. kulturelle Nutzung.

Ortsrundgang

(siehe Plan S. 415)

Wir beginnen unseren Rundgang beim zentralen, von Cafés und Hotels gesäumten *Place de l'Indépendance*. Nur wenige Schritte sind es von hier zur *Rue de la Source*. Unterhalb des kleinen Hotels *la Source*, auf dem über eine Treppe zugänglichen malerischen Platz, entdeckt man die heute nur noch müde rinnende *Quelle Ras el*

Treppenaufgang zur Moschee Sidi Bou Makhlouf

Ain, die früher die Stadtbevölkerung versorgte. Vorbei an der Moschee *Sidi Hamed Gharib* führt die Gasse mitten durch das **Ruinengelände** des **römischen Sicca Veneria**. Eingezwängt zwischen normale Wohnhäuser findet man hier Reste eines sechseckigen Badehauses mit sechseckigem Brunnen im Innern. Ein großes Bodenmosaik, Säulen, Kapitellreste und Schriftensteine sind erhalten. Auch die Apsis einer byzantinischen Kirche mit imposantem Steinbogen ist noch erkennbar. Man kann ferner auf der anderen Wegseite hinabsteigen in die Zisternen, riesige, unterirdische, großenteils verschüttete und etwas unheimliche Gewölbekammern, die von mächtigen Säulen gestützt werden.

Wieder übertage steigen wir über eine der Treppengassen bei den Hotels *La Source* bzw. *L'Auberge* durch die Altstadt hinauf Richtung Kasbah. Wir stoßen unterhalb der Festung auf einen großen, gepflasterten Platz. An ihm steht die auf den Fundamenten einer frühchristlichen Basilika erbaute **ehemalige Große Moschee** (*Djama el Kebir)*, ein etwas undurchschaubares Bauwerk, dem sowohl Minarett wie zentrale Kuppel fehlen. Das Innere des Gebäudes (falls geschlossen, oben in Moschee nach Wärter fragen) ist nach oben offen; links des Hofes schließt sich noch ein Gewölbe mit kreuzförmigem Grundriß an. Innerhalb und im Umkreis der „Moschee" ist eine bescheidene archäologische Sammlung römischer Stelen, Mosaike, Säulen, Kapitelle, Statuen etc. zu sehen.

Eine breite Steintreppe führt dann hinauf zu der von einem achteckigen Minarett und zwei großen Kuppeln überragten **Moschee Sidi Bou Makhlouf** (vermutlich 14. Jh.). Deren Innenräume mit dem Sarkophag des Heiligen verdienen vor allem wegen der meisterhaften Stuckarbeiten und schönen Kachelverzierungen einen Besuch. Das obere Treppenende vor der Moschee mit dem kleinen Café daneben und dem großen Schattenbaum ist sicher das stimmungsvollste Plätzchen *El Kefs,* um eine Verschnaufpause einzulegen.

Die 1679 auf byzantinischem Fundament errichtete **Kasbah** wird seit Jahren aus- und umgebaut. Mit enormem Aufwand soll die durch lange militärische Nutzung recht heruntergekommene türkische Festung in ein Kulturzentrum (das Freilufttheater steht schon) verwandelt werden. Bis zur Fertigstellung werden wohl noch einige Jahre vergehen. Lohnend ist in jedem Fall ein Rundgang auf der umlaufenden Wehrmauer. Nirgendwo sonst

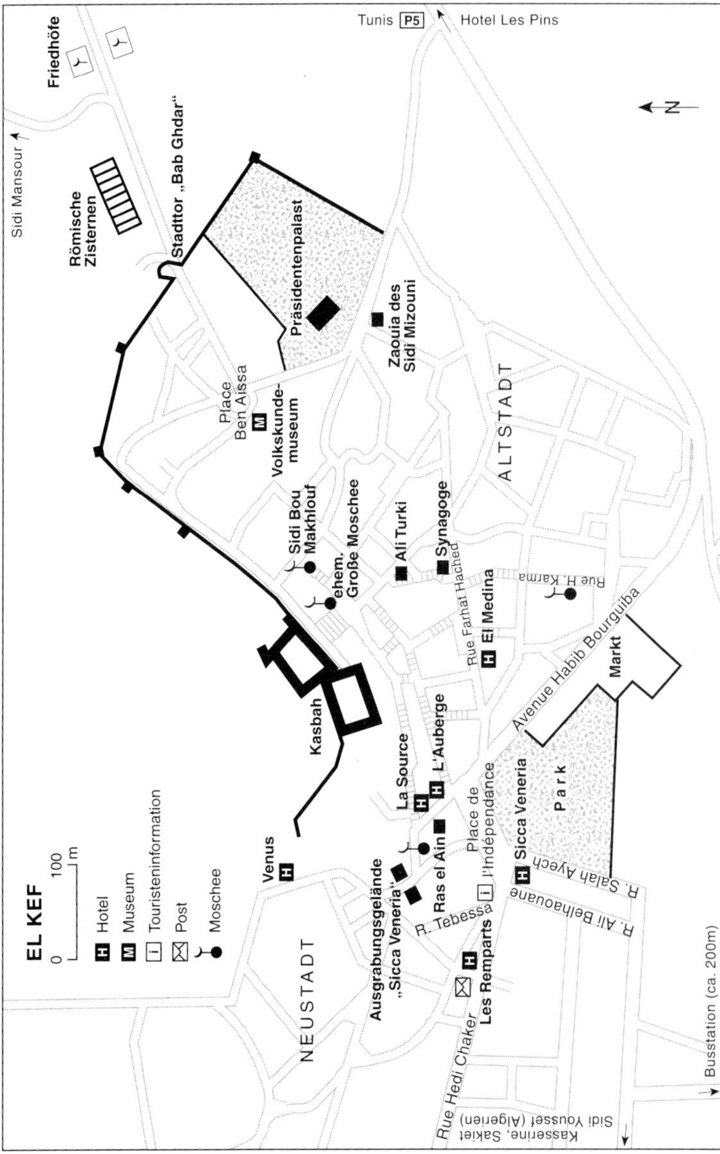
EL KEF
0
100 m
Hotel
Museum
Touristeninformation
Post
Moschee
Friedhöfe
Sidi Mansour
Römische Zisternen
Stadttor „Bab Ghdar“
Präsidentenpalast
Zaouia des Sidi Mizouni
Tunis
P5
Hotel Les Pins
Place Ben Aissa
Volkskunde-museum
Sidi Bou Makhlouf
ehem. Große Moschee
Ali Turki
Synagoge
ALTSTADT
Rue H. Karma
Rue Farhat Hached
El Medina
Kasbah
Markt
Avenue Habib Bourguiba
L'Auberge
La Source
Park
Place de l'Indépendance
Sicca Veneria
R. Salah Ayech
R. Ali Belhaouane
Ras el Ain
Venus
Ausgrabungsgelände „Sicca Veneria“
R. Tebessa
Les Remparts
NEUSTADT
Rue Hedi Chaker
Kasserine, Sakiet Sidi Youssef (Algerien)
Busstation (ca. 200m)

Blick von der Kasbah auf El Kef

in El Kef bietet sich ein ähnlich grandioser Panoramablick über die Stadt und weit hinaus ins bergige Umland.

Ein Bummel durch die engen Gäßchen und über die steilen Treppen der Altstadt bietet ebenfalls reizvolle Ausblicke und manches sehenswerte Detail. Das Mausoleum des *Ali Turki,* Vater des Begründers der Husseinitendynastie, steht eingezwängt zwischen Wohnbauten, ebenso die Synagoge im ehemaligen Judenviertel, heute eine Art Ein-Raum-Museum mit alten Schriften, Thorarollen und jüdischen Kultgegenständen. Weiter bergab auf der von Schmuckgeschäften gesäumten *Rue Habib Karma* kommen wir zum **Marktgelände** unterhalb der Av. H. Bourguiba. An offenen Verkaufsständen wird dort u.a. lebendiges Federvieh angeboten, daneben Kleidung, Schuhe, Hausrat und der übliche Alltagbedarf, in der Markthalle Obst, Gemüse, Fisch und Fleisch. Donnerstags, am Hauptmarkttag, herrscht hier besonderes Gedränge.

Etwas oberhalb am östlichen Ende der Altstadt in einem großen Parkgelände liegt der ehem. Präsidentenpalast, unzugänglich, gepflegt, bewacht und unbewohnt wie zahlreiche weitere Regierungsresidenzen im Land. (Die erste Frau des Ex-Präsidenten Bourguiba stammte aus El Kef).

Auch die *Zaouia des Sidi Mizouni* gegenüber dem Palast mit ihren zahlreichen Kuppeln und dem fayencenverzierten Minarett ist nicht immer offen. Hier ist aber wenigstens der hübsche, blumenreiche Park davor zugänglich. Ein Stück weiter oben, am *Place Ben Aissa,* befindet sich in den sehenswerten Räumen der *Zaouia Sidi Ali Ben Aissa* das **Musee des Arts et Traditions Populaires du Kef** (Volkskundemuseum). Geöffnet: Di bis

So 9–13 und 16–19 Uhr (im Winter 9.30–16.30 Uhr), Mo geschl.; Eintritt: 1,1 TD; Fotografiererlaubnis: 1 TD.

Im ersten, mit bunten Kacheln und herrlicher Stuckornamentik verzierten Kuppelsaal sind u.a. traditionelle Hochzeitsgewänder ausgestellt. In einer Vitrine liegen tunesische „Kosmetika" (Schminke und Schminkwerkzeuge aus Naturalien), Parfüms und Duftstoffe. Der Hauptraum wird von einem großen, voll ausgestatteten Nomadenzelt beherrscht. Hier sind auch Geräte für die Feldarbeit, Webstühle, Spindeln, Werkzeuge, Sättel zu sehen. Karten und Statistiken geben einen Überblick über die Wanderbewegung (und Seßhaftmachung) der Nomaden.

In weiteren Räumen wird traditioneller Hausrat gezeigt. Zahlreiche Exponate sind der Reiterei gewidmet (verzierte Sättel, Satteldecken, Reitstiefel etc.). Insgesamt eine kleine, aber interessante und liebevoll präsentierte Ausstellung.

Ein Stück oberhalb des Volkskundemuseums, hinter dem alten Stadttor, gelangen wir zu den in hübscher, bewaldeter und felsiger Umgebung liegenden römischen Zisternen. Man kann durch offene Schächte hinunterschauen in die großen unterirdischen Gewölbe. Dicht daneben ein modernes, neues Trinkwasserreservoir.

Folgt man dem Weg noch ca. 100 m weiter aufwärts, stößt man auf einen alten christlichen Friedhof aus der Kolonialzeit (rechts; hangabwärts auch noch römische Baureste); gegenüber dem christlichen liegt ein islamischer Friedhof.

Folgt man kurz vor Erreichen dieser Friedhöfe dem Weg links aufwärts, kommt man nach knapp halbstündigem aussichtsreichem Spaziergang zur *Moschee Sidi Mansour*. Sie liegt oberhalb einer tiefen, imposanten Schlucht (Felshöhlen) und ist nicht zuletzt wegen der daneben entspringenden Quelle mit gutem Trinkwasser ein vielbesuchter Ort.

Vorwahl für El Kef: 08

Touristeninformation

Im Ortszentrum (s. Plan)

Unterkunft

Hotel

Sicca Veneria
Place de l'Indépendance, Tel./Fax 20 23 89, DZ 30 TD; Bar/Restaurant.

Les Remparts
Rue des Remparts (bei Post), Tel. 20 21 00, DZ 32 TD, mit Restaurant.

La Source
Pl. de la Source, Tel. 20 43 97, DZ 15 TD. Für 30 TD kann man ein wahrhaft fürstliches, mit Fayencen und Stuckkuppel versehenes 4-Bett-Zimmer mieten. Das wär doch mal was!

L'Auberge
Pl. de la Source.

El Medina
Rue F. Hached, DZ 12 TD, sehr einfach, lt. Leser freundlich und sauber.

Residence Venus
Neustadt, westl. der Kasbah, beschildert. Tel. 20 46 95, DZ 32 TD, empfehlenswert. Modern ausgestattetes Hotel in ruhiger Lage, dazugehöriges Restaurant *Venus* in Rue F. Hached.

Les Pins**
Gut 2 km an Straße Richtung Tunis (Av. de l'Environnement), Tel. 20 40 21, Fax 20 24 11, DZ 36 TD, gepflegtes neues Hotel, schön gelegen.

Jugendherberge

Die Jugendherberge ist seit Jahren geschlossen.

Essen und Trinken

Einfache Restaurants am Place de l'Indépendance und an der Av. H. Bourguiba. Empfehlenswert: Restaurant **Venus**, Rue F. Hached, lizensiert. Begrenzte Speisekarte, aber preiswert, gut und reichlich. Lesertip: **d'Afrique,** Rue H. Chaker: „Gut und üppig".

Verkehrsverbindungen

Gute Bus- und Louageverbindungen (Station in der Unterstadt) in alle Richtungen, z.B. nach Tunis, Nabeul, Kairouan, Sousse, Sfax, Gafsa, Tabarka, Bizerte, Makthar, Dahmani, Sakiet Sidi Youssef, Kalaat Es Senan.

Louages zusätzlich in die wichtigsten umliegenden Orte.

Sonstiges

- **Wochenmarkt:** donnerstags. Gute Einkaufsmöglichkeiten auch im **Supermarkt Monoprix** (nahe Busstation).
- **Festival Bou Makhlouf** im Juli in Kasbah (Folklore, Musik, Theater).
- **Nächster Grenzübergang nach Algerien** in Sakiet Sidi Youssef (42 km westlich).

Ausflüge

- **Table de Jugurtha:** s. S.408
- **Ruinen von Medeina:** s. S.410
- **Ruinen von Haidra:** s. S.405
- **Barrage Oued Mellègue:** siehe Route A12.

Nach Hammam Mellègue

(ca. 17 km einfache Strecke; gute Piste, auf dem letzten Steilstück etwas holprig; Vorsicht bei Nässe!)

Lohnende Fahrt durch reizvolle Landschaft zu einem seit der Römerzeit bestehenden **Thermalbad.**

Startpunkt ist der *Place de l'Indépendance* im Zentrum von El Kef. Wir folgen der Straße Richtung Sakiet Sidi Youssef und biegen nach 4,5 km, am Ende des links liegenden Militärgeländes, rechts auf eine beschilderte Piste ab. Etwa 2 km danach beginnt ein hübsches Hügelland, hin und wieder passieren wir einzelne Bauernhöfe oder Häusergruppen. Auf den letzten Kilometern geht es durch lichten Pinienwald, und nach gut 10 Pistenkilometern öffnet sich der Blick aufs Tal mit dem gewundenen Lauf des *Oued Mellègue* (einer der wichtigsten Nebenflüsse des *Medjerda).* Der Weg windet sich bald danach, holpriger und beschwerlicher werdend, in steilen Serpentinen abwärts. Seitlich tun sich tiefe, schrundige Schluchten auf. Nach weiteren 2,5 km endet die Piste etwas oberhalb des Flusses in **Hammam Mellègue.**

Ca. 50 Personen leben hier; das Trinkwasser bezieht man von El Kef, bei Niedrigwasser auch von einer Quelle auf der anderen Seite des ganzjährig wasserführenden Flusses. Bei 1967 begonnenen Grabungsarbeiten fand man antike Zisternenanlagen (oberhalb der Gebäude am Hang) und legte schließlich die Thermen, die einstigen Badehäuser, sowie Reste eines angebauten Tempels frei. Diese Ausgrabungen sowie Funde in der Umgebung lassen den Schluß zu, daß wohl schon in frühester Zeit hier ein **Quellheiligtum** bestand, spätestens aber seit der **Römerzeit** die Heilkraft des Thermalwassers auch zu Badezwecken genutzt wurde. Die antiken Baderäume, von Tonnengewölben überspannt und mit insgesamt fünf Wasserbecken wurden durch ein raffiniertes System aus Tonröhren mit dem Thermalwasser versorgt, das verbrauchte Wasser zum Fluß hin abgeleitet. Fragmente von Statuen, ein Trog aus weißem Marmor, Reste von Inschriften weisen darauf hin, daß die Anlage recht luxuriös ausgestattet war.

Ein Teil des **Badehauses** wurde wieder in funktionsfähigen Zustand versetzt. Gegen einen geringen Obulus hat man heute die Möglichkeit, in den schwülfeuchten Räumen des *Hammam* seine Gesundheit zu pflegen. Das Männerbecken im sog. „Löwensaal" mißt 5x3 m; es befindet sich genau dort, wo die Quelle aus dem Fels zutage tritt, salzhaltiges Wasser, pro Sekunde etwa 2 Liter, 42 Grad heiß. Zwei kunstvoll in Marmor gearbeitete, gut erhaltene Löwenköpfe oberhalb des Quellaustritts gaben diesem Raum den Namen. Der Badegast sitzt im ca. 30 cm tiefen Salzwasser, dampft vor sich hin und vertraut auf die Heilkraft des Wassers. Die heiße Quelle in Hammam Mellègue soll unter anderem bei Rheumatismus, Arthritis, Gelenkverletzungen sowie bei gynäkologischen Leiden Linderung bringen. Im Sommer, vor allem nach der Erntezeit, wird das Bad von der einheimischen Bevölkerung stark frequentiert. Ganze Familien pilgern für ein paar Kurtage hierher, mieten sich in den wenigen, einfachen Unterkünften ein oder stellen in den Hügeln oberhalb des Hammam ihre Zelte auf.

Mischwald an der Route nach Hammam Mellègue

Route A 12: Kairouan – Makthar [111 km] – Jendouba [97 km]

Allgemeines

Landschaftlich abwechslungsreiche Fahrt durch Hügel-, Wald- und Bergland (besonders reizvoll kurz vor Makthar). Mit **Kairouan,** der „Heiligen Stadt" und den römischen Ruinen von **Makthar** *(Mactaris)* liegen zwei bedeutende Sehenswürdigkeiten an der Strecke. „Programm am Wege" bieten auch das **Bergdorf La Kesra** sowie kleinere antike Stätten im Nahbereich der Route.

Kairouan

(Ortsbeschreibung usw. siehe Route B3)

Wir verlassen **Kairouan** (km 0) auf der C99 zunächst in Hauptrichtung NW (beschildert Gafsa, El Kef u.a.), bis wir etwa bei km 10 auf die Hauptstraße P3 Tunis – Gafsa stoßen, in die wir links einbiegen. (Lohnende, hübsche **Variante**: die geradeaus über *Ain Jloula* (karge römische Ruinen, dazwischen gute Campingmöglichkeiten) weiterführende C99 zieht malerisch zwischen *Djebel Ousselat* und *Djebel Bou Dabbous* hindurch und stößt hinter *Ouesslatia* wieder auf die im folgenden beschriebene Route).

Es geht abwechselnd vorbei an Getreidefeldern, Oliven- und Obstbaumpflanzungen. Bei km 30 rechts ab auf der P12 (Richtung El Kef/Makthar) den Bergen der *Dorsale* entgegen. Achten Sie beim *Oued Chrichira* (km 35; bei Regen Überflutungsgefahr) auf den Aquäduktrest ein Stück talaufwärts (rechts). Er wurde nach römischem Vorbild im 9. Jh. von den Aghlabiden gebaut, die über diese mehr als 30 km lange Leitung ihre großen Bassins in Kairouan mit Wasser aus den Bergen speisten. Bald danach wird der Blick beherrscht von dem kahlen, markanten Massiv des *Djebel Trozza* (997 m).

Etwa ab dem Dorf **Haffouz** begleiten uns rechter Hand die Hänge des *Djebel Ousselat* (887 m). Hohe Erdwälle beidseits der Straße (bei km 60) kennzeichnen kurz vor dem Dorf **Khit el Oued** ein Flußbett, das brückenlos gequert werden muß – bei Trockenheit kein Problem.

Bei km 71 mündet von rechts die oben erwähnte Nebenstraße über Ain Jloula und Ouesslatia sowie Strecke A4 (Variante b) in unsere Route ein. Gleich danach tauchen eigenartige Felsformationen auf, glatte „Elefantenbuckel", auf denen man mehrmals von Kindern angelegte, hellere „Rutschrinnen" erkennen kann (gelegentlich werden solche Steinrinnen auch als rituelle „Blutrinnen", Opfersteine prähistorischen Ursprungs gedeutet). Dann führt die Straße dem bizarr ausgefransten Felsgrat **Kef el Gharia** entgegen und durchquert diesen schließlich in einem Tunnel. Bald darauf beginnt der ausgedehnte Kiefernwald des *Forêt de la Kesra,* im Herbst ein beliebtes Jagdrevier für Einheimische und Gäste. Etwa bei km 92 bietet sich die Möglichkeit für einen lohnenden

Abstecher in die Berbersiedlung La Kesra

Eine steile Auffahrt (3 km) bringt uns fast 300 m hinauf ins alte Bergdorf **La Kesra.** Wir lassen zweckmäßigerweise das Auto am Ortsrand stehen; nur zu Fuß läßt sich der malerisch an den Felshang gebaute Ort näher erkunden. Unterhalb des Plateaurandes, direkt in den Felswänden, nahe der Moschee liegt die Wasserstelle des Dorfes: mehrere gefaßte Becken fangen das hier aus dem Fels kommende Wasser auf. Links oberhalb steht der *Marabut Sidi Ameur*. Wir nehmen die Treppe rechts der Brunnenanlage. Schmale, verwinkelte Gassen führen zwischen den Häusern hinauf bis aufs Plateau in etwa 1100 m Höhe. Schon beim Aufstieg fällt uns mancher überdimensionale Quaderstein und mancher deplazierte Säulenstumpf im Gemäuer auf. Oben am Plateaurand findet man gar die Reste einer byzantinischen Festung, Mauerteile aus ungewöhnlich großen Steinblökken voll integriert in die Wohnbauten. Hier oben fühlten sich die Bewohner sicher vor feindlichen Überfällen. Besonders interessant sind die zahlreichen hinter den Häusern über die Plateauhochfläche verteilten **Dolmen**, Hünengräber aus aufgerichteten Stützsteinen mit großer Deckplatte. Von der Abbruchkante des Plateaus hat man einen phantastischen Blick über große bewaldete Flächen in der weiten Talebene bis zu den in der Ferne aufragenden Bergen.

Durchfährt man den Ort und verläßt ihn zur anderen Seite (diese 2. Zufahrt führt hinunter zum neuen

„Blutrinne“ (oder Rutschbahn?)

Obstmarkt in Makthar

Dorf La Kesra an der Hauptstraße Kairouan – Makthar), bietet sich die Möglichkeit zu einer

Panoramafahrt durch den Forêt de la Kesra

(Piste in trockenem Zustand problemlos befahrbar; bei Nässe jedoch äußerste Vorsicht: Schmierseifeneffekt!).

Am westlichen Ende des alten Dorfes zieht von der Zufahrtsstraße rechts eine Piste bergauf. Sie führt schon nach wenigen hundert Metern hinein in lichten, würzig duftenden Wald (vorwiegend Aleppokiefern) und verläuft als Panoramapiste mit herrlichen Ausblicken zunächst knapp unterhalb des Plateaus in gut 1000 m Höhe (im Frühjahr farbenprächtige Wildblumen). Im weiteren Verlauf geht es dann langsam abwärts (immer auf Hauptpiste bleiben); nach 17 km abwechslungsreicher Fahrt stoßen wir auf die von Ouesslatia (12 km) nach Siliana (27 km) führende C73.

Weiter auf der P12 durchfahren wir etwa bei km 94 das neue Dorf **La Kesra.** Wir passieren das schön gelegene Hotel/Restaurant *Des Chasseurs* (Sommer 1998 nicht in Betrieb). Eine Zeitlang geht es noch durch den Wald (Pisten erschließen einige schöne Picknick- und Campingmöglichkeiten; im Herbst tellergroße Butterpilze!) bevor wir nach kurven- und aussichtsreicher Fahrt durch felsiges Hügelland **Makthar** erreichen.

Makthar

Das neue Makthar ist eine Gründung der Franzosen im ausgehenden 19. Jh. Es löste das kleine Bergdorf *La Kesra* (s.o.) als Marktzentrum der Region ab (Markttag: Mo) und ist heute ein moderner Ort mit etwa 13 000 Einwohnern. Dank seiner Höhenlage (etwa 950 m) weht hier selbst an heißen Sommertagen meist ein erfrischendes Lüftchen, während im Winter Schneefälle nichts Ungewöhnliches sind.

- **Unterkunft:** Hotel *Mactaris,* Av. H. Bourguiba, Tel. 08-87 60 14, DZ 12 TD; extrem einfach, unsauber, vorm. meist geschlossen; Bar/Restaurant .
- **Verkehrsverbindungen:** *Busse* nach El Kef, Kairouan, Sousse, Tunis (über El Fahs bzw. Téboursouk), Sbeitla/Kasserine; Busstation am

Marktplatz. *Louages* u.a. nach Siliana, Tunis, El Kef.

◆ **Ausflüge** von Makthar s. S.426.

Uns interessiert nicht das neue Makthar, sondern das antike **Mactaris** – eine der eindrucksvollsten Ruinenstätten Tunesiens.

Mactaris

Geschichte

Als alte, schon seit dem 3. Jh. v.Chr. bestehende numidische Ansiedlung entwickelte sich *Mactaris* unter dem **numidischen Herrscher Massinissa** zu einem wichtigen Handelsort. Nach dem Untergang Karthagos und der Flucht vieler Punier nach Mactaris prägte deren Kultur die Stadt und behauptete sich auch lange gegen den späteren römischen Einfluß. 46 v.Chr. hatten die **Römer** Einzug gehalten, im Jahr 180 n.Chr. wurde Mactaris zur *Colonia* erhoben. Dank ihrer günstigen Lage inmitten fruchtbarer Anbauflächen und ihrer Bedeutung als Umschlagplatz landwirtschaftlicher Produkte kam die Stadt zu Reichtum und Wohlstand. Diese Blütezeit wurde im 3. Jh. unterbrochen. Wegen ihrer Beteiligung am **Gordianus-Aufstand** im Jahr 238 wurde Mactaris teilweise zerstört, später jedoch wieder aufgebaut. Nach einer längeren Erholungsphase kamen die Vandalen. Danach bauten die Byzantiner Mactaris zu einer wichtigen Festung aus. Obwohl die Stadt die arabische Invasion gut überstanden hatte, verlor sie in den folgenden Jahrhunderten zunehmend an Bedeutung und wurde im 11. Jh. schließlich endgültig verlassen.

Besichtigung
(s. Plan 424)

(Geöffnet tägl. 9 Uhr bis Sonnenuntergang. Eintritt: Museum u. Ausgrabungsstätte 2,1 TD, Fotoerlaubnis 1 TD)

Noch außerhalb des Ruinenfeldes, an der Straße, steht der *Triumphbogen* „Bab El Ain“, das nördliche Tor der einstigen Römerstadt. Das neben dem Eingang zur Ausgrabungsstätte liegende **Museum** enthält Grabungsfunde aus punischen, römischen und christlichen Epochen; im Museumshof stehen punische und römische Grabsteine und Reliefs. Die bedeutendsten Funde landeten wie üblich im Bardo-Museum in Tunis.

Gleich hinter dem Museum liegt das *Amphitheater*, gut erkennbar die ovale Arena, umlaufen von zwei Mauerringen.

Weiter auf dem Hauptweg kommen wir zum römischen *Forum* (Fläche ca. 40x60 m). Beim Marktplatz an der Nordostecke des Forums führt ein Pfad zu den Resten des *Hathor-Miskar-Tempels.* Dieses punische Heiligtum aus dem 1. Jh. v.Chr. wurde später umgebaut in eine Kirche – auffallend in dem verschachtelten Gemäuer sind die vielen Steinbecken.

Der das Forum südlich begrenzende *Trajansbogen* wurde ausweislich einer erhaltenen Laudatio im Jahr 116 n.Chr. von den Bürgern der Stadt zu Ehren ihres Kaisers erbaut. Direkt hinter dem Bogen Reste eines Wehrturmes. Die Byzantiner – mit wenig Respekt für römische Vorgängerbauten – wählten diese Stelle für einen Festungsbau, in den neben dem Triumphbogen auch die südlich des Forums gelegene *Basilika des Hildeguns* (nach einem hier begrabenen Vanda-

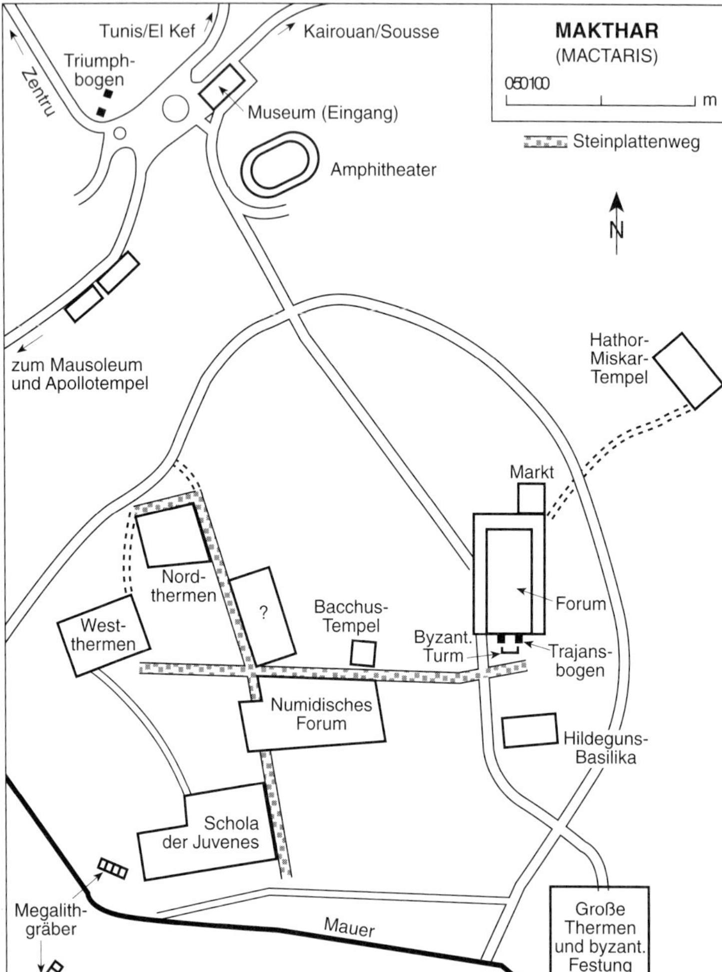

lenfürsten benannt) integriert wurde – heute nur undefinierbare Mauer- und Fundamentreste.

Klar erkennbar sind dagegen die monumentalen Reste der gegen Ende des 2. Jh. fertiggestellten *Großen Thermen* – wohl eine der am besten erhaltenen Thermenanlagen ganz Nordafrikas. Im Innern der einst mit Kalt- und Warmwasserbädern ausgestatteten Anlage finden sich noch schöne Mosaikfußböden. Die gewaltigen, ca. 15 m hohen Umfassungsmauern stammen allerdings aus dem 6. Jh., als die Byzantiner auch die Thermen in eine Festung umwandelten. Wie unbekümmert sie mit dem römischen Baumaterial umgingen, zeigen u.a. auf dem Kopf stehende Schriftenblöcke.

Parallel zur Begrenzungsmauer des Ruinengeländes gen Westen kommen wir zur *Schola der Juvenes,* einer interessanten Einrichtung. *Juvenes* (Jugendliche) wurden hier wie auch in vielen anderen Städten des römischen Africa militärisch und wirtschaftlich ausgebildet zu einer Art „Elitetruppen", die für die öffentliche Ordnung zu sorgen hatten und neben polizeilichen auch verwaltungstechnische Aufgaben erfüllten. Diese Jugendorganisationen hielten untereinander enge Verbindung, es fanden gemeinsame kulturelle, sportliche und auch politische Veranstaltungen und Treffen statt. Macht und Einfluß dieser Jugendelite wuchsen, und wie zu allen Zeiten lehnten sich die Jüngeren auch gegen manches Diktat von oben auf. Ihre Rebellion gegen den Kaiser und ihre Teilnahme am Gordianus-Aufstand im Jahr 238 führte zur Auflösung der Jugendmilizen und Zerstörung der Schola, die jedoch später wieder aufgebaut wurde. Zu sehen ist u.a. noch die zentrale Palästra (Sportplatz) mit gut erhaltenen, kapitellgeschmückten Säulen. Der große Versammlungsraum der Schule wurde später zu einer Kirche umgebaut. Zur Anlage gehörten Vorlesungsräume sowie eine kleine Thermenanlage. Im Scholakomplex finden wir außerdem die Reste eines Gebäudes mit vier kleeblattförmig angeordneten Absiden – das einstige „Finanzamt". Hier wurden in Form von Naturalien die Steuern von den Bauern eingezogen und in steinernen Trögen gesammelt.

Römisches Mactaris

Ein *Megalithgrab* mit mehreren Kammern aus schweren Steinplatten errichtet, steht nahebei in der südwestlichen Ecke des Geländes; beim Blick über die Mauer sehen wir ein weiteres dieser imposanten Steingräber.

Der Pflasterweg in Richtung Ausgang passiert das plattenbelegte *numidische Forum,* welches das römische an Größe noch übertraf. An der Nordseite des Platzes führt eine kleine Freitreppe hinauf zu den Resten des *Bacchus-Tempels* (mit unterirdischer Krypta). Vom numidischen Forum aus nach Norden passieren wir unspektakuläres Gemäuer und Ruinen. Die sog. *Nordthermen* aus byzantinischer Zeit sind heute ein Labyrinth unübersichtlicher Mauerreste; dagegen zeugen in den römischen *Westthermen* (2. Jh.) verschiedene Badebecken, intakte Torbögen, Säulen- und Mosaikreste von der einstigen Pracht der Anlage, der in späterer Zeit eine christliche Kirche zugefügt wurde.

Auch außerhalb der offiziellen Ausgrabungsstätte sind noch römische Reste zu finden:

Neopunisches Mausoleum: (Zugang über die vom Museum westlich um das Ruinengelände herumführende Straße; ca. 500 m). Dieses imposante, den numidisch-punischen Grabmälern nachempfundene Mausoleum der Römer hat die Form einer Totenlaterne mit säulenartigen Ecken, einem verzierten Kranzgesims im Zwischenstock und einer Statuennische oben unter dem Pyramidendach.

Einen ähnlichen Grabbau, das stark zerfallene römische *Julier-Mausoleum,* finden wir ca. 150 m unterhalb des Museums an der Straße nach Tunis rechts oben versteckt zwischen Wohnhäusern.

Etwa 400 m westlich der Ruinenstätte liegt inmitten eines Neubauviertels das große, plattenbelegte Geviert des einstigen *Apollotempels* (2. Jh.) mit Säulenresten und Steintrümmern; südwestlich davon ragen 12 *Aquäduktbögen* aus einem verwahrlosten Friedhof der Kolonialzeit.

Ausflüge von Makthar

Innerhalb eines Radius von etwa 30 km um Makthar finden sich weitere, wenngleich oft nur unbedeutende antike Stätten in meist reizvoller Lage. Da ziemlich abseits gelegen, sind sie problemlos nur für motorisierte Besucher zu erreichen.

- **La Kesra** – pittoreskes Berberdorf mit byzantinischer Festung an Felsabbruch (s.o.).
- **Elles** – größte Ansammlung von Megalithgräbern in Tunesien (s.u.).
- **Thigibba** – Reste einer Römerstadt sowie Megalithgräber bei Hammam Zouakra (s. Route A10).
- **Kbor Klib** und **Ksar Toual** – bescheidene römische Reste (s. Route A4).
- **Zannfour** – spärliche, weitgehend unausgegrabene römische und byzantinische Reste nahe Sers.

Weiter geht es von Makthar auf der P12 nach Norden. Nach der Tunis-Abzweigung zieht die Straße vom Hochplateau langsam talwärts und führt durch ausgedehnte Kornfelder. Nach der Getreideernte sieht man auf den Sammelplätzen die prall gefüllten Säkke, die in riesigen Stapeln auf den Abtransport warten, und gewaltige hausförmige Strohmieten.

Für archäologisch Interessierte: Etwa 23 km ab Makthar zweigt rechts ein Sträßchen ab nach Siliana, das vorbeiführt an den kargen Resten von *Kbor Klib* und *Ksar Toual* (s. Route A4). Ergiebiger ist kurz darauf der

Abstecher nach Elles

mit der größten bisher bekannten Ansammlung von punischen **Megalithgräbern** in Tunesien. In *Vieux Sers,* bei km 26,5, zweigt links im spitzen Winkel von der P12 ein beschildertes Sträßchen ab zum 9 km entfernten Dorf **Elles** (Busverbindung ab Sers), das schon zu Römerzeiten ein wohlhabender Ort gewesen sein muß. Mehrere Quellen liefern reichlich und gutes Wasser für die Bewohner und zum Bewässern der Baumkulturen (Oliven, Obst). In einem umzäunten Garten am oberen Dorfende (lokaler Wärter) erinnern einige spärliche Funde (Reliefsteine, Kapitellreste und Stelen) an die römische und vorrömische Vergangenheit des Ortes. Das wirklich Sehenswerte aber sind die Megalithgräber, eine Grabform, die von Europa in den Maghreb gelangte. Die größte dieser wohl im 2. Jh. v. Chr. errichteten Grabanlagen steht noch innerhalb der Umzäunung: massive Steinplatten mit einer Dikke bis zu 50 cm bilden senkrechte Trennwände, quer darüber große, tonnenschwere Deckplatten. Von einer Art Mittelgang gehen rechts und links mehrere Kammern ab. Ähnliche Steingräber liegen, z.T. gut erkennbar, oberhalb des Ortes verstreut an den Berghängen – insgesamt sollen es über 40 sein. Gern würde man erfahren, wie es gelang, diese gewaltigen Steinplatten ohne technische Hilfsmittel zu bewegen und aufeinanderzuhieven.

Weiter über **Sers** (Landwirtschaftszentrum am *Oued Tessa* in einer der fruchtbarsten Regionen des Landes; Bahnstation an Linie Tunis – Kalaat Khasba). Bei **Bordj el Aifa** (58 km ab Makthar) kreuzen wir die Hauptstraße P5 (Tunis – El Kef; s. Route A6).

Wir folgen fortan der P17, die bald ziemlich kurvenreich durch hübsches, bewaldetes Hügelland führt (in der Michelinkarte ist dieser Abschnitt zu Recht grün eingezeichnet). 15 km nach der Kreuzung und kurz nach der Abzweigung zum Ort **Nebeur** führt eine von Eukalyptusbäumen gesäumte Allee nach Westen.

Abstecher zur Barrage Oued Mellègue

(nur für echte Staudamminteressenten; Bus und Louage ab El Kef)

Die Straße gabelt sich nach 6 km. Der rechte Zweig endet kurz danach im Dorf von *Barrage Mellègue* (guter Ausblick auf Staudamm). Der linke Straßenzweig passiert das kleine Hotel *du Lac* (ab mittags geöffnet mit Bar/Restaurant) und endet nach 600 m bei einem Kraftwerk direkt am Fuß der 65 m hohen und 470 m langen Staumauer. Links davon noch ein kleinerer Staudamm. Der ca. 20 km lange Stausee ist Teil eines großen, das nordtunesische Flußsystem umfassenden Bewässerungsprojekts, das von den Franzosen begonnen wurde und u.a. auch der Wasserversorgung des entfernten Tunis dient. Hier wird der Lauf des Oued Mellègue, wasserreichster Medjerda-Zufluss, reguliert und zur Stromerzeugung genutzt. Die Ufer des malerisch zwischen teilweise bewaldeten Hügeln eingebetteten Sees sind – da seufzt der Europäer – touristisch nicht erschlossen und nicht genutzt. Kein Promenadenweg, kein Bootsverleih, kein Ansichtskarten- und Würstlstand. Nach einer Rast im schattigen Hotelgarten fahren wir zurück.

Hinweis: Straße C72 zwischen El Kef und Touiref führt (entgegen Michelin-Karte) gut ausgebaut und durchgehend über den Mellègue-Stausee.

Im weiteren Verlauf überquert die P17 den Mellègue-Fluß, führt dann hinein in das Medjerda-Tal und erreicht (97 km ab Makthar) das kleine Städtchen **Jendouba** (Ortsbeschreibung und Ausflüge s. Route A13).

Route A 13: Jendouba (Bulla Regia/Chemtou) – Ain Draham [40 km] – Tabarka [26 km]

Allgemeines

Diese kurze Route bietet ein außerordentlich vielseitiges Programm: Als lohnende Ausflüge bzw. Abstecher empfehlen sich das Naturreservat des Forêt El Feidja, ferner die römischen Ruinenstätten Bulla Regia und Chemtou, das alte *Simitthus* mit seinen antiken Marmorbrüchen. Wir durchfahren ein reizvolles Bergland mit dichten, wildreichen Wäldern und erreichen schließlich das Meer an einem der schönsten Strände der tunesischen Nordküste.

Jendouba

(früher Souk el Arba [arab. = Mittwochsmarkt])

Die expandierende Provinzhauptstadt hat ca. 18 000 Einwohner. Wichtiges Markt- und Landwirtschaftszentrum für das fruchtbare obere Medjerdatal. Die erst im 19. Jh. entstandene Stadt ist der – touristisch uninteressante – **Ausgangsort** für einen Besuch der nahegelegenen **antiken Stätten** von **Bulla Regia** und **Chemtou.** Freundliches Stadtbild mit der palmengesäumten, breiten Avenue H. Bourguiba, kleinen Parks und Grünflächen sowie lebhaftem Treiben in den Geschäfts- und Nebenstraßen und auf dem Marktgelände im Zentrum. Auf der Moschee und verschiedenen Hausdächern in Bahnhofsnähe kleben Storchennester, je nach Jahreszeit mit oder ohne Inhalt.

Unterkunft

Hotels

Atlas**
Tel. 08-63 32 17, DZ 22 TD; beim Bahnhof; einfache Zimmer mit Dusche, WC, ZH; Parkplatz; liz. Restaurant. Lt. Leser: Trinkertreff.

Simitthu**
Tel. 08-63 40 43, DZ 46 TD; unter franz. Leitung, neben Bus- und Louage-Station an südlicher Ortsausfahrt (evtl. etwas laut).

Jugendherberge

Av. H. Bourguiba (nördl. Teil, nahe AGIL-Tankstelle).

Verkehrsverbindungen

- **Eisenbahn** (Bahnhof im Zentrum): Richtung Tunis bzw. Ghardimaou 5x täglich.
- **Bus- und Louage**-Station an südlicher Ortsausfahrt; Verbindungen in Richtung Béja/Tunis, Ain Draham/Tabarka, El Kef, Téboursouk, Ghardimaou, Makthar/Kairouan.

Sonstiges

Markttag: Mittwoch.

Ausflüge

In das Naturreservat des Forêt El Feidja

(Anfahrt ca. 50 km; **Achtung:** Für Besuch des Reservates Autorisation vom

Arrondissement Forestier in Ghardimaou (Zentrum) erforderlich)

Etwa 350 km² großes, landschaftlich reizvolles, sehr wildreiches, urwaldähnliches Bergland oberhalb von Ghardimaou an der algerischen Grenze, überwiegend Kork- und Steineichen. Durch gezielte Aufzucht in einem über 400 ha großen Wildgehege konnte sich der Bestand der vom Aussterben bedrohten Atlashirsche kräftig erholen. Inzwischen soll das nordtunesische Bergland wieder mehr als 2000 frei lebende Hirsche beherbergen. Wer unberührte Landschaft liebt, findet hier „Natur pur" und vor allem an heißen Tagen dank der Höhenlage von fast 1000 m angenehme Temperaturen. Ein Waldbrand hat allerdings 1994 großflächige Zerstörungen verursacht.

Anfahrt: Von Jendouba auf P6 nach Ghardimaou (34 km; Genehmigung einholen!) und weiter in Richtung zur algerischen Grenze. Nach 4 km biegen wir rechts ab Richtung „Ain Soltane/Feja". Das Sträßchen zieht zunächst durch Olivenhaine und windet sich dann steil und kurvenreich hinein in die Berge. Erste Korkeichen tauchen auf, Macchia-Buschwerk, dann wieder versteppte Hänge – eine ausgesprochen reizvolle Fahrt, auf der wir etwa 600 m an Höhe gewinnen und dabei verschiedene Vegetationszonen durchfahren (schöne Rastplätze). 16 km ab Ghardimaou, unmittelbar nach dem kleinen Ort **Ain Soltane** (im Sommer Jugendcamp mit Campingmöglichkeit), zwingt uns ein Stopschild zum Halt bei der **Garde Nationale**: Kontrolle von Paß und Autorisa-

Im Naturreservat Forêt el Feidja

tion. Nur noch 8 km sind es bis zur algerischen Grenze. Auf unbefestigtem Waldweg (bei Trockenheit auch von PKWs befahrbar) geht es nun durch prächtige Korkeichenwälder weiter sanft bergauf, wobei wir alle Abzweigungen nach rechts ignorieren. Außer evtl. Forstarbeitern ist hier niemand unterwegs; man kann sich also ruhig irgendwo in geeigneten Ausbuchtungen am Wegrand zum Picknick oder gar zum Campieren niederlassen, sollte allerdings nicht erschrecken, wenn – besonders nachts – aus den Tiefen des Waldes furchterregendes Grunzen und Röhren ertönt. Wildschweine sahen wir mit eigenen Augen, die Hirsche hörten wir nur, angeblich ebenfalls vorhandene Stachelschweine, Goldschakale und Wildkatzen hielten sich völlig bedeckt. Dazu eine bunte Vogelwelt, wilde Hasen und seltene Pflanzen – der aufmerksame Naturbeobachter hat hier volles Programm. Etwa auf Höhe einer kleinen Jagdhütte mit einer eisenhaltigen Quelle daneben (rechts oberhalb des Weges; Aufstieg markiert mit einem Tor aus Korkstücken) empfiehlt es sich, umzukehren und die insgesamt 8 km bis zur Landesgrenze nicht voll auszureizen, um Kontrollen zu vermeiden.

Rückfahrt entweder auf Anfahrtsweg oder über Thuburnica (teilweise Piste).

Zu den römischen Ruinenstätten Chemtou und Bulla Regia (s.u.)

Wir verlassen **Jendouba** in nördlicher Richtung auf der P17. Nach 6 km kreuzt die C59 (diese führt links nach **Chemtou** (+17,5 km; lohnender Abstecher, s.u.). Rechts, nur 2,5 km entfernt, liegt **Bulla Regia** (Anfahrt ab Jendouba evtl. mit Taxi).

Bulla Regia

Eine ungewöhnliche Ausgrabungsstätte mit der Besonderheit, daß **viele Villen** der Römerstadt **unterirdisch** gebaut wurden und somit die größten Sehenswürdigkeiten – prächtige Mosaiken – untertage liegen. Dennoch blieb diese Stätte aufgrund ihrer Lage abseits der Touristen-Hochburgen bislang vom Massentourismus verschont. Bulla Regia ist ein Muß für archäologisch Interessierte!

Ruinengelände und Museum geöffnet tägl. 8 Uhr bis Sonnenuntergang; 2,1 TD, Fotografiererlaubnis 1 TD. Auf Wunsch persönliche Führung. Kleines Bufett. Campingmöglichkeit auf bewachtem Parkplatz neben Museum (gegen Trinkgeld für Wärter). Im Sommer Festspiele im Freilicht-Theater.

Geschichte

Anstelle einer früheren numidischen Siedlung gründeten im 3. Jh. v. Chr. die Phönizier eine Stadt, die der große Numiderkönig *Massinissa* um 150 v. Chr. wieder in seine Macht brachte. Bulla Regia entwickelte sich nun zu einer der wichtigsten Städte im numidischen Königreich, konnte jedoch auf Dauer dem wachsenden römischen Einfluss nicht widerstehen. Mit zunehmender Romanisierung wurde Bulla Regia zu einem bedeutenden landwirtschaftlichen Zentrum (vorwiegend Getreide- und Olivenanbau), erhielt im Jahr 128 n.Chr. den Rang einer Colonia und zählte bald zu den **reichsten und prächtigsten Städten der römi-**

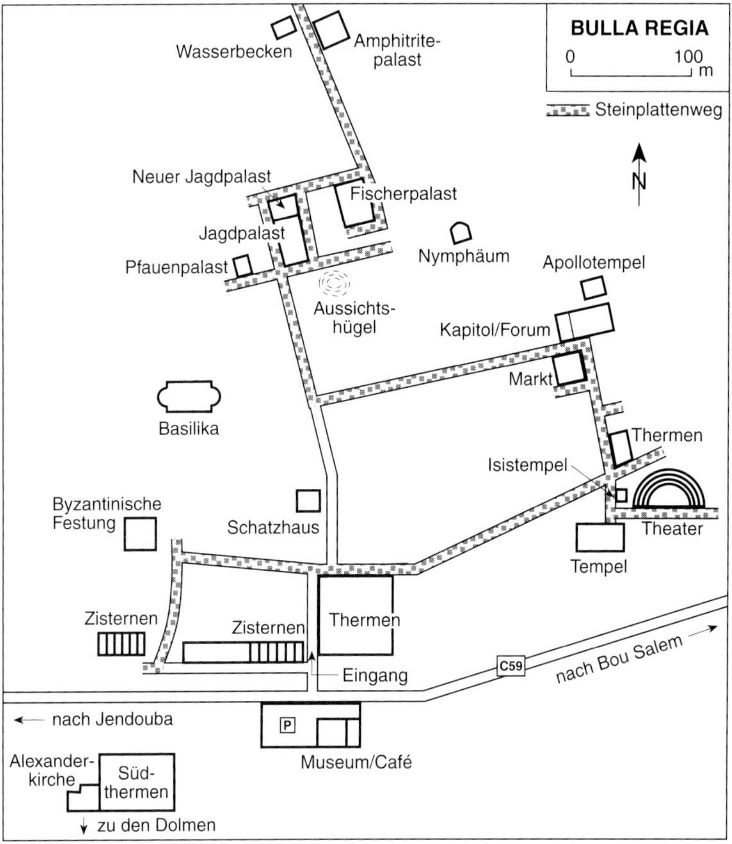

schen Provinz Africa. Es teilte aber auch deren allgemeines Schicksal: Konfessionsstreitigkeiten im ausgehenden 4. Jh. Der Zerfall des Römischen Reiches und die unruhigen Zeiten während der byzantinischen Herrschaft brachten den **Niedergang.** Spätestens mit der arabischen Eroberung im 7. Jh. geriet Bulla Regia in Vergessenheit. Erdbeben im gleichen Jahrhundert beschleunigten den Verfall und sind der Hauptgrund, weshalb heute über der Erde kaum mehr bemerkenswerte Baureste erhalten sind.

Als Archäologen in der um die Jahrhundertwende entdeckten 64 ha großen Ruinenstätte mit den Ausgrabungen begannen, mußten meterhohe Erd- und Geröllschichten abgetragen werden, um wenigstens die Fundamente freizulegen. Die Ausgrabungen sind noch nicht abgeschlossen.

Mosaik im neuen Jagdpalast

Besichtigung

H *Museum*

Ein Raum des sehr bescheidenen Museums ist der punischen Epoche gewidmet, ein zweiter der römischen. Karten und Pläne ergänzen die Ausstellung. Wie üblich sind auch hier die wertvollsten Funde und Mosaiken ins Bardo-Museum nach Tunis verbracht worden.

H *Ruinenstätte*

Für eine persönliche Führung empfiehlt sich Mohammed, der sehr sachkundig, mit einfachem, klar artikulierten Französisch, viel Gestik und Engagement (und ein bißchen Deutsch) auch dem nur wenig Sprachkundigen das Wichtigste erklärt. Ein Führer empfiehlt sich ohnehin, da verschiedene, meist unterirdische Räume (mit den sehenswertesten Mosaiken) oft verschlossen und ohne Schlüsselgewaltigen nicht zugänglich sind. Wichtig für Fotografen: Für Aufnahmen untertage ist ein Blitzlicht erforderlich (und gestattet); der Führer besprengt die Mosaiken zwecks besserer Kontrastwirkung mit Wasser, weiß die günstigsten Standorte und souffliert sogar die richtige Entfernungseinstellung.

Der erste Anblick des bisher nur teilweise freigelegten Ruinengeländes ist zunächst enttäuschend. Keine imposanten Säulen und keine Monumentalbauten (außer den Thermen beim Eingang); nur einige Mauern und ein Chaos von Gesteinstrümmern scheinen der Rest des berühmten Bulla Regia zu sein. Doch der Schein trügt. Die Römer zogen es vor, in dieser von der Sommersonne besonders ausgedörrten Region ihre Häuser zweistöckig zu bauen, allerdings nicht in die Höhe, sondern in die Tiefe. So lebte man im Sommer behaglich in der Kühle des Souterrains in den meist um einen säulenumstandenen Innenhof gruppierten Räumen, im Winter zu ebener Erde. In jüngster Zeit wurde sogar ein Haus mit *zwei* Untergeschossen entdeckt. Während durch Erdbeben und natürlichen Zerfall im Laufe der Jahrhunderte die Gebäudeteile übertage weitestgehend zerstört wurden, sind viele der Untergeschosse mit ihren Mosaiken erhalten geblieben. Der interessierte Besucher sollte mindestens 2 bis 3 Stunden für seinen Rundgang einplanen.

Gleich rechts neben dem Eingang stehen die vollständig freigelegten *Julia-Memmia-Thermen* (nach der Stifterin benannt), ein imposanter Gebäudekomplex aus dem 2. Jahrhundert mit Kalt- und Warmwasserbädern, tiefen Schwimmbecken sowie zahlreichen Nebenräumen. Die prunkvolle und aufwendige Aufmachung römischer Thermen erklärt sich dadurch, daß diese Badehäuser auch gesellschaftlicher Treffpunkt der wohlhabenden Bürger waren, an dem man sich oft die überwiegende Zeit des Tages aufhielt. Hier entdecken wir eine weitere bauliche Besonderheit von Bulla Regia: über den Portalen befinden sich – zur Erhöhung der Stabilität – meist doppelte Steinbögen, jeweils aus einer ungeraden Anzahl konischer Steinquader gefertigt. Das Baumaterial stammt überwiegend von dem sich hinter der Stätte erhebenden, heute baum- und strauchlosen *Djebel Rebia* (627 m). Die Steinbrucharbeiter, meist Sklaven, wohnten dort oben in Berghöhlen. Granit für die Säulen kam teilweise aus England; daneben wurde für Wandverkleidungen und Mosaike Marmor aus Carrara/Italien, aus Ägypten, vor allem aber aus dem nahen Simitthus (Chemtou) verwendet.

Links vom Eingang liegen mehrere, teilweise restaurierte Zisternen und dahinter die Reste einer byzantinischen Festung, die dank ihres guten Zustands heute zum Teil privat bewohnt wird. Weiter vom Eingang auf den Berg zu kommen wir zum ersten der großen, bürgerlichen Wohnhäuser, dem Schatzhaus *(Maison du trésor)*, benannt nach einem Schatz byzantinischer Goldmünzen aus dem 7. Jh., der in einem Versteck im Untergeschoß gefunden wurde (dort schöne geometrische Mosaiken). Etwas versetzt links dahinter liegen die Reste einer christlichen Basilika (6. Jh.) mit angeschlossenen privaten Thermen.

Weiter oben am Weg, bei dem kleinen als Aussichtspunkt dienenden Schutthügel, die Ruinen mehrerer Villen, jeweils benannt nach den Hauptmotiven ihrer Mosaikböden in den Untergeschossen, deren schönste – wie gesagt – sich im Bardo-Museum befinden. Während der *Pfauenpalast* enttäuscht, gehört der *Jagdpalast* (erkennbar an den rötlichen Säulen) zu den sehenswertesten Objekten Bulla Regias. Hier kann man über die noch erhaltene Originaltreppe hinabsteigen in den offenen, säulenumstandenen Innenhof mit den ihn umgebenden, mit geometrischen Bodenmosaiken geschmückten Wohnräumen. Die Mosaiken im sich anschließenden *Neuen Jagdpalast* (auch *Diana-Tempel)* zeigen sehr realistische Jagd- und Tiermotive, die allerdings unter Witterungseinflüssen und Besucherfüßen schon sichtbar gelitten haben. Vorbei am *Fischerpalast* (u.a. mit halbkreisförmigem, mosaikverzierten Wasserbecken) gelangen wir (bergwärts) zum *Amphitritepalast,* der richtiger Venuspalast heißen müßte. In dessen Untergeschoß können wir die wohl schönsten in Bulla Regia verbliebenen Mosaike bewundern, allen voran das der römischen Göttin Venus (nicht der griechischen Meeresnymphe Amphitrite), die neben Neptun auf einem Seeungeheuer reitet. Jenseits des Pflasterwegs ein mosaikverziertes Wasserbecken (einst ein Privatbad der Jäger) mit hübschen Darstellungen von Fischen und Enten. Wir gehen auf gleichem Weg zurück, folgen ca. 80 m unterhalb des Jagdpalastes dem römischen Pflasterweg links hinüber zum lediglich in seinen Umrissen erkennbaren Forum, dessen Plattenbelag noch nicht freigelegt ist. Wenig beeindruckend sind auch die Reste des Kapitols sowie des *Apollotempels* hinter dem Forum. Vom etwas tiefer liegenden Markt, der zweistöckig angelegt war, sind nur die Nischen einiger Marktstände zu sehen, das Untergeschoß ist noch verschüttet. Im 60-m Halbrund des großen Theaters aus dem 2. Jh. dagegen sind die unteren Sitzreihen recht gut erhalten (jeden Sommer finden hier Festspiele statt.) Im Orchesterraum erkennt man das Mosaik eines Bären – diese und andere Wildtiere (Motive in den Mosaiken der Wohnhäuser) lebten zur Römerzeit in den damals noch reichlich vorhandenen Wäldern der Umgebung. Eine kleine Thermenanlage in der Nähe des Theaters war für die Schauspieler reserviert. Im Bereich entlang der Straße zwischen Theater und Thermen am Eingang wurden u.a. die Reste eines Tempels freigelegt.

Es lebte sich nicht schlecht im alten Bulla Regia. Viele Privathäuser hatten eigene Getreide- und Ölmühlen, manche gar große Weinbecken. Wasser war stets genügend vorhanden. In der Stadt gab es reichlich Brunnen, in den Innenhöfen sogar Springbrunnen. Unter den breiten, öffentlichen Plattenwegen verliefen die Kanalisationsröhren.

Für stark Interessierte: auf der anderen Straßenseite liegen noch Reste der *Südthermen* und der *Alexanderkirche* sowie ca. 500 m weiter im Süden punische *Dolmen.*

Chemtou

Chemtou begeistert weniger durch großartige Prachtbauten und antike Schätze. In dieser Beziehung gibt es eindrucksvollere Ruinenfelder. Wer aber einmal einen fast 2000 Jahre alten Industriebetrieb und die Arbeits- und Lebensbedingungen seines „Personals" kennenlernen möchte, dem sei diese ungewöhnliche Ausgrabungsstätte, noch dazu in landschaftlich reizvoller Lage, besonders empfohlen.

Anfahrt

Wir verlassen die P17 Jendouba – Ain Draham an bereits erwähnter Kreuzung (vgl. S. 430) und folgen der C59 nach Westen durch gefällige Hügellandschaft. Nach knapp 16 km geht die C59 rechts als Piste weiter über Thuburnica nach Ghardimaou. Wir jedoch fahren geradeaus weiter und erreichen 1,6 km danach das **Museum/ Grabungshaus von Chemtou** (Campingmöglichkeit für Wohnmobile auf Parkplatz)

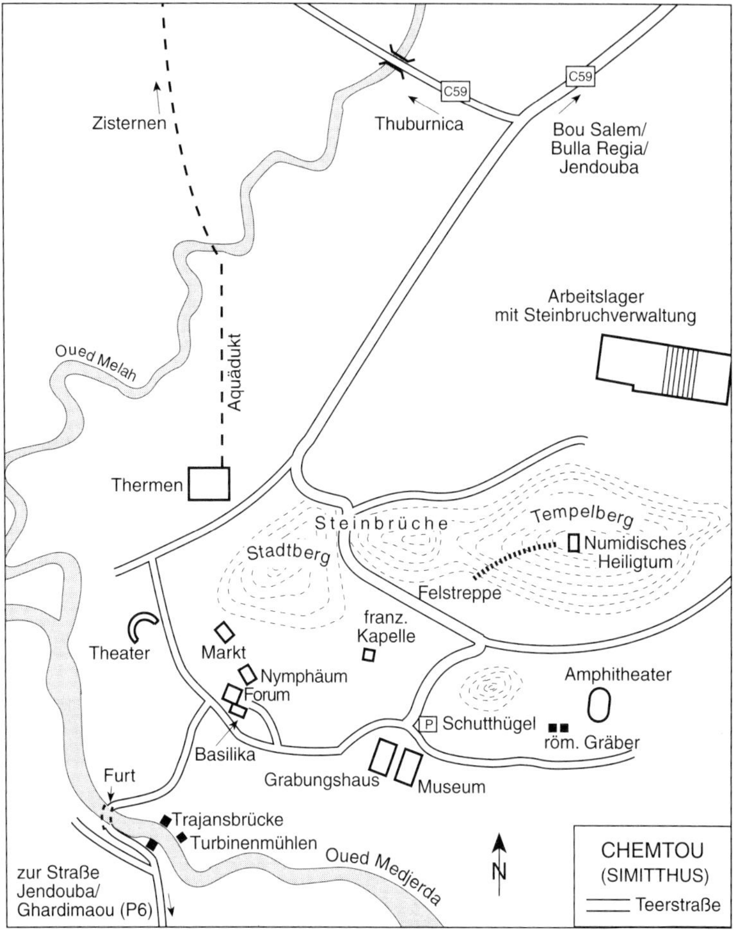

Geschichte

Der große Numiderkönig *Massinissa* eroberte um 150 v.Chr. von den Karthagern das obere Medjerdatal mit der fruchtbaren Region um Chemtou und gründete dort die Siedlung **Simitthus.** Vermutlich sein Sohn und Nachfolger, *Micipsa* (148–118 v.Chr.), errichtete auf dem die Siedlung überragenden Djebel Chemtou ein monumentales **Heiligtum,** für dessen Bau er das an

Ort und Stelle vorhandene Gestein verwendete – kostbarer, fein geäderter, gelber Marmor. Dieses Baumaterial stach den nachfolgenden Römern ins Auge, eignete sich der wertvolle Marmor doch vorzüglich zum Bau und zur Verschönerung ihrer Tempel, Theater, Villen und anderer Prachtbauten.

27 v.Chr. gründete Kaiser Augustus hier eine Stadt mit dem offiziellen Namen „Colonia Julia Augusta Numidica Simitthus". Der Marmor des numidischen Steinbruchs wurde von nun an mit hochentwickelter Technik (und einem Heer von Sklaven und Zwangsarbeitern) ausgebeutet. Simitthus wurde bald zum größten Marmorsteinbruch Nordafrikas. Der hier gebrochene **Marmor Numidicum** gehörte zu den kostbarsten und begehrtesten Baustoffen der Antike; er wurde nicht nur in der römischen Provinz Africa verwendet, sondern in die entferntesten Regionen des römischen Weltreiches transportiert. Zur Befriedigung des Marmorbedarfs im fernen Rom ließ Kaiser Hadrian eigens eine Straße von Simitthus über die Kroumirie-Berge zum Mittelmeerhafen von Thabraca (heute Tabarka) anlegen. Eine zweite wichtige Römerstraße verband Simitthus über Bulla Regia und Vaga (Béja) mit Karthago bzw. über Thuburnica mit Hippo Regius, dem (heute algerischen) Annaba. Außerdem wurde bei günstigem Wasserstand der Marmor auf dem Medjerda-Fluß zum damals bedeutenden römischen Handelshafen von Utica (nördlich von Tunis) verschifft. Die Marmorvorkommen machten die Stadt berühmt und reich. Der im 1. Jh. begonnene intensive Marmorabbau wurde bis in byzantinische Zeit fortgesetzt. Anfang des 20. Jh. wurde er – allerdings nur kurzfristig – von den Franzosen wieder aufgenommen. Während des algerischen Befreiungskrieges (Tunesien war damals bereits von Frankreich unabhängig) dienten diese Steinbrüche der algerischen Befreiungsarmee als Militärlager.

Im Jahr 1970 begann eine **deutsch-tunesische Gemeinschaftsgrabung,** bei der weniger die Freilegung einer weiteren römischen Stadt mit „schönen" Ruinen im Vordergrund steht, als vielmehr das Erforschen antiker Abbau- und Verarbeitungstechniken, Lebens- und Verwaltungsformen. Chemtou ist zweifellos im Begriff, zu einem der **bedeutendsten Orte der tunesischen Archäologie** zu werden.

Besichtigung

★*Museum*

Täglich geöffnet von 9 – 18.30 Uhr (Sommer), 9–17 Uhr (Winter); Eintritt: 2,1 TD, Fotoerlaubnis 1 TD. Auf Wunsch sowohl für Museum wie für Ruinenstätte persönliche Führung. Im Museum Verkauf von Erfrischungsgetränken.

Das Museum vermittelt zunächst einen Überblick über die Geologie und Frühgeschichte der Region, über die wichtigsten nubisch-libyschen Siedlungen und ihre Denkmäler, über die Lebensweise der damaligen Bevölkerung. Im Lichthof steht ein Modell des Höhenheiligtums; zu sehen sind ferner u.a. kunstvolle Steinreliefs aus punischer Zeit, Grabsteine mit Inschriften aus der römischen Epoche, ein gut erhaltenes Bodenmosaik, Grabbeigaben sowie ein Goldfund aus 1648 Münzen, der beim Bau des Museums freigelegt wurde. Das Museum infor-

Chemtou: Reste der Römerbrücke

miert in modernen, großzügig gestalteten Räumen anhand von Modellen, Bildern, Schautafeln, Fotos etc. über die Geschichte der Steinbrüche, die Bedeutung des Marmors in der Antike, über Sklavenarbeit und Abbaumethoden, die verschiedenen Fertigungsstadien, über Transportwege. Beschriftung mehrsprachig.

Zunächst ein Blick über die Parkplatzmauer: zwischen Museum und Grabungshaus wurde ein Teilstück der seinerzeit von den Marmorbrüchen zum Fluß hinabführenden Transportstraße freigelegt. Unten am Flußübergang liegen die bemerkenswerten Resten der *Trajansbrücke;* diese wurde unter Kaiser Trajan im Jahr 112 n. Chr. anstelle einer durch Hochwasser vernichteten Vorgängerbrücke an der von Sicca Veneria (El Kef) kommenden Straße erbaut, durch Hochwasser im 4. Jh. jedoch erneut zerstört. Auf der stadtnahen Flußseite entdecken wir neben den Resten des Brückenfundaments eine technische Sensation, denn hier befand sich eine von Wasserturbinen angetriebene römische Getreidemühle. Mitten in den Steinblöcken laufen, deutlich erkennbar, drei parallele, sich düsenartig verengende Zuleitungskanäle jeweils zu einem runden Schacht, in dem sich die hölzernen Schaufelräder der Turbinen zum Antrieb der Mühlsteine drehten (Modell im Museum). Zusammen mit einer bei Testour entdeckten gleichartigen Turbinenmühle sind dies die einzigen Beispiele dieser Antriebsart aus der Spätantike. Turbinen des gleichen Typs sind sonst erst 1000 Jahre später in Spanien und im 18. Jh. in Frankreich bezeugt.

Vor der Besichtigung des Ausgrabungs- und Steinbruchgeländes empfiehlt sich der kurze Aufstieg auf den sog. **Tempelberg** des Djebel Chemtou, da man von der Höhe einen guten Überblick über die gesamte Ruinenstätte und deren reizvolle Umgebung gewinnt. Wir erklimmen die Bergkuppe, teilweise über Treppenstufen, die bereits von den Numidern in den Fels gehauen wurden, und entdecken mit etwas Sucherei in den Felsbändern unterhalb der Felstreppe ziemlich verwitterte, römische Steinreliefs (insgesamt ca. 200, jeweils ca. 30 bis 50 cm hoch). Auf dem Gipfel des Berges stand einst ein monumentaler numidischer Höhenaltar, ein *Baal-Heiligtum,* das die Römer im 3. Jh. nach Hinzufügung einer Säulenhalle, eines Altarplatzes und einer Zugangsrampe ihrem Gott Saturn weihten. (Die rekonstruierte 8 m hohe Tempelfassade ist im Hof des Museums zu sehen.) Die Anlage wurde im 6. Jh. von den Byzantinern zerstört und durch eine kleine Basilika ersetzt.

Marmormanufaktur

Vom Gipfel aus sehen wir in südwestlicher Richtung die Reste des alten Simitthus liegen, wir überblicken im Westen das Gelände der römischen Steinbrüche, und im Nordwesten können wir die Aquäduktreste verfolgen, die das Melahtal queren. Gleich unterhalb, am Nordfuß des Berges, liegt das große Geviert eines ehemaligen römischen Militär-, später Arbeiterlagers mit der größten Marmormanufaktur, die aus der Antike bekannt ist.

Besuchen wir zunächst die bescheidenen, „klassischen" **Stadtruinen aus römischer und byzantinischer Zeit.** Das einstige Stadtzentrum von Simitthus, welches auf einer sicheren Terrasse über dem Fluß lag, ist bisher nur teilweise freigelegt. An der Südseite des Forums finden wir die Reste einer Basilika (in christlicher Zeit zur Bischofskirche umgebaut). Einige unter dem einst plattenbelegten Forum entdeckte numidische Gräber wurden freigelegt. Nebenan das *Nymphäum,* ein ehemals von einer Halbkuppel überwölbter Schmuckbrunnen. Ein kleines Stück oberhalb des Nymphäums der Markt und die Reste einer mehrschiffigen byzantinischen Basilika, von der u.a. die Halbkuppel der Apsis erhalten ist. Wie in Bulla Regia ist das nahe *Theater* nicht, wie sonst meist üblich, an einen Hang gebaut, sondern steht frei in der Ebene. Gut erkennbar ist das Halbrund der Zuschauerränge mit Zwischen- und unterirdischen Gängen. Von der *Thermenanlage* stehen noch gewaltige Mauerreste. Nahe der Thermen sieht man die Bögen des einstigen *Aquädukts*, dessen Pfeilerreste sich noch heute wie Zahnstummel über die breite Talebene des Oued Melah in Richtung zur einst 30 km entfernten Bergquelle hinziehen. (In der Ebene fand man auch eine siebenschiffige Zisternenanlage, in der bis zu 10 000 m^3 Wasser gespeichert werden konnten.) Unweit der Thermen lag die einstige römische Wohnstadt, die (wie auch ein unterhalb des Tempelbergs liegendes Amphitheater und eine Nekropole) noch immer unausgegraben unter der Erde ruht.

Besuchen wir nun die berühmten **Steinbrüche.** Wir gehen um die westliche Spitze des Djebel Chemtou herum und finden an dessen Nordseite zwei künstliche Einschnitte, die schluchtartig in die Felsen hineinführen. Bis zu 15 m hoch ragen hier die Wände auf. Dunkle Stollen führen in die Felsen hinein. Eine tiefe, von Menschenhand geschaffene Schlucht trennt den „Stadtberg" vom „Tempelberg", und überall sind noch Bearbeitungsspuren erkennbar. Durch nebeneinandergesetze Eisenkeile wurden die Blöcke vom Felsgrund getrennt und an Ort und Stelle bearbeitet. Auf einer Felsstufe liegt eine – offenbar verunglückte – Marmorsäule; man trifft auf sauber geglättete, geschliffene Steinplatten, an denen besonders deutlich die schöne Maserung und Ästelung des meist gold- bis ockerfarbenen Marmors zu sehen ist. Die gewaltigen Schuttberge am Südhang bezeugen, welche Mengen hier abgebaut und abtransportiert bzw. in der hiesigen Fabrik weiterverarbeitet wurden.

Folgen wir dem Pfad an der Nordseite des Berges noch ein Stückchen weiter, so kommen wir zum **Arbeiterlager** der kaiserlichen Steinbrüche. Da man die Steinbrucharbeiter und Steinmetze – meist Sklaven und Sträflinge – nicht zu nahe bei sich haben wollte, wurden im Jahr 154 n. Chr. außerhalb der Stadt in einem durch Mauern gettoartig abgeschlossenen Komplex deren Wohnstätten, Lager- und Verwaltungsbauten, Werkstätten, Badeanlagen, ein Friedhof und – besonders interessant – eine Manufaktur für die Bearbeitung des nebenan gebrochenen Marmors erstellt. Mit einer Fläche von etwa 40 000 m^2 ist dies die größte, geschlossene Anlage dieser Art, die aus der römischen Welt bekannt ist. Deutlich lassen sich sechs parallel verlaufende „Arbeitsstraßen" erkennen. Nach der Art moderner Fließbandarbeit wurde hier eine Vielzahl verschiedenartiger Serienprodukte aus dem gelben Marmor hergestellt. Die angelieferten Rohlinge durchliefen Schritt für Schritt mehrere Arbeitsgänge bis hin zum „letzten Schliff", der mit Schleifsteinen, feinem Sand und Wasser von Hand erfolgte. Die Arbeitsplätze der Schleifer sind noch deutlich am nördlichen Ende der Arbeitsstraßen zu erkennen. Mit einem amboßartigen Arbeitssteinblock zwischen den Beinen saßen sie in einer Reihe nebeneinander und ließen die Beine in den vor ihnen durchlaufenden Graben für die Marmorabfälle hängen. Mehr als tausend unterschiedliche Gegenstände in verschiedenen Bearbeitungsstufen wurden von Archäologen sichergestellt, u.a. verzierte Schalen, Vasen, Reliefplatten, aber auch Gebrauchsgegenstände wie Stößel, Mörser, Gefäße und Arbeitsgeräte.

Mit Schaudern versucht man, Leben und Alltag der Zwangsarbeiter nachzuempfinden, die im Steinbruch und in der Fabrik Tag für Tag unter strenger Kontrolle schuften mußten.

Ab der Kreuzung mit der C59 folgen wir der P17 durch welliges, von Getreidefeldern und Ölbaumhainen bedecktes Hügelland. Wir erreichen nach 16 km das kleine Dorf **Fernana** (sehr ursprünglicher Samstags-/Sonntagsmarkt). Der Ort hat seinen Namen von einer mächtigen Korkeiche abgeleitet, die hier einst als einziger Baum weit und breit wuchs und der man ungewöhnliche Kräfte nachsagte. Der Baum, d.h. das Rascheln seiner Blätter, diente den Stämmen aus den nahen Kroumirie-Bergen als Orakel. Bei seiner letzten Befragung soll der Baum einem von den Kroumirie-Stämmen geplanten Grenzüberfall auf das französisch besetzte Algerien zugestimmt und damit die französische Invasion in Tunesien am 30. März 1881 provoziert haben.

1 km nach Fernana (23 km ab Jendouba) bietet sich die Möglichkeit für einen

Abstecher zum Dorf und Stausee Beni M'tir

(Umweg ca. 11 km)

Ein kleines Seitensträßchen führt nach rechts hinein in eine reizvolle Mittelgebirgslandschaft. Verstreut an den Hängen der Kroumirie-Berge liegen einzelne Bauernhöfe; im Herbst weiden Ziegen, Schafe und Rinder auf den abgeernteten Getreidefeldern, Korkeichenwälder tauchen auf. Nach etwa 9 km erreichen wir eine Straßengabelung. (Die schlechte Teerstraße, die hier rechts talwärts zieht, führt zu einem Wasserkraftwerk im *Oued el Lil* und dann weiter durch das liebliche, oleandergesäumte Tal. Eine große Betonrohrleitung ist dort verlegt, die das Wasser vom Stausee Beni M'tir über verschiedene Kläranlagen zum 130 km entfernten Tunis leitet.) Ca. 3,5 km weiter: links einbahnige (!) Zufahrt hinauf zum etwa 1 km entfernten Dorf **Beni M'tir** (Busverbindung nach Ain Draham). Das Ortsbild ist etwas überraschend und hat so gar nichts Afrikanisches: die weißgetünchten Häuser tragen Satteldächer mit roten Ziegeln und Kaminen, drumherum kleine Gärten mit Blumen – eine **dörfliche Idylle** um eine bewaldete Hügelkuppe herumgebaut, wie man sie in einem beliebigen deutschen Mittelgebirgsdorf antreffen könnte. Bei dem breiten, behäbigen Haus am Dorfplatz fehlt nur das Schild „Zum Alten Wirt". Fast etwas fehl am Platze wirkt die Moschee, doch hinten am Hang steht auch noch eine Kirche. Wir spähen durch den Türspalt: statt des Gekreuzigten hängt ein Bild des Staatspräsidenten im Altarraum. Des Rätsels Lösung: der Ort wurde (wie auch das nahegelegene Ain Draham) von Franzosen während der Kolonialzeit gebaut. Die schrägen Dächer und auch die Kamine haben sich bewährt, denn in strengen Wintern kommt es in dem hochgelegenen Bergort zu Kälte und Schnee, und für letzteren sind schräge Dächer nun einmal vorteilhafter als die in Tunesien üblichen Flachdächer.

Nun nicht vom Dorfplatz durch das Tor hinten hinab zur Hauptstraße, sondern einbahnig, parallel zur Zufahrt zurück zur P17. Auf diese Weise kommen wir kurz nach Einbiegen an der unter uns liegenden imposanten Staumauer des **Stausees von Beni M'tir** vorbei (Aussichtsterrasse). Im wasserreichsten Gebiet des ganzen Landes staut dieser 80 m hohe und 483 m lange Damm das von den bewaldeten Bergen der Kroumirie gesäumte *Oued el Lil* zu einem 80 Mio. Kubikmeter fassenden, über 10 km langen künstlichen See auf, der der Energiegewinnung, der Trinkwasserversorgung von Tunis und der Regulierung für die landwirtschaftliche Bewässerung dient (für Wassersport und andere touristische Aktivitäten nicht nutzbar).

Weiter in Richtung Westen durch dicht bewaldetes Bergland führt unser Sträßchen nach 7 km (reichlich 20 km seit Verlassen der Hauptroute) wieder zurück zur P17, der wir nach rechts in Richtung Ain Draham folgen.

Wer ab Fernana auf der Hauptstraße, der P17, bleibt, läßt bald das bisher relativ kahle Hügelland zurück. Kurvenreich windet sich die Straße hinauf in das Bergland der *Kroumirie* mit seinen duftenden Wäldern: Kiefern und Zedern, dann wieder Laubmischwald mit vielen Kork- und Steineichen. In den Oueds wächst Oleander. Die Kroumirie-Wälder sind erfüllt von vielstimmigem Vogelgesang. Hier kann der Ornithologe noch einige seltene Vogelarten finden. Neben der Straße gelegentlich Brunnen mit frischem Quellwasser – eine paradiesische Landschaft und bei Michelin zu Recht „grün" eingestuft. Reichlich 10 km ab Fernana stößt von rechts die oben beschriebene Abstecherroute über Beni M'tir zu uns. Knapp 2 km danach kommen wir – mitten im grünen Eichenwald – am Hotel *Des Chênes* („Zu den Eichen") vorbei (s.u.). Etwa 3 km danach rechts Abzweigung zum Campingplatz *El Merij* (s.u.), und 3,5 km weiter (40 km ab Jendouba) erreichen wir das Zentrum von **Ain Draham.**

Ain Draham

Schon bei Annäherung kann man es ahnen: der ganz und gar unafrikanisch anmutende Ort inmitten der üppigsten Wälder des ganzen Landes wurde um die Jahrhundertwende **von den Franzosen gegründet, zunächst als Forst- und Militärstation** (und zur Überwachung der aufmüpfigen Kroumirie-Bewohner), später jedoch zum **Erholungsort** ausgebaut. Mit roten Ziegeln gedeckte Satteldächer, die weißgetünchten Häuser in malerischer Lage auf über 800 m Höhe an den Hängen des *Djebel Bir* (1014 m) verstreut, erinnert das Städtchen an ein mitteleuropäisches Bergdorf. Auch sein Klima ist entsprechend, denn hier in den Bergen der Kroumirie fallen die größten Niederschlagsmengen des ganzen Landes (vor allem im Winter, dann oft sogar als Schnee). Ain Draham (wörtlich „Silberquelle") ist heute bei den wohlhabenden Tunesiern vor allem wegen seines angenehmen Sommerklimas eine **beliebte Sommerfrische und Luftkurort** und – im Herbst und Winter – Basisort für **Jagdausflüge.** Die umliegenden Bergwälder verlocken zu Wanderungen (s. auch nachstehende Ausflugstips). Mit ihrem dichten Unterholz sind sie sehr wildreich (Hirsche, Wildschweine, Schakale, Marder, Füchse, Hasen, Rebhühner, sogar Wölfe gibt es noch; der letzte Berberlöwe wurde von den Franzosen um die Jahrhundertwende beim nahen Ort Babouch erlegt, 1932 der letzte Panther). Im Herbst kann man viele aus unseren heimischen Wäldern bekannte Pilzarten finden (z.B. Steinpilze, Champignons, Ziegenlippen, Totentrompeten).

Die Hotels *Rihana* und *Les Chênes* organisieren gemeinsam (ab etwa Mitte Okt. bis Ende Jan.) Treibjagden für Touristen, v.a. auf Wildschweine.

Ain Draham ist in den letzten Jahren touristisch weiter erschlossen worden. Ein großes Sportzentrum existiert zwischen dem Ort und dem Hotel des Chênes. Im Projekt *Col des Ruines* (in diesem Ortsteil gab es schon früher diverse Villen und Sommersitze wohlhabender Tunesier) wurde das 3-Sterne-Hotel *Nour El Ain* gebaut. Für besonders hohe Ansprüche hat 1998 an der Straße nach Jendouba das 4-Sterne-Hotel *Le Fôret* sein Schloßtor geöffnet (s. unten).

Vorwahl für Ain Draham: 08

Touristeninformation

Syndicat d'Initiative
Av. H. Bouguiba; Tel. 65 50 52; häufig geschlossen.

Unterkunft

Hotels

Les Chênes**
knapp 7 km außerhalb an der nach Jendouba führenden P17 im Wald, Tel. 65 52 11, Fax 65 53 96, DZ 46/36 TD.

Rihana***
am Ortsende Richtung Jendouba, oberhalb der Straße, Tel. 65 53 92, Fax 65 53 96, DZ 58/48 TD, mit Restaurant/Pizzeria.

Beau Séjour
Av. H. Bourguiba (Ortszentrum), Tel. 65 53 63, DZ 36 TD, mit Restaurant.

Nour el Ain***
an Zufahrt zum „Col des Ruines" ca. 2,5 km ab Zentrum, Tel. 65 50 00, Fax 65 51 85; DZ 86/72 TD.

La Forêt****
ca. 5 km außerhalb an Jendouba-Straße, Tel. 65 53 02, Fax 65 53 35, DZ 130 TD, 1998 eröffnet. Schloßähnlich mit prächtiger Aussicht auf einem bewaldeten Hügel thronend, stilvolle Einrichtung, Mosaiken bzw. Gemälde zum Thema „Natur" in allen Räumen. Das umweltbewußte Management (Nichtraucherzonen, Bioküche) setzt auf höchste Qualität in Ausstattung und Service – eine Adresse für anspruchsvollste (und finanzkräftige) Naturliebhaber.

Jugendherberge

Die Jugendherberge befindet sich im Ortszentrum.

Camping

Campingplatz **El Merij**
Anfahrt: 3,5 km südlich des Ortes zweigt von der Jendouba-Straße P17 eine Piste (Hinweisschild) nach links ab. Diese endet nach 1,2 km im Wald bei Jugendcamp, das außerhalb der Haupt-Ferienzeit meist verwaist ist; frdl. Platzwart *Hassan* erlaubt Campieren: 2 TD p.P. Stellflächen etwas schräg; sehr schlichte Sanitäranlagen.

„Wild campen" kann man am *Col des Ruines* (siehe unter Ausflüge).

Korkgewinnung

Kork stammt aus der Rinde der im nordwesttunesischen Bergland (Kroumirie) dominierenden und im ganzen westlichen Mittelmeerraum verbreiteten Korkeiche (4,5% der tunesischen Staatsfläche sind mit Korkeichenwäldern bedeckt). Erstmals wird eine Korkeiche im Alter von etwa 15 Jahren „geerntet", d.h. der Stamm wird geschält. Dazu wird die äußere Rinde knapp über dem Boden sowie in etwa 2 m Höhe um den Stamm herum eingeschnitten – nicht zu tief, um die empfindliche innere Rindenschicht nicht zu verletzen. Nach vier senkrechten Schnitten läßt sich der Kork in Streifen abschälen. Da die äußere Rinde langsam wieder nachwächst, kann sie alle acht bis zehn Jahre als etwa 3 cm dicke Schicht geerntet werden. Bei einem Lebensalter von etwa 150 Jahren ermöglicht ein Baum also bis zu 15 Korkernten. Mit meterhohen Korkstapeln beladene LKWs transportieren dann die wertvolle Fracht von den Sammelplätzen in die Fabriken zur weiteren Verarbeitung. Nach der Ernte stehen die Bäume ziemlich nackt da, sie erinnern ein wenig an menschliche Figuren, denen man die Hosen ausgezogen, den Pullover jedoch belassen hat. Die schlanken, nackten, leuchtend rostroten Stämme bilden einen starken Kontrast zur oberhalb verbliebenen grünlich-grauen, verwitterten Korkhülle.

Schon die Römer haben Kork wegen seiner Schwimmfähigkeit und Wasserbeständigkeit geschätzt und zur Herstellung von Bojen und Schwimmern für Netze verwendet. Seit dem 15. Jh. fertigt man aus dem elastischen Material Flaschenkorken, und neuerdings – dank seiner guten Isoliereigenschaften – u.a. auch Bodenplatten und Wandverkleidungen. Die Korkgewinnung und -verarbeitung sowohl für den Eigenbedarf als auch für den Export (besonders in die Weinländer Italien oder Frankreich mit ihrem großen Bedarf an Flaschenkorken) hat für diese Region eine nicht zu unterschätzende wirtschaftliche Bedeutung erlangt. Tunesien liegt an 6. Stelle der Weltproduktion. Ein interessantes Korkmuseum ist in Tabarka zu besichtigen (s. dort).

Verkehrsverbindungen

Busstation am nördlichen Ortsende; **Busse** Richtung Tabarka, Tunis, Bizerte, Jendouba/El Kef, Hammam Bourguiba, Béja, Beni M'tir und Annaba (Algerien). **Louages** ab Ortszentrum in Richtung Tabarka und Jendouba.

Sonstiges

- **Markttag:** Montag.
- **Nächster Grenzübergang** nach Algerien (Richtung Annaba) bei Babouch.
- **Typische Souvenirs:** Korb- und Flechtwaren, diverse Artikel aus Kork, Schnitzereien aus Olivenholz (erkennbar an der markanten Maserung) und Eichenholz. Im Angebot sind div. Tierfiguren, Schiffe und Fische, Brieföffner, ja sogar Kleiderständer.

Ausflüge

Zum Col des Ruines

Ab Ortszentrum (Louageplatz) von Ain Draham in Richtung Tabarka (km 00). Nach 2,1 km links ab zum „Col des Ruines". Passieren das Hotel *Nour el Ain* und biegen bei km 3,2 (Brunnen mit gutem Wasser) links ab bergauf durch den Wald. Erreichen 1 km danach freie Anhöhe (Campingmöglichkeit). Ab hier zu Fuß in knapp 5 Min. hinauf auf felsigen Aussichtshügel. Folgt man der Piste weiter Richtung SW, erreicht man nach gut 1 km lohnenden Aussichtspunkt (820 m) bei Festungsruine. Weiter Blick westlich nach Algerien, südlich über die ausgedehnten Wälder der Region und östlich über den Ort Ain Draham zum *Djebel Bir* (s.u.). Rückfahrt bis Brunnen „3,2 km". Ab dort auf weiterführendem Panoramasträßchen weit ausholend zurück zur Tabarkastraße.

Korkeichen nach der Ernte

4WD-/WANDER-TIP: Zum Djebel Bir

200 m ab Ortszentrum (Louageplatz) von Jendouba-Straße links weg auf breite Piste. 300 m danach erneut links auf brutaler, anfangs grob-steiniger Piste bergauf bis zur TV-Station am Gipfel (2,5 km ab Zentrum). Großartiger **Panoramablick** über riesige Waldflächen bis weit hinein nach Algerien; direkt unterhalb Stausee von Beni M'tir.

Rund 5,5 km nach Weiterfahrt von Ain Draham auf der kurvenreichen P17 Richtung Tabarka passieren wir den kleinen Grenzort **Babouch,** wie Ain Draham während der Kolonialzeit ein beliebtes Jagdzentrum der Franzosen. Hier bietet sich die Möglichkeit für einen

Abstecher nach Hammam Bourguiba

(Anfahrt knapp 12 km; von Ain Draham aus mit Bus oder Louage)

Wir biegen links ab und halten uns an einer Gabelung nach 2 km erneut links (der rechte Zweig führt zum Grenzübergang nach Algerien). Durch dichten Laubwald (zum Schluß reiner Eukalyptuswald) senkt sich die Straße talwärts und endet beim **Thermalbad Hammam Bourguiba** mit seinem gepflegten 3-Sterne-Kurhotel (Tel. 08-63 25 17, Fax 08-63 25 52; DZ 64 TD). Das Bad liegt in parkähnlichem Gelände am Rand einer fruchtbaren, von den bewaldeten Hängen des Kroumirie-Berglandes eingesäumten Talebene, direkt an der tunesisch-algerischen Grenze. Ex-Präsident Bourguiba hatte hier einst sein eigenes Chalet; es steht jetzt noch hochrangigen Gästen zur Verfügung.

Heute ist Hammam Bourguiba eines der wichtigsten, modern ausgestatteten Thermalbäder Tunesiens. Das schwefelhaltige Wasser soll schon von den Römern genutzt worden sein; es wird vorwiegend zur Behandlung von Hals-Nasen-Ohrenleiden angewandt. Europäer finden offenbar nur selten den Weg in diese abgelegene, landschaftlich reizvolle und vor allem gesunde Ecke. Dabei liegen die Behandlungstarife (wie auch die Hotelpreise) weit unter dem, was deutsche Heilbäder für ähnliche Anwendungen berechnen.

Zurück auf der Hauptstraße geht es nun dem Meer entgegen. Noch immer begleiten uns dichte Wälder von Kork- und Steineichen. Rechts tief unten liegt das *Oued el Kebir*. Kurvenreich windet sich die Straße durch die Hügel bergab. Kinder und Jugendliche lauern am Straßenrand mit allerlei Souvenirs, und (Vorsicht!) in artistischen, fast selbstmörderischen Mutproben versuchen sie, die Autofahrer zum Anhalten zu bringen. Mal ist es ein mit Gräsern bepflanzter Korktopf, mal ein Beutel Pistazien, dann wieder irgendein Schnitzwerk, das beängstigend weit in die Straße hineingehalten wird.

Dann endlich sind wir in der fruchtbaren Küstenebene am Talausgang des Oued el Kebir mit Obst- und Ölbaumkulturen und erreichen etwa 26 km ab Ain Draham das Städtchen **Tabarka** an der **Korallenküste.**

TABARKA

(Ortsbeschreibung und Ausflüge s. Route A9)

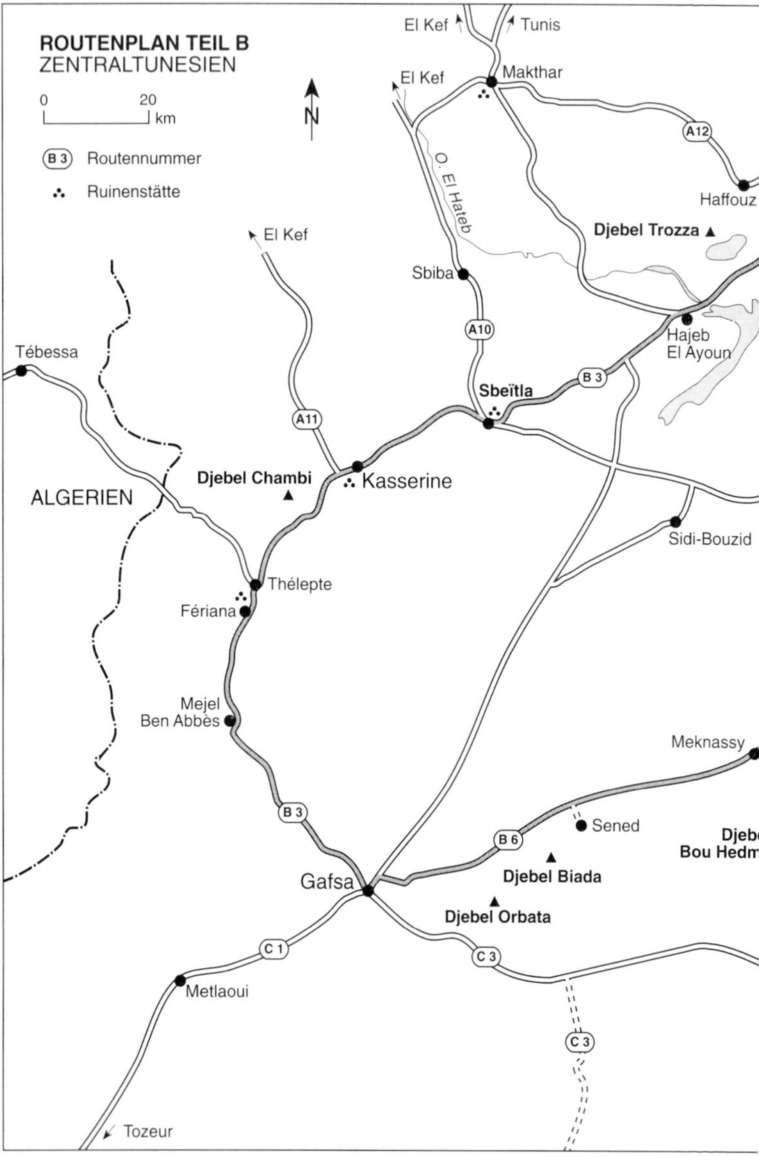
ROUTENPLAN TEIL B
ZENTRALTUNESIEN
0
20
km
N
B 3
Routennummer
Ruinenstätte
El Kef
Tunis
Makthar
El Kef
A12
O. El Hateb
Haffouz
Djebel Trozza
El Kef
Sbiba
A10
Hajeb
El Ayoun
Tébessa
Sbeïtla
B 3
A11
Djebel Chambi
Kasserine
ALGERIEN
Sidi-Bouzid
Thélepte
Fériana
Mejel
Ben Abbès
Meknassy
B 3
Sened
B 6
Djebel Biada
Gafsa
Djebel Orbata
C 1
C 3
Metlaoui
C 3
Tozeur

Tunis
Tunis
Tunis
Sousse
Monastir
A 2
M'Saken
B 1
B 3
Kairouan
B 2
Sebkhet de
Sidi El Hani
Mahdia
Ksour Essaf
Bou Hajla
El Jem
Chebba
B 4
Mellouleche
El Hencha
Jebiniana
El Amra
Dokhane
B 1
B 2
Fähre
Sfax
B 6
Tyna
Bir Ali Ben Khélifa
KERKENNAH-
INSELN
B 6
Mezzouna
Mahrès
B 4
B 5
MITTELMEER
La Skhirra
Akarit
B 5
Gabès
DJERBA
Medenine

Routenübersicht

Route B 1: Sousse – Monastir – Mahdia – Sfax (Küstenroute)

Kerkennah-Inseln – ein Ziel für Individualisten

Route B 2: Sousse – El Djem – Sfax

Route B 3: Sousse – Kairouan – Sbeitla – Kasserine – Gafsa

Route B 4: Kairouan – La Skhirra – Gabès

Route B 5: Sfax – Mahrès – La Skhirra – Gabès

Route B 6: Gafsa – (Sened-Djebel) – Mezzouna – (Bou-Hedma-Nationalpark) – Sfax

Route B 1: Sousse – Monastir [23 km] – Mahdia [50 km] – Sfax [104 km] (Küstenroute)

Allgemeines

Diese Route entlang der Küste ist zweifellos ein Umweg gegenüber der – mit Ausnahme von El Djem – nicht lohnenden Direktverbindung auf der P1 durch das Inland, berührt dafür aber zahlreiche kleine interessante Orte und Stätten. Während die von Olivenhainen dominierte Landschaft wenig Abwechslung bietet, sind v.a. die **Ferienorte Monastir/Skanès** und noch mehr **Mahdia** sehenswerte Ziele. Darüber hinaus bietet die Küste neben diversem Römischem immer wieder feine, vom Massentourismus verschonte Rast- und Badeplätzchen. In **Sfax** fasziniert v.a. die große mittelalterliche Medina in ihrer noch weitgehend erhaltenen Ursprünglichkeit.

Sousse

(Plan, Ortsbeschreibung und Ausflüge s. Route A1)

Wir verlassen **Sousse** (= km 0) vorbei am Hafen in Richtung „Monastir/Sfax“. Die Ausfallstraße führt zunächst durch Industriegelände und gesichtslose Vororte. Nach dem großen Elektrizitätswerk zweigt links die „Route touristique“ ab und führt, vorbei am 18-Loch-Golfplatz, durch die kilometerlange, Strand- und **Hotelzone von Skanès.** Hier liegen an einem langen, feinsandigen Strand teilweise prachtvolle Luxushotels, umgeben von üppigen Gärten mit altem Palmenbestand, dazwischen auch nüchterne Hochhaus-Hotelanlagen mit bis zu 2000 Betten. Die Straße passiert mehrere, teils rötlich gefärbte Salzseen (beim Ort **Sahline** jenseits des Sees, Wochenmarkt Samstag, bedeutende Salinen, erkennbar an den hohen, weißen Salzbergen). Leser erwähnen zeitweise Moskitoplage in naher Hotelzone. Linker Hand setzt sich die noch immer im Wachsen begriffene „Route touristique“ mit ihren gepflegten, teilweise etwas überdimensionierten Ferienhotels fort (eigene Metro-Station *Les Hotels* an Linie Sousse-Monastir). Wir passieren den Internat. Flughafen *Monastir-Skanès* (mit Metro-Station) und bald darauf den in einem prächtigen Park liegenden Präsidentenpalast, Alters-Ruhesitz des Ex-Präsidenten Bourguiba nach seiner Entmachtung im November 1987 – streng bewacht und unzugänglich. Im nördlich anschließenden Strandbereich schattenlose Campingmöglichkeit. Beim Palast (km 17,5) biegen wir links ab (die Straße geradeaus führt auf kürzestem aber uninteressantem Weg nach Monastir) und folgen der *Route de la Falaise,* die – etwa 30 m über dem Meer – parallel zur Steilküste durch das hübsche Villenviertel von **Skanès** verläuft, zum Meer hin gesäumt von blühenden Büschen (Picknick- und Stellplätze für Wohnmobile an kleinen, zu den Klippen führenden Stich- und Ringwegen). Vorbei an der Zufahrt zur *Marina Cap Monastir* (Yachthafen mit Tourismuszentrum – s. u.) und dem wuchtigen Gemäuer des Ribats erreichen wir das Zentrum von **Monastir** (km 23).

Monastir

Ca. 80 000 EW. Gouvernoratshauptstadt mit neuem Fischerhafen; Universitätsstadt; Marktzentrum für die Region. Zusammen mit dem benachbarten Villenvorort Skanès zählt Monastir zu den größten Ferienzentren des Landes (über 20 000 Hotelbetten) mit kilometerlangen Sandstränden. Sehenswürdigkeiten: Ribat mit Museum, Medina, Mausoleum des Ex-Präsidenten Bourguiba.

Geschichte

Von Phöniziern als Ankerplatz gegründet blieb das spätere *Ruspina* auch unter römischer Herrschaft relativ unbedeutend. Die Byzantiner errichteten ein Kloster und zogen starke Mauern um den Hafenort. Nach der arabischen Invasion entstand ausgangs des 8. Jh. unter der Herrschaft der Aghlabiden der **Ribat,** ein islamisches Wehrkloster, das dem Ort seinen Namen gegeben haben soll (vom griechischen „monasterium" = Kloster). Monastir diente als wichtige Verteidigungsbastion gegen christliche Bedrohung und berberische Überfälle. Es löste sogar im 11. Jh. Kairouan nach dessen Zerstörung durch die Beni Hilal vorübergehend als religiöse Hauptstadt des Landes ab. Der Friedhof neben dem Ribat wurde ein beliebter Begräbnisplatz für die ganze Region. Tausende von Pilgern strömten hierher.

Wegen seiner strategisch günstigen Lage begannen Spanier und Türken, sich für den Ort zu interessieren. In den folgenden kriegerischen Auseinandersetzungen behielten die Türken die Oberhand und bauten die Befestigungsanlagen weiter aus.

Ins öffentliche Blickfeld gelangte der einstige Bauern- und Fischerort Monastir durch **Habib Bourguiba.** Tunesiens langjähriger Präsident wurde hier am 3. August 1903 geboren. Monastir profitierte davon durch besondere Förderung (grundlegende Umgestaltung und Modernisierung, Universitätsgründung, Zuschüsse bei Neubauten und Restaurierungen, touristische Erschließung des Küstenbereichs etc.), vor allem aber durch den damit verbundenen wirtschaftlichen Aufschwung.

Stadtplaner hatten hier offenbar ein freies Betätigungsfeld. Im Zuge der Umgestaltung der Stadt mußte die alte, nicht mehr zeitgemäße Medina, die sich einst beim Ribat befand, großen Freiflächen weichen. Ein prächtiger Wohnpalast mit ausgedehnten Gartenflächen (bei Skanès), ein goldenes Denkmal, das den jungen Bourguiba als Student zeigt, die aufwendige Habib-Bourguiba-Moschee in der „neuen" Medina, vor allem aber ein prunkvolles Mausoleum zeugen vom gewaltigen Personenkult, der um Bourguiba betrieben wurde.

Stadtrundgang

Beginnen wir mit dem bedeutendsten und ältesten Bauwerk Monastirs, dem

★Ribat

(Öffnungszeiten täglich außer Mo von 8–18 Uhr (1.5.–15.9.) bzw. 8.30–17.30 Uhr (16.9.–30.4.). Eintritt 2,1 TD, Fotoerlaubnis 1 TD).

Die gewaltige, direkt am Meer auf einer kleinen Anhöhe gelegene Festung, mit deren Bau im Jahr 796 begonnen wurde, wirkt heute aufgrund umfassender Restaurierung beinahe

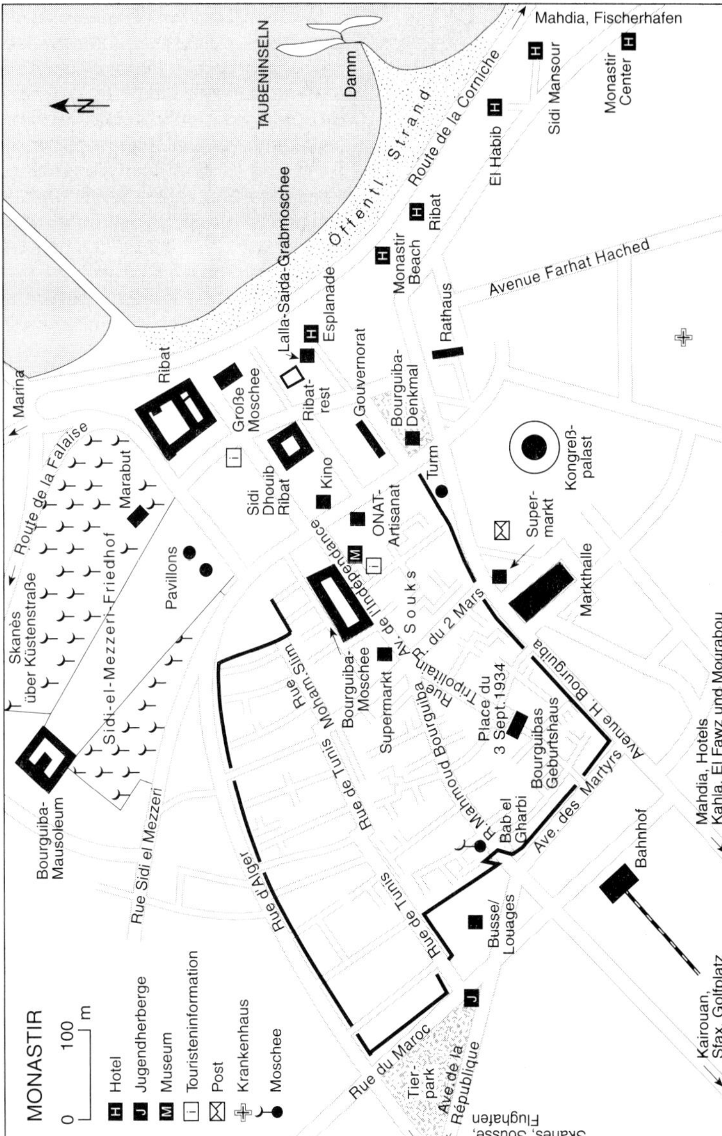

Routenteil B

MONASTIR
Ribat

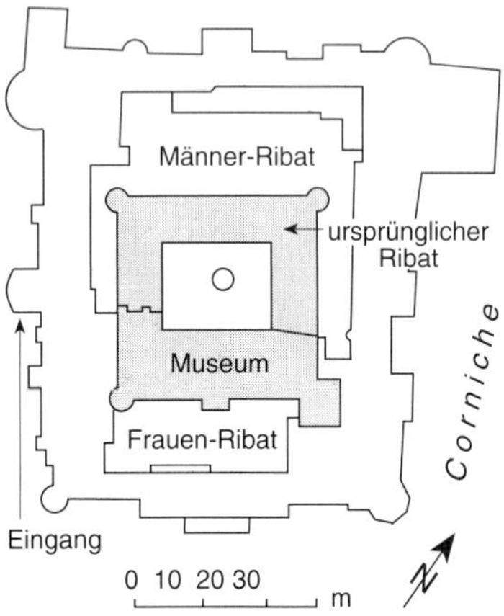

wie ein Neubau, allerdings mit recht verwirrender Architektur. Der ursprüngliche, bedeutend kleinere Ribatbau diente (wie auch andere Ribats entlang der Küste) stark religiös motivierten aghlabidischen Verteidigungstruppen als Unterkunft und in Notfällen auch der Bevölkerung als Zuflucht. Bis ins 19. Jahrhundert hinein wurde die Festung immer wieder umgebaut und erweitert. Verglichen mit der klaren Gliederung des kleineren Ribats in Sousse finden wir hier eine Vielfalt von Treppen, Trennmauern und Höfen, Umläufen und Ecktürmen. Wer was wann in den vergangenen tausend Jahren hinzugefügt oder verändert hat, ist selbst für Experten kaum noch feststellbar. Zuletzt nutzten die Franzosen den Ribat als Kaserne. Kein Wunder auch, daß immer wieder Filmgesellschaften die prächtige Kulisse (besonders für monumentale „Bibel“-Filme) nutzen.

Um den Haupthof liegen die einstigen Wohn-, Gebets- und Wirtschaftsräume, in den oberen Stockwerken die Zellen der „Mönchskrieger“. Vom Haupthof des einst den Männern vorbehaltenen großen Ribats führt ein Gang zum danebenliegenden Hof des kleineren (vermuteten) *Frauen-Ribats,* in dem während Belagerungszeiten auch Frauen Zuflucht fanden und der einen eigenen Gebetssaal besaß.

Der wuchtige, dreifach abgesetzte Rundturm kann bestiegen werden (90 Stufen) und bietet von oben einen guten Überblick über die Ribatanlage und die benachbarte Große Moschee, auch über die nahe Hotel- und Feriensiedlung „Cap Monastir“ am Yachthafen, die palmengesäumte Uferpromenade, die Stadt Monastir und den großen islamischen Friedhof mit dem Kuppelbau des Bourguiba-Mausoleums.

Der ehemalige Gebetssaal im Obergeschoß des Ribats beherbergt heute das kleine, sehenswerte

★*Museum für Islamische Kunst*

Gezeigt werden u.a. Glasgegenstände, Öllampen, Kämme, Töpferwaren und Silbermünzen aus fatimidischer Zeit, eine arabische Münzsammlung, Handschriften auf Papyrus, Buchbindearbeiten aus der Aghlabidenzeit, kufische Schriften auf Pergament, persische Miniaturen, ägyptische Gewebe und viele weitere Beispiele aus dem islamischen Kunsthandwerk verschiedener Epochen. Besonders interessant auch diverse alte astronomische Meßinstrumente, darunter ein arabisches Astrolabium aus dem 10. Jh.

Dem Ribat zu Füßen liegt die schlichte **Große Moschee** (9. Jh.) mit ihrem quadratischen Minarett. Gleich nebenan, auf dem Gelände vor dem

Hotel **Esplanade**, wurden Fundamente freigelegt, die auf einen weiteren Ribatbau hinweisen. Zellenartige Kammern und angedeutete Ecktürme widerlegen die Erklärung der Einheimischen, es handle sich um „römische Ruinen". Der viereckige Quaderbau in der Ecke des Grundstücks (Eingang vergittert) ist die **Grabmoschee der Lalla Saida,** einer weiblichen Heiligen (Innenraum mit Säulen, Gewölbe, Mihrab). Ein Stück in Richtung Medina steht das restaurierte Erdgeschoß des **Ribat Sidi Douib,** des dritten, kleineren Ribats von Monastir.

Ribat von Monastir

★Bourguiba-Mausoleum

Der ausgedehnte **Sidi-el-Mezzeri-Friedhof** im NW des Ribats mit Gräbern, die teilweise noch aus dem 12. Jh. stammen, wurde regelrecht „gesprengt", in der Mitte planiert, um dem monumentalen Kuppelbau (erbaut 1960 bis 1963) und v.a. dem überdimensionierten Vorplatz für die letzte Ruhestätte Bourguibas und seiner Familie Platz zu machen. Rechts und links der Anlage ducken sich die bescheidenen, weißgetünchten islamischen Gräber der nicht privilegierten Bevölkerung – welch ein Kontrast! Vom Ribat aus erstreckt sich der aufwendig gepflasterte Vorplatz ca. 300 m weit bis zu dem prunkvollen Totenpalast. Er steht mit goldenen und grünen Kuppeln und zwei schlanken Minaretten aus italienischem Marmor in einem von schmiedeeisernen Gittern umgebenen Park. Das Mausoleum selbst kann nicht besichtigt werden. Souvenirhändler stellen ihre Plüschkamele auf dem Platz auf (s.a. Bild S. 168). Postkartenverkäufer stürzen sich auf ankommende Busgesellschaften.

Im rechten der beiden Pavillons am Platzbeginn liegen die Gräber von sieben tunesischen Freiheitskämpfern. Der weiße Kuppelbau rechts am Rand des alten Friedhofs (Innenhof und Innenraum mit Säulen und schönen Fayencen) ist die Koubba des besonders von Frauen verehrten Heiligen *Sidi el Mezzeri,* eines Imam aus dem 12. Jh. und Schutzpatron der Stadt.

★Medina

Die etwas nüchtern wirkende „neue" Medina, die im restaurierten, alten Stadtviertel *Chraga* angelegt wurde (die ursprüngliche Medina befand sich vor der Umgestaltung der Stadt beim Ribat), läßt nur schwer echte „Altstadtatmosphäre" aufkommen, wie man sie z.B. im nahen Sousse noch findet. An drei Seiten verläuft eine stark restaurierte (z.T. erst um 1980 ergänzte),

Blick vom Ribat über den Friedhof auf das Bourguiba-Mausoleum

zinnengekrönte und wie eine Filmkulisse wirkende Stadtmauer mit mehreren Stadttoren. In den weitgehend geradlinigen Straßenzügen (nur ein paar teilweise überdachte Souvenirgassen liefern noch ein wenig Souk-Charakter) finden wir moderne Geschäfte, Banken, einen Supermarkt, Restaurants und Cafés, in den Nebengassen einige hübsche Kuppelbauten und kleine Moscheen.

Neben dem **ONAT Informationsbüro** beim Medina-Eingang liegt das **Musée de Costume Traditionelle** (tägl. außer Mo 9–13 und 15–18 Uhr (1.4.–15.9.) bzw. 9.30–16.30 Uhr (16.9.–31.3.), Eintritt 1,1 TD, Fotoerlaubnis 1 TD; deutschkundiger, freundlicher Museumsleiter). Es zeigt eine kleine Sammlung traditioneller Alltags- und Festkleidung sowie Schmuck aus verschiedenen Regionen Tunesiens.

Gegenüber steht die große, aufwendig und prunkvoll ausgestattete **Bourguiba-Moschee** (1963 erbaut; Betreten für Nicht-Muslime verboten). **Bourguibas Geburtshaus** (am *Place du 3. Sept.*) ist recht unscheinbar und nicht gesondert gekennzeichnet.

★Marina Cap Monastir und Corniche

Unterhalb des Ribat ist rings um einen modernen Yachthafen ein Touristenzentrum entstanden (eine Art *Port el Kantaoui* in Kleinausführung) mit Hotel (Clubmed), Appartmenthäusern, Cafés, Restaurants, Nachtclub, Souvenirläden, Supermarkt, Post, Apotheke, maurischem Bad, Reise- und Mietwagenagenturen, Polizei- und Zollstation und Tauchclub. Letzterer verleiht Tauchausrüstung und organisiert Bootsfahrten, Tauchkurse und Tauchausflüge, zum Beispiel zu den Schiffswracks bei den Kuriatinseln. Anfragen bei *Plongée et Loisirs*, Cap Marina, 5000 Monastir (Tel. 46 25 09). Taucher/Schnorchler finden ein reizvolles felsiges Küstengewässer auch bei der Insel *Ghadamsi* (durch Damm verbunden) am nahen Cap Monastir.

Die vom Yachthafen aus unterhalb des Ribat am schmalen, öffentlichen Badestrand entlangführende palmengesäumte Küstenstraße (Route de la Corniche) passiert mehrere neue Hotels. Ein kleiner Damm führt hinüber zu den felsigen Taubeninseln. Nach gut 1 km kommt man zum ziemlich reizlosen alten Fischerhafen und dem „Zuckerbäckerbau" der staatlichen Hotelgesellschaft SHTT. Nach weiteren gut 2 km erreicht man den großen neuen Fischerhafen, und knapp 2 km danach mündet die Küstenstraße in die nach Mahdia weiterführende Hauptstraße C92.

Vorwahl für Monastir: 03

Touristeninformation

ONTT-Büro
Rue de l'Indépendance (gegenüber Bourguiba-Moschee); auch während der offiziellen Öffnungszeiten (Mo–Do 8.30–13 und 15–17.45 Uhr, Fr und Sa 8.30–13 Uhr) öfters geschlossen.

Syndicat d'Initiative
Pavillon beim Ribat; Öffnungszeiten wie oben.

Unterkunft

Hotel

Zur Wahl stehen ein knappes Dutzend Strand- bzw. Stadthotels – unklassifiziert bis 4-Sterne – im Ortsgebiet von Monastir sowie rund zwei Dutzend Hotels (2- bis 5-Sterne, manche noch im Bau) in der Strandzone von Skanès, die sich bis zu 12 km Entfernung von Monastir hinzieht (Touristenbähnchen bzw. Métro zwischen Stadt und Hotelzone).

Stadthotels in Monastir (Auswahl)

Kahla
Place 7 Nov, Tel. 46 45 70, Fax 46 78 81, DZ 26/20 TD mit Du., WC, ZH; ordentliches Hotel mit (gemessen am Preis) gut eingerichteten Zimmern; evtl. etwas laut an der Straßenseite; ca. 5 Min. zur Medina, Restaurant.

El Fawz**
neben Hotel *Kahla,* Tel. 44 82 80, Fax 46 05 19, DZ 54/36 TD, 1996 eröffnet, gepflegt, mit Restaurant/Pizzeria, Café, Dachterrasse.

Mourabou
Route de Khniss, Tel. 46 15 85, DZ 25/16 TD mit Bad, WC, ZH. Dachterrasse, TV-Raum, Café/Restaurant. Gut 5 Min. zur Medina. Lt. Leser: nicht empfehlenswert. Im Vorderhaus evtl. laut, ruhigere Zimmer mit Balkon im hinteren Block.

Strand- bzw. strandnahe Hotels in Monastir (Auswahl)

Esplanade***
Route de la Corniche, Tel. 46 01 48, DZ 90/42 TD.

Monastir Beach
Route de la Corniche, Tel. 46 47 66, DZ 32/20 TD. Lesertip: „Preiswertes, ordentliches Hotel direkt an Uferpromenade."

Habib****
Route de la Corniche, Tel. 46 29 44, Fax 46 02 14, DZ 185/62 TD (Vollpension). Nachtclub. Schöne Anlage.

Monastir Center***
Tel. 46 78 00, Fax 46 78 09, DZ 100/32 TD; geschmackvoller Bau mit großem Pool; von Häusern umgeben und durch zwei Straßen vom Strand getrennt; etwas beengte Freianlagen und Liegefläche.

Yasmin*
Route de la Falaise, Tel. 46 25 11, DZ 56/32 TD mit Dusche/Bad, WC, ZH. Hübsche Villa im maurischen Stil mit geräumigen, sauberen Zimmern, einige mit kleinem Balkon. Familiäre Atmosphäre. Netter Garten hinterm Haus, gutes Restaurant. Ca. 2 km außerhalb Richtung Skanès. Sicherer Parkplatz.

Strandhotels in Skanès (Auswahl)

(Reihenfolge in wachsender Entfernung von Monastir; die Hotels in Flughafennähe sind bei ungünstigen Windverhältnissen zeitweise von Fluglärm belästigt.)

Les Palmiers**
Tel. 46 01 52, Fax 46 01 50, DZ 72/28 TD. Einfaches Hotel direkt am Strand. Ca. 3 km bis Monastir.

Festival ****
Tel. 46 75 55, Fax 46 74 77, DZ 110/56 TD; neues, besonders bei deutschen Veranstaltern beliebtes Hotel; Flughafennähe; ca. 6 km bis Monastir.

Skanès Palace****
Tel. 46 13 50, Fax 46 03 94, DZ 100/36 TD. Renoviertes, ehemaliges Präsidentenhotel. Beliebt bei deutschen Veranstaltern. Wohn- und Schlafräume um hübsch bepflanzte Innenhöfe gruppiert. Nachtclub, Diskothek. Ca. 7 km bis Monastir.

Ruspina***
Tel. 46 13 60, Fax 46 03 64, DZ 76/20 TD, von Lesern empfohlen.

Amir Palace*****
Tel. 46 79 00, Fax 46 38 23; DZ 160/80 TD, Palasthotel mit luxuriöser Ausstattung; viele Brunnenanlagen – z.Z. eines der prachtvollsten Hotels Tunesiens. Ca. 7 km bis Monastir.

Sahara Beach***
Tel. 46 10 88, Fax 46 04 70, DZ 67/33 TD. Architektonisch nüchterne Anlage mit drei 7stöckigen Wohnblocks. Alle der 1036 Zimmer (mit 2000 Betten!) haben Meerblick. Großes Freigelände. Maur. Café, Pizzeria, Touristen-Menü 7 TD. Umfangreiches Animations- und Unterhaltungsprogramm. Komplex umgeben von üppigen Gärten mit altem Palmenbestand. Ca. 8 km bis Monastir.

Garden Beach***
Tel. 46 63 93, Fax 46 63 82,
DZ 90/40 TD.

El Shems**
Tel. 46 62 90, Fax 46 62 18,
DZ 64/31 TD.

Jugendherberge

In der Rue d'Alger, nahe Bus- und Louagestation; laut Leser: schmuddelig.

Camping

Kein offizieller Campingplatz. Campingmöglichkeit etwa 3 km außerhalb zwischen Monastir und Skanès oberhalb der Steilküste.

Essen und Trinken

In und außerhalb der Altstadt verschiedene Fast-Food-Lokale; Restaurants gelegentlich etwas überteuert bei mäßiger Qualität und mäßigem Service.

Le Rempart (1 Gabel)
Av. H. Bourguiba; bei Einheimischen beliebtes, liz. Café/Restaurant mit akzeptablem Preis/Leistungsverhältnis.
Hotel Yasmin
Route de la Falaise (ca. 2 km nördl. des Zentrums). Empfehlenswertes, lizensiertes Hotel/Restaurant mit hübschem Garten, schmackhaften Speisen (u.a. tun. Spezialitäten), gutem Service, angemessenen Preisen.

Lesertip: rechts der Metrostation/Ecke Av. H. Bourguiba; namenlos, preiswert, einheimische Küche.

Sport, Aktivitäten

- **Nachtclubs, Diskotheken** in einigen der großen Strandhotels.
- **Sport:** Strandhotels in der Regel mit Swimmingpool, Tennis; einige mit Hallenbad, Sauna, Minigolf, Fahrrad- oder Mopedverleih. Möglichkeit zum Windsurfen, Segeln, Wasserski. Bei einigen Hotels Reitmöglichkeit auf Kamelen oder Pferden (pro Std. 7,5 TD/Hotel *Sahara Beach).*
- **Tauchen:** s.o. unter „Marina Cap Monastir".
- **Golf:**
  Monastir Golf Course
  Route de Ouardanine, 5000 Monastir, Tel. 46 10 95, Fax 46 11 45; 18-Loch-Platz mit Golfschule, Ausrüstungsverleih. Anfahrt: ca. 4 km ab Monastir-Zentrum Richtung Kairouan, dann links 2 km durch großen alten Olivenhain.
  Golfplatz Palm Links
  5060 Monastir, Tel. 24 19 44, Fax 24 19 69; 18-Loch-Platz mit Golfschule; am nördlichen Ende der Hotelzone von Skanès.

Routenteil B

Auf Fischfang vor der Küste Monastirs

Verkehrsverbindungen

- **Flughafen Monastir-Skanès:** etwa 8 km außerhalb von Monastir an Straße nach Sousse bei der Hotelzone von Skanès; mit Metrostation und Bushaltestelle. Im Abfertigungsgebäude Mietwagenfirmen, Banken, Wechselstube, Post, Touristeninformation, Restaurant, Agentur der *Tunis Air.*
- **Busse und Louages:** Station bei Stadttor *Bab el Gharbi* an westl. Medinamauer. Häufige Bus-Direktverbindung nach Sousse und in die umliegenden Orte. 2x direkt nach Tunis, Nabeul und Sfax. Für weitere Fernverbindungen umsteigen in Sousse.
- **Eisenbahn:** 2 Direktzüge tägl. nach Tunis
- **Métro du Sahel** (Schnellbahn): zwischen ca. 7 und 20 Uhr etwa stündliche Verbindung nach Sousse mit Stops auch am Flughafen Monastir-Skanès und in der Hotelzone von Skanès; mehrmals tägl. über Moknine nach Mahdia. Preisbeispiel: 1,47 TD nach Mahdia.
- **Touristenbähnchen:** 2 x tägl. Rundtour Hotelzone – Monastir – Hotelzone (4,5 TD/Kinder 2,5 TD).

Mietwagen

Avis
Tel. 46 30 31 (Flughafen)
Hertz
Tel. 46 03 00 (Flughafen)
Europcar
Tel. 46 03 00 (Flughafen) und 46 23 05 (Marina Cap Monastir).

Div. lokale Vermittler an Corniche und in Marina Cap Monastir.

Sonstiges

- **Markttag:** Samstag; Marktgelände südöstl. der Stadt an Straße Richtung Mahdia.
- **Supermärkte: Monoprix** bei Markthalle; **Magasin Général** in Medina (Rue de l'Indépendance) und in der „Marina Cap Monastir".
- **Fahrrad-, Mopedverleih** über größere Hotels, Verleih auch gegenüber Hotel **Habib.**
- **Festivals/Veranstaltungen/Messen:** *Internat. Festival* im Juli/August (im Ribat) mit Theater, Konzerten, Ballet, Tanz und Folklore. *Foir de Monastir:* Verkaufsmesse für lokale Produkte etwa in der ersten Septemberhälfte im Messegelände an Straße Richtung Mahdia. *Olivenfest* ca. Ende Nov. mit Vorführungen von Olivenverarbeitung, Flecht-, Töpferarbeiten, Brotzubereitung etc., Wettbewerbe, z.B. im Olivenpflücken; Kamelrennen, Folklore, Fantasia, Beduinentänze.

Ausflüge

Siehe unter Sousse. Halbtagestour Sousse/Port el Kantaoui (11 TD).

Bei der Weiterfahrt von Monastir (= km 0) nach Mahdia bleiben wir auf der küstennahen Straße. Im seichten Uferbereich, etwa zwischen **Khniss** und **Sayada,** kann man meist Frauen beobachten, die, in bunten Kleidern knietief im schlammig-brackigen Wasser stehend, Schafshäute und Stränge roher Wolle waschen, zunächst mit der Hand, dann durch kräftiges Schlagen mit Holzschlegeln. Zum Schluß werden die schweren, tropfnassen Bündel an den Strand getragen und in der Sonne getrocknet.

Am Ortseingang von **Lamta** (km 13) finden wir, links zwischen Meer und Straße, das

★Musée Lepti Minus

(geöffnet täglich außer Mo 9–13 und 14–19 Uhr (1.4.–15.9.), 9.30–17.30 Uhr (16.9.–31.3.) Uhr; Eintritt 1,1 TD, Fotoerlaubnis 1 TD).

An dieser Stelle lag das römische *Leptis Minor,* die kleine Schwesterstadt des grandiosen *Leptis Magna* an der libyschen Mittelmeerküste. Seit 1990 arbeiten amerikanische und tunesische Archäologen an der Ausgrabung dieser **punisch/römischen Hafenstadt,** die bis in christliche Zeit besiedelt war und in der Theater, Thermen, Zisternen, punische und römische Nekropolen und christliche Basiliken vorhanden waren. Noch sind keine beeindruckenden Ruinen freigelegt. Im Museumshof sind Teile der römischen Thermen mit schönen Tiermosaiken und einige Hausfundamente zu sehen.

Das Museum bietet sehr anschauliche Erläuterungen, Skizzen und Exponate zu den einzelnen Siedlungsepochen, speziell auch zu verschiedenen Grabformen (in den Felsgräbern der nahen punischen Nekropole aus dem 3. Jh. v.Chr. fand man u.a. Holzsärge). Aus römischer Zeit stammen schöne Mosaiken (z.B. „Venus", umgeben von Fischen und Booten, „Die Jahreszeiten" etc.), Grabbeigaben, Tongefäße. Weitere Mosaiken stammen aus einer byzantinischen Kirche in Soukrine.

Lamta geht nahtlos über in **Sayada,** und dieses verschmilzt wiederum mit **Ksar Hellal**. Hier gründete im März 1934 Habib Bourguiba die Neo-Destour-Partei – dieses historische Ereignis erklärt wohl den imposanten Hauptplatz mit seinen stattlichen Verwaltungsgebäuden, Brunnen und Denkmälern.

Ab dem mit Ksar Hellal zusammengewachsenen Zwillingsort **Moknine** (km 20; Mittwochsmarkt) fahren wir wieder in Richtung Meer über **Teboulba** (km 26) mit seinem auffallenden, 80 m hohen Minarett und **Bekalta** (km 29). Nur für ausgesprochene Ruinenliebhaber von Interesse ist hier folgender Abstecher:

Abstecher zu den Resten des römischen Thapsus

(Anfahrt 6 km) Wir biegen in Bekalta bei der Post (Platz mit Brunnen) links ab und folgen der Straße nach Osten bis zum Fischerhafen. Schattenloser, schmaler Sandstrand. Eine unscheinbare ca. 100 m lange Steinreihe an der Südseite des Hafens ist der Rest der römischen Mole. In der Küstenschlacht 46 v.Chr. besiegte Cäsar hier die Pompejer und König Jubas Berbertruppen. Folgt man dem Weg am Strand noch ca. 200 m nach Süden, erkennt man rechts auf einem sanften Hügel einige größere Mauerbrocken, Reste der *Bäder von Thapsus.*

Hinter Bekalta macht die bislang fast durchgehende Besiedlung wieder Oliven- und Obstkulturen Platz. Auffallend die vielen Gewächshäuser und Peperonifelder. Nach etwa 14 km geht links die *Route Touristique* ab. An ihr und einem kilometerlangen, flachen und sehr sauberen Sandstrand liegt der nördliche Teil der Hotelzone von

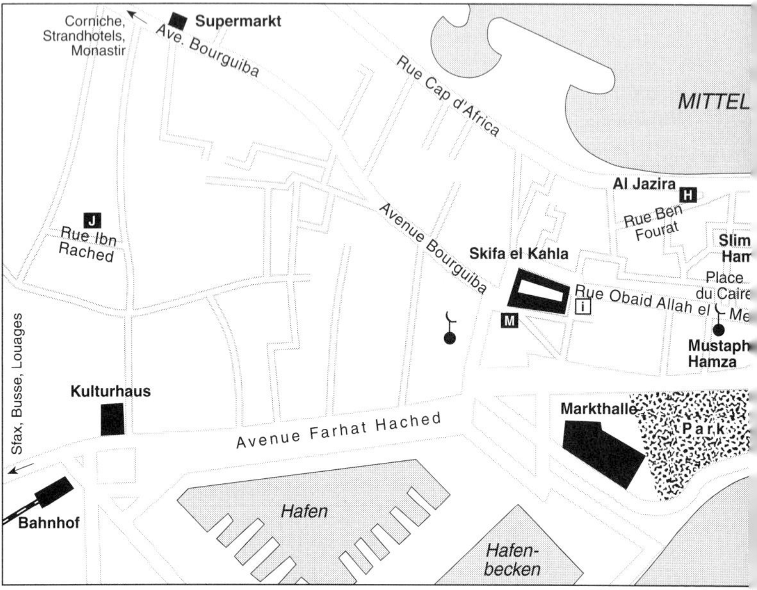

Mahdia, die in den letzten Jahren massiv ausgebaut wurde. Die geradeaus weiterführende Hauptstraße passiert einige weitere Strandhotels, mündet dann in die geschäftige Av. H. Bourguiba (u.a. mit PTT, Supermarkt, Banken) und endet (bei km 50) am Eingang zur Medina von **Mahdia.**

Mahdia

Ca. 28 000 EW, **Provinzhauptstadt mit größtem Fischerhafen Tunesiens,** wirtschaftliches Zentrum der Region, Olivenölherstellung, Fischverarbeitung, Seifen- und Konservenfabriken, Woll- und v.a. Seidenwebereien.

Sehr reizvolle, kleine **Medina** auf schmaler, felsiger Halbinsel mit hübschen Gassen, Moscheen, türkischer Festung und fatimidischem Hafen – ein Bummel durch Mahdia zählt (noch) zu den genüßlichsten Ortsbesichtigungen in ganz Tunesien. Trotz seiner Monumente, seiner geschichtlichen Bedeutung, seiner schönen Sandstrände im Norden der Stadt und des 1985 erfolgten Anschlusses an die Métro nach Sousse ist Mahdia bisher vom Massentourismus noch relativ verschont geblieben. Doch herrscht rege Bautätigkeit und es ist zu befürchten, daß nach Inbetriebnahme der vielen neuen Hotels der Ort seinen ursprünglichen, gemütlichen (und preiswerten!) Charakter etwas einbüßt. Mahdia ist aufgrund des milden Klimas auch eine beliebte Adresse für Langzeiturlauber und Überwinterer.

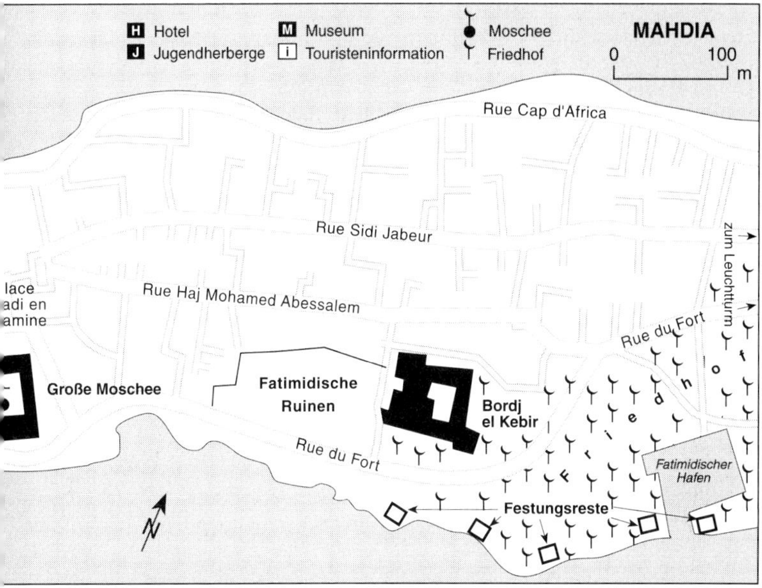

Geschichte

Die strategisch günstige Lage auf dem Cap ließ schon Phönizier und Römer hier Häfen und Stützpunkte errichten. (Im Bardo-Museum in Tunis lagern Kunstgegenstände aus einem römischen Schiff, das ca. 80 Jahre v. Chr. wenige Kilometer vor der Küste Mahdias gesunken ist und Anfang des 20. Jh. von Schwammfischern entdeckt wurde.) Ums Jahr 916 erkoren die **Fatimiden** – als eine Art Konkurrenzmetropole zum aghlabidischen Kairouan – das *Cap Ifriqiya* (Cap Afrique) zu ihrem Hauptsitz. Sie errichteten hier ihre Hauptstadt mit Moschee und Hafen, die sie an allen Seiten der schmalen, felsigen Landzunge mit dicken Mauern umgaben und mit Festungen und Türmen zu einem nahezu uneinnehmbaren Bollwerk ausbauten. Als bereits 50 Jahre später die Fatimiden ihr Zentrum nach Kairo verlagerten, verlor Mahdia wieder an Bedeutung. In den folgenden Jahrhunderten hatte es immer wieder Angriffe christlicher Flotten der Sizilianer, Genuesen, Engländer und Franzosen abzuwehren. Im Jahr 1547 erschien der türkische Seepirat Dragut und machte die Stadt zu einem Stützpunkt für den türkischen Sultan, der ihm aber bereits 1550 von den Spaniern unter Karl V. wieder abgenommen wurde. Nach nur vierjährigem Gastspiel mußten die Spanier den erneut anrückenden Türken wieder weichen. Vorher brannten sie die Stadt nieder und zerstörten die alten Hafen- und

Befestigungsanlagen. Nun folgte eine etwa dreihundertjährige ottomanische Periode, in der die große Festung (1595) wieder aufgebaut wurde.

Erst in der **französischen Kolonialzeit** begann mit der Förderung der Fischerei und der Wirtschaft ein neuer Aufschwung. Mahdia besitzt heute den **größten Fischereihafen Tunesiens,** florierende Industriebetriebe und ist dabei, sich als Badeort hinter die bereits existierenden großen Touristenzentren einzureihen.

Stadtrundgang
(s. Ortsplan)

Die Altstadt von Mahdia liegt auf einer Halbinsel. Sie ist der touristisch interessanteste Teil dieser ansonsten typischen Sahelstadt mit modernen Wohnvierteln, Industriebetrieben und dem neuen Fischerhafen. Zwischen diesem und der alten Medina liegt das Zentrum der Neustadt mit Bahnhof, Marktplatz (am Freitagmorgen lebhafter Wochenmarkt) und Markthalle.

Ein Stück oberhalb des Hafens führt vom Ende der *Av. Bourguiba* aus ein über 40 m langer, dunkler Tunnel im monumentalen Stadttor *Skifa el Kahla* („dunkler Durchgang") in die kleine Medina. Dieses Tor war früher der einzige Zugang zur Stadt. Es wurde 1554 nach der Zerstörung der alten fatimidischen Stadtbefestigung durch die Spanier von den Türken wieder aufgebaut und ist der einzige intakte Rest der früheren Ummauerung (von oben – Zugang vom Museum nebenan – schöner Blick über Stadt und Hafen).

★Medina

Hinter dem Tunnel führt die *Rue Obeid Allah el Mehdi* ins Herz der Altstadt. Gleich am Anfang rechts das **Touristenbüro**. Viele Schuh-, Schmuck- und einige Souvenirgeschäfte säumen die Hauptgasse. In den Altstadtgassen entdecken wir Fischer beim Netzeflicken. In kleinen Werkstätten hämmern Schreiner, werkeln Schuster, Goldschmiede und andere Handwerker, und aus vielen der offenen Türen klingt das hölzerne Klappern der Hand-Webstühle, übertönt vom Krach der Mopeds und Mofas, die ungerührt ihre Runden durch die Gassen drehen. Der idyllischste Platz der Stadt ist der *Place du Caire* vor der kleinen *Haji-Mustapha-Hamza-Moschee* (hübsches farbig gekacheltes, achteckiges Minarett und reich verziertes Sandsteinportal). Dort in dem Café wird ein köstlicher türkischer Mokka serviert – Gelegenheit für eine genüßliche Rast unter schattenspendenden Bäumen.

Nur wenige Schritte weiter kommt man zu einem großen freien Platz mit der *Slimen-Hamza-Moschee* (links) und der *Großen Moschee* (rechts). In den Jahren 1961 bis 1965 entstand hier nach alten Bauplänen eine Kopie der fatimidischen Moschee aus dem 10. Jahrhundert, die einst an dieser Stelle stand. Sie wurde von den Spaniern bei ihrem Abzug 1554 zerstört und später von einem provisorischen Bau ersetzt, der 1960 wegen Baufälligkeit abgerissen wurde. Die Moschee mit ihrer einfachen Fassade besitzt kein Minarett und wirkt auch sonst eher wie eine Festung. (Zugang zum Innenhof ist außerhalb der Gebetszeiten möglich). Ein säulengestützter Bogengang umläuft den großen und schlichten Hof. Sieben Holztore führen zum Gebetssaal mit seinen vielen, zum Teil „gebündelten" Säulen.

Mahdia: Alter fatimidischer Hafen beim Cap Afrique

Beim Bummel durch die Medina fallen die verschiedenartigen, oft sehr kunstvollen Türeinfassungen auf, die teilweise auch bei einfachsten Wohnhäusern mit bunten Kacheln und schönen Steinmetzarbeiten versehen sind.

Folgt man auf dem Weg von der Moschee in Richtung Capspitze der *Rue du Port* entlang der Steilküste, passiert man kurz nach dem hübsch am Meer gelegenen Café *Sidi Salem* eine eingezäunte Ausgrabungsstätte mit Fundamentresten einfacher Wohnhäuser und Villen aus fatimidischer Zeit. Direkt im Anschluß, etwa in der Mitte der Halbinsel, liegt das

★Bordj el Kebir

(Geöffnet täglich außer Montag und den Gebetszeiten am Freitag: April bis September 9–13 und 15–18 Uhr, Oktober bis März 9.30–16.30 Uhr; Eintritt 1,1 TD, Fotoerlaubnis 1 TD).

Das türkische Fort wurde 1595 auf fatimidischen Palastfundamenten errichtet, in der Folgezeit erweitert und ausgebaut, von den Franzosen als Gefängnis genutzt und in jüngster Zeit stark restauriert. Es lohnt einen Besuch höchstens wegen der schönen Aussicht vom Mauerumlauf über die Stadt, den fatimidischen Hafen und das *Cap Afrique* beim Leuchtturm. Früher führte von der Festung ein unterirdischer Gang hinab zum Hafen. Auf Bitten zeigt der Wärter den Eingang zu diesem – inzwischen verschütteten – Tunnel.

Reizvoll ist ein Spaziergang vom Bordj bis zum Leuchtturm am Ende der Halbinsel. Unterhalb des großen islamischen Friedhofs zwischen Fort

Straßenszene in Mahdia

und Leuchtturm finden wir das in den massiven Fels geschlagene Becken des fatimidischen Hafens, das vermutlich auf phönizische Zeit zurückgeht. Zwei Wehrtürme bewachten einst die Einfahrt. Entlang der Küste sind in Abständen noch Reste der fatimidischen Stadtbefestigung erkennbar.

★Museum Mahdia

(am Eingang zur Medina; geöffnet tägl. außer Mo 9–13 u. 15–18 Uhr (April–Sept.), 9.30–16.30 Uhr (Oktober–März), Eintritt 1,1 TD, Fotoerlaubnis 1 TD)

Das neue, sehenswerte, großzügig und hell gestaltete Museum enthält im EG Grabstelen, Tongefäße, Amphoren etc. aus der punischen Epoche; aus römischer Zeit stammen eindrucksvolle Mosaiken aus der Region Mahdia, Öllampen, Glas- und Keramikgefäße sowie Marmorstatuen. In den Räumen des OG, der islamischen Abteilung, stehen reich verzierte Grabsteine und -platten aus fatimidischer Zeit, bunt bemalte Holztruhen, im „Atelier de Tissage“ verschiedene Webrahmen zur Teppichherstellung. Im Tresorraum sind Münzen, alte Koranschriften und prächtiger Gold- und Silberschmuck zu sehen sowie traditionelle Gewänder. Über das Museum auch Zutritt zum Stadttor mit schönem Blick über Mahdia.

Vorwahl für Mahdia: 03

Touristeninformation

ONTT-Büro
Rue Obaid Allah el Mehdi (gleich hinter dem Stadttor am Eingang zur Medina).

Unterkunft

Hotel

Stadthotels

Al Jazirah

36, Rue Ben Fourat, Tel. 68 02 74, DZ 20/16 TD mit Dusche, WC. In Nebenstraße der Altstadt direkt am Meer gelegenes kleines, einfaches, ordentliches Hotel mit hübscher Dachterrasse, frdl. Service.

El Rand

20 Av. Taieb Mehri (ca. 1 km ab Zentrum), Tel. 68 05 25, DZ 24/16 TD. Schlichtes, ziemlich abgenutztes Hotel für sehr bescheidene Ansprüche. Zimmer z.T. mit Dusche. Restaurant.

Strandhotels

Auswahl aus derzeit ca. 16 Hotels (von Mahdia/Zentrum 3 bis max. 7 km stadtauswärts):

Corniche

Av. 7. Novembre (Route de la Corniche), Tel. 69 42 01, DZ 24/15 TD, einfache Zimmer mit Dusche + WC oder Etagenbad/-WC, teilweise mit Balkon zum Meer. Direkt am öffentlichen Strand gelegen. Evtl. Straßenlärm. Im Haus Pizzeria, Café.

Les Sable d'Or

Tel. 68 11 37, DZ ca. 25 TD; etwas abgewohnt, Parkmöglichkeit im Innenhof.

Scirocco Beach ***

Tel. 69 56 55, DZ 100/32 TD.

El Mehdi***

Tel. 69 63 00, DZ 90/30 TD, sehr kinderfreundlich.

Cap Mahdia***

Tel. 68 03 00, DZ 140/52 TD (mit VP): gemütlich wirkendes Strandhotel im maurischen Stil mit hübschem parkähnlichen Garten, ca. 2,5 km zur Altstadt.

Dynastie***

Tel. 69 48 89, DZ 104/34.

El Fatimi****

Tel. 69 67 33, DZ 110/42 TD; ca. 4 km zur Altstadt.

Thapsus***

Tel. 69 44 95, DZ 110/36 TD; geschmackvoll und modern ausgestattetes Hotel; frdl. Service, bewachter Parkplatz, ca. 7 km zur Altstadt.

Jugendherberge

Rue Ibn Rached. Sehr sauber, auch 2-Bett-Zimmer. Ganzjährig geöffnet.

Camping

Ausgeschilderter Campingplatz an der Rue Cap d'Afrique vor Restaurant, lt. Leser schmutzig und zu teuer. Stellmöglichkeiten aber an Capspitze zwischen Leuchtturm und Meer; passable Lücken auch zwischen Hotels in Strandzone.

Essen und Trinken

Zusätzlich zu den Hotelrestaurants gibt es v.a. am Beginn der Strandhotelzone Restaurants, Pizzerien etc.

Le Lido und **Le Quai** (jeweils 1 Gabel)
Im Zentrum, beim Fischerhafen (Av. F. Hached). Die Lokale liegen fast nebeneinander und sind beide lizensiert. Sie bieten bei etwa gleichem Preisniveau und Angebot vor allem Fischgerichte. Leser bevorzugen das *Le Quai.*

El Medina

direkt neben Markthalle; einfaches, preiswertes, populäres Lokal ohne Alkohollizenz. Der freundliche, altgediente Kellner (Schnauzbart, gelbe Jacke) bedient die Gäste auf Deutsch.

Sandsteinportal an einem Wohnhaus

Sidi Salem
stimmungsvolles, aussichtsreiches Café (serviert auch kleine Gerichte) über dem Meer nahe Bordj el Kebir.

Sport, Aktivitäten

Strandhotels meist mit abendlichem Unterhaltungsprogramm, Swimmingpool, Tennisplätzen, Minigolf; einige mit Hallenbad, Maurischem Bad, Sauna, Squash-Court, Fahrrad- bzw. Mofavermietung, Diskothek, Nachtclub. Am Strand Segeln, Windsurfen, Wasserski. Reitmöglichkeit und -ausflüge auf Kamelen oder Pferden, Kutschfahrten.

Öffentliche Diskotheken auch an der Route de la Corniche.

Verkehrsverbindungen

- **Métro du Sahel** (Schnellbahn nach Monastir und Sousse): Bahnhof an Av. F. Hached nahe Fischerhafen. Fahrzeit/Tarife: nach Monastir ca. 1 Std./1,47 TD; nach Sousse ca. 1½ Std./2 TD.
- **Eisenbahn:** 2 Direktzüge nach Tunis.
- **Busse:** Busstation westl. der Stadt ca. 1,5 km ab Bahnhof. Regelmäßige Verbindung nach Sfax, Sousse, El Djem und in die umliegenden Orte. Haltestelle für div. Busse auch nahe Markthalle. Etwa stündl. Busverbindung zwischen Hotelzone und Zentrum.
- **Louages:** Louagestation bei Busstation. Verbindungen wie Busse sowie zu verschiedenen Sahelorten.
- **Touristenbähnchen:** am Markttag zwischen Zentrum und Hotelzone (1,5 TD).

Sonstiges

- **Wochenmarkt:** Freitag vormittags beim Fischerhafen.
- **Mietwagen:** Auskünfte und Buchung über die größeren Hotels.
  Avis
  Av. H.Bourguiba, Tel. 69 63 42.
  Hertz
  Av. H.Bourguiba, Tel. 69 52 55.
- **Feste:** *Festival Mahdia:* etwa zweiwöchiges Fest im Juli/Aug. mit Theater, Musik, Tanz und Folklore im Bordj el Kebir. *Olivenfest* im Nov.

Von **Mahdia** aus erreichen wir nach 12 km auf der Küstenstraße **Ksour Essaf.** (Günstig für einen Besuch des nahen römischen Amphitheaters *El Djem;* s. Route B2). Beim Kreisverkehr mit Uhrturm kurz nach dem Ortszentrum bietet sich die Möglichkeit für einen

Abstecher nach Salakta und zu den Katakomben von Arch Zara

(Anfahrt 5, 6 bzw. 9 km)

Wir biegen links ab (beschildert „Musée") und erreichen nach 5 km den kleinen neuen Fischerhafen am *Ras Salakta.*

Hier links (mit einsamer Säule davor) ein archäologisches **Museum** (geöffnet tägl. außer Mo von 9–13 und 14–18 Uhr (1.4 bis 30.9) bzw. 9–16.30 (1.10 bis 31.3.); Eintritt 1,1 TD). Im Eingang begrüßt uns ein großes, aus winzigen Steinchen gefertigtes Löwenmosaik (3. Jh.). Die Innenräume zeigen u.a. karge Bauteile (Kapitelle, Säulenstümpfe) des römischen *Sullecthum* sowie Tongefäße und Statuen, Amphoren, ein in Sand gebettetes Skelett mit einigen Grabbeigaben – leider fehlen nähere Erläuterungen. Bilder und Fotos aus einem britisch/tunesischen Projekt zur Erforschung römischer Produktionsstätten von Töpferwaren demonstrieren Techniken der Tongewinnung und -verarbeitung. Interessant ist die Nachbildung eines Schwarz-Weiß-Mosaiks, das die Handelsbeziehungen zwischen Ostia (Rom) mit Sullecthum und anderen römischen Häfen in Afrika zum Motiv hat.

Links vom Museum liegt ein kleiner römischer Friedhof, und ein paar hundert Meter weiter nördlich beginnt ein schöner, wenngleich mit viel Tang bedeckter Sandstrand.

Folgt man dem Küstensträßchen vom Museum nach Süden, findet man nach etwa 600 m rechts im Gelände die spärlichen Reste des Mitte der 60er Jahre freigelegten römischen **Sullecthum:** Thermen und Bäderreste mit mehreren Becken, manche mit Mosaik ausgekleidet, darunter eines mit sechs runden Nischen. Die bis zu 4 m tiefen Becken dienten zur Herstellung von *Garum,* einer würzigen Fischpaste. Nahebei auch höheres Gemäuer, das zwischen den heutigen Wohnhäusern teilweise in Gartenmauern integriert wurde; weitere Mauerreste auch im Meer.

Katakomben von Arch Zara

Etwa 600 m weiter südlich (1,2 km ab Museum) verlassen wir das Küstensträßchen nach rechts, fahren 500 m Richtung Inland, um dann scharf links auf ein ungeteertes Sträßchen (parallel zu Hochspannungsleitungen; bei Nässe sehr schmierig) einzubiegen. Nach 1,6 km liegt links des Wegs eine eingebrochene, römische Zisterne; knapp 100 m danach führt ein Weg 200 m nach links bis zu einer bombentrichterartigen Mulde bei einigen Feigenbäumen im freien Feld: die Eingänge zu den *Katakomben von Arch Zara* (unbewacht; evtl. kommt ein Bewohner von den nahen Häusern). Mit einer Taschenlampe (!) steigt man hinab in das stockdunkle Gewölbe. Vorsicht: Kopf einziehen! Die Decken mancher der ohnehin nicht sehr hohen Gänge hängen durch und sind da und dort bereits eingestürzt. Hunderte von Metern kann man den langen, sich immer wieder verzweigenden Tunnels in gebückter Haltung folgen. Im Schein der Lampe erkennt man unzählige Grabnischen verschiedener Größe, vier bis fünf an jeder Seite übereinander, die kleinen für Urnen oder Kinder, die großen für die Erwachsenen; separate Räume dienten ganzen Familien oder religiösen Bruderschaften als „Privat“-Gruften. Wie die Katakomben in Sousse dürfte auch diese frühchristliche Grabanlage im 2.–4. Jh. entstanden sein.

Man tut gut daran, sich seine Marschroute für den Rückweg genau einzuprägen. Fazit: eine ungewöhnliche, etwas gruselige Exkursion, weitaus interessanter und aufschlußreicher als ein Besuch des kärglichen Katakombenabschnittes in Sousse.

Weiter von **Ksour Essaf** auf der Küstenstraße C82 Richtung Chebba.

Abstecher zum Strand

Nach 15 km führt ein Sträßchen links weg nach *Ghedhabna;* es endet nach reichlich 2 km an einem kilometerlangen Sandstrand (etwas Teer und Tang), zum Inland hin schöner Busch- und Laubmischwald. Große Parkfläche/Stellmöglichkeit für Wohnmobile. 200 m vor Ende des Zufahrtssträßchens geht ein Waldweg rechts weg, der parallel zur Küste verläuft und von dem immer wieder kleine Stichwege zu noch einsameren Strandabschnitten abzweigen.

Knapp hinter km-Stein „Sfax 72/Mahdia 33“ (ca. 4,5 km ab Ghedhabna-Abzweig) erneut Möglichkeit zu einem

Abstecher zum Strand

Abzweig links nach „La Plage“ und „Centre des Jeunes La Chebba“. Nach 1,7 km großes Jugend- und Freizeitzentrum mit Jugendherberge (Campingmöglichkeit). Wer es einsamer mag, findet auch in den umliegenden Wäldchen schöne Stellmöglichkeiten. Das Sträßchen endet ein paar hundert Meter weiter am Meer – hier wieder ein endlos erscheinender Sandstrand (Verlängerung des oben erwähnten Strandes) mit einigen felsigen Abschnitten.

Chebba, das man kurz danach (25 km ab Ksour Essaf) erreicht, hat nichts zu bieten, obwohl ein touristischer Ausbau langfristig geplant ist (zur Zeit einziges Hotel **Lahmar,** Tel. 03-68 30 77, DZ 10 TD; karge Herberge; Etagenbad/-dusche/-WC; nur für Notfälle).

Abstecher zur Halbinsel Ras Kaboudia

Bei der Moschee von Chebba zweigt links ein Sträßchen ab (beschildert „La Plage“, „Port“) zum kleinen Seebad von **Ras Kaboudia** (das römische *Caput Vada)* mit Sommerhäusern in einer schönen, teils sandigen, teils felsigen, schattenlosen Strandzone. Hier landete im Jahr 533 der byzantinische Feldherr Belisar mit seinen Truppen zur Eroberung des tunesischen Vandalenreichs. Der weithin sichtbare Rundturm, den wir passieren, ist der stark restaurierte letzte Rest des *Ribats von Khadidja,* einer auf den Fundamenten einer byzantinischen Festung errichteten ehemaligen „Klosterburg“. Das Sträßchen endet kurz darauf (km 4,5) beim Fischerhafen von Chebba.

Weiterfahrt von **Chebba** Richtung Sfax: Nach 21 km (ca. 500 m hinter km-Stein „Sfax 47/Mahdia 58“ führt ein mit „Boutria“ beschilderter Feldweg links weg.

Abstecher nach Ras Bou Tria – römisches Acholla

Dieser Abstecher würde sich eher lohnen, hätte man die dort gefundenen phantastischen Mosaiken nicht fast allesamt ins Bardo-Museum (z.B. das großartige Mosaik „Triumph des Bacchus") bzw. nach Sfax verbracht. So erreicht man nach ca. 4 km am Ende des Dorfes **Boutria** gegenüber dem letzten Haus zunächst das zur Müllkippe degradierte Amphitheater und 300 m weiter ein eingezäuntes Gelände, in dem ein nur arabisch sprechender Wärter uns zu den kärglichen Resten von Thermen und Zisternen, zu Säulenfragmenten, Kapitellen und zu geplünderten Villen mit einigen zerkrümelnden Mosaikfragmenten führt.

Nach so vielen Abschweifungen von der Route halten wir uns nun zielstrebig an unsere Hauptstrecke. Wir tauchen bald ein in die endlosen, linealgeraden Baumreihen des Sfaxer Ölbaumwaldes. Dieses größte zusammenhängende Olivenanbaugebiet des gesamten Maghreb erstreckt sich weit nach Westen bis hinein ins versteppte Hinterland und nach Süden bis jenseits von Mahrès. Schließlich erreichen wir die Großstadt **Sfax.**

Sfax

Zweitgrößte Stadt Tunesiens mit fast 300 000 EW, **Wirtschafts- und Handelszentrum** des südtunesischen Raumes. Wichtiger Handels- und Fischereihafen, bedeutende Industriestadt (Phosphatwerke, Zentrum der Olivenverarbeitung, Seifen-, Textil-, Möbel-, Konservenfabriken, Meersalzabbau, Halfagrasverarbeitung), Standort mehrerer Hoch- und Fachschulen. Sfax gilt als die betriebsamste Stadt des ganzen Landes, und die Bewohner werden von ihren Landsleuten (in einer Mischung aus Neid und Anerkennung) als die fleißigsten und tüchtigsten Tunesier bezeichnet.

Kaum Tourismus – die wirtschaftlich erfolgreichste Stadt des Landes kann es sich leisten, diesen oft unberechenbaren Wirtschaftssektor weitgehend zu ignorieren; abgesehen davon fehlt es an geeigneten Badestränden. Dennoch bietet die Großstadt Sfax dem Besucher neben einer eher europäisch anmutenden Neustadt auch Sehenswertes und Interessantes, z.B. das Archäologische und das Volkskunstmuseum, v.a. aber die alte, von einer tausendjährigen Mauer umgebene **Medina** mit Kasbah, Stadttoren und turmartigen Bastionen – ohne „Touristengassen", ohne aufdringliche Händler, dafür mit ursprünglichen Souks, interessanten Bauten und unverfälscht orientalischer Atmosphäre. Hinzu kommt die auffallend freundliche, zurückhaltende, hilfsbereite, kurzum sympathische Bevölkerung.

Geschichte

Sie ist schnell abgehandelt. Zwar gab es auch hier schon zu Römerzeiten eine Siedlung *(Taparura),* die jedoch nie große Bedeutung erlangte. Die **Aghlabiden** errichteten im 9. Jh. auf alten Fundamenten die Stadt Sfax mit Großer Moschee, einem Ribat und gewaltigen Stadtmauern. Die Stadt brachte es bald zu spürbarem Wohlstand durch Handel mit den Hauptprodukten des Sahel (Obst, Oliven und Olivenöl, Getreide, Salz, Wolle,

Bab Diwan – Eingang zur Medina

Fisch). Den Einfall der Beni Hilal im 11. Jh., der das restliche Land in ein Chaos versetzte, überlebte Sfax als Hauptstadt eines kleinen, unabhängigen Emirats. Mitte des 12. Jh. wurde es vorübergehend von den Normannen besetzt und versank später in relative Bedeutungslosigkeit. Erst während der **Protektoratszeit** unter den Franzosen, die die Stadt im Jahr 1881 nach heftigem Beschuß vom Meer her einnehmen konnten, ging es wieder spürbar aufwärts. Sfax entwickelte sich durch Hafenausbau und Bau der Eisenbahnlinie zu den Phosphatminen von Metlaoui zu einem **bedeutenden Ausfuhrhafen.** Die Stadt wurde nach schweren Zerstörungen im 2. Weltkrieg wieder aufgebaut und erlebte in den folgenden Jahrzehnten einen starken wirtschaftlichen Aufschwung. Sfax ist heute – auch ohne Touristen – wohl die **reichste Stadt Tunesiens.**

Stadtbesichtigung

Die Medina

(Plan s. Seite 472)

Achtung: Die Geschäfte der Medina sind **montags geschlossen.**

Hauptattraktion von Sfax ist die Medina. Sie ist noch heute von einer im 9. Jh. von den Aghlabiden gebauten, von den Türken verstärkten, im 2. Weltkrieg beschädigten und danach teilrestaurierten, etwa 2 km langen Mauer umschlossen. In der Medina liegen kleine Läden, Werkstätten, Cafés, lebhafte Märkte und ruhige Wohngebiete. Mit ihren relativ geradlinig und parallel verlaufenden Gassen ist sie für den Besucher weniger verwirrend als andere Altstädte. Ein Medinabummel offenbart weitgehend unverfälschtes orientalisches Leben und eine Fülle interessanter architektonischer Details. Kein Haus ist wie das andere, keine Tür gleicht der vorhergehenden. Man entdeckt prächtige Marmor- oder Sandsteinportale, kunstvoll geschnitzte Holztüren, geschmiedete Fenstergitter und windschiefe Holzbalkone. Mehr als in anderen Orten sieht man Bewohner in traditioneller Kleidung. Am besten, man läßt sich einfach treiben. Dennoch einige Hinweise, die das Aufspüren der wichtigsten Sehenswürdigkeiten erleichtern sollen.

Vom Zentrum der Neustadt aus führt der *Bd. de la République* direkt auf den **Bab Diwan,** das mächtige Haupteingangstor der Medina, zu. Vom ursprünglich dreibogigen Stadttor (1306) blieb nur dessen linker Torbogen erhalten, der Rest wurde nach den Luftangriffen von 1943 neu aufgebaut. Die hinter dem Tor beginnenden parallelen Straßenzüge *Rue de la Grande Mosquée* bzw. *Rue Mongi*

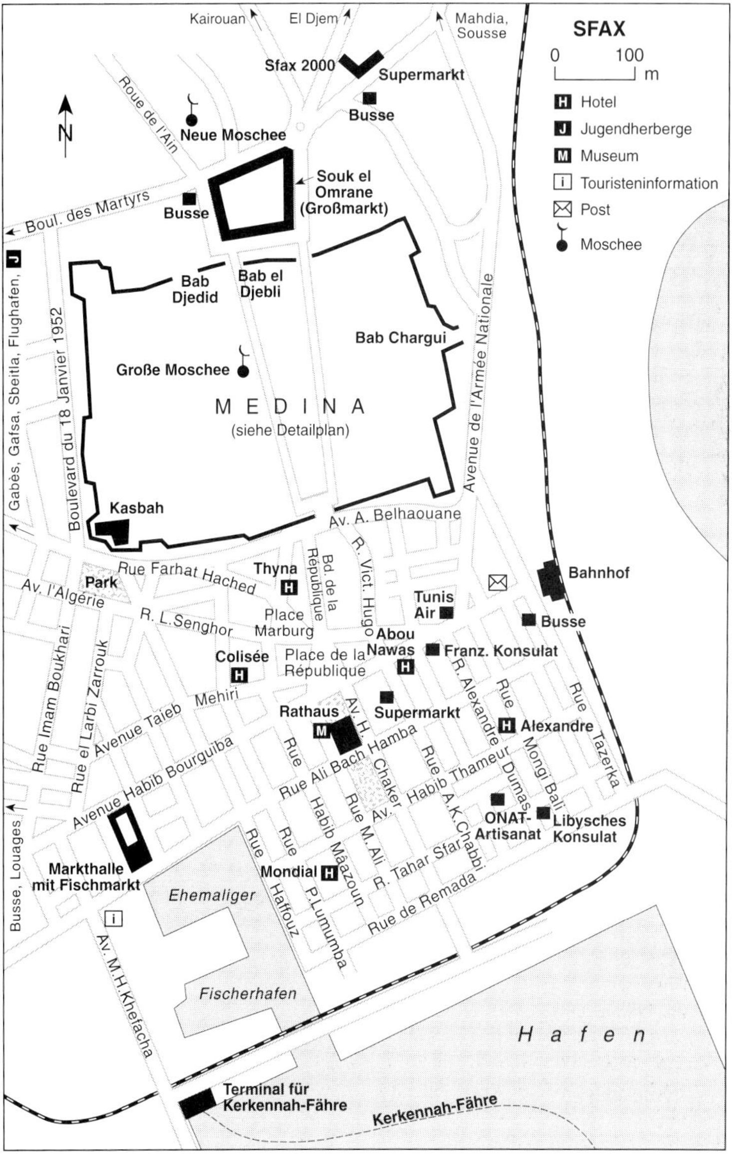

Routenteil B

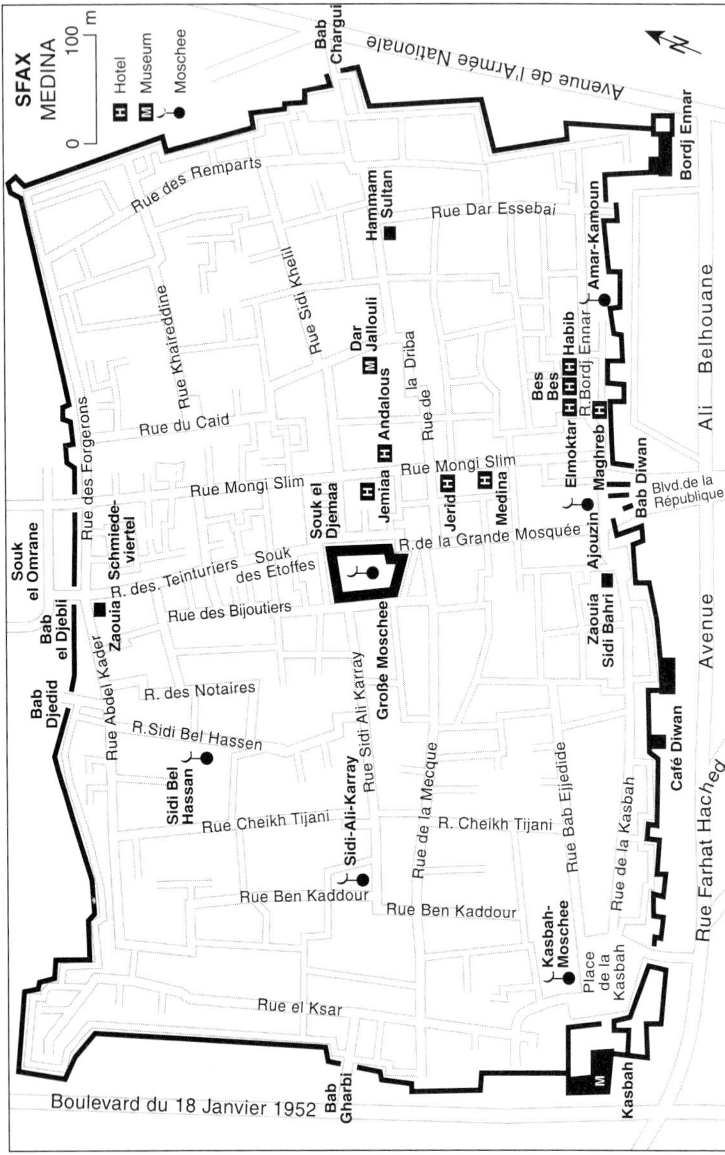
SFAX
MEDINA
0
100
m
H Hotel
M Museum
Moschee
Bab Chargui
Avenue de l'Armée Nationale
Bordj Ennar
Rue des Remparts
Hammam Sultan
Rue Dar Essebai
Amar-Kamoun
Rue Khaireddine
Rue Sidi Khelil
Dar Jallouli
Andalous
Rue de la Driba
Bes Bes
Habib
R.Bordj Ennar
Elmoktar
Maghreb
Bab Diwan
Blvd.de la République
Ali Belhouane
Rue du Caid
Rue des Forgerons
Rue Mongi Slim
Rue Mongi Slim
Jemiaa
Jerid
Medina
Souk el Djemaa
Souk el Omrane
Schmiede-viertel
R.de la Grande Mosquée
Ajouzin
R. des. Teinturiers
Souk des Etoffes
Zaouia
Bab el Djebli
Rue des Bijoutiers
Große Moschee
Zaouia Sidi Bahri
Rue Abdel Kader
Bab Djedid
R. des Notaires
Rue Sidi Ali Karray
R.Sidi Bel Hassen
Sidi Bel Hassan
Avenue
Café Diwan
Rue de la Mecque
Rue Bab Ejjedide
Rue de la Kasbah
Rue Farhat Hached
Rue Cheikh Tijani
R. Cheikh Tijani
Sidi-Ali-Karray
Rue Ben Kaddour
Rue Ben Kaddour
Kasbah-Moschee
Place de la Kasbah
Rue el Ksar
Kasbah
Bab Gharbi
Boulevard du 18 Janvier 1952

Slim führen uns mitten hinein ins Herz der Medina. Folgen wir zunächst der Hauptdurchgangsgasse, der *Rue Mongi Slim*, anfänglich gesäumt von zahlreichen Geschäften für Lederwaren, Taschen, Jeans und andere moderne Waren und mit kleinen Hotels dazwischen. Folgen wir der dritten Gasse, *Rue de la Driba,* nach rechts und dann der *Rue Cheikh Sidi Ali Ennouri* nach links, finden wir in Haus Nr. 5 das schon aus architektonischen Gründen sehenswerte

★Dar-Jallouli-Museum

(Musée des Art et Traditions Populaires; geöffnet Di–So 9.30–16.30 Uhr, Eintritt 1,1 TD, Fotoerlaubnis 1 TD; 1998 wegen Restaurierungsarbeiten geschlossen).

Hinter unscheinbarer Fassade verbirgt sich ein stattliches andalusisches Bürgerhaus aus dem 17. Jh. Der große Innenhof ist von Arkaden gesäumt und mit schönen Kacheln und Stuckarbeiten verziert, die Räume besitzen teilweise prachtvoll bemalte Holzdekken. Gerätschaften für Küche und Vorratshaltung, kunstvoll gearbeitete, gedrechselte, bemalte und geschnitzte Möbel (Truhen, Regale etc.) findet man im Erdgeschoß. Die Räume des oberen Stockwerks bergen u.a. traditionelle Kleidung, Berberkostüme, Hochzeitsgewänder, Schmuck, ferner alte Schriften und Kalligraphien mit den zugehörigen Schreibgeräten sowie großartige Hinterglasbilder.

Auf Höhe von Haus 111 der *Rue Mongi Slim* geht es links zum *Souk el Djemaa*, eine Art Flohmarkt, auf dem auch diverser technischer Krims-Krams verkauft wird. Er ist umgeben von Werkstätten und Häusern mit recht baufälligen Holzbalkonen. Besonders lebhaftes Treiben herrscht hier freitags zum Wochenmarkt.

Nebenan stoßen wir in der *Rue de la Grande Mosquée* auf die

★Große Moschee

(Kein Zugang für Nicht-Muslime), ein im Ursprung auf die Aghlabidenzeit (9. Jh.) zurückgehender, jedoch mehrfach umgestalteter Bau. Besonders interessant dessen östliche Außenwand mit vielen Wandnischen, Steinbögen, eingelassenen Schrift- und Zierplatten (beachtenswert eine byzantinische Marmortafel mit der Darstellung von zwei Pfauen, Weintrauben, kleinen Vögeln und einer griechischen Inschrift). Das mehrstufige, gedrungene Minarett wird von kufischen Schriften und Ornamentbändern umlaufen. Seine Ähnlichkeit mit dem Minarett der Sidi-Okba-Moschee von Kairouan ist nicht zufällig, die Moschee von Sfax war ursprünglich eine genaue Kopie des Kairouaner Baus im Maßstab 1:5.

Der zentrale **Souk** mit teilweise überdeckten Gassen schließt sich nördlich an die Große Moschee an. Im *Souk des Etoffes* finden wir die Stoff-, Tuch- und Kleiderhändler; Schneider sitzen an rasselnden Nähmaschinen und fertigen traditionelle Gewänder, dazwischen Teppichgeschäfte. Freunde prächtigen Gold- und Silberschmucks kommen in der linken Parallelgasse, *Rue des Bijoutiers*, auf ihre Kosten. Die *Rue des Teinturiers*, die Färbergasse, in der schon lange keine bunten Wollstränge mehr zum Trocknen hängen, führt zum nördlichen Stadttor, dem **Bab el Djebli.** Sehenswert dort links an der Ecke mit der *Rue Abdel Kader* eine kleine **Zaouia** mit prächtigem Eingangsportal. Gleich rechts um die Ecke in der *Rue* *des Forgerons* ist das **Schmiedeviertel.** Lautes Gehämmere und der Qualm der Schmiedefeuer kommen aus den Werkstätten im Innenhof eines ehemaligen Foundouks.

Das mit Blech und Eisennägeln beschlagene, mit Steinschriften umrandete und von Säulen flankierte Tor **Bab el Djebli** und die anschließende Stadtmauer entgingen den Zerstörungen im 2. Weltkrieg; sie sind im Gegensatz zu den restaurierten bzw. neuerbauten Abschnitten im südlichen Teil noch weitgehend original aus der Erbauungszeit im 9. Jh. erhalten.

Gleich außerhalb der Medina an der Nordmauer schließt sich der **Souk el Omrane** an, eine moderne, aber dem traditionellen Stil nachempfundene große Markthalle, wo Fleisch, Fisch, Obst, Gemüse etc. gehandelt werden (eine weitere kleinere Markthalle mit Fischmarkt existiert beim alten Fischerhafen). Wie schon in den Souks herrscht auch hier buntes Leben und geschäftiges Treiben, ganz im Gegensatz zum sterilen Einkaufszentrum **Sfax 2000** nahebei, das bei der Bevölkerung offenbar nicht richtig ankommt. Auch der moderne Sfaxer tätigt seine Einkäufe lieber im gewohnten Getümmel der Souks.

Weiter in der Medina vom *Bab Djebli* auf der *Rue Abdel Kader* zum **Bab Djedid**. Links weiter auf der *Rue Sidi Bel Hassan* passieren wir sogleich die **Moschee Sidi Bel Hassan** mit schönem Sandsteinportal und kunstvoll verzierter Außenfassade. Unweit, in der *Rue Sidi Ali Karray,* liegt die zweitwichtigste Moschee der Stadt, **Sidi Ali Karray,** einem großen islamischen Glaubenskämpfer gewidmet. Die **Kasbah** (aus dem 12. und 17. Jh.) in der Südwestecke der ummauerten Altstadt wurde stark restauriert; von

In der Rue des Forgerons arbeiten die Schmiede

ihrem Turm schöner Blick über die Stadt bis zum Meer. Im Innern neben einem Freilichttheater das kleine **Musée de Architecture Traditionelle** (geöffnet Di–So 9.30–18.30 Uhr, Eintritt 1,1 TD, Fotoerlaubnis 1 TD).

Auf dem Rückweg zum Bab Diwan entlang der *Rue de la Kasbah* bietet sich in der Südmauer das originelle maurische *Café Diwan* im 1. Stock zur Rast an: freundliches, blau-weißes Mobiliar, Kellner in Pluderhosen, schöner Blick von der Terrasse auf der Stadtmauer; hier trifft sich die Stadtjugend zum Teetrinken und Wasserpfeiferauchen. Touristen sind selten.

Das **Bordj Ennar** in der Südostekke der Medinaummauerung beherbergt die ASM (Gesellschaft zur Erhaltung der Medina) und ist für Besucher nicht zugänglich

Die Neustadt

Die großzügig angelegte Neustadt (zwischen Medina und Hafen) geht auf die französische Protektoratszeit zurück. Nach den Zerstörungen im 2. Weltkrieg wieder aufgebaut, besteht sie heute aus einem einträchtigen Nebeneinander von modernen Hochhäusern, verspielten Kolonialbauten und Gebäuden im landesüblichen Stil. In schachbrettartig angeordneten, oft von Bäumen gesäumten und von kleinen Parks unterbrochenen Straßenzügen liegen Bahnhof, Verkehrsamt, Post, Hotels, Restaurants und Cafés, Banken, Reisebüros, Mietwagenagenturen, Geschäfte für den etwas „gehobeneren“ Bedarf und verschiedene Verwaltungsbauten.

Das **Rathaus** der Stadt ist ein prachtvoller Kolonialbau mit Kuppeldach, minarettähnlichem Uhrturm und Glocke, die – ungewöhnlich in einem islamischen Land – um 12 Uhr die Stunde schlägt. In dem Gebäude befindet sich ein

★Archäologisches Museum

(Geöffnet täglich außer sonntags 9–13 und 15–18 Uhr; Eintritt 1,1 TD, Fotoerlaubnis 1 TD; die Räume wirken verstaubt und ziemlich düster).

Eingangshalle/Raum I: Islamische Exponate (Schriften auf Papyrus und Pergament, Ledereinbände von Koranbüchern etc.)

Raum II: Frühchristliche Exponate aus *La Skhira* und *Thaenae* (s. Route B5) sowie aus Sfax: Grabplattenmosaike (u.a. „Daniel in der Löwengrube“), Öllampen, Urnen und Gefäße aus Ton. Schöne Marmorurnen von den Kerkennah-Inseln.

Raum III: Aus dem antiken *Thaenae:* Mosaiken (u.a. „Poet Ennius mit den neun Musen“), Stelen, Urnen, sowie Münzen aus dem 4. Jh., die man im Brunnenschacht eines Badehauses entdeckte. Interessant auch eine Kollektion von Öllampen vom 4. Jh. vor Chr. bis ins 10. Jh. n.Chr.

Die **„Räume“ IV, V, VI und VII** (Nischen bzw. Korridore der Eingangshalle) beinhalten weitere Mosaiken, ferner vorgeschichtliche Funde aus den Regionen um Gabès und Gafsa (Werkzeuge, Pfeilspitzen) und eine Sphinx-Figur aus Haidra.

Im **Obergeschoß** ist nur noch der kuppelüberspannte Raum mit Marmorwänden, großem Bodenmosaik, Säulen und aufwendiger Stuckverzierung sehenswert. Der Rest des Gebäudes sind Büroräume des Rathauses.

Das Hafenviertel

Südwestlich an die Neustadt grenzt der **ehemalige Fischerhafen**, dane-

Im Handelshafen wird vor allem Phosphat verschifft

ben eine gut sortierte **Markthalle** mit **Fischmarkt.** Ein Stück weiter meerwärts finden wir das **ONTT-Touristenbüro** und kurz danach den **Fährhafen** zu den *Kerkennah-Inseln* (siehe S.479). Den besten Eindruck von der Größe des **Handelshafens** (Port de Sfax), zweitgrößter des Landes, erhält man von Bord einer Kerkennah-Fähre aus. Es werden vor allem Rohphosphat, Düngemittel, Olivenöl, Getreide und Salz verschifft. Der unromantische **neue Fischerhafen** liegt 2 km weiter südlich.

Gleich im Anschluß ans Hafengelände erstreckt sich ein ausgedehntes Industriegebiet. Dominierend die **Saline** mit ihren weißen Salzbergen. In großen Verdunstungsbecken werden pro Jahr 300 000 t Salz, überwiegend für den Export nach Europa, gewonnen.

Vorwahl für Sfax: 04

Touristeninformation

ONTT-Touristenbüro
Av. M.H. Khefacha am ehem. Fischerhafen, Tel. 21 10 40, geöffnet Mo–Do 8.30–17.45 Uhr, Fr und Sa 8.30–13.30 Uhr; Juli/August Mo–Sa 7.30–13.30 Uhr, So 9–12 Uhr.

Unterkunft

Hotel

Medinahotels

La Medina
53 Rue Mongi Slim, Tel. 22 03 54, DZ 8 TD; einfaches, sauberes Altstadthotel mit kleinen, teils düsteren Zimmern; Dusche gegen Aufpreis; Dachterrasse. Bei bescheidenen Ansprüchen o.k.

El Jerid
61 Rue Mongi Slim, Tel. 22 38 90, DZ 6 TD, Etagendusche 0,5 TD; sehr schlichte Herberge, mangelnde Sauberkeit.
El Jemiaa
Rue Mongi Slim, Tel. 22 13 42, DZ 8 TD; nur arabisch beschriftet; sehr kleine Zimmer mit Metallbetten, relativ sauber; nur für sehr bescheidene Ansprüche.
Maghreb
18 Rue Bordj Ennar (beim Bab Diwan), Tel. 22 00 57, DZ 7 TD; düstere Zimmer, keine Dusch- oder Bademöglichkeit; kaum zu empfehlen.
Elmoktar
19 Rue Bordj Ennar (beim Bab Diwan), Tel. 22 08 92; 10 TD, mit dunklen, zellenartigen Zimmern; nicht empfehlenswert.
Bes Bes
23 Rue Bordj Ennar (nahe Bab Diwan), Tel. 21 09 62, DZ 8 TD; sehr einfache Einrichtung, sanitäre Anlagen pflegebedürftig, keine Duschmöglichkeit. Mit kleinem Restaurant.
El Habib
Rue Bordj Ennar (nahe Bab Diwan), Tel. 22 13 73, DZ 10 TD; das wohl empfehlenswerteste Hotel in dieser Straße für bescheidene Ansprüche; einfache Zimmer mit Deckenventilator und Toilette.

Hotels in der Neustadt (Auswahl)

Abou Nawas (Sfax Centre)****
Av. H. Bourguiba, Luxushotel besonders für Geschäftsreisende; DZ 180 TD; Tel. 22 57 00, Fax 22 55 21,
Colisée*
Av. Taieb M'Hiri, Tel. 22 78 00, Fax 29 93 50, DZ 37 TD.
Thyna**
Pl. Marburg, Tel. 22 53 17, DZ 28 TD.
Alexandre
21 Rue Alexandre Dumas (nahe Bahnhof), Tel. 22 19 12, DZ 20 TD; gut geführtes Hotel mit Restaurant.
Mondial
Tel. 22 66 22, DZ 32 TD.

Hotels ausserhalb der Innenstadt

Amin*
Tel. 24 56 01, Fax 24 56 00, DZ 20 TD.
Ennaim
Tel. 22 75 64, DZ 14 TD.
Hannibal (Privatpension)
Tel. 23 43 29, DZ 18 TD.

Jugendherberge

Anfahrt ab Innenstadt ca. 1 km auf Rue F. Hached Richtung „Aeroport" bzw. „Gabès". Bei großem Straßenknotenpunkt nach links, beschildert „Stade Taieb Mhiri" (auf Flutlichtmasten des Stadions zuhalten). JH gleich rechts vor Stadion (hinter Steinmauer, nur arabisch beschriftet).

Camping

Kein offizieller Campingplatz; wenig verlockende Campingmöglichkeit im Gelände der Jugendherberge, 2 TD/Person, Auto 0,5 TD.

Essen und Trinken

Le Corail (3 Gabeln)
39 Rue H. Maazoun. Es gilt als eine der besten Adressen der Stadt. Auf zwei Etagen werden in gepflegter Atmosphäre ausgezeichnete Speisen zu angemessenen Preisen serviert.
Bagdad (1 Gabel)
63 Av. F. Hached; beliebtes Speiserestaurant mit tun. und europäischer Küche, empfehlenswert.

Le Barraka
Ca. 5 km ab Sfax Zentrum an Straße nach Sidi Mansour; Restaurantbetrieb nur im Sommer. Originelles, einfaches „Pfahlbau“-Restaurant in idyllischer Lage auf Holzsteg über dem Meer.

Café Diwan
Stimmungsvolles maurisches Café in Medina-Südmauer; beliebter Treffpunkt der Sfaxer Jugend.

Mehrere einfache und preiswerte, unlizensierte Restaurants und Garküchen in der Medina, v.a. beim *Bab Diwan.* Weitere Restaurants und Cafés im Bereich um den *Place de la Republique* im Zentrum der Neustadt.

Verkehrsverbindungen

- **Eisenbahn** 5x täglich über El Djem nach Tunis, 2x nach Gabès,1 Nachtzug über Gafsa nach Metlaoui.
- **Busse:** Haupt-Busstation für *Fernverbindungen* beim Bahnhof. Verbindungen u.a. nach Tunis, El Djem, Sousse, El Kef, Kairouan, Gabès, Medenine, Houmt-Souk (Djerba), Ben Guerdane, Tataouine, Kebili, Douz sowie zu den wichtigsten Sahelorten um Sfax. Lokale Busstation westlich der Neustadt.
- **Louages:** Zentrale Louagestationen nahe lokaler Busstation westl. der Neustadt. Etwa dieselben Zielorte wie Busse.
- **Flughafen:** Ca. 10 km außerhalb an der P14 Richtung Gafsa. Hauptziele: Tunis, Djerba, Paris.
- **Kerkennah-Fähre:** Fährgesellschaft Sonatrak. Terminal (Tel. 22 22 16) in Av. Mohamed Hedi Khefacha beim alten Fischerhafen. Verbindung 6 bis 8x täglich. Fahrzeit ca. 1¼ Std., näheres s. S.481).

Mietwagen

Avis, Rue Tahar Sfar, Tel. 22 46 05.
Hertz, Av. H, Bourguiba, Tel. 22 86 26.
Europcar
40 Rue Tahar Sfar, Tel. 22 66 80.

Sonstiges

- **Staatl. SOCOPA-Artisanat**
  Rue Hamadi Tej, geöffnet von 9–12 und 15–19 Uhr.
- **Fluggesellschaften:**
  Air France
  Rue Taïeb Méhiri, Tel. 22 48 47.
  Tunis Air
  4 Av. de l'Armée, Tel. 22 89 09/ 22 80 28.
- **Wochenmarkt:** Freitag im Souk el Djemaa und um die Große Moschee.
- **Feste:** *Festival de Sfax* im Juli/August in der Kasbah.

Ausflüge

Sidi Mansour

Lohnend zum 3tägigen Moussem im Juli/August (genaues Datum vom Fremdenverkehrsbüro). Anfahrt: Bus Nr. 3; bzw. von Sfax knapp 3 km auf C 82 Richtung Mahdia, dann rechts gut 10 km bis zum idyllisch am Meer gelegenen **Marabut Sidi Mansour** (nebenan Reste eines römischen Leuchtturmes) im gleichnamigen Ort.

Kerkennah-Inseln

s. S.479

Ruinen von Thaenae (Thyna)

ca. 12 km südlich; s. Route B5.

Plage de Chaffar

ca. 30 km südlich; s. Route B5.

El Djem

64 km nördlich; s. Route B2.

Kerkennah-Inseln – ein Ziel für Individualisten

Allgemeines

Auf Höhe von Sfax, eine gute Schiffsstunde vom Festland entfernt, liegen die von etwa 16 000 Menschen bewohnten Kerkennahs: die Hauptinsel **Chergui** (die „Östliche"), durch einen Damm verbunden mit der kleineren Insel **Gharbi** (die „Westliche") sowie diverse kleinere Nebeninseln.

Gleich eingangs ist anzumerken: Es gibt so gut wie keine Sehenswürdigkeiten auf den Inseln, die Landschaft bietet – im wahrsten Sinne des Wortes – keine Höhepunkte, sie ist absolut flach, meist mit lichtem Palmenbestand, da und dort einige Felder und Rebgärten, dazwischen Weideland, ein gutes Dutzend Dörfer, einige davon mit kleinen Fischerhäfen. Das umliegende Meer ist seicht, voller Sandbänke, und an der Küste dehnen sich weite Lagunen und Überflutungsgebiete aus (vor 10 000 Jahren waren die Inseln noch Teil des Festlands).

Außer einer Handvoll Hotels – bis auf eines konzentriert an dem schönen aber sehr flachen(!) Strand von *Sidi Fredj* – existieren keine touristischen Einrichtungen. Was die Inseln zu bieten haben, sind Ruhe, Abgeschiedenheit und stimmungsvolle Bilder: unter Palmen weidende Schafe, einsame Marabuts am Meer, farbenfrohe Wildblumen im Frühjahr, Fischerboote am Strand. Kerkennah ist das **ideale Ziel zum Ausspannen, Ausruhen, Abschalten.**

Insellandschaft

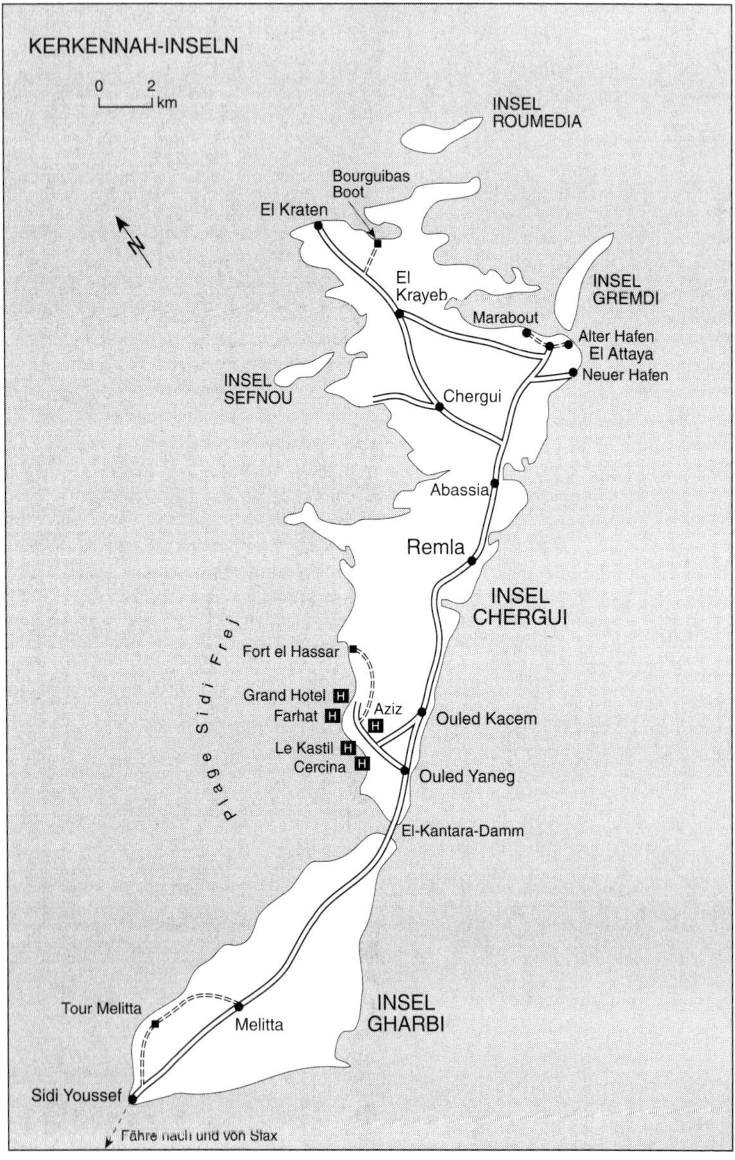
KERKENNAH-INSELN
0 2 km
N
INSEL ROUMEDIA
Bourguibas Boot
El Kraten
El Krayeb
INSEL GREMDI
Marabout
Alter Hafen
El Attaya
Neuer Hafen
INSEL SEFNOU
Chergui
Abassia
Remla
INSEL CHERGUI
Plage Sidi Frej
Fort el Hassar
Grand Hotel H
Farhat H
Aziz H
Ouled Kacem
Le Kastil H
Cercina H
Ouled Yaneg
El-Kantara-Damm
Tour Melitta
Melitta
INSEL GHARBI
Sidi Youssef
Fähre nach und von Sfax

Medina
Gasse in Tunis

In der Medina
Phantasievoll verzierte Eingangstüren

Mahdia: Am Place de Caire

Kunsthandwerk
Südtunesisches Bergland: In Heimarbeit entstehen bunte Webteppiche

oben links: Kupferschmied im Souk
oben rechts: Souvenirgeschäft auf Djerba
unten: Traditionelle Marionettenfiguren

Landschaften
oben: Strand von El Manzourah bei Kelibia (Cap Bon)
unten: Lichter Buschwald bei Hammam Mellegue (El Kef)

oben: Gehöft und weite Kornfelder nahe Makthar
unten: Ausgedehnte Olivenhaine im Sahel

Markt
Viehmarkt in Douz

Haupteinnahmequelle der Inselbewohner ist von alters her der **Fischfang,** der – wie auch auf Djerba – vielfach noch auf althergebrachte Weise betrieben wird. So fallen uns in den Fischerhäfen immer wieder Berge amphorenförmiger Tonkrüge *(Carrour)* auf, die kettenartig durch Schnüre miteinander verbunden sind. Sie werden zum Fang von Kraken bzw. Tintenfischen verwendet (Fangsaison ca. Oktober bis April) und abends – ohne Köder – im Wasser ausgelegt. Die Tiere lieben solche dunklen Höhlen, verkriechen sich nachts darin und müssen am nächsten Morgen nach dem Hochziehen von den Fischern nur noch herausgeholt werden. Auch stoßen wir im seichten Küstengewässer häufig auf V-förmig zusammenlaufende Fischfangvorrichtungen *(Zriba)* aus langen Reihen dicht nebeneinander in den Meeresgrund gesteckter Palmwedel. Die von der Flut herangetriebenen Fische werden durch die Strömung an der Spitze zusammengedrängt und wie durch einen Trichter in eine allseitig geschlossene Kammer geleitet, aus der es kein Entrinnen gibt. Was nicht frisch auf dem Markt verkauft wird, wird getrocknet oder landet in den Konservenfabriken von Sfax. Einige der Fischer verdienen sich ein kleines Zubrot, indem sie gegen Bezahlung Gäste auf ihren Fischzügen mitnehmen.

Die **Landwirtschaft** bringt wegen der geringen Niederschläge und des kargen Bodens keine nennenswerten Erträge, und das bißchen Tourismus fällt kaum ins Gewicht. Frauen knüpfen Teppiche und fertigen Flechtwaren aus Halfagras und Palmwedeln. Viele der männlichen Insulaner pendeln zwischen Kerkennah und Sfax oder sind in andere Städte Tunesiens ausgewandert und kommen oft nur während des Urlaubs nach Hause.

Geschichte

Geschichtlich von sich reden machten die Inseln immer wieder als **Flucht- bzw. Verbannungsort.** So floh z.B. Hannibal im Jahr 195 v.Chr. nach der verlorenen Schlacht von Zama hierher. Die Römer verbannten ungeliebte Landsleute auf die Inseln und die Araber Ehebrecherinnen. Als prominentester Flüchtling setzte sich 1945 Tunesiens Ex-Präsident Bourguiba mit seinem Gefolge auf der Flucht vor den Franzosen über Kerkennah nach Libyen ab.

Als Vorposten war die Insel zu allen Zeiten begehrt und v.a. im Mittelalter von Normannen, Spaniern, später Türken wiederholt hart umkämpft. Zwar weiß man bereits von der phönizischen Siedlung *Cercina* und dem römischen *Abbassia,* doch die vielen Überfälle und Besetzungen in der Folgezeit machten eine durchgehende Besiedlung unmöglich. Während längerer friedlicher Phasen lebten hier Fischer, Bauern und Hirten; permanente, größere Siedlungen entstanden erst wieder zu Beginn des 18. Jh.

Anfahrt

Vom ehemaligen Fischerhafen in Sfax verkehren Fährschiffe der Sonatrak-Gesellschaft, je nach Saison 6–8 mal täglich. Überfahrt ca. 70 Minuten. Fahrpreis (einfache Strecke): 0,57 TD/Person, Fahrrad 0,23 TD, PKW 4 TD, größere Fahrzeuge und LKWs je nach Gewicht zwischen 5 und 15 TD. Keine Vorausbuchung möglich. Fußgän-

Tour Melitta – türkischer Rundturm

ger lösen ihr Ticket im Terminal, Autofahrer zahlen bei der Einfahrt.

Jeweils zur Ankunfts- bzw. Abfahrtszeit der Fähren verbinden Linienbusse und Taxis (Fahrpreis vorher aushandeln!) den Insel-Fährhafen in *Sidi Youssef* mit den Orten der Insel und den Strandhotels in *Sidi Frej.*

Inseltour

In **Sidi Youssef** (km 0) an der Westspitze der Insel Gharbi (bestehend lediglich aus Fährhafen, Büro der Fischereibehörde, Posten der Garde Nationale, einem kleinen Café und dem Grabmal des Sidi Youssef) beginnt die 34 km lange Insel-Hauptstraße.

Variante über Tour Melitta nach Melitta

Gleich bei der Hafenausfahrt führt links ein Fahrweg zur ersten bescheidenen Attraktion der Inseln, dem **Tour Melitta** (+3 km), einem in Meeresnähe stehenden türkischen Rundturm aus dem 16. Jh., in dem heute nur noch Vögel nisten. Besteigung nicht möglich – der Einstieg befindet sich (ohne Treppe) in 4 m Höhe. Reizvoll ist die Weiterfahrt (+5 km) auf guter Piste bis nach Melitta. Unterwegs können wir Fischer bei der Arbeit beobachten, ihre Boote dümpeln im Wasser. Immer wieder finden Camper hübsche Stellmöglichkeiten.

Melitta (km 5,5) heißt der Haupt- oder besser einzige Ort der Insel Gharbi, eine eher unattraktive Siedlung. Der ca. 500 m lange, 1961 auf römischen Fundamenten aufgeschüttete Fahrdamm *El Kantara* (km 14,5) verbindet Gharbi mit der Hauptinsel Chergui.

Am Ortsanfang von **Ouled Yaneg** passieren wir das farbenfrohe und mit eigenen Werken umgebene Wohnhaus und Atelier eines lokalen Hobbykünstlers (Maler, Töpfer, Modellierer in einem).

Zwischen **Ouled Yaneg** (km 16,5) und **Ouled Kacem** (km 19) sieht man besonders häufig im seichten Wasser ausgelegte Fischfangvorrichtungen aus Palmflechtwerk. Von beiden Orten gehen jeweils Zufahrten ab zur ca. 2,5 km entfernten **Zone Touristique Sidi Frej** (gesprochen: „Sidi Frasch").

Abstecher nach Sidi Frej

Dort an der sehr seichten, teils sandigen, teils kiesigen Küste liegen aneinandergefädelt die einzigen Strandhotels der Insel. Kurz vor dem Ende der Hotelverbindungsstraße führt ein Fahrweg weiter zum **Fort el Hassar** (+2,5 km), eine spanische

Festung, direkt an der Küste auf einer steinigen Anhöhe gelegen, mit 18 m die höchste Erhebung der Insel. Von dem eigenartigen Bau mit seinen dicken Mauern hat man einen weiten Blick über die Insel, über Tausende von Palmen und auf die Hotels von Sidi Frej – ein romantisches Plätzchen auch für Camper. Unterhalb des Forts sind Ausgrabungen phönizischer und römischer Ruinen im Gange. (Der beim Fort weiterführende Weg entfernt sich bald vom Meer und führt dann durch parkähnliche Palmenlandschaft, später durch Gärten bis zum Ort Remla).

Lokaler Hobbykünstler

Dann folgt **Remla** (km 24), der Hauptort der Insel Chergui mit der einzigen Tankstelle, dem Hotel *Jazira*, Jugendherberge, Restaurants, Bank, Post, gut bestücktem Supermarkt, mehreren Patisserien, Krankenhaus, Apotheke, kleinem Fischerhafen; Wochenmarkt: Mi Abend/Do Vormittag (großer Platz am südl. Ortsrand).

Weil Kerkennah gar so wenig Besichtigungsprogramm zu bieten hat, sollen auch folgende bescheidene Programmpunkte in **Abassia** (km 28) Erwähnung finden: Etwa 400 m nach dem Ortseingangsschild führt rechts ein beschilderter Weg zur ca. 150 m entfernten „Residence Hached" – Geburtsstätte des berühmten tunesischen Freiheitskämpfers Farhat Hached und sein erster Begräbnisort (weißes Grabmal; er wurde später in Tunis beigesetzt). Etwa 400 m weiter, 100 m vor der Ortsmitte (Moschee), geht eng zwischen würfelförmigen Häusern eine unscheinbare Gasse nach links, führt durch Gärten und passiert nach ca. 200 m einen kleinen Friedhof. 100 m nach diesem markiert ein Schild die *Ruines Abbassia,* dürftiges Gemäuer einer einstigen römischen Siedlung mit Mosaikresten und – man beachte den „hohlen" Vorplatz – vermutlich einer alten, unterirdischen Zisterne. 50 m weiter ein ausgedienter Kalkbrennofen.

Hinter dem Ort passieren wir hohe Salzhaufen einer kleinen Saline. Die Straße verläuft nun, wie oft im nördlichen Teil der Insel, auf Dämmen durch das topfebene, von Überflutung bedrohte Umland. Bevor wir nach El Attaya am nördlichen Inselende weiterfahren, bietet sich bei einer Gabelung (km 30) die Möglichkeit für einen

Abstecher zu „Bourguibas Boot"

Wir biegen hier links ab, durchfahren die kleinen Dörfer Chergui und El Krayeb (früher En Nayet). Nach

8 km (= 2 km nach der Straßengabelung in El Krayeb) zweigt von der Straße (diese führt zum neuen Fischerhafen von El Kraten) rechts ein unbeschilderter Fahrweg ab, der nach 1 km endet. Von diesem Punkt aus war Bourguiba mit seinen Getreuen im März 1945 vor den Franzosen nach Libyen geflohen. Das Fischerboot, mit dem er von Sfax herüberkam, die Hütte in der er sich drei Tage versteckt hielt und Freiheitskämpfer-Fotos aus jener Zeit bildeten ein kleines, während Bourguibas Regierungszeit vielbesuchtes Museum. Heute ist das Boot unter einem Schutzdach noch zu sehen, das Museum jedoch demoliert, die Stätte geplündert, verlassen und vermüllt, der kleine Parkplatz davor leer – Bourguiba ist endgültig passé.

Über die Inselhauptstraße (oder nach obigem Abstecher über eine Nebenstraße ab El Krayeb) gelangen wir zum nördlichsten Teil der Insel. 2 km vor **El Attaya** geht rechts die Zufahrt zum neuen Fischerhafen des Ortes (+2,5 km) mit kleiner Schiffswerft ab. Die dort gefangenen Fische gehen großenteils zur Verarbeitung in die Konservenfabriken von Sfax, aber auch in die Hotels und auf den Sfaxer Fischmarkt, wo – zum Kummer der Fischer – angeblich bereits das 8- bis 10fache dessen verlangt wird, was diese selbst dafür erhalten.

Die Inselstraße endet 500 m hinter dem ursprünglichen Fischerdorf **El Attaya** (km 35) bei dessen kleinem alten Fischerhafen und der vorgelagerten, unbewohnten Insel *Gremdi*. El Attayas gesellschaftlicher Mittel- und Treffpunkt der Fischer ist das **Café Sindabed** in der Ortsmitte. Der im Ort beim Restaurant **Le Régal** links abzweigende Fahrweg endet nach 1,5 km bei dem großen, festungsartigen *Marabout Sidi Messaoud,* ein weißes Kuppelgebäude direkt am Meer. Daneben eine *Fsakia*, wie man sie überall auf der Insel findet – eine große, leicht geneigte Betonfläche zum Auffangen und Sammeln des kostbaren Regenwassers in einer Zisterne. Die Trinkwasserversorgung auf Kerkennah ist ein ständiges Problem, da es keine natürlichen Süßwasserquellen gibt.

Vorwahl für Kerkennah: 04

Unterkunft

Obwohl sich der Tourismus auf Kerkennah in Grenzen hält, sollten wegen der beschränkten Hotelkapazität Übernachtungen in den Monaten Juli und August im voraus gebucht werden. Nicht alle Hotels sind ganzjährig geöffnet.

Hotel

Strandhotels an Plage Sidi Frej

Cercina

Tel. 21 58 85, Fax 21 58 78. Zimmer (z.T. unmittelbar am Sandstrand) mit heißer Dusche und WC, DZ 38/22 TD; einfache Bungalows hinten im Garten (WCs und Duschen in getrenntem Sanitärblock), DZ 18/16 TD. Fahrradverleih. Freundlicher Besitzer, persönliche Atmosphäre. Schönes Terrassenrestaurant mit vorzüglicher Küche (s.u.). Deshalb HP zu empfehlen. Guter Platz zum preiswerten Ausspannen und Erholen.

Le Kastil

Tel. 21 58 84, DZ 20 TD. Sehr einfache Bungalowanlage am Strand (Du-

Fischerhafen in El Attaya

sche + WC in separatem Block) mit Ferienlagercharakter. Bar, Terrassenrestaurant, Nachtclub.

Résidence/Kerkennah Club
Feriendorf (seit Jahren geschlossen)

Appart-Hotel Aziz***
Tel. 25 99 32, Fax 25 94 04, DZ 54/34 TD. Komfortable, gut ausgestattete und saubere Appartments unterschiedlicher Größe; mit Bar/Restaurant, Swimmingpool; **aber** ca. 300 m zum Strand.

Farhat**
1998 wegen Umbau geschlossen.

Grand Hotel**
Tel. 21 58 61, Fax 21 58 66, DZ 67/40 TD; v.a. bei Briten beliebtes Hotel in parkähnlichem Gelände direkt an weitem, flachem Strand mit „Südseeatmosphäre"; Swimmingpool, Diskothek, Tretboot-, Surfbrett- und Fahrradverleih. Restaurant mit fairen Preisen.

Hotel in Remla

El Jazira
Tel. 48 10 58, DZ 17/13 TD, Frühstück 1,5 TD; einfaches, kleines Hotel im Ortszentrum; zum Hof hin ruhige Zimmer. Lizensiertes Restaurant.

Jugendherberge

Gepflegte Anlage am Strand von Remla (neben Sportstadion); ganzjährig geöffnet.

Camping

Kein offizieller Campingplatz; Camping bei JH in Remla lt. Leser angeblich unerwünscht; inoffizielle Möglichkeiten z.B. nahe dem *Tour Melitta,* beim *Fort el Hassar* und generell in Strandnähe oder unter den Palmen auf landwirtschaftlich ungenutztem Gelände.

Essen und Trinken

Außerhalb der Hotelzone von Sidi Frej wenige Restaurants in den Inselorten.

Hotel Cercina

Besonders empfehlenswert. Hübsches, lizensiertes Terrassenrestaurant direkt am Strand von Sidi Frej mit schönem Ausblick übers Meer und sehr guter Küche. Interessante Speisekarte, u.a. tunesische und inselspezifische Spezialitäten, umfangreiches Angebot an Fischgerichten, faire Preise. Gemütliche, lockere Atmosphäre. Auch bei Einheimischen beliebt.

Le Régal

Kleines Restaurant in El Attaya; gute Fischgerichte; empfehlenswert: frisch zubereitete Meeresfrüchte (4 TD).

La Sirene

Empfehlenswertes Terrassenrestaurant in Remla direkt am Strand. Spezialität: Fischgerichte, guter Service.

Fischfanggerät auf Kerkennah

Verkehrsverbindungen

Busse und **Taxis** zwischen den Orten bzw. der Hotelzone von Sidi Frej und dem Fährhafen in Sidi Youssef jeweils zur Ankunfts- bzw. Abfahrtszeit der Fähre.

Ideales Fortbewegungsmittel auf den Inseln ist das **Fahrrad.** Fahrradverleih in einigen der Strandhotels (z.B. *Cercina oder Grand Hotel,* 2 TD/Stunde, 10 TD/ Tag).

Sonstiges

- **Freizeit-/Sportangebot:** Sportliche Aktivitäten und Unterhaltung in den Hotels von Sidi Frej: Pferde- u. Dromedarritte (Std. 15 TD, 2 Std. 20 TD), Bootsausflüge, Windsurfen, Segeln (5 TD/Std.) Tennis, Fahrradverleih, Swimmingpools, Nachtclub, Diskothek.
- **Wochenmarkt:** Mi Abend/Do Vormittag in Remla (großer Platz am südl. Ortsrand).
- **Feste:** *Festival de la Sirène* im Juli/ August in Remla (Musik, Vorführung traditioneller Hochzeitsbräuche, Volkstänze – besonders der für die Insel typischen Männertänze). *Festival des Poulpes* (Krakenfest) 3 Tage im März.
- **Ausflüge:** Vermittlung von Busausflügen durch einige der Strandhotels, z.B. Inseltour (16 TD), Tagesfahrten nach Sfax (22 TD), nach Kairouan/El Djem (50 TD); Mehrtagesfahrten in den Süden des Landes (z.B. nach Matmata, Tozeur), Ausflüge auf Fischerbooten entweder durch persönliche Absprache mit den Fischern in den Häfen oder durch Hotelvermittlung, Kutschfahrten (2 Std. 4,5 TD p.P.).

Route B 2: Sousse – El Djem [63 km] – Sfax [64 km]

Allgemeines

Die Route bietet keine besonderen landschaftlichen Reize. Ölbaumkulturen, Getreidefelder und versteppte Land bestimmen das Bild. Der einzige lohnende Punkt – von den Start- und Zielorten abgesehen – ist das römische **Amphitheater von El Djem.** Das allerdings sollte man gesehen haben. Wer nicht in Eile ist, sollte die abwechslungsreichere Küstenroute (s. Route B1) wählen und von dieser aus den Abstecher nach El Djem machen.

Sousse

(Ortsbeschreibung, Plan und Ausflüge s. Route A1)

Wir verlassen **Sousse** auf der P1 in Richtung Sfax. Bis zum 13 km entfernten **M'Saken** geht es fast ständig durch dicht bebautes Gelände. Dann wird die Besiedlung dünner, und die Straße führt, häufig von Eukalyptusbäumen gesäumt, immer wieder durch die weiten Ölbaumpflanzungen des nördlichen Sahel. Nach Passieren der *Sebkhet de Sidi el Hani,* deren gleißende Salzfläche sich weit nach Westen hin ausbreitet, steigt das Gelände zum Hochplateau von El Djem an. Bereits die Phönizier hatten hier den Anbau von Ölbäumen eingeführt; unter den Römern entstand hier das Zentrum ihres Olivenanbaus im Sahel. Mit dem Einfall der Beni Hilal und anderer Nomaden im 11. und 12. Jh. verloren die Ölbaumkulturen zugunsten von Weidewirtschaft an Bedeutung. Erst in neuerer Zeit hat sich das Bild wieder gewandelt: wo vorher weitgehend versteppte Nomadenland vorherrschte, machen sich dank intensiver Kultivierung Getreidefelder und Ölbaumhaine breit.

Schließlich taucht am Horizont, mitten aus der Ebene, das aus allen Richtungen weithin sichtbare Wahrzeichen von El Djem auf.

El Djem

Gäbe es hier nicht das **römische Amphitheater,** eines der bedeutendsten antiken Kulturdenkmäler des Landes, kein Tourist würde sich nach El

In der Ferne taucht El Djem auf

Routenteil B

Djem verirren. Der von Bauern und Webern bewohnte Marktort hat auch – von einem Museum und einigen Souvenirshops im Zentrum abgesehen – keinerlei touristisches Gepräge. Aber so fallen täglich ungezählte Reisebusse ein und ergießen wahre Touristenströme ins „Kolosseum“, das sich wie ein riesiger Fremdkörper mitten in der Stadt zwischen den flachen Häuser erhebt.

Geschichte

Aus einer phönizischen Gründung (etwa 5. Jh. v.Chr.) entstand unter Julius Cäsar (46 v.Chr.) die **Römerstadt Thysdrus** inmitten einer fruchtbaren Agrarlandschaft mit Getreidefeldern, Rebflächen und ausgedehnten Olivenhainen. Vor allem der Olivenanbau und die Vermarktung von Öl brachten Wachstum (mit vermutlich 30 000 EW war die Stadt mindestens doppelt so groß wie heute), Wohlstand (Thysdrus galt als eine der reichsten römischen Städte Nordafrikas) und die Erhebung zur *Colonia*. Um den Reichtum zu demonstrieren, entstand etwa ums Jahr 230 – zusätzlich zu einem zu klein gewordenen alten Theater – **der Bau des großen Amphitheaters.** Im Jahr 238 rebellierten aufgebrachte Großgrundbesitzer von Thysdrus gegen die Wiedereinführung einer Ölsteuer, lynchten den Steuergesandten des damaligen Kaisers Maximinus und riefen den 80jährigen, senilen **Gordianus als Gegenkaiser** aus. Maximinus ging – erfolgreich – gegen diesen Aufstand vor. Thysdrus wurde niedergebrannt und geplündert, der Sohn Gordianus' kam dabei um, Gordianus selbst nahm sich das Leben. Obwohl bald auch Maximinus ermordet wurde und – später Triumph – ein Enkel Gordianus' den Thron bestieg, erlangte Thysdrus nie mehr seine alte Bedeutung.

★Amphitheater

(Geöffnet tägl. von 8 Uhr bis Sonnenuntergang; Eintritt – gültig auch für das Archäologische Museum – 4,2 TD, Fotoerlaubnis 1 TD; günstigste Besuchszeiten vor Ankunft bzw. nach Abfahrt der Reisebusse, d.h. gleich nach Öffnung, um die Mittagszeit bzw. am späten Nachmittag; Eingang an Ostseite über die „für Busse gesperrte“ Straße)

Der monumentale Bau entstand ums Jahr 230 während der Blütezeit von Thysdrus. Mit 148 m Länge, 122 m Breite und 36 m Höhe gilt es als das **drittgrößte Amphitheater des römischen Imperiums,** das fast die Größe des römischen Kolosseums erreicht, besser erhalten ist als dieses und über 30 000 Besuchern (manche Schätzungen sprechen gar von bis zu 60 000) Platz bot. Gewaltige Bogengänge liegen in mehreren Etagen übereinander, das Ganze ursprünglich umgeben von einer hohen Umfassungsmauer. Gleich beim Eingang an der Südseite führt eine Treppe bis hinauf auf die obersten Ränge. Von dort ist der Kontrast zu den umliegenden schlichten Häusern des Dorfes besonders augenfällig. In der 65x37 m messenden Arena fanden zunächst vorwiegend Zirkusspiele statt mit Sportwettkämpfen, Jagdspielen, Tier- und Wagenrennen und Kämpfen von Gladiatoren untereinander oder gegen wilde Tiere. Die Spiele waren berühmt und zogen Zuschauer von weither an; mit zunehmender Sensationslust der Besucher warf man zu deren Belustigung Sträflinge, zur Zeit der Christen-

Amphitheater von El Djem (Stahlstich, um 1850)

verfolgung auch die Anhänger des neuen Glaubens, in die Arena und ließ sie in einem grauenhaften Massengemetzel durch wilde Tiere „hinrichten".

Steigt man hinab in den Graben, der die Arena durchschneidet, kommt man in dunkle Gänge und Gewölbe mit den Vorbereitungsräumen für die Gladiatoren, den Zwingern für die Raubtiere und den Verliesen und Kerkern für die Gefangenen.

Bis ins 17. Jh. war das Amphitheater weitgehend intakt und diente zuletzt berberischen Rebellen und „Steuerflüchtigen", die den Steuereintreibern des zu dieser Zeit herrschenden türkischen Beys Mohammed zu entgehen versuchten, als Zufluchtsstätte. Um sie zur Aufgabe zu zwingen, wurde 1695 eine breite Bresche in die Außenmauer geschlagen. In der Folgezeit versorgten sich die Bewohner El Djems aus der Ruine mit Baumaterial, der Bau verfiel und seine Statik war in hohem Maße gefährdet. Ohne umfassende **Restaurierungsarbeiten** wären weitere Mauern und Zuschauerränge inzwischen wohl eingestürzt. Ein großer Teil des Innenraums wurde für die alljährlichen **Sommerfestspiele** in ein Freilichttheater umgebaut – ein würdiger und stimmungsvoller Rahmen für Konzerte und Theateraufführungen.

Achtung: Nur höchst selten ist das, was dem Besucher hier (wie in anderen antiken Stätten auch) von Straßenhändlern hinter vorgehaltener Hand als „echt römische Antiquität" (z.B. Münzen, Keramiken, Schmuck) angeboten wird, wirklich alt. Dennoch stellen diese geschickt gefälschten „Altertümer" ein originelles und – nach ausgiebigem Feilschen – preiswertes Souvenir dar.

Arena des großen Amphitheaters

★*Archäologisches Museum*
(500 m vom Theater entfernt an der Straße nach Sfax; geöffnet tägl. von 8–18 Uhr; Eintritt, gültig auch für Amphitheater: 4,2 TD, Fotoerlaubnis 1 TD.)

Im Arkadenhof mit seinem hübschen, blumenbepflanzten Garten sowie in den davon abgehenden Sälen sind überwiegend Mosaiken aus dem antiken *Thysdrus* zu sehen, gut erhalten, teils sehr großflächig mit Motiven z.B. der vier Jahreszeiten, von Pflanzen und prächtigen Wildtieren. Besonders eindrucksvoll ein „Radschlagender Pfau“ und das 7x7 m große *Mosaik der neun Musen* (Köpfe in Medaillons mit ihren Attributen, reich mit Rankenwerk verziert). Glasgefäße, Statuetten, Öllampen und andere römische Grabungsfunde ergänzen die Ausstellung.

Im Garten neben dem Museum (falls nicht zugänglich, Wärter fragen) wurden unter anderem die Fundamente mehrerer feudaler Villen mit Brunnen und säulenumstandenen, mosaikbelegten Innenhöfen freigelegt (die Ausgrabungen sind noch nicht abgeschlossen). Sie legen Zeugnis vom luxuriösen Leben ab, das zumindest der reichen Bürgerschaft von Thysdrus vergönnt war. Die schönsten der Bodenmosaiken von hier sind im Museum nebenan bzw. im Bardo-Museum in Tunis. Man erkennt auch die einst zum Amphitheater führende gepflasterte Römerstraße, genießt die Blumen und Kräuter des Gartens und wundert sich, daß von den Besuchermassen des Theaters nur wenige den Weg in dieses interessante Museum finden.

Direkt gegenüber vom Museum, jenseits von Straße, Eisenbahn und islamischem Friedhof, liegt frei zugänglich das „**kleine**“ **Amphitheater** von El Djem. Dieser vermutlich Anfang des 2. Jh. entstandene Bau mit etwa 10 000 Zuschauerplätzen war wegen des großen Interesses an den Zirkusspielen im wachsenden Thysdrus bald nicht mehr ausreichend und wurde daher vom großen Amphitheater abgelöst. Obwohl nur teilweise ausgegraben, sind das große Oval und die umlaufenden Zuschauerränge klar erkennbar, das Ziegelgemäuer ist jedoch bereits ziemlich zusammengeschmolzen. Angeblich verschanzten sich deutsche Soldaten hier im 2. Weltkrieg – ansonsten verirren sich – bei der Konkurrenz des großen Theaters – nur wenige Besucher hierher.

Die sonstigen, kümmerlichen Baureste des antiken Thysdrus aufzuspüren lohnt sich wohl nur für Spezialisten. An mehreren Stellen im Ort und in der nahen Umgebung sind noch karge Ruinen zu finden (hauptsächlich nahe dem Ortsausgang Richtung Souassi), die zumindest einen Eindruck von der Ausdehnung der einstigen Römerstadt vermitteln. Eine Übersichtskarte im Vorraum des Museums zeigt die diversen Fundstellen.

Unterkunft

Hotel **Julius*** (einziges Hotel)
Tel. 03-63 00 44, DZ 30/18 TD; nach Renovierung lt. Leser sauber und ordentlich, jedoch Geräuschbelästigung durch nahen Bahnhof und einheimische alkoholisierte Gäste.

Verkehrsverbindungen

- **Eisenbahn:** 5–7x tägl. über Sousse nach Tunis bzw. nach Sfax, davon 2–3x weiter nach Gabès bzw. 1x über Gafsa nach Metlaoui.
- **Busse und Louages:** Station zwischen Bahnhof und Marktgelände. Mehrmals tägl. nach Sousse und Sfax; weitere Zielorte: Mahdia, Moknine, Monastir. Kein Direktbus nach Kairouan. Louages auch zu anderen wichtigen Sahelorten.

Sonstiges

- **Feste:** Im Juni und Juli finden Internationale Theater- und Konzertveranstaltungen im Amphitheater statt.
- **Wochenmarkt:** Montagvormittag.

In sanftem Auf und Ab geht es auf der P1 weiter nach Süden, Sfax entgegen. Zeitweise umgibt uns von Erosion zerfurchtes Steppenland, dazwischen einige Getreidefelder und isolierte Olivenhaine. Wir überqueren den Salzsee *Sebkhet El Jem* auf einem Damm und erreichen noch vor **El Hencha** Tunesiens größtes zusammenhängendes Ölbaumgebiet, den Sahel von Sfax: schnurgerade, parallele Baumreihen soweit das Auge reicht, nur selten einmal ein Gehöft, wenige Ortschaften. Nach **Sakiet ez Zit,** einem betriebsamen Ort u.a. mit vielen Ölmühlen, erreichen wir 64 km ab El Djem die zweitgrößte Stadt Tunesiens:

Sfax

(Ortsbeschreibung, Plan und Ausflüge s. Route B1)

Route B 3: Sousse – Kairouan [68 km] – Sbeitla [111 km] – Kasserine [32 km] – Gafsa [112 km]

Allgemeines

Diese Route bietet keine spektakulären, aber recht abwechslungsreiche Landschaften. Sie führt von den Badestränden am Mittelmeer durch den fruchtbaren nördlichen Sahel und die zentraltunesische Steppenzone bis in die wüstenartige Region um Gafsa. Am Wege liegen u.a. die „heilige“ Stadt Kairouan – ein Muß für jeden Tunesienbesucher – sowie die großartige Römerstadt von Sbeitla (Sufetula). Für Naturliebhaber empfiehlt sich der Besuch des Nationalparks am Djebel Chambi, dem höchsten Berg Tunesiens.

Hinweis: Wegen der verhältnismäßig seltenen Tankmöglichkeiten entlang der Route rechtzeitig nachtanken.

Sousse

(Ortsbeschreibung, Plan und Ausflüge s. Route A1)

Wir verlassen **Sousse** (= km 0) und starten ins Landesinnere, zunächst auf der Sfax-Straße P1 durch dicht bebautes Gebiet bis nach **M'Saken** (km 13). Von hier weiter auf der P12 durch den nördlichen Sahel, dessen flaches Landschaftsbild zunächst von ausgedehnten Olivenkulturen, später von Kornfeldern bestimmt wird. Linker Hand kommt die riesige, von Salzkrusten überzogene *Sebkhet de Sidi el Hani* ins Blickfeld, und weit entfernt im Norden können wir bei guter Sicht die Silhouette des *Djebel Zaghouan* erkennen. Es ist eine karge, trockene, nahezu baumlose Ebene, der die Bewohner der kleinen Dörfer nur mit viel Mühe einigen Ertrag abringen. Bei km 48 folgen wir dem scharfen Straßenknick nach Nordwesten (die Geradeausroute wäre zwar eine Abkürzung nach Kairouan, führt aber als streckenweise schlechte Piste nicht nur durch ein oft unpassierbares Oued, sondern auch kilometerlang durch die Mülldeponie der Stadt). Bei km 60 münden wir in die von Enfidaville nach Kairouan führende P2.

Achtung! Am Stadtrand von Kairouan wird seit vielen Jahren ein übler Trick praktiziert. Der Besitzer eines vorgetäuschten Pannenautos stoppt Touristenfahrzeuge (nur diese!) mit der Bitte, in die Stadt mitgenommen zu werden, um dort Hilfe zu holen. Die Einladung zu einem Dankeschön-Tee führt dann in ein unseriöses Teppichgeschäft, das auf diese hinterhältige Weise seinen Umsatz zu steigern versucht.

Kairouan – die Heilige Stadt

Geschichte

Arabische Reiterheere unter ihrem Führer *Oqba Ibn Nafi* – ein Gefährte des Propheten Mohammed – errichteten im Jahr 671 bei ihren Feldzügen ins Landesinnere mitten im trokkenen, öden Steppenland an einer Kreuzung wichtiger Karawanenwege den militärischen Stützpunkt Kairou-

Eine mächtige Mauer umschließt die Altstadt

an (= Karawane). Dieser diente ihnen zunächst als Basis für weitere Vorstöße in den Maghreb. Hier hatte man den nötigen Abstand sowohl zur Küste und den dort noch herrschenden byzantinischen Gegnern, wie auch zu den Bergen der Dorsale, in die sich vertriebene und ebenfalls wehrhafte Berber zurückgezogen hatten. Zwar war die Region extrem unwirtlich und wasserarm, doch war dies für wüstengewohnte Araber (im Gegensatz z.B. zu den badefreudigen Römern) kein Hinderungsgrund, sich niederzulassen. Um die Wahl des Standortes Kairouan ranken sich zudem zahlreiche Legenden: so soll bei der Ankunft der „Streitkräfte Allahs" deren Heerführer Oqba Ibn Nafi seine Lanze in den Boden gerammt haben, worauf plötzlich eine Quelle entsprang, die mit Mekka in Verbindung stand. Auch tauchte ein in Mekka verlorener goldener Becher hier wieder auf – Gründe genug, die Stätte für „heilig" zu erklären. Ums Jahr 800, nachdem die Aghlabiden ihre Macht über das Land gefestigt hatten, wurde Kairouan zur **Hauptstadt** ernannt. Die Große Moschee entstand, die Stadt entwickelte sich zum islamischen und kulturellen Zentrum, zog Gelehrte und Kaufleute an und erlangte so auch große wirtschaftliche Bedeutung. Nach langen Glaubenskämpfen verschiedener islamischer Gruppen eroberte die nachfolgende schiitische Dynastie der Fatimiden im Jahr 909 die Stadt, verlegte ihren Hauptsitz jedoch bald nach Mahdia und im Jahr 973 ins ägyptische Kairo. Die Auflehnung Kairouans gegen die Machtherrschaft der Fatimiden war mit ein Grund für den **Einfall der Beni Hilal-Nomaden** im Jahr

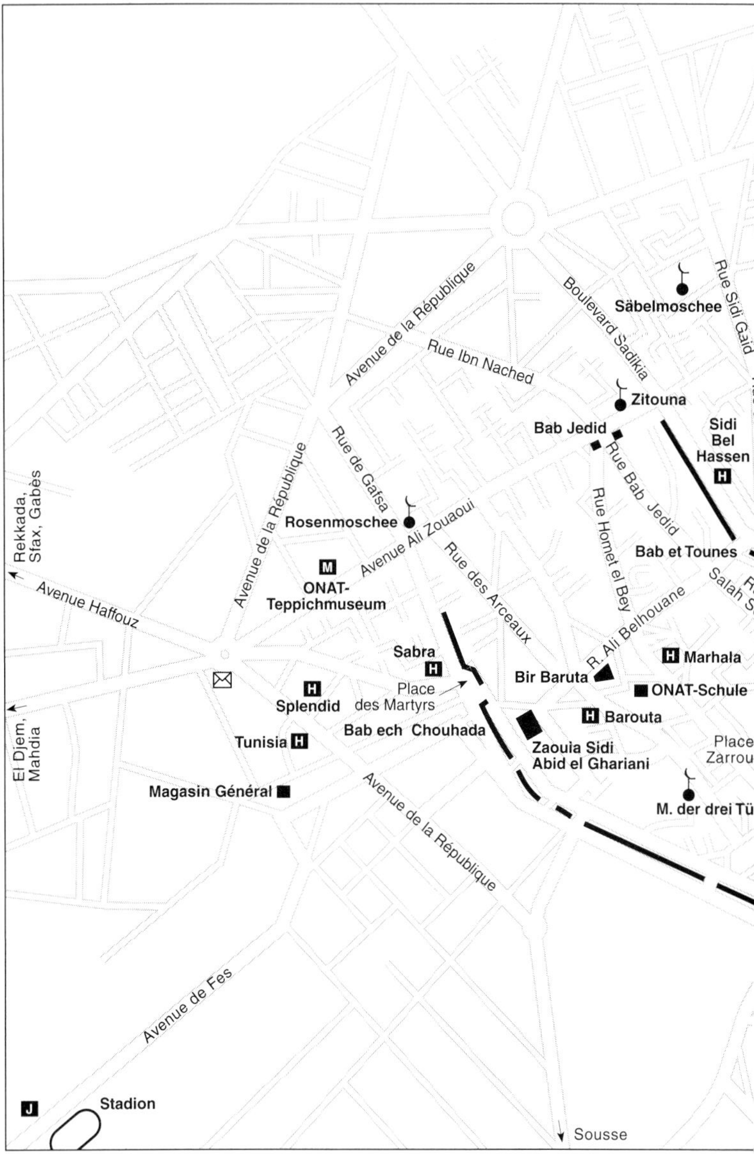
Säbelmoschee
Rue Sidi Gaid
Boulevard Sadikia
Avenue de la République
Rue Ibn Nached
Zitouna
Bab Jedid
Sidi
Bel
Hassen
Rue Bab Jedid
Rue de Gafsa
Rekkada,
Sfax, Gabès
Rue Homet el Bey
Rosenmoschee
Avenue Ali Zouaoui
Bab et Tounes
Salah S
Rue des Arceaux
ONAT-
Teppichmuseum
Avenue Haffouz
R. Ali Belhouane
Marhala
Sabra
Bir Baruta
ONAT-Schule
Place
des Martyrs
Splendid
Barouta
El Djem,
Mahdia
Bab ech Chouhada
Tunisia
Zaouia Sidi
Abid el Ghariani
Place
Zarrou
Magasin Général
M. der drei Tü
Avenue de la République
Avenue de Fes
Stadion
Sousse

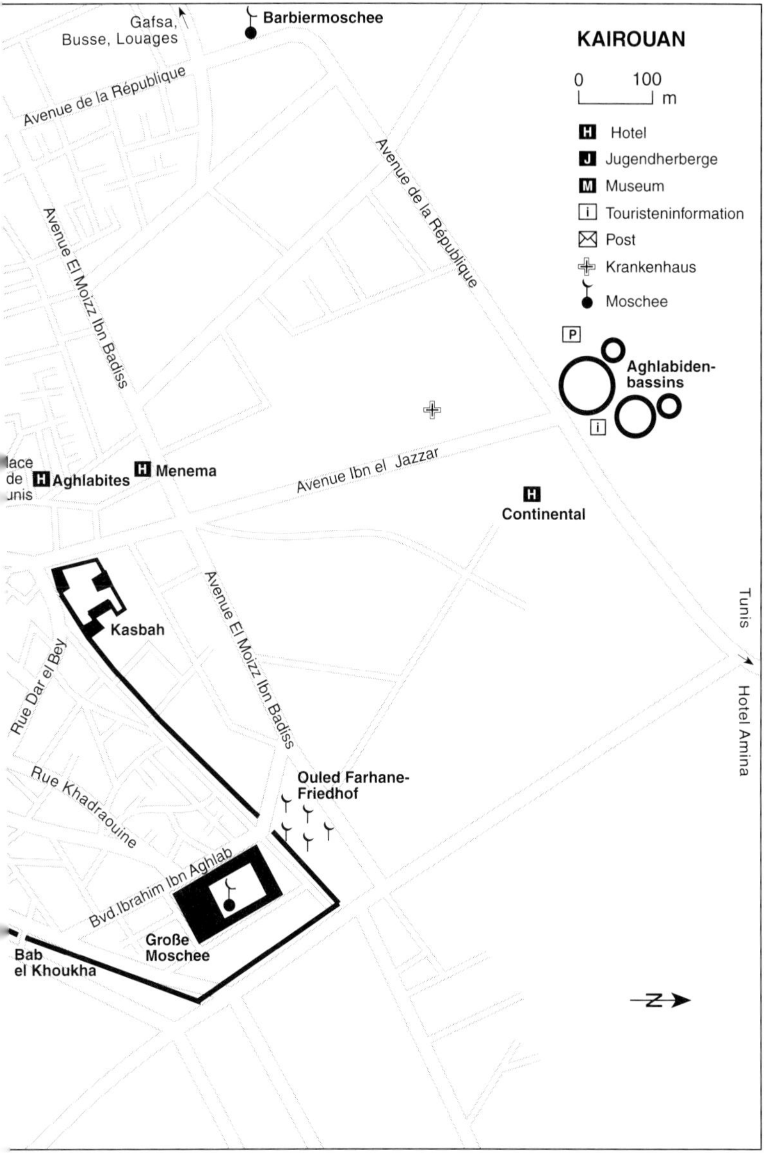
KAIROUAN
0
100
m
Hotel
Jugendherberge
Museum
Touristeninformation
Post
Krankenhaus
Moschee
Gafsa,
Busse, Louages
Barbiermoschee
Avenue de la République
Avenue de la République
Avenue El Moizz Ibn Badiss
P
Aghlabiden-
bassins
i
lace
de
unis
Aghlabites
Menema
Avenue Ibn el Jazzar
Continental
Kasbah
Avenue El Moizz Ibn Badiss
Tunis
Hotel Amina
Rue Dar el Bey
Rue Khadraouine
Ouled Farhane-
Friedhof
Bvd.Ibrahim Ibn Aghlab
Große
Moschee
Bab
el Khoukha
N

1057, bei dem – mit Ausnahme der religiösen Bauten – die Stadt weitgehend zerstört wurde. Unter den Hafsiden begann ab Ende des 13. Jh. der Wiederaufbau Kairouans. Vieles aus dem heutigen Stadtbild entstammt der Bauphase während türkischer Bey-Herrschaft (ab ca. 1700). Die Stadt konnte ihren alten Glanz zwar nie mehr erreichen, entwickelte sich jedoch zum wichtigsten Marktort der Region, war Karawanen-Station und Umschlagplatz vor allem für die Schafwolle der großen in der Umlandssteppe weidenden Herden.

Allgemeines

Heute ist Kairouan (ca. 100 000 EW) ein wichtiges **Zentrum der Teppichherstellung** (Web- und Knüpfteppiche). Dieses Handwerk hat hier alte Tradition. In vielen Familien arbeiten Kinder und Frauen mit flinken Händen am Webrahmen, wobei die traditionellen Teppichmuster innerhalb der Familie von Generation zu Generation weitergegeben werden. (Näheres zum Teppichhandwerk und Teppichkauf s. „Kunsthandwerk und Souvenirs" auf S.163). Daneben finden Kupferschmiede, leder- und textilverarbeitende Handwerker, Schmuckhändler und auch Erzeuger landwirtschaftlicher Produkte (Getreide, Obst, Oliven) hier einen guten Absatzmarkt.

Kairouan ist die bedeutendste islamische Stadt Nordafrikas, nach wie vor das **geistig-religiöse Zentrum des Landes** und eine vielbesuchte Pilgerstätte. Zu den frommen Pilgern kommen noch Heerscharen von Touristen. Die guterhaltene Medina mit ihren labyrinthartigen Gassen und gedeckten Souks, zahlreiche sehenswerte islamische Bauten, darunter die größte und wichtigste Moschee des Landes, machen die Stadt Kairouan zu einem vielbesuchten Ausflugsziel. Als Tourist sollte man die „Heiligkeit" des Ortes durch **würdige Kleidung** und dezentes Verhalten respektieren. Auch bei größter Hitze sind knappe Shorts, großzügige Dekolletés etc. hier (wie übrigens auch im restlichen Tunesien abseits der Hotel- und Badezonen schlichtweg unmöglich.

Eine **Warnung** ist angebracht vor aufdringlichen, nicht autorisierten jugendlichen Führern, die vorwiegend bei den großen Stadttoren den Touristen auflauern und diese mit Beharrlichkeit und oft verblüffenden Sprachkenntnissen bearbeiten. Mit solchen selbsternannten Führern wird man mit Sicherheit bald in einem Teppichgeschäft landen. Eine gefährliche Unsitte ist auch, ankommende Touristenfahrzeuge auf Mopeds hautnah zu begleiten, sie zum Anhalten zu nötigen bzw. durch die halbe Stadt bis zum Parkplatz zu eskortieren. Wer einen Führer will, sollte sich **nur einem autorisierten Führer** (zu festgelegtem Honorar) anvertrauen (Vermittlung durch das Touristenbüro). Melden Sie dort auch evtl. Belästigungen (es liegt ein Beschwerdebuch aus); vielleicht führt dies eines Tages endlich zu strengeren Kontrollen oder zum Eingreifen übergeordneter Dienststellen, nachdem die Ortspolizei dem Treiben offenbar untätig zusieht. Das „heilige" Kairouan liegt mit diesen von den Autoren schon vor zwei Jahrzehnten (!) beobachteten und durch zahlreiche Leserbriefe und Klagen offizieller Führer bestätigten Praktiken eindeutig an der Negativspitze tunesischer Städte. Vorsicht auch vor **Taschendieben**! De-

Kairouan: Blick über den Ouled Farhane-Friedhof zur Großen Moschee

ren Trick: Gut getarnter Griff in die Tasche beim Vorführen ausziehbarer Ansichtskarten. Noch ein Hinweis: Die Bezeichnung „Musée" an Hauseingängen kennzeichnet häufig lediglich ein Teppich-/Souvenirgeschäft.

Stadtbesichtigung
(s. Ortsplan 494/495)

Parkmöglichkeit: Bewachte Parkplätze befinden sich bei den Stadttoren *Bab et Tunis* und *Bab ech Chouhada*.

Hinweis: Im *Syndicat d'Initiative* (s. unter „Touristeninformation"), notfalls in der Großen Moschee, ist ein **Sammelticket** (4,2 TD, Fotoerlaubnis jeweils 1 TD) erhältlich, das am Tag des Kaufs, mit Glück auch noch am darauffolgenden zum Besuch der Hauptsehenswürdigkeiten Kairouans berechtigt. Dort auch Vermittlung offizieller Führer (bis 10 Pers. 10 TD/Std.).

Kairouan läßt sich gut zu Fuß durchstreifen. In der **Neustadt,** südlich der Medina, liegen Verwaltungsgebäude, Banken und Post, Supermarkt, diverse Agenturen, ONAT-Teppichmuseum, modernere Läden sowie einige Hotels und Restaurants.

Die meisten Sehenswürdigkeiten findet man in der **Altstadt;** die Aghlabidenbassins und die Barbiermoschee liegen außerhalb und erfordern einen etwas längeren Anmarsch.

Die Medina
Eine hervorragend restaurierte, mit 20 Wachtürmen und mehreren Toren versehene Stadtmauer, die im 9., 11. und 18 Jh. gebaut wurde, umschließt auf eine Länge von rund 3,5 km die Altstadt. Beim Gang durch die Gassen (auch außerhalb der Stadtmauer) fallen zum einen die zahlreichen Moscheen und Zaouias auf – etwa 50

Schön verzierte Türen in der Medina von Kairouan

soll es allein in der Medina geben – zum andern fasziniert die Vielfalt der Hausfassaden, vor allem die in Farbe, Form und Verzierungen unterschiedlichsten Türen und Türeinfassungen. Man entdeckt Kassettentüren, Holztüren mit ornamentalen Eisennägeln beschlagen, prächtige Türklopfer, Stuckornamente, bunte Kacheln, Koranschriften und kunstvolle Steinmetzarbeiten. Kein Eingang gleicht dem andern.

Am *Place des Martyrs* im Süden der Altstadt liegt das Haupteingangstor zur Medina, das *Bab ech Chouhada* (Märtyrertor). Dahinter beginnt die belebte Hauptachse der Altstadt, die *Rue Ali Belhaouane,* die bis zum Nordtor *Bab et Tounes* (Tor von Tunis) führt. (Wer von dort kommt, geht am besten zunächst auf der Hauptgasse quer durch die Medina bis zum Südtor, dem Beginn unserer Stadttour).

Biegt man gleich nach Betreten der Medina hinter dem Bab ech Chouhada rechts in das erste offene Seitengäßchen ein, steht man bereits nach etwa 20 m (also nicht, wie in den meisten Plänen angegeben, erst nach 100 m; dort Teppichgeschäft in altem Bey-Palast) vor der

★Zaouia Sidi Abid el Ghariani

(Sammelticket). In dieser Koranschule studierte, lehrte und starb dieser aus Libyen stammende „Heilige" im 14. Jh. Von dem arkadenumstandenen Innenhof mit schwarz-weißen Hufeisenbögen betritt man einen Seitenraum mit prächtig bemalter, dunkler Holzdecke, fayencen- und stuckverzierten Wänden und dem holzgeschnitzten Sarkophag des Heiligen. Im selben Gebäude befindet sich auch die ASM (Association de Sauvegarde de la Medina = Gesellschaft zur Erhaltung der Altstadt); 1998 Ausstellung mit Fotos, Plänen und Infos über deren weites Tätigkeitsfeld.

Auf der *Rue Ali Belhaouane* ca. 50 m weiter bis zum *Place Halfaouine;* dort an der Y-Verzweigung (früher Café, heute Teppichgeschäft mit blauem Erker) kommen wir halbrechts sogleich zu einem kleinen Platz mit dem Kuppelbau des

★Bir Baruta

(Sammelticket; *Bir* = Brunnen). Unter der Kuppel im ersten Stock treibt bei Bedarf ein Dromedar über ein Göpelwerk ein großes Schöpfrad an. Stumpf trabt das bedauernswerte Tier mit verbundenen Augen im Kreis um den Brunnen. Pilger, vorwiegend aber Touristen, können hier „heiliges Wasser" aus jener legendären Quelle trinken, die bei der Gründung Kairouans im 7. Jahrhundert zutage trat, als Oqba Ibn Nafi seine Lanze in den Boden rammte.

Gleich um die Ecke finden wir in einem Innenhof das *ONAT Centre des Traditions et des Métiers d'Art de Kairouan*, eine Art Kunsthandwerkerschule, in der man den in kleinen Werkstätten arbeitenden Meistern und Lehrlingen beim Drechseln, Kupferschmieden, Sticken etc. zusehen kann.

In einer der gedeckten Gassen zwischen Bir Baruta und Hotel *Marhala* finden (außer Fr und So) originelle Teppichversteigerungen statt. Hektisch und laut ihre Preise verkündend rennen die Händler mit sperrigen Teppichballen zwischen den an den Gassenwänden Spalier stehenden dichten Käufer- oder Interessentenscharen hindurch.

Vom Kamelbrunnen aus weiter nach rechts, dann durch eine Tunnelgasse. In der *Rue de la Mosquée des Trois Portes* (div. Weberwerkstätten) liegt die

★Moschee Thletha Bibane

(Moschee der drei Türen)

Sie ist eine der ältesten Moscheen der Stadt und wurde von dem andalusischen Einwanderer Mohammed el Maafiri im 9. Jh. erbaut, der damals an der Universität Kairouan lehrte. Da sie für Nicht-Muslime geschlossen ist, kann man nur die drei Eingangstüren und die prächtige, in maurischem Stil gehaltene Fassade, eingemeißelte kufische Schriftenbänder, Arabesken und ornamentale Verzierungen bewundern. Das Minarett wurde im Jahre 1440 hinzugefügt.

Wir gehen wieder zurück zur Medinahauptgasse *Rue Ali Belhaouane*. An ihr liegen zwischen den zahlreichen kleinen Läden auffallend viele Patisserien, in denen neben vielen köstlichen Süßigkeiten u.a. *Makhroud,* eine Spezialität Kairouans, angeboten wird. Nicht weit nach dem Place Halfaouine kennzeichnen rechter Hand drei nebeneinanderliegende gemauerte Torbögen die Zugänge zu den ziemlich versteckten gedeckten Souks.

★Die Souks

Sie stellen den ältesten Teil des ganzen Marktviertels dar. In dem dunklen, überwölbten Gassengewirr aus dem 17. und 18. Jh. haben Parfümhändler, Schneider, Lederhandwerker, Schuster und Sattelmacher, Teppich-

und Souvenirhändler ihre Läden und Werkstätten eingerichtet. In einer dieser gedeckten Gassen verbirgt sich hinter einer unscheinbaren blauen Türe das einfache, aber originelle Hotel **Marhala** (s. bei „Unterkunft").

Von den Souks führt uns die *Rue Ali Belhaouane* zum *Bab et Tounes* (Tunistor) und dem betriebsamen *Place de Tunis* (Cafés, Garküchen, Läden, einfache Hotels), ein guter Ausgangspunkt für den Besuch der Großen Moschee und der außerhalb der Medina liegenden Sehenswürdigkeiten.

Beginnen wir in der Nordostecke der Medina mit dem bedeutendsten islamischen Bau des Landes, der

★Djama Sidi Oqba

(Große Moschee)

Zutritt mit Sammelticket durch mittleres Westseiten-Tor. Geöffnet tägl. von 8–14, Fr bis 12 Uhr. Für Nichtmuslime Zugang nur zum Innenhof.

Nach dem Begründer der Heiligen Stadt Kairouan, Oqba Ibn Nafi, benannt, ist dies die älteste und größte Moschee Tunesiens, architektonisches Vorbild für andere Moscheen des Maghreb und vielbesuchtes Pilgerziel. Es ist ein schlichtes, aber monumentales Bauwerk aus ockerfarbenen Lehmziegeln. Vom Original aus dem 7. Jh. ist nichts mehr erhalten. Die heutige Form geht überwiegend auf die Aghlabidenzeit (9. Jh.) zurück, doch folgten auch in späteren Jahrhunderten noch zahlreiche Umbauten, Erweiterungen und Restaurierungen.

Der marmorbelegte Innenhof (95 m lang, etwa 60 m breit) wird an drei Seiten von säulengestützten Bogengängen umlaufen. Die riesige Fläche des Hofes wurde auch zum Sammeln des kostbaren Regenwassers ausgenutzt, das als Trinkwasser und für rituelle Waschungen benötigt wurde. Eine raffinierte Abflußplatte mit Mulden, Rinnen und Löchern in der leicht abgesenkten Hofmitte diente als Schmutzfilter, durch das das Wasser in die darunterliegende Zisterne abfloß. Über mehrere Brunnenöffnungen konnte das Wasser wieder hochgezogen werden; tief haben sich durch die jahrhundertelange Benutzung die Seile in die Brunnenköpfe (aus antiken Säulensockeln) eingegraben. Sonnenuhren – eine große im Innenhof, eine kleinere oberhalb des 4. Säulenpaares an der Ostseite des Hofs (und somit nur in der Nachmittagssonne wirksam) – dienten zur Bestimmung der Gebetszeiten.

Das wuchtige, dreistufige Minarett an der Nordseite des Hofs gilt als das älteste Nordafrikas. Der Sockel stammt aus dem 8. Jh. (römische Steinblöcke wurden zum Bau mitverwendet), die gerippte Kuppel mit den drei Kupferkugeln wurde erst im 13. Jh. hinzugefügt. Leider darf das 35 m hohe Minarett nicht bestiegen werden.

An der Südseite des Hofs führen 17 schwere, teils mit reichem Schnitzwerk verzierte Türen aus Zedernholz in den siebzehnschiffigen, 75 m breiten und 40 m langen Gebetssaal (Kein Zutritt für Nichtmuslime). Man erkennt in dem von prächtigen Kristall-Lüstern dezent beleuchteten Saal einen Wald von Säulen aus Marmor, Granit und Porphyr mit Kapitellen verschiedenster Herkunft (römisch, byzantinisch, arabisch). Ein schöner, blauer Teppichbelag (angeblich eine Stiftung der Saudis) ersetzt die sonst üblichen einfachen Strohmatten. Auf Höhe des größten Eingangstores erkennt man

KAIROUAN
Grundriß der Großen Moschee

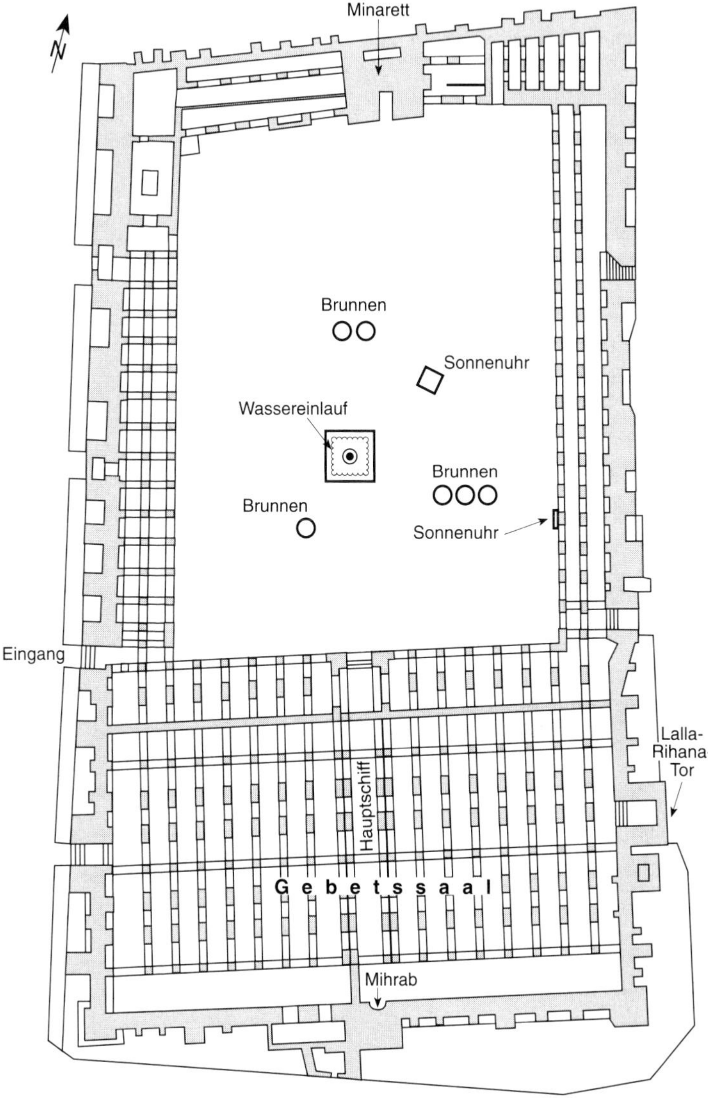

im dunklen Moscheeinnern an der hinteren Wand den mit 130 kostbaren Fayencekacheln verzierten *Mihrab* und rechts daneben den aus Platanenholz geschnitzten *Minbar* (Gebetskanzel) mit feinster Intarsienarbeit, beides wertvolle Ausstattungsstücke, die im 9. Jh. aus Bagdad beschafft wurden.

Einen Eindruck von der außergewöhnlichen Größe des Moscheekomplexes (135x80 m) bekommt man, wenn man ihn außen umrundet. Dabei sollte man auch das kunstvolle *Lalla-Rihana-Tor* an der Ostseite betrachten, das erst um 1294 hinzugefügt wurde und direkt in den Gebetssaal führt.

Von dem gleich jenseits der Stadtmauer liegenden *Ouled-Farhane-Friedhof* bietet sich ein eindrucksvoller Blick über die weißen Grabsteine zur Großen Moschee (siehe Foto auf Seite 497).

Hält man sich beim *Bab et Tounes* nördlich und folgt der *Avenue Ibn El Jazzar* etwa 600 m, kommt man – vorbei an der restaurierten *Kasbah* und am Hotel *Continental* – zum *Syndicat d'Initiative*/**Touristenbüro**, ein schloßähnlicher, zinnengekrönter Bau, und zu den

★Bassins des Aghlabides
(Wasserspeicher der Aghlabiden)

Was auf den ersten Blick wie eine moderne Kläranlage mit mehreren Bekken erscheinen mag, sind Wasserreservoirs, die aus dem 9. Jh. stammen, allerdings in neuerer Zeit unter großzügiger Verwendung von Beton restauriert wurden. Zur Versorgung der rasch aufblühenden Steppenstadt lei-

Gebetssaal der Großen Moschee

tete man damals Wasser aus den Bergen der Dorsale über einen 35 km langen Aquädukt hierher (Reste dieses aghlabidischen Aquädukts passiert man an der Route nach Makthar, s. Route A12). In dem kleineren Becken mit 37 m Durchmesser setzte sich der Schmutz ab. Das geklärte Wasser floß dann in das große Reservoir, das mit einem Durchmesser von 128 m und 5 m Tiefe ein Fassungsvermögen von 50 000 m³ hat. Außer diesen gab es noch etwa 15 weitere Reservoirs in der Umgebung (zwei kleinere, nicht restaurierte, entdecken wir gleich hinter dem Fremdenverkehrsgebäude); auch in *Rekkada* (s.u.) findet man noch große, halbverschüttete, rechteckige Becken ähnlicher Bauweise.

(Der *Av. de la République* westlich folgend kommt man nach ca. 800 m zur „Barbiermoschee"; s.u.)

Im Häuser- und Gassengewirr westlich des *Bab et Tounes*, außerhalb der Medinamauer, findet man etwas versteckt in einer von der *Rue Sidi Gaid* abzweigenden Seitengasse die

★Zaouia Sidi Amor Abbada
(„Säbelmoschee")

(häufig geschlossen; Sammelticket). Es handelt sich um eine 1860 errichtete Grabstätte eines offenbar erfolg- und einflußreichen Schmieds, der sich für einen Propheten hielt und als Heiliger verehrt wurde. Der Bau ist erkennbar an sechs gerippten Kuppeln. Er ist ein beliebtes Pilgerziel und enthält nicht nur den Sarkophag des Heiligen hinter einer kunstvoll geschnitzten Holzverkleidung, sondern auch eine Ansammlung von ihm selbst gefertigter, überdimensionaler Metallgegenstände (Schwerter, Säbel und Gewehre), ferner Tafeln und Truhen aus Holz, alles – auch der Raum selbst – reich verziert mit Koranschriften.

Geht man auf der *Rue Sidi Gaid* weiter bis zur *Av. de la République* und folgt dieser nach rechts, kommt man zum

★Mausolee Abou Zommaâ el Balaoui
(„Barbiermoschee"; auch *Zaouia Sidi Sahab)*

(Sammelticket). Neben der Großen Moschee das sehenswerteste Baudenkmal und meistbesuchte islamische Wallfahrtsstätte Kairouans. Abou Zommaâ el Balaoui war zwar nicht der Barbier des Propheten Mohammed, aber ein enger Gefährte *(Sahab),* der als Zeichen der Verehrung stets drei Barthaare des Propheten mit sich trug (der „echte" Barbier Mohammeds, Sidi Boulbaba, liegt in Gabès begraben). Abou Zommaâ starb im Jahr 685; über seiner Grabstätte wurde im 14. Jh. zunächst eine Zaouia errichtet. Die Moschee mit ihrem eleganten Minarett entstand in ihrer heutigen Form unter Hamouda Bey im 17. Jh., die aufwendige Innenausstattung überwiegend im 19. Jh. Der Bau beherbergt neben dem Grab des Heiligen eine Koranschule (Medersa) mit Gebetsraum und Wohnzellen für Gäste und Pilger.

Im Gegensatz zur schlichten, einfarbigen Ziegelarchitektur der Großen Moschee sind die Innenräume, Durchgänge und Säulenumgänge der Höfe mit leuchtend bunten Fayencen verziert, darüber feinste Stuckornamentik und geschnitzte Holzdecken. Der Zugang zum Grabraum ist Nichtmuslimen verwehrt, ein Blick in den prächtig ausgestatteten Kuppelbau jedoch erlaubt. Es ist recht stimmungsvoll und erholsam, im Schatten der Arkaden eines der prächtigen Innenhöfe zu pausieren und die Besucher passieren zu lassen.

★Rekkada (Raqqada)

(Aghlabidische Ruinenstätte und Nationalmuseum für Islamische Kunst)
Busabfahrt in Kairouan an Av. Haffouz; 9 km südlich von Kairouan an der P2 Richtung La Skhirra und Gabès führt 200 m nach einer Kreuzung (mit Bushaltestelle der Universität Rekkada) rechts ein Fußpfad durch ein kleines Eukalyptuswäldchen zur

Ruinenstätte Rekkada

Die aghlabidischen Herrscher zogen es im 9. Jh. vor, statt in ihrer Hauptstadt Kairouan hier – den strengen Blicken ihres Volkes etwas entzogen – zu residieren. Reste der dicken Palastmauern aus dem Jahr 876 sind zu sehen, ferner unter anderem auch die weitgehend gut erhaltenen Umfassungsmauern eines ca. 130x180 m großen Wasserbeckens ähnlich jener in Kairouan, hier aber rechteckig, unrestauriert, ohne Wasserfüllung (und ohne Touristen). In einer Ecke des Bassins kennzeichnet ein zusammengeschmolzener Lehmziegelhaufen jene Stelle, an der einst angeblich ein kleiner Wasserpavillon stand. Die weitflächig im Gelände südlich des Bassins verteilten Mauerreste lassen die Größe der von dem arabischen Beduinenstamm Beni-Hilal im 11. Jh. zerstörten Stadt noch erkennen.

Einen Kilometer nach den Ruinen, d.h. 10 km ab Kairouan, (im Eukalyptuswäldchen links der Straße inoffizielle Campingmöglichkeit) führt eine beschilderte Zufahrt (Palmenallee) von der P2 nach rechts zum

Nationalmuseum für Islamische Kunst

(geöffnet täglich außer Mo 9–16 Uhr, Juli/Aug. 8.15–14.15 Uhr; Eintritt auf Sammelticket aus Kairouan)

Das Museum ist in einem von Ex-Präsident Bourguiba im Jahr 1970 errichteten Palast untergebracht, der hinter zinnengekrönten Mauern inmitten gepflegter Parkanlagen liegt. Der Bau selbst ist sehenswert, vor allem der große Kuppelraum mit seiner äußerst feinen, filigranen Gipsornamentik. Das Museum dagegen wirkt recht kahl und dürftig; die Übertragung verschiedener Exponate aus der Islamischen Abteilung des Bardo-Museums ist angeblich (seit vielen Jahren) geplant. Auch die Lage – weit außerhalb Kairouans – dürfte ein Grund sein, warum sich nur wenige Touristen hierher verirren.

In der Eingangshalle finden wir ein Modell der Aghlabidenbassins von Kairouan, das deren Anlage sehr anschaulich demonstriert. Interessant sind auch die zahlreichen im Gebäude verteilten historischen Bilder (v.a. Mitte des 19. Jh.) von Kairouan, Hammamet, Monastir, Mahdia, Sousse und Tunis etc., aus einer Zeit, als diese Orte noch ihren ursprünglichen Charakter (u.a. keine französischen Neustädte) besaßen. Arabische Keramik, Kacheln, Glasgefäße, eine Münzsammlung aus dem 11. Jh. (zum Großteil aus einem Hortfund nahe Kairouan) gibt es zu bewundern. Ein gesonderter Raum zeigt alte Schriften, darunter die Glanzstücke des Museums: sechs Seiten aus einem fatimidischen Koran des 10. Jh. mit kufischer Goldschrift auf blauem Gazellenleder.

Leider sind manche erläuternde Beschriftungen nur Arabisch.

Vorwahl für Kairouan: 07

Touristeninformation

Syndicat d'Initiative
Av. de la République (bei den Aghlabidenbassins; trotz rot/weißer Randsteine befristete Parkmöglichkeit für Besucher). Geöffnet tägl. 8–18, Fr 8–14 Uhr; Tel. 22 04 52. Verkauf des **Sammeltickets** (4,2 TD, Fotografiererlaubnis 1 TD); es berechtigt zum Besuch der wichtigsten Besichtigungsstätten. Vermittlung von autorisierten Führern (Stadtrundgang mit deutsch- oder englischsprachigem Führer pro Std. 10 TD, größere Gruppen 15 TD).

Unterkunft

(s. Stadtplan S. 494/495)

Hotel

Barbiermoschee

Klassifizierte Hotels

Amina***
Tel. 22 54 66, Fax 23 54 11, DZ 67/61 TD; neueres Hotel an Ortsausfahrt Richtung Tunis; moderne, gemütliche Zimmer mit Klimaanlage/Balkon, Maur. Café, Pizzeria, hübsches Restaurant, beheizbares Schwimmbad.

Continental***
Tel. 22 11 35, Fax 22 49 00, DZ 50/44 TD; ältere Anlage nahe Aghlabiden-Bassins, vollklimatisiert, kleiner Garten, beheizbarer Swimmingpool, Restaurant.

Splendid***
Rue 9 Avril, Tel. 22 75 22, DZ 44/31 TD; ordentliches, älteres Hotel, Zimmer mit Klimaanlage, aber ohne Heizung, Restaurant.

Tunisia**
Av. de la République, Tel. 22 18 55, DZ 30 TD; älteres, empfehlenswertes Haus im Zentrum, Zimmer mit Dusche/Bad, WC, ZH, Deckenventilator.

Nicht klassifizierte Hotels

Marhala
Rue el Blaghija im Souk-Zentrum; Tel. 22 07 36, 1998 wegen Umbau (oder auf Dauer?) geschlossen, einfaches, originelles Hotel mit Dachterrasse (ideale Basis für Stadtbesichtigung).

Sabra
Place des Martyrs, Tel. 22 02 60, DZ 16 TD; freundliches, einfaches, sauberes Hotel mit Etagenduschen; Zimmer zum Platz mit Blick, zum Hof mit Ruhe; Dachterrasse, nebenan Maur. Bad.

Les Aghlabites
Nahe Bab et Tounes, Tel. 22 08 80, DZ 12 TD (mit/ohne Dusche), einfache Zimmer um ruhigen Innenhof, o.k. für schmale Geldbeutel.

El Menema
Rue M.I.Badiss, Tel. 22 50 03, DZ 20 TD, schlichte Ausstattung, etwas „kühle" Atmosphäre, zu teuer.
Sidi Bel Hassen
1998 im Umbau.
Barouta
Im Souk-Zentrum, DZ 10 TD, extrem einfach.
Essalem
Nahe Bab et Tounes, nicht empfehlenswert.

Jugendherberge

1,2 km ab Place des Martyrs an Av. de Fes (gegenüber dem Stadion).

Camping

Campingmöglichkeit im Hof der JH, 2 TD p.P.; warme Dusche, üble Sanitäranlagen, viel Rummel, teils unangenehme Jugendliche; nicht zu empfehlen. Stellmöglichkeit für Campingfahrzeuge evtl. an westl. Außenmauer der Aghlabidenbassins. Inoffizielle Campmöglichkeit in Rekkada (s. oben; 10 km südl. von Kairouan, Eukalyptuswäldchen gegenüber Museumszufahrt).

Essen und Trinken

Die größeren Hotels haben eigene, lizensierte Restaurants mit internationaler, selten traditioneller Küche (oft Touristen-Menüs).

Billige kleine Garküchen/Imbißstände finden sich nahe dem Bab et Tounes. Diverse Restaurants in der Neustadt, z.B. in der Umgebung der Post. Empfehlenswert: **Olympique** (hinter Hotel Tunisia), gut, sauber und preiswert. Auch das daneben liegende **Kairawane** bietet lt. Leser schmackhafte Gerichte. In der Medina freundlicher Service im **de la Jeunesse** (Rue Ali Belhaouane). Unbedingt probieren sollte man in einer der vielen Patisserien **Makhroud** (honiggetränkte Backwaren mit Nuß- bzw. Dattelfüllung), eine Spezialität Kairouans. Besonders großes und appetitliches Angebot an Patisserie bei **Makroudh Segni** (in Rue Ali Belhaouane).

Verkehrsverbindungen

Dank seiner zentralen Lage ist Kairouan gut mit allen Landesteilen verbunden.

- **Busse:** Zentrale Busstation an der Ausfallstraße Richtung Gafsa (ca. 500 m ab Barbiermoschee). Verbindung nach Tunis (6,5 TD), Sousse, Sfax, Gabès, Sbeitla, Kasserine, Gafsa, Tozeur, Makthar, El Kef, El Fahs, Enfidaville, Hammamet u. Nabeul. Bei Ankunft in Kairouan: Haltestelle bei der Touristeninformation.
- **Louages:** Zentrale Station bei Busstation. Verbindung u.a. nach Tunis, Sousse, Sfax, Makthar, El Kef, Sbeitla.
- **Eisenbahn:** Nur Güterverkehr.

Sonstiges

- **ONAT-Teppichmuseum:** Rue Ali Zouaoui (häufig geschlossen; kein Verkauf).
- **Wochenmarkt:** Montags, 1,5 km ab Stadtmauer am südl. Ortsrand (etwas abseits der Straße nach Sfax/Gabès); weiterer Markt an Straße nach Gafsa (1,5 km ab Medina).
- **Fluggesellschaft:**
  Tunis Air
  Rue Khawarezmi, Tel. 22 04 22.

- **Mietwagen:**
  Hertz
  Av. Ibn el Jazzar, Tel. 23 45 29, und einige lokale Vermieter (Auskunft über die größeren Hotels oder Touristeninformation).
- **Supermarkt:** Magasin Général südl. vom Place des Martyrs.
- **Souvenirs:** Kairouan-Teppiche, *Makhroud* etc. (Gebäckspezialitäten).
- **Islamische Feste** (z.B. *Aid el Fitr,* das Ende des Ramadans und *Mouloud,* Mohammeds Geburtstag) werden in Kairouan besonders intensiv gefeiert und in ganz Tunesien gern als Anlaß für eine Pilgerreise in die Heilige Stadt genommen (wechselnde Daten entsprechend dem islamischen Kalender, s.a. „Religiöse Feste" S. 43).

Wir verlassen **Kairouan** (km 0) zunächst nach Nordwesten Richtung El Fahs/Tunis, bis wir nach etwa 10 km auf die Hauptstraße Tunis – Gafsa (P3) stoßen, der wir nach links folgen. (Bei km 29 zweigt rechts die Route über Makthar nach Jendouba ab; s. Route A12). In mehr oder weniger großer Entfernung werden wir bis Sbeitla rechter Hand von den Bergen der *Dorsale* begleitet, die das zentraltunesische Steppenland nach Norden hin begrenzen. Lange Zeit durchfahren wir noch Getreidefelder, Öl- und Obstbaumhaine. Die überraschend reiche Vegetation zeugt von den erfolgreichen Bemühungen der Tunesier, das karge, regenarme Land (die Bergkette der Dorsale schirmt Niederschläge von Norden her ab) durch künstliche Bewässerung und Regulierung der nur sporadisch wasserführenden Flüsse zu kultivieren. Wir überqueren einen dieser Flüsse, das *Oued Merguilil,* welcher neuerdings durch die *Barrage el Haouareb* (bei km 41 Zufahrt zum 2 km langen Staudamm) nicht nur gestaut, sondern dessen Lauf hier sogar ein Stück umgeleitet wird. Noch Jahre werden vergehen, bis der Stausee, der sich am Fuß des eindrucksvollen *Djebel Trozza* (997 m) bildet, seine volle Größe erreicht haben wird und unsere Route landschaftlich bereichert.

Ansonsten lädt nichts im weiteren Streckenverlauf zum Verweilen ein. Passieren kann allerdings, daß Regenfälle die Furten durch einige brükkenlose Bach- und Flußbetten vorübergehend unpassierbar machen. Bei km 83 ignorieren wir die nach links in Richtung Gafsa abknickende P3 (diese Route stellt zwar die kürzeste Verbindung nach Gafsa dar, führt aber durch extrem monotones Gelände). Uns umgibt nun „klassische" Steppenlandschaft, in der nur noch struppiges Halfagras gedeiht und durch die höchstens mal ein Hirte mit seiner Herde zieht. Von Norden her schiebt sich allmählich der *Djebel Mrhila* (1378 m) heran. Auf den letzten Kilometern bieten Kinder und Jugendliche am Straßenrand holzgeschnitzte Figuren an, die nicht jedermanns Geschmack treffen dürften, und bei km 111 erreichen wir das unscheinbar wirkende Städtchen **Sbeitla.**

Sbeitla

Wichtiger Marktort (Wochenmarkt: Mi) und Sammelplatz für das Halfagras aus dem umliegenden Steppenland. Die touristischen Sehenswürdigkeiten des Ortes (ca. 18 000 EW.) beschränken sich auf die römische Ruinenstätte *Sufetula* (s. u.). Die sehr gut erhaltenen Ruinen von Sbeitla gehören zusammen mit jenen von Dougga, Bulla Regia und Thuburbo Majus zu den sehenswertesten in Tunesien.

Vorwahl für Sbeitla: 07

Unterkunft

Hotel/Motel

Sufetula**
Ortsausgang Richtung Kasserine nach Ruinenstätte, DZ 45 TD, Tel. 46 50 74, Fax 46 55 82; schönes Hotel mit einfachen, sauberen Zimmern mit Dusche, WC; Südzimmer mit Blick auf Ruinen; preiswertes lizensiertes Restaurant, Schwimmbad.
Bakini**
Im Ort nahe AGIL-Tankstelle an der Straße nach Kasserine, DZ 38 TD, Tel. 46 52 44; einfache Zimmer (lt. Leser unsauber), lizensiertes Restaurant, Schwimmbad, Parkmöglichkeit im Innenhof.
Motel **Sbeitla**
Av. H. Bourguiba beim Bahnhof, DZ ohne Fr. 10 TD, einfachste Zimmer (auch 3-Bett) um Innenhof, schmuddelig, nicht empfehlenswert.

Camping

Campingmöglichkeit auf dem Museumsparkplatz oder: ab Ruinenstätte Richtung Kasserine, vorbei an Hotel und großem, ummauertem Gelände; direkt danach beim Ortsschild rechts weg auf Weg. Nach etwa 1 km Stellmöglichkeiten zwischen Büschen oberhalb des Oueds.

Essen und Trinken

Kalil Stars
Empfehlenswertes kleines Restaurant. Im Zentrum an Rue de la Republique, schmackhaftes Essen, sauber, preiswert, freundlicher Service.

Verkehrsverbindungen

- **Busse und Louages** (ab Bahnhofsplatz; keine Gepäckaufbewahrung) verkehren nach Kasserine (Busse mit Stop an der Ruinenstätte), nach Kairouan/Tunis, Sbiba/Makthar, El Kef, Sfax und Sidi Bouzid. Museumswärter ist lt. Leser behilflich als Gepäckaufbewahrer und beim Organisieren von Louages für die Weiterfahrt.
- **Eisenbahn** nur für Güterverkehr.

Ruinenstätte Sufetula

Anfahrt

Ab Ortszentrum Sbeitla 1 km auf P13 Richtung Kasserine.

Geschichte

Reichlich Wasser aus den nahen Bergen, fruchtbares Umland und Kreuzungspunkt wichtiger Verkehrswege waren vermutlich die Hauptgründe für die Errichtung der römischen Siedlung *Sufetula* gegen Ende des 1. Jh. Vor allem durch intensiven Anbau und Handel mit Getreide und Oliven erlebte der Ort bald einen starken Aufschwung. Sufetula erhielt den Rang einer Colonia und zählte mit annähernd 10 000 EW während seiner Blütezeit zu den **bedeutendsten Städ-**

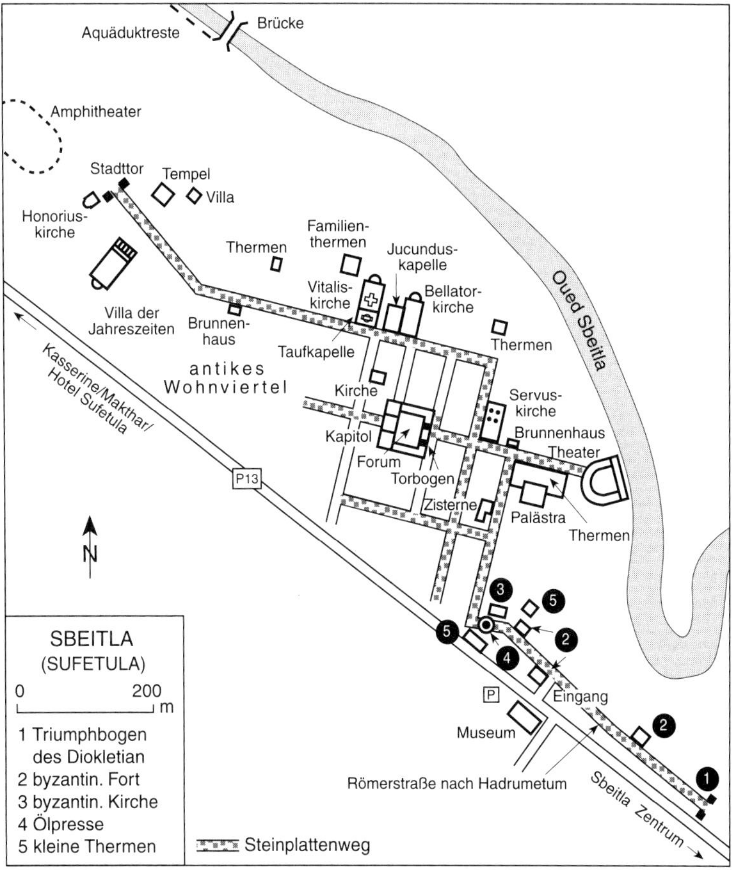

ten der Provinz Africa. Mit zunehmendem Einfluß des Christentums entstand im 4. und 5. Jh. ein religiöses Zentrum mit mehreren Kirchen. In byzantinischer Zeit entwickelte sich Sufetula zu einer wichtigen Verteidigungsbastion gegen berberische Angriffe aus dem Hinterland. In der Mitte des 7. Jh. zerstörten und plünderten arabische Eroberer die Stadt, wovon sie sich nie wieder richtig erholen konnte und schließlich aufgegeben wurde. Ausgrabungen wurden erstmals zu Beginn des 20. Jh. vorgenommen. Bislang wurde ein etwa 50 ha großes Gelände freigelegt; ein Großteil der antiken Stadt ist noch immer unter der Erde verborgen.

Besichtigung

Öffnungszeit: tägl. von 8.00 Uhr bis Sonnenuntergang.Eintritt: 2,1 TD, Fotoerlaubnis 1 TD (teilweises Fotoverbot im Museum). Auf Wunsch persönliche Führung; Dauer und Preis vorher vereinbaren.

Die fünf ineinandergehenden Räume des **Museums** enthalten Funde aus verschiedenen Epochen (punisch, römisch, byzantinisch), Mosaikfragmente sowie Übersichtskarten, Photos und Hinweise auf megalithische Gräber in der Umgebung. Wie anderswo sind die schönsten und sehenswertesten Funde ins Bardo-Museum in Tunis verbracht worden.

Gegenüber dem Museum liegt die **Ruinenstätte.** In jüngster Zeit wurden neue Ausgrabungen gemacht, viel restauriert und der Eingangsbereich mit Rasenflächen und Blumen hübsch gestaltet. Rechter Hand, zum Ort hin, steht das monumentale Stadttor (Ende 3. Jh.), der *Triumphbogen des Diokletian.* Vom Eingang nach links passieren wir zwei byzantinische Forts, die – da torlos – nur von oben her über Leitern betreten werden konnten; neuerdings Besteigung über Treppen möglich. Wir kommen vorbei an den Resten einer byzantinischen Kirche, einer gut erhaltenen Ölmühle (runder Stein mit zentralem Loch) und zwei Ölpressen (senkrechte Ständerpaare, Pressplatten mit Sammelrinne, Ölsammelbecken). Links davon eine kleine Thermenanlage mit Mosaikresten. Dann halten wir uns rechts. Auf dem plattenbelegten Hauptweg kommen wir an einer Zisterne vorbei zu den großen *Thermen* mit dem von Doppelsäulen bestandenen *Palästrahof,* in dem einst Boxer und Ringer trainierten. Eine Inschrift beim Thermeneingang erinnert an Carpentius, einen Gönner der Stadt, der die Anlage stiftete. Schon die Römer kannten Fußbodenheizung; die Luft in dem Hohlraum unter den von kleinen Ziegelsäulen getragenen Böden von Saunaraum und Badebecken wurde von der Seite her mit Holzkohle beheizt und sorgte für angenehme Raumtemperaturen. Ein ausgeklügeltes Kanalisationsnetz (die Wasserleitungen verliefen ca. 2 m unterhalb der Plattenwege; die „Schachtdeckel" sind noch gut erkennbar) diente der Wasserver- und -entsorgung. Wenige Schritte unterhalb der Thermen finden wir ein stark und modern restauriertes kleines *Theater,* das schon wegen seiner reizvollen Lage an der Böschung zum *Oued Sbeitla* den kleinen Umweg verdient. Auf dem Weg von den Thermen zum Kapitol passieren wir nach einem Brunnenhaus die spärlichen Reste der mehrschiffigen *Servuskirche* mit ihren vier wacklig wirkenden Eckpfeilern. Gut erhalten ist hingegen der dreibogige *Antoninus-Pius-Bogen* aus dem Jahr 139. Er begrenzt das 70 m lange und 60 m breite Forum, den zentralen, römischen Stadtplatz, an dessen Südostseite. Gegenüber die eindrucksvollsten Bauten Sufetulas, der dreiteilige Kapitolstempel, den römischen Hauptgottheiten Juno, Jupiter und Minerva (v.l.n.r.) gewidmet. Besonders schön erhalten die Vorderfront und die korinthischen Säulen am Junotempel sowie die Rückseite des Jupitertempels. Die sowohl Forum wie Tempel teilweise umgebenden Mauern stammen aus späterer, byzantinischer Zeit, als viele römische Tempelanlagen zu Verteidigungsfestungen ausgebaut wurden.

Nördlich des Kapitols gelangen wir in den „christlichen“ Bezirk mit mehreren Kirchen aus dem 4. bzw. 5. Jh., deren Namen auf die damaligen Bischöfe bzw. Stifter zurückgehen: die *Bellatorkirche,* die erste Bischofskirche der Stadt, mit der angebauten *Jucunduskapelle;* links davon die *Vitaliskirche* mit Taufkapelle und dem prächtigen mit Mosaiken ausgekleideten Taufbecken, an dessen Rand man den Namen des Heiligen lesen kann. Im hinteren Teil der Kirche ein Becken mit schönem Fischmosaik. Hinter dem Kirchenbezirk (Richtung Oued) eine kleinere Anlage von Familienthermen.

Unter den weiteren Gebäuderesten nordwestlich des Kapitols lohnt momentan höchstens die Villa der Jahreszeiten eine nähere Betrachtung. Die flache Bodenmulde dahinter birgt das unausgegrabene Amphitheater.

Gehen wir von hier nordöstlich hinüber zum *Oued Sbeitla*, stoßen wir (außerhalb des Zauns) auf eine imposante Brücke, deren vier Bögen das Flußbett überspannen. Kein Aquädukt (wie gelegentlich behauptet wird), sondern ein stark restaurierter Flußübergang, über den die Römer einst das Baumaterial für die Stadt von den Steinbrüchen in den Bergen herantransportierten. Die spärlichen Reste des römischen Aquädukts (Mauerwerk mit entsprechendem Hohlraum für das Wasser) kann man nahe der Brücke oberhalb und entlang des Flußbetts auf dessen linker Seite entdecken. Was die Römer begründeten, wurde 1912 von den Franzosen wieder aufgegriffen: sie faßten das Wasser in Rohrleitungen, und seither strömt es (Pumphaus neben Brücke sowie einige moderne Brunnenhäuser im Rui-

Forum mit Kapitolstempel von Sufetula (Sbeitla)

nengelände) nicht nur nach Sbeitla, sondern beliefert auch noch die 150 km entfernte Stadt Sfax.

Die Größe des einstigen Sufetula wird bei der Ausfahrt aus Sbeitla deutlich. Auch nach der „offiziellen" Ruinenstätte finden sich beidseits der Straße immer wieder antikes Gestein und Gemäuer. Besonders bemerkenswert ist eine **Ansammlung alter Olivenpressen** (3,5 km ab Ortsmitte, kurz vor der Abzweigung nach Sbiba, vor allem links der Straße), die daran erinnert, daß hier einst ausgedehnte Ölbaumhaine standen. Auch heute noch passieren wir große Pflanzungen von Öl- und Obstbäumen, doch dominiert auf der Weiterfahrt das undramatische, überwiegend von Halfagrasflächen überzogene Steppenhochland. Esel, hoch beladen, bringen das Gras zu den Sammelplätzen von denen es mit Lastwagen zur Weiterverarbeitung in die Zellulosefabrik von Kasserine gebracht wird. Der Djebel Chambi überragt im Westen die weite Ebene. Vor Kasserine durchfahren wir lange Eukalyptusalleen, Opuntienhecken, Obst-, Oliven- und Gemüsekulturen.

Kasserine

Eingerahmt von den teilweise bewaldeten Höhenzügen der *Djebel Selloum* (1373 m im SO), *Djebel Semmama* (1314 m im Norden) und – höchster Berg Tunesiens – *Djebel Chambi* (1544 m im Westen) liegt Kasserine recht malerisch in einer weiten Talmulde am Nordwestrand des zentraltunesischen Steppenhochlands.

Die Stadt in ihrer heutigen Form ist eine **Gründung der Franzosen.** Die geschäftige Provinzhauptstadt ist Verwaltungs-, Verkehrs- und Marktzentrum der Region (**Wochenmarkt**: Di). Über ca. 5 km erstreckt sich der Ort entlang der Durchgangsstraße (Av. H. Bourguiba). Beim zentralen Platz (mit kleinem Park und Wasserturm) finden wir Bahnhof (nur Güterverkehr), Banken, Geschäfte, Restaurants und die wichtigsten Versorgungseinrichtungen. Eine 1963 mit amerikanischer Finanzhilfe erbaute große Zellulosefabrik ist heute der wichtigste Arbeitgeber. Der Hauptteil der jährlichen Halfagrasernte (etwa 80 000 t) aus dem umliegenden Steppenhochland wird hier zu hochwertiger Zellulose verarbeitet, sowohl für den Export als auch für die Papierproduktion an Ort und Stelle. Aus dem Rest entstehen geflochtene Matten, Körbe, Trag- und Packtaschen und Filtermatten für Olivenpressen.

Kasserine ist Ausgangspunkt für einen Besuch des Nationalparks Djebel Chambi und eine gute Versorgungsbasis. Die einzigen Sehenswürdigkeiten der Stadt – **zwei antike Mausoleen,** denen der Ort seinen Namen verdankt (Kasserine = zwei Burgen) und die bescheidenen Reste des römischen *Cillium* – passieren wir bei der Weiterfahrt (s.u.).

Vorwahl für Kasserine: 07

Unterkunft

Hotel

Cillium
5 km ab Zentrum Richtung Gafsa, Tel. 47 46 06, DZ 44 TD, etwas „steril", ruhige Lage.

Einfache Hotels in Zentrumsnähe

de la Paix (Salem)

Av. H. Bourguiba, östl. vom Zentrum, Tel. 47 14 65, DZ 14 TD; einfache, saubere Zimmer, Etagenduschen, liz., preiswertes Restaurant mit netter Gartenterrasse.

Pinus

Av. H. Bourguiba, ca. 400 m östl. vom Zentrum, Tel. 47 01 64, DZ 18 TD, etwas schlichter als *de la Paix;* einfache, sehr hellhörige Zimmer mit Bad/WC; Café/Bar und gutes Restaurant.

Ben Abdallah

40, Rue H. Thameur (nur arab. beschriftet), extrem einfach, nicht empfehlenswert.

Jugendherberge

2,8 km ab Zentrum an der Hauptstraße Richtung Gafsa, ca. 50 m nach Stadion, 4-Bett-Zimmer.

Camping

Campingmöglichkeit bei der Jugendherberge: p.P. 4 TD, Motorradparkplatz im Haus 0,5 TD.

Verkehrsverbindungen

- **Bus-** und **Louagestation** ca. 1,6 km ab Zentrum Richtung Sbeitla, 300 m links der Straße. Busse nach Makthar/El Fahs/Tunis, El Kef, Sbeitla, Sfax, Gafsa, Gabès. Louages u.a. nach Tunis, Sbeitla, Feriana, Thala.
- **Eisenbahn:** nur Güterverkehr.

Wir durchfahren Kasserine vom zentralen Platz aus (= km 0) in Richtung Gafsa. Nach 1 km rechts das *Arrondissement Forestier* (Bewilligung für

Mausoleum in Kasserine

Besuch des Nat.-Parks Djebel Chambi – s. unten). Vorbei an der qualmenden Zellulosefabrik finden wir bei km 2,3 rechts am Straßenrand die kümmerlichen Mauerreste des ersten Mausoleums. Nach der Jugendherberge und dem *Oued ed Darb* kommen wir bei km 3,5 zum zweiten, mit drei Stockwerken noch sehr gut erhaltenen Mausoleum (rechts). Dank der Inschrift – das untere Stockwerk ist engzeilig mit einer langen Hymne auf den Verstorbenen versehen – weiß man, daß es sich um das Grabmal von *Flavius Secundus* und seiner Familie handelt.

An der Straßengabelung am Ortsende (km 5) halten wir uns links Richtung Feriana/Gafsa (der rechte Zweig führt nach El Kef, s. Route A11) und passieren kurz darauf den Rundbau des Hotels **Cillium** (links). 200 m danach weist ein Schild zur bescheidenen

Ruinenstätte Cillium

(meist unbeaufsichtigt)

Wir gehen zunächst links hinüber zu dem weithin sichtbaren, mit Schriften und schönem Ornamentfries verzierten Triumphbogen (3. Jh.), dann nach rechts zu den Resten einer byzantinischen Festung, deren aussichtsreiche Lage die Überwachung der ganzen Region ermöglichte. Von der kahlen Hochebene reicht der Blick weit über die von bewaldeten Bergzügen umrahmte Talsenke von Kasserine. Zwischen Opuntienhecken hindurch führt der Weg zu den Ruinen des Kapitols. Etwas unterhalb, am Abhang zum *Oued ed Darb,* guterhaltene Reste eines Theaters, das 2500 Besuchern Platz bot. Vom Kapitol aus in Richtung zu den weißen Marabuts passiert man die Fundamente einer christlichen Kirche (5. Jh.) und einen Steinbogen (vermutlich ein weiteres Stadttor). Nach so viel zerfallenem Gemäuer ist die weiße, freundliche Marabutgruppe inmitten eines großen, islamischen Friedhofs neben dem Ruinenfeld ein erbaulicher und stimmungsvoller Anblick.

Auf der Weiterfahrt in Richtung Gafsa zweigt 7,6 km ab Straßengabelung ein beschildertes Teersträßchen rechts ab – die einzige offizielle Zufahrt zum *Nationalpark Djebel Chambi.* (Die in der Michelin-Karte gezeigte Zufahrt von Norden her ist nicht nur schwer zu finden, sondern zudem gesperrt.)

Abstecher zum Nationalpark Djebel Chambi (Anfahrt 9,2 km)

Offiziell ist dieser Ende 1980 gegründete und noch immer im Ausbau befindliche Nationalpark nur mit Bewilligung der Nationalparkbehörde in Tunis (s. „Nationalparks und Naturschutzgebiete" in „Praktische Tips von A–Z") zugänglich. In der Praxis kann man aber auch im *Arrondissement Forestier* in Kasserine (grün/weißer, einstöckiger Flachbau, ca. 1 km ab Zentrum, rechts der Hauptstraße Richtung Gafsa) eine Besuchsgenehmigung erhalten (Angabe von Personalien, Paß-Nr. und Kfz-Kennzeichen; 1-TD-Briefmarke erforderlich; vorher besorgen!). Wer die römischen Ölpressen im Park besuchen will, muß sich dies gesondert im Formular bewilligen lassen.

Das gut 9 km lange Zufahrtssträßchen stößt am Waldrand unterhalb eines Kuppelbaus (Nationalparkmuseum) auf den von zwei weißen, maraboutähnlichen Häuschen flankierten, bewachten Parkeingang. Kontrolle der Genehmigung.

Zwar ist der lang hingestreckte **Djebel Chambi** mit 1544 m die höchste Erhebung Tunesiens, er wirkt aufgrund des nur mäßigen Höhenunterschieds zum Umland aber weniger eindrucksvoll als manche anderen Berge des Landes. Dennoch verlocken die bis knapp unter den Gipfel reichenden Wälder zu ausgedehnten Wanderungen – ein nicht alltägliches Vergnügen in Tunesien. Ein Asphaltsträßchen führt vom Parkeingang vorbei am seit Jahren geschlossenen, bei jeder Nachfrage jedoch „kurz vor der Eröffnung stehenden" **Nationalparkmuseum.** Daneben ein Mufflongehege. Streckenweise recht steil und kurvig geht es bergauf. Viele Wildtiere sind in dem 6700 ha großen Park heimisch, unter anderem Wildschweine, Berggazellen, Mähnenschafe, Hyänen und Luchse. Adler, Geier und andere Greifvögel ziehen ihre Kreise. Zwischen Eichen und Aleppokiefern wachsen Pistazienbäume, Halfagras, Rosmarinbüsche, im Frühjahr blühen wilde Tulpen. Generell lohnt es sich im gesamten Parkgebiet auf **Versteinerungen** (Muscheln, Schnecken etc.) zu achten.

Etwa 5 km ab Parkeingang führt eine (gesperrte) Abzweigung nach links zu einer großen, idyllischen Waldlichtung (+1,5 km). Hier liegen zwischen weidenden Schafen verstreute und unter Denkmalschutz stehende **Reste aus der Römerzeit,** darunter die eines schön verzierten Torbogens, vor allem aber gut zwei Dutzend Ölpressen (Foto siehe unten). Diese belegen, daß die Römer selbst in 1300 m Höhe noch Oliven anbauten. Archäologen vermuten, daß sich hier im 2. oder 3. Jahrhundert n.Chr. eine der größten Städte der Provinz Africa befand. Die Barackenfundamente am Waldrand sind jedoch jüngeren Datums: sie stammen von algerischen Freiheitskämpfern, die während ihres Befreiungskriegs gegen die Franzosen hier ein Lager unterhielten. 9 km ab Parkeingang wird eine Parkfläche erreicht (die Weiterfahrt zum ca. 500 m entfernten Antennenturm ist nicht erlaubt). Ab hier sind es noch etwa 5 Minuten zu Fuß zum **Gipfel.** Dort steht eine große Mondsichel, das Symbol des Islam. Der Ausblick an einem klaren Tag

Römische Ölpressen im Nationalpark Djebel Chambi

Auf dem Gipfel des Djebel Chambi

reicht weit über die bewaldeten Berge hinaus ins landwirtschaftlich genutzte Vorland.

Die weiterführende Route zieht durch Halfagrassteppe; in der Ferne sind gelegentlich ein paar langgezogene Berge erkennbar. Kurz vor Thelepte zweigt rechts die über den nur selten frequentierten Grenzübergang bei Bou Chebka nach Tebessa in Algerien führende Straße P15 ab. Zwischen dem reizlosen Ort **Thelepte** mit seinen großen Halfagras-Sammelplätzen und Feriana erstrecken sich auf etwa 2 km beidseits der Straße ausgedehnte Flächen mit kniehohen, kümmerlichen Steinbrocken. Nur dem Kenner mag es gelingen, in diesen Trümmern die Reste der *Medinet el Kedima*, einer großen byzantinischen Stadt aus dem 6. Jh., auszumachen (die „besseren" Trümmer liegen rechts hinter den Eisenbahngleisen). Etwas eindrucksvoller sind die wuchtigen Mauerreste einstiger Thermen neben römischen Steinbrüchen (letztere heute wieder in Betrieb). Steinbruchzufahrt vor Ouedbrücke beim nördl. Ortseingang Ferianas; dort knapp 1 km nach rechts.

Feriana (km 41; einziges Hotel: **Mabrouk,** im Zentrum an Av. H. Bourguiba gegenüber Busbahnhof, DZ m. Fr. 12 TD, Tel. 07-48 52 02, einfachst, lt. Leserinfo sauber, evtl. etwas laut durch Straßenverkehr). Außer einer Halfagras-Sammelstation und einem großen Zementwerk am südlichen Ortsausgang hat der langgezogene Ort nichts zu bieten.

Bald umgibt uns wieder reine Steppenlandschaft; besenartige Büschel des borstigen Halfagrases überziehen den rotbraunen Boden mit graugrünen Tupfen. Im und in der Umgebung des Dorfes **Majel Ben Abbès** (64 km) werden am Straßenrand geflochtene Halfagrasmatten angeboten. Eine Gedenkstätte am Ortseingang mit Gräbern und einem etwas naiven Wandgemälde erinnert an den verlustreichen Freiheitskampf der Tunesier gegen die Übermacht der mit Panzern und Flugzeugen ausgerüsteten Franzosen.

Variante (unter Umgehung von Gafsa) nach Tamerza /Tozeur

(Diese bisher größtenteils unbefestigte und nach Regenfällen wegen mehrerer Oueddurchfahrten schwierige bis unpassierbare Route ist laut Leserzuschrift nahezu vollständig asphaltiert).

20 km südlich von Majel Ben Abbès zweigt von der P15 ein Sträßchen rechts ab nach **Sidi Bou Baker** (+14,5 km). Ab dort (Beschilderung u.a. *Moulares)* auf C122 links

weg. Die Route verläuft zunächst durch Ackerland, quert dann ein Oued und führt hinein in die Berge. Wir passieren ca. 6,5 km ab Abzweig an der höchsten Stelle einen Antennenmast (auf dem *Kef el Rhorra,* 699 m), 4 km weiter einen Wasserturm mit Brunnenhaus. Stimmungsvolle Berglandschaft, gelegentlich Nomadenlager, Halfagras-Sammelstellen. Es geht sanft abwärts in einen reizvollen Bergkessel (zeitweise verläuft parallel die Phosphatbahn von Moulares). Nach reichlich 30 km (teilweise evtl. noch unasphaltiert) ist eine Gabelung erreicht. Links geht es nach Metlaoui, rechts sind es noch 7,7 km bis Moulares (s. auch Routenübersicht S.569).

Weiterfahrt Majel Ben Abbès – Gafsa: Bald überqueren wir auf einer Furt das mehrere hundert Meter breite, meist trockene *Oued Kebir* („großer Fluß"). Wir folgen seinem Lauf durch das kahle Bergland von Gafsa. Rechterhand ragen die Bergzüge *Bou Ramli* (1128 m) und *Bou Younes* (863 m) auf; im Südosten erstreckt sich das langgezogene Massiv des *Djebel Orbata* (1165 m) und *Djebel Biada* (1163 m). Bei km 112 erreichen wir schließlich **Gafsa.**

Gafsa

Handels-, Verkehrs- und Verwaltungszentrum (Gouvernoratssitz) der Djerid-Region und mit etwa 70 000 EW die **größte Stadt im Südwesten Tunesiens.** Eindrucksvolle Lage zwischen den kahlen Massiven des *Djebel Bou Younes* und *Djebel Orbata.* Abgesehen von der kleinen, alten **Medina** mit ihren **römischen Bädern** und der Kasbah ist Gafsa ein moderner Ort ohne touristische Attraktionen. Von großer wirtschaftlicher Bedeutung ist der Phosphatbergbau in den umliegenden Bergen (s. S.568), der vielen Bewohnern Arbeit bietet. In Gafsa werden Flechtarbeiten aus Halfagras gefertigt und angeboten, berühmt sind die speziellen Wollteppiche und -dekken, sehr farbenfrohe Webwaren, die in meist quadratischen Feldern geometrische und stilisierte Motive von Menschen, Vögeln, Fischen, Kamelen etc. aufweisen. Ansonsten lebt die Bevölkerung u.a. vom Ertrag der **Oasengärten.** Diese erstrecken sich in einem kilometerlangen Gürtel im Westen, Süden und Osten um den Ort herum. Neben mehreren hunderttausend Dattelpalmen (meist minderer Qualität wegen häufiger Kaltlufteinfälle aus dem Norden) gedeihen in den Gärten vor allem Obstbäume (Aprikosen, Zitronen, Apfelsinen, Feigen, Granatäpfel), Oliven, aber auch Weintrauben, Pistazien, Getreide und allerlei Gemüse- und Futterpflanzen. Wie so oft in Tunesiens Oasen, bereitet auch hier die Wasserversorgung große Probleme, da durch die vielen zur Dekkung des gestiegenen Wasserbedarfs neugebohrten Brunnen der Grundwasserspiegel gesunken ist. Daher kommt der Kultivierung der anspruchsloseren Ölbäume wachsende Bedeutung zu.

Geschichte

Funde von Steinwerkzeugen, Knochen und Siedlungsresten aus dem 8. bis 6. vorchristlichen Jahrtausend belegen, daß die Region um Gafsa **schon in der mittleren Steinzeit besiedelt**

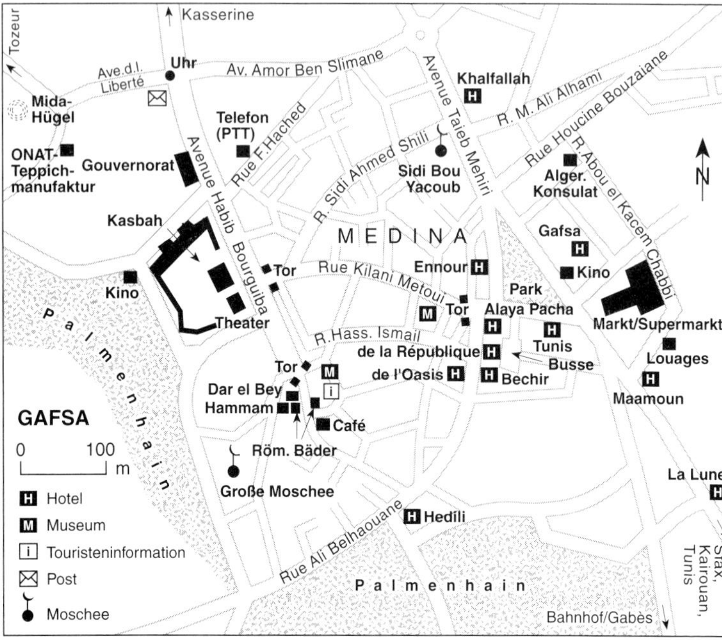

war. Nach *Capsa,* dem römischen Namen für Gafsa, erhielt diese Epoche den Namen *Capsien.* Während karthagischer Zeit entstand hier eine numidische Siedlung, die 107 v.Chr. dem Numiderkönig Jugurtha vom römischen General Marius streitig gemacht wurde. Obwohl Jugurtha kapitulierte, ließen Marius' Truppen die Stadt in Flammen aufgehen und töteten alle männlichen Bewohner. Zum Schutz gegen räuberische Nomaden aus der Wüste befestigten die Römer ihre wiederaufgebaute Stadt *Capsa,* die sich besonders unter Kaiser Trajan (97–117 n.Chr.) zu einer wohlhabenden Colonia entwickelte. Um 540 eroberten die Byzantiner die Stadt, gaben ihr den Namen *Justiniana* (nach dem damaligen byzantinischen Kaiser) und bauten sie zu einer Militärfestung aus. 668 eroberten und zerstörten die anrückenden Araber die Stadt und nahmen die Bevölkerung – 80 000 Personen sollen es gewesen sein – gefangen. 1434 errichteten die *Hafsiden* auf den Fundamenten einer byzantinischen Festung die Kasbah, die 1556 von dem türkischen Korsaren *Dragut* erobert wurde. Mit der **Entdeckung der Phosphatvorkommen** vor gut 100 Jahren und dem Anschluß an das Eisenbahnnetz erlebte Gafsa unter den Franzosen einen beträchtlichen wirtschaftlichen Aufschwung. Im 2. Weltkrieg (1942/43) wurde Gafsa ab wechselnd von den Alliierten und den Deutschen Truppen besetzt und bei den Kämpfen stark beschädigt; erhebliche Zerstörungen erlitt die Kasbah 1943 durch die Explosion eines französischen Munitionslagers.

Stadtbesichtigung

Das Geschäfts- und Verkehrszentrum liegt östlich der Medina rings um den großen, dreieckigen Platz mit Parkanlagen. Dort findet man zahlreiche Läden, Hotels, Cafés und Restaurants, die Markthalle mit Alkoholverkauf, Supermarkt, Banken, Busstation. Die wenigen touristischen Sehenswürdigkeiten liegen dicht beieinander an der Westseite der Medina und sind am einfachsten von der *Av. H. Bourguiba* aus zu erreichen (dort auch Parkmöglichkeiten).

Das dominierendste Bauwerk ist die wuchtige **Kasbah,** wenngleich nur noch die Außenmauern, einige Seiten- und drei Ecktürme stehen. Die breite, bei der Explosion eines Munitionslagers im 2. Weltkrieg gerissene Mauerlücke wurde 1963 von dem stilwidrigen Justizpalast teilweise wieder aufgefüllt. Die Renovierung der Kasbah war gründlich; das von den Hafsiden im 15. Jh. auf den Fundamenten einer byzantinischen Festung erstellte Bauwerk wurde großenteils neu gemauert und innen steril verputzt. Im Innenhof befindet sich heute ein Freilichttheater (Zugang von links außen).

Am Ende der Av. H. Bourguiba geht es durch einen Torbogen zu den einzigen, wirklich sehenswerten Überresten des römischen *Capsa,* den **Römischen Bädern** *(Piscines Romaines):* zwei tiefe, aus großen Steinquadern gemauerte und durch einen Tunnel miteinander verbundene Becken mit kristallklarem Wasser, ein prächtiges Schwimmbad für die Kinder des Ortes. Wie schon vor 2000 Jahren strömt noch heute aus seitlichen Zuflüssen und Quellen am Beckengrund 31°C warmes Mineralwasser, das in den benachbarten *Hammam* und von diesem weiter in die Gärten abfließt. An einigen Steinquadern der Beckenwände finden wir noch römische Inschriften. Während man im *Café des Piscines Romaines* einen türkischen Kaffee oder Minztee zu sich nimmt, kann man Jugendlichen zusehen, wie sie (gegen Trinkgeld von Touristen) in kühnem Kopfsprung vom Dach des Arkadenbaus (oder wenigstens vom Beckenrand) ins Wasser springen.

Der dreibogige Arkadenbau (Säulen mit antiken Kapitellen) neben dem unteren Becken, der **Dar el Bey,** war einst die Residenz eines türkischen Herrschers.

Am Platz bei den Bädern liegt auch das **Touristeninformationsbüro,** daneben ein kleines **Archäologisches Museum,** geöffnet tägl. außer Mo 7.30–12 und 15–18 Uhr (April bis Sept.) bzw. 9–16.30 Uhr (Okt. bis März); Eintritt 1,1 TD. Ausgestellt sind Steinwerkzeuge, Pfeil- und Speerspitzen aus der Capsien Epoche (Fundort Gafsa und Region), ferner Keramik aus dem 4./5. Jh., Stelenreste, mehrere Mosaiken. Glanzstück ist ein großes, römisches Bodenmosaik (Wettkampfszenen) aus dem 4. Jh.

Zwischen den Häusern versteckt (von den römischen Bädern aus sichtbar) liegt die **Große Moschee** mit ihrem gelb/weißen Minarett, die in ihrem Ursprung ins 14. Jahrhundert zurückreicht. Weiter zur *Rue Ali Belhaouane* oberhalb des Palmengartens (der sich für einen Spaziergang anbietet). Entlang der Straße Gemüseverkauf, und wir entdecken mehrere Ölmühlen, die nach der Olivenernte (Nov. bis Feb.) Hochbetrieb haben. Im weiteren Verlauf der Rue Ali Belhaouane und in deren Nebengassen findet mittwochs der große **Wochenmarkt** statt, der nur selten von Touristen besucht wird. (Ein eindrucksvoller **Tiermarkt** (Rinder, Schafe, Ziegen) wird mittwochvormittags in *Orbata* abgehalten; s. unter „Ausflüge").

Reizvoll ist generell ein Bummel durch die Medinagassen. In einem Seitengäßchen der Rue K. Metoui *(Rue B. Kidar)* hat ein findiger Geschäftsmann seinen Innenhof zum **Bauernmuseum** und **Café** umgestaltet (0,5 TD Eintritt) mit traditionellem Nomadenhausrat und -geräten.

Einen schönen Blick über Stadt, Oasengärten und das umliegende Bergland hat man vom **Mida-Hügel** (bei Ortsausfahrt Richtung Tozeur links der Straße). Beim gut zehnminütigen Aufstieg auf diese ca. 50 m hohe Erhebung passiert man mehrere Höhlen.

Vorwahl für Gafsa: 06

Touristeninformation

Büro neben den *Römischen Bädern;* kundiger und hilfsbereiter Leiter (Herr Ismail), Tel. 22 16 64. Öffnungszeiten: tägl. außer So 8.30–13 Uhr, Mo bis Do auch 16–18 Uhr.

Unterkunft

Hotel

Die meisten Hotels liegen im Ortszentrum (s. Plan).

(Hinweis: Das frühere Luxushotel **Jugurtha**, 4 km westlich der Stadt, viele Jahre geschlossen, soll als aufwendig in Ziegelbauweise gestalteter Neubau 1999 wieder in Betrieb genommen werden)

Maamoun***

Tel. 22 24 33, DZ 70 TD; etwas betagtes, düsteres, lt. Leser „verkommenes" Hotel; schöner Garten, liz. Restaurant, Swimmingpool.

Gafsa**

10 Rue Ahmed Snoussi, Tel. 22 40 00, DZ 60 TD; mit liz. Restaurant.

La Lune*

Av. J. Abdennaceur, Tel. 22 02 18, DZ 36 TD, Zimmer nach hinten (ruhig, Oasenblick) verlangen, auch Mehrbettzimmer.

Khalfallah

Av. Taieb Mehiri, Tel. 22 14 68, DZ 23 TD; günstiges Hotel mit Restaurant.

Ennour

Tel. 22 06 20, DZ 13 TD, Küchenbenutzung, Zimmer im 1. OG heller, noch akzeptables Billighotel.

de la République

Tel. 22 18 07, DZ 7 TD, Du. 0,7 TD, sehr einfach, freundlich, sauber.

Alaya Pacha

Tel. 22 22 32, DZ 18 TD.

Moussa

An Tozeur-Straße, ca. 500 m ab Uhrturm/PTT, Tel. 22 33 33, DZ 14 TD.

El Bechir

Tel. 22 32 39, DZ 12 TD, extrem einfach, kaum empfehlenswert.

Hedili, l'Oasis, Tunis

(zwischen 8 und 12 TD), nicht empfehlenswert.

Jugendherberge/-haus

Der Tozeur-Straße folgen bis Hotel **Moussa,** nächste Straße rechts, er-

Im Zoologischen Park Orbata

ste links: Jugendhaus direkt an Abzweigung im rechten Eckgebäude, JH ca. 200 m weiter. Bei beiden Übernachtungsmöglichkeit. Im Jugendhaus nicht verlockende Stellmöglichkeit für Wohnmobile (2 TD p.P., 1 TD Auto); Jugendhaus mit kl. Restaurant.

Camping

Campingplatz geplant im südl. Palmenhain (ab Abzweigung Rue A. Benhaouane reichl. 1 km).

Essen und Trinken

Gutes Essen generell in den Hotelrestaurants.

Semiramis (1 Gabel)
Hotel *Gafsa,* gilt als bestes Restaurant.

Abid Hedi
Rue Laadoul (Seitenstr. von Rue K. Metoui). Empfehlenswertes kleines Lokal.

Mehrere preiswerte Garküchen bzw. Imbißstände besonders in der östlichen Medina, etwa zwischen Rue Ali Belhaouane, Rue Hassouna Ismail und Rue Kilani Metoul.

Verkehrsverbindungen

- **Busse:** Busstation im Zentrum mit etwas verstecktem Zugang neben Hotel *Tunis.* Häufige Fahrten zum Bahnhof und nach Orbata. Busse mehrmals täglich nach Metlaoui, Tozeur, Nefta; nach Redeyef und Tamerza; über Kasserine, Sbeitla, Kairouan nach Tunis; nach Kebili und Douz; nach El Kef, Sidi-Bouzid, Sfax und Gabès.
- **Louages** fahren zu allen größeren Orten des Südens. Station hinter Hotel *Gafsa.*
- **Eisenbahn:** Bahnhof 4 km außerhalb im Ortsteil *Gafsa Gare* an

Gabès-Straße. Tägl. ein Nachtzug nach Tunis über Sfax u. Sousse (Fahrzeit 9 Std.).

Sonstiges

- **Markttag:** Mittwoch; Krämermarkt in Rue Ali Belhaouane; Tiermarkt in Orbata (s. unter Ausflüge).
- **Supermarkt** (mit Alkoholverkauf): Öffnungszeit Di bis Sa 8–12.30 und 15–19.15 Uhr, So 8–12.30 Uhr.
- **Souvenirs:** Spezielle Gafsa-Webteppiche, Flechtwaren aus Halfagras.
- **Feste:** *Festival de Bordj* in der Kasbah im Juli/August (Theater, Musik, Folklore).
- **Algerisches Konsulat:** Rue Abou-el Kacem Chabbi.

Ausflüge

Tiermarkt und Freizeit-/ Tier-Park Orbata

(v.a. für Kinder interessant)

Auf Tunis/Sfax-Straße ca. 4,5 km. Im Straßenzwickel (geradeaus: Tunis, rechts: Sfax) ummauertes Gelände für großen, sehr lebhaften wöchentlichen Tiermarkt (Mittwoch vormittags).

Das Sträßchen entlang der rechten, mit Tiermotiven geschmückten Außenmauer führt zum *Freizeitgelände Orbata* (tägl. geöffnet; Eintritt 0,5 TD pro Fahrzeug + 0,250 TD p.P.). Im parkähnlichen Eingangsbereich mit Café und großem Kinderspielplatz finden sich Volièren und Tierkäfige (u.a. mit Nacht- und Greifvögeln, Affen, Braunbär, Löwen, Feneks, Schakale), die teilweise unter argem Platzmangel leiden. Besser geht es den Straußenvögeln in dem sich anschließenden Freigelände, das durch den Bau von Sportanlagen leider sehr reduziert wurde. Die Strauße werden später im Süden des Landes in freier Natur ausgesetzt.

Palmengarten von Lalla

Ein Teil des Oasengürtels um Gafsa liegt bei dem kleinen Dorf Lalla etwa 7 km außerhalb; früher ein lohnendes, romantisches Ausflugsziel, das leider jedoch mehr und mehr verwahrlost und vermüllt.

Anfahrt: Auf der Gabès-Straße geht es durch die von den Franzosen um den Phosphat- und Passagierbahnhof *Gafsa Gare* errichtete gleichnamige Siedlung und ca. 400 m nach dem Bahnübergang links durchs Dorf **Lalla.** Am Dorfende beim Palmenhain wieder links bis zur idyllisch im Herzen der Oase gelegenen Bar *Ain Soltane,* die leider zu einer Art abendlichem Säufertreffpunkt verkommen ist. Von der zumindest tagsüber immer noch einladenden Terrasse im Schatten von Palmen läßt sich das Treiben an den beiden artesischen Quellen (eine mit gutem Mineralwasser) beobachten. Buntgekleidete Frauen waschen Wäsche, und auf Eselskarren werden die mit frischem Quellwasser gefüllten Tonkrüge oder Kanister zum nahen Dorf gefahren. Unterhalb der Quelle liegt der durch einen Damm aufgestaute Fluß. Hier kommt der Kontrast zwischen dem satten Grün des Palmenhains, der sich am *Oued Melah* entlangzieht, und den kahlen, rötlichbraunen Hügeln am Oasenrand besonders stark zur Geltung.

El Guettar, Djebel Biada

s. Route C3

Seldja Schlucht

s. Route C1

Route B 4: Kairouan – La Skhirra [160 km] – Gabès [52 km]

Allgemeines

Diese verkehrsarme breite Nord-Süd-Achse bietet keinerlei Programm am Wege. Auch die Landschaft ringsherum verlockt nicht zu „Seitensprüngen" – eine schnelle Zweckroute also für den Reisenden, der möglichst flott in den attraktiveren Süden des Landes kommen möchte.

Kairouan

(Ortsbeschreibung s. Route B3)

Wir verlassen **Kairouan** auf der P2 nach Süden. Ab km 9 durchfahren wir **Rekkada,** den Universitätsvorort von Kairouan (näheres über die dortige aghlabidische Ruinenstätte und das Museum für Islamische Kunst s. unter „Kairouan").

Zaafrane Center ist ein größeres, auch von Reisegruppen frequentiertes Café/Restaurant, das wir wenige Kilometer weiter an der Abzweigung nach Menzel Mehiri passieren; kurz danach folgt das kleine Dorf **Zaafrane.** Getreidefelder, Obst- und Olivenbäume, oft auch Brachland säumen die Straße. **Sidi Amor Bou Hajla** (km 34), der größte Ort der ganzen Route, sowie **Cherarda** (km 65) bieten Tankstellen, Bank und diverse Versorgungsmöglichkeiten. Entlang der Straße fallen uns immer wieder die rosa gestrichenen Metzgerhäuschen auf; wo Rauch aufsteigt, wird ein kleiner Grillimbiß geboten. Bei km 75, an der Straßenkreuzung mit der P13 (Sidi Bouzid/Sfax) mehrere kleine Restaurants. Etwa zur Streckenhalbzeit taucht westlich der Straße die *Sebkhet Mecheguig* mit ihrer weißen, salzverkrusteten Uferregion auf. In **Bir Ali Ben Khélifa** (km 108, Tankstelle, **Khmaissa Center,** Bj. 95, mit Supermarkt, Restaurants, Hotel **Khmaissa,** Tel. 04-27 72 17, DZ 70 TD) kreuzen wir die Gafsa/Sfax-Straße (vgl. Route B6). Auch weiterhin geht es schnurgerade zunächst noch zwischen endlosen Baumreihen hindurch gen Süden, doch allmählich gewinnt die Steppe wieder die Oberhand. Bei km 160 stoßen wir auf Höhe des südlichen Ortsendes von **La Skhirra** auf die Küstenstraße P1. Für Weiterfahrt zum 52 km entfernten Gabès s. Route B5.

„Busch"-Taxi

Route B 5: Sfax – Mahrès [33 km] – La Skhirra [48 km] – Gabès [52 km]

Allgemeines

Diese Route verläuft zwar in Küstennähe, aber leider selten in Sichtweite des Meeres. Meist geht es im Wechsel zwischen Obst- und Ölbaumpflanzungen, Getreidefeldern und Steppenland durch dünn besiedeltes Gelände. Abstecher zu kleineren antiken Stätten und schönen Stränden können die ansonsten ziemlich monotone Strecke etwas auflockern. Zielort ist Gabès, das „Tor zum Süden" und Ausgangpunkt für einige interessante Routen.

Sfax

(Beschreibung, Ortsplan und Ausflüge s. Route B1)

Der Ausfallstraße P1 von Sfax in Richtung Gabès folgend geht es auf den ersten knapp 10 km durch ein großes Industriegebiet – Fabrikanlagen, Autowerkstätten – weit und breit nichts Ergötzliches. In dieser unwürdigen Umgebung finden wir (nach gut 3 km links an der Hauptstraße) eine Kriegsgräberstätte (falls Haupteingang geschlossen, Zugang durch den benachbarten christlichen Friedhof). In 1254 Gräbern ruhen Soldaten des 2. Weltkriegs überwiegend aus England sowie aus Kanada, Australien, Neuseeland, Südafrika und Indien. Danach wieder Industrie, darunter ausgedehnte Werksanlagen, in denen das aus den Bergen um Metlaoui herantransportierte Phosphat in einem keineswegs geruchsneutralen Prozess zu Düngemittel verarbeitet wird. Erstmals beim km-Stein „Sfax 10/Gabès 124" lockt – zumindest den Ruinenfreund – ein erbaulicheres Ziel:

Abstecher zur römischen Ruinenstätte von Thaenae

(heutiger Name Tyna, Thyna oder Tina; Anfahrt ca. 2 km)

„Site Archéologique de Tyna" ist das links abzweigende Sträßchen beschildert, das vorbei an einem Grüngürtel mit Mimosenbüschen und Eukalyptusbäumchen (Rast- und Campingmöglichkeiten!) zu einem 50 m hohen Leuchtturm am Meer führt. Kurz nach dem Turm (dieser sowie dessen unmittelbare Umgebung sind Militärgebiet; kein Besteigen, keine Fotos) zieht eine Piste rechts noch ca. 400 m hinein in das Ausgrabungsgelände; meist taucht ein lokaler Wärter auf.

Die phönizische Siedlung Thaenae fiel nach dem Untergang Karthagos in numidische Hände und kam 46 v.Chr. unter römische Herrschaft. Da die Stadt in nachrömischer Zeit verlassen, später als Steinbruch mißbraucht wurde und der überwiegende Teil der einstmals ca. 85 ha umfassenden Siedlung noch tief verschüttet ist, ist von alten Bauten nicht viel zu sehen. Am eindrucksvollsten sind die Ruinen der *Thermes des Mois* am Pistenende, so benannt nach den Monatsmotiven der dort gefundenen Mosaiken. Zwischen den bis zu 5 m hohen Mauerteilen finden wir Mo saikreste, teilweise von Sand zugeweht, und mosaikverkleidete Badebecken. Nahebei einige Villenfundamente, zum Meer hin mehrmals Ruinen weiterer Thermen (z.T. mit mosaikbelegten Becken). Ca. 250–300 m westlich der „Monatsthermen" (auf zwei entfernte, helle Lagerhallen zuhalten) eine unter Erdniveau sitzende Nekropole mit Steinsärgen und einem achteckigen Mausoleum. Etwa 20 m entfernt ein Steinblock, eng mit Schriften verziert.

Da und dort sieht man noch Reste einer von den Byzantinern um die Siedlung gezogenen, turmbewehrten Mauer, die mit insgesamt 2,5 km Länge bis zum Meer reichte.

Die schönsten Mosaiken, Stelen, Urnen und andere Ausgrabungsstücke von Thaenae, darunter ein bedeutender Hortfund aus den „Monatsthermen", ferner Pläne und Erläuterungen zu dieser Stätte finden wir im Archäologischen Museum von Sfax.

Im Ort **Nakta,** ca. 14 km ab der Thaenae-Abzweigung, weist links ein Schild „Nakta" Richtung Meer. (Eine Straße führt zur ca. 4 km entfernten Küste mit langem, schattenlosem Sandstrand – ein paar Hütten, kleine Ferienhäuschen, sonst keine touristischen Einrichtungen).

Knapp 3 km weiter weist ein Schild erneut von der P1 nach links zur *Chaffar Plage.*

Abstecher zur Chaffar Plage

Während der vorerwähnte Strand von Nakta offenbar Badeziel der einfachen Sfaxer Bürger ist (im Stadtgebiet von Sfax gibt es keine brauchbaren Strände), gehört die *Chaffar Plage* den reicheren Städtern. Das Sträßchen erreicht nach ca. 3,5 km eine feine Villensiedlung direkt am Meer. In blumengeschmückten Gärten thronen Sommersitze überwiegend in maurischem Stil mit hübschen Torbögen und Kuppeln, blauen Fenstergittern, grünen Dachpfannen. Davor erstreckt sich ein kilometerlanger, flacher (ideal für Kinder), schattenloser Sandstrand. Außerhalb der Saison ist die Anlage ziemlich verwaist, im Sommer haben ein paar Lädchen, eine Pizzeria, ein, zwei Kioske geöffnet (kein Hotel). Vermietung der Ferienhäuser angeblich auch an Interessenten. Campingmöglichkeit am Strand, was auch von der Sfaxer Bevölkerung in den Sommermonaten genutzt wird.

Gut 7 km weiter erreichen wir das direkt am Meer gelegene **Mahrès,** ein lebhaftes Fischerdorf (ca. 12 000 EW, Montagsmarkt) mit neuem Fischerhafen, diversen Restaurants, Hotels und Cafés. Dieser ansonsten nüchterne Ort ist gespickt mit „Kunstwerken" (speziell im „Skulpturenpark" links zwischen Straße und Meer): ein Urvogel aus Armierungsstahl, ein Turm bemalter Autoreifen, ein skurriles Walfischskelett usw. Auch ein Bummel durch die Seitenstraßen lohnt sich, um die phantasievollen Malereien auf Hauswänden und Mauern, Skulpturen und Statuen zu bewundern, die zur Belebung des Ortsbilds im Rahmen des alljährlich (Juli/August) stattfindenden dreiwöchigen *Internat. Festivals für plastische Kunst* geschaffen wurden.

Ein neues Pipelineprojekt nahe Mahrès bringt Geschäftsleute und Leben in den Ort und erklärt wohl auch

Künstlerischer Wandschmuck in Mahrès

das für diese abgelegene Region überraschend stilvolle Hotel *Tamaris* (s. u.) mit ausgezeichneter Küche.

◆ **Unterkunft** in folgenden Hotels (an der Hauptstraße Av. H. Bourguiba von Nord nach Süd):
Marzouk**
Tel. 04-29 02 61, DZ 38 TD, einfaches, älteres Hotel mit Restaurant.
Tamaris**
Tel. 04-29 09 50, Fax 04-29 04 94, DZ 50 TD, 1994 eröffnetes, äußerst geschmackvoll eingerichtetes, empfehlenswertes Hotel. Freundlicher Service, hervorragende Küche (u.E. eines der besten Speiselokale Tunesiens!); Maur. Café, Swimmingpool 1998 im Bau; Parken im Hof.
Younga
Tel. 04-29 03 34, DZ ohne Fr. 12 TD, Zentrum, für einfache Ansprüche.

Ab Mahrès weiterhin Fahrt durch ausgedehnte Olivenhaine; nach 10,5 km bietet sich die Möglichkeit für einen kurzen

Abstecher zum Bordj Younga

400 m nach dem km-Stein „90 Gabes/44 Sfax“ zweigt von der P1 nach links (unbeschildert) ein breiter Weg durch Olivenhaine zur 3,5 km entfernten Küste ab. Dort steht die mächtige Ruine eines Ribats, der von den Aghlabiden im 9. Jh. auf byzantinischen Fundamenten errichtet und von den Spaniern im 16. Jh. weiter ausgebaut wurde. Von der eindrucksvoll über dem Meer gelegenen, nahezu quadratischen Wehranlage mit etwa 40 m Seitenlänge stehen noch (mit einer große Lücke an der Landseite) die 8 m hohen Außenmauern mit mächtigen Türmen an den Ecken und in den Sei-

tenmauern. Von den Toren hat nur der Turmeingang an der Seeseite überlebt. Die an der Nordseite liegenden Zisternen dürften römischen Ursprungs sein.

Neben der Festung der *Marabut des Sidi Ahmed,* im Umkreis ein paar Häuser, am Ufer einige Fischerboote – ein einsames, idyllisches Plätzchen.

Ca. 500 m südwestlich der Festung, mitten in den Feldern auf einem flachen, buschbewachsenen Hügel, sind spärliche Mauer- und Fußbodenreste der alten römischen Siedlung *Junca* erkennbar.

Dann zieht die Straße landeinwärts durch große Olivenhaine, gelegentlich Getreidefelder; mehr und mehr taucht dann steppenartiges, oft mit Halfagras bewachsenes Ödland auf. 38 km ab Mahrès weist ein Schild „Trapsa Skhirra" meerwärts zum militärischen Sperrgebiet um Tunesiens Ölhafen und die Industrieansiedlung (u.a. Raffinerie und Phosphatwerk) von La Skhirra. Dort enden die Pipelines, die Erdöl aus den algerischen Ölfeldern um In Amenas und (in bescheidenerem Maße) aus den tunesischen Ölquellen von El Borma in der Sahara (s. Route PS2), am Djebel Douleb (nahe Sbeitla) und bei Agareb (nahe Sfax) herantransportieren. Über ins Meer hinausgebaute Pump- und Verladeeinrichtungen werden die weit vor der Küste liegenden Tankschiffe gefüllt.

Knapp 10 km weiter südlich erreichen wir dann den Ort **La Skhirra**, ein langgezogenes Straßendorf mit Tankstellen, Läden, einigen Cafés und Restaurants, letztere vor allem am Ortsende. Dort auch das 1996 eröffnete Hotel/Rest. **Bab Essahra,** Tel./Fax 04-29 51 75, DZ 36/26 TD. Der Ort wurde in Bahnhofsnähe entlang der Staatsstraße angelegt, nachdem das alte, am Meer liegende Fischerdorf der Industriezone weichen mußte. Auch die Reste einer frühchristlichen Basilika liegen im Sperrgebiet und sind nicht mehr zugänglich.

Eine willkommene Abwechslung bietet der kurze

Abstecher zum Fischerhafen und Strand von La Skhirra

(Abzweig bei Uhrturm)

Der kleine, lebhafte Fischerhafen (vom Ort knapp 3 km entfernt) wird gesäumt von einer reizvollen Steilküste. Etwa 25 m hohe, rötliche Lehmwände ragen hinter dem schmalen Sandstrand auf, der sich weit nach Süden hinzieht (in Hafennähe ziemlich verdreckt; schöne Muscheln).

Im Nordosten, ca. 22 km entfernt, liegt die kleine, unbewohnte *Kheneiss-Insel,* angeblich ein Paradies für viele Vogelarten. (Für einen Besuch mit einheimischem Fischerboot ist die Erlaubnis der Hafenpolizei erforderlich).

Die Monotonie der folgenden Strecke wird (nach ca. 11 km) kurzfristig aufgelockert durch eine Siedlung (Bousaid Knitra), die nur aus rund zwei Dutzend Metzgerläden zu bestehen scheint. Die blutigen Tierköpfe und -felle am Eingang verraten das Angebot. Wo kleine, rauchende Grillstände stehen, kann man sich auch verköstigen.

Knapp 24 km südlich von La Skhirra, kurz vor dem Ort **Akarit,** überqueren wir das *Oued Akarit.* Es erlangte traurige Berühmtheit durch die schwe-

Palmmilch und Palmwein (Laghmi)

Bei unseren Spaziergängen durch die Palmenhaine fallen uns da und dort geköpft erscheinende Palmen auf, an deren oberem Stammende ein Tonkrug angebunden ist. Bei Palmen, die keinen lohnenden Ertrag mehr erbringen, werden oben die jungen Wedel abgeschnitten; nur noch die alten, verdorrten Zweige hängen schlaff herab. Die nach wie vor durch den lebenden Stamm emporsteigenden Säfte werden oben abgezapft und in dem Krug aufgefangen. Da die Palme mit ihren Wurzeln das Grundwasser erreicht, kann eine Pflanze pro Tag bis zu zehn Liter Saft (Palmmilch) produzieren. „Frisch vom Stamm" ist diese trübe, etwas süßlich schmeckende Flüssigkeit ein durststillendes Getränk. Bereits nach 24 Stunden setzt der Gärungsprozeß ein. Mit bis zu 8% Alkohol hat nun der Palm-„Wein", wenn schon keinen begeisternden Geschmack, so doch eine berauschende Wirkung, die auch die Söhne Allahs durchaus zu schätzen wissen.

ren Kämpfe am 5. April 1943, in deren Verlauf es britischen, indischen und neuseeländischen Divisionen gelang, die Stellungen von Rommels Afrikakorps zu durchbrechen. Seit den fünfziger Jahren ist das Oued Akarit auch als ergiebiger prähistorischer Ausgrabungsort ein Begriff – das Flußtal war nachweislich mindestens seit der Jungsteinzeit besiedelt.

Eine Weile geht es nun durch die karge Arad-Küstenebene. Mit dem Auftauchen der ersten Dattelpalmen wird deutlich, daß wir uns dem Einflußbereich der Wüste nähern. Die ersten Oasen kündigen sich an, zunächst noch häßlich mit Staub, Gestank und Industrie (ein Stück abseits u.a. Chemie- und Phosphatwerke, Raffinerie und das große Elektrokraftwerk von Ghannouche). Doch dann umgibt uns das satte, wohltuende Grün der Palmengärten von Gabès. Auf den letzten Kilometern der Ortszufahrt passieren wir eine lange Kette von Verkaufsständen am Straßenrand: vor allem Flechtwaren aus Schilf und Palmblättern, Keramik, Obst und „Palmwein" (s. Kasten), für den Gabès bekannt ist, werden angeboten. Und dann, 52 km ab La Skhirra, erreichen wir das Zentrum von **Gabès.**

Gabès

Mit rund 110 000 EW (Vororte eingerechnet), ist Gabès **Provinzhauptstadt,** wichtiger Verkehrsknotenpunkt, größte Stadt des Südens mit Militärbasis und mehreren Hochschulen sowie bedeutendes, im Wachstum begriffenes Industriezentrum – Prädikate, die den Reisenden meist wenig interessieren.

Die Lage am *Golf von Gabès* und ein breiter, kilometerlanger Palmengürtel entlang dem Oued Gabès, haben der Stadt den Beinamen „Oase am Meer" und ein überraschend starkes, touristisches Interesse eingebracht. Der weitgehend moderne Ort kann weder mit „Oasenromantik", noch mit baulichen oder gar antiken Sehenswürdigkeiten aufwarten. Trotz eines Sandstrands und zweier Strandhotels ist Gabès auch kein „klassischer" Badeort (das verhindern schon die Strandqualität und das nahe Industriezentrum von Ghannouche). Der Reiz von Gabès beschränkt sich überwiegend auf die üppigen Palmengärten rings um die Stadt, vor allem in der Nachbaroase *Chenini.*

Geschichte

An der Stelle einer phönizischen Siedlung gründeten die Römer die Hafenstadt *Tacapae.* Günstig am Kreuzungspunkt wichtiger Handelswege zwischen Nord/Süd und Ost/West gelegen, konnten sie sowohl den Küstenverkehr zwischen dem Sahel und Tripolitanien (Libyen) als auch die transsaharischen Handelskarawanen kontrollieren. Um 680 ließ sich hier *Sidi Boulbaba,* Barbier und treuer Gefährte des Propheten Mohammed nieder, baute die erste Moschee und gründete damit das **„islamische" Gabès.** Eine wirtschaftliche Blütezeit folgte. Gabès war Zentrum der Seidenweberei und Lederverarbeitung sowie wichtiger Etappenort für Saharakarawanen und Pilgerreisende auf ihrem Weg über Tripolis und Kairo nach Mekka. Beim **Einfall der Beni-Hilal-Nomaden** im Jahr 1052 wurde die Stadt verwüstet und war aufgrund ihrer strategisch wichtigen Lage auch später mehrmals Angriffen europäischer und türkischer Eroberer ausgesetzt. Während der französischen Protektoratszeit wurde Gabès wichtige **Garnisonstadt,** blieb aber immer im Schatten von Sfax und Sousse. Nahe an der berüchtigten Mareth-Linie gelegen hatte es unter Bombenangriffen und Artilleriebeschuß durch deutsche und alliierte Truppen im Winter 1942/43 schwer zu leiden, und erneute Zerstörungen richtete nach dem Wiederaufbau ein **katastrophales Hochwasser** im November 1962 an, bei dem 80 Bewohner ums Leben kamen. Zur Verhinderung erneuter Überschwemmungen wurde südlich des Orts ein Ableitungskanal gebaut, der überschüssiges Wasser aus dem Fluß unter Umgehung der Stadt direkt ins

Reiches Angebot an Flechtwaren auf dem Markt in Gabès

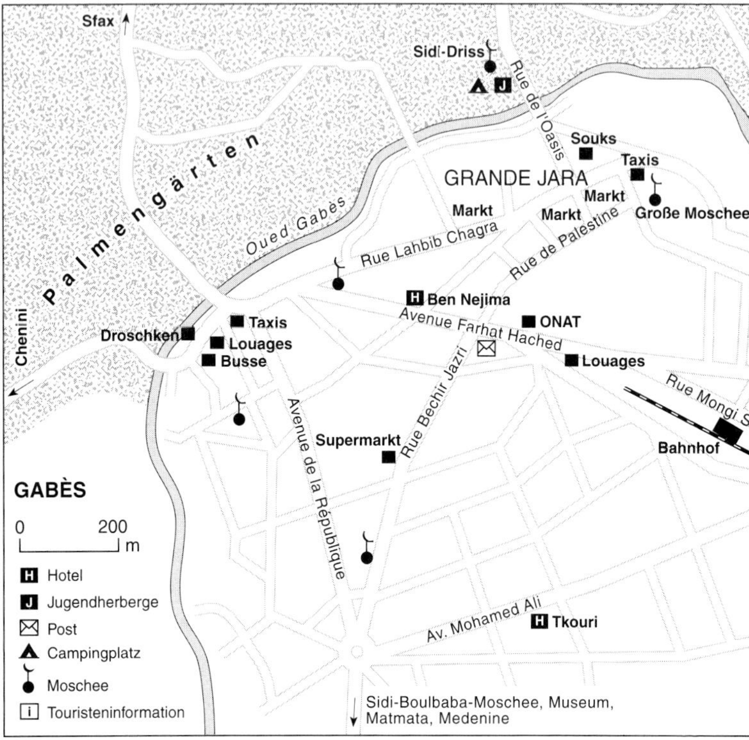

Meer leitet. In den 70er Jahren begann mit verstärkter **Industrieansiedlung** im Vorort Ghannouche ein wirtschaftlicher Aufschwung. Phosphat aus den Bergwerken von Metlaoui, das hier verarbeitet und verladen wird, spielt eine bedeutende Rolle, außerdem die größte Erdölraffinerie des Landes, ein Wärmekraftwerk und ein großes Zementwerk (Richtung El Hamma). Hinzu kommen die Erträge aus den Gärten, aus der Fischerei und in geringem Umfang aus dem Tourismus.

Ortsbesichtigung
(s. Plan)

Die **moderne Innenstadt** wird durch das Bett des Gabès-Flusses von den umliegenden Oasendörfern und Palmengärten getrennt. Am westlichen Ortseingang liegen Bus-, Taxi- und Louagestation sowie der Pferdedroschkenplatz (für Oasen-Rundfahrten). Ab dort führt die *Av. F. Hached* direkt durch die Innenstadt, die *Rue Lahbib Chagra* verläuft etwas nördlicher durch die Altstadt und mündet

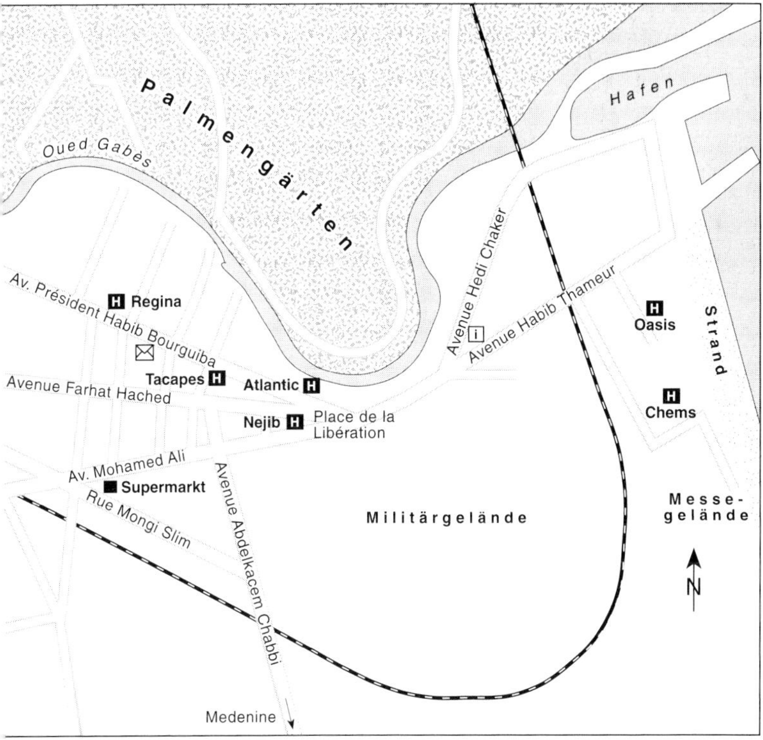

später als *Av. H. Bourguiba,* ebenso wie die Av. F. Hached in den *Place de la Liberation* nahe der Strandzone. An diesen beiden Hauptachsen liegen Post, Banken, Geschäfte, Reise- und Mietwagenagenturen, Fluggesellschaften, Cafés, Restaurants und Hotels.

Im **Altstadtviertel** *Grande Jara* wurde ein gewaltiger Moscheeneubau erstellt. Gegenüber liegen die **Souks** (Eingang durch die hinter Flechtwaren versteckten Torbögen). **Achtung:** Montags sind dort fast alle Läden geschlossen!

Um den von laubenartigen Bogengängen gesäumten Hauptplatz und in den Seitengassen finden wir u.a. die Verkaufsstände der Gewürzhändler (Henna, Safran), Flechter, Schmiede und Juweliere. Im alten Ortsteil *Petite Jara* jenseits des Oued Gabès ist evtl. noch die *Moschee Sidi Driss* aus dem 11. Jh. erwähnenswert (hinter JH/Campingplatz).

Gut 2 km vom Zentrum entfernt liegen das **Volkskunstmuseum** sowie **Grabstätte und Moschee von Sidi Boulbaba;** Anfahrt von Av. F. Hached bei PTT (Antennenturm) auf Rue Bechir Jaziri südlich. Beim Kreisverkehr (Uhrturm) geradeaus weiter auf Rue Abdel Nasser, über Kanal, dann beim nächsten Kreisverkehr rechts Richtung „Matmata", 400 m danach links der Beschilderung „Musée ATP" folgen.

★Volkskunstmuseum
(Musée des'Arts et Traditions Populaire)

(Öffnungszeiten tägl. außer Mo von 8–19 Uhr (Sommer) bzw. 9.30–16.30 Uhr (Winter); Eintritt 1,1 TD, Fotoerlaubnis 1 TD)

Das Museumsgebäude ist eine 1692 von Mohammed Bey erbaute, schon architektonisch sehenswerte ehemalige Medersa (Koranschule). Es enthält eine interessante Sammlung unter anderem von Gerätschaften zur Wollherstellung, zum Weben und Färben, aber auch Handarbeiten und traditionelle Bekleidungsstücke sowie verschiedene Gefäße zur Vorratshaltung, Steinmühlen, Küchenutensilien, typische Lebensmittel und Gewürze, landwirtschaftliche Geräte. Im Gebetsraum sind Festtagsgewänder, Hochzeitskleidung und Schmuck zu sehen. Direkt neben dem Museum liegt die

★Grabstätte von Sidi Boulbaba

Das Grab des Schutzheiligen von Gabès ist ein vielbesuchtes Pilgerziel. Für Nichtmuslime ist nur der schöne Innenhof des nach Kriegszerstörungen erneuerten Baus zugänglich. Schräg gegenüber steht die

★Moschee Sidi Boulbaba

(nicht zugänglich) mit ihrem weithin sichtbaren Minarett und angrenzendem Friedhof.

Die „Palmenoase"

Die malerischen Palmenhaine um Gabès erstrecken sich mit mehreren kleinen, eingestreuten Weilern zwischen Wüstensteppe und Meer entlang dem Oued Gabès. Dieser Fluß entspringt etwa 10 km landeinwärts; ihm sowie zahlreichen artesischen Quellen verdankt die Oase ihre Fruchtbarkeit. Der Wasserreichtum ermöglicht schon seit der Römerzeit eine **Oasenwirtschaft in drei Etagen:** zuunterst u.a. verschiedene Gemüse-, Salat- und Futterpflanzen, Korn, auch Tabak und Henna – wofür Gabès berühmt ist. In der 2. Etage gedeihen vorwiegend Obstbäume (Feigen, Aprikosen, Pfirsiche, Granatäpfel, Äpfel, Birnen, Zitrusfrüchte, Pflaumen, gelegentlich Trauben und sogar Bananen). Und über allem erheben sich mehr als 300 000 schattenspendende Dattelpalmen, die aber wegen hoher Luftfeuchtigkeit und niedriger Temperaturen in Meeresnähe nur Datteln minderer Qualität liefern.

Bevölkerungswachstum, zunehmende Industrialisierung und in der Folge erhöhter Wasserverbrauch haben üble und bereits sichtbare Folgen für die Gärten. Der Grundwasserspiegel ist gesunken, so daß die Brunnen immer tiefer gebohrt und immer stärkere Pumpen eingesetzt werden müssen; viele der alten Quellen und Brunnen sind bereits völlig versiegt. Wo noch vor einigen Jahren kleine, muntere Bäche durch die Oase flossen, findet man heute oft nur noch trockene Rinnen oder brackiges Grabenwasser. Ohne ausreichende Bewässerung droht dem Boden Versalzung. Und wenn eines Tages die Palmen eingehen, haben – mangels Schatten –

In der Oase Chenini

auch die Pflanzen darunter keine Überlebenschance mehr.

Momentan versteht man die „Oasenromantik" noch erfolgreich zu vermarkten. Eine Kutschfahrt durch die Palmgärten von *Chenini* (nicht zu verwechseln mit dem gleichnamigen Berberdorf in den Bergen bei Tataouine) ist fast in jeder touristischen Rundtour durch Tunesiens Süden enthalten.

Oasen-Rundtour nach Chenini (auch Wandertip)

Am westlichen Ortseingang von Gabès (nahe Busstation) stehen Pferdekutschen (franz.: *Calèches)* bereit. Ca. 1¼stündige Rundfahrt pro Kutsche (vier Plätze) Festpreis 12 TD. Auch Regionalbusse verkehren zwischen Gabès und Chenini (0,4 TD; Taxifahrt 2 TD).

Achtung: auf diesem klassischen „Circuit d'Oasis" herrscht – zumindest zur Hauptreisezeit – reger Betrieb. Auf jeden Fall lohnend wird dieser Ausflug, wenn man etwas ausschert vom Standardkurs. Die Gärten sind von einem dichten Wegenetz durchzogen; abseits der Straße findet man Oasenromantik mit der dazugehörigen Ruhe und Einsamkeit. Wer die Tour organisiert per Pferdedroschke absolviert, hat leider auf Tempo und Strecke kaum Einfluß.

Wanderer (oder Autofahrer – die Durchgangsstraßen können mit dem Wagen befahren werden) können sich theoretisch an den Pferdeäpfeln orientieren bzw. folgen nachstehender Route, die sich bequem in etwa drei Stunden durchwandern läßt:

Von der großen Straßenverzweigung am westl. Ortsausgang vorbei

Kutschen bringen die Besucher zur Oase Chenini

am Busbahnhof und beim Droschkenplatz rechts hinein in die Palmengärten. Wir passieren ein paar kleine Weiler und halten uns an einer Gabelung nach 3 km links. 300 m danach, an der nächsten Gabelung im Dorf **El Aouadid,** beginnt ein knapp 2,5 km langer Rundkurs (Achtung: max. (!!) Fahrzeughöhe 2,35 m; Tordurchfahrt!). Wir halten uns links und erreichen knapp 800 m danach das *Café Cascade,* terrassenartig unter Palmen angelegt mit einem Mini-Wasserfällchen. Kurz darauf kommt besagter niedriger Torbogen. 500 m weiter auf einer Freifläche mit großen Cafés/Restaurants parken meist Droschken und Agenturfahrzeuge; Verkaufsstände bieten neben den üblichen Souvenirs vor allem Datteln, Henna und Palmwein an. Der Höhepunkt des Rundkurses ist erreicht: der Römerdamm *(Barrage Romain)* – kein spektakuläres antikes Bauwerk, sondern nur kümmerliche Steinblöcke eines Stauwerks aus der Römerzeit; längst staut dahinter ein modernes Betonbecken das Wasser auf.

Einen Kurzbesuch lohnt der kleine **Zoo** daneben (tägl. außer Mo ganztägig geöffnet; Eintritt 0,5 TD), der außer einigen Nilkrokodilen als Hauptattraktion u.a. Mufflons, Strauße und Gazellen beherbergt, ferner Bären, verschiedene Vogelarten, Schlangen, Skorpione und (zwischen den Stachelschweinen) schöne, fette Hausratten. Geplant ist, den Zoo mehr auf *regionale* Tierarten zu konzentrieren und auszubauen.

Empfehlenswert ist ab hier außerdem folgender **Spaziergang**: Man folgt hinter „Römerdamm“ und Zoo einem kleinen Pfad nach rechts durch die Obst- und Palmgärten ouedaufwärts und gelangt so in den landschaftlich schönsten Teil der Oase. Vorbei am malerisch gelegenen Hotel *Chela Club* (oberhalb prächtiger Aussichtspunkt) sollte man unbedingt noch ein Stück weiter ouedaufwärts wandern. Das satte Grün der Gärten steht in auffallendem Kontrast zu den rötlichen Lehmwänden. Wir entdecken schon bald an mehreren Stellen im Fels Höhlen aus alten Zeiten, teilweise mit Doppelkammern. Auf der anderen Seite des canyonartigen Oueds sehen wir – weniger romantisch – Stollen und Bunker aus dem 2. Weltkrieg, in denen sich die Deutschen im Winter 1942/43 vor den heranrückenden Alliierten verschanzten.

(Wanderer können ab Hotel Chela Club auf dessen Zufahrtsstraße weitergehen, kommen durch das Dorf **Chenini** und münden nach etwa 1 km wieder nach links in den Oasen-Rundkurs ein.)

Auf der letzten Etappe des Rundkurses ab dem Römerdamm halten wir uns hinter dem Dorf **Chenini** an einer Gabelung rechts und erreichen 300 m weiter den Beginn der Oasenschleife in **El Aouadid.** Ab hier Rückkehr zum Startpunkt wie auf Herweg.

Vorwahl für Gabès: 05

Touristeninformation

ONTT-Büro
Kurz vor Hafen an Av. H. Thameur; Dienstzeiten (aber oft nicht besetzt) Mo bis Do 8.30–13 Uhr, 15–17.45 Uhr, Fr und Sa 8.30–13 Uhr, Tel. 27 02 54.

Unterkunft

Hotel

Strandhotels

Oasis***
Tel. 27 07 82, Fax 27 17 49, DZ 66/50 TD; lt. Leser: wenig einladend; mittags stark von Rundfahrtgruppen besucht, Swimmingpool (Benutzung für „Non-Residents“ 3 TD); hübscher Garten, Restaurant; naher Strand wenig attraktiv.

Chems**
Tel. 27 05 47, Fax 27 44 85, DZ 64/44 TD; behindertengerechtes, freundliches Hotel, geräumige Zimmer; schöner Garten, großer Pool. Gutes Restaurant und Pizzeria. Strand wenig verlockend.

Stadthotels (Auswahl)

Nejib**
Place de la Liberation, Tel. 27 15 47, Fax 27 15 87, DZ 45 TD; 5stöckige Anlage, Zimmer mit Balkon, Bar/Restaurant, lt. Leser nicht empfehlenswert, zu teuer.

Tacapes**
Tel. 27 07 00, DZ 36/32 TD.

Anis**
Neueres Hotel, ca. 3 km an Straße Richt. Medenine, Tel. 27 87 44, DZ 40 TD.

Atlantic*
Pl. de la Liberation, 1998 geschlossen.

Tkouri
399 Av. M. Ali, Tel. 27 77 06, DZ 18 TD, einfach u. sauber, Zimmer mit Du./Bad, (Straßenlärm), kleine Cafeteria.

Ben Nejima
Av. F. Hached, nahe Busstation, DZ 12 TD (ohne Fr.), Tel. 27 15 91; für bescheidene Ansprüche, Etagendusche (warm) und -WC, Parken im Innenhof, Restaurant.

Regina
Av. H. Bourguiba, Tel. 27 20 95, DZ 14 TD.
Medina und **de la Poste**
Beide Hotels nicht empfehlenswert.

In der Oase Chenini

Chela Club
(im Winter evtl. geschlossen) 1998 wegen Bauarbeiten geschlossen. Tel. 22 74 42, DZ ca. 25–30 TD. Das malerisch im Palmenhain liegende Bungalowhotel ist zweifellos die romantischste Unterkunftsmöglichkeit; Nachtclub, Schwimmbad; beliebtes Etappenziel bei Rundfahrten. Restaurant.

Camping/Jugendherberge

JH mit Campingplatz **(Sanit el Bey)** im Ortsteil Petite Jara. Zufahrt: von Westen kommend bei Moschee scharf links in Rue L. Chagra abbiegen, Oued folgen. Auf 2. Brücke nach links, unmittelbar nach Sportstadion (Flutlichtmasten) links. Camping: 2 TD p.P., 2–3 TD Auto/Wohnmobil, Du. 0,3 TD, Mahlzeit 4 TD, Frühstück 1 TD; Sanitäranlage im Restaurantblock; auf Öffnung achten!).

Essen und Trinken

Außer den Hotelrestaurants **(Oasis, Chems, Chela Club)** mehrere z.T. einfache Lokale entlang der Hauptstraßen.
Boukachoukha
Bei Hotel *Ben Nejima.* Einfach, billig, gut und unlizensiert.
El Mazar (2 Gabeln)
39 Av. F. Hached, edler und teurer, lizensiert; tunesische Spezialitäten, gute Fischgerichte, div. Spaghettis.
l'Oasis
15/17 Av. F. Hached. Ordentlich.

Verkehrsverbindungen

- **Eisenbahn:** Bahnhof in Rue Mongi Slim: Endstation der Linie Tunis – Sousse – El Djem – Sfax – Gabès mit zwei bzw. drei Zügen täglich.
- **Busse:** Busstation am Ortsausgang Richtung Sfax. Etwa stündlich nach Matmata; häufige Verbindung nach Sfax; mehrmals nach Sousse, Tunis (einige über Kairouan), Medenine, Tataouine, Djerba; weitere Ziele: Zarzis, Kebili, Douz, Gafsa. Regionalbusse u.a. stündlich in die Oase Chenini.
- **Taxis** bei Großer Moschee.
- **Louages** (bei Busstation): Zielorte ähnlich wie Busse.
- **Pferdekutschen** verkehren zwischen Gabès und der Oase Chenini (Festpreis 12 TD/4 Pers. Hin-u.Rückfahrt ca. 1¼ Std.).

Mietwagen

Avis
Rue du 9 Avril, Tel. 27 02 10.
Hertz
30, Rue Ibn El Jazzar, Tel. 27 05 25.
Europcar
12, Av. F. Hached, Tel. 27 47 20.
EuroRent
154, Av. F. Hached, Tel. 27 42 22.

Sonstiges

- **Supermärkte (Magasin Général):** Rue M. Slim und Av. B. Jaziri (beide Mo geschlossen).
  Markt täglich außer Mo im Grande Jara-Viertel.
- **Messe**
  Messegelände hinter den Strandhotels: alljährlich im Juni zweiwöchige Internationale Messe.

Route B 6: Gafsa – (Sened-Djebel) – Mezzouna [106 km] – (Bou-Hedma-Nat.-Park) – Sfax [92 km]

Allgemeines

Eine reine „Zweckroute", die man ohne zwingenden Grund keineswegs gefahren sein muß. Lediglich ein paar Bergzüge des Tell-Atlas bringen etwas Struktur in die sonst ziemlich monotone, anfangs steppenartige, später zunehmend mit Oliven- und Obstbaumkulturen bestandene Landschaft.

Der *Nationalpark Bou Hedma* (Genehmigung nötig!) ist ein reizvolles Ziel für Naturliebhaber.

Gafsa

(Ortsbeschreibung, Plan und Ausflüge s. Route B3)

Wir verlassen **Gafsa** Richtung Tunis/Sfax und halten uns bei km 4,5 rechts Richtung Sfax. (Hier in Straßengabel jeden Mittwochvormittag Tiermarkt neben dem *Freizeit-Tierpark Orbata* – siehe Route B3 unter „Ausflüge von Gafsa").

Nun weiter auf P14 durch flache, vorwiegend mit Halfagras bewachsene Steppe, hin und wieder sieht man Halbnomaden mit ihren Herden, gelegentlich vereinzelte Ölbaumpflanzungen oder ein paar Getreidefelder. Zur Rechten begleitet uns der lange, kahle Bergzug der *Djebel Orbata* (1165 m) bzw. *Biada* (1163 m), Ausläufer des Sahara-Atlas.

Djebel Bou Hedma

Bei km 47, in dem zwischen Bergen gelegenen Dorf **Sened-Gare,** Möglichkeit für einen interessanten, landschaftlich reizvollen

Abstecher ins Berber-Bergdorf Sened-Djebel

(Anfahrt 9,5 km)

Wir verlassen am Ortseingang die Hauptstraße nach rechts (besch. *Sened Djebel*); nach Gleisüberquerung links und die zweite Abzweigung wieder rechts. Die breite, gut befahrbare Piste führt südlich auf den fast kahlen, felsigen Bergzug des *Djebel Biada* zu und in einen Felseinschnitt hinein. In einem von hohen Bergen umgebenen Kessel liegt dort das alte Berberdorf **Sened-Djebel.** Etwa 150 Personen wohnen noch hier, die meisten Bewohner sind ins neue Dorf *Sened-Gare* beim Bahnhof umgezogen. Die aus dem Gestein der umliegenden Berge gebauten Wohnhäuser heben sich farblich kaum von der Umgebung ab. Auffallend sind die zahlreichen, weißen Marabuts im Dorf und auf den nahen Hügeln. Ölbaumgruppen stehen auf kleinen Terrassenfeldern an den Berghängen.

Man sollte vom bewohnten Ortsteil hinüberwandern zur anderen Talseite. Der dortige steile Berghang ist bis weit hinauf von Dutzenden Höhlen zerlöchert; die meisten dienten früher zu Wohnzwecken, manche wurden bis vor kurzem als Ölmühlen genutzt. Ein Teil der Höhlen wurde in jüngster Zeit ausgebaut, „herausgeputzt", mit Matten ausgelegt und sogar mit elektrischem Licht ausgestattet; ein rühriger Geschäftsmann hat in ihnen eine bescheidene, originelle Touristenherberge eingerichtet, die aus Mangel an Gästen und/oder wegen bürokratischer Hürden aber nicht in Betrieb ist.

4WD-TIP:

Über den Djebel Biada

Für Geländefahrzeuge besteht die Möglichkeit, von *Sened-Djebel* aus in einer landschaftlich eindrucksvollen Fahrt auf teilweise schwieriger Bergpiste über den *Djebel Biada* nach *El Guettar* (ca. 40 km) an der Straße P15 Gafsa – Gabès weiterzufahren (s. Abstecher in Route C3).

Weiter geht die Fahrt auf der Hauptstraße P14 in Richtung Sfax durch kilometerlange Oliven- und auch Obstbaumpflanzungen, hinter denen sich meist kahle Hügel erheben. Wir durchfahren **Meknassy** (km 81) und erreichen **Mezzouna** (km 106) – Ausgangsort für einen

Abstecher zum Nationalpark Bou Hedma

(Anfahrt 26,5 km)

Achtung: Besuchsbewilligung der Nationalparkbehörde in Tunis erforderlich (Hinweise s. S.62).

Sitz der lokalen Nationalparkverwaltung: in Mezzouna (Gebäude mit Fahne ca. 50 m unterhalb der Post).

Anfahrt: Von Mezzouna (km 00) auf C89 4,5 km Richtung „La Skhirra", dann rechts ab; bei km 23,5 kleines Dorf; 3 km westlich davon das eingezäunte Gelände und der bewachte **Eingang zum Nationalpark.** (Die außerhalb weiterführende Piste C124 führt – landschaftlich sehr reizvoll – weiter bis *El Guettar* (nahe Gafsa; +65 km).

Zu Füßen des *Djebel Bou Hedma* (790 m) erstreckt sich Richtung Sü-

Bergdorf Sened-Djebel

den eine weite Steppenlandschaft. Halfagras, verschiedene Sträucher und mächtige Schirmakazien bilden die typische Flora. Im **Parkzentrum** fällt ein riesiger Eukalyptusbaum ins Auge, angeblich der größte Nordafrikas. Daneben das Gebäude der alten Karawanserei *l'Oued Cherchara* aus dem Jahr 1892. In Gehegen werden Antilopen, Gazellen, Strauße zur Aufzucht gehalten. Eine Geländewagenfahrt über die unwegsamen Pisten des Parks führt durch imposante Berglandschaft mit üppiger Vegetation und palmenbestandenen Schluchten. In den Bergen entspringen mehrere Quellen (am Bergfuß wurde ein kleines Teichbiotop mit Tiertränke angelegt). Man trifft unterwegs auf große Herden verschiedener, recht zutraulicher Antilopenarten sowie auf scheue Gazellen und Strauße. Füchse, Schakale und Hyänen, Chamäleons und Warane, seltene Sing- und Raubvögel sowie eine Vielzahl an Kleintieren finden hier einen nahezu ungestörten Lebensraum.

Bei **Bir Ali Ben Khalifa** (km 137) kreuzt die Kairouan/Gabès-Straße (Details s. Route B4). Bei Annäherung an Sfax passieren wir inmitten der immer dichter werdenden Ölbaumkulturen einige Ziegeleien. Gut 10 km dehnen sich die Vororte von Sfax im Westen aus, es wird belebt um uns; wir passieren die Zufahrt zum Flughafen und erreichen schließlich bei km 198 das Zentrum von

Sfax

(Ortsbeschreibung, Plan und Ausflüge s. Route B1)

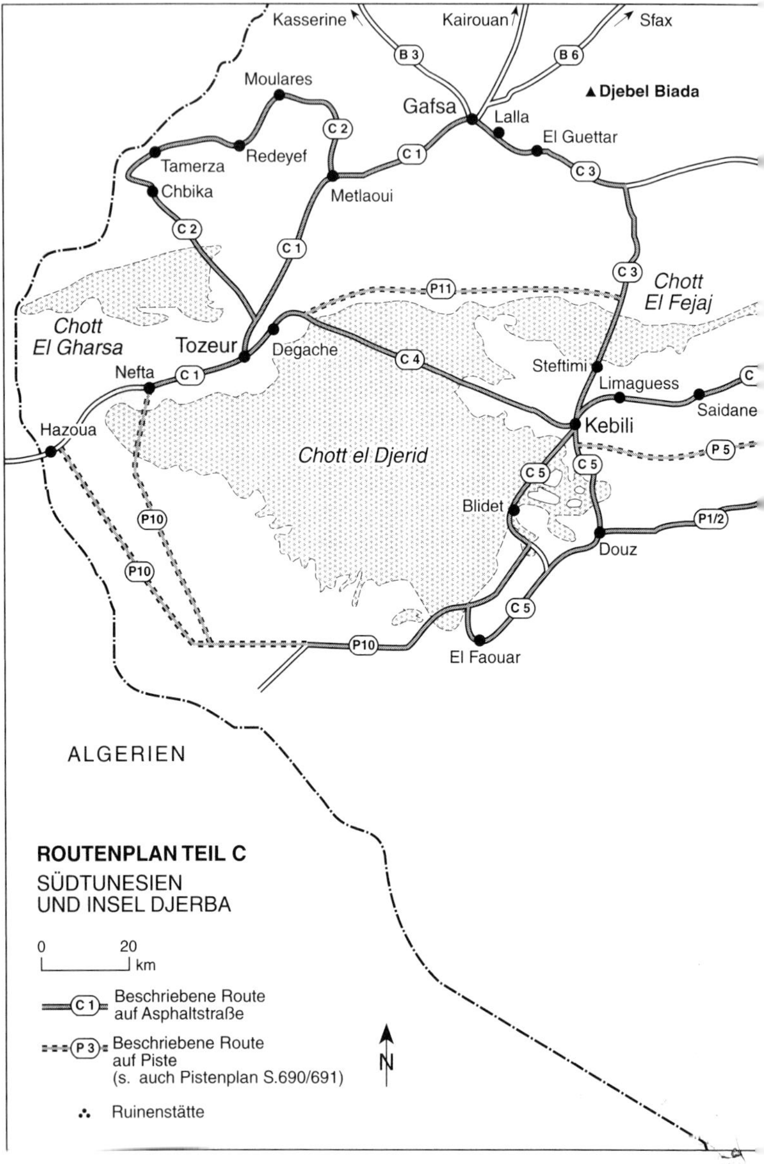
Kasserine
Kairouan
Sfax
B 3
B 6
Moulares
Djebel Biada
Gafsa
Lalla
El Guettar
C 2
C 1
C 3
Tamerza
Redeyef
Chbika
Metlaoui
C 2
C 1
C 3
Chott El Fejaj
P11
Chott El Gharsa
Tozeur
Degache
C 4
Steftimi
Nefta
C 1
Limaguess
Saidane
Hazoua
Kebili
Chott el Djerid
P 5
C 5
C 5
Blidet
P10
P1/2
Douz
P10
C 5
P10
El Faouar
ALGERIEN
ROUTENPLAN TEIL C
SÜDTUNESIEN
UND INSEL DJERBA
0 20 km
C 1 Beschriebene Route auf Asphaltstraße
P 3 Beschriebene Route auf Piste (s. auch Pistenplan S.690/691)
Ruinenstätte
N

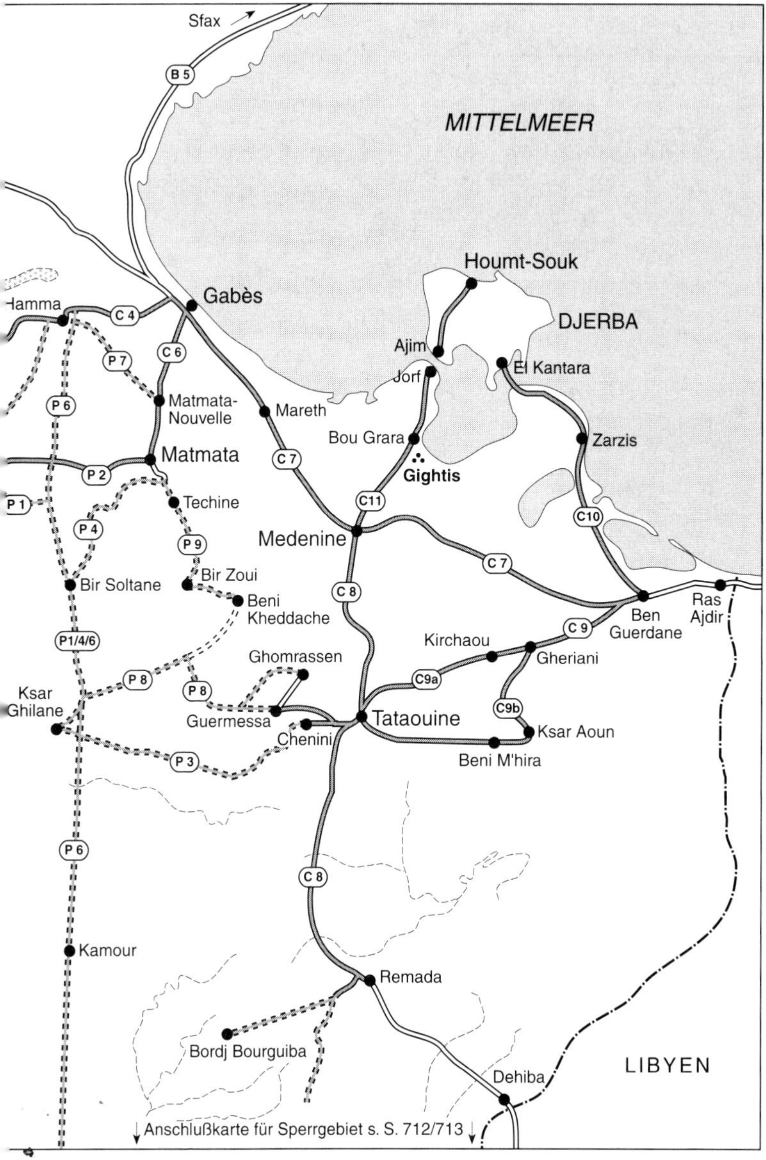
Sfax
B 5
MITTELMEER
Houmt-Souk
DJERBA
Gabès
Hamma
C 4
Ajim
El Kantara
Jorf
C 6
P 7
Matmata-
Nouvelle
Mareth
P 6
Zarzis
Bou Grara
Matmata
C 7
Gightis
P 2
P 1
Techine
C11
C10
P 4
Medenine
P 9
C 7
Bir Zoui
Bir Soltane
Beni
Kheddache
C 8
Ras
Ajdir
Ben
Guerdane
P1/4/6
Kirchaou
C 9
Ghomrassen
Gheriani
P 8
P 8
C9a
Ksar
Ghilane
C9b
Guermessa
Tataouine
Ksar Aoun
Chenini
P 3
Beni M'hira
P 6
C 8
Kamour
Remada
Bordj Bourguiba
LIBYEN
Dehiba
Anschlußkarte für Sperrgebiet s. S. 712/713

Routenübersicht

Routenteil C

Südtunesiens Saharapisten

P1–P11 zwischen Chott El Djerid und Dahar-Bergland
s. Übersicht Seite 690/691

Pisten im südtunesischen Sperrgebiet

PS1–PS9
s. Übersicht Seite 712/713

Route C 1: Gafsa – Metlaoui [42 km] – Tozeur [51 km] – Nefta [24 km]

Allgemeines

Die Direktroute auf der Straße P3 von Gafsa nach Tozeur bietet als einzigen lohnenden Abstecher den Ausflug in die **Seldja-Schlucht.** Sehenswerte Ziele in größerer Zahl finden wir erst im Oasengebiet des Bled el Djerid. Neben den fruchtbaren Oasengärten sind dies vor allem die Orte **Tozeur** und **Nefta** am Rande des Chott el Djerid. Mit ihrer typischen Ziegelarchitektur sind die beiden zwischen Palmenhaine gebetteten Oasen touristische „Highlights" am Rande der Wüste.

Gafsa

(Ortsbeschreibung s. Route B3)

Die 42 Straßenkilometer auf der P3 von **Gafsa** bis **Metlaoui** führen durch triste, rechter Hand von einem Bergzug begleitete, unbesiedelte Wüstensteppe, die weder zu Stops noch zu Abstechern verlockt. Interessanter ist folgende, nur 5 km längere

Variante über die C201

(großenteils Piste, empfehlenswert nur für robuste, hochbeinige Fahrzeuge; von Radfahrern erprobt und als „problemlos befahrbar" eingestuft).

Ab Uhrturm beim Postamt (PTT) in **Gafsa** zunächst 2 km auf Hauptstraße P3 Richtung Tozeur. An Gabelung bei Straßenknick geradeaus auf Nebenstraße weiter (beschildert „Foyer Universitaire"; gleich darauf die rechts abzweigende Straße zum Hotel **Jugurtha** ignorieren). Durch Autofriedhof und eine kilometerlange Mülldeponie auf Piste weiter in Hauptrichtung West, nahe am Fuß einer rötlichbraunen, schroffen Bergkette. Etwa bei km 19 durchfährt man eine kleine Siedlung (hier kann man auf große Ziegen-, Schaf- und Kamelherden treffen). Es geht – zwischendurch sogar ein Stück asphaltiert – hinauf auf eine kahle, steinige Hochfläche bis zu einer Pistengabelung bei km 31 (s. Übersichtskarte in Route C2; Achtung: offizielle Straßenkarten sind in dieser Region fehlerhaft!)

Wer über die Bergoasen von Tamerza, Mides und Chbika nach Tozeur fahren will (ohne Abstecher in die Seldjaschlucht bei Metlaoui), kann hier gleich geradeaus in Richtung Moulares weiterfahren (s. Route C2). Wir aber halten uns links und kommen nun in das Phosphatabbaugebiet um Metlaoui, das größte des Landes. Ca. bei km 34 (Industrieanlagen von **Kef Chfayer)** münden wir in Asphalt. Wir halten uns links und erreichen knapp 5 km danach die Straße C122, die rechts nach Moulares und links in eindrucksvoller Talfahrt durch eine wilde Berglandschaft nach Metlaoui (km 47) führt.

Metlaoui

Metlaoui war bis zur Erschließung der dortigen **Phosphatvorkommen** durch die Franzosen eine unbekannte, kleine Siedlung, die höchstens hin und wieder von Nomaden oder Karawanen besucht wurde. Heute ist es eine bedeutende Bergwerkstadt, deren Ortsbild von der Industrie geprägt ist (s.a. Kastentext auf S. 568). Neben Bergwerks- und Verladeanlagen, phosphatverarbeitenden und anderen Industriebetrieben gibt es große Wohnsiedlungen für die Minenarbeiter. Der von den Franzosen konzipierte Ort (viele Häuser mit ziegelgedeckten Giebeldächern) mit heute 25 000 EW bietet touristisch nichts Sehenswertes. Er ist allerdings Ausgangspunkt für einen Ausflug in die spektakuläre **Seldjaschlucht** (s. unten).

Unterkunft

Hotel **Ennacim**
An der Straße nach Tozeur gegenüber Shell-Tankstelle (ca. 250 m westlich der Abzweigung nach Tamerza), DZ 13 TD; Tel. 06-24 19 20; klimatisierte Zimmer mit Bad/WC, lt. Leser: einfach, freundlich, aber sanierungsbedürftig. Lizensiertes Restaurant (bei Gästemangel geschlossen).

Essen und Trinken

Ca. 100 m ab Hotel Ennacim Richtung Tozeur kleines **Restaurant Badr:** einfaches, gutes Essen.

Verkehrsverbindungen

- **Eisenbahn:** (Zufahrt zum Bahnhof am Ortsende Richtung Gafsa, beschildert). Endstation der Linie von Tunis über Sousse, Sfax und Gafsa; ein Nachtzug täglich (Abfahrt 20.45 Uhr; Fahrzeit ca. 9 Std.). *Bergarbeiterzug* nach Redeyef und *Touristenzug Lézard Rouge* für eine Fahrt durch die Seldja-Schlucht siehe unten.
- **Busse** mehrmals tägl. nach Gafsa und Tozeur und über Moulares nach Redeyef.
- **Louages** fahren zu denselben Zielen wie die Busse, außerdem nach Tamerza.

Sonstiges

Gute Versorgungsmöglichkeiten; *Magasin Général* an Tamerza-Straße (rechts daneben kleiner Laden für Alkohol), Bahnhof, daneben Poststelle, Bank, Tankstellen, Kino, Geschäfte, Restaurants und Cafés entlang der Hauptstraße.

Ausflüge

Ausflug in die Seldjaschlucht
(Gorges du Seldja)

Mit der Eisenbahn:
Originell und eine oft ausge- oder auch überbuchte (!) Touristenattraktion ist die Fahrt mit dem *Lézard Rouge* („Rote Eidechse"), einem **Salonzug,** den der tunesische Bey Mohammed Naceur Pacha 1910 vom französischen Staat als Geschenk erhielt und den man 1984 für den touristischen Einsatz aufmöbelte. Nach mehrjähriger Pause wegen technischer Überholung und Restaurierungsarbeiten fährt dieses rote, nostalgische Luxusbähnchen mit Salon- und Barwagen seit 1997 wieder ab Bahnhof **Metlaoui** in die **Seldja-Schlucht**. Die Gleise verlaufen im Schluchtbereich zwischen engstehenden, canyonartigen, über 100 m hohen Felswänden, durch unbeleuchtete Tunnels, zwischendrin

Der Lézard Rouge (Rote Eidechse), ein Salonzug aus der Türkenzeit, fährt Touristen durch die Seldjaschlucht

weitet sich das Tal, der sandige Talgrund mit dem Wasserlauf ist teilweise palmenbestanden – eine abwechslungsreiche, lohnende Fahrt und ein großartiges Landschaftserlebnis. Unterwegs werden Erfrischungsgetränke gereicht und es gibt einen Stop zum Aussteigen und Fotografieren. Lesertip: „Schnell aussteigen, bevor hundert *Touris* das Motiv verderben." Gelegentlich begleiten Folkloregruppen den Zug.

Abfahrt ab Metlaoui: Montag, Dienstag, Donnerstag 10.30 Uhr, Freitag und Sonntag 11 Uhr; Dauer etwa 2 Stunden Fahrpreis 20 TD. Tip: in Fahrtrichtung links sitzen! Näheres sowie **Vorausreservierung** über Bureau Lézard Rouge, Metlaoui, Tel./Fax 06 - 24 14 69.

Mit dem Arbeiterzug:
Preiswerter kann die Schlucht auch mit dem zwischen Metlaoui und Redeyef verkehrenden Arbeiterzug befahren werden („train arabe"; Abfahrt nachmittags 15.50/Rückfahrt 18.15/ Ankunft Metlaoui 19.45 Uhr; Fahrpreis Hin- u. Rückfahrt 1,9 TD). Wer sich an einem Stop auf halbem Weg absetzen läßt, kann mit dem Gegenzug (genaue Zeiten vorher nochmals erkunden!) wieder zurückfahren.

Mit eigenem Fahrzeug/zu Fuß:
Ab Metlaoui auf P3 in Richtung Tozeur. Nach 2 km, unmittelbar nach weiß-grünem Schulgebäude, rechts auf beschilderter Piste nach „Selja". Diese endet nach 4,8 km bei einer Häusergruppe mit Pumpstation neben

dem Schluchteingang (linke Pistenabzweigung auf halbem Weg ignorieren; s. Variante unten). **Achtung:** Im Bereich der Schlucht trieb sich 1998 – auch zum Ärger der dortigen Bewohner – ein selbsternannter „Platzwart und Führer" herum, der bei Besuchern **unberechtigterweise** Parkgebühren kassiert und sich als Führer (überhöhte Gebühren) anbietet. Es besteht kein Führerzwang, Parken ist kostenlos. Autorisation verlangen, notfalls mit Polizei drohen, Führung evtl. durch Anwohner. Ca. 200 m links der Pumpstation finden wir den „Coup du Sabre" (Säbelhieb) genannten Zugang zur Schlucht (u.U. Gummistiefel!) mit vielen versteinerten Muscheln, Schnekken etc. in den umliegenden Felsen. Zugang zur Schlucht mit großer Vorsicht evtl. auch durch Eisenbahntunnel (Taschenlampe!). Man kann der Schlucht – je nach Wasserstand – auf mehrere Kilometer folgen (abschnittweise evtl. neben Eisenbahngleis; äußerste Vorsicht, in den Tunnels keine Ausweichmöglichkeit!). Die Einheimischen warnen vor Giftschlangen. Ausreichend Trinkwasser mitnehmen!

Soldjaschlucht

Variante: Wählt man bei der Anfahrt (s. oben) an der Pistenabzweigung die Route nach links, kommt man nach 3,3 km zu einem kleinen Dorf. Knapp davor rechts weg bis zu einem bereits sichtbaren Sendemast. Ab dort kann man zu Fuß in eine kleinere Schlucht (Petit Coup du Sabre) hineinwandern bzw. -klettern.

Weiterfahrt Metlaoui – Tozeur

Dem Genußreisenden empfehlen wir den landschaftlich äußerst interessanten „Umweg" über die **malerischen Bergoasen von Midès, Tamerza und Chbika** inmitten einer von palmenbewachsenen Tälern und Schluchten zerfurchten Felslandschaft nahe der algerischen Grenze (s. Route C2).

Der eilige Reisende hingegen folgt ab Metlaoui der Hauptstraße P3 in südwestlicher Richtung. Die schroffen, phosphatreichen Berge bleiben bald zurück. Wir queren die Ebene des *Oued el Melah* und gelangen in die Region der großen **Salzseen,** die sich nur ein kleines Stück abseits über hunderte von Quadratkilometern ausbreiten (rechts: *Chott el Gharsa*, links: *Chott el Djerid).* Zwischen beiden liegen die fruchtbaren Oasen des *Bled el Djerid.*

Die erste der Djerid-Oasen (42 km ab Metlaoui) ist **El Hamma du Djerid.**

Bled el Djerid – Land der Dattelpalmen

Die Oasenregion des Bled el Djerid mit ihren grünen Palmeninseln liegt inmitten einer lebensfeindlichen Natur: trostlose Wüstensteppe im Norden, die weißen, hitzeflimmernden Salzsenken der Chotts el Djerid und el Gharsa im Süden bzw. Nordwesten und endlose Sandfelder des Großen Östlichen Ergs im Westen. Dies ist eine der trockensten und heißesten Regionen des Landes (Höchsttemperaturen im Sommer nicht selten um die 50°C; Jahresniederschlag zwischen ca. 80 und 120 mm). Dennoch – oder gerade deswegen – erntet man hier in den ausgedehnten Palmenhainen die besten Datteln weit und breit. Hier bekommen die Palmen, was sie zum Gedeihen brauchen: trockene Hitze und – man glaubt es kaum – viel Wasser. Für die Hitze sorgt die Sonne im Überfluß, das Wasser stammt aus unterirdischen, fossilen Vorräten.

Die Siedlungsgeschichte der Djerid-Oasen reicht bis in numidische Zeit zurück. Bedeutung erlangte die Region erstmals unter den Römern, die am Chott eine Reihe von Festungsbauten zum Schutz der Südgrenze ihrer Provinz Africa gegen Überfälle nomadisierender Wüstenstämme errichteten, z.B. in Thusuros (Tozeur), Aggasel Nepte (Nefta), Thigae (Kriz). Alte Schriften belegen, daß sich in frühchristlicher Zeit im Djerid eine Hochburg des Christentums befand mit Bischofssitzen in Tozeur und Nefta. Dann kamen die Vandalen, nach ihnen die Byzantiner und im 7. Jh. schließlich die Araber, die in der Djerid-Region gegen starken Widerstand der hier lebenden christianisierten Berber den Islam einführten. Im 11. Jh. verwüsteten die Beni-Hilal-Nomaden die Ortschaften, Gärten und Bewässerungsanlagen. Im Mittelalter erlebte das Bled el Djerid einen gewissen Aufschwung, einmal durch die erneut aufblühende Oasenwirtschaft, zum anderen aufgrund eines regen Karawanenverkehrs zwischen Schwarzafrika und dem Mittelmeer. Tozeur wurde zum Warenumschlagsplatz Südtunesiens. Ein wichtiges Handelsgut waren Sklaven aus Westafrika, die im Tausch gegen Wolle, Datteln und andere Güter in die Region kamen (was heute noch den verhältnismäßig hohen schwarzen Bevölkerungsanteil in den Djerid-Oasen erklärt). Während der Türkenzeit brachten wiederholte Aufstände gegen steuergierige Verwalter und räuberische Nomaden viel Unruhe in die Region. Erst mit der französischen Protektoratszeit kehrte wieder relativer Frieden ein.

Lebensgrundlage der Djerid-Bevölkerung sind von alters her die Dattelpalmen, deren Gedeihen von ausreichender Bewässerung abhängt. Große Verdienste erwarb sich Ibn Chabbat, ein weiser Mann, der sich bereits im 13. Jh. mit wissenschaftlicher Gründlichkeit dem Anbau von Dattelpalmen, deren Bewässerung und gerechten und rationellen Verteilung des kostbaren Wassers auf die einzelnen Gärten beschäftigte. Seine Methoden werden teilweise heute noch praktiziert. Das von artesischen Brunnen bzw. Pumpen gelieferte Wasser wird über ein Wasserverteilungssystem und ein verzweigtes Netz kleiner Bewässerungskanäle bis in die letzten Winkel der Gärten geleitet, wobei jeder Parzelle Wasser nicht in Volumeneinheiten (z.B. in Litern), sondern in genau festgelegten Zeiteinheiten zur Verfügung steht.

Die einst vom Ältestenrat festgelegte Zahl der jedem Garten zustehenden Einheiten galt als verbindlich, und ein „Wassermeister" sorgte für die Einhaltung der zugemessenen Zeiten. Bei finanzieller Notlage konnte der Gartenbesitzer Wasserrechte und Gartenanteile verpfänden oder verkaufen, was im Laufe der Zeit zu sehr ungleichen Besitzverhältnissen geführt hat. In Tozeur z.B. ist ein Drittel des Palmenbestandes im Besitz von nur 60 Familien, weitere 10% gehören einer islamischen Bruderschaft, und der Rest verteilt sich in kleinen Parzellen auf Tausende von Kleinbauern und Pächter.

Bis zum Beginn der französischen Kolonialherrschaft (1885) wurden die Wasserrechte von den Oasenbauern eigenständig verwaltet. Die Franzosen stellten dann das Bewässerungswesen unter staatliche Kontrolle, was auch nach der Unabhängigkeit Tunesiens zunächst beibehalten wurde. Der Staat jedoch kam seinen Aufgaben – teils wegen Finanzmangels oder bürokratischer Hürden, teils aus langjährigem Desinteresse an der Oasenentwicklung – nicht ausreichend nach. Die Vernachlässigung und der zunehmende Verfall der Anlagen führten zu Unzufriedenheit und Abwanderungen unter den Bauern und zu einem Rückgang der Erträge. Erst seit Ende der 80er Jahre laufen Versuche an, die Kontrolle über die Wasserversorgung langsam wieder auf die Bevölkerung zu übertragen.

Obwohl es im Djerid grundsätzlich nicht an Wasser fehlt, bereitet die Wasserversorgung zunehmend Sorgen. Ausweitung der Gärten, starkes Bevölkerungswachstum (Versiebenfachung der Djerid-Bevölkerung im 20. Jh.) und touristische Erschließung mit vielen Hotelneubauten führen zu einer Überausbeutung der fossilen Wasserreserven, die sich aus Niederschlägen während einer bereits Jahrtausende zurückliegenden feuchteren Epoche gebildet haben. Dadurch sinkt der Grundwasserspiegel beständig ab. Während in den Zwanzigerjahren die Djerid-Oasen ihr Wasser noch komplett aus artesischen Quellen bezogen, muß dieses heute fast ausschließlich durch Tiefbohrungen und Pumpen zutage gefördert werden, was das Absinken des Grundwassers weiter beschleunigt.

Dennoch werden heute dank moderner agrarwirtschaftlicher Methoden in den Djerid-Oasen Maximalerträge erreicht. In den vier wichtigsten Oasenzentren (Tozeur, Nefta, El Hamma, El Ouidane) erbringen etwa 1,6 Mill. Palmen mehr als die Hälfte der jährlichen Dattelernte Tunesiens. Die besten unter den etwa 70 Dattelsorten sind die „Deglet en Nour" (= Finger des Lichts), goldfarbene, besonders wohlschmeckende Früchte, die aber nur in einem schmalen klimatischen Bereich (in den Djerid- und Nefzaoua-Oasen) gedeihen. Von dieser Spitzensorte werden im Bled el Djerid jährlich etwa 1000 Tonnen erzeugt, vorwiegend für den Export nach Europa.

El Hamma du Djerid

(Kurz vor dem Ort mündet von rechts die aus den Bergen kommende Alternativroute C2 wieder in unsere Hauptstrecke)

El Hamma du Djerid ist eine aus vier Weilern bestehende Oasengruppe mit insgesamt 3500 Einwohnern (Hamma bzw. Hammam = Bad). Am Südostrand des Chott el Gharsa gelegen, gibt es neben zahlreichen Quellen mit kaltem, süßem Wasser, das vorwiegend der Bewässerung der Gärten dient, auch sechs **Thermalquellen,** deren schwefel- und kochsalzhaltiges, 38°C warmes Wasser die Hammams des Ortes zu Bade- und Kurzwecken speist (besonders erfolgversprechend bei Hauterkrankungen, Arthritis und Nervenschmerzen). Schon die Römer kannten diese Quellen und pflegten mit dem heilkräftigen Wasser ihre Gesundheit.

Dank zusätzlicher Brunnenbohrungen und moderner Anbautechniken (z.B. größere Pflanzabstände zwischen den Bäumen) gelten die neu angelegten Palmgärten El Hammas heute als die ertragreichsten der gesamten Djerid-Region.

Der **Complexe Touristique el Hamma** (ca. 200 m ab Straßenkreuzung Richtung Tozeur) umfaßt ein großes lizensiertes Speiserestaurant mit Bar/ Café und einladender Terrasse. Er ist nicht nur beliebte Anlaufstelle für hungrige Reisegruppen, sondern auch eine passable Adresse für Individualreisende (nur Mittagstisch; vielseitige Speisekarte, angemessene Preise).

Nach weiteren 9 km sind wir in **Tozeur.**

Hauptstraße in Tozeur

Tozeur

Hauptort, Markt-, Verwaltungs- und touristisches Zentrum **der Djerid-Region.** Etwa 40 000 EW.

Das **„Tor zur Wüste"** fasziniert seine Besucher vor allem durch die Schönheit und Fruchtbarkeit seiner Palmenhaine. Diese erstrecken sich über etwa 10 km² südlich und östlich der Stadt bis an den Chott el Djerid und ermöglichen stimmungsvolle Spaziergänge. Eine Besonderheit des Orts (wie auch des Nachbarorts Nefta) ist die **Lehmziegel-Architektur** vieler Häuser und Moscheen (s. Kasten S. 560). Schöne Beispiele aus neuerer Zeit entdeckt man bereits in der Neustadt. Reizvoller sind jedoch die „klassischen" Ziegelbauten im angrenzenden, malerischen Altstadtviertel *Ouled el Hadef,* das aufs 14. Jh. zurückgeht und dessen enge Gäßchen, intime Höfe, schattige Tunnelgassen und von schönen Torbögen überspannte Durchgänge zum planlosen Bummeln einladen (s. markierte Gassen im Ortsplan).

Die Hauptgeschäftsstraße Tozeurs ist die *Av. H. Bourguiba*. An ihr liegen Restaurants, Cafés, viele Läden, vor allem Teppich- und Souvenirgeschäfte. Unter den zahlreichen touristischen Waren dominieren die Webteppiche mit farbenfrohen, überwiegend geometrischen Motiven. Aber auch Schals und Decken, Korb-, Leder- und Schmuckwaren, Arbeiten aus Palmfasern sowie Keramik und die obligatorischen Sandrosen aus der nahen Wüste sind in reicher Auswahl zu haben. Typische Mitbringsel aus Tozeur sind ferner Blütensirups oder die berühmten und wohlschmeckenden Deglet-en-Nour-Datteln (Fruchtbüschel sind grundsätzlich den in Schachteln abgepackten Datteln vorzuziehen; letztere sind gelegentlich „bewohnt").

In der Mitte geteilt wird die Av. H. Bourguiba durch den zentralen *Place Ech Chabbat* mit Markthalle, PTT und Justizpalast. Weitere wichtige Hauptachsen sind die *Av. F. Hached* (an ihr liegen Geschäfte, Reise- und Mietwagenagenturen, Restaurants, Bus- und Louagestation etc.) und die *Av. Abou el Kacem Chabbi* (mit Hotels, Campingplatz, Restaurants u.a.).

Mehrere schöne Moscheen beleben das Stadtbild (leider kann keines der Minarette bestiegen werden). Es gibt mehrere Museen, zwei kleine Zoos; man kann Pferdekutschen oder Kamele mieten für Ausflüge in die Oase, z.B. zum Belvédère und zum Zoo mit Paradiesgarten, oder eine Ballonfahrt über die Oase und den Chott buchen. Hotels und Agenturen offerieren ein reichhaltiges Ausflugsprogramm. Kurzum: Tozeur ist perfekt auf Tourismus eingestellt; am westlichen Ortsausgang, zwischen Belvédère-Hügel und der am nahen Flughafen vorbeiführenden Straße nach Nefta, wachsen weitere, stattliche Hotels aus dem Boden – ehrgeizige Projekte, die für die kleine Oase fast eine Nummer zu groß erscheinen.

★Dar Cherait – Hotel- und Museenkomplex

Knapp 2 km ab Zentrum am Ende der Av. Abou el Kacem Chabbi. Auf einem ausgedehnten Gelände findet man hier:

Dar Cherait – Hotel/Restaurant/Centre d'Animation (s. bei Unterkunft)
Dar Cherait – Kunst- und Kulturmuseum
Medina 1001 Nacht – Arabischer Märchenpark
Dar Zamen – Geschichtl. Museum (1998 eröffnet)

Der Komplex hat täglich von 8 Uhr bis Mitternacht geöffnet.

Dar Cherait – Kunst und Kulturmuseum

(Eintritt 3 TD; ermäßigter Eintritt für Gruppen, Fotoerlaubnis 1,5 TD, Video-/Filmerlaubnis 10 TD)

Dieses Museum ist – wie der ganze Komplex – in **Privatbesitz.** Keines der üblichen kleinen, lokalen Volkskunstmuseen, was schon dadurch deutlich wird, daß Staatspräsident Ben Ali höchstpersönlich hier 1990 die Eröffnungsrede hielt. Ein palastartiger, neuer Bau mit prächtigen, brunnen-

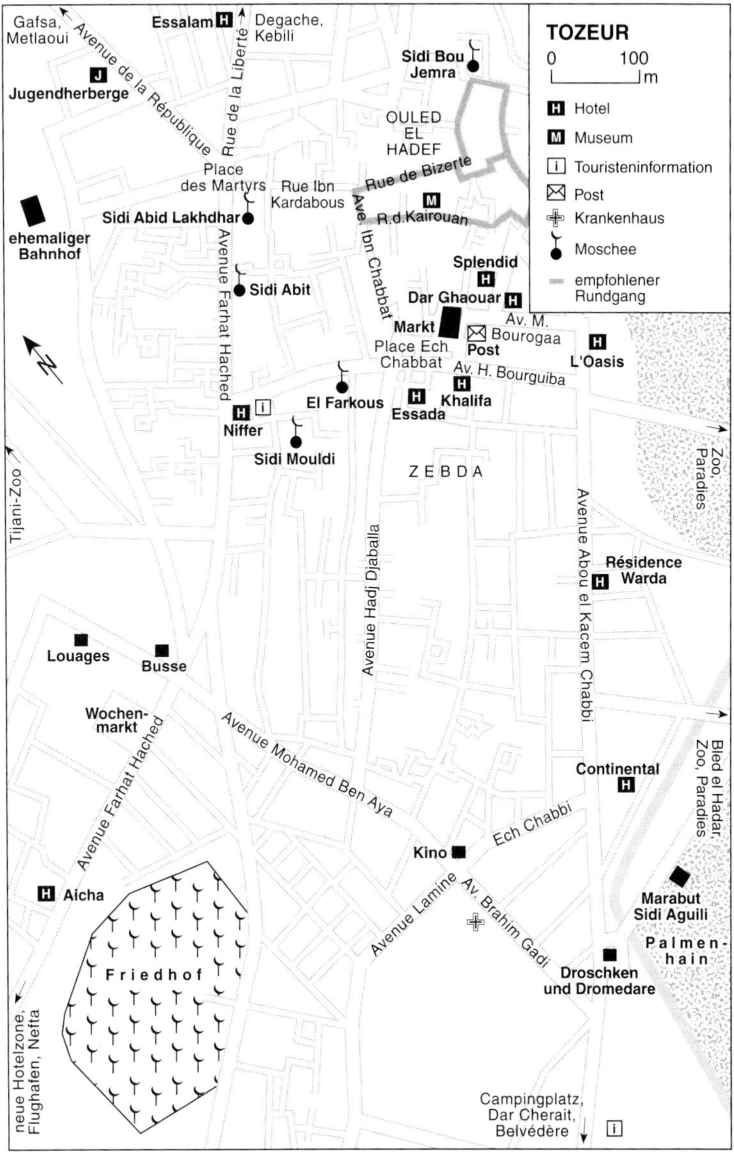

Routenteil C

geschmückten und säulenumstandenen Innenhöfen, schöner Kachel- und Stuckverzierung, in den Räumen teils bemalte Holzdecken – architektonisch also bereits eine Augenweide. Das Museum präsentiert in würdigem Rahmen erlesenes Kunsthandwerk (Keramik, Messing-, Kupfer- und Silberarbeiten, Glaswaren, Perlmutt-Intarsienarbeiten, reich verzierte Möbel), Waffen, Bücher und Handschriften, traditionelle Kleidung und Festtagsgewänder (teilweise auch ausländische Exponate). Aufwendig sind besonders die Nachbildungen von Szenen aus dem Leben der türkischen Beys und dem Alltag der wohlhabenden Tunesier, jeweils in eigenen Räumen mit lebensgroßen Figuren (z.B. Koranschule, Küche, Hammam etc). Eine Gemäldegalerie im Untergeschoß, ein komplett ausgestattetes Nomadenzelt und eine Sammlung von Holzpuppen im Obergeschoß ergänzen diese wirklich aus dem Rahmen fallende Ausstellung.

Medina 1001 Nacht
(Eintritt 5 TD) Eine Art „Disneyland auf Arabisch". In diesem Märchenpark werden mit Kulissen und Figuren in Originalgröße Szenen aus 1001 Nacht dargestellt: Aladins Höhle (im Stile einer Geisterbahn), Sindbads Schiff auf einem echten Wasserkanal mit echten Enten, Königspalast und Schatzkammer, Harem, Sklavenmarkt, und was sonst noch so zum Klischee Arabiens gehört. Tonbandgeräusche (z.B. üble Körpertöne von Ali Babas Räubern) und Musik vermitteln orientalische Atmosphäre: Volksfestunterhaltung in aufwendiger und phantasievoller Kulisse, die regen Zustrom von Touristengruppen verzeichnet.

Dar Zamen –
eine Reise durch 60 Mio. Jahre
(Geschichtliches Museum; Eintritt 6 TD)

Eine hervorragende, einfallsreiche Demonstration der Geschichte Tunesiens, ab der Entstehung des Menschen über das Leben in prähistorischer Zeit, punische, römische Epoche, arabische Herrschaft, die Zeit der türkischen Beys bis zur Unabhängigkeit und Gegenwart. Lebensgroß nachgestellte Figuren und geschichtliche Szenen (z.B. Steinzeitmenschen in Höhlen, Hannibals Heereszüge samt Elefanten), Modelle antiker Bauten (punische Häfen Karthago, römischer Tempel Dougga), ein Sklavenschiff, ein Marabut, eine Ghorfaanlage in Naturgröße etc. machen in freiem Gelände bzw. - je nach Epoche - prachtvoll dekorierten Räumen die Geschichte und den Kulturwandel lebendig. Treffend ausgewählte Musik- bzw. Tonuntermalung, auf arabisch vorgetragene Texte und Legenden, schriftliche Erläuterungen ergänzen die Austellung. Die vielfältigen Details und die phantasievolle Gestaltung dieses Museums können nur in einem mehrstündigen Rundgang voll gewürdigt werden.

★*Museum Archéologique et Traditionnel*

(Im Zentrum der Medina im alten Grabbau von Sidi Bou Aissa, Rue de Kairouan; geöffnet tägl. außer Mo von 8–12 und 15–18 Uhr; Eintritt 2 TD.)

Dieses kleine, lokale Museum steht eindeutig im Schatten der großen Konkurrenten *Dar Cherait*. Zu den teilweise etwas verstaubten Exponaten zählen Kleidungsstücke, Musikinstrumente, Haushaltsgeräte und Möbel, Waffen und Münzen sowie einige römische Baufragmente. Am interessantesten sind noch die alten Schriften, darunter Manuskripte aus dem 13. Jh. von Ibn Chabbat über das von ihm erdachte Bewässerungs- und Wasserverteilungssystem der Oase.

★*Belvédère*

Ab dem *Dar-Cherait*-Museum weiter ortsauswärts führt ein Fahrweg dem Oued entlang durch den Palmenhain zum ca. 1 km entfernten **Aussichtshügel** *Belvédère* (Möglichkeit für Kamelritt). Ein etwa 30 m hoher Sandsteinhügel mit eingehauenen Treppen ragt hinter den Palmen auf. Von oben schaut man über ein Meer von Palmwipfel weit hinaus auf den Chott el Djerid und die wüstenhafte Umgebung – noch vor einigen Jahren ein fast atemberaubend schöner Blick. Inzwischen ist jedoch unübersehbar, daß die Palmen hier fast bis zum Ortsrand hin absterben; viele sind schon tot. Die zahlreichen Neubauten (am gegenüberliegenden Hang wuchs ein Hotel nach dem andern aus dem Boden) und der damit verbundene hohe Wasserverbrauch haben katastrophale Folgen. Noch fließt ein Stück unterhalb des Felsens warmes Wasser aus einem Rohr in ein kleines **Naturbekken** zwischen den Palmen (ein beliebter Badegumpen für Einheimische und Touristen); doch viele Gräben, die früher ständig Wasser führten, sind trocken und verschmutzt, die natürlichen Quellen versiegt. Geplant ist angeblich, durch Bohrung neuer Brunnen und Aufforstung das Palmensterben hier aufzuhalten, vielleicht sogar den einstigen „paradiesischen“ Zustand wieder herzustellen. Die Fertigung der Lehmziegel für die traditionelle Bauweise kann man in einer **Zie-**

Ziegelei hinter dem Belvédèrehügel

gelei mit qualmenden Brennöfen ein Stück hinter dem Belvédère besichtigen.

★Zoo/Paradiesgarten

(Zwei Zufahrtsmöglichkeiten ab Av. Abou el Kacem Chabbi (4 km ab Hotel **l'Oasis** bzw. 2,5 km ab Hotel **Continental**); am besten macht man eine Rundtour; Pferdekutschen neben dem Hotel Continental).

Erste Zufahrt: Beschilderte Abzweigung von der *Av. Abou el Kacem Chabbi* (nahe Hotel **l'Oasis**). Durch den Palmenhain kommt man zum **Marabut Sidi Ali Bou Lifa,** einem beliebten Pilgerziel. Davor der riesige **Brustbeerbaum** mit einst mehr als 10 m Stammumfang, den der Heilige vor über 700 Jahren selbst gepflanzt haben soll und der inzwischen unter der Last des Alters halb zusammengebrochen ist.

Zweite Zufahrt: Beschilderter Abzweig von der *Av. Abou el Kacem Chabbi* neben Hotel **Continental**. Nach 700 m, im Ortsteil *Bled el Hadar*, passieren wir eine **Moschee** aus dem 11. Jh. (rechts); das abgesetzte und geköpfte Ziegelminarett steht auf antiken Steinblöcken des römischen Kastells von *Thusuros.* (Folgt man der Gasse daneben für ca. 200 m, kommt man zu dem vierkuppligen **Marabut** des 1282 in Tozeur verstorbenen **Ibn Chabbat,** Imam und Begründer des Bewässerungssystems der Oase). Danach beginnt der Palmenhain, man durchquert noch den neueren Ortsteil *Abbès* und stößt beim *Marabut Sidi Ali Bou Lifa* mit der ersten Zufahrtsmöglichkeit zusammen.

200 m weiter endet der Weg beim **Zoo/Paradies**. Geöffnet tägl. von 8.30 bis Sonnenuntergang, Eintritt: 1 TD. Am Eingang Verkaufstheke u.a. mit div. bunten und wohlschmeckenden Sirups aus Blütenextrakten (z.B. von Rosen, Veilchen, Granatäpfeln, Bananen, Pistazien).

Eine kleine, allerdings nicht unbedingt artgerechte Tierdemonstration durch den Wärter kommt bei den meisten Touristen gut an: Man erlebt *Romeo* und *Julia* (zwei kleine Dornschwanzagamen) in inniger Umarmung, *Janette* (der Skorpion) darf aus seiner „Garage" (eine Zigarettenschachtel), der Waran *Philipp* und eine Hornviper treten in Aktion, und als Krönung säuft *Ali Baba,* das Dromedar, eine Colaflasche leer. Daneben gibt es ein Freigehege mit Straußen und Gazellen. Löwen, Affen, weitere Dromedare, Hyäne, Füchse, Mufflons, Wildschweine und diverses Kleingetier sind vertreten und (in viel zu kleinen Volièren) verschiedene Vogelarten.

Ein Ort der Erholung und Entspannung ist der üppige Paradiesgarten nebenan, vor allem im Frühjahr, wenn die Rosen betäubend duften und Hibiskus, Bougainvillea, Oleander, Geranien, Granatapfelbäume etc. gleichzeitig blühen. Dazwischen ranken Weinreben, wachsen Aprikosen-, Feigen-, Bananenbäume, alles überragt von mächtigen Palmen. Sitzgruppen aus Palmholz laden immer wieder zur Rast, und wenn nicht gerade eine Touristengruppe geräuschvoll durch den Garten trabt, hört man nur das Gurren der Tauben und das leise Rauschen der Palmwipfel. Echt paradiesisch!

★Si Tijani Zoo du Desert

(Zufahrt: auf Av. F. Hached ca. 100 m in Richtung Nefta, bei Mobil-Tankstelle nach rechts und der Beschilderung ca. 700 m folgen. Offen tägl. von 8 Uhr bis Sonnenuntergang. Eintritt: 1 TD.)

Der Zoo-Begründer (längst verstorben) war ein berühmter Schlangenfänger. Hinter vergitterten Schaukästen kringeln sich die verschiedensten Reptilienarten. Die hiesige Tierdemonstration hat verblüffende Ähnlichkeit mit jener im *Paradies-Zoo*: ein Skorpion (hier heißt er „Margret") klettert aus einer Marlboro-„Garage", die danach samt Inhalt achtlos in einen Palmstamm zurückgesteckt wird, Ali-Baba, das Dromedar, saugt an der Cola-Flasche. Auffallend unbeweglich saß 1998 ein Fenek im Käfig: er war tot und ausgestopft (!). Zu den besonderen Attraktionen zählen neben Wüstentieren wie Mufflons, Gazellen, Schakalen, ein Schaf mit vier Hörnern und Hängebauchschweine. Falken, Bussarde, Geier blicken stechend durch die Volièrengitter, und der Affenfamilie wünscht man wenigstens einen Kletterbaum im viel zu kleinen Käfig.

Auch an diesen Zoo schließt ein kleiner Garten mit Sitzgruppen an.

Vorwahl für Tozeur: 06

Touristeninformation

Syndicat d'Initiative

Av. H. Bourguiba (bei Tankstelle), Öffnungszeiten Mo bis Sa von 8–13 und 15–18 Uhr; Tel. 46 20 34. Es organisiert (für Gruppen) Geländewagen-Fahrten in die Umgebung, Kutschfahrten und Dromedarritte durch die Oase.

ONTT

Av. Abou El Kacem Chabbi; geöffnet Mo bis Sa 8.30–13 und 15–17.45 Uhr. Tel. 45 05 03.

Ziegelfassade an einem Teppichgeschäft

Unterkunft

Hotel

Hotels im Ort (s. Plan)

l'Oasis***
Tel. 45 23 00, Fax 45 21 53, DZ 75 TD. Schöner Garten, Swimmingpool, direkter Zugang zum Palmenhain.

Continental***
Tel. 46 14 11, Fax 45 21 09, DZ 48/44 TD; älteres, empfehlenswertes Hotel mit Swimmingpool und Palmengarten; Parken im Innenhof.

Dar Ghaouar**
Tel. 45 28 70, Fax 45 26 66, DZ 50/34 TD; modernes Hotel im Zentrum; zweckmäßige Zimmer mit Bad/WC, Klimaanlage/Heizung, Swimmingpool, Disco, Restaurant, hübscher Garten.

Aicha*
Av. F. Hached, DZ mit Dusche/WC 16 TD; Tel. 45 27 88, einfach, ohne Heizung, sauber; nebenan gutes Restaurant.

Splendid
Tel. 45 00 53, DZ 24/20 TD, zentral gelegen, einfache, etwas abgewohnte Zimmer mit Dusche u. Heizung.

Residence Warda
Tel. 45 25 97, DZ 19 TD; einfache, sehr saubere Zimmer, teils mit Klimaanlage, von Lesern empfohlen.

Residence Essalam
an Straße Richtg. Degache, ca. 150 m ab Place de Martyr; Tel. 45 09 81; DZ 12 TD mit Frühstück; einfach, ruhig, frdl. Atmosphäre.

Niffer
Neu, zentral, frdl. Service, DZ 20 TD.

Khalifa
1998 im Umbau.

Essada
Tel. 45 00 97, DZ 7 TD ohne Fr., Dusche 0,5 TD, extrem einfach.

Hotels in der „Zone Touristique" am westlichen Ortsende

(Auswahl aus ca. einem Dutzend meist neuer 3- bis 5-Sterne-Hotels, alle schön nahe Palmenhain gelegen, vorwiegend von Rundfahrtteilnehmern belegt.)

Dar Cherait*****
Luxushotel beim Museum *Dar Cherait;* Tel. 45 48 88, Fax 45 44 72, DZ 130 TD bzw. (man gönnt sich ja sonst nichts!) Präsidentensuite (für max. 4 P.) 520 TD.

Hafsi ***
Tel. 45 09 66, Fax 45 27 26; DZ 72 TD; *Dar Cherait*-Museum, beliebt auch bei Tunesiern, Zi. mit Klimaanlage/Heizung, beheizbarer Swimmingpool, Disco, Nachtclub.

Phedra***
Tel. 45 21 85, Fax 45 27 99, DZ 93 TD, empfehlenswert, Zimmer mit Klimaanlage/Heizung, Swimmingpool, Pizzeria, Maur. Café, Tennis, Disco.

Palmyre****
Tel. 45 20 41, Fax 45 34 70, DZ 116 TD; Zimmer mit Klimaanlage/Heizung, gepflegte Ausstattung, Swimmingpool.

Jugendherberge

Av. de la République (250 m ab Place des Martyrs, links), 4 TD p.P., mangelnde Sauberkeit; Fernsehraum.

Camping

Bedouina Camping
Empfehlenswert; im Nachbarort *Degache* (von Tozeur ca. 9 km auf Kebili-Straße bis zum Ortsbeginn von Degache. Dort auf Höhe des Schwimmbads/*Piscine Municipal* beschildert 800 m rechts weg; 4 TD p.P incl. w/k

Hotel Palmyre in der „Zone Touristique"

Duschen; hübscher, gepflegter, ruhiger Platz unter Palmen (gelegentlich Mücken); Bungalows mit Du/Toil. 13 TD p.P. incl. Frühstück; kleines Restaurant, Frühstück 2,5 TD; Couscous 5 TD, abends häufig Folklore/Essen für Rundreisegruppen.

Les Beaux Rêves

Ca. 1,5 km ab Zentrum an Av. K. Chabbi; Stellplätze in hübschem Palmengarten 4 TD p.P.; Übernachtung auch in Zeribas/Zelten, jeweils 4,5 TD p.P., *warme* Dusche extra; hilfsbereiter Chef, organisiert auch Exkursionen mit Geländewagen.

Belvédère

Ca. 2,5 km ab Zentrum in sterbendem Palmenhain unterhalb des Belvédère-Hügels (Zufahrt für Gespanne ungeeignet). Der von jeher sehr einfache Campinglatz ist offiziell nicht mehr in Betrieb.

Essen und Trinken

Außer den Hotelrestaurants mehrere kleine, preiswerte, nicht lizensierte Lokale im Zentrum.

de la Republique

Av. H. Bourguiba, ruhiger Innenhof. Empfehlenswert, mit freundlichem Service. Tun. Spezialitäten, appetitlich, gut und preiswert.

du Sud

Av. F. Hached, gegenüber AGIL-Tankstelle. Begrenztes, aber gutes Angebot.

Le Soleil

Nr. 48, Av. K. Chabbi (gegenüber Résidence Warda). Auch bei Einheimischen beliebt, sauber, schmackhaft, preis- und empfehlenswert.

Diamanta

In der Nähe des *Le Soleil* (s.o.). Weniger empfehlenswert.

Petit Prince
Schönes Gartenlokal im Palmenhain hinter Hotel *L'Oasis.* Gehobenes Niveau, lizensiert; europ. und tun. Küche.
Dar Cherait
Nobel-Restaurant, à la carte bzw. Touristen-Menü 20 TD.
Centre d'Animation Culturelle et Touristique
Integriert in den Dar Cherait-Komplex. Caféteria und im 1. Stock stilvolles maurisches Café mit Freiluftterrasse.

Verkehrsverbindungen

- **Flughafen Tozeur-Nefta:** Anfahrt: 2,5 km Richtung Nefta, dann 2 km nach rechts. Zubringerdienst per Hotelbus oder Taxi (keine Linienbusse). Tel. 45 33 88. Hauptziele: Tunis, Djerba, Paris.
  Nähere Infos in Tunis-Air-Agentur (Av. F. Hached), Tel. 46 00 38.
  Am Flughafen Geldwechsel, Post, Reise- und Informationsbüro, Mietwagenfirmen (jeweils nur zu Ankunfts-/Abflugszeiten besetzt).
- **Eisenbahn:** Kein Personenzugverkehr. Die Endstation der Linie Tunis – Sousse – Sfax – Gafsa befindet sich in Metlaoui (s. dort).
- **Busse** (Busstation an Straße nach Nefta): 5x tägl. klimat. Busse nach Tunis (über Gafsa/Kairouan; Fahrtdauer 7 Std., 16,5 TD); etwa stündlich nach Nefta und Degache; mehrmals nach Kebili/Douz; 1x (nachm.) nach Gabès/Sousse; 2 x tägl. nach Chbika und Tamerza.
- **Louages** (Station nahe Busstation): nach Nefta, Degache, Tamerza (3 TD), Gafsa über Metlaoui, Kebili.
- **Kutschen** verkehren zwischen Hotelzone und Zentrum (Parkplatz beim Hotel *Continental).*

Mietwagen

Avis
Av. F. Hached, Tel. 45 35 47.
Hertz
Av. F. Hached, Tel. 46 02 14 und Flughafen.
Europcar
R. K. Chabi, Tel. 46 01 19 u. Flughafen.
ExpressRent
Beim Dar-Cherait-Museum.

Außerdem diverse lokale Vermieter in der Av. F. Hached.

Sonstiges

- **Markttag:** Sonntag (ummauertes Gelände neben Busstation).
- **Supermarkt: Magasin Général** (1 km ab Zentrum an Straße nach Nefta), geöffnet Di bis Sa 8–12.30 und 15–19 Uhr, So 8–12.40 Uhr. Rückseite des Gebäudes (kleine Tür): Verkauf von Alkohol, tägl. außer Fr 12–19 Uhr.
- **Feste:** *Festival International des Oasis* – viertägiges Festival (normalerweise zweite Dezemberhälfte; 1998–2001 wegen Ramadan im November; genaues Datum erfragen) mit Kamelrennen, Reiterspielen, Folklore, Ausstellung und Vorführungen von Handwerkskunst
- **Ballonfahrten:**
  Aeroasis
  Av. K. Chabbi, 2200 Tozeur, Tel. 45 23 61 (Auskünfte/Reservierung), veranstaltet und organisiert Ballonfahrten u.a. über Tozeur und Nefta (rd. 1 Std. ca. 80 TD p.P.).
- **Fahrrad-/Mopedvermietung** gegenüber Hotel **Dar Cherait** und im Hotel **Ksar Rouge** (Zone Touristique); 6/12 TD halber/ganzer Tag).

Ausflüge

Organisierte Ausflüge

Verschiedene Hotels, Agenturen und ONTT bieten Exkursionen an. Beispiele: Halbtages-Geländewagenfahrt Nefta: 15 TD; halber Tag Chbika/ Tamerza: 30 TD; Tagesfahrt Kebili-Douz: 45 TD bzw. Gabes-Matmata 60 TD; 2-Tages-Wüstenfahrt Ksar Ghilane 100 TD.

Ausflüge auf eigene Faust

- Zu den Bergoasen **Chbika, Tamerza, Midès** (siehe Route C2).
- Zum **Chott el Djerid** (siehe Route C4).

Wenig Abwechslung bietet die 24 km lange Strecke von **Tozeur** am Internationalen Flughafen vorbei nach **Nefta** (s. auch Variante „Circuit Saharienne: Nefta – Tozeur auf Piste", S.566). Nur noch karge Grasbüschel wachsen in der staubigen, wüstenhaften Landschaft, linker Hand breitet sich die sonnenüberflutete Fläche des Chott el Djerid aus, die irgendwo weit draußen nahtlos in den Wüstenhimmel überzugehen scheint.

Nefta

Westlichste der Djerid-Oasen (etwa 15 000 EW) und am Rand der Sahara letzter Ort vor der Grenze nach Algerien. An der Stelle des früheren römischen Militärlagers *Aggasel Nepte* entstand eine über Jahrhunderte wichtige Karawanenstation. Das heutige Nefta ist – wenngleich stark im Schatten von Tozeur stehend – beliebtes Etappenziel für Rundfahrtunternehmen. Offizielle und inoffizielle Führer bieten dem Besucher oft penetrant ihre Dienste an; lästig werden gelegentlich auch bettelnde Kinder. (Man sollte seinen Park- bzw. Startplatz vielleicht nicht nahe dem *Café de la Corbeille* wählen). Nefta erhält diesbezüglich von Autoren und Lesern hinter Kairouan die zweitschlechtesten Noten.

Nefta, mit seinen zwei Dutzend Moscheen und mehr als 100 Marabuts auch „Kairouan des Südens" genannt, ist der **religiöse Mittelpunkt des Djerid,** ein vielbesuchter Wallfahrtsort und Hochburg des *Sufismus* (islamische Glaubensrichtung, die durch Askese und mystische Handlungen, Tänze (tanzende Derwische), Meditation etc. direkten Kontakt zu Allah sucht). Nefta ist einer der wenigen Orte Tunesiens, in denen wir vor einigen Jahren den Muezzin noch „live" beim Gebetsruf erlebten. Ähnlich wie schon in Tozeur fallen auch hier an vielen Häusern die mit geometrischen **Lehmziegelornamenten** verzierten Fassaden auf. Südlich des Ortes schließen sich bis an den Rand des Chott el Djerid die rund 10 km^2 großen Gärten mit ca. 400 000 Dattelpalmen und vielen Obstbäumen an.

Katastrophale Regenfälle, vor allem 1990, haben allerdings unübersehbare Schäden an der alten Bausubstanz angerichtet. Viele der traditionellen Ziegelbauten, Moscheen und Minarettürme, Bögen, Kuppeln und Gewölbedächer stürzten ein bzw. schmolzen unter den Wassermassen buchstäblich zusammen. Man reparierte da und dort, räumte auf und füllte entstandene Lücken, oft mit nüchternen Stein- und Betonbauten. Aus Sicht der Bewohner ist es natürlich

Lehmziegelarchitektur in Tozeur und Nefta

Nicht nur in den alten Ortsteilen Tozeurs und Neftas, sondern erfreulicherweise auch an vielen Neubauten in der Region, vor allem Hotels, treffen wir auf eine in Tunesien einmalige Bauweise: versetzt angeordnete, vor- und zurückstehende, ockerfarbene Lehmziegel bilden interessante geometrische Ornamente an den Häuserfronten.
Es handelt sich hier um einen sehr attraktiven Baustil, der im 10. Jh. von arabischen Zuwanderern aus Mesopotamien importiert wurde und dessen Schönheit besonders plastisch bei tiefstehender Sonne deutlich wird. Diese Bauweise hat jedoch nicht nur ästhetische, sondern auch praktische Gründe: der Schatten, den die Ziegel werfen, kühlt die Hauswand - sehr wichtig in dieser sonnendurchglühten Region. Und noch ein Vorteil für diese Bauart: für den Hausbau geeignete Natursteine sind in der sandigen Wüste kaum zu finden, wohingegen Lehm reichlich vorhanden ist. Aus ihm wird zusammen mit Sand und Wasser ein Brei hergestellt, kräftig durchgeknetet und in einem Holzrahmen zu etwa 4 cm flachen Ziegeln geformt. Diese läßt man für einige Tage in der Sonne trocknen, bevor sie dann zwei bis drei Tage lang in palmholzbeheizten Brennöfen bei bis zu 1000°C gebrannt werden. Sowohl in Tozeur (hinter dem Belvédère) wie in der Nachbaroase Nefta gibt es Ziegeleien, deren Produkte sich wieder einer zunehmenden Beliebtheit erfreuen, zumal ihre Isolierwirkung jener der industriell gefertigten Steine überlegen ist.

viel rentabler, am Ortsrand (Platz gibts genug) etwas Neues, Modernes zu erstellen, als zunächst Ruinen zu beseitigen, um dann an gleicher, enger Stelle, womöglich „altmodisch stilvoll" wieder aufzubauen. So hat der Ort touristisch gesehen stark an Reiz verloren und zeigt Jahre nach der Katastrophe noch vielerorts „Baustellencharakter". Trotzdem hofft man auf wachsenden Tourismus – es entstehen nicht nur neue Wohnbauten, sondern auch zusätzliche Hotels. Ob diese Rechnung aufgeht?

Aus Richtung Tozeur kommend durchfährt man auf der *Av. H. Bourguiba* zunächst die Neustadt, kommt vorbei am Touristen-Informationsbüro *(Syndicat d'Initiative),* an Banken und Post. An der tiefsten Stelle überquert die Straße das Oued, das aus der „Corbeille" (nördlich der Brücke) kommt und dem die Oase ihre Fruchtbarkeit verdankt. Links der Brücke im Oued sieht man eine große Verteileranlage, die das Wasser in mehreren Kanälen in die Gärten leitet. Der *Place de la République* ist zentraler Ausgangspunkt sowohl zur Erkundung der alten Ortsteile wie für Spaziergänge in die Palmengärten.

Die **Hauptattraktion des Ortes** ist (war?) die

★Corbeille de Nefta („Korb" von Nefta)

Eine große, trichterartige Senke mit **Palmgärten** auf dem Korbgrund. Von der Terrasse des **Café/Rest. de la Corbeille** (Fr. geschlossen; ruhiger und weniger touristisch ohnehin vom **Café Maure el Khazen** daneben) hat man den schönsten Blick hinein in den „Korb", über die Stadt, die Oase und weit hinaus über Chott und Wüste.

Nahe dem Café de la Corbeille steht der schöne Kuppelbau der *Zaouia des Sidi Brahim* (12. Jh.). Eine Kette weißer Moscheen, Zaouias und Marabuts mit sandfarbenen Wohnhäusern dazwischen zieht sich entlang dem nahen Trichterrand (besonders stimmungsvoll bei sinkender Sonne). Diese, jeweils einem lokalen „Sidi" gewidmeten Kuppelbauten sind für Nichtmuslime nicht zugänglich.

Ein Fußweg führt am südwestlichen Trichterrand entlang, von Moschee zu Moschee. Sowohl auf halbem Wege, wie auch bei der letzten der Moscheen, der vierkuppligen *Sidi Salem Moschee* (auch *Große Moschee)* aus dem 15. Jahrhundert, führen Zugänge hinab in den Kessel. Viele der früher insgesamt rund 150 Quellen – manche warm, manche kalt – die in und um Nefta entsprangen, sind versiegt; heute sorgen überwiegend Brunnen und Pumpanlagen für die Bewässerung der Oase. Die einfachen Lehmrechen, die früher als Wasserverteiler fungierten, und auch die einst nur zwischen Erd- bzw. Sandwällen verlaufenden Kanäle sind heute meist durch moderne und zweckmäßige Betonkonstruktionen und Rohrleitungen ersetzt und haben den Gärten dadurch viel Romantik genommen. Hinzu kommt – vor allem in den trockenen Sommermonaten – eine generelle Wasserknappheit. Das frühere natürliche Thermal-Badebecken unter Palmen (gut besucht von den Dorfbewohnern) wurde inzwischen ersetzt durch ein großes, frei einsehbares Betonbecken.

★El Bayada

Der *Place de l'Indépendance* ist von Lädchen und Cafés gesäumt. Er trennt die beiden alten Stadtteile *Beni Ali* im Süden und *El Bayada* im Norden, von denen besonders letzterer – trotz Zerstörungen durch starke Regenfälle – noch immer einen Besuch lohnt. Wir finden dort enge Gäßchen mit schönen, alten Torbögen oder tunnelartigen Durchgängen (besonders nahe der *Sidi Dhaifallah Moschee)* und Häuser mit kunstvollen Ziegelornamenten. Zeichen des Zerfalls sind leider oft unübersehbar, und die Wiederaufbauarbeiten sorgen allenthalben für Bauplatzatmosphäre. Beim Blick durch geöffnete Türen erspäht man da und dort einen Webrahmen; viele Frauen des Ortes fertigen Teppiche oder Seidenstoffe. Wenn wir uns hangaufwärts halten, stoßen wir irgendwann wieder an den von Moscheen gesäumten Rand der „Corbeille".

Lehmziegelornamente schmücken die Fassaden in Tozeur und Nefta

★Ouled ech Chrif

Architektonisch am interessantesten ist der alte Ortsteil *Ouled ech Chrif*, der sich südlich der Av. H. Bourguiba bis zum Palmengarten erstreckt und in den sich selten Fremde verirren. Man nimmt z.B. den Weg, der zwischen Postamt (PTT) und Oued verläuft, und biegt nach ca. 200 m vor der *Moschee Sidi M'Khareg* links in den Gassentunnel ein. Dieser führt nach wenigen Schritten zum kleinen Zentrum von *Ouled Ech Chrif*. Der stimmungsvolle Hauptplatz, *Place de la Liberation,* ist gesäumt von Lädchen, einigen Cafés, der Markthalle und dem kleinen Hotel *Habib*. Ziegelornamentik an den Häusern, Bogengänge, überdeckte Sträßchen und Sackgassen, bei denen der Besucher oft ungewollt in einem privaten Innenhof landet, sind typisch vor allem für den südöstlichsten Teil dieses alten Viertels. An den Eingangstüren sieht man oft bis zu drei in verschiedener Höhe angebrachte Türklopfer für die verschiedenen Familienmitglieder. Am Klang läßt sich so erkennen, wer Einlaß begehrt.

★Palmengärten

Besonders wohltuend an heißen Tagen ist ein Bummel durch die schattige Palmerie. Viele der Wege sind zwar mit dem Auto befahrbar, reizvoller ist es aber zu Fuß. Wer Probleme mit der Orientierung befürchtet, hat die Möglichkeit, sich von einem einheimischen Führer durch das Gewirr von Wegen und Pfaden in dem riesigen Palmengarten zwischen südlichem Stadtrand und Chott begleiten zu lassen oder – besser – eine Pferdekutsche oder ein Kamel zu besteigen. Ein kleiner **Spaziergang** führt zunächst auf dem Fußweg zwischen Post und Oued nach Süden. Vorbei an der *Moschee Sidi M'Khareg* stößt man auf eine Teerstraße und findet etwa 200 m weiter, rechts unterhalb der Straße, versteckt im Palmengarten und umgeben von Oleanderbüschen, eine **Oasen-Bar/Restaurant** (Fr. geschlossen), das sogar Wein und Bier ausschenkt – ein traumhaftes Plätzchen für eine Rast, wenn nicht gerade angetrunkene Gäste die Atmosphäre stören.

Tiefer im Herzen der Oase befindet sich der (für Nicht-Muslime verschlossene) **Marabut des Sidi Bou Ali el Husseini,** an wichtigen islamischen Feiertagen eines der bedeutendsten Pilgerziele Neftas (großes Fest am dritten Tag nach Aid el Kebir). Der hier ruhende Heilige kam im frühen 13. Jh. von Marokko nach Nefta und erwarb sich vor allem große Verdienste als Schlichter bei religiösen Streitigkeiten. Der Legende nach soll er Dattelpalmen aus dem algerischen Touggourt mitgebracht und diese hier als die ersten des Djerid gepflanzt haben. Heute wachsen in der Oase von Nefta etwa 400 000 Palmen und in deren Schutz (in der klassischen 3-Etagen-Wirtschaft) Granatäpfel, Pfirsiche und andere Früchte. Am Boden schließlich gedeiht vielerlei Gemüse, Salate und diverse Futterpflanzen. Auch hier bereitet die **Bewässerung** zunehmend Sorge, seitdem viele der Quellen versiegt sind und man dem sinkenden Grundwasserspiegel immer tiefer hinterherbohren muß. Wegen Wassermangels und zu dichter Bepflanzung der meist kleinen und daher nur unwirtschaftlich zu bearbeitenden Parzellen sind die Ernteerträge rückläufig.

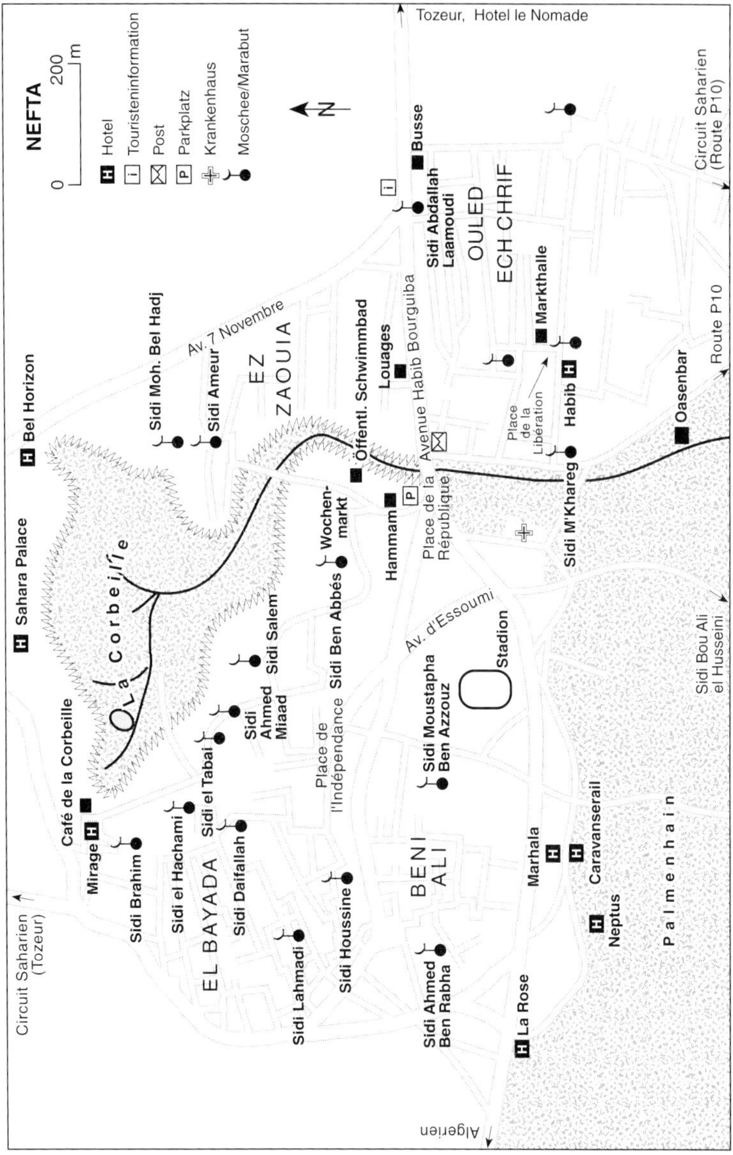
NEFTA
0
200
m
Hotel
Touristeninformation
Post
Parkplatz
Krankenhaus
Moschee/Marabut
N
Tozeur, Hotel le Nomade
Circuit Saharien (Route P10)
Route P10
Sidi Bou Ali el Husseini
Algerien
Circuit Saharien (Tozeur)
Bel Horizon
Sahara Palace
Café de la Corbeille
Mirage
La Corbeille
Av. 7 Novembre
Sidi Moh. Bel Hadj
Sidi Ameur
EZ ZAOUIA
Öffentl. Schwimmbad
Louages
Busse
Sidi Abdallah Laamoudi
OULED ECH CHRIF
Markthalle
Avenue Habib Bourguiba
Place de la Libération
Habib
Oasenbar
Sidi M'Khareg
Place de la République
Hammam
Wochen-markt
Sidi Ben Abbés
Sidi Salem
Sidi Ahmed Miaad
Sidi el Tabai
Sidi el Hachami
Sidi Brahim
Sidi Daifallah
EL BAYADA
Sidi Lahmadi
Sidi Houssine
Place de l'Indépendance
Av. d'Essoumi
Stadion
Sidi Moustapha Ben Azzouz
BENI ALI
Sidi Ahmed Ben Rabha
Marhala
Caravanserail
Neptus
La Rose
Palmenhain

S. 563

Vorwahl für Nefta: 06

Touristeninformation

Syndicat d'Initiative
Av. H. Bourguiba (bei Mobil-Tankstelle), Tel. 43 02 36. Geöffnet täglich 8.30–17 Uhr (unsicher). Kundiger, hilfsbereiter Leiter. Vermittlung offizieller Führer (auch für Chottdurchquerung bzw. -umfahrung auf Piste); Führer pro Tag ca. 45 TD.

Unterkunft

Hotel

Hotels am westlichen Ortsausgang

Caravanserail***
Tel. 43 03 55, Fax 43 03 44, DZ 102/72 TD (neuer/alter Teil); festungsartiger Hotelbau, Swimmingpool, Nachtclub, malerische Lage bei Palmengärten, Fahrradverleih (5 TD/Std.).

Neptus***
Tel. 43 03 21, Fax 43 06 47, DZ 76/66 TD; am Palmenhain mit Blick zum Chott, Zimmer um kleine Innenhöfe, teilw. Balkon, Swimmingpool, Fitneßclub, Maur. Café.

La Rose***
Tel. 43 06 96, Fax 43 03 85, DZ 108 TD; modernes, freundliches Hotel am Palmenhain, geräumige Zimmer, großer Swimmingpool, schönes Restaurant.

Marhala**
(Touring Club), Tel. 43 00 27, Fax 43 05 11, DZ 52 TD; Klimaanlage/Heizung, Swimmingpool, preiswerte, gute Unterkunft, frdl. Service.

Hotels im Bereich der Corbeille

Sahara Palace**L**
1998 im Umbau

Bel Horizon***
Tel. 43 00 88, Fax 43 05 00, DZ 64 TD; gepflegtes Hotel; schöner Blick von allen Zimmern, Swimmingpool, noch etwas schüttere Grünanlagen.

Mirage*
Tel. 43 06 22, Fax 43 06 44, DZ 26 TD, einfaches Hotel, große Terrasse, Swimmingpool.

Sonstige Hotels

Le Nomade
am östl. Ortsbeginn, sehr einfach, 1998 außer Betrieb.

Habib
im alten Ortsteil Ouled ech Chrif am Hauptplatz, Tel. 43 04 97, DZ 14 TD, Zimmer mit Dusche für bescheidene Ansprüche, Bar/Restaurant.

Machmoud/La Liberte
nahe *Habib:* extrem schlicht, nicht empfehlenswert.

Camping

Campingmöglichkeit im Hof des Hotels **Marhala** (4 TD p.P. incl. Dusche).

Essen und Trinken

Außer den Hotelrestaurants mehrere kleine, billige Restaurants im Ort, z.B.:

Jamel
Neben Synd. Initiative, einfaches, sauberes Lokal mit freundlichem Service.

Le Sud
Gut 100 m ortseinwärts. Nicht empfehlenswert: kleine lieblose Portionen, überhöhte Rechnung.

de la Corbeille
Café/Restaurant (liz.) mit schöner Aussicht, stark von Reisegruppen frequentiert.

El Khazen
Maur. Café oberhalb Corbeille.

Verkehrsverbindungen

- **Flughafen** ca. 20 km entfernt in Richtung Tozeur (s. dort).
- **Busse:** (Station am östl. Ortsbeginn) etwa stündlich Richtung Tozeur, einige davon weiter nach Gafsa, Sfax bzw. Kairouan; 2x nach Tunis (17,3 TD), 2x nach Hazaoua (algerische Grenze).
- **Louages** nach Tozeur und Hazaoua (algerische Grenze).

Sonstiges

- **Markttag:** Donnerstag (auf dem Platz unterhalb der kleinen Moschee Sidi Ben Abbes).
- **Mietwagen:** Vermittlung über Hotels.
- **Ballonfahrten:** siehe unter Tozeur.
- **Pferdekutschen und Kamele:** Standplatz bei Hotel **Marhala**.
- **Fahrradvermietung:** Hotel **Caravanserail** (Std. 5 TD).
- **Feste:** *Festival Populaire* – Religiöses Fest der Sufis (s. Einleitung) mit Tänzen und Gesängen, 3 Tage im April.
- **Weiterfahrt nach Algerien**: Von Nefta aus sind es 34 km zum tunesischen Grenzort **Hazaoua,** wo alle Grenzformalitäten abgewickelt werden. Am Weg, bereits nach 10 km, liegt der Sandrosenmarkt (s.u.).

Ausflüge

Organisierte Ausflüge

Hotels bzw. Fremdenverkehrsbüro organisieren u.a. folgende Ausflüge: Dromedarritte, Kutschfahrten (Richtpreise/Std.: Dromedar 4 TD, Dromedarführer 5 TD, Pferdekutsche (4 Plätze) 13 TD). Halbtäg. Oasenrundfahrt Tozeur/Nefta (25 TD) bzw. Chbika/Tamerza (20 TD); Tagesfahrt Kebili/Douz mit Essen (45 TD) bzw. Matmata/Gabès mit Essen (60 TD); Fahrt mit Heißluftballon (s. bei Tozeur, 1 Std. 80 TD).

Ausflüge auf eigene Faust

Gleich zwei **„Circuits Sahariennes"** **(Wüstentouren)** sind in Nefta – wenn auch inkonsequent – ausgeschildert, beide nicht sehr originell, wohl eher eine Agenturidee für erlebnishungrige Pauschaltouristen. Dennoch:

Zum Marabut Sidi Hassen Ayed am Chott el Djerid:
(s. a. Route P10, Variante A)
Auf Höhe des *Syndicat d'Initiative* führt ein Sträßchen gen Süden zur Palmerie und – der Beschilderung „Sidi Hassen Ayed" folgend – malerisch durch die Gärten. Ziemlich einsam jenseits des Grüngürtels sitzt am Rand des

Sandrosenmarkt bei Nefta

Routenteil C

Sandrosen

Sie entstehen durch Ausscheiden von Gips aus kapillar aufsteigendem Grundwasser, das nahe der Erdoberfläche verdunstet. Dabei verkittet sich der Gips mit dem Quarzsand zu jenen bizarr geformten, zierlichen und zerbrechlichen, gelblich bis rötlichbraunen Gebilden, die als Sandrosen bekannt sind. Sie liegen großenteils im Sandboden, werden häufig jedoch durch Erosion freigelegt. Sie sind ziemlich empfindlich, brechen und zerkratzen leicht. Sandrosen nicht aufeinanderlegen, sondern sorgfältig einzeln verpacken und aufpassen, daß sie nicht an anderen Gegenständen scheuern.

Chott el Djerid das etwas heruntergekommene Grabmal des Heiligen (ca. 3,5 km ab Beginn des Palmenhains).

Nefta – Tozeur auf Piste:
(ca. 29 km; lt. Leser für Radfahrer wegen Weichsand problematisch):

Bequemer und flotter geht´s auf der Teerstraße. Landschaftlich tut sich nicht viel auf dieser Strecke. Die Piste ist normalerweise bei Trockenheit auch von nicht geländegängigen Fahrzeugen befahrbar, kann nach Sandwinden oder Regen aber schwierig bis unpassierbar werden; evtl. vorherige Erkundigung im Verkehrsbüro. Wer **Einsamkeit** sucht (z.B. Camper!) und **Wüstenatmosphäre**, dürfte an dieser Variante Freude haben.

Beim **Café/Rest. de la Corbeille** (am nordwestlichen Ortsausgang = km 00) zweigt der „Circuit Saharienne" ab und führt schon kurz danach über eine weite, nur mit niederem Buschwerk bewachsene Ebene. Links drüben erstreckt sich hinter einem Grüngürtel der Chott el Gharsa, und in noch größerer Entfernung ragen die Berge von Tamerza/Chbika auf. Hin und wieder begegnet man einer Schaf- oder Ziegenherde (etwas nördlich unserer Piste verläuft streckenweise ein neues Teersträßchen.)

An einer Gabelung (km 5,7) halten wir uns rechts, überqueren eine Teerstraße (km 10,4) und durchfahren 800 m danach eine Ansammlung neuerer Tonnengewölbehäuser, die aber überwiegend leerstehen. Dort auch ein umzäuntes Militärgelände. An der nächsten Gabelung (km 16,6) fahren wir rechts, stoßen (km 18) erneut auf eine Teerstraße, der wir nach rechts folgen, bis sie in die von Tozeur nach Nefta führende Hauptstraße einmündet (km 21). Ab hier sind es nach links und vorbei am Flughafen noch rund 7,5 km bis **Tozeur.**

Besuch des Sandrosenmarktes

Etwa 10 km westlich von Nefta verläßt man die zur algerischen Grenze weiterführende Straße P3 nach links und findet unten am Rande des Chott einen Markt für Mineralien und andere Souvenirs, v.a. aber für sehr schöne Sandrosen, die im nahen *Grand Erg Oriental* gefunden werden. Kleines Café daneben. Tip: abends, wenn die letzten Touristenbusse verschwunden sind, lassen sich günstigere Preise (auch Tauschobjekte) aushandeln. Auf der gegenüberliegenden Straßenseite führt eine gut 1 km lange Piste zu einem kleinen Dünengebiet. Möglichkeit zu Kamelritt; kleines Café.

Südliche Chottumfahrung

s. Strecke P10.

Route C 2: Metlaoui – Redeyef [17 km] – Tamerza [24 km] – Chbika [14 km] – Tozeur [52 km]

Allgemeines

Eine sehr empfehlenswerte Variante zur vergleichsweise uninteressanten Standardstrecke entlang der Hauptstraße (s. Route C1). Sie führt über drei **malerische Bergoasen,** die inmitten einer von palmenbewachsenen Tälern und Schluchten zerfurchten, spektakulären **Felslandschaft** nahe der algerischen Grenze liegen: Tamerza, Midès und Chbika. Die dortigen Palmenhaine verdanken ihre Fruchtbarkeit nahen Bergquellen, die ihr Wasser teilweise in Kaskaden über die Felsen ergießen. Danach – welch ein Kontrast – queren wir einen Zipfel des meist ausgetrockneten Chott el Gharsa, einer der großen südtunesischen **Salzseen.** Der früher nur geländegängigen Fahrzeugen vorbehaltene Abschnitt zwischen Tamerza und El Hamma du Djerid ist inzwischen durchgehend asphaltiert. Damit hat die einst gefürchtete Steilstrecke zwischen Tamerza und Chbika ihre Schrecken, gleichzeitig aber auch ihre fahrtechnischen Reize verloren.

Metlaoui

(Ortsbeschreibung und Ausflug zur Seldjaschlucht s. Route C1)

Achtung: Straßen- und Pistenverläufe gängiger Straßenkarten stimmen in der Region um Metlaoui des öfteren nicht mit den tatsächlichen Gegebenheiten überein. Orientierungshilfe leistet die Routenübersicht auf S. 569.

Ab **Metlaoui** geht es, der Beschilderung „Tamerza" folgend, auf der C122 durch Industrie- und Bergwerksgelände kurvenreich und steil hinauf in die Berge. Dort liegt Tunesiens größtes Phosphat-Abbaugebiet. Ein kilometerlanges Förderband zieht sich wie ein riesiger Lindwurm durch das von grauem Staub bedeckte Gelände (näheres über Phosphat-Bergbau s. Kasten S. 568). Wenngleich von Menschenhand mitgestaltet, wirken die zernagten und ausgebeuteten Berge, ja selbst die gewaltigen Abraumhalden, wild und eindrucksvoll.

An der Gabelung bei km 8,5 halten wir uns links und kommen in einen weiten Felskessel mit grandiosen sandsteinfarbenen und rötlichbraunen Steilabbrüchen. Danach führt die Straße über ein weites Hochplateau, bis wir bei km 34 den Bergwerksort **Moulares** erreichen (Tankstelle, Bank). Mitten in dem reizlosen Ort das Phosphatbergwerk. Eisenbahnanschluß nur für Güter- und Phosphattransporte über Kasserine bis nach Sousse.

Weiter über die kahle Hochebene erreichen wir bei km 51 **Redeyef.**

Redeyef

Langgezogener Bergwerksort (Minen am Ortsrand) mit Sitz der staatlichen Phosphatgesellschaft. Das Ortszentrum liegt ca. 600 m abseits der Durchfahrtsstraße. Dort, bei der großen Moschee, ein Eisenbahnmodell und die Reste der früheren französischen Kernsiedlung: mehrere recht-

Das Phosphatgebiet von Metlaoui, Moulares und Redeyef

Der französische Tierarzt und Hobby-Geologe, Philippe Thomas, entdeckte im Jahr 1885 bei medizinischen Studien an erkrankten Ziegen in der Seldjaschlucht den wertvollen Bodenschatz Phosphat. Doch erst 1896, nachdem man dessen Nutzen als Düngemittel für die Landwirtschaft erkannt hatte, begann die französische „Compagnie des Phosphates de Gafsa" (CPG) mit dem Abbau und exportierte das Phosphat ins Mutterland. Tausende von Arbeitern auch aus Marokko, Algerien und Libyen wurden rekrutiert. In den folgenden Jahren stieß man auch im nahegelegenen Moulares und in Redeyef (sowie am Djebel Mdilla südlich von Gafsa) auf ergiebige Phosphatvorkommen. All dies waren wichtige Impulse für die industrielle und wirtschaftliche Entwicklung Südtunesiens. Eigene Eisenbahnlinien mit Anschlüssen an die einzelnen Bergwerke wurden gebaut, die das Phosphat zur Verarbeitung oder Verschiffung über Gafsa nach Sfax, über Sbeitla nach Sousse und neuerdings auch nach Gabès tranportieren. Phosphat ist ein begehrter Grundstoff zur Herstellung von Dünger, Waschmitteln und vielen anderen chemischen Produkten. Die hohe Abbaumenge (Tunesien gilt mit einer jährlichen Fördermenge von über 6 Millionen Tonnen weltweit als der fünftgrößte Phosphatlieferant) hat die staatliche Phosphatgesellschaft zum größten Industriebetrieb Tunesiens gemacht, der etwa 14 000 Personen beschäftigt und über eigene Werkssiedlungen mit entsprechenden Sozialeinrichtungen verfügt.

winklige Straßenzüge mit ziegelgedeckten Einfamilienhäuschen, blumengeschmückte Vorgärtchen mit kleinen Haustierställen – eine unerwartete, wenn auch etwas vergammelte, ländliche Idylle mit der total verkommenen einstigen Kirche mittendrin.

- **Unterkunft:** Jugendherberge mit Campingmöglichkeit.
- **Verkehrsverbindungen:** Eisenbahnverbindung (Arbeiterzug) durch die Seldjaschlucht nach Metlaoui (s. Route C1 unter Metlaoui). Busse und Louages nach Metlaoui und Tamerza.
- **Sonstiges:** Tankstelle, Bank, Supermarkt u. sonstige Versorgungsmöglichkeiten. Markttag Sonntag.

Auf der Weiterfahrt wird die Landschaft etwas gefälliger. Hin und wieder entdecken wir die flachen Zelte von Nomaden, deren Ziegen- und Schafherden die karge Wüstensteppe abweiden. Wir kommen bei km 69 nach **Ain el Karma.**

Für Grenzübertritt nach Algerien

Meldung zuerst bei *Police Frontière* im Ort; danach Erledigung der tunesischen Zollformalitäten in der Zollstation außerhalb des Dorfes (Zufahrt: beim westl. Ortsende – beschildert „Douane" 600 m nach rechts). Dann zurück zum östl. Ortsrand, beschilderte Abzweigung über das Dorf *Rmitta* (Grenzkontrollposten; ca. 4 km ab Abzweig) zum algerischen Grenzposten in *Betita*. Achtung: Grenzübertritt bei Midès (wie in manchen Karten vermerkt) ist nicht möglich.

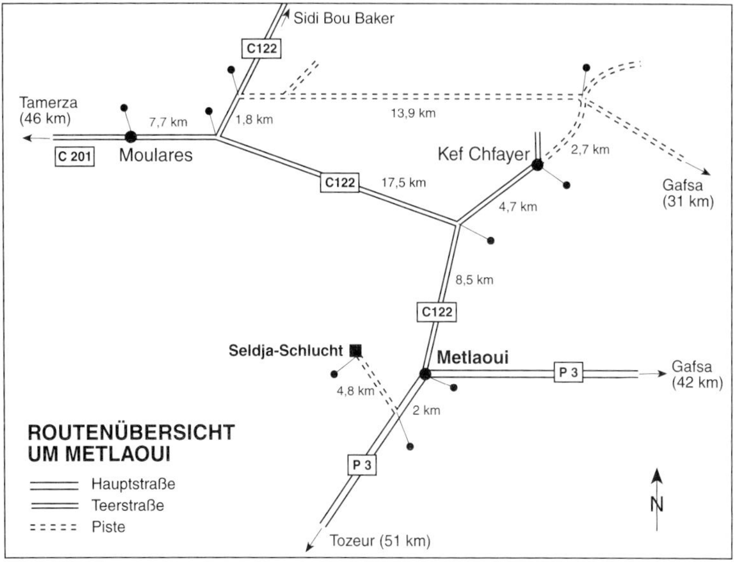

Am westlichen Ortsende von Ain el Karma ignorieren wir zunächst die Abzweigung nach Midès (Näheres s. unter „Ausflüge von Tamerza"). und erreichen schließlich die größte und wichtigste der drei Bergoasen: **Tamerza.**

Tamerza

Gleich am östlichen Ortseingang passieren wir das aussichtsreich gelegene 4-Sterne-Hotel **Tamerza Palace**. Es ist ein großer, etwas düster wirkender Bau, am Berghang stehend und sich farblich kaum von diesem abhebend. Kritische Stimmen behaupten, der Untergrund sei so unsolide, daß der Hang samt Hotel eines Tages im Tal lande. Vorerst aber steht es noch, und es bietet (Fotografen aufgepaßt!) – besonders im Abendlicht – einen fast atemberaubend schönen Blick auf die Altstadt von Tamerza, den Palmenhain und die Berge im Hintergrund. Danach windet sich die Straße hinab ins Tal, vorbei am Marabut des *Sidi Bourga*. Dieser Heilige soll vor ca. 700 Jahren den Ort an der Stelle der früheren Römersiedlung *Ad Turres* neu gegründet haben.

Die **Altstadt** Tamerzas („Vieux Village") liegt reizvoll auf einem langgezogenen Hügel zwischen zwei Oueds. Sie wurde nach katastrophalen Regenfällen und entsprechenden Schäden im Jahr 1969 von ihren Bewohnern verlassen. Viele der alten Häuser aus Stein oder luftgetrockneten Lehmziegeln sind seither zusammengestürzt, schmelzen mehr und mehr dahin und würden bald ganz verschwinden, wenn nicht durch Restaurierung da und dort der völlige Zerfall aufgehalten würde. Ein Bummel durch das alte Gemäuer läßt manch interessantes Detail entdecken und veranschaulicht noch immer Bauweise und Gliederung der alten Bergdörfer in dieser Region.

Westlich der verlassenen Altstadt schließt sich entlang der Durchgangsstraße zunächst ein älterer, bewohnter und danach der noch immer im Wachsen begriffene „moderne" Ortsteil Tamerzas an (ca. 5 000 EW). Kurz nach Passieren der *Garde Nationale* führt ein Sträßchen nach links, hinab zum Hotel **les Cascades**. Wie im Paradies liegt dieses romantische Bungalowhotel mit Restaurant inmitten üppiger Gärten und Palmenhaine. Unterhalb (Zugang nur durch die Hotelanlage) findet man die Hauptattraktion des Ortes, einen etwa 8 m hohen **Wasserfall** – im Sommer ein beliebter Platz für eine erfrischende Dusche (genügend Wasser vorausgesetzt; zu einem weiteren Wasserfall kommen wir auf der Weiterfahrt in Richtung Chbika, s. dort). Falls es nicht zu längeren Wanderungen reicht, folgen Sie wenigstens dem Flußtal etwa 200 m abwärts und steigen dort links in einen engen Felscanyon hinein, durch den meist nur ein kleines Bächlein rinnt. Welche Wassermassen müssen hier vor Jahrtausenden durch die Schlucht geschossen sein, um diese beeindruckende Felsszenerie zu modellieren? Reizvoll ist auch ein Bummel durch die Palmenhaine, die sich kilometerlang an dem häufig von okkerfarbenen Felsen gesäumten Oued entlangziehen.

Die landschaftliche Schönheit dieser Bergoase hat sich – wen wundert's – herumgesprochen. Der einstmals im Abseits an einer alten Karawanenroute liegende Ort ist heute beliebtes Ziel moderner Karawanen: Rundfahrtunternehmen, die mit großen Konvois von Geländewagen hier einfallen.

Touristeninformation

Syndicat d'Initiative
An Hauptstraße gegenüber der Moschee (beschildert). Geöffnet ca. 8–18 Uhr. Vermittelt Führer für Wanderungen und interessante Rundfahrten in die Berge sowie Stellplätze für Camper im Palmenhain. Sehr empfehlenswerter, kundiger, freundlicher und gut Deutsch sprechender Führer *Mohamed Ezzdini.*

Unterkunft

Hotel

Tamerza Palace****
Am Ortsende Richtung Redeyef; Tel. 06-45 38 44, Fax 06-79 98 10; DZ 120 TD; stark von Pauschalgruppen besuchtes Hotel, das v.a. von seiner phantastischen Lage profitiert; lt. Leser „überteuert" (s.a. Ortsbeschreibung Tamerza).

les Cascades
Im Oued, nahe Moschee bzw. Garde Nationale; Tel. 06-45 37 32; Zweibetthütte 25 (mit Halbpension 30) TD, Übernachtung in schilfverkleideten Steinhäusern bzw. Schilfhütten mit einfachem Bambusmobiliar (Leserwarnung: Lebensmittel wegpacken, evtl. Mäusebesuch!); pflegebedürftige Sanitäranlagen (Dusche/Toilette/Waschbecken) in Kabinen. Eine einfache, stimmungsvolle Unterkunft. Bar und lizensiertes Restaurant, Schwimmbad.

Blick auf die Altstadt von Tamerza

In Planung: In **Midès,** unmittelbar an Altstadt bzw. Palmenhain soll eine Hotelanlage der *PANSEA*-Kette entstehen, die für sich beansprucht, „traditionelle, umweltschonende Bauweise/ Unterkunft mit hohem Komfort zu verbinden." Lt. Information des PANSEA-Hotelmanagers in Ksar Ghilane (s. dort) wurde die Oase „aufgekauft", Grundsteinlegung Frühjahr 1998.

Camping

Kein offizieller Platz in Tamerza; auf Anfrage im Syndicat d'Initiative Campingerlaubnis im Palmenhain (bislang noch kostenlos)

Campingplätze Nomad, Canyon und **l'Oasis** im Palmenhain von **Midès** (s.u.); 1,5 TD (**Nomad** 3 TD) p.P., malerische Plätze unter Palmen, sanitäre Anlagen jedoch katastrophal (Wasserknappheit!). Wegen Grenznähe zu Algerien ist Camping dort behördlicherseits unerwünscht beziehungsweise nur mit **vorheriger Genehmigung** der *Garde Nationale* in Tamerza zulässig.

Essen und Trinken

Lesertip: Gutes Essen im **Tamerza Palace**. Mehrere kleine Restaurants im Zentrum. Empfehlenswert, beliebt auch bei Einheimischen: **l'Oasis,** Zufahrt/Abzweig wie Hotel Cascades, kurz vor diesem links weg: schmackhaft, appetitlich/frisch, reichlich und preiswert, freundlicher Service.

Verkehrsverbindungen

Mehrmals täglich Busverbindung nach Redeyef und weiter nach Metlaoui. Je ein Früh- und ein Nachmittagsbus über Chbika nach Tozeur.

Sonstiges

- **Keine Tankstelle!**
- **Keine Bank!**
- **Post** mit **Geldwechselmöglichkeit** an der Hauptstraße.
- **Einkaufen:** Beschränkte Einkaufsmöglichkeiten. **Wochenmarkt** am Montag.
- **Feste:** *Festival des Oasis de la Montagne* (3tägig, Ende März) mit Folklore, Musik und Tanz.

Ausflüge

Ausflug von Tamerza nach Midès

Mit dem Fahrzeug:
(Zufahrt ca.11 km)
Zunächst etwa 5 km auf Straße Richtung Redeyef. Kurz vor Ain el Karma auf neuer Straße nach links. Rund 6 km sind es durch den neuen Ortsteil von Midès und durch die Palmengärten bis zur verlassenen Altstadt. Ortsbeschreibung Midès s. unten.

Rundwanderung Tamerza – Midès – Tamerza:
Landschaftlich wesentlich reizvoller als die Autoroute und, wegen der vielfältigen und -farbigen Gesteinsformationen, -schichtungen und -verwerfungen und canyonartigen Schluchten für geologisch Interessierte besonders lohnend (Gehzeit: Hinweg ca. 2–2¼ Std., Rückweg ca. 2 Std.).
Achtung: Durch Neubau eines Staudamms u.U. beträchtliche Wegänderungen.

Diesen Ausflug kann man auch – auf etwas variierter Route – auf Eselsrücken unternehmen; Vermittlung von Führer (und evtl. Esel) durch das **Syndicat d'Initiative** (Richtpreis: 10–12 TD, je nach Teilnehmerzahl). Man sollte sich auf jeden Fall zuvor nach dem Wasserstand in den Schluchten erkundigen (ggfs. Gummistiefel oder Barfußgehen; ansonsten festes Schuhwerk erforderlich) und für ausreichenden Trinkwasservorrat sorgen.

Wir beginnen unsere Wanderung an der nach Tozeur führenden Straße. Ca. 1 km nach Passieren der letzten Häuser von Tamerza, kurz bevor die Straße das Oued überquert (Kurvenwarnschild) biegen wir vor dem Oued und vor dem Abzweig zur *Grandes Cascades/Wasserfall* rechts auf einen Weg ab. Dieser führt dem Oued entlang auf die Berge und einen bald darin sichtbaren Einschnitt zu, den wir nach etwa ½ Stunde erreichen. Nun folgen wir dem Oued durch eine wilde Schlucht, die sich mehrmals weitet und wieder verengt. Gelegentlich sind niedrige Felsbarrieren mit kleinen Wasserfällen zu überklettern oder zu umgehen. Etwa eine Stunde ab Schluchteingang gabelt sich das Tal. Wir folgen dem Oued nach rechts, das etwa ¼ Stunde danach scharf links durch einen engen Canyon führt – dies ist zweifellos der eindrucksvollste Abschnitt der ganzen Route. (1998 blockierte der Filmkulissenbau einer gewaltigen Festung diesen Engpaß). Bald taucht hoch oben am Rand der Schlucht die festungsartige Ummauerung des alten *Midès* auf, zu der kurz danach rechts ein steiler Treppenweg hinaufführt.

Midès
Das alte Midès, die spektakulärste der drei Bergoasen, liegt an der Stelle der einstigen befestigten Römersiedlung *Mades*. Diese war ursprünglich von drei bis zu 60 m tiefen Schluchten umgeben und nur mittels Seilen über die

steilen Felswände zugänglich. Eine der Schluchten wurde in späteren, sicherer gewordenen Zeiten zur Erleichterung des Zugangs aufgefüllt. Ums Jahr 1972 zogen die Bewohner – die alten Gebäude waren zu baufällig geworden – in den neuen Ortsteil jenseits des Palmengartens um.

Wie im alten Tamerza sind beim Rundgang durch das **alte Dorf Midès** trotz starken Zerfalls noch die traditionellen Wohnformen erkennbar: meist um einen Innenhof gruppierte Wohn- und Nebenräume, darin Schlafpodeste, Nischen für die Lampen; aus der Wand schauen Seilschlaufen zum Festbinden der Webrahmen. An Querbalken oben an der Decke hängte man die Dattelstauden auf, große eingemauerte Tonkrüge dienten zur Aufbewahrung gepreßter Datteln. Die Dächer bestanden aus Palmstämmen, die mit einer Lehmschicht verputzt wurden. In gutem baulichen Zustand zeigt sich nur noch die kleine Moschee mit ihren zwei Kuppeln; die mächtigen Umfassungsmauern und mehrere der alten Häuser wurden teilweise etwas restauriert.

Midès ist dank seiner isolierten Lage nicht ganz so überlaufen von Touristen wie Tamerza oder Chbika, doch wird auch dieser Ort in zunehmendem Maße vermarktet. Einige Souvenirlädchen am Eingang und die romantischen, sehr schlichten **Campingplätze** mit weiteren Souvenirständen und kleinem **Café** am Rand des Palmenhains bilden bisher noch die gesamte touristische Infrastruktur. Wenn eines Tages jedoch das geplante *PANSEA*-Projekt verwirklicht ist (s. unter Unterkunft), wird Tunesien wieder um eine natürliche Idylle ärmer sein.

Felsschlucht bei Tamerza

Beim hintersten Campingplatz ist auch das Ende der bis zu 60 m tiefen Schlucht erreicht – eine Miniaturausgabe des Grand Canyon – in die sich ein Bach in Kaskaden ergießt, ein besonders imposanter Anblick nach Regenfällen. **Achtung:** Nicht weit hinter dem Wasserfall verläuft die (nicht gekennzeichnete!) **Grenze zu Algerien;** von längeren Fußmärschen in diese Richtung ist dringend abzuraten. Lohnend ist es dagegen, ein Stück den dortigen Berghang hinaufzusteigen und von oben den Blick über die Altstadt von Midès, die Palmgärten und weit hinein nach Algerien zu genießen.

Ein ausgedehnter **Palmenhain** mit fruchtbaren Gärten zieht vom Canyonrand „landeinwärts“ Richtung Neu-Midès. Hier läßt sich hervorragend die 3-Etagen-Wirtschaft studieren: Zuunterst die Beete mit verschiedenen Gemüse-, Korn- oder Futterpflanzen, auf

Zu Gast bei einer befreundeten Familie

halber Höhe gedeihen Aprikosen, Orangen, Zitronen, Granatäpfel, Feigen und Oliven und darüber spenden auffallend mächtige, häufig in Gruppen wachsende Palmen den nötigen Schatten.

Rückweg nach Tamerza:
Von der Altstadt aus durch den Palmenhain hinüber zum **neuen Ortsteil** von Midès. Nach Passieren der kleinen Moschee (links) und des letzten Gebäudes (rechts) zieht ein Fahrweg rechts den Hügel hinauf. Auf Hügelkuppe links halten, parallel zu dem gegenüber verlaufenden, felsgekrönten Bergstock. Der Weg senkt sich hinab ins Oued und steigt gegenüber wieder an zu einer bereits lange vorher sichtbaren Kerbe im felsigen Kamm des Bergzugs. Nach dieser wieder abwärts, quer durch das breite *Oued el Khanga* und in einen markanten Einschnitt der nächsten Bergkette hinein (dort besonders ungewöhnliche Felsformationen und viele im Fels eingebettete Feuersteinknollen). Nun dem schmalen Felstal folgen, bis wir auf Höhe der Tamerza-Altstadt auf die Zufahrtsstraße von Metlaoui stoßen. Von hier sind es noch ca. 20 Minuten nach rechts bis zum **Hotel les Cascades.** Praktische Informationen s. bei Tamerza.

Fortsetzung der Hauptroute:
Die frühere Piste Tamerza – Chbika – El Hamma du Djerid ist jetzt durchgehend asphaltiert. Auch die **Serpentinenstrecke** durch die Berge, gleich hinter Tamerza, wurde dadurch „entschärft". Die erste befahrbare Piste nach Tamerza durch die Berge von Süden her wurde übrigens im 2. Weltkrieg von Rommels Pionieren angelegt (gelegentlich sieht man noch Spuren des alten Verlaufs); zuvor war der Ort aus dieser Richtung nur über Eselspfade erreichbar und deshalb stark isoliert.

Wir verlassen **Tamerza** in Richtung Tozeur. Reichlich 1 km nach Ortsende, unmittelbar nach Überquerung des Oueds, führt rechts eine Piste zur 200 m entfernten **„großen Cascade"** – ein ca. 15 m hoher Wasserfall. Souvenirstände und Teebuden machen sich dort Konkurrenz. Trinken Sie Ihren Tee bitte bei *Abdul* („Mr. Tea"), Vater von 5 Kindern, dessen sympatische, natürliche Freundlichkeit sich angenehm abhebt von der oft aufdringlichen Geschäftstüchtigkeit vieler seiner Kollegen im Tourismusgewerbe. (Wanderfreudige können bei niedrigem Wasserstand dem Flußlauf ab dem Wasserfall talwärts bis zur Oase El Khanga folgen; Gehzeit ca. 2½ Std.) Die Straße windet sich nun steil und in engen Serpentinen durch die Berge und passiert nach 500 m einen **Aussichtspunkt** mit Blick hinab auf den Wasserfall. Knapp 2 km weiter noch ein **lohnender Aussichtspunkt** (beidseits der Straße!) mit Souvenirkiosk, kleinem, freundlichem Cafè und Blick in die grandiose Schlucht sowie Rundumpanorama auf die eindrucksvolle Bergwelt Tamerzas. Im Süden – jenseits der Palmenhaine von El Khanga – liegt die flache Senke des *Chott el Gharsa*. Dann geht es in engen Kehren steil bergab. Am Fuß der Berge passieren wir die kleine Oase **El Khanga.** Sowohl im 2. Weltkrieg wie auch (wegen der Grenznähe) im algerischen Freiheitskampf gegen die Franzosen spielten sich hier und beim benachbarten Chbika Kampfhandlungen ab, unter denen die Dörfer und Gärten stark litten; in den nahen Bergen sollen noch Reste abgeschossener französischer Flugzeuge liegen.

14 km ab Tamerza (5 km ab El Khanga) zweigt links die Zufahrt ab (+½ km) zur eindrucksvoll gelegenen Bergoase **Chbika** (Chebika).

Chbika

Hier befand sich einst der römische Militärposten *Ad Speculum,* der – wie auch Ad Turres (Tamerza) und Mades (Midès) – Teil einer langen Verteidigungslinie entlang der Römerstraße von Tacapae (Gabès) nach Theveste (Tebessa) war. Per Lichtsignale mit Spiegeln (lat. = speculum) wurden wichtige Botschaften, etwa über Art und Größe durchziehender Karawanen, mit den Nachbarposten ausgetauscht.

Der alte Ortsteil von Chbika ist weitgehend verlassen

An der gleichen Stelle (so erzählen die Einheimischen) sollen sich vor rund 800 Jahren vier Brüder niedergelassen und Gärten angelegt haben; ihre Wohnhöhlen sind in den umliegenden Hügeln noch sichtbar. Einer der Gründungsbrüder liegt im Marabut am Hang oberhalb des alten Ortsteils begraben. Die alte Siedlung aus Lehm und Stein hebt sich kaum von den dahinterliegenen Bergen ab. Sie ist weitgehend verlassen, ihre Bewohner sind in den neuen Ortsteil an der Zufahrtsstraße umgezogen.

Das **Zufahrtsträßchen hinüber nach Chbika** endet an einem **Parkplatz** mit Souvenirständen und kleinen Cafès, beliebtes Ziel auch für Pauschalreiseunternehmen.

Lohnender Spaziergang (ca. 30 Min.): Ein Fußweg führt unter Palmen am Bach entlang in eine von rötlichen Felsen eingerahmte Schlucht. Vorbei an einem kleinen Wasserfall kommt man nach ca. 10 Min. zu einer Quelle, die am Fuß einer Felswand aus den Felsspalten zutage tritt. Steigt man unmittelbar vor der Quelle auf Treppenstufen den Hang links hinauf, wird nach wenigen Minuten eine Art natürlicher Felsmauer erreicht. Prächtiger Blick vom höchsten Punkt über die Felslandschaft, den alten Ort, die Palmengärten und den sich dahinter ausbreitenden Salzsee. Der Rückweg, gut erkennbar, führt zwischen Felsen hindurch und dann durch den alten, zum Teil etwas restaurierten Ortsteil wieder hinab zum Parkplatz.

Nun lassen wir die Berge hinter uns. Die folgende Etappe war vor ihrer Asphaltierung nach Regen oft kaum passierbar. Sie durchschneidet zunächst einen Ausläufer des *Chott el Gharsa*. Dieser Salzsee, der außerhalb der feuchten Jahreszeit meist ausgetrocknet ist, obwohl Luftspiegelungen uns endlose Wasserflächen vorgaukeln, liefert einen Vorgeschmack auf den großen Chott el Djerid. Dann geht es durch Steppe, in der hin und wieder Kamele zwischen kargem Buschwerk weiden. Schließlich tauchen die Palmenhaine der Oasengruppe von **El Hamma du Djerid** auf, kurz bevor wir (41 km ab Chbika) auf die Hauptstraße P3 Gafsa – Tozeur stoßen.

Für die Weiterfahrt zum 11 km entfernten **Tozeur** über **El Hamma du Djerid** s. Route C1.

Landschaft bei Chbika

Route C 3: Kebili – Chott el Fejaj – El Guettar [90 km] – Gafsa [18 km]

Allgemeines

Eine erst neuerdings asphaltierte, selten beschriebene und von Touristen noch wenig befahrene Route durch den **Chott el Fejaj** (siehe auch nördliche Chottumfahrung, Route P11) und das anschließende Hügel- und Bergland. Stille und Einsamkeit im Chott, in den Bergen Reste des römischen **Limes,** zwei alte Festungen, zum Schluß die Möglichkeit für Abstecher zu abgelegenen Bergdörfern, in einen hautengen Canyon und auf wilder Piste (nur für Allradfahrzeuge) hinauf zum **Gipfel des Djebel Biada** – all das macht diese Route zu einem „Schmankerl" unter den Streckenbeschreibungen.

Kebili

(Ortsbeschreibung s. Route C4)

Wir verlassen **Kebili** (km 0) auf der Gabès-Route (P16) und zweigen bei km 8,5 links auf die nach „Steftimi/ Gafsa" beschilderte Straße C103 ab. Bei km 13,5 erreichen wir **Steftimi**. Auf dem Dorfplatz sprudeln mehrere Quellen, zwei davon mit leicht schwefelhaltigem, heißem Wasser in dicke Rohre gefaßt. Eine dritte Quelle mit kaltem Wasser gleich unterhalb der Moschee dient als Waschplatz und Zapfstelle.

Dann zieht die Straße abwärts durch die Palmengärten und führt hinein in den **Chott el Fejaj,** eine langgezogene, abflußlose Senke, die unmittelbar an den *Chott el Djerid* anschließt. Wie dieser wird sie von den salzgetränkten Abflüssen aus dem nördlichen Bergland gespeist, liegt außerhalb der niederschlagsreicheren Winter- und Frühjahrsmonate aber meist trocken. Ab Chottrand führt die gute, dammartige Asphaltstraße nun durch das Nichts. Immer wieder gaukeln Luftspiegelungen große Wasserflächen vor. Wer aussteigt und den Motor abstellt, vernimmt bald nur noch das Rauschen des Blutes in den Ohren; ansonsten absolute Stille. Auch hier – wie beim Chott el Djerid – ist von Mutproben, d.h. Fahrten abseits des Dammes, dringend abzuraten. Tiefe Löcher und Einbrüche hier und da verdeutlichen, welch tückische Schlammschichten sich unter der fest erscheinenden Salzkruste verbergen können.

Nach gut 30 km ist die Schottebene durchquert. Bei km 35, unmittelbar nach Durchfahren einer Hügelkette, liegt rechts ein kleines Café. (Abzweig links: Beginn der Route P11).

Die Straße zieht nun einem uralten Karawanenweg folgend allmählich hinein in ein zwar undramatisches, dennoch reizvolles Bergland. Kahle, eigenartig horizontal geschichtete Hügel umgeben uns.

Auf einer **Paßhöhe** (km 56,5; Koordinaten: 34°08.25'/4°10.22') entdecken wir Reste eines über den Bergkamm verlaufenden Befestigungswalls – Teil des römischen **Limes,** der die Südgrenze der Provinz Africa gegen Überfälle nomadisierender Wüstenstämme schützen sollte und an diesem Bergpaß auch der Überwachung durchziehender Karawanen diente. Gleich darauf taucht auf einem Hügel das gut erhaltene **Bordj Khanguet Oum Ali** auf, ein ehemaliger Berberstützpunkt, den die Franzosen in eine Militärfestung umbauten. Dies war noch vor Jahren ein prächtiger Stellplatz für Camper. Das Gebäude stand leer; man konnte hinaufsteigen auf den Turm und hatte von dort einen phantastischen Ausblick auf die umliegenden Berge. Inzwischen hat sich leider die *Garde Nationale* einquartiert.

Nun weiter gen Norden durch eine von Bergen umgebene Steppenebene mit einigen schütteren Getreidefeldern und höchstens einmal einer kleinen Herde. Bei km 68 (knapp 11 km nach dem Bordj) stoßen wir gleich hinter der Eisenbahnlinie auf die Gafsa-Gabès-Straße P15 (Beschilderung zurück: „Kebili/Douz").

Wir biegen links ein Richtung Gafsa. Kahle Berge begleiten uns in einiger Entfernung. Wir fahren auf den langgezogenen *Djebel Orbata* zu und haben bei km 88 (kurz vor *El Guettar)* die Möglichkeit für einen Abstecher zu abgelegenen Berberdörfern in schöner Berglandschaft.

Abstecher nach Bou Omrane, Sakket und zum Djebel Biada

Achtung: Die Fahrt über den Djebel Biada nach Sened erfordert Geländegängigkeit; spätere Canyondurchfahrt für größere Fahrzeuge evtl. problematisch. Strecke bis Sakket: 30 km.

Wir biegen rechts ab auf die mit „Bou Omrane" beschilderte Straße. Sie verläuft malerisch durch ein enges, teils mit hohen, schroffen Felsen bestandenes Tal zwischen Djebel Orbata (links) und Djebel el Ank (rechts). Das kleine Berberdorf **Bou Omrane** (km 12,5) liegt am Fuß kahler Felshänge. Beim Stoppschild rechts halten (links geht es noch 1 km zum alten Ortsteil). Hoch über dem Ort thronen die weißen Kuppelbauten zweier Marabuts. 4,5 km nach Omrane biegen wir rechts auf die mit „Bir Saad" beschilderte Straße ab. Schon nach 100 m endet der Asphalt. Die Piste führt am Fuß der Hügel entlang, schwenkt nach ca. 2,5 km talwärts und folgt der Stromleitung nach links. Ca. 8,3 km seit Abzweig Bir Saad biegen wir links auf eine Piste ab (Koordinaten 34°22.10 N, 9°12.79 O), die gleich darauf in einen schon vorher sichtbaren schmalen Felseinschnitt hineinführt. Jetzt wird es eng, kurvig und spektakulär! Zu beiden Seiten ragen hohe Felsen auf. Hautnah und manchmal fast auf Reibung muß ein Canyon durchfahren werden, der an der schmalsten Stelle kaum mehr als 3 m Breite aufweist. Nichts für breite und hohe Fahrzeuge (überhängende Felsen); im Zweifelsfall sollte man sich die Engstellen besser vorher ansehen, um nicht darin zu verkanten. Der Himmel bewahre uns auch vor Gegenverkehr. Vom Untergrund her ist diese Etappe jedoch auch von PKWs zu bewältigen. Bald gibt es wieder mehr Luft, die Piste zieht steil hinauf über die Hügel und mündet ca. 3 km seit Pistenabzweig am südlichen Ortsrand des eindrucksvoll gelegenen Bergdorfs **Sakket** in die Dorfstraße. Dieser folgen wir nach rechts bis zum Ende des Asphalts (+1,6 km). Auch in Sakket wieder viele kuppelgekrönte weiße Marabuts.

Bordj Khanguet Oum Ali, Station der Garde Nationale

4WD-TIP: Djebel Biada

Am Ortsende von Sakket links halten. Dort schraubt sich eine staubig-steinige Piste hangaufwärts auf die Antennenstation am Gipfel des Djebel Biada zu. Beim Blick zurück erkennt man um das Dorf herum diverse Befestigungsmauern und zerfallene Forts auf den Hügelkuppen. Noch wachsen gelegentlich ein paar Olivenbäume an dem ansonsten unbewaldeten Berghang, dann folgt Strauchwerk, Wacholderbüsche; im Frühjahr blühen Ginster, Zistrosen, Rosmarin und wilder Majoran. 4 km ab Pistenbeginn liegt rechts des Wegs eine große, ebene Aussichtskanzel (schöner Rast- und Campingplatz).

An einer Gabelung (reichlich 5 km ab Sakket) halten wir uns links (rechts geht es weiter nach Sened; s.u.) und stehen knapp 2 km danach auf einem Sattel knapp unter dem 1163 m hohen Gipfel. Der für die Bewachung der Fernseh- bzw. Militärantenne abgestellte Posten ist zwar erstaunt (man bekommt hier wohl selten Besuch), jedoch freundlich und weist lediglich auf das Fotografierverbot hin. Allein der grandiose Ausblick – vor allem bei klarer Sicht – lohnt schon die strapaziöse Bergfahrt.

Wer die **Weiterfahrt über Sened** zur Gafsa-Sfax-Straße P14 wählt (spätestens jetzt ist Geländegängigkeit erforderlich!) biegt bei der Talfahrt an vorerwähnter Gabelung

Kunstvolles Fassadengemälde in El Guettar

links ab und folgt dann einer aussichtsreichen, äußerst steinig-holprigen und ausgewaschenen Strekke. Die von Buschwerk bewachsenen Berghänge werden im unteren Bereich mit Aleppokiefern wieder aufgeforstet. Dann tauchen die typischen, kleinen, terrassenartigen Felder auf, bei denen man mit Stau- bzw. Stützmäuerchen die seltenen Niederschläge am Abfließen zu hindern versucht *(Djessour-Bewässerung).* Ca. 7,5 km ab der Gabelung am Berg ist **Sened-Djebel** erreicht (Fortsetzung s. Route B6 mit dort beschriebenem Abstecher nach Sened-Djebel).

Etwa bei km 90 sind wir inmitten der Oase **El Guettar,** die sich über mehrere Kilometer am Fuß des steil dahinter aufragenden *Djebel Orbata* hinzieht. Diese Felsbarriere bietet den Palmenhainen zwischen dem Ort und dem *Chott El Guettar* wirksamen Schutz gegen kalte Winde aus dem Norden. Deshalb liefern auch die hiesigen Palmen höherwertige Datteln als z.B. jene im benachbarten Gafsa, deren Ertrag und Güte von gelegentlichen Kaltlufteinbrüchen aus dem nördlichen Steppenhochland beeinträchtigt wird.

Weiter auf der Hauptroute und vorbei an der kleinen Oase **Lalla** mit mehreren Quellen und Palmengärten (s. Route B3, „Ausflüge von Gafsa") erreichen wir bei km 108 **Gafsa.**

Gafsa

(Ortsbeschreibung, Plan, Ausflüge s. Route B3)

Route C 4: Tozeur – Chott el Djerid - Kebili [91 km] – El Hamma de l'Arad [86 km] – Gabès [32 km]

Allgemeines

Eine kontrastreiche Route zwischen Wüste und Meer. Von den üppigen Oasen des **Bled el Djerid** kommen wir in die fruchtbare Region der **Nefzaoua-Oasen**. Dazwischen liegt der größte Salzsee der Sahara, der **Chott el Djerid.** Dessen Durchquerung war früher ein riskantes Abenteuer, heute ist die gesamte Strecke risikolos auf guter Asphaltstraße zu bewältigen. **Kebili** ist Ausgangspunkt zu einer interessanten, problemlosen Rundtour Richtung Süden über Douz und andere Nefzaoua-Orte am **Rand der Sahara** (s. Route C5). Vergleichsweise trist ist dann die Weiterfahrt durch karge Wüstensteppe, die erst bei El Hamma de l'Arad wieder durch Palmenhaine belebt wird. Paradiesisch wirken die **Oasengärten von Gabès**, und fast wie eine Fata Morgana taucht schließlich das **Meer** auf.

Hinweis: Hitzeempfindliche Personen sollten einen Besuch der Chottregion in den Sommermonaten möglichst vermeiden. Die Tageshöchsttemperaturen können die 40°-Marke weit übersteigen.

Tozeur

(Ortsbeschreibung, Plan und Ausflüge s. Route C1)

Ab **Tozeur** *(Place des Martyrs* mit Uhrturm) folgen wir der Beschilderung „Kebili" bzw. „Degache". Nahtlos gehen die Palmenhaine von Tozeur über in jene von **El Oudiane**. In **Degache** zweigt rechts die Zufahrt zum Campingplatz ab (s. unter „Tozeur – Unterkunft"); im Zentrum (letzte Tankstelle vor dem Chott; Bank; stündliche Busverbindung mit Tozeur) passieren wir die dürftigen Reste einer alten Kasbah und der verlassenen Altstadt. Gleich danach, im Nachbarort **Saba Abar,** lohnt sich ein Blick „um die Ecke": ca. 200 m nach der *Horchani*-Dattelfabrik führt rechts ein Sträßchen in die Gärten hinein. Das vierkuppelige Minarett einer Moschee aus dem 9. Jh. ragt über die Palmwipfel; an seinem Sockel entdeckt man große Steinquader römischen Ursprungs. Rings um den schlichten, renovierten Ziegelbau der Moschee schmelzen die längst verlassenen Lehmbauten eines alten Ksars in sich zusammen. Wie immer in altem, zerfallenem Gemäuer: Vorsicht vor Schlangen, die solches Terrain bevorzugen. Kleine Wege verlocken zu Spaziergängen durch die Palmerie.

In **El Mahassen** (km 14) bleiben wir auf der P16 Richtung Kebili. Noch eine Weile – fast ständig seit Tozeur – begleiten uns die Palmenhaine, die den dahinterliegenden Chott verbergen.

Etwa 2,5 km weiter empfiehlt sich ein kleiner, landschaftlich reizvoller

Abstecher zum Marabut des Sidi Bou Hellal

Links zweigt ein Sträßchen ab nach „Dghoumes". Wir folgen ihm und biegen nach 2 km links in eine breite Piste ein. Nach weiteren 2 km stehen wir unterhalb zweier schon von

Routenteil C

Marabut Sidi Bou Hellal

weitem sichtbaren Marabuts. Parkmöglichkeit (auch schöner Stellplatz für Camper) bei heißer Quelle. In etwa 10 Minuten steigt man hinauf zum oberen der beiden, dem Marabut des in der Region verehrten *Sidi Bou Hellal.* Der ungewöhnliche, mit einer zweistöckigen Arkadenreihe versehene Bau wird von einer weißen Kuppel überwölbt und ist ein bekanntes Wallfahrtsziel. In der näheren und weiteren Umgebung des Marabuts entstanden übrigens zahlreiche Aufnahmen für den Film „Der englische Patient". Ein Blick in die umliegende Landschaft: Im Süden dehnt sich bis zum Horizont der silbrig glänzende Chott aus; tiefe Felsschluchten tun sich hinter dem Marabut auf, über die Felsen verstreut liegt zerfallenes Gemäuer, und da und dort entdeckt man merkwürdige Vertiefungen in den Steinen, die an alte Ölsammelbecken beziehungsweise Ablaufrinnen von Olivenpressen erinnern.

Weiter auf der Hauptroute erreichen wir kurz darauf den Rand des **Chott el Djerid,** in dessen Weite sich der dunkle Streifen der Dammstraße verliert. Bald sind wir umgeben von trostloser Einöde, nichts wächst mehr; dafür lassen sich bei hochstehender Sonne, wenn die über dem Chott liegenden Luftschichten stark erhitzt sind, fantastische Luftspiegelungen beobachten.

Chott el Djerid

Zusammen mit dem Chott el Fejaj bildet der Chott el Djerid die größte zusammenhängende Salzwüste der Sahara, die sich über ca. 200 km fast bis zum Meer hinzieht. Diese Region ist geprägt durch große Niederschlagsarmut und hohe Sommerhitze (die jährliche Verdunstung übertrifft die Niederschlagsmenge von etwa 100 mm um das 25fache). Wasserläufe aus den Bergen, angereichert mit gelösten Salzen, Gips und anderen Abtragungssedimenten, speisen diese riesige, abflußlose Senke. Nach Regenfällen sind häufig weite Flächen des Chotts überflutet oder verschlammt. Besonders in den Randzonen bilden sich metertiefe Salzsümpfe. Doch mit zunehmender Erwärmung verdunstet das Wasser, die Salze kristallisieren aus und backen zu dicken Krusten zusammen, wobei der Untergrund unter der ausgedörrten Kruste noch lange Zeit durchfeuchtet bleibt. Im Sommer bildet der Chott über weite Flächen eine bräunliche, teilweise von Sand überwehte Salztonebene, während vor allem das Zentrum als irreale, weißblendende Winterlandschaft erscheint, in der das „Eis" von glitzernden Salzkristallen und -schollen gebildet wird.

Noch in den 70er Jahren führte nur eine einst von französischen Legionären dammartig aufgeschüttete Piste durch den Chott, die mangels Wartung immer wieder von Gräben und brackigen Salztümpeln unterbrochen und oft genug völlig unpassierbar war. Die Durchquerung war damals noch ein echtes Abenteuer. Seit Fertigstellung der asphaltierten und ganzjährig befahrbaren, gut 40 km langen Dammstraße in den achtziger Jahren hat der Chott für den Wüstenreisenden seine Schrekken – aber auch seine fahrtechnischen Reize – verloren. Dennoch eine Warnung: Mag die Salzdecke noch so hart und trocken erscheinen, von Exkursionen abseits des Dammes ist, auch wenn Spuren gelegentlich dazu verlocken, Fahrzeugen wie Fußgängern dringend abzuraten. Oft verbirgt sich unter der fest erscheinenden, meist etwas „seifigen" Oberfläche ein übler, tiefer Schlick. Wer da einbricht, wird vielleicht nicht gleich völlig verschluckt werden, aber es ist weder amüsant, einen gefüllten Stiefel wieder zu säubern, geschweige denn ein bis zu den Achsen im Salzschlamm eingesunkenes Vehikel zu bergen. Da hilft dann auch kein Allradantrieb mehr. Es gibt eine Menge Legenden über Unglücksfälle auf der tückischen Salzkruste. Tijini, ein arabischer Historiker des 14. Jh., berichtet vom spurlosen Verschwinden einer Karawane mit tausend Kamelen und deren Treibern. Auch Karl May schildert in seinem Roman „Durch die Wüste" sehr drastisch die lebensbedrohenden Gefahren, die bei der Chottüberquerung zu meistern waren.

Im Jahr 1876 wurde von dem französischen Hauptmann Roudaire ein Plan vorgelegt, der vorsah, einen Kanal von der Mittelmeerküste bis zum Chott zu graben, um so einen riesigen Binnensee zu schaffen. Doch mit den Vermessungsarbeiten kam die Ernüchterung: fast die gesamte Chottfläche liegt (entgegen früherer Annahmen) knapp über dem Meeresspiegel. Die Träume vom „Seebad Tozeur" mußten damit begraben werden. 1962 hatten die Amerikaner die irrwitzige Idee, im Rahmen ihres Pflugschar-Programms für den „Einsatz atomarer Explosionen für friedliche Zwecke" hier eine riesige Mulde in den Chott zu sprengen, um einen künstlichen See zu schaffen und den Chott für bergmännische Ausbeutung und touristische Nutzung zu erschließen. Allah sei Dank, daß diese Pläne wieder zu den Akten gelegt wurden.

Keine Fata Morgana ist nach etwa 15 km das ausgeschlachtete Buswrack, das ca. 1 km rechts abseits in der hitzeflimmernden Ebene liegt. Wir passieren eine kleine Salzgewinnungsanlage. Bald danach kleben mehrere kleine Cafés am Rand der Straße. Diese Stelle, **El Mansouf,** war früher Rastplatz für Karawanen an einer Süßwasserquelle mitten im Chott. Souvenirhändler in Palmwedelhütten warten vor dem Hintergrund einer bis zum Horizont reichenden „Eislandschaft" auf Kunden, u.a. für schauerlich eingefärbte Sandrosen. Dann langsam taucht wieder erste kümmerliche Vegetation auf, kleine Grasbüschel, Minidünchen, die ersten Palmen. 400 m nach dem Wegstein „Kebili 26" zweigt ein Sträßchen von der Dammstraße rechts ab in Richtung „Fatnassa".

Abstecher zu „versteinerten" Dünen

Wir folgen diesem Sträßchen und finden nach gut 1 km rechts, inmitten kleiner Palmengruppen, seltsame, stark erodierte Sandhügel. Oberhalb dieser bis zu 8 m hohen, bizarren Gebilde thront ein kleiner Marabut – **ein idyllisches Plätzchen**.

Dann beginnen die Palmenhaine der **Nefzaoua-Oasen**. Die Salzwüste liegt endgültig hinter uns.

Eine Kette kleiner Oasensiedlungen mit üppigen Gärten erstreckt sich nun entlang bzw. etwas abseits der Straße. Gleich im ersten Dorf **Zaouia Anes** finden wir außer der ersten Tankstelle nach dem Chott das Hotel **Les Dunes*****, Tel. 05-48 07 11, DZ 74 TD, hübscher Bau mit Ziegelornamentik; gepflegtes Hotel mit im tunesischen Stil möblierten, klimatisierten Zimmern; Schwimmbad, Diskothek; Aussichtsturm im Hotelgarten mit großartigem Blick auf Oase, Chott und Berge).

In **Oum Sommaa** und **Souk Lahad** (Sonntagsmarkt) sehen wir jeweils nördlich der Straße auf den Hügeln die Reste der alten Orte. Wir durchfahren **Toumbar** (km 83), dann **Telmine,** an dessen römische Vergangenheit unter Kaiser Hadrian (Wachposten *Turris tamatteni* an der Südgrenze der Provinz Africa) nichts mehr erinnert. 91 km ab Tozeur erreichen wir schließlich **Kebili.**

Kebili

Hauptort, Markt- und Verwaltungszentrum der etwa 40 kleine Siedlungen umfassenden **Nefzaoua-Region** mit insgesamt etwa 50 000 EW. Bis ins letzte Jahrhundert war Kebili ein bedeutender Karawanen-Handelsplatz (besonders für Sklaven aus Schwarzafrika, woran der relativ hohe Anteil dunkelhäutiger Oasenbewohner noch heute erinnert); unter den Franzosen wichtiger Stützpunkt der Fremdenlegion und Verbannungsort Habib Bourguibas (1934).

Abgesehen von den warmen Bädern und dem alten Ortsteil *Ancienne Kebili* (s.u.) bietet der weitgehend moderne Ort nichts von touristischem Interesse. Er ist aber eine gute Versorgungs- und Ausgangsbasis für Erkundungen der südlich liegenden Nefzaoua-Oasen und für diverse Pistenfahrten (s.u.).

Wo der rot/weiße Turm mit Parabolantenne aufragt, befindet sich das

Versteinerte Dünen bei Fatnassa

Ortszentrum, der *Place de l'Indépendance* mit Postamt, Springbrunnen, Sitzbänken und schattenspendenden Eukalyptusbäumen.

★Thermalbäder

Ab Ortszentrum *(Place de l'Indépendance)* auf Straße Richtung Douz. Nach 700 m liegt links direkt an der Straße ein ummauertes Heißwasser-Becken, ca. 40 m im Durchmesser (daneben sowie auf der anderen Straßenseite je ein kleines Café). Ca. 50 m weiter ortsauswärts steht links, etwas zurückversetzt, ein Hammam für Männer und Frauen.

★Ancienne Kebili

50 m vor dem oben genannten Heißwasserbecken zweigt von der Douz-Straße nach rechts das beschilderte Sträßchen ab; an Kreuzung nach ca. 400 m geradeaus, d.h. auf linkem Straßenzweig weiter. Nach weiteren 350 m links auf Piste abbiegen und gut 1 km durch Palmenhain bis nach Alt-Kebili. In diesen großen, fast völlig verlassenen, in sich zusammengefallenen Ortsteil kommt nur noch während des alljährlich Mitte November abgehaltenen **Dattelfestes** etwas Leben (die Eröffnungsfeier findet auf dem großen freien Festplatz bei der Moschee statt). Zwischen den eingestürzten Häusern ragen noch Kuppeln zerfallener Marabuts und kleinerer Moscheen auf; große Steinquader und massive Türeinfassungen, gelegentlich Säulen- und Kapitellreste lassen auf Vorgängerbauten der Römer

schließen, die hier einen Posten zur Verteidigung der Südgrenze ihrer Provinz Africa unterhielten.

Rings um Alt-Kebili liegen schöne Palmgärten.

Unterkunft

Hotel

L'Oasis Dar Kebili ****
Tel. 05-49 14 36, Fax 05-49 12 95, DZ 83 TD; am östlichen Ortsrand ca. 1 km ab Zentrum (Zufahrt ab Douz-Straße beschildert); Ziegelbau; sehr gepflegte, großzügige Anlage, geschmackvolle Zimmer, behindertengerecht; schönes Schwimmbad, Diskothek/Nachtclub.

Fort des Autruches**
Tel. 05-49 11 17, DZ 50 TD; Zufahrt s. *L'Oasis;* ehem. französische Militärfestung in schöner Hanglage zwischen Oase und Wüste, nette Zimmer, Klimaanlage/Heizung im alten Fort bzw. in Neubau; Thermal-Schwimmbad (nur zur Hauptsaison), Nachtclub, Leser bemängeln Service.

Kitam**
Tel. 05-49 13 38, DZ 48/24 TD; am Ortsausgang Richtung Gabès, modernes, nüchternes Hotel; Schwimmbad, Restaurant, Service lt. Leser „lausig“.

Ben Said
Av. H. Bourguiba, im Zentrum; Tel. 49 15 73, DZ 10 TD; kleines, einfaches Hotel; familiäre Atmosphäre; 1- bis 4-Bett-Zimmer; Etagenduschen/-Bad; Notadresse für schmale Geldbeutel.

Jugendherberge

Am Beginn der Tozeur-Straße hinter Total-Tankstelle.

Verkehrsverbindungen

- **Busse** Richtung Douz, Tozeur, Gabès, Sfax und Tunis. Die Busstation liegt westlich des großen Antennenturms in der „Oberstadt“ bei Straßenabzweigung/-beginn Richtung Tozeur.
- **Louages** nach Douz, Tozeur und Gabès.
- **Taxis** bei Busstation.

Sonstiges

- **Post, Banken, Läden** und **Cafés** beim bzw. in Seitenstraßen des Place de l'Indépendance (Turm mit Parabolantennen).
- **Kleiner Markt:** an der Nordseite des Place de l'Indépendance.
- **Wochenmarkt:** Dienstag, an der Ausfallstraße Richtung Blidat (Gemüse), an der Ausfallstraße Richtung Jedida (großer Krämer- und Viehmarkt).
- **Supermarkt:**
  Magasin Général bei der Busstation.
- **Feste:** *Dattelfest* Mitte November (Eröffnungsfeier in Ancienne Kebili bei der Moschee).

Ausflüge

- **„Wüstenrundfahrt“** über Douz, Sabria, El Faouar und Blidet etc. (Route C5).
- Durch den **Chott el Fejaj** (und – nur für 4WD-Fahrzeuge – auf den Djebel Biada) nach Gafsa (Route C3).
- Auf Pisten nach **Ksar Ghilane, Matmata, El Hamma de l'Arad** (Routen P1, P2, P5).

Die Nefzaoua-Oasen

Hier, in der Nähe des Chott el Djerid, der heißesten und trockensten Region des Landes (60 bis 80 mm Jahresniederschlag) gibt es viele artesische Quellen, die aus fossilem Grundwasser gespeist werden. Auf diesen Wasserreichtum gehen die zahlreichen Gärten (ca. 800 000 Palmen) der Nefzaoua-Region zurück. Die Oasensiedlungen ziehen sich in einem rd. 80 km langen Bogen um den Ostrand des Chott (von Bechri über Kebili und Douz bis nach Sabria und El Faouar).

Artesische Brunnen liefern Wasser aus 60 bis 100 m Tiefe. Tiefbohrungen, Motorpumpen, Betonröhren und -kanäle ersetzen heute die früher üblichen Foggaras. Dabei handelte es sich um unterirdische Kanäle, in denen das Wasser durch leichtes Gefälle oft über Kilometer von Brunnenschächten oder wasserführenden Erdschichten in die Gärten geleitet wurde.

Die Wasserversorgung bereitet zunehmend Probleme. Durch Bevölkerungswachstum und verstärkte Landnutzung steigt der Wasserbedarf stetig an. Auch der Tourismus führt zu spürbar höherem Wasserverbrauch. Tiefbohrungen sind zwar zunächst hilfreich, haben aber zur Folge, daß der Grundwasserspiegel mehr und mehr absinkt. Niemand kann abschätzen, wie lange die fossilen unterirdischen Wasservorräte bei der starken Ausbeutung noch ausreichen. Mit Nachschub – d.h. ausreichenden Regenfällen – ist in dieser Trockenzone nicht zu rechnen.

Auch die Seßhaftmachung vieler Nomaden trägt zu höherem Wasserverbrauch bei. Oft geht nur noch ein Teil der Familie mit der Herde auf Wanderschaft, oder diese ist nur noch zu gewissen Jahreszeiten unterwegs. Mit zunehmendem Wachstum der Dörfer und Umwandlung des Weidelandes in Felder und Gärten müssen die Nomaden immer weiter ausweichen, ihre Wanderschaft wird länger und unergiebiger. Unterstützung der Regierung, z.B. Zuteilung von Land und Wohnraum, Finanzhilfen, auch etwas „Druck" von oben sowie die Verlockungen eines komfortableren Dorflebens führen dazu, daß immer mehr Nomaden ganzjährig seßhaft werden. Noch aber sieht man bei Fahrten durch die Wüstenrandgebiete der Nefzaoua-Region Hirten mit ihren Ziegen- oder Schafherden und auch ihre flachen, aufs Weideland geduckten Zelte – die Ersatzwohnungen während ihrer Wanderschaft.

Ab **Kebili** (Zentrum = km 00) folgen wir der P16, die bald den kleinen Bergpaß *Khanguet Mansoura* überquert. Nach 8,5 km zweigt links die durch den *Chott el Fejaj* führende asphaltierte C103 ab (s. Route C3).

Trist und einsam wird es nun: spärlich bewachsene, fast unbesiedelte Steppenlandschaft, gelegentlich eine Ziegen- oder Schafherde oder einige Dromedare, im Süden bis El Hamma begleitet uns der Bergzug des *Djebel Tebaga,* im Norden der *Chott el Fejaj.* Der kleine Ort **Limaguess** (km 14) besitzt immerhin noch einen Palmenhain. **Saidane** (km 35) jedoch besteht nur noch aus einigen Flachbauten, zwei kleinen Cafés und am Ortsende dem Fort mit seinen zwei Ecktürmen, ursprünglich Türken-, später Franzosenfestung, heute Posten der Garde Nationale (Fotografierverbot!). Erst in **Sembat** wachsen wieder Palmen. (Hier stößt von rechts eine von Kebili kommende Piste zu uns, s. Route P5). Wir passieren eine große Ziegelei und erreichen gleich darauf (km 86) **El Ksar,** Hauptort der aus mehreren Dörfern und Palmenhainen bestehenden Oasengruppe von **El Hamma de l'Arad.**

El Hamma de l'Arad

(Auch *El Hamma du Gabès;* nicht zu verwechseln mit *El Hamma du Djerid* bei Tozeur.)

Bereits der Ortsname (Hamma = Bad) weist auf die Quellen hin, die aus großen Grundwasservorkommen zwischen Chott el Fejaj und dem Golf von Gabès zutage sprudeln. Mehrere bis zu 47°C heiße, schwefelhaltige Quellen, die schon von den Römern als *Aquae Tacapitanae* genutzt wurden, begründen die Fruchtbarkeit der Oasengärten. Sie speisen auch die **Bäder des Ortes** (Männer- und Frauen-Hammams in Badehaus gegenüber dem kleinen Soldaten-Denkmal im Zentrum; Thermalbad in weißem Flachbau mit Kuppel etwa 100 m unterhalb des Hammams.) Ansonsten keine touristischen Sehenswürdigkeiten.

Über Jahrhunderte war El Hamma bedeutender Etappenort an einem transsaharischen Handelsweg, bis die Stadt um 1630 vom türkischen Bey zerstört und die ansässigen Berber vertrieben wurden – ein brutaler Vergeltungsschlag des Beys, nachdem die Bewohner Steuerzahlungen verweigert hatten. Mit einer Festung, von der nur noch Reste zu sehen sind, unterstrichen die Türken daraufhin ihren Herrschaftsanspruch, und anstelle der aufmüpfigen Berber durften sich in der kargen Arad-Ebene fortan nur noch Angehörige des Stammes der halbnomadischen Beni Zid niederlassen, die auch heute noch den Hauptanteil der Bevölkerung stellen und – wie einst – zeitweise mit ihren Herden (Ziegen, Schafe, Dromedare) die Weiden rund um den Chott el Fejaj durchstreifen.

- **Unterkunft:** Das einzige Hotel **Thermes** im Zentrum (2,5 TD p.P. im Mehrbettzimmer) ist eine sehr schlichte Absteige für anspruchslose Gäste.
- **Verkehrsverbindungen:** Bus- und Louagestation im Zentrum. Wichtigste Zielorte: Kebili, Gabès.
- **Pistenverbindungen:** Route P5 nach Kebili; Route P6 über Ksar Ghilane nach Kamour („Nördliche Pipelinepiste"); Route P7 nach Matmata-Nouvelle.

Blick auf den Djebel Tebaga

- **Sonstiges:** Gute Versorgungsmöglichkeiten in modernem Einkaufszentrum, Supermarkt und auf Markt im Zentrum (besonders reiches Angebot an Gewürzen, Henna und Flechtwaren); im Zentrum einige bescheidene, preiswerte Restaurants, z.B. **Tunis**.
- **Wochenmarkt:** Freitags (unterhalb der Hauptstraße in der Nähe der Bäder).
- **Feste:** Mehrtägiges *Hammam-Fest* im März; Jüdische Wallfahrt zum Grab von Rabbi Sidi Youssef (22. u. 23. Dez.)

Gleich außerhalb des Ortes in Richtung Gabès kreuzen wir die unterirdisch verlaufende Pipeline, durch die Erdöl aus Algerien und vom tunesischen Fördergebiet bei El Borma zum Ölhafen von La Skhirra fließt (Beginn der Route P6).

Etwa bei km 8 sprudelt mitten in der unbesiedelten Steppe erneut eine **Quelle.** Heißes Wasser tritt hier unter hohem Druck zutage, läuft durch spiralförmig im Viereck eines Beckens angelegte Rinnen und kühlt darin langsam zu erträglichen Temperaturen ab (Wasser wird abends abgestellt; kleines Café nebenan). Später passieren wir noch ein großes, staubiges Zementwerk, und schließlich mündet unsere Straße in die P1, die Hauptachse Sfax-Gabès. Gleich darauf sind wir im Zentrum von

Gabès

(Beschreibung, Ortsplan, Ausflüge etc. s. Route B5)

Route C 5: Rundfahrt durch die Nefzaoua-Region [ca. 141 km]

Kebili – Douz [28,5 km] – Zaafrane [12,5 km] – Sabria [25,5 km] bzw. El Faouar [28 km] – Blidet [48/40 km] – Kebili [24,5 km]

Allgemeines

Diese Rundtour durch die Wüsten-Randgebiete (s. Routenübersicht) vermittelt einen Eindruck von verschiedenen Landschaftsformen, die die Sahara zu bieten hat: kleine Dünengebiete, Oasendörfer mit fruchtbaren Palmenhainen, Salzwüste, dazwischen Wasserstellen und gelegentlich Nomaden mit ihren Herden. Die Strekke ist durchgehend asphaltiert; kleinere Sandanwehungen auf der Straße sind normalerweise auch von PKWs zu meistern. (Die Pistenvariante zwischen El Faouar und Blidet durch das Randgebiet des Chott el Djerid kann nach Regenfällen selbst für geländegängige Fahrzeuge unpassierbar sein.)

Kebili

(Ortsbeschreibung s. Route C4)

Die Straße C206 nach Douz beginnt beim großen Verkehrskreisel **(km 00)** am nördl. Ortsrand von **Kebili.** Nach gut 1 km passieren wir die Zufahrt zur verlassenen Altstadt „Ancienne Kebili" (rechts) und gleich darauf den großen, warmen Quellteich (links). Bei km 3,8 (und nochmals bei km 6,5) zweigt links die Zufahrtsstraße nach *Bazma* ab, die dann als Piste weiter nach *El Hamma* führt (s. Route P5).

In einer scharfen Rechtskurve im Zentrum des Dorfes **Jemna** (km 17) sprudeln rechts in einem ummauerten Hof direkt neben der Straße zwei Quellen aus dicken Rohren in ein gemeinschaftliches Becken, die eine brühheiß, die andere mit köstlich erfrischendem, kühlem Mineralwasser. Mit Eimern, Tanks und Plastikkanistern sieht man die Einheimischen beim Wasserfassen – Camper und Reisende: Bedient Euch ebenfalls! Gemischt fließt das noch immer sehr warme Wasser in Rinnen weiter durch die Gärten und zu den Hammams (Höhe Ortsendetafel ca. 100 m rechts abseits der Straße; Haus mit vier Tonnengewölben).

Ein paar Kilometer vor Douz tauchen erste, künstliche Dünen auf: An Zäunen aus Palmwedeln *(Djerid),* die zum Schutz der Gärten und Fahrbahn gegen Versandung errichtet wurden, lagert sich im Windschatten der angewehte Sand ab, wodurch sich allmählich Dünen bilden. Die verwehten Palmwedel müssen immer höher auf den Kamm gesteckt werden, und so baut sich allmählich eine richtige Dünenlandschaft auf. Kein Vergleich natürlich mit dem nahen Großen Östlichen Erg *(Grand Erg Oriental),* dessen Dünen stellenweise über 200 m aufragen. Auf tunesischem Gebiet erstreckt sich dieses Sandmeer über mehr als 300 km bis in den südlichsten Zipfel des Landes (s. „Reisen im Südtunesischen Sperrgebiet"); nach Westen reicht es mehr als 600 km weit hinein nach Algerien.

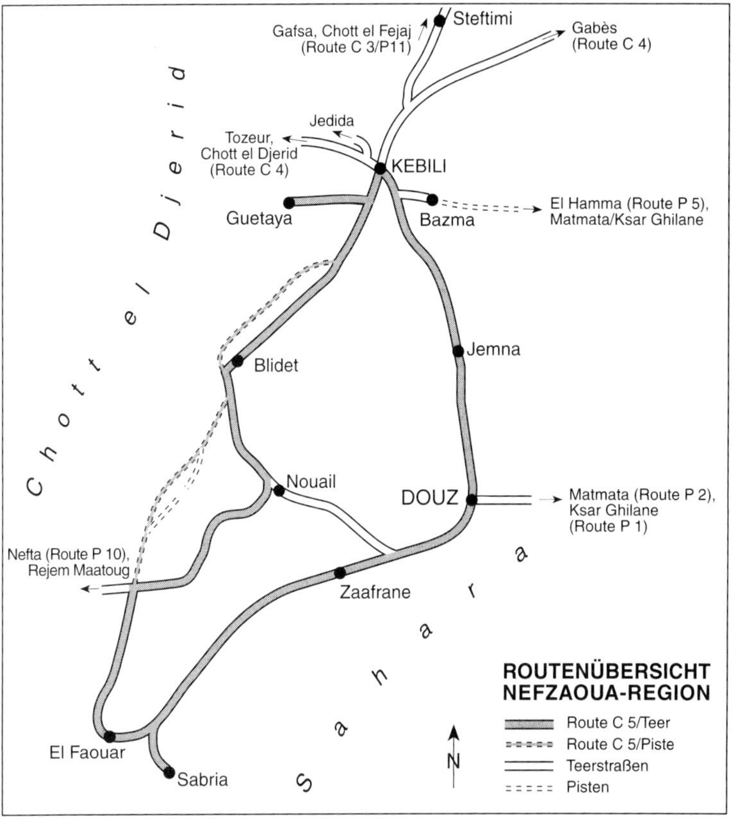

Douz

Das „Tor zur Sahara", wie Douz (ca. 31 000 EW) genannt wird, ist eine echte Bilderbuchoase mit gut bewässerten Palmenhainen. Diese gehen über in eine weite Dünen- und Wüstenlandschaft, durch die hin und wieder Dromedare ziehen – mit Touristen auf dem Rücken.

Douz mit Umgebung ist die **Heimat des halbnomadischen Mrazig-Stammes,** angeblich Nachfahren der Beni-Hilal-Nomaden, die im 11. Jh. in das Land eindrangen. Die Zahl der Nomaden reduziert sich von Jahr zu Jahr. Die Regierung bietet spezielle Programme zur Seßhaftmachung: Bereitstellung von Wohnraum, Schulen, Krankenstationen, Überlassung von Grund und Boden und Finanzhilfen.

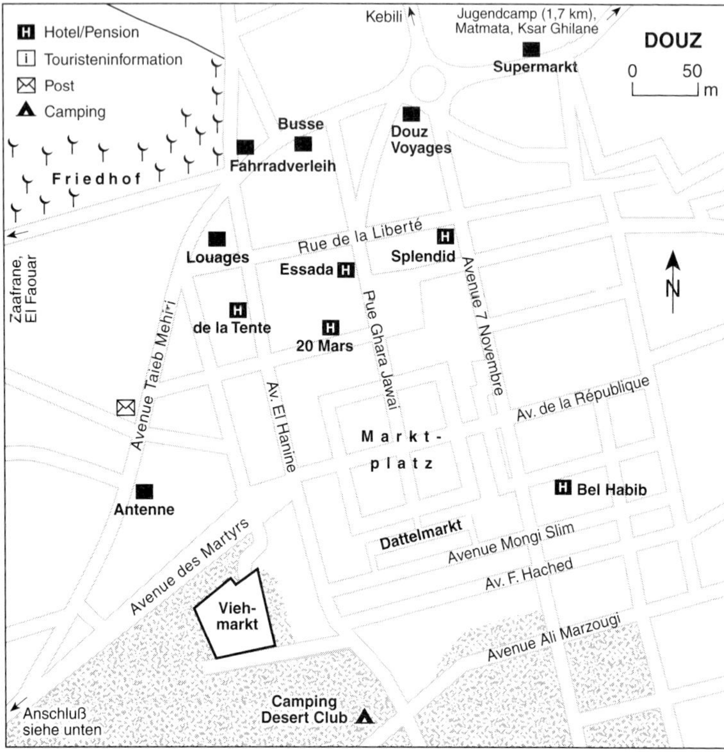

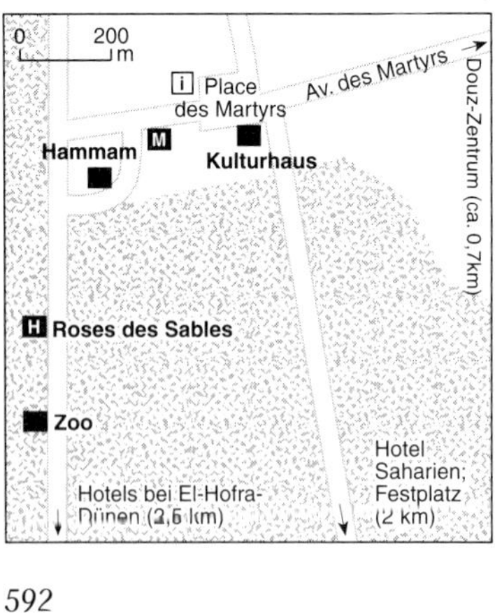

Das Herz von Douz ist der Marktplatz, in dessen Umgebung mehrere einfache und preiswerte Pensionen *(Résidences)*, Banken, Post, Campingplatz sowie Bus- und Louagestation liegen. Vom Zentrum aus führt die *Av. des Martyrs* westlich (ca. 0,7 km) zum *Place des Martyrs* (Fremdenverkehrsbüro und Museum). Straßen gehen von dort durch die Palmenhaine zur Hotelzone bei den El-Hofra-Dünen bzw. zum Festplatz.

Durch Forcierung des Saharatourismus ist Douz von einem kleinen Marktort zu einem **bedeutenden Tou-**

ristenzentrum geworden; die Erschließung hat auch die weiter südlich liegenden Dörfer erfaßt. Camps und Agenturen für Wüstentouren wachsen aus dem Wüstenboden. Pisten wurden asphaltiert (z.B. die Strekke Douz–Matmata und die südlichste Umgehungsroute des Chott el Djerid über Rejem Maatoug nach Hazaoua (Hinweis in Route P10).

Es sind vor allem Pauschalurlauber aus den Ferienzielen an der Küste, die mit Agenturen auf „Sahara-Safari" gehen und für die Douz ein ideales Etappenziel darstellt. Von den ca. 30 000 Personen, die in Douz und den umliegenden Orten leben, verdienen allein etwa 600 Familien ihr Geld durch den Tourismus. Pro Jahr werden ca. 320 000 Übernachtungen in der Region Kebili/Douz registriert und es gibt 11 Stationen mit insgesamt 1.900 Kamelen, die für kurze bis mehrtägige Ausritte zur Verfügung stehen. Auch Individualreisende fühlen sich – vor allem in den kleinen Pensionen – wohl und gut versorgt. Es herrscht eine freundliche, fast familiäre Atmosphäre in dem überschaubaren Ort. Die Bewohner von Douz (ein paar schwarze Schafe gibt es immer) haben ihre natürliche Gastfreundschaft bisher bewahrt.

★*Wochenmarkt*

Ein bedeutender Tag für Douz und ein besonders lohnender für Touristen ist der **Donnerstag**. An diesem Tag findet der **größte Krämer- und Viehmarkt Südtunesiens** statt. Käufer und Verkäufer, Seßhafte, Nomaden und Halbnomaden kommen von weither zusammen. Trotz der vielen „untergemischten", bleichhäutigen Besucher hat dieser Markt nichts von seiner Originalität eingebüßt. Hier wird gehandelt und gefeilscht, gekauft und verkauft, hier trifft man Freunde, Bekannte und Familienangehörige, und hier werden Neuigkeiten ausgetauscht. Normalerweise ist der zentrale Marktplatz ein großes, ruhiges Viereck mit Eukalyptusbäumen und Tamarisken, umschlossen von Arkaden mit ein paar Cafés, den Lädchen der lokalen Händler und Handwerker. Am Markttag jedoch herrscht hier Gedränge, ist der Platz nebst Zugängen und umliegenden Gassen zugepflastert mit Verkaufsständen, der Boden dicht ausgelegt mit einem Warenangebot vielfältigster Art: vorwiegend Alltagskram, Gebrauchsgegenstände, Kleidung, Gewürze, Obst und Gemüse. (Spezialität der lokalen Schuhmacher: farbig bestickte Saharaschuhe aus Ziegen- bzw. Kamelleder, die für Besucher auf Wunsch über Nacht nach Maß gefertigt werden). Ein langgezogener Innenhof an der Südseite des Platzes ist (zur Erntesaison) dem Verkauf von Datteln vorbehalten.

Getrennt vom allgemeinen Markt, ein Stück abseits unter schattenspendenden Palmen, findet der **Viehmarkt** statt (Zugang von *Av. des Martyrs).* Vorwiegend Ziegen und Schafe werden gehandelt, auch Esel und Maultiere, gelegentlich ein paar Dromedare. Der Markt ist reine Männersache. Je nach Jahreszeit in weißen Djellabahs oder eingehüllt in dicke, braune Kapuzenmäntel, den Kopf mit dem Chech umwickelt, hocken die Männer debattierend am Boden oder schieben sich zwischen den Tieren hindurch, tasten da, prüfen dort, handeln, feilschen und palavern, akustisch untermalt vom Meckern und Blöken der Handelsware. Schon am Mittwoch

oder zeitig am Donnerstagmorgen sind die Händler angereist; die Zeit des intensivsten Markttreibens ist daher am frühen Vormittag; bereits gegen Mittag löst sich der Markt wieder auf – viele haben noch einen weiten Heimweg.

★Festival International du Sahara

Das bedeutendste alljährliche Ereignis in Douz ist das mehrtägige *Festival International du Sahara.* Es findet normalerweise zwischen Weihnachten und Neujahr statt, 1998–2001 jedoch wegen des Ramadan im November (genaues Datum über die Verkehrsbüros). Es ist ein großes Spektakel sowohl für die Bewohner der Nefzaoua-Region wie für Touristen, die in großer Zahl von überall hertransportiert werden. Der Festplatz befindet sich am südlichen Oasenrand vor der Kulisse der Wüste (erreichbar vom *Place des Martyrs* – ca. 2 km). Bei der Tribüne entsteht dann eine richtige kleine Zeltstadt. Das Programm mit seinen Höhepunkten jeweils am ersten und letzten Tag umfaßt u.a. Paraden mit Musikkapellen, Fantasias, Theater und folkloristische Darbietungen, Ausstellungen (u.a. mit Verkauf), Dattelmarkt, Vorführung von Szenen aus dem Nomadenleben, Hochzeitszeremonien, Karawanenüberfälle, Dromedarkämpfe, sportliche Wettkämpfe im Dromedar-, Pferde- und Windhundrennen, Dünenskifahren.

★Musée de Sahara

(Av. des Martyrs, nahe Touristen-Informationsbüro; geöffnet 8–13 und 15–18 Uhr, Sa nur vormittags; Mo geschl., 1,1 TD, Fotoerlaubnis 1 TD)

Das volkskundliche Museum zeigt ein Nomadenzelt mit Hausrat, ferner u.a. traditionelle Kleidung und stammestypische Handwerksprodukte mit Schwerpunkt Teppich- und Deckenweberei sowie Sattel- und Zaumzeugfertigung. Der Wärter, M. Beloganem, ist nicht nur als lokaler Poet bekannt, sondern auch ein Experte für Wüstenpflanzen und deren Verwendungsmöglichkeiten.

★Zoo Bordj Sahara

(Im Palmenhain, kurz hinter Hotel *Roses des Sables;* täglich geöffnet von ca. 8 Uhr bis Sonnenuntergang, Eintritt 1,5 TD)

Der kleine Zoo beherbergt überwiegend Wüstentiere: Strauße, Gazellen, Mufflons, Schakale, Füchse, Waran und Dornschwanzagame, Skorpion, Hornviper. Wir finden ferner div. Volièren mit Adlern, Raben, Tauben etc.; ein Heer Meerschweinchen, Schildkröten und ganz normale Haustiere wie Ziegen, Schafe, Esel und Kamele. Allen, besonders aber den Affen und dem Löwen, wünscht man mehr Bewegungsfreiheit.

Vorwahl für Douz: 05

Touristeninformation

ONTT-Büro
Place des Martyrs, Tel. 47 03 51, geöffnet Mo bis Sa 8.30–13 und 16 (Juli/Aug. 14) –19 Uhr, So 16–19 Uhr. Herr *Amor*, der kundige, freundliche, gut Deutsch sprechende Chef, vermittelt und hilft bei allen Problemen.

Unterkunft

Achtung: Während des Sahara-Festivals ist Vorausbuchung dringend zu empfehlen. Zu dieser Zeit gelten in den Touristenhotels teilweise auch erhöhte Preise. **Warnung:** „Schlepper" an Bus- bzw. Louagestation versuchen oft mit unfairen Geschäftspraktiken („das Hotel ... existiert nicht mehr"), Touristen in *ihr* Hotel zu locken. Buchen Sie im Zweifelsfall zunächst nur für eine Nacht.

Hotel/Pension

Touristenhotels bei El-Hofra-Dünen

(vorwiegend von Rundfahrtveranstaltern gebucht; schöne, komfortable, klimatisierte Hotels, alle mit Swimmingpool, einige zusätzlich mit Thermalbad)

Méhari***
Tel. 47 04 81, Fax 47 15 89, DZ 79 TD.

Sun Palm***
Tel. 47 01 23, DZ 79 TD.

Sahara Douz***
Tel. 47 08 64, Fax 47 05 66, DZ 70 TD.

Touareg***
Tel. 47 02 45, Fax 47 03 13, DZ 72 TD.

El Mouradi ****
Tel. 47 03 03, Fax 47 09 05, DZ 82 TD, mit Hammam, Tennis.

Touristenhotels im Palmenhain

Saharien**
Tel. 47 03 39, DZ 42/40 TD; gemütliche Anlage; einfach ausgestattete, saubere, klimatisierte und beheizbare Bungalows; kleiner Swimmingpool.

Roses des Sables
Tel. 47 05 97, Fax 47 14 84, DZ 22 bzw. Bungalow mit Dusche 25 TD, Swimmingpool, Restaurant.

Einfache Pensionen im Ort

Bel Habib
Place de Souk, Tel. 47 11 15, DZ mit Frühstück 14 TD; saubere Zimmer, gute Sanitäranlagen; freundlicher, hilfsbereiter, Deutsch sprechender Chef *Ahmed Marzougui*; Hotel sowie Restaurant von Lesern häufig empfohlen.

20 Mars
nahe Marktplatz, freundlich, sauber, locker-lustige Atmosphäre, romantischer Innenhof, DZ 12 (mit Dusche 14) TD, Frühstück 1,5 TD, von Lesern mehrfach empfohlen.

Essada
Rue 1er Juin, Tel. 47 08 24, DZ 10 TD, Frühstück 1 TD; einfache, ordentliche Pension mit sauberen Zimmern und

S. 592

Sanitäranlagen; kleine Küche, Garage für Motorräder.

La Tente

(hinter Louagestation); DZ 10 TD, Frühstück 1,5 TD; saubere Zimmer, Dachterrasse; *Ahmed Dallel* spricht gut deutsch.

Camping

Camping Desert Club

Empfehlenswerter, gepflegter Platz (ital. Leitung) im Palmenhain hinter Viehmarkt; vorbildliche Sanitäranlagen, warme Duschen, Kochgelegenheit, Waschmaschine, Bar/Restaurant (ital. Küche); 4 TD p.P., PKW 3 TD, Wohnmobil 4 TD, Motorrad 2 TD.

Centre de Stages et des Vacances

Nette Campingmöglichkeit unter Eukalyptusbäumen im Gelände eines Jugendcamps (1,7 km außerhalb an der Straße Richtung Matmata); freundliches Personal, Restaurant; 2,5 TD/Person, Auto/Motorrad 0,5 TD. 1998 wegen Wassermangels geschlossen.

Inoffizielle Campingmöglichkeit z.B. bei den El-Hofra-Dünen.

Essen und Trinken

Zusätzlich zu den Restaurants der Hotels im Palmenhain bzw. bei den El-Hofra-Dünen gibt es unter anderem im Zentrum:

Les Caravanes

Gutes Angebot zu angemessenen Preisen; große Portionen, auch tunesische Spezialitäten. Von Lesern empfohlen.

Bel Habib

Kleines Hotelrestaurant, frische, schmackhafte, preiswerte Gerichte, freundlicher Service.

Ali Baba

An der Straße nach Kebili, mit kleinem Garten, preiswert und gut.

Verkehrsverbindungen

- **Busse:** 8 Busse tägl. nach Kebili (zwei weiter nach Gabès, zwei nach Tunis, einer nach Tozeur), täglich mehrmals über Zaafrane nach Sabria bzw. El Faouar.
- **Louages** nach Kebili (1,5 TD), Gabès (6 TD), El Faouar (1,7 TD) und andere Nefzaoua-Orte.

Sonstiges

- **Markttag:** Donnerstag
- **Keine Mietwagenagentur!**
- **Fahrradvermietung Grand Sud** gegenüber der Busstation (2–3 TD/Stunde, 12,5/25 TD halber/ganzer Tag).
- **Schwimmbäder:** Die Swimmingpools der Touristenhotels sind gegen Gebühr auch für Nicht-Hotelgäste zugänglich.
- **Feste:** *Festival International du Sahara* (Näheres siehe Ortsbeschreibung).
- **Vergnügungszentrum Pegase,** Tel. 47 07 93, an Route Touristique bei El Hofra-Dünen: Im dortigen *Douar Selma*-Zeltdorf wird (vorwiegend für angemeldete Rundfahrtgruppen) traditioneller Nomadenalltag und die Fertigung kunsthandwerklicher Produkte demonstriert. Angeboten werden ferner: **Desert-Carts** für Dünenfahrten (10 Min. 15 TD/Std. 60 TD), Flüge mit **Ultra-Leicht-Flugzeug** (10 Min. 30 TD/Std. 120 TD), **Ballonfahrten** (ab 8 Personen auf Bestellung) Std. 90 TD. Ballonfahrten: s. auch unter Tozeur.

Auf dem Sahara-Festival in Douz

Ausflüge

Bei touristischen Fragen wende man sich an die ONTT-Touristeninformation (s.o.). Diese, die Hotels und Agenturen am Ort vermitteln autorisierte (wichtig wegen Versicherung und evtl. Haftung!) Führer, organisieren **Geländewagentouren, Dromedarritte** und **Sahara-Exkursionen** – vom Kurzausflug bis zu mehrtägigen Touren (in letzteren sind normalerweise Verpflegung, Übernachtung in Beduinenzelten oder Hotelcamps enthalten. Oft wird abends am Lagerfeuer gegrillt und auf Nomadenart Brot gebacken). Es empfiehlt sich, Preisvergleiche anzustellen. Eine kleine Warnung: wer noch nie auf einem Kamel saß, sollte, bevor er einen Mehrtagesritt antritt, zunächst einen mehrstündigen Proberitt absolvieren.

Beliebtestes Nahziel für Spaziergänge und Dromedarritte sind die **Dünen von El Hofra** (ca. 2,5 km ab *Place des Martyrs)* bei den Touristenhotels am südlichen Oasenrand (hier auch „Parkplatz" der Reittiere und Kutschen). Bis zu 30 m hohe Sandberge sind dort aufgetürmt, aufgelockert durch einzelne Palmgruppen, und dahinter liegt ein ausgedehntes Feld kleiner Sicheldünen. Die Dünen sind zur Zeit des Sonnenauf- bzw. -untergangs ein besonders populäres Ziel von Reitergruppen (einheitlich im „Beduinenlook" gekleidet). Wüstenwanderer und Einsamkeit suchende Camper können trotz gelegentlich einfallender Touristenkarawanen noch genügend stille Plätzchen in diesem großen Sandkasten finden.

Preisbeispiele: Dromedarritt ca. 6–8 TD/Std., ca. 30 TD/Tag incl. Führer

Eine Schloßattrappe als Filmkulisse in den Dünen bei Douz

und Essen sowie (bei mehrtägigen Exkursionen) Zeltübernachtung; Führer (z.B. für Chottumfahrung oder andere individuelle Touren) 5–7 TD/Stunde, 40–45 TD/Tag. Gruppenermäßigung.

Fortsetzung der Nefzaoua-Rundfahrt:

Hinweis: Sorgen Sie vor Verlassen von Douz in Richtung Süden für **ausreichende Reserven an Sprit** (keine Tankmöglichkeit bis Kebili). Der Routenverlauf und die Oasenorte sind in **manchen Straßenkarten fehlerhaft** eingezeichnet.

Von **Douz** aus folgen wir der Beschilderung „Zaafrane/El Faouar", biegen aber nach ca. 7 km links ab, d.h. ignorieren die geradeaus über *Nouail* (s.u.) und *Blidet* nach *Kebili* führende Kurzstrecke.

Bald darauf erreichen wir den weit ausgedehnten Ort **Zaafrane,** der sich zwischen langen Dünenzügen und Oasengärten hinzieht. Viele der Häuser wurden für die *Adhara*-Nomaden gebaut, die hier ein halb-seßhaftes Leben führen. Am Ortsende unterhält das Fremdenverkehrsamt **Syndicat d'Initiative** ein kleines Büro, das Dromedarritte und Ausflüge organisiert. 50 m vorher zweigt links eine Piste ab, die (an Gabelung erneut links halten) nach gut 1 km und streckenweise sehr weichsandig links zu einer Palmengruppe in den Dünen hinzieht – ein beliebter Picknickplatz auch für Reisegruppen: inmitten eines Dünenkranzes versteckt sich im Schatten der Palmen ein schilfumwachsener Teich (oft allerdings trocken); nahebei, mitten im Sand, ein kleiner Marabut und Mauerreste des alten Dorfes.

Gleich außerhalb des Ortes liegt das Hotel **Zaafrane** (Tel./Fax 05-49 17 20, DZ 30 TD, Menü 7 TD. Die klimatisierten Bungalows mit Dusche u. WC sind einfach eingerichtet und wirken gemütlich. Leser kritisieren jedoch Sauberkeit und Service. Nahezu schattenlose Campingmöglichkeit: 5 TD/Stellplatz. Das Hotel organisiert Kamelritte und mehrtägige Wüstentouren mit Zeltübernachtung.

Palmenhaine, kleine Dünengebiete und unfruchtbare Salzsenken bestimmen weiterhin das Landschaftsbild. Wir passieren nach reichlich 10 km die kleine, im Sand versteckte Oase **Ghidma.** 22,5 km ab Zaafrane gabelt sich die Straße. Möglichkeit für einen

Abstecher nach Sabria

Das linke Asphaltsträßchen führt zum gut 3 km entfernten Dorf **Sabria,** in dem vorwiegend Angehörige des gleichnamigen Nomadenstammes angesiedelt wurden. Wählt man im Ort den linken, hügelaufwärts führenden Straßenzweig (der rechte führt durch die neue Siedlung), kommt man vorbei an zahlreichen Tonnendachhäusern zum Friedhof mit weißen Marabuts, Palmen wachsen an hohen Sanddünen, und auch hier wieder findet man zerfallenes Altstadtgemäuer; Männer sitzen diskutierend im Schatten der Hauswände – ein malerisches und friedlich wirkendes Bild, das auf den ersten Blick nicht erkennen läßt, welch hartes und karges Leben die Bewohner in dieser vom Sand bedrohten Oase führen. Getrübt wird die Idylle häufig von der Wildheit der Kinder, die sich beharrlich an die Fersen von Besuchern heften.

Ab der Straßengabelung fahren wir weiter Richtung **El Faouar.** Nach gut 4 km, noch vor dem Ort, weist ein Schild nach links zum 400 m entfernten **Hotel El Faouar ***,** Tel. 05-46 05 31, DZ 76 TD; am Rand der Dünen; klimatisierte geräumige Zimmer mit Bad, WC, ZH, blumenreicher Innenhof; Übernachtung auch im Nomadenzelt 20 TD p.P.; Camping (schattenarm) 7 TD/Stellplatz; Menü 7 TD; Verleih von Dünenskiern(!); Swimmingpool auf Dachterrasse. Hier ließe es sich ein Weilchen aushalten, zumindest solange das Hotel nicht voll belegt ist.

Im Ort **El Faouar** (ca. 3000 EW), den wir kurz darauf durchfahren, haben sich vorwiegend Angehörige des Nomadenstammes der *Ghrib* angesiedelt. Er besteht aus meist gesichtslosen Wohnbauten, einem kleinen Zentrum mit Lädchen, Post, Polizei, der Garde Nationale und dem Palmenhain; **Markttag am Freitag**.

Nach Verlassen des Ortes durchqueren wir ein weitläufiges Dünengelände. Danach geht es durch die Ausläufer des *Chott el Djerid,* eine topfebene, nur gelegentlich von magerem Buschwerk bewachsene, verkrustete Salzwüste. 13,5 km nach El Faouar stoßen wir auf eine querende Asphaltstraße (links: nach Rejem Maatoug bzw. nach Nefta, vgl. Route P10). Für die Weiterfahrt nach Kebili gibt es zwei Möglichkeiten:

- Variante A – auf sicherer Asphaltstraße über Dergine und Bechni nach Blidet.
- Variante B – auf Piste durch die Randzone des Chott el Djerid nach Blidet, nur bei Trockenheit bzw. für 4WD-Fahrzeuge.

Variante A:
Asphaltstrasse nach Blidet

Wir folgen der Straße nach rechts. Begleitet von kleinen Dünenzügen und sandverwehten Hügeln durchfahren wir die Dörfer **Dergine** und **Bechni** und stoßen nach 22 km auf die Straße Douz – Kebili. (Rechterhand das Dorf **Nouail** mit dem *Campement Nouail*. Dieses bietet einfache, gartenlaubenartige 2-Personen-Bungalows bzw. Nomadenzelte (4–6 Personen) Übernachtung mit Frühstück jeweils 8 TD p.P. sowie Campingmöglichkeit im eigenen Fahrzeug (5 TD p.P.). Das Camp ist beliebtes Etappenziel für Saharaexkursionen von Reisegruppen, bietet preiswerte Mahlzeiten (Menü 4 TD) und ist lizensiert. Es organisiert für Gruppen- und Einzelreisende individuelle, auch mehrtägige Exkursionen mit Geländewagen, auf Dromedaren oder zu Fuß. Buchung über *Zaied Travel Agency*, Av. Taieb Mhiri, Douz, Tel. 49 19 18, Fax 47 05 84.

Nach links bringt uns die Straße über **Klebia** nach **Blidet** (+12,5 km).

Variante B:
Piste nach Blidet (Nur mit 4WD-Fahrzeug)

(Vorsicht bei Nässe! Dann evtl. auch mit 4x4 nicht passierbar)

Wir folgen der geradeaus weiterführenden Piste 8,5 km bis zu einer Gabelung. Dort biegen wir auf eine Nebenpiste nach links ab und umgehen so einen unpassierbaren, versandeten Streckenabschnitt. Diese Ausweichroute führt zeitweise über brettebene, weißglitzernde Salzflächen (nach Niederschlägen Überflutungsgefahr!) und stößt nach ca. 10 km wieder mit der Hauptpiste zusammen. An

Nach starken Regenfällen bildet der Chott einen riesigen See

einer Gabelung etwa 35 km ab El Faouar halten wir uns links und biegen bald darauf in die von *Douz* über *Nouail* kommende Straße (Variante a) links ein, die nach etwa 3,5 km den Ort **Blidet** erreicht.

Hinweis: Bereits etwa 1 km vor Blidet, in einem scharfen Straßenknick, bietet sich eine landschaftlich interessante Möglichkeit für die Weiterfahrt nach Kebili: Die hier abzweigende, breite und bei Trockenheit(!) gut befahrbare Piste führt unter Umgehung der an der Straße liegenden Dörfer durch die unbesiedelte, naturbelassene und trotz ihrer Kargheit stimmungsvolle Randzone des Chott und mündet nach knapp 12 km wieder in die nach Kebili weiterführende Straße.

Das neue **Blidet,** in dem eine rege Bautätigkeit zu konstatieren ist, liegt zu Füßen eines Hügels mit der zerfallenen Altstadt; aus deren Ruinen ragt noch der weiße Kuppelbau der Moschee heraus. Blidets Kinder (wie teilweise auch die der umliegenden Dörfer) haben offenbar Nomadenblut, denn die Wildheit, die sie an den Tag legen, ist zumindest für Touristen „gewöhnungsbedürftig".

Überraschend taucht hinter Blidet ein See auf; dann fährt man durch fruchtbare Palmenhaine, bewundert die gepflegten Gärten und die mustergültige 3-Etagen-Wirtschaft mit Beeten, Obstbäumen und Dattelpalmen. Kleine Dörfer, Brachland, Dünen und Palmen in stetigem Wechsel.

Knapp 14 km nach Blidet stößt die erwähnte Umgehungspiste wieder zu uns, und bei km 21 bietet sich die Möglichkeit für einen kurzen Abstecher:

Abstecher nach Guetaya

(Anfahrt ca. 7 km)

Guetaya liegt am Rande des Chott el Djerid und verfügt über einen beachtlichen Wasserreichtum. Am Ortsrand – unübersehbar – steht eine **Wasserverteileranlage,** die aus drei nahen Süßwasserquellen gespeist wird. Pipelines verlaufen von hier kilometerweit über die Salzebene zur Bewässerung der „trokkeneren" Oasen an der Chottstraße (z.B. Jedida, Rabta, Toumbar). Von der Ortsmitte führt ein Weg weiter hinein in die Palmengärten am Fuß des Altstadthügels.

Beim Bummel durch das in den 70er Jahren verlassene und inzwischen stark verfallene Gemäuer stößt man da und dort noch auf eingebaute große Dattel- und Getreidekrüge, man sieht noch die Schnurschlaufen in den Innenwänden, an denen die Webrahmen befestigt wurden, die Querbalken an den Raumdecken, an denen die Dattelbüschel zum Trocknen hingen. Einige Räume werden noch als Lager oder Tierställe verwendet. Über den Hügel hinweg kommt man in weitere Gärten und zu einem idyllischen, schilfbewachsenen und palmenbestandenen Teich auf dem Grund schluchtartiger Auswaschungen, leider – wie so oft – vermüllt.

Der Wasserreichtum des Ortes wird auch an Ort und Stelle genutzt. Neu angelegte Felder und Gärten ziehen sich weit hinaus in die Wüste, bis Sand und Salz schließlich – trotz aller Nässe – jeglichen Ertrag zunichte machen.

Zurück an der Hauptstraße sind es noch etwa 3 km bis **Kebili.**

Das Matmata-Bergland

Höhlenwohnungen, Terrassenfelder und Ölmühlen

Das Matmata-Bergland – eines der beliebtesten Ausflugsziele bei Individualtouristen und in den Rundfahrtprogrammen der Reiseveranstalter – liegt am nördlichen Ende des Dahar-Gebirges. Man sollte irgendwo am Ortsrand von Matmata auf einen Hügel steigen, um die Besonderheit dieser Region zu erkennen: ein schrundiges, welliges, zerfurchtes, palmengespicktes Gelände mit hunderten seltsamer Kraterööffnungen.

Höhlenwohnungen

Bereits der griechische Historiograph Herodot berichtete im 4. Jh. v.Chr. von Troglodyten (= Höhlenmenschen), die in dieser Gegend in fast unsichtbaren Dörfern unter der Erde lebten. Wahrscheinlich wählten die Berber diese ungewöhnliche Wohnform, weil es leichter war, in den weichen Lehmboden hineinzugraben, als aus diesem instabilen Material Häuser zu bauen; dazu kommt, daß eine unterirdische Wohnung bestmöglich vor Sommerhitze und Winterkälte schützt – eine Erkenntnis, die auch die Römer zum Bau von teilweise unterirdischen Wohnpalästen veranlaßte (z.B. in Bulla Regia).

Im Gegensatz zu den horizontal in die Fels- und Gesteinsschichten der Berghänge getriebenen Wohnhöhlen des „Hangtyps", die wir weiter südlich im Dahargebirge antreffen (z.B. in Chenini, Douirat, Guermessa), handelt es sich in der Matmata-Region wegen des hier vorherrschenden, leicht bearbeitbaren Lehmbodens um Wohnanlagen des „Schachttyps". Bis zu 10 m tiefe, meist runde Schächte mit 8 bis 15 m Durchmesser sind senkrecht in die Hügel gegraben. Der Schachtgrund bildet den nach oben offenen zentralen Wohnhof, meist von einer Großfamilie genutzt; vom Hof aus sind die Wohn- und Schlafräume radial in die ringsum aufragenden Lehmwände hineingegraben – jeweils getrennte Bereiche für die Einzelfamilien. Zusätzliche „Erdgeschoßräume" dienen als Speicherkammern, gelegentlich auch als

Ställe. Oft befinden sich eine Etage darüber weitere Lagerräume; ein herabhängendes Seil und kleine Steigmulden in der Schachtwand ersetzen die Treppe, ein verschließbares Loch im Boden läßt z.B. Getreidevorräte bei Bedarf direkt in den darunterliegenden Raum rieseln. Weißer Kalkverputz schützt die Schachtwand vor Witterungseinflüssen.

Der Zugang von außen erfolgt durch einen Stollen, der von der Hangseite her durch den Außenwall gegraben und mit einer kleinen Holztür verschlossen ist. Dieser Zugang hat meist ein leichtes Gefälle nach außen, um nach Regenfällen das Wasser vom Hof abfließen zu lassen. Seitliche Nischen im Gang dienen als Ställe und weitere Vorratskammern. Vergrößert sich die Familie, wird nicht angebaut, sondern weitergegraben.

Sicherheitsaspekte dürften beim Bau dieser Schachthöhlen weniger eine Rolle gespielt haben als bei den Felshöhlen im südlichen Dahargebirge, denn - selbst wenn man den offiziellen Zugang zum Innenhof verschloß - über den oberen Kraterrand war stets der Einblick und mühelos auch ein Angriff der ziemlich schutzlos in der Tiefe des Schachts gefangenen Bewohner möglich.

Obwohl die Regierung bemüht ist, den Höhlenbewohnern das Leben in modernen Steinhäusern in neuerbauten Wohnsiedlungen schmackhaft zu machen, halten auch heute noch zahlreiche Familien an der traditionellen Wohnform fest. Es gibt übers Bergland von Matmata verteilt noch hunderte bewohnter Höhlen, doch mehr und mehr liegen dazwischen verfallene, verlassene oder höchstens noch als Tierpferche genutzte Wohnschächte. Der normale Hausbau gewinnt unaufhaltsam die Oberhand.

In den touristisch stark frequentierten Orten sind einige der noch bewohnten Höhlen inzwischen eine reine Touristenattraktion. Es bieten sich Kinder oder Jugendliche an, die dem Besucher - gegen Bezahlung oder ein Geschenk - Zutritt zu einer Höhlenwohnung verschaffen (auch die Bewohner erwarten eine Vergütung oder den Kauf handwerklicher Produkte). Die hier lebenden Berberfamilien sind wesentlich „zugänglicher", ihre Privatsphäre bei weitem nicht so abgeschottet wie in den abgelegeneren Höhlensiedlungen. Einige der alten Wohnhöhlen wurden restauriert und dienen heute Touristen mit bescheidenen Komfortansprüchen als originelle Herbergen. Wer durch die Kraterlandschaft bummelt, muß sich in acht nehmen vor wild kläffenden Hunden, die die Höhleneingänge bewachen, ferner vor den ungesicherten, tiefen Schachtöffnungen, und er sollte auch nicht unbekümmert über die Kraterränder spähen, mitten hinein in den Privathof einer Familie.

Terrassenfelder (Djessour)

Überall in den Dahar-Bergen, besonders aber um Matmata herum, wird man auf die kleinen, terrassenartigen Djessourfelder stoßen. Da meist weniger als 100 mm Jahresniederschlag fällt, können die seltenen, dann aber oft heftigen Regenfälle hier bestmöglich verwertet werden. Die in Mulden und Kerben zwischen den steinigen Hängen mühsam aufgeschüttete Erde wird seitlich und vor allem talwärts durch dammartig aufgeworfene Erdwälle bzw. Steinmauern (Djessour = Damm, Brücke) mit einem zentralen Überlauf gestützt und gehalten. Diese Dämme verhindern, daß das von den Hängen herabschießende Regenwasser fruchtbaren Boden wegspült. Auch stauen sie einen Teil des Wassers, wobei sich angeschwemmtes Erdreich *hinter dem Damm ablagern und auf Vorrat für nachfolgende Trockenzeiten vollsaugen kann. Nach einem Regenguß hält sich oft noch stunden- oder tagelang ein kleiner See auf der Terrasse. Meist stehen auf diesen Feldern nur vereinzelte Oliven-, Granatapfel- oder Feigenbäume, gelegentlich auch Palmen und Mandelbäumchen, Getreide oder Futterpflanzen.*

Auch heute noch kommt diesen Djessour wichtige Bedeutung zu. Allein z.B. in der Matmata-Region wurden mit Unterstützung des Welternährungsprogrammes über 20 000 Terrassenfelder neu angelegt.

Ölmühlen

Der Anbau von Oliven spielt auch im südlichen Tunesien noch eine wichtige Rolle, wenngleich in den Bergen die Bäume nicht mehr in kilometerlangen Reihen wachsen wie z.B. in der Sahelgegend um Sousse oder Sfax, sondern nur in kleinen Gruppen, und der Ertrag oft nur den lokalen Bedarf deckt. Fast in jedem Dorf findet man eine oder mehrere Ölmühlen, die besonders im Herbst nach der Olivenernte in Betrieb sind. Immer häufiger werden moderne elektrische Mühlen und Pressen eingesetzt, oft aber wird das Öl noch auf die traditionelle Weise gewonnen. In diese alten Mühlen sollte man bei den Streifzügen durch die Dörfer unbedingt einen Blick werfen. In zerfallenen, verlassenen Orten liegen die alten Mahlsteine und Pressen meist noch zwischen den Ruinen. In bewohnten Siedlungen braucht man nur dem typischen Geruch nachgehen, oder man entdeckt die bläulich-öligen Bodenverfärbungen oder ausgepreßten Olivenrückstände in Eingangsnähe. Es sind fast immer extrem dunkle, häufig unterirdische, enge Gewölbe, in denen Mühle und Presse installiert sind – aus unserer Sicht unzumutbare Arbeitsbedingungen (Taschenlampe mitnehmen!) Licht fällt nur durch die Eingangsöffnung herein – angeblich schadet das Licht dem Öl. Die Oliven werden – mit etwas Wasser – in die Mulde eines großen runden Mahlsteins geleert. Am Mittelschaft ist ein Querbalken mit schwerer Steinwalze befestigt, die nun durch ein ständig im Kreis trabendes Dromedar (manchmal auch Esel) über die Oliven gerollt wird. Die zermahlenen, zermantschten Früchte kommen dann in kissenartige, aus Halfagras geflochtene Filtermatten (Scourtins), die turmartig aufeinandergeschichtet und anschließend in mehreren Durchgängen (mit sinkenden Qualitätsstufen) gepreßt werden. Die Pressen sind imposante Konstruktionen, mächtige, an einem Ende in der Wand verankerte Palmstämme mit Gewichten oder Zugspindel. Das ausgepreßte Öl läuft durch Bodenrinnen zuerst in eine kleine Mulde, in der sich verbliebene Festkörper und auch der Wasseranteil absetzen, während das oben schwimmende Öl in ein tieferliegendes Sammelbecken abfließt. Die Rückstände aus den Preßmatten werden an Tiere verfüttert oder finden noch zur Seifenherstellung Verwendung.

Für die Erkundung des Matmata-Berglandes sollte man genügend Zeit einplanen. Die im Anschluß an die Ortsbeschreibung empfohlenen Ausflüge und Rundfahrten bieten reichlich Gelegenheit, Einblick in die Lebensweisen und Wohnformen der Bewohner zu bekommen. „Fatimas Haus“ (zwischen Matmata-Nouvelle und Alt-Matmata, s. Routenbeschreibung) ist interessant für eilige Besucher. Ursprünglichere Eindrücke, auch von der reizvollen Landschaft, erhält, wer sich wegbewegt von den Touristenzentren, wer über Land fährt und die kleineren, weniger überlaufenen oder gar verlassenen Höhlendörfer besucht.

Route C 6: Gabès – Matmata-Nouvelle [26 km] – Matmata [15 km]

Allgemeines

Diese kurze Route führt vom Mittelmeer in das eindrucksvolle **Bergland von Matmata** am nördlichen Ende des Dahar-Gebirges. Eine ungewöhnliche Siedlungsform mit schachtartigen **Höhlenwohnungen** hat sich dort in mehreren der von Berbern bewohnten Bergdörfern zum Teil bis heute erhalten. Matmata ist der bekannteste und meistbesuchte Ort. Zahlreiche Ausflugsmöglichkeiten zu abgelegenen oder gar verlassenen Dörfern in reizvoller Berglandschaft bieten ein abwechslungsreiches Programm. Die Region um Matmata und die sich südlich fortsetzenden **Daharberge** zählen zu Tunesiens lohnendsten Zielen.

Gabès

(Ortsbeschreibung s. Route B5)

Wir starten in **Gabès** beim Straßenknotenpunkt am westlichen Ortsausgang. Der Beschilderung „Matmata" folgend verlassen wir die Stadt über die C107 in südlicher Richtung durch die *Arad-Ebene*. Auf Höhe des km-Steins „Gabès 5/Matmata 35" erinnern zwei Betonbunker beidseits der Straße an die berüchtigte **Mareth-Linie** des 2. Weltkriegs (Näheres s. Route C7). Da und dort entdeckt man im Gelände auch noch Reste verfallener Schützengräben.

26 km ab Gabès erreichen wir **Matmata-Nouvelle.** (Achtung: Letzte Tankmöglichkeit!)

Neugierige Berberfrauen

Matmata-Nouvelle

In den 60er Jahren wurden viele der **Bergbewohner** („Djebalia") auf Drängen der Regierung aus den Höhlenwohnungen in und um Matmata in die hier neu erstellten Häuser **umgesiedelt.** Im Vergleich zu Alt-Matmata findet man hier eine bedeutend bessere Infrastruktur mit Schule und Krankenhaus, Sporteinrichtungen, Läden, Markt (Wochenmarkt: Di), Bank und Post sowie Tankstellen (Achtung: Einzige Tankmöglichkeit für das ganze Matmata-Bergland). Trotzdem wurde die neue, sterile, auf dem Reißbrett entstandene Siedlung und die den Höhlenbewohnern fremde Wohnform nicht so recht angenommen (wie dies auch auf andere Umsiedlungsprojekte im südtunesischen Bergland zutrifft). Nach wie vor leben viele Familien noch in den traditionellen Wohnhöhlen. Einige der Umsiedler sind sogar wieder in ihre alten Behausungen zurückgekehrt.

Die Straße zieht ab Neu-Matmata langsam hinauf in die Berge; da und dort erkennt man bereits die tunnelartigen Eingänge zu den in dieser Gegend typischen Schachthöhlen. Nach 10 km, im Weiler **Tijma,** steht rechts, direkt an der Straße, das *Haus der Fatima*, dessen Besichtigung kaum ein touristisches Rundfahrtsprogramm ausläßt (großer Parkplatz für Touristenbusse; Souvenirverkauf). Mehrere „Musterräume", durch fotogene Familienmitglieder belebt, laden zum Besuch. Wohnraum, Küche, Schlafhöhle mit den traditionellen, immer seltener werdenden Möbeln mit Gipsornamen-

Höhlenlandschaft bei Alt-Matmata

tik, im Hof eine Berberfrau beim Couscousmahlen, auf dem Vorplatz ein Beduinenzelt mit Accessoires – alte berberische Wohnformen können hier ungeniert studiert und fotografiert werden. Fatima bietet ein „Haus der offenen Tür", verlangt keinen offiziellen Eintritt, erwartet aber (Engpaß beim Ausgang) von jedermann einen Obolus.

Im Umkreis von Fatimas Haus entlang der Straße liegen weitere Wohnhöhlen, zu deren Besichtigung allgegenwärtige Kinder beharrlich auffordern. Vor allem gegen Abend sind die Straßenränder vollgeparkt, die nahen Hügel bevölkern sich mit fotografierenden Rundfahrttouristen, die Sonnenuntergang und Panoramablick von oben gleichzeitig erleben können.

Das hier links abzweigende Sträßchen bietet die Möglichkeit für einen

Abstecher ins Höhlendorf Haddej

(auch *Hadège;* 3 km Anfahrt, auch als Spaziergang empfehlenswert)

Wir passieren nach ca. 500 m zunächst das *Relais Touristique les Troglodytes,* ein Restaurant mit mehreren, insgesamt ca. 360 Gäste fassenden Speise-„Höhlen", das vorwiegend Reisegruppen versorgt (Menü 7 TD; Abendessen nur auf Bestellung; Tel. 05-23 00 24).

Das Höhlendorf **Haddej** war einst Verwaltungssitz und größter Ort der Matmata-Region (Ende des letzten Jh. 3000 EW gegenüber nur 500 in Matmata); die Wohnhöhlen und Gebäude sind weit übers Gelände verteilt. Am besten, man parkt nach knapp 3 km Anfahrt beim Schulhaus im „Zentrum" und akzeptiert einen der garantiert auftauchenden „Führer", um bei dem Rundgang die lohnenderen der oft versteckt liegenden Höhlen gezeigt zu bekommen (Taschenlampe mitnehmen!) und halbwegs Ruhe vor der manchmal etwas strapaziösen Dorfjugend zu haben. Starke Regenfälle haben viele der Höhlen beschädigt, teilweise unbewohnbar gemacht. Selbst die einstige „Residenz" des Dorfoberhauptes, deren Stockwerke eindeutig besser befestigt waren, ist zerstört und verlassen. Rund 200 Leute leben noch immer hier; die meisten sind jedoch nach Matmata-Nouvelle umgezogen. Man sollte sich auch eine der unterirdischen, dromedargetriebenen **Ölmühlen** zeigen lassen sowie die **„Heiratshöhle"**, in der die Brautleute in einer dunklen, über Stufen zugänglichen Zelle einander „zugeführt" wurden.

Bald darauf wird die Landschaft eindrucksvoller. Hier und da sehen wir die kleinen, für das Matmata-Bergland typischen Terrassengärtchen *(Djessour,* s.Kastentext S. 603) in dem zerklüfteten Gelände, die Straße erklimmt eine Paßhöhe, und dann liegt, über die Hügel verstreut, eine der touristischen Hauptattraktionen Südtunesiens vor uns.

Matmata

Ca. 3000 EW, Hauptort und touristisches Zentrum des Matmata-Berglands. Gute Basis für Ausflüge in die Umgebung. Günstige Besuchszeit: vormittags (wenn die Kinder in der Schule sind).

Wo noch vor ein, zwei Jahrzehnten eine mondartige Kraterlandschaft mit einzelnen Steinbauten übertage (meist Marabuts) existierte, wachsen jetzt immer mehr Gebäude aus dem Boden. Der erste Eindruck ist daher eher enttäuschend.

In der Talsenke unterhalb des Hauptplatzes erstreckt sich das **alte Höhlendorf.** Hier haben sich die Bewohner Dutzende von **schachtförmigen Wohnhöhlen** mit tunnelartigem Zugang in den weichen Lehmboden gegraben. Die meisten der bis zu 400 Jahre alten Höhlen sind inzwischen nicht mehr bewohnt. Die drei größten werden heute als originelle, wenn auch einfache **Höhlenhotels** genutzt. In den Hügeln direkt hinter dem Hotel *Sidi Driss* wurde ein kleines **Museum** eingerichtet (tägl. geöffnet, sonst im Hotel nachfragen, freiwillige Spende). Es besteht aus mehreren Höhlenräumen (Schlafzimmer, Küche, Hochzeitszimmer, Geräteraum, im OG Webraum) und zeigt traditionelle Kleidungsstücke und Mobiliar, Werkzeuge, Gerätschaften für Küche und Lagerhaltung, für Garten- und Feldarbeit.

Manche der noch genutzten unterirdischen Wohnungen (in denen es mittlerweile auch Strom gibt), können (gegen Trinkgeld oder Kauf handwerklicher Erzeugnisse) besichtigt werden. Kinder und sonstige Dorfbewohner bieten ihre Führerdienste an. Aufgrund des großen Touristeninteresses ist von der einstigen Gastfreundschaft wenig geblieben, die von manchen Bewohnern zur Schau gestellte troglodytische Lebensweise vielmehr zu einer festen Nebeneinnahmequelle geworden. Stacheldraht um einige Wohnschächte und wild kläffende Hunde zu deren Verteidigung lassen erkennen, daß nicht alle Bewohner Matmatas auf Touristenbesuche Wert legen.

Dennoch: Matmata ist einen Besuch wert. Wer dem Rummel hier entgehen und wer noch – bevor es zu spät ist – einen Einblick in die traditionelle Lebensweise der Bergbewohner gewinnen möchte, dem seien die weiter unten beschriebenen Ausflüge und Rundfahrten empfohlen.

Vorwahl für Matmata: 05

Touristeninformation

Am Hauptplatz; Tel. 23 01 14; geöffnet normalerweise von 8–12 und 15–17.30 Uhr; touristische Auskünfte ansonsten auch bei *Haj Kalifa Mohsen* (deutschsprachig) im Hotel **Sidi Driss** oder man fragt nach dem schon etwas betagten Führer „Nr. 733 (!)“ *Nuri Ali Ben Abdallah*, der bis hin zu Busabfahrtszeiten alles weiß. Das Touristenbüro ist zuständig für allg. Auskünfte, Hotelbuchung sowie für Vermittlung von Ortsführern, Dromedarritten, Geländewagentouren u.ä. zu offiziellen Tarifen (telefonische Vorausbuchung möglich).

Unterkunft

Höhlenhotels

Einfache Untertage-Herbergen mit spartanischen Schlafhöhlen; Innenhöfe durch Gänge verbunden; Massenbetrieb (Einheitsmenüs ca. 5–7 TD), wenn von Reisegruppen ausgebucht.

Les Berbères

Tel. 23 00 24, Fax 23 00 97, DZ 14 TD; ordentlich, freundlich; warme Duschen; gutes Essen, lt.Leser Türen nicht abschließbar, meist Mohrbettkammern.

Hotel „Ksar el Amazigh" in Matmata

Sidi Driss
Tel. 23 00 05, DZ 13,4/14,4 TD; saubere Anlage; Filmkulisse aus „Krieg der Sterne"; warme Duschen.
Marhala (Touring-Club)
Tel. 23 00 15, DZ 16/14,6 TD; architektonisch originellste Anlage, kleine Bar, unpersönliche Atmosphäre, teilweise kalte Duschen.

„Normale" Hotels

Matmata**
Tel. 23 00 66, Fax 23 01 77, DZ 33 TD; große, klimatisierte Zimmer m. Dusche/Bad, WC; Swimmingpool, Restaurant. Lt. Leser „erste Verfallserscheinungen aber frdl. Service".
Ksar el Amazigh***
(vorm. Les Troglodytes)
Tel. 23 00 88, Fax 23 01 73, DZ 56 TD; architektonisch interessantes Hotel in großartiger Landschaft 1,4 km außerhalb an Straße nach Tamezret; gepflegte Anlage mit hübschen Zimmern (Klimaanlage, Heizung); Schwimmbad mit schöner Terrasse, Bar/Restaurant (à la carte oder Menü 7 TD), etwas sterile Atmosphäre.
Kousseila***
Tel. 23 03 03, Fax 23 02 65, DZ 54 TD, mit Restaurant (à la carte, gut aber teuer, oder Menu 7 TD), nüchterne Anlage, lt. Leser wenig empfehlenswert, schöner Blick vom Aussichtsturm.
Diar el Barbar
an Straße nach Tamezret bei Abzweig Beni Aissa im Bau (ursprünglich als Höhlenhotel geplant und begonnen, wegen „Instabilität" entsteht jetzt ein komfortabler „Übertage-Bau".

Berberin

Essen und Trinken

Die Hotels sind überwiegend auf Massenbetrieb mit „Norm“-Menüs eingestellt. Nur die Sterne-Hotels bieten auch à-la-carte-Essen. Im Ort einfache Restaurants:

Rim
An der Bergstraße Richtung Matmata Nouvelle rechts, schöne Aussichtsterrasse, freundlicher Service, schmackhafte Gerichte, Spezialität Couscous.

Chez Abdul
Am Hauptplatz, begrenztes Angebot, sehr einfach.

Verkehrsverbindungen

- **Busse** etwa stündlich über Matmata-Nouvelle nach Gabès, 2x nach Techine und Tamezret, 1 Direktbus nach Tunis, einer nach Djerba.
- **Taxi** bzw. **Louage** nach Toujane bzw. Douz.

Sonstiges

- **Die wichtigsten Einrichtungen** (Post, Busstation, Verkehrsbüro, Cafès, Läden, Markt) liegen um den Hauptplatz in Ortsmitte. Keine Bank, keine Tankstelle, keine Jugendherberge, kein Fahrradverleih.
- **Wochenmarkt:** Montag
- **Geldwechsel** bei der Post, evtl. im Hotel **Ksar el Amazigh** bzw. **Kosseila.**
- **Festival:** 3tägiges Festival im August.

Lohnende Ziele im Matmata-Bergland

In der Umgebung von Matmata gibt es eine Anzahl sehenswerter und **vom Massentourismus** noch **weitgehend verschonter Berberdörfer** – viele mit bewohnten Schachthöhlen, andere in eindrucksvoller Lage auf oder in den Bergen. Im Gegensatz zu Matmata selbst haben diese Dörfer, früher oft nur auf beschwerlichen Pisten erreichbar, ihre Ursprünglichkeit weitgehend bewahrt; die Bevölkerung begegnet dem Besucher nach wie vor meist mit Freundlichkeit und Zurückhaltung. Tragen wir gleichermaßen durch Zurückhaltung (auch im Umgang mit der Kamera) und dezentes Auftreten dazu bei, daß dies so bleibt.

Ausflug nach Tamezret

(s. Routenübersicht S. 612)

- **Allgemeines:** 12 km. Möglichkeit zu kleiner Bergschleife sowie Abstechern nach Beni Metir, Taoujout und Zraoua. Die Pistenabstecher von der ansonsten asphaltierten Route sind bei trockenem Wetter auch von robusten PKWs befahrbar (Ausnahme: Abstecher nach *Zraoua* erfordert Geländegängigkeit). Bei Nässe grundsätzlich Vorsicht auf den Pisten: Schmierseifeneffekt!

- **Unterkunft** nur in Matmata.
- **Busverbindung** 2x tägl. von Matmata nach Tamezret.

Von der Straßenverzweigung am Hauptplatz von **Matmata** führt eine Asphaltstraße nach Westen zum 12 km entfernten Bergdorf **Tamezret** (beschildert). Nach gut 1,6 km empfiehlt sich folgende landschaftlich reizvolle

Kleine Bergschleife

(ca. 9,5 km; sie stößt 3,4 km weiter wieder auf unsere Tamezret-Straße)

Das dort rechts abzweigende, nach „Beni Aissa“ beschilderte Sträßchen geht schon bald in eine (nur) anfangs etwas üble und vermüllte Piste über. Auf der folgenden Strecke tauchen auf den Bergkuppen gelegentlich zerfallene Ksour auf. Nach ca. 5,5 km biegen wir links auf einen unbeschilderten Weg zu dem kleinen Weiler **Bou Dafeur** ab. (Auf der geradeaus weiter nach Beni Aissa führenden Piste kommt man 1,7 km weiter zu einem *interessanten alten Brunnen* (im Bachbett): durch intensive Nutzung haben sich ringsherum in der Schachtwand extrem tiefe Seilrillen gebildet). In Bou Dafeur sind mehrere malerische Marabuts über die Hügel verteilt, dazwischengetupft einzelne schüttere Palmengruppen, und immer wieder sehen wir Eingänge zu teilweise noch bewohnten Schachthöhlen. Ca. 800 m seit Abzweig, noch bevor wir das ausgediente Schulgebäude nebst stillgelegter Bushaltestelle erreichen, biegen wir links ab. 500 m weiter geht es erneut nach links, und an der nächsten Abzweigung nach 1,1 km halten wir uns rechts. Unsere Piste windet sich kurvenreich zwischen erodierten Lehmhügeln hindurch; immer wieder passieren wir kleine Felder mit Ölbäumen. An der nächsten Gabelung, ca. 800 m weiter, zweigen wir links ab, durchqueren ein Oued und erreichen rund 700 m weiter wieder die von Matmata nach Tamezret führende Teerstraße, in die wir rechts einbiegen.

Die Straße Richtung Tamezret führt weiterhin durch schrundiges, rötlichbraunes Bergland, in das Bäche und Regenfälle tiefe Schluchten gewaschen haben. Knapp 6 km ab Matmata lohnt erneut ein kurzer

Abstecher nach Beni Metir

(700 m) Der rechts abzweigende Weg zieht hinüber zu dem kleinen Dorf **Beni Metir** mit seinem etwas versteckt liegenden 5-kuppeligen Marabut. In diesem Dorf spielt sich fast alles unterirdisch ab. Die Bewohner haben ihre alte Siedlung hoch oben am Berg verlassen und sich im Tal, wie in Matmata, Wohnhöhlen in den weichen Boden gegraben. Sogar der Dorfkrämer hat seinen Laden „untertage“. Direkt unterhalb des Marabuts sind – in Felsgrotten – zwei **Ölmühlen** zeitweise noch in Betrieb. Ein Esel zieht mit

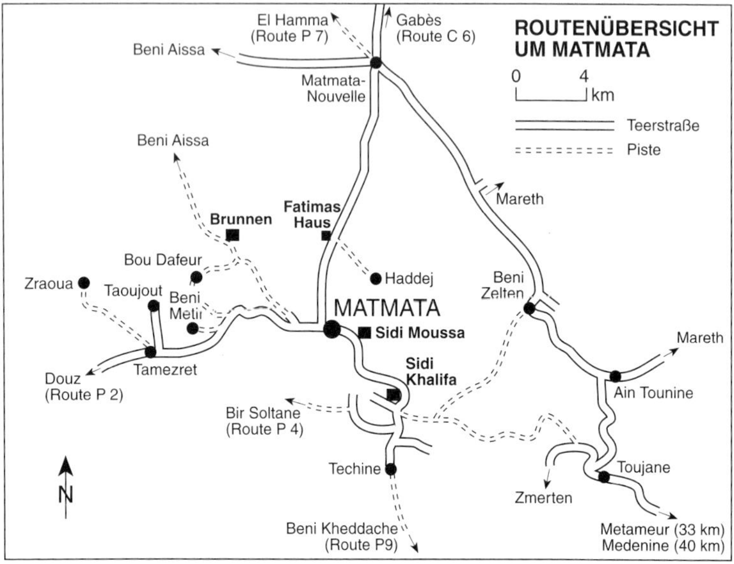

verbundenen Augen den Mühlstein im Kreis. Stockdunkel ist es im Innern, kein Fenster, keine Lampe, nur eine Kerze. Freundlich, zurückhaltend, fast scheu sind Ölmüller, Krämer, Kinder und sonstige Dorfbewohner. Welch ein Kontrast zur Atmosphäre im nahen Matmata! Nach Beni Metir kommen keine Touristenbusse. Hier ist die Welt noch in Ordnung.

Lohnend ist der 20minütige Aufstieg vorbei an der Moschee bis zum verlassenen Dorf oben am Berg. Der großartige Blick über die Schachthöhlen im Tal und das stark erodierte, mit Palmen betupfte Bergland entschädigt für die Mühe.

Die Straße erklimmt nun eine kleine Paßhöhe (schöner Blick zurück) und kurvt dann zwischen den meist kahlen Hügeln hindurch, in denen hin und wieder Terrassenfelder angelegt sind. 12 km ab Matmata, am höchsten Punkt dieser Route erreichen wir das kleine auf einem Hügel gelegene Berberdorf

Tamezret

(Café **Mammou Berbère** am Ortseingang). Die weitgehend aus Natursteinen an den Berghang gebauten Häuser heben sich kaum von den umliegenden Hügeln ab. Die hangaufwärts führenden steilen Gäßchen und Treppen eignen sich nur noch für Fußgänger und Esel. Zwischendrin steht ein kleiner, schneeweißer Kuppelbau mit dem Grab des Dorfheiligen, *Sidi Haj Yusuf.* Oben auf dem Hügel thront die

Moschee, daneben das alte, traditionelle **Café Berbère,** wo man den Tee mit Mandeln serviert bekommt und über eine Leiter die aussichtsreiche Dachterrasse besteigen darf. Viele Häuser im oberen Dorfbereich sind zerfallen, herrlich aber ist der Blick darüber hinweg auf das bergige Umland und die da und dort an die Hügel geschmiegten Siedlungen.

Abstecher von Tamezret nach Taoujout

(Anfahrt 3,5 km)

Am östlichen Ortseingang von Tamezret zweigt nach Norden ein schmales Teersträßchen ab, das in kurvenreichem Auf und Ab zu dem kleinen Berber-Bergdorf **Taoujout** führt. Natursteinhäuser, aber auch terrassenartig in mehrere Felssporne gehauene Wohnräume, einige Lädchen sowie Felshöhlen für die Tiere bestimmen die Dorfarchitektur von Taoujout. Karg ist das Land ringsherum, spartanisch das Leben für die Dörfler. Wir genießen den prächtigen Blick über das Hügelland, bestaunen die Idylle und sind gleichzeitig froh, nicht hier wohnen zu müssen.

4WD-/WANDER-TIP:

Ausflug nach Zraoua

(Anfahrt 7,5 km; nur für ausdauernde Wanderer, Radler oder geländegängige Fahrzeuge; bei Nässe besonders schmierig-rutschig.)

Am westlichen Ortsende von **Tamezret** (Schild „Zraoua") zieht die zunächst nur schwer als solche erkennbare Piste talwärts und führt sogleich links an einer kleinen Palmengruppe vorbei. Sie verläuft im folgenden in stetigem Auf und Ab durchs Hügelland, oft kurvenreich und stark ausgewaschen, abschnittweise mit brutalen Felsstufen und von grobem Geröll übersät, von der Orientierung her aber unproblematisch. Kleine Terrassenfelder mit Feigen- und Ölbäumen, da und dort ein paar Palmen, und *Gundis* (meerschweinchenartige Nagetiere), die erschreckt zwischen Mauern und Felsspalten verschwinden – liefern Kulisse und Programm. Es ist eine zwar beschwerliche, aber hübsche, lohnende Tour.

Zraoua: der sich weit über einen aussichtsreichen Hügel ziehende Ort **ist verlassen.** Wäre nicht das weiße Minarett der Moschee, das völlig aus Natursteinen erbaute Dorf wäre aus der Ferne von seinem Felssockel kaum zu unterscheiden. Ein oder zwei Häuser scheinen noch bewohnt zu sein: ein Hund verteidigt das Revier. Hier stöbert man nicht nur in Ruinen, sondern hat ein fast intaktes, wenn auch menschenleeres Dorf zur freien Besichtigung – winklige Gassen, palmstammgedeckte Gänge, Torbögen und Innenhöfe, mehrgeschossige Wohnhäuser, mehrere Marabuts und Moscheen. Vieles ist zerfallen oder baufällig mit durchhängenden Decken und geneigten Mauern. Der Gebetssaal der großen Moschee ist leider inzwischen von Touristen-Graffiti verunstaltet. Wir entdecken in einem dunklen Gewölbe eine Ölmühle; Mahlsteine und ranzige, geflochtene Preßmatten liegen herum. In den Häusern findet man noch tönerne Vorratskrüge, Hausrat, korrodierte Benzinkanister mit deutscher Beschriftung. Das weitgehend intakte Schulgebäude – am Dorfeingang etwas abseits – war offenbar nur kurze Zeit bis zur Umsiedlung der Bevölkerung nach *Zraoua-Nouvelle* in Betrieb.

Rundfahrt durchs östliche Matmata-Bergland

(s. Routenübersicht S.612)

Matmata – (Techine 13 km) – Toujane [26,5 km] – Ain Tounine [7,5 km] – Beni Zelten [7 km] – Matmata-Nouvelle [17 km] – Matmata [15 km]

Die Route führt durch eindrucksvolle, abwechslungsreiche Berglandschaft; Höhlenwohnungen, ein originelles Museum, alte Ölmühlen, verfallene Ksour, der Berberalltag in den Dörfern, freundliche Bewohner und wenig Tourismus.

- **Streckenbeschreibung:** 73 km, mit Abstecher ca. 80 km. Diese besonders lohnende Rundfahrt – meist Asphaltstraße, gelegentlich Piste – ist bei Trockenheit auch mit **robusten** PKWs machbar. Aber: Niederschläge können Pistenabschnitte schwierig bis unpassierbar machen.
- **Busverbindungen:** Busse von Matmata nach Techine, von Matmata-Nouvelle über Beni Zelten nach Ain Tounine sowie Verbindungen von Ain Tounine nach Mareth.
- **Unterkunft/Verpflegung:** Kaum Versorgungsmöglichkeiten, Übernachtung höchstens in Toujane.

Wir starten in Matmata an der Straßenverzweigung beim Hauptplatz (km 0) und folgen der u.a. nach „Toujane“ bzw. „Techine“ beschilderten Straße C104. Diese passiert am Ortsende einen militärisch besetzten Festungshügel und führt hinaus ins Bergland. Nach reichlich 5 km liegt links oben auf einem Hügel der **Marabut Sidi Moussa.** Von der Plattform dort oben bietet sich ein „erhabener“ Rundblick über die fast unbesiedelte Bergregion und in Richtung Osten weit über die *Djeffara-Ebene.* Ein ruhiges, menschenleeres Plätzchen bis auf einen Tag im Jahr: Jedes Frühjahr findet eine große Wallfahrt zum Grab des Heiligen statt.

Wir passieren später einen weiteren, mit dem dreikuppligen **Marabut Sidi Khalifa** gekrönten Hügel an dessen linker Seite und kommen kurz darauf (km 9; großer, gemauerter Wegstein in Eukalyptuswäldchen, hübscher Rastplatz) an eine Gabelung.

Abstecher nach Techine

(4 km Anfahrt)

Wir bleiben auf der Teerstraße geradeaus, ignorieren 700 m danach die rechts nach *Bir Soltane* abzweigende Route (s. Route P4) sowie den folgenden linken Teerstraßenabzweig (nach Zriba und Toujane). 13 km ab Matmata erreichen wir das weit verstreut und aussichtsreich auf einer welligen, stark erodierten Hochfläche gelegene Berberdorf **Techine.** (Busverbindung zweimal täglich mit Matmata; ab Techine führt eine Piste über *Bir Zoui* nach *Beni Kheddache,* vgl. Strecke P9). Nur wenige Bewohner leben hier noch in Schachthöhlen, die meisten sind in die neuen Steinhäuser umgezogen, manche nutzen die alten Höhlen noch als Lagerräume oder Stallungen. Die bis vor wenigen Jahren betriebenen unterirdischen Ölmühlen existieren nicht mehr, dafür werfen wir einen Blick in eine **„modernisierte" Ölmühle** übertage. Zwar zieht noch immer ein Esel mit dem Mühlstein seine Kreise, die traditionelle Ölpresse aus Palmholz wurde dagegen durch eine italienische Spindelpresse (Handbetrieb) ersetzt.

Techine besitzt ein originelles, **kleines Museum,** unbeschildert irgendwo unterhalb der Hauptstraße. Man muß sich den Weg zeigen und den „Guardien" holen lassen.

Im ältesten Wohnschacht des Ortes sieht man in einem Höhlenraum traditionellen Hausrat und Einrichtungsgegenstände. Dazu auch die typischen Möbel, für die Techine einst bekannt war, die aber heutzutage nicht mehr gefertigt werden: aus Zweigen geflochtene und mit Gips oder weißgetünchtem Lehm umgebene ornamentale Gitterwerke, die als „Wandschränke", Bett- und Nischenverzierungen der schlichten Wohnhöhle fast einen barocken Touch vermitteln. Krüge, Wandteller, Mobiliar – alles ist alt und staubig, und erst viele Jahre nach dem Machtwechsel hat man das Bourguiba-Foto gegen einen Ben-Ali-Poster ausgetauscht. Man beachte auch die schönen Glückssymbole über der Eingangstür. Der Führer erwartet ein kleines Entgelt.

Höhlenmuseum in Techine

Zur Fortsetzung der Rundfahrt nun zurück zu dem gemauerte Wegstein (km 9). Dort verlassen wir die Teerstraße und folgen der rauhen, normalerweise aber auch mit robustem PKW befahrbaren Piste C104 in Richtung Toujane. Bei ca. km 11 ein Wegstein. 200 m danach kennzeichnet der nächste große Markierungsstein den Abzweig links nach *Beni Zelten* (diese Direktpiste ist – wenn überhaupt – nur mit geländegängigem Fahrzeug befahrbar. Oft ist sie wegen starker Schäden unpassierbar).

Kurvenreich geht es dann durch ein von Schluchten zerfurchtes Hügelland. Berberfrauen in bunter Tracht sammeln Gras oder hüten die Herden, Schafe weiden an den Hängen. Je näher wir Toujane kommen, um so mehr wird der Weg zu einer spektakulären **Panoramapiste** – eine der eindrucksvollsten Bergrouten Südtunesiens (für Fotografen besonders reizvoll im Morgenlicht). Sie verläuft entlang der östlichen Abbruchkante eines Hochplateaus etwa 200 bis 300 m über dem mit Palmen und Olivenbäumen gesprenkelten Talgrund. Weit geht der Blick nach Osten über die *Djeffara-Ebene;* an klaren Tagen mag die Sicht bis zur Küste, gar bis zur *Insel Djerba* reichen. Wo es der steinige Boden zuläßt, sind zwischen den Hügeln kleine Terrassenfelder angelegt.

2,5 km vor Toujane mündet unser Schotterweg in die links nach *Toujane,* rechts durch reizvolles Bergland zum Berberdorf *Zmerten* (+7,5 km) führende Teerstraße.

Nach ca. 650 m in Richtung Toujane (scharfe Rechtskurve) lohnt es sich, einige Schritte links zu einem Aussichtspunkt mit besonders schönem Blick auf Toujane hinaufzusteigen. Dann passieren wir die Abzweigung (links) nach Ain Tounine (s. spätere Weiterfahrt) und sind gleich darauf in

Toujane

Unseres Erachtens das am imposantesten gelegene Berberdorf im Matmata-Gebiet. Nur wenige Familien wohnen noch in Höhlen. Die meist unverputzten Natursteinhäuser des alten Orts klammern sich an die kahlen Steilhänge zu beiden Seiten einer Schlucht und verschmelzen fast mit der felsigen Umgebung. Viel dörfliche Idylle und wenig Tourismus.

Der Ort ist für seine Webteppiche und seinen guten Honig bekannt.

Hoch über dem Ort thronen auf spitzigen Felskegeln die Ruinen von zwei Bergfestungen *(Kalaas).* Wer hinaufsteigt wird mit prächtigem Ausblick belohnt (ca. 1 1/2stündiger Rundweg: beim Aufstieg rechts halten, von hinten zur Festung, am Steilrand entlang über 3 „Gipfel" und hinter Antennenmast wieder links abwärts).

Im Ort an der Durchgangsstraße befinden sich zwei kleine **Cafés**: Das erste (teuer!) beinhaltet ein etwas krampfhaft bestücktes „Museum"; im zweiten (beim Ortsendeschild links) bietet der freundliche Wirt *Mohamed Hasnaoui* in der „Auberge de la Montagne" eine schlichte Übernachtungsmöglichkeit in Erdhöhlen an (6 TD p.P. mit Frühstück, 9 TD mit Halbpension, Schlafsack erforderlich). Alte Ölmühle im Innenhof; Möglichkeit für günstigen Teppichkauf.

Zur **Fortsetzung der Rundfahrt** fahren wir zurück zur Abzweigung nach „Ain Tounine" (s.o.). Eine schmale, kurvenreiche Asphaltstraße führt sehr aussichtsreich talwärts nach **Ain Tounine** (+7,5 km). Der Ort liegt etwas rechts abseits und besteht nur aus wenigen Häusern, die sich um den Marktplatz gruppieren. **Busverbindung** 1x täglich nach Mareth, 4x über Beni Zelten nach Matmata-Nouvelle.

[Die jenseits des Ortes weiterführende, durchgehend asphaltierte und beschilderte Straße stößt nach gut 20 km in Mareth auf die von Gabès nach Medenine führende P1.]

Ab Ain Tounine geht es nordwestlich zunächst durch ein von schöner Bergkulisse gesäumtes Tal (an Gabelung nach ca. 1 km rechts halten). Die Straße führt kurvenreich über die Hügel und im späteren Verlauf durch landwirtschaftlich intensiv genutztes Gelände. In Gewächshäusern gedeihen Tomaten, Gemüse, Melonen; das Grün der Granatapfel-, Feigen- und Olivenbäume bildet einen schönen Kontrast zum rötlichen Lehmboden.

Nach gut 7 km (41 km ab Matmata) erreichen wir den alten Ortsteil von **Beni Zelten,** dessen an den Hang ge-

Blick auf Toujane

bautes Gemäuer sich farblich kaum abhebt.

Beni Zelten

Ein auf Höhe der Moschee beginnender Fahrweg führt hinauf zur alten Bergsiedlung (und in seiner Verlängerung weiter zur Matmata-Toujane-Piste, s.o.; oft unpassierbar). Der **alte Ort** wurde weitgehend zugunsten von Höhlenwohnungen bzw. Häusern im Talgrund verlassen. Er ist schon recht zerfallen, aber dennoch einen Rundgang wert. Fast bis zum Berggipfel erstreckt sich das Gemäuer, gekrönt von den Ruinen des Ksars. Hinter teilweise festungsartigen Mauern und Vorbauten öffnen sich die Felshöhlen.

Wir entdecken mehrere aufgelassene **Ölmühlen,** in denen noch Mahlsteine, Ölpressen und geflochtene Preßmatten liegen. Besonders interessant sind die vielen plastischen **Reliefverzierungen** im Lehmverputz einiger Gewölbe: wulstartige Ornamente und Schriften, Hand- und Fußabbildungen. Touristen kommen selten hierher, der bewohnte Ortsteil liegt weit genug entfernt im Tal – meist hat man die alte Bergsiedlung für sich allein.

Unser Sträßchen folgt nun einem anfangs noch recht hübschen, von Bergen gesäumten Oued, in das hin und wieder kleine Palmgruppen getupft sind. Wir durchfahren einige Ölbaumpflanzungen, die Hügel bleiben zurück, das Gelände wird topfeben. Nach 17 km (58 km seit Rundfahrtbeginn) erreichen wir **Matmata-Nouvelle.** Weiterfahrt nach **Alt-Matmata** (+15 km) s. oben.

Route C 7: Gabès – Medenine [77 km] – Ben Guerdane [77 km]

Allgemeines

Diese Route führt zunächst durch die **Arad-Ebene** zwischen dem Golf von Gabès und dem Bergland von Matmata – ein Gebiet, das im 2. Weltkrieg heiß umkämpft war („Mareth-Linie"). In **Metameur**, **Medenine** und vor allem in der wilden Berglandschaft des nahen **Dahar-Gebirges** sind eindrucksvolle Ksour zu besichtigen. Die Fortsetzung der Route durch die monotone **Djeffara-Ebene** nach Ben Guerdane dürfte nur für Reisende nach Libyen in Frage kommen, während die Strecke ab Medenine in Richtung Süden (siehe Route C8) eine Vielzahl lohnender und ungewöhnlicher Ziele erschließt.

Gabès

(Ortsbeschreibung, Plan und Ausflüge s. Route B5)

Wir verlassen **Gabès** der Beschilderung „Medenine" folgend auf der Nationalstraße P1 nach Süden. Auf rund 7 km begleiten uns die etwas tristen Vororte von Gabès. Bald kündigt eine lange Kette von Verkaufsständen am Straßenrand die kleine Oase *Kettana* an. Überwiegend Keramik, aber auch Früchte je nach Saison, Korbwaren und andere lokale Produkte bzw. Erzeugnisse werden angeboten. **Kettana** selbst (km 18) ist ein kleiner Ort mit ein paar Lädchen, Cafés, weiteren Verkaufsständen und einem Palmenhain. 36 km ab Gabès erreichen wir

Mareth

Mareth (etwa 4000 EW) ist heute ein kleines, geschäftiges Städtchen (mit Tankstellen, Banken, Post, Krankenhaus) und ein wichtiger Sammelplatz für Halfagras. Im Ort beschilderte Abzweigungen Richtung Westen nach Matmata-Nouvelle sowie ein paar hundert Meter weiter nach Ain Tounine/ Toujane (beide Routen durchgehend asphaltiert).

Wochenmarkt Di nachm./Mi vorm.; Bus- und Louagestation im Ortszentrum. An der Hauptstraße zwei sehr einfache **Hotels:** *El Iman,* DZ 7 TD; Tel. 05-23 60 35; (für schmale Geldbeutel o.k.; der freundliche Wirt freut sich über deutsche Gäste); *du Golfe,* Tel. 05-23 61 35, 3 TD p.P. im Drei- oder Vierbettzimmer.

Das Städtchen – an strategisch wichtiger Stelle in der Küstenebene zwischen dem Golf von Gabès und den Bergen von Matmata gelegen – gab einer im 2. Weltkrieg heftig umkämpften Befestigungslinie ihren Namen. Die sog. **Mareth-Linie** aus Bunkern, Gräben und Drahtverhauen war 1938 von den Franzosen zur Verteidigung gegen evtl. Attacken der Italiener von Libyen her errichtet worden. Die Stellungen am Oued Zigzaou wurden im Februar 1943 von Rommels Truppen eingenommen mit dem Ziel, den Vormarsch von Montgomerys Achter Armee zu stoppen. Ende März 1943 gelang es den Briten und den alliierten Verbänden nach erbitterten Kämpfen und unter erheblichen Opfern, die von Rommels Afrikakorps gehaltene Linie westlich zu umgehen. Der Ort Mareth selbst wurde in den Kämpfen weitgehend zerstört.

Reichlich 3 km nach Mareth, unmittelbar vor dem *Oued Zigzaou,* steht links oberhalb der Straße das vom tunesischen Militär betriebene

★*Musée Militaire de la Ligne Mareth*

(Geöffnet tägl. außer Mo 9–16/17 Uhr; Eintritt 1 TD, Fotoerlaubnis 2 TD)

Dieses eindrucksvolle Militärmuseum befaßt sich vor allem mit den Kampfhandlungen im 2. Weltkrieg auf tunesischem Boden, speziell in der Gegend um Mareth. Gezeigt werden u.a.: Videofilm (auch in Deutsch und Englisch), Ausrüstung und Bewaffnung der beteiligten Armeen, Modelle mit nachgestellten Kampfszenen, historische Karten, Fotos und Dokumente. Zwischen Museum und Oued ein französischer Gedenkobelisk, aus dem (wie häufig auch andernorts) die Gedenktafel entfernt wurde, sowie mehrere restaurierte Originalbunker. Auch im weiteren Umkreis von Mareth finden sich im Gelände noch zahlreiche Stellungen mit Bunkern und Schützengräben.

[4 km ab Mareth führt die zwar kürzeste (47 km) aber uninteressante Zufahrt links weg zum Djerba-Fährhafen *Jorf.* Djerba-Fahrern empfehlen wir, zunächst für einen Besuch der Ghorfas von *Metameur* und *Medenine* geradeaus und ab Medenine dann über

Mitten in der Landschaft: eine Granate aus dem 2. Weltkrieg

Routenteil C

die alte Römerstadt *Gightis* zum Fährhafen weiterzufahren (s. Route C11).]

Gleich anschließend durchfahren wir das kleine Dorf **Arram** mit seinem auffallend großen Friedhof am Ortseingang, der von rund einem Dutzend überkuppelter Marabuts beherrscht wird.

Steppenland, hin und wieder eine Tierherde oder einige lichte Baumpflanzungen bestimmen das Bild. Von Westen her nähern sich langsam die Matmata-Berge, und hautnah erscheinen bald Straßenhändler mit ungewöhnlicher Ware: sie wedeln mit dikken Bündeln von Geldscheinen – ein Angebot an Libyenfahrer, sich hier mit libyschen Dinaren einzudecken (bezügl. Geldwechsel s. Hinweise am Ende dieser Routenbeschreibung!)

In **Koutine,** das aus mehreren Ortsteilen besteht (Beginn ca. 58 km ab Gabès), fallen uns ungewöhnlich viele Restaurants, Garküchen und Metzgereien mit Grillständen auf, die offenbar mit hungrigen Grenzgängern ein gutes Geschäft machen. Aus Koutine kommen die bekannten Mineralwasser *Koutine* (ohne) und *Chafia* (mit Kohlensäure). [Ab hier auch Piste rechts nach *Ksar el Hallouf* (25 km)].

34 km ab Mareth bzw. 5,5 km vor Medenine, kurz nach einer Gruppe hoher, kahler Felshügel, liegt etwa 1 km rechts abseits der Hauptstraße **Metameur.**

Metameur

(Camionnettes/Kleinbusse verkehren zwischen Medenine und Metameur).

Es ist nicht der kleine, etwas verträumte Ort mit Palmengarten, den man besucht, sondern das 600 Jahre alte **Ksar Metameur,** ein sehenswerter **Ghorfakomplex** auf einem Hügel bei der Moschee – der erste auf unserer Fahrt in den Süden. Dabei handelt es sich um eine Speicheranlage, die einst die Halbnomaden der Djeffara-Ebene zum Schutz ihrer Vorräte gegen feindliche Übergriffe errichtet haben (Detaillierte Informationen zum Thema „Ksour" und „Ghorfas" s. Route C8).

Die Ghorfas (Speicherzellen) gruppieren sich um zwei Höfe; Souvenirhändler bieten dort ihre Waren an. Teile der Anlage sind stark zerfallen, andere hat man jedoch gekonnt restauriert und zu dem kleinen und einladenden Hotel **el Ghorfa** ausgebaut – eines der originellsten Hotels Südtunesiens. 25 Betten (in Kammern zu 2, 3 und 4 Betten) sind in den dreistöckigen „Bienenwaben" untergebracht, einfache, saubere Lager. Das Hotel von Metameur ist – im Gegensatz z.B. zum professioneller aufgezogenen und für größere Reisegruppen eingerichteten Hotel **Ksar Hadada** (s. „Nördliche Rundfahrt" ab Tataouine) – ein stimmungsvolleres, ruhigeres und intimeres Quartier, in dem sich Individualreisende wohlfühlen können (1998 jedoch wegen Renovierungsarbeiten bis auf weiteres geschlossen).

[Die von Metameur aus nach Westen verlaufende Route C104 führt zum 33 km entfernten Bergdorf *Toujane* im *Matmata-Bergland,* zunächst als Piste (21 km), dann als Asphaltsträßchen (+12 km). Weiterfahrt von *Toujane* nach *Matmata* s. „Rundfahrt durchs östliche Matmata-Bergland" innerhalb der Routenbeschreibung C6].

Touristenbesuch im Ksar von Medenine

Medenine

Medenine (40 000 EW), heute ein überwiegend moderner Ort mit Gouvernoratssitz, würde kaum zu einem Stop verlocken, besäße es nicht sein **Ksar.** Der Ort war und ist wichtiges Handels- und Verwaltungszentrum für die Djeffara-Ebene. Über Jahrhunderte war Medenine ein vielbesuchter Marktort am Kreuzungspunkt wichtiger Karawanenwege. Außerdem entstanden hier die Vorratsspeicher der mächtigen Konföderation der Ouerghamma-Berber, nachdem diese im 17. Jh. die Berge bei Ghoumrassen verlassen und sich im Zentrum der Djeffara-Ebene niedergelassen hatte. Medenine wuchs schnell, und in seiner Blütezeit gab es hier eine Ansammlung von **35 Ksour** mit verschachtelten Höfen und 8000 Ghorfas, bis zu 6stöckig übereinandergetürmt. Während der Protektoratszeit errichteten die Franzosen in Medenine ihr südliches Hauptquartier mit Garnison und Verwaltungszentrum.

Über 30 Ksour dieses einstmals größten tunesischen Ghorfakomplexes fielen damals und später in den Sechzigerjahren der **Modernisierung der Stadt** zum Opfer. Erst das touristische Interesse verhinderte den Abriß auch der letzten Ghorfas, und so haben wenigstens die Reste von drei Ksour überlebt. Während zwei heute teilweise renoviert bzw. in das weiträumige Marktgelände integriert sind, haben sich im dritten **Ksar** (an der *Rue des Palmiers)* Teppich- und Souvenirhändler einquartiert. Bunte Gewänder, farbenfrohe Webteppiche, Schmuck, Keramik, Messingteller, Sandrosen und Plüschtiere werden angeboten.

Im Innenhof der nur noch maximal zweistöckigen Anlage steht ein funktionsfähiger Brunnen. Vom Dach aus – eine kleine Treppe neben einem Fotogeschäft führt hinauf – hat man eine schöne Sicht auf das Getümmel.

Insgesamt ist dieses touristische „Schau-Ksar", in das sich täglich Busladungen von Besuchern ergießen, eher enttäuschend. Medenine ist aber ein günstiger Ausgangspunkt für den Besuch einiger eindrucksvoller, weitgehend unverfälschter Bergksour in der reizvollen Landschaft des nahen Dahar-Gebirges (s.u.).

Weiterfahrt ab Medenine s. S.626.

Unterkunft

Hotel

Ibis**
Place 7 Nov. (Eingang Rückseite); DZ 60/50 TD; Tel. 05-64 38 78, Fax 05-64 05 50; schöne, klimatisierte Zimmer meist mit Balkon; gutes Restaurant, Bar, Pizzeria.

Essaada
Av. H. Bourguiba, Tel. 05-64 03 00, DZ 7/9 TD ohne/mit kalter Dusche, Etagen-WC, sehr einfaches Haus, Zimmer um Innenhof, sauber, freundlich (Straßenlärm).

el Hana
Av. H. Bourguiba, Tel. 05-64 61 90, DZ 7/10,5 TD ohne/mit Dusche; Etagen-WC, Parken (2 TD) hinterm Haus.

du Sud
Tel. 05-64 03 54, DZ 5 TD; sehr einfach, Zimmer um Innenhof.

Agip-Motel seit Jahren geschlossen.

Jugendherberge

Rue des Palmiers, ca. 1 km ab Kreisverkehr Richtung Jorf; links blau-weißer Bau mit Tonnendach, Palme/Zypressen davor, freundlich.

Essen und Trinken

Die Gastronomie in Medenine setzt nicht gerade Glanzlichter. Mehrere einfache, unliz. Restaurants im Zentrum; sauber, preiswert z.B. im **7. Novembre** am gleichnamigen Platz. Größeres Restaurant **Cherigui** im Hotel Hana. Dinieren läßt sich im Hotel **Ibis** (Menü 8,5 TD); Vorspeisen 2,5–3,5 TD, Fisch- und Fleischgerichte ca. 8 TD.
Gute Pâtisserien im Ort, z.B. bei Hotel *Essaada*.

Verkehrsverbindungen

Busse und Louages nach Gabès, Jorf/Djerba (Houmt-Souk), Zarzis, Tataouine, Ben Guerdane (einmal tägl. weiter nach Ras Ajdir an der libyschen Grenze), Beni Kheddache, Ghomrassen/Ksar Hadada. Mehrmals täglich Direktbusse nach Tunis. Regelmäßige Camionnettes (Kleinbusse) nach Metameur, Abfahrt nahe Agip-Motel an Straße nach Djerba.

Einkaufen

Markttage: Sa nachmittags und So; tägl. kleiner Obst- und Gemüsemarkt am Oued.

Ausflüge

Ksar-Rundfahrt durch die „Monts des Ksour" s.u.

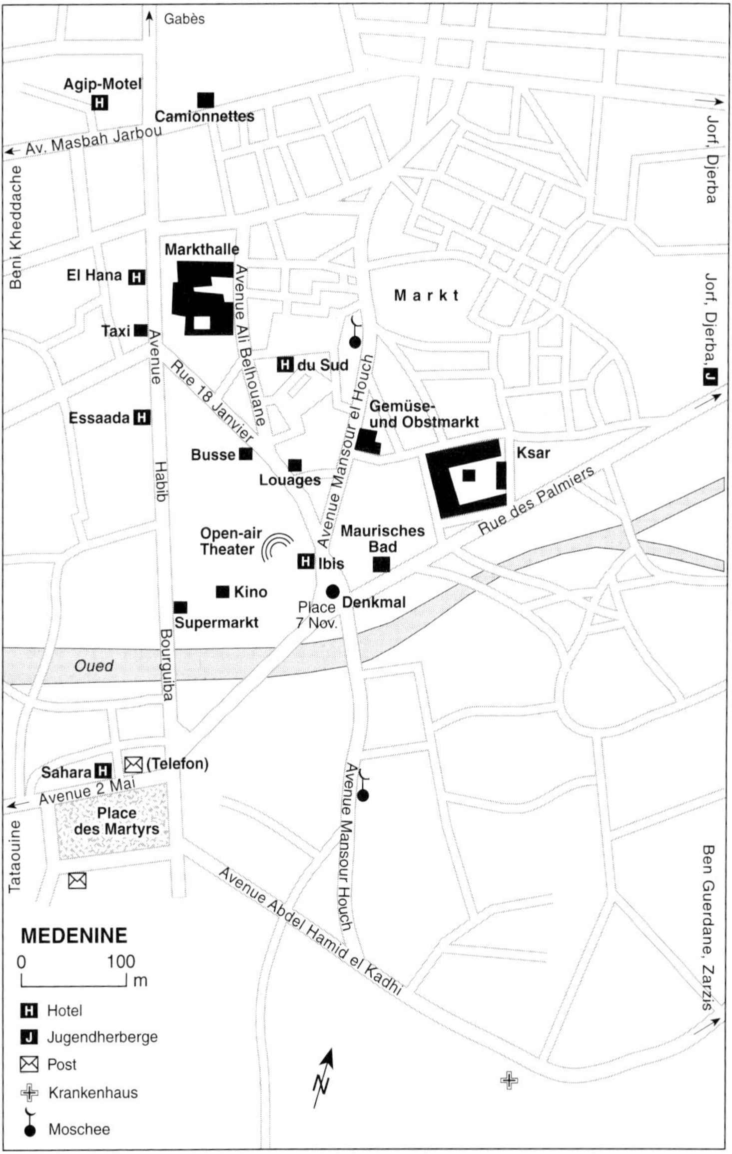
Gabès
Agip-Motel
Camionnettes
Av. Masbah Jarbou
Beni Kheddache
Jorf, Djerba
Markthalle
El Hana
Avenue Ali Belhouane
Markt
Jorf, Djerba,
Taxi
Avenue
Rue 18 Janvier
du Sud
Avenue Mansour el Houch
Gemüse-
und Obstmarkt
Essaada
Ksar
Busse
Louages
Rue des Palmiers
Habib
Open-air
Theater
Maurisches
Bad
Ibis
Kino
Denkmal
Supermarkt
Place
7 Nov.
Oued
Bourguiba
Sahara
(Telefon)
Avenue 2 Mai
Place
des Martyrs
Avenue Mansour Houch
Tataouine
Avenue Abdel Hamid el Kadhi
Ben Guerdane, Zarzis
MEDENINE
0
100
m
Hotel
Jugendherberge
Post
Krankenhaus
Moschee

Ksar-Rundfahrt durch die „Monts des Ksour"

Medenine – (Ksar Jouamaa) – Beni Kheddache [34 km] – Ksar El Hallouf [12 km] – Ksar Djedid [15,5 km] – Medenine [21 km]

Diese Tour führt in den *Monts des Ksour* genannten Teil des **Dahar-Gebirges**. Wir fahren einige der sehenswertesten Speicherburgen *(Ksour)* an.

◆ **Streckenbeschreibung:** Routenlänge ca. 83 km. Die Strecke ist überwiegend asphaltiert; die Pistenabschnitte sind bei Trockenheit und vorsichtiger Fahrweise auch von robusten PKWs zu bewältigen.

Wir verlassen **Medenine** auf der C113 bei der Agil-Tankstelle an *Av. H. Bourguiba,* beschildert „Beni Kheddache", und fahren durch den westlichen Teil der Djeffara-Ebene dem Abbruch des Dahar-Gebirges entgegen. Bald geht es steil hinauf auf ein **Hochplateau,** von dessen Kante (ca. bei km 24,5) man den Blick wie aus einem Flugzeug weit zurück über die etwa 300 m tiefer liegende Djeffara-Ebene schweifen lassen kann (Vorsicht beim Fotografieren! Militärstation in der Nähe). 1,5 km danach (km-Stein „8 Beni Kheddache/26 Medenine") Möglichkeit für einen

Abstecher zum Ksar Joumâa

Eine übelst ausgewaschene beschilderte Piste führt 600 m bergauf. Links vom Ksareingang auf dem Hügel eine alte Moschee mit Marabut. Die bis zu 3stöckige Ghorfaanlage ist ziemlich zerfallen und verdient kaum eine nähere Erkundung, ihre spektakuläre Lage jedoch – weit vorn auf einem Bergsporn – erlaubt einen phantastischen Blick hinab in schrundige Täler, auf kleine Terrassengärtchen, über verstreute Gehöfte und das weite Bergland.

Gleich nach Passieren des nachfolgenden Dorfes lohnt sich nochmals ein Blick zurück auf das fotogen auf der Felsnase sitzende Ksar. Auf den folgenden Kilometern erkennt man rechts in der Ferne das *Ksar Zemmour* wie eine Krone auf dem Felsen thronend. Ca. 1 km vor Beni Kheddache mündet von links die von *Ghomrassen* über *Ksar Hadada* herüberführende Straße ein (s. „Nördliche Rundfahrt" ab Tataouine). Dann, bei km 34, sind wir in **Beni Kheddache.**

Beni Kheddache

Heute ein weitgehend reizloser, weit verstreuter Ort mit vielen Neubauten, überragt von großem Antennenmast (dort Postamt). Bus- und Louageverbindung mit Medenine. Kein Hotel, zwei kleine Restaurants. Donnerstags ist Wochenmarkt auf dem von Arkadenlädchen und Tonnendachhäusern gesäumten zentralen Platz. Dieser Marktplatz wurde von den Franzosen angelegt; die große, eindrucksvolle Ghorfaanlage, die einst an dieser Stelle stand, mußte weichen. Auch beim Bau der neuen Moschee auf dem Hügel war das alte Ksar im Wege, und so findet man nur noch zwischen neuer und alter Moschee (sandsteinfarbenes Minarett) spärliche, allerdings etwas restaurierte Reste einstmals 3-stöckiger Ghorfabauten.

Wir folgen der mit „Ksar Hallouf" beschilderten Straße über einen Bergsattel (mit dem Café/Restaurant *Le Bedouin*) und dann (an Gabelung rechts halten) hinab in das fruchtbare *Oued Zaamour.* Vorbei an der Moschee erreichen wir nach ca. 8,5 km *El Modhar.* Bei den dortigen Militärgebäuden rechts weg auf eine gut befahrbare Piste. Auf ihr sind es noch ca. 3,5 km bis **El Hallouf** im gleichnamigen Oued (12 km ab Beni Kheddache).

Ksar El Hallouf

Ein idyllischer Ort mit Palmenhain und fruchtbaren Gärten auf dem Talgrund des Oued, umgeben von einer dramatischen, zerklüfteten Bergwelt. Etwa 10 Minuten sind es ab Postamt zu Fuß steil hinauf zum **Ksar** (Auffahrt mit Geländefahrzeug möglich), einem ca. 100 auf 40 m großen, gepflegten, zweistöckigen Ghorfakomplex. Das im 13. Jh. erbaute Ksar war Speicherburg, Zufluchts- und Versammlungsort der nomadisierenden Bevölkerung (das Gebäude im Innenhof diente als Verwaltungsbau und Gefängnis). Von einer aussichtsreichen (!) Plattform auf dem Wachhügel hinter dem Ksar wurden Neuigkeiten, Beschlüsse der Versammlung etc. mit optischen oder Trommelsignalen zu den in Sichtweite auf den benachbarten Bergen liegenden Ksour und Wachtposten weitergemeldet.

Im Ksar befindet sich noch eine Ölmühle, zur Zeit der Olivenernte auf traditionelle Weise von einem Dromedar angetrieben.

Ksar El Hallouf

Ein Teil des Ksars wurde zur einfachen, aber romantischen Touristenherberge ausgebaut und bietet als **Relais Ksar El Hallouf** Übernachtungsmöglichkeit (5 Kammern mit Matratzenlagern; Übernachtung 5/6 TD p.P. ohne/mit Fr., 10 TD incl. Abendessen. Tel. 05-64 71 48). **Campingmöglichkeit** im Ghorfahof (z.B. in Verbindung mit Abendessen); bei Bedarf können auch Beduinenzelte aufgestellt werden. Lt. Leser empfiehlt sich vorherige Preisabsprache.

Zum Bedauern des Verwalters *M. Zamouri* wird das Ksar kaum von organisierten Reisegruppen angefahren, und auch individuelle Gäste tröpfeln nur spärlich. Dabei ist es gut erreichbar und die Umgebung wilder und romantischer als z.B. die Region um das oft ausgebuchte *Ksar-Hadada-Hotel.*

Wir folgen dem schönen und wilden Oued Hallouf talwärts und stoßen bei km 2,3 auf eine Teerstraße. Der Beschilderung „Behayra" folgend biegen wir links ab und erreichen den Ort nach knapp 8 km. Parallel zum westlich aufragenden Steilabbruch des Dahar-Gebirges kommen wir über **Ksar Djedid** („Neues Ksar"; kleines Dorf mit einstöckiger, vor ca. 100 Jahren erbauten Ghorfaanlage; Markttag Freitag) wieder zur Hauptstraße C113. Auf dieser sind es 19 km zurück nach **Medenine** (36,5 km ab Ksar El Hallouf).

Weiterfahrt ab Medenine

Die P1 führt nun durch die eintönige *Djeffara-Ebene* der libyschen Grenze entgegen. Halfagras, von Versandung bedrohte Ölbaumpflanzungen, gelegentlich eine weidende Herde und immer wieder Straßenhändler, die billiges Motoröl und Diesel-Treibstoff aus Kanistern und Fässern oder libysche Dinare (s. u.) verkaufen – also nichts, was zu lustvollem Verweilen oder Abstechern verlocken würde.

Ben Guerdane

Weder der laute, verkehrsreiche Ort noch seine Umgebung bieten touristische Sehenswürdigkeiten. Ins Auge fällt höchstens die Große Moschee mit dem 1992 neu errichteten Minarett. Ben Guerdane (ca. 6000 EW) war einst ein Nomadenstützpunkt, der ab 1882 von den Franzosen als zentraler Marktort für die bis ans Meer reichenden Olivenkulturen ausgebaut wurde. Der Ort expandiert seit der Grenzöffnung zu Libyen in den achtziger Jahren. Kleine, meist sehr einfache Hotels, Händler, Märkte profitieren vom Grenzverkehr. Allgegenwärtig sind die mit dicken Geldbündeln wedelnden Geldwechsler, die (unter den Augen der Polizei) libysche Dinare zum Schwarzmarktkurs anbieten. An den Markttagen (Fr nachm./ Sa vorm.) geht es rings um den zentralen, arkadengesäumten *Place de l'Indépendance* durch den Zustrom zahlreicher Grenzgänger aus Libyen besonders lebhaft zu. Außerdem gibt es einen täglichen Krämermarkt, Tankstellen, Banken, Post, Restaurants und Cafés, zahlreiche Läden und einen Supermarkt **Grand Magasin**. 1,5 km Richtung Zarzis findet man (links der Straße in ummauertem Gelände) einen großen, interessanten „Maghrebinischen Markt".

Vorwahl für B. Guerdane: 05

Unterkunft

Hotels (weitere in Planung)

Pavillon Vert
An Straße nach Libyen, DZ mit Dusche 20 TD; Tel. 66 51 03.

El Ouns
An Straße nach Medenine, DZ 10 TD; Tel. 66 59 20; einfache Zimmer z.T. mit Bad und WC.

Sehr einfache Herbergen (Auswahl)

Nour
Rue Ammar Labiedh (Zentrum), Tel. 66 57 12, DZ 8 TD.

El Hana
Bei Großer Moschee/Marktplatz, DZ 8 TD; Tel. 66 50 91; Etagendusche/WC, für bescheidene Ansprüche.

Essaada
Im Zentrum bei PTT, Tel. 66 50 55, DZ 6 TD, sehr schlicht, freundlich.

Bagdad
Im Zentrum, am Beginn der Straße nach Zarzis, Tel. 66 61 23, DZ 8 TD.

Jugendherberge

„Marsa el Kssiba", 10 km außerhalb Richtung Zarzis am Strand (s. Route C10)

Verkehrsverbindungen

- **Busse** (Station an Straße Richtung Zarzis) nach Medenine, Tataouine, Zarzis und Djerba, Direktbus nach Tunis, Kleinbusse nach Ras Ajdir/libysche Grenze.
- **Louages und Taxis** (bei Busstation) nach Medenine, Ras Ajdir und Zarzis.

Sonstiges

- **Feste:** Mehrtägiges *Festival de Cheval* Ende Juli/August mit Folklore.

Weiterfahrt nach Libyen:
An der Straße Richtung Libyen findet man zunächst noch zahlreiche Verkaufsstände (Souvenirs, Lebensmittel, Motoröl) und die letzten Geldwechsler. Nach reichlich 11 km wird die Vegetation sichtbar dürftiger, die Landschaft monoton, bis schließlich die Landesgrenze erreicht ist. Der tunesische Grenzposten des zur Zeit einzigen Übergangs nach Libyen für Nicht-Araber befindet sich in **Ras Ajdir**, 33 km östlich von Ben Guerdane. Wiederholte Polizeikontrollen auf diesem Abschnitt!

Kauf libyscher Dinare

Achtung: Die Ein- und Ausfuhr tunesischer Währung nach/von Tunesien ist illegal; offiziell verboten ist auch die Einfuhr libyscher Dinare nach Libyen, wenngleich dort bisher keine Devisenkontrollen stattfinden und eine teilweise Einfuhr offenbar toleriert wird. Umtausch eines Teilbetrages in Libyen an der Grenze ist jedoch unumgänglich.
Geldwechsler, die libysche Dinare zum Schwarzmarktkurs anbieten, säumen die Straße zwischen Medenine und der Grenze; besonders präsent sind sie in Ben Guerdane.

Detaillierte Hinweise zum Geldwechsel und sonstigen Einreiseformalitäten für Libyen s. Reisehandbuch „Libyen" G. Göttler - Reise Know-How, Verlag Därr GmbH.

Route C8: Medenine – Tataouine [50 km] – Remada [80 km]

Allgemeines

Die Hauptroute selbst ist undramatisch. Lohnend sind aber die **zahlreichen Ausflugs- und Rundfahrtmöglichkeiten** rings um Tataouine. Nehmen Sie sich Zeit für diesen Teil des südtunesischen Berglands. Die Weiterfahrt von Tataouine nach Remada ist nur im Zusammenhang mit Touren im **südtunesischen Sperrgebiet** (Routen PS1 bis PS9) von Interesse.

Medenine

(Ortsbeschreibung, Plan, Ausflüge s. Route C7)

Von **Medenine** aus geht es auf der P19 ohne besondere Höhepunkte gen Süden. Nach Osten erstreckt sich bis zur Küste die *Djeffara-Ebene,* eine spärlich besiedelte Wüstensteppe, in der Halbnomaden ihre Dromedar-, Schaf- und Ziegenherden hüten. Im Westen ragen die nackten Tafelberge des *Dahar-Berglands* auf. (Nach 14 km zweigt rechts eine unbeschilderte Piste ab, die in die Berge hineinführt und dort auf die zwischen Beni Kheddache und Ksar Hadada verlaufende C207 stößt (siehe „Nördliche Rundfahrt" ab Tataouine). 7 km vor Tataouine passieren wir rechts das Gouvernoratsgebäude (früher zuständig für Fahrbewilligung ins südtunesische Sperrgebiet), gleich danach die Abzweigung nach *Ghomrassen,* und bei km 50 erreichen wir **Tataouine.**

Weiterfahrt nach Remada s. S.649.

Tataouine

(auch Foum Tataouine)

Tataouine (ca. 8000 EW) ist **Gouvernoratssitz** und zuständig für die gesamte Sahararegion bis nach Bordj el Khadra an der Südspitze des Landes. Der von den **Franzosen** zu Beginn des 20. Jh. als **Militärbasis und Sträflingslager der Fremdenlegion** gegründete Ort hat sich vor allem seit der Unabhängigkeit Tunesiens zu einem **modernen Markt- und Verwaltungszentrum** entwickelt, doch ist auch heute noch das Militär stark präsent. Viele ehemalige Nomaden und Halbnomaden aus dem umliegenden Steppen- und Bergland haben sich in den letzten Jahren hier angesiedelt.

Tataouine, an sich ein Ort ohne Sehenswürdigkeiten, ist mit Hotels, guten Versorgungsmöglichkeiten (Markt, Supermarkt, Banken, Tankstellen, Cafés und Restaurants, Reisebüros, Krankenhaus) ein günstiger **Ausgangspunkt** sowohl **für Rundfahrten** zu interessanten Berberdörfern in der landschaftlich oft spektakulären Umgebung, als auch für Saharatouren im Sperrgebiet südlich von Remada (s. S.717). Allein die vielen verlockenden Nahziele bieten genügend Programm für mehrere Tage.

Man sollte den Ortsbesuch auf einen der beiden **Markttage** (Mo und Do) legen; dann sind der zentrale Marktplatz und die umliegenden Straßen und Plätze dicht mit Händlern und Kaufinteressenten von nah und fern gefüllt. Auch die eine oder andere Rei-

Djeffara-Ebene und Dahar-Bergland, Höhlendörfer, Ksour und Ghorfas

Südlich von Gabès erstreckt sich zwischen Küste und Dahar-Gebirge (Dahar = Rücken) die nur spärlich besiedelte Djeffara-Ebene. In alten Zeiten war diese steppenartige Region Lebensraum der berberischen Urbevölkerung. Mit dem Vordringen der arabischen Eroberer im 7. Jh., besonders aber ab dem 11. Jh., als die aus Ägypten kommenden Beni-Hilal-Nomaden plündernd und zerstörend über das Land herfielen, flüchtete ein Teil der Djeffara-Berber auf die Insel Djerba, viele aber zogen sich in die nahen Daharberge zurück. Diese etwa 150 km lange Gebirgskette besteht aus schroffen, nackten Tafelbergen, die aus der Küstenebene in Stufen bis auf 700 m Höhe ansteigen. Zum Schutz vor räuberischen Wüstennomaden und Angriffen verfeindeter Stämme entstanden in den schwer zugänglichen Felsregionen ganze Siedlungen aus Erd- bzw. Felshöhlen, festungsartige Wohn- und Speicherbauten und hoch auf Felskuppen thronende Fluchtburgen. Aufgrund der isolierten Lage konnten die Bergbewohner ihre Eigenständigkeit, ihre Sitten, ihre Sprache und besonderen Wohnformen zum Teil bis in die Gegenwart bewahren. Ein Besuch dieser architektonisch einmaligen Dörfer und Speicheranlagen umgeben von einer faszinierenden Landschaft zählt zu den Höhepunkten einer jeden Tunesienreise.

Die Höhlendörfer

Im nördlichen Dahar (Region um Matmata) herrschen Schachthöhlen vor (senkrecht in den Lehmboden gegrabene, nach oben hin offene Wohnschächte; s.a. S.602).

Im mittleren Teil des Daharberglands (etwa westlich der Linie Medenine – Tataouine) sind die Wohnhöhlen horizontal in die Hänge gegraben. Man findet entlang der Berghänge oder um einen Felssporn herum ganze „Bänder" dieser oft in mehreren Terrassen übereinander angelegten Höhlen. Dabei wurden die festen Kalkschichten als Böden bzw. Decken belassen, die Zwischenräume, das weiche Tonmaterial, für die Wohnräume ausgehöhlt. Der Aushub diente als Terrassenunterbau. Auf dem so geschaffenen Vorplatz entstanden Ställe, Zusatzbauten, Mauern, die den Blick auf den eigentlichen Wohnbereich verdecken.

Typische Dörfer dieser Bauweise im Dahargebirge sind Chenini, Douirat und Guermessa (detaillierte Beschreibungen ab S.633).

Ksour und Ghorfas

Die südtunesischen Ksour (Plural von Ksar) sind festungsartige Wohn- und Speichersiedlungen, die bevorzugt hoch oben auf Bergplateaus oder an steilen Berghängen errichtet wurden. Das Zentrum bildet häufig eine Kalaa (Festung, Verteidigungsbau). In den Felsen unterhalb gruppieren sich die Wohnbauten bzw. -höhlen, und immer gehören dazu die wabenartig oft in mehreren Stockwerken übereinandergebauten, tonnengewölbten Ghorfas (arab.: Ghorfa = Raum), die vorwiegend als Speicherräume dienten.

Als Ksar werden auch isoliert in der Landschaft stehende reine Ghorfakomplexe bezeichnet. Diese meist rechteckigen Anlagen sind von einer hohen, nur durch eine Toröffnung unterbrochenen Mauer umgeben und machen einen sehr wehrhaften Eindruck. Sie dienten vorwiegend als kollektive Vorratsspeicher einer Sippe, während die nomadisierenden Stammesangehörigen mit ihren Herden auf Weidezug waren. Offizielle Wächter, aber auch die Alten und Kranken, die an den Weidezügen nicht teilnehmen konnten, bewohnten und bewachten das Ksar. Es besteht oft aus hunderten von Speicherkammern, die teilweise bis zu sechs Stockwerke hoch wie Bienenwaben um einen oder mehrere Innenhöfe gruppiert sind. Für ihre privaten Vorräte besaß jede Familie eine angemessene Anzahl dieser Gewölbe, die bis zu zehn Meter tief, etwa drei Meter breit und ca. zwei Meter hoch sind und mit kleinen Palmholztüren verschlossen werden. Waghalsige, geländerlose Freilufttreppchen, aus dem Mauerwerk ragende Trittsteine oder Holzbalken führen zu den oberen Eingängen. Im Innenverputz findet man hin und wieder reliefartige Verzierungen, beispielsweise in Form einer Hand oder eines Fußes, Ornamente oder Schriftzeichen. Die Ksour waren zu Friedenszeiten Handelsplatz und gesellschaftlicher Mittelpunkt, in Kriegszeiten auch Zufluchtsort. Dank der gespeicherten Vorräte und eines Ziehbrunnens im Innenhof ließ sich notfalls auch eine längere Belagerung überstehen.

In gleichem Maße, wie die Nomaden seßhaft wurden, verloren die großen Ghorfakomplexe an Bedeutung. Sie verfielen oder mußten Neubauten weichen (z.B. in Medenine, wo über dreißig solcher Ksour dem Erdboden gleichgemacht wurden). Viele Speicherburgen sind inzwischen so zerfallen bzw. baufällig, daß beim Herumstöbern größte Vorsicht geboten ist. Manche werden teilweise noch als Vorratsräume oder Ställe verwendet, einige (z.B. Metameur, Ksar Hadada, Ksar El Hallouf) wurden in einfache Touristenherbergen umgewandelt. Zwischendurch kann man aber auch auf gut instandgehaltene oder restaurierte Komplexe stoßen, die heute noch bzw. wieder von der Bevölkerung benutzt, bewohnt und mit Leben erfüllt sind. Besonders die „Südliche Rundfahrt" ab Tataouine führt zu einigen der imposantesten Ksour und Ghorfa-Anlagen der Region.

Höhlendörfer, Ksour und Ghorfas können grundsätzlich kostenlos und ohne Führer besucht werden. Führer, die sich anbieten, erwarten eine angemessene Vergütung (vorher aushandeln). Ein guter Führer gibt interessante Erläuterungen, kennt die touristisch „lohnenden" und ungefährlichsten Wege und lebt oft nur von seinem Führerlohn. Die Privatsphäre der Bewohner sollte respektiert werden, keinesfalls z.B. unaufgefordert Höfe oder gar Wohnräume betreten. Führer vermitteln gelegentlich auch Zugang in den Privatbereich. Ein angemessenes Geschenk oder eine Geldspende für den „Gastgeber" ist dann selbstverständlich.

segruppe kommt von den Ferienzentren an der Küste für ein paar Stunden herüber. Auffallend empfanden wir in der gesamten Tataouine-Region stets die angenehmen Kontakte mit den freundlichen, aufgeschlossenen Bewohnern. Kaum irgendwo fielen uns so viele hübsche Gesichter auf (besonders bei jungen Mädchen), so aufgeweckte und trotzdem nicht aufdringliche Kinder, und nirgendwo schmekken die „Cornes des gazelles" (Gazellenhörner) besser als hier, wo sie herstammen. Es handelt sich um ein hörnchenförmiges Gebäck mit einer köstlichen, süß-klebrigen Honig-, Nuß- und Mandelfüllung; man bekommt sie neben anderen Leckereien in zahlreichen Pâtisserien (besonders zu empfehlen: **Pâtisserie du Sud**).

Vorwahl für Tataouine: 05

Touristeninformation

Syndicat d'Initiative
Av. H. Chaker, Tel. 85 08 50, Fax 85 09 99, zuständig für Beantragung und Abholung der Fahrbewilligung fürs Sperrgebiet (s. S. 714).

Unterkunft

Hotel

La Gazelle**
Av. H. Chaker, Tel. 86 00 09, Fax 86 28 60, DZ 32 TD; klimatisierte Zimmer m. Dusche, WC, ZH; Restaurant; „kühle" Atmosphäre.

Relais du Sahara **
ca. 6 km außerhalb an Straße nach Medenine (gegenüber Krankenhaus), Tel. 86 22 77, DZ 28 TD, Etagenbad/WC, TV-Raum, unliz. Restaurant.

Mabrouk
Im Bau; Eröffnung für 1999 geplant; nahe Hotel Sangho (s. unten).

Sangho ***
Etwa 3 km außerhalb an Chenini-Straße, Tel. 86 01 24, Fax 86 21 77, DZ 84 TD; Bungalowanlage, stilvolle Ausstattung, Swimmingpool, Restaurant/Pizzeria, div. Sporteinrichtungen; Veranstalter von Exkursionen.

Dakyanus***
Ca. 8 km außerhalb/3 km auf Straße Richtung Ghoumrassen, nahe El Ferch (Ras el Ain), Tel. 86 34 99, Fax 86 38 98DZ 76 TD; schöne, klimatisierte Zimmer im tun. Stil, Schwimmbad, Restaurant.

Billigunterkünfte

Hamsa
Av. H. Chaker, einfach aber lt. Leser sehr sauber und freundlich, DZ mit Fr. 14 TD, Fahrradverleih (pro Tag 7 TD, pro Std. 1,5 TD); Vermittlung von Touren, z.B. nach Ksar Ghilane.

La Medina
Tel. 86 09 99, DZ 8 TD.

Von folgenden Hotels raten Leser v.a. wegen mangelnder Sauberkeit ab: **Ennour,** Tel. 86 01 31, DZ 6 TD und **Belmeharem,** Tel. 86 01 04, DZ 6 TD.

Camping

Station **Mabrouk**, ca. 3 km außerhalb an Straße **nach** Chenini, neben Hotel und Restaurant *Mabrouk*, 5 TD p.P. incl. Dusche.

Essen und Trinken

Lizensierte Restaurants in den Sterne-Hotels (unpersönliche Atmosphäre und phantasieloses Angebot im **La**

Routenteil C

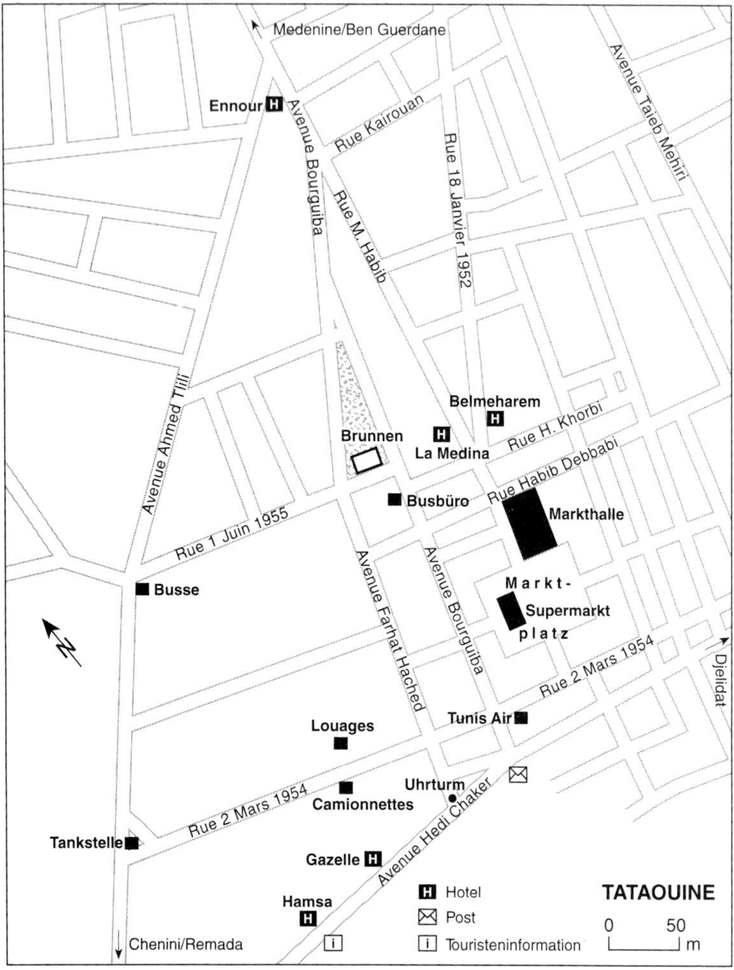

Gazelle; angenehm sitzt es sich in der Pizzeria am Swimmingpool des **Sangho-Hotels**.)

Im Ort mehrere einfache, unlizensierte Restaurants, z.B. **La Medina** (ruhiger Innenhof, nicht bei Hotel Medina), **Essendabad**, Rue 1 Juin, **Le Mediterranè**, nahe Markt, Rue Khorbi, empfehlenswert. Lt. Leser: gutes, schnelles und preiswertes Essen in **Station Mabrouk** an Straße nach Chenini.

Verkehrsverbindungen

- **Busse** mehrmals tägl. nach Medenine, Ghomrassen, Maztouria. 2x tägl. nach Gabès, Sfax, Sousse und Tunis (Abfahrt beim Busbüro); weitere Ziele: Remada, Dehibat, Houmt-Souk (Djerba) über Medenine. Keine Direktverbindung nach Ben Guerdane (umsteigen in Medenine).
- **Louages** nach Medenine, Gabès, Ben Guerdane, Ghomrassen, Remada.
- **Camionnettes/Kleinbusse** (Chenini 0,7 TD, Douirat 0,9 TD) oder **Taxis** zu kleineren Dörfern in der Umgebung (z.B. Chenini, Douirat, Guermessa).

Sonstiges

- **Markttage:** Mo und Do
- **Supermarkt:** tägl. außer Mi 7.30–12 und 15–19 Uhr; schwaches Angebot, kein Alkohol.
- **Feste:** *Festival des Ksour Sahariens,* dreitägiges Fest Ende März/Anfang April mit Musik- u. Folkloredarbietungen, sportlichen Wettkämpfen (u.a. Reiterspiele, Kamelrennen) und traditioneller Handwerksschau.

Lohnende Ziele rund um Tataouine

Westliche Rundfahrt

(s. Routenübersicht S. 639)

Tataouine – Chenini [19 km] – Douirat [22 km] – (Ksar Ouled Debbab) – Tataouine [22 km]

Der Reiz der beiden pittoresken, an die Berghänge gebauten Berberdörfer **Chenini** und **Douirat** sowie der sie umgebenden Landschaft hat sich herumgesprochen. Besonders Chenini wird stark von Reisegruppen frequentiert. Wer nur eines der Dörfer besuchen will, sollte das spektakulärere Chenini bevorzugen. Hinweis für Individualreisende: **Beste Besuchszeit** am frühen Vormittag vor Ankunft der Reisegruppen und vor Schulschluß.

- **Streckenbeschreibung:** Tataouine – Chenini sowie Douirat – Tataouine asphaltiert; zwischen Chenini und Douirat gute Verbindungspiste, deren Asphaltierung bevorsteht.
- **Radfahrer:** Leser bezeichnen diese Route (in der genannten Richtung) als gut machbare Tagestour.

◆ **Verkehrsverbindungen: Camionnettes** und **Taxis** verkehren zwischen Tataouine und Chenini bzw. Douirat (s. unter Tataouine).

Wir verlassen **Tataouine** nach Süden Richtung Remada und biegen nach reichlich 2 km rechts auf das nach Chenini führende Sträßchen ab. Es geht vorbei am malerisch gelegenen Bungalow-Hotel **Sangho** (links, ein Stück abseits) sowie der Station **Mabrouk** (Restaurant, Campingplatz und Hotel/im Bau). Bald darauf ignorieren wir die Abzweigungen (rechts) nach Ras el Ain/Ghomrassen bzw. kurz danach Guermessa (s. „Nördliche Rundfahrt"). Über welliges, hübsches Hügelland mit schütterem Palmenbewuchs geht es den Bergen entgegen. Vorn auf einem Bergsattel entdecken wir eine weiße Moschee als Wegmarke: dort liegt das alte Berberdorf Chenini. Noch vorher, bei km 17, fast am Fuß der Berge, durchfahren wir **Chenini-Nouvelle** mit kleinem Café und nüchternen, neuzeitlichen Wohnbauten, in die ein Teil der Bewohner des alten Chenini umgesiedelt ist. Dann zieht die Straße steil den Berghang hinauf und endet auf dem Parkplatz unterhalb des von einem grandiosen Felskessel umschlossenen alten Höhlendorfs **Chenini.**

Chenini

Beim Parkplatz Post, Schule, Souvenirladen und Bar/Restaurant *Relais Chenini* – ein lizensiertes Restaurant (zum Hotel *La Gazelle* in Tataouine gehörend) in ehemaliger Wohnhöhle; mittags nur *Standard-Couscous-Essen* (Menü 5/3 TD für Einzelreisende/Gruppen), häufig von Reisegruppen ausgebucht; extrem einfache und begrenzte Not-Übernachtungsmöglichkeit (3 TD).

Für den **Rundgang** durch das sehr „touristische" Berberdorf empfiehlt es sich, die Dienste eines **offiziellen Führers** in Anspruch zu nehmen (Preis vorher aushandeln). Er gibt Hintergrundinformationen, kennt und zeigt interessante Details, vermittelt z.B. Zugang zu bewohnten Höhlen, zu einer unterirdischen Ölmühle, und er ermöglicht eine von anderen Führern und Kindern weitgehend unbehelligte Dorfbesichtigung.

Im 11./12. Jh. zogen sich die Berber vor den in die Djeffara-Ebene eindringenden Arabern (Beni-Hilal-Einfall) in die unzugänglichen Berge zurück. Hier bauten sie ihre Siedlungen in der für das südliche Dahar typischen **Schutzarchitektur mit Wohnhöhlen und Fluchtburgen.** Obwohl heute Tunesisch-Arabisch die Hauptsprache ist, wird (zumindest von der älteren Bevölkerung) da und dort noch der alte **Berberdialekt** gesprochen.

Cheninis malerisches Ortsbild (s. Farbteil) diente schon manchem Filmregisseur als Kulisse (z.B. „Krieg der Sterne"). Der Felssattel zwischen zwei Bergkegeln trennt den Ort in zwei Teile. In der Mitte thront als einziges schneeweiß verputztes Gebäude eine Moschee und – sehr motivstörend – der häßliche Wasserbehälter daneben. Am linken Bergkegel breitet sich bis zum Gipfel das verlassene und größtenteils zerfallene, 900 Jahre alte **Ksar** aus. Die weiter unten und auch am rechten Hang terrassenartig übereinander angelegten Wohnungen werden teilweise noch benutzt. Es sind mehrräumige Höhlen, bei denen die weichen Lehmschichten entfernt, die har-

Jemaa Kedima mit „Gräber der Sieben Riesen"

ten Kalkschichten als Böden bzw. Dekken belassen wurden. Was *vor* den Höhlen an Mäuerchen und mit hölzernen Türen verschlossenen Vorbauten sichtbar ist, sind lediglich Ställe, Lagerräume bzw. Hofeinfassungen. Die Wohnräume *im* Berg sind im Sommer angenehm kühl und halten im Winter die Wärme – ein ausgeglichenes Klima also, das die Bewohner Cheninis schätzen.

Nur etwa 600 von ihnen sind dem Angebot gefolgt, in den mit Strom und Wasser versorgten neuen Ort umzuziehen. Ca. 800 Bewohner sind hier oben am Berg geblieben, trotz der mühsamen **Wasserversorgung.** Es gibt für die Bevölkerung momentan nur drei Wasserstellen, verteilt auf die verschiedenen Terrassen des Dorfes. Lebensgrundlage der Familien ist die Landwirtschaft (Datteln, Oliven, Feigen) und etwas Viehzucht, um die sich die Frauen kümmern. Viele von ihnen weben zudem noch Teppiche in Heimarbeit. Ein bißchen Geld bringt der Tourismus, die meisten Männer des Ortes aber arbeiten auswärts in den großen Städten oder im Ausland und kommen nur im Urlaub nach Hause.

Beim Aufstieg zur Moschee kommt man an einer der alten **Ölmühlen** vorbei, die noch immer von einem Kamel angetrieben werden. Der Ausblick vom Bergsattel ist großartig. Er umfaßt auf der einen Seite den Felskessel von Chenini und das Tal, das nach Westen in die Berge führt (Fortsetzung unserer Rundfahrt). Nach Osten reicht der Blick weit über das palmenbesprenkelte Vorland in Richtung Tataouine. Von den schmalen, steinigen Pfaden, die hinüber zum alten Ksar führen, kann man immer wieder in das verschachtelte Mauerwerk der tieferliegenden Behausungen hineinschauen. An dem wie ein Termitenhügel zerlöcherten Bergkegel mit den Resten der alten Burg finden wir in einigen der meist zerfallenen Räume noch riesige Tonkrüge zur Aufbewahrung von Datteln oder Oliven. Sie waren absichtlich größer als die Türöffnung: Diebstahlschutz! Interessant sind auch die verschiedenen Symbole und Verzierungen, die man im Decken- oder Wandputz, häufig auch über den Eingängen entdeckt: der Fisch z.B. (gegen den „bösen Blick"), die „Hand der Fatima" als Glückszeichen, aber auch einfache Schmuckornamente. Dieselben Motive kehren nicht nur in den **Tätowierungen** der Frauen des Ortes wieder, sondern auch in den Teppichen, den feinen Tüchern und Umhängen *(Haiks),* die sie weben. Es sind spezielle Berbermotive, die – so erregt sich unser Begleiter Achmed – von Nicht-Berbern im ganzen Land einfach kopiert werden, die ihre Ware dann ebenfalls als „echte" Berberteppiche verkaufen. „Alles Fälschungen", klagt Achmed.

Um zur **Jemaa Kedima** (alten Moschee) und den **Gräbern der Sieben Riesen** zu kommen, folgt man entweder dem Fußweg, der oben zwischen Moschee und Wasserturm rechts hinab zum Fahrweg führt, oder der Anfahrtsstraße zunächst wieder gut 500 m bergab (Richtung Tataouine) und biegt dann rechts auf den genannten Fahrweg ab. Dieser führt am *Marabut* des *Beni Barka* vorbei (links aussichtsreiche Plattform – Stellmöglichkeit für Campmobile) und endet nach knapp 2 km in einer Bergsenke oberhalb von Chenini-Nouvelle. An dieser Stelle siedelten die **ersten Bewohner von Chenini** in Höhlen; wegen der strategisch ungünstigen Lage wurde die Siedlung später weiter nach oben verlegt. Die von neun Kuppeln überdeckte **Moschee Jemaa Kedima** samt ihrem etwas windschiefen Minarett (man kann es besteigen) stammt noch aus jener Zeit, ist also älter als jene drüben im Dorf. Das Innere ist höhlenartig in den Fels hineingetrieben, fremdartig wirkende Verzierungen und Zeichen schmücken die Gewölbepfeiler (darunter auch alte berberische Schriftzeichen ähnlich der *Tifinagh*-Schrift der Touareg). In den unterirdischen Gewölben der Moschee liegen diverse Gräber von Heiligen; um die Moschee und am Berghang erstreckt sich ein Friedhof. Dort entdecken wir auch die seltsamen, überdimensionalen **Grabstätten der Sieben Riesen.** Der Legende nach soll es sich um sieben Christen handeln, die im 3. Jh. zur Zeit der Christenverfolgung durch Kaiser Heraclius hier in einer Höhle eingesperrt und vergessen wurden (oder – nach anderen Quellen – hier Zuflucht suchten). Sie verfielen in einen Tiefschlaf, aus dem sie erst erwachten, als man Jahrhunderte später die Höhle öffnete. In der Zwischenzeit waren sie allerdings zu Riesen angewachsen. Erst nach Bekehrung zum Islam konnten sie in Frieden sterben, und dann brauchte man eben – logisch – entsprechend große Gräber.

Heute ist diese Stätte ein **beliebtes Wallfahrtsziel.**

Nach Verlassen von **Chenini** (km 0) wird es wildromantisch. In Verlängerung der Anfahrtsstraße folgt eine breite, gut ausgebaute Piste (Asphaltierung in Kürze) dem *Oued Chenini* hinein in ein mit Palmen bestandenes Felstal. Schauen Sie nochmals zurück auf den Ort, bevor Sie in den Bergen verschwinden – besonders im Licht der untergehenden Sonne ein großartiger Anblick. Nach knapp 4 km, auf Höhe einer kleinen Steinpyramide, bietet sich in einem hübschen, kleinen Palmenhain mit Brunnen am Fuß der Felsen eine gute Rast- und Campingmöglichkeit (gelegentlich auch von Hirten und Herden benutzt). *Barrage Romain* nach einem einstigen römischen Staudamm nennen die Einheimischen diese Stelle. Bei km 6 mündet von rechts die beschilderte Piste aus Richtung Ksar Ghilane ein (s. Route P3). Wir fahren durch sanftes Hügelland, vorbei an kleinen Olivenpflanzungen mit mächtigen Bäumen. Jede kleine Bodensenke wird landwirtschaftlich genutzt. Bei km 15 passieren wir die beschilderte Abzweigung einer weiteren Piste nach Ksar Ghilane, dann verlassen wir die Hügel, kommen hinab in eine von Tafelbergen umgebene Ebene mit dem in den siebziger Jahren erbauten Dorf **Douirat-Nouvelle** (ohne Hotel, Restaurant oder Versorgungsmöglichkeiten). Vorbei an der Moschee stößt man beim Postamt (km 20,5) auf die direkt von Tataouine kommende Straße. Wir fahren (beschildert) links bergauf, passieren zahlreiche Marabuts inmitten eines alten Friedhofs und erreichen bei km 22 den unteren Ortsrand des alten Berberdorfes **Douirat.** Der Tonnengewölbebau (am Ende der Zufahrtsstraße) war einst die Schule für die Kinder von Alt-Douirat, heute ist darin ein staatliches Feriencamp untergebracht.

Douirat

(auch Douiret, Douirette)

Das alte Douirat liegt ähnlich pittoresk wie Chenini über mehrere Berghänge verteilt, wird aber nicht annähernd so häufig von Touristen besucht und hat auch nicht Cheninis stattliches Alter aufzuweisen.

Der Ort wurde vor etwa 500 Jahren von einem heiligen Mann aus Marokko, *Ghazi Ben Douaieb,* gegründet. Bald entwickelte sich hier ein wichtiger Markt- und Handelsplatz, von dem aus ein Karawanenweg sowohl nach Gabès als auch zur libyschen Oase Ghadamès führte. Noch im 19. Jh. lebten in den Felswohnungen und in 20 Weilern der nahen Umgebung etwa 5000 Menschen. Heute sind nur noch wenige der Höhlen in den Bergflanken bewohnt, viele der Weiler verlassen. Fast alle Bewohner sind in die neue Talsiedlung gezogen oder in die Städte des Landes ausgewandert, bevorzugt nach Tunis.

Hoch oben auf der Felskuppe thronen die Reste des längst verlassenen, alten, festungsartigen **Ksar** (die Einheimischen nennen es auch „chateau"). Einst war es von einer 10 m hohen Mauer umgeben. Wegen starker Einsturzgefahr ist der Zutritt nicht ratsam! Unterhalb strahlt in leuchtendem Weiß die **Moschee,** die aus einem alten und einem neuen Teil besteht und deren Minarett bestiegen werden kann. Um die Moschee herum finden wir eine Gruppe relativ intakter Häuser: sie wurden für Filmaufnahmen originalgetreu restauriert, Türen und Dachbalken sind aus Palm- bzw. Olivenholz. Im Gewölbeputz entdecken wir zahlreiche berberische Symbole. Gut lassen sich anhand dieser Bauten traditionelle berberische Wohnformen und Architektur studieren. Ein Weg unterhalb der Moschee führt links hinüber in den nächsten Felskessel. Hier finden wir neben vielen verlassenen noch einige wenige bewohnte Höhlen, die – wie in Chenini – in übereinanderliegenden Terrassen in den Berghang getrieben wurden. Auch zwei der einst sieben unterirdischen **Ölmühlen** sind noch vorhanden. Ein in der stockdunklen Höhle ständig im Kreis trabendes Dromedar preßt mit zentnerschwerer Steinwalze die Oliven aus.

Auf Asphalt fahren wir nun weiter in Richtung Tataouine. Die Straße zieht durch abwechslungsreiche Berglandschaft; immer wieder sind kleine Palmgruppen ins Gelände getupft. Wir stoßen nach gut 11 km auf Höhe des Dorfes **Ksar Ouled Debbab** auf die Remada-Tataouine-Straße P19. Bevor wir nach Tataouine zurückkehren, empfiehlt sich der kleine Abstecher zum über dem Ort thronenden Ksar.

Abstecher zum Ksar Ouled Debbab

Am südlichen Ortsende führt ein 500 m langes Stichsträßchen hinauf zum **Ksar,** eine sehr imposante, meist zweistöckige **Ghorfaanlage.** Mit etwa 300 m Seitenlänge gilt sie als eine der größten Tunesiens. In den Achtzigerjahren wurden Teile als Hotel genutzt. Wir finden im Torbogen eines besonders großen Speichers die Jahreszahl 1902. Jetzt, knapp hundert Jahre danach, verfällt auch diese wie viele andere Anlagen zusehends. Wer einmal in solch einem Ghorfahotel wohnen möchte, kann dies z.B. in *Ksar Hadada* (etwa 30 km nordwestlich von Tataouine), *Ksar El Hallouf* oder *Metameur* (nahe Medenine) tun.

Von Ouled Debbab sind es noch ca. 9,5 km zurück zum Zentrum von **Tataouine**.

Südliche Rundfahrt zu den Ksour am Djebel Abiod

(s. Routenübersicht)

Tataouine – Ksar Tounkett – Beni Barka – Maztouria-Ksour – Ksar Sedra – Ksar Ouled Soltane – Ksar Zahra – Ksour Djelidat – Tataouine

Südöstlich von Tataouine erstreckt sich die **Bergregion des Djebel Abiod** (die „weißen Berge"), die Heimat der *Ouderna,* des mächtigsten Berberstammes im Süden, und einiger anderer kleiner Berbergruppierungen. Unsere Route streift ein gutes Dutzend **Speicherburgen und Ksour,** einige in pittoresker Lage auf steilen Bergkegeln oder Hochplateaus gelegen, teils verlassen und verfallen, manche noch genutzt. Alle können ungehindert besichtigt werden, wobei bei bewohnten Bauten eine gewisse Zurückhaltung selbstverständlich sein sollte. Bei der oft beängstigenden Baufälligkeit mancher Anlagen ist – vor allem auch mit Kindern – Vorsicht geboten. Fast immer empfiehlt sich die Mitnahme einer **Taschenlampe** (dunkle Zellen, Höhlenkammern). Im Gegensatz zu den „klassischen" Orten (z.B. Chenini, Douirat, Guermessa) werden diese Ziele nur selten von Reisegruppen besucht, selbst Individualreisende kommen nur sporadisch in

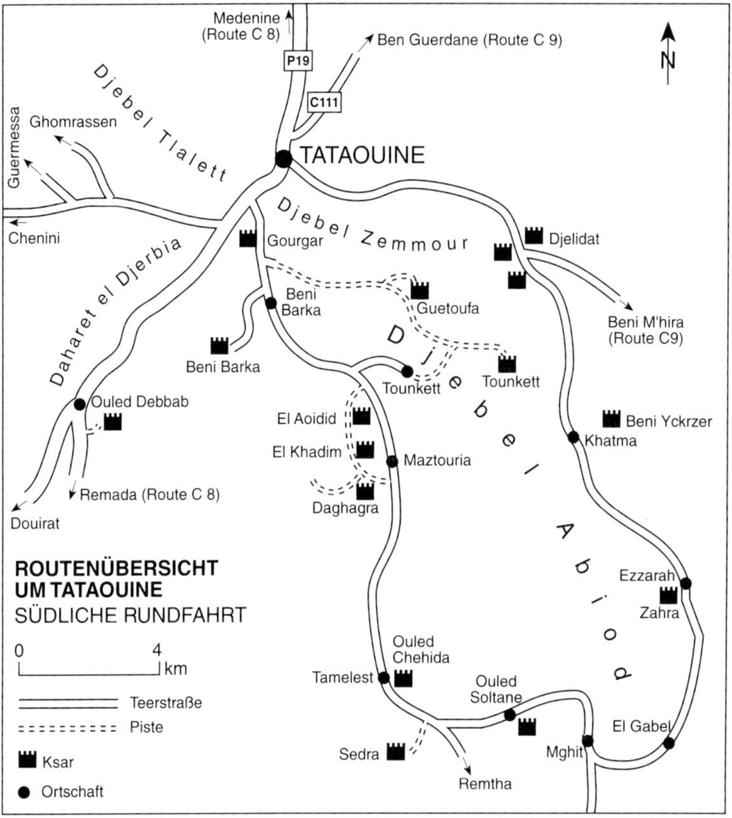

diese Region. Sicher ist es nicht erforderlich, jedes der Ksour zu besichtigen, da sie sich häufig ähneln. **Höhepunkte,** die man nicht auslassen sollte: Ksar El Khadim, Ksar Sedra, Ksar Ouled Soltane und Ksar Zahra.

- **Streckenbeschreibung:** Routenlänge – je nach Abstechern – ca. 60–75 km. Die Route ist fast durchgehend geteert und grundsätzlich mit PKW befahrbar; nur für Teilstrecken bei manchen Abstechern (jeweils erwähnt) ist ein geländegängiges Fahrzeug oder ein kurzer Fußmarsch erforderlich.
- **Verkehrsverbindungen: Busse** ab Tataouine nur bis Maztouria.
- **Trekking-Tip:** Diese Tour ist (lt. Leserbriefen) ein Leckerbissen für autarke Wanderfreunde. Unterwegs nur bescheidene Versorgungsmöglich-

keiten (Wasser, Obst, Gemüse, Lebensmittel) in den kleinen Dörfern. Gehzeit ca. 3–4 Tage.

Knapp 1 km südlich von **Tataouine** verlassen wir die nach Remada führende P19 nach links Richtung „Beni Barka/Maztouria“ (km 00). Das Sträßchen folgt nun dem Tal des *Oued Zondag*. Ein Besuch des *Ksar Gourgar* (nach ca. 1½ km rechts oben) lohnt sich nicht, schon eher ein paar hundert Meter weiter ein

Abstecher zum Ksar Tounkett

(Anfahrt 7 km; für letzte ca. 1,5 km evtl. Geländegängigkeit)

Vorbei an einer Moschee mit Marabut folgt das links abgehende, mit „Mustagarat“ beschilderte und nur anfänglich geteerte Sträßchen einem fruchtbaren Tal zwischen kahlen Hängen hindurch. Nach etwa 4 km erkennt man links vorn auf einem langen Bergzug das *Ksar Guetoufa* (Aufstieg ca. 20 Minuten). Wir fahren weiter geradeaus. An einer Gabelung kurz nach einem Bergsattel (5½ km seit Verlassen der Maztouria-Straße) halten wir uns links (geradeaus geht es über den Ort *Tounkett* in knapp 4 km zurück zur Maztouria-Straße). Der Weg erklimmt – steinig und steil –die Hochfläche und führt hinüber zum **Ksar Tounkett,** das eindrucksvoll, wie eine zerlöcherte Krone (mit den Ghorfa-Kuppeln als Zacken), hoch auf dem Berg sitzt. Der Zugang zum Festungsinnern ist an der Ostseite; bis zu vierstöckige Ghorfas sind um den runden Innenhof gebaut. In den Felssockel unterhalb des Ksars sind tiefe Höhlen hineingetrieben (Taschenlampe!).

Bei km 3 (auf der Hauptroute) zweigt rechts eine beschilderte Zufahrtsstraße ab zu dem auf einem tafelbergähnlichen Felsen thronenden Ksar von Beni Barka.

Abstecher zum alten Dorf Beni Barka

(Anfahrt 2 km)

Die Straße führt zunächst hinauf zu einer Häuserkette. Die rechts weiterführende Piste endet nach 400 m am Fuß des **alten Ksar** und ist nur mit Geländefahrzeugen oder zu Fuß zu bewältigen. Ein kurzer Fußweg führt das letzte Stück hinauf zum Ksar-Eingang. Felshöhlen, zum Teil in mehreren Kammern hintereinander, sind unterhalb der Ksarummauerung in den Fels gehauen. Im Innern der Anlage dann „Erdbeben-Atmosphäre“: Alt-Beni Barka, das teilweise auf das 14. Jh. zurückgeht, ist heute ein riesiges Trümmerfeld. Nicht sein Erhaltungszustand, aber seine Größe, die imposante Lage und der großartige Blick auf die umliegende Berglandschaft faszinieren.

Unten auf der Hauptroute durchfahren wir sogleich das neue Dorf Beni Barka. Bei km 6½ stößt von links das vom Ksar und Ort *Tounkett* kommende (beschilderte) Sträßchen zu uns, und 200 m weiter, kurz vor dem Ort **Maztouria,** lohnt sich folgender kleiner **Umweg** über die

Maztouria-Ksour: El Aoidid, El Khadim und Daghagra

Die rechts bergauf ziehende, beschilderte Piste entwickelt sich bald zur regelrechten „Panoramaroute“, die aussichtsreich über dem palmenbewachsenen *Oued Zondag* und dem Ort *Maztouria* verläuft und – der freundlichen und zurückhaltenden Bevölkerung nach zu schließen – von Touristen selten befahren wird.

In Anbetracht der schöneren Ksour, die noch folgen, lassen wir nach etwa 1,7 km das *Ksar Ouled Aoun* etwa 200 m entfernt links liegen, schauen uns aber 1 km danach das geschickt restaurierte (touristische Nutzung geplant?) **Ksar El Aoidid** an: eine bis zu 3-stöckige Ghorfaanlage, in deren Kammern wir besonders gut Steinwannen und Nischen zur getrennten Lagerung verschiedenartiger Vorräte sehen können. Interessant auch die vielen, in den Putz eingearbeiteten, reliefartigen Verzierungen. Türbögen, Gewölberundungen sind mit Ornamenten, Hand- und Fußreliefs sowie Schriften verziert.

Etwa 800 m weiter das nächste Ksar: das ungewöhnlich festungsartige **Ksar El Khadim** (auch Ksar Zenetes) mit mächtigen Umfassungsmauern aus unverputzten Steinquadern und einem großen, überwölbten Eingangstor (bei den Restaurierungsarbeiten durch Hinzufügen steinerner Stützen allerdings verfälscht). Es wurde im Jahr 1091, kurz nach der Invasion der Beni-Hilal, vom Berberstamm der Zeneten gebaut. Obwohl innen leider sehr zerfallen, sieht man in den Gewölben sehr viele und phantasievolle Verzierungen im Putz: Blütenranken, Moschee-Motive, geometrische Muster, Schriften. Außerhalb der Ummauerung entdecken wir im felsigen Boden kleine Reibmulden.

Nochmals 1 km weiter: **Ksar Daghagra** (auch Ksar Deghaghora). Ein

Ksar Daghagra

S. 639

Waghalsige Treppchen führen zu den oberen Eingängen

breites, mit Palmstämmen gedecktes Eingangstor führt in die bis zu 3-stöckige Ghorfaanlage. Das Ksar hat stark unter Vandalismus gelitten und bietet einen traurigen Anblick: überall Scherben, denn die großen Tonkrüge wurden zertrümmert. Statt der schönen, alten Palmholztüren verschließen jetzt vielfach Steinmauern die Kammern. Noch gut erkennbar sind die Raumunterteilungen: Wannen und Becken, Nischen und Nebenkammern. „Strichlisten" – wohl für die Buchführung – findet man an den Wänden. Auch hier sind im Felsboden vor dem Ksar-Eingang kleine Reibmulden herausgeschliffen. Unterhalb des Eingangstors drei alte Ölmühlen, eine davon in einem halb eingestürzten Kuppelbau, darüber eine kleine Moschee.

Bei diesem letzten Ksar fahren wir talwärts (die in die Berge weiterführende Piste wird bald unpassierbar). Wir stoßen 1 km später, also nach insgesamt 5½ km, am südlichen Ortsende von **Maztouria** wieder auf die Talstraße (unser Panoramasträßchen ist in Gegenrichtung nicht beschildert).

Gute 6 km weiter durchfahren wir **Tamelest;** links oben auf dem Hügel erkennt man die kargen Reste des **Ksar Ouled Chehida** aus dem 13. Jh. (ca. 10minütiger Aufstieg, aber kaum lohnend). 1915 revoltierten die Bewohner massiv gegen die Franzosen. Die Revolte wurde niedergeschlagen und ihr Ksar, wie auch andere in der Region, stark beschädigt. Lohnender ist gut 1½ km ab Tamelest-Zentrum ein

Abstecher zum Ksar Sedra

(Aufstieg zu Fuß (rechts über Piste) ca. ½ Std.; mit geländegängigem Fahrzeug Auffahrt bis knapp unter Gipfel möglich: +1½ km. Sehr enger Wendeplatz. Taschenlampe mitnehmen!).

Fels und Gemäuer des spektakulär auf einem hohen Felskegel sitzenden, menschenleeren **Ksar Sedra** (auch Ksar Bou Ziri) verschmelzen farblich fast miteinander. Unterhalb des Ksars führen hinter zahlreichen Vorbauten dunkle (und niedrige!) Gänge weit in die Felsen hinein. Oft liegen mehrere Höhlenräume hintereinander, sind durch Quergänge verbunden, ein richtiges unterirdisches Stollen- und Höhlenlabyrinth. Trittsicherheit ist nötig für die letzten 50 Höhenmeter vom Pistenende bis zum Gipfel. Dort auf der Felsspitze thront die zerfallene

Kalaa, die alte Fluchtburg, und erlaubt einen phantastischen Blick weit übers Land.

600 m weiter folgen wir bei einer Straßengabelung dem Sträßchen nach links (Weiterfahrt rechts nach *Remtha* (+7 km) lohnt sich nicht). Nach knapp 3 km erreichen wir eine der stimmungsvollsten und schönsten berberischen Speicherburgen der ganzen Region:

★Ksar Ouled Soltane

Ort und Ksar in einem. Wohnhäuser, Moschee, Post, Café, kleine Lädchen liegen direkt bei der großen Ghorfaanlage. Die beiden Innenhöfe, der erste aus dem 15., der andere aus dem 19. Jh., sind durch eine mit Palmstämmen gedeckte Passage miteinander verbunden. Die Höfe sind jeweils umgeben von bis zu 4-stöckigen, sehr gut erhaltenen bzw. restaurierten und verputzten Speicherkammern. Halsbrecherische, geländerlose Treppchen – nur für Schwindelfreie – führen zu den oberen Stockwerken, Palmholztüren sichern die Eingänge. Viele Ghorfas werden wieder zur Lagerung von Getreide und Oliven genutzt, und ab Freitagmittag dienen die beiden Höfe den Männern aus der Umgebung als Treffpunkt. Kleines Café mit sehr freundlichem Besitzer im hinteren Innenhof.

Die Straße zieht ab Ouled Soltane talwärts, eingerahmt von kahlem, aber trotzdem gefälligem Bergland. Nach 3½ km, gleich hinter der kleinen Siedlung **Mghit** zweigen wir links auf eine beschilderte Straße ab. Sie umfährt einen Bergzug an seinem Südende und biegt später in nördliche Richtung ab. 11,7 km ab Ouled Soltane erreichen wir das **Ksar Zahra** im Dorf **Ezzarah**.

★Ksar Zahra (ehem. Krachoua)

Das vorbildlich restaurierte Ksar – zwei Höfe mit 3- bzw. 4-stöckigen wabenartigen Speicherkammern (Ghorfas) – ist voll integriert ins Dorfleben; im Erdgeschoß hat man da und dort ein Lädchen eingerichtet, davor sitzen Männer und unterhalten sich, andere liegen schlafend auf dem Boden, Ziegen und Hunde trotten über die Höfe, Kinder schielen scheu um die Ecken – man hat das Gefühl, als bewege man sich zwischen Kulissen und Statisten eines Theaters.

Ab Ezzarah folgen wir in einer weiten Senke zwischen zwei Bergzügen einem Oued nach Norden. Kleine Palmgruppen, da und dort ein paar Feigen- und Olivenbäume, vereinzelte Häuser. Nach 3,6 km geht rechts eine beschilderte Piste zum **Ksar Beni Yckrzer** ab, eine bis zu 2stöckige, kaum lohnende Anlage. Wir sehen sie auf der Weiterfahrt etwa bei km 5 rechts oberhalb des Dorfes Khatma. Etwa 6 km danach erreichen wir das erste der drei dicht beieinander stehenden **Ksour Djelidat.**

★Ksour Djelidat

Alle drei Ksour sind nach der hiesigen Region *Djelidat* (bzw. *Beni Bilal)* benannt. Das erste (neben neuer Moschee) – ist ein ca. 50x50 m messender Komplex. Außen, neben dem großen Holzeingangstor, ein paar kleine Lädchen; im Innern werden manche der bis zu 4-stöckig übereinander getürmten Kammern noch als Lager oder Ställe verwendet, Hunde kläffen uns entgegen, Ziegen meckern kläglich, ein blinder Wächter, der hier offenbar wohnt, huscht wie ein Geist über den Hof – das Ksar erschien uns etwas unheimlich.

Ein paar hundert Meter weiter, gleich nach der Einmündung in die querende, von Beni M'hira (rechts; s. Route C9) nach Tataouine (links) führende Straße, finden wir beidseits der Straße je ein weiteres zum Djelidat-Komplex gehörendes **Ksar:** Das linke, etwas kleinere, ist zweistöckig, wird ebenfalls nur noch als Lager und Stallung genutzt. In der rechten, dreistöckigen Ghorfaanlage neben der Moschee (Zugang von Talseite) sind viele Kammern mit Wannen, Mulden, Nischen versehen, und man entdeckt alte Krüge und reliefartige Putzverzierungen. Leider ist das Ksar recht verdreckt und heruntergekommen.

Zwischen und um die beiden Ghorfaanlagen liegt das **Dorf Gattoufa** mit einigen Lädchen und ganz normalen Wohngebäuden – bis auf eines: ein eigenwilliger Zuckerbäckerbau, verschachtelt, mit Kuppelaufsatz und einer Art „Gartenlaube" auf dem Dach hat sich in die schlichte Dorfarchitektur verirrt.

Kurvenreich zieht die Straße nun durch meist kahle Berge und erreicht nach gut 9 km die *Av. Hedi Chaker* im Zentrum von **Tataouine.**

Nördliche Rundfahrt

(s. Routenübersicht S. 646)

Tataouine – Guermessa – Ghomrassen – Ksar Ferch (Ras el Ain) **– Tataouine** (ca. 60 bis 70 km); **Schleife (z.T. Piste) zusätzlich über Ksar Hadada – Beni Kheddache** (+60 bis 70 km)

An dieser abwechslungsreichen Route liegen interessante und sehenswerte **Ksour** und **Ghorfaanlagen,** teilweise **in beeindruckender Landschaft,** darunter das zum **Hotel** ausgebaute **Ksar Hadada.**

- **Verkehrsverbindungen:** Busse von Tataouine nach Ghomrassen sowie von Ghomrassen nach Ksar Hadada, Guermessa oder Medenine.

Wir verlassen **Tataouine** (km 00) zunächst nach Süden Richtung Remada und biegen nach reichlich 2 km rechts ab auf das nach Chenini führende Sträßchen. Wir passieren das links etwas abseits liegende Hotel **Sangho** sowie die **Station Mabrouk** (Café/Restaurant/Campingplatz/Hotel im Bau) und ignorieren bald danach die Abzweigung (rechts) nach Ras el Ain/Ghomrassen. Bei km 6 biegen wir rechts ab zum neuen Dorf **Guermessa** (+14 km).

Guermessa

Dies ist eines der **bemerkenswertesten Berberdörfer** im ganzen Dahar-Bergland. Damit ist aber nicht der neue Ort in der Talebene gemeint, sondern das alte **Bergdorf** in einem weiten Felskessel hinter den beiden oberhalb aufragenden Felskegeln mit – ähnlich wie in Chenini – der weißen Moschee in der Senke dazwischen.

Zugang: Fußweg zwischen neuem und altem Ortsteil. Möglichst die Vormittags(Schul-)stunden wählen; ansonsten extrem viel Kinderliebe mitbringen.

Zufahrt (Geländegängigkeit bei Trockenheit nicht erforderlich). Ab Neu-Guermessa auf Straße weiter nördlich. 500 m nach Ortsendeschild (rechts Trafohäuschen) auf beschilderter Piste links durch von Tafelbergen gesäumtes Tal. Nach 3,3 km links weg durch wilde Felslandschaft hinauf bis zum Pistenende (+3,5 km) nahe der Moschee (dort kleines Café) von **Alt-Guermessa.**

Das Dorf und die inzwischen zerfallene Speicherburg (Kalaa) auf dem höheren der beiden Berghöcker wurden einst von den Djebalia-Berbern zum Schutz gegen ihre Feinde angelegt. Auch hier sind es in mehreren Bändern übereinander in den Hang gegrabene Wohnhöhlen, erstaunlich viele instandgesetzt und mit Palmholztüren verschlossen. Um einen zentralen Gemeinschaftsraum gruppieren sich – je nach Familiengröße – mehrere Schlaf- und Wohnräume. Davor auf der Terrasse das gewohnte Durcheinander aus vorgesetzten, ummauerten Höfen und Vorbauten.

In den Felsplatten hinter der Kalaa findet man Dutzende von Reib- sowie „Spielbrett"-mulden, in alten verrußten Höhlen liegen gewaltige Tonkrüge, Reliefverzierungen schmücken Decken und Wände, und faszinierend ist stets von neuem der weite Ausblick über Land.

Bisher konnten sich nicht alle Höhlenbewohner zum Umzug in die moderne, aber sterile Talsiedlung mit fließendem Wasser und Strom in den Häusern entschließen; ein paar Familien wohnen noch immer auf Bergeshöh' und nehmen auch die Mühen des Wassertransports aus dem Tal in Kauf.

Von Neu-Guermessa sind es etwa 13 km (beschildert) bis

Altes Bergdorf Guermessa

Ghomrassen

Der langgezogene **neue Ort** liegt recht reizvoll in dem teilweise sehr engen, von kahlen Felsen eingerahmten *Oued Ghomrassen.* Mit seinen vielen Neubauten, mit stattlichen Wohnhäusern und einer belebten, von vielen Läden, Cafés, Restaurants, Banken, Supermarkt, Tankstellen usw. gesäumten Hauptstraße wirkt er fast „städtisch" (5000 EW). Kein Hotel. Wochenmarkt: Fr (im Zentrum).

Lange schon, bevor die arabischen Beni-Hilal im 11. Jh. im Land einfielen, lebten in Ghomrassen die Hamdoun-Berber. Im 16. Jh. gründete der Heilige *Sidi Moussa Ben Abdallah* die Ouerghamma-Konföderation, in der er die verschiedenen Gruppierungen der Hamdoun vereinigte. 100 Jahre lang war Ghomrassen das Zentrum der

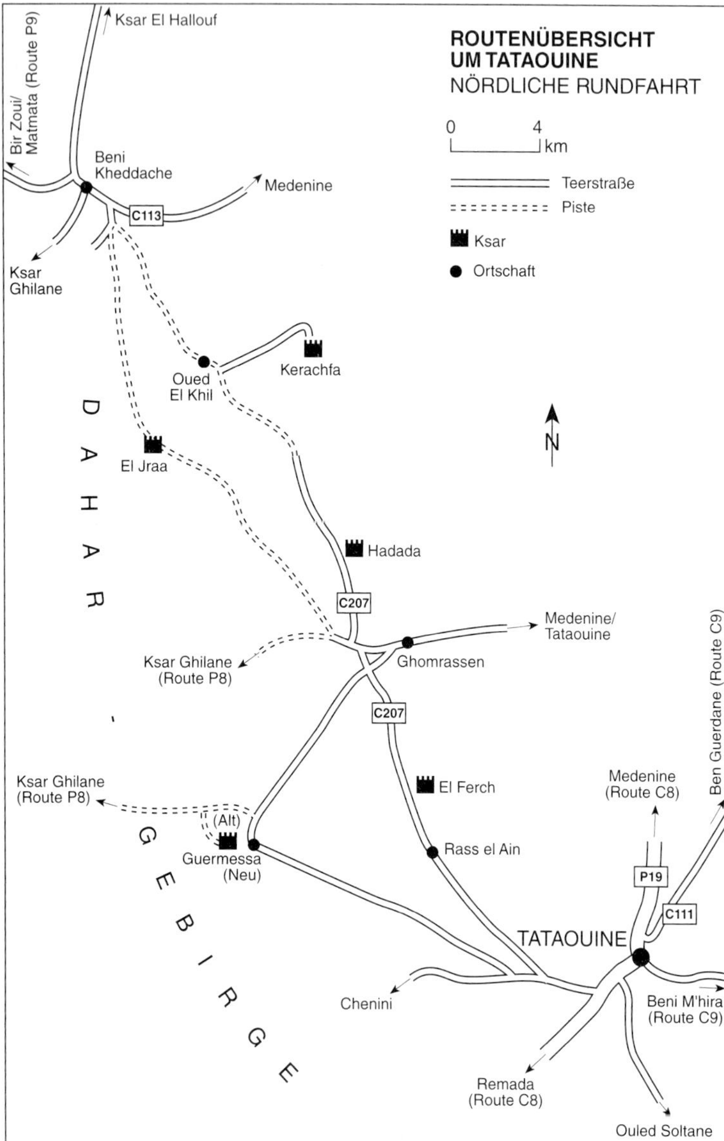
ROUTENÜBERSICHT
UM TATAOUINE
NÖRDLICHE RUNDFAHRT
0
4
km
Teerstraße
Piste
Ksar
Ortschaft
N
Ksar El Hallouf
Bir Zoui/
Matmata (Route P9)
Beni
Kheddache
Medenine
C113
Ksar
Ghilane
Oued
El Khil
Kerachfa
El Jraa
DAHAR - GEBIRGE
Hadada
C207
Medenine/
Tataouine
Ghomrassen
Ksar Ghilane
(Route P8)
C207
El Ferch
Ksar Ghilane
(Route P8)
(Alt)
Guermessa
(Neu)
Rass el Ain
Medenine
(Route C8)
Ben Guerdane (Route C9)
P19
C111
TATAOUINE
Chenini
Beni M'hira
(Route C9)
Remada
(Route C8)
Ouled Soltane

Ouerghamma, bis ein libyscher Marabut mit dem ganzen Stamm die Berge verließ und Medenine gründete.

Touristisch interessant war von jeher nur das **alte Ghomrassen,** das oberhalb der Talsiedlung an den von Erosion zerfressenen Felsen liegt. Früher zogen sich dort terrassenartig übereinander mehrere bewohnte Höhlenbänder mit den üblichen Vorbauten hin. Felsstürze und gezielter Abriß der alten Siedlungen haben nur noch wenige bewohnbare Reste übrig gelassen. An der vordersten, aussichtsreichen Spitze des Bergsporns steht noch heute der *Marabut des Sidi Arfa,* unterhalb davon weißleuchtend die Moschee mit hohem Minarett. Besonders im westlichen Talkessel wurden Teile des alten Dorfes notdürftig restauriert, um wenigstens noch als Lagerräume und Ställe nutzbar zu sein.

Fortsetzung der nördlichen Rundfahrt über Ksar Hadada und Beni Kheddache:

Wir verlassen **Ghomrassen** auf unserer Zufahrtsstraße nach Westen. Nach gut 2 km biegen wir an einer Straßengabelung auf die C207 rechts ab (hier münden wir auf dem Rückweg von Beni Khedddache kommend wieder ein). Nach 5 km erreichen wir

★Ksar Hadada

Ein alter Ghorfakomplex, in dem nomadisierende Berber einst ihre Vorräte lagerten, wurde schon vor vielen Jahren in eine Touristenherberge umgewandelt: Hotel **Ksar Hadada**, Tel. 86 96 05, DZ 17 TD, Menü 4,5 TD.

Die Rechnung ging auf. Vor allem organisierte Reisegruppen, Rundfahrtunternehmen steuern diese originelle Schlafstätte mit ihren Gästen an, und diesen gefällt es. Ein Großteil der einstigen Speicheranlage ist zwar zerfallen bzw. extrem baufällig und abgesperrt. Den „Hotelteil" jedoch hat man restauriert und ausgebaut: Winklige, gepflasterte Gäßchen, Höfe, Treppchen, Torbögen und tonnenüberwölbte ein- bis zweistöckige Ghorfas innerhalb der Ummauerung bilden eine kleine, intime Dorfidylle, inzwischen aber mit starken Gebrauchsspuren! Die Schlafzellen (insgesamt 72 Betten, verteilt auf 2- bis 5-Bett-Kammern) haben kalte Dusche, WC, sind äußerst spartanisch, zweifellos „urig", im Winter allerdings extrem ungemütlich. Es gibt ein Restaurant, Aufenthaltsräume, einen Souvenirladen und eine lizensierte Bar.

Um das Ghorfa-Hotel herum liegt das kleine **Dorf Hadada** mit ein paar Lädchen und vielen charakterlosen Neubauten. Dominierendes Bauwerk ist heute nicht mehr das alte Ksar (in dessen hinterem Teil übrigens noch eine Ölmühle arbeitet), sondern die 1991 eingeweihte monumentale Moschee, ein für die Größe des Ortes unverhältnismäßig aufwendiges Bauwerk.

Ab **Ksar Hadada** geht es zunächst auf Teerstraße (beschildert) weiter. Auf der folgenden Strecke waren 1998 Asphaltierungsarbeiten im Gange. Die landschaftlich äußerst reizvolle (je nach Baufortschritt) Straße bzw. gute Piste (C207) zieht sich durch die Berge gen Norden nach Beni Kheddache. Zunächst geht es in stetigem Auf und Ab über ein von tiefen Schluchten zerfurchtes Plateau, das westlich vom Steilabbruch des Dahar-Gebirges überragt wird. In den Senken sehen wir immer wieder kleine Djessour-Felder, meist mit Ölbäumen. Wir erreichen nach ca. 13,5 km den Weiler **Oued El Khil.**

Abstecher zum Ksar Kerachfa

Das kurz nach Passieren der *Garde Nationale* rechts zwischen den Häusern hindurch abzweigende Sträßchen erreicht nach 4,8 km das spektakulär gelegene **Ksar Kerachfa**, das ganz vorn auf einem Bergsporn thront und prächtige Ausblicke bietet. Wir entdecken ein kleines Lädchen, das als einziges benutztes Gebäude des Ksars offenbar die Bewohner des nahen Weilers versorgt – vielleicht das einsamste Lädchen ganz Tunesiens. Gleich am Ksar-Eingang eine in den Fels gebaute Moschee. Ansonsten ist die max. dreistöckige, ovale Ghorfaanlage längst verlassen und stark zerfallen. Folgt man außen dem Pfad um den Bergsporn herum, gelangt man zu zwei aufgelassenen Ölmühlen in großen Felskammern (Mühlsteine und hölzerne Ölpressen noch vorhanden); die Reste einer dritten Ölmühle finden wir in dem Kuppelbau unterhalb des Ksareingangs.

Zurück zum Dorf Oued El Khil und weiter auf der Hauptroute. Nach wenigen Kilometern bleiben die Berge allmählich zurück. Auf dem hügeligen *Haouaya-Plateau* liegen Felder und Gärten mit Oliven-, Feigen-, Obst- und Pistazienbäumen. Ca. 23 km ab Ksar Hadada achten wir auf eine von links einmündende Straße (wichtig für die Rückfahrt), bevor wir schließlich auf die Hauptstraße C113 Medenine – Beni Kheddache stoßen. Auf dieser ist es 1 km links zur Ortsmitte von **Beni Kheddache** (Ortsbeschreibung s. „Ksar-Rundfahrt" ab Medenine – Route C7).

Rückfahrt nach Ghoumrassen: Nicht geländegängige bzw. wenig robuste Fahrzeuge sollten evtl. auf Anfahrtsstrecke nach Ghoumrassen zurückfahren (Vorsicht auch bei Nässe!). Zur **Fortsetzung** unserer **Rundtour** fahren wir von Beni Kheddache (km 00) auf dem Herweg etwa 2,5 km Richtung Ksar Hadada bis zur oben genannten Straßeneinmündung; Dort nehmen wir den *rechten* Zweig, verlassen nach 1 km jedoch das Teersträßchen in einer Rechtskurve und fahren auf Piste (evtl. Sandverwehungen) geradeaus weiter in Hauptrichtung Süden. Ein kleines Dorf wird durchfahren, dann geht es hinein in die Berge. Im Dorf **El Jraa** (km 13) liegt links das gleichnamige, kleine und stark zerfallene **Ksar.** Die Bevölkerung in diesen abgelegenen Dörfern ist auffallend freundlich; viele alte Wohnhöhlen werden heute noch genutzt.

An der Gabelung ca. 100 m nach dem Ksar halten wir uns links, an einer Verzweigung bei km 14,5 nehmen wir die mittlere Piste, vorbei an einigen Häusern. Dann begleitet uns links des Wegs eine tiefe Schlucht. Abgesehen von einigen Djessourfeldern mit Öl- und Feigenbäumen und vereinzelten Palmen ist das Gelände weitgehend vegetationslos. Einige kurze, holprige Abschnitte können ungeeigneten Fahrzeugen Schwierigkeiten bereiten. Etwa bei km 17,5 links halten, steil hinab ins Tal. Bald können wir wenige Kilometer östlich die große Moschee von Ksar Hadada erspähen, bevor wir bei km 26 wieder auf Asphalt stoßen. 1 km weiter münden wir in die links von Ksar Hadada kommende Straße C207 (unsere Anfahrt). Nach rechts sind es noch reichlich 2 km bis Ghomrassen-Zentrum (knapp 30 km ab Beni Kheddache).

Für die **Rückfahrt nach Tataouine** folgen wir ab dem westlichen Ortsrand von Ghomrassen der C207 nach Süden über eine dünnbesiedelte Hochebene. Weit im Westen begleitet uns der langgezogene *Djebel el Hadada,* in dessen Senke wir *Guermessa* entdecken können. Bald passieren wir

★Ksar El Ferch

Die erst 1911 erbaute, mit einer Fläche von ca. 100x100 m recht große, max. zweistöckige Ghorfaanlage ist bis auf ein kleines, traditionell und gemütlich eingerichtetes Café/Restaurant (sehr freundlicher Besitzer) verlassen, ein Teil der Speicherräume aber noch erstaunlich gut erhalten. Man entdeckt da und dort schöne Palmholztüren, zurückgelassene Krüge und Körbe, am Dachfirst die Galgen zum Hochziehen von Lasten, und in einem Kuppelgewölbe liegen noch Reste einer alten Ölmühle. Vor dem Ksar die hübschen Kuppelbauten einer Moschee nebst Marabut.

3,5 km weiter durchfahren wir das Zentrum des weitläufigen, in einem großen, lockeren Palmenhain gelegenen Dorfes **El Ferch** (Ras el Ain), in dessen Nähe (am *Djebel Tlalett)* Reste der römischen Festung *Talati* als Teil des *Limes Tripolitanus* entdeckt wurden. Münzfunde erlaubten den Archäologen eine genaue Datierung: Erbauungsjahr 263, Restaurierung im Jahr 355. 4,5 km danach passieren wir das Hotel *Dakyanus,* und nach weiteren knapp 3 km stoßen wir auf die von Chenini kommende Straße. Auf ihr sind es noch ca. 5,5 km nach links zurück zum Zentrum von **Tataouine.**

Weiterfahrt von Tataouine nach Remada

Wir verlassen **Tataouine** auf der P19 in Richtung Süden. Nach gut 9 km passieren wir **Ksar Ouled Debbab** (s. „Westliche Rundfahrt" ab Tataouine). Dann geht es durch unbesiedeltes, landwirtschaftlich kaum mehr genutztes Gelände. Rechter Hand begleiten uns bis Remada die zerklüfteten Steilabbrüche der Daharberge, während sich links eine weite, nur von niederem Buschwerk bewachsene und höchstens von einigen Nomaden und ihren Herden belebte Ebene erstreckt. Der kleine Ort **Bir Thlathine** (km 30) mit einem „Sahara"-Café, Poststelle und ein paar Lädchen ist die einzige feste Siedlung entlang der Route. Etwa bei km 45 zweigt nach Westen eine beschilderte Straße ab, die über *Bir Amir,* ab dort als Piste hinüber zur Pipelinepiste und auf dieser weiter nach *Kamour* im südlichen Sperrgebiet führt (s. Route P6). Bei Wegstein „18 Remada": von rechts Einmündung einer Piste von Bordj Bourguiba (siehe Route PS 9 – nur für Ausfahrt aus dem Sperrgebiet zulässig!). Ca. 10 km vor Remada ignorieren wir einen unter anderem nach „Bordj el Khadra" beschilderten Pistenabzweig, registrieren aber 5 km danach einen weiteren Abzweig nach „Bordj el Khadra" und „Kambout" (= Beginn der Route PS1 durch das südtunesische Sperrgebiet). 80 km ab Tataouine erreichen wir **Remada.**

Remada

Kleiner, von den Franzosen gegründeter **Garnisonsort** (ca. 5000 EW) mit Militärflugplatz. Uniformierte beherrschen das Bild. Den erforderlichen Stempel für die Fahrbewilligung ins südl. Sperrgebiet erhält man in der Kaserne beim Kreisverkehr mit Märtyrer-Denkmal. Tankstelle am Ortseingang; Post, Bank, kleines Café/Restaurant, einige Läden am zentralen Platz; kein Hotel. Wochenmarkt: So. Busse und Louages nach Tataouine und Dehiba an der libyschen Grenze.

Einzige bescheidene Sehenswürdigkeit: Von der beim Verkehrskreisel in Richtung Dehiba/Nalut (Libyen) führenden Straße zweigt nach 1 km eine Piste ab, die ca. 500 m nach links zu einer Tamariskengruppe mit bienenkorbförmigen Kuppelbauten führt. Insgesamt 17 aus Lehmziegeln errichtete kleine Koubbas sind hier um einen großen viereckigen Platz angeordnet, die meisten inzwischen zerfallen oder zerstört. Die Einheimischen sind sich offenbar selbst nicht einig über deren frühere Funktion: Es soll ein Markt- oder Schlachtplatz für Kamele gewesen sein.

Reste einer römischen Festung, einst Teil des *Limes Tripolitanus,* liegen unzugänglich im Kasernengelände.

Von Remada aus führt die C112 nach **Dehiba** an der **libyschen Grenze** mit altem, als Kaserne genutztem Ksar (+50 km). Der dortige Grenzübergang nach Nalut in Libyen ist für Nicht-Araber normalerweise geschlossen.

Kuppelbauten aus Lehm bei Remada

Route C 9: Ben Guerdane – (Kirchaou bzw. Beni M'hira) – Tataouine [85 bzw. 102 km]

Allgemeines

Eine durchgehend asphaltierte, wenig befahrene Route (in zwei Varianten) durch die Djeffara-Ebene. An der südlichen der beiden Streckenvarianten liegen einige große, aufgelassene Ksour. Die nördliche Variante stellt eine schnelle Verbindung zwischen Meer und südlichem Dahar-Bergland dar.

Ben Guerdane

(Beschreibung s. Route C7)

Zunächst 3 km auf der P1 in Richtung Medenine, dann links weg auf der C111, der Beschilderung „Tataouine" folgend. Anfangs geht es durch ausgedehnte Ölbaumhaine, dann durch kahles, fast unbewohntes Gelände, gelegentlich etwas Buschwerk, viele weidende Tiere, u.a. große Kamelherden. Dieser Teil der **Djeffara-Ebene** ist seit dem 13. Jahrhundert das Weidegebiet des einst sehr mächtigen und wohlhabenden Stammes der Ouled Debbah, die inzwischen in zunehmendem Maße in den neuen Dörfern entlang der Route angesiedelt wurden. Bei km 35 erreichen wir den kleinen Ort **Gheriani** mit – links etwas abseits der Straße – einem zerfallenen Ksar.

Für die Weiterfahrt nach Tataouine gibt es zwei Möglichkeiten: kürzer auf der Direktroute (Variante A) über *Kirchaou* oder – interessanter – mit Umweg über *Ksar Aoun, Beni M'hira* und *Djelidat* (Variante B).

Variante A:

Direktroute über Smar bzw. Kirchaou

Weit im Süden begleitet vom *Djebel Rehach,* ansonsten durch monotone Landschaft, durchfahren wir auf dieser Route die relativ große Ortschaft **Smar** (Tankmöglichkeit) und passieren bald darauf bei km 47 **Kirchaou** – ein kleiner, etwas schläfriger Ort, bei dessen Moschee das *alte Ksar* mit einstmals bis zu zweistöckigen Ghorfas steht. Der etwa 80x80 m große Innenhof, von einigen Lädchen gesäumt, dient heute als Marktplatz.

Dann liegt noch der verstreute Ort **Maouna** an der Strecke, und 15½ km ab Kirchaou besteht die Möglichkeit, einen Abstecher zum 5 km entfernten *Ksar Bhir* zu machen. Die Landschaft wird schließlich etwas strukturierter; langgezogene, mit kleinen Büschen betupfte Hügel tauchen auf. Etwa bei km 71 durchfahren wir den Ort **Oued el Ghar** und erreichen nach insgesamt 85 km **Tataouine.**

Variante B:

Über Ksar Aoun, Beni M'hira und Djelidat

In **Gheriani** (km 00) halten wir uns links auf die Berge zu. Nach gut 6 km biegen wir in die von *Smar und Kirchaou* (rechts) kommende Straße links ein und erklimmen durch kahle Schotterhügel ein karges, dünn besie-

Ksar Aoun ist eine der größten Ghorfaanlagen Südtunesiens

deltes Hochplateau. Bei km 22,5 erreichen wir das unscheinbare Dorf **Ksar Aoun** (Markttag Sonntag) mit seinem großen, seit Jahrzehnten verlassenen **Ksar** (GPS-Position 32°52.05' Nord, 10°53.13' Ost). Hunderte maximal zweistöckige Ghorfakammern, teilweise sandverweht, dämmern ungenutzt dahin (1998 jedoch Restaurierungsarbeiten). Dieses und mehrere andere Ksour in der Region östlich der Daharberge erinnern an den Wohlstand der früheren Bewohner, so auch das nächste **Ksar** nur 1 km weiter westlich an der Straße nach Tataouine. Mit der imposanten Länge von etwa 500 m und 100 m Breite (man kann mittendurch fahren) ist es vermutlich das größte der Region – ziemlich zerfallen zwar, seit langen Jahren ungenutzt, z.T. vom Sand verweht und von Buschwerk überwachsen. In **Beni M'hira** (km 28,5; alljährlich Ende März mehrtägiges Ksar-Festival) nochmals Reste zweier **Ksour.**

Weiter geht es durch halbwüstenartiges Ödland, bis nach weiteren etwa 20 km die ersten Ausläufer des Dahar-Gebirges mit seinen von Regenfällen stark zerfurchten, rotbraunen Lehmhügeln erreicht sind. Kurvenreiches Auf und Ab bringt uns zu den drei **Ksour Djelidat** (km 58; s. „Südliche Rundfahrt" ab Tataouine, S.639). Ab hier sind es noch gut neun Kilometer bis ins Zentrum von **Tataouine** (Gesamt-km ab Ben Guerdane: 102).

Tataouine

(Beschreibung, Ortsplan und Ausflüge s. Route C8)

Route C 10: Djerba (El Kantara) – Zarzis [29/32 km] – Ben Guerdane [47 km]

Allgemeines

Keine Höhepunkte an der Strecke. Die schönen, ruhigen Sandstrände von Zarzis haben sich zu einem beliebten Ferienziel, einer Alternative zur turbulenteren Ferieninsel Djerba entwikkelt. Die Weiterfahrt nach Ben Guerdane kommt wohl nur für Libyenreisende in Frage.

Wir verlassen die Insel **Djerba** in **El Kantara** und erreichen über den 6,5 km langen sog. „Römerdamm" die **Akkara-Halbinsel** und das Festland. Gleich nach dem Dammende steht links eine alte, nicht zugängliche Türkenfestung. Weiter auf der C117 in Richtung Zarzis. Nach knapp 4,5 km biegen wir von der durch ausgedehnte Ölbaumkulturen nach Zarzis führenden Direktroute links in die **„Route Touristique"** ein, um in Meeresnähe nach Zarzis zu fahren (ca. 3 km Umweg). 5 km nach dem kleinen Ort **Hassi Djerbi** (mit Tankstelle) beginnt mit den Hotels **Oamarit, Sangho-Club, Giktis** und **Ferres** die etwa 8 km lange „Zone Touristique". Alle weiteren Strandhotels befinden sich in dem Straßendorf **Soujhel,** das nur noch etwa 4 bis 5 km vom Zentrum der Stadt entfernt liegt. Palmenhaine und ein kilometerlanger Sandstrand begleiten diese Strandzone. Hier finden wir auch das *ONTT-Touristenbüro,* mehrere Restaurants, Souvenirläden sowie Auto-, Moped- und Motorradvermieter. Geschäfte mit der Bezeichnung „Edeka", „Aldi" sowie phantasievollen deutschen Werbesprüchlein auf Höhe der beiden „Z"-Hotels *(Zita* und *Zarzis)* verraten die Nationalität der hier residierenden Gäste. Auf der Weiterfahrt kommen wir an einem kleinen **Volkskundlichen Museum** vorbei: In einer alten unterirdischen Ölmühle sind u.a. bäuerliche Geräte und Hausrat der Berber zu besichigen. Erläuterungen auch in Deutsch. Eintritt 2 TD. Gut 1 km vor dem Zentrum von Zarzis mündet unsere „Route Touristique" wieder in die von Djerba kommende Hauptzufahrtsstraße C117 ein.

Zarzis

Zarzis (ca. 11 000 EW) ist Tunesiens **südlichster Badeort** mit fast 4000 Hotelbetten. Obwohl dieser moderne, betriebsame Ort keine touristischen Sehenswürdigkeiten bietet, ist er zur Hauptreisezeit dank seiner schönen Hotels und eines langen, naturbelassenen Sandstrands gut besucht. Zarzis ist ein bevorzugt von deutschen Reiseveranstaltern angebotenes Ferienziel, das in Bezug auf das Unterhaltungsangebot allerdings etwas im Schatten von Djerba steht.

Der Ort wurde gegen Ende des letzten Jahrhunderts von den Franzosen gegründet und galt beim französischen Militär als beliebtester Badeort im Süden des Landes. Dank ergiebiger artesischer Quellen gelang es während der Protektoratszeit, in diesem als nicht kultivierbar geltenden Teil der Djeffara-Ebene Gärten sowie ausgedehnte Palmenhaine und Ölbaumplantagen anzulegen und die Akkara-Halbnomaden hier anzusiedeln.

Vom zentralen *Place de la Jeunesse* (Kreisverkehr) gehen sternförmig die wichtigsten Straßen ab: die *Av. Mohamed V* in Richtung Hotelzone und Djerba, die *Av. F. Hached* in Richtung Medenine bzw. Ben Guerdane und die kurze Verbindungsstraße zum *Pl. 7 Novembre* mit der Großen Moschee. Von dort führt die *Av. H. Thameur* weiter zum Freihafen. Diese 1990 eröffnete Anlage dient hauptsächlich als Ölterminal und soll „demnächst" um einen Yachthafen erweitert werden.

Im Stadtzentrum finden wir Banken, Geschäfte, Restaurants, Bars, mehrere kleine Hotels, Reiseagenturen, die Post (erkennbar am Antennenturm), in der Av. F. Hached einen Supermarkt und daneben das Staatliche SOCOPA-Artisanat (Ausstellungs- und Verkaufsraum für tunesisches Kunsthandwerk). Beherrscht wird das Zentrum von der Großen Moschee mit ihren sandsteinfarbenen Tür- und Fensterbögen und dem wuchtigen Minarett mit schöner Kachelverzierung und Laternenaufsatz. Eine türkische Festung, die an dieser Stelle stand, mußte 1978 dem Moschee-Neubau weichen. Auch vom römischen Vorgängerort *Gergis* sind keine Spuren mehr vorhanden. Das **Volkskundliche Museum** (Kuppelbau hinter großen Eukalyptusbäumen an Av. H. Thameur), seit vielen Jahren wegen Umbau geschlossen, soll wie bei jeder unserer Nachfragen, „demnächst", d.h. noch 1998/99 wieder geöffnet werden.

Vorwahl für Zarzis: 05

Touristeninformation

ONTT-Informationsbüro
in Hotelzone an *Route Touristique*, Tel. 68 04 45; Öffnungszeiten: Mo–Sa 8.30–13 Uhr; im Winter auch Mo–Do 15–17.45 Uhr.

Unterkunft

Hotel

Strandhotels

(an der „Route Touristique")
Taxis, ein etwa stündlich verkehrender Linienbus oder Pferdekutschen verbinden die Hotelzone mit dem Stadtzentrum (Angabe in Klammern: Entfernung zum Zentrum)

Oamarit***
Tel. 68 07 70, Fax 68 02 92, DZ 90/37 TD (12 km); bevorzugt von franz. Gästen besuchtes Clubhotel mit schönen Gartenanlagen direkt am Strand; Bungalows bzw. 3stöckige Wohnblocks; umfangreiches Sport- und Animationsprogramm (häufig in Franz.), Nachtclub, Fahrradverleih, Reitstall.

Sangho-Club***
Tel. 68 01 24, Fax 68 07 15, nur VP: 61/44 TD p.P. (ca. 11 km); gepflegte, weiträumige Anlage mit umfangreichen Sportmöglichkeiten; Minizoo.

Giktis***
Neben Sangho-Club, 1995 eröffnet, DZ 98/33 TD (ca. 11 km), umständlicher Strandzugang, Fahrrad-/Mopedverleih, großer Pool sowie Sport- und Animationsprogramm.

Ferres*****
Direkt am Strand, 1998 im Bau.

Zita**
Tel. 68 02 46, Fax 68 32 59, DZ 62/

Hotelstrand in Zarzis

54 TD (ca. 4,5 km; in den Wintermonaten geschlossen); weitläufige, gefällige Anlage in Palmenhain am Strand; einfache Zimmer, hübsches Thermal-Schwimmbad und Süßwasserpool, Minizoo, Diskothek, reiches Sport- und Unterhaltungsangebot, Fahrradverleih.

Zephir* existiert nicht mehr.

Zarzis***

Tel. 68 01 60, Fax 68 02 92, DZ 76/ 40 TD (ca. 4 km); beliebtes Mittelklassehotel in oasenähnlichem Garten an breitem Strand; großer Süßwasserpool mit Palmeninseln, Thermalpool.

Ziha

Tel. 68 13 04, Fax 68 08 25, DZ 30 TD (ca. 3 km); strandnah, sanitäre Anlagen pflegebedürftig, mit Restaurant/ Pizzeria.

Nozha*

Route de Corniche, Tel./Fax 68 15 93, DZ 40/26 TD; 15 Gehminuten zum Stadtzentrum; kleines, familiäres Hotel (Baujahr 1994), direkt am Strand, schöne, geschmackvoll eingerichtete Zimmer; lizensiertes Restaurant; Diskothek nebenan.

Amira

Tel. 68 01 88, DZ 24 TD, kleines, familiäres Hotel direkt am Strand mit Campingmöglichkeit.

Stadthotels

(Preise z.T. ohne Frühstück)

Oasis

Route des Hôtels (nahe Rest. *Le Pirate);* sehr einfaches, kleines Appartment-Haus für bescheidene Ansprüche, 15 TD für 2 Personen, ca. 300 m zum Strand; Parken im Garten.

Afif

Av. Mohammed V, Tel. 68 16 39, DZ 10 TD; bescheidenes Hotel mit pflegebedürftiger Sanitäreinrichtung; Zimmer einfach möbliert.

Corniche
Rue Taher Sfar (nahe Moschee), Tel. 68 28 33, DZ 12 TD, einfache Zimmer mit Dusche.

El Medina/de Ville
Av. F. Hached, Tel. 68 08 01, DZ 14 TD; Zimmer mit WC, Bad/Dusche; häufig ausgebuchtes Stadthotel; Bar/ Restaurant.

du Sud
18 Av. F. Hached, Tel. 68 13 40, DZ 10 TD; schlichte Zimmer teilweise mit Straßenlärm; mangelnde Sauberkeit.

El Olivier/Zitouna
Av. F. Hached (nur arab. beschriftet; neben der Polizei schräg gegenüber ESSO-Station), DZ 10 TD; einfache, saubere Zimmer; Dusche/Bad (warm) + WC auf Etage; o.k. bei bescheidenen Ansprüchen, Restaurant.

Jugendherberge

Rue d'Algerie. Schlechte Leserkritik.

Essen und Trinken

Etwas spärliches Angebot an preiswerten, einfachen Lokalen. Die Restaurants der Stadthotels **Medina** bzw. **El Olivier** bieten sich an. Pizzeria im Hotel **Ziha**. Feiner speist man im

Abou Nawas
(2 Gabeln), Route des Hôtels (bei Hotel Zarzis); lizensiertes Speiserestaurant, Terrasse; schmackhafte Speisen (besonders Fisch und Meeresfrüchte sowie tunesische Spezialitäten). Empfehlenswert!

Hotel Nozha
Route de Corniche; hübsches, lizensiertes Restaurant am Strand mit guter, vorwiegend internationaler Küche.

Verkehrsverbindungen

- **Bus- und Louagestation** beim Hafen. **Busse** 2x täglich direkt nach Tunis; mehrmals tägl. nach Houmt-Souk/Djerba, nach Medenine und Gabès, nach Ben Guerdane. Häufige Verbindung vom Zentrum zur „Zone Touristique". **Louages** nach Medenine und Houmt-Souk.
- **Taxis** am Place de la Jeunesse.

Mietwagen

Auch Moped- und Motorradvermietung bei mehreren Anbietern an der *Route des Hôtels,* z.B.:
Avis, Tel. 68 17 06.
Hertz, Tel. 68 02 84.

Sonstiges

- **Supermarkt** in Av. F. Hached, daneben SOCOPA (ONAT)-Artisanat (Mo–Sa 8.30–12.30 u. 15–18 Uhr).
- **Fahrradvermietung** in einigen Strandhotels.
- **Markttage:** Mo u. Fr (Hauptmarkt); Samstagsmarkt zwischen den Hotels *Zita* und *Zarzis*.
- **Feste:** Einwöchiges „Schwammfest" Ende Juli/Anfang August mit internationalem Folkloreprogramm; „Olivenfest" zu Beginn der Olivenernte (etwa im Nov.).

Ausflüge

Organisierte Ausflüge

In Zarzis etwa das gleiche Angebot wie auf Djerba (s. dort). Außerdem:

- **Halbtages-Busausflug** nach Djerba: ab 12 TD
- **Halbtages-Geländewagentour** rund um Zarzis: 12 TD.

Ausflüge auf eigene Faust

- **Insel Djerba:** Besonders interessante Inselorte: Hauptstadt Houmt-Souk, Guellala (Töpfereizentrum), Hara Seghira (Synagoge La Ghriba).
- **Weitere Vorschläge** s. bei Djerba – „Ausflüge aufs Festland“.

Die Weiterfahrt von Zarzis auf der C109 in Richtung Ben Guerdane ist monoton, das Land topfeben; vom nahen Meer im Osten ist bald nichts mehr zu sehen. Nach 17,5 km, nach Passieren eines Ausläufers der Salzebene *Sebkhet el Melah,* Möglichkeit für einen

Abstecher zum Fischerort Jdaria

(Anfahrt 21 km)

Eine ungewöhnlich breite Teerstraße zieht hinaus auf eine immer schmaler werdende Landzunge. Links liegt das offene Meer, rechts die Lagune *Birhet el Bibane* (sehr fischreich; zu bestimmten Jahreszeiten viele Wasservögel, wohl eine der einsamsten Strandzonen Tunesiens). Nach rund 21 km ist das kleine **Fischerdorf Jdaria** (auch Jedaria) erreicht. Einige Häuser, ein paar Boote, Fischer bei der Arbeit. Wir passieren einen Kontrollposten der *Garde Nationale* (Grenznähe zu Libyen!), um 500 m danach festzustellen, daß die Welt für Fahrzeuge hier sowieso zu Ende ist. Ein etwa 20 m langer, nur zu Fuß passierbarer Damm führt auf eine Insel; in ca. 2 km Entfernung erkennt man dort das weiße Gemäuer der alten Türkenfestung *Bordj el Bibane* (auch *Sidi Ahmed Chaouch).*

Zurück an der Hauptstraße geht es weiter durch die eintönige Ebene; hin und wieder Ölbaumpflanzungen, krautiges Gestrüpp im strukturlosen Gelände, dann ein langer Damm über einen Seitenarm des *Birhet el Bibane.* Beim Schild „6 km Ben Guerdane“ zweigt links ein Sträßchen ab zum **Strand el Marsa** und herrlich am Meer gelegener **Jugendherberge Marsa el Kssiba** mit **Campingmöglichkeit** (+3,7 km). 47 km ab Zarzis erreichen wir schließlich das von Olivenpflanzungen umgebene Städtchen **Ben Guerdane.**

Ben Guerdane

(Beschreibung s. Route C7)

Läden in der Hotelzone Zarzis umwerben deutsche Kunden

Route C11: Medenine – Gightis [27 km] – Jorf [20 km] – Djerba/Houmt-Souk [22 km]

Allgemeines

Eine von mehreren Zufahrtsmöglichkeiten zur Insel Djerba, deren Monotonie durch die an der Route liegende römische Ruinenstätte von **Gightis** etwas unterbrochen wird. Überfahrt zur Insel mit Fähre.

Medenine

(Beschreibung, Plan, Ausflüge s. Route C7)

Wir verlassen **Medenine** beim Kreisverkehr am Place 7 Nov. über die *Rue des Palmiers,* vorbei am großen Ksar. Die C108 verläuft durch die topfebene Djeffara-Ebene, passiert hin und wieder ein kleines Dorf. Ca. 27 km ab Medenine, bei einem Straßenknick nach links, finden wir rechts den Eingang zum bescheidenen Ruinengelände der **alten Römerstadt Gightis**.

(**Hinweis** für Picknicker bzw. Camper: Die hier *geradeaus* weitergehende Straße führt zum Dorf und Fischerhafen von **Bou Grara.** Unmittelbar vor der Tordurchfahrt zum Hafendamm zweigt rechts ein Weg ab zum malerischen, palmenbestandenen, allerdings nicht zum Baden geeigneten **Strand**. In die rötlichen Klippen sind da und dort Höhlen gegraben.)

Gightis

Geschichte:
Wie geschichtsträchtig diese Stätte ist, lassen die kargen Reste kaum ahnen. Vermutlich ließen sich bereits im 6. Jh. v.Chr. phönizische Seefahrer in der geschützten Bucht am *Golf von Bou Grara* nieder und gründeten einen Ankerplatz, der sich unter den **Karthagern** zu einem wichtigen Handelshafen und Warenumschlagplatz entwikkelte. Im Jahr 202 v.Chr. „integrierte" der numidische Herrscher Massinissa Gightis in sein Königreich, bis dann 46 v.Chr. die Römer die Stadt einnahmen und weiter ausbauten. Dank seiner günstigen Lage an einem römischen Handelsweg, der von Karthago über El Djem, Gabès und Gightis nach Libyen und von dort weiter nach Schwarzafrika verlief, wurde Gightis im 2. und 3. Jh. n.Chr. zu einer **wichtigen römischen Handelsstadt** mit bedeutendem Exporthafen, prachtvollen Tempeln, Thermen und Villen. Im Schutze des *Limes tripolitanus* war es den Römern zudem gelungen, durch extensiven Anbau von Datteln und Oliven zusammen mit Viehhaltung die karge Wüstensteppe zu kultivieren. Doch mit dem Niedergang des römischen Reichs verlor auch Gightis an Bedeutung, der Einfall der Vandalen um 430 trug zum Zerfall der Stadt bei, der Hafen verlandete mehr und mehr. Im 6. Jh. errichteten die Byzantiner nahebei noch eine Festung. Doch das endgültige Ende kam im 7. Jh., als die vorrückenden Araber den Hafen zerstörten. 1906 begann man mit den Ausgrabungsarbeiten, die sich bisher hauptsächlich auf das Zentrum der Stadt konzentrierten. Viel Interessantes dürfte noch unter der Erde verborgen sein.

Besichtigung:
(Eintritt 1,1 TD, Fotoerlaubnis 1 TD; geöffnet tägl. außer Fr. 8.30–13 und 15–18 Uhr)

Gleich hinter dem Eingang passieren wir die Reste einer großen Thermenanlage (rechts). Weithin sichtbar und auch der besterhaltene Teil der Ruinenstätte ist das unter Kaiser Hadrian erbaute Forum, ein großer, mit Platten belegter Platz mit den Resten mehrerer Tempel an dessen Nordseite. Steigt man an der Westseite die Treppenstufen des *Kapitoltempels* hinauf, findet man zwar nur noch karge Säulenstümpfe, hat von hier aber einen herrlichen Blick über den binnenseeartigen Golf von Bou Grara bis zur Insel Djerba im Norden. Eine Pflasterstraße, überspannt von einem Stadttor (von dem nur noch die seitlichen Pfeilerreste stehen) führte vom Forum östlich vorbei am *Dionysos-Tempel* zum einstigen Hafen, der im Laufe der Zeit so stark verlandete, daß die frühere Küstenstadt jetzt mehrere hundert Meter landeinwärts liegt. Weitere Thermen und der Markt schließen südlich an das Forum an. Noch weiter im Süden, durch ein Tälchen getrennt, zog sich über den Hang das Villenviertel hin, palastartig ausgestattete Häuser in (vor der Verlandung) phantastischer Lage direkt über dem Meer. Etwas außerhalb des Wohngebiets, im Südwesten der Stadt, ca. 350 m vom Forum entfernt, befand sich der *Merkurtempel*. Auf einer flachen Erhebung etwa 200 m nördlich des Forums (Blickrichtung kleiner Marabut) oberhalb des Strandes lassen sich mühsam die überwachsenen Reste des byzantinischen Forts ausmachen.

Olivenernte

Nun weiter auf der Hauptstraße C108. Ab und zu blitzt rechts jetzt die Wasserfläche des *Golfs von Bou Grara* auf, Olivenbäume und Felder tauchen in der bisher kargen Landschaft auf, und dann (20 km ab Gightis) erreichen wir **Jorf** (Fischer- und Fährhafen, Tankstelle, PTT, kleines Café-Restaurant, Verkaufskioske), von wo man mit der regelmäßig verkehrenden Autofähre nach Djerba übersetzt (Fahrplan s. nächste Seite).

Die Fähre legt drüben auf **Djerba** in dem kleinen Ort und Fischerhafen **Ajim** an (Busverbindung nach Houmt-Souk). Auf der C116 sind es dann 22 km durchs flache, dünn besiedelte, von Getreidefeldern und Ölbaumkulturen bewachsene Inselinnere bis zur Hauptstadt **Houmt-Souk** (Beschreibung der Insel Djerba siehe ab nächster Seite; Pistenverbindung Ajim – Houmt-Souk s. S. 683).

Die Insel Djerba

Anreise

Flugreisende landen auf dem internationalen Flughafen von *Mellita,* 8 km westlich der Hauptstadt Houmt-Souk.

Nationale Flugverbindungen bestehen zwischen Djerba und Tunis, Monastir, Sfax und Tozeur/Nefta.

Internationale Flugverbindungen bestehen u.a. mit Deutschland (Frankfurt), Frankreich (Paris, Marseille, Lyon), Schweiz (Zürich, Genf), Österreich (Wien), Belgien (Brüssel). Zahlreiche Charterflüge.

Im Flughafen: Duty-free Shop, Agenturen von Tunis Air und TunInter, Post, Touristeninformation, Bank- und Wechselschalter, Reisebüros, Mietwagenfirmen. Ab Flughafen Hotelzubringer- u. Linienbusse sowie Taxis nach Houmt-Souk (Fahrzeit ca. 15 Min.); Taxifahrt ab 2,5 TD zur Stadt, ca. 6–8 TD zu den Hotelzonen) .

Busverbindungen (zum Festland) zwischen Houmt-Souk und Zarzis, Ben Guerdane, Tataouine, Medenine, Gabès, Sfax, Sousse, Tunis, Bizerte. (Inselbusse s. unter Houmt-Souk).

Selbstfahrer können die Insel auf dem Landweg über den Straßendamm bei *El Kantara* erreichen oder mit der zwischen Jorf und Ajim verkehrenden **Autofähre** (Abfahrtszeiten):

- 4.30–6.30 Uhr stündlich
- 6.30–21.30 Uhr halbstündlich
- 21.30–23.30 Uhr stündlich
- 23.30–4.30 Uhr zweistündlich

Lt. Leserzuschrift: Freitagabends angeblich regelmäßig längere (1 1/2 Std.) Wartezeit (Gebetszeit?). Dauer der Überfahrt: 10–15 Minuten. Mit Warteschlangen ist gelegentlich zu rechnen. Preise: Personen kostenlos; PKW 0,6 TD (erlaubt sind auch größere Touristenfahrzeuge/Wohnmobile; keine Höhenbegrenzung; Busse 1 TD; keine LKWs.

Achtung: Auf Djerba gilt eine Höchstgeschwindigkeit von 70 km/h.

Geschichte

Wie an vielen anderen, günstigen Stellen entlang der Mittelmeerküste legten die Phönizier bereits Jahrhunderte vor der Gründung Karthagos auch auf Djerba einen Ankerplatz an. Vielleicht war Djerba gar die von Homer beschriebene „Insel der Lotosesser“, die die Gefährten Odysseus, berauscht von dem Genuß der herrlichen Lotosfrüchte, nicht mehr verlassen wollten. Allerdings erheben diverse andere Inseln gleiche Ansprüche. Unter den Karthagern entstanden später weitere Siedlungen und Handelsniederlassungen.

Nach Einzug der **Römer** errichteten diese in der Nähe des heutigen El Kantara ihre Hauptstadt *Meninx* und bauten (vermutlich auf phönizischen Fundamenten) über den seichten Lagunensee des Golfs von Bou Grara einen **Damm zum Festland.** Djerba wurde während der römischen Herrschaft zu einem **wichtigen Warenumschlagplatz** zwischen Wüste und Mittelmeer unter anderem für Sklaven, Gold und Elfenbein, die von Karawanen herantransportiert wurden.

Viele **Juden** flohen nach der Zerstörung Jerusalems im Jahre 70 n.

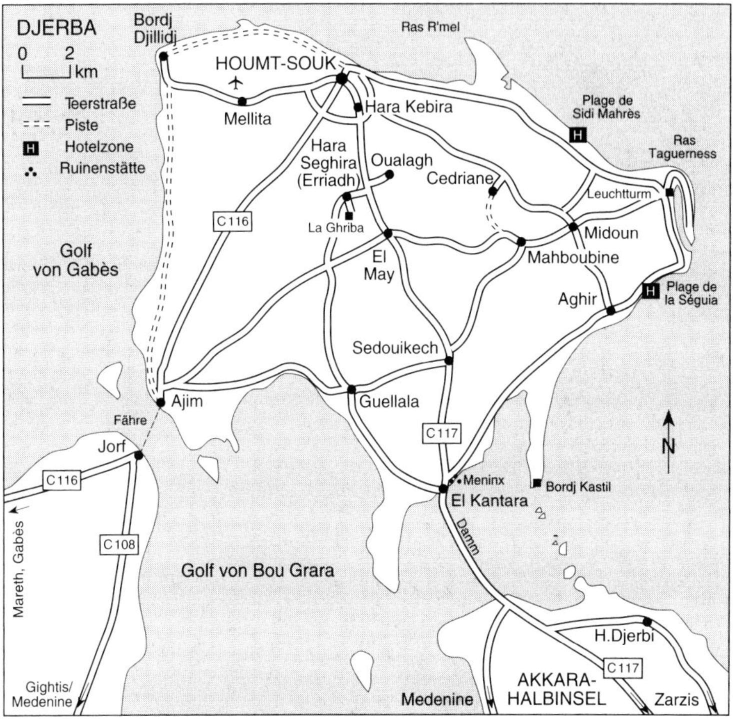

Chr. nach Djerba und gründeten die noch heute existierende – wenngleich inzwischen sehr dezimierte – jüdische Gemeinde.

Der Zerfall des römischen Reichs und der nachfolgende Einfall der Vandalen beendeten die Blütezeit der Insel. Die späteren arabischen Eroberer fanden, noch bevor sie auf dem Festland ihre heilige Stadt Kairouan gründeten, auf Djerba erste Anhänger für die islamische Glaubenslehre. Viele **Berber,** die von den anrückenden Arabern aus der Djeffara-Ebene verdrängt wurden, siedelten auf die Insel um. Vom 12. bis ins frühe 16. Jh. erfolgten wiederholt Angriffe christlicher Seefahrer aus Sizilien bzw. Spanien, die die Insel zeitweise in Besitz nahmen.

Mitte des 16. Jh. – Djerba hatte sich zwischenzeitlich zu einem **Piratenstützpunkt** entwickelt – gewannen die türkischen Korsaren an Boden und konnten sich unter ihrem Führer Dragut auf der Insel festsetzen. Im Jahre 1560 besiegte Dragut die spanische Invasionsflotte Philipp II., versenkte deren Schiffe und ließ die 5000 Überlebenden, die sich in der Hafenfestung von Houmt-Souk verschanzt hatten, niedermetzeln. Aus ihren Schädeln wurde eine makabre Pyramide erbaut, an die heute ein Denkmal erinnert.

Erst die französische Kolonialzeit löste ausgangs des 19. Jh. die türkische Bey-Herrschaft ab, und als letzte – allerdings friedliche – Invasion kann man wohl den **Einfall der Touristen** bezeichnen, die heute die Insel wieder „fest im Griff" haben.

Tourismus

Der Name *Djerba* ruft sofort die Vorstellung von **Palmen, Sonne und Sandstränden** hervor. Mit Recht: Auf der Insel fallen nur etwa 200 mm Regen pro Jahr, und man spricht von rund 320 jährlichen Sonnentagen mit insgesamt über 3000 Sonnenstunden. Um Weihnachten herum liegen die Durchschnittstemperaturen der Luft immerhin noch um die 13 bis 14°C und im August bei 27°C (mit seltenen Tageshöchstwerten von 35°C).

Das milde Klima und die kilometerlangen Sandstrände auf dieser mit 514 m² größten Insel Nordafrikas führten dazu, daß sich Djerba (neben Hammamet/Nabeul und Sousse/Monastir) in den letzten Jahrzehnten von einer der abgeschiedensten und eigenständigsten Regionen Tunesiens zu einem der **beliebtesten Touristenzentren** des Landes entwickelt hat. Die „Touristenhochburgen", d.h. die erschlossenen Küstenabschnitte, beschränken sich auf die nordöstliche, ca. 10 km lange, meist schattenlose Strandzone von **Sidi Mahrès** und den etwa 5 km langen **Séguia-Strand** an der Ostküste zwischen *Ras Lalla Hadria* und *Aghir*. Während der Sidi-Mahrès-Strand fast vollständig den Touristen gehört, hat die Ostküste ihren ursprünglichen Charakter wenigstens teilweise wahren können; dort findet man noch „Landschaft", Palmen bis ans Meer und da und dort sogar ein Gehöft zwischen den Hotels. Allerdings wachsen weiterhin Hotelneubauten – oft „in zweiter Reihe" – aus dem Boden. Architektonische Auswüchse sind zum Glück bisher selten, vielmehr fügen sich die meist in arabisch-maurischem Baustil gehaltenen Hotels recht harmonisch ins Landschaftsbild ein. Obwohl die Strände rund um Djerba zu den saubersten des Mittelmeers zählen, kann es zeitweise zu Anschwemmungen von Seetang kommen, auch Quallen tauchen gelegentlich auf.

Apropos **„Landschaft":** Diese ist zwar nicht gerade aufregend, aber auch nicht langweilig. Die Insel ist flach (höchste Erhebung um die 50 m). Das Landesinnere wird intensiv landwirtschaftlich genutzt: Palmengruppen, Ölbaumpflanzungen und Getreidefelder, dazwischen eingestreut ein paar kleine Dörfer oder isolierte Gehöfte und fotogene Moscheen hinter blühenden Kaktushecken. Abgesehen von den „offiziellen" Stränden in den Hotelzonen gibt es einige reizvolle, unerschlossene und fast menschenleere Strandgebiete, so z.B. bei *Ras R'Mel* an der Nordküste, um *Bordj Djillidj* an der Nordwestecke oder entlang der Westküste. Allerdings sind viele der unerschlossenen Küstenabschnitte – vor allem die Schlickwattzonen im Südosten – zum Baden nicht geeignet.

Obwohl Djerba also weder mit landschaftlichen noch mit großen kulturhistorischen Sehenswürdigkeiten aufwarten kann, bietet es (neben Bade-

Klimatabelle

Monat	Mittl. Lufttemp. (°C)	Wassertemp. (°C)	Niederschlag (mm / Mon.)
Januar	12,5	16	26
Februar	13,5	15	29
März	16	16	20
April	18,5	17	13
Mai	21	18	8
Juni	24	21	1
Juli	26,5	24	0
August	27,5	26	1
September	26,5	25	14
Oktober	23	22	38
November	18	20	42
Dezember	13	18	26

freuden) einige Ausflugsmöglichkeiten zu interessanten Inselorten, z.B. auch per Mietfahrrad – auf den verkehrsarmen Sträßchen und Wegen der fast topfebenen Garteninsel eine empfehlenswerte Fortbewegungsart.

Das lohnendste Ziel der Insel ist – von den Stränden abgesehen – die **Hauptstadt Houmt-Souk,** deren Zentrum zwar voll auf den Urlauber ausgerichtet ist, die aber doch ihre arabisch/orientalische Atmosphäre zu bewahren wußte. Noch immer hüllen sich die Frauen in weiße Tücher, auf dem Kopf der typische Strohhut. Auffallend ist auch die freundliche und zurückhaltende Art der Djerbi, und zwar nicht nur draußen auf dem Land, sondern auch in den Touristenzentren. Es wird nicht gebettelt, das Bummeln durch Bazare und Souvenirgassen gerät im allgemeinen nicht zum Spießrutenlaufen.

Und noch ein **Hinweis für Erlebnishungrige:** es ist nicht weit von der Insel zum Festland, leicht erreichbar mit Mietwagen oder öffentlichen Bussen. Auch Hotels und Reiseagenturen offerieren eine reiche Palette an Ausflügen zu interessanten Städten und Stätten im ganzen Land, Exkursionen ins südtunesische Bergland und abenteuerliche Wüstentouren in die Sahara (vgl. „Ausflüge aufs Festland", S.684).

Leben und Alltag auf Djerba

Der Tourismus wurde zu einer wichtigen Einnahmequelle auf der Insel. Rund 10 000 Personen, von denen allerdings viele aus anderen Regionen des Landes stammen, arbeiten derzeit allein im Hotel- und Gastgewerbe. Ansonsten leben die etwa 100 000 Bewohner vor allem von der Landwirtschaft und dem Fischfang, von Handel und Handwerk, beispielsweise der traditionellen **Töpferei** (s.u.), der Schmuckherstellung oder der **Teppichproduktion.**

Das Knüpfen der Teppiche ist Frauensache, die in vielen Werkstätten und in Heimarbeit ausgeführt wird. Das Weben der Teppiche dagegen erledigen die Männer. Aus zahlreichen Häusern dringt das hölzerne Klappern der hin- und hersausenden Weberschiffchen. Gewoben werden auch Wolldekken und die traditionellen Umhängetücher für die Frauen.

Entlang der Küste liegen einige kleine **Fischerhäfen.** In den flachen Küstengewässern kann man dieselben althergebrachten Fischfangeinrichtungen – pfeilförmige Fischfallen aus Palmwedeln *(Zribas)* oder kettenartig an Schnüren befestigte Tonkrügchen *(Carour)* für den Fang von Kraken und Tintenfischen – beobachten, die wir auch von den Kerkennah-Inseln kennen (s. dort). In größerer Entfernung zum seichten Küstengewässer wird auch mit Schleppnetzen gefischt (u.a. Makrelen, Barsche, Brassen, Thunfische). Schwammtaucherei wird ebenfalls noch betrieben.

Bei den **landwirtschaftlichen Erträgen** spielen die Dattelpalmen – trotz ihrer hohen Anzahl (1,2 Mio. Bäume) – eine untergeordnete Rolle, denn sie liefern aufgrund der hohen Luftfeuchtigkeit und der salzhaltigen Meeresluft nur mindere Qualität. Im Inland werden trotz des sandigen und wasserarmen Bodens in ausgedehnten Baum- und Gartenkulturen gute Erträge an Oliven (600 000 Bäume), Korn, Gemüse, Trauben und zahlreichem Baumobst (Zitrusfrüchte, Feigen, Pfirsiche und Aprikosen, Äpfel und Birnen) erzielt.

Dennoch reichen die Einkünfte für die stark angewachsene Bevölkerung nicht aus, weshalb viele der Männer in die großen Städte des Landes, in die Nachbarländer oder nach Frankreich **abgewandert** sind und dort vorwiegend als Kaufleute und Handwerker arbeiten.

Die Mehrzahl der Djerbi wohnt nicht in geschlossenen Ortschaften, sondern in weitläufigen **Streusiedlungen.** Überall auf Djerba trifft man auf die charakteristischen *Menzel,* große, oft von einem Erdwall oder einer Opuntienhecke umgebene Gemüse- und Obstgärten mit dem *Houch,* dem traditionellen Wohnhaus in der Mitte. Fast festungsartig wirken diese nach außen hin fensterlosen Mauergevierte mit integrierten kleinen Ecktürmen und einem Innenhof; von diesem gehen die jeweiligen Wohnbereiche einer Großfamilie ab. Diese Architektur erinnert an römische Verteidigungsbauten und war den unruhigen Zeiten vergangener Jahrhunderte wohl angepaßt. Zum Gehöft gehört jeweils eine unterirdische Zisterne und ein Brunnen. Früher zogen Esel oder Dromedare über eine Seilrolle den Wassereimer oder -sack aus der Tiefe; heute erledigen dies meist elektrische Pumpen.

Hauptproblem auf der gesamten Insel ist nach wie vor die **Wasserversorgung.** Auf Djerba existieren keine Süßwasserquellen, und die Insel ist viel zu flach, als daß sich Flüsse bilden könnten. Überall sieht man deshalb große, betonierte Auffangflächen (*Fsakia),* sanft geneigte Terrassen oder Flachdächer, auf denen der auf der „Sonnen"-Insel nur spärlich fallende Regen gesammelt und in unterirdische Zisternen geleitet wird.

Auch in den Moscheen ist es meistens aufgefangenes Regenwasser, das für die vorgeschriebenen Waschungen verwendet wird.

Nie würden diese natürlichen Wasservorräte ausreichen, um den star-

Traditionelles Gehöft auf Djerba

ken und stetig steigenden Bedarf vor allem der Touristenzentren zu decken. Deshalb wurde eine 120 km lange Süßwasser-Pipeline vom Festland (aus der Gegend um Medenine) über den El-Kantara-Damm nach Djerba verlegt. Dorfbewohner beziehen dieses Wasser aus verlegten Leitungen; einzelne Gehöfte werden bei Bedarf durch Tankwagen versorgt. Ein Großteil dieses mühsam hergeleiteten Wassers strömt jedoch durch die Wasserhähne, Duschen und WCs der Touristenhotels. **Der Inseltourist sollte** sich daher bemühen, bewußter und **sparsamer mit dem kostbaren Naß umzugehen,** als er dies von zuhause her gewöhnt ist.

Auffallend sind die vielen **Moscheen** (es sollen insgesamt über 300 sein), die nicht nur in den Dörfern, sondern häufig in freier Landschaft stehen und dort jeweils von einigen benachbarten Großfamilien benutzt werden. Nirgends sonst in Tunesien, nicht einmal in der Heiligen Stadt Kairouan, findet man so viele Sakralbauten auf so engem Raum.

Der überwiegende Teil der Djerba-Muslime zählt sich zu den Ibaditen, einer extrem strenggläubigen, puritanischen, islamischen Glaubensgemeinschaft, die sich aber durch große Toleranz gegenüber Andersgläubigen (Juden, Christen) auszeichnet. Ihre Moscheen erkennt man an der schlichten, festungsartigen Bauweise und dem gedrungenen, viereckigen Minarett, meist mit kleinem laternenartigem Aufsatz. In Unruhezeiten dienten die Moscheen auch als Zufluchtsstätte.

Die Juden auf Djerba

Ob die ersten Juden schon im 6. Jh. v.Chr. (Zerstörung Jerusalems durch Nebukadnezar) oder erst ums Jahr 70 n.Chr. (Zerstörung Jerusalems durch die Römer) nach Djerba kamen, ist nicht mehr feststellbar. Die verfolgten Flüchtlinge fanden in Tunesien (auf Djerba und andernorts) eine relativ sichere Bleibe, und ihre Gemeinde vergrößerte sich, als im 16./17. Jh. viele Juden aus Andalusien nach Nordafrika flohen. Als versierte Kaufleute, vor allem Schmuckhändler, waren sie angesehene, integrierte und tolerierte Bürger, die trotz des islamischen Umfeldes aber streng an ihren Glaubensvorschriften und Traditionen festhielten. Juden und Moslems lebten auf Djerba zu allen Zeiten einträchtig nebeneinander. Dennoch verlegten im Laufe der Zeit viele Juden ihren Wohnsitz nach Tunis, wo sie günstigere Geschäftsbedingungen als auf der abgeschiedenen Insel vorfanden.

Nach der Gründung des Staates Israel wanderten von 1948 an auch viele dorthin aus, so daß sich die Zahl der heute noch auf Djerba lebenden Juden auf etwa 700 reduziert hat. Sie wohnen – nach wie vor jüdischen Traditionen folgend – konzentriert in den Orten *Hara Kebira* und *Hara Seghira;* bei letzterem steht auch ihre *Synagoge La Ghriba,* Ziel der **größten jüdischen Wallfahrt Nordafrikas** (näheres s. unter „Große Inseltour“, S.678).

Das Töpferhandwerk

Wer zwischen *Guellala* und *Sedouikech* (den beiden bekanntesten Töpferorten der Insel – s. unter „Inselaus-

Tonkrüge für den Krakenfang

flüge") aufmerksam die Hügel seitlich der Straße betrachtet, wird da und dort die Abbaustellen erkennen, an denen der erforderliche rötliche Lehm in bis zu 80 m tiefen Gruben von Hand gewonnen wird. Dank dieses wertvollen (in Südtunesien sehr seltenen) Bodenschatzes zählt das Töpfern zu den **ältesten und traditionellsten Handwerkszweigen** auf Djerba. Schon in der Antike waren die Töpferwaren Djerbas im ganzen Mittelmeerraum begehrt.

Der aus tiefen Schächten hochgeholte Lehm wird zunächst getrocknet, dann zerkleinert, mit Wasser vermischt, geknetet und gestampft. Sand wird beigemischt, wenn das Gefäß später (z.B. als Wasserbehälter) poröser sein soll, um durch Verdunstung den Inhalt kühl zu halten. Auf einer Töpferscheibe wird die geschmeidige Lehmmasse dann von Hand geschickt und verblüffend schnell in die gewünschte Form gebracht. So entstehen Vasen, Krüge, Schalen, Amphoren und Tonröhren für den Kuppelbau. Für Kacheln wird der Ton in Formen gepreßt. Nach dem Trocknen an der Luft kommen die Gegenstände in den Brennofen, einen einfachen, in der Erde versenkten, mit Ziegeln gemauerten und mit Tonscherben bedeckten Kuppelraum. Ist dieser gefüllt (erst dann lohnt sich das Brennen), wird er dicht verschlossen und mehrere Tage lang mit Holz von Palmen oder Ölbäumen beheizt. Das Endprodukt ist eine schlichte **Gebrauchskeramik,** formschön zwar, aber ohne Glanz und Farbe. Das Problem ist nur: man braucht heute keine Wasser- und Vorratskrüge mehr und wenn, gibt es sie billiger, bruchsicherer und leichter aus Plastik. Touristen sind zwar kauffreudig, bevorzugen aber farbenfrohe und glasierte Keramik, so wie sie z.B. in Nabeul hergestellt wird. Zum Brennen *glasierter* Ware eignen sich jedoch die schlichten Brennöfen nicht, und die hohen Kosten für einen elektrischen Brennofen kann sich manch einfacher Töpfer nicht leisten. Wer sich also nicht auf die dem Touristengeschmack entsprechenden bunt bemalten Produkte umstellen konnte oder wer keine Großaufträge für Gebrauchskeramik erhält (z.B. Tonkrüge für den Krakenfang, Tonröhren zum Bau von Kuppeln und Gewölben, Rohwaren zur Weiterverarbeitung in Fabriken etc.), tut sich schwer. Kein Wunder also, daß z.B. in Guellala von einst etwa 400 Töpfereien nur noch ca. 25 bis 30 übrig sind und daß den Touristen auf Djerbas Töpfermärkten bevorzugt aus Nabeul „importierte" Ware angeboten wird. Das Töpfern wird oft auch nur noch als Nebenerwerb betrieben (z.B. zusätzlich zur Landwirtschaft). Überall in der Umgebung sieht man verfallene, aufgegebene Brennöfen.

Houmt-Souk

Houmt-Souk (gelegentlich auch Houmet Essouk) ist mit ca. 40 000 EW Hauptstadt und gleichzeitig der einzige größere Ort auf der Insel, Verkehrsknotenpunkt, Verwaltungssitz und zentraler Marktort *(Houmt-Souk* = Marktsiedlung).

Trotz des Touristenansturms und vieler Neubauten, die das Gesicht der Stadt in den letzten Jahren stark verändert haben, ist Houmt-Souk nach wie vor einer der angenehmsten Ferienorte des Landes. Für die Hotelgäste in den 10 bis 25 km entfernten

Strandzonen von Sidi Mahrès und La Séguia bestehen gute Verkehrsverbindungen mit Linienbus und Taxi in die Stadt.

Besichtigung

Drei ineinander übergehende Plätze entlang der *Av. H. Bourguiba,* der Hauptachse von Houmt-Souk, markieren die Stadtmitte und gleichzeitig deren **touristisches Zentrum.** An den Markttagen (Mo und Do) herrscht hier und im angrenzenden Soukgelände besonders viel Betrieb, aber auch an den anderen Tagen haben Händler ihre Waren auf den Gehwegen, unter den Alleebäumen und vor ihren Läden ausgebreitet.

Vor Cafés und Restaurants stehen Tische und Stühle im Freien, an den Hauswänden ranken sich Bougainvilleas hoch. Feuerroter Hibiskus und Oleanderblüten heben sich von den blendend weiß getünchten Hausmauern ab. Farbenfrohe Keramikwaren leuchten in der Sonne und konkurrieren mit den bunten Teppichmustern. Daneben glitzern Silberschmuck und Messingwaren. Zweifellos hat man bei der Gestaltung des Zentrums den Geschmack der Gäste hervorragend getroffen. Durch Houmt-Souk zu bummeln, ist stets von neuem genüßlich – wenn auch die Menschenfülle das Vergnügen gelegentlich etwas dämpfen mag.

Östlich schließt sich die malerische **Altstadt** an mit teilweise gedeckten Geschäfts- und Marktgassen und romantischen Plätzen. Dringt man tiefer in die Gassen vor, stößt man da und dort noch auf alte *Foundouks,* ursprünglich Lagerräume, Stallungen und Herbergen für durchziehende Kaufleute (früher auch Karawanen). Sie sind mit Arkadengängen oft mehrgeschossig um einen viereckigen Innenhof angelegt und werden heute als Werkstätten von Handwerkern oder „moderne" Herbergen, wie z.B. die Hotels *Arischa, Marhala, Erriadh, Sindabad, Sable d'Or* oder als Jugendherberge genutzt.

Im **Soukviertel** finden wir neben Schmuck- und Souvenirgeschäften eine Fülle von Läden, in denen auch die Djerbis ihren täglichen Bedarf dekken. In der Markthalle gibt es reiche Auswahl an Obst und Gemüse, und im *Office National des Peches* (Marché Central) finden allmorgendlich ab ca. 7.30 Uhr Fischversteigerungen statt – ein lautstarkes, originelles Spektakel.

Am *Place Sidi Brahim* steht die 1674 gegründete **Zaouia Sidi Brahim,** ein festungsartiger, fast wie ein Gefängnis wirkender Bau mit winzigen Fensterchen und einer schindelgedeckten Kuppel. Hier wie auch in anderen religiösen Bauten und Moscheen der Stadt haben Nichtmuslime keinen Zutritt. Der grob verputzte Kuppelbau mit Kamin neben der Zaouia ist ein *Hammam* (türkisches Bad), vormittags für Männer, nachmittags für Frauen geöffnet.

Auf der anderen Straßenseite steht die *Djama el Ghorba,* die sog. **Moschee der Fremden** (17. Jh.), ein großer, schneeweißer Gebäudekomplex mit vielen Kuppeln, dessen massiges, quadratisches Minarett von Koranschriften umlaufen wird und einen laternenartigen Aufsatz trägt. Die dritte der bedeutenden Moscheen ist die **Türkenmoschee** (17. Jh.) mit vielen Kuppeln und einem auf der Insel unüblichen runden Minarett. Nur einen

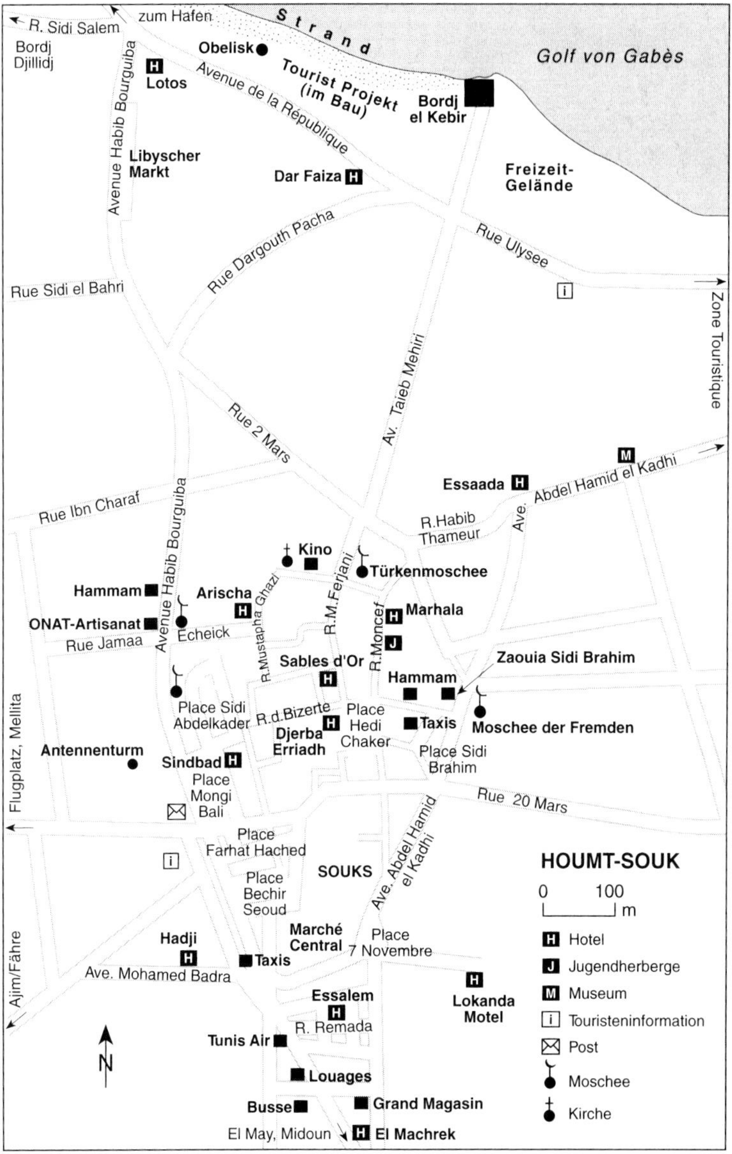

Routenteil C

Steinwurf davon entfernt steht – wie ein Fremdkörper – die von den Franzosen gebaute **katholische Kirche;** in einem der beiden Türme hängen noch die Glocken. Der Hauptraum der Kirche, viele Jahre als Fitness-Studio mißbraucht, soll in Kürze wieder „zurückgegeben" werden; bis dahin finden die Gottesdienste wie bisher jeweils sonn- und feiertags um 10 Uhr in der *Chapelle,* dem „Betsaal", in französischer, deutscher und italienischer Sprache statt.

Fünf Gehminuten von der Türkenmoschee entfernt finden wir in der *Av. Abdel Hamid El Kahdi* das sehenswerte

★Volkskunde-Museum

(Musée des Arts et Traditions Populaires)

Geöffnet täglich außer Fr von 9.30–16.30 (Oktober bis März) bzw. 8–12 und 14–18 Uhr (April bis September). Eintritt 2,1 TD, Fotoerlaubnis 1 TD.

In den Räumen einer *Zaouia* aus dem späten 18. Jh. (man beachte die schön bemalten Holzdecken unter den Arkaden) sind traditionelle Kleidungsstücke der arabischen und berberischen Inselbewohner, darunter zahlreiche Hochzeitsgewänder ausgestellt. Zeichnungen erläutern Hochzeits- und auch Beschneidungsriten. Der kleine Kuppelraum rechts vom Eingang enthält u.a. Koranschriften, der große, stuckverzierte und mit einer Tonröhrenkuppel gedeckte Raum Schmuck (vorwiegend aus jüdischen Werkstätten), Fibeln und Toilettenartikel für Frauen. Große Amphoren (Vorratsbehälter für Lebensmittel) lehnen in den Innenhöfen, in einem Raum finden wir traditionelle Küchenutensilien, in einem anderen Krüge, Lampen und vielfältige Tonwaren, und im Grabraum der Zaouia sind reich verzierte Holztruhen, gedrechselte und bemalte Holzregale zu sehen.

Ein kleines Treppchen führt in einen unterirdischen Gewölberaum – die Nachbildung einer Töpferwerkstatt mit Werkzeugen und Töpferwaren in verschiedenen Herstellungsstufen.

Folgt man von der Türkenmoschee der *Rue Taieb Mehri* in Richtung Meer, kommt man – vorbei an einem Freizeitpark – zum wichtigsten historischen Bau der Insel, dem

★Bordj el Kebir

(auch *Bordj Ghazi Mustapha* oder *Fort Espagnol)*

Geöffnet tägl. außer Fr 9–19 Uhr (Juni bis Sept.) bzw. 9.00–16.30 Uhr (Okt. bis Mai). Eintritt 1,1 TD, Fotoerlaubnis 1 TD.

Der **türkische Korsar Dragut** ließ in der Zeit zwischen 1560 und 1570 die ursprünglich spanische Festung aus dem Jahr 1284 in ihrer heutigen Form ausbauen. Das Fort hatte bereits zuvor mehrmals den Besitzer gewechselt und diverse Umbauten erfahren. Wegen mangelnder Nutzung war es schließlich dem Verfall preisgegeben. Im 2. Weltkrieg diente es kurzfristig deutschen Soldaten als Lager. Seit 1968 wird an der Restaurierung gearbeitet.

Bis auf weiteres lohnt das ziemlich chaotische Innere der Festung kaum eine Besichtigung. Verschachteltes Gemäuer, Treppen und Türme, Berge von Kanonenkugeln, das ehemalige Grab des Ghazi Mustapha (er führte den von Dragut veranlaßten Umbau durch) in dem zweikuppligen Bau im Hof und der Blick von der Mauerkro-

Gasse in Houmt-Souk

ne – viel mehr hat das Bordj derzeit nicht zu bieten.

In Zusammenhang mit dem Bordj steht jene Geschichte, wonach besagter Dragut im Kampf gegen die spanische Armada und bei der anschließenden Stürmung des Forts im Jahr 1560 seine Gegner niedermetzelte. Aus ihren Gebeinen und Schädeln errichtete er eine Pyramide, die mit Ton zusammengehalten einen Durchmesser von 11 m hatte. Erst Mitte des letzten Jahrhunderts ließ Bey Achmed den makabren **„Schädelturm"** auf Druck der Franzosen abtragen und die Gebeine beisetzen. Heute steht an seiner Stelle – etwa 500 m ab Bordj entlang der *Avenue de la République* auf dem Weg zum Fischerhafen – ein schlichter Gedenkobelisk.

Auf dem Gelände zwischen Bordj und Hafen entsteht derzeit ein touristisches Großprojekt mit Hotels, Kino etc. Am nördlichen Ende der Av. H. Bourguiba findet, v.a. Sonntag bis Mittwoch, der sogenannte **Libysche bzw. Maghrebinische Markt** statt, wo auch ausländische Händler ihre Waren anbieten. Auf den ersten Blick unterscheidet er sich jedoch nicht wesentlich von den üblichen Krämermärkten.

Vorwahl für Djerba: 05

Touristeninformation

Syndicat d'Initiative
Av. H. Bourguiba, Tel. 65 01 57.

ONTT
Rue Ulyssee (Uferstr.), Tel. 65 05 44, 65 00 16, Öffnungszeiten: Mo–Sa 7.30–19 Uhr (Juli, Aug.) bzw. Mo–Do 8.30–13 und 15–17.45; Fr, Sa 8.30–13.30 Uhr (Sept. bis Juni).
Informationsbüro auch am Flughafen Mellita.

Unterkunft

Hotel

Stadthotels in Houmt-Souk

(s. Ortsplan S.669):

Djerba Erriadh*
10 Rue Mohammed Ferjani (Altstadtzentrum), Tel. 65 07 56, Fax 65 04 87, DZ 26/22 TD; stilvolles Hotel in ehem. Foundouk; gemütlich, traditionell eingerichtete Zimmer, Dusche/Bad, WC, ZH, Deckenventilator; schöner blumengeschmückter, kachelverzierter Innenhof, Café, Fahrradverleih (7 TD/Tag).

Sable d'Or
Rue M. Ferjani, Tel. 65 04 23, DZ 24/22 TD; kleines, stimmungsvolles Hotel mit Charme im Altstadtzentrum; saubere, liebevoll eingerichtete Zimmer (mit warmer Dusche), hübscher Innenhof; empfehlenswert.

Marhala (Touring Club)
Rue Moncef Bey in der Altstadt, DZ 18 TD; Tel. 65 01 46; einfaches, stilvolles Hotel in ehem. Foundouk; Etagendusche; hübscher Innenhof mit Palmen und kleinem Restaurant.

Arischa
Rue Mustafa Ghazi, Tel. 65 03 84, DZ 14/16 TD (+2 TD mit Dusche); einfaches Hotel in 300 Jahre alter ehem. Karawanserei in Fußgängerzone, Thermalbecken im Innenhof, kleines liz. Restaurant.

Essaada
Av. H. Thameur (nahe der Türkenmoschee), Tel. 65 14 22, DZ 30/19 TD mit/ohne Klimanlage; gepflegt, sauber; Zimmer mit Dusche/Bad, WC, ZH. Nebenan Restaurant.

Sindabad
Place Mongi Bali, Tel. 65 00 47, DZ 10 TD; einfache, ordentliche Zimmer um Innenhof eines ehemaligen Foundouk; o.k. bei bescheidenen Ansprüchen; Fahrradverleih.

Essalem
Rue Remada nahe Busstation, DZ 17/13 TD; Tel. 65 10 29; einfaches, ruhiges Hotel, Zimmer z.T. mit Balkon; gemeinsamer Sanitärraum mit warmer Dusche, WC und Waschbecken. Deckenventilatoren in einigen Zimmern. Fahrrad- , Mopedverleih.

Locanda Motel
Passage de la Municipalite (ruhige Seitenstraße gegenüber Zentralmarkt), Tel. 65 15 13, DZ 17/13 TD; sehr einfaches Hotel für bescheidene Ansprüche.

Hadji**
Av. Mohamed Badra, Tel. 65 06 30, DZ 24 TD (mit Klimaanlage +2 TD); modernes Hotel nahe Ortszentrum; Zimmer mit Dusche/Bad, WC, ZH, Aufenthaltsraum mit TV, deutschsprachiger Rezeptionist.

Hotels an der Uferstrasse Av. de la République

Lotos
(beim Hafen), Tel. 65 00 26, DZ 28/20 TD; gepflegte Familienpension. Gäste haben Zutritt zum Garten und Schwimmbad des Hotels *Dar Faiza.*

Dar Faiza*
(nahe Bordj el Kebir), Tel. 65 00 83, DZ 49/25 TD; hübsches Hotel in ehem. Villa, gute Ausstattung, familiäre Atmosphäre, blumenreicher Garten, schöne Terrasse, viele Katzen, Swimmingpool, Tennis, Restaurant (lt. Leser nicht empfehlenswert).

Hotels an der Strasse Richtung El May

El Machrek**
Av. H. Bourguiba, Tel. 65 31 65, DZ 57/28 TD.

Nozha*
Tel. 65 03 81, DZ 32/26 TD.
Ben Abbess
(App.-Hotel), Tel. 65 01 28, App. 35/25 TD.
Laroussa
Tel. 65 07 88, DZ 16 TD, Parkmöglichkeit im Hof.

Strandhotels an der Plage Sidi Mahrès

Etwa 50 Strandhotels aller Kategorien (einige noch im Bau) liegen entlang der 10 km östlich von Houmt-Souk beginnenden und etwa 11 km langen nördlichen „Zone touristique" am meist feinsandigen Strand von Sidi Mahrès. Gute Verkehrsverbindung nach Houmt-Souk und Midoun mit etwa stündlich verkehrendem, preiswerten Linienbus.

Auswahl:
Ulysse Palace****
Tel. 65 74 22, Fax 65 78 50, DZ 140/62 TD; freundliches, elegantes Hotel, gut ausgestattete Zimmer, direkt am Strand; ca. 10 km nach Houmt-Souk.
Le Beau Rivage
Tel. 65 71 30, DZ 46/28 TD; familiäre Pension etwa 50 m vom Strand entfernt; einfache, zweckmäßige Ausstattung; kleiner Pool im Innenhof; ca. 10 km nach Houmt-Souk.
Djerba Orient***
Tel. 65 74 40, Fax 65 71 74, DZ 110/46 TD; kleines Hotel mit familiärer Atmosphäre; ohne Alkohollizenz; etwa 300 m zum Strand; nach Houmt-Souk ca. 10 km.
Les 4 Saisons***
Tel. 65 85 80, Fax 65 85 90, DZ 116/46 TD; kinderfreundl. Hotel mit mo-

Am Swimmingpool des Hotel Yadis

dern eingerichteten Zimmern; durch schmale Straße vom 150 m entfernten Sandstrand getrennt; Showbühne im Garten; nach Houmt-Souk ca. 15 km.

Hasdrubal *****

Tel. 65 76 57, Fax 65 77 30, DZ 170/80 TD; Luxushotel im orientalischen Stil; direkt am Strand; geschmackvoll eingerichtete, geräumige Zimmer, Nachtclub, Hallenbad; 5 km nach Midoun, ca. 16 km nach Houmt-Souk.

Djerba Palace****

Tel. 65 86 00, Fax 65 76 35, DZ 154/66 TD; maurischer Baustil; weiträumige Anlage, komfortabel eingerichtete Zimmer. Etwa 200 m zum Strand; Golfplatz nahebei; ca. 6 km nach Midoun, 17 km nach Houmt-Souk.

Yadis****

Tel. 65 82 35, Fax 65 72 23, DZ 148/60 TD; großzügig ausgestattetes Hotel im inseltypischen Stil; vom 200 m entfernten Strand durch unbefahrenes Sträßchen getrennt; großer Pool, gepflegter Garten; geräumige, geschmackvoll eingerichtete Zimmer. Reichhaltige Sport- und Fitneßeinrichtungen; Tauchkurse. Ca. 5 km nach Midoun, 17 km nach Houmt-Souk.

Mehari Djerba***

Tel. 65 82 40, Fax 65 79 52, DZ 112/56 TD; Leserempfehlung; weitläufige Anlage mit Dünen und Palmen, internat. Gäste, freundlicher Service, gutes Essen, 18 km nach Houmt-Souk.

Dar Djerba-Hotels

Tel. 65 71 91, Fax 65 71 11, DZ 140-52 / 94-30; mit 2723 Betten in vier Einzelhotels (****, *** bzw. **) der größte Hotelkomplex der Insel. Weitläufige, besonders bei deutschen Gästen beliebte Anlage an breitem Sandstrand, z.T. mit felsigem Untergrund. Schöne Gärten mit großen Palmen, blühenden Sträuchern und gepflegten Rasenanlagen. Lange Ladenstraße mit Boutiquen verbindet die einzelnen Hotels. Im Zentrum diverse Versorgungseinrichtungen, Restaurants, Bank, Post etc. Reiches Sport- und Unterhaltungsangebot. Für Gäste Nutzung der Einrichtungen aller vier Hotels. Zimmerausstattung der Sternezahl entsprechend. Ca. 19 km nach Houmt-Souk.

Hotels an der Plage Séguia

Ein gutes Dutzend Hotels und Feriendörfer reihen sich entlang des 5 km langen, teils mit Felsen durchsetzten La-Séguia-Strands an der Südostküste zwischen Ras Lalla Hadria und Aghir auf. Die Hotels sind durch den etwa stündlich verkehrenden Linienbus mit Midoun und Houmt-Souk verbunden. Auswahl:

Sidi Slim**

Tel. 65 70 21, Fax 65 70 02, DZ 80/31 TD; bei Deutschen beliebt, weiträumige Bungalowanlage am Strand in schönem Parkgelände mit altem Palmenbestand; einfache, zweckmäßig eingerichtete Zimmer; Reitstall, Restaurant/Pizzeria; Campingplatz (s.u.); ca. 6 km nach Midoun, 23 km nach Houmt-Souk.

Palma Djerba***

Tel. 65 78 30, Fax 65 78 33, DZ 173/76 TD (nur VP); ca. 6 km nach Midoun, 23 km nach Houmt-Souk.

Jugendherberge

- **Houmt-Souk:** 11 Rue Moncef Bey, in ehem. Foundouk mit 2stöckigem, arkadengesäumten Innenhof, 4,5/3,5 TD (mit/ohne Fr.); heiße Duschen, kleines Restaurant. Lesermeinung: JH sehr sauber und angenehm, Restaurant weniger empfehlenswert.

- **Aghir:** *Centre de Stage* und *Camping Aghir* (Jugend-Ferienzentrum direkt am Strand); Übernachtung im Vierbettzimmer (oder in Rundhütten) 4,5 TD p.P.; Camping s.u.

Camping

Kein Campingplatz in Houmt-Souk. Offizielle Campingplätze nur am *Séguia-Strand* nahe Aghir.

- **beim Hotel Sidi Slim:** großer Platz mit einzelnen Palmen ohne direkten Strandzugang. Tarife je 4 TD für Auto/Person/Zelt, Strom 3 TD. Lieblose, überteuerte Anlage mit – seit Jahren – pflegebedürftigem Sanitärblock und je nach Andrang knappem Warmwasser (lt. Leser „Sidi Schlimm"!). Vorteil: Nutzung der nahen Hotel-Einrichtungen (Pool, Restaurants, Strand etc.). An Linienbus-Haltestelle nach Houmt-Souk u. Midoun.
- **Camping Aghir** im o.g. Jugend-Ferienzentrum; Stellfläche für Campingfahrzeuge auf geteertem Parkplatz. 2,5 TD p.P., Auto 1 TD, Motorrad/Zelt/warme Dusche 0,5 TD.
- **Inoffizielle Stellmöglichkeiten** z.B. entlang der Westküste, am Strand von Ras R'Mel (Vorsicht: Weichsand, Überflutungsgefahr), an der „Vogelküste" westl. von Guellala etc.

Essen und Trinken

Die Strandhotels haben in der Regel gute à-la-carte-Restaurants. Im Zentrum von Houmt-Souk findet man zahlreiche Lokale aller Preis- und Qualitätsklassen. Einige empfohlene, lizensierte Speiserestaurants:

d'Haroun (3 Gabeln)
Gilt als bestes Speiserestaurant (beim Hafen); mit schöner Terrasse, stilvoller Einrichtung, sehr guter Küche aber auch gehobenem Preisniveau; mittags ab 12, abends ab 19 Uhr geöffnet; mehrmals wöchentlich Folkloreabend; Vorausbuchung empfehlenswert (Tel. 65 04 88).

de l'Ile (2 Gabeln)
Place Hedi Chaker; besonders angenehm sitzt es sich im 1. Stock mit Blick aufs Altstadttreiben. Gute Küche mit vielfältigem Angebot zu fairen Preisen; freundlicher Service.

Djerba Nova (2 Gabeln)
Place Sidi Brahim; reiches Angebot (tunesische und italienische Spezialitäten) zu fairen Preisen. Schmackhafte Gerichte, freundliche Bedienung.

El Hana (2 Gabeln)
Place 7 Novembre (direkt beim Markteingang); Tische im Freien unter Bougainvilla; gehobenes Angebot zu gehobenen Preisen; wie wäre es z.B. mit Rinderfilet, Wiener Schnitzel oder Käsefondue?

Baccar (2 Gabeln)
Place Hedi Chaker, reichhaltiges Angebot, auch tunesische Spezialitäten.

Blue Moon (2 Gabeln)
Place Hedi Chaker; gutes Restaurant, u.a. großes Fischangebot; häufig von Touristengruppen besucht.

Preiswerte, unlizensierte Restaurants:

Sportiv
147 Av. H. Bourguiba; einfaches Restaurant mit Standard-Gerichten.

Central
128 Av. H. Bourguiba (gegenüber Busstation); einfaches, sauberes Restaurant u.a. mit landestypischen Spezialitäten, gutes Essen, freundlicher Service, empfehlenswert.

S. 669

Souvenirs, Souvenirs...

Les Palmiers
41, Rue Moh. Ferjani, gut, sauber, freundlich (Lesertip)

Bestes Café mit hervorragender Pâtisserie: **Ben Yedder,** Pl. F. Hached.

Sport, Aktivitäten

- **Nachtclubs, Diskotheken, Casino** am Strand Sidi Mahrès.
- **Sport:** Windsurfen, Segeln, Wasserski, Tretboote, Strandsegeln, Tennis. In einigen Hotels Tischtennis, Minigolf, Squash, Fitneßcenter, Sauna, maurisches Bad, Thermalbad, Hallenbad (Winterbetrieb).
  Reiten (auf Dromedaren oder Pferden) bei einigen Strandhotels.
- **Sportgeräteverleih** bzw. **Sportaktivitäten** sind teilweise im Reisepreis enthalten (v.a. in den Clubhotels); ansonsten Verleih/Buchung über Hotels oder direkt am Strand. Tauchkurs z.B. im Hotel *Yadis*.
- **Golf:** 18-Loch-Golfplatz im NO der Insel, ca. 6 km von Midoun, ca. 17 km von Houmt-Souk (bei Hotels **Royal Garden Palace** (mit amp-Golfschule), **Mehari Djerba, Djerba Golf**).

Verkehrsverbindungen

(Zu Flugreisen, Autofähren und Busverbindungen zwischen Djerba und dem Festland siehe unter „Anreise".)

- **Inselbusse** (ab Houmt-Souk): Busstation Av. H. Bourguiba (an südlicher Ortsausfahrt).
  Linien 10 und 11 (Ringbusse): Sie verbinden etwa stündlich Houmt-Souk auch mit den Hotelzonen.
  Route: Houmt-Souk – Plage de Sidi Mahrès – Ras Tourgueness – Plage de la Séguia – Aghir – Midoun – Mahboubine – El May – Houmt-Souk.
  Die folgenden Buslinien verkehren jeweils mehrmals täglich zu den genannten Orten:
  Linie 12 zum Fährhafen Ajim
  Linie 13 nach Midoun/Beni Maaguel
  Linie 14 auf Route Houmt-Souk – El May – Sedouikech – Guellala – Erriadh (La Ghriba) – Houmt-Souk
  Linie 15 zum Flughafen Mellita
  Linie 16 über El May nach Sedouikech
- **Louages:** Abfahrt bei Busstation.
- **Pferdekutsche:** Preis vorher aushandeln (sollte 5 TD p.P./Std. nicht übersteigen).
- **Taxis** ab Place Sidi Brahim und Av. H. Bourguiba. Preisbeispiel: Houmt-Souk – Plage Sidi Mahrès 2–5 TD.

- **Touristenbähnchen** sporadisch zwischen Zentrum (Pl. Mongi Bali) und Sidi-Mahrès-Strand; eine *Inselrundfahrt* (10 TD) führt einmal wöchentlich von Houmt-Souk die Strandzonen entlang über Aghir, Midoun, Mahboubine, Sedouikech, Guellala, La Ghriba und zurück.
- **Agenturen der Fluggesellschaften:** **Tunis Air**
  Av. H. Bourguiba, Tel. 65 01 59.
  Deutsche Lufthansa
  c/o Tunis Air.

Mietwagen

Internationale Agenturen, z.B.:
Avis, Tel. 65 01 51.
Hertz, Tel. 65 01 96.
Europcar, Tel. 65 03 57.

Mehrere tunesische Agenturen vorwiegend an Av. Abdel Hamid El Kadhi, einige auch im Flughafen

Fahrrad- und Mopedverleih bei einigen Stadthotels, Autovermietern und in vielen der größeren Strandhotels. Fahrräder z.B. bei Rais Jebraine, Av. A. H. el Kadhi. Weitere Fahrrad-, Moped- und Motorradverleihfirmen entlang der Hauptstraße auf Höhe der Hotelzone von Sidi Mahrès. (Fahrrad ca. 6–8/10–12 TD halb-/ganztags; Moped ca. 25/35 TD halb-/ganztags).

Sonstiges

- **Staatl. SOCOPA(ONAT)-Artisanat:** Av. H. Bourguiba; Mo–Sa 8.30–12.30 und 15–18 Uhr.
- **Supermarkt Grand Magasin** nahe Busbahnhof mit Alkoholverkauf (versteckter Hintereingang).
- **Gottesdienste:** Sonn- und feiertags jeweils um 10 Uhr in der ehem. katholischen Kirche in Houmt-Souk (in Französisch/Englisch/Italienisch/Deutsch).
- **Hammams:** Av. H. Bourguiba (neben SOCOPA-Artisanat); neben Zaouia Sidi Brahim; in 117 Av. Abdel Hamid el Kadhi – vormittags für Männer, nachmittags für Frauen.
- **Markttage auf der Insel:**
  Sonntag: Erriadh, Guellala, Ajim
  Montag: Houmt-Souk
  Dienstag: Sedouikech
  Mittwoch: Guellala, Ajim
  Donnerstag: Houmt-Souk
  Freitag: Midoun
  Samstag: El May
- **Feste:** Mehrtägiges Töpfereifest Anfang Juni in Guellala; *Festival d'Ulysses* im August in Houmt-Souk und anderen Orten (historische Spiele, Folklore, Sport, Ausstellungen); Filmfestival alle 2 Jahre (1999, 2001 etc.) jeweils Ende August; Intern. Windsurfregatta in der ersten Septemberwoche.

Ausflüge

Grosse Inseltour s. S. 678
Kleine Inseltour s. S. 681

Ausflüge aufs Festland s. S. 684

Ausflüge auf Djerba

Hier bietet sich die halbtägige **Inselrundfahrt mit dem Touristenbähnchen** an sowie **Boots- und Busausflüge,** die von zahlreichen Reisebüros in Houmt-Souk und den Strandhotels offeriert werden.

Inselausflüge auf eigene Faust sind problemlos möglich mit Bus/

Louage/Taxi, Mietwagen, am bequemsten natürlich mit eigenem Fahrzeug.

Da das Gelände flach ist, eignet sich auf den verkehrsarmen Sträßchen und lauschigen Fahrwegen durch die Gärten bestens auch das Fahrrad als Fortbewegungssmittel, wobei der gelegentlich starke Wind und die hohen Sommertemperaturen einkalkuliert werden sollten.

Nachstehend einige **Routenvorschläge,** die die wichtigsten Orte und Sehenswürdigkeiten der Insel berühren.

Große Inseltour

Houmt-Souk – Ras Taguerness [20 km] – Aghir [10 km] – El Kantara [13 km] – Guellala [8 km] – Hara Seghira [11 km] – Houmt-Souk [8 km]

Wir verlassen die Stadt in östlicher Richtung zur „Plage de Sidi Mahrès". Die gut ausgebaute Küstenstraße schneidet die Halbinsel *Ras R'mel* ab, deren Sandbänke vorwiegend in den Wintermonaten ein beliebter Aufenthaltsort für Reiher und Flamingos sind (schöne Campingmöglichkeit in den kleinen Stranddünen; Vorsicht: Einsandungs- und Überflutungsgefahr; beachten Sie die Gezeiten!).

Nach etwa 10 km (kurz zuvor Abzweig links zum öffentlichen Badestrand) beginnt mit dem Luxushotel *Athene Palace* die mit „Zone touristique" ausgeschilderte, etwa 11 km lange **Hotelzone am Strand von Sidi Mahrès:** etwa vier Dutzend Hotel- und Bungalowanlagen (einige noch im Bau), die meisten am Strand, manche in zweiter oder gar dritter Reihe, also ohne direkten Strandkontakt. Mittendrin das 1998 eröffnete **Casino** mit Spielhallen, Restaurants, Wintergarten, Snackbar und exclusiver Boutique - alles in luxuriösester Ausstattung.

Am **Ras Taguerness** steht auf einer Anhöhe der mit 54 m höchste **Leuchtturm** Tunesiens (kein Zutritt). Dort, ca. auf Höhe der Go-Cart-Bahn, führt links ein etwa 3 km langes Stichsträßchen auf eine mit Hotels bebaute Landzunge, die die *Sebkha de Sidi Garous* vom Meer trennt, eine schmale, verschlickte, bei Fischern und Wasservögeln beliebte Lagune.

Bald danach erreicht die Küstenstraße die ersten Hotels am **Séguia-Strand,** der sich auf etwa 5 km Länge bis nach **Aghir** hinzieht. Im Gegensatz zum Strand von Sidi Mahrès stehen die Hotelanlagen hier mit größeren Zwischenräumen, reizvoll eingebettet in die Landschaft mit kleinen Gehöften und fruchtbaren Gärten.

Südlich von Aghir (kein eigentlicher Ort, sondern nur Jugend-Freizeitzentrum mit Jugendherberge und Campingmöglichkeit) passieren wir die Basis U.L.M., die – falls nicht besetzt unter Tel. 09-72 33 44 – Infos erteilt und Anmeldungen zum Strandsegeln annimmt. Zur Linken ragt eine Landzunge weit hinaus ins Meer. An ihrer Spitze steht das kastenförmige *Bordj Kastil,* ein 1285 von Roger de Loria, Admiral von Aragon und Sizilien, erbautes, im 15. Jh. von den Spaniern vergrößertes Fort. Es sind rund 8 km auf trügerischem Untergrund und durch schattenloses Gelände dorthin (nichts für schwere Fahrzeuge).

Meninx hieß die Inselhauptstadt, als die Römer die Macht von den Karthagern übernahmen. Das von ihnen weiter ausgebaute Stadtgebiet lag nahe des heutigen *El Kantara*. Weit verstreut im Gelände, z.B. etwa 500 m bevor die Küstenstraße mit der durchs Inland führenden C117 zusammenstößt, findet man (vor allem links zwischen Straße und Meer, s. Wärterhäuschen) bescheidene Trümmer von Säulen, Friesteile, Kapitelle, teils aus weißem, teils aus farbigem Marmor. Irgendwelche markanten Gebäudereste dieser einstmals bedeutenden Stadt sind nicht mehr vorhanden.

El Kantara selbst besteht nur aus einer kleinen Häusergruppe mit Polizeistation. Hier beginnt der zweispurige, ca. 6,5 km lange Straßendamm zum Festland. Er folgt dem Verlauf jenes Dammes, den bereits die Römer vermutlich auf einem phönizischen Vorgängerbau errichtet hatten und der trotz gelegentlicher Meeresüberflutung bis 1551 weitgehend seine Funktion erfüllte. In jenem Jahr durchbrach der türkische Korsar Dragut den Damm, um mit seiner Flotte einer Seeblockade der Spanier zu entkommen. Zwischen 1951 und 1953 wurde der inzwischen mehrfach unterbrochene Damm repariert und 1973 weiter ausgebaut. Eine Brücke in der Mitte ermöglicht kleinen Booten die Durchfahrt zwischen Meer und dem Golf von Bou Grara. „Chaussee Romaine“ bezeichnet ein Schild den Damm. Parallel zu ihm verläuft auch die Pipeline, die Trinkwasser vom Festland auf die Insel befördert.

Ab El Kantara nun weiter Richtung Guelalla durch gelegentlich etwas hügeliges, mit Palmen und Olivenbäumen bestandenes Gelände. Nach gut 6 km lohnt sich ein Blick auf die links der Straße stehende fotogene Moschee.

Inselkarte beim Leuchtturm von Djerba

Guellala (Markttage Mittwoch und Sonntag; Geldwechsel in Bank) ist – unübersehbar – das bekannteste und meistbesuchte **Töpferdorf** der Insel (näheres zur Töpferei siehe Seite 666; an der Richtung Sedouikech führenden Straße erkennt man nach etwa 1,5 km von einer Anhöhe aus in den Hügeln die Zugänge zu den unterirdischen Abbaustellen, in denen der zum Töpfern verwendete Lehm gewonnen wird). Der ganze Ort ist durch dieses Handwerk geprägt. Entlang der Straßen, auf Gehwegen, in Höfen, auf den Mauerbrüstungen haben Handwerker und Händler ihre Waren ausgestellt, neben den traditionellen, unbemalten Tongefäßen auch – Zugeständnis an die Touristen – bemalte und glasierte Keramik. Der Renner ist das **„Magische Kamel"**, eine hohle Tonfigur, bei der das eingefüllte Wasser nach dem Umdrehen nicht durch die Einfüllöffnung, sondern verblüffenderweise durchs Maul des Kamels herausfließt. Die Brennöfen entdeckt man mehr in den Nebenstraßen; meist liegen riesige Scherbenhaufen daneben, und man darf auch gerne in eine der zum Teil jahrhundertalten Werkstätten hineinschauen (z.B. an den Straßen in Richtung Ajim oder El Kantara). Eine auch größeren Touristengruppen zugängliche **Töpfer-Schauwerkstatt** mit Demonstration (Töpfern auf Drehscheibe) und Verkauf der Produkte liegt im Zentrum an der Hauptstraße hinter der großen blauen Tür (zwei Türen daneben eine Djerba-Karte aus bunten Wandkacheln). Dort vom Innenhof aus ist ferner noch eine jener traditionellen **unterirdischen Ölmühlen** zu besichtigen, die andernorts auf Djerba meist von modernen Betrieben abgelöst wurden.

(**Abstechermöglichkeit**: Ca. 4 km westlich von Guellala – nur wenige Meter abseits der Straße nach Ajim – können Vogelfreunde am flachen Strand häufig große Schwärme von Flamingos oder anderen Stelzvögeln beobachten.)

Auf der Weiterfahrt von Guellala Richtung Norden durch landwirtschaftlich vielseitig genutztes Gebiet fallen uns besonders prächtige, alte Ölbäume auf, knorrig und mit verwundenen Stämmen. Wir queren die von Ajim nach El May (s. Kleine Inseltour) führende Straße und erreichen

Hara Seghira, offiziell **Erriadh,** eine einst von jüdischen Zuwanderern gegründete Siedlung, in der noch heute (wie auch in Hara Kebira bei Houmt-Souk) viele der auf Djerba verbliebenen **Juden** leben (näheres s. S.666).

Synagoge La Ghriba: Die Zufahrt zu dieser ca. 500 m außerhalb des Ortes liegenden heiligen Stätte ist gut beschildert. Täglich (außer Sa) von 8-18 Uhr ist der Besuch auch Andersgläubigen erlaubt; Kopfbedeckung erforderlich (Tücher/Käppis liegen bereit), vor Betreten des Betsaales sind die Schuhe auszuziehen. Die in ihrer heutigen Form aus dem Jahr 1920 stammende Synagoge wirkt von außen wie ein nüchternes Verwaltungsgebäude. Im Innern umgibt den Besucher jedoch eine eigenartige Atmosphäre. Die Wände sind aufwendig mit bunten Kacheln verziert, Pfeiler stützen die bemalten Holzdecken, durch farbige Glasfenster fällt nur wenig Licht in den Raum. Auf Bänken entlang der Wände sitzen, liegen oder kauern ältere, bärtige Rabbiner und lesen halblaut bis laut Texte aus Heiligen Schriften. In einem kunstvollen

Schrein wird u.a. eine angeblich 2000 Jahre alte und wertvolle Thora-Rolle aufbewahrt, die nur erlesenen (dazu gehören besonders spendenfreudige) Besuchern gezeigt wird. Wissenswertes zur Synagoge erläutert eine Tafel:

„Der heilige und antike Ort genannt El Ghriba (der Fremde) stammt aus dem Jahr 586 v.Chr. seit der Zerstörung des ersten von Salomon erbauten Tempels. Im Laufe der Jahrhunderte restauriert, verkörpert er heute ein geistiges Zentrum zum Studium der Thora. Ehrwürdige Rabbiner widmen ihre Zeit der täglichen Lektüre heiliger Schriften. Wir hoffen, daß die verehrten Besucher mit ihren großmütigen Spenden, welche für die Rabbiner und alten Lektoren bestimmt sind, zu diesem religiösen Werk beitragen. Möge Gott seine Zustimmung zur Erfüllung Ihrer Wünsche geben. Amen! Danke!"

(Diverse Opferbüchsen und zusätzliche Hinweise des Wärters stellen sicher, daß niemand diesen Spendenaufruf ignoriert.)

Die Wahl dieses Ortes zur „Heiligen Stätte" geht nach alter Überlieferung zurück auf einen heiligen Stein (wohl ein Meteorit), der an dieser Stelle vom Himmel fiel, und das gleichzeitige Auftauchen einer geheimnisvollen, wundertätigen Fremden. Einmal im Jahr, 33 Tage nach Ostern, ist La Ghriba Ziel der größten jüdischen **Wallfahrt** in ganz Nordafrika. (u.a. mit Kerzen-Prozession, Versteigerungen zu wohltätigen Zwecken, jahrmarktähnlichem Treiben). Als Herberge für die Pilgerscharen dient das der Synagoge angeschlossene große Gästehaus.

Von der Synagoge aus sind es nun noch ca. 8 km durch Gärten und Felder zurück nach **Houmt-Souk.**

Moschee bei Guellala

Kleine Inseltour

Houmt-Souk – Midoun [15 km] – Mahboubine [3 km] – El May [8,5 km] – Houmt-Souk [9 km]

Eine direkte Route führt über **Hara Kebira** (die zweite jüdische Siedlung neben Hara Seghira/Erriadh) durchs fruchtbare Inland (Oliven- und Getreidefelder, Rebpflanzungen, Feigenbäume und vereinzelte Palmen). Etwa 3 km vor Midoun passieren wir, rechts der Straße, die ibaditische *Fadloune-Moschee,* die häufig auf Djerbas Ansichtskarten auftaucht. Sie wird offensichtlich nicht mehr benutzt, Vögel haben sich im Gebetssaal eingenistet, und ausnahmsweise haben hier auch Nicht-Muslime Zutritt.

Midoun ist nach Houmt-Souk der einzige größere Ort (7000 EW) mit dem zweitwichtigsten Markt der Insel (Markttag: Freitag). Dank seines hübsch restaurierten Ortszentrums ist dies ein beliebtes Ausflugsziel der Touristen aus den nahegelegenen Hotelzonen. Wir finden Touristeninformation, Banken, Post, mehrere kleine Restaurants, Cafés und Souvenirläden, Tankstellen, Staatliche SOCOPA-Verkaufsausstellung, das 1998 eröffnete Hotel **Djerba Midoun,** und das kleine, schlichte, kaum zu empfehlende Hotel **El Yawhara**. Auf dem freien Platz beim großen Kreisverkehr am nördlichen Ortsrand entdecken wir noch eine unterirdische Ölmühle. In Midoun macht auch das Touristenbähnchen auf seiner Inselrundfahrt Halt. Jeweils am Dienstag ab 15 Uhr findet eine Folkloreveranstaltung statt, bei der unter anderem eine traditionelle Hochzeit vorgeführt wird.

Für die Rückfahrt nach Houmt-Souk wählen wir die interessantere Strecke über Mahboubine und El May, die ebenfalls durch fruchtbares Gartenland mit Rebgärten, Palmen, Obst- und Olivenbäumen führt.

In **Mahboubine** lohnt sich ein Blick (wie üblich nur von außen) auf die *El-Katib-Moschee* aus dem Jahr 1903 mit einer großen und zahlreichen kleinen Kuppeln, deren Erbauer, so sagt man, sich von der Blauen Moschee in Istanbul inspirieren ließen.

Sehr reizvoll ist die Weiterfahrt. Von dem kurvenreichen Sträßchen aus entdeckt man hinter Hecken oder Wällen die traditionellen djerbischen, festungsartigen Gehöfte, hin und wieder aber auch recht stattliche Villen.

Ca. 4,5 km hinter Mahboubine passieren wir eine neue Moschee (links) mit vielen Kuppeln, einem dreistufigen

Zur Tracht der Djerbafrauen gehört der Strohhut

Minarett und dem üblichen laternenartigen Aufsatz.

El May (5000 EW, mehrere Banken, Tankstelle, Samstagsmarkt) besitzt mit der *Moschee Umm et Turkia* aus dem 16. Jh. eine der pittoreskesten Ibaditenmoscheen der ganzen Insel. Ihre Architektur mit schrägen Stützpfeilern, kleinen Ecktürmchen und stummeligem Minarettaufsatz erinnert an schwarzafrikanische Lehmmoscheen.

Von El May führt die Hauptstraße C117 gen Norden zurück nach **Houmt-Souk;** man passiert dabei nach 3 km die Zufahrt nach Erriadh (s. „Große Inseltour").

Die Westküste

Auf Pisten von Ajim nach Bordj Djillidj [20 km] und Houmt-Souk [11 km]

Wer es eilig hat, nimmt vom Fährhafen **Ajim** die schnelle, 21 km lange Hauptstraße C116 quer durchs landwirtschaftlich genutzte Inselinnere zur Inselhauptstadt.

Reizvoller ist die Fahrt entlang der einsamen, von Zersiedlung verschont gebliebenen, 20 km langen Westküste. Die Piste kann bei Trockenheit auch von normalen PKWs befahren werden; nach Regenfällen ist sie jedoch häufig überflutet (Vorsicht: Rutschgefahr, verschlammte Passagen).

Der kleine Fischerort **Ajim** ist Anlegehafen für die Autofähre vom Festland (Fahrplan s. S.660) und Zentrum der Schwammtaucherei, die aber erheblich an Bedeutung verloren hat, seitdem billiges synthetisches Ersatzmaterial den Absatz erschwert. Nichts erinnert mehr daran, daß Ajim (als *Tipasa)* vermutlich schon vor 3000 Jahren von den Phöniziern gegründet wurde. (Guten, frischen Fisch ißt man in dem kleinen Restaurant von *Ben Salem* am Straßenabzweig nach Midoun.)

Im Ort weist ein Schild links von der Straße weg nach „Borj Jelij". Die hier beginnende Straße (im weiteren Verlauf Piste) verläuft nahe der Küste teils über freie Flächen, teils durch lockere Palmenbestände. Der Strand ist flach, oft etwas felsig und zweifellos nicht von jener Spitzenklasse wie die makellosen Hotelbadestrände im Nordosten der Insel. Dafür ist es hier extrem einsam – eine unbesiedelte, fast menschenleere Gegend. Nur Palmen, Wind und Meer, viele angeschwemmte Muscheln und Seeigel, hin und wieder ein paar Möwen und Reiher oder ein Fischerboot, das langsam vorübergleitet, und – wichtig fürs Fotoalbum – kitschig-schöne Sonnenuntergänge.

Nach ca. 14 km ziehen wir links hinüber zum **Plage Sidi Djemour** mit der gleichnamigen Moschee, die von einem kleinen Eukalyptushain umgeben ist. Rund 5 km weiter stoßen wir auf eine Teerstraße, die rechts zum Flughafen Mellita und weiter nach Houmt-Souk führt. Wir folgen der Straße jedoch geradeaus zum bereits sichtbaren, knapp 2 km entfernten **Bordj Djillidj,** eine alte Türkenfestung aus dem 18. Jh. mit Leuchtturm. Unterhalb liegt ein kleiner Fischerhafen. Wir sehen Haufen von Tonkrügen für den Tintenfischfang und pfeilförmige Fischfangvorrichtungen aus Palmzweigen im Wasser.

Ab Leuchtturm folgen wir der Piste entlang der Nordküste nach Houmt-Souk. Auch hier bietet sich kein ausgesprochener „Badestrand", man sieht hin und wieder Fischerboote, auch einfache Fischerhütten. Dann künden eine Wasserkläranlage, Müll und Schrott die nahe Inselhauptstadt an.

Auf den letzten 5 km durchfahren wir recht hübsche, lichte, aber leider ebenfalls vermüllte Palmenbestände. Unsere Piste mündet in **Houmt-Souk** in der Nähe des Hafens auf die Av. H. Bourguiba (in Gegenrichtung nicht beschildert).

Ausflüge aufs Festland

(Die Vorschläge betreffen Fahrten mit dem eigenen Fahrzeug, Mietwagen oder öffentl. Verkehrsmitteln; viele dieser Ziele sind auch über Hotels oder bei Reiseagenturen als Bus- oder Geländewagenfahrt zu buchen.)

Eintagestouren

- Besuch der Römerstadt **Gightis** und der **Ksour von Medenine und Metameur** (s. Routen C11 und C7).
- Angeboten wird auch Tages***flug*** nach **Tunis** (mit Mittagessen, Besuch von Medina, Bardo-Museum, Karthago und Sidi Bou Said).

Zwei- bis Dreitagesfahrten

- Besuch von **Medenine, Metameur** und der Berbersiedlungen und Ksour im **Dahar-Gebirge** (s. „Ksar-Rundfahrt durch die Monts des Ksour", Route C7). Übernachtung in Medenine, Metameur oder Ksar el Hallouf.
- Besuch der Berbersiedlungen und Ksour im Dahar-Gebirge bei **Tataouine** (s. „Lohnende Ziele um Tataouine", Route C8). Übernachtung in Tataouine oder Ksar Hadada.
- Besuch von **Gabès** sowie der Höhlen- und Bergsiedlungen bei **Matmata** (siehe „Lohnende Ziele im Matmata-Bergland", Route C6). Übernachtung in Gabès oder Matmata.

Vier- bis Fünftagesfahrt

- **Große Oasentour** über Gabès zu den Nefzaoua-Oasen Kebili, Douz, Überquerung des Chott el Djerid zu den Djerid-Oasen Tozeur, Nefta; Rückfahrt über die Bergoasen Chbika, Tamerza, Midès nach Gafsa und Gabès (s. Routen C1, 2, 4, 5). Übernachtungsmöglichkeiten in Gabès, Kebili, Douz, Tozeur, Nefta, Tamerza.
- **Mehrtägige Geländewagen-Exkursionen** in die Sahara (z.B. auf Pisten über Ksar Ghilane nach Douz und Tozeur).

Einige **Preisbeispiele für organisierte Ausflüge:**

- Tunesischer Folkloreabend mit Essen und Getränk: 32 TD.
- Halbtages-Bootsausflug zur Flamingo-Insel (mit Essen und Folklore): 35 TD.
- Halbtages-Inselrundfahrt: ca. 16 TD.
- Tagesfahrt nach Gabès/Matmata oder Tataouine/Chenini: 35/40 TD.
- 2-Tages-Wüstenfahrt mit Geländefahrzeug über Matmata nach Ksar Ghilane; mit Zeltübernachtung: ca. 100 TD.
- 2-Tages-Busfahrt über Medenine, Matmata, Kebili, Douz, Chott el Djerid nach Tozeur/Nefta; mit Hotelübernachtung: ca. 110 TD.
- 3-Tages-Südtunesien-Rundfahrt mit Geländewagen über Medenine, Toujane, Matmata, Kebili, Douz, Chottdurchquerung, Tozeur, Nefta, Tamerza, Gabès; mit Hotelübernachtung: ca. 170 TD.

Auf Südtunesiens Saharapisten

Allgemeine Hinweise für Pistenfahrten

Der abenteuerlustige Reisende mit eigenem Fahrzeug findet in Südtunesien abseits von Asphaltstraßen zahlreiche Pisten, die ihn in und durch die Wüste führen. Wenngleich der tunesische Saharaanteil in Ausdehnung, Vielfalt und Formenreichtum nicht mit den Wüstenregionen der Nachbarländer Algerien und Libyen konkurrieren kann, „Sahara-Erlebnis" ist trotzdem garantiert.

Auf mehr oder weniger „wilden" Pisten, mit relativ geringem logistischen Aufwand, verhältnismäßig geringem Risiko und dosierbarem Abenteuer (die Strände des Mittelmeeres sind nicht weit) läßt sich der Süden bereisen. Trotzdem dürfen auch hier Pistenfahrten keinesfalls leichtfertig angegangen werden. Vor allem Fahrten ins einsame und weitläufige „Südtunesische Sperrgebiet" (s. S. 712ff.) erfordern gründliche Vorbereitung und vorsichtiges Verhalten unterwegs.

In den Routenbeschreibungen sind Angaben über mögliche Schwierigkeiten enthalten. Generell ist zu bedenken, daß sich **Pistenzustände plötzlich ändern können,** meist durch unerwartete, oft nur lokale Regenfälle. Pistenauswaschungen, Erdrutsche, überflutete und unpassierbare Oueds und – selbst noch lange nach Ende der Niederschläge – verschlammte Passagen in den Ebenen sind die Folge. Auch mit gelegentlichen **Sandverwehungen** ist zu rechnen.

Schlammpiste in Südtunesien

Orientierungshilfe

GPS-Navigation

Benutzer von GPS-Navigationsgeräten finden **GPS-Koordinaten für die wichtigsten Wegpunkte** in den Routenplänen:

„Pisten zwischen Chott El Djerid und Dahar-Bergland“ (S.690/691)

„Südtunesisches Sperrgebiet“ (S.712/713)

Fahrzeug und Ausrüstung

Geländegängige Fahrzeuge sind zwar grundsätzlich von Vorteil, doch sind viele der Pisten auch mit technisch einwandfreien, robusten, möglichst hochbeinigen PKWs von einem guten, umsichtigen Fahrer zu bewältigen. Von längeren Pistenfahrten mit **Mietfahrzeugen** ist grundsätzlich **abzuraten,** da dies laut Vertrag oft ohnehin nicht gestattet ist, solche Wagen kaum „pistenfest“ und entsprechend ausgerüstet sind und die Kosten für auf Pisten entstandene Fahrzeugschäden dann vom Mieter zu tragen sind.

Mit Ausnahme der von „Safari“-Unternehmen frequentierten Routen geht es auf Südtunesiens Pisten meist **recht einsam** zu. Mit fremder Hilfe ist dort, wenn überhaupt, nur nach längerer Wartezeit zu rechnen. Deshalb gilt es, besonders auf einsamen und schwierigen Routen, in allen Belangen **autark** zu sein (Ersatzteile, Werkzeug, Reparaturkenntnisse, Proviant, Wasser). Für evtl. Rad-bzw. Reifenwechsel sind ein kräftiger Wagenheber (viel Hub!), eine stabile Unterlage, Luftpumpe und Luftdruckmesser erforderlich. **Fahrten durch abgelegene Gebiete** sollte man **möglichst mit Begleitfahrzeug** unternehmen.

Je nach Schwierigkeitsgrad der Route sollte entsprechendes **Bergematerial** an Bord sein (Sandbleche, Schaufel, Abschleppseil oder -gurt; für leichtere PKWs tun es im Sand notfalls auch die Fußmatten, Teppichreste und kräftiges Schieben).

Wegen der oft nur **sporadischen Tankmöglichkeiten** (Angaben im Text) für ausreichende Treibstoffvorräte sorgen, einschließlich Sicherheitsreserve für eventuelle Verfranzer (ggfs. in Zusatzkanister; keinesfalls Plastikkanister für Benzin!). Erhöhten Treibstoffverbrauch auf Pisten und im Sand berücksichtigen (30–50% über Straßenverbrauch). **Wasservorräte** (zwischen drei und acht Liter pro Person und Tag je nach Tagestemperatur).

Bleiben Sie im Falle einer Panne unbedingt beim Fahrzeug. Wenn Sie sich nicht gerade auf einer der ganz abgelegenen Routen befinden, wird in der Regel nach einigen Stunden ein Fahrzeug vorbeikommen. Der eigene Wagen bietet den besten Schutz und ist im Falle einer Suchaktion leichter aufzufinden als ein einsamer Fußgänger. Ein Fußmarsch kommt nur in Frage, wenn der eigene Standort und die Lage der nächsten Siedlung (oder Hauptpiste) eindeutig bekannt sind und letztere in erreichbarer Nähe liegt.

Einige fahrtechnische Tips

Es ist immer eine heikle Sache, Autofahrern Tips zur Fahrtechnik geben zu wollen – schließlich hält sich jeder für einen guten Fahrzeuglenker...

Doch da sich die automobilen Bedingungen auf Wüstenpisten von jenen auf Teerstraßen erheblich unterscheiden, seien folgende Hinweise gestattet.

Pistenfahrten

Bleiben Sie grundsätzlich auf der Piste oder in deren Sichtweite, zumindest merken Sie sich bei Querfeldeinfahrten, wo und in welche Richtung Sie die Hauptroute verlassen haben. Fahrgeschwindigkeit nur so hoch, daß man noch vor unerwartet auftauchenden Hindernissen (z.B. Steine, Gräben, plötzliche enge Kurven, Weidetiere, Sandverwehungen) anhalten, ausweichen bzw. angemessen reagieren kann. Auf Schotterstrecken großen Abstand zum Vordermann halten wegen hochgeschleuderter Steine. Besondere Vorsicht gilt bei schlechten Sichtverhältnissen oder gar Sandsturm.

Grundsätzlich **Pisten nie nachts befahren.**

Fahren auf „Wellblech"

Zu Recht gefürchtet und verhaßt ist das „Wellblech", das wir auf vielen Pisten vorfinden. Dabei handelt es sich um wellenförmige Querrinnen, die sich vor allem auf häufig befahrenen Routen im harten Untergrund bilden und der Piste die Struktur eines Waschbretts verleihen.

Auf Nummer Sicher geht, wer diese Etappen mit niedriger Geschwindigkeit (je nach Wellenstruktur zwischen 15 und 25 km/h) befährt. Der Wagen hat dabei ständige Bodenhaftung und reagiert zuverlässig beim

Kleine und größere Hindernisse gehören zum Reiz einer Pistenfahrt

Sahara-Pisten

Lenken, Bremsen und Gasgeben. Allerdings wird dabei auch jede Welle voll „ausgekostet"; das ständige Auf und Ab ist nervtötend, doch bewältigt man auf diese zeitraubende Weise selbst die schlimmsten Passagen ohne übermäßiges Risiko.

Die Leidenszeit läßt sich erheblich verkürzen, wenn man das Fahrzeug so stark beschleunigt, daß man die Wellen nicht mehr einzeln ausfährt, sondern praktisch von Kuppe zu Kuppe springt, was – je nach Wellenlänge und -tiefe – bei 50 bis 70 km/h der Fall ist. Ehe man dieses hohe Tempo erreicht, kommt irgendwann der gefürchtete Moment, wo der Wagen in Resonanz gerät und schauerlich zu vibrieren beginnt. Nach dieser Phase aber wird es ziemlich ruhig, der Wagen „schwebt" mit hohem Tempo über die Piste. Diese Fahrweise erfordert allerhöchste Konzentration des Fahrers und ist mit hohen Risiken verbunden: mangels Bodenhaftung nur geringe(!) Wirkung von Bremsen und Lenkung und erhöhte Schleudergefahr (Fahrverhalten ähnlich wie auf Eis); plötzlich auftauchenden Hindernissen kann nicht rechtzeitig ausgewichen werden. Durch Reduzieren des Reifenluftdrucks um 0,5 bar unter Normaldruck lassen sich die Erschütterungen und das Gerumple ein wenig erträglicher machen. Nach Wellblechetappe Normaldruck wiederherstellen.

Fahren im Sand

Sandfahren macht Spaß, gelegentlich aber auch Probleme.

Kleinere Sandanwehungen können oft umfahren oder mit Schwung genommen werden. Vorsicht vor harmlos wirkenden Sandzungen oder Dünchen. Es sind oft harte, festgebackene Buckel (Schanzeneffekt!). Für die Bewältigung größerer Sandfelder und für Dünenüberquerungen (z.B. vor Bordj el Khadra oder bei El Borma) empfiehlt es sich, **vor Einfahrt in die sandige Zone** den **Reifenluftdruck** in allen Rädern zu **reduzieren** (entsprechend den Angaben der Reifenhersteller; Richtwert: halber Normaldruck), um dadurch die Auflagefläche der Reifen zu vergrößern und den spezifischen Flächendruck entsprechend zu verringern. Nicht vergessen: anschließend Reifen wieder aufpumpen.

Eine wichtige Regel bei Sandfahrten lautet: **Rechtzeitig zurückschalten.**

Man fahre mit Schwung in ein Sandfeld hinein und achte darauf, daß der Motor im jeweiligen Gang noch über Kraftreserven verfügt und imstande ist, seine volle Drehzahl zu erreichen. Spürt man, daß der Motor trotz voll durchgetretenem Gaspedal seine Geschwindigkeit nur mit Mühe hält oder gar verlangsamt, dann muß schnell einen Gang oder gleich zwei (so man noch hat) zurückgeschaltet werden, um wieder Kraftreserven zu gewinnen. Zu langes Zögern bedeutet in den meisten Fällen eine unnötige Schinderei für den Motor, was häufig mit Abwürgen und einer ausgiebigen Buddelei endet.

Eine weitere wichtige Regel: **Sanft, gefühlvoll** und ohne abrupte Brems-, Beschleunigungs- und Lenkmanöver **fahren** – ähnlich wie in Schnee und Eis.

Trotz aller Aufmerksamkeit kommt es vor, daß es der Wagen nicht schafft und **steckenbleibt.** Wer ungeduldig versucht, im niedrigsten Gang, mit Vollgas und womöglich durchrutschender Kupplung wieder loszufahren, wird sich vermutlich noch tiefer einbaggern. Besser ist, zunächst aussteigen und die Lage betrachten. Sitzt der Wagen nur geringfügig fest, genügt es oft, wenn man die störenden Sandkeile vor den Rädern entfernt, die Fahrspur möglichst mit Steinen, Zweigen, Fußmatte o.ä. etwas griffiger macht und eventuelle Mitfahrer den Wagen bei seinen Anfahrtsbemühungen – Lenkung geradeaus! – durch kräftiges Schieben unterstützen. Dabei achte man darauf, daß die Antriebsräder nicht wild durchdrehen und sich dadurch nur noch tiefer eingraben. Bei leichten Fahrzeugen kann man evtl. auch mit dem Wagenheber nachhelfen (stabile Unterlage!), indem man die im Sand steckenden Räder einzeln aus diesem heraushebt und die von den Rädern hinterlassenen Mulden mit möglichst tragfähigem Material auffüllt.

Zufahrt zu einer Oase

Sitzt man aber so richtig „bis zum Nabel" fest, hilft meist nur noch Freischaufeln und der Einsatz von **Sandblechen.** Dafür **buddle man** zunächst großzügig(!) **alle Räder rundherum frei.** Außerdem schaufle man unter dem Fahrzeug den Sand weg, so daß Wagenboden, Kardanwelle(n), Differential(e) und Chassisteile völlig freiliegen. Nun schiebe man die **Sandbleche** (notfalls -leiter, Matte o.ä.) in Fahrtrichtung in **flachem Winkel** so weit wie möglich unter jedes der Räder (wer nur über zwei Bleche verfügt: bei Wagen mit Zweiradantrieb unter die Antriebsräder, bei allradgetriebenen Wagen unter die Vorderräder, damit die Hinterräder beim Darüberfahren diese feste Unterlage ebenfalls ausnützen können). Nun fahre man mit geradeaus gerichteter Lenkung unter kräftigem Schieben der Mitfahrer und mit voller Motorkraft über die Bleche. Vorsicht: Diese können hochschnellen – Verletzungsgefahr! Vorgang notfalls so oft wie nötig wiederholen – bei Hitze eine kräftezehrende und schweißtreibende Tätigkeit.

Buchempfehlungen

Viele weitere Tips und Informationen über Ausrüstung, Reisevorbereitung, -durchführung und sonstige Aspekte von Wüstenreisen finden Sie in:
Därr, Klaus, „Transsahara", Reihe Reise Know-How (vergriffen, nur in Bibliotheken).
Für Motorradfahrer sehr nützlich:
Troßmann, Thomas, „Motorradreisen zwischen Urlaub und Expedition", Reihe Reise Know-How.

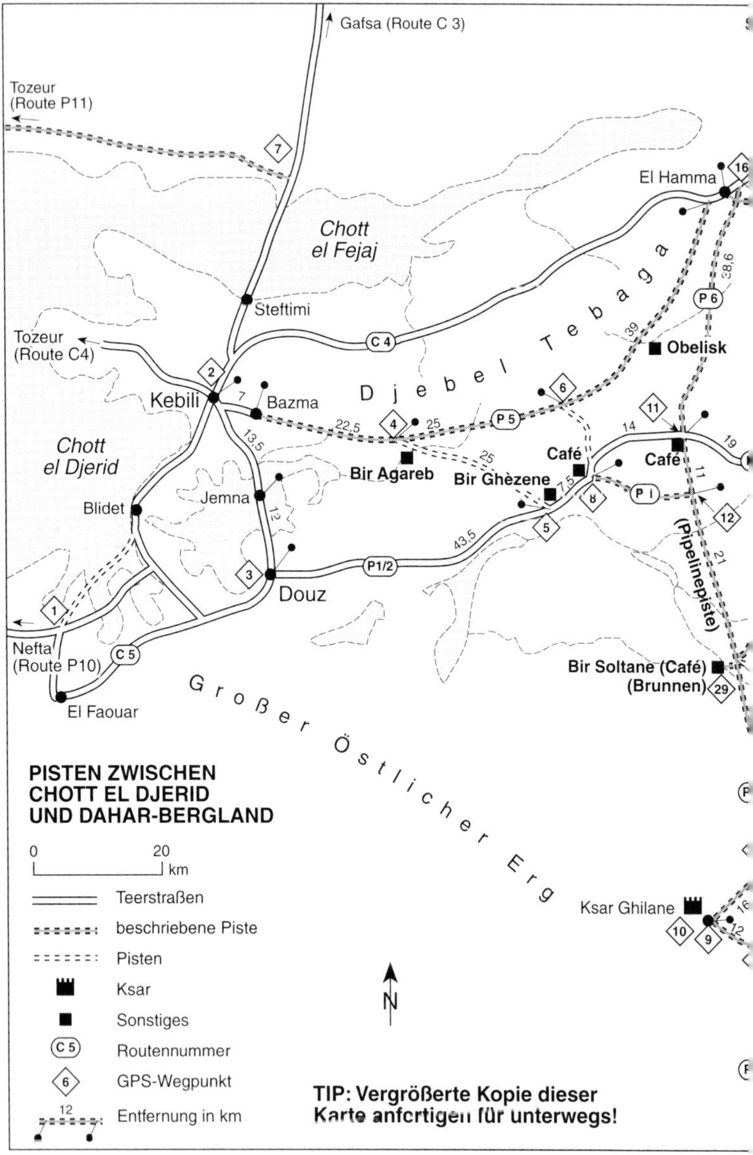
Gafsa (Route C 3)
Tozeur (Route P11)
Tozeur (Route C4)
Chott el Fejaj
Steftimi
El Hamma
Djebel Tebaga
Obelisk
Kebili
Bazma
Chott el Djerid
Bir Agareb
Bir Ghèzene
Café
Café
Jemna
Blidet
Douz
Nefta (Route P10)
El Faouar
Bir Soltane (Café) (Brunnen)
(Pipelinepiste)
Großer Östlicher Erg
Ksar Ghilane
C 4
C 5
P 5
P 6
P I
P1/2
PISTEN ZWISCHEN CHOTT EL DJERID UND DAHAR-BERGLAND
0 20 km
Teerstraßen
beschriebene Piste
Pisten
Ksar
Sonstiges
Routennummer
GPS-Wegpunkt
Entfernung in km
N
TIP: Vergrößerte Kopie dieser Karte anfertigen für unterwegs!

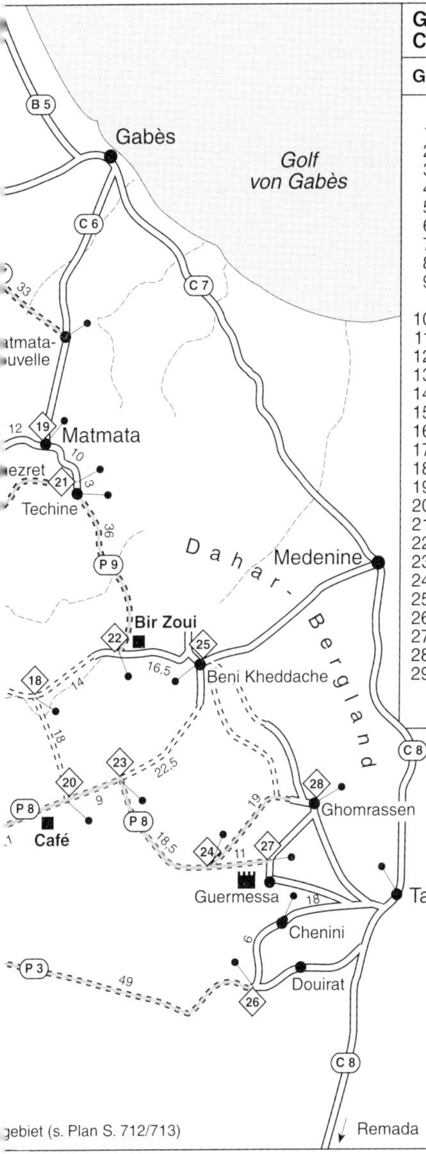

GPS-Wegpunkte zwischen Chott El Djerid und Dahar-Bergland

GPS-Wegpunkte	Koordinaten	
	Nord	Ost
1	33°26.70'	08°38.02'
2 Kebili	33°42.20'	08°58.48'
3 Douz	33°27.44'	09°01.45'
4	33°36.58'	09°14.40'
5 Bir Ghezene	33°30.57'	09°28.16'
6	33°38.24'	09°29.96'
7 Fejaj	33°58.27'	09°07.14'
8 Café Sahara	33°32.53'	09°32.09'
9 Ksar Ghilane		
(Obelisk)	32°58.58'	09°39.05'
10 (Ksar)	33°00.48'	09°37.02'
11 Café Jelili	33°34.49'	09°41.16'
12	33°28.84'	09°41.80'
13	32°54.60'	09°45.03'
14	33°04.41'	09°46.53'
15	33°03.17'	09°46.56'
16	33°53.84'	09°49.23'
17 Tamezret	33°32.17'	09°51.83'
18	33°13.77'	09°55.36'
19 Matmata	33°32.72'	09°58.09'
20	33°06.85'	09°58.51'
21 Techine	33°28.53'	10°00.18'
22 Bir Zoui	33°16.04'	10°03.41'
23	33°07.60'	10°03.81'
24	33°01.66'	10°10.09'
25 Beni Kheddache	33°15.09'	10°11.96'
26	32°53.16'	10°13.57'
27 bei Guermessa	32°59.78'	10°15.96'
28 Ghomrassen	33°03.60'	10°20.35'
29 Bir Soltane		
(Café)	33°17.65'	09°44.03'
(Brunnen)	33°17.05'	09°42.61'

Routenübersicht

Route P 1: Douz – Bir Soltane – Ksar Ghilane

Route P 2: Douz – Tamezret – Matmata

Route P 3: Ksar Ghilane – Chenini – Tataouine

Route P 4: Matmata – Bir Soltane – Ksar Ghilane

Route P 5: El Hamma de l'Arad – Kebili

Route P 6: Nördliche „Pipelinepiste": El Hamma de l'Arad – Bir Soltane – Kamour

Route P 7: Matmata-Nouvelle – El Hamma de l'Arad

Route P 8: Ksar Ghilane – Ghomrassen bzw. Guermessa – Tataouine

Route P 9: Beni Kheddache – Bir Zoui – Techine – Matmata

Route P 10: Nefta – Douz (südliche Umfahrung des Chott El Djerid)

Route P 11: Chott el Fejaj – Tozeur (nördliche Umfahrung des Chott el Djerid)

Route P 1: Douz – Bir Soltane [90 km] – Ksar Ghilane [43 km]

Allgemeines

(Bei der in manchen Karten eingezeichnete **Direktverbindung zwischen Ksar Ghilane und Douz** durch die Dünen handelt es sich um eine ca. 90 km lange, orientierungsmäßig schwierige und nur (!) mit Geländefahrzeugen zu bewältigende Querfeldein-Route (keine markierte Piste, Weichsandfelder, „Dünenslalom"), die möglichst nur mit Führer und im Konvoi erwogen werden sollte.

Unsere Route P 1 führt zunächst über Asphalt, danach auf Piste durch unbesiedeltes Gebiet. Man beachte daher die „Allgemeinen Hinweise für Pistenfahrten" (s. S.685). Einsamkeit, auch Monotonie während der Fahrt sind garantiert. „Bilderbuchwüste", d.h. Dünen, Palmen etc. zeigen sich erst im näheren Umkreis von **Ksar Ghilane.** Die dortige **heiße Quelle** mit Badeteich, Palmen- und Tamariskenhain, die **Wüstenfestung** mitten in den Dünen, dazu Lagerromantik im Camp entschädigen für die lange Anfahrt. Echte Wüsteneinsamkeit ist dort allerdings selten (evtl. noch tagsüber) anzutreffen, da sich Ksar Ghilane zu einem beliebten und stark frequentierten Etappenziel für Geländewagensafaris der Reiseagenturen entwickelt hat.

Die Route ist für geländegängige Fahrzeuge problemlos zu befahren, auch mit robusten und hochbeinigen PKWs machbar, seit der Beginn der Route asphaltiert und weitere Streckenabschnitte entschärft wurden. Evtl. sandige Passagen können im allgemeinen umfahren oder mit „Schiebehilfe" überwunden werden. Man beachte aber die Fahrbedingungen für die weiterführenden Routen.

- **Unterkunft/Versorgungsmöglichkeit/Treibstoff:** in Douz; in Ksar Ghilane Camps/Hotel, keine Einkaufsmöglichkeit, Tankstelle mit Preisaufschlag (erhöhten Verbrauch einkalkulieren!), unterwegs 3 kleine Cafés.
- **Fahrzeit:** ca. ½ Tag.
- **Routenübersicht** (mit GPS-Koordinaten): s. S.690/691.

Douz

(Beschreibung, Plan und Ausflüge s. Route C5)

Ab **Douz** (km 00) fahren wir zunächst gen Osten auf der mit „Matmata" beschilderten Straße. (Die Route Douz – Matmata ist seit 1998 durchgehend asphaltiert.) Eine monotone, sandige Ebene umgibt uns mit spärlichem Buschwerk, hin und wieder sehen wir Nomadenzelte, Ziegen-, Schaf-, gelegentlich auch Dromedarherden.

km 43,5: Brunnen **Bir Ghèzene** mit kleinem **Ali-Baba-Wüstencafé**. (Hier beginnt links eine mit „Kebili 50" beschilderte Piste (C105), die – monoton, aber problemlos – nach 25 km beim Brunnen *Bir Agareb* in die von El Hamma de l'Arad nach Kebili führende Piste C104/Route P5 einmündet). Die Strecke ist bisher identisch mit Route P2.

Wir biegen jedoch 6,8 km nach dem Brunnen (eine weitere Zufahrt bei km 7,5 km) rechts ab zum einige hundert Meter abseits liegenden **Café Sahara-Centre/Tarzan**, früher einsames Wüstencafé an einer wichtigen Pistenkreuzung, seit Fertigstellung der Asphaltstraße fast eine Art „Autobahnraststätte". Besucher haben ihre Visitenkarten, Aufkleber, Fotos etc. an die Wände gepflastert. Vorbei am Café verläuft die alte von Douz nach Matmata führende Piste; wir biegen links auf diese ein, verlassen sie jedoch schon nach wenigen Metern und folgen der halbrechts, etwa südöstlich ziehenden Piste hinüber zur Pipeline und Bir Soltane.

Mit harter Wellblechstruktur hält diese zunächst auf den *Djebel Oum ech Chira* zu (Brunnen am Bergfuß), den sie im weiteren Verlauf südlich umfährt. Rötliche Dünen bringen ein wenig Abwechslung in die bisher recht steinige Landschaft; wir halten uns stets an die Hauptpiste (Spuren verfächern sich mehrmals), die gut 18 km nach dem Café auf die von El Hamma de l'Arad kommende breite **„Pipelinepiste"** stößt (s. Route P6). In der unterirdisch, parallel zur Piste verlaufenden Pipeline wird algerisches Rohöl aus der Gegend um In Amenas sowie das tunesische Öl von El Borma zum Hafen von La Skhirra im Golf von Gabès befördert.

Nun etwa 21 km auf der breiten, gut ausgebauten Piste nach Süden bis zum Café **Bir Soltane** an einer Pistenkreuzung (rechts zum Brunnen, links Richtung Matmata; s. Route P4). Das liebevoll mit kleinen Beeten angelegte Café empfiehlt sich für eine kurze Rast. Auch hier sind die Wände tapeziert mit Aufklebern aller Art.

Abstecher zum Brunnen Bir Soltane (Anfahrt 2,5 km)

Der rechte Pistenzweig führt vorbei am Posten der Garde Nationale (keine Meldepflicht) und endet beim **Bir** (Brunnen) **Soltane.** Direkt dahinter beginnen die Dünen des Großen Östlichen Ergs. Daß der alte Brunnen (im Kuppelbau) seit ewigen Zeiten in Betrieb ist, sieht man an den tiefen Seileinschnitten am Brunnenrand. Daneben steht ein modernes Windrad.

Weiter auf der breiten Pipelinepiste durch flache Wüstenlandschaft in Richtung Süden. Das „Wellblech" wird gelegentlich von Sandanwehungen überlagert (mit Schwung auch von PKWs passierbar); größere Dünen sieht man nur entfernt im Westen. Bei km 24,8 (links kleiner rosaroter Steinmann) zweigt Strecke P8 ab. Wir biegen 27 km nach dem Café rechts auf eine breite, beschilderte Piste nach Ksar Ghilane ab, deren Asphaltierung wohl bevorsteht. *Barchane* (Sicheldünen) bringen etwas Struktur in die Wüstenebene. Nach etwa 15 km zieht die Route zwischen zwei langen Dünenketten hindurch. Vor uns liegt das Dorf **Ksar Ghilane** (auch „Rhilane", gesprochen: „Ksar R(h)ilan").

Ksar Ghilane

Zunächst bietet sich ein eher enttäuschender Anblick. Nach der langen Wüstenfahrt gilt unser Interesse nicht dem tristen Dorf, sondern dem **Thermalpool,** einem kühlen Getränk und dem namengebenden **Ksar.**

Geländegängige (!) Fahrzeuge halten an der Gabelung gleich nach der Dünenpassage rechts auf das nördli-

Im Quell-Camp von Ksar Ghilane

che Ende des Tamarisken- und Palmenhains zu, reiten dort über einige Dünenkuppen und durch ausgedehnte Weichsandfelder zwischen den Bäumen hindurch und erreichen nach 1,5 km den Quellteich beim **Camp Rhilane.** Nicht geländegängige Fahrzeuge fahren besser geradeaus, steuern das **Camp l'Erg** bzw. die **Tankstelle** (ca. 30% Preisaufschlag) an und folgen dann innerhalb des Grüngürtels dem Fahrweg bis zum Teich. Dort strömt im Schatten großer Tamarisken warmes Wasser in ein großes, natürliches Becken, in dem sich herrlich schwimmen läßt. Französische Ingenieure, die hier einst nach Öl bohrten, stießen auf diese Quelle. Das Wasser fließt dann weiter in Gräben durch die Oase. Neben dem Pool liegen kleine Cafés und Souvenirkioske, und hier befindet sich auch das nördlichste und größte der drei Oasencamps.

★Die Camps

Das **Campment Rhilane** beim Quellteich, vor Jahren noch ein kleiner, romantischer Rastplatz, ist gewaltig gewachsen und hat sich auf den starken Touristenansturm eingestellt. Es gibt ein lizensiertes Restaurant, lange gemauerte Tische unter den Bäumen und etwa 30 Nomadenzelte (je 6–8 Plätze; Übernachtung p.P. 5 TD, mit Fr. 7 TD, HP 12 TD, Camping im Fahrzeug 3 TD p.P.). Mag tagsüber vielleicht noch friedliche Ruhe herrschen, spätestens am Nachmittag preschen die Geländewagen der Safari-Unternehmen herein und füllen den Platz mit Autos, Passagieren und

Lärm. Dennoch ist das Lagerleben am Feuer unter freiem Himmel ein großartiges Erlebnis. Wer Wüsteneinsamkeit sucht, kann sie ein Stück außerhalb in den Dünen finden.

300 m südlich vom Teich liegt **Le Paradis,** ein Camp mit etwa 50 Zelten (traditionelle Nomaden- bzw. eine Art Militärzelt), unter Palmen zwar, romantisch und etwas ruhiger, aber ohne Quellbad. Zwei lizensierte Restaurants (Übernachtung p.P. 7 TD, mit Fr. 8,5 TD, HP 15 TD, Camping im Fahrzeug 5 TD p.P).

Knapp außerhalb der Gärten am südlichen Ende des Grüngürtels und gut 2 km vom Quellteich entfernt liegt das modern eingerichtete **l'Erg Camp** mit Swimmingpool und lizensiertem Restaurant; Übernachtung in Zelten p.P. mit Frühstück 15 TD, mit HP 18 TD, VP 25 TD; Camping im Fahrzeug p.P. 7 (!) TD); saubere sanitäre Anlagen, kantinenartiger Speisesaal (Menü 6 TD), großes Aufenthaltszelt, aber alles in derzeit noch schattenarmem Gelände – ein bißchen „Ausweichquartier" mit wenig Oasen-Atmosphäre.

Zwischen *Camp Rhilane* und *Le Paradis* ist seit April 1998 nun noch das **Hotel Pansea** in Betrieb (Tel./Fax 05-90 05 21; siehe auch Bild S. 93). Auf einem großen, gepflegten Gelände stehen rund 60 Zelte, deren Innenzelt jeweils mit 3 komfortablen Betten, Minibar, Heizung/Klimaanlage, großer, gemauerter Duschkabine und WC ausgestattet sind. Swimmingpool, ein Aussichtsturm, Bar, moderner Aufenthalts- und Speisesaal. Die Preise entsprechen dem Komfort: Übernachtung 72/78 TD für 1 bzw. 2 Personen, Frühstück 5 TD, Essen à la carte oder Buffet (12 TD).

★Die Festung

Das *Ksar Ghilane* – eine Wüstenfestung der Franzosen auf den Fundamenten des von den Römern an der Südgrenze *(Limes)* ihrer Provinz Africa erbauten *Castellum de Tisavar* – liegt etwa 3 km nordwestlich des Quellcamps mitten in einem großen **Dünengebiet.**

Unbedingt zu empfehlen ist ein insgesamt gut zweistündiger Dromedarritt (ca. 15 TD p.P.); die Kamele warten in den Dünen hinter dem Quellteich. Etwas strapaziöser ist ein Fußmarsch hinüber zum Ksar (am besten den Kamelspuren folgen; Trinkwasser und Kopfbedeckung nicht vergessen). Diese Tour bietet nicht nur dem Saharaneuling ein eindrucksvolles Wüstenerlebnis. Die Sandberge beginnen gleich hinter den Gärten beim Quellcamp. Man stapft in etwa einer Stunde, die für Ungeübte recht anstrengend und bei entsprechenden Temperaturen schweißtreibend sein kann, über die Dünen bis zum Ksar. Den Weg weisen Kamelspuren (Hufabdrükke und „Knödel").

Die Festung selbst ist eine ziemlich nüchterne, kasernenartige Anlage, in der man da und dort noch römische Baureste entdeckt. Viel faszinierender als das Ziel ist der Weg dorthin, die Wüstenkulisse, das stete Auf und Ab beim Marsch durch den Weichsand der Dünen. In der Luft ziehen Raubvögel ihre Kreise, nahe der Gärten stelzen Störche durch den Wüstensand.

Ältere Bewohner wissen noch zu berichten, daß die Bezeichnung Ghilane auf einen aus Sidi-Bouzid (südwestlich von Kairouan) stammenden arabischen Philosophen dieses Namens zurückgehe, der früher mit sei-

Kamelritt zum Ksar Ghilane

nen Dromedaren beim heutigen Ksar den Winter verbracht habe. Er war ein wohlhabender, einflußreicher, weiser Mann, bei dessen Auftauchen – mitten im Winter – Mandelbäumchen zu blühen begannen und dessen Dromedare ein halbes Jahr die Milch im Euter behalten konnten!

★Das Dorf

Das Dorf ist eine eintönige Neubau-Siedlung außerhalb der Gärten mit Tonnengewölbehäusern (keine Versorgungsmöglichkeiten, Tankstelle beim **Camp l'Erg**).

Die einzige bescheidene Attraktion ist ein steinerner **Obelisk** oberhalb der Siedlung. Er erinnert an einen über 2000 km langen Wüstenmarsch, den die Franzosen 1943 unter *General Leclerc* vom Tschadsee aus unternahmen, um Montgomery's britische und Commonwealth-Truppen bei den Kämpfen an der Mareth-Linie zu unterstützen.

Weiterfahrt ab Ksar Ghilane

Ksar Ghilane – Chenini – Tataouine

siehe Route P3

Ksar Ghilane – Bir Soltane – Matmata

siehe Route P4

Ksar Ghilane – Ghomrassen/ Guermessa –Tataouine

siehe Route P8

Die Fahrt ins südliche **militärische Sperrgebiet** ist **nur mit behördlicher Genehmigung** (aus Tataouine) möglich (Einzelheiten s. S.714).

Sahara-Pisten

Route P 2: Douz – Tamezret [87 km] – Matmata [12 km]

Allgemeines

Seit 1998 ist diese Strecke durchgehend asphaltiert und eigentlich keine „P"-Route mehr; um größere Umnumerierungen zu vermeiden, lassen wir ihr die P2. Diese vielbefahrene Wüsten- und Gebirgsroute, die früher teilweise Geländegängigkeit erforderte, ist jetzt problemlos und flott auf breiter, gut ausgebauter Straße befahrbar. Landschaftlich reizvoll ist lediglich das letzte Teilstück durch die Daharberge bis Matmata. Keine Tankmöglichkeit in (Alt)-Matmata. **Routenübersicht:** s. S.690/691.

Douz

(Ortsbeschreibung und Plan s. Route C5)

Aufbruch in die Wüste

Die ersten gut 50 km sind identisch mit der Route P1 Douz – Ksar Ghilane (s. dort). Nach dem Brunnen *Bir Ghèzene* ignorieren wir jedoch die beiden Zufahrten zum **Café Sahara-Centre/Tarzan** (nach rechts), bleiben auf der Teerstraße und stoßen bei km 68 auf die in N/S-Richtung verlaufende **Pipelinepiste** (links nach El Hamma de l'Arad, rechts Richtung Ksar Ghilane – Kamour; s. Route P6 bzw. P1). Die neben der Piste unterirdisch verlaufende Pipeline transportiert algerisches und tunesisches Rohöl zum Hafen von La Skhirra. Das traditionsreiche **Café Jelili** ist von der früheren Piste hierher umgezogen und versorgt nun – freundlicher und hilfsbereiter Service wie gewohnt – die Passanten dieser Straßen-/Pistenkreuzung. Wir queren die Pipeline-Piste und nähern uns langsam den Daharbergen. Endlich kommt etwas Struktur in die Landschaft. Der Straße entlang sind Aufforstungsarbeiten zu beobachten. Dann tauchen Palmen auf, Feigen- und Olivenbäume, kleine Gärtchen. Stetig ansteigend und immer kurvenreicher zieht die Straße durch die kahlen, vom Straßenbau zerschundenen Hügel bergauf und erreicht schließlich bei km 87 das westliche Ortsende des reizvollen Berberdorfes **Tamezret**. (Ortsbeschreibung, Abstecher und Weiterfahrt zum 12 km entfernten **Matmata** s. S. 612.)

Matmata

(Ortsbeschreibung, Ausflüge etc. s. Route C6)

Route P 3: Ksar Ghilane – Chenini [67 km] – Tataouine [19 km]

Allgemeines

Von den **Dünen der Sahara** zu den Berberdörfern im **Dahar-Bergland** – eine kurzweilige Tour auf meist brutaler „Wellblech"-Piste, die auch gern von Rundfahrtunternehmen im Rahmen ihrer „Wüstensafaris" befahren wird. Besonders sehenswert die Berber-Bergsiedlung von **Chenini** und das umliegende Dahar-Bergland. Diverse Weichsandpassagen erfordern **Geländegängigkeit** des Fahrzeugs. Mit unvorhersehbaren Pistenschäden im Bergland muß (vor allem nach Niederschlägen) gerechnet werden (vgl. auch die „Allgemeinen Hinweise für Pistenfahrten" S.685).

- **Hinweis:** Eine auch von nicht geländegängigen Fahrzeugen befahrbare und landschaftlich reizvollere Route verbindet Ksar Ghilane über Guermessa mit Tataouine (siehe Route P8).
- **Tank-/Versorgungsmöglichkeit:** in Tataouine; in Ksar Ghilane Treibstoff mit ca. 30% Preisaufschlag.
- **Unterkunft:** in Ksar Ghilane und Tataouine.
- **Fahrzeit:** ca. 3–4 Std.
- **Routenübersicht:** s. S.690/691.

Ksar Ghilane

(Beschreibung s. Route P1)

Guter Orientierungs- und Startpunkt für die Fahrt nach Chenini ist der **Leclerc-Obelisk** beim **Dorf Ksar Ghilane** (etwa 1½ km vom Quellcamp beziehungsweise 2 km vom **Camp l'Erg** entfernt).

Ab Obelisk (km 00) zieht unsere Piste auf holprigem Untergrund in Hauptrichtung OSO. Gelegentlich windet sie sich durch kleine *Barchanfelder* (Sicheldünen), die sich im allgemeinen umfahren oder mit Schwung nehmen lassen. Nach knapp 13 km queren wir die sog. **Pipelinepiste.** (In der hier unterirdisch verlaufenden Pipeline wird algerisches Rohöl aus der Gegend um In Amenas sowie tunesisches von El Borma zum Hafen von La Skhirra am Golf von Gabès befördert.)

Unsere gelegentlich versandete, mit geländegängigen Fahrzeugen aber gut befahrbare Wellblechpiste zieht nun gen Osten durch eine weite, mit kargem Buschwerk bewachsene Ebene, in der wir – mit etwas Glück – Gazellen beobachten können. Allmählich tauchen in der Ferne die Umrisse der Dahar-Berge auf. Etwa bei km 30 erhält das Gelände wieder ein wenig Struktur. Nach einigen Weichsandpassagen geht es endlich hinein in die Hügel. Wir queren bei km 47,5 eine schmale Piste. In dem bislang baumlosen Gelände tauchen zwischen den Hügeln immer wieder kleine terrassenartige Felder *(Djessour)* mit Gruppen von Feigen- und Olivenbäumen auf. Auf üblem „Wellblech" stoßen wir bei km 60 auf eine querende Piste. Hier noch 700 m nach rechts, und wir münden in die beschilderte Verbindungsstrecke zwischen Chenini und Doui-

Kurz vor Erreichen von Chenini

rat. Nach links Richtung Chenini beginnt nun der – leider viel zu kurze – landschaftlich schönste Abschnitt der ganzen Route. Wir folgen einem wildromantischen, beidseits von immer höher werdenden Felsen gesäumten Oued. Nach gut 2 km, auf Höhe einer kleinen Steinpyramide (links), bietet sich in einem hübschen, kleinen Palmenhain mit Brunnen am Fuß steil aufsteigender Felsen eine romantische Rast- und Campingmöglichkeit (gelegentlich auch von Hirten mit ihren Herden benutzt). *Barrage Romaine* nach einem einstigen römischen Staudamm nennen die Einheimischen diese Stelle. Kurz darauf taucht in der Ferne das Berberdorf Chenini mit der weißen Moschee in der Bergsenke auf, dessen grandiose Lage hoch oben in den Felsen des Dahar-Gebirges von hier aus besonders eindrucksvoll zur Geltung kommt. Bei km 67 erreichen wir das Dorf **Chenini.**

Chenini

(Ortsbeschreibung sowie Weiterfahrt zum 19 km entfernten Tataouine s. S. 634)

Tataouine

(Ortsbeschreibung, Plan und Ausflüge s. Route C8)

Route P 4: Matmata – Bir Soltane [49 km] – Ksar Ghilane [43 km]

Allgemeines

Eine einsame Route, die mit Bergen beginnt und mit Wüste endet. Man beachte daher die „Allgemeinen Hinweise für Pistenfahrten“ (s. S.685).

„Bilderbuchwüste“, d.h. Dünen, Palmen, etc., zeigt sich erst im näheren Umkreis von Ksar Ghilane. Die dortige heiße Quelle mit Badeteich, Palmen- und Tamariskenhain, die Festung selbst mitten in den Dünen, dazu Lagerromantik im Camp entschädigen für die weitgehend monotone Anfahrt.

Geländegängigkeit, zumindest ein robustes Fahrzeug mit hoher Bodenfreiheit ist empfehlenswert, zum einen wegen einiger Oueddurchfahrten und des vielen „Wellblechs“ auf der Piste, zum andern wegen evtl. Sandverwehungen bei Ksar Ghilane. Vorsicht bei Nässe – rutschige Bergpisten. Man beachte auch die Fahrbedingungen für die weiterführenden Routen.

- **Tankmöglichkeit:** Keine Tankstelle in Alt-Matmata (nächste in Matmata-Nouvelle). Treibstoff in Ksar Ghilane mit ca. 30% Preisaufschlag. Erhöhten Treibstoffverbrauch einkalkulieren.
- **Unterkunft:** Matmata, Ksar Ghilane.
- **Fahrzeit:** 3–4 Std.
- **Routenübersicht:** s. S.690/691.

Matmata

(Ortsbeschreibung und Ausflüge s. Route C6).

Wir verlassen **Matmata** (km 0) auf der u.a. nach „Toujane, Techine“ beschilderten Straße. Die ersten 9 km sind identisch mit dem Anfang der „Rundfahrt durchs östliche Matmata-Bergland“ (s. S.614).

Bei km 9,7 biegen wir von der nach *Techine* weiterführenden Straße rechts ab (beschildert „Bir Soltane“). Bereits nach knapp 2 km verlassen wir das Sträßchen (es führt geradeaus weiter zum 1 km entfernten Dorf *Chaabet Smaala)* und folgen der links abzweigenden Piste.

An einer Gabelung kurz danach folgen wir dem rechten Zweig, der durch ein breites, von Hügeln eingerahmtes Tal führt. Auf etwa 10 km sehen wir noch größere Baumpflanzungen, dann wird es kahler, die Hügel flachen ab, die Landschaft erinnert etwas an „schottisches Hochland“.

Wir ignorieren alle abzweigenden Pisten und haben schließlich auch die westlichsten Ausläufer des Matmata-Berglands hinter uns gelassen. Bei 44,5 km kreuzen wir eine Querroute, passieren dann einige Barackenfundamente und erreichen bei km 49 das **Café Bir Soltane** direkt an der Kreuzung mit der **Pipelinepiste.** In der unterirdisch, parallel zur Piste verlaufenden Pipeline wird algerisches Rohöl aus der Gegend um In Amenas sowie das tunesiche Öl von El Borma zum Hafen von La Skhirra befördert.

Abstecher zum **Brunnen Bir Soltane** (geradeaus) und Fortsetzung der Route (links) zum 43 km entfernten **Ksar Ghilane** s. Route P1.

S. 690/691

Route P 5: El Hamma de l'Arad – Kebili [97 km]

(auf Piste südlich des Djebel Tebaga)

Allgemeines

Diese einsame Route durch unbesiedelte Wüstensteppe ist für Pistenfreunde eine Alternative zur monotonen Asphaltstraße. Geländegängigkeit ist nur im ersten Routendrittel für einige Oueddurchquerungen erforderlich, die – wie auch der Rest der Route bei Nässe – Probleme bereiten können. (Man beachte die „Allgemeinen Hinweise für Pistenfahrten" ab Seite 685.)

- **Tankmöglichkeit:** El Hamma und Kebili.
- **Unterkunft:** El Hamma (beschränkt) und Kebili.
- **Fahrzeit:** ca. 3–4 Std.
- **Routenübersicht:** s. S.690/691.

El Hamma de l'Arad

(auch El Hamma de Gabès; Ortsbeschreibung s. Route C4)

Wir verlassen das Ortszentrum von **El Hamma** (km 00) auf der nach Kebili führenden Hauptstraße P16. Von dieser zweigt nach 3,5 km im Ortsteil **Sembat** (kurz nach einer Ziegelei und Ouedübergang) auf Höhe eines Transformatorhäuschens nach links unsere u.a. nach „Oued Souinia" beschilderte Piste ab. Sie verläuft zunächst noch breit und gut befahrbar durch den Palmenhain in südlicher, später in südwestlicher und zum Schluß in westlicher Richtung, immer in Sichtweite des rechter Hand aufragenden Bergzugs *Djebel Tebaga* mit seiner sägezahnförmigen Gipfelsilhouette. Immer wieder begegnen uns große Schaf- und Ziegenherden. Etwa bei km 27 führt ein kleiner Weg links auf einen 300 m entfernten, flachen Hügel mit einem Steinobelisk. Dieser soll vermutlich an Aktivitäten im 2. Weltkrieg erinnern (die Gedenktafel ist herausgebrochen). Ca. 1 km weiter, bei der Gabelung an einem Brunnenhaus, folgen wir dem linken Zweig. Immer wieder queren Oueds unseren Weg (bei Nässe garantiert problematische Passagen) und verlangsamen die bislang recht flotte Fahrt. Bei km 42,5 markiert eine ca. 2 m hohe Steinsäule eine Pistenabzweigung. (Die nach Süden verlaufende Piste mündet nach etwa 12,5 km nahe dem **Café Sahara-Centre/Tarzan** in die Asphaltstraße Douz – Matmata (Route P1 bzw. P2).

Gut 8 km danach lohnt sich ein kurzer „Seitenblick". Ca. 250 m links der Piste (Zufahrt möglich) fallen verblüffend große, behauene Steinquader in der Ebene auf – die Reste einer alten römischen Farm; in der Region verlief der Limes Tripolitanus (GPS-Koordinaten: 33°37.38´ N, 09°24.88´ O). Ein quadratischer Bau wurde ringförmig (ca. 30 m Durchmesser) von einem Graben umlaufen, man entdeckt viele Tonscherben im Gelände und im Abstand von etwa 100 m eine tiefe gemauerte Zisterne, die ebenfalls von großen Steinblöcken umgeben ist. Reichlich 3 km weiter nochmals ähnliche Baureste mit großen Steinquadern links neben der Piste.

200 m danach (km 54) steht neben einem verschütteten Brunnen das *Bordj es Snain,* heute nur noch als Tierpferch verwendet. Entlang der Route können wir immer wieder Nomadenzelte im Gelände ausmachen. Bei km 67,5, nahe dem Brunnen *Bir Agareb* (Windrad, Kuppelbau) stößt im spitzen Winkel von OSO eine Verbindungspiste vom Brunnen *Bir Ghèzene* an der Route Douz – Matmata (P2) auf die unsrige (25 km, monoton, einfach zu befahren).

Weiterhin geht es durch undramatisches Steppenland. Nach 9 km ignorieren wir eine im spitzen Winkel links wegführende Piste und freuen uns bald darauf über etwas üppiger werdenden Bewuchs und leichte Struktur im Gelände. Auch die ersten, zunächst noch schütteren Palmengruppen der Nefzaoua-Oasen tauchen auf. Bei km 90 stoßen wir im Dorf **Bazma** auf Asphalt. 3 km danach erreichen wir die Douz-Kebili-Straße C206. Auf dieser sind es knapp 4 km nach rechts bis zum Zentrum von **Kebili.**

Kebili

(Ortsbeschreibung und Ausflüge s. Route C4).

Route P 6: El Hamma de l'Arad – Bir Soltane [73 km] – Kamour [164 km]

Nördliche „Pipelinepiste"

Allgemeines

Die sog. Pipelinepiste verläuft parallel zu einer unterirdisch verlegten Rohrleitung, die algerisches Rohöl aus der Gegend um In Amenas und tunesisches Öl von El Borma zum Verschiffungshafen von La Skhirra am Golf von Gabès transportiert. Im Süden führt sie hinein in **militärisches Sperrgebiet,** das bei der Pump- und Militärstation von **Kamour** beginnt und **nur mit behördlicher Genehmigung befahren** werden darf (Einzelheiten zur Fahrbewilligung s. S.714, Routenbeschreibungen ab S.718).

Diese Route ist die problemloseste, schnellste und in der Regel auch für robuste, hochbeinige PKWs geeignete **Anfahrt nach Ksar Ghilane** (liegt etwa auf Höhe 2/3 des Weges).

Die breite, monotone Piste ist trotz „Wellblech"-Oberfläche meist gut und flott zu befahren. Da es sich um eine Fahrt durch weitgehend unbesiedeltes, wüstenartiges Gelände handelt, beachte man die „Allgemeinen Hinweise für Pistenfahrten" (s. S.685).

- **Tankmöglichkeit:** nur (!) in El Hamma, notfalls im ca. 15 km westlich der Piste gelegenen Ksar Ghilane.
- **Unterkunft:** El Hamma (beschränkt), Ksar Ghilane (abseits der Route).
- **Fahrzeit:** 4–5 Std.
- **Routenübersicht:** s. S.690/691.

„Malteserschwamm" – pilzartige Schmarotzerpflanze

El Hamma de l'Arad

(Ortsbeschreibung s. Route C4)

Ab **El Hamma** Ortszentrum (Kreisverkehr) auf der P16 zunächst 2,8 km östlich in Richtung Gabès. Dort **(km 00)** kreuzt (leicht zu übersehen) die sog. Pipelinepiste, auf die wir (unbeschildert) rechts abbiegen und der wir fortan in Hauptrichtung Süden folgen. Bei km 3 quert die von Matmata-Nouvelle herüberkommende Strecke (Route P7), und bald lassen wir die letzten Häuser und Palmengärten El Hammas hinter uns. Rechts drüben begleitet uns noch eine Weile die gezackte Silhouette des *Djebel El Aziza,* ein Ausläufer des *Djebel Tebaga.* (Bei km 30 ignorieren wir eine Abzweigung nach links, die anfangs als Piste, später asphaltiert durch die neuen Siedlungen Zraoua-Nouvelle und Beni Aissa-Nouvelle zum knapp 30 km entfernten Matmata-Nouvelle führt.)

Die Besiedlung hört nun endgültig auf, noch finden sich gelegentlich kleine Baumkulturen zwischen den Hügeln, dann wird das Gelände flach, monoton, wüstenhaft. In flotter Fahrt geht es über nur mäßiges Wellblech gen Süden. Nach etwa 38,5 km quert die neue Asphaltstraße Douz-Matmata (Route P2; an der Kreuzung das kleine **Café Jelili**). 11 km weiter stößt von rechts die von Douz kommende Route P1 auf unsere Pipelinepiste. Wir passieren **Bir Soltane** bei km 73 (Café und Brunnen; Beschreibung s. Route P1; hier auch Einmündung der Route P4 von Matmata). Bei km 98 zweigt nach Osten eine Piste ab nach Guermessa/Tataouine (s. Route P8). Kurz darauf (km 100) passieren wir die beschilderte Hauptzufahrt zum gut 16 km entfernten **Ksar Ghilane**, 16,5 km danach eine weitere Zufahrt. (Die dort kreuzende Piste führt von Ksar Ghilane über Chenini nach Tataouine (s. Route P3).

Nun geht es auf breiter, gemäßigter Wellblechpiste weiter flott gen Süden. Nach einigen Kilometern ein einsamer, schlanker Antennenmast – ansonsten nichts als Monotonie. Bei km 156 mündet von Osten her eine von der Asphaltstraße Tataouine – Remada über *Bir Amir* herüberkommende Piste ein, und bei km 164 erreichen wir die Militär- und Pumpstation **Kamour** am nördlichen Beginn des **militärischen Sperrgebiets (Meldepflicht!).**

(Fortsetzung der „Pipelinepiste" s. Route PS3)

Route P 7: Matmata-Nouvelle – El Hamma de l'Arad [33 km]

Allgemeines

Breite, fast schnurgerade Piste, die wegen Wellblech und Schlaglöchern für normale PKWs zwar machbar aber ziemlich strapaziös ist. Problematisch wird es bei Nässe bzw. nach Regenfällen; dann ist mit Schlammabschnitten, Wasserdurchfahrten (ggfs. weiträumig zu umfahren) und schmierig-rutschiger Lehmpiste zu rechnen. Landschaftlich ist die Route nicht besonders reizvoll.

- **Fahrzeit:** 1–1½ Std.
- **Routenübersicht:** s. S.690/691.

Matmata-Nouvelle

(Beschreibung s. Route C6)

Ab Straßenkreuzung (Tankstelle) in **Matmata-Nouvelle** auf beschilderter Piste nach NW. Struppiges Buschwerk, vereinzelte Gehöfte und Baumpflanzungen, hin und wieder eine Schaf- oder Ziegenherde mit Hirten – viel mehr tut sich nicht entlang der Route. Erst kurz vor El Hamma kommt wieder ein wenig Struktur in die Landschaft. Im Westen ragt der *Djebel El Aziza* auf, ein Ausläufer des *Djebel Tebaga*. Am Ortsrand von **El Hamma de l'Arad** kreuzen wir die breite „Pipelinepiste" (s. Route P6) und stoßen nach insgesamt 33 km im Ort auf die Hauptstraße Gabès – Kebili.

El Hamma de l'Arad

(Beschreibung s. Route C4)

Route P 8: Ksar Ghilane – Ghomrassen [86 km] bzw. Guermessa [79 km] – Tataouine [21 km]

Allgemeines

Landschaftlich abwechslungsreicher als Route P3 verbindet diese Strecke Ksar Ghilane mit den genannten Zielorten. Die Piste kann im Normalfall auch von robusten, nicht geländegängigen Fahrzeugen befahren werden. Sie ist in gutem Zustand, meist allerdings mit „Wellblech" versehen, das häufig auf Parallelspuren umgangen werden kann. Dasselbe gilt für kurze sandige Passagen. Mit wetterbedingten Pistenschäden im Bergland und Problemen nach Regenfällen (auch für geländegängige Fahrzeuge) muß jedoch gerechnet werden. Man beachte die „Allgemeinen Hinweise für Pistenfahrten" (s. S.685). **Landschaftlich** besonders **reizvoll** ist der Abschnitt durch die **Dahar-Berge.** Sehenswert ist vor allem das alte, spektakulär hoch in den Felsen gelegene Berberdorf von **Guermessa.**

- **Tank-/Versorgungsmöglichkeit:** in Ghomrassen bzw. Tataouine, eingeschränkt in Ksar Ghilane (s. dort).
- **Unterkunft:** Ksar Ghilane und Tataouine.
- **Fahrzeit:** ca. ½ Tag.
- **Routenübersicht:** s. S.690/691.

Ksar Ghilane

(Beschreibung s. Route P1)

Guter Orientierungs- und **Startpunkt** ist der **Leclerc-Obelisk** ca. 400 m ab **Dorf Ksar Ghilane.** Vom Obelisk aus durchfahren wir die nördlich liegende Dünenkette, folgen ab der Dünenpassage der sich mehrmals verzweigenden Piste in Hauptrichtung ONO. Etwa 15 km ab der Dünenpassage stoßen wir auf die **„Pipelinepiste“,** der wir zunächst nach Norden folgen. Nach 2,2 km unbeschilderter **Pistenabzweig** nach rechts (kleiner, rosafarbiger Steinmann, vorherige Abzweigungen ignorieren!) in Richtung Ghomrassen bzw. Guermessa/Tataouine.

Ab hier **(km 00)** fahren wir zunächst durch gefällige Hügellandschaft, gelegentlich mit kürzeren, sandverwehten Abschnitten. Etwa bei km 17 passieren wir ein kleines **Café** neben einem großen ummauerten Viehpferch mit Wasserturm und erreichen bei km 21 eine beschilderte Pistenverzweigung. Wir halten uns rechts Richtung „Medenine 68“ und „Beni Kheddache 30“. Auf unangenehmem Wellblech geht es durch meist hügliges Gelände bis zu einer weiteren beschilderten Pistenabzweigung bei km 30. (Die Piste geradeaus führt problemlos und ohne größere landschaftliche Reize nach Beni Kheddache (+22,5 km); von dort weiter auf Asphalt nach Medenine.)

Wir halten uns jedoch rechts Richtung „Guermessa“ und bleiben, diverse abzweigende Spuren ignorierend, weiter auf der Hauptpiste, die sich wie ein helles Band in Richtung SO durchs Gelände zieht. Nach einer holprigen Oueddurchfahrt passieren wir einen Wasserturm mit Viehtränke (km 41). Kurz darauf knickt die Piste nach Osten ab und folgt nun einem zunächst von Hügeln, später von Tafelbergen gesäumten, mit Büschen, einigen Ölbäumen und zunehmend auch von Palmgruppen bewachsenen Oued (schöne Campingmöglichkeiten).

An einer Gabelung bei km 48,5 gibt es zwei Möglichkeiten für die Weiterfahrt:

- Variante A – links nach *Ghomrassen*
- Variante B – geradeaus über *Guermessa* nach *Tataouine*

Variante A:

nach Ghomrassen

Das linke, breite Tal führt zwischen schönen, für diese Region typischen Tafelbergen hindurch. Kleine angewehte Dünen liegen verstreut in der Talebene. (Wir ignorieren – besonders wichtig bei Fahrt in Gegenrichtung – diverse von unserer Hauptroute wegführende Pisten.) Bald tauchen die ersten Gärten auf, vorwiegend mit Öl- und Feigenbäumen. Wir lassen allmählich die Berge zurück, passieren einige z.T. noch genutzte Höhlenwohnungen, und bei km 64 (kurz nach einem großen Wasserbehälter mit Viehtränke) mündet von links eine von Beni

Landschaft bei Guermessa

Kheddache kommende Piste ein (siehe „Nördliche Rundfahrt“ ab Tataouine im Routenteil C ab S. 644). Gleich darauf stoßen wir auf Asphalt, münden 1 km danach in die von Ksar Hadada (links) kommende Straße, die uns nach gut 2 km ins Zentrum von **Ghomrassen** bringt (= 68 km ab Pipelinepiste bzw. 86 km ab Ksar Ghilane; Ortsbeschreibung s. S.645).

Variante B:

über Guermessa nach Tataouine

Bei der Gabelung weiter geradeaus durch eindrucksvolle Berglandschaft passieren wir nach 8 km die Zufahrt (rechts) hinauf zur alten und weitgehend verlassenen, grandios gelegenen Berber-Siedlung **Guermessa (empfehlenswerter Abstecher;** Beschreibung s. S.644). Auf der Talpiste erreichen wir bei km 60 (ab Pipelinepiste) die Asphaltstraße, auf der es (rechts) über die neue, touristisch uninteressante Siedlung von Guermessa noch etwa 21 km bis nach **Tataouine** sind (siehe auch „Nördliche Rundfahrt“ ab Tataouine im Routenteil C ab S. 644).

Tataouine

(Ortsbeschreibung, Plan und Ausflüge s. Route C8).

Sahara-Pisten

Route P 9: Beni Kheddache – Bir Zoui [16,5 km] – Techine [36 km] – Matmata [13 km]

Allgemeines

Diese Route stellt die kürzeste und eine streckenweise recht reizvolle Verbindung dar zwischen den Ksour- und Ghorfaregionen der Daharberge und dem Matmata-Bergland. Im bergigen Gelände, besonders zur Querung einiger Oueds, ist **Geländegängigkeit** wünschenswert, bei Nässe unerläßlich. Mehrere Verzweigungen auf der Pistenstrecke zwischen Bir Zoui und Techine können die Orientierung erschweren, besonders bei Fahrt in Gegenrichtung. Man beachte auch die „Allgemeinen Hinweise für Pistenfahrten" (s. S.685).

„Aufzug" zum oberen Stockwerk einer Höhlenwohnung

- **Tankmöglichkeit:** nur in Medenine bzw. Matmata-Nouvelle.
- **Unterkunft:** Matmata.
- **Fahrzeit:** ca. 3 Std.
- **Routenübersicht:** s. S.690/691.

Beni Kheddache

(Ortsbeschreibung s. S.624)

Wir fahren ab Ortszentrum auf der mit „Ksar Hallouf" beschilderten Straße hinauf auf einen Bergsattel (Ausblick!). Dort folgen wir an einer Gabelung dem links abzweigenden Sträßchen, das uns bald in ein von steinig-felsigen Hügeln gesäumtes Tal führt. Im fruchtbaren Talgrund viele Djessourfelder, häufig mit Öl- und Feigenbäumen. Hinter manchen Häusern sieht man noch die Eingänge zu den traditionellen Felshöhlen, die teilweise in den modernen Wohnbereich integriert sind oder als Ställe dienen. Auf Höhe eines Wasserturms können wir rechts oben am Berghang die kargen Reste eines alten Ksars entdecken. Bei km 9,5 stoßen wir im *Oued Hallouf* auf eine querende Teerstraße (rechts ca. 4 km zum sehenswerten *Ksar El Hallouf,* s. S.625). Wir folgen dieser nach links bis zu den modernen Brunnenhäusern von **Bir Zoui** (auch Ezzoui) in einem kleinen Eukalyptushain bei km 16,5. Hier verlassen wir die geradeaus nach *Bir Soltane* (an der „Pipelinepiste", s. Route P1) weiterführende Strecke.

Von Bir Zoui aus **(km 00)** geht es auf Piste weiter nach Norden, Richtung „Matmata 43". Bei einer Pistengabelung (km 5) nehmen wir den befahreneren rechten Zweig, und in einem Dorf (km 8) verlassen wir die Hauptpiste und rumpeln links über einen Hügelzug. Ein gemauerter Wegstein bei km 12 zeigt uns, daß wir noch auf der richtigen Route sind. Durch kahles, mit kargem Buschwerk bewachsenes und unbesiedeltes Hügelland geht es auf und ab. Mehrmals müssen kleinere Oueds gequert werden.

Bei km 16 stößt im spitzen Winkel von links hinten ein dickes Spurenbündel hinzu, ebenso eine Piste bei km 18,3. Große gemauerte Wegsteine bei km 24,5 und 28,5 leiten uns jeweils links weiter in Richtung Matmata. Auf dem nun folgenden, sehr hügligen Abschnitt mag es für nicht voll geländegängige Fahrzeuge bei Nässe kein Durchkommen mehr geben (in diesem Fall bei letztgenanntem Wegstein rechts weiterfahren). Je mehr wir uns durch das von Gräben und Furchen zerfressene, rötlich-braune Hügelland dem Dorf Techine nähern, um so reizvoller wird die Landschaft. Nach etwa 36 abwechslungsreichen Pistenkilometern stoßen wir in **Techine** (Beschreibung s. S.614) wieder auf Asphalt. 13 km danach erreichen wir schließlich das Höhlendorf von

Matmata

(Ortsbeschreibung s. S.607, Routenbeschreibung zwischen Matmata und Techine s. S.614)

Route P 10: Nefta – Douz [156 bzw. 182 km]

(Südliche Umfahrung des Chott el Djerid)

Allgemeines

Vor Beginn der Fahrt sollte man sich nach dem Pistenzustand erkundigen. Besonders die kürzere Variante a) (direkt ab Nefta) ist nach winterlichen Regenfällen oft lange überflutet und erst mit Austrocknung langsam wieder passierbar. Beide Varianten sind bei Trockenheit (!) auch ohne Allrad mit robusten Fahrzeugen befahrbar. Lange, unangenehm wellige und mit Steinen gespickte Etappen und einige kurze sandige Passagen sind zu bewältigen. Man beachte die „Allgemeinen Hinweise für Pistenfahrten" (s. S.685). Die Strecken werden kaum befahren; sie sind – bis auf Fata Morganas über dem Chott – extrem monoton; attraktive Wüstenlandschaft muß man anderswo suchen. (**Weitere Variante:** die bei **Hazaoua** beginnende und parallel zur algerischen Grenze verlaufende, neuerdings komplett geteerte Route über **Rjim Maatoug** nach El Faouar bzw. Douz.)

- **Tank-, Versorgungsmöglichkeit, Unterkunft:** nur in den Ausgangs- und Zielorten.
- **Fahrzeit:** ca. 5 Std.
- **Routenübersicht:** s. S.540/541.

Nefta

(Ortsbeschreibung, Plan und Ausflüge s. Route C1)

Variante A

Wir verlassen Nefta beim *Place de la République*, d.h. biegen am Restaurant **Les Palmiers de Sud** nach Süden ab (km 00). Das Sträßchen passiert das Krankenhaus. Gleich danach geht es links weg hinein in den Palmenhain. Bei km 0,6 liegt rechts unten im Grün die Oasenbar **Le Paradies.** 100 m weiter, auf Höhe der 4kuppligen Moschee, beginnt rechts unsere Piste, der wir nun konsequent und geradeaus durch die Palmgärten folgen, bis diese enden und wir bei km 4,1 ein freistehendes Kuppelgebäude erreichen (GPS-Koordinaten 33°50.42'N - 7°52.17'O). Topfeben geht es ab hier in Hauptrichtung 195° durch den Chott. Deutlich sichtbar sind die Spuren jener, die als erste die noch verschlammte Route befuhren. Nach etwa 20 km tauchen erste trockene Büsche im Gelände auf. Bei km 22,5 mündet in spitzem Winkel von rechts hinten eine Piste in die unsere. Wir queren eine breite Piste bei km 40,5 (33°31.86'N - 7°54.76'O), unsere Route schwenkt nun mehr nach S/O. Zur Monotonie der Landschaft kommt der schlechte Zustand der Piste: Bodenwellen und unterm Sand verborgene spitze Steine zwingen zu langsamem Fahren. Bei km 54: Pistenkreuzung mit (liegenden) Schildern (33°25.67'N - 7°59.15'O). Hier trifft von rechts die Variante B zu uns. Wir folgen der Beschilderung „Douz, El Faouar" nach links. In Hauptrichtung Ost geht es weiter durch die gewohnte, leicht wellige, mit kargen Büschen bewachsene Landschaft im Randbereich des (nicht sichtbaren) Chotts. Wir ignorieren diverse kreuzende Spuren oder Pisten und stoßen bei km 72 auf die von Rejem Maatoug (rechts) kommende und nach Douz (links) führende **Asphaltstraße** (33°24.73' N, 08°12.92' O; Achtung: bei Fahrt in Gegenrichtung direkt im Straßenknick nach dem Schild „Rejem Maatoug 25" auf Piste rechts abzweigen!)

Die anfangs recht lädierte Straße zieht nun durch die menschenleeren, südlichen Ausläufer des Chott. Bald können wir vom sicheren Asphalt aus phantastische Fata Morganas und mit leichtem Schaudern die teils salzverkrusteten, teils versumpften Chottflächen betrachten. Ein Dank den Straßenbauern!

Nach 40 Straßenkilometern mündet von rechts die von El Faouar kommende Teerstraße ein (GPS-Position: 33°26.68´ N, 08°38.03´ O; Plan und Beschreibung s. Nefzaoua-Rundfahrt, Route C5). Geradeaus weiter erreichen wir über *Dergine, Bechni* und *Naouil* nach weiteren ca. 40 km **Douz.**

Variante B

Wir verlassen **Nefta** auf der P3 in Richtung algerischer Grenze. Nach 30 km (300 m nach km-Stein „Nefta 30") führt links eine breite Piste in die Palmengärten (**km 00;** 33°44.95' N, 07°37.52' O; in diesem Bereich 1998 Straßenbauarbeiten). Nach 4,7 km halten wir uns auf Querpiste links, beim zweiten Abzeig wieder rechts. Von nun an geht es nahezu linealgerade (Richtung etwa 150°, später 140°) durch meist ebenes, selten leicht hügeliges und von struppigem Buschwerk bewachsenes Gelände.

An der beschilderten **Wegkreuzung** bei km 47 (GPS-Position 33°25.87' N, 07°57.03' O) biegen wir links ab, und an der nächsten, 3,5 km danach stoßen wir mit der von links kommenden Variante a) (s. oben „km 54") zusammen. Gemeinsam geht es weiter Richtung „Douz".

Douz

(Ortsbeschreibung, Plan und Ausflüge s. Route C5)

Route P 11: Chott el Fejaj – Tozeur [106 km, 82 km Piste/24 km Asphalt]

(Nördliche Umfahrung des Chott el Djerid)

Allgemeines

Die Piste ist bei Trockenheit (!) grundsätzlich auch mit nicht geländegängigem Fahrzeug befahrbar. Vorsicht aber nach Niederschlägen: dann kann die Route absolut unpassierbar sein. Im Zweifelsfall vorher (z.B. beim Café am Pistenbeginn bzw. im Dorf *Dghoumes* erkundigen). Die Orientierung ist relativ unproblematisch, da es stets in Sichtweite der im Norden verlaufenden Bergkette entlanggeht; die Strekke ist jedoch kaum befahren, berührt keine Siedlung, deshalb also die „Allgemeinen Hinweise für Pistenfahrten" (s. S.685) beachten! Fahrzeit für den Pistenabschnitt ca. 3 Std.

Unsere Route beginnt an der von Kebili durch den **Chott el Fejaj** führenden Straße (Route C3), und zwar beim dortigen „km 35". Gegenüber dem kleinen Café zweigt nach N/W eine Piste ab **(km 00)**, die nach 2,5 km am *Bordj Rekeb* vorbeizieht (kleiner, zerfallener Festungsbau mit Brunnen, GPS-Koordinaten 34°08.25' N - 09°10.22' O). An einer Gabelung ca. 500 m weiter halten wir uns links. Bei ca. km 11 wird ein Brunnen passiert; die Piste hält nun auf die Berge zu. Ein weiterer Brunnen liegt bei km 16 (34°01.89' N - 08°09.11' O). Unscheinbare, struppige Büsche bedecken die Ebene; wenn sie blühen, bekommt die Landschaft jedoch fast einen „Lüneburger-Heide-Touch". Mit etwas Glück lassen sich Gazellen beobachten. Wir halten uns konsequent (ca. 270–275°) an die Hauptpiste mit mehr oder weniger Abstand zu der nördlichen Bergkette. Dann tauchen eingezäunte Tonnengewölbe-Häuschen auf; sie bleiben rechts von uns, den Zaun erreichen wir wenig später bei ca. km 54. Er umgibt den neu gegründeten **Nationalpark de Dghoumes**. Am Parkzaun entlang passieren wir gut 5 km weiter ein Eingangstor zum Park. Etwa bei km 82 ist die Oase **Dghoumes** erreicht. Wir biegen dort links auf die Teerstraße ein (34°02.16' N - 08°20.04' O; bei Fahrt in Gegenrichtung: die Piste beginnt ca. 500 m nach dem Postamt.) Nach knapp 5 km Teerstraße zweigt nach rechts eine Piste zum Marabut *Sidi Bou Hellal* ab (s. ab hier Route C4), und 2 km weiter münden wir in die von Kebili nach Tozeur führende P16. Ab hier sind es noch 16,5 km bis Tozeur; Ortsbeschreibung Tozeur, Plan und Ausflüge s. Route C1).

GPS-Wegpunkte im südtunesischen Sperrgebiet

GPS-Wegpunkte		Koordinaten Nord	Ost
1	Kamour	32°29.72'	09°41.10'
2	Bir Aouine	32°24.89'	09°18.52'
3	an PS4	32°18.27'	09°29.33'
4	Kambout	32°17.45'	10°17.94'
5	an PS3/PS4	32°14.79'	09°42.32'
6	an PS4	32°12.74'	09°59.57'
7	Bordj Bourguiba	32°12.30'	10°01.60'
8	an PS1/PS2	32°04.22'	10°12.05'
9	an PS2/PS6	31°59.20'	10°02.62'
10	Steinhaus	31°50.78'	09°45.80'
11	Lourzet	31°45.93	10°20.79'
12	an PS2/PS7	31°41.50'	09°40.79'
13	an PS2/PS3	31°41.36'	09°45.35'
14	El Borma	31°41.98'	09°15.34'
15	an PS1/PS6	31°37.87'	10°07.55'
16a	Larich/Station	31°33.00'	09°37.12'
16b	Larich/Quelle	31°32.29'	09°37.56'
17	Bir Zar	31°27.87'	10°07.64'
18	an PS1/PS7	31°25.97'	10°05.79'
19	In Sabeur	31°25.29'	09°43.82'
20	an PS3/PS7	31°20.75'	09°57.39'
21	an PS1	31°11.34'	10°06.30'
22	Tiaret	30°58.74'	10°09.49'
23	Ain Skouna	30°37.34'	10°02.14'
24	Bir Pistor	30°20.64'	09°43.30'
25	Bordj el Khadra	30°15.10'	09°33.33'
26	Bir Amir	32°36.12'	10°09.11'

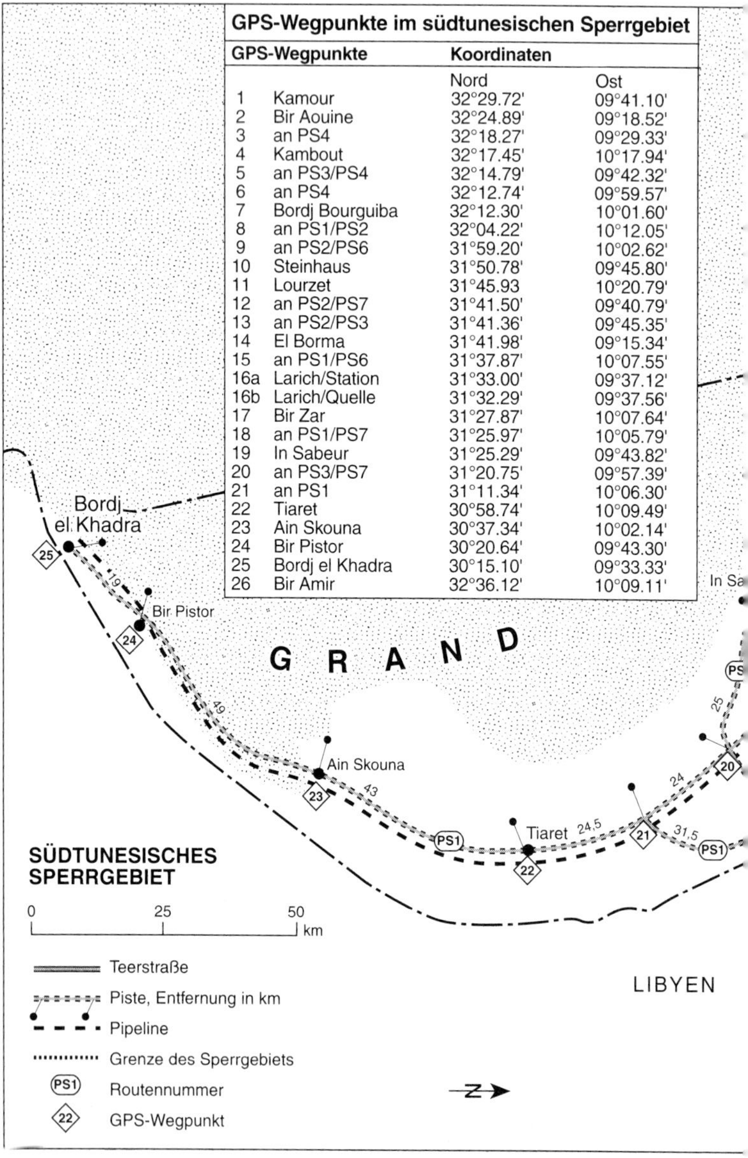

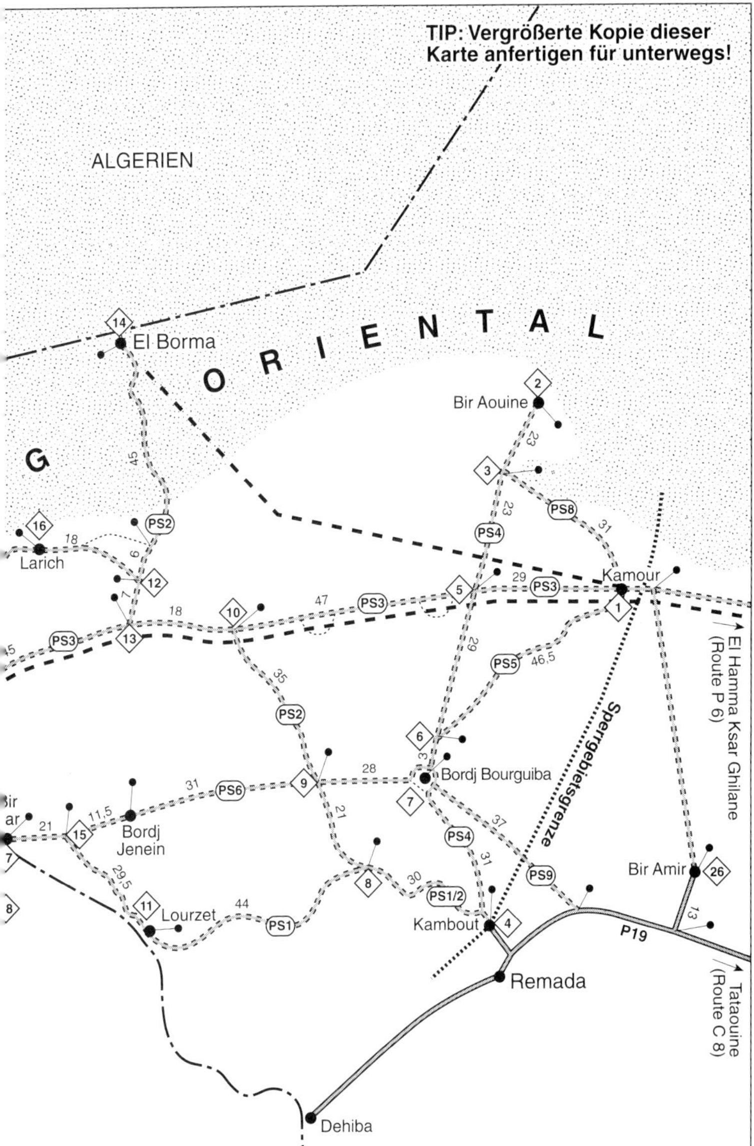
TIP: Vergrößerte Kopie dieser Karte anfertigen für unterwegs!
ALGERIEN
G R A N D E R G O R I E N T A L
El Borma
Bir Aouine
Larich
Kamour
Bordj Bourguiba
Sperrgebietsgrenze
El Hamma Ksar Ghilane (Route P 6)
Bordj Jenein
Lourzet
Kambout
Bir Amir
P19
Remada
Tataouine (Route C 8)
Dehiba
PS1
PS1/2
PS2
PS3
PS4
PS5
PS6
PS8
PS9

Reisen im südtunesischen Sperrgebiet

Die gesamte Wüstenregion südlich der Linie Kamour – Remada – Dehiba ist **militärische Sperrzone,** zum einen wegen der Grenznähe zu Algerien und Libyen, zum anderen wegen der tunesischen Erdöl- und Erdgasstationen von El Borma und Makherouga sowie der Pipelines, die von dort, wie auch vom algerischen Erdölgebiet um In Amenas, durch tunesisches Territorium verlaufen.

Reisende mit nachweisbar wüstentauglichem, geländegängigem Fahrzeug können **auf Antrag** eine **Sondergenehmigung** für das Befahren dieser Region erhalten. Der touristisch nutzbare Sahara-Anteil Tunesiens wird dadurch erheblich vergrößert und bietet die Möglichkeit, Weite und Einsamkeit der tunesischen Wüste auch auf anspruchsvollen Mehr-Tages-Touren zu erleben (PS-Routen = **P**isten im **S**perrgebiet). Durch die Formalitäten sollte man sich nicht abschrecken lassen; im Sperrgebiet selbst genießt man weitgehende Bewegungsfreiheit.

Zu den **lohnendsten Pistenabschnitten** gehören die Dünenregionen zwischen Tiaret und Bordj El Khadra (Route PS1), vor El Borma (Route PS2) und bei Bir Aouine (Route PS4).

Achtung!

Grenzübertritt Algerien/Libyen

Die Grenzen nach Libyen und Algerien bei Bordj El Khadra bzw. nach Algerien bei El Borma sind geschlossen (Stand 1998).

Formalitäten

Achtung: Erfahrungsgemäß unterliegen diese immer wieder Änderungen. *Offiziell,* zumindest aber wenn die Genehmigung für mehrere Fahrzeuge bzw. größere Gruppen benötigt wird, sollte ca. 2–3 Wochen vor der gewünschten Reisezeit ein *schriftlicher* Antrag auf Französisch gestellt werden (Antragmuster siehe S. 715).

Antragstellung persönlich erst **vor Ort** ist ebenfalls möglich, bedingt jedoch u.U. längere Wartezeiten (von mehreren Stunden bis zu 1–2 Tagen).

Nach neuesten Infos muß der Antrag auf Fahrbewilligung nicht mehr direkt im Gouvernat gestellt werden (ca. 7 km nördl. des Zentrums von Tataouine an der Straße nach Medenine, 300 m nach Ghoumrassenabzweig links). Zuständig für Antragstellung ist vielmehr das Touristenbüro/Syndicat d'Initiative in der Av. Hedi Chaker (s. Ortsplan S. 632), Tel. 05-85 08 50, Fax 05-85 09 99. Bei unzureichend ausgerüsteten Fahrzeugen kann die Bewilligung verweigert, evtl. ein Führer vorgeschrieben werden. Seit 1998 werden 10 TD für die Bewilligung erhoben.

Diese „zivile" Fahrbewilligung muß **vor Einfahrt ins Sperrgebiet** von der **Militärbehörde in Remada** durch Stempel bestätigt werden; hierfür wird eine **Kopie** benötigt (vorher anfertigen lassen); Kaserne in Remada direkt beim Kreisverkehr mit Märtyrerdenkmal in Ortsmitte; meist nur kurze Wartezeit.

Fahrbewilligung und Paß werden an den Ein- bzw. Ausgängen des Sperr-

Muster für Antrag auf Fahrgenehmigung

Angaben mit ... (Doppelklammern) sind vom Antragsteller auszufüllen

... ((Absender)) ... ((Datum))

Syndicat d'Initiative
Av. H. Chaker
TN - 3200 Tataouine/Tunisie
(Fax 05-85 09 99)
Objet: Demande de permission pour la région sud de la Tunisie

Monsieurs,
nous vous prions de bien vouloir nous accorder une permission pour pouvoir visiter le sud de votre pays,

du: ...	((Einreisedatum ins Sperrgebiet))
au: ...	((Ausreisedatum Sperrgebiet))
avec ... voiture(s) et ... personnes	((Anzahl der Fahrzeuge/Personen))
mentionnées ci-apres, sur la route:	((Hier **alle** geplanten Kontrollpunkte/
....	Etappenziele einzeln aufführen))
....	
Voiture(s): ...	((Fahrzeugtyp(en))
No. d'immatriculation: ...	((Kennzeichen))
Passagers: Nom/prénom: ...	((Nach- und Vornamen))
Date de naissance: ...	((Geburtsdaten))
No. de passeport: ...	((Paßnummer))

Nous sommes des citoyens ... ((allemandes)) et notre voiture est bien equipée avec assez de réserves en gasoil, eau et alimentation.
Nous vous remercions d'avance de votre assistance.
Veuillez agréer, Monsieur le Gouverneur, l'assurance de nos salutations les meilleures.

gebiets sowie bei jeder internen Kontrollstelle geprüft (wir erlebten stets freundliche und zügige Abfertigung). Im Sperrgebiet herrscht offiziell **Fotografierverbot,** das sich jedoch auf militärische Anlagen, Personen, Fahrzeuge, Gebäude etc. beschränkt.

Achtung: Die Erteilung von Fahrgenehmigungen für Touristen kann jederzeit wieder eingestellt werden (bei Häufung von Unfällen, Spannungen mit den Nachbarländern o.ä.). Bitte teilen Sie uns Änderungen, auch bei den Formalitäten, mit.

Zufahrten zum Sperrgebiet

Da die Fahrgenehmigung in Tataouine abzuholen und in Remada abzustempeln ist, kommt normalerweise nur der „Haupteingang" in Kambout in Frage: Von **Remada** (Anfahrt s. Rou-

Wüsteneinsamkeit

te C8) auf P19 knapp 5 km zurück Richtung Tataouine, dort links beschilderter Abzweig „Kambout/Bordj El Khadra“. Gleich nach dem Dorf **Kambout** (+6,5 km) beschrankter **Haupteingang zum Sperrgebiet**.

Einfahrt (mit in Remada abgestempelter Genehmigung!) und Ausfahrt auch bei Militärstation **Kamour** an „Pipelinepiste“ möglich (s. Route P6). Verbindung zwischen Remada/Tataouine (P19) und Kamour: 13 km Teerstraße bis Bir Amir, Rest Piste.

Ausfahrt auch möglich auf Direktroute von Bordj Bourguiba (s. PS9).

Zur Beachtung

Der ca. 250 km lange Keil zwischen Remada, El Borma und Bordj El Khadra ist reines Wüstengebiet und – abgesehen von einigen Bohr-, Pump- und Militärstationen – unbesiedelt. Die Pisten sind entsprechend einsam und kaum befahren.

Für sämtliche Fahrten in diesem Gebiet ist **Geländegängigkeit und volle Wüstenausrüstung unerläßlich** (Sandbleche, Schaufel etc.) und **Fahren im Konvoi** anzuraten. Man beachte auch die „Allgemeinen Hinweise für Pistenfahrten“, s. S.685.

Versorgungsmöglichkeiten: Remada (für Einkäufe besser Tataouine) bietet vor der Einfahrt ins Sperrgebiet die **letzte Möglichkeit, Vorräte an Lebensmitteln, Wasser** und v.a. **Treibstoff** an Bord zu nehmen (zzgl. Sicherheitsreserve; erhöhten Spritverbrauch auf Pisten und im Sand berücksichtigen!). Es gilt, in allen Belangen möglichst autark zu sein (Tankmöglichkeit im Bohrcamp von El Borma und in Tiaret mit Preisaufschlag von ca. 70–85 %; Wasser notfalls bei den Militärstationen und an den in Routen PS4, PS7 erwähnten Wasserstellen). Brennholz mitbringen und – eine dringende Bitte: keinen Müll hinterlassen!

Landkarten und Orientierung: Leider gibt es keine offizielle Landkarte mit aktuellen Pistenverläufen. Zur Erleichterung der Orientierung dient die **Übersichtskarte „Südtunesisches Sperrgebiet“ mit den GPS-Koordinaten der wichtigsten Wegpunkte** (s. S.712/713, die wir nach bestem Wissen selbst erstellt haben, aber **ohne** jegliche **Haftung** für deren Richtigkeit und Vollständigkeit.

Wegverzweigungen sind nur selten beschildert, manchmal nur arabisch. Im allgemeinen gibt es keine Orientierungsprobleme, da der Pistenverlauf meist deutlich erkennbar ist. In versandeten Gebieten ist jedoch erhöhte Aufmerksamkeit erforderlich.

Routenübersicht

Route PS 1: Remada/Kambout – Lourzet – Bir Zar – Tiaret – Bordj El Khadra

Route PS 2: Remada/Kambout – El Borma

Route PS 3: Südliche „Pipelinepiste“: Tiaret – Kamour

Route PS 4: Remada/Kambout – Bordj Bourguiba – Bir Aouine

Route PS 5: Kamour – Bordj Bourguiba

Route PS 6: Verbindung von Route PS 1 über Bordj Jenein zur El-Borma-Piste PS 2

Route PS 7: Verbindung von El-Borma-Piste PS 2 über Larich und In Sabeur zur Pipelinepiste PS 3

Route PS 8: Verbindung von Bir-Aouine-Piste PS 4 nach Kamour

Route PS 9: Bordj Bourguiba – Direktpiste zur Straße P19 (nur für Ausfahrt aus dem Sperrgebiet)

Route PS 1: Remada/Kambout – Lorzet [74 km] – Tiaret [111 km] – Bordj El Khadra [111 km]

Allgemeines

Die ersten ca. 200 km gen Süden führen streckenweise über starkes Pisten-„Wellblech" und durch wenig dramatische Wüstenlandschaft, wenngleich Tafelberge, Hügelketten, kurze Dünenetappen immer wieder etwas Struktur liefern. Erst im letzten Abschnitt vor Bordj El Khadra finden wir endlich **eindrucksvolle Dünen** in einer echten „Bilderbuchwüste" mit entsprechend schwierigen, aber reizvollen Sandpassagen.

- **Tankmöglichkeit:** Remada, Tiaret (mit Preisaufschlag).
- **Fahrzeit:** ca. 2 Tage.
- **Routenübersicht:** s. S.712/713.

Zufahrt zum Sperrgebiet s. Einleitung. An der Eingangsschranke bei **Kambout (km 00)** Kontrolle der (in Remada abgestempelten!) Fahrgenehmigung und Pässe. Gleich danach ignorieren wir die Zufahrtspiste (rechts) nach Bordj Bourguiba (s. Route PS4).

Die breite und gut befahrbare, zunächst mit nur mäßigem „Wellblech" versehene Piste, zieht zwischen kahlen Tafelbergen langsam hinauf auf eine Hochebene. Bei km 30 ist eine beschilderte Gabelung erreicht: Wir verlassen hier die nach El-Borma weiterführende Piste (Route PS2) und nehmen den Weg nach links. Eine kaum strukturierte, geröllbedeckte Landschaft, trostlos und faszinierend zugleich, umgibt uns, gelegentlich tauchen in der Ferne Hügelzüge auf. Das früher hier sehr ausgeprägte, üble Wellblech wurde entschärft. Wir fahren konsequent geradeaus und ignorieren diverse Abzweigungen nach rechts und links (nach Jenein, Dehiba).

Bei km 74: **Lourzet** (auch Lorzot; Kontrollpunkt). Hinweis: die rostige unscheinbare Tafel an der Pistenkreuzung ist ein **Stopschild,** welches zu respektieren ist! Gleiches gilt auch für die zahlreichen Hunde. Zuerst links zur *Garde Nationale,* dann rechts zum Militärposten.

Achtung: Wegen unmittelbarer Nähe der libyschen Grenze fortan keine „Seitensprünge" von Hauptpiste in Richtung Osten unternehmen!

Der *Erg Merazig* bringt kurz nach Lourzet vorübergehend etwas Abwechslung – landschaftlich und fahrtechnisch; die dammartig durch die Dünen führende Piste ist teilweise stark versandet. Bei klarer Sicht kann man bald rechts drüben in den Dünen Bordj Jenein erkennen. Knapp 30 km hinter Lourzet zweigt rechts (Faß und **Gedenkstein** mit Jahreszahl „1961") eine Piste nach *Jenein* ab; s. Route PS6). Unsere Hauptpiste knickt hier von SW auf S, das Wellblech schüttelt uns zeitweise etwas durch. Steinige Hügel, Tafelberge, Sandfelder mit kleinen Dünen beleben die Ebene.

Bir Zar (50 km ab Lourzet). Ein „Bir" (Brunnen), kein Baum, nur die einsame Militärstation mit ihren bedauernswerten, aber dennoch freundlichen

Dünen bei Tiaret

Diensttuenden (Kontrolle). Sowohl 5 wie 7 km weiter zweigt nach rechts je eine unbeschilderte Piste zur Pipeline ab (s. Ausweichroute in PS3).

Weiter durch undramatisches Gelände, häufig über starkes Wellblech, zwischendurch ein Autowrack, hin und wieder kleine Dünchen auf und neben der Piste. 36,5 km hinter Bir Zar stoßen wir auf die von Algerien zum Ölhafen von La Skhirra führende **Pipeline** (gelber Faßdeckel, keine Pistenbeschilderung, rote Tafel „400" auf Pipeline); die hier entlang der Rohrleitung nach Norden verlaufende „Pipelinepiste" verliert sich nach ca. 8 km in einem ausgedehnten Dünengebiet (s. Route PS3).

Wir folgen der **Pipeline nach Süden** durch weiterhin einsame Wüstenlandschaft. Immer öfter bedecken kleine Dünen und Sandanwehungen Umland und Piste und dämpfen dadurch ein wenig die Holperei auf dem Wellblech. Auffallend viele *Cistanchen* – hyazinthenartige, blattlose Schmarotzerpflanzen – wachsen am Wegesrand.

61 km ab Bir Zar sind wir bei der Ölpump- und Militärstation von **Tiaret** (Kontrolle). In einem kleinen Grüngürtel, ca. 1 km östlich, liegt ein **Wüsten-Camp** mit Swimmingpool und lizensiertem Restaurant, das die Pipeline-Firma TRAPSA betreibt. Übernachtung in Bungalows mit Klimaanlage, heißer Dusche und WC p.P. 22 TD, Frühstück 2,75 TD, Abendessen 20 (!) TD. Camping kostenlos. Gemütlich, freundlicher Service. Hier auch Tank-

möglichkeit (der TRAPSA-Preis liegt bei Diesel etwa 80% über dem Normalpreis).

Die hin und wieder etwas versandete Piste zieht bald darauf durch ein hübsches Dünengelände. Ca. 12 km hinter Tiaret passieren wir eine malerische, kleinen Palmen- und Buschgruppe (hübsche Rast- und Übernachtungsmöglichkeit) am Fuße hoher Dünen. Prachtexemplare von Malteserschwämmen (Foto s. S. 704) entdeckten wir hier beim letzten Besuch, leider auch Müllhaufen deutschen Ursprungs – Schande über die Häupter der Urheber! Später wird es wieder flacher um uns, die Piste ist etwas angenehmer zu befahren (weniger Wellblech). 43 km ab Tiaret erreichen wir den einsamen Kontrollposten **Ain Skouna** (= heiße Quelle); diese liegt ca. 1 km abseits – mit militärischem Segen zugänglich. Schließlich – etwa 60 km hinter Tiaret – künden zunehmend sandige Passagen den landschaftlichen und fahrtechnischen Höhepunkt der ganzen Route an, der selbst einen verwöhnten Wüstenfuchs nicht enttäuschen wird. Es empfiehlt sich, rechtzeitig den Luftdruck in den Reifen zu verringern, denn bald sind wir umgeben von „Sahara pur". Auf einer Etappe von ungefähr 20 km gilt es, den südöstlichsten Ausläufer des *Großen Östlichen Erg* zu durchqueren. Sandberge bis zu 200 m Höhe bauen sich auf; kleinere Dünen liegen oft quer über der Piste. Wüstenneulinge mögen bezweifeln, daß in diesem Sandmeer überhaupt ein Durchkommen möglich ist. Doch mit Allradantrieb, Schwung (notfalls mit Hilfe von Sandblechen und ein bißchen Schaufeln und Schieben) bereiten diese Passagen mehr Spaß als Probleme. Viel zu schnell sind die Dünen bezwungen (wir können uns schon jetzt auf die Rückfahrt freuen). Hinter den letzten Sandbergen liegt links der verlassene Weiler **Bir Pistor** (km 92), von dem nur ein paar Tonnengewölbehäuschen übrig sind. Dann ist eine weite Ebene zu durchqueren, während sich weiterhin rechts drüben die Dünen des Großen Erg hinziehen. Wir passieren einige Zeugenberge (die letzten Reste eines einstigen Hochplateaus, das im Laufe der Jahrmillionen durch Erosion abgetragen wurde) und erreichen 111 km ab Tiaret (296 km ab Eingangsschranke)

Bordj El Khadra

Militär- und Kontrollstation (auch Bordj el Hattaba, früher Fort Saint).

Kurz vor der Schranke passiert man einen malerischen, schilfumstandenen **See** mit zahlreichen Wasservögeln (Achtung: Fotografierverbot!). Dieses überraschende, am Dünenrand sitzende Biotop, einige Eukalyptusbäume und Palmen im Kasernengelände mildern die streng-militärische Atmosphäre ein bißchen.

Auch hier bleibt der Besucher „vor der Schranke". Es wäre ein Katzensprung ins libysche Ghadames oder ins algerische Deb-Deb – wenn die Grenzen offen wären! In Richtung Dorf (ca. 20 Familien leben hier) gibt es ein winziges Café mit extrem schlichter Übernachtungs- und Verpflegungsmöglichkeit (Preise vorher absprechen!). Spaziergang/-fahrt zum See nur mit Bewilligung des Militärs.

Nach Erledigung der Formalitäten (Kontrolle von Paß und Fahrgenehmigung) machen wir uns wieder auf den Rückweg.

Route PS 2: Remada/Kambout – El Borma [162 km]

Allgemeines

Auf großenteils breiter, flott befahrbarer Piste (nur mäßig Wellblech) durch wenig aufregendes Gelände. Erst auf dem letzten Abschnitt (ab etwa 35 km vor El Borma) auf gelegentlich sandverwehter Piste durch **großartige Dünenlandschaft.** Zur Sicherung der Versorgung des Bohrcamps El Borma wird die Piste regelmäßig gewartet.

- **Tankmöglichkeit:** in El Borma (mit Preisaufschlag).
- **Fahrzeit:** 5–6 Std.
- **Routenübersicht:** s. S.712/713.

Ab der Eingangsschranke bei **Kambout (km 00)** folgen wir (Abzweig nach Bordj Bourguiba ignorieren) der großen, anfangs von kahlen Tafelbergen gesäumten Piste und erklimmen eine Hochebene. Etwa bei km 30 zweigt links die Piste nach Bordj El Khadra ab (s. Route PS1). Weiter geht es über mäßiges Wellblech flott dahin. Bei km 51 mündet von Norden her eine von Bordj Bourguiba (28 km) kommende Piste ein. Durch flaches Gelände ohne markante Landschaftskulisse erreichen wir bei km 86 (Steinhaus 100 m abseits) die „Pipelinepiste" (s. Route PS3). Parallel verläuft die von Algerien kommende, unterir-

Großer Sandkasten vor El Borma

dische Ölleitung. Wir biegen links ab und folgen dieser nach Süden. Kleine Dünchen und die ersten Sandverwehungen auf der Piste vermitteln endlich ein wenig „Saharacharakter". Beim Pistenknick nach Westen (km 104) trennen wir uns von der geradeaus weiterführenden „Pipelinepiste". Zunächst geht es auf breiter, gut ausgebauter Piste weiter durch sanft-welliges Hügelland. Nach ca. 7 km (km 111) beschilderte Abzweigung links nach *Larich*, weiterer, alternativer Abzweig bei km 117 (s. Route PS7). Allmählich künden zunehmende Sandanwehungen und Dünen beidseits der harten Schüttelpiste den landschaftlichen Höhepunkt dieser Route an. Wir erreichen den großen Sandkasten am Ostrand des **Grand Erg Oriental,** der sich hunderte von Kilometern nach Westen bis weit hinein nach Algerien ausdehnt. Unsere Piste schlängelt sich jetzt auf etwa 35 km durch eine immer imposanter werdende Dünenlandschaft. Sand, Sand und nochmals Sand rings um uns. Verwehungen können das Vorwärtskommen erschweren. Wer unbedingt einsanden will, kann dies abseits im Gelände jederzeit erreichen. Viel zu bald haben wir die Dünen hinter uns gelassen. Eine weite, von fernen, hohen Dünen umgebene Ebene breitet sich aus. In einiger Entfernung sehen wir bereits die Öltanks und Camps von El Borma liegen. Wer nicht ins Camp will oder muß (es bietet für Reisende keine Versorgungsmöglichkeiten außer Treibstoff und nichts Sehenswertes), sollte bereits hier umkehren und sich statt dessen in den Dünen verlustieren. Wer weiterfährt, passiert den Flugplatz und wird bei km 162 an der Schranke (Wegpunkt 14, Kontrolle) gestoppt.

El Borma

Der Ort – mit den wichtigsten Erdölfeldern (zwei Drittel der Landesproduktion) und Erdgasvorkommen Tunesiens – liegt weit verstreut in einer Ebene an der Grenze zu Algerien. Die Erdölförderung auf dem El-Borma-Feld, bis heute Hauptstandort der Ölindustrie, begann im Jahr 1969.

Im großen Wohncamp, dem einzigen durch Grünanlagen etwas freundlicher wirkenden Komplex, befindet sich ein Posten der Garde Nationale (Kontrolle) und eine Tankstelle (4,8 bzw. 6,5 km ab Schranke; Mittagspause 12–14.30 Uhr und Preisaufschlag der Tankstelle einkalkulieren).

Route PS 3: Tiaret – Kamour [188 bzw. 213 km]

Südliche „Pipelinepiste"

Allgemeines

Die sog. „Pipelinepiste" folgt dem Lauf der von Algerien zum tunesischen Verschiffungshafen von La Skhirra führenden Erdölleitung. Sie wird über längere Etappen nur selten befahren und führt ohne größere landschaftliche Höhepunkte durch unbesiedeltes Gelände. Die Orientierung ist normalerweise problemlos, da die Pipeline trotz ihres meist unterirdischen Verlaufs im

Anfahrt nach El Borma

allgemeinen gut erkennbar ist (z.B. Erd- oder Steinwall; alle 10 km große Markierungstafeln). Abgesehen von unangenehmen Holper- und Wellblechabschnitten ist die Piste relativ gut befahrbar. Die sandigen Passagen bereiten dem versierten Saharafahrer keine größeren Probleme. Ausnahme: Eine längere, sehr stark versandete Sektion im südlichsten Teil, gleich nach Pistenbeginn; dieses Teilstück kann aber weiträumig umfahren werden.

- **Fahrzeit:** ca. 1,5 Tage.
- **Routenübersicht:** s. S.712/713.

Unsere Routenbeschreibung (von Süd nach Nord) beginnt 24,5 km nördlich von **Tiaret** an der Pipeline. Dort knickt nach NO die über *Bir Zar* nach *Remada* weiterführende Hauptroute ab (gelber Faßdeckel und Tafel „400“ auf Pipeline). Achtung: Die nach NW weiterlaufende Pipelinepiste verliert sich bereits nach ca. 8 km in einem ausgedehnten, **nahezu unpassierbaren** oder nur mit großen Mühen zu bewältigenden **Dünengelände.** Wer mit Begleitfahrzeug unterwegs ist, es sich zutraut und auch den Zeit- und Treibstoffaufwand für eine wilde Slalom-Suchfahrt nicht scheut, mag probieren, sich entlang der unter den Sandmassen verborgenen Pipeline bis zu der unten erwähnten Pistenkreuzung durchzubeißen. Ansonsten erscheint es jedoch ratsam, zunächst der erwähnten Remada-Piste nach rechts zu folgen. Sowohl nach 29,5 km (7 km vor *Bir Zar)* wie nach 31,5 km (5 km vor *Bir Zar* = Wegpunkt 18)

S. 712/713

Südliche Pipelinepiste

bringt uns eine der links abzweigenden unbeschilderten Pisten wieder hinüber zur Pipeline (17 km; die Verlängerung führt über *In Sabeur* nach *Larich*; s. Route PS7).

Ab dieser **Pistenkreuzung (km 00)** nun wieder entlang der Pipeline Richtung NNW. Der *Garet es Souid* (ca. bei km 17 westlich der Piste, mit bescheidenen 327 Höhenmetern die einzige nennenswerte Erhebung entlang der Route), hin und wieder ein paar Dünen, die meist problemlos zu umfahren sind, das *Oued Jenein* (km 38) mit seinem für diese Region auffallend üppigen Bewuchs – liefern etwas Abwechslung entlang der 45 km langen Etappe bis zur Einmündung der breiten, von *El Borma* herüberkommenden Piste. Zunächst identisch mit Route PS2 fahren wir weiter nordwärts bis zu einem markanten **Pistenknick** bei km 60 (links, 100 m abseits, Steinhaus; rechts führt die PS2 weiter nach *Remada).*

Wir begleiten ab hier – Achtung: breite Piste in Richtung NW ignorieren, sie führt zu alten Bohrfeldern – weiterhin die Pipeline in nördlicher Richtung auf einem zunächst ziemlich holprigen und offenbar nur selten befahrenen Abschnitt. Gelegentliche Abzweigungen ignorieren. Etwa ab km 80 wird es sehr sandig. Das ausgedehnte Dünenfeld läßt sich in einem weiten, östlichen Pistenbogen umfahren, der ebenfalls stellenweise von Dünen überweht ist und nach 5 km wieder zur Pipeline zurückführt (Einmündung markiert durch Reifen). Bei km 87 queren wir nach sandiger Abfahrt das von Tamarisken bestandene *Oued El Kheneg.* Auch weiterhin bringen kleinere versandete Teilstücke immer wieder Kurzweil in die ansonsten undramatische Strecke.

Eine sandverwehte, schwer zu bewältigende Anhöhe beginnt bei km 105,5. Alternative: Umgehungspiste (3,5 km) ab dort in weitem östlichem Bogen talseitig. Diese Umfahrung trifft bei km 108 wieder auf die Hauptpiste. 2 km danach (km 110) kreuzt unsere Piste jene von *Bordj Bourguiba* nach *Bir Aouine* (s. Route PS4).

Durch meist brettebenes Gelände führt ein Spurenbündel entlang der Pipeline weiter nach N. Weit im Westen können wir bei klarer Sicht das Sandmeer des *Grand Erg Oriental* erkennen. Von links nähert sich eine von El Borma kommende Pipeline. Ein paar Dünen etwa auf halbem Wege, stellenweise scheußliches Wellblech, auf den letzten Kilometern steiniges Hügelgelände – das sind die Merkmale dieses letzten Streckenabschnitts innerhalb des Sperrgebiets, das bei der Militär- und Pumpstation von **Kamour** (km 139; Meldepflicht) endet.

Route PS 4: Remada/Kambout – Bordj Bourguiba [31 km] – Bir Aouine [78 km]

Allgemeines

Das interessanteste an der ansonsten monotonen Route: das berüchtigte Gefängnis von **Bordj Bourguiba** (nur aus respektvollem Abstand zu sehen) und die letzten ca. 30 km mit **reizvoller Wüstenlandschaft**, abschnittweise mit schönen **Dünen**. Unschwierige Route, evtl. kurze versandete Abschnitte.

- **Fahrzeit:** ca. 3 Std.
- **Routenübersicht:** s. S.712/713.

300 m nach der Eingangsschranke bei **Kambout (km 00)** zweigt von der breiten El-Borma-Piste nach rechts die Zufahrt nach Bordj Bourguiba ab. Die gut befahrbare, durch die südlichen Ausläufer der Dahar-Stufenlandschaft führende Piste erklimmt bald eine Hochebene und folgt fortan dem von Hügeln gesäumten *Oued El Rhar.* Bei km 21,5 passieren wir eine Wasserpumpstelle mit Viehtränke (Wasserfassen möglich). Bei km 26,5 Pistenabzweigung. (Die linke Piste mündet – unter Umgehung von Bordj Bourguiba – 3,5 km danach bei einem Brunnen in die von B.B. südwärts zur El-Borma-Hauptroute führende Piste (PS2; +25 km)). Der rechte Zweig knickt scharf nach NNW, zieht holprig hinauf auf eine Hochfläche und führt über diese in großem Bogen auf die weithin sichtbare Festung von **Bordj Bourguiba** zu. Bei km 31: kleine Siedlung und Kontrollposten am Fuß der Festung. Der auf dem Hügel liegende Gebäudekomplex mit hohem Turm sieht aus wie ein „Schloßhotel", ist aber leider keines. Wie schon zu Zeiten der Franzosen (die hier als berühmtesten Häftling den tunesischen Ex-Präsidenten Bourguiba ein Jahr lang festhielten) handelt es sich um ein stark bewachtes **Staatsgefängnis;** auf Fragen reagieren die Wachhabenden geheimnistuerisch.

Wir verlassen B.B. **(km 00)** in Hauptrichtung West. Bei km 3 ignorieren wir eine rechts von der Militär-

und Pumpstation *Kamour* herüberkommende Piste (s. Route PS5). Ohne größere fahrtechnische Schwierigkeiten holpern wir weiter gen Westen durch eintönige Landschaft, ohne uns von kreuzenden bzw. abzweigenden Pisten oder Spuren irritieren zu lassen. Bei km 32 kreuzen wir die „Pipelinepiste" (s. Route PS3).

Mit Ziel „Bir Aouine" fahren wir zunächst unter ca. 280° über eine weite Ebene und überqueren nach 6,5 km eine weitere, von El Borma kommende Pipeline. 2 km weiter: Abzweig nach links ignorieren, geradeaus weiter. Bald darauf passieren wir eine linker Hand liegende Gruppe niedriger Tafelberge. Später überziehen kleine, vom näherrückenden Großen Erg herübergewehte Dünchen das Gelände (mit zunehmender Versandung ist zu rechnen) und bieten eine kurzweilige Fahrt durch gefällige Wüstenlandschaft. 23 km ab Pipelinepiste: Pistenabzweig rechts zur 31 km entfernten Militärstation von *Kamour* (s. Route PS8 bzw. P6).

Gut 7,5 km weiter nehmen wir an einer Pistengabelung den rechten Zweig und passieren bald darauf (links von uns) die kleinen Tafelberge der Gruppe *Gour el Djediane*. Etwa 40 km ab Pipelinepiste halten wir uns links auf die Dünen und den weißen Festungsbau von Bir Aouine zu. (Die rechten Spuren enden nach ca. 6,5 km bei einer alten Bohrstelle; warmes Wasser in dickem Strahl). Bei km 46 erreicht die Piste den Militär-/Kontrollposten von **Bir Aouine** (Meldepflicht) mit dem gleichnamigen Brunnen (ca. 300 m abseits) nahe den großen Dünen des Grand Erg Oriental. Hier lohnt es sich, hinter der Militärstation noch ein Stück hineinzufahren in das malerische Dünengelände.

Auf dem Weg nach Bordj Bourguiba

Route PS 5: Kamour – Bordj Bourguiba [50 km]

Allgemeines

Diese sehr einsame Piste führt vorwiegend durch kahles, hügeliges Gelände mit viel Auf und Ab und mehreren holprigen Ouedquerungen. Sie ist landschaftlich und fahrtechnisch nur abschnittweise reizvoll und offenbar selbst den Wachhabenden in Kamour nicht bekannt: wer den Weg nach Bordj Bourguiba erfragt, wird automatisch über die gut 10 km längere Route Pipelinepiste (PS3, Abzweig zur PS4) geschickt.

- **Fahrzeit:** 2–3 Std.
- **Routenübersicht:** s. S.712/713.

Von **Kamour** aus (Meldepflicht; **km 00)** überqueren wir sogleich die östlich vorbeiführende Pipeline und folgen einer schmalen Piste bzw. den Hauptspuren Richtung SO/SSO, den Müll und Bauschutt von Kamour hinter uns lassend. An einer Gabelung bei km 8,5 halten wir uns rechts. Ab der Querung eines breiten Oueds etwa bei km 13 geht es in ständigem Wechsel über kahle Anhöhen, durch ausgewaschene Oueds und weite Talsenken. Für einige Passagen ist Geländegängigkeit unerläßlich. An einer Gabelung bei km 30 halten wir uns links; nochmals folgen einige übel zerschundene Oueds. Bald erspähen wir vor uns in der Ferne auf einer Anhöhe das Staatsgefängnis von Bordj Bourguiba, ein v.a. bei Sonnenschein wie ein freundliches Hotel anmutender weißer Komplex mit Turm, Tonnengewölbehäusern und anderen Gebäuden. Ca. bei km 46,5 mündet von rechts hinten eine von *Bir Aouine* kommende Piste ein (s. PS4). Durch stark zerfurchtes Hügelland halten wir weiter auf den Festungshügel zu, den wir knapp 50 km ab Kamour erreichen. Kontrolle der Fahrgenehmigung beim Wachposten von **Bordj Bourguiba** (s. PS4).

Route PS 6: Verbindung von Route PS1 über Bordj Jenein [11,5 km] zur El-Borma-Piste PS2 [31 km]

Allgemeines

Außer einer sandigen Durchfahrt durch das Oued Jenein und dem folgenden kleinen Dünenfeld liefert diese Piste keine größeren landschaftlichen Höhepunkte oder fahrtechnischen Probleme; sie ist besser befahrbar als die weiter östlich verlaufende Hauptroute PS1 mit ihrem häufigen Wellblech.

- **Fahrzeit:** ca. 2 Std.
- **Routenübersicht:** s. S.712/713.

Beginn dieser Route (**km 00)** ist ein markanter Knick der Route PS1 auf Höhe eines betonierten Gedenksteins mit der Jahreszahl „1961" (21 km nördlich von **Bir Zar** bzw. 29,5 km südwestlich von Lourzet). Ab hier führt unsere Piste geradeaus nach Norden

Zeugenberge im südtunesischen Sperrgebiet

auf die schon bald sichtbare Festung von Bordj Jenein zu. Bald schlängelt sie sich zwischen kleinen Dünen hindurch – Ausläufer des Erg Jenein. Und dann erreichen wir den Rand des gleichnamigen Oueds, ein tiefes, weichsandiges Tal, das uns von der Festung auf der anderen Seite trennt und dessen Durchquerung (noch mehr allerdings in Gegenrichtung) Probleme bereiten kann. 11,5 km seit dem Start stehen wir schließlich oben an der *Militärstation* von **Bordj Jenein** (Kontrollposten).

Die Orientierung auf den folgenden 3-4 km ist etwas schwierig, da die Piste immer wieder von kleinen Dünen überlagert wird und so zu ständigem Slalom und Suchen der Fortsetzung zwingt (Hauptrichtung N – Ausfahrt evtl. vom Militär zeigen lassen). Dann aber bleiben die Dünen zurück, klar erkennbar zieht die Piste durch freies Gelände. Wir passieren etwa 8,5 km nach dem Bordj eine große Blechtafel (rechts führen Spuren Richtung Lourzet), 9 km danach eine weitere Tafel (rechts erneut Abzweig hinüber zur PS1), halten uns jedoch weiterhin nördlich über eine weite, monotone Ebene. Kurz danach wird eine Pipeline gequert, später eine alte Piste (betonierter Steinblock), und rund 31 km ab Bordj Jenein stoßen wir auf die breite Piste von *Remada* nach *El Borma* (Route PS2). Nach rechts sind es ab hier noch 51 km bis zur Eingangs-/Ausgangsschranke des Sperrgebiets bei **Kambout** nahe **Remada**, nach Norden reichlich 28 km bis **Bordj Bourguiba** (Verlassen des Sperrgebiets siehe auch Route PS9).

Route PS 7: Verbindung El-Borma-Piste PS2 mit Pipelinepiste PS3 [67 km]

Allgemeines

Relativ abwechslungsreiche Route mit häufigem Blick auf die Dünen des Grand Erg Oriental, einigen Feldern von Sicheldünen auf der Piste und drei Wasserstellen mit etwas Grün.

- **Fahrzeit:** 3 Std.
- **Routenübersicht:** s. S.712/713.

Wir verlassen die El-Borma-Piste 7 km westlich der Abzweigung von der „Pipelinepiste" (eine schlechter ausgebaute Alternativroute zweigt bei km 13 ab). Die breite Schotterpiste, beschildert nach „Larich" (**km 00;** GPS-Wegpunkt 12) führt gut befahrbar südlich durch kahles Gelände, weit im Westen begleitet von den Sandbergen des *Grand Erg Oriental*. Nach 4,5 km (300 m links der Piste) warme, schwefelhaltige Quelle. Ein hoher Stahlgitter-Antennenmast kündet schon früh die Bohrstation von **Larich** an, die wir bei km 18 passieren. Etwa 1,5 km weiter (an Gabelung rechts halten) liegt etwas rechts der Piste ein offenbar auch bei Hirten und Ziegenherden beliebter Rastplatz mit Bäumen und Büschen; daneben strömt in kräftigem Strahl warmes, leicht schwefelhaltiges Wasser aus einem dickem Rohr.

Dann geht es auf der nur selten befahrenen Piste weiter, gelegentlich kleine Barchanfelder querend. Die großen Dünen rücken zwar etwas näher, halten sich aber dennoch in respektvoller Entfernung. Etwa bei km 42 erreichen wir die (unbesiedelte) Wasserstelle von **In Sabeur** mit kleinem Eukalyptushain und einigem Gemäuer etwas oberhalb, vermutlich Reste eines Forts. Unzugänglich und uneinsehbar plätschert in einem überwachsenen Teich Wasser ins Schilfdickicht – ein Paradies für verschiedene Vogelarten.

Nun schwenkt die wieder breitere Piste allmählich nach Südosten, der Erg bleibt zurück. Wir holpern auf teils starkem Wellblech auf der Hauptpiste weiter und kämpfen uns etwa bei km 7 durch ein weichsandiges Dünengelände. Abzweigung nach links zu Bohrstationen werden ignoriert und so stoßen wir gut 25 km ab In Sabeur auf die kreuzende **Pipelinepiste** (s. PS3).

Am Brunnen von Larich

Route PS 8: Verbindung von Bir-Aouine-Piste PS4 nach Kamour [31 km]

- **Fahrzeit:** 1–2 Std.
- **Routenübersicht:** s. S.712/713.

Etwa auf halbem Wege zwischen „Pipelinepiste“ und der Militärstation von Bir Aouine zweigt bei GPS-Wegpunkt 3 von der PS4 eine breite Wellblechpiste ab in Richtung Kamour **(km 00).** Anfangs begleiten uns links die großen Dünen des *Grand Erg Oriental.* Es ist eine lustige Slalomfahrt durch oder über kleine Dünen, verbunden mit ein wenig Sucherei nach dem Pistenverlauf (Hauptrichtung NNO). Etwa nach 6 km haben wir die sandigsten Abschnitte überwunden. Links lugt die Spitze des Felskegels *Guelb Saadallah* über den langen Dünenzug, von dem wir uns nun allmählich entfernen. Fortan geht es durch topfebenes, monotones Gelände. Die gelegentlich recht holprige Piste verzweigt sich mehrmals, quert einige Oueds, und nach knapp 21 km gilt es nochmals, einen sandigen Abschnitt zu meistern. Bald taucht in einer Senke die grüne Insel von Kamour auf mit Tanks, petrochemischen Anlagen und diversen Pipelines, und bei km 31 erreichen wir die Militär- und Pumpstation von **Kamour** (Meldepflicht) an der „Pipelinepiste“ (s. Route PS3).

Route PS 9: Bordj Bourguiba - Pisten-Direktverbindung zur Strasse P19 (Remada-Tataouine) [37 km]

Achtung: Diese Route darf **nur für die Ausfahrt** aus dem Sperrgebiet benutzt werden; eine illegale Einfahrt – mit Absicht oder versehentlich – hätte garantiert äußerst unangenehme Folgen, abgesehen davon, daß die starke Militärpräsenz in der Sperrzone diese stets „im Blick“ hat und man sowieso nicht weit käme. Die Piste ist jedoch eine interessante Alternative zur Einreiseroute über Kambout.

Ab Bordj Bourguiba **(km 00)** folgen wir zunächst der Teerstraße Richtung Kambout bzw. Remada, biegen jedoch bereits nach knapp 2 km auf eine mit „Tataouine-90 km“ beschilderte Piste nach links ab. Zunächst geht es ziemlich holprig und hart durch undramatisches, ebenes Gelände. Bei km 5 an einer Verzweigung halten wir uns rechts. Etwa bei km 17 zieht unsere Piste steil, sehr steinig und ausgewaschen über den Plateaurand hinab (ca. 2 km) und führt dann, beidseits eingerahmt von Tafelbergen, durch ebenes bzw. leicht hügeliges Gelände. Mehrere Oueddurchquerungen sorgen immer wieder für etwas Abwechslung. Nach rund 37 km stößt unsere Piste auf die Asphaltstraße P19, und zwar genau bei km-Stein „62 Tataouine/18 Remada“. Restliche Strecke s. Route C8.

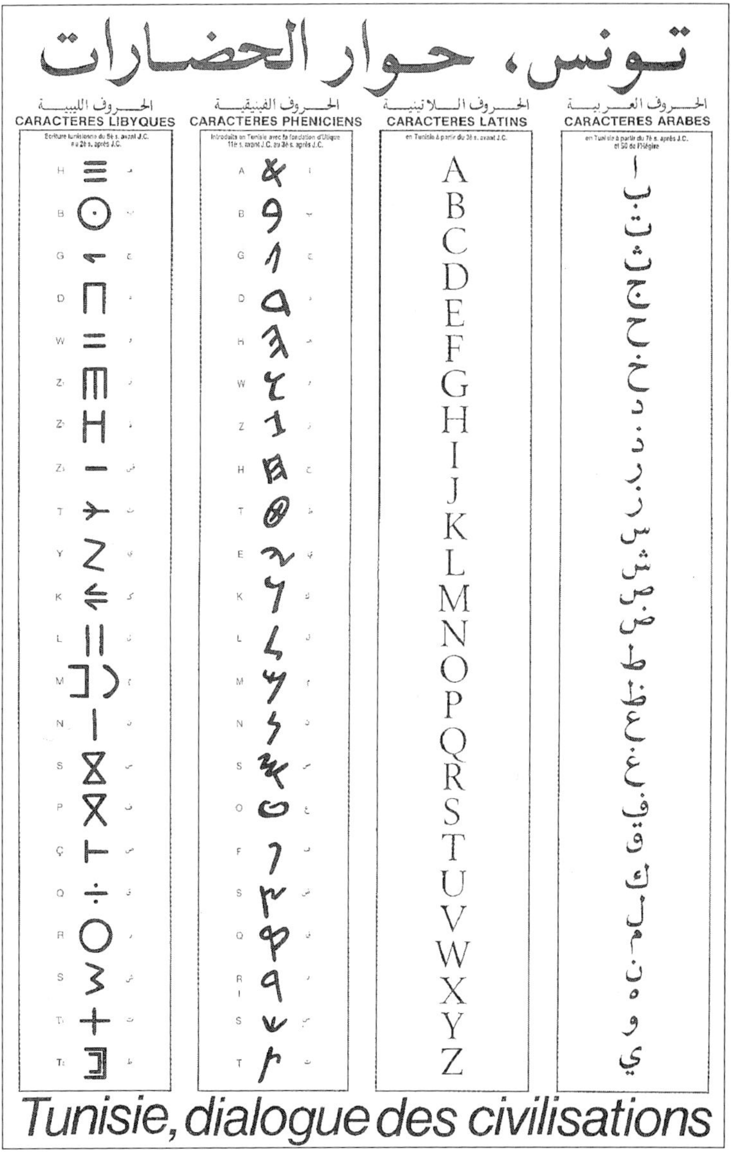

تونس، حوار الحضارات
الحروف الليبية
CARACTERES LIBYQUES
Ecriture tunisienne du 6è s. avant J.C. au 2è s. après J.C.
الحروف الفينيقية
CARACTERES PHENICIENS
Introduits en Tunisie avec la fondation d'Utique 11è s. avant J.C. au 3è s. après J.C.
الحروف اللاتينية
CARACTERES LATINS
en Tunisie à partir du 3è s. avant J.C.
A B C D E F G H I J K L M N O P Q R S T U V W X Y Z
الحروف العربية
CARACTERES ARABES
en Tunisie à partir du 7è s. après J.C. et 50 de l'Hégire
ا ب ت ث ج ح خ د ذ ر ز س ش ص ض ط ظ ع غ ف ق ك ل م ن ه و ي
Tunisie, dialogue des civilisations

Glossar

A

Abou	Vater, Besitzer von...
Adrar	Gebirge, Bergland
Aid	Fest
Ain (Pl. **Aioun**)	Quelle
Aissa	arab. Name für Jesus
Allah	Gott
Aquädukt	überirdisch geführte Wasserleitung (römisch)
Artisanat	Kunstgewerbegeschäft
Aziz (weibl. **Aziza**)	Liebling, Geliebte(r)

B

Bab (Pl. **Biban**)	Tor, Eingang
Babouches	pantoffelartige Schuhe
Ben	Sohn von...
Beni	Söhne von..., wird dem Stammesnamen vorangestellt
Bey	Beamtentitel der türkischen Verwaltung
Bidonville	Slum
Bir	Brunnen, Wasserstelle
Bled	Land, Region (im Gegensatz zur Stadt)
Bordj	kleine Festung, Fort
Boukha	tunesischer Feigenschnaps
Burnus	wollener Kapuzenmantel der Männer

C

Capsien	nach der Stadt Gafsa (dem antiken Capsa) benannte mittelsteinzeitliche Kultur Nordafrikas
Chechia	Filzkappe (Männer-Kopfbedeckung)
Cheikh	Greis, Würdenträger, Stammesoberhaupt
Chott	abflußloser Salzsee am Wüstenrand

D

Dahar	Bergrücken, Bergkamm
Dar	Haus, Palast
Destour	Verfassung
Dey	türkischer Befehlshaber
Djebalia	Bergbewohner (speziell im Dahargebirge)
Djebel	Berg, Gebirgsstock
Djedid	neu
Djellabah	leichter Übermantel mit Kapuze, typische städtische Männerbekleidung

Glossar

Djema	Freitag, Versammlung, Freitagsmoschee
Djerbi	Bewohner der Insel Djerba
Djihad	Heiliger Krieg

E

Erg	Sandwüste, meist mit Dünen

F

Fantasia	Reiterspiele bei Volksfesten
Fata Morgana	Luftspiegelung
Fayence	ornamental oder figürlich bemalte Keramik
Fellah	Bauer
Fiche	Fomular, Meldezettel
Foggara	unterirdischer Sammelkanal für Grundwasser
Fondouk	einfache Herberge, Rasthaus, Karawanserei
Foum	Mund, Öffnung, enges Durchbruchstal
Fsakia	Regenauffangfläche (zur Speisung von unterird. Zisternen)

G

Ghar	Höhle
Ghibli	tun. Ausdruck für Schirokko (heißer Sahara-Sandsturm)
Ghorfa	Raum, tonnengewölbter berberischer Vorratsraum, in Südtunesien Grundelement eines Ksar
Gourbi	Strohhütte

H

Hadj	Pilgerfahrt nach Mekka
Hadji	Titel eines Mekkapilgers
Haik	Frauen-Überwurf aus großem, rechteckigen Tuch
Hammada	Geröllwüste
Hammam	Dampfbad, Türkisches Bad
Hara	abgetrenntes Wohnquartier, Judenviertel
Haratin	dunkelhäutige Oasenbewohner; Nachkommen der einstigen Negersklaven
Harem	Privat- und Frauengemächer im Palast eines osmanischen Herrschers
Harissa	scharfe Würzpaste aus Pfefferschoten, Öl und Knoblauch
Henchir	Bauernhof, kleines Gut
Henna	Strauchpflanze, aus der der rote Farbstoff gewonnen wird; Frauen färben sich damit Haare, Füße und Handflächen
Houch	traditionelles, festungsartiges Wohnhaus auf Djerba
Houmt	Viertel

Glossar

I

Imam	Vorbeter in der Moschee, gewählter Vorsteher einer islamischen Gemeinde

K

Kadi	Richter
Kaftan	besticktes, wertvolles Frauengewand
Kalaa	Bergfestung, Burg
Kasbah	große Festung, Zitadelle, befestigter Teil der Altstadt
Kebir	groß
Kef	Fels, Klippe (z.B. El Kef)
Khaima	Nomadenzelt
Khammes	Kleinpächter, der ein Fünftel der Ernte erhält
Konche	halbkreisförmige Nische (vom griechischen Wort für „Muschel")
Koran	Heiliges Buch des Islam, eingeteilt in 114 Suren
Koubba	kuppelbedeckter Grabbau
Ksar (Pl. **Ksour)**	befestigte Siedlung, Speicherburg in Südtunesien

L

Laghmi	Saft aus dem Stamm der Dattelpalme, wird angegoren als „Palmwein" getrunken
Lalla	heilige Frau
Louage	Sammeltaxi

M

Maalouf	klassische tunesische Volksmusik, von maurischen Flüchtlingen aus Andalusien in Tunesien eingeführt
Maghreb	arabisch „Westen"; bezeichnet den Westteil der arabisch-islamischen Welt
Mahdi	von Gott gesandter Glaubenskämpfer, Erlöser
Marabut	islamischer Heiliger oder dessen Grabmal
Medersa, Medrese	höhere Koranschule mit Internat
Medina (Pl. **Medoun)**	arab. Stadt, heute meist gebraucht für die Altstadt
Medjez	Furt
Mehari	leichtes, schnelles Reitdromedar
Menzel	Rastplatz, Siedlung, auf Djerba: Gartengrundstück mit Wohnhaus
Midha	Anlage für rituelle Waschungen

Glossar

Mihrab	nach Mekka weisende Gebetsnische in Moschee
Minarett	Moscheeturm
Minbar	Treppenkanzel in Moschee
Moschee	Versammlungsort der Muslime zum gemein. Gebet
Mouloud	Geburtstag des Propheten
Moussem	jährliches Gedenkfest und Wallfahrt für einen Heiligen
Muezzin	Gebetsausrufer einer Moschee
Mufti	islamischer Rechtsgelehrter
Muslim	Anhänger des islamischen Glaubens

N

Nador	runder Wachturm einer islamischen Festung (Ribat)
Nymphäum	den Wassergottheiten geweihter Bezirk; monumentale Brunnenanlage

O

Oued (Pl. **Oudiane)**	arab. Fluß, Flußbett, häufig ausgetrocknet
Ouled	„Kinder von...“, wird dem Stammesnamen vorangestellt

P

Pascha	Titel hoher Beamter oder Offiziere im osmanischen Reich

Q

Qibla	Gebetsrichtung nach Mekka

R

Ramadan	islamischer Fastenmonat, neunter Monat des muslimischen Mondjahres
Ras	Felsvorsprung, Kap
Razu	Raubzug der Nomaden (dav. abgeleitet unser Begriff Razzia)
Reg	flache Kieselflächen in der Sahara
Riad	Innenhof, Garten
Ribat	Küstenfestung militärisch organisierter islamischer Mönche

S

Sahel	Ufer, Küstenstrich (auch südl. Randgebiet der Sahara)
Schirokko	Heißer Sahara-Sandsturm
Schischa	Wasserpfeife
Schott	siehe Chott
Sebkha, Sebkhet	flache, abflußlose Salztonsenke; Lagune

Glossar

Sefsari	orientalischer Schleier, mit dem sich die Frauen verhüllen
Seguia	schmaler Bewässerungskanal in Oasengärten
Seroual	weite Männerhose
Sharia	im Koran festgelegtes Recht
Sidi	Meister, Herr (Ehrentitel), meist vor dem Namen eines islamischen Heiligen
Souk	Markt, Marktviertel, Marktstraße
Sufi	Mystiker des Islams
Sunna	überlieferte Sprüche und Lebensgewohnheiten des Propheten Mohammed
Sure	Kapitel des Koran

T

Thermen	römische Bäder
Tophet	heiliger punischer Opferplatz
Troglodyt	Höhlenbewohner, besonders der Schachthöhlen im Matmata-Bergland

Z

Zaouia	Sitz einer religiösen Bruderschaft; islamisches Kloster
Zitouna	Olive, Ölbaum

Personen-, Sach und Ortsregister

C

D

E

F

Anhang

Anhang

R

S

Hilfe!

Das vorliegende Reisehandbuch wurde sorgfältig recherchiert und bis kurz vor Druck noch aktualisiert. Es enthält zahlreiche Daten, Preise, Angaben zu Verkehrsmitteln und Hotels, Öffnungszeiten etc., Fakten also, die erfahrungsgemäß schnellen Änderungen unterworfen sind und oft schon bei Erscheinen des Buches nicht mehr stimmen. Wir bitten für solche Fälle im voraus um Verständnis.

Um das Buch ständig aktuell und auf dem laufenden zu halten, sind wir auf Ihre Mitarbeit angewiesen. Autoren und Verlag sind daher dankbar für jede Art von Korrekturen, Ergänzungen, Anregungen und Kritik. Für alle ausführlichen und verwertbaren Informationen gibt es ein kostenloses Exemplar der neuen Auflage oder eines anderen Reisehandbuchs nach Wahl aus dem Reise-Know-How-Verlag Därr. Wir bedanken uns im voraus für Ihre Mühen.

Verlagsanschrift: REISE KNOW-HOW Verlag Därr GmbH, Im Grund 12, 83104 Hohenthann, Tel. 0 80 65/91 72; Fax: 0 80 65/91 73,
e-mail: rkh.daerr@t-online.de

Fotonachweis

Fotos größtenteils von Wolfgang und Ursula Eckert; daneben:
Angela Hounam, Sigrid Tondok (Autorenfoto), Erika Därr,
ONTT (Office National du Tourisme Tunisien).
Alle Umschlagfotos von Wolfgang und Ursula Eckert

Danksagung

Allen Personen und Institutionen, die zur Entstehung dieses Buches und seiner Aktualisierung beigetragen haben, sagen wir hiermit ein herzliches Dankeschön.
Besonders gefreut haben wir uns über die zahlreichen Zuschriften, die vielen wertvollen Informationen und Anregungen von Lesern.
Ein Dank geht auch an die Leiter der lokalen Fremdenverkehrsämter in Tunesien, besonders M. Boukris Amor/ONTT-Büro Douz, M. Habib Ismail/ Bureau de Tourisme Gafsa sowie Mohamed Ezzdini/Syndicat Initiative/ Tamerza. Ferner danken wir Frau H. Christoffel/ONTT-Fremdenverkehrsamt Frankfurt/M., Prof. Dr. Peter Dittrich/Bot. Institut München, Hermann Neidhart und Klaus Schmerfeld/ADAC München, Erika Därr/Hohenthann, Maja Rommel, Melita Tilley-Giorgioni sowie Angela Hounam/Wessling für fachliche Beratung und Mithilfe, und nicht zuletzt unseren tunesischen Freunden Tebbassi Abderrahmane/Tamerza und Serry Bouraoui/Bordj Cedria für ihre Gastfreundschaft und unermüdliche Beantwortung unserer Fragen.

Über die Autoren

Ursula und *Wolfgang Eckert* (Jahrgang 1941/42) aus Ottobrunn bei München sind freischaffende Autoren.
Sie bereisen Afrika seit vielen Jahren. Ihr besonderes Interesse gilt dem Sahararaum und den angrenzenden Ländern. Sie haben mehrere Reiseführer verfaßt, schreiben für Reisemagazine und halten Filmvorträge.

Für das vorliegende Buch und seine Aktualisierung waren die Autoren auf zahlreichen, teilweise monatelangen Reisen im geländegängigen Wohnmobil in Tunesien unterwegs und haben dabei auch kaum bekannte Regionen bzw. Sehenswürdigkeiten erkundet und beschrieben.

Marokko

Vom Rif zum Anti-Atlas

Erika Därr

Reise Know-How-Verlag Därr GmbH

83104 Hohenthann
Im Grund 12
Tel. 08065/9172
Fax 9173
e-mail: rkh.daerr@t-online.de
im Internet: http://www.reise-know-how.de

Der Klassiker unter den Marokko-Reiseführern! Bereits seit 1981 setzt dieses Buch Maßstäbe! Aktualisiert, mit frischem Layout und neuer Umschlaggestaltung erschien es in 8. Auflage zum Jahresende 1998.
Nichts geändert hat sich an dem bewährten Mix aus praktischen Informationen zur Reise und ihrer Vorbereitung, einer umfassenden Landeskunde und den ausführlichen Routenbeschreibungen für alle Landesteile, von der einsamen Berg- und Wüstenpiste bis zu den Hauptverkehrsstraßen.
Ferner: Infos für Sportler, Off-Roader, Motorrad- & Fahrradfahrer, Kanuten, Bergsteiger, Skifahrer u. Gleitschirmflieger

8. Aufl., 992 Seiten, 32 Farbseiten, 250 s/w-Fotos, farbige Übersichtskarten in den Umschlagklappen, 70 Übersichtskarten und Stadtpläne, ISBN 3-89662-081-9, 47,80 DM

• •

Libyen

Gerhard Göttler

Dieses Reisehandbuch für Wüstenliebhaber (**mit GPS-Koordinaten**) stellt **40 Routen** durch das unbekannte Land zwischen Mittelmeer und Extrem-Sahara vor (+ Fahrt ins Tibesti-Gebirge im Tschad).
Verläßliche Informationen zu allen Reisebelangen, detaillierte Orts-, Routen- und Landschaftsbeschreibungen sowie kundige Ausführungen zu Geschichte, Kultur(stätten), Wirtschaft und Religion runden dieses komplette Reisehandbuch ab.

3. Aufl. 1999, 528 Seiten, 16 Farbseiten, 120 s/w-Abb., farbige Routenübersichtskarten in den Umschlagklappen, zahlr. sonst. Karten & Pläne, ISBN 3-89662-005-3, 44,80 DM

Programm-übersicht

Reise Know-How Bücher werden von Autoren geschrieben, die Freude am Reisen haben und viel persönliche Erfahrung einbringen. Sie helfen dem Leser, die eigene Reise bewußt zu gestalten und zu genießen. Wichtig ist uns, daß der Inhalt nicht nur im reisepraktischen Teil „Hand und Fuß" hat, sondern daß er in angemessener Weise auf Land und Leute eingeht. Die Reihe Reise Know-How soll dazu beitragen, Menschen anderer Kulturkreise näherzukommen, ihre Eigenarten und ihre Probleme besser zu verstehen. Wir achten darauf, daß jeder einzelne Band gemeinsam gesetzten Qualitätsmerkmalen entspricht. Um in einer Welt rascher Veränderungen laufend aktualisieren zu können, drucken wir bewußt kleine Auflagen.

RAD & BIKE:
Reise Know-How Rad & Bike sind Radführer von lohnenswerten Reiseländern bzw. Radreise-Stories von außergewöhnlichen Radtouren durch außereuropäische Länder und Kontinente. Die Autoren sind entweder bekannte Biketouren-Profis oder „Newcomer", die mit ihrem Bike in kaum bekannte Länder und Regionen vorstießen. Wer immer eine Fern-Biketour plant – oder nur davon träumt – kommt an unseren Rad & Bike-Bänden nicht vorbei!

Welt

Abent. Weltumradlung (Rad & Bike)
ISBN 3-929920-19-0
Äqua-Tour (Rad & Bike)
ISBN 3-929920-12-3
Auto(fern)reisen
ISBN 3-921497-17-5
CD-Rom Reise-Infos Internet
ISBN 3-89416-658-4
Erste Hilfe effektiv
ISBN 3-89416-689-4
Fahrrad-Weltführer
ISBN 3-9800975-8-7
Der Kreuzfahrtführer
ISBN 3-89416-663-0
Motorradreisen
ISBN 3-89662-020-7
Outdoor-Praxis
ISBN 3-89416-629-0
Die Welt im Sucher
ISBN 3-9800975-2-8
Wo es keinen Arzt gibt
ISBN 3-89416-035-7

Europa

Amsterdam
ISBN 3-89416-231-7
Andalusien
ISBN 3-89416-679-7
Bretagne
ISBN 3-89416-175-2
Budapest
ISBN 3-89416-660-6
Bulgarien
ISBN 3-89416-220-1
Costa Brava
ISBN 3-89416-646-0
Dänemarks Nordseeküste
ISBN 3-89416-634-7
England, der Süden
ISBN 3-89416-224-4
Europa Bike-Buch (Rad & Bike)
ISBN 3-89662-300-1
Gran Canaria
ISBN 3-89416-665-7
Großbritannien
ISBN 3-89416-617-7
Hollands Nordseeinseln
ISBN 3-89416-619-3
Irland-Handbuch
ISBN 3-89416-636-3
Island
ISBN 3-89662-035-5

Europa

Kärnten
ISBN 3-89662-105-x
Kreta
ISBN 3-89416-685-1
Litauen & Königsberg
ISBN 3-89416-169-8
Das Tal der Loire
ISBN 3-89416-681-9
London
ISBN 3-89416-673-8
Madrid
ISBN 3-89416-201-5
Mallorca
ISBN 3-89662-156-4
Mallorca für Eltern und Kinder
ISBN 3-89662-158-0
Mallorca, Reif für
ISBN 3-89662-168-8
Mallorca, Wandern auf
ISBN 3-89662-162-9
Malta
ISBN 3-89416-659-2
Nordspanien und der Jakobsweg
ISBN 3-89416-678-9
Nordtirol
ISBN 3-89662-107-6
Oxford
ISBN 3-89416-211-2
Paris
ISBN 3-89416-667-3
Polens Norden
Ostseeküste/Masuren
ISBN 3-89416-613-4
Prag
ISBN 3-89416-690-x
Provence
ISBN 3-89416-609-6
Pyrenäen
ISBN 3-89416-610-x
Rom
ISBN 3-89416-670-3
Salzburger Land - Salzkammergut
ISBN 3-89662-109-2
Schottland-Handbuch
ISBN 3-89416-621-5
Sizilien - Liparische Inseln
ISBN 3-89416-627-4
Skandinavien – der Norden
ISBN 3-89416-653-3
Toscana
ISBN 3-89416-664-9
Tschechien
ISBN 3-89416-600-2
Warschau/Krakau
ISBN 3-89416-209-0
Wien
ISBN 3-89416-213-9

Deutschland

Hauptsadt Berlin mit Potsdam
ISBN 3-89416-226-0
Insel Borkum
ISBN 3-89416-632-0
Insel Fehmarn
ISBN 3-89416-683-5
Harz/Ost
ISBN 3-89416-228-7
Harz/West
ISBN 3-89416-227-9
Insel Langeoog
ISBN 3-89614-684-3
Mecklenburg/Brandenburg
Wasserwandern
ISBN 3-89416-221-x
Mecklenburg/Vorpommern
Binnenland
ISBN 3-89416-615-0
München
ISBN 3-89416-672-x
Norderney
ISBN 3-89416-652-5
Nordfriesische Inseln
ISBN 3-89416-601-0
Nordseeinseln
ISBN 3-89416-197-3
Nordseeküste Niedersachsens
ISBN 3-89416-603-7
Ostdeutschland individuell
ISBN 3-89622-480-6
Ostfriesische Inseln
ISBN 3-89416-602-9
Ostseeküste/Mecklenburg-Vorpor
ISBN 3-89416-184-1
Ostseeküste Schleswig-Holstein
ISBN 3-89416-631-2
Rügen und Hiddensee
ISBN 3-89416-654-1
Sächsische Schweiz
ISBN 3-89416-630-4
Schwarzwald
ISBN 3-89416-611-8
Schwarzwald/Nord
ISBN 3-89416-649-5
Schwarzwald/Süd
ISBN 3-89416-650-9
Insel Sylt
ISBN 3-89416-682-7
Thüringer Wald
ISBN 3-89416-651-7

Amerika

gentinien/Urug./Parag.
3N 3-89662-051-7
anta & New Orleans
3N 3-89416-230-9
rbados, St. Lucia ...
3N 3-89416-639-8
nada Ost/USA Nord-Osten
3N 3-89662-151-3
nadas Westen
t Alaska
3N 3-89662-157-2
ile & Osterinseln
BN 3-89662-054-1
sta Rica
BN 3-89416-641-x
minikanische Republik
3N 3-89416-643-6
uador/Galapagos
BN 3-89662-055-x
atemala
BN 3-89416-214-7
waii
BN 3-89416-860-9
nduras
BN 3-89416-666-5
lumbien
BN 3-89662-058-4
teinamerika BikeBuch
BN 3-89662-302-8
exiko
BN 3-89662-310-9
w Orleans
BN 3-89416-686-x
w York City
BN 3-89416-687-8
nama
BN 3-89416-671-1
ru/Bolivien
BN 3-89662-330-3
dabenteuer Panamericana
D & BIKE)
BN 3-929920-13-1
n Francisco
BN 3-89416-232-5
. Lucia, St. Vincent, Grenada
BN 3-89416-624-8
inidad und Tobago
BN 3-89416-638-x
SA/Canada
BN 3-89662-154-8
SA/Canada Bikebuch (RAD & BIKE)
BN 3-929920-17-4

Amerika

USA mit Flugzeug und Mietwagen
ISBN 3-89662-150-5
USA, Gastschüler in den
ISBN 3-89662-163-7
USA für Sportfans
ISBN 3-89416-633-9
USA - Südwest
Natur- und Wanderführer
ISBN 3-89662-169-6
USA-Westen
ISBN 3-89662-165-3
Venezuela
ISBN 3-89662-040-1

Afrika

Agadir, Marrakesch
und der Süden Marokkos
ISBN 3-89662-072-x
Ägypten individuell
ISBN 3-89662-470-9
Äthiopien
ISBN 3-89662-043-6
Bikeabenteuer Afrika (RAD & BIKE)
ISBN 3-929920-15-8
Durch Afrika
ISBN 3-921497-11-6
Kairo, Luxor, Assuan
ISBN 3-89662-460-1
Kamerun
ISBN 3-89662-032-0
Libyen
ISBN 3-89662-005-3
Madagaskar, Seychellen,
Mauritius, Réunion, Komoren
ISBN 3-89662-062-2
Marokko
ISBN 3-89662-081-9
Namibia
ISBN 3-89662-320-6
Simbabwe
ISBN 3-89662-026-2
Tansania Handbuch
ISBN 3-89662-048-7
Tunesien
ISBN 3-921497-74-4
Tunesiens Küste
ISBN 3-89662-076-2
Westafrika - Küstenländer
ISBN 3-89662-002-9
Westafrika - Sahel
ISBN 3-89662-001-0

Asien

Auf nach Asien (RAD & BIKE)
ISBN 3-89662-301-x
Bali & Lombok mit Java
ISBN 3-89416-645-2
Bali: Ein Paradies wird erfunden
ISBN 3-89416-618-5
Bangkok
ISBN 3-89416-655-x
China Manual
ISBN 3-89416-626-6
China, der Norden
ISBN 3-89416-229-5
Chinas Osten mit Bejing
und Shanghai
ISBN 3-89416-680-0
Emirat Dubai
ISBN 3-89662-094-0
Hongkong, Macau
und Kanton
ISBN 3-89416-235-x
Indien, der Norden
ISBN 3-89416-223-6
Israel, palästensische Gebiete,
Ostsinai
ISBN 3-89662-451-2
Jemen
ISBN 3-89622-009-6
Jordanien
ISBN 3-89662-452-0
Kambodscha
ISBN 3-89416-233-3
Komodo/Flores/Sumbawa
ISBN 3-89416-060-8
Ladakh und Zanskar
ISBN 3-89416-176-0
Laos
ISBN 3-89416-637-1
Malaysia mit Singapur
und Brunei
ISBN 3-89416-640-1
Mongolei
ISBN 3-89416-217-1
Myanmar (Burma)
ISBN 3-89662-600-0
Nepal-Handbuch
ISBN 3-89416-668-1
Oman
ISBN 3-89662-100-9
Phuket (Thailand)
ISBN 3-89416-182-5
Rajasthan
ISBN 3-89416-616-9

Asien

Singapur
ISBN 3-89416-656-8
Sri Lanka
ISBN 3-89416-170-1
Sulawesi (Celebes)
ISBN 3-89416-635-5
Taiwan
ISBN 3-89416-614-2
Thailand Handbuch
ISBN 3-89416-675-4
Thailand: Küsten und Stränden
ISBN 3-89416-622-3
Thailands Süden mit Bangkok
ISBN 3-89416-662-2
Tokyo
ISBN 3-89416-206-6
Vereinigte Arabische Emirate
ISBN 3-89662-022-3
Vietnam-Handbuch
ISBN 3-89416-661-7

Ozeanien

Neuseeland Campingführer
ISBN 3-921497-92-2
Bikebuch Neuseeland
(RAD & BIKE)
ISBN 3-929920-16-6

Edition RKH

Mallorca, Geschichten aus dem
anderen
ISBN 3-89662-161-0
Mallorquinische Reise
ISBN 3-89662-153-x
Yanomami- Massaker
ISBN 3-89416-624-x

Praxis

Kanu-Handbuch
ISBN 3-89416-725-1
Wildnis-Ausrüstung
ISBN 3-89416-750-5
Wildnis-K
ISBN 3-8

Kultur Schock
ISLAM

Kultur Schock
ÄGYPTEN

Kultur Schock
THAILAND

Durch Afrika

Das Routenbuch für Afrika. Alle, die mit eigenem Fahrzeug Afrika durchqueren wollen, sollten sich diese detaillierten Streckenbeschreibungen anschaffen. Sowohl touristische Highlights als auch genaue Angaben zu Servicestellen, Unterkunft und Routenbeschaffenheit finden Sie in diesem umfassenden Buch.

Halbjährlich erscheint ein Nachtrag mit Aktualisierungen, die über einen Gutschein im Buch anzuforden bzw. bald auch über Internet erhältlich sind.

Neuauflage ab Herbst 1999

Ca. 1100 Seiten, über 150 Karten
RKH-Verlag Därr, ISBN 3-89662- 011-8, DM 56,80

Afrikanische Reise

Mit dem Auto von Tunis nach Lomé

von Peter Senger

Ein Streifzug durch Landschaften und Kulturen Nord- und Westafrikas.
Diese Reise-Story, hervorragend illustriert mit Zeichnungen von Waltraud Dörr und Wolf-Winhardt Klug, handelt von einer Saharadurchquerung, deren Endpunkt die togolesische Stadt Lomé war. Der Bericht schildert v.a. das interessante Leben der Nomaden und Bewohner entlang der historischen Handelsrouten, erzählt einfühlsam Hintergründe und Geschichte der Länder, aber auch persönliche Erlebnisse.

315 Seiten, 16 Farbtafeln, sw-Fotos, zahlreiche Illustrationen.
RKH-Verlag Därr, ISBN 3-921497-91-4, DM 12,80

Sowjetische Generalstabskarten 1:500.000, 1: 200.000 und 1: 100.000

Tunesien

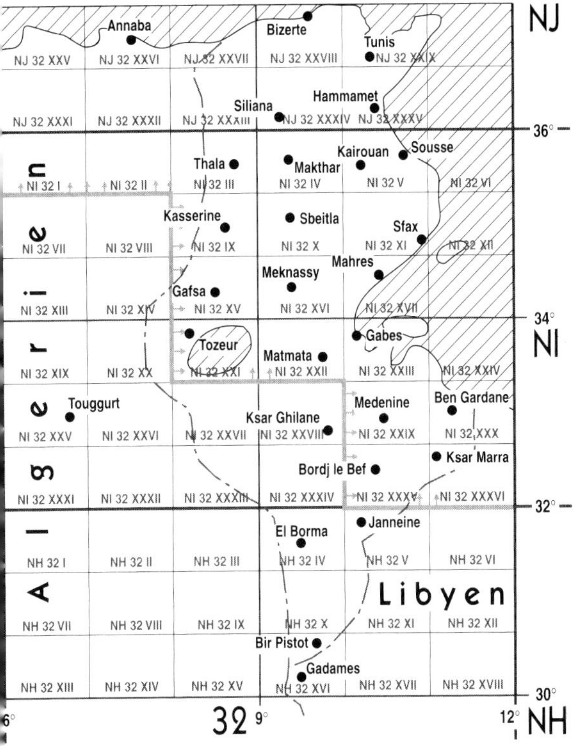

Expeditions-AUSRÜSTUNG

DÄRR Expeditionsservice GmbH
D-80333 München, Theresienstr. 66
Tel. 089-28 20 32, Fax 089-28 25 25
http://www.daerr.de, info@daerr.de
Position: 48°08' N, 11°34' E

Mehrfarbige topographische Landkarten hoher Informationsdichte.
Durchgezogene Länge-/Breite-Koordinaten sowie angerissene Gauss-Krüger-Koordinaten.
Entstehungsjahre 70er- bis 90er-Jahre, Beschriftung kyrillisch. Jeder Lieferung liegt eine deutsche Beschreibung der Legende und die Übersetzung des kyrillischen Alphabets bei.
Die Gebiete nördlich der Pfeilchenlinie sind zusätzlich in 1: 100.000 erschienen.

Tunesien		**1: 500.000**	**1: 200.000**	**1: 100.000**
erschienen in	>	7 Blättern	40 Blättern	99 Blättern
Artikelnummer	>	**2000115**	**2000218**	**2000217**
1 - 9 Blätter	>	DM 24,00	DM 26,00	DM 26,00
10-19 Blätter	>	DM 23,00	DM 25,00	DM 25,00
ab 20 Blätter	>	DM 22,00	DM 24,00	DM 24,00

Bestellbezeichnungen 1: 500.000			**Bestellbeispiele 1: 200.000**			**1: 100.000**
Tunis	>	NJ 32 r	Tunis	>	NJ 32 XXIX	erschienen
Annaba/ El Kef	>	NJ 32 B	Ksar Ghilane	>	NI 32 XXVIII	nicht ersch.
Batna/ Gafsa	>	NJ 32 A	Tozeur	>	NI 32 XXI	erschienen
Sfax	>	NI 32 b	El Borma	>	NH 32 IV	nicht ersch.
Gabes/ Ksar Ghilane	>	NI 32 r				
Tozeur/Chott el Jerid	>	NI 32 B				
Ghadames/El Borma	>	NH 32 b				

Internetadressen Tunesien

- **http://www.tourismtunisia.com**
  Umfassende Tourismus-Seiten des tunesischen Fremdenverkehrsamts über Kultur (u.a. Festivaltermine), Sehenswürdigkeiten, Sportmöglichkeiten, Hotels, Shopping u.v.m.

- **http://www.tunisiaonline.com**
  Schön aufgemachte, allumfassende englischsprachige Tunesienseiten über Geschichte, Politik, Wirtschaft, Gesellschaft, Frauen, Tourismus, Umwelt, Kultur, Radio-/Fernsehprogramme und sogar Investitionsmöglichkeiten in Tunesien.

- **http://www.reisewetter.de/tsts.htm**
  Täglich aktuelle Temperaturen und Wettervorhersagen zu den wichtigsten tunesischen Ferienorten.

- **http://www.sportbuch.de/shop/1221.html**
  Große Auswahl an Tunesien-Büchern direkt zum bestellen im Internet (Sportbuch Online Versand).

- **http://www.reisetraeume.de/buchen/fvv/tun.html**
  Adressen und Telefonnummern von sämtlichen Fremdenverkehrsämtern in Deutschland und Tunesien.

- **http://www.urbanplus.com/plus/500.htm**
  Kurzinfos zu allen Ländern der Erde, Mehrinfos für Abonnenten (Chronik der Geschichte, wichtige Anschriften usw.).

- **http://www.shop.ch/ATLAS/TravelService/GPSDB/GPS_Datenbank_Tunesien.htm**
  GPS-Datenbank Tunesien vom Atlas Travel Shop (Schweiz).

- **http://www.rhein-neckar.netsurf.de/~burnus/laenderinfo/laender/tn.html**
  BID-Länderkurzinfos (wichtigste Daten) zu Tunesien.

- **http://www.amnesty.de/berichte/mde30/f_index.htm**
  Berichte von amnesty international zur Menschenrechtslage in Tunesien (ai-Jahresberichte, Kampagnen usw.).

- **http://aw.wk.or.at/awo/markt/afrika/tn/statistik**
  Statistiken zur tunesischen Wirtschaft.

- **http://www.ufg.uni-freiburg.de/e/link/country/afrika/tunesien.html**
  Für Archäologie-Interessierte: Infos und Berichte zu archäologischen Forschungsprojekten in Tunesien.

- **http://www.gfz-potsdam.de/idndr/tunesi.html**
  Das deutsche IDNDR-Komitee für Katastrophenvorbeugung e.V. informiert über seine Projekte.

- **http://www.ourworld.compuserve.com/homepages/wassim/Welcome.html**
  Tunesien-Web-Seiten einer deutsch-tunesischen Familie, vor allem interessant für Dialyse-Patienten (viele wichitge Tips und Adressen für reisewillige Kranke).

- **http://www.gtz.de**
  Informationen zu Entwicklungshilfeprojekten in Tunesien von der Deutschen Gesellschaft für Technische Zusammenarbeit (GTZ).

- **http://www.swissonline.ch/sindbad-reisen/tunesien.html**
  Sindbad-Reisen bietet u.a. Geländewagen-, Mountainbike-, Kamel- und Trekkingtouren in Tunesien an.

- **http://www.gobalreisen.city-partner.de/html/tunesien.html**
  Angebot an 14tägigen Wüstentouren, Teilnahme mit eigenem Geländewagen (Off-Road-Touren).

- **http://www.tour-off-road.de/tunesi.htm**
  Angebot an Off-Road-Reisen (14tägig), Teilnahme mit eigenem Geländewagen.

- **http://www.koppel.de/Tunesien/**
  Infos zu Wanderreiten in Tunesien (ein- bis zweiwöchige Wanderritte in kleinen Gruppen auf Berberhengsten mit deutscher Führung).

Infos von Klaus Därr

Einen Tag vor Drucklegung dieses Reiseführers habe ich noch einige aktuelle Informationen:

- **TUNESIEN 1:200.000 auf CD-ROM:**
  Im Frühsommer '99 erscheint eine komplette topographische Karte von Tunesien digitalisiert auf CD-ROM. Maßstab 1:200.000, Beschriftung französisch. Einzelne Teile der Karte, z.B. die Umgebung von Ksar Ghilane und Chott el Jerid werden auch als Papierausdruck zu haben sein.
  Mehr Information ab April bei
  Därr Expeditionsservice in München,
  Buch-/Kartenabteilung: Tel. 089-282033.

- **RoRo-Fähren nach Tunis:**
  Im Sommer '99, ab Juni bis September verkehrt von Genua nach Tunis ein zusätzliches, großes, modernes Fährschiff, die CARTHAGE der CTN. Das Schiff bietet 2208 Passagieren und 666 Fahrzeugen Platz. Es gibt dann 4–5 Abfahrten ab Genua nach Tunis pro Woche. Von 12.07.99 bis 08.09.99 verkehrt wöchentlich ein Schiff ab Palermo nach Tunis. Generalagentur in Deutschland ist jetzt gemeinsam für die französische Linie SNCM und die tunesische Linie CTN:
  SNCM Germany GmbH, Berliner Str.31-35, D-65760 Eschborn (Taunus), Tel. 06196-42911/13, Fax. 06196-483015.

  Buchungen mit sehr fachkundiger Beratung ohne Aufpreis bei:
  Fa. SARO Expeditionen in Rosenheim
  Tel.: 08031-32758, Fax. 08031-32777

- **Expeditionen mit Klaus Därr:**
  Für den Herbst 2000 plane ich eine Expedition für Selbstfahrer mit LKW-Versorgung in den NW-Sudan. Voraussichtliche Route: Tunesien, Libyen, Sudan, Ägypten, Israel, Griechenland. Dauer 6-7 Wochen, Gesamtkosten pro Person ca. 10.000 DM.
  Genauere Informationen unter
  http://www.klaus.daerr.de

- **Reiseinformationen im Internet:**
  Aktuelle Reiseinformationen über die Länder der Sahara finden Sie unter: http://www.klaus.daerr.de und http://www.daerr.de

- **Informationen über GPS im Internet:**
  Unter http://www.GARMIN.de finden Sie das komplette Programm an GARMIN - Satellitennavigationsgeräten, Zubehörteilen, Ersatzteilen und viele wichtige Informationen zu GPS und GARMIN.

Tabellen und Graphiken

Karten/Pläne

4WD-Tips

Exkurse zwischendurch